KB068789

보건사회복지

새라 겔러트, 테리 브라운 편저
송인한 외 공역

HANDBOOK of
HEALTH
SOCIAL WORK

SECOND EDITION

박영사

역자 서문: 보건사회복지를 소개하며

"건강하다"는 말이 다만 신체적 건강만을 뜻하는 것이 아니라 신체적·정신적·사회적 건강을 뜻한다는 "상식"은, 아직 우리사회에서 "상식"으로 충분히 자리잡지 못하고 있습니다. 건강이 다만 질병이 없거나 허약하지 않은 상태가 아니라 신체적·정신적·사회적으로 안녕한 상태라는 세계보건기구의 1948년 정의가 제안된 지 반세기가 훨씬 넘었지만, 여전히 의료적인 관점으로부터 신체적 측면을 바라보는 관점이 지배적이고, 최근에 들어서야 심리적인 안녕에 관심이 시작되고 있는 정도이며, 사회적 건강 상태까지 포괄적으로 건강을 바라볼 수 있는 수준에 아직은 미흡한 것이 우리사회의 현실이라고 판단됩니다. 건강이 가진 다차원적 복잡성으로 인해, 건강 문제는 어느 한 가지 접근에 의해서만 이해되고 해결되기는 어렵기 때문에, 다양한 관점과 시각을 통해 이해하고 창의적인 접근을 하는 것이 필요한 시점입니다.

2000년대 초반 당시 미국국립보건원NIH 원장이었던 엘리아스 저후니Elias Zerhouni 박사는 21세기 보건연구의 로드맵을 제시하며, 복잡성을 지닌 보건문제를 해결하기 위해서는 학제간의 협력이 있어야 함을 주장하고, 보건 관련 분야의 학제간 융합을 강하게 강조한 바 있습니다. 이러한 맥락에서 실제로 미국의 사회복지학은 건강 분야에서 수행해야 할 중요한 역할을 하고 있으며, 동시에 사회복지학계 내부에서도 건강분야가 큰 주목을 받고 있는 것이 현재의 상황입니다.

이러한 시기에 우리사회에서도 건강의 문제를 다차원적으로 파악하고 접근하는 "보건사회복지health social work"의 중요성이 부각될 필요가 있습니다. 과거 병원 세팅 중심의 의료사회복지medical social work에 더해 영역을 더욱 넓혀, 건강 분야 전반에 걸친 연구와 임상을 다루고 거시적 접근까지 포괄하는 보건사회복지의 세계적 동향이 국내에 소개될 시점이라고 생각됩니다. 이러한 필요성을 생각할 때, 보건사회복지에 관한 정의와 개념, 역할, 윤리, 정책과 이론에서부터, 지역사회, 장애, 가족 등의 보건사회복지의 다양한 주제와, 중독, 노인의료, 종양사회복지 같은 임상현장에서의 실천기법에 이르기까지, 보건사회복지의 주요이슈를 방대하게 집대성하고 있는 이 분야 대표적인 저서인 본서를 통해, 보건사회복지를 국내에 처음으로 소개하고, 우리나라의 보건현장에 적용할 수 있는 가능성을 생각하게 하는 것은 매우 의미있는 작업이라 확신합니다.

이 분야를 선구적으로 개척해 오신 스승이자 멘토의 저서를 국내에 소개하게 되는 것은 개인적으로도 큰 기쁨이고 영광입니다. 본서의 대표저자인 새라 겔러트Sarah Gehlert 교수는 건강문제에 대한 학제간 융합접근의 대가이며, 보건사회복지health social work 분야의 개척자로 널리 평가되고 있습니다. 현재 미국 워싱턴 대학Washington University in St. Louis의 사회복지대학원과 의과대학에 재직하고 있는 새라 겔러트 교수가 시카고 대학The University of Chicago에 재직하던 당시 가르친 건강과 복지에 대한 폭넓은 지식과 신념, 그리고 그녀가 책임연구자로서 이끌었던 시카고 대학 여성건강연구프로젝트Women's Wellness Study, 학제간 융합 건강불평등연구소Center for Interdisciplinary Health Disparities Research를 통해 제시한 건강문제에 대한 융합적 접근이라는 새로운 비전을 직접 배운 것은 큰 행운이었으며, 그러한 폭넓은 지식과 경험이 담겨 있는 본서를 통해, 건강과 복지에 관심을 가지고 있는 많은 이들이 새로운 정보와 관점과 비전을 함께 나눌 수 있기를 희망합니다.

본서는 건강과 관련된 분야에 있는 모든 분들에게 도움이 될 수 있으리라 생각하며, 특히 "보건과 복지"라는 주제에 관심을 가지는 사회복지실천가, 연구자, 교육자, 학생, 의료사회복지사, 병원행정가, 보건정책 전문가는 물론, 보건복지의 통합에 관심을 가지는 의학, 간호학, 보건학, 보건정책 및 행정학 등 인접분야의 연구자 및 실천가에 이르기까지, 다양한 분야의 전문가에게 건강을 증진시키기 위한 새로운 접근방법의 아이디어를 제공할 것입니다.

본서를 번역하여 국내에 보건사회복지를 소개하고 학문발전에 기여하려는 의도에 기꺼이 응해준 새라 겔러트 교수님과, 새로운 분야의 실험적인 도전을 이해하고 출판을 기획한 박영사의 조성호 이사님, 방대한 양의 편집을 매끄럽게 도와주신 마찬옥 편집위원님, 유려하고 정확한 글로 다듬어주신 정진욱 선생님께 감사드립니다. 특히 번역작업의 코디네이터를 맡아 오랜 시간 수고를 아끼지 않은 연세대학교 사회복지대학원 정신보건 및 보건복지 연구실의 박사과정 유정원 선생에게 특별한 감사의 마음을 전하며, 수업과 세미나를 통해 함께 이 책을 공부하며 공동번역의 고생을 함께 나눈 박사과정 김정수, 이은정, 김지은, 신수민, 권세원, 김태형, 조윤주, 이윤정, 석사과정 김우식, 김현진, 안상민, 김성은, 민다경, 민소담, 김석조 선생에게 그간의 수고에 깊은 감사의 마음을 전하고, 번역작업에 함께 하지 못했지만 함께 이 주제에 대해 고민을 나눴던 연구실 졸업생들과 재학생들에게도 감사의 마음을 표합니다. 아울러, BK21plus 프로젝트 등을 통해 지원과 격려를 아끼지 않으신 학과의 모든 교수님들께 감사의 말씀을 드립니다. 특별히, 지칠 때마다 사랑과 기도로 격려해준 가족들에게 감사의 마음을 다 표현할 수 없을 것입니다.

오랫동안 함께 공부하고 토론하고 작업하며 가다듬었음에도 불구하고, 여러 분야 여러 저자의 글로 이루어진 방대한 분량의 책을 여러 역자가 공역하는 과정에서 문체나 표현이 일관되지 않은 부분이 있을 수 있으며, 특히 우리나라에 없는 제도나 개념을 옮기는 데 한계가 있어 부족함이 발견될 수 있을 것입니다. 원서의 훌륭함을 옮기는 과정에서 부족함과 실수가 있다면 그것은 전적으로 대표역자의 책임이며, 앞으로 지속적인 보완의 노력을 통해 원서와 보건사회복지의 의미가 퇴색되지 않도록 최선을 다하겠다는 말씀을 드립니다.

　　사회의 힘은 모든 사회구성원으로부터 나오기에, 사회구성원의 건강한 삶을 돕는 것이 건강한 사회를 만드는 것이라는 가장 상식적이고 기본적인 바램을 되새기며…

연세대학교 아펜젤러관에서

2015년 3월

대표역자 송 인 한

한국어판 저자 서문

보건 문제는 한 국가에 한정되지 않으며, 질병은 세계 어느 곳에나 보편적으로 존재합니다. 암, 심장병, 당뇨병, 조산 등은 발생률에 차이가 있을 뿐 5대양 6대주 어디에서나 나타납니다. 그러나 지역에 상관없이 주요한 질병들은 환자 자신과 환자가 속한 가족, 집단, 지역사회에 여러 가지 유사한 문제들을 제기합니다.

인간의 수명을 연장하는 최근의 의학적 발전과 더불어 만성적 질환들이 보편화되면서 장기간에 걸쳐 질병에 대응하고 적응해야 할 필요가 발생하고 있습니다. 그러한 질병으로 인한 문제들에 대응하는 과정은 헌신과 지식, 기술을 요구합니다. 개인과 가족이 효과적으로 대응할 수 있도록 하기 위해 증상에 대한 전문적 지식, 이용 가능한 치료법에 대한 정보, 기술적 지식이 필요합니다. 근거 중심의 실천이 중시되는 오늘날, 우리는 개인과 가족이 효과적으로 질병을 관리하는 데 보다 유효한 방법과 치료가 있다는 사실을 알고 있습니다.

국가마다 보건의료체계와 적용 범위에 차이가 있기는 하지만 어느 곳이나 어려운 문제들이 있으며 이는 전세계 보건사회복지의 영역입니다. 미국에서는 유럽에서 오는 전례 없이 많은 수의 이민자들의 필요에 대응하기 위해 1905년에 처음으로 병원사회복지사가 고용되었습니다. 그때 이후 전세계 거의 모든 국가들이 이민자와 난민 그리고 폭력과 전쟁으로 영향 받은 사람들의 욕구에 대응해야 할 상황에 직면했습니다. 이는 누가 "우리"이고 누가 "그들"인가, 보건의료가 동등해야 하는가 공정해야 하는가라는 어려운 질문을 제기했습니다. 이러한 문제에 대응하는 일선에서 통역사, 중재자, 옹호자로서의 보건사회복지 전문가들의 역할이 중요시됩니다.

이와 관련한 또 다른 도전은 다른 전문가들에게 건강의 사회적 결정인자들이 갖는 중요성을 인식시키는 일입니다. 보건사회복지의 탄생 이후 처음 100년을 돌아보면 (1) 질병이 환경적 맥락 안에서 발생한다는 점, (2) 질병의 모든 결정인자가 생물학적이거나 신체적인 것은 아니라는 점, (3) 질병의 발생 맥락에 대한 정보가 전인적 치료에 필수적이라는 점을 다른 이들에게 확신시키기 위해 끊임없이 투쟁했음을 볼 수 있습니다. 따라서 보건사회복지사들은 다른 의료서비스 제공자들, 정책 결정자들, 기타 주요 의사결정자들과 효과적으로 소통할 수 있어야 합니다.

이 책『보건사회복지』는 보건관련 전문가들이 보건사회복지의 하위 영역들이 처음으로 확립되었던 100여 년 전에 수립된 목표들을 달성하는 데 도움이 되는 도구로써 기획되었습니다. 즉, 환자의 건강을 증진하기 위해 다른 전문가들과 협력하고, 전문성을 활용하여 환자들이 직면한 의료적 문제의 이면에 있는 사회적 요소들을 규명하고, 그러한 요소들의 영향을 축소시키는 것입니다. 이 책의 개요는 본인이 시카고대학교 사회복지행정대학원에서 강의하고 세인트루이스 워싱턴대학교 조지 워렌 브라운 사회복지대학원에서 강의한 내용을 바탕으로 작성되었습니다. 이 책의 공동편집자이자 박사과정 시절에 본인의 지도를 받았으며 현재 사우스 캐롤라이나 대학교 사회복지학부 부교수로 재직 중인 테리 브라운 박사와 본인은, 한국에 있는 우리 동료들이 이 책을 사용할 것이며, 본인의 박사과정 제자였던 연세대학교 송인한 교수와 그의 학생들이 이 책을 한국어로 번역한다는 소식을 듣고 매우 기뻤습니다.

미국과 한국의 보건복지 전문가들은 깊은 학문적 · 교육적 전통을 공유하고 있습니다. 우리는 한국의 보건복지 전문가들에게 이 책이 유용하게 사용되기를 희망합니다. 한국의 보건과 복지 전문가들도 건강과 정신건강, 통증 관리, 장애 문제들 간의 복잡한 상호관계와 같은 여러 문제들에 직면하고 있습니다. 우리는 여러분의 이야기를 듣고, 여러분의 경험으로부터 배우고, 개인과 가족, 지역사회가 장애와 질병에 대응하는 과정을 지원하면서 우리가 직면하는 문제와 도전과제들을 해결할 수 있는 공통된 접근법을 개발할 수 있기를 바랍니다. 본인은 또 연세대학교 송인한 교수와 그 학생들의 번역을 통해 출판되는 이 책의 한국어판이 미국과 한국의 보건복지 전문가들 간의 교류를 증대시킴으로써 함께 환자의 건강 문제와 관련한 사회적 요인들을 규명하고 그러한 요인들에 영향을 끼치며, 보다 세계적인 수준에서 보건의료를 발전시킨다는 우리의 공통된 목표를 달성하는 새로운 방법을 개발할 수 있게 되기를 희망합니다.

새라 겔러트

E. 데스몬드 리 인종 및 민족적 다양성 교수

조지 워렌 브라운 사회복지대학원

의과대학 교수

워싱턴대학교

목   차

제Ⅰ편 보건사회복지의 기초

제 1 장

보건의료에서 사회복지의 개념 정의 [새라 겔러트]

제 2 장

사회복지의 역할과 보건의료 현장 [테리 브라운]

제 3 장

보건의료 사회복지와 윤리 [재러드 스팍스]

제 4 장

공중보건과 사회복지 [마조리 R. 세이블, 데보라 R. 쉴드, J. 아론 힙]

제 5 장

보건의료정책과 사회복지 [줄리 S. 다넬, 에드워드 F. 롤러]

제 6 장

건강행동이론 [새라 겔러트, 새라 E. 볼링어]

제Ⅱ편　보건사회복지의 주요 이슈

제 7 장

지역사회와 건강 [크리스토퍼 마시]

제 8 장

신체건강과 정신건강: 상호작용, 사정, 개입 [말리타 엥스트롬]

제 9 장

사회복지실천과 장애 문제 [레베카 브래쉴러]

제14장

인간의 성적 건강 [레 갈로-실버, 데이빗 S. 빔비]

제Ⅲ편　보건사회복지 실천영역

제15장

아동 및 청소년 환자의 사회복지 [낸시 보이드 웹, 로즈 A. 바톤]

제20장

만성질환에서의 치료 준수와 정신건강 이슈: 당뇨, 심장병, HIV/AIDS

[웬디 오슬랜더, 스테이스 프리덴탈]

제21장

사회복지와 유전학 [앨리슨 워너-린, 케이트 리드]

제22장

통증관리와 완화의료 [테리 알틸리오, 셜리 오티스-그린, 수잔 헤드런드, 아이리스 코헨 파인버그]

제23장

생애말 돌봄 [이브 콜론]

보건사회복지의 기초

제1장

보건의료에서 사회복지의 개념 정의

Conceptual Underpinnings of Social Work in Health Care

새라 겔러트 SARAH GEHLERT

이 책의 초판본을 쓸 당시는 미국에서 처음으로 의료사회복지사가 고용된 지 100주년이 되던 해였다. 가넷 펠턴Garnet Pelton은 1905년에 매사추세츠 종합병원에서 근무를 시작했다. 그로부터 5년 후에 나온 2판을 쓸 당시 보건사회복지 분야에 중대한 사건이 있었다. 2010년 3월에 환자 보호와 건강보험료 적정 부담법Patient Protection and Affordable Care Act[1]이 통과된 것이다. 이 법은 향후 10년간 미국인의 건강보험 가입률을 획기적으로 높일 것으로 기대된다. 따라서 지금이야말로 보건의료에서의 사회복지의 역사를 돌아보고, 그 선구자들의 비전이 지난 100년간 얼마나 실현되었는가를 평가하기에 적절한 시점으로 보인다. 매사추세츠 종합병원에 두 번째 사회복지사로 고용되어 40년을 근무한 아이다 캐논Ida Cannon(1952)은 "언제, 어디서 실천되건 간에 사회복지는 기본적으로 끊임없이 변화하는 활동이다. 원칙은 축적된 지식을 바탕으로 서서히 구축되지만, 테크닉은 계속 변화한다. 사회적 관점이 변하면서 입장도 바뀐다"라고 말했다(p. 9). 그렇다면 지난 100년간 보건의료 영역에서 사회복지의 원칙은 어떻게 변화해 왔을까?

이 장에서는 보건의료 영역에서의 사회복지가 처음 시작된 19세기부터 현재까지 그것의 발달 과정을 살펴볼 것이다. 주요 보건의료 정책들의 입법화와 같은 역사적 사건들의 출현 시점을 중심으로 횡단적으로 고찰하는 것보다 이 전문직의 원칙과 활동에 대한 종단적 고찰을 통해 우리는 그러한 원칙들이 발전해온 과정에 관해 더욱 완벽하고 정확한 시각을 갖게 될 수 있을 것이다.

이 장의 목표

- 미국의 사례를 중심으로 병원 내 사회사업과의 도입이 갖는 역사적 의미를 살펴본다.
- 미국에서 병원 내 사회사업과의 도입에 결정적 기여를 한 조직과 인물들을 살펴본다.
- 병원 내 사회사업과의 도입 시점부터 현재까지 보건의료 사회복지의 원칙이 변천해온 과정을 살펴본다.

---

1) 이하 '오바마Obama 의료개혁법'으로 칭함 — 옮긴이 주.

• 병원 내 사회사업과의 도입 시점부터 현재까지 보건의료 사회복지의 기법과 접근법이 변
화해온 과정을 살펴본다.

또, 이 책의 다른 장들을 참조함으로써 오늘날 보건의료 사회복지의 개념적 틀을 보여줄 것
이다.

보건의료 사회복지의 역사적 기반
HISTORICAL FOUNDATION OF SOCIAL WORK IN HEALTH CARE

보건의료에서의 사회복지는 (a) 19세기와 20세기 초 미국의 인구 변동, (b) 환자 치료 장소
등 간병 방식에 대한 변화, (c) 사회적·심리적 요인이 건강에 미치는 영향에 대한 관점 변화에
힘입어 처음 등장했다. 서로 밀접하게 연관된 이 세 현상이 보건의료 사회복지의 출현을 이끈 것
이다.

1800년대 중반에 시작된 여러 사건들로 인해 미국 내 이민자의 수가 급증했다. 1820년부터
1924년까지 3,500만~4,000만 명의 유럽인들이 미국으로 이주했는데, 1849년 캘리포니아 주에서
시작된 골드러시와 1862년 제정된 자영농지법Homestead Act도 미국으로의 이주를 부추겼다
(Rosenberg, 1967).

1818년부터 1914년까지 경제적·정치적 이유로 약 550만 명의 독일인들이 미국으로 이주했
다. 비스마르크의 철혈통치가 정점에 이르렀던 1866년에서 1873년에 이르는 7년 동안 80만 명
이상의 독일인들이 미국 땅을 밟았다. 1840년대 아일랜드의 감자 기근으로 200만 명의 이주민이
발생했고 이후 10년간 100만 명이 더 이주했다. 1820년부터 1990년까지 500만 명이 넘는 이탈리
아인들이 경제적인 이유 때문에 미국으로 건너왔는데 1901년부터 1920년 사이에 그 수가 절정에
달했다. 폴란드인들의 대규모 이주가 이루어진 것은 1870년부터 1913년 사이였다. 1890년 이전
에는 이주의 목적이 대체로 경제적 빈곤을 벗어나기 위해서였으나 그 이후에는 경제적·정치적
이유가 혼합되었다. 폴란드인들의 이주는 1921년에 정점에 달했는데, 그 해에만 50만 명이 넘는
폴란드인들이 미국에 도착했다. 1880년과 1913년 사이에는 200만 명의 유대인들이 러시아와 동
유럽 국가들을 탈출해 미국으로 왔다.

미국은 이러한 이주민의 급증에 분주하게 대응했다. 1892년에는 엘리스 아일랜드 이민국을
설치하여 신세계를 찾아온 수많은 이주민들을 심사했다. 1907년 당시 연간 100만 명 이상이 엘
리스 아일랜드 이민국을 거쳐 갔다. 이주민의 폭증은 보건의료 측면에서도 문제를 야기했는데,
특히 대부분의 이주민들이 정착한 북동부 지역에서 더욱 심각했다. 로젠버그Rosenberg(1967)에 따
르면, 1865년에 뉴욕시 인구가 72만 3,587명이었는데 이 중 90%가 맨해튼섬의 남쪽에 거주했다.
당시 뉴욕시 인구 가운데 3분의 2가 빈민지역의 공동주택에 살고 있었다. 뉴욕시는 사건사고가

빈발했고 위생상태는 심각한 수준이었으며 식료품 공급도 열악했다. 뉴욕시의 영아 5명 중 1명이 생후 1년 이내에 사망했다. 런던의 경우에는 이 비율이 6 : 1이었다(Rosenberg, 1967). 또 대부분의 이민자들이 영어를 구사하지 못하고 가난했다. 보건의료에 대한 이민자들의 생각이나 실천방법은 당시 미국인들의 그것들과 매우 달랐다.

1600년대 말과 1700년대 초 무렵에는 병이 나면 집에서 간병을 받았다. 전염병이 돌면 임시보호소를 지어서 환자들을 격리시켰다(O'Conner, 1976, p. 62). 보호소는 대도시에서 운영되었는데 독립전쟁 이전에 처음 등장했다. 인구가 증가하자 각 지역마다 신체적·정신적 질환을 앓는 사람들, 나이 들고 병든 사람들, 고아, 부랑자들을 수용하기 위한 구호소들almshouses이 설립되었다. 전염병을 차단하기 위해 지은 임시 시설물과 달리 이러한 구호소들은 영구적 운영을 목적으로 만들어졌다. 미국 내 최초의 구호소는 1713년 윌리엄 펜William Penn이 필라델피아에 세운 것으로, 퀘이커 교도들만을 대상으로 운영되었다. 1728년에 필라델피아의 두 번째 구호소가 문을 열었는데, 일반인을 대상으로 한 이 구호소는 필라델피아 빈민대책기구Philadelphia Overseers of the Poor가 지역 의회로부터 기금을 받아 운영하였다. 뒤이어 뉴욕시가 1736년에 뉴욕시 구빈원Poor House of the City of New York(이후 벨르뷰 병원으로 개명)을 열었고, 뉴올리언스가 1737년에 세인트존 병원을 열었다(Commission on Hospital Care, 1947). 이름은 병원이지만 세인트존은 갈 곳 없는 빈민들에게 서비스를 제공했기 때문에 구호소로 분류되었다.

1700년대 중반에는 구호소 안에서 질병에 걸린 사람들을 다른 사람들과 격리시켰다. 처음에는 다른 층이나 다른 부서 또는 다른 건물에 수용하였으나, 이들의 수가 증가하자 구호소와 별도로 공공병원이 설립되었다. 시간이 지나면서 부자들이 집이 아닌 곳에서 전문의에게 치료를 받고 비용을 지불하는 방식을 선호하면서 이런 병원들이 부유층 사이에 인기를 얻었다.

1751년과 1840년 사이에는 공적 기금, 민간 기금, 환자 부담 등 다양한 방식이 혼합된 자선병원들voluntary hospitals이 생겨났다(O'Conner, 1976). 첫 번째 자선병원은 1751년에 벤자민 프랭클린Benjamin Franklin과 의사인 토마스 본드Thomas Bond가 기부자를 모으고 필라델피아 지방의회에서 기금을 지원받아 세운 것이었다. 뉴욕 병원은 1791년부터, 매사추세츠 종합병원은 1821년부터 입원 환자를 받기 시작했다. 퀘이커교는 1817년에 미국 내 첫 정신병원을 열었는데, 일반인들을 상대로 정신질환을 진료하기 시작한 것은 1834년에 들어와서였다.

세 번째 형태의 의료시설인 진료소dispensary는 1700년대 후반에 처음 출현했는데, 병원과 구분되었고 기부금으로 운영되었다. 진료소의 초기 설립 목적은 비입원 환자들에게 약을 나눠주는 것이었다. 하지만 점점 많은 진료소가 각 가정을 방문해 환자를 진료하는 왕진의사를 고용했다. 1786년 필라델피아(퀘이커교도 전용), 1795년 뉴욕, 1796년 보스턴, 1801년 볼티모어에서 처음으로 진료소가 문을 열었다.

19세기의 공공의료 개혁

19세기 후반 들어 병원과 진료소를 개혁하려는 움직임이 생겨났는데, 이러한 개혁은 여성 의사들이 주도하는 경우가 많았다. 엘리자베스 블랙웰Elizabeth Blackwell은 자신이 여성이라는 이유로 병원들이 채용을 거부하자 1853년 뉴욕 이스트사이드에 여성과 아동을 위한 진료소를 열었다. 당시 이스트사이드는 유럽에서 건너 온 이민자들로 인해 날이 갈수록 인구가 증가했다. 블랙웰의 진료소는 가정방문 서비스를 제공했고 1857년 무렵에는 입원 환자들을 위한 침상도 몇 개 갖추었다. 이후 뉴욕 여성아동병원으로 발전한 이 진료소는 1865년 당시 334명의 아프리카계 미국인과 백인 환자들에게 가정방문 진료를 제공했다(Cannon, 1952). 이듬해에는 흑인 의사인 레베카 코울Rebecca Cole이 '가정방문 위생사sanitary visitor'라는 직함으로 고용되었는데, 코울은 각 가정을 방문하여 위생 문제에 대해 이야기하고, 식재료를 고르고 요리하는 법, 교육과 고용 문제 등에 대한 정보를 제공했다. 1890년에 로버트 호Robert Hoe 여사가 뉴욕 여성아동병원에 기금을 제공하여 의사인 애니 다니엘스Annie Daniels 아래에 풀타임 가정방문사를 고용할 수 있게 되었다. 다니엘스는 1889년 시카고에 헐하우스Hull House를 설립한 제인 아담스Jane Addams 등 당시 사회복지사들이 하던 방식으로 가족의 규모, 수입, 생활비 등을 기록하였다.

뉴욕에서 블랙웰과 함께 일한 최초의 레지던트였던 마리 자크르제프스카Marie Zakrzewska는 보스턴으로 옮긴 후 1859년에 뉴잉글랜드 여자의과대학 최초의 산부인과 교수로 임용되었다. 자크르제프스카는 1862년에 보스턴에서 10개의 병상을 갖춘 진료소인 뉴잉글랜드 여성아동병원을 개원했다. 이 병원은 보스턴에서는 처음, 그리고 미국 전체로는(뉴욕 여성아동병원에 이어) 두 번째로 여성 내과의 및 외과의가 운영하는 병원이 되었다. 뉴욕 여성아동진료소와 마찬가지로 뉴잉글랜드 여성아동병원 역시 가정방문 서비스를 제공했고 사회적 환경에 지대한 관심을 기울였다. 가정방문 진료는 수년간 간호사와 의사 교육의 중요한 부분을 차지했다.

1890년에는 뉴욕대학원병원과 뉴욕 여성아동병원 여자의과대학에서 강의한 소아과 전문의 헨리 드와이트 샤핀Henry Dwight Chapin이 자원봉사자들로 하여금 아픈 아이들이 있는 가정을 방문하여 그 증상을 기록하고 의사의 지침을 잘 따르고 있는지를 살펴보도록 하는 프로그램을 고안했다. 1894년에 샤핀은 여성 의사를 고용하여 그 일을 하도록 했으나 오래지 않아 간호사로 대체했다. 샤핀의 이러한 노력은 부모의 돌봄을 제대로 받지 못하는 어린 환자들을 위한 위탁가정 프로그램으로 이어졌다(Romanofsky, 1976). 1902년에 샤핀은 스피드웰협회Speedwell Society를 설립하여 가정위탁을 독려했다. 스피드웰협회는 이후 뉴욕 소재 병원들이 도입한 사회사업과와 연관을 맺게 된다.

20세기 초에는 존스홉킨스 병원과 볼티모어 자선조직협회Baltimore's Charity Organization Society가 긴밀히 협력하면서 사회복지와 의료의 병합이라는 개념이 논의되기 시작했다. 병원 시스템 내에 공식적으로 사회복지서비스를 도입하는 데 중추적인 역할을 한 4명의 인사는 매리 리치몬드Mary Richmond, 매리 윌콕스 글렌Mary Wilcox Glenn, 제프리 브래켓Jeffrey Brackett, 그리고 이후 러셀세이지 재단Russell Sage Foundation의 대표를 역임한 존 글렌John Glenn 박사로, 이들은 의료와 사회복지를 접목시키는 일에 적극적으로 참여했다.

런던의 병원자선사

런던에서는 1895년에 로얄프리 병원이 찰스 로크Charles Loch의 주선을 통해 런던자선조직협회London Charity Organization Society와 협력하면서 처음으로 병원자선사hospital almoner2)를 고용했다. 로크는 신앙심이 매우 깊은 사람으로 3년간 로얄외과대학의 총무실에서 근무했고, 1875년에 런던자선재단London Charity Organization의 총무로 일하면서 의료의 사회적 측면에 관심을 갖게 되었다. 또 런던자선조직협회의 보건위원으로 일할 때는 무상 진료를 받기 위해 환자들이 자신의 상황을 허위로 보고하는 문제를 해결하고자 노력했다. 1874년에 로얄프리 병원은 자선조직협회에 환자들 중 빈곤자 수가 실제로 얼마나 되는지 조사해줄 것을 요청했다. 그 결과, 무상 의료서비스에 적격한 사람은 36%에 불과하다는 사실이 드러났다. 로크는 "환자의 지위와 환경을 고려할 수 있을 만한, 학식과 교양을 갖춘 유능한 인재"를 통해 의료서비스 요청자들을 검증할 필요가 있다고 생각했다(Cannon, 1952, p. 13). 로크는 1885년에 프로비던트 의사협회Provident Medical Association에서 연설을 하고 1891년에는 상원의 위원회에서 증언하는 등 수년간 병원자선사의 도입을 관철시키기 위해 노력했다. 그렇게 해서 1895년에 매리 스튜어트Mary Stewart가 로얄프리 병원의 첫 자선사로 임용되었다. 스튜어트는 수년간 런던자선조직협회에서 일한 경력을 갖고 있었다. 스튜어트가 맡은 주 업무는 진료소에 입원하기 위해 환자들이 제출한 신청서를 검토해서 적격자를 가려내는 것이었다. 그런 다음 진료소에서 진찰받을 사람들을 결정했다(Cannon, 1952).

런던자선조직협회는 3개월간 스튜어트의 급여를 제공했다. 스튜어트의 활동이 생산적이라는 점은 자명해보였다. 그러나 이후 로얄프리 병원이 급여의 일부를 분담하기로 결정하기 전까지 자선조직협회는 스튜어트의 계약을 갱신하지 않았다. 결국, 로얄프리 병원의 의사 중 2명이 스튜어트가 받을 연봉의 절반을 부담하고 자선조직협회가 나머지 반을 부담하기로 했다. 그때부터 영국에서는 자선사가 병원 시스템의 일부로 정착되었다. 1905년까지 7개의 병원이 추가로 자선사를 고용했다.

1906년에는 병원자선사협회Hospital Almoners' Council(이후 병원자선사연구소Institute of Hospital Almoners로 개명)가 병원자선사 교육을 맡았다. 이 기관은 자선사의 역할을 질병 예방과 같은 다른 업무로 확장하였다. 초창기에는 또 자녀 출산을 앞둔 아버지들을 위한 교육, 전염성 질환에 감염된 젊은 여성들을 위한 호스텔 등 여러 프로그램을 개발했다(Cannon, 1952).

---

2) 영국의 수도원 등에서 자선을 베푸는 사람을 칭하는 표현이었으나, 초기 영국의 의료사회사업가를 지칭하던 말로 쓰임. 오늘날 의료사회복지사의 전신임 ― 옮긴이 주.

미국 병원 최초의 사회사업과

런던의 로얄프리 병원이 매리 스튜어트를 고용한 지 10년이 지난 후 가넷 펠턴이 매사추세츠 종합병원의 진료소에서 사회복지사로 근무하기 시작했다. 그러나 펠턴은 근무 시작 후 6개월 만에 질병으로 사직하고 아이다 캐논이 그 뒤를 이었다. 이후 40년을 재직한 캐논은 "영국의 병원자선사와 미국의 의료사회복지사들이 갖는 특별한 동료애"에 대해 기술했다(Cannon, 1952, p. 20). 캐논은 또 1907년에 런던 세인트토마스 병원의 자선사인 앤 커밍스Anne Cummins를 방문한 이야기를 기록했다.

가넷 펠턴, 아이다 캐논, 리처드 캐벗Richard Cabot은 매사추세츠 종합병원에 사회사업과를 신설하는 데 중추적인 역할을 했다. 그러나 펠턴 개인의 삶이나 6개월간 병원사회복지사로 일한 당시에 관한 이야기는 거의 기록된 바가 없다. 캐논(1952)은 펠턴이 매사추세츠 종합병원에서 간호사 교육을 받고 데니슨 하우스Denison House Settlement에 기여한 내용을 간략히 언급했다. 데니슨 하우스에 있을 당시 펠턴은 자신이 살던 보스턴 남부에서 시리아 출신 이주민들을 병원에 데려와 진료를 받게 했다. 캐벗에 의해 매사추세츠 종합병원에 고용된 펠턴은 1905년 10월 2일부터 근무를 시작했다. 펠턴의 책상은 외래병동의 복도 한 구석에 있었는데, 6개월 후 결핵으로 사직했다. 가난한 사람들은 요양원에서 치료받을 돈이 없기 때문에 외래병동에서 결핵 치료를 받았는데, 펠턴이 외래병동에서 근무하다가 결핵에 감염되었는지는 확인되지 않았다. 캐벗은 펠턴이 뉴욕 주의 사라나크 레이크에서, 그리고 이후에는 노스캐롤라이나 주의 애쉬빌에서 치료를 받도록 주선해주었다.

펠턴의 후임으로 온 아이다 캐논은 의료사회복지와 관련하여 두 권의 책과 여러 편의 보고서를 발간했다. 캐논의 일대기에 관해서는 상당량의 기록이 남아 있다. 캐논은 밀워키의 부유한 가정에서 태어나 세인트폴 병원에서 간호사 교육을 받고 2년간 간호사로 일했다. 그런 다음, 미네소타대학교에서 사회학을 전공했는데, 그때 제인 아담스의 강의를 들으면서 사회복지에 관심을 갖게 되었다. 캐논은 세인트폴 자선협회St. Paul Associated Charities에서 3년간 방문 간호사로 일한 후 시몬스 사회복지대학에 입학했다. 그리고 하버드대학교 출신의 생리학자인 자신의 오빠를 통해 리처드 캐벗을 만났다. 캐벗은 당시 매사추세츠 종합병원에서 사회복지서비스를 조직하는 중이었다. 그렇게 해서 캐논이 1906년에 펠턴의 후임으로 채용되었고 1907년에 시몬스대학을 졸업하면서 상근으로 근무하기 시작했다. 1914년에는 사회사업과의 첫 과장으로 임명되었고 그로부터 30여년 후인 1945년에 매사추세츠 종합병원에서 퇴직했다.

리처드 캐벗은 많은 글을 썼으며 한편으로는 오랫동안 그 자신이 연구 대상이 되었다(Dodds, 1993; O'Brien, 1985 등 참조). 캐벗은 하버드 출신 의사로, 미국 병원시스템에서 사회복지와 기타 지원 분야를 수립하는 데 있어 지대한 역할을 했다. 그는 1890년대부터 전문직업들이 규정되고(Flexner, 1910 등 참조), 의학이 전문성의 표준으로 간주되던 1930년대까지 왕성하게 활동했다.

캐벗의 친가쪽 조부인 사뮤엘 캐벗Samuel Cabot(1784~1863)은 19세에 처음 바다로 나간 뒤

무역으로 큰 돈을 벌었다. 그리고 보스턴 최대 무역상의 딸인 엘리자 퍼킨스Eliza Perkins와 혼인하여 이후 장인의 사업을 인수했다. 그는 근면함과 행동을 중시하는 실용주의자였으며 문화보다는 상업을 선호했다고 알려져 있다(Evison, 1995).

캐벗의 아버지인 제임스 캐벗James Cabot(1821~1903)은 유럽에서 철학을 공부하고 법학 교육을 받았으며 하버드에서 철학을 가르쳤다. 또, 랠프 왈도 에머슨Ralph Waldo Emerson의 친구로서 그의 자서전을 집필했다. 그는 자신을 초월론자로 규정하면서 "초월적인 것이란 지각 있는 사람들이 수용하여 준수할 것으로 기대되는 통상적인 관념과 전통적인 믿음을 넘어서는 모든 것을 포함한다"고 주장했다(Cabot, 1887, p. 249). 초월론자들은 부모세대가 추종한 상업주의에 문제를 제기했고, 특히 노예제에 비판적이었다. 제임스 캐벗이 40세이던 해에 발발한 남북전쟁은 이 세대의 정서를 어느 정도 반영한 결과였다. 7명의 아들을 도맡아 키운 캐벗의 어머니 엘리자베스 캐벗Elizabeth Cabot은 남편과 마찬가지로 통상적인 관념과 전통적인 믿음에 대한 초월론자들의 비판을 지지했다. 엘리자베스 캐벗은 "우리 여성들은 대체로 지적 활동이 충분하지 않은 듯하다. 우리는 교육과 가사 문제 또는 사회운동을 넘어선 지적 생활을 영위해야 한다"고 말했다(Cabot, 1869, p. 45). 오브라이언O'Brien은 엘리자베스 캐벗을 "자상한 어머니이자 신앙심이 깊고 열성적인 자선가"로 묘사했다(O'Brien, 1985, p. 536).

남북전쟁은 사회를 혼란시키고 신보수주의와 물질주의를 촉발시켰다. 1859년에 처음 출간되어 과학적 방법에 대한 대중적 관심을 높인 찰스 다윈Charles Darwin의 『종의 기원The Origin of the Species』(1936)과 이민자의 증가에 대한 사회적 우려가 혼합되면서 제임스 캐벗 세대의 이상주의는 현실주의로 대체되었다. 다윈주의의 여파로, 자선활동이 순진한 이상이며 그 수혜자들에게 잠재적으로 해가 될 수 있다는 인식이 확산되었다. 리처드 캐벗은 이처럼 탈초월주의적 분위기가 팽배하던 1868년에 태어났다.

리처드 캐벗의 비전은 자신의 세대와 부모 세대 간의 긴장 속에서 형성되었다. 그는 철학적 실용주의를 바탕으로 급진적 중도주의 노선을 따랐고, 두 가지 상반된 관점 사이에서 중간지대를 모색했다. 그는 어느 쪽이 옳고 그르다고 규정하기보다는 두 입장 간의 대화를 통해 보다 큰 진실이 얻어질 수 있다고 보았다. 그는 평생 자신을 두 극단 사이에서 합의점을 찾는 통역사로 간주했다.

캐벗은 하버드에서 철학을 공부하다가 의학으로 전공을 바꾸었다. 그는 관찰만 할 뿐 행동하지 않는 철학자들에게 거부감을 느꼈고, 그래서 존 듀이John Dewey의 철학에 관심을 가졌다. 캐벗의 자서전을 쓴 에비슨Evison(1995)은 "그는 행동에 끌렸다. 제인 아담스와 테디 루스벨트Teddy Roosevelt를 좋아했는데, 그건 그들이 무언가를 했기 때문이었다"라고 기록했다(p. 30). 캐벗은 가설이 입증되지 않았다 하더라도 문제해결을 통해 지식이 습득될 수 있다고 믿었으며, 아담스가 주장한 것처럼 실수를 통해 배울 수 있다고 보았다.

캐벗의 졸업 논문은 역학조사를 통해 신앙요법의 효과성을 알아본 것이었다(Dodds, 1993). 1892년 그가 의과대학을 마칠 당시에는 1870년대와 1880년대의 세균 이론germ theory이 굳건히 자리잡고 기술과 실험분석이 각광받았다. 캐벗도 초기에는 실험실 연구로 대학원 교육을 마치고 혈액학으로 달튼 연구 펠로십을 마치는 등 사회적 동향에 순응했다. 그는 1898년에 매사추세츠 종합병원으로부터 병원의 첫 세균학사로 일해 달라는 부탁을 받았으나 이를 거절하고, 펠로십을 마친 뒤 4년 후에 외래병동에서 더 낮은 직위로 일을 시작했다.

매사추세츠 종합병원에서는 주요 관심분야의 질병에 해당되지 않거나 가망이 없다고 판단되는 환자들은 입원시키지 않고 외래병동에서 진료했다(Evison, 1995). 결핵, 티푸스, 당뇨 등은 치료법이 존재하지 않았기 때문에 이러한 병을 앓는 사람들, 특히 가난한 환자들은 대체로 외래병동에서 진료를 받았다. 처방된 약은 거의 진통제였다(항생제는 1940년대에 들어서야 개발되었다). 그런 환자들의 다수는 이민자로, 티푸스와 같은 전염성 질병과 함께 언어 장벽이라는 문제를 안고 있었다. 설상가상으로 1893년 미국 경제는 역사상 최악의 불경기에 접어들고 있었다.

캐벗은 자신이 처음 외래병동에 도착했을 당시 의사들이 환자를 보는 시간이 얼마나 짧았는지를 회고했다. 의사가 환자에게 진료실에 들어오라는 신호로 벨을 당기는 것을 "진료실 달리기 running off the clinic"라고 부르는 의사들도 있었다(Evison, 1995, p. 183). 의사는 환자가 진료실에 걸어 들어오는 동안 큰 소리로 질문을 했고, 환자가 의사 앞에 도착했을 때면 이미 처방전 작성이 끝난 상태였다. 그런 다음, 의사는 벨을 당겨 다음 환자를 불렀다.

캐벗은 신체적 문제 이면에 사회적·정신적 문제가 있으며, 온전히 신체적인 이유에 기인한 질병은 드물다는 점을 보기 시작했다(Cabot, 1915). 그는 생활조건 등 자신이 비체성nonsomatic 요인이라고 지칭한 측면들을 고려하지 않고는 환자들을 완치시킬 수 없다고 주장했다. 그는 다음과 같은 일화를 적었다.

> 어느 날 외래병동에서 일하고 있을 때 나는 우리가 안고 있는 일련의 복잡한 문제들을 목격하게 되었다…… 그날 아침 나는 내게 왔던 많은 사람들이 결국 시간만 낭비했다는 사실을 깨달았다. 나는 먼저 당뇨병을 접했다. 당뇨는 사실상 의학으로 치유할 수 없지만 식생활이 큰 영향을 미치는 질병이다. 우리는 당뇨 환자들에게 필요한 식단을 매우 상세하게 작성했다. 그리고 그것을 복사해서 묶은 다음 당뇨 환자가 올 때마다 한 장씩 뜯어서 나눠주었다. 나는 환자들이 애써 기억할 필요가 없도록 우리가 이렇게 상세한 정보를 종이에 기록해서 나눠준다는 사실을 매우 뿌듯하게 생각했다…… 하지만 이 종이를 받은 여성 환자는 그렇게 흡족해 보이지 않았다. 그래서 나는 왜 그러냐고 물었다…… 이 여성은 종이를 한 번 보더니 아스파라거스, 방울 양배추처럼 비싼 야채를 살 돈이 없다고 말했다. 우리는 그 여성 환자에게 할 수 없는 것을 하라고 요청하고 있었던 것이다(Cabot, 1911, pp. 308-309).

캐벗은 제인 아담스를 통해서 처음 사회복지를 접하게 되었다. 1887년에 그는 하버드에서 프란시스 그린우드 피바디Francis Greenwood Peabody의 '윤리론과 사회개혁'이라는 수업을 들었다. 이 수업을 들은 사람들 중 다수가 아동원조협회Children's Aid Society에서 일하기 시작했는데,

캐벗은 1896년에 그 협회의 회장으로 취임했다. 그곳에서 그는 처음으로 사례연구법case confer-ence approach을 접했다.

캐벗은 급진적 중도주의 관점에서 의료와 사회복지의 관계를 보았고, 두 영역이 매우 보완적인 요소를 갖고 있다고 생각했다. 의료는 경험주의empiricism가, 사회복지는 폭breadth이 있었다. 캐벗은 의사들이 경험주의를 적극 수용하면서 그 범주가 지나치게 협소해졌다고 보았다. 건강의 사회적·심리적 요소들을 간과한 것이다. 사회복지사들은 범위가 넓었으나 지나치게 선의에만 의존했다. 이들은 좀 더 과학적이고 체계적인 노력을 통해 효율성을 높이고 사회복지의 이론적 기반을 발전시킬 필요가 있었다. 그래서 캐벗은 두 영역이 협력을 통해 서로 보완될 수 있다고 생각했다.

캐벗은 외래병동의 진료 절차를 개혁하기 시작했다. 그는 가넷 펠턴을 고용하여 (1) 의료를 비판하는 한편, 의료의 사회화socialize를 지원하고, (2) 의사와 환자 및 가족들 간의 소통을 도우며, (3) 사회적·정신적 요인에 대한 정보를 제공하도록 했다. 캐벗은 이 역할에 대해 다음과 같이 설명했다.

> 펠턴의 주된 역할은 비판자가 아니지만 그래도 일반적인 비판자보다는 훨씬 나을 것이다. 기관의 일원으로 소속되어 있으면서 내부자로서 비판을 제기할 것이기 때문이다. 내부적 비판은 언제나 매우 중요하다(Cabot, 1912, pp. 51-52).

펠턴은 모든 사례를 기록했는데, 이 기록들은 지침과 정기 보고서 작성 시에 유용하게 활용되었다. 펠턴 이전에 매사추세츠 병원은 외래병동에서 진료 받은 환자들에 대해 전혀 기록하지 않았다.

캐벗은 사회복지사의 역할을 환자와 가족들이 의료 정보를 잘 이해할 수 있도록 설명해주는 통역사로 보았다.

> 사회복지사는…… 환자들에게 지금 어떤 처치를 받고 있고 앞으로 어떻게 될 것인지 등에 대해 주지시켜주는 역할을 한다. 병원에서 설명을 주 업무로 하는 사람은 아무도 없다(Cabot, 1912, p. 50).

캐벗은 또 사회복지사는 환자와 가족들에 대한 정보를 의사에게 전달해주는 역할을 해야 한다고 생각했다. 아이다 캐논은 사회복지사의 역할에 대해 다음과 같이 적었다.

> 의사가 환자의 신체적 상황에 대해서는 이해하겠지만 그것은 의사가 고려해야 할 환자의 여러 측면 중 하나일 뿐이다. 의사가 병든 장기 하나만 보지 않고 그것이 몸 전체에 미치는 영향을 보는 것처럼, 병원사회복지사는 환자를 병상에 누워 있는 사람이 아니라 가족과 지역

사회의 구성원으로 본다. 의사와 간호사는 환자의 신체적 상황을 개선하여 병을 물리치도록 돕는다. 사회복지사는 환자의 주변 환경이나 심리적 상태에서 질병의 치료에 장애가 되는 요인들을 제거하여 환자 스스로 회복력을 높이도록 돕는다(Cannon, 1923, pp. 14-15).

캐벗은 간호사의 경우에는 "의사의 명령을 단순히 이행하는 역할을 하여 하나의 전문직이라고 볼 수 없기" 때문에 사회복지사가 그러한 역할을 더 잘 할 수 있다고 보았다(Evison, 1995, p. 220). 그는 문제적 성격의 진단과 치료를 사회복지의 전문성으로 규정하였고, 이는 특히 정신건강에서 중요하다고 보았다.

초기에는 병원 측이 펠턴의 고용을 승인하지 않았기 때문에 캐벗은 자비로 펠턴에게 월급을 주어야 했다. 당시 병원장이던 프레드릭 와쉬번Frederic Washburn에게 펠턴의 고용이 병원에 득이될 것임을 설득하기 위해 캐벗은 그 비용 효율성을 입증하는 문서를 작성했다. 이를테면, 위장장애가 있는 아이에게 의사가 처방한 영양분을 가정에서 제대로 제공할 수 없는 경우, 단기간 동안에도 병원에 네 차례나 데려오게 돼 병원이 120달러나 지출하게 된다는 것이었다. 캐벗은 사회복지사의 주된 업무가 병원 서비스의 오용을 방지하는 것이 아니라, 치료 효과를 높일 수 있게 도움으로써 비용을 절감하는 것이라는 점을 병원 운영진에게 알리고자 했다. 그는 의료사회복지사의 역할을 병원자선사와는 다른 것으로 보았다.

1906년 펠턴이 결핵 치료를 위해 뉴욕 주의 사라나크 레이크로 가고 아이다 캐논이 후임으로 채용되었다. 캐논은 1914년 사회사업과의 첫 과장으로 임명되었는데, 이는 외과 과장이나 내과 과장과 같은 직급이었다. 캐논은 매사추세츠 종합병원에서 의학 강의가 포함되어 있는 사회복지사 교육프로그램을 개발했다. 캐논은 사회사업과의 첫 교육 담당자로 해리엇 바틀렛Harriett Bartlett을 채용했다. 캐논의 재임기간 동안 제공된 프로그램으로는 환자와 직원들을 위한 저가의 점심식사, 결핵의 사회적 상관성을 조사하기 위한 위원회(이 위원회는 미국에서 처음으로 결핵에 관한 종합적인 분석 보고서를 내놓았다), 사회복지사들이 참여하는 학제간 의학세미나, 정신질환자들을 위한 찰흙모델 수업 등이 있었다. 캐논과 캐벗은 사회복지적 개입의 효과를 진단하는 시스템을 개발하여 이 정보를 진료기록에 포함시켰다.

캐논은 펠턴과 캐벗만큼 병원사회복지에 대해 급진적인 견해를 갖고 있지는 않았기 때문에 처음 몇 해 동안은 둘 사이에 의견 충돌이 잦았다. 캐벗과 달리 캐논은 사회복지사가 의료계의 비판자 또는 개혁자 역할을 하기보다는 병원 시스템을 존중해야 한다고 생각했다. 그럼에도 불구하고 두 사람은 캐벗이 1차 세계대전 중 의무부대의 소령으로 부임하기 전까지 함께 일했다. 캐벗은 1918년 매사추세츠 종합병원의 외래병동으로 복귀했으나 1919년 하버드대학 사회윤리학과의 학과장으로 자리를 옮겼다. 그가 병원을 떠나기 직전에 매사추세츠 종합병원의 이사회는 사회사업과를 병원의 상설 부서로 두며 그 기능에 소요되는 모든 비용을 병원이 부담한다는 안을 통과시켰다. 그 전까지 캐벗은 사회복지사 13명의 월급을 자비로 충당했다.

1919년에 아이다 캐논은 사회사업과의 과장으로 임명되었다. 캐논이 1945년에 퇴직하기 전까지 병원은 총 31명의 사회복지사를 고용했다. 매사추세츠 종합병원에서 근무한 사회복지사들 중 매리 앙투아넷 캐논Mary Antoinette Cannon(필라델피아대학병원), 루스 T. 보레티Ruth T. Boretti(로체스터대학교 치의과대학 스트롱메모리얼 병원) 등 몇몇은 다른 병원의 사회사업과 과장으로 채용되기도 했다.

병원 사회사업과의 발전
GROWTH OF HOSPITAL SOCIAL WORK DEPARTMENTS

1961년 바틀렛은 보건의료에서의 사회복지가 "불확실성 및 유동성의 시기와 자선 및 통제의 시기를 교대로 거치면서" 성장하고 있다고 적었다(p. 15). 그에 따르면, 사회복지서비스는 처음 30년간 다른 병원으로 확산되면서 일직선상으로 성장했다. 병원사회복지사는 "거의 혼자서 병원에 사회적 관점을 도입하는 책무를 맡았기 때문에" 방법들은 간단했다.

매사추세츠 종합병원이 거둔 성과가 마침내 미국병원협회American Hospital Association와 미국의사협회American Medical Association의 주목을 끌었다. 1907년 존스홉킨스 병원은 자선조직협회에서 근무한 경력이 있는 헬렌 B. 펜들턴Helen B. Pendleton을 첫 사회복지사로 고용했다. 매사추세츠 종합병원의 가넷 펠턴과 마찬가지로 펜들턴 역시 불과 몇 달 만에 사임했다. 이후 넉 달간 그 자리가 공백으로 있다가 정규 간호사가 후임으로 채용되었다. 존스홉킨스에서 사회복지사는 처음에는 외과용품 보관실에서 근무했다. 병실은 간호사들이 관리했고 사회복지사는 거기에 접근할 수 없었다(Nacman, 1990). 그러나 사회복지사는 진료기록에 대한 의사와 간호사의 접근을 통제했으며 모든 무상진료와 일주일 이상 복용해야 하는 약품의 처방전을 승인했다(Brogen, 1964). 매사추세츠 종합병원에서와 같이 존스홉킨스의 사회사업과도 날로 발전하여 1931년에는 31명의 직원이 근무하는 부서로 성장했다.

가넷 펠턴은 러셀세이지재단의 첫 이사장이자 보건의료 사회복지의 적극적인 지지자였던 존 M. 글렌John M. Glenn의 요청으로 1911년에 미국 내 병원들의 사회복지서비스를 조사했다. 펠턴에 따르면, 14개 도시에 44개의 사회사업과가 있었고 그중 17개가 뉴욕시에 있었다. 이들 사회사업과는 다양한 서비스를 제공했는데 모든 서비스가 환자에 대한 지원 제공에 집중되어 있었다(Cannon, 1952).

미국 내 병원 사회사업과의 약 40%가 있던 뉴욕시는 1912년에 처음으로 병원사회복지와 관련한 컨퍼런스를 주최하였다. 이름하여 '병원사회복지에 관한 뉴욕컨퍼런스New York Conference on Hospital Social Work'이다. 이 컨퍼런스는 1912년부터 1933년까지 정기적으로 개최되었다. 『병원사회서비스Hospital Social Service』라는 분기별 보고서는 컨퍼런스의 논의 결과를 정리하고 병원사회사업과의 발전상을 기록했다.

1913년 무렵에는 미국 내 병원 중 200여 곳이 사회복지사를 고용했다. 1918년에 매사추세츠 종합병원을 퇴직한 루스 에머슨Ruth Emerson은 시카고대학교에 사회서비스행정대학원School of Social Service Administration을 설립했다. 1923년에 매사추세츠 종합병원을 떠난 에디스 M. 베이커 Edith M. Baker는 세인트루이스 소재 워싱턴대학교에 사회사업대학원을 신설했다.

의료사회복지의 전문화
PROFESSIONALIZATION OF THE FIELD

최초의 의료사회복지medical social work 전문 교육과정은 1912년에 시작되었다. 캐논(1932)에 따르면, 1918년 캔자스시티에 미국병원사회복지사협회American Association of Hospital Social Workers가 설립되기 전까지는 이러한 교육과정의 성장이 더디었고 잘 조율되지 않았다. 이 협회는 교육 담당관을 따로 두었고 다음과 같은 두 가지 목적을 추구했다. 첫째는 병원사회복지사 교육을 증진 및 조율하고, 둘째, 사회복지학과와 현장 사회복지사들 간의 소통을 증대시키는 것이었다. 미국병원사회복지사협회가 미국 내에서 처음 조직된 전국적인 병원사회복지사 조직이기는 하지만, 그 이전에도 세인트루이스, 보스턴, 필라델피아, 밀워키, 뉴욕 등에 지역조직들이 있었다. 『미국병원사회복지사협회의 역사History of the American Association of Medical Social Workers』(1955)의 저자인 매리 A. 스타이츠Mary A. Stites는 미국병원사회복지사협회가 창립되기 전에는 병원사회복지사들이 전미사회복지컨퍼런스National Conference of Social Work(많은 사람들이 전미자선교정컨퍼런스National Conference of Charities and Corrections라고 불렀던)에서 서로 만나곤 했다고 기술했다. 1918년에 열린 미국병원사회복지사협회의 첫 회의에서 가장 중요하게 논의된 의제는 협회가 사회복지와 의료 중 어느 쪽에 더 초점을 맞출 것인가 하는 문제였다. 이 협회의 초기 정관에 서명한 30명의 여성 중 8명이 정규 간호사였다.

미국병원사회복지사협회는 1928년에 60개 병원 사회복지과에서 수집한 1,000건의 사례를 바탕으로 연구 보고서를 발간했다. 이 보고서는 다음과 같이 설명했다.

업무 빈도를 바탕으로 볼 때, 의료서비스와 관련한 사회복지사의 주된 역할은 (1) 환자의 전반적인 건강 문제를 충분히 이해하는 데 필요한 정보의 습득, (2) 환자의 건강 상태를 환자 자신과 가족, 지역복지기관이 이해하기 쉽도록 전달, (3) 환자 및 그 가족들을 지원할 수 있는 대책 동원으로 나눌 수 있다. 본 연구결과에 따르면, 병원사회복지의 기본적인 실천방식은 개별 환자의 건강과 관련한 사회적 요인들을 찾아내고 환자의 치료를 지원함으로써 이러한 요소들에 영향을 끼치는 것이라고 설명할 수 있다(p. 28).

이러한 설명은 매사추세츠 종합병원에서 캐논과 캐벗이 정의한 병원사회복지의 개념과 크게 다르지 않은 것이다.

1929년 발간된 사회복지학과에 관한 조사(Cannon, 1932)에는 의료사회복지와 관련한 정규 과정을 제공하는 10개 대학과 관련 커리큘럼을 기획 중인 대학 18곳이 명시되어 있다.

1. 워싱턴대학교
2. 시카고대학교
3. 뉴욕사회복지대학
4. 툴레인대학교
5. 인디애나대학교
6. 미주리대학교
7. 시몬스칼리지
8. 웨스턴리저브대학교
9. 펜실베니아사회복지보건대학
10. 가톨릭사회복지대학

전반적으로 의료사회복지는 대학원 과정으로 간주되었다. 캐논은 그 해에 다시 각 병원의 사회사업과로 사회복지 담당자들의 교육과 경험에 관해 묻는 설문지를 발송했다. 그 결과, 596명의 응답자 중 70%가 일반 사회복지와 관련하여 최소 하나의 과정을 이수하였고, 그중 48%는 1899년과 1930년 사이에 수료증을 받았다. 흥미로운 것은 응답자의 38%가 간호학과 관련하여 적어도 하나의 강좌를 이수하였고, 그중 86%가 간호학으로 수료증을 받았다는 점이다. 이 설문 결과를 바탕으로 의료사회복지사의 6가지 주요 활동이 다음과 같이 요약되었다.

1. 의료사회복지 사례관리
2. 데이터 관리
3. 보건 교육
4. 추적 관리
5. 의료비 지급 요율 조정
6. 요양원, 공중보건원, 의료기관 등으로의 연계

미국의료사회복지사협회American Association of Medical Social Workers가 6개의 다른 전문기관과 합병하여 전미사회복지사협회NASW: National Association of Social Workers를 설립하기 한 해 전인 1954년에는 2,500명이 이 협회의 연례 회의에 참석했다. 미국의료사회복지사협회는 전체 사회복지 회원기관들 중 규모가 가장 컸다. 현재 의료사회복지사들을 위한 전국 기관인 보건의료리더십협회Society for Leadership in Health Care는 700명의 회원으로 구성되어 있다(Society for Social Work Leadership in Health Care, 2011년 1월 2일). 이 협회는 1965년에 보건의료사회복지전문가협회Society for Social Work Administrators in Health Care로 설립되어 1990년대에 명칭을 바꾸었고 현재는 미국병원협회American Hospital Association의 산하기관으로 되어 있다. 그 외의 다른 전국 기관으로는 미국 재가보건의료사회복지사 네트워크American Network of Home Health Care Social Workers, 종양사회복지사협회Association of Oncology Social Work, 신장사회복지사협회Council of Nephrology Social Workers, 전미주산기사회복지사협회National Association of Perinatal Social Workers, 이식사회복지사협회Society for Transplant Social Workers 등이 있다.

의료사회복지의 정의
DEFINING MEDICAL SOCIAL WORK

1934년에 미국의료사회복지사협회(그 해에 미국병원사회복지사협회에서 개명)는 해리엣 바틀렛이 작성한 보고서를 발행했다. 이 보고서는 의료사회복지를 질병과 사회적 부조화의 관계에 초점을 맞춘 특정한 유형의 사회적 케이스워크social case work로 정의했다. 바틀렛은 "의료적 치료의 본질에서 직접 기인한 사회적 문제에 관심을 갖는 것은 사회복지사의 역할 중 중요한 부분이다. 이를 통해 사회복지사는 의료적 치료를 증진하고 확대한다"고 하였다(p. 99). 또 건강과 관련한 사회적 문제들을 강조하면서 "질병으로 인해 일상적인 삶에서 갑작스럽게 일탈된 개인에게 약간의 활동이나 경험을 제공하여 그의 상실을 보완하고 그가 여전히 사회에서 유용한 자리를 차지하고 있음을 느끼도록" 한다고 설명했다(p. 99).

이 보고서는 특별한 관심을 요하는 다음 세 가지 문제를 제시했다. (a) 심리적 개념을 통합하는 문제로, 인간의 일반적인 행동 동기 및 질병과 관련된 행동 동기에 관해 더 많이 알아야 할 필요성을 의미한다. (b) 기능적·정신적 질환의 문제로, 구체적으로 보면 유기체에 관한 연구와 개인의 성격에 관한 연구를 통합할 필요성을 말한다. (c) 사고방법의 문제로, 이는 개인이 처한 사회적 상황을 고려함으로써 성격에 관한 연구의 균형을 잡는 것이다.

개인의 성격과 사회적 환경 중 어느 것이 더 중요한가에 대한 논쟁은 미국에서 정신의학과 정신분석학이 발전하면서 더욱 치열해졌다. 유럽에서는 1880년대와 1890년대에 병원에서의 정신질환 치료가 대중화되었으나 미국에서는 초기에 그다지 관심을 끌지 못했다. 의대에서는 심리치료에 관한 강의들이 1907년에 들어서야 개설되기 시작했고, 그로부터 2년 후에 프로이드Freud가 처음으로 미국을 방문했다.

정신의학과 정신분석학의 등장은 의료사회복지에 두 가지 중요한 영향을 끼쳤다. 첫째, 정신의학은 병원시스템 내에 심리학자, 사회학자 등의 직업군이 등장하도록 유도했다. 이는 건강의 사회적·정신적 측면이 더 이상 사회복지에 한정되지 않으며, 의료사회복지가 처음으로 보건의료 영역에서 중대한 경쟁에 직면하게 되었음을 의미한다.

둘째, 정신분석학 이론은 의료사회복지사들이 사례에 접근하는 방식, 즉, 보다 개인중심적인 접근법에 영향을 끼쳤다. 개인의 성격과 사회적 환경 중 어느 것이 더 중요한가에 대한 논란은 정신의학 사회복지와 의료사회복지가 분리된 후에도 지속되었다. 비록 1930년에 들어서야 매사추세츠 종합병원에 정신의학사회사업과가 신설되었지만, 이 분할의 기원을 1919년 스미스 칼리지가 1차 세계대전 참전 군인들을 위해 정신과적 지원에 관한 강좌를 개설한 때로 보는 이들이 많다(Grinker, MacGregor, Selan, Klein, & Kohrman, 1961). 스미스 칼리지 사회복지교육대학의 부학장이었던 매리 자렛Mary Jarrett(1919)은 1919년 사회복지컨퍼런스의 한 연설에서 케이스워크에 대해 보다 정신의학적 접근법을 취해야 한다고 주장했다.

> 오늘날 과다업무에 시달리는 사회복지사들은 사회적 케이스워크에서 정신의학적 관점이 갖는 한 가지 이점을 고려해볼 필요가 있습니다. 바로, 사회복지사의 업무가 훨씬 쉬워졌다는 점입니다. 우리 업무에서 피로를 유발하는 가장 큰 원인은 미지의 대상을 다루는 데서 오는 부담감일 것입니다…… 개인의 성격에 대해 보다 정확한 지식을 갖고 있다면 사회복지사의 우려와 부담감이 줄어들 뿐 아니라 치료에 쏟는 에너지도 줄어듭니다…… 조급함도 거의 사라질 것입니다. 비협조적인 주부, 상습적인 거짓말쟁이, 계속 문제를 일으키는 불량소녀들 때문에 화내느라 시간을 낭비할 필요가 없습니다…… 저는 일부 사회복지사들이 성격에 관한 연구를 그다지 신뢰하지 않는다는 사실을 알고 있습니다. 관심이 온통 분석에 쏠려서 치료가 소홀히 다루어질 것을 두려워하기 때문입니다. 저는 사회복지에서 두려움이 경계의 대상이 되어왔다고 생각합니다(p. 592).

자렛의 연설 요지는 개인의 성격에 초점을 맞추면 사회복지사들이 보다 쉽게 환자의 문제를 파악할 수 있어서 치료 시간이 절감된다는 것이었다.

아브라함 플렉스너Abraham Flexner가 1915년에 전미자선교정컨퍼런스에서 한 연설도 사회복지사들이 정신분석이론에 매력을 느끼는 데 기여한 것으로 보인다. 그 연설에서 플렉스니는 사회복지가 전문 직업이 아니라고 주장했다. 그에 따르면, 전문 직업이란 (a) 본질적으로 지적인 작업들을 수반해야 하고, (b) 상당한 개인적 책임감이 뒤따르며, (c) 과학과 학습으로부터 원자료를 추출하고, (d) 실용적이고 명확한 목표를 위해 그 자료를 이용하며, (e) 교육적으로 전달이 가능한 테크닉을 갖추고, (f) 자기조직성self-organization의 경향이 있으며, (g) 그 동기의 이타성이 증가해야 한다. 그는 사회복지가 전문적 성향을 갖고는 있으나 그 구성원들이 개인적 책임감을 충분히 갖고 있지 않으며 문자로 정리된 지식과 교육적으로 소통 가능한 테크닉이 없기 때문에 전문 직업에 필요한 모든 요건을 충족시키지 못한다고 주장했다. 이 연설은 사회복지 분야에 지대한 영향을 끼쳤다. 사회복지 일각에서는 의학을 직업 모델로 설정하고 사회적·환경적 요인보다는 개인의 내적 성향에 중심을 둔 접근법을 보다 전문적인 것으로 보았다.

낵맨Nacman(1990)에 따르면, 1940년대에는 의료사회복지사들이 심리사회적 정보를 이용하여 의학적 진단과 치료 계획을 세우는 경우가 많아졌다. 이는 아이다 캐논이 심리사회적 정보를 이용하고자 했던 목적, 즉, "환자의 주변 환경이나 심리적 태도에서 치료에 장애가 되는 요인들을 제거하여 환자 스스로 회복력을 높이도록 돕는"(1923, pp. 14-15) 것과 대조적이었다. 헬렌 해리스 펄먼Helen Harris Perlman은 정신분석적 개념보다는 사회과학적 개념을 강조하고 사회와 환경에 다시 초점을 맞춤으로써 단순히 의료적 진단을 위해 정보를 이용하는 경향에 반기를 들었다. 1950년대에는 지역사회 중심의 정신건강 및 공중보건운동(4장 참조)에 의해, 그리고 1960년대에는 시민권운동에 의해 다시 환경으로 관심이 집중된다.

보건의료에서의 사회복지: 병원 밖으로
SOCIAL WORK IN HEALTH CARE: BEYOND THE HOSPITAL

2차 세계대전이 끝나고 사회보장법이 통과되면서 의료사회복지가 병원을 넘어 확대되기 시작했다. 사회복지 프로그램이 미 육군과 해군, 보훈처에 신설되었다. 1960년대에 도입된 메디케어Medicare3)와 메디케이드Medicaid,4) 그리고 사회보장법령집Social Security Act의 제18편(XVIII)과 제19편(XIX)은 취약계층도 의료 혜택을 받을 수 있게 해주었다. 이 두 프로그램은 사회복지서비스의 필요성을 더욱 증가시켰다.

근무 환경이 다변화하면서 의료사회복지사의 수도 증가했는데 1960년과 1970년 사이에 의료사회복지사의 수는 거의 두 배가 되었다(Bracht, 1974). 1971년이 되자 사회복지사들은 다양한 분야에 고용되기 시작했다. 1971년 메디케어 보고서에 따르면 6,935개의 참여 병원이 1만 1,576명의 사회복지사를 고용하였고, 4,829개의 장기요양시설에서 2,759명, 2,410개의 재가간호기관home health agencies에서 316명이 일했다(U.S. Department of Health, Education, and Welfare, 1976). 사회복지사들은 또 주정부 및 지역정부의 보건부서들과 국방부 등의 연방정부 기관에서도 근무했고, 예방의학 및 응급의학과 같은 새로운 의료영역에 진입했다. 결과적으로 새로운 환경과 영역에 대응할 수 있는 테크닉들이 추가로 개발되었고, 행동 · 인지 · 가족체계 · 위기 · 그룹워크 이론에 기초한 서비스들이 등장했다. 의료비가 급상승하면서 연방정부는 의료비를 제어하기 위한 조치를 마련하기 시작했다. 1967년에는 메디케어 제공자들로 하여금 해당 진료가 반드시 필요했으며 관련 비용이 합리적이었음을 입증하도록 하는 이용성평가제도utilization review measures가 입법화되었다. 1972년에 의회는 동료기준평가법Peer Standards Review Act 제정을 통해 의료비 청구서를 상호 검토하도록 함으로써 서비스가 바르게 활용되도록 하였다.

그러나 이용성평가제도와 동료평가 모두 별 효과가 없었다. 근로자들을 위한 의료비 선불제도prepaid health-care-arrangements 역시 의료비 상승을 막기 위한 조치였는데, 1929년 오클라호마의 엘크 시티에서 시작된 농민조합을 그 시초라고 한다면, 이 유형의 프로그램 중 가장 잘 알려

---

3) 노인건강보험 — 옮긴이 주.
4) 저소득층을 위한 의료보장제도 — 옮긴이 주.

진 것은 카이저 퍼머넨티 보험Kaiser Permanente Health Plan이었다. 1973년에는 닉슨 정부가 건강 관리기구법Health Maintenance Organization Act을 통과시켰다. 이 법에 따라 3억 7,500만 달러의 연 방기금이 건강관리기구HMO: Health Maintenance Organization의 설립에 할당되었다. 초기에 기업들 은 건강관리기구가 직원들에게 건강보험을 보다 저렴하게 제공할 수 있는 방법이 될 것이라고 보았다. 최근에는 주정부들이 메디케이드 프로그램에 관리의료managed care를 적용시켰다. 1993 년 당시 건강보험을 갖고 있는 미국인의 70%가 어떤 형태로든 관리의료에 등록되어 있었다. 코 넬리우스Cornelius(1994)는 관리의료가 사회복지사들에게 제기하는 위협을 다음과 같이 설명했다.

> 사회복지사는 점차 관리의료의 대행자가 되고 (고객의 필요에 반드시 부응하지는 않는) 기 업이 정한 지침 안에서 대중에게 서비스를 제공하기로 합의한다…… 사회복지사가 프로토콜 밖에서 서비스를 제공할 경우…… 고객은 보험 혜택을 받지 못하고 사회복지사는 변상을 받 지 못한다. 돈이 당근과 채찍이 된다(p. 52).

의료비 제어를 위한 또 하나의 주요한 조치인 예상비용지불제도 병원 진료에 상당한 영향을 끼쳤다. 500개의 진단군에 대해 각각 지급 요율이 정해져 있는 이 제도는 기존의 후불제를 대체 하기 위해 1983년에 도입되었다. 요율은 질병의 성격, 통상적 치료 절차, 병원이 수련기관인지 여부, 지역의 임금 구조, 병원의 위치를 기준으로 개발되었다(Reamer, 1985, p. 86). 이러한 표준화 조치의 목적은 병원의 효율적 운영에 대해 인센티브를 제공하는 것이었다.

이 포괄수가제DRGs: Diagnostic-Related Groups에 따라 환자들은 병이 더 진전되었을 때 입원하 고 더 일찍 퇴원했다(Dobrof, 1991). 이는 다음과 같은 두 가지 방식으로 병원사회복지서비스에 영 향을 끼쳤다.

1. 입원은 시스템의 실패로 간주되었기 때문에 그것을 피하기 위해 모든 노력이 기울여졌다. 그러다 보니, 입원한 사람은 상태가 매우 악화된 상태였다.
2. 병원은 규정된 요율에 따라 지급받았기 때문에 입원 기간을 가능한 한 줄이는 것이 병원 에 득이 되었다. 환자들은 병이 더 진전된 상태에서 입원하고 입원기간은 더 짧아졌기 때 문에 포괄적인 진료가 이루어지기 어려웠다.

이 기간 동안 병원에서 근무하는 사회복지사의 수가 감소하였는가에 대해서는 논란이 있지 만(Coulton, 1988 등), 다수의 사회사업부서는 축소되거나 재조정되었다. 일부는 다른 부서와 병합 되거나 독립적으로 운영되었고, 사회복지와 기타 직군이 부서가 아닌 서비스 형태로 운영되기도 했다.

환자들의 입원기간이 짧아지면서 병원사회복지사들이 환자들과 보낼 기회도 그만큼 줄어들 었음은 자명하다. 또, 사회복지사의 시간 중 상당부분은 중증 환자들과 그 가족을 가정 또는 장

기요양시설 등 다른 시설에서 회복할 수 있도록 준비시키는 데 할애되었다. 도브로프Dobrof(1991)
는 "재가요양서비스나 요양원 입소를 필요로 하는 중증 환자들이 증가하면서 병원사회복지사들
이 진땀을 흘리고 있다"고 주장했다(p. 44).

　　건강관리기구와 포괄수가제 모두 의료사회복지사들의 업무 관행에 영향을 끼쳤다. 건강관리
기구로 인해 사회복지사들은 자체적인 욕구 사정에 따라 서비스를 제공할 수 있는 여지가 제한
되었다. 포괄수가제는 병원사회복지사들이 환자들과 보낼 시간을 줄이고 퇴원 일정잡기에 집중
하도록 만들었다. 이는 사회복지사들이 "의료적 치료의 본질에서 직접 기인한 사회적 문제에 관
심을 갖는다"고 말한 바틀렛(1934, p. 99)이나 "치료에 장애가 되는…… 요인들을 제거한다"(1923,
pp. 14-15)고 말한 캐논 등 의료사회복지의 창시자들이 기대한 방식으로 서비스를 제공하기 어렵
게 만들었다.

　　치료 시간이 제한되면서 새로운 테크닉들이 개발되었다. 과업 중심의 케이스워크task-cen-
tered casework(Reid & Epstein, 1972)는 치료의 목표를 강조했고 다수의 간단한 치료 테크닉들이 개
발되었다(Mailick, 1990 등 참조). 사회복지사들은 인지이론의 스트레스 면역훈련과 같은 개입이론
들이 보건의료 환경에서 적용되는 데 기여했다(Blythe & Erdahl, 1986 등 참조).

　　클라이본Claiborne과 반덴버그Vandenburgh(2001)는 질병관리사를 사회복지사의 새로운 역할로
규정했다. 환자들이 질병을 가진 채 생존하는 기간이 길어지고, 암과 같이 한때 불치병으로 간주
되었던 질병에서의 생존율이 높아지면서 삶의 질 문제가 나타난다. 과거에는 사망선고나 다름없
었던 암을 이겨낸 사람들은 어떻게 살아야 할지를 배우기 위해 도움을 받아야 한다. 류마티스 관
절염처럼 만성적인 질환을 앓는 사람들에겐 그러한 질병 조건에서 보다 충만한 삶을 살아갈 방
법에 대한 지도가 필요하다. 일반적으로 질병 관리에는 "환자의 기능과 삶의 질이 최적의 상태를
유지할 수 있도록 다양한 서비스들 간의 돌봄 기능을 통합하고 조율하는 일단의 전문가들"이 있
어야 한다(Claiborne & Vandenburgh, 2001, p. 220). 이러한 전문가팀의 활동은 흔히 여러 시설들에
걸쳐 있다. 클라이본과 반덴버그는 사회복지사가 다양한 보건시스템과 관리의료 환경에서 일할
수 있기 때문에 질병관리팀의 핵심 구성원이라고 보았다. 8장과 20장에서는 만성적 질환과 관련
한 정신건강 문제에 대해 논의할 것이다.

　　2010년 3월에 통과된 오바마 의료개혁법은 보건서비스를 구성하고 전달하는 방법을 급진적
으로 바꾸어놓았다. 그 과정과 효과는 앞으로 지켜보아야 할 것이나, 다넬Darnell과 롤러Lawlor(5장
참조)는 여러 가지 이유에서 이 법이 장차 보건사회복지의 관행을 바꾸고 그 중요성을 부각시킬
것이라고 주장한다. 일례로, 오바마 의료개혁법은 보험 가입자 확대 조항을 포함하고 있기는 하
지만 전 국민을 포괄하는 보편적 건강보험제도를 정착시키기에는 역부족이다. 다넬과 롤러는
2019년에도 2,300만 명은 여전히 건강보험 혜택을 받지 못할 것이라고 추정한다. 여기에는 미등
록 이민자들이 포함되는데, 이들은 응급상황인 경우를 제외하고는 메디케이드의 혜택을 받지 못
한다. 보건사회복지사들은 이러한 무보험자들의 중요한 지원자가 될 것이다. 또, 보험료가 낮아
지기는 했으나 의료서비스의 조율이 쉽지 않을 것이다(Gorin, Gehlert, & Washington, 2010). 보건사

회복지사들은 환자들이 적절한 서비스를 받도록 연계하고, 서비스 수혜를 받지 못하는 사람들에게 안전망이 제공되도록 하는 과정에서 중요한 역할을 할 것이다.

테크닉과 접근법의 시대적 변화
CHANGES IN TECHNIQUE AND APPROACH THROUGH TIME

보건의료사회복지의 환경은 오랜 시간에 걸쳐 점진적으로 변화해왔다. 1905년부터 1930년까지 의료사회복지사들은 거의 전적으로 병원에서 일했다. 해리엣 바틀렛(1957)은 그 기간 동안의 변화가 수직적이었다고 설명한다. 사회사업과의 수가 꾸준히 증가하고 사회적·정신적 영역에 대한 사회복지사들의 주장이 대체로 다른 영역에 의해 도전받지 않았다. 그러나 심리치료가 등장하면서 심리학자나 사회과학자들이 병원에서 근무하기 시작했고, 사회복지사들은 처음으로 경쟁에 직면하게 되었다.

수직적 성장기에 뒤이어 그 이전에는 상상하지 못했던 상황이 진행된다. 1960년대 후반부터 시작된 연방정부의 의료비 규제로 인해 보건의료사회복지사들은 상당한 융통성과 창의성을 발휘해야 할 상황에 직면했다. 어떤 측면에서는 사회복지계가 지난 70년간 보건의료 환경에서 직면한 경쟁과 전문적인 틈새 영역의 확보 실패(Lister, 1980 등 참조)로 인해, 변화하는 보건의료 환경에서 살아남을 수 있도록 단련되었다고 볼 수도 있다. 사회복지사들은 이처럼 환경의 변화 속에서 잘 적응해왔다.

그렇다면 오늘날 사회복지사들이 임상 실천을 하고 있는 보건의료 환경에서 아이다 캐논과 리처드 캐벗의 비전은 얼마나 실현되고 있는가? 인구 구조의 변화로 인해 보건의료 환경에서 의사소통의 문제가 제기되는 요즘, 사회복지사가 통역사의 역할을 한다는 캐벗의 아이디어는 1905년에서와 같이 오늘날에도 매우 적절해 보인다. 2000년 현재, 미국 인구 10명 중 1명(2,840만 명)은 외국에서 출생했다(Lollock, 2001). 이 수치는 1,090만 명에 달하는 미등록 이민자들은 제외한 것이다(Camarota & Jensenius, 2009).

이 10%라는 수치는 매리 스튜어트가 런던에서, 그리고 가넷 펠턴과 아이다 캐논이 보스턴에서 일을 시작했던 1890~1910년의 15%에 필적한다. 외국에서 태어난 인구의 비율은 2000년에 가까워질수록 증가했다. 미국 인구조사국에 따르면, 1950년대에는 전체 인구의 7%가 외국 출신이었던 반면, 1970년대에는 그 수치가 5%, 1990년대에는 8%를 기록했다(Lollock, 2001).

10장에서 자세히 설명하겠지만, 의사소통은 효율적인 의료서비스 제공의 핵심이다. 서비스 공급자와 환자가 서로 다른 인종 또는 민족 집단에 속하거나 사회경제적 지위가 다른 경우, 의사소통은 더욱 문제가 된다. 미국의학협회IOM: Institute of Medicine의 보고서(2002)는 의사들의 행동이 건강불평등과 연관성을 갖고 있다고 보았으며, 연구자들(Johnson, Roter, Powe, & Cooper, 2004 등 참조)은 백인 의사가 아프리카계 미국인 환자를 대할 때와 백인 환자를 대할 때 의사소통 패턴에 차이가 있다고 지적했다. 그러나 이러한 차이가 의사에게만 국한된 것은 아닐 것이다. 현재까지의 실증 연구들은 의사의 행동에 초점을 맞추고 있으나, 서비스 제공자가 환자에게 할애하는 시간이 줄어들면 편견이 개입될 가능성은 증가한다(Burgess, Fu, & von Ryn, 1990). 1905년에 리처드 캐벗이 규정한 통역사로서의 역할은 오늘날의 보건환경에서도 여전히 중요해 보인다. 보건영역 내의 전문집단들 중 사회복지사들이 환자 및 그 가족들과 서비스 제공자들 간의 소통을 지원하기에 가장 적절한 위치에 있다는 것도 사실이다.

사회복지사는 환자를 "건강악화로 인해 바뀌긴 하지만 여전히 가족과 지역사회에 속한 구성원으로"(1923, p. 15) 본다는 캐논의 주장 역시 질병 관리와 관련한 오늘날의 문제에 시사하는 바가 크다. 캐논은 항생제나 화학요법, 방사선 요법 등이 개발되지 않아 환자들의 장기 생존이 불가능했던 시대에 글을 썼다. 하지만 캐논의 주장은 만성질환을 안고 살아가는 환자들의 수가 날로 증가하는 오늘날에도 여전히 유효해 보인다.

사회복지사들이 더욱 과학적이고 체계적이 되어야 한다는 캐벗의 믿음은 1960년대 말과 1970년대 초 사회복지분야의 연구가 발전하면서 입증되었다. 캐벗과 캐논은 근거 중심의 실천 evidence-based practice이 성공하고 보건의료 사회복지분야에서 현장과 연구가 활발히 접목되는 모습에 크게 기뻐할 것이다. 이제 보건의료 분야의 경력을 가진 사회복지사들은 미국국립보건원 NIH: National Institute of Health 등의 연방기관에서 연구팀을 이끌고 프로그램 관장 등 주요 직책을 맡고 있다.

사회복지사의 역할에 대해 서로 상반된 입장을 가졌던 캐벗과 캐논도 오늘날 미국 전역에서 병원과 각종 보건기관의 관리자로 활동하는 사회복지사의 수가 증가하는 모습을 보면, 두 사람 모두 크게 감격할 것이다.

이상적으로 볼 때 사회복지가 "끊임없이 변화하는 활동이다. 원칙은 축적된 지식을 바탕으로 서서히 구축되지만, 테크닉은 계속 변화한다"고 했던 아이다 캐논의 주장(1923, p. 9)은 아직도 유효하다. 보건의료에서의 사회복지는 지난 100년간 많은 변화를 겪어왔고 또 어려운 난관들을 헤쳐 왔다. 5장에서 다넬과 롤러가 지적한 바와 같이, 보건사회복지사들은 이제 2010년 제정된 오바마 의료개혁법에 따라 변화하는 의료서비스 전달체계의 지원자이자 정책 구현자로서의 역할에 직면하고 있다. 이처럼 결코 끝나지 않는 도전들 속에서도 보건의료 사회복지의 기본 원칙은 1905년에 그랬던 것처럼 오늘날에도 여전히 유효하다.

연습문제

연습 1.1

매사추세츠 종합병원에서 처음 사회사업과를 설립하는 데 관여한 사람들(아이다 캐논, 가넷 펠턴, 리처드 캐벗)은 모두 백인이었으며 유복한 가정에서 태어났다. 캐벗은 사회 엘리트층 출신이었고, 캐논의 아버지는 미네소타 주의 철도청 관리자였다. 펠턴이 당시에 간호사 교육을 받았다는 것은 그 집안이 경제적으로 부유했음을 보여준다. 그 이후에는 다양한 인종, 민족, 사회경제적 배경을 지닌 사람들이 의료사회복지에 참여했다. 2010년 오바마 의료개혁법이 제정되었음에도 불구하고 다넬과 롤러(5장 참조)가 2019년에도 무보험자로 남아 있을 것이라고 추정한 2,300만 명의 미국인들을 지원하는 데 있어서 오늘날 보건사회복지 분야의 다양성이 어떠한 영향을 끼칠 것인지 소그룹으로 나누어 논의해보자.

연습 1.2

영국의 첫 병원자선사(매리 스튜어트)와 미국의 첫 병원사회복지사(가넷 펠턴)는 모두 여성이었으나 이들의 채용을 적극 지지한 사람들은 의학계의 영향력 있는 남성들이었다(찰스 로크와 리처드 캐벗). 보건의료에서의 사회복지를 발전시킨 공이 누구에게 있다고 보는가? 로크와 캐벗의 비전은 의료사회복지의 발전에 어느 정도나 기여했다고 생각하는가? 로크와 캐벗이 병원사회복지의 개척자라기보다는 그것의 발전을 위한 촉매자 역할을 했다고 생각하는가? 펠턴이나 캐논과 같은 여성들의 비전과 행동은 보건사회복지의 발전에 어느 정도나 기여했다고 보는가? 이것이 미국 내, 그리고 사회복지계에서의 젠더 역할과 관계에 대해 의미하는 바는 무엇인가?

연습 1.3

중증 질환의 치료가 가능해지고 보험료가 하락했음에도 불구하고 인종, 민족, 사회경제적 지위에 따른 건강불평등은 지속적으로 심화되었다. 오바마 의료개혁법이 (1) 이러한 건강불평등을 줄일 것이라고 생각하는가? 아니면 (2) 건강 위기에 처한 사람들의 수는 감소시키지만 적절한 의료서비스를 이용할 수 있는 사람과 그렇지 못한 사람 간의 간극을 넓혀서 궁극적으로는 건강불평등을 더욱 악화시킬 것이라고 생각하는가? 두 그룹으로 나누어 각각의 입장에 대해 논해 보자. 어떻게 하면 보건사회복지가 미국의 건강불평등을 완화시키는 데 기여할 수 있을 것인가?

제 2 장

사회복지의 역할과 보건의료 현장

Social Work Roles and Health-Care Settings

테리 브라운 TERI BROWNE

보건사회복지사health social workers의 역할은 시간의 흐름에 따라 변화되어 왔다. 이는 연방 정부와 주정부 및 지자체의 정책 변화, 건강과 질병의 경향, 그리고 다른 보건의료 전문가들의 역할 변화에 따른 필연적인 결과였다. 그러나 1장에서 논의한 대로 사회복지의 기본적인 기능은 남아 있으며, 오늘날 사회복지사의 역할에는 아웃리치outreach, 사정assessment, 개입intervention, 의료서비스 등을 생물심리사회적으로 접근함으로써, 대상을 전인적whole person으로 다루어야 한다는 책임감이 반영되어 있다.

보건사회복지사는 다양한 현장에서 활동하며, 의료서비스의 계획·전달·평가에 있어서 여러 가지 역할을 수행한다. 사회복지사는 개인이나 인구집단에 대한 보건의료서비스를 향상시키기 위해 조직적 시스템과 전문직 간의 연계를 촉진한다. 이러한 활동은 무수히 많은 현장에서, 매우 다양한 방식으로, 또 여러 단계의 초학제적transdisciplinary 협업을 통해 이루어지고 있다. 보건사회복지사는 개인이나 지역사회에 가장 효과적인 서비스를 제공하기 위해 이러한 요인들을 인지해야 한다.

이 장의 목표

- 보건의료서비스에 대한 생물심리사회적 접근과 이를 실행하는 전문가들에 대해 설명한다.
- 보건의료팀 내 사회복지사의 역할을 정의해 본다.
- 보건의료서비스의 전달 및 계획에 관련된 보건사회복지사의 과업을 개괄적으로 설명한다.
- 효과적인 협업을 위한 팀워크 및 고려사항에 관련된 전문적 이슈와 과업에 대해 논의한다.

보건의료서비스에 대한 사회복지의 생물심리사회적 접근
SOCIAL WORK'S BIOPSYCHOSOCIAL APPROACH TO HEALTH CARE

오늘날 보건의료서비스의 전달을 위해 점점 더 많이 권고되는 접근방법은 생물심리사회적 모델이다. 엥겔Engel이 1977년에 제안한 생물심리사회적 모델은 질병의 생물학적·사회적·환경적·심리적·행동적 측면을 강조한다. 이는 주로 질병의 생물학적 원인에 초점을 맞추었던 보건의료의 전통적인 의료모델을 확장시킨다. 즉, 생물심리사회적 모델은 순수한 생물학적 요소와 더불어 질병의 비의료적인 결정요인들을 고려한다. 예를 들어, 당뇨병 환자의 치료계획을 세울 때 의료적 모델로 접근한다면 병리적인 검사결과와 신체적 상태에만 초점을 맞추겠지만, 보건서비스의 생물심리사회적 모델은 처방되는 약을 구입할 수 있는 능력까지 고려하는 것이다. 린다우Lindau, 라우만Laumann, 레빈슨Levinson, 웨이트Waite(2003)의 생물심리사회적 상호작용 모델은 이러한 엥겔의 모델을 더 확장시킨다. 즉, 질병 자체보다 일반적인 건강상태를 포함하고, 건강에 있어서 사회적 네트워크와 문화적 맥락의 역할을 고려한다. 이 장에서 *생물심리사회적*biopsychosocial이라는 용어는 보건서비스 전달과 관련해 행동적·환경적 요인 등 건강과 치료의 심리적·사회적 측면에 관심을 갖는 접근법을 나타내는 데 사용된다.

건강과 관련된 생물심리사회적 이슈들을 고려해 개입하기 위해서는 의료적 문제와 관심 영역을 다룰 수 있는 전문가들로 구성된 초학제적 팀을 다양한 현장에서 활용할 필요가 있다. 이러한 전문가에는 사회복지사 외에도 의사와 진료보조인력PA: physician assistant[1] 및 레지던트, 간호사 및 개업간호사NP: nurse practitioner,[2] 영양사, 심리학자, 간호조무사PCT: patient care technician, 방문간호사 및 방문요양사, 물리·직업·언어요법 치료사, 행정가, 사제chaplain, 약사 등이 포함된다. 환자와 사회적 지지 네트워크의 구성원들 역시 점점 초학제간 팀의 핵심적인 구성원으로 인식되고 있다(McWilliam, 2009).

의료적 접근의 한계: 건강과 관련된 심리사회적 이슈들

엥겔의 생물심리사회적 모델이 소개되기 전, 네이슨Nason과 델반코Delbanco(1976)는 의료서비스 제공자가 환자의 심리사회적인 측면에 관심을 가질 것을 권고하며, 보건의료팀에 사회복지사를 포함해야 한다고 주장했다. 보건사회복지사는 개인의 사회적·행동적·정서적 관심과 사회적 지지 네트워크에 직접 주의를 기울일 뿐만 아니라, 정책과 프로그램을 개발하고 관리하며, 그들의 심리사회적 욕구에 초점을 맞춘 연구를 수행한다.

---

1) 의사 업무의 일부를 위임 받아 진료를 보조하는 인력. 미국에서는 대부분의 진료보조인력이 간호사이기 때문에 'PA간호사'로 통칭하기도 함. 최근 우리나라에서도 합법화 논쟁이 있음 ─ 옮긴이 주.
2) 미국에서 공인등록간호사RN: registered nurse 가운데 석사 학위를 따고 자격시험을 통과한 개업간호사는 독립적인 처방권을 갖고 독자적으로 클리닉을 운영할 수 있음 ─ 옮긴이 주.

개인적인 수준에서 보면, 사람들은 발달장애나, 읽고 쓰는 능력의 부족, 또는 언어나 시·청각적 문제 때문에 질병이나 권유받은 치료법에 대해 이해하지 못할 수 있다. 대부분의 의료적 상황과 치료법은 매우 복잡하여, 사회복지사는 이러한 깃들을 환자나 보호자에게 설명해주기 위해 필요할 수 있다. 사회경제적인 열악함은 환자들이 의료서비스를 받는 데 매우 큰 영향을 준다. 만약 환자에게 적절한 건강보험이나, 병원에 오갈 수 있는 교통수단, 처방약에 대한 보장, 또는 영양보조제나 특별관리식을 살 돈 등이 부족하다면, 환자의 건강은 위태로워질지 모른다. 환자들은 여러 기관들로부터 식사 배달, 가사도우미 서비스, 물리치료요법 등 수많은 서비스를 필요로 할 수 있다. 지역사회 서비스들을 예약하고 조정하는 일은 환자, 특히 사회적·심리적·의료적 부담까지 갖고 있는 환자들이 직접 하기에는 복잡하고 힘에 부칠 수 있다. 또한, 환경적 요인들도 각 환자의 사회적 기능과 건강 상태에 직접적인 영향을 미친다(4장과 7장의 환경적 요인이 건강과 기능에 영향을 미치는 방식에 대한 모델들 참조).

정서적인 문제는 건강 문제로부터 영향을 받기도 하고 주기도 한다(8장 참조). 심장수술과 같은 의료적 경험을 하고 나면 환자의 불안이 증가할 수 있다(Ben-Zur, Rappaport, Ammar, & Uretzky, 2000). 심장질환을 가진 사람들 가운데 우울증을 치료받지 않은 경우, 심장발작이 일어날 위험이 높은 것으로 나타났다(Monster, Johnsen, Olsen, McLaughlin, & Sorenson, 2004). 또한, 우울감이 있는 사람들은 이후의 진료 일정을 지키려는 의지가 더 약할 수 있다. 진단과 치료 계획에 잘 대처하지 못하는 환자는 신체적인 결과도 좋지 않을 것이다(Livneh, 2000). 효과적인 대처와 자기효능감의 증진 및 낙관주의는 만성질환자들의 삶의 질 향상과도 관련이 있다(Rose, Fliege, Hildebrandt, Schirop, & Klapp, 2002).

환자의 사회적 지지 네트워크는 그들의 건강상태에 상당한 영향을 미칠 수 있다. 13장에서 논의할 바와 같이, 가족은 그 구성원에게 건강상의 이상이 생겼을 때 매우 중요한 지지와 도움을 주기도 하지만, 최적의 서비스를 막는 장애물 역할도 한다. 예를 들어, 유방암환자에게 의사가 양쪽 유방 절제술을 권할 때, 환자의 남편이 그 조언을 탐탁하게 여기지 않는 것은 환자를 당황하게 만들 뿐 아니라 꼭 받아야 할 수술을 거부하게 만들어 환자의 건강에 해를 줄 수 있다. 가족구조와 사회적 지지는 생애주기에 걸쳐 환자의 건강에 영향을 준다(Thompson, Auslander, & White, 2001).

반대로, 질병은 개인이 가지고 있는 심리사회적 문제를 악화시킬 수도 있다. 결혼생활에 문제가 있는 여성이 질병을 얻게 되면, 남편이 아내의 질병 및 치료와 관련된 스트레스에 적절히 대응하지 못해 이혼을 하게 되고, 결국 그 여성은 기본적인 지지체계를 잃게 될 수 있다. 이는 역할조정 및 상실과 관련된 문제에 대처해야 할 뿐 아니라, 진료 약속을 지키기 위한 교통수단이 없어진다는 것을 의미한다. 두 가지 모두 환자의 건강에는 부정적인 영향을 끼친다.

만약 아동에게 병원생활과 의료적 문제를 도와줄 지지적인 가족구성원이 있다면, 그 아동은 그렇지 못한 아동에 비해 예후가 훨씬 좋을 것이다. 마찬가지로, 심장수술 후 회복기에 있는 여성에게 남편과 자녀를 도와줄 이웃이나 가족이 있다면 회복 속도가 좀 더 빠를 것이며, 그렇지 않은 환자들보다 매주 있는 심장재활센터 외래진료에 수월하게 올 수 있을 것이다. 이와 같이, 병원이나 진료실 밖에서 생기는 심리사회적 이슈들은 건강을 유지하는 개인의 능력에 매우 큰 영향을 미친다.

레르Rehr(1982)는 의료서비스를 찾는 사람들 중 많은 이들이 "사회적 질병과 문제"를 가지고 있다고 하였다. 이러한 질병과 문제들은 본질적으로 생물학적인 것이라기보다는 심리사회적인 것으로, 아동 학대나 노인 학대(성추행이나 가정폭력을 포함하는), 약물중독, 자해나 폭식 등의 위해 행동, 자살시도 등이 이에 해당된다. 이러한 요인들은 생물심리사회적 상태와, 궁극적으로는 건강 상태의 개선을 위해 사회복지사의 개입과 관심을 요구한다. 예를 들어, 소만티Sormanti와 시부사와Shibusawa(2008)는 응급실과 1차 의료 기관에서 만난 50~64세의 여성 중 5.5%가 파트너에 의한 폭력 희생자라는 사실을 알게 됐다. 이것을 포함한 여러 연구결과들은 의료적 의미의 질병 뿐 아니라 "사회적 질병과 문제"로 힘겨워하는 환자들을 위해 개입하기 위해서는 의료현장에 사회복지사가 있어야 한다는 점을 제시해 준다.

최근 미국의 보건의료 환경(5장 참조)은 입원기간 단축, 의료적 개입기간 단축, 포괄적 서비스 및 관련 인원 감축 등을 통해 비용 억제를 강조하고 있다. 예를 들어, 몇 십 년 전만 해도 고관절 치환 수술이나 간 이식을 받을 경우 환자들은 회복을 위해 몇 주씩 입원하곤 했다. 또한, 과거에는 입원해서 받던 많은 외과적 치료들이 최근에는 외래의 주간시설에서 이뤄지고 있다. 장기 입원치료는 의료과정에 대한 고정된 지급체계(포괄수가제 — 옮긴이 주)로 인해 이제 원칙이 아니라 예외사항이 되고 있으며, 고관절 치환 수술이나 간 이식을 받은 환자들도 수술 후 며칠이 지나면 퇴원을 하게 된다.

이러한 입원 단기화와 외래치료 중심의 경향은 환자의 심리사회적 문제를 악화시킬 수 있다. 베이트맨Bateman과 휘태커Whitaker(2002)는 재가요양에 대한 욕구가 증가하는 의료상황에서 환자에게 필요한 재가의료서비스가 연계되도록 퇴원계획을 세워줄 사회복지사가 필요하다고 주장한다. 이들은 또한, 사회복지사들이 사망률과 입원 필요성이 줄어들도록 예방적 차원에서 의료적 이슈들을 다룸으로써 1차 의료 현장에서 좀 더 큰 역할을 해줄 것을 제안한다(참고 2.1 참조).

의료비 억제를 강조하는 것과 관련해 지역사회 건강관리 프로그램이 증가하고 있다. 질병이나 건강 관련 문제 예방을 목적으로, 산전 건강관리나 암 검진 등의 문제를 다루는 프로그램들은 조직화와 일상적인 운영을 위해 사회복지사를 고용하고 있다.

보건 현장과 보건 현장 내 사회복지사의 위치

직접적인 보건의료서비스는 다양한 현장에서 제공되며, 여기에는 공공 및 민간 의료기관, 외래병원, 지역보건센터, 통원수술센터ambulatory surgery centers, 개인병원, 이동진료소, 전문요양시설, 군 의료, 교정시설, 학교, 건강유지관리기구 등이 포함된다. 이러한 서비스는 또한, 신부전증(투석센터), 암(화학요법 클리닉), HIV/AIDS(지역보건소) 등 특정 질병을 다루는 곳이나, 여러 가지

◆ 참고 2.1 보건사회복지사의 프로필

　　사회복지학 박사인 밀드리드 윌리엄슨Mildred Williamson은 일리노이 주 시카고의 쿡 카운티 보건서비스국에서 통원 및 지역사회 보건네트워크를 위한 프로그램과 연구의 책임자이다. 이러한 역량으로 그녀는 지역사회 욕구 기반의 보건 프로그램들을 만들었다. 그녀는 이전에 시카고에 있는 우드론 보건센터와 쿡 카운티 병원의 여성 및 아동 HIV 프로그램 관리자였다. 윌리엄슨은 많은 지자체와 주정부 및 연방정부, 그리고 민간 재단으로부터 보건연구를 위한 지원금을 받는다. 그녀는 미국 질병관리센터의 HIV/AIDS 예방 및 치료 자문위원회 위원으로 일해 왔으며, 시카고의 HIV 관련 단체 두 곳, 즉 비전하우스Vision House와 가족 및 아동 AIDS 네트워크 Families' and Children's AIDS Network 이사이다. 최근 윌리엄슨은 아동·청년·가족을 위한 AIDS 동맹AIDS Alliance for Children, Youth, and Families 이사회 활동에 열심이다. 이 단체는 HIV 가족 및 청소년을 중심으로 하는 간병인·옹호자·소비자들의 전국적인 단체로, 그녀는 1994년 이 단체가 창립할 때 도왔다. 그녀는 1997년부터 2001년까지 이 단체의 이사장을 역임했다.

보건 문제들을 함께 다루는 다목적기관에서 제공될 수도 있다. 예를 들어, 록Rock과 쿠퍼Cooper (2000)는 1차 진료소에서 사회복지사가 할 수 있는 활동에 대해 설명하고 있다. 이러한 활동에는 환자 사정, 알코올 중독이나 우울 및 불안에 대한 검사 및 치료, 사례 관리, 치료 계획에 대한 환자의 자기관리능력 향상을 위한 인지행동요법, 사별가족 상담 등이 포함된다.

　　다른 실천 현장은 급성질환 치료(외래서비스나 필요에 따라 수시로 제공되는 서비스 포함) 또는 일정 기간 동안 입원을 해서 서비스를 받는 만성질환 치료를 전문적으로 다루는 곳이다. 간접적 보건의료서비스는 프로그램이나 정책 기획, 그리고 보건 프로그램 설정과 같은 것들로, 지자체나 주정부 및 연방정부 기관을 통한 초학제적 팀, 지역사회 조직들, 정부 기관, 또는 학교 및 연구기관에서 활동하는 전문가들이 관장할 수 있다. 건강은 태아기와 영아기 돌봄에서부터 노인과 생애말 의료에 이르기까지, 전 생애에 걸쳐 미시적·거시적 영역에서 고려된다.

　　보건은 임상적 차원이든 거시적 차원이든, 모든 사회복지사에게 매우 중요한 실천 영역이며, 사회복지사는 각각의 서비스 현장에서 중요한 역할을 한다. 『U.S. News & World Report』(2010)는 2011년 최고의 직업 50선에 보건사회복지사를 올려놓았다. 2010년에 사회복지사의 22%가 의료 및 공중보건사회복지사로 채용되었고, 2008~2018년에는 미국의 보건사회복지사 수가 22% 정도 증가할 것으로 예측된다(U.S. Department of Labor, 2010).

　　미국 보건의료영역에서의 사회복지에 대한 규제 기준은 주마다 다르며, 각 주의 사회복지사 자격 규정도 다르게 이루어져 있다. 또한, 보건 관련 조직들도 보건의료팀에 사회복지사를 포함시키는 것에 대한 권고사항이나 규정이 각각 다르다. 1장에서 언급했듯이, 사회복지사는 1세기 이상 의료 현장에 개입되어 왔으며, 보건서비스 전달체계의 생물심리사회적 모델을 이행하는 데 매우 중요한 역할을 한다.

보건의료에 의사뿐 아니라 사회복지사와 간호사를 포함시키는 접근법이 의사만 포함시키는 접근법보다 환자의 치료 결과를 더 좋게 만든다는 것을 보여주는 실증적 근거들이 있다. 또한, 이러한 증거들은 사회복지사와 간호사의 개입이 비용도 덜 들게 만든다고 제시한다. 예를 들면, 소머스Sommers, 마턴Marton, 바바샤Barbaccia, 랜돌프Randolph(2000)는 1차 진료의 제공에 있어서 다학제적 팀 모델 적용의 효과성에 대한 실험적 연구를 진행하였다. 이 연구에서 개입 집단은 1차 진료 의사와 간호사, 사회복지사의 서비스를 받은 반면, 통제 집단은 의사에게만 서비스를 받았다. 그 결과, 연구자들은 다학제적 팀의 서비스를 받은 사람들이 그렇지 않은 집단의 사람들보다 입원율 및 재입원율이 낮고, 다시 진료를 받으러 오는 경우가 적으며, 사회적 활동 참여는 증가한다는 것을 알게 되었다. 또한, 연구자들은 학제 간 접근법이 환자 개인당 90달러의 비용(추가적 인력에 대한 비용 포함)을 절감시키는 것으로 추정했으며, 이는 병원에 덜 오게 됨으로써 생긴 비용 절감은 포함하지 않은 수치이다.

보건의료 영역에서 환자를 위한 사회복지서비스가 필요하다는 견해를 지지하는 연구들은 또 있다. 맥과이어McGuire, 빅슨Bikson, 블루하웰스Blue-Howells(2005)는 보훈병원 4곳에서 1차 진료 서비스를 받은 684명의 환자들을 대상으로 자가기입식 조사를 실시했다. 조사는 익명으로 이루어졌으며, 자료 수집기간 동안 진료소를 찾는 환자들 모두에게 설문지를 나누어주었다. 그들은 환자의 경제적 도움, 주거, 상담과 같은 심리사회적 욕구에 대해 측정했다. 환자의 약 3분의 2는 심리사회적 어려움을 경험하고 있다고 밝혔다. 63%는 경제적 어려움을, 62%가 스트레스가 있다고 보고했다. 환자의 3분의 1 이상(38%)이 실업, 열악한 교통수단, 관계형성과 같은 문제를 가지고 있었다. 환자의 4분의 1은 노숙자(18%)였으며, 21%는 재가요양서비스를 필요로 했다. 응답자의 15%만이 건강관리에 대한 주요 권고사항을 지키는데 심리사회적 어려움이 없다고 보고했을 뿐, 환자의 대부분(75%)은 한 가지 이상의 사회적 문제를 가지고 있었다.

보건팀에서 사회복지사의 역할
SOCIAl WORKER'S ROLE OF HEALTH TEAMS

사회복지사는 최적의 보건의료서비스를 전달하고 계획하는 데 있어서 반드시 필요하다. 사회복지사는 임상 현장에서 환자 및 그 가족과 직접 만나는 것뿐 아니라 거시적 현장에서의 활동을 통해서도 기여한다. 그들은 직접 환자들을 돌보는 전문가들로 구성된 보건팀에서 일하기도 하고, 프로그램의 기획 및 실행을 관장하는 관리자로서 일하기도 한다. 보건사회복지사의 과업은 사회복지사의 전문적 목표와 일치한다. 즉, 클라이언트가 문제를 해결하고 삶의 스트레스에 대처할 수 있도록 돕고, 각각에게 자원·서비스·기회 등을 연계시켜주며, 효과적이고 인도적인 서비스 시스템을 촉진하고, 사회정책을 개발 및 개선하는 것 등이다(Gambrill, 1997).

직접적인 실천: 보건의료서비스 전달체계 일부로서의 사회복지사

직접 환자를 돌보는 현장에서는 보건사회복지사의 다양한 과업이 존재한다. 여기에는 환자들 및 그들의 사회적 지지체계 구성원들에 대한 개입, 학제간 팀 구성원들과의 협업, 지역사회 및 사회보장기관들 내에서의 서비스 조정, 정부 기관들에 대한 환자 욕구 대변 활동, 보건기관 감독 및 관리 등이 포함된다. 직접 환자를 돌보는 현장에서 보건사회복지사는 환자의 상황을 정교하게 사정하고, 개입을 계획하고 실행하는 활동을 한다.

보건사회복지적 사정

사회복지사는 돌봄에 도움이 되거나 잠재적인 장애가 되는 것이 무엇인지 파악하기 위해 사회복지적 사정의 일부로서 클라이언트 및 그 사회적 지지체계 구성원들의 욕구와 강점을 평가한다. 이러한 활동은 실천 현장에 특화된 과정이며, 조직이나 규정에 따른 요구조건과 제공되는 서비스 유형의 영향을 받는다. 예를 들어, 어떤 병원은 모든 부서에서 사용되는 표준적인 사회복지 사정도구를 가지고 있을 것이다. 또, 종양사회복지사oncology social worker는 암환자의 구체적인 욕구에 맞춰 표준화된 사정도구를 사용할 것이며, 재활의학과의 사회복지사는 다른 양식의 사정도구를 사용할 수 있다. 이러한 사정 활동은 질병에 대해서만 제한되는 것이 아니다. 사회복지사는 가정폭력과 같은 심리적·사회적 이슈라든가(Danis, 2003), 양질의 보건의료서비스를 받지 못하게 만드는 사회경제적 제약에 관해 보건의료팀들이 사정하는 것을 도와줄 수도 있다.

보건사회복지적 개입

구체적인 욕구 사정 결과를 바탕으로, 사회복지사는 지원을 제공하고, 파악된 욕구를 다룰 개입방법을 개발하여 실행한다. 이러한 과정에는 질병이나 치료법에 관해 환자의 지적 수준 및 발달단계, 또 언어나 시청각적 장애요인 등을 고려해 설명해주는 것도 포함된다. 서비스 공급자와 환자 간 의사소통이 원활하도록 해주는 것은 보건사회복지사의 핵심적인 역할 중 하나로, 10장에서 더 자세히 논의될 것이다(참고 2.2 참조).

사회복지사는 지역 및 연방정부의 사회보장 프로그램들이 요구하는 자격조건에 대해 잘 알고 있으며, 환자와 가족들이 이러한 자원을 접하고 이해할 수 있도록 도울 수 있다. 사회복지사는 "사회적 서비스 욕구를 사정하고 지역사회기반 서비스를 확보하거나 조정하는 데 필요한 지식을 가진" 보건 전문가이다(Berkman, 1996, p. 545). 보건사회복지사는 환자와 가족들에게 서비스나 다른 자원들에 관해 소개하고 연계시켜주는 사례관리 서비스를 제공함으로써 환자들이 필요한 자원을 얻을 수 있도록 도와준다.

나아가, 보건사회복지사는 이원적인 관심을 갖고 있다. 즉, 인간 욕구에 대한 사회제도의 대응 개선과 개인의 사회적 기능 향상을 동시에 추구한다(Dhooper, 1994). 보건사회복지사는 그들만의 임상기술을 이용해 환자와 그 가족들이 질병 및 권고된 치료과정에 잘 대처할 수 있도록 돕

◆ 참고 2.2 보건사회복지사의 프로필

    케이 암몬Kay Ammon(MSW,[3] LCSW,[4] QSW[5])은 캘리포니아 산호세에 있는 산타클라라밸리 의료원의 신생아집중치료실에서 근무한다. 위독한 신생아와 그 가족들을 대상으로 일하는 암몬은 첨단기계가 많아서 위압적이기까지 한 신생아집중치료실에 관해 가족들에게 잘 알려주고, 그곳의 정책 및 치료절차를 소개해준다.

    암몬은 또 정서적 지지, 슬픔에 관한 상담, 죄책감 및 불안에 대한 대처법, 생애말기 돌봄 및 관련 정보, 의뢰, 환아와 가족을 위한 자원 연계 서비스 등을 제공한다. 스페인어를 할 줄 아는 보건의료 공급자로서 많은 히스패닉 가족을 위해 일해 온 그녀는 자신을 가족과 보건의료팀 간의 "중요한 고리"라고 생각한다. 그녀는 환자의 가족을 위해 복잡하고 어려운 의학용어 등을 쉽게 전달하며, 가족의료회의를 조정한다. 그녀는 가족들이 복잡한 의학용어와 퇴원 계획을 이해하는 데 도움을 준다.

는다. 예를 들어, 근위축성측색경화증ALS: Amyotrophic Lateral Sclerosis(루게릭병)과 같은 병에 걸린 환자들은 그 사실을 받아들이기 어려워한다. 루게릭병은 진행성 신경근육계 질병으로, 이 병에 걸린 환자는 심신이 매우 쇠약해지다가 사망에까지 이를 수 있다. 루게릭병 진단을 받게 되면 우울해지고 분노와 두려움을 느끼게 될 것이다. 보건사회복지사는 전문적인 훈련을 받음으로써 그런 환자가 자신의 병에 잘 대처할 수 있도록 상담해주거나, 병의 결과로서 경험하게 될 여러 가지 상실과 그로 인한 슬픔에 관해 상담해주며, 삶의 질을 최대한 높이기 위해 의료서비스를 잘 따르도록 북돋아줄 수 있다.

    덧붙여, 의사가 권한 치료법이 환자에게는 지키기 어려운 것일 수 있다. 당뇨병 진단을 받은 10대 소년에게는 하루에도 몇 번씩 혈당체크를 하고, 학교에 있는 동안에도 인슐린 주사를 맞아야 하며, 설탕도 피해야 한다는 사실이 굉장히 번거롭게 느껴질지 모른다. 소년은 의사의 조언이 자신이 선호하는 생활방식과 맞지 않기 때문에 이를 지키려 하지 않을 것이다. 이럴 때 보건사회복지사는 당뇨관리법의 문제점에 공감해 주면서, 지지적인 상담을 제공하고, 그런 어려움에 대처할 방법을 찾게끔 도와줄 수 있다. 사회복지사는 또한 양호선생님과 협력하여 소년이 양호실에서 혈당체크를 하고 스스로 인슐린 주사를 놓을 수 있도록 알아봐줄 수도 있다. 이러한 조치들은 노출된 공공장소에서 하는 것보다 소년의 사생활을 훨씬 더 지켜 줄 것이다. 생활방식과 관련된 또 다른 개입으로는 사회복지사가 그 소년의 부모와 의논해서 집이나 파티에서 제공되는 음식 및 간식의 종류를 소년의 식이요법에 맞추는 방법이 있다. 어떤 아동이나 청소년들은 또래나 반 친구들로부터 자신의 병에 대해 오해를 받거나 낙인을 경험할 수도 있다. 이러한 경우 사회복지

---

3) Master of Social Work(사회복지학 석사)

4) Licensed Clinical Social Worker(임상사회복지사)

5) Qualified Social Worker(공인 사회복지사). 이하 본문에 나오는 자격증들은 별도로 번역하지 않음 ─ 옮긴이 주.

사는 학교 방문 교육을 통해 환자의 또래들에게 그의 질병에 관해 알려주고, 당뇨병에 대해 그들이 가지고 있을지 모르는 잘못된 신념이나 정보를 없애주며, 그 병에 좀 더 친숙해지게 만들고, 환자가 학교에서 인슐린 주사를 맞거나 독특한 식이요법을 해야 하는 것에 대해 이해시킬 수 있다.

성인 환자를 위해 보건의료영역의 사회복지사는 부부나 가족에 대한 상담을 제공한다. 갓 태어난 아기의 죽음으로 비탄에 잠긴 부부는 아마도 사회복지사의 상담을 받을 것이다. 또한, 사회복지사는 다리 절단 수술을 받은 아버지에게 적응할 수 있도록 한 가족 모두에게 상담을 제공할 수도 있다. 그리고, 생애말 돌봄과 관련된 개입을 위해서는 종종 가족회의라든지, 이론 및 근거 기반 전략이 적용된 개입이 필요하다. 보건사회복지사는 다양한 건강 관련 이슈들을 교육하고 지지하기 위해 환자나 가족 대상의 지지 집단을 운영하기도 한다.

보건사회복지사는 다른 전문가로부터 의뢰받은 환자를 만날 수도 있다. 그런 환자는 효과적인 치료를 가로막는 심리사회적인 문제들이 있어서 의뢰된 것일 수 있다. 예를 들어, 병원사회복지사는 응급실 환자들을 전부 만나지는 않지만 성폭행이나 가정폭력 피해자를 사정하고 적절한 서비스를 직접 제공하거나 연계해주도록 요청받을 수 있다. 또한, 1차 진료 현장에 고용된 사회복지사는 목표 상실로 인해 권고 받은 치료과정을 지속하는 게 불가능하다거나 건강보험 때문에 필요한 약을 구입할 수 없는 등의 심리사회적 문제가 있는 환자와 그 가족에게만 서비스를 제공하도록 요청받을 수 있다. 마찬가지로, 병원 응급실에 고용된 사회복지사는 응급실에 자주 오긴 하지만 사실은 1차 진료에 문제가 있는 환자를 상대해야 할 수도 있다. 이런 환자는 예방적인 진료를 받거나 이용하는 데 장애가 되는 것이 무엇인지를 사정하고, 지역사회 서비스에 관해 안내해 주도록 의뢰 받는다.

반대로, 어떤 사회복지사들은 자신이 속한 특정 현장의 모든 환자를 만나기도 한다. 이를테면, 이식 관련 사회복지사는 이식이 필요한 모든 환자들의 심리사회적인 문제들을 평가한다. 그런 평가의 목적은 환자가 이식프로그램에 등록해야 할지 보건의료팀이 결정할 수 있게 돕는 것이다. 사회복지사는 이식수술이 성공하는 데 방해가 될 수 있는 심리사회적인 문제에 초점을 맞추어 개입한다. 이런 문제는 이식수술 일정이 잡히기 전에 해결되어야 한다. 이식수술 과정이 진행되는 동안 사회복지사는 환자에게 사례관리서비스도 제공한다. 여기에는 지역사회 자원 의뢰, 경제적 상담, 수술 후 간병을 위한 가족 및 간병인 준비와 교육 등이 포함된다.

보건사회복지 실천에서의 공통적인 현상은 환자, 그들의 가족, 지역사회 구성원을 보건의료팀원이나 프로그램과 연구조사의 조언자로서 적극적으로 참여시키고 있다는 것이다. 이는 환자도 전문가들과 동등하게 건강관리 계획에 참여할 권리가 있다는 데 그 기본 철학이 있다. 사회복지학 박사인 새라 겔러트Sarah Gehlert 교수가 운영하고 있는 시카고대학교의 학제간 건강불평등 연구소Center for Interdisciplinary Health Disparities Research는 인구집단들의 건강 및 건강불평등에 관한 연구를 발전시키기 위해 연방정부가 여러 지역에 지원하고 있는 프로그램의 일부이다. 각 프로젝트는 건강의 심리적·사회적·생물학적인 측면에 관해 전문성을 가진 학술적 조사자들과 함께 지역사회 구성원들을 이해관계자로 포함시키고 있다. 젤러트 교수팀은 지역사회 주민 503명으로 구성된 집중포커스그룹 49개를 운영하면서 유방암과 그 치료법에 대한 지역사회의 신념이나 관심사안 및 태도를 확인하고 있다. 임상·행정·연구조사 등의 역할을 가진 사회복지사는 기획단계에서 지역사회 주민 및 대상자들이 보건의료팀에 포함되도록 돕는 데 필수적이며, 진행 과정에서 그들의 대변자 역할을 한다.

보건의료팀에서 일하든 행정적인 역할을 하든, 사회복지사는 환자 돌봄 서비스와 프로그램 기획에 있어서 건강의 사회적 맥락에 주의해야 한다는 점을 강조한다. 밀Mill과 레르(1983)는 보건 의료사회복지사를 보건관리시스템과 대상자 간의 중재자라고 하였다. 이 일은 시스템 수준에서 서비스 전달체계의 개선을 옹호하는 것도 포함한다.

보건의료 구조의 일부로서의 사회 복지

사회복지 전문직은 개인의 사회적 기능 향상과 인간 욕구에 대한 사회제도의 대응 개선이라는 두 가지 목표에 함께 초점을 맞춰왔다(Dhooper, 1994). 보건사회복지의 다양한 과업은 지역사회, 대학 기반의 조직, 정부 기관과 같은 거시적인 환자 돌봄 현장에도 존재한다. 이러한 과업들은 공중보건사회복지, 정책 개발, 프로그램 기획, 지역사회 교육과 대상자 탐색, 연구조사 등을 포함한다. 이러한 거시적 현장에서 사회복지사들은 다른 전문가들이나 정책 입안자들, 선출직 공무원, 대학 교수진, 행정가, 지역사회 주민 등과 협업하게 된다.

보건사회복지사는 지역사회 보건프로그램 및 계획들을 기획하고 실행한다. 예를 들면, 사회복지사는 산전 건강관리 개선 프로그램을 기획하는 팀에서 일할 수 있다. 사회복지사는 그런 계획의 일부로서 산전 건강관리에 장애가 되는 심리사회적 요소, 이를테면 산부인과의 태아 관리에 미흡함이 없는지 등을 확실하게 점검해야 한다. 또한 사회복지사는 개인, 그룹, 지역사회를 대상으로 다양한 보건 관련 이슈를 교육할 수 있다. 보건사회복지사는 건강검진이나 예방접종과 같은 예방적 서비스에도 포함되어 일할 수 있다. 그들은 서비스가 필요한 사람들을 파악해 아웃리치 프로그램을 통해 이 같은 서비스에 연계되도록 도와주기도 한다(참고 2.3 참조).

더 광범위한 수준에서 보면, 많은 사회복지사들은 조사연구에 개입돼 정책, 지역사회 및 공중보건, 임상실천 등에 직·간접적으로 영향을 미친다. 일상적으로 보건사회복지사는 심리사회적 문제들을 찾아내기 위해 제공한 서비스와, 그런 문제들을 완화시키기 위한 사회복지적 개입의 영향에 관해 질 관리 및 성과측정을 수행한다. 또한 사회복지사는 개인 및 지역사회와 함께 지역사회나 대학 수준에서, 또는 일반적인 보건의료 문제와 관련해서 조사를 수행한다.

예를 들면, 캐롤라인 자네트Caroline Jennette는 노스캐롤라이나대학교 신장센터의 사회복지 조사연구 전문가이다. 신장센터의 미션은 조사연구와 임상진료, 그리고 지역사회 아웃리치를 통해 만성신장질환의 부담을 줄이는 데 있다. 자네트는 연구 조율, 지역사회 교육, 보건정책 및 주 정책의 확산에 대한 조사연구 수행 등 다양한 역할을 하고 있다. 또한, 그녀는 신장센터에 관련

◆ 참고 2.3 보건사회복지사의 프로필

로즈 포포비치Rose Popovich(MSW, LCSW)는 보건의료사회복지리더십학회Society for Social Work Leadership in Health Care가 수여하는 아이다 M. 캐논 특별 리더십상Ida M. Cannon Award for Distinguished Leadership의 2001년 수상자이다. 그녀는 인디애나 주 인디애나폴리스에 있는 지역사회 건강네트워크의 성과개선 프로그램 총책임자이다. 이 네트워크는 급성환자 전문병원 5곳, 외래환자 수술센터, 재가요양기관, 재활센터, 통합의사서비스, 가정의학 수련기관, 교내 외래진료소, 고용주 복지서비스 등으로 구성되어 있다.

그녀의 팀은 전체적인 개입과정에서부터 진료지시서 전자입력, 환자 낙상, 응급실 단골환자, 의사 자격심사 절차 등에 이르기까지, 행정과 임상을 가리지 않고 시스템과 관련한 모든 문제들에 성과개선 방법론을 적용한다. 포포비치는 자신의 사회복지적 배경이 대상 인구집단의 욕구를 더 잘 이해하도록 도움을 준다는 점에서 지역사회 건강 프로그램을 만드는 데 필수적이라고 말한다. 그녀의 사회복지적 배경은 또한 서비스 대상자의 욕구를 이해하고 사정하는 데 필수적인 것으로, 이는 서비스팀이 목표와 측정기준을 정하는 데 도움을 주고, 변화 과정을 촉진한다.

법령을 전달하는 역할을 수행하고, 신장병학계와 환자의 의료접근성에 영향을 주는 최신 정책동향을 동료들이 알 수 있게 해준다. 자네트는 사구체 질환을 가진 환자들의 대규모 조사를 관리하며, 조사관들이 인간 대상 연구의 윤리적 실천지침을 따르도록 한다. 그녀는 미국신장학회 American Society of Nephrology's Kidney 소식지의 편집위원으로, 거기에 정책기사를 정기적으로 싣고 있다. 자네트의 일상적인 하루 일정에는 연구 프로젝트에 대한 컨설팅, 신장병 관련 정책 탐색, 환자 교육자료 제작, 연구참여 대상자의 동의서 검토, 독립적인 연구 프로젝트 진행 등이 포함된다.

사회복지사는 미국국립보건원NIH: National Institutes of Health과 같은 대형기금지원기관에서 적극적인 목소리를 내며 심리사회적으로 관련된 연구가 진행될 수 있도록 한다. 다수의 사회복지학자들은 미국국립보건원의 연구비 지원을 통해 보건 관련 연구를 진행해왔으며, 이곳에서 사회복지 연구는 우선적으로 이루어졌다. 2003년 미국국립보건원은 연구비 지원 사회복지 연구를 촉진하기 위해 사회복지 연구 워킹그룹을 만들었다(자세한 내용은 http://obssr.od.nih.gov/pdf/SWR_Report.pdf 참조). 그 후 여러 산하 연구소들은 사회복지연구 기금을 촉진해 왔으며, 사회복지사와 기타 전문가(유전학이나 지역사회기반 참여연구 등)를 위한 여름 교육과정을 진행했다. 사회복지연구학회Society for Social Work and Research나 사회복지정책연구소Social Work Policy Institute와 같은 조직들은 보건 연구에 관심 있는 사회복지사를 위한 정보와 자원을 제공한다.

사회복지 전문가 조사
SURVEY OF SOCIAL WORK PROFESSIONALS

사회복지사의 역할은 다양해서, 환자가 전반적으로 건강해지도록 도울 뿐 아니라, 보다 큰 규모로 건강 수준을 높이기 위해 지역사회 및 공공 프로그램을 제공한다. 오늘날 임상사회복지사는 환자 개개인의 삶의 질이나, 수많은 지역사회의 건강, 그리고 일반적인 실천 현장에 영향을 미칠 기회를 수없이 많이 갖고 있다. 오늘날 사회복지사가 실천 현장에 들어서고자 준비하면서 마주치게 되는 다양하고 많은 책임과 기회들을 설명하기 위해, 현재 실제로 현장에 기여하고 있는 전문가들을 살펴보고자 한다.

사례관리와 환자 옹호

제니퍼 슐링거Jennifer Schlinger(MSW, LCSW)는 노스다코타 주 비즈마크의 메드센터 원헬스시스템즈MedCenter One Health Systems에서 병원사회복지사로 근무했었다. 당시 그녀는 주로 재활의학과에서 일하면서 매일 의사, 신체 및 직업치료사, 영양사, 간호사 등의 전문가들과 협업을 했다. 그녀의 환자 대부분은 성인이었지만, 그녀는 가끔 소아환자를 대상으로 일하거나 재활의학 병동의 모든 환자들에게 서비스를 제공하기도 했다. 환자들은 최대 6주 동안 입원해 있을 수 있는데, 이 기간 동안 의료적 관리와 회복수술 및 의료적 위기상황에 대한 도움을 받는다. 슐링거는 매일 사례관리 활동을 수행하며, 환자가 퇴원계획을 세우거나 향후 진료 일정을 정하도록 도왔다. 이러한 일들은 퇴원 후 이용 가능한 지역 내 재가의료나 기타 보건의료 서비스가 없는 외곽 환자들에게는 특히 어려운 일이었다. 그녀는 대부분의 시간을 환자 지원과 옹호에 사용했다. 특히 1년에 30일 이상 재활치료 서비스를 받을 수 없게 제한되어 있는 메디케이드Medicaid[6] 환자들을 위해 일했다. 그녀는 환자들이 메디케이드 수급 자격을 얻거나, 지역사회의 자원을 이용할 수 있도록 돕고, 사회적 지지 시스템을 만들어 육성하기도 했다. 그녀는 환자와 의료팀 간의 연결고리뿐 아니라 환자와 지역사회 기관 간의 연결고리 역할도 수행하고 있다. 슐링거는 현재 미국 육군의 노스다코타 주 방위군에서 민간인 사회복지사 겸 사례관리자로 일하고 있다. 그녀는 군인들이 부대 배치를 받는 데 의료적으로 문제가 없으며 군대 생활을 할 수 있는 기준에 부합하다는 것을 확인시켜주는 일을 한다. 그녀는 군인과 주정부 파견의사 및 군 부대 간의 연계 역할을 한다.
보건사회복지사는 또한 실천 현장에서 실질적인 슈퍼비전을 제공함으로써 슈퍼바이저 역할을 하거나, 사회사업팀과 정부나 소속 단체의 행정담당 사이를 연결해주는 역할을 한다.
샤론 매스Sharon Mass(PhD, MSW)는 LA에 있는 세다스-시나이 의료원의 사례관리 및 통증완화의료 책임자이다. 그녀는 120명이 넘는 인력으로 구성된 다학제팀(사회복지사 50명, 간호사례관

---

6) 빈곤층 대상의 공적 의료부조 — 옮긴이 주.

리자 35명, 재가요양 코디네이터 8명, 의사 3명, 전문간호사 2명, 행정지원담당자 5명, 기타 일일지원 인력)을 총괄한다. 그녀는 급성환자 전문병원 현장에서 사례관리를 제공하는 간호사 및 사회복지사 3,000명이 회원으로 있는 미국사례관리협회American Case Manegament Association 회장이자, 이사회의 창립 멤버이다. 매스는 또한 사례관리와 생애말 돌봄 분야의 논문들을 발표해 왔다. 그녀는 남가주대학교 사회복지대학원의 조교수이며, 보건의료 영역의 사회복지에 기여한 공로로 많은 상도 받았다. 매스는 매일 보건의료 전달(체계)에 대한 행정담당 및 의료진과의 회의에 참석하여 사회복지 및 사례관리 서비스 부서에서 관리하는 환자들을 옹호한다. 그녀는 사회복지사 자격에 대한 조언을 해주고, 병원에서 사회복지사의 전문성 발전 방향을 제시해주기도 한다. 그녀는 또한 환자 권리에 관한 위원회 활동에 적극적이며, 기관윤리위원회IRB: Institutional Review Board 위원이기도 하다.

욕구 사정: 돌봄 서비스의 첫 단계

어떤 보건의료 사회복지사들은 그들이 일하는 임상현장의 모든 환자를 만난다. 제프 하더Jeff Harder(MSW, LICSW)는 시애틀에 있는 워싱턴대학교 의료원의 이식 관련 파트에서 일하는 사회복지사이다. 간과 심장 이식 프로그램 일을 하는 하더는 간과 심장 이식을 해야 하는 환자 모두에 대해 심리사회적 평가를 진행한다. 하더는 환자와 간병인에게 필요한 자원, 이를테면 이식 후 외래진료를 받아야 하는 동안 병원 인근에 머물 주거 공간을 찾을 수 있도록 지원한다. 그는 상담과 이식 후 예상되는 사항에 대한 교육, 퇴원 계획도 제공한다. 하더는 또한, 환자와 그 가족의 대처 능력, 정보, 권고 사항, 추가적인 욕구 사정, 직업 재활에 대해서 지원한다. 그는 이전에 이식을 받은 환자들이 건강보험 혜택을 못 받게 되거나 일터로 다시 돌아갈 수 있을지 걱정할 때에도 지속적으로 도움을 제공한다.

욕구 기반 돌봄 서비스: 도움이 필요한 클라이언트 지원

어떤 보건사회복지사들은 자신이 일하는 보건의료 현장에서 자신의 서비스를 필요로 하는 환자들만 보살피기도 한다. 또, 어떤 보건사회복지사들은 프리랜서로 일하기도 한다. 예를 들면, 매리 레이머Mary Raymer(MSW, ACSW)는 정신보건사회복지사이며, 결혼 및 가족 치료 전문가로 25년 동안 말기환자와 그 가족을 대상으로 일해 왔다. 초창기 호스피스 지도자인 그녀는 국립호스피스완화의료기구National Hospice and Palliative Care Organization의 사회복지분과 대표였으며, 사회복지 생애말 교육 프로젝트의 창시자 중 한 명이다. 그녀는 별도의 개인적인 임상현장을 가지고 있고, 사별에 대한 복잡한 반응 및 스트레스와 말기 질병을 전문으로 하고 있다. 그녀의 임상개입은 대부분 사별의 슬픔에 대처하고 있는 개인 및 가족 상담으로 이루어진다.

공중보건사회복지

마빈 R. 허친슨Marvin R. Hutchinson(MSW, LISWAP, CP)은 사우스캐롤라이나 주 보건국의 공중보건사회복지 책임자로 일하다가 최근 은퇴했다. 그는 정기적으로 프로그램과 정책 및 입법 회의에 참여했고(진행과정에서 심리사회적 문제를 강조하면서), 공중보건사회복지 프로그램을 감독했다. 그가 이끈 팀에는 지역의 공중보건사회복지 담당자들과 주정부 프로그램의 공중보건사회복지 컨설턴트 등이 포함되어 있었으며, 그는 이들과 함께 225명 이상의 석사급 공중보건사회복지사들을 위한 새로운 프로젝트들을 개발했다. 이 사회복지사들은 주 전역에 걸쳐 정신보건, 아동보건, 가족개입, 결핵관리, 학교보건, 아동재활서비스, AIDS, 재가의료서비스 등의 프로그램에 임상이나 지역사회, 관리 업무직 등으로 고용되어 있다. 허친슨은 사우스캐롤라이나대학교 사회복지대학에서 강의를 했다. 그는 폭력 및 자살 예방 프로젝트들을 이끌었으며, 공중보건 인턴십 프로그램의 석사과정을 관장했다. 그는 내부 직원들 뿐 아니라 주나 지역 수준, 또는 전국적이거나 국제적인 학술대회의 청중을 대상으로도 워크샵을 진행하고 논문들을 발표했다. 또한, 허친슨은 전국 단위의 위원회들(미국공중보건사회복지사협회Association of State and Territorial Public Health Social Workers, 전국노년협의회National Council on Aging, 공중보건재단Public Health Foundation, 전미사회복지사협회National Association of Social Workers 등)과, 학교보건·폭력·전달체계·통합과 같은 이슈들을 다루는 입법위원회에서 활동하고 있다. 그는 공중보건서비스에 대한 기여로 미 연방정부의 공중위생국장Surgeon General 표창을 받기도 했으며, 2005년에는 사우스캐롤라이나 주 전미사회복지사협회로부터 올해의 사회복지사로 선정되었다.

다각적 개입: 다양한 책임

사회복지사는 보건의료에서 개인과 시스템에 모두 개입할 수 있다. 패트리샤 앤 깁슨Patricia Ann Gibson(MSW, ACSW)은 노스캐롤라이나 주의 웨이크포레스트 의과대학에서 포괄적 간질 프로그램의 책임자로 일한다. 그녀는 미국간질학회American Epilepsy Society, 간질 재단Epilepsy Foundation, 국제간질국International Bureau of Epilepsy, 국제간질회의International Epilepsy Congress 등 수많은 조직에 속해 있다. 또한 그녀는 국제결절경화증연맹National Tuberous Sclerosis Alliance의 전문 자문위원이며, 환자와 전문가를 위해 무수히 많은 책을 저술하였다. 1976년 간질환자들을 위한 전국전화정보라인을 만들어 지속적으로 운영하고 있다. 그녀는 환자 및 그 가족들과 그들이 가진 고민을 함께 이야기한다. 아이들에게 약을 제공할 능력이 없는 부모들에 대해 알게 된 후 그녀는 8년 동안 노스캐롤라이나 주의 간질 치료제 기금을 발전시키고자 노력했으며, 이를 돕기 위해 다양한 기금 마련 행사들(칠리 요리대회, 벼룩시장, 사무실 내 기금 후원용 스낵 제공 등)을 열기도 하였다. 깁슨은 환자교육 뿐만 아니라 개인·가족·집단 상담도 진행한다. 그녀는 대부분의 시간을 워크숍이나 학술대회, 심포지엄에서 발표하거나 진행하면서 보낸다. 여기에는 초·중등학교와 부모·의사·간호사·의과대학생·병원·지역조직 대상의 간질 교육도 포함된다. 또한, 그녀는 간질관리의 발전Advances in the Management of Epilepsy, 소아신경학 심포지엄Pediatric Neurology Symposium, 간질치료 국제학술대회International Conference on Epilepsy Care 등과 같은 여러 개의 전국적 학술대회를 조직한다. 이러한 학술행사에서 그녀는 간질치료에 대한 초학제적 접근법을 발표한다.

존 Q. 고완John Q. Gowan(MSW)은 플로리다 주 말기신장질환ESRD: End-Stage Renal Disease 네트워크 7의 소비자 및 지역사회 개발 담당코디네이터로, 환자와 지역사회에 직접 서비스를 제공하는 보건사회복지사의 또 다른 사례이다. 그의 주요 업무는 투석실 담당자들을 위한 워크숍을 조직해 개입하기 어려운 환자 상황에 관해 발표한다든지, 환자의 욕구에 대한 투석실 담당자들의 민감성을 높여주는 것이다. 또한, 말기신장질환 네트워크에서 고완은 신장환자와 가족들에게 지원을 제공하고, 환자들의 재활을 도우며, 투석환자의 문제에 초점을 맞춰 그들이 치료에 참여하도록 북돋기 위한 주정부의 환자자문위원회 활동을 촉진한다.

보건의료 구조에서의 행정과 사회복지

사회복지사는 임상 현장에서 사회복지사와 다른 전문가들을 모두 감독하는 행정적인 역할을 함으로써 보건의료서비스 전달체계의 구조에서 중요한 역할을 한다. 폴리 존스Polly Jones(MSW, MSM, LCSW, CPHQ)는 인디애나 주 벌링턴에 있는 어센션헬스의 임상분야 책임자이다. 그녀는 70여 개에 이르는 어센션헬스 소속 병원들의 교육 프로젝트, 개별 자문, 품질개선활동 등 인증활동을 조율하고, 보건의료기관인증연합위원회JCAHO: Joint Commission on Accreditation of Health Care Organizations가 연례적으로 실시하는 시스템 조사를 원활하게 진행시키는 일 등을 책임지고 있다. 그녀는 또한 모든 소속 병원의 프로그래밍과 프로젝트를 관리한다. 이러한 자격으로, 그녀는 지자체 단위의 여러 활동과 프로그램 및 팀에 사회복지가 포함되도록 독려함으로써 사회복지의 전문성을 대변한다. 그녀는 매일 여러 프로젝트의 초학제적 팀들과 일하기 위해 전국 곳곳의 병원들을 돌아다닌다. 그녀는 프로젝트 관리자로서 팀의 상호작용을 원활히 이끌고 환자 상태가 나아지도록 독려한다. 그녀는 자신이 경험한 사회복지 훈련이 집단의 역동성, 변화 이론, 그리고 시스템의 작용 방식에 대한 지식과 관련하여 매우 귀중한 것이라고 말한다. 존스는 여러 차례 보건사회복지와 관련된 주제로 결과물을 출판하거나 발표하였으며, 2005년에는 보건의료사회복지 리더십학회의 회장이 되었다. 이 조직의 회장으로서 그녀는 무수히 많은 보건의료 현장의 사회복지사들을 위한 교육·대변 등의 지원활동을 제공하기 위해 전국의 사회복지 지도자들과 연계하고 있다.

보건의료 영역의 빈 공간 채우기: 사회복지의 무수한 책임들

사회복지사는 때때로 보건의료에 특화된 책임을 지게 된다. 그러나, 일반적으로는 그들이 일하는 현장 내의 다양한 역할에 대한 책임을 가진다. 예를 들어, 더글라스 커크Douglas Kirk(MSSW, LCSW)는 위스콘신 주 메디슨의 보훈병원에서 정신건강 집중사례관리 프로그램의 책임자이다. 그는 병원에서 퇴역군인들에게 집중적인 정신건강 사례관리를 제공한다. 커크의 설명으로 그의 다양한 업무를 묘사해보면 다음과 같다.

> 예를 들어 어떤 날, 나는 간염 진찰을 받는 환자의 옆에서 의사가 환자를 이해하고(모든 의사가 정신적 질환을 가진 환자에 대해 인내심을 갖고 있는 건 아니다), 환자가 의사를 이해할 수 있도록 돕는다. 그런 다음, 지방검사에게 전화를 걸어 구속보다는 집행유예가 나은 방법이라고 설득하고, 이렇게 정신적 질환을 가진 사람에게는 수감하는 것이 역효과라는 것을 그 검사가 이해할 수 있게 돕거나, 그룹홈 측에 이 환자의 다리 부종을 어떻게 관리해야 할지 설명해준다. 그리고 나서, 다른 환자에게 세탁기가 어떻게 작동하는지 보여주고, 그를 관찰하면서 최근 투약량의 증가로 인해 부작용이 있는지 확인해야 할 것이다. 세탁기가 돌아가는 동안 우리는 그의 불만에 어떻게 대응해야 할지 논의할 것이다. 그런 다음 우리는 그가 주말을 즐기기 위해 더 많은 돈이 필요하다는 의견을 반영하여 그의 예산을 다시 세울 것이다. 오후에 나는 다른 환자의 가족들을 만날지 모른다. 최선을 다하고 있지만 아들의 상태가 나아질 기미가 없다는 가족에게 나는 아들의 정신적인 병보다 그가 가진 기술과 강점을 볼 수 있도록 도울 것이다. 그리고, 나는 또 다른 환자를 가게로 데리고 가 스스로 물건을 사고 영양가 있는 음식을 먹을 수 있는 방법을 가르칠 것이다. 그에 앞서, 나는 기력도 없이 혼자 살고 있는 사람을 위해 바닥의 토사를 청소하고, 그날따라 더 외롭다는 또 다른 사람을 안아주었으며, 정신질환이 매우 심한데도 불구하고 스스로 약을 줄이고 고통스러워하는 사람과 시간을 보냈다(개인적인 대화, 2005년 3월 25일).

각각의 사례에서 커크는 보건사회복지사로서의 전문성을 벗어난, 평범하지 않은 책임들에 직면해 있다. 이러한 역할 하에 환자들에게 최선의 개입을 하려면, 어떤 환자를 위해서는 미시적 수준의 욕구에 초점을 맞추고, 또 다른 환자를 위해서는 그가 원하는 대로 적절한 관리를 받고 있다고 느낄 수 있도록 거시적인 이슈에 초점을 맞추는 등 다각적으로 일해야만 한다.

던 로마노Dawn Romano(MSW, LMSW, LCSW)는 미주리 주 캔자스시티에 있는 아동자선병원의 임상사회복지 슈퍼바이저이다. 그녀는 다양한 과업을 수행하는 사회복지사의 또 다른 사례이다. 그녀가 매일 수행하는 임상 업무에는 위기개입, 아동학대 및 방임 사정, 환자 및 가족의 외상 상담 등이 포함된다. 슈퍼바이저로서 그녀는 병원의 사회복지사들을 관리하고, 아동학대에 대한 오리엔테이션과 임상적 슈퍼비전을 제공한다. 그녀는 외상 및 가정폭력위원회 등 다양한 위원회에 참여하고 있다. 그녀 업무의 중심은 아동학대 및 방임 사정으로, 그녀는 아동과 가족들을 만나

아동학대 및 방임에 대한 심리사회적 사정을 수행한다. 그녀는 자신의 팀과 긴밀히 업무연락을 하는 동시에, 아동의 즉각적인 안전 문제를 사정하기 위해 아동보호서비스 기관들과도 핫라인으로 보고하고 협력한다. 그녀는 아동학대 및 방임에 관한 보고 및 조사 관련 입법관료들에게 조언하며, 가족들에게 지지와 교육을 제공하고 지역사회 지원서비스를 연결해 준다. 그녀는 사례관리 서비스를 제공하고, 외상 및 병원 응급조치팀의 일원이기도 하다. 그녀는 사제나 간호사 슈퍼바이저 등이 포함된 팀의 사회복지사 대표로서, 자녀가 교통사고·총격·익사·추락·자살 등의 참사를 당한 가족에게 위기개입과 교육, 정서적 지원, 슬픔 상담 등을 제공한다.

다른 전문가들과의 협업
COLLABORATING WITH OTHER PROFESSIONALS

다양한 보건의료 현장에서 볼 수 있듯이 사회복지사는 다른 보건의료 전문가들과 협력해야 한다. 사회복지사는 다학제적multidisciplinary(각 전문가가 약간의 상호작용만을 하며 독자적으로 일함), 학제간interdisciplinary(전문가들이 서비스를 제공하기 위해 서로 상호작용하지만, 전문용어와 선호하는 개입방법이 다르기 때문에 전문영역의 경계는 명확하게 유지함), 또 이상적으로는 초학제적trans-disciplinary(공동의 언어와, 프로그램 및 개입활동 기획에 대한 접근법의 공유 등을 통해 전문가들이 긴밀히 협력함) 팀에서 일해야 할 것이다.

팀 내 협업의 수준은 개별 보건의료 현장과 그곳의 기준 및 실천에 따라 다르다. 극단적으로는 다른 전문가들과의 협업이 간접적으로만 이루어질 수 있다. 예를 들어, 어떤 의사들은 환자의 진료에 대해 사회복지사와 결코 직접 논의하지 않고 환자의 차트에 적힌 사회복지사의 메모만 읽을지 모른다. 보건의료 현장에 임시직이나 컨설턴트로 고용되어 팀에서 적극적으로 일하지 않는 사회복지사들도 있다. 또 다른 극단적인 경우는 전문가가 매일 다른 전문가들과 직접 협업하며, 환자의 문제에 대해 자주 논의하고, 팀원들과 함께 환자를 방문하며, 모든 치료 계획을 회의나 그룹 피드백을 통해 모든 팀원이 동일한 발언권을 가진 상태에서 결정하기도 한다.

전문적 협업의 장애물들

보건의료 현장에서 전문적 협업은 난관에 부딪힐 수 있다. 자주 상호작용을 하는 팀일지라도, 전문가들이 치료계획 과정에 동등한 발언권을 가지지 못하거나, 전문적인 역할이 명확하지 않고, 전문가적 관점이나 윤리가 혼재되어 있을지도 모른다. 팀 협업은 실제로 매우 다양하게 나타난다. 치료계획 회의에서 사회복지사는 수동적인 관찰자로, 필요한 경우가 아니면 참가하기 어려울 수 있다. 반대로, 사회복지사가 그런 회의를 조직하고 진행할 수도 있다.

근무지에서 일어나고 있는 변화는 보건사회복지사에게 중요한 도전을 의미한다. 보건의료 규정은 점차 비용 절감과 입원일수 감소에 초점을 맞추고 있다. 상담서비스나 지역사회 교육을 포함한 전문부서는 규모를 줄이거나 없어지고 있다(Sulman, Savage, & Way, 2001). 보건사회복지사의 또 다른 도전은 전통적으로 사회복지 분야가 담당했던 업무를 다른 전문가들이 자신들의 업무로 끌어들이고 있는 것이다. 이것은 사례관리에서 확연히 드러나고 있는 사실로, 간호사와 다른 전문가들이 사례관리 활동을 수행하고 있다. 병원사회복지 부서들은 간호사가 이끄는 사례관리 부서로 대체되고 있으며, 간호전문가가 점점 보건사회복지사들을 지도·감독하고 있다(Alveo, 2001; Globerman, White, & McDonald, 2003). 홀리만Holliman, 지길르위스키Dziegielewski, 티어Teare (2003)는 퇴원계획 조정자 연구에서 간호사 케이스매니저가 사회복지 케이스매니저보다 더 많은 급여를 받는다고 보고하였다. 저자들은 연방 및 주립 병원에서는 퇴원계획을 위해 사회복지사를 고용하지만 민간병원에서는 간호사를 더 많이 고용한다는 사실을 발견하였다.

협업은 역할과 과업의 모호성으로 인해 방해받을 수 있으며, 각각의 학문분야는 다른 분야의 어휘와 절차를 이해하지 못할 수 있다. 보건의료 전문가들은 독특한 훈련, 교육, 실천적 관점을 가진다. 의사나 간호사, 사회복지사(초학제적 팀의 다른 구성원들도)는 서로 다른 렌즈를 통해 환자들의 문제 및 그 해결책을 바라보고 구성한다. 칼톤Carlton(1984)은 다음과 같이 기술했다. "사회복지는 목적이나 논리, 그리고 이론적 해석에 있어서 다른 전문직들과 구별되는 전문직이다"(p. xiii). 롤랜드Rolland(1994)는 또 이렇게 주장한다.

> 서로 다른 학문을 전공한 임상전문가들은 가족과 질병 및 장애 간의 상호작용에 대해 각자의 학문적 자산과 책임성을 가지고 대응한다. 의사와 간호사는 의술과 관련된 정보가 풍부하다. 환자를 의학적으로 돕기 위해 필요한 기술적 렌즈로는 환자의 심리사회적인 숲까지 보기 어려울 수 있다. 그리고 그 렌즈를 바꿀 수 있다 해도, 그들은 의료적인 숲의 어떤 나무들이 심리사회적인 측면에서도 중요한지 파악하는 데 곤란을 느낄 것이다. 그들이 당뇨병에 대해 1,001가지 사실을 알고 있다 해도, 그것들로부터 그 질환이 가진 심리사회적 의미의 본질을 찾기는 어려울 것이다(pp. 20-21).

사회복지사는 환자들을 옹호하기 위해 훈련을 받고, 윤리적인 의무감도 갖고 있다. 이는 다른 전문가들과의 관계에 갈등을 초래할 수도 있다. 왜냐하면 다른 전문가들은 보건의료기관이나 제도의 정책 및 절차에 맞지 않는 환자나 가족들의 행동을 참지 못할 수 있기 때문이다. 이를테면, 의사와 간호사는 집중치료실에 있는 아기의 부모가 꼭 늦은 밤에만 면회 오는 것에 불만스러워할 수 있다. 그들은 아픈 아기를 하루 종일 지켜보지 않는다는 사실 때문에 부모를 무관심하다고 여길 것이며, 면회 올 때마다 아기를 깨우는 부모라고 생각할 것이다. 이럴 때 사회복지사는 "정상적인" 면회시간을 지키지 않는 경우에 대한 담당자들의 반응에 공감해주면서, 낮에 면회하러 올 수 없는 부모의 근무 일정에 대해 담당자들에게 알려줄 수 있다. 또한, 사회복지사는 부모를 대변해서, 그들이 낮에 일을 함에도 불구하고 매일 면회를 와서 아기와 함께 많은 시간을 보낸다는 점에서 실제로는 매우 헌신적인 부모라는 사실을 지적해줄 수 있다. 또한 사회복지적 대변 활동은 전통적인 형태가 아닌 가족에 대한 이슈가 발생했을 때 큰 역할을 할 수 있다. 의료팀이 환자의 동성애 파트너를 합법적이라고 여기지 않는 상황에서, 사회복지사는 치료계획을 세우는 데 파트너가 포함되도록 옹호해줄 수 있다.

보건사회복지적 권고사항

보건의료팀의 협력을 극대화하기 위해 많은 권고사항들이 제시될 수 있다. 보건의료 현장에서 전문가적 차이는 부담이라기보다 자산으로 여겨질 수 있다. 건강에 대한 생물심리사회적 모델은 보건서비스를 가장 효과적으로 전달하는 데 여러 전문가들의 관점을 필요로 한다. 해드릭Headrick과 카릴Khaleel(2008)은 각 학문 분야의 이론과 실천 내용을 통합한 교육과정을 학생들에게 제공해야 하며, 학생들은 학제간 교육과 훈련 기회를 가져야만 한다고 제안하였다. 초학제간 교육 모델의 사례로 보건의료증진연구소Institute for Healthcare Improvement의 개방학교Open School를 들 수 있다. 이 학교는 학생들에게 사회복지학·의학·간호학·약학·물리치료요법·공중보건학·치의학 및 기타 초학제적 학습기회를 온라인이나 전국의 지역모임을 통해 제공한다(자세한 내용은 www.ihi.org/ihi 참조).
코울스Cowles(2003, p. 21)는 팀 협력을 최대화하기 위한 필수적인 특별 요소들을 다음과 같이 제시하였다.

- 역할의 명확성 및 유연성
- 상호 존중 및 신뢰
- 집단적 규칙·가치·책임·목적에 대한 합의
- 평등주의적 태도, 동등한 중요성에 대한 인식
- 자율보다는 집단적 유대감과 상호의존
- 개방적인 의사소통과 공유
- 유연한 리더십과 결단력, 힘의 공유
- 사례에 따른 팀원 구성의 유연성
- 안정적인 핵심 멤버십
- 집단 및 전문가적 정체성에 대한 감각
- 교섭 및 합의에 이르는 능력
- 목표 의식과 목표의 명확성
- 회의 기록 유지
- 팀의 과업 및 유지 기능에 대한 관심
- 시스템에 대한 관점

보건사회복지사는 일반적으로 클라이언트가 보건의료체계에 특별히 사회복지서비스를 요구하지는 않는다는 사실을 기억해야 한다. 오히려 그들은 심리사회적 요인들이 포함된 의료적 욕구를 표현한다. 그래서 보건사회복지사는 생물심리사회적 치료 모델의 생물학적 관점에 친숙해져야 할 책임이 있다. 사회복지사가 환자 및 가족들과 이야기할 때 풍부한 지식을 보여주고, 보건의료팀에 완전하게 참여할 수 있으려면, 의료적 이슈와 전문용어에 대한 이해를 증진시켜야 한다.

브론스타인Bronstein(2003)은 협력모델과 역할이론, 생태체계이론의 프레임에 근거한 초학제적 협력모델을 제안하였다. 브론스타인의 모델에 따르면, 초학제적 팀은 팀원 개개인의 상호의존성, 새로 창안된 전문적 활동, 유연성, 목표에 대한 집단적 책임의식, 그리고 과정에 대한 반추의지 등을 갖고 있어야 한다. 이 모델에서 *상호의존성*interdependence은 팀원들 간의 빈번한 의사소통, 상호작용 및 상호존중을 말한다. 새로 창안된 전문적 활동이란 팀원 혼자서는 도저히 성취하기 어려웠을 성과들을 각 팀원의 전문성을 활용해 팀의 성과로 만드는 협력적 기회를 말한다.

보건사회복지사는 영역 다툼에 참여하기보다는 다른 팀원들의 역할을 지지하고 강화할 수 있으며, 다른 팀원들에게 심리사회적인 이슈에 대한 교육을 제공할 수 있다(Nason & Delbanco, 1976). 글로버맨Globerman, 화이트White, 물링스Mullings, 데이비스Davies(2003)는 사회복지사가 보건 팀 내 다른 팀원들과의 역할 갈등을 최소화하려면, 자신의 고유한 역할과 업무를 미리 정의하고 촉진하며, 관련 분야에 대한 지식을 지속적으로 업데이트하고, 다른 전문가의 전문성을 인정해주라고 권고한다. 또한 그들은 사회복지사에게 자신의 서비스가 미치는 영향을 평가하고 추적하라고 조언한다. 이를 수행하는 것은 사회복지사로 하여금 자신의 전문적 영역을 명확히 하고, 팀 내 틈새시장을 구축하며, 보건의료에 대한 고유의 기여 효과를 보여줄 수 있게 한다. 사회복지사는 질 보증이나 지속적인 질 향상 위원회 등에서 적극적인 역할을 수행해야 한다.

카이저Kayser, 한센Hansen, 그로브스Groves(1995)는 다음과 같이 설명한다.

통합적인 서비스를 제공할 수 있도록 병원 경영진으로부터 자원과 헌신을 얻으려면, 사회복지부서는 자신들이 그런 업무를 책임지는 데 가장 잘 훈련된 전문가들이며, 가장 비용효과적인 방법으로 서비스를 전달할 수 있다는 사실을 입증할 데이터를 꾸준히 모아야 할 필요가 있다(p. 498).

이것은 특히 의료비용이 제한되어 있고, 의료기관에 의해 비용절감이 의무화되어 있는 관리의료 영역에서 그러하다(Segal, 2002). 만약 사회복지사가 입원일수 감소, 환자의 만족도 및 삶의 질 향상, 유병률 및 사망률 감소 등을 통해 의료비용을 줄이는 것을 보여줄 수 있다면, 그들은 보건조직에서 자신의 자리를 유지할 수 있을 것이다. 사회복지사는 또한 단기적 혹은 임시적인 상황에서 환자에게 효과적으로 개입하는 기술을 갖출 필요가 있다.

시몬스Simmons(1989)는 보건의료 현장에서 사회복지서비스의 재정적 이점을 검토한 결과 사회복지사들이 여러 가지 방법으로 기관의 자원을 보존한다는 것에 주목했다. 그들은 환자를 건강보험 및 자원과 연결해 줌으로써 의료비 지급률을 향상시키고, 효과적인 퇴원계획 수립과 외래자원 연계를 통해 입원기간을 감소시키며, 아웃리치와 프로그램 기획 및 환자-의료공급자 간 갈등 중재를 통해 서비스 제공을 늘리고, 새로운 프로그램 및 서비스 개발로 수익성을 증진시키며, 팀원들을 지원하는 직원보조프로그램에 참여하여 의료팀의 생산성을 향상시킨다.

또한 보건사회복지사는 보건의료팀의 활동적인 구성원으로서 그들 자신을 옹호해야만 한다. 리Lee(2002)와 글로버맨Globerman(1999)은 보건사회복지사가 다른 전문가들과 소비자들에게 보건사회복지사의 역할을 알릴 수 있는 문헌들을 만들고, 사회복지 활동 및 역할에 대해 팀 교육을 제공하며, 사회복지서비스의 효과성에 대한 근거를 제시하고, TF팀이나 위원회 등 보건의료 현장의 가시적인 활동에 자원하도록 권한다. 사회복지사는 환자와 가족들에 대한 개입활동도 반드시 문서화해야 한다. 사회복지사가 많은 담당사례와 시간적 제약으로 인해 부담을 갖고 있다면, 이런 목적을 위해서는 간략하고 쉽게 쓸 수 있는 형식이면 충분하다.

보건의료 전달체계의 변화와 조직적 제약은 보건의료팀의 모든 구성원들에게 영향을 끼친다. 팀원들이 질병과 치료, 그리고 그로 인한 변화에 클라이언트가 대처할 수 있도록 돕듯이, 사회복지사는 재구조화된 병원과 프로그램에 보건의료팀이 적응할 수 있도록 자신의 기술을 이용해 도울 수 있다(Globerman, 1999). 사회복지사는 동료들이 환자의 죽음 등 환자의 상태로 인한 위기에 직면했을 때 전문적으로 지지해줄 수 있다(Roberts, 1989). 이러한 노력은 보건사회복지사가 다른 팀원들과의 역할 갈등을 최소화할 수 있을 뿐 아니라 사회복지가 효과적이라는 것을 입증할 수 있게 해준다.

전인적인 치료: 사회복지의 기본적인 역할
TREATING THE WHOLE PERSON: SOCIAL WORK'S PRIMARY ROLE

보건사회복지사는 다양한 역할을 맡고, 무수히 많은 현장에서 일하며, 임상 및 행정적 수준의 광범위한 과업들을 수행한다. 사회복지는 보건의료에 대한 생물심리사회적 접근 방식에 있어서 중요한 기능을 수행한다. 로마노Romano(1981)는 다음과 같이 썼다.

사회복지는 독특한 위치를 갖고 있다. 즉, 발은 건강과 정신건강 분야에 딛고 있으며, 손은 사회과학 분야에 내밀고 있고, 신체장기들은 임상적 개입기술에 있고, 머리와 가슴은 장애인의 삶의 질 관련 이슈에 바친다(p. 15).

건강과 관련된 생물학적·사회적·심리적 결정요인들을 완벽히 고려한 보건서비스를 제공하려다 보면 재정적·조직적·전문적인 도전에 부딪히게 된다. 그럼에도 불구하고, 사회복지는 보건팀의 핵심적인 구성요소로서, 여러 수준의 요인들이 건강에 영향을 미치는 복잡한 경로를 설명하고, 그 경로에도 큰 영향을 미친다(Keefler, Duder, & Lechman, 2001).

연습문제

연습 2.1

이 장에서 배운 것을 토대로 보건사회복지사에게 질문할 목록을 그룹별로 정리해 본다. 여러분은 사회복지사의 역할이나 과업, 그리고 윤리적인 도전에 관해서 뿐 아니라, 그가 초학제적 보건의료팀의 일원인지도 궁금할 수 있다. 여러분이 사는 지역의 보건사회복지사를 찾아 인터뷰 약속을 해보라. 이 연습문제를 위해 여러분의 그룹이 만든 질문 목록을 이용하도록 한다. 개인이나 그 가족을 대상으로 일하거나, 지역사회 수준에서 일하거나, 또는 연구기관에서 일하는 등 다양한 보건의료 현장의 사회복지사들과 인터뷰하도록 해라. 구두로 발표를 하든지 요약본을 기술하든지, 여러분이 얻은 정보를 그룹에게 다시 보고하라.

연습 2.2

이 장에 나온 보건사회복지사들의 프로필과 여러분의 그룹이 연습 2.1의 인터뷰에서 얻은 정보를 활용하여 보건의료 현장에서의 서로 다른 역할들에 대해 비교해 보라. 보건사회복지사가 하는 일은 정확하게 무엇인가? 다른 현장에서의 역할과 어떻게 유사한가? 또 어떻게 다른가? 사회복지사에 따라 직면하는 초학제적 팀과 윤리적 문제의 유형은 어떻게 다른가? 임상 보건사회복지사와 관리 및 정책 영역에서 일하는 사회복지사 간의 차이점과 유사점은 무엇인가?

연습 2.3

이 장과 연습 2.1의 인터뷰에서 얻은 정보를 이용하여 사회복지사와 보건의료팀 내 다른 팀원과의 차이점을 논하라. 근본적인 차이점은 무엇인가? 환자에 대한 의료서비스에서 사회복지가 보여줄 수 있는 고유한 점은 무엇인가? 다른 전문직의 윤리강령과 어떤 점이 다른가? 이러한 차이점은 다양한 수준의 의료 현장에서 어떻게 나타나는가? 전문가로서 도전받거나 갈등을 빚게 되는 사례를 들어보라. 사회복지사는 팀 또는 정책 개발 영역의 다른 전문가와 어떻게 가장 효과적으로 협력할 수 있는가? 보건사회복지사로서 여러분은 사회복지, 사회서비스, 사례관리 또는 환자교육이 다른 전문 영역이 아닌 여러분의 주요 업무라고 여기는 이유에 관해 어떻게 논리적으로 설명할 수 있겠는가?(이 질문들에 대한 답은 1장의 내용이나 사회복지 역사에 대한 교육과정의 내용을 이용해도 된다.)

연습 2.4

리차드Richard는 38세의 기혼 남성으로, 아프리카계 미국인이며, 과거에 제1형 당뇨 진단을 받았다. 최근에는 신부전증을 진단받았다. 그는 5세·10세·12세인 3명의 자녀가 있으며, 전기기사로 일하기 시작했다. 리차드는 형제가 없으며, 제한적인 사회적 지지 네트워크를 가지고 있다. 그의 아내는 침례교회 소속 교인이지만, 리차드는 스스로 종교를 갖는 것에 대해 생각해본 석이 없으며, 그의 가족은 교회를 다니고 있지 않다. 그는 가족의 유일한 수입원이다. 그는 아직 수습기간이기 때문에 두 달 이상 직장인 건강보험이 적용되지 않으며, 일을 그만둘 생각이 아니면 하루도 근무를 쉴 수가 없다. 리차드가 갖고 있던 건강 문제와 새로운 직업은 그에게 심각한 수준의 스트레스를 주었고, 부부관계의 불화를 가중시켰다. 이런 상황은 긴 업무 일정과 잦은 야근으로 악화되고 있다. 리차드의 급성 신부전증은 투석을 시작해야 할 상황까지 진행되었으며, 그는 신장이식 프로그램에 의뢰되어 이식전문사회복지사 등이 포함된 초학제적 팀으로부터 평가를 받게 되었다. 그 팀은 리처드와 인터뷰를 하고, 신장이식 대상이 될지 결정할 것이다.

　이 장에서 언급한 바와 같이, 심리사회적 장벽은 환자가 이식을 받을 만한지 결정하는 데 영향을 미친다. 생물심리사회적 접근법을 참고하여, 이식전문사회복지사가 리처드를 사정할 때 어떤 요인들을 고려해야 할지 알아보라. 가능하다면 여러분 그룹의 다른 학생들과 함께 리처드에 대한 초기 사정을 역할극으로 해보라. (이것은 그룹 구성원끼리 여러 쌍을 만들어 해볼 수 있다.) 사회복지 사정에 포함되어야 하는 항목들과 그 이유에 관해 그룹 토의를 해보라. 리처드에 대한 생물심리사회적 사정에 근거할 때, 사회복지사는 그에게 신장 이식을 권해야만 하겠는가? 신장이식 센터에서 초학제적 접근은 어떤 장점이 있는가?

연습 2.5

　이 장과 이 책의 다른 장에서 얻은 정보를 활용하여 보건사회복지사를 채용할 만한 기관을 한 곳 선택하라. 그곳의 클라이언트나 이용자를 위해 그 기관에서 일하는 사회복지사의 역할을 설명하는 소책자와 전단지를 만들어 보라. 사회복지사가 그곳에서 맡고 있는 여러 가지 다른 서비스와 업무에 대한 정보도 반드시 포함되도록 해야 한다.

추천 자료

　전미사회복지사협회NASW(www.socialworkers.org)는 보건사회복지에 대한 다양한 자원들을 가지고 있다. 여기에는 보건 전문 실천영역, 보건사회복지 기관을 포함한 사회복지 대표자 모임, 사회복지와 다양한 보건의료현장(암이나 생애말과 관련된)에 관한 평생교육과정(온라인으로 이용 가능), 다양한 보건의료 현장을 위한 사회복지 임상지표 등이 있다.

사회복지사들을 위한 기타 자원들

미국사례관리협회American Case Management Association—www.acmaweb.org

　　이 협회의 목표는 멘토링이나 자원에 관한 정보, 교육 포럼, 네트워킹 기회 등 최고수준의 전문적인 자기개발 서비스를 제공하는 것이다.

미국폐협회American Lung Association—www.lungusa.org

　　폐질환을 예방하고 교육·옹호활동·연구조사 등을 통해 폐 건강을 증진시킴으로써 생명을 구하고자 노력하는 선도적인 조직. 주요 목표는 흡연과 담배 관련 폐질환을 멈추게 하고, 우리가 숨 쉬는 공기를 더 맑게 만들며, 폐질환으로 인한 환자와 가족들의 부담을 경감시키는 것이다.

미국재가보건의료사회복지사네트워크American Network of Home Health Care Social Workers—www.homehealthsocialwork.org

　　보건의료 현장에서 일하는 사회복지사들의 권익을 위해 조직된 전문가 협회. 웹사이트에는 보건의료 이슈에 관련된 풍부한 자료들이 있다.

미국공중보건협회American Public Health Association—www.apha.org

　　보건전문가들과 자신의 건강 및 지역사회 건강에 관심을 갖고 있는 사람들의 다양한 집단으로 구성되어 그들을 대표하는 조직. 협회는 가정과 지역사회를 예방가능하면서 심각한 건강 위협들로부터 보호하고, 보건서비스 및 질병 예방에 관해 지역사회 내에서 교육받을 수 있도록 하는 것을 목표로 삼고 있다.

종양사회복지협회AOSW: Association of Oncology Social Work—www.aosw.org

　　암환자와 가족들의 심리사회적 서비스를 향상시키기 위해 만들어진 비영리조직. 교육·옹호활동·네트워킹·연구조사·자원개발 등을 통해 서비스를 향상시키고자 노력한다.

소아종양사회복지사협회Association of Pediatric Oncology Social Workers—www.aposw.org

　　이 협회의 미션은 임상사회복지실천·옹호활동·연구조사·교육·프로그램 개발 등을 통해 아동에 대한 심리사회적 종양의료서비스를 개선하는 것이다. 협회의 목표에는 소아암 환자와 가족의 삶을 향상시킬 뿐 아니라 소아종양학에 종사하는 사회복지사들의 윤리기준을 증진시킬 국가적 또는 국제적 정책에 대한 옹호활동이 포함된다.

미국공중보건사회복지사협회Association of State and Territorial Public Health Social Workers—www.astho.org

　　미국 본토와 미국령, DC의 공중보건기관들과 그 종사자들을 대표하는 비영리조직. 이 협회는 건전한 공중보건정책을 만들어내고 그것에 영향을 미치며, 각 주에 기반한 공중보건실천을 잘 시행하는 것에 초점을 두고 있다.

신장사회복지회의Council of Nephrology Social Work—www.kidney.org/professionals/CNSW/index.cfm

　　전국신장재단 내의 전문가회의로, 다른 기관들이나 정부 및 민간 집단들과 교류하고 있다. 이것의 목적은 신장질환으로 인한 심리사회적 스트레스를 가진 환자와 가족들을 돕고, 신장사회복지실천 기준에 관한 연방정부의 규정들을 지원하는 것이다.

사회복지교육회의Council on Social Work Education──**www.cswe.org**

교육 및 전문기관, 사회복지기관, 개인 회원들 간의 파트너십. 미국 내 사회복지교육에 대한 유일한 인증기관이다.

간질재단Epilepsy Foundation──**www.epilepsyfoundation.org**

간질환자와 가족의 복지에 헌신하는 자발적 기관. 이 기관은 발작증상을 가진 사람들이 삶의 모든 경험을 할 수 있게 만들고, 간질환자들에 대한 사회적 인식을 개선시키며, 연구조사를 증진하고자 노력한다.

전국아동병원 및 관련기관협회National Association of Children's Hospitals and Related Institutions── **www.childrenshospitals.net**

아동병원과 의료원 내 대형 소아과, 관련 보건시스템들로 구성된 비영리기관. 이 기관은 보건의료시스템에 대한 목소리를 내며, 아동의 서비스 접근성과 아동이 필요로 하는 서비스에 대한 병원의 공급능력을 향상시키고자 한다.

전국 산모신생아지원 사회복지사협회National Association of Perinatal Social Workers──**www.napsw.org**

이 조직은 산모신생아지원 사회복지사와 그들이 종사하는 특수상황에 대해 지원하고 소통을 위한 포럼을 제공한다. 여기에서 임신 기간과 출산 후 첫 해 동안의 가족 및 개인에 관해 지식을 공유하고 사회복지실천 기술을 함양한다.

전국호스피스완화의료기구National Hospice and Palliative Care Organization──**www.nhpco.org**

이 조직은 미국 내에서 죽어가는 사람들과 그 가족들의 삶의 질을 크게 향상시키려는 목적 하에, 생애말 의료서비스를 개선하고 호스피스의료에 대한 접근성을 확대하는데 전념하고 있다.

전국다발성경화증학회National Multiple Sclerosis Society──**www.nationalmssociety.org**

전국의 다발성경화증 환자들이 질병을 가지고 사는 것과 관련된 도전에 맞서 싸우도록 돕는다. 이 학회는 다발성경화증을 예방·치료·치유하기 위한 연구조사 기금을 지원하고, 지역사회를 대상으로 한 옹호활동과 교육뿐 아니라 다발성경화증을 가진 개인과 가족에 대한 서비스를 제공한다.

사회복지정책연구소Social Work Policy Institute──**www.socialworkpolicy.org**

전미사회복지사협회 산하에 만들어진 싱크탱크. 이들의 주요 목표는 공공정책 내에서 사회복지의 발언권을 강화하고, 사회복지의 효과성에 관한 환수과정collection and disbursement을 통해 정책입안자들을 교육시키며, 보건의료와 사회서비스 전달체계 관련 이슈들을 논의하는 포럼을 만드는 것이다.

보건의료사회복지리더십학회Society for Social Work Leadership in Health Care──**www.sswlhc.org**

이 조직은 건강과 질병의 심리사회적인 구성요소들과 관련하여 보건의료의 보편적인 이용가능성, 접근성, 조화, 그리고 효과성을 증진시키고자 한다.

이식사회복지사학회Society for Transplant Social Workers—www.transplantsocialworker.org/index.cfm
　　이 조직은 윤리적인 사회복지실천을 증진하고, 이식과 관련된 심리사회적 이슈에 관한 연구
　　조사 및 출판을 장려하고 있다.

재향군인보건관리국Veterans Health Administration—www1.va.gov/health
　　미국 재향군인들의 욕구 해결을 위해 1차 진료와 특화된 의료서비스, 그리고 관련된 의료
　　적·사회적지지 서비스를 제공한다.

국제적 사회복지 조직들

국제사회복지사연합International Federation of Social Workers—www.ifsw.org
　　사회복지사의 성장, 윤리적 실천, 그리고 사회복지사와 그들의 전문가 조직 간 국제적 협력
　　및 의사소통을 통해 사회정의, 인권, 사회개발을 위해 애쓰는 전세계적 단체.

다음 목록의 국가명과 병기된 웹사이트는 각국의 전국적 사회복지조직 웹사이트이다.

아시아태평양사회복지교육협회Asian and Pacific Association for Social Work Education—www.apaswe.
　　info

호주사회복지사협회Australian Association of Social Workers—www.aasw.asn.au

오스트리아—www.sozialarbeit.at

브라질사회복지사회의Brazilian Congress of Social Workers—www.cfess.org.br/_ingles/home.php

영국사회복지사협회British Association of Social Workers—www.basw.co.uk

캐나다사회복지사협회Canadian Association of Social Workers—www.casw-acts.ca

덴마크사회복지사협회Danish Association of Social Workers—www.socialrdg.dk

핀란드전문사회복지사조합Finland Union of Professional Social Workers—www.talentia.fi

프랑스사회복지사협회France Association of Social Workers—www.anas.fr

가나사회복지사협회Ghana Association of Social Workers—www.gasow.org

그리스사회복지사협회Hellenic Association of Social Workers—www.skle.gr

홍콩사회복지사협회Hong Kong Social Workers Association—www.hkswa.org.hk/chi

아이슬란드사회복지사협회Icelandic Association of Social Workers—www.felagsradgjof.is

인도전국전문사회복지사협회India: National Association of Professional Social Workers in India—www.
　　napswionline.org

아일랜드사회복지사협회Irish Association of Social Workers—www.iasw.ie

이스라엘사회복지사협회Israel Association of Social Workers—www.socialwork.org.il

이탈리아—www.assnas.it

일본정신의료사회복지사협회Japanese Association of Psychiatric Social Workers—www.japsw.or.jp

일본사회복지사협회Japanese Association of Social Workers—www.jasw.jp

한국사회복지사협회Korea Association of Social Workers—www.welfare.net/site/global/globalEng.jsp

키르기스공화국사회복지사협회Kyrgyz Republic: Association of Social Workers of the Kyrgyz Republic—
http://asw.gratis.kg

룩셈부르크—www.anasig.lu

뉴질랜드사회복지사협회New Zealand: Aotearoa New Zealand Association of Social Workers—
http://anzasw.org.nz

포르투갈—www.apross.pt

루마니아사회복지증진협회Romanian Association for the Promotion of Social Work—www.fnasr.ro

싱가포르사회복지사협회Singapore Association of Social Workers—www.sasw.org.sg

스페인—www.cgtrabajosocial.es

스리랑카전문사회복지사협회Sri Lanka Association of Professional Social Workers—www.slapsw.org/in-
dex.html

스웨덴—www.akademssr.se

스웨덴지역정부관료조합Swedish Union of Local Government Officers—www.sktf.se/Default.aspx

스위스—www.avenirsocial.ch

태국사회복지사협회Social Workers' Association of Thailand—www.nontapum.com

우루과이—www.adasu.org

제 3 장

보건의료 사회복지와 윤리

Ethics and Social Work in Health Care

재러드 스팍스 JARED SPARKS

이것이 제일 좋은 세상이라면, 다른 세상은 도대체 어떠하단 말인가?

―볼테르 *Voltaire*, 1759

18세기에 존재했던 질병과 고통의 가혹한 현실 앞에서, 프랑스 작가이자 철학자 볼테르는 그런 상황을 견디며 살 수 있다는 것에 대한 기막힌 심정을 이렇게 표현하였다. 과학과 기술의 도구들 덕분에 생리학과 인간의 조건에 대한 사회적 이해가 높아진 지금까지도, 인류는 해결되지 않은 현대의 보건의료 이슈와 윤리적 딜레마 앞에서 여전히 놀라움과 나약함을 느끼고 있다.

오늘날의 삶은 유전적 상담과 개입을 통해, 심지어는 개념보다 앞서는 인간의 고안물에 의해 점점 더 큰 영향을 받고 있다. 사람은 삶의 각 발달 단계를 거치면서 건강과 관련한 선택들을 해야만 한다. 이는 특히 생애말에 더 어려워질 수 있다.

이 장의 목적은 변화하고 있는 보건의료 환경에서의 보건사회복지 윤리에 관해 논의하고 이해를 돕는 것이다. 이러한 목적을 위해 윤리학의 철학적 토대를 몇 가지 살펴보고, 사회복지 윤리의 역사와 의사결정, 이론적 틀, 그·밖의 특수한 주제들에 대해 논의하고자 한다.

이 장의 목표

- 역사적·문화적 맥락 속에서 사회복지 윤리, 의료 윤리, 생명윤리의 발달을 논의한다.
- 사회복지 윤리강령과 관련된 윤리적 전문용어와 이론을 정의한다.
- 의사결정 모델과 이론적 응용을 보건의료 사회복지 윤리와 연관하여 간략하게 살펴본다.
- 이중관계, 관리의료, 연구윤리와 관련된 윤리적 이슈들을 논의한다.
- 21세기 이후의 윤리적 도전과제들을 간략하게 살펴본다.

사회복지 윤리적 이슈의 개요
OVERVIEW OF ETHICAL ISSUES IN SOCIAL WORK

이 책의 각 장마다, 그리고 각 장의 주제와 관련된 사회복지실천 영역마다 주목해야 할 윤리적 이슈와 질문들이 있다. 사회복지사들은 이러한 이슈들을 다루고 질문들에 답하는 데 있어서 중요한 역할을 한다. 보건사회복지 실천가들은 환자에게 치료와 퇴원 관련 선택사항에 대한 정보를 주고, 초학제적transdisciplinary 팀 내에서 환자를 옹호하며, 윤리위원회 활동을 하고, 정책을 형성한다. 이러한 경험들은 보건사회복지 윤리의 미시적·거시적 관점을 모두 가질 수 있는 특별하고 소중한 기회를 준다. 어떤 입장을 분명하게 밝히고 변화를 이끄는 능력은 사안과 관련된 윤리적 이슈를 얼마나 이해하느냐에 달려 있다. 역사상 그 어느 때보다도 오늘날의 사회복지사들은 보건의료와 관련된 윤리적 딜레마와, 그 딜레마를 해결하기 위한 보건사회복지 윤리의 적용 방법에 관해 실질적인 지식을 갖고 있어야만 한다.

사회복지사와 다른 보건의료전문가들은 각각 자신의 전문직이 서로 완전히 구별되는 고유의 가치체계와 신념을 가진 동종의 집단이라고 생각하고 싶어할지 모른다. 모든 사회복지사는 보건사회복지 윤리가 무엇으로 구성되고 무엇을 제시하고 있는지에 대한 의견을 갖고 있을 것이다. 하지만 실제로는 그것이 정확히 어떤 것인지에 대해 모두 같은 개념을 공유하는 것은 아니다. 18세기 프랑스 작가 디드로Diderot는 그의 작품 『달랑베르의 꿈D'Alembert's Dream』에서 사람마다 이해의 차이가 나는 것에 대한 공감을 다음과 같이 묘사하였다.

우리 중 누구도 똑같은 사람이 없다는 명백한 이유 때문에 우리는 상대방을 정확히 이해할 수도, 이해받을 수도 없다. 언제나 '어느 정도' 이해할 뿐이다. 또, 우리의 말은 실제 느낌보다 모자라거나 넘친다. 우리는 사람들의 의견이 매우 다양하며, "우리가 인지하지 못하거나 다행히 인지할 수 없는 의견들이 그보다 수천 배나 존재한다"는 사실을 깨닫게 된다(Diderot, 1769/1976, p. 222).

디드로는 다른 사람이 어떤 현상을 경험하거나 해석하는 방식을 자신이 정확히 이해할 수 있을 것이라고 여기지 않는다. 사실 각 개인이 삶을 서로 다르게 경험하는 것은 다행인 것 같다. 보건사회복지 윤리에 대한 연구를 보면 비교적 합의에 도달하기 쉬운 것처럼 보인다. 하지만 항상 그런 것은 아닐 것이며, 다른 의견들을 존중할 수 있도록 주의해야 한다.

대부분의 사회복지사들은 일을 하다 보면 완벽한 해결책을 찾을 수 없는 상황들을 접하게 된다. 각 대안마다 별로 바람직하지 못한 결과들이 예상되기 때문이다. 나아가, 프록터Proctor, 머로우-하웰Morrow-Howel, 로트Lott(1993)는 *윤리적 딜레마ethical dilemmas*를 "사회복지사가 전문가적인 가치를 고수할 수 없거나, 한 가지 윤리를 고수할 경우 다른 윤리에 반하는 행동을 해야 하는"(p. 166) 상황으로 정의한다.

리머Reamer(1987, pp. 801-809)는 사회복지에서 윤리적 딜레마를 고려할 때 중요한 점을 8가지 영역, 즉, (1) 비밀보장confidentiality 및 비밀이 보장된 의사소통, (2) 진실성truthfulness, (3) 온정주의paternalism와 자기결정권, (4) 법·정책·규제, (5) 내부 고발whistle-blowing, (6) 한정된 자원 분배, (7) 개인 및 전문적 가치관, (8) 윤리적 의사결정으로 구분하였다. 이 중 몇 가지 주제들은 이 장에서 논의할 것이다.

윤리적 딜레마를 생각할 때 불변의 "정답"을 찾는 것만이 윤리적 담론의 핵심은 아니다. 심사숙고하는 검토와 토론 속에 가치가 있다. 윤리적 담론 과정을 통해 더 완전한 이해에 도달하고 대안적인 행동이 이어질 수 있을 것이다. 그렇게까지는 아니더라도, 결론이 무엇이든 간에 최소한 환자의 치료와 관련된 어느 한 편의 일방적인 의견보다는 충분한 정보와 심사숙고의 결과라고 여기게 될 것이다.

윤리강령은 몇 가지의 직접적인 실천지침을 제공한다. 로웬버그Lowenberg와 달고프Dolgoff (1996)는 윤리강령의 네 가지 목적을 다음과 같이 정의했다.

1. 공공을 보호한다.
2. 전문성을 보호한다.(자기규제는 전문성의 특징이며 정부의 관여보다 훨씬 더 효과적이다.)
3. 내분을 방지한다.
4. 실천가들을 법적 분쟁으로부터 보호한다.(특정 행위를 취했던 이유의 타당성은 소송 때 변론의 근거가 될 수 있다.)

윤리강령의 목적이 분명히 드러나는 개별 사례들을 논의하기 전에, 사회복지 윤리의 철학적 토대를 살펴보고자 한다. 이것이 모든 것을 포괄한다고 생각해서는 안 된다. 좀 더 완전히 이해하고, 자신이 일하는 사회복지실천 현장에서 윤리강령을 사용할 수 있도록 스스로를 연마하기 위해서는 자신의 실천 현장과 관련한 내용을 좀 더 많이 공부하도록 권한다.

윤리학의 전문용어와 이론
ETHICS TERMINOLOGY AND THEORY

대부분의 사회복지사들은 윤리와 관련된 철학에 대해 정규교육을 받지 않는다. 현재 사회복지 교과과정에는 전문직 윤리에 대한 별도의 강좌가 거의 없다. 하지만, 많은 사회복지사들은 각 주의 사회복지위원회들이 자격증 조건으로 상시적인 윤리교육을 요구한다는 것을 알게 될 것이다. 정식 훈련과 지속적인 교육은 전문가로서의 윤리적 사고와 실천을 발전시키도록 돕는다. 그러나 사회복지사는 그들의 윤리적 토대가 약하거나 튼튼한 것과 상관없이 실천 현장에서 윤리적 담론을 자주 접한다.

전문용어에 대한 기본적인 이해는 윤리적 사고와 의사결정을 명확히 할 수 있게 도와준다.

전미사회복지사협회NASW: National Association of Social Work 윤리강령에는 몇 가지 유용한 내용이 담겨 있다. 이 내용을 보완하기 위해, 이 장에서는 용어들의 정의와 차이에 주의를 기울였다. *가치*values, *도덕*morals, 나아가 *윤리*ethics와 같은 단어들은 종종 같은 의미로 혼용되어 왔다. 그러나 실천 현장에서는 이 단어들의 구분이 중요하다.

가치

가치에 대한 논의는 직업윤리 연구에서 필수적이다. 가치가 사회복지 윤리와 관련될 때는 그 나름대로의 특정한 의미가 있지만, 개인적·직업적·사회적 맥락에서도 가치는 존재한다. 이런 식의 설명은 혼돈을 일으킬 수 있는데, *가치*라는 용어에는 어떤 철학 분파나 사회이론가가 그것을 언급하느냐에 따라 수많은 정의가 존재하기 때문이다. 나아가, 다양한 정치적 세력들은 *가치*라는 용어를 끌어들여, 자신들이 가치에 대해 더 올바르게 이해하고 있다고 주장해왔다. 그럼에도 불구하고 이러한 모든 논쟁을 통해 가치는 윤리강령에서 구체적이고 중요한 의미를 가진다.

*가치*는 "값어치가 있다, 힘이 세다"는 의미를 가진 라틴어 *valere*에서 파생된 단어이다 (Angeles, 1992). 『하퍼 콜린스 철학사전Harper Collins Dictionary of Philosophy』은 *가치*를 "값어치 worth; 어떤 사물을 바람직하고 갖고 싶으며 유용하거나 관심을 갖게 만드는 특질"이라는 뜻뿐 아니라, "우수함; 존경받거나, 소중히 여겨지거나, 높이 혹은 좋은 것으로 평가받는 것"이라는 뜻으로 정의한다. 가치가 인간행동과 관련되어 쓰일 때, 로키치Rokeach(1973)는 "특정한 존재 방식이나 상태가 개인적으로나 사회적으로 그와 반대되는 존재 방식이나 상태보다 더 바람직하다고 여기는 지속적인 신념"이라고 정의하였다(p. 23). 가치는 무엇이 옳은가에 대한 이상향 같은 것이다. 전문직에서의 가치란 다른 전문직과 구별하게 만드는 그 전문직만의 고유하고 좋은 것을 말한다.

전문직으로서 사회복지는 서비스, 사회 정의, 인간의 존엄과 가치, 인간관계의 중요성, 진실성, 그리고 역량을 핵심 가치로 여긴다(NASW, 2000). 리머(1995)에 따르면 "사회복지는 모든 전문직 중 가장 가치 중심적인 직업이다"(p. 3).

보건사회복지사들은 윤리적 딜레마에 대해 파악하고, 이해하고, 언급하고자 하기 이전에 먼저 자신의 개인적 가치를 확인해 보아야 한다. 모든 사람은 가족, 친구, 문화, 그리고 삶의 경험에 의해 형성된 개인적인 가치를 지닌다. 이러한 개인적 가치는 딜레마를 어떻게 바라보는지, 임상가가 전문직의 핵심 가치를 받아들이는지 아닌지 등에 영향을 미친다. 각 개인이 갖고 있는 가치의 배경 차이를 이해하는 것은 임상가가 자신과 다른 가치를 가진 환자들과 상호작용을 할 때 특히 의미가 있다. 호지Hodge(2003)는 한 논문에서 이러한 점을 강조하면서 석사급 사회복지사들의 가치가 "노동 중산층 클라이언트의 가치보다 더 좌파적"임을 보여주는 데이터를 제시하였다 (p. 107).

도덕

*도덕*은 관습, 예의, 성격을 의미하는 라틴어 *moralis*에서 파생된 단어이다. 도덕은 "옳은 행동의 기준을 정의하는 원리나 규칙들"로 구성된 것이라고 정의되어 왔다(Lowenberg & Dolgoff, 1996, p. 22). 도덕은 옳고 그름에 대해 널리 받아들여진 생각들을 포괄한다. 비록 전미사회복지사협회 윤리강령에는 도덕의 기본 개념이 설명되어 있지 않지만, 도덕은 사회복지사들이 전문가적·개인적 가치를 발전시키는 방법에 영향을 미친다.

법

법laws 또한 다양한 방식으로 정의되고 있다. 어떤 정의들은 개인뿐만 아니라 정부에 의한 권력 남용으로부터의 보호에 초점을 두고 있다. 또, 어떤 정의들은 사회적 통제와 복지에 대해 더 깊이 논하고 있으며, 사회 정의에 대한 고려를 더 강조하는 정의들도 있다.

법, 윤리, 가치 모두 고유의 의미들을 가지고 있다. 단순히 법안을 통과시키는 것으로는 특정한 문제에 대한 개개인의 확고한 신념과 생각을 바꿀 수 없다. 예를 들어, 조력자살assisted suicide[1]을 금지하는 법의 제정이 사람들의 개인적인 관점을 바꾸지는 못한다. 단순히 법에 신경을 쓰는 것만으로는 사회복지사들이 전문가로서 비윤리적인 방식으로 처신하는 것을 막아주지 않는다. 부당한 법이 통과될 때 사회복지사들은 사회적 불평등 문제를 제기하기 위해 법정에 나설 의무가 있다. 예를 들면, 전미사회복지사협회는 처방약에 대한 건강보험의 보장성과 같이 보건의료 문제에 영향을 주는 법률에 관심을 모으기 위해 적극적인 활동을 하고 있다.

원칙과 기준

윤리강령에서 원칙은 가치 형성의 한 단계로 생각될 수 있다. 원칙은 그 자체로는 일종의 이상향 같은 역할을 할 수 있다. 원칙은 사회복지실천을 위한 정보를 제공하고(Reamer, 1995), 훨씬 더 구체적인 기준의 개발에 참고점이 될 수 있다. 윤리강령의 *기준standards*은 사회복지사들이 어떻게 행동해야 하는지에 관해 구체적으로 설명한다.

윤리

*윤리*라는 용어는 인간의 성격, 기질을 의미하는 그리스어 *ethos*로부터 파생되었다(Angeles, 1992). 윤리를 정의하는 방법은 다양하다. 이 장에서는 윤리를 메타윤리metaethics, 규범윤리normative ethics, 응용윤리applied ethics의 세 가지로 나누어 정의할 것이다.

---

1) 안락사와 같이 의료진 등의 도움을 받아 스스로 목숨을 끊는 행위 — 옮긴이 주.

메타윤리

메타윤리는 "이것이 진정으로 의미하는 것이 무엇인가?" 또는 "'선하다'는 것과 '악하다'는 것이 정말 의미하는 것은 무엇인가?"와 같은 질문을 제시한다. *메타윤리*라는 용어는 "도덕적 결정과 지식에 이르고 그것을 정당화하기 위해 사용되는 방법, 언어, 논리적 구조, 추론에 대한 학문"(Angeles, 1992, p. 183)을 말한다.

규범윤리

규범윤리는 메타윤리와는 대조적으로 딜레마 해결에 적절한 도덕, 가치, 원칙 또는 규범을 찾아내고자 한다. 그런 딜레마 상황에 대한 규범 윤리적 반응 양상에는 여러 가지 가치 및 원칙들이 영향을 줄 수 있다. 전미사회복지사협회의 2000년도 윤리강령에는 가치, 규범, 원칙이 충돌하는 상황이 있다는 사실이 지혜롭게 반영되어 있다. 이러한 경우 두 명의 합리적이고 정통한 실천가가 있다면, 임상적 상황에 대한 윤리적 반응이 어떠해야 할지에 관해 그들의 의견은 서로 다를 수 있다.

응용윤리

응용윤리는 윤리의 세 번째 부분으로, 구체적인 상황에 규범윤리(도덕, 가치, 원칙, 규범과 연관)를 적용하는 것과 관련이 있다. 이것은 실제로 결정이 이루어지는 단계라고 할 수 있다. 사회복지사는 법적 의무에 관한 윤리적 기준이 자율성의 원칙 및 자기결정권을 대체하는지, 아니면 법이 바뀌도록 만들기 위해 행동에 나서야 한다고 느끼는지에 관해 생각해보아야만 한다.

윤리는 메타윤리, 규범윤리, 응용윤리의 세 가지 맥락 속에서 각각 정의될 수 있다. 즉, 윤리는 (a) 가치 중심의 추론과 인간 행동에 관심을 가지는 철학 분파, (b) 도덕, 가치, 원칙, 규범의 구성 틀, (c) 그 특정한 틀로부터 얻은 실제 의사결정과정으로 볼 수 있다. 이것이 보건의료사회복지와 관련될 때, 조셉Joseph과 콘라드Conrad(1989)는 *윤리적 행동*ethical behaviors을 "생의학의 윤리적 선택과 관련된 사회복지사의 전문가적인 행동"이라고 규정한다(p. 23). 다음 섹션에서는 보건사회복지사가 생애말 돌봄end of life care과 관련해 접할 수 있는 윤리적 이슈를 논의하고자 한다.

생애말 돌봄

죽을 권리right-to-die에 관한 논쟁은 2005년 테리 시아보Terri Schiavo 사건으로 인해 다시 수면에 떠올랐다. 당시 시아보의 남편은 장인·장모의 의견에 반해, 시아보에 대한 인공 영양공급과 수액 투여를 중단했다. 이 사건은 윤리적 딜레마가 얼마나 분열을 초래할 수 있는지 보여주는 사례이다. 시아보 사건이 전 국민적 주목을 받은 첫 경우는 아니었다. 또 다른 두 명의 여성인 카렌 퀸란Karen Quinlan과 낸시 크루잔Nancy Cruzan도 죽을 권리와 관련해 유사한 법정 문제에 직면했었다. 두 여성은 뇌 손상을 입었고 의식을 회복하지 못해 본인들이 원하는 바를 알릴 수 없었

다. 카렌 퀸란은 산소 호흡기를 제거한 후에도 10년을 더 살았다. 낸시 크루잔의 부모는 그녀의
인공 영양공급과 수액 투여를 멈추기 위한 긴 법정 분쟁에서 이겼고, 그녀는 영양튜브를 제거한
지 2주 만에 숨을 거뒀다. 퀸란과 크루잔 모두 1980년대에 사망하였다. 더 많은 논쟁이 벌어지고
있는 가운데, 시아보는 영양튜브를 제거한 지 13일 만인 2005년 3월 31일 죽음을 맞이했다. 이
사건들은 모두 미국 내에 존재하는 기본적인 도덕적·윤리적·종교적 차이들을 반영한다. 또한,
이 사건들은 환자가 원하는 바에 보건사회복지사가 주의를 기울이고, 그런 욕구들을 명시하는
사전의료의향서advance directive documents를 작성하도록 도와야 할 필요성을 확실히 보여준다.

    위와 같은 문제 상황에 대응할 때 실천가들은 먼저 환자들이 바라는 바에 대한 자신의 가치
를 점검해 보아야 한다. 사회복지사의 가치가 환자의 가치와 달라서 의미 있는 논쟁에 참여하는
것을 방해할 수도 있다. 110명의 호스피스 사회복지사에 대한 연구에서 시카이Csikai(2004)는 사
회복지사들의 34%가 환자들로부터 조력자살에 관한 이야기를 들어본 경험이 있음에도 불구하고
환자의 안락사나 자살 문제는 호스피스 의료서비스와 관련해 가장 적게 논의되어 온 주제임을
발견했다. 어떤 환경에서도 사회복지사는 환자의 관심사를 놓쳐선 안 된다. 만일 사회복지사의
가치가 환자의 가치와 갈등을 일으킨다면 환자에게 다른 사회복지사를 연계시켜주어야 한다.

    죽음을 원하는 환자에 대한 첫 번째 대응 중 하나는 면밀한 우울증 검사와 다른 치료법의 검
토이어야 한다. 면밀한 검사와 다른 치료법의 검토 후에도 환자는 여전히 죽음을 소망할지 모른
다. 그러나 이러한 과정들은 환자에게 가족이 그를 돌볼 것이며 부담을 느끼거나 버리지 않을 것
이라고 다시 한 번 확신시켜줌으로써 환자가 안심하게 할 수 있다(Csikai, 1999). 환자는 자신의 생
명을 유지시켜줄 다른 치료법이 무엇인지에 관해 고민해보게 될 수도 있다. 이러한 문제들이 충
분히 고려된다면 환자는 더 이상 안락사나 조력자살을 원하지 않을지 모른다.

    메타윤리는 사회복지사가 자살하는 것은 잘못이라고 믿는 상황에 적용될 수 있다. 메타윤리
적 분석에서는 자살하는 것이 왜 잘못이며, 과연 모든 상황에서 그것이 잘못인가와 같은 질문들
이 고려된다. 자살에 대한 정의는 이후의 모든 대화에 영향을 미친다. 메타윤리는 고통받는 환자
의 경우 자살하는 것이 잘못인지 아닌지를 이해하는 데 있어 적용될 수 있다. 또한, 메타윤리는
무엇이 자살인지에 대한 질문과도 관련이 있다. 의사가 도왔다면, 즉, 의사가 의식이 있는 환자에
게 약물을 제공하거나 다른 수단을 제공함으로써 삶을 마치게 한다면, 그것은 자살인가? 환자가
치사량의 마취진통제를 요구할 때 의사가 그것을 주입해주는 적극적이고 자발적인 안락사는 자
살과 어떻게 다른가? 의료진이 권하는 치료를 포기하는 것은 자살인가?

    메타윤리와는 대조적으로 규범윤리는 딜레마 해결에 적절한 도덕, 가치, 원칙, 규범을 찾아
내는 것과 관련이 있다. 규범윤리 딜레마는 조력자살이나 안락사를 지지해야만 하느냐와 같은
것이다. 규범윤리는 또한 이렇게 찾아낸 도덕, 가치, 원칙 및 규범들을 하나의 구성 틀로 묶어 조
력자살이나 안락사의 구체적인 사례를 고려하는 데 이용될 수 있도록 하는 것과도 관련이 있다.

    의학적 관점에서는 규범윤리에 선행 및 비부정행위nonmalfeasance의 원칙이 적용된다. 선행
의 원칙은 기본적으로 실천가들에게 "좋은 일"을 하라고 지시한다. 비부정행위의 원칙은 실천가

에게 "해가 되는 일을 하지 말라"고 지시한다. 사회복지 강령의 관점에서 문제가 되는 것은 그 사람의 존엄성 및 가치일 수 있다. 자율성과 자기결정의 원칙 또한 관련이 있는 것처럼 보인다. 그러나 클라이언트에 대한 헌신이라는 윤리적 기준은 사회복지사에게 안락사나 조력자살을 돕지 못하게 하는 규범영역의 법적 의무가 있을 거라는 점을 고려한다. 또한, 그런 경우 환자의 자율성이 생명보존을 대신할 만한 가치가 있는지를 평가하는 것도 규범윤리와 관련이 있을 것이다.

윤리강령은 다양하고 방대한 철학적 이론을 기반으로 의사결정에 정보를 제공하고 영향을 준다. 사회복지와 의학 모두 지난 수년간 많은 철학의 영향을 받아왔다. 전문직으로서의 현대의학은 실증주의 모델의 영향을 사회복지보다 더 많이 받아왔다. *실증주의*positivism는 현실이 존재한다는 개념으로, 정률에 기초하고, 따라서 이해하기 쉽다(Guba, 1990). 이러한 틀에서 볼 때 과학이란 이 현실을 구성하는 것이 무엇인지 알아내고 궁극적으로는 그것을 원하는 대로 조정할 수 있게 해주는 메커니즘이다. 이러한 생각은 계몽기였던 17세기 후반과 18세기 전반에 걸쳐 나타났다. 당시 사람들은 시계장치 우주관clockwork universe, 즉, 시계장치처럼 궁극적으로는 작동방식을 이해하고 통제할 수 있다고 생각하는 우주관 속에서 세상을 보는 경향이 있었다(Spurlin, 1984).

때때로 보건사회복지는 의학을 현재의 사회적 위치에 오르도록 이끌어왔던 실증주의 방식을 모방하려고 애쓰는 전문직으로 보이곤 한다. 그러나 사회복지가 구조주의 모델에 주의를 기울이지 않아 왔다고 주장하기는 어려울 것이다. 시계장치 우주관과는 대조적으로 *구성주의*con-structivism는 사회를 "시스템이나 메커니즘, 또는 유기체"(Parton, 2003, p. 5)가 아니라, 그보다는 관찰자와 관찰 대상자의 협력에 의존해 새롭고 유동적인 의미를 함께 만들어가는 상징적 구조라고 본다.

이를 보건의료 사회복지와 연관시켜보자면, 구성주의는 실천가가 환자와, 환자가 경험하고 있는 것, 그리고 환자가 바라는 것을 보다 완벽하게 이해하기 위해서는 주어진 환경에서 한 발 물러나(사고적 측면에서), 환자가 자기 방식대로 관계를 맺을 수 있게 할 것을 제안한다. 사회복지사가 있는 위치, 또는 사회복지사가 원하는 환자의 위치가 아닌, "환자의 위치에서 시작하라"는 사회복지적 명령injunction이야말로 구성주의를 향해 바른 길을 가기 위한 첫 걸음일 것이다. 환자가 자신의 질병과 치료법에 대해 부여한 의미를 이해하는 사회복지사라면 적절한 서비스를 더 잘 제공할 수 있을 것이다.

기초적인 규범이론들
BASIC NORMATIVE THEORIES

어떤 윤리이론들은 행동의 결과와 더 관련이 있다. 또, 어떤 이론들은 행동이 취해지기 전에 행동을 이끌 수 있는 원칙, 규범, 규칙들을 찾아내는 것과 더 관련이 있다. 따라서 대부분의 규범윤리이론은 의무론deontological이나 목적론teleontological 범주에 속한다.

의무론과 목적론

의무론은 결과에 상관없이 올바른 행동을 결정하는 윤리적 가치, 규범, 원칙에 우위를 둔다. 예를 들어, 비밀보장의 원칙과 관련해 의무론은 사회복지사가 어떠한 경우에도 그 원칙을 위반해서는 안 된다고 명시한다.

목적론은 가치나 원칙, 규범보다 특정한 행동의 결과와 더 관련이 있다. **목적론적**_tele-onto-logical_이라는 단어는 "끝 또는 목표"라는 의미를 가진 그리스어 _telos_에서 유래했다(Angeles, 1992, p. 369). 예를 들어, 비밀보장에 대한 목적론적 사고는 비밀성이 위반되었을 경우 어떤 일이 발생하는가에 더 중점을 두고 있다.

의무론과 목적론은 가치, 원칙, 윤리강령의 규범을 수행할 때 자주 충돌한다. 한 예로 1976년 타라소프 대 캘리포니아대학교 학생복지처 사건 판례를 들 수 있다(Kagle & Kopels, 1994). 이 사건은 어떤 환자가 캘리포니아대학의 심리학자에게 타치아나 타라소프Tatiana Tarasoff라는 여학생을 살인할 생각이 있다고 알려준 것으로 시작되었다. 그는 심지어 심리학자에게 구체적인 계획까지 알려주었다. 심리학자는 교내경찰에게 연락하였고, 경찰은 잠시 그 환자를 구금했다가 타라소프 근처에 가지 말라는 경고와 함께 풀어주었다.

나중에 그 심리학자의 수퍼바이저는 심리학자에게 이 사건에 대한 사례노트를 폐기하라고 말하였는데, 이는 법에도 위배될 뿐 아니라, 전미사회복지사협회의 규범에 의해서도 클라이언트의 기록에 관한 원칙의 명백한 위반이며, 기만이고 부정행위라 할 수 있다. 몇 개월 후, 그 환자는 타라소프를 살해했다. 타라소프의 부모는 학교를 상대로 소송을 제기해 결국 승소했다. 캘리포니아 주 대법원은 판결을 통해 학교는 환자의 사생활 보호와 비밀보장을 앞서는 학생 보호의 의무가 있다고 밝혔다.

이 논쟁은 "보호의 의무"나 "경고의 의무" 영역에 속한다. 이 사건에서 의무론적인 고려사항은 결과에 상관없이 비밀보장의 윤리적 규범을 지켜야 한다고 보았던 것이다. 이러한 사고방식은 법원이 단언했듯이 결과가 비밀보장 위반보다 더 해로운 것으로 보일 때 명백히 무너진다. 궁극적으로는 예고된 피해자를 보호하려는 목적론적 사고가 한 생명을 구한다는 면에서 긍정적인 측면이 더 많을 수 있다.

의무론적 관점과 목적론적 관점을 통해 윤리적 딜레마를 살펴보는 것 외에도, 공리주의utilitarianism, 칸트 윤리학Kantian ethics, 돌봄의 윤리ethics of care, 덕 윤리virtue ethics와 같은 개념들이 보건사회복지에 적용될 수 있다.

공리주의

공리주의는 영국의 철학자 제레미 벤담Jeremy Bentham과 존 스튜어트 밀John Stuart Mills의 영향을 크게 받았다. 이 이론은 효용성의 원칙을 전제로 하고 있다. 공리는 최대 다수 또는 지역사회 전체에 최대 행복을 가져올 일을 해야 한다는 신조이다. 공리주의에서 옳고 그름을 정하는 일은 목적론적 성격을 가지고 있다.

공리주의에는 행위와 규칙공리주의라는 두 개의 주요 분파가 있다. *행위공리주의act utilita-rianism*는 오로지 결과에 초점을 맞춘다. 고전적인 예로 제2차 세계대전 중 나치에 의해 수행된 실험이 있다. 이 "연구"는 다수의 윤리적 고려사항들을 위반했으며 많은 사람들을 고문하고 죽이는 결과를 낳았다. 이에 대해 행위공리주의자가 고려할 만한 질문은 "이 연구에 공리적으로 쓰일 만한 데이터가 있는가?"일 것이다. 행위공리주의자는 이 데이터는 가치가 있을지 모르기 때문에 인간의 어떤 상태나 치료, 또는 질병에 대한 통찰력을 주기 위해 이용할 수 있게 해야 한다고 주장할 수 있다.

그러나 *규칙공리주의rule utilitarianism*는 무엇이 가장 좋은 결과를 만드는가를 판단하게 하는 윤리적 틀 내에서 세워진 규범을 따른다. 연구윤리의 토대는 서면 사전동의informed consent를 초석으로 삼아 만들어진다. 나치의 실험은 이런 점을 명백히 위반하였다. 나치 실험과 관련하여 규칙공리주의자는 그 데이터를 사용하는 것이 비윤리적으로 얻은 데이터를 사용한 선례를 만들기 때문에 득보다 실이 많을 것이라고 본다.

의무 윤리ethics of duty (칸트 윤리학)

의무 윤리는 대부분의 공리주의적 사고, 특히 행위공리주의와는 반대되는 입장이다. 이 개념은 독일 철학가 임마누엘 칸트Immanuel Kant가 주장하였는데, 그는 옳고 그름 여부를 결정하는 것은 행동의 결과와 관련이 없다고 생각했다. 칸트는 정언(定言)명령categorical imperative의 범주에 속하며 특정 규범에 부합하는 행동만이 옳다고 믿었다. 무엇이 정언명령인가를 판단하는 한 가지 방법은 "특정 행동에 모두 참여하면 모두에게 이로운가?"를 질문하는 것이다.

칸트는 기본적으로 완전한 것과 불완전한 것이라는 두 종류의 의무가 있다고 믿었다. *완전한 의무perfect duties*는 누락시킬 의무duties of omission, 즉, 도둑질·거짓말·살인과 같이 해서는 안 되는 명확한 의무를 말한다. 이 의무들은 1차적으로 행동의 측면에서 "흑백논리적"이다. *불완전 의무imperfect duties*는 명확하게 정의되지 않는다. 이것들은 좋은 사람이 되는 것과 같은 개인의 의지에 따른 의무duties of commission이다. 이런 의무는 모든 입장에 적용하기 어렵기 때문에 확인하기가 더욱 어렵다.

돌봄의 윤리

도덕성과 도덕적 추론에 있어서의 남녀 차이에 관한 길리건Gilligan(1982)의 연구는 새로운 대중에게 칸트 논쟁을 불러일으켰다. 그녀는 남녀 간에 차이점들이 있긴 하지만 그것들이 반드시 도덕적 우월성을 나타내지는 않는다고 믿었다. 길리건은 여성이 권리와 정의의 윤리보다 돌봄의 윤리에 더 많은 주의를 기울인다고 주장하였다. 좀 더 구조주의적 접근인 돌봄의 윤리는 환자 및 가족들과 대화할 때 적용될 수 있을 것이다. 카스Carse(1991)는 의료현장에 적용되는 돌봄의 윤리를 다음과 같이 7가지로 파악하였다.

1. 원칙주의 및 제도적 규율로부터의 전환과, 환자에게 보다 반응적인 관계 강조
2. 타인에 대한 이해의 한 부분으로서 자기인식self-awareness 강조
3. 결과에만 초점을 맞추는 것이 아니라 윤리적 담론에 가치를 두는 것
4. 보건의료에 있어서 성별에 따른 차이점 검토
5. 윤리적 숙고에 있어서 특히 중요한 것으로 관계의 본질 및 역동성 강조
6. ***도덕적 양가감정****moral ambivalence*의 실재 인정
7. 윤리적 의사결정 능력의 향상을 위해 개발해야 할 특성이나 덕목 고려

덕 윤리

덕*virtue*은 "뛰어남"을 의미하는 그리스어 *arete*를 번역한 것이다(Lacey, 1996). 돌봄 윤리와 덕 윤리 모두 특정한 원칙으로부터 나온 것이 아니기 때문에 "원칙 없는 이론"으로 불려왔다(Munson, 2000). 돌봄의 윤리 이론은 적용 과정에서 원칙들을 이용할 수 있지만, 덕 윤리는 돌봄의 윤리보다도 더 원칙들에 의존하지 않는다. ***덕 윤리***는 특정 유형의 사람이 갖고 있는 긍정적인 특성을 말한다. 카스(1991)는 덕 윤리를 가치 있는 것으로 여겼는데, 미덕을 고려함으로써 다른 사람과의 관계 속에서 전문가로서의 자아감을 보다 잘 발전시킬 수 있기 때문이다.

덕 윤리는 문제가 될 수 있다. 예를 들어, 도덕적인 의사가 어떤 특성을 지녀야 하는지에 대한 생각은 사람마다 다를 수 있다. 그런 특성에는 인내, 공감, 지능 등이 포함될 수 있다. 도덕적인 사회복지사가 어떤 특성을 가져야 되는지에 대해 합의된 정의를 내리기란 더욱 어렵다. 특히 보건사회복지와 같이 특정 실천 현장과 관련이 있다면 더욱 그렇다. 예를 들어, 병원의 사례관리 부서에서 일하는 사회복지사는 환자를 신속하게 퇴원시켜 비용을 절감시킬 수 있다는 점 때문에 도덕적이라고 여겨질지 모른다. 또 어떤 의료사회복지사는 정신과 환자들이 더 오래 입원해 있도록 돕는다는 점 때문에 도덕적으로 인식될 수 있다.

의료 윤리, 사회복지 윤리 및 생명 윤리의 발달
DEVELOPMENT OF MEDICAL ETHICS, SOCIAL WORK ETHICS, AND BIOETHICS

의료 윤리

면허 없이 한 명 이상의 정신병자를 숨기는 자는 500파운드의 벌금을 물게 된다.

—*퍼시벌Percival, 1803*

서구의 의료 윤리는 기원전 477년 히포크라테스 선서로 거슬러 올라갈 수 있다. 그러나 이 글의 출발점은 토마스 퍼시벌Thomas Percival(1803)의 윤리강령이다. 앞의 인용구를 통해 알 수 있

듯이, 이 강령의 언어나 관점은 구식인 듯 보이지만 현대의 딜레마와 유사하다. 예를 들어, 보건의료기관 및 실천가들의 면허나 인증 문제는 오늘날에도 여전히 관련이 있다.

퍼시벌은 18세기 후반과 19세기 초에 활동했던 영국의 의사이다. 그는 의사일 뿐만 아니라 중산층을 위한 도덕성 이야기들의 저자였다. 사람들은 현지 맨체스터 병원의 분쟁 해결을 위해 그에게 도움을 요청했다. 그는 또한 영국을 불안하게 만드는 더 큰 사회적 요인들, 즉, 방적공장의 도입, 영국의 노예무역, 그리고 빈곤층에 대한 처우에 대해서도 잘 알고 있었다(Baker, Porter, & Porter, 1993). 더 큰 사회적 문제에 대한 그의 자각은 243쪽에 이르는 『의료윤리Medical Ethics』라는 진보적이며 논리적인 책에 상당 부분 담겨 있다(Percival, 1803). 불행히도, 이 책은 직업윤리보다 직업적 에티켓에 치중했다는 이유로 비난을 받았다. 이러한 비난은 초점을 벗어난 것처럼 보인다. 왜냐하면, 이 책이 다룬 주제들에는 낙태, 강간, 의료 오진 및 자선 목적 등이 포함되어 있어, 오늘날의 기준으로 볼 때도 설득력이 있기 때문이다. 공정하게 말한다면, 의료 윤리강령이나 사회복지 윤리강령 모두 좀 더 가치 중심적인 고려사항들은 물론, 영업적인 에티켓trade etiquette의 요소들도 갖고 있다. 퍼시벌의 강령은 결국 원본보다 훨씬 축약된 형태로 1800년대 초미국에서 출간되었고, 1847년에 만들어진 미국의사협회AMA: American Medical Association 최초의 윤리강령에 영향을 주었다.

사회복지 윤리

아브라함 플렉스너Abraham Flexner(1915)는 사회복지사가 과연 전문직인가라는 의문을 제기함으로써 사회복지실천 현장에서 독자적인 윤리강령을 개발하도록 자극을 준 인물이라 할 수 있다. 플렉스너는 의학교육 부문에서 당시의 가장 영향력 있는 인물들 중 한 사람이었으며, 어떻게 교육이 전달되고 개념화되어야 하는지에 있어서 많은 변화를 가져왔다(Bonner, 2002). 아울러 그는 1915년 뉴욕 필랜트로피대학New York School of Philanthropy에서 출간된 "사회복지는 전문직인가?"라는 논문을 통해 사회복지의 전문성에 대해서 언급했다. 이 논문에서 그는 전문직에 필요한 기준을 제시했다. 플렉스너에 따르면 사회복지는 전문직의 모든 기준들을 충족시키지는 못하지만 어떤 면에서는 법학이나 의학보다 더 전문직 기준에 근접한다고 주장했다. 플렉스너는 전문직의 가장 중요한 요건들 중 하나로 "정신spirit" 또는 가치를 가져야 한다고 하였다.

공인된 전문직이 금전적이거나 이기적인 수준에서 추구되는 한, 법학이나 의학은 한낱 장사에 지나지 않는다… 결국, 전문직의 가장 우선적이고 주요한, 그리고 필수불가결한 기준은 전문가 정신을 갖는 것이며, 사회복지는 의지만 있다면 그러한 기준을 충분히 충족할 것이다(p. 24).

사회복지계는 플렉스너의 보고서가 나온 직후 윤리에 대한 논의를 시작했다. 리머(1998)는 사회복지 윤리강령의 발전 과정을 네 개의 시기로 뚜렷이 구분할 수 있다고 하였다. 즉, 도덕성의 시기, 가치의 시기, 윤리이론 및 의사결정의 시기, 윤리적 기준 및 위기관리의 시기이다(p. 488).

사회복지 도덕성의 시기는 19세기 후반부터 1950년대까지 지속되었다. 사회복지사의 서비스를 받는 사람들은 뭔가 결함이 있는 사람으로 여겨지곤 했다. 20세기 초에 사회복지사들은 사회적 정의라는 문제에 더 주목하기 시작했다. 가난, 질병, 교육 기회 등과 같은 사회의 외적 영향들이 인식되었다. 인보관 운동settlement house movement은 이러한 문제들을 반영하여, 미국에 새로 이주한 사람들에게 몇 가지 기본적인 기술들을 제공하고, 새로운 나라에 좀 더 잘 통합될 수 있는 방법을 이해시키고자 하였다.

매리 리치몬드Mary Richmond는 1920년대에 초기 사회복지 윤리강령을 입안한 것으로 평가받아왔다(Reamer, 1987). 이때는 도덕성의 시기가 끝나갔던 것으로 보인다. 사회복지 윤리의 필요성에 대한 논문들이 저술되기 시작했으며, 1923년 미국가족사회복지협회AAOFSW: American Association for Organizing Family Social Work는 윤리강령 만들기에 착수했다(Lowenberg & Dolgoff, 1996). 미국사회복지사협회American Association of Social Workers는 미국의사협회 강령이 채택된 지 100년 후인 1947년에 공식적인 윤리강령을 채택했다(Reamer, 1999). 미국가족사회복지협회는 다른 단체들과 손을 잡고 1955년 전미사회복지사협회를 결성했다. 전미사회복지사협회는 1960년에 최초의 윤리강령을 발간했으며, 이는 "나는 내가 돕는 이들의 사생활을 존중한다" 등을 비롯한 15개 선언문으로 구성되었다. 인보관에 대한 관심이 시들해진 직후 사회복지는 다른 전문직들과 구분되는 영역별 지식 기반과 실천분야를 개발하는 데 역점을 두었다. 1940년대 및 1950년대에 사회복지는 가치의 시기(1980년대까지 지속됨)로 접어들었다. 이 시기에는 클라이언트의 도덕성에 초점을 맞추던 것으로부터 윤리기준 및 지침을 규명하는 것으로의 관점 전환이 계속해서 이루어졌다.

사회복지에서 1980년대는 윤리이론 및 의사결정의 시기였다. 당시 의료계나 사회복지계 모두 생명윤리 딜레마에 대한 규범적이고 윤리적인 대응을 개발하는 데 있어서 학술대회와 중앙 및 위탁 연구의 영향을 크게 받았다. 로웬버그와 달고프(1996) 및 리머(1995)는 보건의료 및 사회정의 문제를 해결하기 위한 윤리이론 및 의사결정 모델의 중요성에 대해 저술하였다. 의료관리의 도입뿐만 아니라 의료과실에 대한 관심 역시 이 시기에 윤리의 방향을 정하는 데 도움이 되었다.

리머(1998)에 따르면 사회복지윤리는 현재 윤리적 기준 및 위기관리의 시기에 있다. 1990년대부터 21세기 초까지는 대중적 추문이 많이 일었다. 기업들은 수천 명에게 영향을 준 비윤리적 회계 부정에 연루되었다. 가톨릭교회는 부적절한 성관계가 공개되면서 지탄을 받았다. 또한, 새로운 국가안보계획으로 인해 비밀유지와 사생활보호에 대한 우려가 증가해왔다. 사회복지는 힘 있는 기관들에 의한 권력남용 피해자들을 다루고 옹호하는 역할을 갖고 있다. 관련된 윤리적 원칙들을 확실히 이해함으로써 임상실천가들은 직권남용을 보다 쉽게 파악하고 다룰 수 있다.

이 책의 발간 시점을 기준으로 할 때 20여개 국가들이 다양한 실무 수준에서의 문제들을 다루기 위해 사회복지 윤리강령들을 개발해 오고 있다. 예를 들어, 점점 세계적인 관심사의 일부가 되고 있는 고문과 테러리즘은 2004 사회복지윤리강령 국제연맹2004 International Federation of Social Work Code of Ethics의 원칙들에 구체적으로 언급되어 있다(www.ifsw.org/f38000032.html).

최근 대기업과 기관들 및 정부에 의한 권력남용은 사회복지사가 환자와 이원적 관계에 접어들 때와 같이 윤리적으로 보다 명료한 상황에서의 사회복지실천에 대해 더 명확한 기준들을 설정할 필요가 있음을 보여준다. 윤리적 문제 상황에서의 행동 기준은 입증하기 어려울 수 있기 때문에, 사회복지사들은 클라이언트가 피해를 입지 않도록 하고 자신들도 소송에 걸리지 않도록 하려면 자신들의 지식기반을 계속적으로 업데이트하고 의사결정 기술을 배울 필요가 있다. 소송을 일삼는 사회적 분위기와 도전적인 실천 환경으로 인해 많은 사회복지 윤리 전문가들은 모든 사회복지사들이 의료과실보험에 가입해야 한다는 데 동의한다. 그러나 실무지침 기준은 여전히 최신 윤리강령을 따른다. 개정된 1999년 전미사회복지사협회 윤리강령은 사회복지의 역할과 가치기준을 분명하게 명시하고 있다. 이 강령은 가장 발전되고 시대에 맞게 개선된 것이며, 사회복지이론 및 실무가 날로 정교해지고 있는 점을 반영하고 있다.

생명윤리

1940년대 후반에서 1950년대 초반에는 의료 기술적으로 두드러진 진전이 있었다(Jonsen, 1998). 1949년에 소아마비 백신이 발견되었고, 1950년대에는 고혈압 억제 치료법이 발견되었다. 1952년에 조현병schizophrenia 치료를 위한 항정신성약물이 개발되었다. 당시의 의료윤리는 전문직이 존중받는다는 성취감 및 우월감을 반영하고 있다. 의학적 자기만족에서 본다면 윤리적 딜레마에 대한 심도 있는 검토와 분석은 필요해 보이지 않을 수도 있다.

이러한 자만심은 1960년대에 생명공학이 예기치 못한 어려움에 직면하면서 수그러들었다. 앨버트 존슨Albert Jonsen(1998)은 생명윤리의 탄생 시점을 스크리브너 션트Scribner shunt[2])가 개발되어 외부로부터 혈류에 접근할 수 있게 되면서 혈액투석이 수시로 가능해진 때로 본다. 이것은 불치병(말기 신장질환)이 100% 치명적 상태에서 기계적 수단을 통해 100% 치료 가능한 상태로 전환되는 시발점이 되었다. 이로 인해 생긴 투석선정위원회는 윤리적 논쟁을 불러일으켰다. 투석선정위원회는 누가 살고 누가 죽을 것인지를 판단할 비의료적 기준을 정해야만 했고, 이는 인간의 사회적 가치와 그 사회적 가치를 구성하는 것은 무엇인지에 관해 의문을 제기했다. 사회적 측면에서 볼 때 1960년대와 1970년대는 인식과 활동주의가 성장하던 시기였다. 닉슨 행정부의 워터게이트 스캔들과 지지 받지 못한 베트남전은 대중의 인식 속에 윤리 및 사회적 정의에 대한 관심을 불러일으켰다. 생명공학적 현실과 그 결과로 나타난 실생활의 딜레마는 일반 대중에게

---

2) 미국의 스크리브너Scribner 박사가 개발한 이 션트는 플라스틱 튜브를 손목 내의 동맥과 정맥 사이에 연결해 투석용 인공혈관으로 만드는 방법으로, 투석을 보다 간단히 장기적으로 받을 수 있게 해주었음. 만성신부전 환자들의 생명연장에 획기적인 치료법이었지만, 당시로서는 혈액투석장치와 숙련된 의료진 부족으로 치료 대상자의 수를 한정할 수밖에 없어 생명윤리 논쟁이 뜨겁게 불붙는 계기가 되기도 했음 — 옮긴이 주.

난감한 윤리적 상황들을 제시했다.

1960년대에는 또한 생명공학적인 문제들을 다룬 학술대회들이 미국과 다른 나라들에서 잇따라 열렸다. 이러한 학술대회들은 유전학, 우생학, 장기이식 등과 같은 영역에서의 딜레마를 인정하고 검토했다. 투석과 더불어 심장이식도 실현가능한 개입방법이 되었다. 학술대회에서의 논의는 궁극적으로 윤리에 관한 학술논문들을 양산하였다. 이러한 논문들이 발전되고 이를 소장하기 위해 여러 개의 생명윤리센터가 건립됨에 따라 생명공학적인 논의는 더욱 발전되었다. 이러한 센터에는 미국 헤스팅스센터Hastings Center, 조지타운의 케네디윤리연구소KIEG: Kennedy Institute of Ethics, 건강과 인간가치 학회HHV: Society for Health and Human Values 등이 있다.

생명공학센터들이 발전하면서 생명윤리에 관한 논의는 정부의 영역으로 넘어갔다. 예를 들어, 1968년 먼데일 공청회Mondale Hearings에서는 생애말 문제, 행동조절 및 인간 대상 실험 등에 대한 중요한 질문들이 제기되었다. 궁극적으로 공청회는 현재의 국가생명윤리위원회NBC: National Bioethics Commission를 출범시켰다. 2003 위원회는 대통령이 임명한 17명의 위원들로 구성되었다. 이들은 과학자, 의사, 윤리학자, 사회과학자, 변호사 및 신학자들을 포함하고 있다. 국가생명윤리위원회의 목적은 대통령을 자문해주고 정책 개발을 돕는 것이다.

이어질 연구윤리 관련 섹션에서 좀 더 논의하게 될 터스키기Tuskegee 사건은 1972년 7월에 처음으로 미디어에 등장했다. 사회복지사인 피터 브럭스톤Peter Bruxton은 이 사건을 폭로하는 데 핵심적인 역할을 했다. 그는 성병환자들을 대상으로 한 업무에 고용된 후 동료들로부터 이 연구에 관해 듣게 되었다. 그는 상급자들과 접촉하여 개입시스템 내부에서 일할 방법을 모색하였다. 마침내 그는 "내부 고발자whistle-blower"가 되어 1972년 언론사에 찾아가 이 연구에 관해 폭로하였다(Jones, 1981). 1974년 생의학 및 행동연구의 인간 대상 보호위원회Commission for the Protection of Human Subjects of Biomedical and Behavioral Research가 신설된 것은 국민적 분노에 응답하는 의미도 있었다. 이 위원회의 목적은 명칭에서 알 수 있듯이 연구 참여자들을 보호할 지침을 마련하는 것이었다. 이 위원회는 윤리문제를 검토하고, 정책 및 입법 권고사항을 마련하기 위한 정부기관들 중 하나였다. 생의학 및 행동연구의 인간 대상 보호위원회는 과학 · 법률 · 윤리 · 공공 부문의 12명으로 구성되어 1975년 『태아 연구에 관한 권고안Recommendations on Research with the Fetus』(National Commission for the Protection of Human Subjects of Biomedical and Behavioral Research, 1975)과 같은 연구지침을 발행하였다. 이 외에 중요한 문건으로 1976년의 『수감자 연구Research Involving Prisoners』(National Commission for the Protection of Human Subjects of Biomedical and Behavioral Research, 1976), 1979년의 『기관윤리위원회에 관한 보고 및 권고안Report and Recommendations on Institutional Review Boards』(National Commission for the Protection of Human Subjects of Biomedical and Behavioral Research, 1979) 등이 있었다. 1979년 이 국가위원회는 연구지침이 될 만한 기본적 윤리 원칙들을 정하기로 한 소임의 결과로 벨몬트 보고서Belmont report를 발행했다. 이 위원회의 일원이었던 앨버트 존슨은 나중에 다음과 같이 썼다.

나는 위원으로서 [벨몬트] 보고서의 입안과정에 참여했다. 현재 나는 그것이 과연 제대로
된 윤리적 분석인지에 대해 회의적이다. 나는 그 보고서가 사실 정치인들과 대중의 욕구가
만들어낸 미국식 도덕주의의 산물이 아닌가라고 의심한다. 그들은 생의학 연구의 혼돈스런
세계가 명확하고 모호함 없는 원칙에 의해 축소돼 질서정연해지는 걸 보고 싶어 한다(Jonsen,
1991, p. 125).

자신이 속했던 위원회에 대한 그의 이러한 언급은 죽을 권리와 관련된 사례들에서 명확한
지침을 찾기 어려울 것이라는 사실을 예시해준다. 벨몬트 보고서에 이어서 의학·생의학·행동
연구의 윤리문제에 관한 대통령 위원회President's Commission for the Study of Ethical Problems in
Medicine and Biomedical and Behavioral Research가 1979년 설립되었다. 이 위원회는 인간 대상 보호
위원회보다 폭넓은 권한을 갖고 있었다. 대통령 위원회는 죽음을 어떻게 정의할 것인가와 같은
주제들을 다루었다. 이 위원회에서 나온 가장 중요한 문건들 중 하나는 『*연명치료 중단 결정*
Deciding to Forego Life-Sustaining Treatment』으로, 결정권을 갖고 있는 환자일 경우 의사결정에 있
어서 다른 사람들보다 우선권을 갖게 해야 한다고 제안했다(President's Commission for the Study of
Ethical Problems in Medicine and Biomedical and Behavioral Research, 1983). 1983년에 해체될 때까지 대
통령 위원회는 생사 관련 의료life-or-death care와 같은 딜레마에 있어서 윤리위원회들이 적절한
역할을 해줄 것을 권고하고, 대리인 지정에 관한 개념을 검토했다. 이러한 위원회들은 특정 권한
을 이행하거나 특정 기간 동안 활동하도록 선임되었다.

로스 알라모스 국립연구소Los Alamos National Laboratory, 로렌스 리버모어 국립연구소Lawrence
Livermore National Laboratory, 그리고 에너지학과 연구소들Department of Energy Laboratories은 1983년
단일 염색체의 복제 DNA 도서관들DNA clone libraries[3)]을 만들기 시작했으며, 이는 궁극적으로 인
간게놈지도를 만들게 된 과정의 출발점이 되었다. 인간게놈프로젝트Human Genome Project는 1990
년에 시작되었으며, 2003년 4월에 인간게놈지도가 완성되었다.

국립생명윤리자문위원회National Bioethics Advisory Commission(1996~2001) 및 대통령 생명윤리
위원회President's Council on Bioethics(2001~2009)는 둘 다 인간게놈연구의 함의를 다루어야만 했다.
인간게놈프로젝트는 위원회 형태로 정부 차원의 감독을 하는 것과 더불어 자체적인 생명윤리 프
로그램도 개발했다. 이 프로그램은 세계 최대의 생명윤리 프로그램으로, 전 세계에 걸쳐 여타 프
로그램들의 모델이 되었다. 2010년부터 오바마Obama 대통령은 생합성 기술과 관련된 문제들을
검토하기 위해 생명윤리문제 연구를 위한 대통령위원회Presidential Commission for the Study of
Bioethical Issues를 이끌었다. 이 기술은 기존 시스템에 대한 유전자 조작을 넘어서는 것으로, 기존
에는 없던 완전히 새로운 시스템, 즉, 자연 상태에서는 발견되지 않는 시스템을 창조할 것을 제
시한다.

---

3) 인체 조직 등의 유전체 정보를 알아보기 위해 복제한 DNA 조각들을 모아 저장해 놓은 것 — 옮긴이 주.

의사결정 모델
DECISION-MAKING MODELS

사회복지사들은 다양한 현장에서 일상적으로 중요한 결정을 내린다. 사회복지적 의사결정이 가장 두드러지게 나타나는 현장 중 하나는 보건의료 정책과 윤리위원회에 관한 것이다. 그런 의사결정에 사회복지계가 참여하는지의 여부는 관리의료가 도래하면서 다소 변화했을지 모르지만, 역사적으로 기관들은 사회복지적 요소가 꼭 필요하다고 느껴왔다(Mulvey, 1997). 이러한 결정이 보다 투명해지고 정교해짐에 따라, 질서 정연하고 정보에 입각한 방식으로 추진하는 것이 점차 중요해지고 있다. 반면, 골드마이어Goldmeier(1984, p. 46)는 불과 얼마 전에도 "윤리적 원칙의 체계적인 기반 없이 사례별로 윤리적 딜레마를 해결하려는 경향이 있다"고 믿었다.

올바른 윤리적 결정을 내리는 것은 어려운 일이며, 현재 의사결정을 내리는 데 도움을 주는 다양한 모델들이 존재한다. 이러한 모델들은 여러 가지의 기하학적 형태를 띤다. 사각형이나 삼각형 모델도 있고, 2차원적 또는 3차원적 모델도 있다. 하지만 중요한 것은 모델의 외형이 아니다. 그보다는 구성요소들의 개수와 연결의 복잡성이 중요하다. 올바른 의사결정은 다양한 요인들과 변수들을 고려해야 하며, 항상 정형적이거나 선형적인 방식을 띠지는 않는다. 정보에 입각한 결정을 내리기 위하여 임상실천가는 다음과 같은 수많은 요인들을 인지하고 있어야 한다.

- 개인의 가치와 집단적 · 제도적 · 사회적 영향
- 윤리이론과 의사결정 모델들
- 사회복지 이론과 연구 및 실천의 기준들
- 사회복지 윤리강령 및 다른 전문직의 윤리강령
- 해당 기관의 정책
- 연방정부 및 주정부의 법과 기타 규정들
- 환자들에 미치는 영향과, 경우에 따라 임상실천가에게 미치는 영향(내부고발과 같은 경우)

이러한 모든 요인들을 파악하고 주의를 기울인다는 것은 어려운 일이다. 예를 들어, 매티슨 Mattison(2000)은 실천기준이 정의 내리기조차 쉽지 않기 때문에 사회복지실천 기준을 구체적으로 파악하기는 어려울 것이라고 생각했다. 또한, 보건의료 영역의 사회복지사들은 대부분 혼자 일하는 것이 아니다. 오히려, 더 큰 초학제적 팀의 일원인 경우가 많다. 제도적 영향력을 고려할 때, 보건의료팀 내 다른 전문가들과의 관계 및 그들의 관점은 사회복지사가 윤리적 의사결정을 하는 데 큰 영향을 미친다(Landau, 2000).

사회복지사는 딜레마에 대해 충분히 이해를 한 후 사회복지 윤리강령을 우선적으로 검토하여 문제 해결에 적절한 가치와 원칙, 그리고 기준들을 파악해야 한다. 앞서 명시한 영역들과 더불어 피드백을 줄 수 있는 자원을 찾기 위해 별도의 노력을 해야 한다. 피드백 자원으로는 동료, 기관의 위원회, 지방정부의 사회복지 평가위원회, 전문 사회복지 조직인 전미사회복지사협회 또는 법률 고문이 있을 수 있다.

의사결정 모델들은 같은 구성요소들을 갖고 있는 경우가 있다. 때로는 원칙들의 위계적 배열순서와 같이 기본적인 영역에서부터 차이가 나기도 한다. 이러한 의미에서 의사결정 모델들은 보건의료에서의 치료모델들이 다양하고 치료이론들이 서로 다른 것과 거의 마찬가지로, 서로 다른 학파의 사고방식을 나타낼 수도 있다. 네팅Netting, 케트너Kettner, 맥머티McMurtry(1993), 머닥 Murdach(1995), 로웬버그와 달고프(1996), 존슨, 시글러Seigler, 윈슬레이드Winslade(1997), 그리고 매티슨(2000) 등은 모두 보건사회복지 실천과 관련해 서로 다른 모델과 의사결정 접근법을 논의하고 있다.

네팅Netting 등(1993, pp. 411-412)에 따르면, 의사결정 단계들은 다음과 같다.

1. 문제점 인식
2. 변수 조사
3. 다른 사람들로부터의 피드백
4. 딜레마에 적용되는 가치 평가
5. 딜레마 평가
6. 가능한 대안들 규명 및 검토
7. 각 대안에 대한 찬반 의견 검토
8. 결정

이 목록의 마지막 과업을 완수하는 것, 즉 실제로 결정을 내리는 일에 있어서 어려운 부분은 어떤 원칙의 중요성을 다른 원칙과 비교하고, 심지어는 일련의 원칙들에 대해 순서를 매겨야 하는(웰빙보다 자유 등과 같이) 것이다. 리머(1990)는 원칙들을 서로 비교하고 어느 것이 보다 중요한 것인지를 결정하는 방법을 제시하고 있다. 예를 들어, "자유에 대한 개인의 권리는 웰빙에 대한 권리보다 우선 한다"(Reamer, 1990, p. 63). 그러나, 이런 식으로 순서를 매길 경우 음주를 계속하려는 알코올 중독자와 같이 자기 파괴적인 행동을 지속하려는 환자의 결정을 허용하게 된다. 다른 원칙들을 고려함에 있어서 리머는 타인에게 해를 끼치지 않도록 하는 것은 물론 "자발성과 정보에 입각한 선택"을 확인하여 개입시도를 하는 규정을 만들었다(p. 63). 하지만 이 사례에서 자유에 대한 존재론적ontological 고려사항은 가족·친구·일에 미치는 영향과 같은 목적론적tele- ontological 고려사항은 물론, 간경변과 같은 장기적인 건강 결과들보다 우선한다. 다시 말해, 개인의 자유를 보호하는 것은 누군가에게 건강한 생활방식을 강요하는 것보다 중요한 원칙으로 간주될 수 있다.

로웬버그와 달고프(1996, p. 414)는 원칙들의 순위를 결정하도록 제안하고, 이를 통해 다음과 같은 일들을 할 수 있어야만 한다고 하였다.

- 기본적 욕구와 더불어 존재한다.
- 공정하고 평등한 치료를 받는다.
- 자유로운 선택과 자유를 가진다.
- 상처를 최소화하거나 아예 없도록 한다.
- 양질의 삶을 누린다.
- 사생활 보호와 비밀 유지를 확보한다.
- 진실을 이해한다.
- 가용 정보를 얻는다.

보건사회복지 윤리와 관련된 특수한 주제들
SPECIAL TOPICS RELATED TO HEALTH SOCIAL WORK ETHICS

이중관계

이중관계는 수많은 사회복지사들에게 지속적인 도전 과제로 남아 있다. 보건사회복지 실천에서 *이중관계*dual relationship는 일종의 임상실천가-환자 관계 위반으로 정의될 수 있다. 보건의료에서 이중관계의 금지는 히포크라테스 시대부터 명시되어 왔다. "어느 집을 방문하게 되든 간에, 나는 그 환자가 자유인이든 노예이든 상관없이 그 어떤 고의적인 불의와 나쁜 행동을 하지 않고, 특히 남녀 환자와의 성적인 관계 없이, 단지 아픈 이들의 안위를 위해 갈 것이다"(Hippocratic Oath, 400 BCE).

2009년의 논문에서 볼랜드-프롬Boland-Prom은 27개 주의 사회복지규제위원회들을 조사하여, 소송으로 이어진 874건의 민원 내용을 검토하였다. 가장 빈번하게 제기된 불만 사항은 부적절한 이중관계와 관련되어 있었다. 스트롬-갓프리드Strom-Gottfried(2000)도 전미사회복지사협회의 윤리강령 위반행위들에 대해 조사한 결과 대부분의 위반행위가 이중관계에서의 경계 위반boundary violations이라는 것을 발견했다. 가장 흔한 위반들은 성적인 관계와 비성적 이중관계nonsexual dual relationship였다.

이중관계에 대한 최근의 정의들은 다양하다. 크레이그Craig(1991)는 이중관계를 "상담의 목표 및 경계가 상담가의 욕구에 부합하도록 맞춰지는 모호한 관계"로 설명하고 있다(p. 49). 힐Hill과 마말라키스Mamalakis(2001)는 이중관계를 "치료자와 클라이언트 간의, 치료적 관계와 공존하거나 후속적이지만 그것과는 구분되는 관계"로 정의한다(p. 200).

이중관계를 주제로 한 초기 연구는 클라이언트와 성적인 관계를 갖는 실천가같이, 이중관계에서의 절대적인 금기에 초점을 맞추었다. 그러나 다양한 비성적 이중관계가 존재하고 있으며, 최근에는 언제 이중관계를 적절하다고 볼 수 있는지를 고려하는 것으로 패러다임이 옮겨가고 있다. 리머(2003)는 이중관계를 경계 횡단boundary crossings과 경계 위반으로 나누었다.

경계 횡단은 모든 경우에 부적절한 것만은 아니지만 여전히 논란이 되고 있다. 한 예로, 현재 또는 과거에 돌보던 환자와 함께 모금위원회에서 일하는 병원사회복지사가 있을 수 있다. 이러한 상황의 적절성은 무엇이 자칫하면 윤리적으로 낯부끄러울 문제가 될 수 있는가를 판단하는 사회복지사의 능력에 크게 좌우된다. 혹자는 조금이라도 위험하고 모욕적인 일이 일어날 수 있는 상황은 아예 피하도록 사회복지사에게 주의를 줄 것이다.

하지만, 환자와의 협력이 실패할 경우 환자에게 좋은 일보다는 나쁜 일이 생길 수 있을 것이라고 주장할 수 있다. 보건사회복지사는 어떠한 상황에서도 환자들과 이중관계를 맺지 않도록 주의를 받을는지 모른다. 그러나 이는 명백히 시대에 뒤진 것처럼 보이며, 그런 입장은 사회복지사와 환자 사이의 잠재적인 협력을 위태롭게 해 환자들을 더 큰 위험에 빠뜨리지 모른다는 우려를 자아낸다. 예를 들어, 이사회나 기획위원회에서 (환자와) 협력하지 못하게 되면 사회복지사와 환자들이 생애말 욕구에 대해 논하지 못하는 상황을 만들 수 있다.

이런 경우 원칙과 기준들의 순서를 어떻게 정할 수 있겠는가? "미끄러운 경사길slippery slope"[4] 논쟁이 잠재적 장점이 있는 상호작용의 금지 여부에 관한 결론을 제시해 주는가? 미끄러운 경사길 비유는 윤리학에서 매우 유명한 논쟁이다. "쐐기의 가는 날thin edge of the wedge"[5] 또는 "쐐기" 논쟁이라고도 불린다(Pence, 2004, p. 111). 펜스Pence에 따르면 이 논쟁은 생애말 윤리적 딜레마의 초기에 가장 두드러졌다. 표현 자체는 구어체이지만, 이 용어는 개념적 또는 실증적인 진행방향conceptual or empirical trajectories과 같이 매우 중요한 고려사항들에 관해 이야기하고 있다. 이러한 영역에서 생기는 이중관계를 허용하는 것은 보다 명확히 정의되는 부적절한 관계의 기준들까지 점점 축소되게 만드는가(개념적 진행방향)? 이러한 상황을 궁극적으로 이용해보려는 인간의 본성 같은 것이 있는가(실증적 진행방향)?

라자러스Lazarus(1994)는 이에 대해 "전문가로서의 원칙을 위반하는 최악의 행위 중 하나는 인간적 개입보다 위기관리 원칙을 우선시하는 것이다"라고 말했다(p. 260). 이것은 새로운 이야기가 아니다. 밀러Miller와 롤닉Rollnick(1991), 그리고 칼 로저스Carl Rogers(1959)는 모두 치료 시 발생하는 변화의 상당부분이 그런 관계들과 관련 있다고 보았다. 최근의 문헌은 의료서비스 제공자와 클라이언트의 라포의 질과 서비스 성과 간의 관계를 뒷받침하는 증거를 제시함으로써 이러한 생각을 다시 한번 확인시켜주고 있다. 이러한 "임상적 만남과 관계들은 클라이언트들에게 '우정'에 가까운 것으로 인식될 수 있다"(Green et al., 2008, p. 9).

잠재적인 이중관계의 적절성을 면밀하게 살펴보는 것은 다수의 이중관계에 얽힐 가능성이

---

4) 미끄러운 경사길에서 한 번 미끄러지면 일사천리로 바닥까지 추락한다는 의미로, 어떤 사안에 대해 비판할 때 잘못된 논거를 연쇄적으로 제시해 최악의 상황이 일어날 듯이 주장하는 것을 말함 ─ 옮긴이 주.
5) 중대한 (그러나 바람직하지 않을 수 있는) 결과를 낳는 작은 실마리라는 의미로, 큰 나무를 쪼갤 때 틈새에 작지만 끝이 날카로운 쐐기wedge를 박는 것에서 유래된 말 ─ 옮긴이 주.

있는 시골지역 사회복지사들에게 특히 필요하다. 보수교육continuing education 담당자들이 제공하는 잘못된 정보에 대응하여 본 저자는 루이지애나 주 사회복지심사국Louisiana State Board of Social Work Examiners, 전미사회복지사협회, 신장사회복지사협의회Council of Nephrology Social Workers에 전화해 의견을 물었다. 또한, 전미사회복지사협회 윤리강령을 지침으로 참고하였다. 어떤 위원회도 모든 이중관계를 명시적으로 금지하지는 않았다. 그러나 주 위원회는 이 문제를 다루기 위한 지침이 개발되어야 한다고 제안했다.

반면, 경계 위반은 명백히 부적절하다. 경계 위반에는 "착취적이고, 조작적이며, 속이거나, 강제적인" 행동들이 포함된다(Reamer, 2003, p. 122). 2000년 전미사회복지사협회 윤리강령은 "클라이언트 또는 이전 클라이언트들과 이중적 혹은 다중적 관계를 맺음으로써 클라이언트를 착취하거나 잠재적으로 해를 끼칠 위험이 큰" 사회복지사들의 개입을 금하고 있다(Standard 1.06).

환자와 함께 이사회나 위원회에서 일하는 사회복지사에게는 명백한 위험요인들이 내재한다. 만약 그 사회복지사가 상황의 역동성에 민감하지 않다면 위원으로서의 역할은 다른 것에 귀속될 수 있고, 의도치 않은 결과들이 발생할 수 있다. 예를 들어, 그 관계는 보다 사적인 동료애나 우정 같은 것을 나누는 관계로(심한 경우에는 성적인 관계로) 바뀔 수 있으며, 환자는 자신이 그 사회복지사에게 좀 더 쉽게 접근할 수 있을 것이라 느끼고 이 기회를 살려 보다 많은 임상적 관심사를 나누려 할지 모른다. 보건의료서비스 제공자-환자 관계를 넘어서는 이런 식의 접근은 사회복지사가 돌봐야 할 환자는 갈수록 더 많아지고 임상서비스를 제공할 시간은 적어지는 상황에서 점점 더 문제가 될 수 있다.

사회복지사가 주의하지 않는다면 비밀보장에서 문제가 생길 것이다. 예를 들어, 위원회에서 같이 일하는 그 환자가 아프고 다른 위원들이 사회복지사에게 그 환자의 상태에 관해 자세히 물어보는 경우 문제를 초래할 수 있다. 사회복지사가 위원회나 보건의료 환경에서의 관계적인 힘을 남용해 그 환자의 의견을 억누르는 경우도 있을 것이다. 나아가, 사회복지사와 환자가 경제적 또는 기타 이득을 노리고 위원회의 결정과 가용 자원을 조작할 수도 있다.

또 다른 잠재적 위험은 여러 환자들과 함께 위원회에서 일하는 경우이다. 이런 사례에 공리주의를 적용해보면, 두 가지 과정의 행동 모두 논리적으로는 변호 가능하다는 것이 명백해진다. 행위공리주의적인 사고와 돌봄의 윤리는 위험을 감수하더라도 잠재적인 편익을 우선시해야 한다고 볼 것이다. 규칙공리주의나 칸트 윤리학은 이러한 규칙들이 유지되지 않을 경우 사회복지라는 전문직에 더 큰 해악을 끼칠 것이라고 볼 것이다.

제공되는 서비스에 따라 이중관계를 고려해야 한다는 주장들도 생각해볼 만하다. 예를 들어, 하디니아Hardinia(2004)는 직접적인 임상적 사회복지실천이 지역사회복지와는 전혀 다르다고 지적한다. 이 점을 고려할 때, 혹자는 임상사회복지 현장보다 지역사회복지 현장에서의 협력이 윤리적으로 의무적인 성격을 더 많이 띤다고 주장할 것이다. 이러한 주장이 보건의료 영역의 사회복지에서도 타당한가? 스트롬-갓프리드(2003)는 1986~1997년 전미사회복지사협회에 분서로 보관되어 있던 901건의 윤리적 민원 가운데 894건을 검토한 결과 민간 임상실천가들의 윤리적 위반율이 기관에서 일하는 사회복지사들보다 더 높다는 자료를 제시하였다. 이 연구는 자료 수집 방법이 명확치 않기 때문에 왜 이런 현상이 나타나는지를 규명하기 위해서는 후속 연구가 필요하다. 개연성 있는 설명 중 하나는 병원과 같은 기관에서는 민간 실천 현장에서보다 더 많은 감독이 이뤄지고, 따라서 위반행위를 할 기회가 더 적다는 것이다. 또 다른 설명은 클라이언트-사회복지사 관계의 본질이 비심리치료적 현장에서는 다르며, 따라서 그것을 남용하게 될 가능성이 더 적다는 것이다.

부적절한 이중관계들이 발생하는 것은 관계의 본질보다 실천가의 정신적인 심연의 특성들과 더 큰 관련이 있다. 쉐네르Schoener(1995)는 클라이언트와 성적 관계 또는 기타 부적절한 관계를 맺는 의사들의 경우 잠재적인 정서장애나 인격장애를 갖고 있을지 모른다고 주장한다. 아울러, 사이먼Simon(1999)은 심각한 장애의 발생(약물사용 시 발생하는 것과 같은)이나 무능감이 부적절한 이중관계를 유발할 수 있다는 사실을 밝혀냈다.

관리의료와 내부고발

5장에서 논의되고 있는 바와 같이, 관리의료managed care[6]는 미국 내 보건의료서비스 제공과 관련된 역학을 극적으로 변화시켜 왔다. 뉴먼Neuman(2000)은 이러한 새로운 환경을 보건의료서비스 제공자에 대한 지불금 감소, 서비스의 비중 심화, 담당자의 자격요건이나 전문성 감소, 돌봄 서비스 기준의 대두 등으로 설명하였다. 이러한 조건들은 윤리적 위반이 발생할 가능성을 증가시킨다.

관리의료 환경에서 더 빈번히 발생할 수 있는 재량권 남용 행위로는 의료비용을 확실히 지불받거나 더 많이 받기 위해 환자의 증상들을 과장하는 것 등이 있다. 이 같은 과장이 임상실천가의 관점에서는 좋은 의도에서 비롯된 것일지도 모른다. 이를테면, 정신병원에서 환자에게 필요한 치료를 확실히 받게 해주거나 연장시켜주기 위해 진단결과를 적응장애에서 좀 더 심각한 정신질환으로 바꾸는 경우를 생각해 볼 수 있다. 또, 관리의료 조직의 피고용인들은 네트워크 내의 서비스 제공자들에게서 치료를 받도록 권유받을 수도 있다. 특히 보건의료에서 이러한 서비스 제공자들은 환자의 동료나 거래인, 또는 환자 자신의 클라이언트일 수도 있다. 이는 그 피고용인을 서비스 제공자와 잠재적인 이중관계에 놓이게 한다.

역사적으로 관리의료는 의료서비스 시설들의 비공개, 즉 발언금지gag 조항들을 이용해 환자들의 서면 사전동의를 받는 윤리적 의무를 위협해 왔다. 이러한 발언금지 조항은 사회복지사나 다른 임상실천가들이 제3의 지불자(관리의료 단체)로부터 위임받아 제공하는 서비스들의 한계점을 논의하거나, 특정 관리의료 조직이 제공하는 것 외의 선택 가능한 서비스에 대해 논의하는 것

---

6) 건강보험 가입자와 의료기관, 의사 사이에 진료 내용이나 각각의 비용 등에 관한 가이드라인을 설정하여 그에 따라 치료하는 시스템. 건강관리기구HMO: Health Maintenance Organization 등의 회원제 건강보험 단체에서 실시하고 있으며, 회원은 보험료를 지불하고 이 단체와 계약된 네트워크 의료기관에서 진료를 받음 — 옮긴이 주.

을 막았다(Strom-Gottfried, 1998). 이러한 비공개 조항과 관련해서, 사회복지는, 구체적으로는 전미사회복지사협회를 통해, 서면 사전동의와 관련된 윤리 문제를 다루고자 한 최초의 전문직 중 하나였다.

외부 위탁서비스에 의존하는 보건의료 환경에서는 비밀보장 역시 더 큰 위협을 받을 수 있다. 전자자료를 이용할 수 있고 한 시설에서 다른 시설로 전자자료를 넘겨준다는 것은 윤리적인 위험 요인이 될 수 있다. 그러나 이는 관리의료의 문제라기보다는 테크놀로지의 기능적 문제일지도 모른다. 방대한 양의 자료를 전자적으로 이용할 수 있게 되면서, 이 정보는 컴퓨터 해커나 다른 범죄의 표적이 되고 있다. 범죄자들이 수많은 개인들의 신용정보에 접근한 사례들이 최근 잇따르고 있다. 이러한 일이 개인의 건강정보에 일어날 수도 있다. 개인의 건강정보가 악용될 경우 그 사람의 취업 가능성, 재정적 문제 및 대인관계에도 영향을 미칠 수 있다.

관리의료 및 다른 보건의료 환경에서 임상실천가들은 비윤리적인 실천행위를 목격하게 될 수도 있다. 이러한 행위에 대해 관계당국에 알릴지는 스스로 결정해야 한다. *내부 고발*whistle-blowing이란 어떤 조직 내부에서 윤리 기준에 어긋나는 해로운 행위나 비윤리적 실천행위가 발생했을 때 이를 관계당국에 알리는 행위를 의미한다. 미시적 관점에서 이는 전미사회복지사협회의 윤리강령이나 법, 또는 해당 기관의 방침 등을 위반한 동료의 부적절한 행위를 상급자에게 알리는 형태가 될 수 있다. 거시적 관점에서는 실천가가 기관 내의 문제를 기관의 외부인에게 알리는 것을 포함하기도 한다. 대개 최선의 방침은 기관 내의 명령체계를 따르는 것이지만, 이것이 적절한 결과를 가져오지는 않는다. 예를 들어, 기업에서 일하는 경우 보복은 심각한 우려사항이다.

제기된 문제가 기관 운영진의 방침에 따른 것이고, 운영진의 주의를 끌어오긴 했지만 아무런 효과는 없었을 경우, 기업의 외부에서 다른 대안을 찾아봐야 할 수도 있다. 예를 들어, 과거에는 내부고발자가 지역 매체와 미국시민자유연맹American Civil Liberties Union에 접촉하였다. 그러나 리머(1999, p. 162)는 윤리 위반행위에 관해 기관 내부나 외부의 관계당국에 알리기 전에 다음과 같은 점을 고려할 시간을 가지도록 조언한다.

- 문제의 유해성과 위법성 수준
- 잘못된 행동에 대한 증거의 수준
- 내부고발 결정이 동료들과 기관에 미칠 영향
- 대안적인 행동 과정의 성공 가능성

어떠한 기관도 완벽하지는 않음을 깨닫는 것이 중요하며, 문제에 직면할 때마다 내부고발을 하는 피고용인은 제대로 자신의 역할을 할 수 없다. 사회복지사가 동료나 기관의 문제에 부딪힐 경우, 그 동료에게 직접적으로 이야기하거나 명령체계에 따르려는 노력을 보여야 한다. 사건과, 사회복지사가 그 문제를 해결하려고 취한 노력을 세심하게 문서화해야만 한다.

전미사회복지사협회의 윤리강령에는 위반행위의 보고가 적절한 상황에서 이루어졌는지를 판단할 여러 참고자료들이 포함되어 있다. 그러나 모든 다른 윤리적 딜레마 상황에서와 마찬가지로, 이런 유형의 딜레마에 대해 기계적이고 정형화된 대처로는 부족하다는 것이 드러날 것이다. 보고 과정에서의 의사결정은 충분한 숙고와 순리에 따라 이뤄져야 하며 문서화되어야 한다. 심각하게 제기하려는 불만이 어떤 내용이든 문서화된 자료를 제시해야만 한다. 문서화하는 것은 특히 법정 소송에 연루될 때 사회복지사를 보호하는 역할도 한다.

보고자가 제기한 혐의가 어떤 영향을 미칠지에 대한 고려도 필요하다. 그러한 혐의는 동료의 명성이나 기관의 미션을 훼손시킬 수 있다. 결과적으로 클라이언트들이 서비스의 파행이나 중단으로 인해 피해를 입을 수 있다. 결국, 다른 대안들을 취할 때에는 매우 조심하여야 한다. 비리를 고발하는 사람들을 보호하는 정부 차원의 지침이 있지만, 그들은 처음부터 큰 위험에 놓인다. 내부고발의 결과로 그들의 명성이 손상될 수도 있다. 그럼에도 불구하고, 다른 사람들에게 해로운 것이 분명하다면 그 상황을 개선하기 위해 모든 합리적인 노력을 취해야 한다.

사회복지 연구윤리
SOCIAL WORK RESEARCH ETHICS

사회과학의 윤리는 상황적인 윤리이다. ─*험프리스*Humphreys, 1975, p. 170

험프리스의 이 말은 도덕적으로 모호하게 여겨질 수 있다. 다행스럽게도 오늘날에는 윤리적인 분석이 특정 프로토콜을 정당화하는 논거로 전락하는 것을 막는 안전장치들이 존재한다(Lacey, 1996). 예를 들어, 모든 대학과 보건의료 시설은 자체적으로 기관연구윤리심의위원회IRBs: Institutional Review Boards를 두어, 유해할 수 있는 연구에 대해 안전장치들을 제공하고, 인간 연구 대상자들을 착취하지 않는지 확인하고 있다. 기관연구윤리심의위원회는 각 연구에 사전 고지를 통한 동의, 비밀보장 고려, 자료 보관에 대한 방침, 그리고 기타 안전장치들이 있는지 확인한다.

안타깝게도, 이러한 안전장치가 있어도 문제는 발생한다. 연구를 수행하다 보면 사회복지사들은 다양한 이유들로 인해 윤리적 실천에서 이탈할 수 있다. 가장 흔한 동기 중 하나는 인간 대상 연구규칙들을 위반하거나 다른 부류의 연구절차를 위반함으로써 얻게 될 연구결과나 지식의 이득이 연구 참여자들에게 미칠 수 있는 해악보다 더 크다고 연구자가 믿는 경우이다. 윤리적으로 어긋난 연구는 그것에 얼마나 악의가 없었는가, 혹은 반대로 얼마나 강압적이었는가와 상관없이 연구자와 참여자, 넓게는 사회에 심각한 결과를 초래할 수 있다. 연구라는 영역에서 가장 중요한 분야들은 다음과 같다.

- 자발적 참여나 동의
- 참여자에게 해로움이나 위법 행위가 없을 것

- 익명성과 비밀보장
- 속임수
- 분석과 보고
- 정의와 선행

많은 사람들이 연구윤리의 발달을 뉘른베르크 강령Nuremburg Code에서 시작되었다고 본다. 제2차 세계대전 직후인 1946년, 미국·프랑스·영국·러시아는 8개월간의 소송에 참여한 끝에 16명의 독일인 의사들에 대해 반인륜적 범죄의 유죄 판결을 받아냈다. 이 의사들은 수감자들의 동의를 받지 않은 채 그들을 연구에 참여시켜, 큰 고통을 주고 죽음에 이르게까지 했다. 나치 독일 치하에서 전시에 진행된 이 연구 중 일부는 상처를 연구하기 위해 죄수에게 총을 쏘고, 질병을 연구하고자 일부러 죄수에게 바이러스를 주입하기도 했다.

뉘른베르크 강령은 이러한 위반행위에 대응하여 발전되었다. 자발적 동의에 대한 관심이 이 강령의 핵심이다(*Trials of War Criminals Before the Nuremberg Military Tribunals Under Control Council Law 10*, 1950). 뉘른베르크 강령은 연구 참여자를 보호하기 위한 10개의 원칙들을 명시하였다. 이는 연구윤리에 있어 대단한 발전이었지만 그 규칙들이 항상 준수되지는 않았다. 어떤 면에서, 뉘른베르크 강령의 공표는 하나의 순환적 현상의 시작을 나타낸다. 즉, 연구와 관련된 위기가 발생하면, 그 위기를 해결하기 위한 대응이 법제화의 형태로 이루어지지만, 결국 그 위기에 선행했던 상황들이 다시 나타난다.

미국도 이 현상으로부터 자유롭지 않았다. 1929년 미시시피·테네시·조지아·앨라배마·노스캐롤라이나·버지니아 주에 지부를 둔 미국공중보건국U.S. Public Health Service은 매독 통제를 목적으로 한 소위 터스키기 연구Tuskegee study에 관여되었다. 1932년 매독 치료가 조지아 주 메이컨 카운티에 거주하던 약 400명의 아프리카계 미국인 남성들에 대해서만 보류되었다. 아프리카계 미국인 남성들이 배타적으로 이용되었다는 사실은 당시의 인종차별적 태도를 반영한다. 1940년대부터는 페니실린이 매독 치료에 활용될 수 있었음에도 불구하고 이런 식의 연구가 40여 년간 지속되었다(Jones, 1981). 이 연구는 1970년대에 인간 대상 연구의 잘못된 사례로 공개되었다. 1997년 클린턴Clinton 대통령은 그때까지 생존해 있던 연구 참여자들에게 공식적으로 사과하였고, 1999년 국립생명윤리 및 보건의료센터National Center for Bioethics and Health Care가 터스키기 대학교에 설립되었다. 최근 수잔 리버바이Susan Reverby는 미국 정부가 지원한 매독 실험들에 관해 추가적인 정보를 발견하였다(McNeil, 2010).

2010년 힐러리 로댐 클린턴Hillary Rodham Clinton 국무부 장관과 캐슬린 시벨리우스Kathleen Sebelius 보건복지부 장관은 1946~1948년에 있었던 미국공중보건국의 조치들과 관련해 과테말라에 사과하였다. 700명의 과테말라인 수감자들에게 매춘부와 바이러스에 대한 직접적인 노출, 그리고 척수주사를 이용해 고의로 매독에 감염되게 했던 것이다.

나치의 만행과 터스키기 및 과테말라인 연구의 공통된 문제는 취약계층을 이용하였다는 것으로, 이러한 취약계층은 선거권이 없는 사람들이나 소수자 또는 여성으로 구성되어 있는 경우가 많다. 이 모든 사례에 있어서 연구윤리의 주요 위반 사항은 자발적 참여가 결여됐다는 것이다. 과테말라인 수감자들은 투옥되어 있다는 점에서 취약계층이었다. 오늘날의 기준에 따르면 수감자는 취약계층이기 때문에 이들 대상의 어떠한 연구일지라도 IRB의 완벽한 심의를 받아야만 승인된다. 또한, 다수의 과테말라인 죄수들은 정신질환에 시달리고 있었다.

서면 사전동의는 헨리에타 랙스Henrietta Lacks 논의에 기초한 프라이버시 문제와 관련이 있다(참고 3.1 참조). 그녀의 이름을 딴 세포들이 전 세계에 퍼졌지만, 정작 그녀는 자신이 연구용 세포조직을 제공하고 있다는 사실을 몰랐다.

밀그램Millgram의 복종 연구는 "참여자에게 무해할 것"의 원칙을 위반한 또 다른 예이다(Miller, 1986). 밀그램은 이 연구를 1960년대 초반에 수행하였다. 그는 복종 현상에 대해 연구하고 있었다. 이 연구를 위해 그는 신문 광고를 통해 참여자를 모집하였다. 그는 참여자에게 교사 역할을 부여하고 전기 충격을 통해 학습자를 처벌할 수 있도록 하였다. 한 배우가 학생의 역할을 맡아 팔에 전깃줄을 감고 있었다. 교사 역할을 맡은 참여자는 학습자가 틀린 대답을 할 때마다 전기 충격을 주도록 지시받았다. 교사는 전압을 점진적으로 올리도록 지시받았고, 학습자는 충격에 매번 반응하였다.

불안해하면서도 교사들은 계속 전기 충격을 주었다. 심지어는 전압계가 위험한 충격으로 심각한 수준임을 가리키고 있을 때에도 전기 충격을 주었다. 이 실험에서 교사들은 전기 충격을 지시하는 동안 심리적 외상에 시달리는 것처럼 보였지만 밀그램의 지시에 계속 따랐다. 밀그램에 대한 공통된 비판은 목적에 치중해 수단을 정당화하였다는 것, 즉 목적론적인 고려에만 관심을 두었다는 것이다. 이 실험은 사실 귀중한 정보를 밝혀내었다. 어떤 이들은 이 연구가 사람들이 나치 독일에서와 같이 상부 권위의 지시 하에 있을 때 폭력적 행위를 저지를 수 있는 이유를 밝혀준 의미 있는 것으로 여겨왔다. 그러나 여전히 그의 연구는 참여자들에게 장기적인 심리적 외상을 줄 가능성이 있다는 점 등 여러 가지 이유에서 심각한 연구윤리 위반으로 간주된다.

1950년대 카멜롯Camelot 프로젝트는 남미에서 어떻게 정부가 전복되고 재건되는가를 알아보기 위해 미국 정부가 시도한 것이다(Horowitz, 1967). 이면의 의도는 불안정한 정치적 기류 속에서 정부들의 발전 양상을 통제할 수 있게 해줄 정보를 얻는 것이었다. 이런 유형의 연구는 명백한 문제를 갖고 있다. 이 사례는 거시적 수준의 실천에서 나온 것이지만, 연구가 정치적으로 오용되는 경우를 조명한다. 이러한 유형의 연구는 정의와 선행에 대해 즉각적인 의문을 제기하게 만든다. 또한, 연구의 불분명한 목적에 대해서도 이야기한다. 보건사회복지사 역시 연구의 본질이 항상 명확하지는 않다는 위험성을 기억해야 한다. 독자적인 또는 기관의 연구에 관여하고 있는 보건사회복지사는 이전에 논의된 연구 시 고려 사항들에 대해 주의 깊게 살펴보는 것이 현명하다. 많은 사회복지사들, 특히 수련병원에서 근무하는 사회복지사들은 연구에 참여하도록 권유받거나 연구에 참여 중인 환자를 대하게 될 것이다. 연구 이면의 자금 출처와 전제 조건들을 알게 되면, 사회복지사는 환자에게 그것의 가치를 가늠해 알려주고 정보를 더 잘 제공해줄 수 있을 것이다.

◆ 참고 3.1 헨리에타 랙스와 최초 불멸의 세포주immortal cell line

　　보건의료 전문가로서 우리는 서면 사전동의, 특히 그것이 의학적 절차와 연구에 관련될 때의 윤리적 문제들에 대해 잘 이해하고 있다고 생각하기 쉽다. 과연 항상 그럴까? 진단 목적으로 채취된 당신의 혈액이나 세포조직에 어떤 일이 일어나는지 알고 있는가? 당신은 놀랄지도 모른다. 검사용 동의서 외에도 일반적인 동의서 양식에는 종종 연구용 시료 보관에 관한 짤막한 규정이 담겨 있다. 수 년 동안 이런 동의서들을 통해 미국에서만 1억 7,800만 명으로부터 3억 700만 개의 시료가 수집되었고 그것으로부터 얻은 세포조직들이 보관되어 있다(Eiseman & Haga, 1999).

　　레베카 스클루트Rebeca Skloot는 2010년에 출간한 『헨리에타 랙스의 불멸의 삶The Immortal Life of Henrietta Lacks』에서 최초의 불멸의 세포주를 만들어낸 여성에 관심을 집중시킴으로써 서면 사전동의와 생체시료 보관 문제에 대한 인식을 환기시켰다. 헨리에타 랙스는 30세의 나이에 매우 공격적인 형태의 자궁경부암을 진단받은 아프리카계 미국인 여성이었다. 그녀는 1951년 존스홉킨스 병원에서 치료받았다. 그 해 4월, 그녀는 시료 기증에 대한 언급이 없었던 기본적인 양식의 동의서에 서명하였고, 그녀의 자궁에서 채취된 세포조직은 병원 연구실로 보내졌다. 그런 다음 치료를 위해 라듐이 처방되었다. 그녀는 그해 10월에 사망하였다. 그때부터 랙스의 세포는 파킨슨씨병에서부터 독감에 이르기까지 전 세계의 많은 연구에 이용되었고, 오늘날에도 여전히 이용되고 있다.

　　그동안 배양된 그녀의 세포들은 "5,000만 톤쯤 되며… 길이로는 3억 5,000만 피트 이상 되어 지구를 적어도 세 번 감쌀 정도다"(Shoot, 2010, p. 2). 이것들은 흔히 헬라 세포HeLa cells[7]라고 불린다. 2000년, 최초로 포유동물 복제가 이루어졌던 때쯤에 스코틀랜드의 예술가인 크리스틴 볼랜드Christine Borland는 헬라 세포 관찰용 현미경과 이 세포들의 확대 이미지를 전시함으로써 이 랙스의 유산으로부터 작품을 만들어냈다. 이 작품은 유전자 연구라는 "뜨거운 주제"를 반영하여 『헬라 핫HeLa HOT』이라고 명명되었으며, 유전자 연구의 모호성과 때로는 비인간화하는 영향을 다룬 대형 전시회 출품작 중 하나였다.

　　1996년에 통과된 건강보험책임법HIPAA: Health Insurance Portability and Accountability Act은 생체시료 기증자의 이름이 널리 알려지는 것을 더 이상 허용하지 않는다. 그렇다고 해서 헬라 연구의 영향과 랙스 가족에 대한 오명은 거의 약화되지 않고 있는데, 그녀의 가족은 헬라 세포주를 이용해 이루어진 많은 발견들이 가져온 거대한 금전적 이익의 혜택을 거의 받지 못해 왔다.

---

7) 이 세포주의 기증자인 헨리에타 랙스Henrieta Lacks의 이름과 성에서 각각 첫 두 개의 알파벳(He+La)을 따서 붙인 이름 ― 옮긴이 주.

21세기의 윤리적 도전들
ETHICAL CHALLENGES IN THE 21ST CENTURY

이 장의 몇 가지 사례가 보여주는 바와 같이 윤리적 도전들은 즉각 해결책을 요구하다가 그 해결책에 만족해 사라지기를 반복하며 진화해 온 것이 분명하다. 21세기와 향후 윤리적 담론은 반드시 과학과 연결되어 있다. 과학이 윤리적으로 모호한 선택들의 범위를 점점 더 확장시킴에 따라 보건사회복지는 사람들과 기존의 문화가 자신의 목소리를 낼 수 있도록 도울 의무가 있다. 보건사회복지사는 환자에게 직접적인 서비스를 제공하는 일을 하건, 윤리 위원회에서 일을 하건, 정책을 만들거나 입법영역에서 활동하건 간에, 모두 윤리적이고 대인관계적인 고려사항들에 대해 관심을 다시 돌릴 수 있어야 한다. 미시적 관점에서부터 거시적 관점까지, 새로운 보건의료 딜레마는 사회적으로 심오한 의미를 가지기 때문에 이는 도전적일 것이다.

흥미진진한 보건의료 딜레마들은 눈앞의 문제로부터 합리적인 담론과 조치를 이끌어낼 잠재력을 갖고 있다. 반면, 이러한 딜레마들은 환자의 복지와 동떨어진 의제들을 위한 슬로건으로 이용될 수도 있다. 부적절하고 비인간화된 보건의료 산업은 미국 내 윤리적 의료서비스를 더욱 위협하고 있다. 하지만, 보건사회복지사는 변화에 영향을 미칠 수 있다. 이 전문직의 사명, 가치, 윤리에 대한 이해 기반을 유지함으로써, 보건사회복지사는 중심을 잃지 않는 능력을 가질 수 있다. 명확한 목적의식을 갖는다면 보건사회복지사는 환자에게 최적의 윤리적 보건의료서비스가 제공되도록 도울 수 있을 것이다.

연습문제

연습 3.1

헤더Heather는 최근 사회복지사 자격증을 위한 요건들을 완수하였다. 그녀는 병원 내 심리사회재활센터에 프로그램 코디네이터로 고용되었다. 이 프로그램은 중증정신질환 환자에게 제공되는 것이다. 사회복지사 자격증이 생겼기 때문에 헤더는 이제 개인과 집단 치료를 제공할 수 있게 되었고, 메디케어나 메디케이드 같은 제3자에게 비용을 청구할 수 있게 되었다. 그녀는 또한 환자에게 심리사회재활 주간서비스를 제공하는 준전문가들을 감독할 수 있다. 이러한 서비스들은 해당 주state의 메디케어 매뉴얼에 의해 정의되어 있지만, 사회적 기술 개발과 지역사회 통합과 같이 광범위한 욕구들도 포괄한다. 헤더의 새로운 역할 중 하나는 정신건강 전문가로서 이러한 모든 서비스들을 계획하고, 감독하고, 종료하는 것이다. 이는 메디케이드에 의하면 적절하고 의무적인 것이다.

첫 일주일도 지나지 않아 헤더는 제일 인기 있는 주간 프로그램이 클라이언트를 카지노에 데려가는 것임을 알게 되었다. 2~4명의 준전문가가 클라이언트와 동행하곤 했다. 클라이언트는 거기서 하루를 보내고 일부는 도박을 하였다. 그들은 지역사회 주민들과 상호작용하고, 먹고, 종종 쇼를 보기도 했다. 헤더가 들은 설명에 따르면 이 프로그램의 취지는 자연스러운 환경 속에서 사회적 기술을 증진시키는 것이었다. 사회복지대학원을 갓 졸업한 헤더는 중증정신질환 환자들에게 지역사회기반의 사회적 학습이 필수적이라는 점을 기억하고 있었다. 정신질환으로 인해 인지장애를 갖게 된 클라이언트는 자연스러운 환경에서 더 나은 기술학습 기회를 갖게 된다. 이 모든 것이 헤더에게 타당해 보이기는 하였지만, 전반적인 상황과 관련된 뭔가가 그녀의 마음을 편치 않게 만들었다.

만약 헤더를 걱정시키는 뭔가가 있다면, 그것은 과연 무엇이겠는가? 메디케이드에서는 적극적인 개입을 지불 대상 서비스로서 고려할 뿐이라면, 클라이언트를 카지노에 데려가는 비용을 메디케이드에 청구하는 것이 윤리적인가? 헤더는 이 상황에서 어떻게 방향을 찾아야 할 것인가? 헤더는 이 상황에서 과연 무엇을 할 수 있겠는가?

연습 3.2

샘Sam은 당신이 일하는 간 이식센터의 이식 대기자였다. 그의 간 질환은 C형 간염 바이러스와 복합적인 물질남용으로 인한 것이다. 1년 전쯤 샘은 의학적 금기사항들과 알코올 중독 문제 때문에 이식을 거절당하였다. 그는 이식을 재신청하기 전에 체중 감소와 금주를 권유받았다. 샘은 지역 내에서 예술과 시로도 유명하지만, 카리스마와 상류생활 방식으로 더 잘 알려져 있다. 이식센터 직원 중 여러 명도 그를 좋아한다. 샘은 매달 센터에 그림들을 가져왔고, 직원들은 그것들을 대기실에 걸었다.

샘의 건강은 계속 악화되었지만 곧 이식을 받을 것이라고 모든 사람들에게 말하였다. 샘의 가족과 팬들은 이러한 이야기에 안도하였다. 이식 팀의 사회복지사로서 당신의 역할은 심리사회적 평가를 하고 교육과 상담을 제공하는 것이다. 그가 이 센터나 당신에게서 더 이상 치료받지 않을 것이 명확해졌을 때, 당신은 샘을 다른 곳에 의뢰해 상담과 호스피스 서비스를 받게 해주고자 하였다. 하지만 그는 두 가지 모두 거절하였다. 이러한 시나리오에는 다수의 관계적이고 윤리적인 문제들이 연관되어 있다. 샘이 이 센터에 자신의 그림들을 선물한 이면에는 어떤 메시지가 담겨 있었겠는가? 사무실 관리자가 그 선물들을 받음으로써 샘에게 답한 메시지는 무엇이었겠는가? 이것이 그에 대한 의료서비스에 어떻게 영향을 미치는가? 보다 중요한 것은, 그의 돌봄에 있어서 이제 당신의 역할은 무엇인가?

연습 3.3

킴벌리Kimberly는 지역 호스피스의 사회복지사로서 매우 유능한 대변인이었다. 그녀는 환자들에 대한 훌륭한 치료사로서도 유명했다. 지역방송 프로듀서는 호스피스에 대해 긍정적인 측면을 많이 들어왔고, 이에 대한 대중의 관심과 지원을 증가시킬 다큐멘터리 시리즈를 구상하며 킴벌리에게 접근하였다. 그들은 호스피스를 촬영하고 지역사회 내 친구들과 가족을 인터뷰하였다. 이는 환자들과 가족들의 사진동의를 받아 멋지게 진행되었다.

킴벌리는 이러한 유형의 매체에 익숙했다. 그녀는 수감자와 10대 임신부, 수집광hoarding, 약물 의존 및 남용자, 정신질환자들을 다룬 유사한 리얼리티 쇼를 봐왔다. 지역방송에는 약물법정 프로그램도 있었다. 때로는 사회복지사를 포함해 자격증을 가진 치료사들도 그 쇼에 참여하여 실제 치료가 녹화되고 방송되었다. 킴벌리는 이것이 사생활 보호 문제를 제기한다는 것을 알았지만, 클라이언트들이 서면 사전동의 과정에서 잠재된 위험과 이점을 충분히 검토하고 결정할 수 있을 것이라고 판단했다. 그녀는 또한 사람들이 자기 자신을 위해 이러한 선택을 한다고 가정하는 것은 부적절하고 유아기적 발상이라고 생각하였다. 그녀는 사회에 좀 더 광범위한 이익이 될 것이라고도 믿었다.

리얼리티 쇼가 흔해졌지만 이는 수많은 윤리적 문제를 제기한다. 이 예에서 클라이언트들에게 위험과 이득은 무엇이겠는가? 호스피스에 관한 다큐멘터리는 지역 내 약물법정을 중계하는 것과 차이점이 있는가? 약물재판 참여자가 징역이나 TV 약물법정을 선택하여야 한다면 서면 사전동의는 어떻게 영향을 미칠 것인가? 수감자들과 중증 정신질환 환자들은 TV 중계에 대한 동의 과정에서 특별한 고려가 보장되어야 할 취약계층인가? 서면 사전동의에 대한 특별 고려는 단지 연구와 관련된 문제인가? 연구 참여자에게 인센티브로 치료비를 제공한다면 이것은 서면 사전동의에 어떤 영향을 미칠 것인가?

추천 자료

게놈 프로젝트Genome Project—http://genomics.energy.gov/
　　이 프로젝트의 출입구와 같은 곳
해스팅스 센터Hastings Center—www.thehastingscenter.org
　　일정 부분을 생명윤리학에 집중하는 초당적 연구기관
인간게놈프로젝트정보의 윤리적·법적·사회적 이슈들Human Genome Project Information Ethical Legal and Social Issues—www.ornl.gov/sci/techresources/Human_Genome/elsi/elsi.shtml
사회복지 원칙성명에 관한 국제사회복지사윤리연합International Federation of Social Workers Ethics in Social Work Statement of Principles—www.ifsw.org/p38000324.html
　　약 20개국의 전국적 사회복지사 윤리강령과 연결되어 있는 사이트
사회복지사 윤리심의국 전국연합National Association of Social Workers Office of Ethics and Professional Review—www.socialworkers.org/nasw/ethics/default.asp
국립보건생명윤리연구소 자원 및 링크National Institutes of Health Bioethics resources and links—http://bioethics.od.nih.gov

생명윤리 이슈 연구를 위한 대통령 위원회Presidential Commission for the Study of Bioethical Issues──
 www.bioethics.gov

랜드Rand Corporation──**www.rand.org/**

보건 및 보건의료서비스를 포함하는 다양한 영역에서 연구를 수행하는 비영리기관

터스키기대학교 국립연구 & 보건의료생명윤리센터Tuskegee University National Center for Bioethics in Research & Health Care──**www.tuskegee.edu/Global/category.asp?C=35026&nav=menu200_14**

제 4 장

공중보건과 사회복지

Public Health and Social Work

마조리 R. 세이블 MARJORIE R. SABLE, 데보라 R. 쉴드 DEBORAH R. SCHILD,
J. 아론 힙 J. AARON HIPP

예일대학교 의대에서 1915년부터 1945년까지 보건학 교수를 역임한 찰스 에드워드 아모리 윈슬로우 Charles-Edward Amory Winslow는 1920년에 발표한 그의 주요 저서 『공중보건의 미개척분 야 The Untilled Fields of Public Health』에서 공중보건 public health을 다음과 같이 정의하였다.

> 환경 위생을 위해 조직화된 지역사회의 노력, 지역사회 감염관리, 개인위생교육, 질병의 조 기 진단 및 예방적 치료를 위한 의료 및 간호서비스 조직, 그리고 지역사회 내 모든 개인의 건강 유지를 위해 적절한 삶의 기준을 보장하는 사회적 장치의 개발을 통해 질병을 예방하 고, 생명을 연장시키며, 신체적 건강과 효율성을 증진하는 과학과 기술(미국의학협회 IOM: Institute of Medicine, 1988, p. 39).

모든 공중보건기관의 핵심 기능은 사정 assessment, 정책 개발 policy development, 그리고 보장 assurance이다. *사정*이란 지역사회 내의 건강 상태, 위험, 자원에 관한 정보의 정기적인 수집, 분 석, 공유를 의미한다(IOM, 1988; Schneider, 2000). *정책 개발*은 사정 자료를 활용하여 지역 혹은 주 단위의 보건복지정책을 개발하고 자원을 이러한 정책에 끌어들이는 것이다. *보장*은 필요한 보건 서비스의 지역사회 내 이용가능성에 초점을 맞추는 것이다. 이것은 공중보건기관과 민간 서비스 제공자들이 위기 및 응급상황에 대처하는 역량뿐 아니라 일상적인 업무를 관리하는 능력을 유지 하는 것을 포괄한다.

공중보건은 이 영역 내에서 일하는 다양한 전문가들을 위한 특수한 지향성과 틀을 지닌 실 천 분야이다. 전문가란 임상사회복지사, 간호사, 보건교육가, 지역보건 및 안전 전문가, 의사와 같은 임상 실천가들과 역학자, 행정가, 정책개발자 등의 비임상 전문가를 포괄한다.

사회복지사는 공중보건과 많은 면에서 동일한 가치, 이론, 실천방법을 공유하고 있기 때문에 공중보건 영역에서 다른 보건 전문가들과 일하기 위한 만반의 준비가 되어 있다. 공유된 가치에는 사회적·경제적·환경적 정의 증진을 위한 헌신과 다양한 인구집단 간 불평등 해소에 대한 관심 등이 포함된다. 나아가, 사회복지와 공중보건의 개입은 일차적으로 억압되고 취약한 고위험 집단에 초점을 두고 있다(Wilkinson, Rounds, & Copeland, 2002). 개입방법을 개발하기 위한 이론적 접근에 있어서 사회복지는 환경 속의 인간에 대해 생태적으로(Germain, 1984; Germain & Gitterman, 1980; Kondrat, 2008), 공중보건은 사회적 역학social epidemiology으로 접근한다(Berkman & Kawachi, 2000; Oakes & Kaufman, 2006). 각각은 고유한 영역이지만 양자 모두 사회적 체계가 건강에 어떻게 연관되어 있는지에 대한 이해를 필요로 한다.

공중보건 분야에서 일하는 사회복지사는 초학제 팀의 구성원으로서 역할을 담당하고, 동료 들과 많은 기술을 공유하며, 공중보건 개입에 참여하고 있다. 공중보건 사회복지사가 공중보건 실천에 가져오는 고유한 접근은 사회복지 이론, 특히 환경 속의 인간person-in-environment이라는 접근에 기초하고 있다. 가족 중심적이고, 지역사회를 기반으로 하며, 문화적인 이해력이 있고, 조 직화된 서비스와 같은 사회복지사의 독특한 실천 방법은 공중보건 실천에 통합되어 왔으며, 다 양한 공중보건서비스 제공자들이 채택해 왔다(Bishop & Arango, 1997).

이 장은 우선 공중보건 사회복지의 역사를 알아보고, 일반 사회복지실천과의 공통점, 현재 의 실천, 연구, 그리고 미래의 방향성을 살펴보고자 한다.

이 장의 목표

- 공중보건 사회복지의 역사 고찰 및 미국의 국가적 공중보건의 목표인 Healthy People 2020 를 소개한다.
- 공중보건과 사회복지실천이 공유하고 있는 가치와 공통적인 접근에 대해 논의한다.
- 실천의 수준과 예방의 구성요소를 설명한다.
- 건강 증진과 질병 예방을 위한 공중보건의 개입을 검토한다.
- 공중보건 사회복지실천과 연구에서 대두되고 있는 이슈를 고찰한다.

공중보건 사회복지의 역사
HISTORY OF PUBLIC HEALTH SOCIAL WORK

미국의 초기 공중보건 개입은 천연두를 예방하기 위한 예방접종 캠페인이었다(세계보건기구 WHO: World Health Organization, 1998). 공중보건 개입은 근대 이전에도 있었지만, 의료과학의 정교 화와 사회개혁가들의 노력이 결합되면서 근대 공중보건이 확립되었다. 미국 근대 공중보건 기관 의 기원은 사회복지의 기원과 거의 차이나지 않는다. 사회개혁가들은 인보관settlement houses을 설립하고, 입법을 제안하였으며, 미국 국민의 건강에 지대한 영향을 미친 프로그램의 기반을 마 련하는 데 성공하였다.

초기 사회개혁가들의 노력은 인보관의 발전과, 나아가 미국 보건복지부 아동국Children's Bureau in the U.S. Department of Health and Human Services의 설립을 이끌었다(Gordon, 1994). 영아 사망률을 줄이기 위한 아동국의 캠페인은 1921년의 셰퍼드-타우너법Sheppard-Towner Act으로 알려진 모성과 영아보호법Maternity and Infancy Protect Act이 통과되는 데 자극제가 되었다(Margolis, Cole, & Kotch, 2005). 셰퍼드-타우너법의 선도로 1935년에 만들어진 사회보장법령집 제5편Social Security Act Title V은 모자보건서비스, 장애아동서비스, 아동복지서비스를 제공하고 관리하는 연방정부의 역할을 확립하였다(Gordon, 1994; Margolis et al., 2005). 모자보건서비스 정액교부금Maternal and Child Health Services Block Grant이라고도 하는 제5편은 미국 보건복지부DHHS: the U.S. Department of Health and Human Services의 모자보건국MCHB: Maternal and Child Health Bureau에서 관리한다. 역사와 제5편의 프로그램에 관한 더 많은 정보는 모자보건국의 웹사이트에서 찾아볼 수 있다(http://mchb.hrsa.gov).

공중보건 사회복지의 기원은 모성과 아동 건강에 있지만 공중보건 사회복지의 실천은 다양한 영역으로 확대되어 왔다(참고 4.1 참조). 여기에는 유행성 인플루엔자, 신체활동 및 비만, 금연, 인신매매, 자연재해 및 인재에 대한 대비 등의 이슈를 다루는 초학제적 팀에 참여하는 것이 포함된다.

◆ 참고 4.1 공중보건 사회복지의 정의

공중보건 사회복지사는 공공 혹은 민간 기관에서 핵심적인 공중보건 기능을 수행하는 석사 이상의 사회복지사이다. 여기에는 10가지 핵심적인 공중보건 기능이 포함되지만, 공중보건 사회복지실천은 지역사회·가족·개인의 건강과 웰빙, 기능수행을 증진시키고, 장애와 시설수용을 최소화시키는 개입에 초점을 맞춘다.

출처: *Public Health Social Work Standards and Competencies*(2005).

인보관과 사회개혁운동

1890년대 후반 인보관 거주민들은 그들이 살고 있는 지역사회 보건을 향상시키기 위해 일했다. 예를 들어, 시카고 헐하우스Hull House의 공동설립자인 제인 아담스Jane Addams는 지역구의 공중위생사로 입후보하여 선출되었다. 그녀는 쓰레기 제거, 깨끗한 물, 하수도 관리 등을 확립하기 위해 노력하였다. 헐하우스와 릴리안 왈드Lilian Wald(1887~1940)가 설립한 뉴욕의 헨리 스트리트 인보관Henry Street Settlement 거주민들은 위생 및 기타 보건증진행동을 지역사회에 가르쳤다(Gordon, 1994). 사회복지 전문직의 기반이 된 이러한 사회개혁운동은 지역사회 보건, 공중보건 간호, 직장보건, 환경보건 등 공중보건의 영역을 고무하는 데 기여하였다.

　아담스의 헐하우스에 거주하였던 엘리스 헤밀튼Alice Hamilton은 저소득 거주민의 작업 환경과 직업적 유해환경 노출에 관심을 갖게 되었다. 산업위생을 위한 그녀의 노력은 일리노이 주의 직업병위원회Occupational Disease Commission 설립으로 이어졌으며, 하버드 대학의 첫 여성 교수가 되었다. 헤밀튼은 독성학toxicology이라는 새로운 분야의 선구자였다.

Healthy People 2020

　1980년대에 시작하여 이후 수십 년간 보건복지부는 국가적인 건강 증진과 질병 예방의 목적 및 목표를 지속적으로 설정, 발전시켜 왔으며, 가장 최근에는 Healthy People 2020 계획을 마련하였다. Healthy People 2020의 목적은 1) 예방 가능한 질병, 장애, 상해, 그리고 조기 사망을 없애고, 2) 건강 형평성을 달성하고 불평등을 없애며, 모든 집단의 건강을 향상시키고, 3) 모두의 건강을 위한 사회적·물리적인 환경을 조성하고, 4) 생애주기의 모든 단계에서 건강한 발달과 건강한 행동을 증진시키는 것이다(Healthy People 2020, n.d. a). 그림 4.1은 Healthy People 2020의 목적을 성취하기 위한 행동모형을 보여주고 있다(Healthy People 2020, Phase Ⅰ Report). 이러한 목적을 성취하기 위한 목표는 광범위한 38개의 주제 영역으로 나뉜다. 이러한 목표들은 Healthy People 2020의 홈페이지를 통해 확인할 수 있다(www.healthypeople.gov/hp2020).

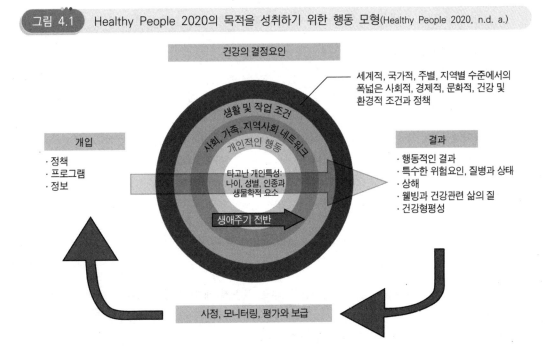

그림 4.1　Healthy People 2020의 목적을 성취하기 위한 행동 모형(Healthy People 2020, n.d. a.)

Healthy People 2020의 목적과 목표는 정책과 예방 전략의 가이드라인이 된다. 대다수는 아닐 지라도 많은 주제 영역 및 목표들과 관련하여 공중보건 사회복지사들은 공중보건 예방정책, 프로그램의 수행과 발전에 독특한 전문성을 발휘하며 실천하고 있다.

사회적 요인들이 건강의 주요 결정요인으로 받아들여지고 있지만, 현재의 Healthy People 2020 계획은 건강의 사회적 결정요인을 하나의 객관적 영역으로서만 제시해 왔다. 이 글을 쓰고 있는 현재, 누구나 온라인 프로필을 작성하면 건강 목표의 사회적 결정요인을 제안할 수 있다.

◆ 참고 4.2 건강의 사회적 결정요인에 관한 Healthy People 2020 목표의 예

건강 서비스에 대한 접근성
• 건강보험을 가진 사람들의 비율을 증가시킨다.
• 필수적인 임상 의료, 치과 의료, 혹은 약 처방을 받는 데 있어 어려움이나 지연을 경험하는 사람의 비율을 줄인다.

청소년 건강
• 청소년과 청년의 교육적 성취를 증가시킨다.
• 부모 혹은 긍정적인 성인 보호자와 연계된 청소년의 비율을 높인다.

초기 및 중기 아동기
• 수면을 제대로 하지 못하는 아동의 비율을 감소시킨다.
• 건강한 발달의 다섯 가지 영역 모두에서 학교 갈 준비가 된 아동의 비율을 높인다.

교육적인 지역사회기반 프로그램
• 고등학교 졸업 비율을 높인다.
• 다음의 영역에서 건강문제를 예방하기 위해 포괄적인 학교보건교육을 제공하는 초·중·고교의 비율을 늘린다; 의도치 않은 상해, 폭력, 자살, 흡연 및 중독, 음주 및 다른 약물사용, 의도치 않은 임신, HIV/AIDS 및 성병 감염, 건강치 않은 식습관, 부적절한 신체 활동.

환경적 건강
• 보통 또는 심각한 구조적 문제가 있는 주거지의 비율을 줄인다.
• 미국-멕시코 접경지역에서 적절한 식수와 위생시설을 가진 인구의 비율을 높인다.

가족 계획
• 무계획 임신의 위험성이 높은 여성들 중 최근 성관계 때 피임법을 사용한 여성의 비율을 늘린다.
• 18세 이전에 생식건강을 주제로 공식적인 지도를 받은 청소년 비율을 늘린다.

설정된 목표 없이, 빈곤 아동 및 결식아동, 실업자의 수를 줄이고자 하는 사회적 목표들은 국가의 공중보건 목표에서는 빠져있지만, 여전히 이것들은 보건의료의 사회적 결정요인들로 인식되고 있다. 사회적 결정요인과 관련된 현행 목표들의 사례는 참고 4.2에 제시되어 있다. 일차적인 심리사회적인 개입의 전달자로서, 공중보건 사회복지사는 Healthy People의 후속 버전에 사회적인 목표들이 포함될 수 있도록 옹호하는 데 앞장서야 한다.

사회복지와 공중보건의 교차점
INTERSECTION OF SOCIAL WORK AND PUBLIC HEALTH

이 장의 서론에서 논의한 것처럼, 공중보건은 이 영역에서 실천하는 다양한 전문가들에게 특수한 지향성과 기본틀을 제공한다. 공중보건 사회복지사는 사례관리자, 건강교육자, 프로그램 기획 및 평가자, 보조금 신청서 작성자grant writer, 연방정부·주정부·지역별 수준의 행정가 및 프로그램 관리자, 비영리 기관의 운영진 등 다양한 역할을 수행하고 있다. 사회복지사는 한때 공중보건의 범주로 간주되었던 웰니스, 비만 예방, 신체활동, 금연 등 다양한 영역에서 일하고 있다(Curry et al., 2007; Lawrence, Hazlett, & Hightower, 2010; Leung et al., 2007; Thomas, Supiano, Chasco, McGowan, & Beer, 2009). 공중보건은 가정폭력 및 성폭력과 같은 사회복지의 중요한 이슈를 공중보건의 의미 있는 문제로 규정하는 등 그 영역을 확대해오고 있다(Kimerling et al., 2010; Saftlas et al., 2010; Silverman et al., 2010).

1996년 초에 일부 공중보건 사회복지사들이 공중보건 사회복지의 유용한 개념 정의를 마련하기 위해 모였다. 그들은 공중보건 사회복지사가 훈련, 직업 혹은 두 가지 모두의 결합으로 정의될 수 있는 것인가에 대해 토론하였다. 그들이 질문하였던 것은 공중보건 사회복지사 개인과 그 직업의 공통된 속성이 무엇인가에 대한 것이었다. 그 논쟁은 공중보건 사회복지에 대한 간략한 정의와 긴 정의, 그리고 철학을 도출해냈다. 이러한 정의들과 철학, 실천 기준, 핵심 기능은 http://oce.sph.unc.edu/cetac/phswcompetencies_may05.pdf에서 볼 수 있다.

공중보건에서의 사회복지실천은 두 가지 특징적인 면에서 임상 사회복지실천과 차이가 있다.

1. 공중보건 사회복지실천은 건강증진, 환경적인 위험에서의 보호, 질병 예방을 강조한다.
2. 공중보건 사회복지실천은 개인과 집단보다는 인구집단populations을 대상으로 한다(Watkins, 1985).

사회복지사는 지역사회 사정과 같은 실천기술과 더불어, 사회정의 증진, 취약계층에 대한 관심, 문화적 역량의 필요성 인식, 인종 및 민족에 대한 민감성과 같은 사회복지의 가치를 공중보건에 도입한다. 예를 들면, 공중보건 사회복지사는 특수한 인구집단에 대한 맞춤식 개입의 필요성을 이해한다. 백인 중산층을 위해 개발된 개입방법이 저임금의 소수 집단에 효과적이지 못할 수 있다.

여러 연구들은 특수한 인구집단을 위한 맞춤식 개입의 필요성을 주장해왔다(Chin, Walters, Cook, & Huang, 2007; Green & Glasgow, 2006; Klesges, Dzewaltowski, & Glasgow, 2008). 친Chin 등은 모든 인구집단에 적용 가능한 개입방법은 거의 없으며, 개입방법은 반드시 각 사회적·문화적·인종적·민족 집단과 일할 수 있도록 문화적으로 맞추어져야 한다고 언급하였다. 그린Green과 글래스고우Glasgow는 개입방법의 외적 타당도와 잠재적인 일반화 가능성을 평가하기 위한 검토 기준을 개발하였다. 그 기준의 요소에는 참가자 및 현장의 대표성, 프로그램 적응의 범위 및 개입내용의 수행, 그리고 개입효과의 유지 및 프로그램의 장기적인 지속가능성 등에 대한 기술이 포함된다. 클레스지Klesges 등은 그린과 글래스고우의 모형을 적용하여 아동비만 예방 연구의 외적 타당도를 평가하였다. 그들은 연구자들이 연구를 진행할 때 외적 타당도 척도를 더 포함시킬 필요가 있음을 발견하였다. 구체적으로 그들은 다음과 같은 세 가지 기준, 즉, "1) 아동, 현장, 실무자 수준에서 참가자들의 대표성, 2) 각기 다른 하위집단, 프로그램 전달자, 환경에서 개입효과의 견고성, 3) 각기 다른 현장과 맥락에서 결과의 반복성"을 제시하였다(Klesges et al., 2008, p. 222).

역학과 건강의 결정요소

공중보건 연구의 기초는 역학, 즉 인구집단에서의 질병의 확산과 결정요인에 관한 연구이다. 공중보건은 유행병과 질병의 발생을 관리하고 예방하기 위해 근거기반 개입evidence-based interventions —연구를 통해 개발되고 입증된 개입—을 이용한다.

역학적 연구의 초점은 건강과 웰빙의 결정요인을 검증하는 것이다. Healthy People 2020에는 다음과 같이 명시되어 있다.

건강의 결정요인은 개인이나 인구집단의 건강상태를 결정하는 일련의 개인적·사회적·경제적·환경적 요인이다. 이것은 우리의 사회적·물리적 환경 속에 내재되어 있다. 사회적 결정요인에는 가족, 지역사회, 소득, 교육, 성별, 인종 및 민족, 지리적 위치, 건강서비스에 대한 접근성 등이 포함된다. 물리적 환경의 결정요인은 우리의 자연적 환경과 인공적 환경을 포함한다(n.d. a).

폐암은 건강 결정요인의 상호작용을 보여주는 좋은 예이다. 생물학적으로 폐암은 악성세포가 나타남으로써 발생한다. 어떤 사람은 암을 발전시킬 유전적인 기질을 가지고 있을 수 있지만, 어떤 사람은 폐암의 비생물학적 원인을 갖고 있을 수 있다. 유전적 기질 외에 폐암의 가장 중요한 결정요인은 개인의 행동이다. 흡연은 폐암의 가장 큰 원인이며 폐암 사례의 87%와 연관이 있다(국립암연구소NCI: National Cancer Institute, n.d). 간접흡연 또는 수동적 흡연은 폐암을 일으키는 물리적 환경 원인의 한 예이다. 사람들이 어울리는 흡연 가능 술집은 폐암을 일으키는 물리적 환경의 또 다른 사례이다. 흡연만큼 폐암 진행에 강력한 요인은 아니지만, 실내 및 실외에서 재, 먼지, 석면, 부유물질 등 공기 중 독성물질에 노출되는 것 역시 또 다른 원인이다.

이러한 폐암의 상관요인들은 건강의 사회적 결정요인과도 연관되어 있다. 개발도상국에서 여성들이 개방된 난로에서 나무나 배설물연료 등을 사용해 요리하는 것은 흔한 일이다. 여성과 어린 자녀들은 하루에 세 번씩 음식을 준비할 때 이것들에 직접적으로 노출된다. 마찬가지로, 석면은 폐암의 특수한 형태인 중피종에 인과적으로 영향을 미친다. 석면은 불이 잘 붙지 않고 단열이 잘 되는 특성 때문에 사용되는 여러 가지 규산염 광물 중 하나이며, 선진국의 많은 사람들은 구식 단열재를 이용하는 재건축 과정에서 석면에 노출되어 왔다. 석면은 2001년 9월 11일 세계무역센터 테러 사건의 수습에 투입된 경찰, 소방관 등 일차 반응자들이 최근 경험하고 있는 폐 관련 후유증과도 일부 관계가 있다. 개발도상국에서는 이러한 규산염 광물이 여전히 채굴되고 있는데, 대개 호흡기 보호가 거의 이루어지지 않는 가난한 노동자들에 의해 이루어진다.

폐암 발생률은 다른 질병과 마찬가지로 인종 및 사회경제적 지위SES: socioeconomic status에 따라 다르다. 미국의 경우, 아프리카계 미국인의 폐암 발생률은 백인에 비해 남녀 모두 높다(NCI, 2010). 남녀 모두 그 비율이 고등학교 교육 미만인 사람들이 대학 교육 이상인 사람들보다 높았으며(각각 3.01과 2.02), 발생률은 연소득 1만 2,500달러 미만의 사람들이 5만 달러 이상의 연소득을 가진 사람들보다 1.7배 높았다(Clegg et al., 2009). 많은 사회적 요인들은 흡연을 부추긴다. 한 또래집단에서 흡연이 받아들여지면, 사회적 환경은 그 행위를 증진시킨다(Lakon, Hipp, & Timberlake, 2010). 상점에서 아이들 눈높이에 밝고 화려한 담배 광고를 배치함으로써 다음 세대로 하여금 흡연자가 되도록 유도하는 것은 사회적 요인의 한 예이다(Haviland & Sember, 2004). 공중보건 활동은 광고에 만화를 사용하는 것과 같이 아동에게 직접적인 영향을 주는 마케팅 전략을 사용하지 않도록 하는 데 있어 효과적이다(Schooler, Feighery, & Flora, 1996).

정책과 개입이라는 거시적 수준의 이슈와, 질 높은 건강서비스에 대한 접근성은 두 가지 중요한 건강의 결정요소이다. 보건 정책에서는 건강증진과 질병 예방을 다룬다. 담배 사용을 줄이기 위한 예방정책에는 금연빌딩과 사람들이 일하는 곳, 특히 비행기나 레스토랑에서 담배 사용을 금하는 연방 및 주정부, 지역 차원의 법이 있다. 이러한 제재는 흡연을 줄이기 위한 것 외에, 근로자들이 간접흡연에 지속적으로 노출되지 않도록 보호하기 위한 것이다.

암은 진단을 늦게 받을수록 예후가 나빠지기 때문에 건강서비스에 대한 접근성은 특히 중요하다. 진단과 치료에 대한 접근성은 건강보험의 결여뿐만 아니라 다른 사회적·환경적 요인들에 의해서도 제한을 받는다. 2010년 3월, 모든 사람들이 2014년까지 건강보험을 갖도록 하는 환자보호와 건강보험료 적정부담법PPACA: Patient Protection and Affordable Care Act[1])이 통과되었지만 이것

1) 일명 오바마 의료개혁 — 옮긴이 주.

은 건강서비스의 접근성에 대한 다른 이슈들까지 다루고 있지는 않다(Kaiser Family Foundation, 2010). 시스템과 제도적인 장벽은 특히 저소득 및 소수자 가정의 건강서비스 접근성을 제한한다 (Dai, 2010). 시스템 장벽은 그러한 인구집단에게 서비스를 제공하기에는 부적절한 능력 등을 말하며, 제도적인 장벽은 서비스 조직 및 전달의 문제를 포함한다. 저소득층에 대한 시스템적인 요소로는 도심지구 및 농촌지역에서 보건서비스 제공자 수가 제한적인 것과 건강보험이 결여된 사람들을 위한 안전망 병원safety-net clinic이 부족한 것을 들 수 있다. 평일에만 진료하는 것은 제도적인 장벽의 예가 된다. 또 다른 제도적 장벽은 영어를 사용하지 않는 사람들의 커뮤니케이션을 위한 편의제도의 부족을 들 수 있다. 보험 적용 대상의 인종, 민족, 사용 언어에 따른 건강서비스 접근성의 불평등에 대한 연구는 스페인어 사용자들이 영어 사용자에 비해 건강서비스를 받을 가능성이 적다는 것을 보여주었다. 이러한 결과는 내원, 정신건강 서비스, 유방조영술, 독감 예방접종에서도 일관되게 나타났다(Fiscella, Franks, Doescher, & Saver, 2002; Weech-Maldonado et al., 2003). 많은 시설들이 통역자를 거의 보유하고 있지 않아 서비스 공급자들은 통역을 위해 가족이나 종종 아이들에게까지 의존하기도 한다.

공통된 가치
COMMON VALUES

사회복지와 공중보건이 공유하는 두 가지 가치는 건강불평등health disparities의 해소와 사회적·경제적·환경적 정의의 증진이다. 건강불평등은 인종이나 민족, 성별이나 성적 정체성, 사회경제적 지위, 교육, 고용이나 보험 상태, 장애상태, 지리적 위치 등에 의해 특징지어지는 집단 간 혹은 집단들 내에 존재한다. 또한 건강불평등은 건강검진, 발병률, 사망률, 생존과 치료에서도 나타난다(Gehlert, Mininger, Sohmer, & Berg, 2008).

건강불평등의 해소

1999년 미국 의회의 요청에 따라 미국의학협회는 인종적이고 민족적인 소수집단의 건강불평등이 어느 정도의 건강서비스 격차에서 기인된 것인지를 알아보기 위하여 전문가 패널을 소집하였다. 그들의 보고서인 『불평등한 치료Unequal Treatment』는 건강서비스에 있어서 소수집단에 대한 불평등을 입증해주는 일관된 연구결과를 발견하였다. 소수집단은 백인 환자들에 비해 심장질환에 대해서는 심장약이나 심장 우회술과 같이 적절한 치료를 받을 가능성이 낮았으며, 당뇨병에 대해서는 하지절단과 같이 별로 바람직하지 않은 의료과정을 받을 가능성이 높았다 (Smedley, Stith, & Nelson, 2003). 키페Keefe(2010)는 공중보건 사회복지의 관점에서 7가지의 건강범주 혹은 상태, 즉, 심장질환과 뇌졸중, 암, HIV/AIDS, 호흡기 질환, 당뇨, 모성 및 영아, 아동건강, 정신건강 및 정신질환에서의 인종과 민족적인 건강서비스 불평등에 관해 논하였다. 사회적 불평등과 건강에 대한 더 많은 정보는 PBS 방송국의 시리즈물인 '비정상적인 원인Unnatural Causes'(www.pbs.org/unnaturalcauses/index.htm)을 참고하기 바란다.

　개인과 인구집단의 전반적인 건강은 넓게는 사회경제·문화·건강·환경적인 요인에서부터 개인의 행동에 이르기까지 다양한 원인에 의해 결정된다. 정책, 프로그램, 건강 개입 등의 중재는 생애주기와 사회적-개인적 환경에 걸쳐 작용하며 결과에 영향을 미친다. 환경 속의 인간과 사회적 역학의 선구자인 유리 브론펜브렌너Urie Bronfenbrenner의 생태체계이론(1979)은 개인 수준(micro)에서부터 생애주기를 포함하는(chronosystem) 문화 수준(macro)에 이르기까지 체계들의 영향에 대해 설명한다.

　인종과 민족에 대한 건강불평등 외에도, 사회경제적 지위와 관련한 불평등은 오랫동안 밝혀져 왔으며, 개인의 사회경제적 지위가 낮을수록, 그 개인의 건강이 좋지 않을 확률은 높아진다. 스트링히니Stringhini 등의 최근 연구(2010)에 의하면, 건강행동은 사회경제적 지위의 효과를 전부가 아닌 일부분만 설명한다는 사실이 밝혀졌다. 그러나 식습관, 운동, 알코올 섭취와 관련된 나쁜 건강행동은 낮은 사회경제적 지위로 인해 악화될 수 있는 환경적 스트레스 요인과 부분적으로 관련이 있다고 여겨진다(Dunn, 2010). 또한 건강불평등이 건강서비스 접근성과 관련하여 설명된 것처럼 장소와도 관련되어 있다. 공간적인 영향 또한 단순히 의료 장소에 대한 것이 아니라 건강한 환경에 대한 근접성 및 접근성에서 나타난다. 미첼Mitchell과 팝햄Popham(2008)은 영국에서 소득과 관련된 건강불평등을 발견하였는데, 녹지(예를 들어 공원)의 근접성이 건강과 관련이 있다고 보고하였다. 모든 원인에 의한 사망률과 순환계 질환 발병률은 평균적으로 녹지에 가까이 살수록 감소했다. 그리고 그러한 감소폭은 고소득층에서는 작게 나타났지만 저소득층에서는 상당히 컸다(그림 4.2 참조).

　인종에 기인한 건강불평등은 세 개의 중요한 모성 및 아동건강 상태 지표, 즉, 영아사망률IM: infant mortality, 저체중아출산율LBW: low birth weight, 산모사망률을 검증해보면 더욱 명확해진다. 영아사망률은 한 국가의 보건 수준 측정에 사용되는 주요 지표 중 하나이다. 미국의 전반적인 영아사망률은 2007년 기준으로 신생아 천 명당 6.75명으로 낮아졌지만, 이러한 비율은 Healthy People 2010년의 목표인 천 명당 4.5명에는 여전히 미치지 못하고 있다(Xu, Kochanek, Murphy, & Tejada-Vera, 2010). 2008년도 영아사망률에서 미국은 유엔 인구국United Nations Populations Division이 조사한 국가들 가운데 33위를 차지하였다(United Nations Department of Economic and Social Affairs Population Division, 2007).

　2007년도 기준으로 아프리카계 미국인의 영아사망률은 백인보다 2.4배 높았다(Mathews & MacDorman, 2010). 영아사망의 두 번째 주요 원인인 저체중아출산은 2007년에 8.3% 증가하였는데, 이는 지난 40여 년간 미국에서 보고된 수치 중 가장 높은 수준이다. 2006년도에 히스패닉이 아닌 아프리카계 미국인의 저체중아출산율은 14.0%로, 히스패닉이 아닌 백인(7.3%)의 거의 두 배이다(Martin et al., 2009). 아프리카계 미국인 여성의 산모사망률은 신생아 십만 명당 26.5명으로 백

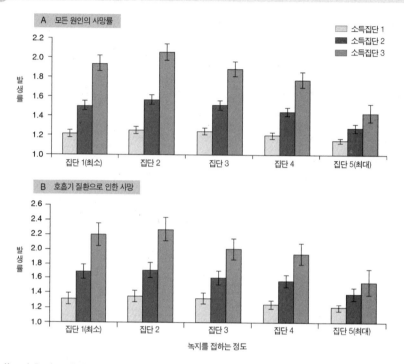

그림 4.2 녹지를 접하는 정도는 모든 원인 및 호흡기 질병 사망률에 대한 소득의 영향을 매개함

출처: Mitchell and Popham(2008).

인 여성에 비해(10만 명당 10.0명) 2.7배 정도 높았다(Xu et al., 2010).

장소와 관련한 건강불평등 또한 일반적이며, 종종 인종 및 사회경제적 지위와 관련되어 있다. 식품 사막(food desert)―건강한 식품을 구하는데 어려움이 있는 지역―은 미국 전역의 저소득층 유색인종 지역사회에서 많이 나타나고 있다(Walker, Keane, & Burke, 2010). 건강불평등은 여가 활동, 심리적 회복, 사회적 건강을 위한 공원 및 개방된 자연공간에 대한 근접성과 접근성에서도 나타난다(Floyd, Taylor, & Whitt-Glover, 2009). 또한 장소는 당뇨(Schootman et al., 2010), 암(Freedman, Grafova, & Rogowski, 2011), HIV/AIDS와 심혈관계 질환(Nazmi, Diez Roux, Ranjit, Seeman, & Jenny, 2010)과 같은 만성질환이 발생하고 유지되는 것의 불평등에도 관련이 있다.

전세계적으로 만연한 건강불평등을 인식하고, WHO는 2005년에 건강의 사회적 결정요인위원회CSDH: Commission on Social Determinants of Health를 설립하였다. 건강의 사회적 결정요인위원회는 건강불평등이 사회 정의의 문제이며, 정책뿐 아니라 권력과 부의 불평등한 분배에 의해 만들어지는 것을 발견하였다. 건강의 사회적 결정요인위원회는 최종 보고서에서 건강 격차를 줄일 수 있는 세 가지 행동 원칙을 제안하였다.

1) 일상생활의 조건, 즉, 사람이 태어나고 자라고 생활하며 일하고 나이 들어가는 환경을

향상시킨다. 2) 세계·국가·지역적으로 권력과 돈과 자원, 즉, 일상생활 조건의 구조적인 동인structural drivers의 불공평한 분배를 막는다. 3) 문제를 측정하고, 행동을 평가하며, 지식 기반을 확장시키고, 건강의 사회적 결정요인에 대해 훈련된 인력을 개발하고, 건강의 사회적 결정요인에 대한 대중의 인식을 증진시킨다(CSDH, 2008, p. 2).

사회적·경제적·환경적 정의의 증진

현재 미국의 일부 정책 및 질 높은 건강서비스에 대한 접근 불가능은 사회적·경제적·환경적 불평등을 가져왔다. 사회적·경제적·환경적 불평등은 건강상태 불평등의 결정요인이다. 따라서, 사회복지와 공중보건 모두 보다 정의로운 사회로 이끌기 위한 변화 증진을 목표로 한다.

도심지구와 같은 빈곤지역에 존재하는 사회적·물리적 환경은 부정적인 건강 결과health outcomes를 만드는 데 영향을 미친다. 예를 들어, 취업 기회의 부족은 가족을 부양할 만한 소득을 얻을 수 있도록 이웃들이 불법약물의 판매를 용인하는 상황을 만들게 된다. 지역사회에서의 약물 판매는 중독과 그로 인한 후유증, 이를테면 폭력적인 행동, 질병, 사망으로 이끄는 불법행위를 초래한다.

도처에 존재하는 편견 및 빈곤이라는 스트레스 요인과 같은 많은 사회적 요인들 역시 좋지 않은 건강상태를 초래한다. 크리거Krieger(2003, 2005)는 인종차별주의와 건강상태에 관해 수 년 동안 연구를 진행해오고 있다. 그녀는 인종차별주의를 건강상태를 만드는 주요 원인 중 하나로 보고, 인종주의가 건강을 해치는 다섯 가지의 경로를 규명하였다. 이는 경제적·사회적 박탈, 독성물질에 대한 노출, 사회적으로 가해지는 트라우마, 알코올이나 담배, 불법 약물과 같이 건강에 해로운 상품의 표적화된 마케팅, 부적절하거나 질이 낮은 의료서비스이다. 크리거 등은 여러 연구에서 아프리카계 미국인과 백인 여성의 지각된 인종차별이 저체중아출산 및 영아사망에 미치는 영향(Mustillo et al., 2004)과, 인종차별주의가 어떻게 경찰 폭력에 나타나는지(Cooper, Moore, Gruskin, & Krieger, 2004)를 보여주었다. 소수 종교를 가졌거나 다른 성 정체성을 가진 경우(예를 들어, 레즈비언lesbian, 게이gay, 양성애자bisexual, 트랜스젠더transgender[LGBT]) 역시 억압받고 있으며, 1차 및 2차 의료서비스에 대한 시스템적이고 제도적인 장애물에 특히 취약하다.

사회적 역학은 인종과 민족 집단 내에서의 불평등을 설명하는 도구로 사용되어 왔다. 시카고에 있는 중산층 아프리카계 미국인 여성에 대한 한 연구는, 아프리카계 미국인 인구가 우세한 지역에 사는 사람들의 출산결과가 인종적으로 혼합된 지역에 사는 사람들에 비해 낮다는 것을 밝혔다. 연구자들은 소수집단 여성에게 좀 더 나은 사회경제적 맥락의 긍정적 효과는 인종차별주의나 인종적 낙인의 부정적인 효과에 의해 상쇄될 수 있다고 결론지었다(Pickett, Collins, Masi, & Wilkinson, 2005, p. 2229).

사회적으로 만들어진 건강 상태의 또 다른 사례는 비만이다. 미국 국민건강영양조사NHANES: National Nutrition and Health Survey는 미국 성인의 과체중, 비만, 고도비만의 비율(kg/㎡의 비율로 계

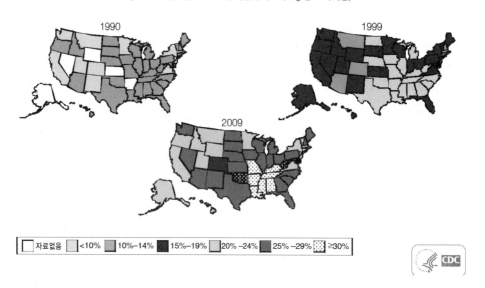

그림 4.3　미국 성인비만 추세

행동위험요인 감시체계BRFSS, 1990, 1999, 2009
(*BMI≥30, 또는 163cm의 개인이 약 13.6kg 정도 과체중)

| 자료없음 | <10% | 10%-14% | 15%-19% | 20%-24% | 25%-29% | ≥30% |

출처: Centers for Disease Control and Prevention (2010). Data for figure was derived from Behavioral Risk Factor Surveillance System, CDC.

산하는 체질량지수[BMI]로 측정)을 추적한다(Ogden & Carroll, 2010b). 20세 이상 성인의 과체중(BMI = 25.0~29.9) 비율은 1960년 이후 34%정도로 안정되어 왔다. 비만(BMI = 30)2)과 고도비만(BMI = 40) 비율은 같은 기간 동안 2배 이상 높아졌다. 1960년에서 1962년에 실시된 국민보건연구 National Health Study에서 성인의 13.4%는 비만이었으며, 2007~2008년 미국 국민건강영양조사에서는 34.3%였다. 고도비만율은 1960~1962년의 0.9%에서 2007~2008년에는 6%로 증가하였다.

비만율의 격차는 인종/민족 및 성별에 의해 발생한다(Odgen & Carroll, 2010b). 2007~2008년도 미국 국민건강영양조사에서 비히스패닉 아프리카계 미국인 여성과(49.6%), 히스패닉 여성(45.1%)의 유병률이 가장 높았으며, 비히스패닉 백인 남성이 가장 낮았다(31.9%). 비만의 군집은 지리적으로도 나타난다. 미국 남부 특히 최남단 지역과 남동부는 가장 높은 성인 비만율을 보이고 있다. 과거 20년 동안 그 비율이 증가하고 있지만 비만의 분포는 거의 같다(그림 4.3 참조).

소아비만은 미국의 영부인 미쉘 오바마Michelle Obama의 특별 관심사이다(아동의 비만은 2000년 미국질병관리본부CDC: Center for Disease Control and Prevention 성장표에 제시된 성별 및 연령 대비 BMI가 백분위 95% 이상에 속하는 것으로 정의됨[Ogden & Carroll, 2010a]). 미국 국민건강영양조사는 1970년 이후 아동을 세 개의 연령군으로 나누어 비만을 측정해오고 있다. 1971~1974년 미국 국

2) 비만의 기준은 국가마다 다를 수 있는데, 현재 서양인은 BMI≥30(WHO), 한국인을 포함한 아시아인은 BMI≥25(WHO 아태지역 지침 및 대한비만학회)를 비만으로 분류함─옮긴이 주.

민건강영양조사는 2~5세의 아동의 비만율을 5.0%, 6~11세는 4.0%, 12~19세는 6.1%로 보고하였다. 2007~2008년 미국 국민건강영양조사에서 비만율이 가장 어린 아동군에서는 2배 가량 증가한 10.4%, 6~11세는 이전의 거의 5배에 이르는 19.6%, 12~19세는 3배가 되는 18.1%로 나타났다. 성인과 비슷하게, 청소년(12~19세)은 인종·민족·성별에 따라 비만 분포의 불평등을 보여주고 있다. 비히스패닉 아프리카계 미국인 소녀들과 멕시칸계 미국인 소년들의 비만율이 가장 높았다(각각 29.2%와 26.8%). 비만율은 비히스패닉 백인 소녀(14.5%)와 소년(16.7%)에게서 가장 낮았다(Ogden & Carroll, 2010a).

음식점에서 제공되는 1인분 양의 증가, 패스트푸드, 그리고 운동부족은 미국인들의 사이즈를 늘리는 몇 가지 원인이다. 바쁜 근무 일정은 건강한 식사를 준비할 부모들의 시간을 제한하고, 그들이 점심으로 고지방의 카페테리아 음식에 의존하도록 방치한다(Eliadis, 2006). 시간은 운동보다는 비디오 게임이나 TV 시청에 할애된다. 세실 카브Cecil-Karb와 그로건 케일러Grogan-Kaylor (2009)는 이웃의 안전성에 대한 부모의 지각이 자녀의 BMI에 미치는 영향에 관해 연구하였다. 그들은 이웃의 불안전성에 대한 지각과 BMI 사이에 유의미한 관계가 있음을 발견하였다. 이 관계는 TV 시청에 의해 매개되었다. 실내에 있는 시간의 증가와 관련된 또 다른 요인은 미국 전역에서 나타나는 교외화suburbanization와 운전 문화이다. 20세기 전반에 만들어진 많은 사회적·정책적 실천과 결정은 오늘날 많은 도시에서 나타나는 도시-교외의 이분화를 만들어내었다.

자동차가 더 보편화되고 도심에서 차량 통행이 늘어남에 따라, 보행자-차량 간 사고의 수는 다른 후유증과 함께 증가하였다. 가정들은 도시의 차량들로부터 벗어나 아이들이 옥외에서 놀 공간을 가질 수 있도록 교외로 이동하기 시작하였다. 동시에, 특정경계지역 지정이 용인되었다. 특정경계지역 지정은 대출기관(보통은 주택 모기지를 위한)이 인종이나 소득 같은 특징을 토대로 이자율을 올리거나 내리고, 대출거래를 차등화하기 위해 도시의 경계를 정하는 과정이다(Gee, 2008). 수십 년 동안 이러한 과정은 도심의 세원을 없애고 다운타운에는 저소득의, 주로 소수집단 주민들만 남게 만들었다. 반면, 교외는 백인과 중산층이 다수를 이루었다. 도심을 떠나 교외로 가는 거주민들은 그들의 세원도 함께 가져간다. 도시는 학교, 공원, 공공서비스를 뒷받침할 재정이 부족하게 되었다. 그 결과, 더 많은 사람들이 도심을 떠나는 것은 하나의 현상이 되었고, 이러한 현상은 최근에서야 소강상태를 맞고 있다.

그러나 이러한 탈출이 시작된 지 70년이 지난 지금, 교외에 거주하는 가정들은 운동부족으로 고통 받고 있다. 오랜 기간 동안, 교외의 가정들은 활동적인 교통수단인 걷기나 자전거 타기를 삼가고 자동차로 장거리를 통근해야만 하게 됐다. 자동차에서 보낸 시간은 가족들이 귀가했을 때 놀이나 운동으로 대체되지 않는다. 그 사이, 미국 전역의 다운타운은 재건의 핵심적 원칙으로서 도보 가능성을 내세워 활성화하려는 노력을 하고 있다. 도시들은 거리를 다양한 소득계층이 혼합된 거주지와 상업시구 및 소매지구 등이 있는 다목적 거리로 만들도록 규정하는 완전도로3)

---

3) 보행자, 자전거 이용자, 대중교통 이용자, 자동차 운전자 등 모든 교통수단 이용자가 안전하게 이용할 수 있는 도로를 의미함 — 옮긴이 주.

Complete Streets 관련 법령들을 통과시키고 있다. 거리의 기반시설 역시 잘 설계된 교차로와 자동차 도로, 폭넓어진 보도 등으로 변화하고 있나(Frank et al., 2003).

공중보건 사회복지사는 과체중이나 비만을 부추기는 사회경제적 요인들을 밝힘으로써 안전한 이웃 만들기와 같은 공공정책 개발에 기여할 수 있다. 도시들이 다운타운을 재건하기 위해 노력하는 가운데, 많은 도시들은 중산층 노동자들을 유인하기 위해 최신 유행하는 고층지구에 관심을 보이고 있다. 불행히도, 이러한 과정은 다양한 소득계층을 위한 개발이라기보다 고급주택화에 더 유사하다. 부유한 개발자들은 값싼 빌딩을 구매하여 저소득층 지역이었던 곳을 현재의 거주민에 대한 고려 없이 중산층 이상의 거주자를 위해 개발하고 있다. 저소득층 거주자들은 이사해야만 하게 되고, 그들과 오랫동안 이웃에서 가깝게 있었던 사회서비스 공급자로부터 멀어지는 경우우들도 있다. 도시들은 대개 세원의 증가와 깨끗한 다운타운 때문에 주택의 고급화를 통해 재정적 이득을 얻는다. 그러나 이 과정은 인종과 사회경제적 경계에 따른 분리를 지속시킨다(보다 자세한 내용은 Salter, 2006 참조).

공중보건 사회복지사는 1989년 총괄예산조정법Omnibus Budget Reconciliation Act 하의 메디케이드4) 확대처럼 인구집단, 특히 사회적 약자를 위한 건강지표를 개선하도록 공공정책을 변화시키는 데 있어서 대변인 역할을 성공적으로 해왔다. 이와 함께, 1997년 주정부들의 선택적 프로그램으로 만들어진 뒤 확대된 국가아동건강보험SCHIP: State Children's Health Insurance Program은 사회경제적 정의를 증진시키는 정책들의 사례이다. 2009년 2월 국가아동건강보험은 재승인 되었으며, 2010년 6월 30일자로 모든 주와 미국 영토, D.C.는 국가아동건강보험을 시행하게 되었다(Center for Medicare and Medicaid Services, 2010).

재정 자원의 분배를 변화시키고 사회적으로 올바른 행동을 증진하는 것은 취약한 인구집단의 건강불평등을 줄일 수 있다(McGinnis, William-Russo, & Knickman, 2002). 불행히도, 이러한 시도는 성공적이지 못했다. 저소득층 임산부의 의료서비스 접근성을 높임으로써 건강불평등을 줄이려고 했던 1980년대의 메디케이드 확대 정책은 아프리카계 미국인 여성과 백인 여성의 출산 결과 격차를 줄이는 데 실패하였다(Martin et al., 2009; Mathews & MacDorman, 2010; Xu et al., 2010).

사회복지 전문직은 경제적 정의 실현의 필요성을 강력히 지지한다. 전미사회복지사협회NASW: National Association of Social Workers의 대위원회는 협회의 공식적이고 전문적인 정책 선언문을 개발하고 발표하기 위해 3년마다 소집된다. 이제까지 전미사회복지사협회의 중요한 정책적 입장은 경제적 정의를 증진시키는 공공정책의 개발을 지지하는 것이다. 전미사회복지사협회(2009)는 빈곤과 모두를 위한 보건의료 접근성 이슈들에 대해 지속적으로 대변하고 있다. 사회적으로, 경제적으로 정의로운 사회를 이루기 위해서는 미국의 사회적 가치가 바뀌어야 하지만, 이는 공중보건과 사회복지에 있어 가치 있는 목표이다.

---

4) 소득이 빈곤선의 일정 수준 이하인 극빈층에게 미국의 연방정부와 주정부가 의료비를 지원하는 제도—옮긴이 주.

실천을 위한 공통 방법론
COMMON METHODOLOGIES FOR PRACTICE

건전한 사회복지와 공중보건의 개입방법과 정책은 근거에 기반한다. 근거 기반 실천에 이르기 위해 양쪽의 현장은 강력한 연구와 프로그램 평가에 의지하고 있다. 사회복지와 공중보건이 사용하는 한 가지 공통된 접근법은 지역사회 사정이다. 또한 공중보건은 프로그램 기획과 평가를 위해 사회적 역학을 사용한다. 공중보건에서 사용되는 역학적인 방법은 사회복지사들도 실천의 모든 수준에서 개입 방법을 개발하기 위해 사용할 수 있다. 또 다른 도구로는 지리정보시스템 GIS: geographic information system이 있는데, 이는 사회복지와 공중보건 실천 및 연구에서 공간적 상관관계 및 차이를 지도로 나타내고 수요 지역을 밝히기 위해 사용되는 소프트웨어 기반의 도구이다.

무쏠리노Mussolino(2005)는 우울과 둔부골절의 예측적인 관계에 대한 증거를 제시하기 위해 미국 국민건강영양조사를 분석하였다. 노인의 우울을 표적으로 한 개입방법은 이론적으로 둔부골절로 인한 유병률 및 사망률에 영향을 줄 수 있다. 이것은 공중보건 사회복지의 개입이 어떻게 공중보건 결과를 향상시킬 수 있는지 보여주는 예이다. 다른 사례는 전국병원외래진료조사 National Hospital Ambulatory Medical Care Survey에서 수집된 자료에 기초하는데, 이 자료는 미국 아동이 주로 부상을 입는 장소는 가정임을 밝혔다. 연구자들은 미국 아동의 의도치 않은 부상에서 오는 유병률과 사망률을 줄이기 위해 가정환경을 대상으로 하는 개입을 추천한다(Phelan, Khoury, Kalkwarf, & Lanphear, 2005).

지역사회 사정

지역사회 사정community assessment은 특정 지역사회의 강점과 약점을 밝히는 도구이다. 지역사회의 구성원들은 사정에서 수집된 정보를 설계하고 수행하고 분석하는 데 관여한다. 법적 요건에 따라 공권력에 의해 주도되는 사정도 있는데, 여기에는 지역사회 성원들을 포함할 수도 있고 안 할 수도 있다. 어떠한 경우든지, 사정은 서비스에 있어서의 문제와 격차를 정의하여 지역사회와 전문가들이 현재의 프로그램을 개선하고 새로운 정책이나 프로그램을 옹호할 수 있도록 한다.

포괄적인 지역사회 사정은 분석 자료를 얻기 위해 다양한 방법을 사용한다. 이러한 방법에는 지역사회조사, 건강영향평가HIA: Health Impact Assessments(참고 4.3 참조), 지역사회 지도자와의 인터뷰, 타운홀미팅town hall meeting 등이 있다. 자료 수집은 출생 및 사망 기록이나 병원퇴원정보, 공중보건이나 사회서비스 기관의 자료 등을 통해 이루어질 수 있다.

◆ 참고 4.3   건강 영향 평가

건강영향평가(HIA)는 1990년 후반 유럽에서 시작되었다. 영국의 국민보건서비스National Health Service는 건강영향평가를 다음과 같이 정의하였다.

제안된 어떤 방법이 인구집단에 대해 잠재적 혹은 실재적으로 미치는 건강영향을 밝히고 고려할 수 있도록 개발된 접근법이다. 그것의 일차적 산물은 근거를 기반으로, 의사결정과정에 정보를 제공할 수 있도록 조정된 일련의 권고사항이다. 이러한 권고사항은 제안의 긍정적인 측면을 증진시키고, 차후 발생하거나 존재할 수 있는 건강, 웰빙 및 건강불평등에 대한 부정적인 영향을 제거하거나 최소화하기 위한 실천적인 방법을 밝히는 것을 목적으로 한다(Taylor & Quigley, 2002, p. 2).

저자의 동료들은 최근 미주리 주 세인트루이스에서 건강영향평가를 완료하였다. 핵심 팀은 의과대학에서 2명, 디자인 및 시각예술 대학에서 1명, 사회복지에서 3명, 공중보건에서 1명, 그리고 지역사회 파트너에서 1명으로 구성되었다. 운영위원회는 지역사회의 이해관계자 8명으로 구성되었는데, 이들은 주민이나 학교·종교기관·지방자치단체, 또는 비정부기구에서 온 지역 실천가들이었다. 마지막으로, 컨설턴트, 학생, 지역사회 감독관surveyor, 자문단 그룹들이 참여하였는데, 대부분은 사회복지와 공중보건에 관련된 사람들이었다. 팀은 저소득 유색인종 지역사회에서의 재개발 노력을 위한 일련의 제안들을 만들기 위해 함께 일하였다.

사회복지사는 훈련을 통해 지역사회 사정의 수행에 잘 준비되어 있다. 공중보건 사회복지사는 공중보건 평가에 기여하며, 이를 통해 건강과 질병의 사회적 맥락에 관한 깊은 이해를 제공한다. 공중보건 사회복지사는 다른 공중보건 전문가들과 협력하면서 지역사회 평가에 맞춰 개발된 개입에 사회적인 이해를 적용한다(Wilkinson et al., 2002). 예를 들어, 사회복지사는 아동의 사망원인 검토 팀death review team에 참여하면서 환경 속의 인간이라는 시각을 제공한다. 지역사회 사정은 또한 문화적 이해력이 있는culturally competent 사회마케팅 전략의 개발에도 중요하다. 고위험군 아프리카계 미국인과 건강증진 프로그램의 관련 요인들을 탐색한 연구는 일반적인 인식과는 달리, 메시지 전달을 위해 아프리카계 미국인 교회 및 유명 인사를 이용하는 것은 건강예방 프로그램을 이용하도록 동기를 부여하는 데 역효과를 낳는다는 것을 발견하였다(Icard, Bourjolly, & Siddiqui, 2003). 이러한 결과는 연구가 근거기반 실천을 어떻게 이끄는지를 보여주는 사례이다.

사회적 역학

사회적 역학—사회적 요인이 인구집단 내 건강과 질병의 분포에 미치는 영향에 대한 연구—은 한 지역사회의 건강상태를 형성한다고 알려져 있는 생물학적이고 행동적인 요인들에 대한 사회적 변수의 역할을 검증한다(Oakes & Kaufman, 2006). 사회적 역학은 건강 및 건강 결과의 사회적 결정요인을 밝히기 위해 주로 양적인 자료를 사용하는 연구방법이다. 예를 들면, 린치Lynch와 카플란Kaplan(2000)은 건강에 대한 사회경제적 지위의 영향을 파악하기 위해 많은 연구를 수행해 왔다. 그들은 그들 자신과 다른 연구자들의 연구결과를 통해 이러한 영향을 설명하는 이론적 모델을 발전시켰다. 이 모델은 생애주기적 관점life-course perspective을 이용하고 광범위한 조건 및 상태를 고려하며, 사회경제적 지위의 척도들 간 차이에 대해 논의한다. 이러한 차이는 사회적 역학 연구 수행의 어려움을 보여준다. 예를 들어, 크리거Krieger 등은 건강에 대한 인종차별주의의 영향을 연구하였다(Krieger, 2005; Krieger, Chen, Waterman, Rehkopf, & Subramanian, 2003). 이를 위해 그들은 지각된 인종차별주의의 척도를 개발해야만 했는데, 이는 다른 연구자들에 의해 사용되고 있긴 하지만 여전히 보편적으로 받아들여지고 있지는 않다. 왜냐하면 인종적 차별 경험은 주관적이라고 생각될 수 있고, 따라서 그 척도가 모든 상황에서 같은 방식으로 작동하지 않을 수 있기 때문이다. 다른 연구자들은 인종과 아동의 건강을 검증하여 중요한 관계를 발견하였다(Flores, Olson, & Tomany-Korman, 2005).

일부 사회역학자들은 양적 자료뿐 아니라 질적 자료를 사용한다. 그 예로, 모자보건국의 지원과 모니터링을 받는 태아·영아 사망률 조사FIMR: Fetal and Infant Mortality Review를 들 수 있다(Hutchins, Grason, & Handler, 2004; Koontz, Buckley, & Ruderman, 2004). 태아 및 영아사망률 조사는 영아급사증후군SIDS: Sudden Infant Death Syndrome과 같이, 의료적 원인에 기인하지 않은 태아나 영아의 사망이 발생했을 때 지역사회 수준에서 수행된다. 태아 및 영아사망률 조사의 목적은 여성, 영아, 가정의 건강과 웰빙을 증진시키기 위한 의료적·사회적 정보를 수집하는 것이다. 그러한 정보는 추가적인 태아 및 영아 사망을 줄이기 위해 지역사회 자원과 서비스 전달체계를 향상시키는 데 사용될 수 있다. 태아 및 영아사망률 조사는 의료서비스 자료와 부검, 그리고 종종 사회복지사가 수행하는 임산부와 영아의 사회적 환경에 대한 사정자료 등을 검증함으로써 이루어진다. 주거, 가구 내 성인과 아동의 수, 그리고 기타 가족 자원에 관심을 둔다. 자료는 초학제적 기술 자문위원회transdisciplinary technical advisory committees가 검토하는데, 여기에는 의사와 간호사 외에 임상사회복지사와 지역사회 자원봉사자들이 포함될 수 있다. 공중보건 사회복지사는 사망이 발생하는 사회적 맥락을 해석함으로써 이러한 검토과정에 기여한다.

지리정보시스템

지리정보시스템은 분포, 경향, 서비스, 군집 등의 공간적 분석을 가능케 한다. 개인은 데이터 관리 시스템과 소프트웨어를 통해 정보를 지역사회에서부터 전세계 규모로 지도화하는 데 지리정보시스템을 활용할 수 있다. 이러한 기술은 많은 대학에서 가르치고 있다. 예를 들어, 지역사회 기반 교육모델로 세워진 세인트루이스의 워싱턴대학교에서 사회복지 및 공중보건 협동과정의 학생들은 공간적 분석을 필요로 하는 지역사회 기관과 함께 일한다. 과거의 분석은 후원이 어디서

그림 4.4 인구조사의 구역당 빈곤 아동 수와 지역사회 기관의 급식 지원을 받는 아동 수를 보여주는 지리정보시스템 지도

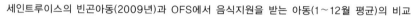

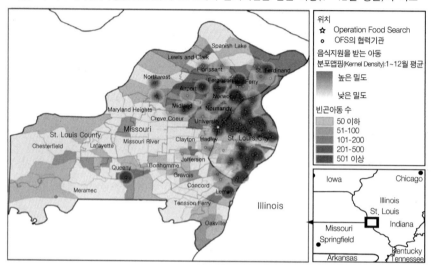

출처: Reproduced courtesy of Operation Food Search, St. Louis, MO, and MSW students Hyunil Kim and Cecilia Zappa.

가장 많이 발생하며, 후원과 재원을 더 많이 얻기 위해서는 어디에서 기관을 마케팅해야 하는지 분석하는 시장조사를 포함하였다. 최근의 두 프로젝트는 서비스 확대에 가장 좋은 장소를 파악하기 위해 지역사회 자산과 범죄 및 공터를 지도화하였다. 또 다른 프로젝트는 도시 전역에서 여름 기간 동안 급식 공급자 및 무료급식소의 위치 대비 급식 지원을 받는 학생들의 비율을 지도화하였다(그림 4.4). 이러한 프로젝트는 기관들로 하여금 도시 내에서 여름방학이나 주말 동안 급식서비스에 대한 접근성이 제한된 급식 지원 대상 학생들의 비율이 높은 지역사회를 파악할 수 있도록 해준다. 이러한 공간적 분석은 급식 확대가 필요한 지역을 밝혀준다.

지역사회 사정, 사회적 역학 및 지리정보시스템은 한 지역사회 내에서 건강이나 차별을 결정하는 사회적이고 물리적인 환경적 요인들을 명확하게 밝히는 도구들이다. 이러한 수단들을 활용하여 얻은 정보를 가지고 공중보건 사회복지사와 다른 보건 전문가들은 공공의 삶의 질 향상이라는 목적을 향해 함께 일할 수 있다.

실천 수준과 예방 요소
LEVELS OF PRACTICE AND COMPONENTS OF PREVENTION

미시적micro, 즉, 직접적인 실천의 수준에서 공중보건 사회복지사는 임상사회복지시설을 활용하여 공중보건 개입을 실행하거나 보다 큰 보건 프로그램의 한 부분으로서 사회복지서비스를 제공한다. 중간mezzo, 즉, 간접적인 실천 수준에서 공중보건 사회복지사는 공중보건 프로그램을 개발, 실행, 관리한다. 거시적macro 수준에서 공중보건 사회복지사는 그들의 심리사회적인 지식과 문화적 이슈로 공중보건 개입방법 개발에 기여한다. 또한, 저소득 취약계층을 위한 프로그램의 감독과 평가에도 관여한다. 공중보건 사회복지사는 다른 보건 전문가들과 함께 정책 입안에 참여한다.

많은 공중보건 실천이 거시적 수준에서 이루어진다. 거시적 실천 수준에서 사회복지와 공중보건 행정가들은 개입방법 개발을 위해 지역사회기반 사정을 활용한다. 공중보건 실천가들은 취업프로그램이나 건강서비스 개혁 등 사회 환경을 변화시키기 위해 비임상적인 사회복지 개입방법을 사용할 수도 있다. 공중보건 사회복지사를 포함한 공중보건 실천가들은 근거기반 실천에 대해 공유된 헌신을 발전시키기 위해 이론 및 개입방법 연구를 수행한다.

예방의 구성요소

질병 예방은 1차, 2차, 3차의 세 차원으로 나누어진다(Schneider, 2000). 1차 예방primary prevention은 상처나 질병으로부터 보호하는 것이다. 영아급사증후군 예방을 위한 백투슬립Back-to-Sleep 전국 캠페인, 아동기 및 기타 질병에 대한 예방접종, 자동차 규제 및 에어백 등이 그 예이다. 또 다른 1차 예방은 궐련 및 담배류 상품의 가격이 올라 사용이 억제되도록 담배에 높은 세금을 부과하는 것이다.

2차 예방secondary prevention은 질병의 조기 진단과 치료 및 병의 진행을 되돌리거나 지체시키는 것이다. 악성 또는 전암premalignant 상태를 확인하고, 치료에 영향을 주거나 병의 진행을 늦추도록 개입하기 위한 자궁경부암 검사, 유방조영술, 전립선 특이 항원검사 등이 그 예이다.

3차 예방tertiary prevention은 질병의 영향력을 최소화하고 추가적인 장애를 예방하기 위한 행동들을 의미한다. 당뇨성 망막증을 알아내고 치료하기 위한 정기 안과검진은 3차 예방의 한 유형으로, 이는 안과검진이 근원적인 질병을 치료하지는 못하지만 당뇨로 파생되는 장애를 예방하기 때문이다.

그림 4.5 공중보건 사회복지실천 모델

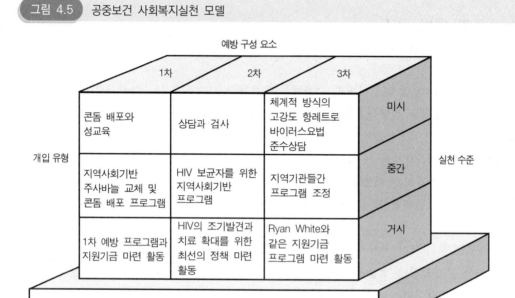

예방 구성 요소

	1차	2차	3차	
개입 유형	콘돔 배포와 성교육	상담과 검사	체계적 방식의 고강도 항레트로 바이러스요법 준수상담	미시
	지역사회기반 주사바늘 교체 및 콘돔 배포 프로그램	HIV 보균자를 위한 지역사회기반 프로그램	지역기관들간 프로그램 조정	중간
	1차 예방 프로그램과 지원기금 마련 활동	HIV의 조기발견과 치료 확대를 위한 최선의 정책 마련 활동	Ryan White와 같은 지원기금 프로그램 마련 활동	거시

실천 수준

가치	지식	기술

공중보건 사회복지 개입의 유형
TYPES OF PUBLIC HEALTH SOCIAL WORK INTERVENTIONS

사회복지실천의 세 가지 수준과 예방의 세 가지 수준 간 교차점은 그림 4.5에 제시되어 있다. HIV라는 공중보건의 위기를 사례로 이용해 미시적・중간적・거시적 수준의 익숙한 실천 틀 내에서 공중보건 사회복지의 개입방법들과 예방의 구성요소들을 묘사하고 있다.

미시적・중간적・거시적 수준에서의 HIV 1차 예방

미시적 수준의 HIV 1차 예방에서 공중보건 사회복지사의 역할은 병원에 콘돔을 배분하고, 건강과 가족계획에 관해 HIV 보균 여성을 상담하며, 주사바늘 교체 프로그램에 참여하는 것이다. 중간적 수준에서, 공중보건 사회복지사는 안전한 주사바늘 교체와 콘돔 배분을 위한 지역사회기반 프로그램을 관리한다. 주사바늘 교체는 HIV에 대한 논쟁적인 1차 예방 개입방법으로, 연방정부와 주정부, 그리고 지역 정책이 이러한 개입을 허용하도록 옹호활동을 펼치는 공중보건 사회복지사가 있다면 그는 거시적 수준에서 일하고 있는 것이다.

미시적 · 중간적 · 거시적 수준에서의 HIV 2차 예방

아웃리치outreach와 조기 개입서비스는 관리를 받지 않고 있는 HIV 보균자의 욕구를 충족시키는 데 특히 중요하다. 많은 공중보건 사회복지사들이 병원과 지역 건강부서, 그리고 지역사회 기반 프로그램에서 일하며 상담과 HIV 검사를 제공하고 있다. 미주리 주의 포지티브 스타트Positive Start 프로그램은 지역사회 HIV/AIDS 기관과 교정부Department of Correction간의 공유지점을 제공한다. 이것은 석방될 HIV 보균 수감자를 대상으로 한다(Rain Central Missouri5)의 상임이사인 케엘 미첼Cale Mitchell과의 개인적인 대화 내용, 2010년 7월 20일). 이 중간적 수준의 프로그램은 석방 이후에도 사례관리를 의뢰해 지속할 수 있도록 클라이언트와의 관계를 형성하고, 그들이 사회에 다시 참여할 때 예방 교육을 실시한다. 취업이나 주거 문제 등에 있어서 HIV 보균자들에 대한 차별적 정책에 맞서는 공중보건 사회복지사는 거시적 수준에서 일하고 있다고 할 수 있다.

미시적 · 중간적 · 거시적 수준에서의 HIV 3차 예방

미시적 수준에서 3차 예방의 사례에는 의료서비스를 위한 직접서비스 사례관리, 건강 결과를 증진시키기 위한 자원의 확보(주거 또는 식품 바우처 같은 지지적 서비스), 전염병 전문가나 HIV 전문의에게 진료 받을 수 있도록 의뢰하고 비용을 지원하는 것 등이 있다. 중간적 수준의 공중보건 사회복지사는 예를 들면, HIV 보균자들이 양질의 주거를 안정적으로 확보하고 유지할 수 있도록 하는 지원 프로그램을 관리한다. HIV 보균자를 위한 프로그램 개선 연구나 정책 분야에 일하고 있는 공중보건 사회복지사는 3차 예방의 거시적 수준에서 일하고 있는 것이다.

오늘날의 공중보건 사회복지실천
PUBLIC HEALTH SOCIAL WORK PRACTICE TODAY

오늘날 공중보건 사회복지실천은 점점 성장하고 있는 분야이다. 공중보건 분야의 어떤 수준, 어떤 구성요소의 현장에서든 사회복지사들이 활동하고 있다. 공중보건 사회복지사들을 위한 실천 현장은 공중보건과 사회복지 분야 간의 파트너십을 반영한다.

실천 현장

공중보건 사회복지사들은 단독으로 활동하지 않는다. 그들의 실천은 종종 초학제적 팀을 통

5) 미주리 주 중부의 연합감리교회 신자들을 중심으로 1992년 HIV/AIDS 환자를 지원하기 위해 설립된 민간 단체(www.missourirain.org) — 옮긴이 주.

해 집단적 현장에서 이루어지며, 이는 대개 공공 현장이지만 민간 현장이 될 수도 있다. 공공 현장에는 연방정부의 공중보건 기관뿐 아니라 주정부와 지역의 보건부서 등이 포함된다. 이 세 단계의 정부 조직 어디에서나 공중보건 사회복지사들은 정책 결정과 프로그램의 다양한 위치에서 일한다. 또한 공중보건 사회복지실천은 기본적으로 인구집단 수준에서 이뤄진다. 예를 들어, 공중보건 사회복지사는 지역사회 어르신들의 안전한 주거를 보장하기 위해 공중보건 환경 전문가와 나란히 작업한다. 또, 전 연령의 인구집단을 대상으로 하는 프로그램을 개발, 시행, 평가하기 위해 공중보건 간호사, 의사, 역학자들과 함께 일한다. 그들은 출산과 관련된 고위험군의 임산부를 대상으로 가정 방문 프로그램을 조직하기도 한다.

연방정부 수준의 공중보건 사회복지사들은 국가 및 지역 사무소에서 근무한다. 그들은 정책 이행을 위한 규정들을 만들고 관리하며, 모자보건국 보조금과 지역 및 국가 중요성 특별 프로젝트Special Projects of Regional and National Significance, 그리고 기타 연방정부 보조금 등의 보조금을 운영하고 감독한다. 어떤 공중보건 사회복지사들은 훈련 프로그램을 제공하고, 또 어떤 사회복지사들은 증거기반의 개입에 대해 알려주는 연구들을 수행하고 활용한다. 연방정부의 공중보건 사회복지사들은 연방정부의 정액교부금을 받아 운영되는 주정부 프로그램의 연락 담당자로서 활동한다.

공중보건 사회복지사들은 사회보장법령집 제5편의 특별건강관리대상 아동 프로그램Title V Children with Special Health Care Needs program처럼 주정부가 운영하거나 연방정부 기금을 받는 다양한 프로그램에서 찾아볼 수 있다. 그들은 주정부와 지역행정부의 보건부서 및 기타 공중보건 기관 사이에서 연방정부로부터 흘러들어온 기금 운영의 조정자 역할을 한다. 공중보건 사회복지사는 그러한 프로그램들을 관리·감독하고, 운영자들이 연방정부의 지시사항들을 준수하도록 훈련시킨다. 또한, 연방정부 및 주정부 수준의 공중보건 사회복지사들은 연방 의회 및 주 의회가 대중의 건강에 영향을 미칠 정책 및 예산을 개발할 때 공중보건 프로그램에 관해 전문가로서 증언하고 옹호하기도 한다.

지역 보건부서들은 공중보건 시스템 및 프로그램 내에서 열심히 일한다. 일반적으로 이러한 기관들은 모자보건 프로그램(가족계획, 산전 관리, 아동보건서비스, 예방접종), 질병 감시 및 치료 프로그램(결핵 관리, 성적 접촉에 의한 감염, 웨스트나일 바이러스, H1N1과 같은 유행성 인플루엔자), 그리고 환경적 보호 프로그램(음식점 감독, 해충 관리, 공기오염 관리, 우유 안전, 가축질병)과 관련되어 있다. 또한, 주요 통계(출생 및 사망 진단서)도 지역 내 보건부서에서 소장하고 있다.

지역 수준의 공중보건부서 및 민간 비영리기관들에서 공중보건 사회복지사들은 프로그램들을 개발 및 시행하고, 직접적인 서비스를 제공한다. 특정 주민들 대상의 직접적인 실천 사례를 들자면, 가정 방문, 이주자 공공의료 서비스, HIV/AIDS 상담 및 검사, 지역 내 노인들의 혈압 검사 및 기타 의료서비스를 위한 파견 활동, 가족계획 및 생식 보건의료 등이 있다. 공중보건 사회복지사들은 또한 지역사회 내 이주자들을 위한 1차 진료 센터에서 근무하기도 한다.

민간 현장에서 공중보건 사회복지사는 대개 미국가족계획협회Planned Parenthood Federation of

America, 가정폭력 쉼터, AIDS 조직, YMCA/YWCA 등이 설립한 기관과 같은 비영리기관에 고용되어 일한다. 민간의 공중보건 사회복지실천 현장은 공적 영역에서의 실천 현장과 크게 다르지 않다. 민간기관들은 종종 정부의 규제에 의해 제한되거나 금지된 서비스(낙태 관련 상담 등)를 제공하기 위해 만들어지기도 한다. 민간 영역에서 운영되는 일부 프로그램은 공공기금의 지원을 받으며, 그들이 제공하는 서비스에 적용되는 정부의 규정을 따라야만 한다. 실천 현장들은 기본적으로 비슷하지만, 공중보건 사회복지사들의 관심 영역은 사회적·경제적 상황의 변화 및 새로운 질병들의 발현에 따라 크게 달라진다.

공공 및 민간 개발조직들은 공중보건 사회복지실천 현장의 또 다른 사례가 될 수 있다. 미국국제개발처USAID: U.S. Agency for International Development(www.usiad.gov)는 연방정부의 한 기관으로, "경제 성장과 농업 및 무역, 국제 보건, 그리고 민주주의, 분쟁 방지 및 인도주의적 지원을 지지함으로써 장기적이고 공정한 경제 성장을 지지하며 미국의 대외정책 목표를 발전시킨다." 영리(개발대안DAI[Development Alternatives, Inc.] 등) 및 비영리(호프인터내셔널Hope International, RTI[리스판스투인터벤션Response to Intervention], CABI[국제농업생명과학센터Center for Agricultural Bioscience International] 등)[6] 민간기관 또한 사회적·경제적·환경적 정의 증진을 위한 국제 개발 업무를 한다.

공중보건 사회복지사가 되기 위한 준비
PREPARING TO BE A PUBLIC HEALTH SOCIAL WORKER

공중보건 사회복지사가 되기 위해 준비할 방법은 다양하다. 많은 공중보건 사회복지사들은 공식적인 공중보건 교육이나 공중보건과 관련된 학위가 없지만, 이런 자리에 지원하는 데 있어서 고용주들은 공중보건 실천 현장과 관련해 믿음직한 사회복지 지식을 갖고 있는지를 살핀다. 일반적으로 공중보건 사회복지사는 근무를 하면서 훈련을 받고, 평생교육과 지역 및 국가 단위의 공중보건 사회복지사 회의 참가를 통해 학습한다. 미국공중보건협회APHA: American Public Health Association와 미국공중보건사회복지사협회ASTPHSW: Association of State and Territorial Public Health Social Workers의 연례회의는 공중보건 사회복지사의 학습과 네트워킹 기회의 사례들이다.

공중보건 분야에서의 실천을 계획하고 있는 사회복지 전공생들 중에는 사회복지학 및 공중보건학 석사과정(MSW/MPH 프로그램)의 이중전공 혹은 합동과정에 등록하는 숫자가 늘고 있다. 이러한 프로그램은 규모나 숫자 면에서 증가하고 있다. 하나의 학위에서 과정을 완료하여 요구조건을 충족하면, 또 다른 학위에서는 학점 부담을 줄여 요구조건을 채울 수 있게 해준다. 어떤

6) DAI는 미국 워싱턴 D.C.에 기반을 둔 민간 개발 기업으로, USAID 등과 계약을 맺고 개발도상국 등 160여 개 국에서 개발 사업을 벌이고 있음. Hope Int'l은 기독교를 기반으로 제3세계 빈곤층에 소액대출 등을 지원하는 비영리 민간 금융기관이며, RTI는 조기개입을 통해 학습장애 아동이 교육적 성취를 이룰 수 있도록 지원하는 비영리 민간 교육단체임. 또, CABI는 UN 조약에 의해 설립된 비영리 국제기구로서, 48개 회원국으로 구성되어 있으며, 농업 및 환경문제 해결에 초점을 두고 있음 — 옮긴이 주.

학교에서는 사회복지와 공중보건의 양쪽에서 요구하는 실천 요구사항에 모두 부합하는 실습과 인턴십 프로그램을 통해 학생들이 학제간이나 초학제적인 경험을 해볼 수 있도록 하기도 한다. 각 대학과 사회복지 및 공중보건 대학원은 독자적인 프로그램과 입학 절차를 가지고 있다.

공중보건 실천을 고려하고 있지만, 이중학위double degree가 제공되지 않는 학교에 다니는 사회복지 석사과정 학생들도 공중보건 사회복지사를 준비할 수 있는 다양한 방법이 있다. 어떤 학교는 보건, 정신보건, 노년학 등의 분야와 관련한 사회복지 전문프로그램을 제공하는데, 여기에 공중보건 관련 내용이 포함되어 있을 수 있다. 만약 공중보건 대학원이나 학과 또는 프로그램이 있는 대학이라면 학생들은 그러한 프로그램에서 선택적으로 수업을 들을 수 있다. 공중보건 프로그램이 없더라도 인근 기관에는 하나쯤 있을 것이다. 공중보건 훈련을 받은 교수진은 독립적인 연구를 지도할 수 있다. 학생들은 현장실습 사무실을 통해 실습 경험을 쌓을 수 있는 공중보건 기관을 찾아 일할 수 있다. 학생들은 할인된 가격으로 공중보건 사회복지 회의나 행사에 참여할 수 있다.

어떤 분야의 지식과 자원은 가치가 더 크다. 연방정부 수준에서 공중보건 사회복지실천 현장과 관련된 1차 기관은 보건복지부이다. 보건복지부에 속한 핵심기관들로는 보건자원서비스청HRSA: Health Resources Services Administration, 국립보건원NIH: National Institute of Health, 질병관리본부CDC: Centers for Disease Control and Prevention, 아동가족청ACYF: Aministration of Children Youth and Families, 그리고 약물남용 및 정신건강서비스청SAMHSA: Substance Abuse and Mental Health Services Administration 등이 있다. 모자보건국과 공중위생국Office of Surgeon General은 보건자원서비스청 내에 위치하고 있다. 각 기관은 공중보건에 관한 주요 정보들을 담은 문서와 보고서를 출간한다. 또, 이들은 새로운 지식을 발견하고, 공중보건과 관련된 개입이 효과가 있는지 밝히는 연구 활동을 후원한다. 농림부 내에 또 다른 두 개의 연방정부 프로그램이 있는데, 이는 여성, 영아 및 아동 프로그램Women, Infants, and Children과 영양보충지원프로그램SNAP: Supplemental Nutrition Assistance Program(기존의 푸드스탬프 프로그램)이다.

연방정부, 주정부, 지역사회의 공중보건 프로그램은 대개 기금의 흐름을 따라 모두 서로 연결되어 있다. 연방정부의 규정이 주정부 보건부서에 어떻게 영향을 미치는지, 그리고 주정부와 지역의 보건부서가 어떻게 상호작용하는지를 아는 것은 공중보건 사회복지사에게 매우 중요하다.

전문가로서 공중보건 사회복지사는 현장의 변화에 민감할 것으로 기대된다. 공중보건 사회복지사들에게 중요한 자원은 앞서 언급한 바와 같이 미국공중보건협회(사회복지 분야를 포함한)와 미국사회복지사협회이다. 이와 함께, 여러 문서들과 연방정부의 출판물(Healthy People 2020과 『유병률 및 사망률 주간보고서Morbidity and Mortality Weekly Report』 등), 학술지들은 공중보건 사회복지사들이 정보를 얻는 데 도움을 줄 것이다. 주요 학술지로는 『American Journal of Public Health』, 『Health & Social Work』, 『Social Work in Health Care』, 『Social Work in Public Health』, 『Maternal and Child Health Journal』, 『Public Health Reports』, 그리고 『Health Affairs』 등이 있다.

공중보건 사회복지에서 떠오르는 이슈
EMERGING ISSUES FOR PUBLIC HEALTH SOCIAL WORK

재난대비, 테러리즘, 기후 변화, 억압 및 사회 정의에 관한 글로벌 이슈

테러리즘, 재난, 전쟁, 질병, 기후변화와 사회정의는 공중보건 사회복지실천에서 앞으로 중요하게 다루어질 것이다. 2001년 9월 11일에 발생한 미국 세계무역센터와 국방성에 대한 공격은 미국인들에게 국내에서 일어나는 테러와 다른 나라에서 억압 받는 사람들이 겪는 곤경이 모두 현실이라는 것을 일깨워줬다. 미국 내에서 점점 증가하고 있는 테러 위협은 재난대비 및 대응 팀의 주요 구성원인 공중보건 사회복지사들의 실천영역이다(참고 4.4 참조).

재난대비 및 대응

재난의 대비 및 대응에서 공중보건 사회복지사의 역할은 갈수록 증가하고 있다. 재난은 "일상적인 처리 절차나 자원으로 효과적인 대처가 불가능한 사망·상해·질병이나 사적 재산에 피해를 입히는 엄청난 규모의 심각한 응급상황"을 말한다(Landesman, 2005, p. 1). 라운즈와 그 동료들은 재난을 세 가지 유형, 즉, 자연적·기술적·복합적 재난으로 구분하였다(Rounds, Caye, Ross-Sheriff, Bailey & Anderson, 2005; Rounds, Caye, Walsh, Vaughn & Anderson, 2008). 자연재해에는 홍수, 허리케인, 토네이도, 화산 폭발, 지진, 산사태가 있다. 기술적인 재난은 기계나 장비상의 결함으로 인해 발생하는 재난을 말하는데, 공장 폭발이나 핵 발전소 고장, 화학물질 유출과 비행기 사고가 해당된다. 마지막으로 복합적인 재난은 전쟁이나 테러와 같이, 사람이 의도를 가지고 발생시킨 비극적인 사건을 말한다. 유행성 인플루엔자와 같이 최근에 발생한 질병 또한 공중보건 사회복지사의 개입이 필요한 재난이다.

허리케인 카트리나에 이어 뉴올리언스에서 2005년 8월에 발생한 홍수는 자연적 재난임과 동시에 기술적 재난이라고 볼 수 있다. 허리케인 그 자체는 미시시피 주의 빌록시Biloxi 같은 지역에는 대재앙이었지만, 뉴올리언스에 입힌 피해는 경미했다. 그러나 사회기반시설의 부족과 제방 보수 실패가 저소득층 아프리카계 미국인들이 가장 많이 거주하는 나인스워드Ninth Ward에 대규모 홍수를 일으키는 결과를 가져왔다. 이 사건은 홍수에 대한 부적절한 재난 계획이 어떻게 소외계층에게 불균형적으로 영향을 미치는지 보여주는 예로, 차가 없는 사람들은 탈출하기 어렵기 때문이다. 허리케인 및 홍수의 여파로 가족들은 생이별을 하고, 의료 및 정신보건센터가 부족해졌으며, 아동 대상의 교육이 중단되기도 했다. 마찬가지로, 2010년 영국의 에너지 기업인 BP(British Petroleum)의 원유 유출 사건은 환경 상의 재난일 뿐만 아니라, 허리케인 카트리나의 영향을 받은 수많은 걸프해안 주민들의 신체적·정신적·경제적인 건강에 해를 미쳤다.

◆ 참고 4.4 재난대비 및 대응 팀: 뉴올리언스 재건

2005년 가을, 뉴올리언스 시는 세 가지의 재난, 즉, 허리케인 카트리나의 비바람, 보호제방 구역의 침수, 그리고 또 다른 허리케인 리타의 위협을 잇달아 경험했다. 삶과 가정, 그리고 생계를 잃은 규모는 미국 역사 상 전례가 없을 정도였으며, 그 재난 관련 사진들은 미국 도시 지역의 고질적인 빈곤과 취약성의 냉혹한 현실을 폭로해 보였다.

공중보건 사회복지사들은 인구집단에 초점을 맞춘 개입population-focused intervention 기술과 사회체계 관점, 그리고 웰빙에 대한 개별적 사정individual assessment 관련 지식을 가지고 뉴올리언스와 그곳 시민들의 재건 및 회복에 중요한 역할을 하고 있다. 재난을 통해 얻은 교훈과 개선점들을 돌아보면서, 공중보건 사회복지사들은 시민과 지역사회, 그리고 기관별 수준에서 재난 계획과 합동 협약을 발전시키는 데 일조하고 있다. 이러한 지원에는 교통 및 주거지와 관련하여 도시에서 가장 취약한 집단의 고유한 욕구에 민감하게 대처하는 서비스를 만드는 것이 포함된다. 지역사회를 미래의 도전에 대비하도록 만드는 데 초점을 둔 이러한 활동 외에도, 공중보건 사회복지사들은 회복과 회복력에 중점을 두고 지역사회가 상실과 이주에 따른 어려움과 트라우마로 인해 훼손된 사회 구조를 복구할 수 있도록 돕는다. 공중보건 사회복지사는 다음과 같이 다양한 역할을 하면서 회복과 재건에 참여한다.

- 재난으로부터 얻은 교훈을 반영하고 재난 피해 난민들이 목소리를 낼 수 있게 하는 시민 참여 활동 지원
- 복구활동 중에 자택 소유자들과 근로자들이 환경적인 위험에 노출되지 않도록 옹호
- 집으로 돌아오는 이들에게 안전한 주거지 및 자원 조정 배치
- 인구집단의 수와 구성 변화에 따른 사회서비스 체계 내의 욕구 확인
- 지역 클리닉 발전을 지지하고 주민들을 위한 주요 보건의료서비스 공급자들을 활성화함

뉴올리언스에서 공중보건 사회복지사가 수행한 다양한 역할은 이러한 기술을 갖춘 전문가에 대한 수요와, 그들이 얼마나 가치 있는 기여를 할 수 있는 지 보여준다.

출처: Courtesy of Holly Scheib, PhD, MSW, MPH, Director of International Programming, Tulane School of Social Work, New Orleans, LA.

공중보건 사회복지사는 재난대비 및 대응에 관해 구체적인 실천 가이드라인과 교육적인 훈련 모듈을 발전시켜왔다. 란데스만Landesman은 그의 2005년도 저서 『공중보건 재난 관리: 실천 가이드(제2판)Public Health Management of Disaster: The Practice Guide(2nd ed.)』에서 재난의 유형과 더불어, 기관과 지역사회의 계획, 사정 및 대응에 있어서 공중보건의 역할에 관해 광범위하고 개괄적인 소개를 하고 있다. 예를 들어, 정신보건 전략에 관한 장에서 외상후 스트레스 장애post-traumatic stress disorder와 같은 재난으로 인한 심리적·정서적인 영향을 다루며, 이에 대한 대응 전략을 제시한다. 란데스만은 공중보건의 역할을 다음과 같은 세 가지로 제시하였다.

1. 개인과 지역사회가 심리적·사회적인 기능을 회복할 수 있도록 돕는다.
2. 노출 및 기술적 재난으로 인한 정신건강 상 부정적인 결과의 발생과 악화를 예방, 사정 및 대응을 통해 줄인다.
3. 재난 관련 스트레스에 대한 일반적인 반응과, 그러한 반응을 어떻게 조절하는지에 관한 정보를 제공함으로써 빠른 회복과 장기적인 문제 예방을 돕는다.

'공중보건 사회복지사를 위한 재난대비Disaster Preparedness for Public Health Social Workers'는 두 부분으로 이루어진 온라인 교육 프로그램이다. 1부는 자연재해(Rounds et al., 2005), 2부는 생화학 테러에 초점을 맞추고 있다(Rounds et al., 2008).

테러리즘과 기후변화

스토콜스Stokols 등은 2009년 논문 "생태계 위기 시대의 심리학Psychology in an Age of Ecological Crisis"에서 인류가 현재 직면하고 있는 무수한 생태계의 변화를 이야기하고 있다. 저자들은 테러리즘과 기후변화 등 개인 및 사회적인 웰빙에 대한 전 세계적인 위협을 언급하고 있다. 겉보기에는 관련이 없는 것 같은 이러한 변화들 사이에는 분리되고 잠재된 두려움이 내포되어 있다. 무력감은 일부 테러 연구자들 사이에서 *외상전 스트레스 증후군*pretraumatic stress syndrome이라는 용어를 만들고(Sinclair & LoCicero, 2010), 무력감으로 인한 우울을 연구하게 만들었다(Berry, Bowen, & Kjellstrom, 2010).

환경 심리학environmental psychology에 따르면 "사람들은 원칙적으로 최적의 환경, 즉, 그들의 욕구 만족과 목표 및 계획 실현을 극대화하는 환경을 만들기 위해 애쓴다"(Stokols et al., 2009, p. 187). 다시 말해, 인간은 자신의 삶의 질 향상을 위한 최적의 환경을 만들려고 애쓴다는 것이다. 환경이 손상되거나 사람들이 그런 손상의 위협에 지속적인 두려움을 느낄 때, 그런 최적의 환경을 만드는 것은 매우 어려워진다. 공중보건 사회복지사의 고유한 역할은 스토콜스 등이 말한 그 문제들에 대응하는 것이다.

생태적·사회적·기술적인 변화에 대한 인간의 반응을 새롭게 개념화할 필요가 있으며, 특히 다음과 같은 개념화가 필요하다.

- 지역적 사건과 국제적 사건 간의 연계에 관한 개념화
- 임박한 위기에 대처하기 위한 개별적 노력뿐만 아니라 집합적 노력을 아우르는 개념화
- 단기적 관점보다 확장된 관점을 포함하는 개념화

억압과 사회 정의에 대한 국제적 이슈
GLOBAL ISSUES OF OPPRESSION AND SOCIAL JUSTICE

억압

국제적으로, 특히 서아시아 및 중동 지역에서 여성과 아동의 보건은 전쟁, 종교적 규율에 의한 고립, 그리고 서구 정부의 정책으로 인해 상당히 타협되어 왔다. 난민과 외국 거주자들의 보건 증진을 위한 국제적 팀의 구성원으로서 공중보건 사회복지사의 숫자는 더 늘어날 필요가 있다. 그들의 업무는 모자보건 분야에 초점을 맞추게 될 것이며, 이는 여성의 전반적인 건강과 생식 보건, 그리고 외상후 스트레스 장애에 대처하는 심리적인 수용능력을 증진시키고, 빈곤의 영향과 전쟁 및 테러의 후유증으로부터 지역사회를 보호하고 예방하기 위한 것이다.

미국에서 HIV/AIDS는 이제 만성질환으로 취급되고 있다. 미국과 다른 산업국가들이 이러한 수준이 될 수 있었던 것은 HIV 보균자들에 대한 항레트로바이러스제 제공을 지원할 수 있을 만큼 부유하기 때문이다. 개발도상국에서 값비싼 약제는 HIV/AIDS 보균자 집단뿐 아니라 화폐 자원이 매우 부족한 정부에게도 그림의 떡에 불과하다.

사하라 사막 이남의 아프리카에서, 유행성 HIV/AIDS는 일부 국가의 경우 전체 인구의 25%에까지 영향을 미치고 있다. 공중보건 사회복지사들은 질병으로 인한 사회적·경제적 결과에 대한 관심을 불러일으킬 수 있다. 2003년에 제안된 에이즈경감 대통령비상계획PEPFAR: President's Emergency Plan for AIDS Relief에 이어 의회는 에이즈, 결핵 및 말라리아 예방을 위한 미국의 리더십법U.S. Leadership Against HIV/AIDS, Tuberculosis, and Malaria Act(PL 108-25)을 제정하였다. 그리고, 에이즈경감 대통령비상계획은 2008년 7월 30일 재인가되었다. 새로운 법(H.R. 5501, 2008년 재승인된 톰 랜토스Tom Lantos와 헨리 제이 하이드Henry J. Hyde의 에이즈, 결핵 및 말라리아 예방을 위한 미국의 국제 리더십 법)이 서명됨에 따라, 480억 달러에 이르는 돈이 향후 5년간 전 세계적으로 HIV/AIDS와 결핵 및 말라리아에 맞서 싸우는 데 사용되도록 승인되었다. 에이즈경감 대통령비상계획의 3가지 목표는 (1) HIV 감염자 200만 명의 치료 지원, (2) 700만 명의 감염 방지 지원 (3) 고아와 취약 아동 등 HIV/AIDS에 감염되었거나 영향을 받는 1,000만 명에 대한 관리 지원이다(에이즈경감 대통령비상계획. 연도 미상). 이러한 3가지 목표를 충족시킬 개입은 공중보건 사회복지실천 현장의 범위 내에 있다. 미국의 사회복지사는 이러한 목표를 다루는 초학제적 국제 팀에 참여할 수 있다.

국제적·국가적 수준에서 억압과 관련된 또 다른 이슈는 인신매매이다(참고 4.5 참조). 인신매매는 현대판 노예제의 한 형태로 묘사되어 왔다. 대부분 숨겨져 있긴 하지만 미국 전역에 만연되어 있다. 인신매매는 강제 매춘이나 강요된 노동 환경의 형태로 나타날 수 있다. 그러한 노동 환경에는 가정도우미, 육아도우미, 저임금 노동자, 관리실 경비, 식당 노동자, 농장 이주 노동자, 어업 노동자, 호텔이나 관광산업 노동자, 그리고 부랑인 등이 있다(U.S. Department of Health and Human Service[US DHHS], 2008a).

유엔마약범죄사무소UNODC: United Nations Office on Drugs and Crime에 따르면, 미국은 전 세계적으로 인신매매 피해자들의 마지막 "종착역 국가들" 중 하나로(UNODC, 2006), 매년 미국으로 대략 1만 8,000명에서 2만 명이 매매된다고 추정된다(US DHHS, 2008b). 전 세계적으로 영향을 받는 사람들의 정확한 숫자는 알려지지 않았지만, 유엔(2009/2010)은 세계적으로 약 250만 명의 사람들이 언제라도 인신매매의 피해자가 될 수 있다고 추정한다.

최전선에서 근무하는 공중보건 사회복지사는 피해자 파악에 도움을 주고 재활 및 재통합과 같은 사후관리 서비스를 제공함으로써 지지적인 역할을 할 수 있다(Hokenstad, 2010; Salett, 2006). 이러한 서비스에는 주거, 보건의료, 중독치료, 이민, 식량, 소득, 고용 그리고 법적인 서비스 등이 포함될 수 있다. 사회복지사는 또한 잠재적 피해자들을 교육시키고, 법 집행 관료들에게 그러한 이슈에 관해 교육시키며, 이러한 취약계층 보호를 옹호함으로써 예방적인 역할을 하기도 한다. 지역사회 파트너십과 지지 네트워크는 이러한 피해자들이 사회적으로 배제되는 문제를 이슈화하고 극복하는 데 있어서 매우 중요하다(Hokenstad, 2010; Salett, 2006).

그러한 파트너십의 한 예로 중부 미주리 인신매매금지연합Central Missouri Stop Human Trafficking Coalition을 들 수 있다. 이 단체는 사회서비스 제공자, 지역 및 연방정부 법 집행, 종교적 조직, 학생, 교육자, 보건의료 공급자 등을 포함한 각기 다른 조직들의 대표와 지역사회의 구성원들로 이루어진 다부문 연합multisector coalition이다. 이 단체의 목표는 인신매매를 근절하고, 다음과 같은 활동들을 통해 개개인을 지지해주는 것이다.

- 인신매매 피해자들에게 직접적인 서비스를 제공할 수 있도록 보건 및 사회서비스 공급자, 법 집행 기관, 그리고 비정부 조직들의 협력 네트워크 구축
- 인신매매 피해자들을 파악하고 적절하게 대응할 수 있도록 보건의료, 사회서비스, 그리고 법 집행 기관에서 전문가 훈련 프로그램 제공
- 인신매매 이슈에 관한 지역사회 인식 고취 및 교육 행사 수행; 기존의 사회서비스나 보건의료 기관이 충족시켜줄 수 없는, 피해자들의 부수적인 욕구 해결을 위한 기금 모금
- 인신매매에 관한 정보나 훈련, 또는 기타 지원을 요청한 지역사회 단체, 서비스 공급자, 교육자, 그리고 정부 기관에 지원 제공

이 단체는 직접적인 서비스를 제공하지는 않지만, 기관 간 파트너십을 통해 형성된 네트워크로 조사 및 보호, 일시적인 응급 쉼터, 상담과 외상 치료, 이주 상담을 지원할 수도 있다(미주리대학 공중보건 프로그램 석사과정에 있는 드보라 훔과의 개인적인 대화, 2010. 8. 12).

◆ 참고 4.5   인신매매

　　여기에는 가정폭력예방기금Family Violence Prevention Fund(2007)에서 구한 세 가지의 인신매매 사례가 제시되어 있다. 각 사례를 읽고 스스로에게 다음과 같이 질문해보라. 이것이 인신매매인가? 만약 그렇다면 무엇을 위한 것인가(섹스 혹은 노동력, 아니면 둘 다)? 다음은 잠재적인 인신매매 피해자에 관해 물어볼 만한 인신매매의 적신호를 확인하는 질문들이다.

- 그들은 어떻게 여기에 왔는가?
- 그들이 여기에 도착했을 때 어떤 일이 있었는가?
- 사기나 강요가 있었는가?
- 그들의 진짜 혹은 인지된 선택은 무엇이었는가?
- 누가 조종하고 있는가?
- 그들은 떠날 수 있는가?
- 그들이나 그들의 가족이 위협(진짜 혹은 인지된 위협)을 받고 있는가?
- 그들에게 중요한 서류나 기타 물건들을 누가 가지고 있는가?

　　조이스는 필리핀에서 온 여성으로, 필리핀 정부가 해외 노동자들을 위해 후원하는 댄스학교에 다녔다. 그녀는 '자격증'을 받고, 브로커와 시애틀에서 연예인이 되기 위한 계약을 맺었다. 그녀는 도착 후, '학비와 미국 교통비' 명목으로 4,000달러의 빚이 생겼다는 걸 알게 되었다. 그녀가 빚을 갚는 것을 확인할 수 있도록 브로커는 그녀에게 자신이 소유하는 집에 머무르도록 요구했다. 그녀는 매달 그 집에 임대료로 500달러의 빚을 지게 되었으며, 혼자서 나가는 것도 허락되지 않았다. 또한 브로커의 클럽에서 일주일에 100달러를 받으며 춤을 춰야했는데, 그 돈도 그녀의 집세와 식비를 제한 뒤 받았다. 그녀의 빚은 계속 늘었고, 그녀도 그 돈을 절대 상환할 수 없을 것이라고 느끼게 되었다. 그녀는 클럽에서 손님과 성적인 행위를 공연하면 더 많은 돈을 벌 수 있다는 것을 듣게 되었다. 그녀는 이민 관련 서류를 아무것도 갖고 있지 않았다. 결국 그녀는 고용주에게 '빚을 상환'하는 방법으로 클럽에서 성적인 행위를 공연하며 일하는 것에 동의하게 되었고, 고향의 가족에게 돈을 보낼 수 있게 되었다.

　　나디아는 미국에 가는 것에 관심이 있었고, 일을 하면서 학교도 다닐 수 있고 고향에 있는 가족을 도울 돈도 벌 수 있을 거라고 생각했다. 그녀가 사는 지역사회 내 저명한 사업가가 그녀에게 접근해 미국에서 일할 수 있게 해준다고 이야기했다. 그는 우편주문신부mail-order bride[7] 사업을 운영하고 있었다. 그는 나디아의 사진을 업체의 카탈로그에 올려두고, 나디아에게 미국으로 가서 미국인과 결혼하고 그녀의 꿈을 모두 이룰 수 있을 거라고 설명하였다. 톰이 카탈로그에서 나디아를 신부감으로 골랐다. 톰은 나디아에게 약혼 비자를 구해주고 그녀를 미국으로 데려왔다. 나디아는 미국에 도착한 후 집을 돌보고 톰의 전처 소생 아이들을 학교에 보내느라

---

7) 외국에 사는 남성에게 웹사이트나 카탈로그 등을 통해 여성의 얼굴을 보여주고 비용을 치르도록 하는 국제결혼을 의미함 ― 옮긴이 주.

너무나 바쁘게 지냈다. 나디아는 집을 깨끗하게 치우고, 톰과 그의 아이들에게 음식을 차려주느라 하루에 16시간씩 일했다. 톰은 나디아의 비자를 자신의 안전 금고에 넣어 두었다.

카를로스는 멕시코에 살았으며, 미국에 가서 일하고 싶어 했다. 그는 미국에 데려다 달라고 코요테 한 마리를 (밀입국업자에게) 주었다. 국경을 넘자 그는 은신처로 보내졌고, 거기서 다른 사람들과 함께 어떤 계약자에게 선택돼 워싱턴 주에 있는 사과농장으로 일하러 가게 되었다. 카를로스는 미국으로 밀입국돼 농장으로 옮겨지는 데 든 비용이 2,500달러나 된다는 것을 들었다. 농장에 도착하자 카를로스는 그곳을 떠날 수 없으며, 만약 그러한 시도를 했다간 두들겨 맞게 될 것임을 알게 되었다. 카를로스는 자신의 노동에 대해 급여를 받았지만, 집세와 식비만큼 깎였다. 카를로스는 철 따라 서부해안 지역의 다른 농장들로 옮겨 다니며 일했다. 그는 자신이 살고 있는 그 농장들을 절대 벗어날 수 없을 거라고 느끼고 있다.

출처: Family Violence Prevention Fund, 2007.

사회 정의

보건의료에 대한 접근

2010년 오바마 의료개혁이 통과되면서, 보건의료에 대한 보편적 접근(건강보험 개혁을 통한)이 2014년에는 현실화될 가능성이 생겼다.[8] 보건의료에 대한 보편적 접근이 미국에서 이루어질 때까지, 공중보건 사회복지사는 모든 사람이 포괄적이고 가격이 적정한 양질의 보건의료 서비스를 받을 수 있도록 적극적인 노력을 계속해서 펼칠 것이다. 사회복지사는 포괄적인 의료의 개념에 1차 및 2차 예방뿐 아니라 심리사회적인 보건 사정과 개입까지 포함될 수 있도록 협력해야만 한다. 또한, 공중보건 사회복지사는 국가 보건 증진에 기여하는 공공정책, 예를 들면 빈곤 퇴치 프로그램, 직업 프로그램, 환경 보건 프로그램 및 교육 등을 지속적으로 옹호할 수 있다.

현재의 보건의료 전달체계 하에서 빈곤층과 노년세대는 메디케이드, 국가아동건강보험SCHIP 그리고 메디케어와 같은 공적 부조 프로그램에 계속 의지하게 될 것이다. 공중보건 사회복지사들은 이러한 프로그램의 평가에 참여하여, 사회적·경제적 정의라는 사회복지의 가치를 반영한 변화를 제안하고 지지할 수 있을 것이다.

국가아동건강보험과 메디케이드는 0~21세의 아동을 대상에 포함한다. 임산부 여성과 일부 저소득층 및 장애인 집단을 제외하고, 21~65세의 국민은 공적 재원의 건강보험에 접근할 방도가 없다. 그러나 오바마 의료개혁이 온전히 시행되면, 각 주의 보험시장을 통해 이들 집단에게도 적정 가격의 건강보험에 가입할 기회가 제공될 것이다(카이저가족재단Kaiser Family Foundation, 2010).

---

8) 오바마 의료개혁은 2014년 1월 1일부로 시작됨 ─ 옮긴이 주.

◆ **참고 4.6 공중보건 사회복지와 편익모형**

　사회복지나 공중보건을 전공하는 학생, 전문가, 연구자들에게 결핍모형deficit model을 강조하는 것은 전혀 어려운 일이 아니지만, 때로는 편익모형benefit model을 토대로 업무를 하거나 연구하게 될 수도 있다. 건강 증진과 자연 접촉이 특히 그런 분야다. 공공의 열린 자연 공간natural public open space은 심리적·신체적·사회적 건강의 생성 자원salutogenic resource으로서 점점 큰 관심을 받고 있다. 자연적인 환경은 감정과 집중력을 향상시키고, 인지적인 심리 회복이나 주의 회복의 질에 있어서 오락물이나 인공적인 도시 환경을 앞서며, 사회적 상호작용 및 사회적 자본을 증가시키고, 자기보고에 따른 건강과 상관관계를 갖는다. 열린 공간에 대한 근접성과 접근성은 혈압을 낮추고, 걷기와 신체적 활동 수준을 높이는 것으로 보고되고 있다.

　***회복 환경**restorative environment*이란 방문자에게 스트레스에서 회복될 기회를 주고, 주의 집중력과 같은 일상생활의 욕구들을 충족시키는 데 필요한 개인적 적응 자원을 다시 보충할 수 있는 장소이다. 일상에서 우리는 다양한 심리적·신체적 편의시설을 이용한다. 시간이 지남에 따라 이런 시설들에 대한 수요가 증가하면서 심리적·신체적 회복에 대한 욕구도 증대된다. 회복이 이루어지지 않는다면, 피로 증상이 나타날 것이다.

　1970년대와 1980년대에 걸쳐 이-후-투안Yi-Fu Tuan과 윌슨E. O. Wilson은 지리적·지형적 환경의 특성(Tuan)이나 생물학적 환경의 특성(Wilson)에 대한 인간의 진화론적이고 선천적인 반응에 대해 서술해왔다. 이어, 로저 울리히Roger Ulrich는 창문을 통해 자연경관을 볼 수 있었던 입원 환자들의 경우 회복시간이 더 빨라졌음을 보고하고, 심리생물학적 스트레스 회복 이론psychophysiological stress recovery theory을 제창하였다. 1980년대 후반에는 레이첼Rachel과 스테픈 카플란Stephen Kaplan이 ***회복 환경**이라는 용어와 주의 회복 이론ART: Attention Restoration Theory을 처음 내놓았다. 이 이론은 우리가 회복되기 위해서는 스트레스 요인으로부터 멀리 떨어져 새로운 환경에 빠져들어야 하며, 그 환경은 우리의 욕구를 충족할 만한 범위와 적합성을 가지고 있어야 한다는 것이다. 최근에는 삶의 질과 공원 및 열린 공간의 심리사회적 편익이 더욱 강조되고 있다. 이러한 연구들로 인해 회복 환경에 대한 연구가 늘고 있다. 공중보건 사회복지사에게는 지금이야말로 클라이언트에게 야외의 자연 환경을 경험하도록 "처방"함으로써 연구결과가 실천으로 옮겨지도록 돕기에 적절한 시기이다.

　지역 및 세계적인 환경 정의는 사회적 정의의 중요한 요소이다(참고 4.6 참조). 로버트 불러드Robert Bullard는 자신의 기념비적인 저서 『남부에서 쓰레기 버리는 법: 인종, 계급, 그리고 환경의 질Dumping in Dixie: Race, Class, and Environmental Quality』(1990)에서 사회적 정의, 시민권 운동, 그리고 환경 결정론 간의 중요한 관계를 전반적으로 서술해 놓았다. 불러드는 미국 전역, 특히 남부 지역에 위치한 기업들이 주로 저소득층 및 소수계층이 거주하는 지역사회에 쓰레기를 폐기하고 편의시설들을 오염시키는 것을 예로 들었다. 미국 환경보호국EPA: Environmental Protection Agency,

2010)은 환경 정의에 대해 "환경법규 및 정책의 개발, 이행, 그리고 집행에 있어서, 모든 사람들이 인종, 피부색, 출신 국가 또는 소득에 상관없이 공평하게 취급받고 의미 있는 개입을 할 수 있는 것"으로 정의하고 있다(www.epa.gov/environmentaljustice/).

미국에는 환경 정의의 다양한 이슈와 대변자들이 존재한다. 뉴욕 브롱스 지역의 마조라 카터는 지속가능한 남부 브롱스Sustainable South Bronx를 설립하고 이끈 공로로 2009년 맥아더 펠로우십 기금을 수상했다. 이 단체는 고형 폐기물 관리 공장이 지역사회 내에 들어오지 못하게 노력했고, 지역사회에 공원과 자전거 도로, 그리고 건강한 음식문화를 넓혀 나갔다. 로스앤젤레스(LA)에서는 특히 LA항구 근처에 사는 저소득층 소수집단을 지지하는 많은 노력들이 이뤄지고 있다. 항구 인근의 거주자들은 항구에 드나드는 배와, 항구에서 짐들을 가져가는 이송트럭 및 기차로부터 나오는 매연에 심각하게 노출되어 있다. 또한, 정유공장의 절반가량이 그 지역에 위치하고 있다. 항구 주변의 우편번호를 따져보면 주민이 5만 명 이상인데, 그 가운데 85%가 히스패닉이고, 6%만이 25세 이상의 대졸자이며, 27%는 연방정부의 빈곤 기준선 미만으로 살아가고 있다. 더 나은 환경을 위한 커뮤니티Communities for a Better Environment와 같은 단체들은 운송트럭의 공전 시간제한이나 정유공장의 폐가스 배출 일정에 대한 사전 고지 개선, 지역 주민을 위한 대중교통 확대와 같은 정책들을 개선하기 위해 노력하고 있다.

세계적으로 e-쓰레기라고도 불리는 전자 폐기물은 중요한 사안으로 떠오르고 있다. 선진국 및 개발도상국들은 매년 수십 억 개의 전자기기들을 폐기한다. 2005년 미국환경보호국의 추정에 따르면 미국 한 국가에서만 3억 개가 넘는 전자기기들이 각 가정에서 폐기되었는데, 이는 약 200만 톤의 전자 폐기물에 해당된다(U.S. EPA, 2008). 휴대폰, MP3, 노트북, 그리고 텔레비전과 같은 전자 기기들은 납·은·아연·수은과 같은 금속으로 만들어지는데, 이것들은 모두 잘못 폐기되면 지하수에 용해될 수 있다(Lincoln, Ogunseitan, Shapiro, & Saphores, 2007). e-쓰레기를 제대로 폐기하거나 재활용하는 것은 비용이 많이 들기 때문에 상당 부분은 개발도상국으로 운송되며, 그곳 노동자들은 열악한 근로 조건 속에서 하루에 겨우 몇 달러만 받으며 e-쓰레기를 분해한다. 그들은 전자 기기 속의 중금속에 직접적으로 노출되고, 그들의 가족이나 지역사회 역시 지역의 수로나 남은 부품의 소각을 통해 폐기물에 노출된다(Nnorom & Osibanjo, 2008).

정신보건 서비스

최초의 『정신보건에 관한 보건위생국 보고서』는 1999년에 발간되었다(U.S. DHHS, 1999). 이 보고서는 이 책의 8장에서 강조하고 있는 바와 같이 정신과 신체건강 간의 연관성을 인정하고 있기 때문에 매우 중요하다. 이것은 인구집단 대비 정신질환자의 수를 기술하고, 미국의 정신보건 프로그램들이 공중보건의 인구집단 기반 모형population-based model에 근거를 두고 있음을 명시하고 있다. 나아가, 이 보고서는 문화, 인종, 성별 그리고 재정적 접근성으로 인한 치료에서의 불평등 문제를 강조한다. 결론적으로, 보고서는 정신질환과 관련된 낙인stigma을 주요 장애물 중

하나로 파악한다. 보건위생국 보고서에서는 공중보건 및 의료 공동체에 대한 행동 과정을 제안
하면서 정신보건체계 속에 들어올 것을 언급하고 있다. 이 보고서는 몸과 마음이 연결되어 있다
는 자각 속에서, 1차 의료 공급자를 정신보건 서비스에 진입하는 하나의 경로로 파악한다.

　임상사회복지사는 정신보건서비스를 다른 어떤 전문가보다 많이 수행한다. 공중보건 사회복
지사는 보건위생국 보고서에 인용된 것과 같은 문제들에 대한 인구집단 수준의 개입, 즉, 낙인이
나 서비스 장벽, 또는 진단 및 치료에 있어서의 불평등을 감소시키는 개입방법들을 개발하고 그
것을 위해 기여할 수 있는 잠재력을 가지고 있다.

연구

　근거 기반의 개입방법들과 견실한 공공정책은 잘 짜이고 수행된 연구의 결과로 나온다. 공
중보건 사회복지사가 연구에 더 많이 참여하게 될수록, 이 장에서 설명한 것처럼, 사회적·행동
적·환경적 요인을 건강의 결정요인에 포함시키는 것의 중요성은 더욱 명백해질 것이다.

　공중보건 사회복지사는 지역사회기반 참여연구CBPR: Community-Based Participatory Research
에 점점 더 관여하게 되었다. 보건의료연구 및 품질관리국AHRQ: Agency for Healthcare Research and
Quality이 정의한 바에 따르면 *지역사회기반 참여연구CBPR*는 "연구자와 지역사회 대표들을 포함하
는 협업 과정으로, 지역사회 구성원들을 관여하게 만들고, 건강문제의 이해와 개입 설계에 있어
서 지역적인 지식을 이용하며, 지역사회 구성원들을 연구 과정 및 생산에 투자하는 것"이다
(2010, p. 1). 지역사회기반의 참여연구는 특히 전통적인 방식의 연구에 참여하는 것을 꺼리는 인
구집단(소수집단, 저임금층, 농어촌주민, 도심주민)을 대상으로 할 때 유용하다. 왜냐하면 이전의 연
구들에서는 그들을 종종 비윤리적으로 이용했기 때문이다(예를 들어, 터스키기 매독 연구[9]).

　부가적으로, 다음의 3가지 요인도 소외계층의 지역사회 건강을 증진시키기 위해 참여 연구
가 유용하다는 것을 뒷받침해준다.

　　첫째, 지역사회에 대한 지식은 사회적 불평등을 조장하는 경제적·사회적·행동적 요인
　간의 복잡한 상호작용에 대한 이해를 돕는다. 따라서, 불평등을 줄이기 위한 개입방법의 설
　계에 활용되어야만 한다. 또한, 연구를 통해 만들어지는 지식과, 지역사회에서 임상실천에 쓰
　이는 지식 간에는 간격이 존재한다. 마지막으로, 이러한 지역사회의 구성원들은 점점 더 연
　구에 참여하기를 꺼리고, 그런 활동을 모니터하거나 막기 위해 조직화하고 있다(AHRQ, 2010,
　p. 1).

　지역사회기반의 참여연구의 예로 도심지역에서 고품질 음식의 이용 가능성을 높이고, 아동

---

9) 생명윤리 발전의 큰 계기가 된 미국의 생체실험연구. 미국의 보건당국이 앨라배마 주의 터스키기 지역에
　서 1932년부터 1972년까지 40년 동안 주로 가난한 흑인들을 대상으로 매독에 관해 연구하면서, 대상자들
　에게 연구 내용을 밝히지 않은 것은 물론, 일부러 치료제도 주지 않았던 것으로 밝혀져 사회적으로 큰
　반향을 일으켰음 ― 옮긴이 주.

천식을 유발시키는 환경적 요인, 사회경제적 지위와 신체적 환경 및 심장질환 간의 관계를 밝히는 프로젝트들이 있다(AHQR, 2010, p. 1).

건강불평등을 개선할 수 있는 또 다른 길은 임상중개과학CTS: clinical and translational science이다. 임상중개과학의 대두는 공중보건 사회복지 연구와 개입에 많은 함의를 갖는다. 중개과학의 목표는 기본적인 연구결과를 임상적 실천과 인구집단 기반의 개입으로 전환시키는 것이다(Brekke, Ell, & Palinkas, 2007; Ruth & Sisco, 2008). 임상중개과학은 최소한 4개의 전환 단계로 이루어진다. $T1$은 실험실의 탁상 연구를 통해 발전된 첫 지식을 말하고, $T2$는 이러한 탁상 연구를 임상시험을 위한 침상 옆으로 가져가는 것을 의미한다. $T3$는 이러한 발견을 임상적 실천 현장에 적용하는 것이고, $T4$는 지역사회 및 인구집단 수준에서 지식의 응용을 포함한다(Kon, 2008; Tufts CTSI, 2010). 사회복지사는 개인적인 임상 실천과, 지역사회 수준의 개입 개발 및 이행을 통해 $T3$와 $T4$ 단계의 성공에 대단히 중요한 영향을 미친다. 임상중개과학은 사실상 초학제적이다. 임상중개과학 전문가는 실험실 연구원에서부터 임상 공급자, 인구집단 기반의 근로자까지 범위가 다양하다. 사회복지사는 임상과 과학적 수준 양측에서 일한다(Gehlert et al., 2010).

임상중개과학에서 $T1$에서 $T4$로의 방향성(상향식 연구)은 실험실의 탁상 과학을 건강불평등 연구의 시작으로 가정한다. 겔러트Gehlert 등(2008; Gehlert, Mininger, & Cipriano-Steffens, 2011)은 건강불평등 연구의 경우에는 상향식 연구 대신, 사회적·환경적 요인이 건강 결과의 행동적·유전적 요소에 미치는 영향을 조사(하향식)해야 한다고 제안한다. 이러한 접근에서는 상향적($T3$과 $T4$) 결정요인의 영향, 예를 들어 사회적 환경이나 사회경제적 지위, 또는 차별이 개인의 행동과 건강 수준, 그리고 질병에 주는 영향을 살펴본다. 만약 상향적 결정요인의 영향, 그리고 인구집단에 따라 그 영향이 어떻게 달라지는지를 알게 된다면, $T4$의 개입을 발전시키기가 더 좋을 것이다(Gehlert et al., 2008).

겔러트 등(2008)은 유방암을 새로 진단받은 아프리카계 미국 여성에 대한 연구를 수행하면서 하향식 접근을 이용하였다. 그들은 이웃 환경, 사회적 고립, 우울, 그리고 인지된 고독감과 같은 다양한 상향적 결정요인을 조사하였다. 또한, 그 지역사회의 영향이 세포핵 속까지 미치는 경로를 입증하면서 이러한 요소들 간에 유의한 연관성이 있다는 것을 발견하였다. 사회적 환경은 고립감과 우울을 만들어낸다. 이러한 정서적 상태는 스트레스 호르몬의 반응을 바꾸게 된다. 스트레스 호르몬의 수용체가 활성화되면, 종양 세포의 생존을 증가시키는 것으로 알려진, 멀리 떨어져 있는 하향의 생화학적 경로도 활성화된다. 이 연구는 사회복지사들이 건강 결정요인에 대한 이해와 적절한 사회적 개입의 개발에 있어서 생물학적 수준에 대한 하향적 효과를 개선하기 위하여 초학제적 팀을 형성해 중요한 기여를 할 수 있다는 것을 보여준다.

공중보건 사회복지는 임상중개연구에 참여해 심리사회적 결정요인을 사정함으로써 공중보건 문제에 대해 보다 포괄적이고 문화적 이해력을 가진 개입을 하도록 만들 수 있다. 임상중개과학 연구에서 최근 관심을 받고 있는 영역으로는 비만 및 흡연에서의 불평등 문제 등이 있다. 예를 들어, 그것들의 생물학적인 영향은 이미 잘 알려져 있지만, 상향적 요인과의 관련성은 인구집단 기반의 개입을 수립하기 위한 심층 연구에 타당성을 부여한다(Gehlert et al., 2008).

　　사회복지와 공중보건이 결합된 또 다른 최신 연구방법으로는 지리정보시스템GIS, 시스템 다이나믹스SD: System Dynamics, 사회 연결망 분석SNA: Social Network Analysis 등이 있다. 지리정보시스템은 실천방법으로 앞서 논의된 바 있으나, 실제로는 연구방법에 훨씬 가깝다(그림 4.4 참조). 사회복지와 공중보건 모두 지리정보시스템을 사용한다. 힐리어Hillier(2007)가 제시한 개요에 따르면, 지리정보시스템은 (a) 사회조사를 지속, 발전시키고, (b) 연구를 위한 지리적 틀을 제공하고 인간행동을 이해시키며, (c) 지역사회 내 수요와 자산의 공간적 위치를 정확히 찾아내고, (d) 사회서비스의 전달을 지도화해 개선하며, (e) 공권을 박탈당한 지역사회에 권한을 부여해 사회 정의를 강조함으로써 사회복지를 강화시킨다. 공중보건에 있어 지리정보시스템의 장점은 사회복지에서의 장점과 마찬가지로 (a) 역학조사 방법을 강화시키고, (b) 인간의 질병과 건강에 대한 연구의 지리학적 틀을 제공하며, (c) 지역사회 내 수요와 자산을 공간적으로 배치하고, (d) 공중보건 개입과 프로그램의 전달을 지도화해 개선하며, (e) 환경 기관들에 대한 노출이 불균형적임을 강조한다(환경적 정의).

　　오늘날 대부분의 공중보건 사회복지 문제들은 매우 복합적이고 역동적이어서 개선 및 궁극적 예방을 위해 이해하고 다루기가 어렵다. 예를 들어, 외상후 스트레스 장애가 이라크나 아프가니스탄 전쟁에서 돌아온 병사에게 미치는 영향 같은 경우이다. 잠재적인 부정적 영향은 심리적·신체적·사회적 건강과 연관되어 있다. 친구와 가족은 지지자가 될 수도 있지만 추가적인 스트레스의 원인이 될 수도 있다. 시스템 다이나믹스SD는 복잡한 시스템을 시간의 경과에 따라 이해하도록 도와주는 방법론적 접근이다. 시스템 다이나믹스는 내부 및 외부의 피드백 회로, 흐름, 산출의 시스템을 이용한다(그림 4.6 참조). 시스템 다이나믹스 컴퓨터 소프트웨어는 연구자로 하여금 피드백 회로, 재고, 그리고 흐름을 설정·변화하도록 해주고, 잠재적인 반응과 결과를 알아낼 수 있는 모형을 가동시킬 수 있게 해준다. 지연 효과와 시계열 역시 만들 수 있다. 시스템 다이나믹스는 공중보건 사회복지에 보다 구체적으로는 개인, 지역사회, 그리고 기관의 자산, 수요, 취약성, 예방 노력, 반응, 복잡한 문제, 그리고 잠재적 성과에 대한 모형화를 가능하게 한다. 시스템 다이나믹스에서 가장 중요한 것은 이러한 범주 내 또는 범주 간의 피드백 회로이다. 이것에 관해서는 호머Homer와 히르쉬Hirsch(2006), 히르쉬Hirsch, 레빈Levine, 그리고 밀러Miller(2007)의 논문을 참고하면 더 많은 정보를 구할 수 있다.

　　사회 연결망 분석SNA은 여러 개의 결점nodes과 연결선ties을 사용하여 사회 연결망의 3차원적 구조를 만든다. 결점은 개인, 조직, 또는 정책이 될 수 있고 연결선은 결점 간의 유대관계를 의미한다(그림 4.7 참조). 사회 연결망 분석은 특정한 연결선들이 어떻게, 왜 만들어졌는지, 그리고 정보가 연결선을 가로지르거나 결점들 사이에서 어떻게 공유되거나 공유되지 않는지에 관해 이해할 수 있도록 해준다.

　　크리스타키스Christakis와 파울러Fowler(2007)가 『New England Journal of Medicine』에 발표한 사회 연결망 분석 관련 논문은 매우 유명한데, 이들은 비만이 "전염"되는지 여부를 알아보기 위

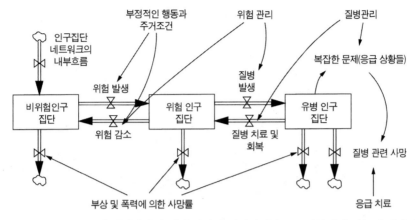

그림 4.6 질병에 대한 비위험, 위험, 유병 인구집단을 보여주는 시스템 다이내믹스의 사례

행동과 주거조건을 개선하면 위험집단에 있던 개인이 비위험집단으로 이동하게 되는 효과가 생길 수 있는 반면, 부정적 행동과 주거조건은 비위험 인구집단 내의 개인이 위험집단이 되게 만들 수 있다는 것을 보여주는 사례.

출처: Homer, Hirsch, and Milstein, 2007.

해 프래밍햄 심장 연구Framingham Heart Study[10]에 참여했던 1만 2,000여 명을 검토하였다. 저자들은 비만인 친구를 가지고 있는 사람의 경우 비만이 될 확률이 57%, 비만인 형제/자매를 가지고 있는 경우에는 40%가 증가한다는 것을 발견하였다. 배우자의 영향력은 다소 덜 강력하였으나, 그럼에도 불구하고 37%로 유의하였다. 레이컨Lakon 등(2010)은 사회 연결망 분석을 활용하여 개인과 이웃의 관계(다층 모델)가 10대의 흡연 행동에 영향을 줄 수 있음을 밝혀냈다. 루크Luke 등(Leischow et al., 2010; Luke & Harris, 2007)은 연결망과 조직 수준의 사회 연결망 분석에 관해 설명한다. 담배 관리와 흡연자 수를 줄이기 위해서는 상호조정된 노력이 필요하다. 루크와 해리스Harris는 사회 연결망 분석을 활용하여 보건복지부 산하 기관들 간 상호조정 관계의 수준을 보여준다. 반복된 조사와 정부 기관 간 서비스의 차이는 예방적 노력의 효율성을 크게 떨어뜨릴 수 있다.

공중보건 사회복지의 영향
IMPACT OF PUBLIC HEALTH SOCIAL WORK

이 장은 공중보건 사회복지사가 마주칠 수 있는 이슈와 실천 현장, 그리고 개입의 몇 가지 예만 다루었다. 그 밖에도 공중보건 사회복지사가 다루게 되는 이슈들은 적지 않다. 즉, 이민 및

---

10) 미국국립보건원NIH의 지원으로 1948년부터 진행되고 있는 대규모 심장질환 연구 프로젝트 — 옮긴이 주.

그림 4.7 미 보건복지부DHHS에서 담배 관리 업무 담당자들 간의 관계 연결망

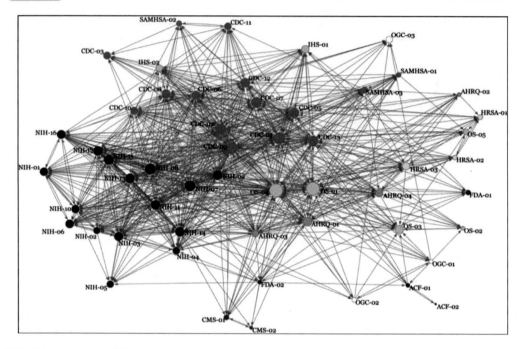

출처: Leischow et al., 2010.

난민 서비스, 생식과 관련 없는 남녀의 보건의료, 안전, 인구밀집, 사회적·신체적 고립 등과 같은 도시 내 혹은 농어촌 지역의 문제들로, 이 모든 것들은 대상 인구집단이 잠재적인 건강 수준을 최대치로 끌어올리는 능력에 영향을 미친다.

의료사회복지사는 환자와 그들의 가족이 갑작스런 중병이나 정신적 외상에 적응하도록 돕는 반면, 공중보건 사회복지사는 인구집단 수준에서 일하며 이들의 건강문제 원인에 대한 1차적 예방 개입을 촉진시킨다. 공중보건 사회복지사는 환경 속의 인간을 기반으로 하는 그들의 전문 지식(Kordrat, 2008)을 활용하여, 공중보건 개입에 있어서 건강의 행동적·사회적·신체적 환경 결정 요인에 대한 대응을 포함하도록 기여한다.

해결해야 할 문제들은 시간이 흐르면서 바뀌겠지만, 잘 준비된 공중보건 사회복지사는 새로운 도전에 맞설 준비가 되어있다. 공중보건 사회복지사의 새로운 세대는 인보관settlement houses을 만들고, 환경 여건의 개선과 경제 개혁의 발전, 그리고 아동 보호를 위해 일함으로써 궁극적으로 대중의 건강 증진에 기여했던 사회복지 1세대의 전통을 이어갈 것이다. 그들의 노고는 아동 및 가족을 위한 연방정부 프로그램들의 토대를 마련했고, 우리의 전문성에 대한 미래의 방향을 제시해 주었다.

연습문제

연습 4.1

이 연습의 목적은 건강의 결정요인에 대한 이해를 공중보건 문제에 적용해보고, 그 문제를 다루는 데 있어서 공중보건 사회복지사의 역할을 논의해 보는 것이다.

수강생들은 소그룹으로 나뉘어 Healthy People 2020에서 다룬 38개의 중점분야(Healthy People 웹사이트 참조) 중 하나씩을 수업 시간에 배정받게 된다. 다음 수업 시간까지의 과제는 해당 분야에 관한 데이터를 수집해 다른 수강생들을 위한 자료를 준비하는 것이다. 다음 수업 시간에는 그룹별로 모여 그림 4.1처럼 다양한 영역에서 건강 문제의 결정요인과 그것들 간의 상호작용을 파악하도록 한다.

결정요인들을 파악한 후에는 건강 증진과 공중보건 문제의 예방을 위해 공중보건 사회복지사가 해야 할 역할을 탐색해 보고, 자신의 그룹이 이해한 바를 다른 수강생들에게 발표한다. 발표를 할 때에는 반드시 다양성의 이슈와 더불어, 질병의 분포·치료·예후에 있어서의 차별 문제를 핵심적으로 다루어야 한다. 나아가, 건강 문제와 관련된 사회적·경제적 정의에 대한 이슈도 발표할 수 있도록 준비해야 한다.

연습 4.2

참고 4.5의 사례들을 살펴보고, 그 사례들이 인신매매로 분류될 수 있는지 논의해 본다. 이 사례들에서 파악된 이슈들을 초학제적 팀이 다룰 수 있는 방법을 논의해 본다. 각 사례에서 공중보건 사회복지사는 어떤 역할을 할 수 있는가?

연습 4.3

이 연습의 목적은 공중보건 문제 개입에 적용될 수 있는 1차적, 2차적, 3차적 수준의 예방방법을 탐색하는 것이다.

이 활동을 통해 여러분은 자신이 살고 있는 지역사회의 공중보건 문제를 논의하기 위해 모인 위원회에서 하나의 역할을 맡게 될 것이다. 그 위원회에는 공중보건 사회복지사뿐 아니라 의사, 역학자, 공중보건 간호사, 그리고 검사, 시의원, 법 집행관 등의 공무원과 같은 전문가들이 포함되어 있을 것이다. 위원회는 지도교수가 제공한 데이터를 활용하여, 예방의 세 가지 수준에 따른 개입 설계에 맞춰 협력하면서, 어떠한 개입이 지역사회에 가장 적합한지 결정해야 한다.

이런 활동을 해볼 만한 주제로는 다음과 같은 것들이 있다.

- 출산 전후의 물질 남용
- 10대 임신
- 매독 사례의 급증

- 청소년 및 음주 자동차 사고
- 자살률의 증가
- 아동 비만의 증가
- 소수 인구집단의 천식
- 가정폭력
- 인신매매
- 충치

연습 4.4

이 장에서는 사회복지와 공중보건이 결합된 최신의 연구방법 세 가지, 즉, 지리정보시스템 GIS, 시스템 다이내믹스SD, 그리고 사회 연결망 분석SNA에 대해 논의하였다. 이 연구방법들은 각각 지도화, 피드백 회로, 그리고 사회적 유대관계에 의존한다. 또한, 연구자들과 지역사회 파트너들이 공중보건 사회복지 문제의 해결을 위해 협력하는 지역사회기반 참여연구CBPR에 대해서도 간략히 살펴보았다. 이번 연습에서는 지역사회기반 참여연구를 활용해 지도화하고, 시스템 피드백 회로를 발전시키며, 사회적 유대를 조사할 수 있는 방법을 생각해 본다. 어떠한 실천 및 연구문제에 이러한 통합방법론mixed methodology을 적용할 수 있겠는가?

부록 4.1 용어해설

평가Assessment 건강상태, 위험, 지역사회 내 자원에 관한 데이터를 수집, 분석, 공유

보증Assurance 지역사회 내 보건서비스의 유효성에 대한 모니터링

역학Epidemiology 인구 내 질병의 결정요인 및 분포에 대한 연구

증거기반실천Evidence-based practice 실증적 연구에 의해 지지받는 이론을 기반으로 한 개입

태아 · 영아 사망률 조사 Fetal and Infant Mortality Review**(FIMR)** 태아 및 영아 사망에 관한 의료적이고 사회적인 정보를 모은 조사

Healthy People 2020 미국의 보건후생부에 의해 마련된 미국의 공중보건 목적 및 목표

영아사망Infant mortality**(IM)** 태어난 지 한 해가 되기 전에 사망; 전 세계적으로 국가의 건강상태를 측정하기 위해 사용되는 지표 중 하나

저체중아Low birth weight**(LBW)** 태어날 당시 몸무게가 2,500그램보다 적거나, 5.5파운드 정도 되는 경우; 영아사망의 원인으로 전 세계적으로 국가의 건강상태를 측정하기 위해 사용하는 지표 중 하나

정책개발Policy development 지역 및 주 단위 건강 및 사회복지 정책을 발전시키기 위해 혹은 정책을 위한 직접적인 자원으로 평가 자료를 사용하는 것

인구집단기반 개입 Population-based intervention 개개인의 처치보다 인구 집단의 건강 증진 및 질병
  예방에 초점을 둔 개입
1차 예방 Prevention, primary 질병이나 트라우마가 발생하기 전에 건강을 증진하고, 예방
2차 예방 Prevention, secondary 질병에 대한 빠른 진단 및 처치
3차 예방 Prevention, tertiary 질병의 영향력을 최소화하고 이후의 장애를 예방하기 위한 처치
사회적 역학 Social epidemiology 인구집단의 질병 및 건강 분포에 관한 사회적 요인의 영향력에 관
  한 연구
1935년 사회보장법령 제5편 Title V of the Social Security Act of 1935 주정부의 정액 보조금 메커니즘
  에 의해 제공되는 모자보건 프로그램; 제5편 프로그램은 미국 보건복지부 보건자원서비스청
  의 모자보건국에 의해 관리되는 프로그램

부록 4.2 공중보건 사회복지 규범 및 기능

공중보건 사회복지사는 연속적인 삶의 과정에 있어 신체적, 사회적, 정서적, 영적 웰빙을 아
우르는 광범위한 관점에서 건강의 중요성을 주장한다. 또 개인적 발달 단계의 중요한 전환기에
필요한 전략과 개입을 수립하고 구현함으로써 건강 문제를 다룬다. 공중보건 사회복지는 총체적
인 지식과 철학, 윤리강령, 규범을 통해 효과적으로 공중보건 문제에 대응할 수 있도록 실천 역
량을 강화한다. 공중보건 사회복지는 다양한 전략을 활용하여 '공중보건 사회복지 규범 및 역량
Public Health Social Work Standards and Competences'(2005)에 명시된 측정 가능한 방식을 통해 중요
한 공중보건 기능을 수행한다. 이들 자료는 http://oce.sph.unc.edu/cetac/phswcompetencies_may
05.pdf/에서 찾을 수 있다.

제 5 장

보건의료정책과 사회복지

Health Policy and Social Work

줄리 S. 다넬 JULIE S. DARNELL, 에드워드 F. 롤러 EDWARD F. LAWLOR

보건의료 정책은 정부 및 민간 부문이 보건의료에 대한 특정 목표를 달성하기 위해 취하는 조치를 의미한다. 머지않아 보건의료 및 사회복지실천 영역의 지형을 뒤바꿀 만한 조치 중 하나가 바로 2010년 3월에 제정된 환자보호와 건강보험료 적정 부담법PPACA: Patient Protection and Affordable Care Act(이하 오바마 의료개혁법)이다. 이 법은 향후 10년에 걸쳐 실행되면서 건강보험의 적용범위를 크게 확대하고, 보건의료에 대한 철학과 조직 및 재원을 재정비하게 만들 것이다. 이러한 환경에서 사회복지사들은 현행 보건의료 체계의 기본 구조는 물론, 이 새로운 법으로 인해 달라질 변화 및 그 향방에 대해 잘 알고 있어야 한다는 과제를 안고 있다.

다양한 현장에서 일하는 실천가로서 사회복지사들은 클라이언트에게 복잡한 자격기준과 신청절차를 가진 연방정부 및 주정부의 보건의료서비스 프로그램을 잘 이용할 수 있도록 도와주기도 하고, 공공의료서비스를 직접 제공하기도 하며, 개인과 집단을 위해 보건의료의 수많은 측면에 관한 정보를 보급하기도 한다. 또한, 빈민이나 소외계층, 또는 시민권이 없는 계층의 개인 및 가족을 위한 옹호자로서 사회복지사는 위험군이나 취약계층의 복지를 증진하고, 현행 보건의료 전달체계가 개선되도록 의료 정책 및 법안에 영향력을 행사하기 위해 노력한다. 그리고, 지역이나 주정부, 또는 연방정부 기관에서 일하는 정책입안자로서 사회복지사는 보건의료 정책을 입안하고 보건의료 프로그램을 집행한다. 이러한 역할들은 보건의료 개혁으로 퇴색하기는커녕 오히려 개혁된 환경 속에서 그 중요성이 더욱 커진다. 보건의료 개혁의 성공은 법안 내용이 온전하게 시행될 것인지, 새로 건강보험에 가입되는 사람들이 보험 적용을 쉽게 받을 수 있을지, 그리고 보험 가입 여부와 상관없이 사람들이 필요한 보건의료 서비스를 받을 수 있게 될 지에 달려 있다. 새로운 보건의료 개혁 시대에 사회복지사들이 효과적인 역할을 수행하기 위해서는 이 법을 철저히 이해해야 할 뿐만 아니라, 그것으로 인해 바뀌게 될 더 광범위한 보건의료 정책 환경을 먼저 꿰뚫고 있어야 한다.

이 장에서는 보건의료 정책을 이해하기 위한 전반적인 분석틀을 제공한다. 이는 성공적인 임상 실천과 옹호, 그리고 정책 입안에 필수적이다. 이 분석틀은 접근성access, 비용costs, 서비스의 질quality, 책무성accountability과 같은 보건의료정책의 핵심 사안들을 포함하고 있으며, 보건의료서비스 전달체계의 핵심 조직, 재원, 지불 구조 등에 관해 소개한다. 그런 다음, 미국의 주요공공의료보험 프로그램인 메디케어Medicare와 메디케이드Medicaid, 그리고 국가아동건강보험SCHIP: State Children's Health Insurance Program의 구조 및 핵심 이슈들을 소개할 것이다. 그리고, 앞으로 사회복지 정책과 실천에 있어서 보건의료 개혁이 시사하는 바를 강조하고자 한다. 지면이 부족한 관계로 이 장에서는 연방정부의 보건의료 개혁에만 초점을 맞추고자 한다. 주정부 차원의 보건의료정책 이슈에 관심 있는 독자들을 위해 이 장의 뒷부분에 자료를 구할 수 있는 정보 출처들을 첨부하였다. 이러한 배경에서 우리는 포괄적인 보건의료 개혁의 역사와 2010년에 통과된 법안을 살펴보도록 하겠다. 마지막으로 이 장에서는 보건의료 정책을 이해하고 그것에 영향을 미치는 일에 관심 있는 사회복지사들을 위해 일련의 정책 이슈들을 제기하고, 현재 진행 중인 개입방법에 관한 주요 정보원들을 제공하고자 한다.

이 장의 목표

- 접근성, 비용, 서비스의 질, 책무성 등 모든 보건의료정책 사정을 위한 분석틀을 제공한다.
- 보건의료서비스의 기본적인 조직, 재정, 지불 구조를 설명한다.
- 메디케어, 메디케이드, 국가아동건강보험의 핵심 구성요소들을 설명한다.
- 보건의료 개혁의 역사 및 내용을 간략히 설명한다.
- 장기적인 보건의료 정책의 핵심 이슈와 사회복지사의 전문적인 역할을 규명한다.

보건의료정책 이해를 위한 분석틀
FRAMEWORK FOR UNDERSTANDING HEALTH POLICY

미국의 보건의료 체계를 이해하고자 한다면 즉각적으로 다음과 같은 이중적인 현실 즉, 자원 부족 문제에 대처하기 위해 대규모 지출을 하고 있는 현실에 직면하게 될 것이다. 미국의 보건의료 체계가 세계적으로 가장 거대한 경제 중 하나이긴 하지만, 보건의료정책은 자원의 상대적 희소성이라는 맥락에서 존재한다. 많은 공개적인 논쟁에서 이러한 점이 명백하게 나타난다. 카운티가 보건의료서비스에 2조 5,000만 달러 이상 지출하고 있다 하더라도 정신건강 부문이나 연구, 메디케이드의 재가 요양급여나 그 밖의 가치 있는 문제에 "충분히 지출하고 있다"고 말할 수 없다는 것은 공개적인 담론에서 진부할 정도로 많이 나오는 이야기이다. 의학적 지식과 기술은 개입과 치료를 위한 대단해 보이는 새로운 가능성을 지속적으로 열어주고 있기 때문에 보건의료정책의 중요한 과제는 효과적이고 비용적 가치가 있는 치료에 자원을 할당하는 것이다.

이렇게 방대한 지출과 자원의 희소성이라는 환경 속에서, 의료인과 경영인, 정책입안자들은 섭근성, 비용, 서비스의 질, 책무성이라는 보건의료정책의 네 가지 일반적인 문제에 직면하게 된다.

*접근성*access은 "개인적인 의료서비스의 실제적인 이용, 그리고 그 이용을 촉진하거나 지체시키는 모든 것"(Anderson & Davidson, 2001, p. 3)을 의미한다. 접근성 척도들은 보건의료시스템의 공평성 또는 사회적 정의, 효율성이나 효과성에 대한 지표를 제공하며, 정책적 관심을 끄는 데 있어 중요한 이정표가 된다. 접근성이란 단지 건강보험 적용범위만을 의미하는 것이 아니라, 교통수단, 보건의료 공급자의 문화적인 역량cultural competence 등 한 개인이 적절한 시기에 필요한 서비스를 받는데 영향을 미치는 모든 실천적이고 문화적인 결정요인을 포함한다.

*보건의료 비용*costs of health care이란 보건의료를 위한 자원 사용으로 국민경제의 다른 부문에서 포기된 기회를 의미한다. 보건의료서비스에 할당된 자원들은 교육이나 공장 및 설비, 또는 다른 형태의 소비 등에 대한 인건비나 투자와 같이, 그 외에도 적절히 잘 사용될 수 있는 곳에 그 자원들이 이용되지 못하였다는 것을 의미한다. 우리 저자들은 미국의 1인당 지출 혹은 GDP 대비 지출과 같은 보건의료의 비용 수준뿐만 아니라, 보건의료부문 지출의 증가율에 대해 우려하고 있다. 비용 억제cost containment 문제는 보건의료 분야 고유의 특징이며, 보험의 비용을 분담하는 고용주들과 공공의료프로그램의 재정을 부담하는 정부, 그리고 처방약 등의 의료비에 대해 적지 않은 본인부담금을 지불하는 개인들이 항상 염두에 두고 있는 것이다.

*보건의료의 질*quality of health care은 보건의료 전달체계의 구조와 절차, 또는 성과에 관한 것이다. 보건의료서비스 질의 구조적 차원들로는 시설과 기술, 노동력 등 관찰 가능한 서비스 "투입" 요소들이 있다. 예를 들어, 보건의료서비스 조직들에 대한 인증제 초창기에는 심사자들이 서비스 질의 가장 명확한 척도로 공급체계의 안전성 및 위생의 측면에 초점을 맞추었다. 그러나 보건의료서비스 조직들이 보다 정교화되고 표준화됨에 따라, 보건의료서비스의 질 향상은 치료의 과정, 그리고 보다 최근에는 성과에 초점이 맞추어지고 있다(Lawlor & Raube, 1995).

*보건의료의 책무성*accountability of health care은 보건의료서비스가 임상적으로 효과적이며, 신중하게 전달되고, 환자 및 비용을 지불한 이용자에게 가장 이익이 되도록 하는 것을 의미한다. 보건의료정책에서 책무성 조치의 예로는 최근 환자권리장전을 제공한 것이라든가, 사기와 남용을 줄이고자 하는 행정적인 노력, 의료사고 소송을 개혁하고자 하는 법적인 노력, 그리고 병원에서 더 나은 성과와 과정을 촉진하도록 만드는 서비스 질 관련 조치 등이 있다(Chassin et al., 2010).

실질적으로 모든 보건의료 정책적 노력은 보건의료서비스의 접근성, 비용, 질, 책무성이라는 사안에 대응해 나타나는 것이라고 볼 수 있다. 건강보험 적용범위를 변화시키고자 하는 노력은 접근성을 높이고자 하는 것이며, 본인분담금copayment[1])이나 우선본인부담금deductibles[2])과 같은 비용 분담을 늘리고자 하는 노력은 비용 억제 측면에서 이뤄지고 있다. 또한, 병원의 의료 과실을 줄이고자 하는 노력은 서비스의 질을 개선하기 위한 것이며, 의료사고에 대해 법적으로 개혁하고자 하는 것은 보건의료체계의 책무성을 변화시키는 노력의 한 형태이다.

---

1) 건강보험 가입자가 진료를 받거나 처방전을 발급받을 때 보험사와 함께 가입자 본인도 일정액을 부담하도록 하는 제도로, 불필요한 의료수요를 억제하는 것이 목적임 — 옮긴이 주.
2) 건강보험 가입자가 약정된 금액까지는 서비스 이용료를 본인이 지불해야 하는 제도로, 불필요한 의료수요를 억제하고 보험사의 소액 의료서비스 처리 건수와 비용을 줄여주는 효과가 있음 — 옮긴이 주.

보건의료서비스 조직
HEALTH SERVICES ORGANIZATION

보건의료서비스 전달체계에 대한 미국식 접근은 공공과 비영리, 영리 조직체가 서로 복잡하게 혼합되어 있는 형태를 띠고 있다. 작동하고 있는 모든 부분들을 개념화하기 위해서는 조직, 재원 및 지불, 그리고 규제의 각 구성요소들을 분리하여 보는 것이 유용하다. 조직의 측면에서 살펴보면, 미국의 보건의료체계는 공공과 민간부문이 상호작용하면서 정부와 비영리조직, 영리 조직이 복잡하게 엉켜 있다.

정부는 보건의료 재원의 상당 부분을 책임지고 있다(주로 세금을 통해 보건의료체계에 흘러들어오는 재원을 책정하고 분배한다). 그리고 접근성과 비용, 서비스의 질을 규제하고, 병원과 클리닉, 교도소 등의 시설들에서 제공되는 의료서비스를 실질적으로 생산한다.

보건의료서비스 영역의 비영리 부문은 매우 다양하다. 여기에는 블루크로스 블루쉴드 BlueCross BlueShied[3])와 같은 단체들과 의사·간호사·사회복지사 등의 의료 인력을 양성하고 연구를 수행하는 학술 기관들, 연구 및 보건의료서비스 기금을 지원하는 재단들, 그리고 직접적으로 보건의료서비스를 제공하는 비영리 병원과 클리닉 등이 포함된다.

영리(소유주 및 투자자 소유로 알려진)부문은 어떤 산업부문이냐에 따라 보건의료체계에서의 비중이 다르다. 제약 산업은 거의 대부분이 영리산업이며, 요양원 또한 약 66% 정도가 영리로 운영되고, 종합병원의 경우 14%만이 이에 해당된다.

보건의료와 관련된 정치와 정책을 이해하려면 제약사들을 비롯하여 의료기기 및 내구소비재의 공급자, 건축가, 구급대, 컨설턴트와 사회복지사에 이르는 여러 부문들이 하나의 거대한 산업에 포함된다는 것을 알아야 한다. 이러한 모든 행위자들은 의료정책에 정치적, 경제적으로 투입된다. 사회복지사들은 보건의료체계 내에서 일하는 전문가들이 일반적으로 가장 우선시하는 임상치료에의 접근성 및 질뿐만 아니라 보건의료 그 자체가 하나의 정치경제학적인 문제라는 사실을 이해할 필요가 있다. 그 영향력과 기득권은 총 2조 5,000만 달러에 이르는 산업과 관련되어 있다. 이러한 영향력은 의료개혁 법안에 대한 논쟁이 한창 진행 중이었을 때, 그리고, 제약 산업이나 보험 산업, 병원 등의 이익집단들이 자신들의 통제력과 시장이 위협받는다고 여길 때 가장 가시적으로 나타났다. 그러나, 이러한 정치경제학은 병원 및 의료인들에 대한 지역 차원의 정책 기획부터 연방정부 차원의 지불정책에 이르는 정책 형성의 모든 단계에서 정치와 의사결정에 영향을 미치면서 보건의료서비스 영역에서 여전히 힘을 발휘하고 있다.

---

3) 미국의 비영리 의료보험 조합으로, 입원료 등 병원서비스를 대상으로 하던 블루크로스와 외과수술비 등 진료서비스를 대상으로 하던 블루쉴드가 1982년 통합된 단체 — 옮긴이 주.

재원과 지불

임상, 정책, 관리, 옹호 등 그 어떤 역할을 수행하든지 간에 사회복지사들은 재원과 지불체계, 공급자 및 실제적인 보건의료서비스 내용 간의 관계를 이해할 필요가 있다. 표 5.1은 보건의료체계를 관통하는 자금의 흐름을 이해할 수 있도록 분석틀의 기본적 요소들을 보여주고 있다. 재원에 있어서는 공공부문에서의 조세와 민간부문에서의 보험료를 통해 자금이 마련된다. 이러한 자금은 비용 절감, 예방적 성격의 서비스, 혹은 다른 정책적 목표에 대해 자체적인 인센티브제를 갖고 있는 다양한 지불체계를 통해 사용된다. 예를 들어 포괄수가제DRGs: Diagnosis Related Groups는 메디케어에서 입원환자에 대해 병원에 보상해 줄 때 이용하는 지불체계다. 이 지불체계에서는 자금이 구급대, 의료인, 병원, 건강관리기구HMO: Health Maintenance Organization 등 수백 가지에 이르는 공급자 유형 가운데 특정 유형에게 흘러간다. 마지막으로, 특정 공급자들에게 흘러들어간 자금은 개별 의료행위에 맞춰 지급액이 조정된다. 예를 들어, 의사들은 비용과 위험도 등의 기준에 근거하여 산출된 요금 체계에 따라 수가를 받는다.

표 5.1 재원·지불·공급자·서비스 관계의 사례

재원	지불 체계	공급자	서비스
급여기준세payroll tax	포괄수가제	병원	모든 입원 비용
고용주/근로자의 보험료	1인당 정액제 capitation	관리의료기구	약 처방을 포함한 모든 의료서비스
연방 및 주정부의 (메디케이드) 세입	행위별 수가제	의사	내원
본인 부담	행위별 수가제	치과의사	절차

재원

보건의료서비스는 본인 부담, 고용주 및 근로자들의 보험료 납부, 재향군인관리국Veterans Administration이나 지역 공공병원과 같은 공공프로그램 및 공공전달체계로의 세입 이전 등 매우 복잡한 짜깁기를 통해 자금이 공급된다.

세입은 여러 가지 경로를 통해 보건의료체계로 흘러들어 온다. 보건의료서비스에 대한 공공재원 중 가장 중요한 원천은 급여기준세payroll tax와 메디케어를 위한 일반 세입이라고 할 수 있다. 급여기준세는 병원 보험을 위한 메디케어 파트A 신용기금Medicare Part A Trust Fund for Hospital Insurance에 예치된다. 일반 세입은 보험료와 결합돼(75% 일반세입, 25% 파트 B 보험료) 메디케어의 의사 진료서비스, 재가서비스 및 기타 병원 외 비용에 쓰인다. 또한, 연방정부 및 주정부의 세입

이 결합돼 메디케어의 재원으로 사용된다. 연방정부와 주정부의 부담률은 산정법에 따라 주마다 다르지만 평균 50 대 50 정도이다.

연방정부의 재원은 연방정부 예산 내에서 또 다른 다양한 보건의료서비스 및 프로그램을 위해서도 사용된다. 예를 들어, 퇴역군인들을 위한 서비스, 연방정부 인증 보건소Federally Qualified Health Centers(보건자원서비스청Health Resources and Services Administration 산하), HIV 및 AIDS 서비스(미국질병관리본부Centers for Disease Control and Prevention 산하), 미원주민을 위한 의료서비스(미원주민사무국Bureau of Indian Affairs 산하) 등이 그것이다. 주정부는 다양한 의료프로그램과 공급자들을 지원할 뿐만 아니라, 주립병원, 주립학교, 교정시설 등을 통해 직접 의료서비스를 제공하기도 한다. 시와 카운티들은 학교의 보건 프로그램에서부터 공공병원 및 클리닉의 서비스에 이르기까지 다양한 보건의료 서비스의 재원을 책임지고 있다.

그러나, 상당수의 보건의료서비스들은 뚜렷한 재원 없이 자선이나 부채 탕감을 통해 제공되고 있다. 이렇게 재정 지원이 이루어지지 않는 보건의료서비스 중 가장 흥미로운 형태는 자신의 병원에서 돈을 받지 않고 진료를 해주는 의사들이나 무료클리닉과 같이 개별 공급자들이 제공하는 무료 의료서비스이다. 공식적으로 무상의료 혹은 자선의료로 알려져 있는 이러한 서비스는 설명하기는 좀 어렵지만 중요한 보건의료체계의 구성요소이다. 도심 지역의 의대 부속병원과 같은 일부 공급자들에게 있어서 자선의료는 전체 의료서비스 중에서 제법 큰 비중을 차지할 수 있으며, 보조금이나 자체 모금 등의 수입원을 통해 지원된다.

대개 보험료의 형태로 고용주나 근로자들이 건강보험에 지불하는 돈은 전체 보건의료서비스 재원의 36% 정도를 차지한다. 미국인 중 60%는 그들의 고용주를 통해 건강보험을 받고 있다(DeNavas-Walt, Proctor, & Mills, 2004). 근로자들은 그들이 속한 집단의 성격(인구학적 특성이나 의료서비스 이용 비용 및 이력), 보험 적용범위의 융통성, 그리고 고용주가 근로자에 따라 차등을 두고자 하는 분담 수준 등이 반영된 액수를 부담한다. 따라서, 개인이 지불하는 보험료는 기업과 직업, 지리적 특성에 따라 매우 다양하다. 비싼 의료서비스 이용 기록을 갖고 있고, 비용부담 능력이 거의 없거나 정부의 보조금 지원을 받고 싶어하는 작은 규모의 기업들은 근로자들을 위해 엄청나게 비싼 보험료를 내야 하는 상황에 직면할 수 있다.

본인 부담은 일반적으로 본인분담금이나 우선본인부담금의 형태로 공급자에게 지불된다. 본인분담금은 이용자들이 서비스의 가격이나 비용에 민감하게 반응하도록 하기 위해 내원이나 약처방과 같은 서비스 비용을 개인이 분담하도록 하는 것이다. 우선본인부담금 또한 의료서비스를 이용함에 있어서 가격에 민감하게 반응하도록 만들며, 입원 첫날 또는 며칠 등 서비스 이용 초기에 대한 비용에 적용된다. 대규모의 유명한 경제학 연구인 랜드 건강보험연구RAND Health Insurance Experiments는 환자들이 조금이라도 본인분담금이나 우선본인부담금을 지불할 경우에는 서비스 비용과 이용이 감소한다고 보고하고 있다(Newhouse & the Insurance Experiment Group, 1993).

의료서비스를 이용함에 있어서 이러한 종류의 재정적인 역유인책disincentives은 필요하거나 적절한 서비스를 받지 않게 만들 수도 있다. "소비자 중심의 보건의료서비스"는 본인분담금이나 우선본인부담금, 또는 한도액 등 비용을 줄이고 환자들이 서비스를 신중하게 이용하도록 설계된 건강보험의 여러 특성들을 점점 더 많이 활용하면서 성장해왔다. 좀 더 극단적으로, 의료저축계정MSA: Medical Saving Accounts이라고 알려진 새로운 유형의 건강보험 방식은 높은 우선본인부담금과 중증질환 적용catastrophic coverage 그리고 유리한 납세조건을 결합하여 소비자들이 의료자원을 이용할 때 매우 신중하게 선택하도록 만든다. 소비자들은 어떤 저축이든 일단 갖고 있다가 나중에 쓰려고 하는 성향이 있는데, 이 보험 방식도 자신이 의료서비스 비용을 부담하지 않으면 돈이 쌓일 수 있는 저축 형태이기 때문에 정책결정자들은 소비자들이 자원 이용 결정을 내릴 때 훨씬 더 주의 깊고 신중한 태도를 보일 것이라고 믿는다. 한편, 의료저축계정을 비판하는 사람들은 비교적 건강한 가입자들이 자신보다 더 아프거나 더 많은 비용이 드는 사람들과 같은 보험에 가입되어 있으면 결과적으로 더 많은 보험료를 내야 하기 때문에 원래 가입된 보험에서 탈퇴하여 의료저축계정을 선택할 것이라고 걱정한다.

지불

일반적으로 지불체계는 선결식이나 소급식으로, 또는 비용 중심이나 위험 중심으로 설계될 수 있다. 예상비용지불제prospective payment system는 지불액 규모를 *미리* 설정하는 방식으로, 사전에 결정된 금액보다 환자에게 더 많은 비용이 들 경우 공급자가 재정적인 위험을 떠맡게 된다. 비용중심제cost-based system는 치료 한 건당 실제 사용된 자원만큼 공급자에게 그 비용을 최대한 변제해 주는 것이다. 이 지불제의 단점은 공급자가 효율성을 높이게 만들 인센티브가 없다는 것이다. 그러다보니, 메디케어에서 비용중심지불제가 시작됐을 때 "메디케어 백지수표blank check Medicare"로 알려졌을 정도이다. 반면, 위험중심제risk-based system는 의료서비스의 비용(또는 위험)을 공급자에게 떠넘겨 그들이 보다 효율적이 되도록 하는 강력한 인센티브를 제공하고 있다.

가장 많이 알려진 예상비용지불제이자, 사회복지사들에게 가장 중요한 지불체계는 메디케어 예상비용지불제PPS: Prospective Payment System로, 이것은 1983년에 최초로 도입되었다. 메디케어 예상비용지불제는 국제적인 질병 분류 체계인 『질병 및 관련 건강 문제의 국제 통계 분류ICD: International Statistical Classification of Disease and Related Health Problems』 제9판에 정의된 포괄수가제 방식으로, 퇴원할 때의 환자 상태나 진단명에 적용된다. 병원들은 특정 진단명에 따른 자원의 집약성에 근거하여 미리 결정된 고정액을 받는다. 이러한 고정적 예상비용지불제는 위험중심제의 좋은 사례이다. 예를 들어, 둔부골절은 특정 포괄수가제 범주, 즉 "포괄수가제 210 합병증이 없는 상태의, 주요 관절을 제외한 둔부 및 대퇴골 치료DRG210 hip and femur procedure except major joint, without comorbidities or complications"로 분류될 것이다. 병원은 이런 경우 평균 4.5일 입원한다고 보는 포괄수가제 가중치에 근거하여 고정된 금액을 지불받는다.

이런 의료 사례에서는 일반적으로 병원이 환자를 신속히, 그리고 저비용으로 치료하게 된다면 차액만큼의 이익을 남길 수 있을 것이다. 반면, 환자가 고비용의 장기 입원을 하게 된다면 병원은 이 환자로 인해 상당한 금전적인 손실을 입을 수 있다. 이러한 지불시스템의 논리는 환자의 수가 충분히 많으면 궁극적으로 이득과 손실이 상쇄되어 병원에 적은 영업이윤이 남는다는 것이다. 그래서 이러한 시스템은 병원으로 하여금 환자를 신속하고 효율적으로 치료하도록 유도한다.

사회복지사들에게 있어서 예상비용지불제의 도입은 퇴원계획 수립에 엄청난 중점을 두게 만들었다. 신속하고 효율적인 퇴원은 입원기간을 줄이는 데 매우 중요하기 때문이었다. 특히 병원 관리자들이 "행정적으로 필요한 일수administratively necessary days"라고 부르는 기간 즉, 환자에게 후속적인 의료서비스를 제공할 수 있는 전문요양시설 등의 적절한 아급성subacute 기관을 찾는 시간을 줄이는 것은 매우 중요하였다. 퇴원계획 수립은 경제적인 측면에서 매우 중요했기 때문에 이것은 병원에서 일하는 사회복지사들의 주요 업무가 되었고, 심지어는 의료사회복지사의 전문가적 정체성을 나타내는 일이 되었다. 많은 병원에서 의료사회복지사들은 퇴원계획을 짜는 사람이 된 것이다.

예상비용지불제는 여러 가지 형태로 나타날 수 있다. 일반적으로 관리의료기구managed care organizations는 공급자에게 지난 1년 동안의 환자 치료 비용(그래서 '1인당 연간per person per year'으로 표현됨)이나, 의료서비스 패키지 비용(예를 들어, 심장질환 의료서비스 패키지는 수술 전, 수술, 수술 후 의료서비스로 구성됨), 또는 특정 진단명에 따른 치료 비용 등을 지불한다.

소급지불제retrospective payment system는 용어에서 알 수 있듯이 의료서비스가 전달된 후에 비용이나 요금체계에 근거하여 그 값을 지불한다. 이러한 소급지불제는 의료서비스 공급자가 비용을 더 지불해야 하거나 혹은 덜 지불해야 하는 위험으로부터 벗어날 수 있다는 점에서 예상비용지불제와 근본적인 차이가 있다. 1980년대 중반까지는 "백지수표 의료blank check medicine"로 종종 일컬어지는 소급지불제가 폭넓게 적용되었는데, 이는 의료비 지출이 급증하는 결과를 가져왔다. 왜냐하면 의료서비스 공급자들이 서비스 비용을 절감할 필요가 없고, 오히려 더 많은 금액을 지불받기 위해 더 비싼 서비스를 제공하였기 때문이다.

관리의료기구는 일반적으로 위험중심지불제에 따라 보험업자나 의료 공급자로 하여금 피보험자에게 들어간 비용에 대하여 어느 정도의 재정적인 위험부담이나 책임을 떠맡도록 한다. 건강관리기구HMO는 선불식 보건의료서비스 모델에 기초한 것으로, 가입자에게 발생한 질병이나 실제로 들어간 치료비용에 관계없이 1인당 연간 1회 지불을 하는(1인당 정액으로도 알려진) 방식이다. 이러한 지불제의 논리는 대수의 법칙에 따라 가입자들의 다양한 질병 비용 편차가 없어진다는 것이다. 만약 1인당 정액이 해당 인구집단에게 실제로 드는 평균비용과 비슷했다면, 관리의료기구 공급자는 비용을 적절히 조절하고자 하는 데 힘을 쏟았을 것이다. 그러나, 이러한 방식은 건강관리기구HMO들로 하여금 가급적이면 가장 건강한 사람들을 피보험자로 선택하거나, 필요한 의료서비스 제공이나 장애를 가진 취약한 환자 등에 대해 제한을 가하는 등 의료행위를 선별하게 만든다는 비판을 받아왔다.

특정 지불제에 대한 경험과 비판을 겪다 보면 그런 방식을 개선하거나 향상시키고자 하는 움직임들이 필연적으로 생겨난다. 그렇게 개선된 예로는 이른바 부분적 1인 정액partial capitation payment 모형을 도입한 것(공정성과 1인 정액제의 인센티브 효과를 혼합하려고 했음)이라든지, 포괄수가제의 특별 지불액 적용을 확대하는 것(극단적으로 비용이 많이 든 경우를 고려함), 그리고 복잡한 지불 모형들을 새로운 유형의 공급자에게 적용하는 것(장기요양병원에 예상비용지불제 도입 등) 등이 있다. 이러한 지불제들은 보다 더 정교해질수록 전반적으로 좀 더 복잡해진다.

연방정부의 핵심 의료 프로그램: 메디케어, 메디케이드 및 국가아동건강보험
KEY FEDERAL HEALTH PROGRAMS: MEDICARE, MEDICAID, AND SCHIP

보건의료 분야의 사회복지사들은 1965년에 제정된 두 가지 연방정부 차원의 프로그램인 메디케어와 메디케이드를 반드시 접하게 된다. 메디케어와 메디케이드는 전체 미국인 3명 중 1명에 적용되며, 1억 700만 명이 수혜를 받고 있다. 1997년에 제정된 국가아동건강보험은 가장 최근에 만들어진 공적 건강보험 프로그램으로, 2009년 현재 500만 명의 아동이 그 적용범위에 포함된다(Smith et al., 2010). 메디케어, 메디케이드와 국가아동건강보험은 전체 의료비 지출의 3분의 1 이상과 총 공공지출의 4분의 3에 해당하는 7,700억 달러를 차지하고 있다(CMS: Centers for Medicare and Medicaid Services, 2010).

연방정부의 보건의료 프로그램 규정들이 점점 복잡해지고 바뀌는 이 시기에 사회복지사가 이러한 정책들과 자격요건에 대해 전문적으로 숙지하는 것은 클라이언트에게 가용한 자원을 효과적으로 연결해주고, 프로그램이 개선되도록 옹호적 역할을 하는 데 필수적이다. 사회복지사는 공공의료 프로그램에 대한 지식이 부족하거나 잘못된 정보를 가지고 있어 수혜를 받지 못하는 클라이언트에게 도움을 줄 수 있다.

메디케어

메디케어는 2010년 현재 65세 이상 노인 3,750만 명과 65세 미만 장애인 800만 명 등 총 4,700만 명을 적용대상으로 하는 연방정부의 건강보험 프로그램이다(Kaiser Family Foundation, 2010). 메디케어의 역사는 매우 다채로우며, 정치적인 영향을 받아왔다. 즉, 메디케어의 자격요건, 지불방식, 공적인 지원, 그리고 대부분의 메디케어 적용범위에 해당되는 지침인 급성환자치료서비스 모델model of acute care delivery 등은 메디케어의 역사와 더불어 공론화되어온 정치적 선택의 산물이다(Lawlor, 2003). 메디케어는 다음과 같이 A, B, C, D, 총 4개 부분으로 구성되어 있다.

먼저, 파트 A는 입원용 병상을 갖춘 병원과 전문요양시설, 호스피스, 그리고 일부 재가 의료서비스home health-care service에 적용되는 것이다. 사회보장연금 수급 대상자들은 65세가 되면 자동적으로 파트 A 서비스를 받게 된다. 이 급여의 재원은 일차적으로 근로자가 급여의 1.45%씩 의무 부담하는 메디케어 세금과, 같은 금액의 고용주 부담금에 의해 충당된다. 2010년의 경우, 병원에 입원했던 메디케어 수급자들은 최초 60일 동안의 입원에 대하여 1,100달러의 우선본인부담금을 지불하였고, 그 후의 입원기간에 대해서는 1일 단위로 추가금액을 지불하였다.

파트 B는 의사 및 다른 공급자들(임상사회사업가 포함)에 의해 제공되는 서비스, 즉, 병원의 외래 서비스, 일부 재가 의료서비스, 각종 검사와 X-선 및 기타 방사선 관련 의료서비스, 신체 및 작업치료요법과 언어치료서비스, 그리고 가정용 의료기구나 보장구 등에 적용된다. 파트 A의 수급 대상자 중 93%가 파트 B의 적용 대상에 해당되지만, 파트 B는 강제 적용이 아닌 임의적용이다(CMS, 2004h). 파트 B 급여비의 25%는 법 규정에 따라 수혜자들의 보험료로 충당되며, 또한 미국 재무부가 분배하는 일반세입general revenues을 통해 재정 지원된다. 2010년에는 파트 B 적용을 받기 위한 월 보험료가 110.50달러였다. 수혜자들은 또한 파트 B에 대한 연간 우선본인부담금(2010년 기준 155달러)을 내야 하며, 대부분의 파트 B 서비스에 대하여 20%의 본인분담금co-insurance을 지불해야 한다.

1997년 균형예산법Balanced Budget Act의 일부로 추가된 파트 C(원래 '메디케어+초이스Medi-care+Choice'라고 불리다가 이후 '메디케어 어드벤티지Medicare Advantage'라는 명칭이 붙여진)는 수혜자들에게 관리의료계획managed care plans 등록 옵션을 제공한다. 그러나 프로그램 수급자의 대다수가 관리의료에 등록될 것으로 기대하고 그를 위해 30여 년간 노력해왔음에도 불구하고(CMS, 2004e; Lawlor, 2003), 메디케어 어드벤티지 등록자 수는 2010년 기준 1,100만 명에 불과했다(CMS, 2010).

2003년 메디케어 처방약 개선 및 현대화 법Medicare Prescription Drug Improvement and Moderni-zation Act과 함께 추가된 파트 D는 임의적인 처방약 급여를 제공한다. 파트 D는 수혜자들의 보험료(25.5%)와 미국 재무부의 일반세입(74.5%)에 의해 재원이 충당되고 있다. 저소득층의 수급자들은 추가적인 보조금을 받는다. 파트 D는 신속하게 활성화되어 이제 2,800만 명이 이용하고 있으며, 지출에 있어서도 전체 메디케어 지출의 11%를 차지한다. 파트 D에서 많은 논란이 됐던 문제는 2010년의 오바마 의료개혁법에서도 언급된, 일명 도넛 구멍donut hole이라고 알려진 처방약 적용범위의 틈새이다.

메디케어 수급자들은 보험료를 지불하면 파트 D 처방약의 적용을 받을 수 있다. 일단 파트 D에 가입하면 수급자들은 이 서비스를 적용받기 전에 처방받는 약값이 310달러가 될 때까지 우선본인부담금으로 비용을 지불하게 된다. 이후, 수급자가 약값으로 지불한 금액이 2,831달러가 될 때까지는 비용의 75%를 메디케어에서 지불한다. 그런데, 그 다음 3,609달러 만큼에 대해서는 ―소위 도넛 구멍4)이라 불리는―메디케어 파트 D에서 그 어떤 추가적인 지원도 없다. 그러나, 다시 처방약 비용이 6,440달러가 되면 중증질환 적용범위에 해당되어 추가되는 약값의 95%를 지원받게 된다. 오바마 의료개혁법의 규정들은 이 법이 완전히 실현되는 2020년까지 파트 D가 적용되는 제품명 비율을 조정하고 복제약값에도 보험이 적용되도록 함으로써 도넛 구멍에서 발

---

4) 2,831달러까지는 비용의 75%를 메디케어에서 지원받으며, 다시 6,440달러부터는 중증질환 적용범위에 해당되어 약값의 95%를 지원받게 되므로, 2,831달러 초과~6,440달러 미만에 해당되는 약값에 대해서는 지원을 받지 못하는 공백이 발생하여 이를 도넛 구멍이라 명명함 ― 옮긴이 주.

생하는 이러한 본인부담을 줄이도록 하고 있다.

　대부분의 메디케어 수급자들이 노인임에도 불구하고 메디케어는 원칙적으로 장기요양에 대한 비용은 지불하지 않는다. 다음에 논의할 메디케이드는 요양원에서 제공하는 장기요양서비스 비용을 지불하는 대표적인 공공프로그램이다.

　오바마 의료개혁법은 메디케어의 재원, 적용범위, 지불 정책 등에 있어서 실제적으로 많은 변화를 가져왔다(Kaiser Family Foundation, 2010). 많은 공급자 지불방식, 특히 메디케어 어드벤티지의 공급자 지불이 감소됨에 따라 전반적인 메디케어 비용의 증가가 억제되었다. 전반적으로, 오바마 의료개혁법에 사용될 추가 지출까지 반영한 메디케어 지출은 2010년부터 2019년 사이에 4,280억 달러 정도 순감될 것으로 예상된다. 급여기준세를 통한 재원과, 고용주들에 대한 소득공제, 보험료 수준과 처방약에 대한 비용 등이 변화됨에 따라 메디케어에 대한 재원도 증가할 것이다. 오바마 의료개혁법은 또한 수급자들을 위한 전달체계의 혁신, 예방 서비스의 증가, 서비스의 악용과 남용 감소, 그리고 독립적인 프로그램 자문위원회 등을 만들고 있다.

메디케이드

　메디케이드는 자산조사를 통해 자격을 부여하는 건강보험 프로그램으로 연방정부와 주정부가 공동으로 재원을 부담한다. 메디케이드는 미국의 전체 보건의료체계에서 매우 중요한 제도로서, 전체 보건의료 지출의 약 16% 정도를 차지한다(메디케이드는 전체 요양시설 지출의 41%를 부담할 정도로 장기요양서비스에서 중요한 역할을 하고 있음). 메디케이드는 저소득층 가정의 아동 2,900만 명과 저소득층 성인 1,500만 명, 노인 800만 명, 장애인 900만 명 등 약 6,000만 명의 인구를 적용 대상으로 하고 있다. 이들 중 100만여 명의 요양시설 거주자와 280만 명의 지역사회 거주자들에게 장기요양부조를 제공하고 있다(Kaiser Family Foundation, 2010).

　연방정부의 가이드라인 내에서 각 주정부는 자격요건의 기준을 정하고, 제공할 서비스의 규모를 결정하며, 지급률을 확정하고 프로그램을 제공한다. 이에 따라 메디케이드 프로그램은 주마다 매우 다양하다. 연방정부의 메디케이드 법은 주정부들이 요부양아동가족부조AFDC: Aid to Families with Dependent Children의 적용 대상자들을 포함, 특정 범주에 속하는 개인을 보장하도록 규정하고 있다. 1996년에 개인 책임과 근로기회 조정법PRWORA: Personal Responsibility and Work Opportunity Reconciliation Act이 제정되면서 특별히 적용기간에 제한을 두지 않고 현금부조를 해주던 요부양아동가족부조가 적용기간에 제한을 두는 빈곤가정 한시부조TANF: Temporary Assistance for Needy Families로 대체되긴 했지만, 각 주들은 빈곤가정 한시부조 수급자들에게는 메디케이드를 제공할 의무가 없다. 1996년 7월 16일 당시의 기준으로 요부양아동가족부조의 수급요건을 충족하는 사람들만이 메디케이드의 보장을 받을 수 있다. 즉, 가구 소득이 연방정부가 정한 빈곤기준federal poverty level의 133% 이하인 임산부와 6세 미만 아동, 1983년 9월 30일 이후에 출생하고 가구 소득이 연방정부가 규정한 빈곤선 이하인 19세 미만의 아동, 대부분 주의 보충적 소득보장SSI: Supplemental Security Income 수급자, 사회보장법령집 제4편Title IV에 따른 입양이나 위탁양육 수당 수급자, 그리고 일부 저소득 메디케어 수급자 등이 이에 해당된다. 각 주들은 이렇듯 연방정부에서 정해 놓은 최소규정에서 적용대상을 확대할 선택권을 가지고 있다.

2014년에는 오바마 의료개혁법을 통해 메디케이드가 빈곤선 133% 이하의 모든 개인 및 가구에까지 확대된다. 그리고 이전에 국가아동건강보험의 보장을 받았던, 가구 소득이 빈곤선 133% 이하인 가정의 아동들도 이제 메디케이드의 적용대상으로 바뀐다. 이러한 적용 규정에 따른 영향은 각 주별로 매우 다양하게 나타날 것으로 예상된다. 상대적으로 엄격한 자격요건을 고수해왔던 주에서는 메디케어의 적용 대상자가 이제 엄청나게 급증하게 될 것이다. 오바마 의료개혁법하에서의 전체 메디케이드 적용대상은 약 1,590만 명 정도 증가할 것으로 추정된다 (Holahan & Headen, Kaiser Commission on Medicaid and Uninsured, 2010). 이 1,600만 명은 의료개혁을 통해 새롭게 의료보장 대상이 될 3,200만 명의 절반에 해당된다.

또한, 연방정부의 메디케이드 법은 각 주정부가 어느 정도의 기초서비스를 제공하도록 요구한다. 입원 및 외래 환자들을 위한 병원서비스, 의사, 산파 및 간호사들의 임상 서비스, 가족계획 서비스 및 관련 용품, 산전 케어, 아동 대상 예방접종, 주기적인 조기검진, 21세 이하 아동에 대한 진단 및 치료서비스EPSDT: Early and Periodic Screening; Diagnosis and Treatment, X-선 등 각종 검사 서비스, 지방의 보건소 서비스, 연방정부인증 의료센터 서비스, 재가서비스, 그리고 요양시설 서비스 등이 이에 해당된다. 주정부들은 처방약, 이동 서비스, 시력측정 서비스 및 안경, 보철 장치, 재가 및 지역사회기반 보건의료서비스, 그리고 재활 및 물리치료 서비스 등의 선택적 서비스를 제공할 수 있도록 서비스 규모를 확대할 재량권을 갖고 있다.

지난 10년 동안 관리의료계획에 등록된 메디케이드 수급자는 점차 증가하여 이제 보건의료서비스 혜택을 받는 총 가입자의 71%에 육박한다. 메디케이드 관리의료 프로그램Medicaid-managed care program은 특히 관리의료 등록률이 높은 주에서 혁신과 논란의 대상이 되어 왔다. 가장 혁신적인 메디케어 관리의료 프로그램들의 경우 의료서비스 관리 프로그램들이라든지, 시의적절한 예방서비스를 가능하게 만드는 창의적인 원조활동, 질적인 기준, 그리고 근거중심의 의료에 대한 의존성 등을 발전시켜왔다. 가장 최근에 이루어진 메디케이드의 혁신은 재가의료서비스 모델을 발전시킨 것으로, 이를 통해 지속적으로 1차 진료를 받을 서비스 내용 및 적용범위를 정하고, 환자 교육을 확대하며, 다양한 의료 공급주체들과 사회서비스들을 연계·조정하게 되었다 (Rosenthal et al., 2010). 메디케어 관리의료 프로그램에 대한 논쟁은 지나친 마케팅 활동이 벌어진다든가, 특정 장소나 매우 취약한 계층에 있어서 서비스전달체계나 의료진 이용 가능성이 부적절하다든지, 또는 서비스의 질이 떨어진다는 점 등에 관한 것이다.

노인 및 장애인에 대한 메디케이드 지출은 반비례적으로 나타난다. 2007년 메디케이드 수급자 중 노인 및 장애인의 비율은 25% 정도였지만, 그들에 대한 메디케이드 지출은 77%를 차지하였다. 다른 건강보험에서와 마찬가지로 메디케이드에서도 상대적으로 소수의 수급자들이 지출에서 매우 큰 비중을 차지한다. 2004년 메디케이드 등록자의 5%에게 전체 지출의 절반이 사용되었

그림 5.1

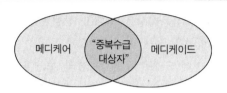

다. 게다가, 전체 메디케이드 지출의 40% 이상이 소위 중복수급대상자로 알려진, 메디케어와 메디케이드 보장을 모두 받는 사람들에게 사용되고 있다(그림 5.1 참조; Kaiser Commission on Medicaid and the Uninsured, 2004). 중복수급대상자들은 메디케이드 급여를 모두 받으면서 메디케어 비용분담을 지원받거나, 메디케이드 혜택은 받지 못하지만 메디케어의 보험료와 본인분담금을 지원받을 수 있다. 중복수급대상자들이 가장 취약한 메디케어 수급자층에 속한다는 것은 거의 틀림없는 사실이다. 왜냐하면, 그들은 다른 메디케어 수급자들보다 더 빈곤하고 건강하지 못하며, 소수집단의 구성원인 경우가 많기 때문이다. 그들은 대개 다른 메디케어 수급자들에 비해 만성질환을 앓고 있는 경우가 많고, 정신질환이나 치매 환자일 가능성이 높으며, 도구적 일상생활 수행에 있어 도움을 받아야 할 필요가 크고, 보조 없이는 걸을 수 없는 경우가 많다(Kasper, Elias, & Lyons, 2004). 이러한 다차원적이고 복합적인 욕구 때문에 중복수급대상자들은 메디케어로는 충족되지 않는 서비스와 지원을 필요로 한다.

　　메디케이드 수급을 중복해서 받을 수 있는 메디케어 수급자들 중에는 메디케이드 자체에 대하여 잘 알지 못하거나 자신이 메디케이드 혜택을 받을 수 있다는 사실을 모르는 경우가 종종 있다. 소위 메디케어 바이인 프로그램Medicare buy-in program[5]) 하에서 비용분담을 지원받을 자격이 있는 메디케어 수급자 중 41.5~47.9% 정도가 실제로는 지원을 받지 않고 있는 것으로 추정된다(Families USA Foundation, 1998). 클라이언트들에게 이용 가능한 프로그램들에 대해 안내해 주어야 할 사회복지사는 이러한 문제를 개선하는 데 있어 중요한 역할을 할 수 있다(Ozminkowski, Aizer, & Smith, 1997). 즉, 사회복지사는 메디케어 수급자격이 있는 클라이언트에게 메디케어 바이인 옵션Medicare buy-in options에 대한 정보를 제공해 줌으로써 그들이 연간 수천 달러를 절약하도록 도움을 줄 수 있다.

　　사회복지사는 공공의료프로그램의 수급자격이 없는 사람들도 일상적으로 만나게 된다. 역사적으로 메디케이드는 범주형 자격기준에 근거해왔기 때문에 빈곤층의 절반 가까이는 메디케이드를 수급받을 수 없었다. 물론, 앞서 언급하였듯이 2014년부터는(일부 주에서는 더 빨리) 빈곤선 133% 이하의 모든 비노인 인구가 메디케이드의 수급자격을 가질 수 있도록 바뀔 것이다. 하지만, 그때까지 각 주에서는 연방정부 빈곤선 이하의 수급권자라 해도 자녀와 빈곤한 부모가 없는 비장애인들은 여전히 메디케이드를 지급받을 수 없다. 덧붙여, 불법이민자들은 산업재해나 출산

---

5) 적은 소득이나 재산을 가진 메디케어 수혜자들의 본인부담금을 줄여주기 위한 프로그램 — 옮긴이 주.

으로 인한 의료서비스만 메디케이드를 통해 보장받을 뿐, 다른 의료서비스 비용은 메디케어나 메디케이드 그 어떤 것으로도 보장받지 못하고 있다. 합법적인 이민자들의 경우에도 메디케이드를 이용함에 있어서 개인의 책임과 근로기회조정법PRWORA의 변화로 인해 제약을 받고 있다. 개인의 책임과 근로기회조정법 이전에는 시민권자 및 비시민권자 모두 메디케이드의 수급자격이 있었다. 그런데, 개인의 책임과 근로기회조정법은 1996년 8월 이후 미국에 입국한 합법적인 이민자들에게 5년 동안 메디케이드의 수급자격을 금지하도록 하였다. 게다가, 개인의 책임과 근로기회조정법은 이민자의 메디케이드 수급자격을 결정하는 기준에 이민 보증인의 소득을 포함시키도록 하였는데, 이는 많은 이민자들을 메디케이드에서 효과적으로 배제하게 만들었다(Kaiser Commission on Medicaid and the Uninsured, 2003). 그러나, 오바마 의료개혁법을 통해서도 합법 이민이든 불법 이민이든 메디케이드 자격기준 부분에서는 변화되는 것이 없다. 다수의 연구들(Capps et al., 2002; Fix & Zimmerman, 1998; Maloy, Darnell, Kenney, & Cyprien, 2000)은 메디케이드 수급자격이 있는 이민자들이 혹시 자신이 이 제도에 등록함으로써 국외로 추방당할까봐 두려워하는 점, 또는 자격요건에 대하여 제대로 알지 못하는 점 등이 수급의 장벽으로 작용한다고 밝혀왔다. 의료개혁이 전면적으로 실시되기까지의 전환기 동안 사회복지사들은 메디케이드의 수급 자격요건에 어떠한 변화가 있는지 클라이언트들에게 알려주고, 수급자격을 사정하며, 자격요건에 부합할 경우 등록을 권장하도록 힘써야 할 것이다. 이민자들의 공공 프로그램 수급을 위한 이민 개혁 및 법안 도입의 실패를 통해 사회복지사들이 정책옹호 영역에도 관여해야 할 필요가 있다는 것을 알 수 있다.

국가아동건강보험

국가아동건강보험은 연방정부 빈곤 기준의 200%(또는 그 이상)까지 해당되는 가구의 아동들을 위해 연방정부가 재정을 지원하고 주정부가 운영하는 건강보험 프로그램이다(새로운 법안이 시행될 때 이미 적용대상을 빈곤선의 200% 또는 그 이상으로 확대해 왔던 주들의 경우에는 적용범위를 1997년 3월에 제시된 한계보다 최대 50%포인트 초과된 수준까지 늘릴 수 있다). 이 프로그램에 참여하기로 선택한 주들은 아동보건프로그램에 사용되는 지출에 대해 연방정부가 더 많은 재정을 지원하게 된다. 아동보건프로그램을 기획함에 있어서 각 주정부는 메디케이드의 적용범위를 확대하는 방식이나 별도의 아동보건프로그램을 만드는 방식, 혹은 이 두 가지를 혼합하는 방식 중에서 선택할 수 있다. 메디케이드와 달리 국가아동건강보험SCHIP은 연방정부의 지원 금액에 한계가 있으며, 아동이 아닌 주정부가 수급자격을 부여받는다(Rosenbaum, Johnson, Sonosky, Markus, & DeGraw, 1998). 게다가 이 법은 연방정부가 각 주정부를 지원하는 연간 총액에 상한선을 두도록 하고 있다. 1998년에서 2007년까지 약 400억 달러의 연방정부 기금, 즉 연 평균 40억 달러가 주정부 지원에 사용되었다(Dabay, Hill, & Kenney, 2002). 국가아동건강보험은 1997년 균형예산법을 통해 시작되었고, 2009년의 아동건강보험프로그램 재인가법CHIPRA: Children 's Health Insurance

Program Reauthorization Act 하에 2013년까지 재인가되었다. 아동건강보험프로그램의 재인가가 만료되면 오바마 의료개혁법은 2015년까지 인가를 연장하겠지만, 각 주정부 역시 법이 세정되었던 2010년 3월 기준의 자격요건규정을 계속 유지해야 한다. 오바마 의료개혁법은 또한 연방정부의 매칭 비율을 늘림으로써 주정부를 지원하기 위해 사용할 수 있는 예산도 확대할 것이다.

이제 모든 주정부들(워싱턴 DC 포함)이 국가아동건강보험 프로그램에 참여하고 있다. 이 중 12개 주(워싱턴 DC를 포함한)는 기존의 메디케어 프로그램을 확대한 형태로, 그리고 18개 주는 주정부 차원의 새로운 아동보건프로그램을 기획하여 국가아동건강보험 프로그램을 진행하고 있으며, 21개 주는 혼합된 형태로 적용된 국가아동건강보험을 운영하고 있다(CMS, 2004g). 별도의 아동보건프로그램을 실행하고 있는 주들은 기존의 메디케어 프로그램을 확대한 형태로 국가아동건강보험을 운영하고 있는 주에 비해 훨씬 더 한정된 급여를 제공하고 있으며, 이용자의 비용 분담 수준도 더 높게 부과하고 등록인원도 제한하고 있다.

메디케이드와 국가아동건강보험 제도에 극적인 변화가 생긴 상황에서 사회복지사들은 클라이언트에게 보험 적용범위와 관련된 선택사항들과 보험혜택을 계속 받기 위한 조건들에 관해 알려줌으로써 변화에 직면한 개인과 조직들을 도와줄 수 있다. 실제로 병원, 응급 클리닉, 학교 및 사회복지기관에서 일하는 사회복지사들은 국가아동건강보험이 제정된 이후로 신청 과정에 도움을 주거나 홍보하는 일을 수행해왔다.

2014년까지 메디케이드와 국가아동건강보험의 적용범위를 현행대로 유지하거나 늘리는 것은 의료개혁과 주정부의 재정적 위기가 중첩된 상황에서 흥미로운 도전이라 할 수 있다(Kaiser Commission on Medicaid and the Uninsured, 2010. 8). 경기침체로 인해 주정부의 세입은 감소되었고, 사회복지서비스 및 의료서비스에 대한 욕구는 증가하였다. 미국 경기 회복 및 재투자 법American Recovery and Reinvestment Act에 따른 경기부양지원 정책으로 2010년 각 주정부에 재정적인 구제조치가 이루어졌다. 또, 의료개혁 속에서 각 주정부는 정보기술을 업그레이드시키고 새로운 건강보험 거래와 메디케이드를 연계·조정하며, 다양한 전달체계 개혁안 및 장기요양서비스의 혁신안을 시범 운영하는 매우 중요한 책임을 갖게 되었다. 의료개혁이 온전히 실행되기 전인 이 과도기에, 주정부의 기여 수준 및 메디케이드의 적용범위를 그대로 유지하고자 하는 연방정부와 불황으로 인해 엄청난 재정 위기에 처해 있는 주정부는 흥미로운 논쟁을 벌이게 될 것이다.

보건의료개혁: 역사와 정점
HEALTH-CARE REFORM: HISTORY AND CULMINATION

오바마 의료개혁법의 제정은 거의 한 세기에 걸친 정치적 투쟁의 정점이며, 건강보험의 보편적 적용 및 접근을 행한 점진적인 단계의 정점이기도 하였다. 실패한 노력의 역사를 간략히 살펴보는 것은 건설적인 일이다. 왜냐하면, 접근방법들의 차이를 지적하며, 다시 일어날 수 있는 문제를 제기하기 때문이다.

전국민 건강보험에 대한 지지는 거의 한 세기 이전으로 거슬러 올라간다. 테오도르 루즈벨트Theodore Roosevelt 대통령은 우드로 윌슨Woodrow Wilson과 경합하여 고배를 마신 1912년 재선 때 전국민 건강보험을 공개적으로 지지했다(Davis, 2001; Kronenfeld & NetLibrary, 2002; Starr, 1982). 최초의 국민건강보험 개혁모델안은 1915년에 진보적 사회단체인 미국노동법협회AALL: American Association for Labor Legislation에 의해 제기되었다. 미국노동법협회의 개혁안은 소득이 낮은 노동자 및 그 부양가족들에게까지 보험을 적용시키고자 하는 것이었다. 재원은 근로자의 임금에 부과되는 세금과 고용인 및 주정부가 납부하는 세금으로 충당하는 계획이었다. 그러나, 이 개혁안은 이익집단(의사, 노동계와 경영계)의 반대 및 제1차 세계대전의 발발로 실현되지 못하였다.

바로 이 지점에서 보편적 건강보험을 향한 움직임은 차질을 겪게 되었다. 프랭클린 루즈벨트Franklin Roosevelt는 반대파들에 의해 사회보장법안 전체가 위협받을 것을 염려하여 그가 기획한 사회보장법안에서 국민건강보험을 생략하였다(Kronenfeld & NetLibrary, 2002). 그 후 1940년대까지는 보편적 건강보험 적용을 위한 별다른 움직임은 일어나지 않았다. 1943년 미국 상원의원인 로버트 와그너Robert Wagner와 제임스 머레이James Murray, 하원의원인 존 딩겔John Dingell이 의회에 상정한 와그너-머레이-딩겔Wagner-Murray-Dingell 법안은 최초로 의회의 지지를 받은 의무적 국민건강보험법안이었다. 이 법안은 사회보장제도 하에서 외래 및 입원서비스를 근로자와 은퇴자들에게 제공할 것을 시도하였다. 여기에는 또한 고용주 재정의무제가 포함되었는데, 이는 의료서비스 공급자에게 지급될 국가신용기금의 재정을 기업과 근로자가 분담하도록 하는 것을 의미한다(Bodenheimer & Grumbach, 2002; Starr, 1982). 그러나, 조직화된 의료계의 반발 속에 의회는 이 법안을 부결하였다. 1945년에는 트루먼Truman 대통령이 비슷한 법안을 지지하여 대통령으로서는 처음으로 국민건강보험 법안을 의회에 상정하였다. 의사들과 기타 다른 이익단체들은 이 보건의료법안을 반대하였고, 연방정부 기관들도 이를 반대하거나 매우 미온적인 수준으로만 지지하였다(Starr, 1982). 결국 이 법안의 일부인 병원조사 및 건립에 관한 법Hospital Survey and Construction Act(힐-버튼 법Hill-Burton Act으로 알려진)만 통과되었다.

비록 와그너-머레이-딩겔 법안은 실패하였지만, 이 법안은 (앞서 상세히 논의되었듯이) 20년 뒤인 1965년 메디케어가 제정되는 단초를 마련하였다. 건강보험에 가입돼 있는 노인이 전체 노인 인구의 15%도 안 되던 시기에 의회는 와그너-머레이-딩겔 법안의 접근방식을 채택하되, 대상을 65세 이상 노인 인구로 제한한 것이다. 원래의 와그너-머레이-딩겔 법안에서와 같이 보험은 강제가입이며, 급여기준세에 의해 (부분적으로) 재정이 충당되는 것이다. (앞서 설명하였듯이) 메디케어와 함께 1965년에 제정된 메디케이드는 매우 다른 모델을 채택하였다. 즉, 일부 저소득층만 적용대상이 될 수 있으며, 연방 및 지방정부의 일반세입으로 재정을 충당한다(Bodenheimer & Grumbach, 2002).

1970년 에드웨드 케네디Edward Kennedy 상원의원과 마르타 그리피스Martha Griffiths 하원의원은 이전의 미국노동법협회 법안이나 와그너-머레이-딩겔 법안보다 더욱 심화된 보편적 건강보험

안을 소개하였다. 케네디-그리피스Kennedy-Griffiths안은 단일 지불자 모델로서 연방정부가 운영하
는 국민건강보험에 관한 내용이다. 이 모델에서 재원은 고용세(급여 및 자영업 소득 기준의)와 일반
세입으로 충당된다. 하지만, 앞선 다른 법안들과 같이 이 법안 또한 조직화된 이익집단의 반대를
극복할 수 없었다(Bodenheimer & Grumbach, 2002).

케네디-그리피스 법안에 대한 대안으로서 닉슨Nixon 대통령은 (정부가 아닌) 민간에 의해 운
영되는 국민건강보험 모델을 제안하였다. 이 제안에서는 25인 이상의 근로자를 둔 고용주에 대
해 건강보험료 지불을 의무화하였으며(Bodenheimer & Grumbach, 2002; Davis, 2001), 메디케어와 메
디케이드를 대체, 보완할 공공정책 계획을 제시하였다(Davis, 2001). 민간부문에 초점을 맞추었다
는 점에서, 닉슨의 계획안은 정부 재정을 원천으로 한 이전 개혁안들과는 확연히 구분되었다
(Bodenheimer & Grumbach, 2002). 하지만, 이 역시 공공부문의 의지부족(Bodenheimer & Grumbach,
2002)과 정치적 스캔들(Plissner, 2001)로 인해 실패하게 된다.

카터Carter 대통령은 그의 재임기간 동안 포괄적인 국민건강보험 프로그램을 지지하였다. 그
러나, 엄청난 물가상승으로 인해 국민건강보험 개혁에 대한 관심은 뒷전으로 물러났다(Kronenfeld
& NetLibrary, 2002).

의회의 위임을 받은 위원회인 포괄적 보건의료에 관한 양당 위원회Bipartisan Commission on
Comprehensive Health Care(이 위원회의 첫 번째 의장으로 활동하다 사망한 클라우드 페퍼Claud Pepper
의원의 이름을 따서 페퍼위원회라고도 불림)는 1990년 고용주들에 대해 선택의무pay-or-play6) 방식
을 추천하였다. 이러한 추천 이후, 포괄적인 건강보험 개혁 법안에 대한 관심은 가속화되었다
(Mueller, 1993). 미첼Mitchell 상원의원은 이후 양당법안에서 의무선택 모델을 채택하였다(Davis,
2001). 이 법안은 고용주가 근로자에게 건강보험을 제공하거나 주정부의 보험 기금에 일정액을
지불할 것을 요구하고 있다. 보건의료 개혁안들의 주요 유형을 비교한 내용이 표 5.2에 제시되어
있다.

빌 클린턴Bill Clinton 대통령은 1993년 건강보장입법안Health Security Act legislation이 의회에 상
정되었을 때, 포괄적 보건의료개혁을 강하게 밀어붙였다. 이 법안은 "개인 의무individual mandate"
를 통해 보편적인 보장이 가능하도록 하였다. 개인 의무란, 모든 시민과 합법적인 거주자들이 주
정부가 설립한 중개기관인 지역연맹을 통해 표준화된 포괄적 건강보험상품에 가입하도록 하는
것이다. 또한, 이 법안은 "고용주 의무employer mandate"를 새로 명시하였다. 고용주 의무란, 보편
적 보장을 위한 재정을 원칙적으로 고용주의 의무 기여금(약 80%)으로 충당하도록 하는 것이었
다. 개인의 책임성을 강조하기 위해 근로자에게도 의무 기여금(약 20%)을 부과하였다. (노동력이
없는 사람은 연맹을 통해 보험에 가입하여 소득에 근거한 보조금을 받게 해 주었다.) 연방정부는 많은
기업 및 개인의 보험료를 보조하였다. 메디케어는 그대로 유지되었으며, 처방약에 대한 보장이
추가적으로 포함되었다. 메디케이드의 의료 보장 범위는 연맹을 통한 건강보험의 설계 내역으로

---

6) 둘 중 하나는 반드시 선택해야 하는 것을 말함. 여기서는 고용주가 근로자의 보험료를 지불하거나 그렇
지 않으면 정부에 일정액을 지불하는 것을 의미함 — 옮긴이 주.

표 5.2	보건의료개혁 접근방식의 주요 유형 비교	

개혁의 유형	의무적/ 자발적	개요
단일 지불자 single payer	의무적	정부가 운영하는 단일 보험 조직이 보건의료서비스 요금을 징수해 공급자에게 상환함.
고용주 의무 employer mandate	의무적	고용주가 근로자와 그 부양가족에 대한 의료보험 비용을 분담해야 함.
바우처/세금 공제 voucher/tax credits	자발적	개개인이 정부 보조금을 지원받아 건강보험에 가입함.
의료 저축 계정 medical savings accounts	자발적	개개인이 의료비용을 지불하는 데 사용할 수 있도록 세금 공제 계정tax-exempt accounts에 돈을 저축함.
개인 의무 individual mandate	의무적	근로자에게 보험 가입 의무가 있음.

대체되었다. 단, 연맹을 통해 건강보험에 가입했지만 계속 메디케이드 보장을 받는 보조금 수혜자의 경우 비급성질환에 대한 의료 보장은 제외되었다(Fuchs & Merlis, 1993).

1994년 클린턴의 의료개혁 계획이 실패한 데에는 다양한 원인이 있다. 일부 비평가들은 정치화 과정에서의 실패, 특히 리더십의 실패를 지적하고 있으며(Johnson & Broder, 1996), 정치적 순진함(Brown, 1996), 대중적 논의 과정에서의 실패(Heclo, 1995), 대통령의 좁은 정치적 지지 기반(Heclo, 1995), 적당한 시기에 대한 관심 부족(Hamburg & Ballin, 1995; Johnson & Broder, 1996), 계획에 대한 대국민 홍보 부족(Blendon, Brodie, & Benson, 1995), 현상유지를 원하는 특정 이익집단의 반대(Judis, 1995; Oberlander, 2003), 그리고 미국 정치제도의 구조(Oberlander, 2003) 등이 원인으로 언급된다. 또한, 입법안 자체의 규모 및 복잡성(Johnson & Broder, 1996; Starr, 1995)과 국가적 개입에 반대하는 가치(Jimenez, 1997; Johnson& Broder, 1996; Oberlander, 2003; Skocpol, 1995) 등도 원인으로 꼽는다.

오바마 의료개혁의 구체적인 내용들은 캠페인 활동과 정치적 전략, 그리고 상·하원 간 의견 차이를 극복하기 위한 다각적인 타협 등을 통해 다듬어졌다. 2006년 매사추세츠 주에서 양당 합의로 시행된 복합적인 개혁은 다양한 보조금 지급과 메디케이드 확대를 통해 저소득 및 중산층에게 적용될 수 있도록 하면서도, 민간 건강보험 적용을 위한 필요조건을 토대로 하는 방식의 단초를 마련하였다. 이러한 매사추세츠 주의 실험은 개혁이 실제로 이행되는 것에 대한 보건의료 공급자들과 옹호자들, 그리고 보험가입자들의 많은 우려를 누그러뜨릴 수 있다는 것을 보여주었고, 2009년에는 보험 미가입자가 매사추세츠 주 인구의 2.7%에 불과하게 되었다.

오바마가 신중하게 추구하였던 정치적 전략은 클린턴 안의 진행과정을 답습하지 않았다. 오바마 행정부는 정책 개발의 초기 단계에서는 비교적 가이드라인을 거의 제시하지 않았다. 대신, 의회와 위원회들이 핵심적인 내용에 관해 알아서 협상하도록 하였다. 나아가, 다양한 특수 이익집단들을 협상 테이블로 끌어들임으로써, 개혁안에 대해 클린턴식 접근법이 부딪혔던 격렬한 반대를 극복하고자 노력하였다. 오바마 계획을 추진하는 데 있어서 매우 중요한 정치적 순간에 제약협회PhRMA: Pharmaceutical Manufacturers Association, 보험업계, 병원, 의사, 그 외 다른 핵심 이익 집단 및 이해관계자들이 공공연하게 개혁안을 지지하였다. 하지만, 그들의 지지를 얻기 위해 오바마 행정부는 각 집단과 큰 절충 및 타협을 해야만 했다. 좌파 비평가들은 추진되고 있는 입법안이 단일 지불자 접근과 같은 중요하고 굵직한 변화를 담고 있지 않다고 평가하였다. 또한 우파 비평가들은 제기된 법안, 그중에서도 특히 개인 의무는 개인의 자유에 대한 침해이며, 정부가 의료서비스를 구조적으로 장악하는 것이라고 주장하였다.

매사추세츠 주의 상원의원 선거에서 놀랍게도 공화당이 승리한 후(아이러니컬하게도 이 선거는 오랫동안 의료개혁을 강력히 지지해온 에드워드 케네디Edward Kennedy 의원의 사망 후 치러진 보궐선거였다) 보건의료개혁의 정치적 셈법은 2010년에 또다시 바뀌었다. 입법을 위한 정교한 전략들을 통해 하원의 법안은 상원에서 별로 바뀌지 않은 채 그대로 도입되었으며(상·하원의 양원협의회를 거쳐 하원에서 재협상될 필요가 없었음), 추가적인 변동 사항들은 방대한 규모의 예산 조정안인 2010년 보건의료 및 교육 조정법Health Care and Education Reconciliation Act에 맞춰 채택되었다.

의료개혁의 핵심적 특징
KEY FEATURES OF HEALTH REFORM

지금까지 설명한 메디케어와 메디케이드의 변화 외에도, 오바마 의료개혁법은 보험의 보장성과 규정, 부담 능력, 질, 장기요양의 보장 범위, 인력 개발, 건강증진 및 예방 등의 측면에서 전반적으로 의미 있는 변화를 가져왔다.

이 새로운 법에 따라 대부분의 개인들은 직장의 고용주나 메디케이드, 국가아동건강보험 또는 메디케어를 통해 건강보험 보장을 받고 있다는 것을 입증하거나, 새로 만들어진 건강보험거래소health insurance exchanges7)를 통해 보험에 가입해야 한다. (의무 대상자이면서 보험에 가입하지 않은 개인은 소득을 토대로 벌금이 부과된다.) 또한 근로자가 50인 이상인 사업장의 고용주는 근로자들의 보험을 직접 지정해 보험료를 분담해주거나, 근로자가 공적으로 제공되는 보험들 중 하나에 가입되어 있는 경우 그 인원에 따른 사정액을 지불해야 한다.

소득이 빈곤선의 133% 미만인 개인과 가구의 경우에는 메디케이드를 제공받게 된다. 소득이 빈곤선의 133~400%이면서 고용주나 공공프로그램을 통해 보험 혜택을 받지 못하는 개인이나 가구는 보험 가입을 위한 보험료 보조금의 수급 자격이 있다. 이 보험료 보조금은 주정부가 새로 개설한 건강보험거래소—시장과 같은 기능을 하며 개인과 가족이 표준화된 건강보험 상품을 구매할 수 있는—를 통해 이용할 수 있는 보험 상품에 대해 적용될 것이다. 또한, 저소득층은 비용분담 보조금cost-sharing subsidies을 받을 수 있다.

---

7) 오바마 의료개혁법에 근거하여 주정부가 설립한 건강보험 구입처health insurance marketplaces로, 정부의 규제를 받으며, 표준화된 건강관리계획health care plans을 제공함 — 옮긴이 주.

이 새로운 법은 보험의 보장성을 정하고 소비자를 보호하기 위해 다양한 조항을 포함하고 있다. 이 조항들은 기존 질병을 가진 사람들이 보험 가입과 관련해 불이익을 받지 않도록 보호하고, 적격성 및 보험료를 결정하는 보험 관행과 보험료율을 규제하며, 일정 형태의 정보와 소비자 서비스(콜센터 등)를 요구하고, 마케팅 관행을 통제해준다.

비록 이 새로운 법이 1차 진료서비스 전달체계primary care delivery를 보건의료서비스의 비용과 접근성, 질, 책임성 부분에 대한 중요한 해법으로 강조하고 있지만, 잘 알려져 있다시피 1차 진료 의사나 간호사는 물론이고 사회복지사와 같은 관련 보건전문가가 매우 부족하다. 오바마 의료개혁법은 향후 5년에 걸쳐 연방의료센터 프로그램federal health center program에 110억 달러를 추가적으로 할당할 예정이며, 이는 기존의 연간 재량기금discretionary funding(2010년 현재 22억 달러)에 추가된다. 오바마 의료개혁법은 또한 1차 진료의 "평가 및 관리" 서비스에 대한 비용 지급을 늘리고, 1차 진료서비스 훈련을 위한 추가 예산과 시간을 배정하며, 소외지역에서 1차 진료를 하는 의사들에게는 추가적으로 채무를 면제해주고 인센티브를 제시한다. 이 외에도 오바마 의료개혁법은 1차 진료서비스 전달체계에서 활동할 간호사들의 공급로를 확대하기 위해 대규모의 기금과 인센티브를 제공하는데, 여기에는 간호사가 관리하는 1차 진료클리닉을 지원하는 조항도 있다.

새로운 법의 여러 조항들은 예방 및 건강증진을 장려하는 것과 직결되어 있다. 먼저, 메디케어에서 예방적 내원 비용을 지급해주는 것과 같은 조항들은 보건의료 전달체계에서 건강증진을 보다 장려하기 위한 것이다. 또한, 일부 조항들은 고용주로 하여금 더 많은 복지 프로그램을 지원하도록 이끈다. 이 법의 또 다른 조항들은 비만과 전염병, 그리고 기타 지역사회에서 예방 가능한 문제들에 대한 공중보건 프로그램 지원과 관련되어 있다.

지역사회 생활보조서비스 및 지원 프로그램Community Living Assistance Services and Supports program 하의 자발적 보험 가입자들은 장기요양서비스 보장을 받을 수 있게 된다. 이 프로그램의 세부사항은 아직 상당 부분이 결정되지 않았지만, 개별 가입자들은 재가 또는 지역사회기반의 장기요양서비스 비용에 대해 일정액을 보장해주는 특약에 가입할 자격을 갖게 될 것이다. ("지급 확정vesting" 기간에 해당하는)최소 5년간, 급여에서 공제되는 방식으로 보험료를 납부한 뒤에는 지역사회 장기요양 및 사회서비스에 대한 비용으로 1일당 50달러까지 지원받을 수 있게 된다. 새 법은 메디케이드에도 많은 변화를 가져오는데, 이를 통해 더 많은 지역사회 장기요양 프로그램들이 생겨날 것이다. 또한, 주정부는 재가 및 지역사회기반 서비스들을 혁신하고, 메디케이드 대상자들에게 인센티브와 보장성을 제시하며, 노인 및 장애인 수급자들을 위해 지역사회기반의 지원을 제공하기가 더 쉬워진다.

사회복지에 대한 정책적 쟁점들
POLICY ISSUES FOR SOCIAL WORK

오바마 의료개혁법은 건강보험 및 의료정책의 방향을 보다 예방적이고 일차적인 성격으로 변화시킨다. 이제 이 법이 발효되면, 이행과 관련된 많은 문제들은 각 주정부로 넘어간다. 각 주정부는 새롭게 건강보험에 가입하게 된 중산층 및 저소득층을 위해 건강보험이 거래될 수 있게 하고, 전달체계를 재구성할 책임을 갖게 되었다. 특히, 의료 소외지역(그렇지 않아도 의료공급인력이 부족한) 및 시골의 전달체계는 새로운 의료개혁 모델로 인해 부담을 안게 될 것이다. 사회복지사들은 전달체계가 이처럼 변화됨에 따라 정책 실행자 및 옹호자로서 중요한 역할을 할 수 있다. 개혁의 성공적인 실행에 필수적인 전달체계를 만드는 데 있어서 1차 진료, 간호, 공중보건, 그리고 사회서비스 관련 기관 및 공급자들과 협력하여 일하는 것은 매우 중요하다.

메디케어와 메디케이드, 그리고 국가 건강개혁을 둘러싼 자금 조달 및 전달체계 쟁점들과 더불어, 사회복지계는 이른바 건강안전망의 미래라고 할 수 있는 건강불평등 완화와 보건의료부문에서의 사회복지 전문성 재생 및 보급에도 특별한 관심을 기울이고 있다.

건강보험 미가입자

오바마 의료개혁법에서는 미가입자들이 주된 관심대상이 아니기 때문에 이들은 더 이상 정책적 관심을 받지 못하게 될 것이다. 보험에 가입할 개인 의무가 오바마 의료개혁법의 핵심 조항이긴 하지만, 오바마 의료개혁법이 보편적 보험을 성취하기에는 충분하지 않다. 2019년 전면 시행이 되어도, 여전히 보험의 혜택을 받을 수 없는 인구가 2,300만 명에 이를 것으로 추정된다. 적용범위 확대대상에 포함되지 못하거나 보험에서 탈퇴한 경우, 자격이 되지만 보험에 가입하지 않는 경우 등이 이에 해당된다. 불법체류자까지 포함하면 미국에 거주하는 전체 비노인인구의 8%가 보험 혜택을 받지 못하며, 불법체류자를 제외할 경우에는 5% 정도로 추정된다. 2013년까지 보험혜택을 받지 못하는 비노인인구의 수는 약 5,000만 명에 이르다가, 몇 가지 보장성 확대가 시행되는 2014년에는 3,100만 명까지 감소할 것으로 예측된다. 2014년 이후 미가입자의 수는 지속적으로 감소하겠지만, 2,000만 명 이하로는 떨어지지 않을 것으로 보인다.

미가입자는 보험에 가입하지 않아도 벌금이 면제되는 경우와 그렇지 않은 경우, 크게 이 두 가지 범주로 구분될 것이다. 보험에 가입하지 않아도 벌금이 면제되는 사람들은 몇 가지 유형이 있다. 즉, 불법체류자, 건강보험을 가입할 경제적 능력이 없는 경우(건강보험료가 소득의 8%를 초과하는 경우), 그 외 (의미는 모호하지만) 사정 참작에 의한 면제를 요구하는 경우, 건강보험 미가입 기간이 3개월 미만인 경우, 총소득이 연방정부 과세표준 이하인 경우, 미원주민이나 알래스카 원주민, 보험 수급을 거부하는 교리의 종교단체 구성원, 수감자 등이 이에 해당된다.

의회 예산처CBO: Congressional Budget Office의 보고에 따르면, 2016년 기준으로 미가입자는 약 2,100만 명이며 이들 중 건강보험 미가입으로 인해 벌금을 내야 하는 경우는 400만 명 정도 될 것으로 추정된다(CBO, 2010). 벌금을 내야 하는 미가입자 중 100만 명은 저소득 계층으로, 특히, 이 중 40만 명은 연방정부 빈곤 기준 이하의 소득, 60만 명은 이 빈곤기준의 100~200%에 해당하는 소득을 가진 사람들일 것이다. 또한, 벌금을 내야 할 사람들 중 150만 명은 빈곤기준 200~300%(80만 명), 또는 300~400%(70만 명)의 중위 소득 수준에 해당된다. 벌금을 납부해야 하는 미가입자의 대다수는 빈곤기준의 400% 이상(240만 명)에 해당하는 소득계층일 것으로 예상된다.

이러한 CBO의 추계가 2,300만 명의 미가입자를 완벽히 분류해주는 것은 아니다. 그렇지만, 불법체류자들이 미가입자의 가장 큰 비중을 차지할 것이라는 사실은 알려져 있다. 불법체류자들의 경우, 건강보험 거래소를 통한 보험 가입이 금지되어 있으며, 응급의료서비스를 제외하고는 메디케이드의 수급 자격도 갖지 못한다. 불법체류자들은 고용주가 지원하는 건강보험으로 보장받거나, 주정부가 운영하는 건강보험 거래소 밖의 보험회사를 통해 건강보험에 가입할 수는 있다. 이러한 사람들의 수는 대략 800만 명에 이르는 것으로 추정되며, 2019년에는 전체 미가입자의 약 3분의 1을 차지할 것으로 추정된다.

미가입자 중 불법체류자 다음으로 큰 비중을 차지하는 그룹은 수급자격은 되지만 메디케이드에 등록하지 않은 경우이다. 새 건강보험법은 보험적용범위를 65세 미만이면서 빈곤선 133% 이하인 경우까지 확대할 계획이지만, 이것이 곧 수급권자 모두 실제로 메디케이드의 혜택을 받는다는 것을 의미하지는 않는다. 수급권자 중 실제로 메디케이드의 혜택을 받는 인원은 주마다 다르게 나타난다. 감사원GAO: General Accountability office은 수급자격을 갖춘 비노인인구 중 56~64% 정도만이 메디케이드에 등록한다고 보고하였다(GAO, 2005).

이렇게 수급권자이면서도 공공프로그램에 등록하지 않는 현상은 새로운 것이 아니다. 선행연구(Holahan, Cook, & Dubay, 2007)는 2004년 미가입자 중 4분의 1이 공공프로그램 수급권자이면서 등록하지 않았다고 추계하였다. 다비도프Davidoff, 가렛Garrett, 예멘Yemane(2001)은 메디케이드 수급권자이면서 등록을 하지 않은 성인들과 등록한 사람들을 대상으로 집단 간 비교연구를 진행한 결과, 메디케이드 수급권자이면서 등록하지 않는 사람들은 만성질환을 앓고 있지 않은 경우가 많고, 전반적인 건강상태가 더 좋은 것으로 나타났다. 그러나, 건강상태가 더 좋음에도 불구하고, 메디케이드 수급권자이면서 등록하지 않는 사람들은 의료서비스에 대한 접근 장벽을 경험하고 있으며, 그로 인해 많은 서비스를 받지 못하고 있다. 메디케이드 수급자와 비교할 때, 이들은 더 나이가 많거나, 기혼자인 경우가 많고, 백인 또는 히스패닉, 이민자, 전일제 노동자, 그리고 빈곤선 50~100%의 소득 수준인 경우가 많은 것으로 나타났다(Davidoff et al., 2001). 이러한 특성을 지닌 사람들은 건강보험 개혁이 실행된 후에도 계속하여 메디케이드 미등록자가 될 수 있기 때문에 사회복지사는 과거에 어떠한 사람들이 메디케이드의 사각지대에 놓였는지 파악하는 것이 중요하다.

매사추세츠 주는 2006년에 이미 포괄적인 의료개혁을 도입했기 때문에, 비슷한 개혁안이 전국적으로 시행될 때의 성패를 예측해볼 수 있게 해준다. 매사추세츠 주에서 보험에 가입하지 않은 사람들은 몇 개의 부류로 나뉜다. 즉, 젊은(18~26세) 미혼 남성, 히스패닉, 비시민권자, 영어구사에 한계가 있는 성인이나 영어를 아예 못하는 성인의 가구원, 고등교육을 받지 못한 성인, 빈곤선 150% 이하의 저소득층, 대도시 거주자 등이다(Long, Phader, & Lynch, 2010). 특히 매사추세츠 주에서 미가입자의 42%는 빈곤선 150% 이하의 소득을 가진 경우인데, 사실 이들은 보험료 전액을 보조받을 수 있다(Long et al., 2010). 따라서, 보험료 지불능력은 건강보험 가입을 예측할 수 있는 중요한 요인이기는 하지만, 결코 유일한 요인은 아님을 알 수 있다. 영어구사능력이 없거나, 읽고 쓰는 능력이 부족한 것, 그리고 시민권이 없는 것과 같은 문화적인 특성이나 언어적인 문제야말로 사람들을 보험 가입에 특히 취약하게 만드는 요인인 것으로 나타나고 있다. 사회복지사가 일상적으로 주정부가 운영하는 건강보험거래소를 통해 클라이언트가 공적 급여나 보조금 등을 신청하도록 도울 때, 이런 위험군에 대한 지원과 등록 보조 활동을 목표로 하는 것도 중요할 것이다.

건강불평등

접근성, 비용, 질, 결과의 측면에 있어서 폭넓게 나타나는 불평등은 사람들의 보건의료서비스 이용, 받게 되는 서비스의 질, 그리고 건강결과에 있어서도 집단 간의 차이로 반영된다. 인종에 따른 영아사망률의 차이나 신생아의 저체중, 기타 출산과 관련된 여러 문제들은 그러한 불평등의 가장 뚜렷한 예이다. 아프리카계 미국인은 백인들에 비해 2배나 높은 영아사망률을 경험하고 있다. 지난 40년 동안 영아사망률 자체는 크게 떨어졌지만, 이러한 인종 간 차이에는 변함이 없었다. 전립선암 발병률은 백인 남성과 비교할 때 아프리카계 미국인 남성에게서 60%나 높게 나타난다. 아프리카계 미국인은 심혈관계 질환과 뇌졸중, 당뇨, HIV/AIDS 및 다른 주요 질환들의 발병률 및 사망률도 유의미한 수준으로 더 높다. 다른 민족과 인종 집단들 역시 높은 유병률과 사망률을 보여주는데, 이는 공중보건이나 보건의료 전달체계의 관심을 별로 받지 못하고 있다. 예를 들어, 비만과 당뇨는 미국 원주민과 알래스카 원주민, 멕시코계 미국인, 그리고 태평양 도서지역 주민 및 아시아계 미국인에게서 높은 유병률을 나타낸다.

인종 및 민족 간 건강불평등은 보건의료 연구자들이나 정책입안가들 사이에서 오래전부터 알려져 왔으나, 최근에야 중요한 정책적 관심사로 부각되었다. 이 문제에 대해 국가의 정책적 관심을 불러일으킨 기폭제는 미국의학협회IOM: Institute of Medicine가 출간한 보고서『불평등한 치료: 인종 및 민족 간 보건의료 불평등에 맞서며Unequal Treatment: Confronting Racial and Ethnic Disparities in Healthcare』(Smedley, Stith, Nelson, & U.S. Institute of Medicine, Committee on Understanding and Eliminating Racial and Ethnic Disparities in Health Care, 2002)였다. 이 보고서에 따르면, 보건의료서비스—검사나 정교한 치료 등—의 이용과 그 질에 있어서 두드러진 차이가 있으며, 이러한 차이는 건강보험과 소득을 통제해도 나타난다. 이 보고서는 논란이 되었는데, 왜냐하면 전통적인 접근성

요인들과 전달체계의 작동 외에도 임상 의료에서의 차별 문제를 불평등의 중요한 요인으로 보았기 때문이다. 좀 더 구체적으로 말하자면, 이 보고서는 의사들이 의식적, 혹은 무의식적으로 나타내는 고정관념과 편견에 초점을 맞추고 있다.

많은 보건의료재단과 마찬가지로 연방정부는 인종 및 민족 간 건강불평등 문제를 예산과 임상 및 서비스에 대한 관심, 그리고 연구에 있어서 주요 순위에 두게 되었다. 의회는 이제 보건의료 연구 및 품질 관리국Agency for Healthcare Research and Quality에 다양한 취약집단 즉, 저소득층, 소수인종 및 소수민족, 여성, 아동, 노인, 그리고 특별한 혹은 만성적인 보건의료서비스 욕구를 가지고 있는 사람들의 건강불평등 관련 이슈들에 대해 연간 보고서를 준비하도록 요구하고 있다. 이러한 이슈들은 매우 복합적으로, 근본적인 사회 환경과 건강 행동, 그리고 보건의료서비스 전달체계 간의 상호작용 등을 포함한다.

보건의료 안전망

많은 개인과 가구들이 경제적인 이유로, 또는 비경제적인 장벽으로 인해 보건의료서비스에 대한 접근성 문제를 경험하고 있기 때문에, 무료 또는 지불능력에 따라 제공되는 공공 및 비영리 조직의 보건의료서비스 전달 문제는 매우 중요한 이슈이다(Smedley et al., 2002). 소위 이러한 안전망 공급기관safety net provider에는 공공병원과 클리닉, 연방정부인증의료센터FQHC: Federally Qualified Health Center, 특수공급기관(출산 관련 건강센터와 같은), 자원봉사자들에 주로 의존하여 운영되는 무료 진료소 등이 포함된다. 병원이나 의사, 클리닉에서도 상당수의 서비스를 무료나 정부 보조금을 통해 받을 수 있다. 응급실 진료나 화상 치료와 같은 특수한 서비스들은 빈곤이나, 1차 및 공공 보건의료서비스의 취약성, 또는 규제요건 등으로 인해 보험가입을 못한 환자들에게 집중적으로 제공된다.

역사적으로 이러한 공급기관들은 연방정부와 주정부 및 지자체로부터의 기금이나, 메디케이드 및 연방정부인증의료센터들의 지불금, 또는 민간 자선기금에 크게 의존해왔다. 의료 개혁이 본격적으로 실행되기 전인 지금의 단기적 상황을 보면, 대부분의 주에서 이러한 자원들은 압박을 받고 있으며, 보건의료서비스를 제공하는 데 실제로 드는 비용을 충당하지는 못했다. 장기적으로 보면, 의료개혁이 실행됨에 따라 많은 도시의 보건의료센터들은 안전망 공급체계의 기획과 관리, 조정을 필요로 하게 될 것이다. 오바마 의료개혁법은 지역사회 건강센터에 대해 실질적인 새 예산—5년에 걸쳐 110억 달러—을 제공할 것이다. 이는 개혁이 진행됨에 따라 이런 기본적인 안전망을 통해 지역사회기반의 1차 진료서비스 실행이 가능해지고, 불법체류 노동자와 같이 보장받지 못했던 개인들의 욕구에도 부응할 것이라는 기대에 따른 것이다.

시골 지역의 안전망 공급기관들은 훨씬 더 큰 도전에 직면해 왔다. 기술의 발전, 의사를 비롯한 의료인력 모집 및 유지의 어려움, 작은 병원들과 1차 진료서비스에 대한 접근성을 유지하려는 시골 지역의 노력에 반하는 지불 정책 등 여러 가지 문제들이 혼합된 어려움 때문이었다

(Ormond, Wallin, & Goldenson, 2000). 시골 지역 병원과 클리닉의 환자 수는 상대적으로 많지 않아서 현대 의학에서 요구되는 보건의료의 효율성과 기술에 부합하기 어렵다. 동료들과 함께 일하기를 원하고, 다른 전문의와의 연계를 원하거나 정교한 설비 및 편의시설을 찾는 의사들은 자연스럽게 도시의 의료 환경에서 일하고자 할 것이다. 많은 시골 지역에 보험미가입자들과 저소득층이 밀집되어 있다 보니, 그런 지역의 보건의료 공급자들은 열악한 지불 환경, 소외되었을 뿐 아니라 질병 고위험군인 경우가 많은 환자들, 그리고 높은 단위비용과 같은 세 가지 위험에 처하기가 쉽다.

메디케어와 메디케이드 모두 시골 지역의 보건의료 공급자와 의사들에 대한 지원 정책을 촉진하고 있으며, 보건의료 공급자들은 합병과 제휴, 또는 화상진료와 같은 신기술을 이용하여 그것에 부응하고자 애쓰고 있다. 그러나, 시골 지역 안전망의 어려움에 대해서는 주요 정책적 사안으로 지속적인 관심을 가져야 한다.

환자 중심의 메디컬 홈

메디컬 홈medical home은 1967년 특별한 의료 욕구를 가진 아동들을 돌보기 위한 전략으로 시작되었지만, 최근 그 개념은 고품질의 1차 진료를 모든 사람에게 제공하기 위해 폭넓게 수용되고 널리 시도되는 모델로 진화되어 왔다. *메디컬 홈*에 대한 별도의 표준적 정의는 없지만, 그 본질적 구성요소는 주치의, 더 나은 진료 접근성, 진료 연계, 팀 단위 진료, 전인적 관점, 진료의 질과 안전에 대한 강조 등이다. 환자 중심의 메디컬 홈 모델은 다양한 방법과 현장을 통해 시도되어 왔다. 현재 공공과 민간이 운영하는 수십 개의 시범프로그램이 있는데, 그 목록은 메디컬 홈 모델을 주창한 전문의 집단 중 하나인 미국소아과학회American Academy of Pediatrics(www.medicalhomeinfo.org)가 가지고 있다. 또한 이 모델은 폭넓게 받아들여졌다. 국가 서비스 질 보장위원회 National Committee on Quality Assurance는 보건의료임상을 위해 메디컬 홈에 대한 세 개의 승인 단계를 개발해왔다. 미국의사협회 대의원회American Medical Association House of Delegates는 네 개의 전문의 집단이 제시한 "환자 중심 메디컬 홈 공동 원칙"을 채택하였다. 또한, 새로운 의료개혁법은 메디컬 홈 모델에 대한 지속적 실험을 승인하였다. 특히, 오바마 의료개혁법은 주정부가 만성질환이나 중증정신질환을 앓는 메디케이드 등록 환자들을 위해 "헬스 홈Health home" 프로그램을 시행하는 것을 허가하고 있다. 오바마 의료개혁법은 또한 메디케이드·메디케어 서비스센터CMS: Center for Medicaid and Medicare Services 내에 새롭게 설립된 메디케어·메디케이드 혁신 센터 Center for Medicare and Medicaid Innovation 산하 "높은 욕구"를 지닌 수급자용 시험모델 중 하나로 환자 중심의 메디컬 홈을 특화하고 있다.

클라이언트를 적절한 자원과 서비스에 연계시키는 사회복지사의 전문적 기술은 서비스 조정 영역에서 특히 중요한 역할을 하고 있다. 사회복지사는 사례 관리에서의 훈련과 경험으로 욕구 파악과 의료서비스 계획의 개발, 실행, 평가와 같은 각각의 서비스 관리 과정에 능숙하다. 서비스 조정은 비용을 줄이고, 질은 향상시킬 수 있기 때문에 메디컬 홈에서 가장 중요한 구성요소 중 하나이다(McAllister, Presler, & Cooley, 2007). 그럼에도 불구하고, 대부분의 실천 현장에서는 실제로 서비스 조정이 활용되지 못해 왔음을 보여주는 근거들이 있다(Goldenberg & Kuzel, 2009). 이 연구는 사회복지사가 서비스 조정 활동의 중요성을 인지하고 이러한 서비스를 제공하기 위해 나설 필요가 있음을 제시하고 있다.

사회복지 전문직은 인간의 삶과 사회를 변화시키고 향상시키기 위해 인간행동과 사회체계 이론들을 참고한다. 환경 속의 인간이라는 관점을 포용하는 사회복지사들은 메디컬 홈의 전인적 관점에 대해 특별한 통찰력을 가지고 있다. 전인적 인간whole person을 고려함에 있어서 사회복지사들은 클라이언트를 둘러싼 각각의 환경, 즉, 가족과 지역 및 사회의 맥락에서 그의 신체적, 정서적, 영적인 특성들을 살핀다. 보건의료실천에서 메디컬 홈 모델이 실행되기 시작하면, 사회복지사들은 전인적 관점을 제시하고 메디컬 홈 모델에서 이 관점이 완벽히 구현되고 적용되도록 도울 수 있다. 또한, 사회복지사는 클라이언트 중심이며 현장에서 검증된 도구인 소위 환경 속의 인간 체계를 클라이언트의 문제를 분류하는 데 잘 활용할 줄 안다. 이 체계는 클라이언트가 경험하는 문제에 대해 더 잘 이해할 수 있고, 보다 효과적인 개입을 계획할 수 있도록 해준다.

사회복지사의 전문적 역할

의료개혁에 대한 정책 논의나 주의 메디케이드 정책 또는 도시지역의 보건의료 전달시스템에 대한 논의에서 사실상 전혀 고려되지 않고 있는 것 중 하나가 바로 보건의료체계 안에서의 사회복지사의 전문적 역할이다. 사회복지사의 전문적 역할은 정책이 변화됨에 따라 최근 몇 십년 동안 급속히 변화되어 왔다. 예를 들어, 메디케어에서 예상비용지불제의 시행과 함께 퇴원계획이 강조되면서 보건의료사회복지사의 책임성은 근본적으로 변화되었다. 병원의 우선순위는 환자의 입원일수를 줄이는 것이 되었다. 이에 따라 퇴원을 서두르기 위해 대체할 곳을 찾아 연계해주는 일이 강조되었다. 지역 자원에 대한 지식, 환자 가족들과의 소통 능력, 학제 간 협업 중심성을 지닌 사회복지사들은 이러한 제도적 요구사항의 해결사가 되었다. 사회복지를 점차 단순히 "퇴원계획"과 동일시함에 따라 병원에서의 보건의료사회복지사의 지위와 책임도 그에 맞추어졌다.

인구가 고령화되고, 당뇨나 천식과 같은 만성질환 수가 증가하며, 새로운 형태의 지역사회 보건의료 전달체계가 생겨남에 따라 사회복지전문직은 실천 현장에서 새로운 역할을 정립하고 옹호할 기회를 갖게 되었다. 미국국립보건원 산하의 국립암연구소라든가, 메디케이드 메디케어 서비스센터, 보건의료 자원 및 서비스청Health Resources and Service Administration, 미국암학회 American Cancer Society, 그리고 기타 지역 병원들과 클리닉들은 취약한 환자와 그 가족들이 암이나 만성질환 치료와 관련된 임상이나 서비스, 또는 사회적인 측면들을 조정하도록 돕는 "환자 내비게이션patient navigation" 프로그램을 이용하도록 노력하고 있다. 이는 보건의료 영역에서 사회복지의 역할을 정의하는 데 있어서(또는 역할을 정의할 수 없게 만드는 데 있어서) 중요한 분야들을 알려준다(Darnell, 2007). 보건의료 서비스 전달체계에서 사회복지사의 전문적 역할을 활성화시키는 열쇠는 정책적 옹호에 있다. 즉, 서비스 전달의 범주와 비용, 관리를 통해 수급자들에게 선택권을 제공하는 전문인으로서 사회복지사가 자리매김되도록 하는 것이다.

사회정의의 대변자와 지지자로서, 사회복지사는 보건의료서비스의 불평등과 접근성 부족 문제에 대응하는 건강하고 배려있는 정책을 주장해야 할 역할도 갖고 있다. 주정부 차원에서 사회복지사는 메디케이드와 국가아동건강보험의 보장범위 및 지급정책을 분석하는 데 있어서 중요한 목소리와 자원의 역할을 해왔다. 특히, 보편적 보장이 이루어지고 있지 않은 지역 수준에서 사회복지사는 소위 보건의료 안전망, 즉, 저소득층이나 보험미가입자들, 또는 부분 보장만 받는 환자들에게 서비스를 제공하는 공공 및 비영리 공급자들을 유지하는 데 중요한 정책적, 정치적 역할을 담당한다. 메디케어나 메디케이드와 같은 프로그램을 집행하는 사회복지사의 전문성, 그리고 그러한 프로그램이 취약 집단과 지역사회의 실제 생활에 어떠한 효과를 미치는지에 대한 이해는 사회복지사가 입법적, 행정적, 규제적 결정을 위해 동원하는 정치적 자본 중 하나이다.

결론
CONCLUSION

미국 보건의료정책은 접근성과 비용, 서비스의 질, 책무성이라는 구조적 문제를 다루려는 시도를 하고 있다. 오바마 의료개혁법이 제정됨에 따라 주된 정책적 관심사는 서비스의 접근성에서 비용과 질의 측면으로 바뀌었다. 비록 의료개혁법을 만든 사람들은 실제적인 비용이 모두 충당가능하다고 주장하고 있지만(Orszag & Emanuel, 2010), 한편에서는 이 법안이 기술의 고도화, 전달체계 관리의 강화, 보험의 확대와 같은 근본적인 비용 상승 요인들을 잘 해결하지 못할 것이라고 생각한다. 좀 더 세밀하게 살펴보면, 비용 문제는 미국의 보건의료서비스 비용 수준뿐만 아니라 보건의료서비스가 가져오는 혜택 및 가치의 문제이기도 하다. 보건의료서비스에 대한 정부 및 민간 비용 부담자들은 보건의료서비스 지출을 통제하고자 시도해왔고, 서비스의 질과 책무성을 보장하는 데 점점 더 많은 정책적 관심을 기울여왔다.

보건의료서비스의 규모와 범위에 영향을 미치는 핵심적 정책 수단은 재원조달방식(조세 또는 보험료 등), 지불방식(포괄수가제 또는 관리의료 1인당 정액제 등), 그리고 서비스의 질과 효율성에 대한 정보이다.

비록 접근성, 비용, 질, 책무성이 정책분석 및 개혁에 대한 일차적인 쟁점이라고 할지라도 보건의료시스템에서 모든 입법과 규제행위는 거대한 정치경제적 이익이라는 맥락에서 이루어진다. 최근 개혁의 역사는 건강보험과 제약 산업과 같은 거대한 이익집단들이 여론을 조성하고 의회 활동을 진행함으로써 이들에 의해 주도되는 경향을 보였다. 이제 개혁의 다음 단계에서는 주정부가 건강보험거래소, 메디케이드와 국가아동건강보험 확대, 전달체계 개혁, 건강 예방 및 증진 사업, 인력 개발 등을 실행하게 되는데, 이것이 오바마 의료개혁법의 궁극적인 성공을 결정하게 될 것이다. 그동안 건강보험에 가입하지 못하거나 일부만 보장받던 사람들이 이제 일반 보험이나 메디케이드 가입을 선택하거나 참여할 수 있게 되고, 주요한 보건의료 공급자와 서비스의 혜택을 받게 될 것이라는 점이 가장 커다란 변화이다. 이러한 전환기 동안 사회복지사의 가장 중요한 역할은 취약계층을 지지하고 옹호하는 것이다.

보건의료 분야에서 사회복지가 앞으로도 계속 기여해야 할 두 개의 커다란 정책적 영역은 메디케어와 메디케이드 프로그램이다. 메디케어의 처방약 보장범위를 확대하고, 보험 선택 가능성과 보장성에 있어서 메디케어를 보다 경쟁적이며 소비자 주도적으로 진화시키는 것은 사회복지실천과 옹호의 중요한 임무이다. 특히, 메디케이드는 2014년에 자격조건이 전국적으로 빈곤선의 133%로 확대되는데, 개혁 전환기 동안 보장성과 재원에 있어서 위협을 받고 있다. 이러한 과도기에 주정부는 정책적으로 양날의 칼에 직면해 있다. 한 편에서는 경기가 침체됨에 따라 자원을 제한하고 프로그램의 예산 삭감을 강조하고 있으며, 다른 한 편에서는 개혁 실행을 통해 보장성을 유지·확대할 것을 기대하며 요구하고 있다. 이러한 전환기에 사회복지사가 끊임없이 주시하고 옹호하는 것이 특히 중요하다.

사회복지사는 직접적인 실천이나 보건의료정책을 형성하고 실행하고자 하는 전문적인 역할, 그리고 보건의료개혁에 대한 더 폭넓은 옹호를 위해 이러한 보건의료정책의 변화에 대해 잘 이해할 필요가 있다. 개혁이 진행됨에 따라 보건의료정책은 비용의 급속한 상승, 인구 고령화, 공공지출 통제에 대한 압박 증가로 인해 국가의 가장 중요한 정책 사안이 될 것이며, 이는 사회복지사의 전문성, 옹호, 리더십을 발휘하는 데 중요한 기회를 제공할 것이다.

연습문제

연습 5.1

여러분의 주에 거주하는 저소득층 장애인에 대한 메디케이드 자격 기준을 확인해 보자. 메디케어 외에도 다른 건강보험에 가입할 자격이 되는가? 메디케이드와 메디케어의 중복수급자격을 얻기 위해 이 사람은 어떠한 조건을 갖추어야 하는가? 찾아볼 만한 다른 프로그램이 있는가? 이 사람의 경우 어떤 식으로 처방약에 대한 보험적용이 가능한가? 보건의료서비스를 제공받기 위해 어떠한 안전망 공급기관을 이용할 수 있는가? 어떤 서비스 차이가 있을 것으로 예상되는가?

연습 5.2

의료개혁에 따른 사회복지사의 새로운 전문적 역할을 제시해 보자. 이러한 역할에 따른 직무에 대해 기술해 보라. 메디케어 메디케이드 서비스센터의 고위급 정책 리더에게 이러한 역할의 혜택과 정당성에 대해 어떻게 설명할 수 있을 것인가? 이러한 역할이 재정적으로 지원되고 보상받도록 어떻게 제안할 수 있을 것인가? 사회복지사의 이러한 역할은 보건의료시스템에서 의사, 보건의료 행정가, 간호사와 같은 다른 전문가들의 역할과 어떻게 관련되어 있는가?

연습 5.3

보건의료 영역에서 사회복지사가 당면하는 가장 큰 정책적 문제 한 가지는 무엇이라고 생각하는가? 접근성이나 결과의 불평등인가? 공급자의 문화적인 수행능력인가? 주 차원에서 메디케이드의 보장성이 잠식되는 것인가? 보건의료정책을 만드는 데 영향을 미치고자 하는 사회복지사에게 어떠한 전략과 접근을 제시할 수 있겠는가?

추천 자료

프로그램, 정책분석, 자격기준 원칙에 대한 더 세부적인 자료는 정부 문서나 재단 보고서, 웹 자료 및 저널에서 찾을 수 있다. 보건의료정책에 대해 지속적인 관심이 있는 사회복지사는 전반적인 정부 정책 구조와 보건의료서비스에 대한 자원 등을 숙지해야 한다. 대상자격이 정해진 정부 프로그램(특히, 메디케어나 메디케이드)에 대한 가장 포괄적인 지침서인 그린북Green Book 은 미국 하원의 세입재정위원회U.S. House Ways and Means Committee에서 발행되며, 웹사이트 www.gpoaccess.gov/wmprints/green/index.html에서도 열람할 수 있다.

메디케어와 메디케이드를 심층적으로 이해하는 데 관심 있는 사회복지사는 연방정부 프로그램에 대한 자료들, 특히,『메디케어와 당신Medicare and You』은 메디케이드 메디케어 서비스센터 홈페이지인 www.cms.gov를 통해 찾아볼 수 있다.

메디케어와 메디케이드에 관해 진행 중인 정책적 이슈들이라든지, 소수계층의 건강, HIV/AIDS, 그리고 보험미가입자들의 접근성 등에 관한 구체적인 주제들은 카이저 가족재단과 웹 자료들에 잘 다루어져 있다. 더 많은 정보는 www.kff.org에서 구할 수 있다.

보건의료정책에 관심 있는 사회복지사에게 도움이 될 만한 주요 저널로는『Health Affairs』, 『Health Care Financing Review』,『Social Work and Health』 등이 있다.

보건의료 용어에 대한 포괄적인 용어사전이 2004년판『보건의료영역에서 사용되는 학술전문용어 사전Academy Health Glossary of Terms Commonly Used in Health Care』이라는 제목으로 출판되었으며, 이는 www.academyhealth.org에서 찾아볼 수 있다.

부록 5.1 뉴딜 정책 이후의 연방 보건의료정책 연혁

2000년대

2010 환자보호와 건강보험료 적정부담법(일명 오바마 의료개혁법)Patient Protection and Affordable Care Act, 보건의료 및 교육 조정법Health Care & Education Reconciliation Act 제정.

2003 메디케어 처방약 개선 및 현대화법Medicare Prescription Drug Improvement and Modernization Act of 2003 제정.

2001 대통령의 주도 하에 연방 보건의료센터 프로그램 확대.

2000 유방암 및 자궁경부암 예방 및 치료에 관한 법Breast and Cervical Cancer Prevention and Treatment Act of 2000 제정으로 주정부들이 유방암이나 자궁경부암 환자들에게 소득이나 자원에 상관없이 메디케이드를 제공하게 됨.

1990년대

1999 자활지원 및 근로인센티브 개선법Ticket to Work and work Incentives Improvement Act of 1999 제정으로 메디케어와 메디케이드의 적용 범위를 직장에 복귀하는 장애인들에게로 확대함.

1997 균형예산법Balanced Budget Act of 1997의 제정으로 국가아동건강보험프로그램SCHIP: State Children's Health Insurance Program과 메디케어 초이스Medicare Choice 프로그램이 신설됨.

1996 건강보험 이동성 및 책무성법HIPAA: Health Insurance Portability and Accountability Act, 개인책임 및 근로기회 조정법Personal Responsibility and Work Opportunity Reconciliation Act of 1996, 정신건강치료보장법Mental Health Parity Act of 1996 제정.

1994 클린턴 대통령의 건강보험 개혁안 실패.

1993 의료보장법Health Security Act(클린턴 의료개혁안)이 의회에 소개됨. 가족 간병휴가 및 병가법 Family and Medical Leave Act of 1993 제정.

1990 미국장애인법ADA: Americans with Disabilities Act, 라이언 화이트 포괄적 AIDS자원비상대책법 Ryan White Comprehensive AIDS Resources Emergency Act 제정.

1980년대

1989 1989년도 총괄예산조정법Omnibus Budget Reconciliation Act of 1989 제정, 메디케어 중증질환보장법Medicare Catastrophic Coverage Act 폐지.

1988 메디케어 중증질환보장법 제정으로 중증질환 및 처방약에 대한 보장이 가능해짐.

1987 1987년도 총괄예산조정법에 따라 메디케이드 적용 기준이 임산부와 아동에게 확대되고 의사들에게 메디케어 진료비를 지급하기 위한 자원 기반의 상대적 가치 척도resource-based relative value scale가 만들어짐. 스튜어트 맥키니 노숙자 지원법Stewart B. McKinney Homeless

Assistance Act 제정.

1986 1986년도 총괄예산조정법, 총괄의료법Omnibus Health Act of 1986 제정.

1985 긴급적자감축 및 균형예산법Emergency Deficit Reduction and Balanced Budget Act, 통합총괄예산법Consolidated Omnibus Budget Act, 통합총괄예산조정법Consolidated Omnibus Budget Reconciliation Act 제정.

1984 적자감축법DEFRA: Defit Reduction Act of 1984은 주정부들로 하여금 메디케이드 적용범위를 1983년 9월 30일 이후 출생한 아동, 요부양아동가족부조AFCD: Aid to Families with Dependent Children 수급 가정의 5세 이하 아동까지 확대하도록 함. 아동학대법 개정Child Abuse Amendments으로 중증 장애를 가진 신생아에 대한 치료 및 기록 지침이 마련됨.

1983 사회보장법 개정Social Security Amendments을 통해 메디케어 및 메디케이드 환자의 입원 서비스 비용 지급을 위한 예상비용지불제PPS: prospective payment system 신설. 여기에는 포괄수가DRG: Diagnosis Related Groups 척도 등이 포함됨.

1982 조세 형평 및 재정 책임법TEFRA: Tax Equity and Fiscal Responsibility Act of 1982 제정.

1981 1981년도 총괄예산조정법 제정.

1980 1980년도 총괄예산조정법 제정.

1970년대

1979 공중위생국장Surgeon General 보고서인 『Healthy People』은 국가적인 예방 아젠다에 대한 기초를 마련함.

1977 노동부와 보건교육복지부8)의 1977년 회계연도 세출법에 따라 신설된 하이드 수정조항Hyde Amendment은 일부 예외조건에 해당하지 않는 낙태에 대해 연방정부의 메디케이드 지급을 금지함.

1973 건강유지기구법HMO: Health Maintenence Organization Act 제정.

1972 1972년 사회보장법 개정을 통해 보충적 소득보장 프로그램SSI: Supplemental Security Income이 마련되었으며, 의료표준감시기구PSROs: Professional Standards Review Organizations가 신설됨. 또한, 장애인이 보충적 소득 보장 프로그램 수혜를 받을 수 있도록 메디케이드 자격기준이 확대되고, 메디케어 자격기준은 말기신장질환 환자에게까지 확대됨. 국가무상급식 및 아동영양 개정법National School Lunch and Child Nutrition Amendments에 따라 여성과 영아 및 아동 프로그램WIC: Women, Infants, and Children program이 마련됨.

1960년대

1967 1967년 사회보장법 개정을 통해 조기검진 및 정기검진과 치료EPSDT: Early and Periodic

---

8) Department of Health, Education, and Welfare. 1979년 교육부Department of Education가 분리되고, 명칭이 보건복지부Department of Health and Human Services로 변경됨 — 옮긴이 주.

Screening Diagnosis and Treatment가 메디케이드에 포함됨. 정신보건법 개정.

1965 1965년 사회보장법 개정을 통해 메디케어와 메디케이드가 신설됨.

1960 1960년 사회보장법 개정.

1950년대

1950 국립과학재단법National Science Foundation Act of 1950 제정.

1940년대

1946 병원점검 및 설립법Hospital Survey and Construction Act(힐-버튼법Hill-Burton Act)에 따라 병원 건립을 할 때 연방정부로부터 지원금과 대출을 받을 수 있게 됨. 국가정신보건법National Mental Health Act 제정.

1944 1944년 공공보건서비스법Public Health Service Act of 1944 제정.

1943 위기모자 돌봄 프로그램Emergency Maternal and Infant Care Program을 통해 보건의료서비스 회원의 부인과 자녀에게 모성 관리 및 영유아 서비스가 제공됨.

1930년대

1935 모성과 아동 건강에 관한 법령 등을 포함한 사회보장법이 통과됨.

출처: *Health Reform in America; A Reference Handbook*, by J. J. Kronenfeld and M. R. Kronenfeld, 2004, santa Barbara, CA; ABC-CLIO; Appendix 1; Medicaid Legislative History-1965-2000, by Henry J. Kaiser Family Foundation, n.d., http://www.kff.org/medicaid/loader.cfm?url=/commonspot/security/getfile.cfm&PageID=14255; *Breast and Cervical Cancer Prevention and traetment*, by Centers for Medicare and Medicaid Services, 2004a, http://www.cms.hhs.gov/bccpt/default.asp; CMS History Page Quiz, by Centers for Medicare and Medicaid Services, 2004b, http://www.cms.hhs.gov/about/history/quiz/answers.asp; The Mental Health Parity Act, by Centers for Medicare and Medicaid Services, 2004, http://www.cms.hhs.gov/hipaa/hipaa1/content/mhpa.asp/

제6장

건강행동이론

Theories of Health Behavior

새라 겔러트 SARAH GEHLERT, 새라 E. 볼링어 SARAH E. BOLLINGER

건강행동이론은 보건사회복지사가 직면하는 많은 개념들을 정리하고, 왜 사람들이 자신의 건강과 관련하여 그렇게 행동하는지에 대한 이해를 돕는 개념적 준거틀을 제공한다는 데 그 잠재적 힘이 있다. 또한, 이러한 이론들은 연구의 절차와 구조를 돕기 위한 방향을 제시한다. 건강행동이론들은 실천 현장에서 고민하는 문제들에 대해 공유된 언어를 제공함으로써 실천과 연구를 통합할 수 있도록 한다.

사회복지교육협의회Council on Social Work Education가 1999년에 채택한 15개 보건사회복지모델 강의지도안을 살펴보면, 건강행동이론들과 직접적으로 관련된 내용들이 부족한 것으로 나타났다(Copeland, Jackson, Jarman-Rohde, Rosen, & Stone, 1999). 비록 몇 년 동안 사회복지학 교재를 구성함에 있어 사회복지실천과 연구에서 이론의 중요성이 강조되어 왔지만, 여전히 이러한 현실은 부인할 수 없다. 예를 들어, 헵워드Hepworth, 루니Rooney, 루니Rooney, 스트롬-고프리드Strom-Gottfried와 랄슨Larsen(2010)은 사회복지이론이 클라이언트의 상황을 이해하고, 그들에게 적절한 개입을 제공하는 데 있어 필수적이라고 믿는다. 그들은 "우리의 전문직 역사를 통해 살펴볼 때, 사회복지사들은 클라이언트의 환경을 이해하고 개입에 도움이 되는 이론들을 매우 한정적으로 도출하였다"(p. 18)라고 설명한다. 즉, 사회복지 전문직의 다양한 관점을 위해서 이론은 필수적이지만, 적용가능한 건강행동이론의 부족으로 인해 사회복지교육은 여전히 불안정하다는 것이다.

*실천이론*practice theory에 대한 정의를 인지이론, 행동이론, 집단 또는 가족 체계이론과 같은 기초이론에 국한하더라도, 보건의료 영역에서 일하는 사회복지사가 그 이론들을 활용하는 데 무리가 없을 것이다. 사회복지적 개입은 대부분 심리학 영역에서 출발한 기초이론들에 근거를 두고 있다. 쉬포Sheafor와 호레시Horejsi(2006)는 "대부분의 실천이론들은 하나 또는 그 이상의 기초이론에 근거를 두고 있다"라고 언급하며, "심리사회학적 치료는 심리역동이론과 자아심리학에 근거를 둔 것이다(p. 51)"라고 예를 들고 있다. 보건의료 영역에서 일하는 사회복지사들은 어려운 의료 절차에 대해 환자를 준비시키는 기술인 스트레스 면역stress inoculation(Blythe & Erdahl, 1986)

을 키우기 위해 인지이론과 행동이론을 적용하는 등 기초이론들을 충분히 그리고 창의적으로 활용해 왔다.

그러나, 이 장에서는 사회복지실천에 있어서 기초이론과 똑같이 중요한 다른 범주의 이론들 즉, 건강행동이론들에 대하여 논의할 것이다. 비록 기초이론과 건강행동이론이 서로 관련이 있다고 해도, 이 이론들은 두 가지 측면에서 다음과 같은 차이가 있다.

1. 기초이론의 경우 건강행동이론에 비해 보다 좁게 여겨질 수 있다. 왜냐하면, 기초이론은 인간행동에 대한 전반적인 내용보다는 인간 문제의 근원과 치료에 초점이 맞추어져 있기 때문이다. 그에 비해 건강행동이론들은 문제행동뿐만 아니라 인간행동 전반과 밀접한 관련이 있다. 또한, 건강행동이론들은 왜 사람들이 운동과 규칙적인 진료 등을 통해 그들의 건강을 보호하는가를 추론하는 데 사용되어 왔다.
2. 건강행동이론들이 건강의 영역에 국한된 모든 종류의 행동을 고려한다면, 기초이론들은 건강뿐 아니라 교육, 고용, 결혼 등 많은 영역에서의 문제 행동에 관심을 가져왔다.

이 장은 건강행동이론을 기존의 실천이론 정의에 추가함으로써 보건의료 영역에서의 사회복지실천 및 연구에 보다 가치 있는 도구를 제공할 수 있다는 점을 강조한다.

먼저 사회복지에서 이론을 활용하는 것에 대해 간단히 논의한 뒤, 건강행동이론들 중 일부를 소개하고 검토해보고자 한다. 각 이론이 보건의료 실천 및 연구 분야에서 과거에 어떻게 사용되어 왔는지, 각 이론의 강점과 제한점은 무엇인지, 건강행동을 설명할 수 있는 실증적인 근거는 무엇인지 등이 논의될 것이다.

이 장의 목표

- 일반적인 관점에서 이론이란 무엇인지, 특별히 건강행동이론들은 무엇인지에 대하여 정의한다.
- 기초이론들과 건강행동이론들을 구별한다.
- 건강행동이론 중 어떤 이론이 보건의료 영역에서의 사회복지실천 향상을 위해 사용될 수 있는지 논의한다.
- 건강행동이론 중 어떤 이론이 보건의료 영역에서의 사회복지연구 향상을 위해 사용될 수 있는지 논의한다..
- 건강신념모델Health Belief Model에 대해 알아보고 제한점, 활용을 위한 실증적인 근거를 살펴본다.
- 합리적 행동이론Theory of Reasoned Action에 대해 알아보고 제한점, 활용을 위한 실증적인 근거를 살펴본다.
- 계획된 행동이론Theory of Planned Action에 대해 알아보고 제한점, 활용을 위한 실증적인 근

거를 살펴본다.

- 사회행동이론Social Action Theory에 대해 알아보고 제한점, 활용을 위한 실증적인 근거를 살펴본다.
- 의료서비스이용 행동모델Behavioral Model of Health Services Use에 대해 알아보고 제한점, 활용을 위한 실증적인 근거를 살펴본다.
- 이 다섯 가지 이론들을 제한점 및 활용을 위한 실증적인 근거의 측면에서 구별한다.
- 초이론적 모델Transtheoretical Model에 대하여 알아보고 그것이 사회복지실천과 연구에 어떻게 기여할 수 있는지 알아본다.

사회복지실천과 연구에서의 이론 사용
USE OF THEORY IN SOCIAL WORK PRACTICE AND RESEARCH

컬링거Kerlinger(1986)는 *이론*을 "어떠한 현상을 설명하고 예측하고자 하는 목적을 가진 변수들 간의 관계를 규정함으로써 그 현상에 대해 체계적으로 고찰한 것의 개념, 정의, 주장"(p. 9)이라고 정의하고 있다. 그는 *구성 개념*constructs을 "과학적인 목적을 위해 신중하고 의식적으로 고안된 개념"(p. 27)으로 정의하고 있다. 웰빙, 자아존중감, 공격성과 같은 개념은 사회복지 영역에서 매우 폭넓게 사용되고 있다. 구성 개념 간의 관계를 잘 규정함으로써 이론은 추상적인 개념으로 인한 엄청난 혼동에 질서를 제공한다. 매우 뚜렷하고 직접적으로 측정 가능한 주제(예를 들면, 분자의 무게, 온도)를 가지고 연구하는 자연과학 분야에 비해 공격성, 자아존중감 등과 같이 추상적이고 덜 지각적인 개념이 통용되는 사회복지 영역에서 이러한 질서는 특히 더 중요하다.

이론은 사회복지사들이 만나게 되는 클라이언트들의 문제를 이해하고 원조과정에서 절차에 따라 적절한 지침 제시에 도움이 되는 개념적인 틀을 제공함으로써 구성 개념들을 질서정연하게 배치하는 데 매우 유용하다.

또한, 이론은 클라이언트와 함께 그가 처한 상황에서 무엇을 해야 하는지에 대한 지시를 제공할 뿐만 아니라 이론을 통해 실천 현장에 대한 비교가 가능해진다. 우리는 현장에서 특정 행동군의 역동에 대한 이해를 공유할 수 있다. 그리고 이론을 통해 임상 현실에서 사용되는 언어를 공유함으로써 실천과 연구의 통합이 가능해진다.

우리는 현실에서 개념들이 서로 어떻게 관련되어 있는지 이해함으로써 미래에는 그것들이 어떻게 작용할 것인지, 어떻게 개입 계획을 세울 것인지 예측할 수 있다. 글란쯔Glanz, 리머Rimer, 비스와나드Viswanath(2008)는 "이론적 토대가 없는 보건교육가들은 기계공이나 기술자와 같지만, 이론과 연구를 제대로 이해하고 있는 전문가들은 '왜' 개입을 해야 하는지 알고 있으며, 개입을 적절하게 잘 계획할 수 있다"고 하였다(pp. 25-26). 특정한 행동은 암묵적으로든 명시적으로든 또 다른 행동을 유도하게 되는데, 이론은 바람직한 결과를 가져오는 행동을 촉진하고 바람직하지 않은 행동은 감소시키도록 개입을 시도하는 원리가 되기도 한다. 예를 들어, 사람들이 어떠한 위험이 질병에 걸리기 쉽게 하는지를 알고 있다면, 이를 예방할 수 있는 행동에 보다 열성을 보일 것이고, 그 질병에 대한 위험을 알리는 데 초점을 맞춘 개입이 진행될 것이다.

사회복지실천에서 이론과 기술은 자연스러운 파트너이다. 클라이언트의 문제를 사정하고 치료하기 위해 할당된 시간이 줄어들수록, 사정을 촉진하는 도구들과 효과적인 치료접근의 발달은 그 가치가 증대된다. 인간행동에 대한 지식의 축적을 의미하는 이론은 우리가 어떻게 기술을 사용할 것인가에 대한 정보를 제공하는 데 반드시 필요하다. 이론에 기반하여 개입을 구성하게 되면 성공할 가능성이 높아진다. 문제가 일어난 후에 가능한 한 빨리 성공적인 개입을 시도한다면, 여러 가지 치료의 실패로 인해 실망적인 결과를 얻는 상황은 피할 수 있을 것이다.

이론이 어떻게 실천을 위한 가이드라인을 제공하는가는 간질 환자에 대한 실증적 연구를 통해서도 알 수 있다. 간질 경험이 있는 성인들은 심리사회적 문제를 가지고 있을 확률이 높다. 이들의 자살률은 전체 발작 관련 질환자의 평균 자살률에 비해 5배나 더 높고, 뇌의 일시적 변연계에서 발생하는 발작 경험자에 비해 25배나 더 높다(Hauser & Hesdorffer, 1990; Robertson, 1997). 이러한 심리사회적 문제의 병인을 이해한다면 보다 효과적인 개입을 계획하고 실행할 수 있다. 겔러트Gehlert(1994, 1996)는 간질 환자의 경우, 사회생활을 할 때 간질성 발작으로 인해 신체를 능숙하게 통제하지 못할 것이고, 이는 그들의 행동적 노력이 예측 가능한 결과를 가져올 것에 대해 크게 기대하지 않도록 만드는 원인이 된다고 하였다. 어린 여학생이 학교생활을 잘 해내고 싶지만 그녀의 부모님이 옷이나 책 등을 제대로 제공해주지 못해서 이를 성취할 수 없을 때 학습된 무기력감으로 이어지고 높은 우울감과 다른 심리사회적 문제들이 동반되는 것처럼, 이러한 가설의 근간은 행동과 결과의 인과관계가 반복적으로 어긋난다는 것이다. 직업을 갖지 못하거나 유지하지 못하는 것과 같은 인생의 부정적인 사건을 자신의 탓으로 돌리는 사람들과 주어진 보상과 같은 긍정적인 사건을 외적인 요인(다른 사람, 운명, 행운)에 돌리는 사람들의 우울을 예측하는 귀인이론attribution theory(Abramson, Seligman, & Teasdale, 1978; Kelly, 1967; Weiner, 1985)은 발작 통제와 심리사회적 문제와 같은 개념들이 어떻게 조화를 이루는지를 이해하는 데 유용하다.

건강행동이론 그 자체가 곧 귀인이론(Abramson et al., 1978; Heider, 1958; Kelly, 1967)은 아니지만, 건강행동이론은 인간의 행동을 설명할 때 폭넓게 사용되어 왔다. 건강행동이론에 의하면, 거의 통제할 수 없는 상황에 직면한 사람들에게 상황과 원인에 대한 설명을 해 줌으로써 통제력을 갖도록 시도할 수 있다. 질병은 사람들이 거의 통제할 수 없는 상황의 한 예가 될 수 있으며, 따라서 이는 인과론적 설명을 이끌어낸다.

아브람슨Abramson 등(1978)은 인과적 속성을 다음과 같은 세 가지 차원으로 언급하였다: (1) 내적 요인 대 외적 요인 즉, 문제의 원인이 자신에게서 기인하는가, 아니면 다른 사람이나 외부환경에서 기인하는가, (2) 일반성 대 특수성 즉, 동일한 설명이 다양한 요인들에게 적용되는가, 아니면 하나 혹은 소수의 요인에만 적용되는가, (3) 안정성 대 불안정성, 문제의 원인이 되는 요인이 지속적인가 아니면 가변적인가. 비관적인 귀인유형은 부정적인 사건에 대해 안정적이고 일반적이며, 내적인 귀인을 할 때 발생한다.

귀인유형설문지Attributional Style Questionnaire(Peterson et al., 1982)나 CAVEContent Analysis of Verbatim Explanations 테크닉(Peterson, Bettes, & Seligman, 1985)을 이용하여 귀인 속성을 측정하는 것은 건강행동이론을 설명하는 데 매우 유용하다. 피터슨Peterson, 셀리그만Seligman, 바이런트 Vaillant(1988)는 1942년에서 1944년 사이에 하버드 대학을 졸업한 99명의 졸업생들을 낙관적 귀인유형과 비관적 귀인유형으로 분류한 뒤, 이 후 30년 동안 5년 간격으로 이들의 신체적 건강을 추적하였다. 비관적 귀인유형으로 분류된 사람들은 25세 때에는 신체적, 정신적으로 모두 건강한 상태였으나 이들이 45세에서 60세 사이의 나이가 되었을 때 건강상태가 좋지 않은 것을 알게 되었다. 연구자들은 비관적 귀인유형의 사람들이 병에 걸렸을 때 문제를 해결하려고 하기보다는 수동적인 태도를 보이는 경향이 있으며, 스트레스를 완화할 수 있는 사회적 연결망이나 자원이 적다고 분석하였다. 이러한 비관적 귀인속성은 여성의 식이장애(Morrison, Waller & Lawson, 2006), 다발성 경화증 환자의 취약한 건강결과(Kneebone & Dunmore, 2004) 등과 관련이 있는 것으로 나타났다.

간질 환자 사례의 경우, '학습된 무기력' 이론의 핵심 인지요소인 *부정적 귀인유형*negative attributional style을 이해한다면 이들에 대한 개입 지점을 정하고 개입 목표를 계획하는 데 도움이 될 것이다. 예를 들어, 간질 환자는 다른 사람으로부터 그가 남들 만큼 유능하지 않다는 메시지를 많이 접한다. 심지어 발작이 일어났을 때 도움을 주는 것과 같이 순수한 행동도 비효율성과 통제 부족에 대한 미묘한 메시지를 전달하는데, 간질환자가 이를 수년간에 걸쳐 내면화시킬 경우에는 부정적인 귀인 유형을 갖게 된다. 그러나, 간질 환자들을 대상으로 하는 소그룹 개입은 이들이 부정적인 사고를 멈추고 이를 보다 현실적인 평가로 대체시켜 부정적인 귀인 유형과 우울을 감소시키는 데 효과적인 것으로 입증되었다(Gehlert, 1995).

합리적 선택에 근거한 이론적 접근
THEORETICAL APPROACHES BASED ON RATIONAL CHOICE

건강행동에 대한 첫 번째 이론들은 인간의 행동이 합리적이고 논리적인 사고에서 비롯된다는 것에 근거를 두고 있다. 사람들은 다양한 행동에 대한 비용과 혜택을 고려하여 건강에 관한 선택을 결정한다. 이에 대한 두 가지 주요한 이론이 바로 건강신념모델Health Belief Model과 합리적 행동이론Theory of Reasoned Action이다. 계획된 행동이론Theory of Planned Behavior(Ajzen, 1991; Ajzen & Madden, 1986)은 합리적 행동이론의 확장된 형태이므로 그 자체로 독립적인 이론은 아니니다.

건강신념모델

건강신념모델(Hochbaum, 1958; Rosenstock, 1960, 1966, 1974)은 왜 사람들이 찾아가는 이동검진 차량과 같은 시설이 있음에도 불구하고 폐결핵 조기검진에 참여하지 않는지를 설명하는 데에서 유래하였다. 이 이론은 건강행동에 대한 두 가지 주요한 요소에 중점을 두고 있다: 위협 그리고, 결과에 대한 기대가 그것이다(표 6.1 참조). *위협*threat은 좋지 못한 건강상태에 대한 지각된 민감성 및 지각된 심각성과 관련된 것이다. 예를 들어 AIDS에 감염될 위험의 경우, 위협은 이 병에 걸릴 것 같다고 생각하는 것과 지역사회의 의료적 상황에 대해 얼마나 진지하게 생각하고 있는지와 관련이 있다. *결과에 대한 기대*outcome expectation는 HIV 감염을 예방하기 위해 콘돔을 사용하는 것과 같은 특정한 행동이 가져오는 이득과 그 행동을 하는 데 대한 장애물에 대한 지각이다. 에이즈에 걸릴 위험을 줄이기 위해 취하는 행동이 가져올 이득은 죽지 않고 생존하는 것이며, 장애물은 콘돔을 구입하는 데 드는 비용과 그것을 사용해도 될지 파트너에게 물어보았을 때 거절당할 가능성에 대한 염려이다.

표 6.1 건강신념모델의 주요 요소

Ⅰ. 지각된 위협Perceived Threat

   A. 지각된 민감성Perceived susceptibility

   B. 지각된 심각성Perceived severity

Ⅱ. 결과에 대한 기대Outcome Expectation

   A. 지각된 이득Perceived benefit

   B. 지각된 비용Perceived cost

Ⅲ. 자기효능감에 대한 기대Expectation of Self-Efficacy

건강신념모델은 다양한 건강행동과 건강 상태에 사용되어 왔다. 정신의학과를 방문한 외래 환자들의 투약 준수(Kelly, Mamon & Scott, 1987), 복합인플루엔자로 인해 생명의 위협을 경험했던 사람들이 독감예방주사 접종(Larson, Bergman, Heidrich, Alvin, & Schneeweiss, 1982), 유방암과 자궁경부암 조기검진(Ingledue, Cottrell, & Bernard, 2004; Ko, Sadler, Ryujin,& Dong, 2003; Tanner-Smith & Brown, 2010), 사회경제적 지위가 낮은 계층의 어머니들이 자신의 비만아동들의 체중 감소에 더 집착하는 행위(Becker, Maiman, Kirscht, Haefner, & Drachman, 1977) 등이 이에 해당된다.

건강신념모델을 통해 건강결과를 예측할 수 있다는 것은 실증적인 연구들을 통해서도 지지되고 있다. 벡커Becker 등(1977)에 따르면, 건강신념모델의 각 요소들을 사용하여 회귀분석을 실시하였을 때, 이것이 식이요법 준수를 39% 설명할 수 있다고 하였다. 이는 식단을 엄수하는 집단을 대상으로 지각된 민감성과 같은 이 모델의 구성요소들의 영향을 측정하였을 때 이 구성요소들이 식단 엄수를 이해하는 데 있어서 상대적으로 중요한 요인임을 의미한다. 비록 무엇이 식이요법 준수를 결정하는가를 설명하기 위해서는 다른 통제요인들도 함께 고려되어야 하지만, 건강신념모델에서는 사람들의 현상을 이해하는 능력이 유의미하게 중요함을 강조한다.

잔쯔Janz와 벡커Becker(1984)의 연구에서 최근 30년 동안 건강신념모델을 사용한 18개의 전향적 연구prospective application와 28개의 후향적 연구retrospective application에 대해 메타분석을 실시하였다. 모델의 각 구성요소가 건강예방행동을 하는 것과 같은 건강 결과를 예측하는 능력은 특정 구성요소에 대해 확보된 긍정적이고 통계적으로 유의미한 연구결과의 수를 유의미한 결과가 도출된 연구의 수로 나누어 계산하였다. 그 결과, 지각된 위협은 가장 유의미한 예측요인으로, 지각된 비용은 가장 덜 유의미한 예측요인인 것으로 나타났으며, 지각된 민감성과 지각된 이득은 앞의 두 가지 예측요인 사이에 중간 정도로 유의미한 것으로 나타났다. 이 연구에서는 건강을 향상시키기 위한 행동을 결정함에 있어서 지각된 장애—항암치료 시 방사선 치료로 인해 머리카락이 빠지는 것에 대한 두려움 같은—가 다른 요인들(예를 들면, 심각성에 대한 인식, 민감성, 이득 등)에 비해 더 중요함을 강조하고 있다. 지각된 심각성은 건강행동결정에 있어서 가장 유의미하지 않은 것으로 나타난 요인이다.

합리적 행동이론

합리적 행동이론(Fishbein, 1967; Fishbein & Ajzen, 1975)은 기존의 건강신념모델에 환경적인 요인이 개인의 건강행동에 미치는 영향까지 추가하여 더욱 확장된 이론이다. 이 이론에서는 행동이 행동 의도에 의해 즉각적으로 결정된다고 가정한다(그림 6.1 참조). 반대로, 행동 의도 역시 외부환경과 사회규범 속에서 자신에게 의미 있는 타인들의 영향 및 행동에 대한 본인의 태도에 의해 결정된다. 행동에 대한 태도는 다음과 같은 두 가지로 구성된다. (1) 만약 어떠한 행동을 한다면 주어진 결과가 발생할 것이라는 개인의 신념, (2) 개인이 그 결과를 얼마나 중요하게 생각하는가가 그것이다.

*사회적 규범*은 사회적으로 존중받는 사람들이 특정 개인의 행동을 어떻게 생각할 것인가에 대한 믿음과, 그 개인이 그들의 의견을 따르고자 하는 동기에 대한 믿음으로 구성된다. 예를 들어, 실천가들이 낙태를 고민하는 젊은 여성들의 행동을 이해하고 예측하고자 할 때, 그녀가 자신의 남자친구, 가장 가까운 친구, 어머니와 의사들이 낙태에 대하여 어떻게 생각하고 있는지를 의식하고, 그녀가 그들의 의견을 따르고자 하는 의지가 있는지를 고려할 수 있다. 합리적 행동이론은 약물남용(Beck, 1981), 체중감소(Sejwacz, Ajzen, & Fishbein, 1980), 고혈압(Norman, Marconi, Schezel, Schechter, & Stolley, 1985) 등을 비롯한 많은 건강행동 및 건강 상태에 적용되어 왔다. 개인에게 영향을 미치는 요인에 타인이 포함되기 때문에 합리적 선택이론은 청소년기의 건강행동 연구, 피임에 관한 의사결정(Albarracin, Johnson, Fishbein, & Muellerleile, 2001; Baker, 1988), 낙태(Smetana & Adler, 1986), 에이즈 위험행동(Jemmott, Jemmott, & Fong, 1992) 등의 영역에서 사용되어 왔다.

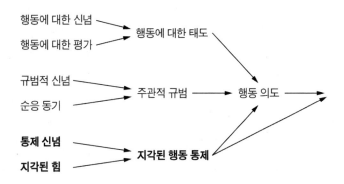

그림 6.1 합리적 행동이론과 계획된 행동이론의 결합

합리적 행동이론과 계획된 행동이론에 의해 공유된 구성요소들은 규칙적인 유형을 나타냄.
계획된 행동이론에 추가된 요소들은 굵게 표시됨.

베이커Baker는 성병치료센터의 환자를 대상으로 이들의 콘돔 사용에 대한 태도와 주관적 규범에 대해 알아보기 위한 연구에서, 안정적인 파트너와의 성관계에서 콘돔을 사용할 의향이 36%, 새로운 파트너나 자주 만나지 않는 파트너와의 관계에서 콘돔 사용 의향의 8%를 예측할 수 있었다. 젬모트Jemmott 등은 아프리카계 미국인 남자 청소년들을 대상으로 에이즈 위험행동을 줄이기 위해 합리적 선택 이론을 기반으로 하여 지식과 태도와 기술의 형성을 강조한 개입을 실시하였다. 이 개입을 받는 청소년들의 경우에는 통제집단에 비해 성행위를 선택하는 경우와 성관계 파트너의 수는 유의미한 수준으로 더 적어지고, 이전에 비해 더 자주 콘돔을 사용하며, 항문성교를 하는 경우도 유의미한 수준으로 낮아졌다. 쿠크Cooke와 프렌치French(2008)에 의해 최근 수행된 메타분석 연구에 따르면, 합리적 행동이론은 직장암과 유방암 조기검진, 출산 전 조기검진과 같은 다양한 조기검진 행동에의 참여를 성공적으로 예측할 수 있는 것으로 나타났다.

계획된 행동이론

아젠Ajzen과 메이든Madden(1986; Ajzen, 1991)은 행동에 대한 지각된 통제perceived control over behavior를 기존의 합리적 행동이론에 포함시켜 기존 이론을 보다 확대시켰다. 이들은 만약 어떠한 행동에 대해 개인이 완벽한 통제력을 가진 것이 아니라면, 의도만으로 행동을 예측할 수는 없다고 하였다(그림 6.1 참조). 지각된 행동에 대한 통제는 행동을 수행하는 과정에서 직면하게 되는 과거의 문제를 반영하는 것으로 가정된다. 즉, 만약 어떤 사람이 과거에 체중감소와 같은 특정한 행동에 성공하지 못하였다면 그것은 그 행동에 대한 스스로의 통제력이 약하다는 것을 입증하는 것이며, 그는 자신의 강한 의지와는 상관없이 그 행동을 계속 유지하기가 쉽지 않다.

계획된 행동이론은 고통완화를 위한 간호사의 마약성 진통제 투여(Edwards et al., 2001), 자궁경부암 조기진단(Sheeran & Orbell, 2000), 청소년 폭력(Jemmott, Jemmott, Hines & Fong, 2001) 등의 영역까지 아우를 정도로 폭넓게 적용되어 왔다. 기존의 합리적 행동이론과 같이 행동이 개인의 의도만으로 예측된다는 연구들, 그리고 계획된 행동이론과 같이 지각된 행동 통제를 추가적으로 결합한 연구들을 살펴보면, 체중감소나 성적 향상 등 보다 더 강한 의지를 수반하는 통제력이 필요하고 이에 대한 부정적인 경험을 가지고 있을 경우, 의도만 있을 때보다 의도와 지각된 행동 통제가 결합되었을 때 훨씬 더 행동을 잘 예측할 수 있다(Ajzen, 1991). 96개 논문에 대해 메타분석을 실시한 연구에 따르면, 계획된 행동이론이 합리적 행동이론에 비해 콘돔의 사용을 덜 정확히 예측한다는 결과가 나타났다(Albarracin et al., 2001). 1997년 이전에 계획된 행동이론을 사용한 185개 연구논문들을 대상으로 메타분석을 진행한 연구에서는 이 이론이 건강행동을 평균적으로 27% 설명한다고 하였다(Armitage & Conner, 2001). 또한, 합리적 행동이론과 계획된 행동이론을 고려한 쿠크와 프렌치(2008)의 메타분석 연구의 결과는 지각된 행동 통제가 행동에 유의미하게 기여하지 않았다는 점을 제외하고는 계획된 행동이론의 분석 결과와 일치하였다.

사회 연결망에 근거한 이론적 접근
THEORETICAL APPROACHES BASED ON SOCIAL NETWORKS

사회 연결망을 기반으로 하는 접근은 합리적 선택 접근법이 행동에 영향을 미치는 환경적인 요소를 적절하게 설명하고 있지 못하다는 비판에서 출발하였다. 건강신념모델은 전적으로 개인의 내적 영역에 국한되며, 합리적 행동이론과 계획된 행동이론조차 인간을 둘러싼 환경 안에서의 인간 행동에 대한 영향을 설명하는 데 있어서는 실패하였다. 즉, 건강행동에 대한 사회 연결망 및 사회구조의 영향을 간과하였다는 것이다. 두 번째 접근 범주인 사회 연결망에 근거한 접근법에서는 개인의 사회성에 주목하면서, 개인의 내적인 영역으로부터 사회적 관계를 강조하는 접근으로 초점을 이동하였다(Tilly, 1984). 이러한 강조점의 변화로 사회 연결망에 근거한 이론적 접근은 행동에 대한 문화적 영향을 간과한다는 합리적 선택에 근거한 이론들을 향한 비판을 피할 수 있게 되었다.

만약 우리가 개인이 내리는 건강에 대한 결정을 개념화한다면, 사회 연결망 접근은 기존의 세 개의 원의 중심에 두 개의 층을 추가하는 것이다(그림 6.2 참조). 그림에서 중간층은 사회 연결망을 의미하고, 바깥층은 정부기관, 경제 체계와 같은 더 큰 사회시스템을 포함한다. 건강행동에 영향을 미치는 중간 및 바깥층에 해당하는 두 개의 이론적 접근은 사회행동모델(Ewalt, 1991)과 의료서비스이용 행동모델(Andersen, 1968, 1995)이다.

| 그림 6.2 | 건강행동에 대한 삼중층의 영향요인을 나타내는 동심원과 관련 이론 및 모델 |

의료서비스이용 행동모델(또는 앤더슨 행동모델)은 작은 점들로 가득한 바탕임. 사회행동모델은 큰 점들로 가득한 바탕임. 건강신념모델, 합리적 행동 모델, 계획된 행동 모델은 무늬가 없는 바탕임.

사회행동이론

사회행동이론Social Action Theory(Ewalt, 1991)은 공중보건 모델과 심리학 모델의 결합을 의미한다. 공중보건의 지배적인 모델은 호스트host와 에이전트agent, 환경environment 세 가지 요소의 상호작용이다. 반면, 합리적 선택에 근거를 둔 이론들은 호스트에만 관심을 두고 있으며, 사회행동이론에서는 사회 및 다른 외부환경 요인이 개인의 인지 과정에 영향을 미침으로써 인간의 행동을 변화시킨다고 보는 사회맥락적 분석을 장려한다. 이 모델은 다음과 같은 세 가지 차원을 포함한다: (1) 바람직한 행동 상태로서 자기 규제, (2) 상호관계적 변화기제, (3) 어떻게 인간의 변화기제가 작동하는가를 맥락적으로 결정하는 더 큰 외부환경체계(참고 6.1; Ewalt, 1991, p. 932). 개인의 바람직한 상태는 그가 사회적 영향, 안전, 물질적 자원, 친밀함 등의 목표를 이루기 위해서는 무엇이 필요한가에 영향을 받는다(Ewalt, 1991, p. 936).

개인의 건강에 대한 일상생활과 습관은 타인의 일상생활 및 습관과 서로 복합적으로 엉켜 있으며, 이러한 관계가 어떻게 발전하는가에 따라 개인의 목표나 보건의료 공급자의 처방이 촉진 또는 방해될 수 있다. 예를 들면, 당뇨를 앓는 어린이들의 식이요법 시 추천된 처방은 부모들로 하여금 다른 음식을 구입하여 준비하도록 하고 가족들에게 두 가지의 분리된 식단(정상가족과 당뇨어린이용)을 차리도록 요구한다. 그러므로 건강에 대한 결정은 사회 연결망과 깊게 관련되어 있다. 합리적 행동이론에서는 사회 연결망을 건강행동에 대한 영향요인으로 간주하고 있지만, 사회행동이론은 사회 연결망을 행동의 주요 기제로 여긴다. 타인들은 행동에 대한 외부적 영향요인이 아니라 적극적인 관여자로 간주되기 때문에 조사대상이 된다.

사회행동이론은 사회적 유대가 지방섭취를 줄이고, 신체활동을 강화하거나 덜 위험한 방식의 성관계를 맺고자 하는 것과 같은 일상생활에의 행동 변화를 시도하고자 할 때 그 성공여부에 강하게 영향을 미친다고 본다. 건강증진에 실패하는 것은 가족 구성원들 간의 갈등과도 관련되어 왔다(Oldridge, 1982). 이 연구에서는 개입의 선택과 개발, 표적화를 위한 지침을 제시하고 있으며, 치료의 과정 중 언제 그리고 어느 정도 타인이 유의미한 영향을 미치는지를 세분화하고 있다.

사회행동이론은 아직까지 그리 많이 적용되지 않은 상당히 새로운 접근이다. 맥크리McCree (1997)는 아프리카계 미국 여성으로 표본집단을 구성하여 그들의 콘돔사용에 관한 연구를 진행하였는데, 높은 친밀성, 콘돔사용에 대한 선호도, 높은 자아존중감, 안전지향적인 성향 등을 그들의 콘돔사용에 대한 가장 주요한 예측요인으로 설명하고 있다. 이 연구에서는 이러한 결과를 바탕으로 자기효능감을 증가시키고, 성적 책임감을 향상시키며, 여성과 그 성적 파트너들 사이에 콘돔사용을 더 선호하는 태도를 기르는 데 초점을 맞춘 개입을 제안하고 있다. 사회행동이론은 이외에도 심장마비를 겪었던 환자로 하여금 더 건강한 행동을 하도록 촉진하고 웰빙을 증진시키는데 성공적으로 적용되어 왔다(Ewalt & Fitzgerald, 1995).

◆ 참고 6.1 사회행동이론

건강행동의 영향요인

• 개인적 수준(건강습관, 개인적 목표, 행동 상태, 동기)
• 사회적 수준(사회적 및 생물학적 맥락, 사회적 상호의존, 사회적 상호작용 과정, 활동의 연결성)
• 범사회적 수준(정부조직의 구조, 경제, 교육, 보건 체계; 법; 정책)

의료서비스이용 행동모델
BEHAVIORAL MODEL OF HEALTH SERVICES USE

의료서비스이용 행동모델(또는 앤더슨 행동 모델)은 1960년대에 개발된 이래로 3단계를 거쳤으며(Anderson, 1968, 1995), 최근에 상당히 보완된 또 하나의 모델—취약계층을 위한 행동 모델—로 완성되었다(Gelberg, Andersen, & Leake, 2000). 이 모델은 의료서비스 이용과 건강행동의 결과를 강조한다는 점에서 이전에 강조했던 접근들과는 다소 차이가 있다.

최초의 모델(Anderson, 1968)은 의료서비스 이용의 결정요인을 소인적predisposing 요인, 촉진enabling 요인, 필요need 요인의 세 가지 범주로 구분하였다.

소인적 요인은 인구사회학적 요인이나 건강에 관한 신념, 개인의 의료서비스 이용에 영향을

미치는 태도 등과 같은 것들이다. **촉진** 요인은 보험의 적용범위, 사회적 지지, 가구 소득 등이다. **필요** 요인은 지각된 그리고, 객관적으로 판정된 건강문제를 포함한다. 1970년대에 소개된 이 모델의 두 번째 단계(e.g., Aday & Anderson, 1974)에서는 소인적, 촉진, 필요 요인들을 대상 집단의 특성 범주에 포함시키고, 정책과 자원, 조직을 보건의료시스템에 포함시켜 변수의 범주를 추가하였다. 1980년대와 1990년에 소개된 이 모델의 세 번째 단계에서는 기존 모델에 외부환경 요인을 추가하여 건강행동의 결정요인 범주를 또 한 번 확장시켰다(그림 6.3 참조). 이제 의료서비스 이용이 더 이상 이 모델의 최종 목적이 아니라 개인의 건강 실천과 관련하여 **건강행동**으로 명명된 새로운 범주 아래 포함되게 되었다. 지각된 건강상태와 평가된 건강상태, 그리고 보건의료서비스 이용자들의 만족도를 포함하는 건강행동의 결과는 이 모델의 새로운 최종 도달점이 되었다 (Anderson, Davidson, & Ganz, 1994).

의료서비스이용 행동모델(또는 앤더슨 행동모델)은 실증적으로도 강하게 지지되어 왔다. 앤더슨Anderson과 아데이Aday(1978)는 미국 내 건강보험 적용을 받지 않는 7,787명의 임의 추출된 표본을 대상으로 보건의료서비스 수준을 이해하기 위해 이 모델을 사용하였다. 연구자들은 소인적 요인으로 나이, 민족, 가구주 교육 수준을, 촉진 요인으로 가구소득, 내과방문보험, 1,000명당 내과의사 수, 지정 주치의 여부 등을, 필요 요인으로 지각된 건강상태 및 전년도에 경험한 병적인 증상의 수 등을 조작화한 결과, 이 요인들이 연구대상자들의 내과 방문 행위를 22% 설명한다고 하였다. 질병의 수준과 나이는 내과 방문 횟수와 가장 많은 관련이 있었으며, 가장 유의미한 정책 관련 변수는 규칙적인 관리였다.

취약계층에 대한 행동 모델Behavioral Model for Vulnerable Populations(Gelberg et al., 2000)은 상대적으로 어려운 계층의 의료서비스 이용에 초점을 맞추었기 때문에 사회복지 영역에서 특히 가치

그림 6.3 의료서비스이용 행동모델(또는 앤더슨 행동모델)의 3단계 구성요소

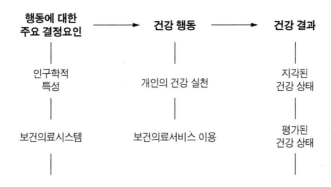

출처: "Revisiting the Behavioral Model and Access to Medical Care: Does It Matter?" by R. Andersen, 1995, *Journal of Health and Social Behavior, 36*, 7. Copyright © 1995 by SAGE. Reprinted with permission.

있는 이론이다. 이 모델은 거주 이력, 정신보건, 약물남용, 피해경험, 상반되는 욕구 등을 본래의 모델에 추가함으로써 노숙자들의 종단연구와 같이 취약계층에 대한 모델의 효과성을 증대시켰다 (Gelberg et al., 2000).

초이론적 모델: 변화의 단계
TRANSTHEORETICAL MODEL: STAGES OF CHANGE

비록 건강행동이론에 포함되지는 않지만, 초이론적 모델TTM: Transtheoretical Model(DiClemente & Prochaska, 1982; Prochaska, 1984)은 기존의 이론에 한 차원을 추가하였다. 즉, 건강행동에 있어 변화를 꾀하고자 하는 개인의 준비도가 그것이다. 변화의 여섯 단계는 다음과 같다. 전숙고 단계precontemplation, 숙고단계contemplation, 준비단계preparation, 행동단계action, 유지단계maintenance, 종결단계termination가 그것이다(Prochaska, Redding, & Evers, 2008).

초이론적 모델은 건강행동에 있어서 인간의 내면적 요소와 사회적 구성요소 양쪽 모두를 결합하고 있으며, 건강행동을 이해하고 변화하고자 하는 접근 안에서 변화의 다양한 과정을 내포한다. 이 과정은 의식 향상, 극적인 사고전환의 사용, 원조관계의 활용 등을 포함한다. 변화는 정적이고 한 시점에 고정되어 발생한다기보다는 지속적이고 점차 증가하는 것으로 간주된다. 이 개념에서 사회복지사는 "클라이언트의 의견"을 존중하고, 보다 큰 사회 환경과 지속적인 변화 과정의 맥락에서 클라이언트를 이해함으로써 그의 행동 변화를 위한 개입을 시도한다. 초이론적 모델은 금연(Dijkstra, Conijm, & DeVries, 2006), 스트레스 관리(Evers et al., 2006), 콘돔 사용(Redding, Morokoff, Rossi, & Meier, 2007)을 포함한 건강행동을 설명하는 데 폭넓게 사용되어 왔다.

논의
DISCUSSION

20세기 초, 매사추세츠 주의 내과의사인 리차드 캐봇Richard Cabot은 사회사업과가 병원에 처음 설립되도록 힘쓰고, 사회복지사들로 하여금 전문성을 위해 견고한 이론적 기초를 세우도록 촉구하였다(Evison, 1995). 그러나 사회복지 전문직들은 의학 분야에서 평판 있는 프로필을 유지하는 것에 주로 신경을 쓰며 이러한 충고를 간과해 왔다. 사실 자신만의 고유한 이론적 기초를 세우는 것은 보건사회복지사들에게 요구하기에는 너무 거대한 일이다. 따라서 다른 전공에서의 잘 만들어진 이론적 접근을 사용하는 것이 합리적이고 신중한 절충안으로 제시된다.

이 장에서 살펴본 이론적 접근들은 비교적 상당히 실증적인 연구들이다. 그 연구들은 내용보다는 규모에 있어서 더 큰 차이가 있다. 합리적 선택에 근거한 접근들은 세 개의 원들에서 중심을 구성하고 있으며, 사회 연결망 및 사회적 관계가 중간 부분에, 범사회적 수준의 영향요인들이 가장 바깥층을 형성하고 있다(그림 6.2 참조). 비록 그들이 건강행동에 영향을 미치는 것으로 우리가 알고 있는 것들 중 일부만을 고려한다고 할지라도 그 층을 잘 이해하는 것은 여전히 유용하다.

반면에 일부 사람들은 이러한 접근이 인간의 내면에만 초점을 맞추고 있다고 비판해 왔다. 그러나, 어떤 경우에는 더 작은 단위의 행동에 초점을 맞추는 것이 임상적으로 보다 유용할 수 있다고 주장할 수 있다. 건강신념모델에서 제공하는 분석틀은 의사결정 과정 중 개인의 내면에서 무엇이 작용하는지에 대해 이해하는 데 매우 유용할 수 있다.

합리적 선택에 근거를 둔 접근들은 대부분 개인들에 초점을 두었기 때문에 사회복지사들은 개인들에게 근본적인 탓을 돌리는 오류(타인의 행동에 영향을 미치는 환경적인 원인을 간과하는 것)를 저지르거나 또는 환경 속에서의 인간을 이해하는 대신, 피해자만 나무라지 않는 것이 중요하다.

사회행동이론의 주요한 강점은 사회적 관계(영향요인의 세 동심원에서 중간층)가 개인의 행동에 미치는 영향을 세밀히 고려한다는 것이다. 이 이론은 환경 안의 다른 요소들이 건강행동의 변화를 시도하려는 환자 및 의료서비스 공급자들의 노력을 어떻게 촉진시키거나 방해하는가에 대해 유용한 분석틀을 제시한다. 의료서비스이용 행동모델(또는 앤더슨 행동모델)은 우리의 분석틀에 몇 가지 체계 수준을 더 포함하여 확장시킨 것이다(예를 들어, 보건의료시스템). 사회 연결망에 근거한 접근법의 주요한 약점은 그 포괄성으로 인해 현장과 연구에서 구현할 때 복잡하고 다루기가 힘들다는 점이다.

행동이론은 건강행동의 내적 및 외적 요인에 대한 기존의 지식을 우리가 직면하는 임상적 상황에 적용할 수 있는 가장 유용한 도구이다. 건강신념모델은 개인이 건강과 관련하여 의사결정을 내리는 데 있어 통찰을 제공한다. 합리적 행동이론은 타인들에게 기대되는 가치있는 의견을 포함시킴으로써 그 통찰을 더욱 확장시키고 있다. 계획된 행동이론은 체중 감소나 금연과 같이 엄청난 의지가 요구되는 행동이 필요할 때 사용되어 합리적 행동이론의 힘을 더욱 증폭시켰다. 사회행동이론은 타인의 (의견보다는)행동이 개인의 행동변화에 중요한 요인이 될 때 특히 유용하다. 의료서비스이용 행동모델(또는 앤더슨 행동모델)은 건강에 대한 계획을 세우는 데 도움을 주는 다양한 체계 수준의 영향을 고려한다는 점이 장점으로 꼽힌다. 이러한 일련의 모델과 이론들은 보건의료 환경에서 점차 요구되는 보건사회복지사들의 능력을 성공적으로 고양시킬 수 있는 자원이다.

연습문제

이 과제의 목적은 이 장에서 논의되었던 건강행동 이론들 중 하나를 특정한 건강관련 이슈나 건강문제에 적용하는 것이다. 학생들은 세 가지 사례 중 하나를 고르고, 그것을 이 장에서 논의되었던 이론들 중 한 가지를 적용하기 위한 사례로 사용해야 한다. 학생들은 사례에 제시된 건강행동을 자신이 선택한 이론과 연결시켜 구체적으로 설명하고, 왜 여러 이론들 중에서 그 이론을 선택하였는지에 대한 타당성을 보여주어야 한다. 사례에 기술된 건강행동을 설명할 때, 자신이 선택한 이론이 어떤 특성과 구성요소들을 가지고 있는지, 그리고 그 이론이 보건사회복지사가 적절한 개입을 하는 데 있어서 어떤 도움을 줄 수 있는지도 설명할 수 있어야 한다.

이 과제에서 학생들은 먼저, 선택된 사례에 영향을 미치는 이론과 그 이론의 쟁점 및 문제점들에 대해 간략한 내용을 소개해야 한다. 학생들은 자신이 그 이론과 쟁점, 문제점들에 대해 충분히 이해하고 있는지 판단할 수 있을 만큼 구체적이고 명료하게 과제를 작성해야 한다. 그 다음, 학생들은 그 이론이 선택된 사례에 얼마나 적합한지 상세히 설명해야 한다. 그 사례의 모든 두드러진 요소들이 선택한 이론에 의해 설명되는가? 그 이론을 통해 클라이언트의 행동을 더 잘 이해하게 되는가? 그렇지 않다면, 그 이유는 무엇인가? 이것이 이 과제의 가장 중요한 점이다. 마지막으로, 학생들은 건강 이슈 및 건강 문제와 관련된 행동을 이해하기 위해 그 이론을 적용하는 것이 사회복지실천에 있어서 어떠한 함의를 갖는지에 대해 설명해야 한다.

연습 6.1

현재 당신이 일하는 병원의 심장질환 집중치료실에서 42세 백인 남성이 치료를 받고 있는데 그는 1년 전에 텍사스에서 이 곳 시애틀로 이사를 왔다.

그는 첫 번째 심근경색을 겪은 지 한 달도 채 되지 않았는데 두 번째 심근경색(MI)이 발생하여 이 병원에 입원하였다. 그의 이전 입원 기록을 살펴보면, 직업은 주정부의 주류 위원회state liquor board 검사관이며, 현재 무직인 배우자와 재혼하여 양아들을 키우고 있다. 그들은 먼 친척과 함께 살고 있으며, 두 번째 심근경색이 일어났을 때는 렌트한 집으로 이사하던 중이었다. 그에게는 양아들 이외에 친아들도 한 명 있으며, 친아들은 전처와 함께 텍사스에 살고 있다. 환자의 아버지는 55년 전에 갑작스런 심근경색으로 사망하였다. 환자는 다부진 체격의 소유자로 약간 과체중이며, 흡연 정도가 과한 편이다.

담당간호사의 기록에 따르면 그는 우리 병원에 처음 입원하였을 때, 퇴원하겠다고 우기고, 중얼중얼 혼잣말을 하거나 간호사의 치료를 방해하는 등 병원 진료팀에게 자신의 분노를 행동으로 드러내었다. 차트 기록에 따르면 그는 상당히 충동적이고, 방어적이었으며, 심근경색을 겪기 전에는 신체적으로도 매우 활동적이었다고 한다. 입원 치료 중 그는 퇴원을 하겠다고 우기며 "나는 심장발작을 경험하기엔 너무 젊고… 앞으로 일할 수도 없고 담배를 피울 수도 없고, 원하는 음식을 먹을 수도 없고… 난 정말 죽어도 상관없어… 내가 오래 입원해 있으면 우리 가족들이 경제적으로 더 힘들어질 거야. 우리는 이사하려고 했는데… 내가 가서 그들을 도와줘야 해"라고 말했다고 한다. 그가 두 번째로 병원에 입원한 지금은 집에 있는 것은 무리임을 깨달은 것으로 보인다. 그는 텍사스로 다시 돌아가야 한다고 말하고 있지만, 첫 번째 병원에서 그를 치료했던 융합의료팀의 지시사항을 따르지는 않고 있다.

연습 6.2

집안에 유방암 내력이 있는 중년의 아프리카계 미국인 여성은 그녀의 가슴에서 멍울이 만져지는 것을 발견한다. 인터뷰에서 그녀는 자신의 어머니가 이른 나이에 유방암으로 사망하였고, 그녀의 가족들이 성인이 된 그녀에게 그 병에 대해 별 말을 하지 않았지만, 자신은 유방암에 걸리기 쉬울 것이라고 생각하고 있다고 한다. 당신은 인터뷰를 통해 그녀가 장시간, 늦게까지 일해야 하는 두 개의 직업을 가지고 있다는 것을 알게 된다. 그녀는 매우 바쁘고 변화가 잦은 스케줄에 따라 일하는 싱글맘으로서 의사를 만나러 오는 데 어려움을 겪고 있으며, "이 모든 것이 매우 좌절스럽다"고 말한다. 당신이 그녀에게 왜 좌절을 느끼는지 묻자, 그녀는 매달 건강보험료를 납부할 수 있는 형편이 되지 않아 자신의 건강보험이 종료되었다고 말한다. 생활비와 집세를 내다보니 가족에게 기본적인 의식주를 제공하기가 너무 힘들다는 것이다. 이러한 스트레스는 이제 그녀가 감당할 수 없는 수준에 이르렀다.

당신은 환자의 건강보험이 만료된 것과 힘든 재정 상태를 알게 되면서 저소득층 여성들에게 조기 암 검진 서비스를 제공하는 무료 진료소를 추천한다. 하지만, 그녀는 비록 자신에게 이런 병원이 일반 병원보다 더 적합하다 하더라도 지금 자신의 집에서 다니기가 쉽지 않다고 말한다. 왜냐하면 버스를 두 번 타야 하는데, 갈아타는 곳이 매우 위험한 동네이기 때문이다. 또한, 몇 년 전에도 건강보험자격이 상실되어 이 무료진료소에 가 본 적이 있는데, 일관성 있는 치료를 해주지 않아 실망하였다고 말한다. 그녀가 의사를 만나기 위해 먼 거리에서 그 병원을 다녔지만, 같은 의사를 두 번 이상 본 적이 없으며, 따라서 자신의 상태에 대해 여러 번 반복하여 설명하는 것이 스스로를 너무 지치게 하였다는 것이다. 당신은 건강관리를 제한하는 사회적인 장벽 때문에 그녀가 경험한 좌절을 공감한다. 그녀는 이제 유방의 멍울이 대수롭지 않은 것이어서 그냥 아무 일 없이 지나가고, 생활비를 벌며 어린 딸을 돌보기 위해 계속 일할 수 있기만을 바라고 있다.

연습 6.3

한 노년의 미망인이 고혈압과 당뇨, 관절염으로 고생하고 있으며, 아파트 2층에서 혼자 살고 있다. 그녀는 자신의 만성질환이 점차 악화됨에 따라 주변의 도움이 필요하다고 자주 느끼고 있으며, 여러 일들을 혼자서 감당하는 것에 어려움을 겪고 있다. 이제 아파트까지 올라가는 것도 벅차고, 목욕탕에 들어가다가 넘어질까봐 신경이 많이 쓰이지만, 이러한 상황에서 자신이 무엇을 해야 할지 모르겠다고 한다. 그녀는 재가의료서비스를 받기 위해 돈을 쓰는 것을 주저하고 있으며, 어디에 이러한 서비스를 요청해야 할지 모르겠다고 말한다. 지역 시니어센터에서 일하는 코디네이터는 당신에게 그녀의 남편이 몇 년 전에 사망했고 그녀는 혼자 의사결정을 내리는 것을 힘들어한다고 알려준다. 그녀는 남편과 모든 것을 함께 했었고, 남편에게 매우 의존했다. 그녀의 남편은 모든 카드대금도 알아서 지불하고, 재정 관리도 담당해 왔으며, 의사 진료가 있는 날에는 그녀를 시간에 맞추어 병원에 데려다 주었다. 그러나 남편이 떠나고 그녀는 진료 일정을 거의 지키지 못했으며, 처방약을 타는 것조차 힘들어한다.

그녀의 두 성인 아들은 먼 거리에 떨어져 살고 있으며, 매 주 전화 통화를 하긴 하지만 매우 바빠 보인다고 한다. 그녀는 아들들에게 더 자주 통화하면 좋겠다고 얘기하지만, 그들은 각자 가정이 있고 매우 바쁜 전문직들이어서 여러 번 전화해도 받기가 쉽지 않다고 한다. 그녀는 하루에도 여러 번 아들들에게 전화를 하고 이로 인해 그들은 끊임없이 무언가를 요구하는 어머니의 전화를 피하기 시작한 것으로 보인다. 당신이 가정방문을 하였을 때, 그녀는 남편이 죽고 나서 교회에 예배를 드리러 갔을 때 많은 위로를 받았다고 하였다. 그리고 현재 목사님과 정기적으로 상담하고 있으며, 그에게 많은 문제들에 대한 해결방안을 얻고 싶어 한다. 그녀는 목사님이 매우 지혜롭다고 하면서 자신의 문제들에 대해 그와 더 많은 얘기를 나누기를 희망하고 있다.

제 II 편

보건사회복지의 주요 이슈

제 7 장

지역사회와 건강
Community and Health

크리스토퍼 마시 CHRISTOPHER MASI

임신 초기부터 성인기에 이르기까지, 일상에서의 사회적, 환경적인 경험은 건강에 긍정적인 영향과 부정적인 영향을 함께 미친다. 영향을 주는 경로들은 다양하며 이는 공기, 물, 음식의 질 뿐만 아니라 물리적, 사회적, 심리적 스트레스 요인에의 노출까지 포함한다. 또한 임상의료의 질과 접근성은 질병의 발생 및 경로에도 영향을 준다. 선진국에서 조기사망률의 원인은 부족한 임상의료가 10%, 불리한 사회적 상황이 15%, 환경적 노출이 5%를 차지한다. 행동패턴과 유전적 성향은 각각 조기사망률의 40%와 30% 정도를 차지한다(McGinnis, Williams-Russo, & Knickman, 2002). 지역사회의 자원과 특성이 유전적 성향을 포함한 각각의 요인들에 영향을 준다는 사실은 놀랄 만한 일이 아니다. 사회복지사는 상담사, 조정자, 옹호자로서 지역사회가 건강에 미치는 긍정적인 영향을 극대화하고, 부정적인 영향을 최소화하는 특별한 기회를 갖는다.

이 장에서는 지역사회가 건강에 영향을 미치는 방식과 건강에 영향을 주는 중요한 요인인 지역사회의 자원 및 인종구성에 지역별 차이가 존재한다는 점 등 여러 질문들을 다룬다. 이 장은 지역사회의 맥락적contextual 특성과 구성적인compositional 특성 간의 차이에 대해 논의하고 지역사회 특징과 각 건강 결정요인의 관계를 설명한다. 어떤 경우에는 사회적, 물리적 환경과 건강 간의 연결 관계가 분명하지만, 다른 경우에는 영향을 미치는 경로들이 단순하지 않고 많은 세부사항들로 설명된다. 이 장은 생애주기 각 단계에서의 사회적, 물리적 환경의 잠재적인 영향을 설명하기 위해 생애과정 모델life-course model을 활용한다. 마지막으로 사회복지실천을 위해 이웃과 건강의 관계에 대한 적용을 논의한다.

이 장의 목표
• 지역사회 특성에서의 주요한 차이점을 기록한다.
• 인종, 소득과 관련된 건강불평등을 설명한다.
• 건강의 사회적 결정요인에 대해 정의한다.
• 맥락적인 지역사회 특성contextual neighborhood features과 구성적인 지역사회 특성composi-

tional neighborhood features의 차이점을 검토한다.

- 건강에 영향을 미치는 지역사회 특성의 경로를 확인한다.
- 노숙이 건강에 미치는 영향을 설명한다.
- 생애 기간 동안 지역사회가 건강에 미치는 영향을 확인한다.
- 지역사회기반의 참여연구를 설명한다.
- 보건의료 현장에서 지역사회의 질과 건강의 관계에 있어 사회복지실천적 함의를 살펴본다.

미국 지역의 구성요소
COMPOSITION OF U.S. NEIGHBORHOODS

미국의 지역 특성은 도시이든 시골이든 인종의 구성과 소득수준의 격차에 따라 매우 다양하며, 이는 자원, 개인의 선호, 차별 등 여러 요인들에서 기인한다. 개인은 몇 가지 예외를 제외하고는 경제적 상황이 비슷한 사람과 가까이 생활하려고 하며, 특정 인종 또는 문화적 배경을 가진 경우 비슷한 인종 또는 문화를 가진 이들과 가까이 사는 것을 선호한다. 또한 거주양식은 현실에서의 차별과 대출 관행에 영향을 받는다. 미국에서는 이러한 관행이 여러 집단의 주거 기회를 제한하였고 모든 인구의 바람과 최선의 이익을 반영하지 않은 지역의 차이를 초래하였다.

미국에서의 인종분리는 항상 명백히 드러나는 것은 아니지만 여전히 존재한다. 2000년, 백인이 주로 살고 있는 지역에는 백인 80.2%, 아프리카계 미국인 6.7%, 히스패닉 7.0%, 동양인이 3.9%를 차지했다. 반면, 아프리카계 미국인이 주로 살고 있는 지역에는 아프리카계 미국인 51.4%, 백인 33%, 히스패닉 11.4%, 동양인 3.3%가 살고 있는 것으로 나타났다. 히스패닉이 주로 사는 지역에는 히스패닉 45.5%, 백인 36.5%, 아프리카계 미국인 10.8%, 동양인 5.9%가 살고 있었으며, 일반적으로 동양인이 사는 지역에는 동양인 17.9%, 백인 54%, 아프리카계 미국인 9.2%, 히스패닉이 17.4% 살고 있었다(Mumford Center, 2001).

아프리카계 미국인과 백인 간의 인종분리가 가장 심한 미국의 5개 도시는 디트로이트, 밀워키, 뉴욕, 시카고, 뉴왁이다(Mumford Center, 2001). 각 도시는 80 이상의 상이지수index of Dissimilarity를 갖고 있는데, 이는 각 도시에 두 그룹이 동등한 규모로 나누어지기 위해서는 두 그룹의 80%가 상대편 인구 조사 표준 지역으로 옮겨야 함을 의미한다. 지난 20년 동안 인종분리가 줄어들었음에도 불구하고, 미국의 흑인-백인간의 인종분리 수준이 히스패닉-백인간의 인종분리 수준으로 줄어들기까지는 느린 변화율로 인해 앞으로 40년이 더 걸릴 것으로 전망된다(Mumford Center, 2001).

미국은 경제 및 학교 내의 인종분리도 일반적이다. 2000년 미국 인구조사에 따르면, 미국 인구의 350만 명은 빈곤가구가 40% 이상 집중된 지역에 살고 있다(Orr et al., 2003). 아프리카계 미국인이 주로 다니는 공립학교는 전체 중 38.3%의 학생이 빈곤하고, 히스패닉 학생들이 주로 다니는 학교는 44%의 학생이 빈곤하다. 이와는 대조적으로 백인이 주로 다니는 학교에서는 단지 19.6%의 아이들만이 빈곤하였다(Orfield, 2001). 그러나 유감스럽게도, 미국 공립학교 내의 인종분리는 늘어나고 있다. 1980년에는 아프리카계 미국인 학생의 62.9%가 전체 학생의 50% 이상이 소수집단으로 구성된 학교를 다녔다. 1998년에는 이 숫자가 70.2%로 늘어났으며, 아프리카계 미국인의 3분의 1 이상이 전체 학생 중 소수집단 아이들이 90~100%인 학교를 다녔다. 학교 내의 인종분리는 히스패닉 아이들에게도 증가하였다. 1968년에서 1998년 사이 전체 학생 중 소수집단 아이들이 90~100%로 구성된 학교를 다니는 히스패닉 아이들은 23.1%에서 36.6%로 증가하였다(Orfield, 2001).

고용 차별 또한 지역 불평등의 원인 중 하나이다. 미국에서 소수집단의 거주 비율이 높은 지역사회는 종종 높은 실업률과 낮은 평균소득을 보이고 있다. 2000년 시카고의 77개 지역 중 경제적으로 가장 저하된 지역의 실업률은 25.8%부터 33.5%로 다양하게 나타났다. 이런 지역사회에서는 아프리카계 미국인 거주자의 비중이 85.5%부터 97.8%까지 다양했으며, 중위 가구소득은 17,209달러였다. 5개의 시카고 지역사회 중 최저 실업률(2.8~3.4%)을 보인 지역은 백인인구가 79.4%에서 93.3%인 것으로 나타났으며, 중위 가구소득은 5만 6,455달러였다(Kouvelis, Harper, & Thomas, 2003).

비록 다양성은 미국 사회구조의 특징 중 하나이지만, 지역 간의 다양성은 종종 지역 내 다양성보다 크다. 주거의 질, 운동을 위한 녹지공간, 보건의료에 대한 접근성, 음식의 질 등 자원의 단절과 불공정한 분배는 결국 모두 건강에도 중요한 영향을 미친다.

건강이 소득과 인종 또는 민족에 따라 다른가?

소득과 관련된 건강불평등은 여러 세기 동안 주목되어 왔다. 건강과 부의 관계에 대한 근거는 고대 중국과 그리스의 문서에서도 찾아볼 수 있다(Krieger, 2001; Porter, 1997). 20세기 초 셰핑 Chapin(1924)은 매년 로드아일랜드 주 프로비던스에서 세금을 안내는 사람들의 사망률이 세금을 내는 사람들의 2배 이상인 것을 발견하였다. 최근에는 미국, 영국, 그리고 전 세계에서 소득에 따른 건강 결과의 차이가 보고되었다.

2007년에 이루어진 2만 3,393명 성인에 대한 미국의 조사에 따르면, 건강상태가 좋지 않을 경우 고소득층에 비해 저소득층이 더 포괄적으로 많은 영향을 받는 것으로 나타났다(Pleis & Lucas, 2009). 가구 소득이 연방빈곤수준 이하인 성인들 중 29.5%가 고혈압을 앓고 있었고, 4.2%가 뇌졸중이 있었다. 반면, 빈곤 한계선의 200% 이상 소득인 가구는 단 21.9%가 고혈압을, 1.9%가 뇌졸중을 앓고 있는 것으로 나타났다. 빈곤층은 당뇨와 신장병의 비율이 각각 12.2%와 2.6%였고, 비빈곤층은 6.6%와 1.1%였다. 또한 소득이 3만 5,000달러보다 낮은 사람들(28.9%)의 경우, 소득 10만 달러 또는 그 이상인 사람(19.8%)보다 비만 인구의 비율이 더 높은 것으로 나타났다(Pleis & Lucas, 2009).

건강행동과 건강관리 접근성의 차이는 소득 관련된 유병률의 차이에서 기인될 수 있다. 2007년 연소득이 3만 5,000달러보다 낮은 사람들의 경우, 26.8%가 담배를 피우는 반면, 연소득 10만 달러 이상인 사람들은 12.4%만이 담배를 피웠다(Pleis & Lucas, 2009). 소득이 10만 달러 이상인 사람 중에서는 92.2%가 주된 의료기관을 갖고 있는 반면, 소득이 3만 5천 달러 이하인 사람 중에서는 그 수치가 77.4%에 불과했다(Pleis & Lucas, 2009).

유병률과 건강관리 접근성은 모두 인종에 따라 다르게 나타난다. 전국보건면접조사National Health Interview Survey에 따르면(Pleis & Lucas, 2009), 비만 유병률(BMI가 30이거나 그 이상)은 아프리카계 미국인이 35.1%, 히스패닉이 27.5%, 백인이 25.4%이다. 고혈압과 뇌졸중의 유병률은 백인이 22.2%와 2.2%, 아프리카계 미국인이 31.7%와 3.7%, 히스패닉이 20.6%와 2.5%이며, 당뇨와 신장병 유병률은 백인이 6.8%와 1.4%, 아프리카계 미국인이 12.3%와 2.5%, 히스패닉이 11.1%와 1.8%이다. 백인응답자 중 84.5%가 주된 의료기관을 갖고 있다고 답하였다. 이 비율은 아프리카계 미국인이 약간 더 높았고(85.5%) 히스패닉이 약간 낮았다(74.4%)(Pleis & Lucas, 2009).

인종과 질병 간의 밀접한 연관성을 볼 때, 인종이 기대수명, 사망률과 연관이 있다는 것은 놀랍지 않은 사실이다. 2006년에는 아프리카계 미국인 태아에 대한 기대수명이 73.2년이고 백인 태아의 기대수명은 78.2년이었다. 이러한 기대수명에서 격차의 원인이 되는 것은 유아사망과 만성질환에 의한 사망의 격차이다. 2006년 인구 10만 명당 1살 이하 유아가 사망한 비율은 백인아기(576.0)가 아프리카계 미국인(1,303.1) 및 히스패닉(590.6)에 비해 낮았다. 원인에 따라 사망률을 구분하여 살펴보면, 연령을 표준화한 흑인 대 백인의 비율은 심장질환이 1.3이고, 악성종양은 1.2, 뇌혈관질환은 1.5, 당뇨병은 2.1, 고혈압질환은 2.7로 나타났다. 2006년에 전체 연령 표준화 사망률(10만 명당)은 아프리카계 미국인(982.0)이 백인(764.4)과 히스패닉계 미국인(564.0)에 비해 높았다(Heron et al., 2009).

소득과 인종이 질병과 사망률에 연관되어 있는 방식을 고려할 때, 어떠한 연관성은 다른 연관성에 비해 더 명확하다. 식습관과 의료접근성을 포함한 건강행동들은 어느 정도 이 관계를 매개한다. 심리적 디스트레스가 소득과 인종에 관련된 건강결과의 차이를 매개할 수 있다는 것은 잘 알려져 있지 않다. 하지만 2007년 전국보건면접조사National Health Interview Survey(Pleis & Lucas, 2009)에서, 가구소득이 3만 5천 달러보다 낮은 사람들의 경우 소득이 10만 달러 이상인 사람들에 비해 심리적 디스트레스가 높은 것으로 보고되었다. 그 심리적 디스트레스는 항상 또는 자주 슬프다고 느끼는 것(5.7% vs 0.7%), 항상 또는 자주 희망이 없다고 느끼는 것(4.3% vs 0.5%), 항상 또는 자주 가치가 없다고 느끼는 것(3.8% vs 0.4%), 또는 항상 또는 자주 모든 것이 힘들다고 말하는 것(9.0% vs 1.7%) 등이다. 인종적으로도 유사한 차이가 있었다. 항상 또는 자주 슬프다고 느끼는 비율은 아프리카계 미국인(3.7%)이 백인(2.6%)에 비해 높았다. 항상 또는 자주 모든 것이 힘들다고 말하는 것 또한 아프리카계 미국인의 응답자(6.8%)가 백인 응답자(4.4%)보다 많았다(Pleis & Lucas, 2009).

어떤 연구들은 교육이 소득 및 인종과 건강의 관계를 조절할 수 있다고 입증한다. 구체적으로, 소득과 인종에 상관없이 고학력자들은 저학력자보다 낮은 사망률을 가지는 경향을 보인다. 2006년, 12년 이하의 교육을 받은 사람의 연령 표준화 사망률(10만 명당)은 538.8명이었고, 13년 이상 교육을 받은 사람은 200.0명이었다(Horen et al., 2009). 교육이 건강에 미치는 영향은 아직 완벽히 설명되지는 않았지만, 교육은 건강행동, 건강관리 접근성, 거주지역, 스트레스 상황에 대한 대처능력 등에 중요한 매개요인으로 작용된다.

저소득 및 낮은 교육 수준은 노숙자에 대한 위험요인이며 HIV, 폐렴, 고혈압, 당뇨, 마약중독, 트라우마와 같은 빈약한 건강의 높은 발생률과 관련되어 있다. 노숙자들의 경우 만성질환이 합병증으로 발전되는 경우가 더 많다(Sadowski, Kee, VanderWeele, & Buchanan, 2009). 이러한 현상은 불리한 환경에 대한 노출이 증가하거나, 정기적인 의료검진 접근성의 감소, 의료문제보다 음식과 주거에 우선순위를 두거나, 폭력에 노출되는 등 여러 요인들로 인한 것이다(Sadowski et al., 2009). 소수인종이 백인에 비해 높은 노숙 비율을 나타내는 것은 놀랍지 않은 사실이며, 이것은 결과적으로 인종 간의 건강불평등에 영향을 미친다. 최근 16개 도시의 노숙자 쉼터를 조사한 결과, 쉼터 거주자의 47%가 아프리카계 미국인이었고, 이는 일반 인구에서 이들의 비율보다 높았다(United States Conference of Mayors, 2007). 이러한 연구결과는 소득과 인종에 따른 건강의 차이를 명확히 보여준다.

지역의 영향은 어떻게 확인되는가?

건강에 영향을 미치는 무수히 많은 요인들을 고려해볼 때, 보건의료 자원, 운동을 위한 녹지공간, 건강한 음식의 유효성, 주거의 질, 규범과 가치, 범죄 등을 포함하여 특정한 지역의 특성들은 모두 건강 결과와 관련되어 있다. 그러나 이러한 요인들은 유전적 성향, 건강행동과 같은 개인의 특성과 비교하였을 때 얼마나 중요한가? 즉, 맥락적인(예를 들어, 지역수준) 특성과 구성적인(예를 들어, 개인수준) 특성을 비교할 때 상대적으로 무엇이 더 건강에 영향을 미치는가? 맥락적 특성은 지역의 규범과 가치, 공원의 수, 학교의 질, 지역 내 범죄의 횟수를 포함한다. 구성적 특성은 개인의 인종, 소득, 교육, 건강행동을 포함한다. 구성적 영향과 맥락적 영향을 구별하는 한 가지 방법은 다층분석을 통한 통계적 접근으로 데이터를 단계(예를 들어, 개인, 학급, 학교)로 분류하고 각 단계가 결과에 미치는 상대적인 영향을 평가하는 것이다. 만약 두 지역사회가 유아사망률과 같은 중요한 건강 결과에 차이를 보인다면, 다층분석을 통해 검토되는 주요 질문은 다음과 같다. 즉, 유아 사망률의 차이는 맥락적 요인(지역사회 건강관리 자원 또는 지역 식수의 질 등) 때문인가 아니면, 두 지역 엄마들의 중요한 생활양식(예를 들어, 소득, 흡연습관 등)이 다르기 때문에 차이점이 존재하는가? 맥락적 영향이 발견되었을 경우에는 지역사회나 지역(예를 들어, 오염된 식수)이 건강(예를 들어, 암 발병)에 미치는 영향이 개인의 특성이 건강에 미치는 영향보다 더 크다고 본다.

오염된 식수와 같은 분명한 문제점이 없을 때는 다층분석에서 개인적 영향과 지역사회의 영

향이 쉽게 구분되지 않는 경우도 많다. 예를 들어, 다층 연구는 다양한 건강 결과의 중요한 맥락
적 영향을 보여주었지만, 이러한 영향들의 강점은 여러 가지 개인 특성이 고려될 때 종종 줄어든
다(Pickett & Pearl, 2001). 이 사실은 맥락적인 영향이 약하거나 또는 맥락적인 특성과 건강 결과
간의 관계가 식습관이나 담배사용과 같은 하나 또는 그 이상의 개인 특성에 의해 매개될 수 있
음을 보여준다. 비록 지역의 영향을 부인하지 않지만, 건강행동에 의한 그들의 매개는 맥락적인
영향을 정의하는 것을 더 어렵게 만든다.

맥락적인 영향을 구성적인 요인과 구별하는 다른 방법은 한 지역사회에 거주하는 개인을 무
작위로 그 지역사회에 남게 하거나 다른 특성을 가진 새로운 지역사회로 옮기는 실험을 하는 것
이다. 만약 두 그룹 모두 연구 초반에 개인적인 특성이 유사하다면, 개입 후의 인터뷰와 분석을
통해 건강에 대한 맥락적인 영향을 사정할 수 있다. 이러한 연구는 비용과 윤리적 문제로 인해
어려움이 있지만, 그럼에도 이런 종류의 실험은 종종 진행된다. 그 한 예는 바로 '공정한 주거 시
범사업을 위한 기회로의 전진 프로그램Moving to Opportunity(MTO) for Fair Housing Demonstration
Program'이다. MTO는 미국주택도시개발부U.S. Department of Housing and Urban Development에서 진
행하는 것으로, 취약 지역에서 이사로 인해 받는 영향을 평가하는 무작위 사회 실험이다. 볼티모
어, 보스톤, 시카고, 로스앤젤레스, 뉴욕 5개 도시의 취약 지역 공공 주택 또는 민간 보조 주택에
거주하는 18세 미만의 아동이 있는 저소득 가정이 실험대상의 조건이다. 1994년에서 1998년까지
이 조건에 부합되는 가족들이 실험집단, 섹션 8 집단, 통제집단의 3개 집단 중 1곳에 무작위로
배정되었다. 실험집단에 있는 개인들은 오직 낮은 빈곤 지역low-poverty areas에서만 사용할 수 있
는 주거 바우처를 받았다. 또한 이 집단은 집을 구하고 임대하는 과정에서 도움을 받았으며, 바
우처를 유지하기 위하여 새로운 지역에서 적어도 1년은 계속 살도록 요구되었다. 섹션 8 집단은
사용 지역에 제한이 없는 바우처를 받았으며, 집을 구하거나 임대하는 것에 대한 도움은 받을 수
없었다. 통제집단에게는 주거 바우처가 제공되지 않았으나, 그들이 살고 있던 공공 주택에서 계
속 지내거나 또는 프로젝트를 통해 마련된 주택에 거주할 수 있었다(Orr et al., 2003).

2002년에 약 8,900명의 성인 및 아동 참여자들과 연락을 취하여 신체적 및 정신적 건강, 아
동 교육성취, 청소년 비행, 위험행동, 성인과 청소년의 근로, 소득 등 여러 범위에서 사후상태 평
가를 실시하였다. 평균적으로, 실험집단과 섹션 8 집단은 안전에 대한 인지가 매우 증가하였고
관찰위험요소나 범죄의 직접적 피해 위험이 매우 감소하였다. 통제집단과 비교하였을 때, 개입집
단은 경찰이 그들의 신고에 즉각적으로 조치를 취함으로써 어려움을 느끼지 못하였고, 버려진
건물, 공식적인 알코올 소비, 쓰레기, 건물 외관의 낙서 등이 크게 감소하였다.

사후조사에서 성인 건강의 차이를 살펴보면, 실험집단은 비만 유병률, 심리적 디스트레스,
우울이 크게 감소하였으나, 통제집단과 비교하여 섹션 8 집단은 변화를 확인할 수 없었다. 실험
집단에서는 차분함과 평안함이 크게 증가하였다. 12세에서 19세 여자 청소년 실험집단은 통제집
단에 비해 심리적 디스트레스와 불안장애가 줄어들었고, 15세에서 19세 여자 청소년 실험집단은
통제집단에 비해 마리화나 또는 담배를 피우는 사례가 크게 줄었다(Orr et al., 2003).

MTO는 지역 특성, 건강, 건강행동의 관계를 입증한 실험이라는 점에서 중요하다. 무작위방법으로 인해 개입집단과 통제집단은 다른 것이 없다. 결국, 개인의 차이가 아닌 맥락적 요인들로 인한 건강과 건강행동의 차이가 알려지게 되었다. 이 결과는 부유한 정도를 포함한 지역요인이 개인의 특성을 통제한 독립적인 건강에 영향을 미친다는 증거가 되었다. 또한, 경찰의 유효성 증가와 범죄 및 비행에의 노출 감소가 심리적 안녕에 긍정적인 영향을 미치는 것을 보여주었다.

건강에 영향을 미치는 지역사회의 구조
MECHANISMS BY WHICH COMMUNITIES INFLUENCE HEALTH

지역사회가 건강에 영향을 미치는 2가지 방식은 개인의 사회적 환경과 물리적 환경요인으로 설명된다. ***사회적 환경***은 이웃의 교육수준, 근로, 소득불평등, 빈곤, 범죄, 사회응집력을 포함한다. 사회관계형성이 쉽고 유지가 잘 되는 지역사회는 범죄에 대한 두려움을 가진 지역사회보다 건강한 환경을 구성하고 있다. 영국의 한 연구에서는 최근 심장마비를 일으킨 개인 중 자신감이 있거나 친밀한 배우자가 있는 경우가 그렇지 않은 경우보다 사망률이 50% 낮고, 추후 심장 관련 질환을 줄일 수 있다는 것을 발견했다(Dickens et al., 2004).

또한 사회적 관계의 수와 종류는 지역의 규범과 기대에 달려 있다. 라우만Laumann, 엘링슨 Ellingson, 마하이Mahay, 팩Paik, 요움Youm(2004)은 시카고를 아프리카계 미국인이 대부분인 남부, 멕시칸 미국인이 많은 서부, 섞여 있지만 주류가 푸에르토리코인인 북서부, 그리고 백인 이성애자와 동성애자가 주로 거주하는 북부의 4개 지역으로 구분하여 이 주제를 연구하였다. 각 지역은 사회관계를 위한 기회 또는 "시장"이 서로 달랐는데, 어떤 지역은 헌신적이고 진지한 관계를 중시한 반면, 또 다른 지역은 비교적 가볍고 단기적인 거래적 관계에 보다 허용적이었다. 이 연구에서는 지역의 경제상황과 주민들의 민족 및 성적 지향성이 시장의 유형에 영향을 끼쳤다. 예를 들면, 히스패닉계 지역에서는 가족, 친구, 교회가 헌신적인 관계 형성에 중요한 역할을 한다. 반면, 북부의 거래적 시장은 동성애 남성들에게 중요한 역할을 했다(레즈비언들은 관계적 시장을 선호했다).

물리적 환경은 위생, 주거, 음식, 수질, 환경오염과 병원체에 대한 노출을 의미한다. 공중보건과 안전 프로그램은 종종 이러한 환경적 특성을 모니터한다. 기대수명과 사망원인에 관한 통계에서는 환경문제에 대해 선진국이 개발도상국보다 덜 위험한 것으로 나타났다. 예를 들면, 2006년에 미국에서 태어난 유아의 기대수명은 여자가 80.2세, 남자는 75.1세이며, 사망원인은 심장질환(26%), 암(23.1%), 뇌졸중(5.7%)이다(Heron et al., 2009). 나머지 다른 이유들은 만성 폐질환, 사고, 당뇨, 감염 등이며, 이러한 요인들은 사망원인의 10% 미만을 차지할 뿐 환경적 요인이 직접적으로 사망에 미치는 영향은 아주 적다.

반면, 개발도상국에서 가장 일반적인 유아기 사망률은 전염병과 관련이 있다. 이와 같은 질병은 폐렴, 설사병, 말라리아, 홍역, HIV/AIDS와 같다(World Health Organization[WHO], 2008). 2009

년에는 여성의 기대수명이 62세, 남성은 59세였다. 그 해 아이티 사람들의 80%가 빈곤하였고, 1인당 국내총생산(GDP)은 1,300달러였다. 이와 비교해보면, 같은 해 미국의 빈곤율은 12%였고, 1인당 국내총생산은 4만 6,400달러였다. 담수 회수율freshwater withdrawal rate은 2000년 아이티에서는 1년당 116입방미터인 반면, 미국에서는 1년당 1,600입방미터였다(Central Intelligence Agency, 2010). 식수 부족과 부적절한 하수처리는 A형 간염, 장티푸스, 콜레라와 같은 전염병에 대한 위험요인이며, 취약한 주거환경과 과밀거주는 인플루엔자와 폐렴과 같은 공기전염성 질병의 위험요인이다. 아이티에서는 2006년 인구 10만 명당 299건의 폐렴이 발생한 데 비해, 미국에서는 10만 명당 4건의 폐렴이 발생하였다(WHO, 2008).

국가의 부와 공중보건 사회기반시설의 관계가 언제나 정적이거나 선형 관계는 아니라는 것을 기억해야 한다. 생활조건과 환경의 질 또한 국가적 우선순위 및 공중보건 프로그램에 투여되는 자원의 상대적인 양에 영향을 받는다. 이것은 미국과 쿠바의 비교에서 알 수 있다. 쿠바는 미국의 4분의 1도 안 되는 1인당 국내총생산에도 불구하고(2009년 9,700달러 vs 4만 6,400달러), 건강통계의 결과가 긍정적이다. 쿠바에서 여성의 기대수명은 79.85세, 남성의 기대수명은 75.19세였다. 쿠바의 폐렴 발생률은 1년에 10만 명당 9건으로 아이티보다 미국에 근접하다. 실제로 이주민이 많이 거주하는 미국의 저소득 지역사회의 폐렴 발생률이 쿠바의 폐렴 발생률보다 높다. 2009년 해외에서 태어난 미국 거주자의 폐렴 발생률은 10만 명당 18.6건이었다(Centers for Disease Control and Prevention, 2010). 쿠바는 1인당 자원이 부족함에도 불구하고, 미국의 저소득 지역사회 및 제3세계를 괴롭혀 온 환경관련 질병을 관리하는 공중보건 체계를 꾸준히 개발해 왔다.

물론 선진국에서도 여전히 질병의 예방과 폐수와 식수의 분리가 중요한 전략이지만, 이러한 나라들은 질병이 확인된 후의 치료에 초점을 맞추는 의료적 모델을 확대해 왔다. 이러한 모델이 수술과 약의 발전에 크게 기여했음에도 불구하고, 부유국의 비만, 고혈압, 심장실환, 골관절염의 확산은 질병예방보다 질병개입에 치중하게 되었다(Masi & Gehlert, 2009). 의료모델은 질병예방을 덜 강조하고 있을 뿐만 아니라, 질병이 발생한 후의 치료는 훨씬 더 많은 비용이 든다. 쿠바는 공중보건 실천을 통한 성공적인 건강결과의 예를 보여주었다. 2006년 미국은 2조 달러 이상을 건강관리에 투자하였고 대략 1인당 6,714달러를 소비하였다. 반면, 쿠바는 대략 1인당 363달러를 사용하였으며, 더 좋다고는 할 수 없더라도 미국의 건강 결과와 비슷한 수준을 보였다(WHO, 2010).

공중보건 접근은 전염병 통제뿐 아니라 건강의 사회적 요인을 알려준다. 선진국의 경우, 의료관리의 부족으로 인한 조기사망률은 약 10% 정도이며, 사회환경과 환경적 노출은 미숙아 사망률을 각각 15%, 5% 설명한다(McGinnis et al., 2002). 제3세계에서는 의료 관리에 대한 접근성과 질, 사회환경과 환경적 노출이 조기 사망률에 훨씬 더 큰 영향을 미친다. 세계보건기구WHO: World Health Organization는 높은 질의 보건의료에 대한 접근성, 교육 및 주거, 사회경제적 풍요의 기회와 같은 요인들을 *건강의 사회적 결정요인*Social Determinants of Health이라고 정의한다(Commission on the Social Determinants of Health[CSDH], 2008). 건강의 사회적 결정요인 위원회CSDH: Commission on the Social Determinants of Health에 의하면, 이러한 요인들에 대한 접근성은 취약한 사회 정책과 프로그램, 불공평한 경제적 분배, 나쁜 정책 등의 유해한 결합으로 인해 줄어들었다(p. 1). 건강의 사회적 결정요인은 국가 간 및 국가 내 건강불평등의 상당 부분을 설명한다. 건강의 사회적 결정요인 위원회의 2008년 보고서에서는 건강의 사회적 결정요인과 개발도상국의 건강 증진이 요구되는 정치적 단계를 기술하고 있다. 비록 이 보고서에서 지역 요인을 특별히 언급하고 있지는 않지만, 지역사회 수준에서 실행하고 노력할 수 있는 보건의료 접근성과 질, 교육, 주거에 대한 새 정책을 구상해보는 것은 어렵지 않다.

　　의료 모델을 중시하는 선진국임에도 불구하고 미국의 일부 전문가들은 국가적 건강증진을 위해 교육, 주거, 근로 정책에 대한 변화를 주장하기 시작하였다(Schoeni, House, Kaplan, & Pollack, 2008). 그러한 정책입안자들이 늘어났을 뿐 아니라, 운동이나 균형잡힌 식사, 흡연 또는 위험한 성행위 등의 여부가 그 사람이 속한 사회적·경제적·물리적 환경에 달려 있다는 것은 분명한 사실이다. 일부 연구들에서는 본인이 거주하고 있는 지역을 안전하다고 느끼거나(Wilbur, Chandler, Dancy, & Lee, 2003), 공원, 산책로 및 다른 신체활동이 가능한 장소가 있을 경우(Huston, Evenson, Bors, & Gizlice, 2003) 운동할 확률이 더 높은 것으로 보고하고 있다. 다른 연구에서는 과일이나 채소와 같이 건강한 음식들에 대해 부유한 지역이 취약한 지역보다 접근성이 더 좋고(Mooney, 1990; Morland, Wing, & Diez Roux, 2002), 가격도 싸다는 것을 발견했다(Sooman, MacIntyre, & Anderson, 1993). 비만은 패스트푸드점에서 판매하는 고지방 음식의 섭취, 1인분 양의 증가와 연관되어 있다. 레스토랑 분포에 대한 한 연구를 살펴보면, 가장 취약한 사회경제적 상태에 사는 사람들이 부유한 지역에 사는 사람보다 패스트푸드점에 노출될 확률이 2.5배 더 높다(Reidpath, Burns, Garrard, Mahoney, & Townsend, 2001). 미국의 저소득층은 고소득층보다 야외 담배 광고에 노출될 확률이 높다(Hackbarth, Silvestri, & Cosper, 1995; Stoddard, Johnson, Sussman, Dent, & Boley-Cruz, 1998).

　　더불어, 사회적 관계와 성행동의 패턴도 지역사회의 문화, 경제와 연관되어 있다. 라우만 Laumann 등(2004)은 고소득 지역의 거주자들이 그들의 배우자를 학교나 직장에서 만나며 저소득 지역사회 거주자보다 더 장기간 관계를 유지한다고 보고하였다. 반면, 저소득 지역의 거주자는 일부다처 또는 단시간, 가벼운 관계를 가질 경우가 높다. 빈곤, 성매매, 성병의 관계는 이미 저소득 지역의 질병에 대한 부담으로 자리 잡고 있다(Edlund & Korn, 2002; Girard, 2000; Satz, 2003).

　　의료 접근성은 종종 자원과 특정 지역사회 내 의료제공 현실을 반영한다. 새로운 의료적 시도와 절차는 도시에서는 이용가능하지만 시골지역에서 일반적인 서비스가 되기까지는 시간이 걸린다. 예를 들어, 최근 연구에서 미국 심장마비 환자의 생존은 지역에 따라 큰 차이를 보이는 것으로 나타났다. 시골에서의 생존율은 9%였고, 교외지역은 14%, 도시는 23%였다. 이러한 차이는 의료반응시간, 이송시간, 심폐소생술, 의료 개입방법 등 지역사회와 관련된 여러 요소로 인한 결과이다(Vukmir, 2004). 앤드러스Andrus, 켈리Kelley, 머페이Murphey, 헤른던Herndon(2004)이 알라바마 주의 도시 및 시골 의원의 당뇨관리를 비교한 결과, 시골에 있는 환자들이 당화 헤모글로빈(혈당 조절 측정), 콜레스테롤 수준, 혈압에 있어서 그들의 목표치에 도달하기 어려운 것으로 나타났다. 이들은 도시 환자들과 비교할 때, 눈 검사, 소변 단백질 스크리닝, 아스피린 치료, 백신접종과 같은 조기검진 및 예방 서비스를 적게 받는 것으로 나타났다. 멕시코에서는, 자궁경부암으로 인한 사망률이 도시에서보다 시골에서 3배 더 높은 것으로 나타났다. 멕시코의 외곽 씨야바스Ciapas의 자궁경부암 사망률은 멕시코시티보다 10.99배 높았다. 이러한 차이는 공식적인 교육의 부족과 의료 접근성의 부족으로 인한 결과이다(Palacio-Mejia, Rangel-Gomez, Hernandez-Avila, & Lazcano-Ponce, 2003).

또한 미국 내 의료의 종류와 질은 도시 내에서도 다르게 나타난다. 1980년대 미국 다트머스Dartmouth의 잭 웬버그 박사Dr. Jack Wennberg는 '중소지역간 의료 격차'로 불리는 연구의 선구자이다. 이후 다트머스 그룹은 각 지역 사람들의 메디케어 지출, 암 진단 테스트의 사용, 의사의 미국건강관리지침 이행, 수술 실행 빈도 등을 기록하였다(McAndrew-Cooper, Wennberg, & Center for the Evaluative Clinical Sciences Staff, 1999). 예를 들면, 미국의 유방 촬영에 대한 지역별 검진율은 미국 북동부, 플로리다 주, 미시건 주의 여성이 다른 지역보다 더 많이 받으며, 이는 최소 12.5%부터 최대 50%까지 다양하게 나타났다. 또한 인디애나 주 테레 호트에서 메디케어를 받는 사람 중 연간 대장암 검진율은 2.4%로 나타났고, 메릴랜드 주 타코마 파크에 있는 사람의 검진율은 22.2%로 차이를 보였다. 일반적으로, 전국의 대장암 검진율은 미국 동부와 남부가 중서부와 서부에 비해 높았다. 메디케어를 받는 사람들 또한 지역에 따라 관상동맥 조영술과 경동맥내막 절제술을 하는 경우가 달랐으며, 이러한 절차는 불필요하게 진행되었다. 다트머스 그룹은 종종 의료 자원이 욕구보다 수용력capacity(예를 들어, 의사 수, 병원 침대 수)을 반영하고 있음을 보여주었다. 이러한 소규모 지역 간 변이의 원인은 다양하며, 강의와 상담을 통해 지역 실천에 영향을 미치는 유명한 의사들의 효과를 반영한다고 한다(Wennberg et al., 1997).

제2형 당뇨병, 암, 심혈관질환을 포함한 여러 질병의 발병 및 과정은 사회적 요인에 의해 영향을 받을 수 있다는 증거가 늘어나고 있다. 예를 들어, 비만은 인슐린 저항을 초래하고, 인슐린 저항은 제2형 당뇨병의 중요한 원인이 된다. 미국에서 비만 유병률이 높아지면서, 당뇨 또한 높은 유병률을 갖게 되었다. 1988년부터 1994년까지 미국 성인 24.5%가 비만이 되었다. 1999년부터 2004년까지 이 비율은 32.1%까지 증가하였다(Lopez-Jimenez et al., 2009). 1988년부터 2004년까지 전국 조사에서 당뇨 진단을 받은 것으로 보고된 성인은 8.2%에서 9.6%로 증가하였다(Lopez-Jimenez et al., 2009). 또한 이 연구는 미국의 주별로 당뇨 발병률이 다르다고 하였다. 2003년부터 2006년까지 미시시피에 거주하는 30세에서 59세 그리고, 60세 이상 성인의 당뇨 발병률은 11.4%에서 27.7%로 증가하였고, 몬타나 주의 경우에는 6.5%에서 19.3%로 증가하였다(Danaei, Friedman, Oza, Murray, & Ezzati, 2009). 소득 대비 식료품 비용의 감소, 고칼로리 식사로의 전환, 신체운동 감소를 포함한 여러 요인이 비만 유병률을 높이는 것으로 나타난다(Philipson & Posner, 2003). 주마다 식품 가격, 식생활 습관, 신체운동 등에 차이가 있는 것이 주별로 비만 유병률과 당뇨 유병률이 다른 것에 영향을 미친다.

지역사회 자본이 성인의 식생활과 질병 발병에만 영향을 미치는 것이 아니라, 이는 다음 세대의 질병 발병에도 영향을 미친다. 예를 들어, 당뇨가 있는 산모의 아기는 성인이 되어 당뇨를 가질 위험이 더 높다. 피마 인디언pima indian 연구에서, 제2형 당뇨병을 앓는 엄마의 아이들(50%)이 임신 중 당뇨가 된 엄마의 아이(8.6%)보다 비만과 당뇨 정도가 높게 나타났다(Pettitt, Nelson, Saad, Bennett, & Knowler, 1993). 이 연구는 질병에 대한 소인이 자궁 내에서 엄마의 식생활과 혈당 조절에 의해 바뀔 수 있음을 제언한다. 이러한 변화를 연료-매개형 기형발생fuel-mediated terato-genesis이라고 한다(Freinkel, 1980).

"절약 유전자thrifty gene" 가설은 미국의 피마 인디언과 아프리카계 미국인, 호주의 원주민 등 소수 인종의 높은 비만율과 당뇨 발병률은 비정상적 지방에 에너지를 축적하는 유전적 성향에서 기인된 것이라고 주장한다. 기근의 시기나 저지방 음식을 주로 먹는 식생활 특성은 생존에는 유리하지만, 먹을 것이 풍부하고(현대 미국이나 호주와 같이) 고탄수화물과 고지방의 식생활을 유지할 때는 효율적인 에너지 저장이 힘들어져 비만이 되기 쉽다. 이 이론이 근거가 있기는 하나, 절약 유전자가 차별과 경제적 소외로 인한 식생활 및 심리적 변화와 같은 다른 중요한 요인들만큼 소수민족인들의 건강 결과에 영향을 미치는지는 아직 불확실하다(McDermott, 1998).

지역사회의 영향과 생애과정
COMMUNITY EFFECTS AND THE LIFE COURSE

지역사회는 임신기, 아동기, 유년기, 성인기 그리고 삶의 마지막 시기를 포함하여 생애과정의 모든 단계에서 개인의 건강에 영향을 미칠 수 있다. 건강에 영향을 미치는 지역사회에 대한 관심은 역학 자료에 대한 지역 분석과 보건지리학에 대한 관심을 증대시켰다. 삶의 각 단계에서의 건강과 이웃 혹은 지역사회 특성 간 관계를 분석하는 연구의 예시들은 다음과 같다.

임신기

산모의 건강은 신생아의 건강과 사망률의 강력한 예측요인이기 때문에 많은 연구자들은 임신한 여성의 사회적 경험과 신생아의 건강 간 관계를 탐구하였다. 인구 5만 명 이상의 미국 176개 도시를 대상으로 한 연구에서 라비스트LaVeist(1989)는 아프리카계 미국인들의 유아 사망률이 그 도시의 차별 지수와 정적으로 밀접한 관계가 있음을 발견하였다. 이 연구에서 사망률 평균은 아프리카계 미국인 유아의 경우 신생아 1천 명당 19.31명이었고, 백인 유아는 신생아 1천 명당 11.09명으로 나타났다. 차별 수준이 가장 낮은 도시에서 아프리카계 미국인 유아의 사망률은 모든 아프리카계 미국인 유아 평균보다 약 5% 정도 더 낮은 것으로 나타났고, 차별 수준이 가장 높은 도시에서의 사망률은 전체 평균보다 약 3% 정도 더 높은 것으로 나타났다. 라비스트는 차별 수준이 높은 도시에서 아프리카계 미국인 유아의 사망률이 더 높은 것은 소수 지역사회에서 낮은 주택의 공급, 높은 수준의 스트레스와 환경 독소, 그리고 낮은 수준의 도시 및 의료관리서

비스를 반영하는 것이라고 지적하였다. 라비스트는 이와 같은 영향들은 인종 통합 수준이 증가
됨으로써 개선된다고 하였다.

　　몇몇 연구결과들은 환경적 스트레스 요인들이 임신 결과에 부정적으로 영향을 미칠 수 있다
는 것을 지지한다. 이 연구들에 따르면, 1985년과 1986년 칠레의 수도 산티아고에서는 높은 수준
의 폭력에 노출된 지역사회에 살고 있는 여성은 덜 폭력적인 지역사회에 살고 있는 여성에 비해
임신고혈압, 태아성장지연 및 유산 등을 포함하여 임신 합병증을 경험할 가능성이 5배 높았다
(Zapata, Rebolledo, Atalah, Newman, & King, 1992). 콜린스Collins 등(1998)은 경찰의 보호, 자산 보호,
개인 안전, 호의, 지역사회 서비스의 전달, 청결, 조용함 및 학교 등 요인을 기준으로 자신의 지
역사회를 비호의적으로 평가한 시카고의 아프리카계 미국인 산모와 통제집단을 비교했을 때 저
체중(3.3 파운드 이하) 출생에 대한 승산비가 1.7에서 3.2로 나타난다고 지적하였다. 또 다른 연구
에서는 지역사회 및 모성의 특성을 함께 고려하기 위해 다층 분석을 사용하였는데, 지역사회의
경제적 불리함이 증가할수록 아프리카계 미국인 유아의 출생 시 평균 체중이 감소되는 것을 발
견하였다(Buka, Brennan, Rich-Edwards, Raudenbush, & Earls, 2003). 이 연구에서 고려된 모성 관련 요
인들은 여성의 출산 횟수, 산전 건강관리, 교육, 연령, 결혼상태, 그리고 흡연경험 등이었다. 지역
의 불리함은 그 지역사회에서 빈곤선 이하이거나 공공부조를 받거나 혹은 실업 상태인 거주자
비율의 총합을 측정하여 반영하였다. 유사한 다층 분석에서는 아프리카계 미국인, 백인, 히스패
닉 인구에서 출생 시 체중과 인구조사 표준지역의 폭력적 범죄 간에 통계적으로 유의미한 역 관
계가 있음을 발견하였다(Masi, Hawkley, Piotrowski, & Pickett, 2007).

　　산모의 심리적 스트레스, (37주 이내의) 조기분만, 그리고 5.5파운드 이하의 저체중 출생 간
의 관계들은 쉽게 이해되기 어렵다. 하지만 산모 스트레스가 태반의 부신피질자극 호르몬 방출
을 자극하는 스트레스 호르몬과 태아의 코티졸cortisol[1]을 증가시킬 수 있음은 잘 알려져 있다
(Chrousos, Torpy, & Gold, 1998; Norwitz, Robinson, & Callis, 1999). 부신피질 자극 호르몬의 증가는 분
만이나 진통 초기에 중요하게 나타나기 때문에 이 호르몬은 "태반 시계placental clock"로 분류되
어 왔다(McLean et al., 1995). 조기분만은 출생 시 저체중의 주된 결정 요인이며, 이 두 요인들은
모두 노년기 삶에 있어서 건강 문제에 영향을 미치는 위험요인이 된다. 신생아 사망률의 약 4분
의 3과 아동의 장기적인 신경 손상의 약 절반은 조산과 관련되어 있다(Alexander, 1998). 일련의 연
구에서 바커Barker(1998)는 출생 시 저체중은 노년기 관상동맥 질병, 뇌졸중, 당뇨병, 고혈압 등에
영향을 미치는 위험요인이라는 증거를 발견하였다. 이러한 연구와 기타 다른 연구들은 심리적
안녕을 포함한 산모의 건강이 자녀의 유아기와 그 이후의 건강에 중요한 영향을 끼친다고 지적
한다.

---

1) 부신 피질에서 생기는 스테로이드 호르몬의 일종 — 옮긴이 주.

유년기

긍정적이거나 부정적인 유년기 경험들은 즉각적이고 장기적인 관점 모두에서 건강에 영향을 미칠 수 있다. 이러한 경험들은 일반적으로 지역 특성뿐만 아니라 아동의 관리 환경을 반영한다. 건강에 대한 영향들은 생리적 경로를 포함하여 직접적일 수도 있고 혹은 장기적인 건강 행위를 포함하여 간접적일 수도 있다. 라우Rauh, 파커Parker, 가핀켈Garfinkel(2003)은 소급적 코호트 모형 retrospective cohort design을 사용한 연구를 통해 뉴욕시 공립학교의 3학년 독해 성적이 개인 및 지역사회 수준의 요인들 모두와 통계적으로 유의미한 관계가 있음을 발견하였다. 개인 수준에서는 여자보다는 남자가, 출생 시 저체중일수록, 미혼모 가정일수록, 그리고 어머니 교육수준이 낮을수록 독해 성적이 낮은 것으로 예측되었다. 개인수준의 위험요인을 통제하고 나면 독해 성적은 빈곤집중지역concentrated community poverty과 통계적으로 유의미한 관계가 있는 것으로 나타났다. 빈곤집중지역이란 지역 내 가구의 40% 이상이 연방정부에서 정의한 빈곤 수준보다 낮은 경제수준을 나타낼 경우를 말한다. 이 연구에서는 취학 전 교육적 개입이 차후 교육적 성취의 향상과 노년기 고위험 건강 행동의 회피를 이끌어 낸다고 설명하였다(Heckman & Masterov, 2007).

유년기 때 납 분진에 대한 노출은 주택의 연식 및 지역 자원과 관련된 주택 자재와 밀접한 연관이 있다. 베르나드Bernard와 맥기힌McGeehin(2003)은 1988년부터 1994년까지 조사된 국민건강영양조사National Health and Nutrition Examination Survey 자료를 사용하여 1946년 이전에 지어진 주택에 거주하는 아이들의 42.5%에서 혈중 납 농도BLL: Blood Lead Level가 5mcg/dL와 비슷하거나 더 높은 수치를 보이는 반면, 1973년 이후에 지어진 주택에 거주하는 아이들의 경우 14.1%만이 그와 같은 수치를 나타내는 것을 발견하였다. 이 연구에서 비라틴계 흑인 아이들은 비라틴계 백인 아이들에 비해 5mcg/dL 정도 혹은 더 높은 수준의 혈중 납 농도를 가질 확률이 3배나 높게 나타났다. 납중독과 관련된 인지변화는 IQ 감소, 주의산만성, 낮은 조직 기술, 그리고 활동항진증 등을 포함한다. 아이들의 납 중독에 대한 영향은 되돌릴 수 없으며, 청소년 비행 및 십대 임신 등의 원인이 된다(Bellinger, 2004).

또한 방임 및 신체적 · 성적 학대와 같은 아동학대는 지역사회조직과 관련이 있는 것으로 나타난다. 쿨톤Coulton, 코빈Korbin, 수Su, 초우Chow(1995)는 여성가장 가구의 집중, 인구이동, 성인 거주자 대비 높은 비율의 아동 인구, 빈곤이 두드러진 지역사회에 살고 있는 아이들에게서 학대의 고위험 요인이 발생하는 것을 발견하였다. 아동학대의 심리적 · 생리적 영향은 오래 지속될 수 있다. 하임Heim, 뉴포트Newport 등(2000)은 18세부터 45세 사이의 여성 49명을 대상으로 하는 연구에서 아동학대 경험을 가진 여성들이 통제집단에 비해 뇌하수체 부신피질과 스트레스에 대한 자율신경계 반응이 높은 것으로 보고하였다. 스트레스와 관련된 부신피질자극호르몬ACTH: adrenocorticotropic hormone의 최대 수준은 연령을 매칭한 통제집단과 비교했을 때 아동학대 경험과 현재 주된 우울증을 앓고 있는 여성에게서 6배 높게 나타났다. 시상하부 뇌하수체 부신피질 HPA: hypothalamic–pituitray–adrenal축의 조절장애는 만성피로 증후군, 섬유근육통, 류마티스 및 천식 등과 같은 성인기의 몇몇 질병들과 관련이 있다(Heim, Ehlert, & Hellhammer, 2000). 최근 발달신경생리학자들은 아동기 스트레스와 트라우마가 노년기 뇌 발달 및 기능에 영향을 미치는 경로에 대한 연구를 수행 중에 있다(Teicher, Anderson, Polcari, Anderson, & Navalta, 2002).

청소년기

몇몇 연구들은 지역의 사회경제적 지위와 교육수준(청소년기 학업 이수 연한 등 포함), 고등학교 졸업 가능성 및 대학 진학 가능성 간 정적 관련성을 발견하였다(Leventhal & Brooks-Gunn, 2000). 이 연구들에 따르면, 지역의 사회경제적 지위는 지역사회의 1개 이상의 특성들—대졸 거주자 비율, 빈곤선 이하의 거주자 비율, 고교 중퇴 비율, 여성가장 가구 수준 및 여성 고용 등—로 구성된다. 쿨톤Coulton과 팬데이Pandey(1992)는 빈곤선 이하 인구가 40% 이상 거주하는 클리브랜드 인구조사 표준 지역에서 십대 임신과 청소년 비행 비율이 다른 지역에 비해 보다 높게 나타남을 발견하였다.

뉴욕 주 용커스 지역의 공공주택 프로그램 평가에서는 저소득 지역에서 지속적으로 살고 있는 청소년들을 중간소득 지역으로 이주한 청소년들과 비교했을 때, 지난 1년 기준으로 마리화나를 사용할 가능성이 더 높으며, 지난 한 달을 기준으로 알코올 문제의 징후를 보여줄 가능성이 더 높다고 발표했다(Briggs, 1997). 전국남자청소년조사National Survey of Adolescent Males에서, 지역의 높은 실업률은 타인을 임신시키는 일 및 혼외자를 두는 것과 관련이 있었다(Ku, Sonenstein, & Pleck, 1993).

지역 특성과 청소년 행동 간 관계에 대한 매개는 몇몇 경로들을 포함한다. 젠크스Jencks와 메이어Mayer(1990)의 연구에서 그들은 각각 서로 다른 지역사회 구성을 강조하는 5가지의 개념적 모델 또는 영향의 경로들에 관해 설명한 바 있다. 이는 제도적 자원, 공동체적 사회화, 접촉성 전염병 혹은 그 영향, 경쟁, 그리고 상대적 박탈이다. 아네스헨셀Aneshensel과 써코프Sucoff(1996)는 로스앤젤레스 청소년 877명을 대상으로 조사한 연구에서 영향의 경로에 관한 증거를 발견하였다. 이에 따르면, 낮은 사회경제적 지위가 지배적인 지역에 사는 청소년들은 주변의 범죄, 폭력, 약물사용 및 공공장소에 하는 낙서 등을 보다 잘 인지하는 것으로 나타났다. 이러한 영향은 개인의 사회경제적 지위에 독립적으로 영향을 미치며 지역의 위험에 대한 인식은 우울증 징후, 불안, 반항성 장애 및 행동 장애 등과 관련이 있는 것으로 나타났다. 이러한 결과는 지역사회 특성들이 청소년의 신체적 건강과 사회적 행동에 중요한 영향을 미칠 수 있다는 것을 보여준다.

성인기

지역사회 환경에 관한 몇몇 요인들은 성인의 사망(률) 및 질병과 연관되어 있다. 이러한 요인들에는 범죄율, 세입자 대비 주택보유자 비율, 공공부조를 받는 주민 비율, 차별지수, 실업률, 여성가장 가구 비율, 소득수준, 교육수준, 집합적 효능감 및 주택가치 등이 포함된다. 아동 및 청소년에 관한 연구에서 주된 질문은 지역사회가 정말 건강에 영향을 미치는지 또는 건강상태의 차이가 단순히 지역주민의 나이, 인종 및 건강 행동의 차이 때문인 것인지 알아보는 것이다. 다시 말해서, 건강에 관한 구성적 연관성 이외에 맥락적 영향이 존재하는가? 언급했듯이, 이 질문을 하는 한 가지 방법은 개인수준 변수 및 지역사회 수준의 변수들을 동시에 설명하는 다층 분석을 실시하는 것이다.

　관계적 또는 지역적 영향에 관한 가장 초기 연구 중 하나는 캘리포니아의 앨러미다 카운티에서 9년 동안의 사망률을 조사하는 것이었다(Haan, Kaplan, & Camacho, 1987). 이 연구를 통해 1,811명의 연구 참여자들로부터 건강 상태의 기초선, 사회경제적 요인들, 건강 실천, 사회적 네트워크 및 심리적 요인들에 관한 자료를 수집하였다. 또한 연구자들은 참여자들이 지정된 빈곤지역에 살고 있는지 여부에 주목하였다. 그 결과 연령, 성별, 인종이 표준화된 사망률의 상대위험도가 빈곤지역에 사는 사람들의 경우 비빈곤 지역 사람들에 비해 1.71배 높다는 사실이 밝혀졌다. 건강상태 기준선 및 다른 개인적 특성들을 추가하였을 때 사망률의 상대 위험도는 다소 낮아졌지만, 빈곤지역 주민의 경우 여전히 매우 높은 것으로 나타났다. 연구자들은 빈곤지역에서의 부정적인 건강 결과는 높은 범죄율, 열악한 주거, 교통수단 부족, 높은 수준의 오염물질 또는 이러한 요인들의 결합에 의해 매개된다고 예측하였다.

　또 다른 연구에서는 1986년 '미국인의 생활변화Americans' Changing Lives' 연구로부터 얻은 개인과 가족에 대한 정보를 1980년 인구조사 자료와 연결하여 개인적, 지역적 특성이 3가지 건강 결과에 끼치는 영향을 평가했다(Robert, 1998). 3가지 건강결과에는 지난 1년 동안 경험한 만성질환의 수, 기능적 제한 수준, 주관적 건강이 포함된다. 개인수준의 지표는 연령, 인종, 성별 및 교육수준이며, 가족 수준의 지표는 소득 및 자산 수준이었다. 지역사회 수준에서의 4가지 지표는 공공부조를 받는 가구의 비율, 3만 달러 이상의 수입을 가진 가족의 비율, 성인 실업률, 그리고 이 3가지 지표들의 복합 지수이다.

　최초의 이변량 분석은 지역사회 수준 변수들과 비교했을 때 교육수준과 가구소득이 건강에 관한 3가지 측정치에 더 높은 상관관계를 보이는 것으로 보고하였다. 개인 수준 및 가족 수준의 사회경제적 지위를 통제하고 나면, 공공부조를 받는 가구의 비율은 주관적 건강 수준과 독립된 관계를 갖는 것으로 나타났다. 게다가 3만 달러 이상의 가구소득 비율, 성인 실업률 및 복합적인 경제적 불리함 지수composite economic disadvantage index 각각은 개인 및 가족 수준의 사회경제적 지위가 통제되었을 때 몇몇 만성질환과 관련이 있는 것으로 나타났다. 로버트Robert(1998)는 개인 수준 변수들은 건강에 대한 강력한 예측요인이며, 지역사회 수준의 변수들은 건강과 유의미한 관계를 갖는 것으로 보인다고 결론 내렸다.

　르클레르LeClere, 로저스Rogers, 피터스Peters(1998)는 여성의 심장병 사망률에 대한 지역사회의 영향을 평가하기 위해 다층 분석을 실시하였다. 전국보건면접조사National Health Interview Survey(1986~1990)로부터 얻은 자료는 1990년 지역단위 미국 인구조사U.S. census at the census tract level 및 전국 사망 지수National Death Index의 사망 증명 정보와 관련이 있다. 전국보건면접조사National Health Interview Survey로부터 얻은 개인수준의 정보는 연령, 인종, 체질량 지수, 기존 질병, 소득, 교육수준, 결혼상태 및 고용 지위 등이 포함된다. 인구조사 정보는 인구조사 표준지역에서의 여성가장 가구의 비율, 흑인 인구 비율, 중간 가구소득, 공공부조를 받는 가구의 비율 및 실업률 등을 포함한다.

심장질환 비율은 백인 및 아프리카계 미국인 모두 가장 빈곤한 인구조사 표준지역에서 더 높게 나타났다. 다층 모델 분석에서 개인 수준 특성을 조정하면, 이 연구는 전체 가구의 4분의 1이 여성가장 가구인 지역사회에 살고 있는 여성일수록 이 비율이 낮은 지역사회에 살고 있는 여성에 비해 심장질환으로 인해 사망할 가능성이 높은 것으로 나타났다. 연구자들은 여성가장 가구의 비중이 높은 지역일수록 높은 수준의 재정적, 신체적, 감정적 스트레스와 관련이 있을 것이라는 가설을 제기하였다. 스트레스와 다른 심리사회적 위험 요인들은 직접적으로 죽상동맥 경화증atherosclerotic의 급속한 진행, 흡연, 고칼로리의 열량 섭취 및 음주 등과 같은 부정적 대처 행동을 통해 간접적으로 심장질환의 원인이 될 수 있다(Williams, Barefoot, & Schneiderman, 2003).

이러한 연구들은 지역사회 환경이 개인적 특성인 건강에 독립적 영향을 미친다는 증거를 제공한다. 하지만 보다 많은 개인적인 특성들이 다층 모델에 포함되어 있을수록 건강에 관한 지역사회의 영향은 감소되는 것으로 보인다. 게다가 어떤 지역사회의 영향은 다른 요인들보다 더 유해할 수 있다. 앞서 살펴본 연구들에서 가장 자주 언급된 주된 요인은 열악한 주거의 질, 독성에의 노출 및 심리사회적 스트레스 등이다.

생애말기

노인들이 생애말기에 받은 의료적 돌봄의 강도는 지역간 차이가 있다. 맥앤드류-쿠퍼McAndrew-Cooper 등(1999)은 생애말 6개월 동안 노인들에게 제공된 돌봄의 빈도와 유형을 비교하기 위해 1995년부터 1996년까지의 메디케어 청구서 정보를 사용하였다. 그들은 생애말의 이슈가 "환자의 선호나 삶을 연장하기 위한 돌봄의 힘이 아니라 그 환자가 살았던 장소에 의지하는 방식으로 해결된다"는 것을 발견하였다(p. 42). 예를 들어, 어떤 지역사회에서는 죽음의 순간에 병원에 입원하는 경우가 20%인 반면, 다른 지역사회에서는 이 비율이 50%이다. 또한 삶의 마지막 6개월 동안, 일주일 또는 그 이상을 중환자실에서 보낼 가능성은 환자의 4% 미만부터 20% 이상에 이르기까지 지역사회마다 다양하게 나타났다. 삶의 마지막 6개월 동안 환자를 돌보는 의사의 수(돌봄 강도) 역시 지역사회마다 다르게 나타났다. 어떤 지역에서는 환자의 30%가 10명 이상의 의사들에 의해 돌봄을 받았으나, 다른 지역의 경우 그 수치가 3% 이하였다. 흥미로운 점은 돌봄 강도의 차이는 해당 지역의 질병 수준보다 그 지역이 어느 정도의 보건의료 자원을 갖고 있느냐와 더 연관이 있었다. 또한 돌봄 강도는 돌봄의 결과와 상관성이 없었다. 즉, 돌봄 강도가 높은 지역의 노인 환자 사망률이 다른 지역보다 더 낮지 않았다.

맥앤드류-쿠퍼 등(1999)은 사망률이 돌봄 강도와는 관련이 없고, 생애말에 증가된 지출과 서비스를 통해 개선된 죽음의 질 및 안위대책comfort measures과 관련되어 있을 가능성을 논하였다. 안위대책은 분명히 바람직하지만 과연 대부분의 사람들이 생애말에 중환자실에 있기를 바랄까? 생명을 위협하는 질병에 걸린 환자들에 관한 연구의 경우, 만약 의사가 환자들에게 그들의 삶이 "아주 조금 남아 있다"고 말해준다면, 환자의 82%는 병원보다는 집에서 죽음을 맞이하기를 선호할 것이라고 보고하였다(SUPPORT Principal Investigators, 1995). 이상의 연구결과들을 고려해 볼 때, 어떤 지역사회는 다른 지역사회에 비해 자원의 할당, 욕구 부응 및 중증 메디케어 수혜자의 요청에 대해 더 잘 기능하고 있음을 알 수 있다.

사회복지실천에의 함의
IMPLICATIONS FOR SOCIAL WORK PRACTICE

이 장에서 살펴본 연구들은 지역이 양질의 의료서비스, 건강에 좋은 음식 및 운동할 수 있는 녹지 공간에 대한 접근성을 높일 뿐만 아니라 범죄, 독성 및 전염병에 대한 노출을 최소화함으로써 건강에 긍정적인 영향을 미칠 수 있다는 것을 제시하고 있다. 또한 지역사회는 열악한 주택 공급, 화학적·생물학적 병균에 대한 노출, 의료서비스에 대한 접근성 감소, 부정적인 건강행위의 촉진 및 주변의 심리적 스트레스 요인들을 통해 건강에 부정적인 영향을 미칠 수 있다. 이러한 영향들은 사회복지실천에 있어서 중요한 질문을 제기한다. 예를 들어, 사회복지적 관점에서 개별적인 것에 기초하여 각 개인이 그들의 삶의 상황을 향상시킬 수 있게 도와주는 것이 보다 효율적인가 혹은 지역사회 전반에 걸친 개입을 통하는 것이 보다 효율적인가? 만약 지역사회가 신체적 또는 심리적으로 건강하지 못하다면, 개인들이 그 지역사회를 벗어나도록 도와주는 것이 바람직한 것인가 혹은 지역사회 변화를 옹호해야 하는 것인가? 이 질문들에 대한 답은 현재 사회복지사들에 의해 사용되는 전략의 다양성을 반영하고 있다. 즉, 어떤 사회복지사들은 개인 수준에서 문제를 처리하지만, 다른 사회복지사들의 경우, 지역사회 수준에서의 변화를 위해 노력하며, 또 다른 사회복지사들은 2가지 전략을 동시에 사용한다. 지역사회 발전은 시간이 걸리는 과정이며 종종 정치적, 행정적, 그리고 지역사회의 조직적 능력을 요구한다. 또한 개인에게 서비스를 제공하는 것은 자원 및 지속성에 관한 이해뿐만 아니라 행정적인 능력을 요구한다. 지역사회 수준 및 개인 수준의 발전 전략들은 필수적이며, 두 전략 모두 공공정책을 통해 보다 많은 지원을 받아야 한다.

맥인타이르MacIntyre, 맥아이버MacIver, 수먼Sooman(1993)은 지역사회 개선이 정책 분야에서 대수롭지 않은 것으로 여겨져 왔다고 생각한다. 건강하지 못한 행위와 많은 질병들은 부정적인 환경에서 발생하며, 신체적·사회적 환경에서의 개선은 건강 및 건강행위를 향상시킬 수 있다고 주장한다. 맥인타이르 등은 노동자 계층에게 중산층처럼 행동하라고 하기보다는 공공정책이 노동자계층 지역사회를 중산층 지역사회로 변화하도록 촉진시켜야 한다고 믿는다.

하지만 저소득 지역사회에 투자하기 위한 지원을 모으는 것은 시간소모가 크며, 종종 민간 및 공공 기관들은 이를 그다지 중요하지 않은 사안으로 여긴다. 지원이 모아지고 지역사회 개선을 위한 계획이 준비되어 있어도 몇몇 위험요인들을 피해야 한다. 그중 하나는 빈민가 주택이 고급화됨에 따라 일어날 수 있는 인구이동이다. 예를 들어, 경제적으로 낙후된 시카고의 잉글우드 지역에 550개의 새로운 단독 주택을 건설하기 위한 1억 5천만 달러의 프로젝트가 기획되었으나, 노동자 계급 및 고령의 지역주민들은 주택 임대 비용과 재산세의 증가로 인해 자신들이 그 지역을 떠나야 할까봐 걱정하며 이를 반대하였다. 비록 제안된 주택의 약 20%가 저소득 가구를 위해 우선적으로 확보되었지만, 지역주민들은 전반적인 주택 가격이 크게 오를 것을 걱정하였다(Olivo, 2004). 이와 같은 걱정과 염려들은 타당한 것으로 밝혀졌는데, 이는 저소득 가구를 위한 주택들이 시카고 지역의 중위 가구소득의 100%, 즉 2008년 기준 7만 2,400달러 정도의 소득을 얻고 있는 가구에 맞게 설계되었기 때문이다. 당시 잉글우드의 중위 가구소득은 3만 4,902달러였으며, 이 프로젝트는 결국 실질적으로 평범한 잉글우드 지역 주민들에게는 접근 불가능한 저소득 가구 단지를 만드는 것이었다(Developing Government Accountability to the People Network, 2008). 이러한 예시는 비록 지역사회 발전이 많은 사람들에게 이익이 된다고 하더라도, 낮고 고정된 수입의 지역주민들에게서 발생하는 의도하지 않은 결과들이 함께 고려되어야 한다는 것을 보여준다.

건강한 환경에 위치한 주택을 구하려는 개인이나 가족을 돕는 것은 많은 사회복지사들에 의해 제공되는 중요한 서비스다. 어떤 경우에는 그와 같은 도움이 삶과 죽음 혹은 건강과 질병 간의 차이를 의미할 수 있다. 그러나 거주지 이전에는 역시 위험이 따른다. 새로운 지역사회로의 이동은 사회적 네트워크의 단절과 지원 체계의 손실을 야기할 수 있다. 특히 인종이나 경제적 다양성이 매우 적다면, 소수민족 또는 소득이 낮은 개인은 소득이 높은 지역사회에서 스트레스를 느낄 수 있다. 옌Yen과 카플란Kaplan(1990)은 캘리포니아의 앨러미다 카운티에서 수집한 11년간의 자료를 분석하였는데, 사회경제적 지위 수준이 높은 지역사회에 살고 있는 저소득층의 사망률이 사회경제적 지위 수준이 낮은 지역사회에 살고 있는 저소득층에 비해 더욱 높게 나타났으며, 이는 통계적으로도 유의미하였다. 연구자들은 자원에 대한 차등적 접근과 심리적 스트레스가 이와 같은 격차를 유발한다는 가설을 제시하였다. 사회복지사와 다른 서비스 제공인력에게 있어서 이것이 주는 함의는 비용 없이 거주지를 이전하기는 어렵다는 점과 개인이 서비스에 접근하도록 돕고, 그들이 새로운 지역사회에서 지원 네트워크를 발전시킬 수 있도록 모든 노력이 이루어져야 한다는 것이다.

거주지 이전의 추가적인 비용은 빈곤한 지역에 남아 있는 사람들에 의해 지불될 수 있다. 일반적으로, 경제적으로 낙후된 지역사회를 떠나는 개인은 직업이 있거나 교육수준 및 직무기술이 뛰어나다. 인적자본의 유출은 남아 있는 사람들이 이용할 수 있는 지역사회의 자원과 성공적 롤모델이 줄어든다는 것을 의미한다(Wilson, 1996). 이는 결국 지역사회에 남겨진 사람들에 대한 교육 및 보건의료서비스, 건강 문제의 악화 등 추가적인 지역사회 악화를 유발할 수 있다.

만약 지역사회의 모든 구성원들이 이주하거나 혹은 이전된다면, 이러한 문제는 부분적으로 경감된다. 예를 들어, 최근 시카고 주택 당국은 로버트 테일러 홈즈Robert Taylor Homes(시카고 남부에 위치한 일련의 고층 공공주택 건물들)의 모든 지역주민들을 도시의 도처에 위치한 보조금 지원 주택으로 이전시켰다. 보조금 지원 주택은 이전의 로버트 테일러 홈즈에 지어진 혼합소득 단지를 포함한다. 사회적 자본의 유출로 고통받는 지역사회와는 대조적으로 이 프로그램은 빈곤지역에서 중산층 지역사회로의 발전을 이끌어 낼 것이다. 하지만 이는 많은 가족 및 사회적 네트워크의 단절 및 지역 주민들의 완전한 이주라는 희생을 통해 가능하다.

또한, 다른 방향(중산층에서 노동 계층으로)에서의 지역사회 변화는 경제적 및 인종적 통합이 매우 빠르게 일어났을 때 발생할 수 있다. 시카고 잉글우드 지역의 역사 초기가 하나의 예시이다. 20세기 전반 잉글우드는 주택 소유라는 아메리칸 드림을 꿈꾸는 독일, 스웨덴 및 아일랜드 이주민들에게 인기 많은 목적지였다. 1960년에서 1970년대 사이, 같은 꿈을 꾸며 아프리카계 미국인 주민들이 잉글우드로 이주했을 때, "화이트 플라이트white flight"[2]가 이어 발생하였고, 인구는 1960년 9만 명에서 2000년에는 4만 명으로 감소되었다(Kouvelis et al., 2003). 티핑 포인트tipping point[3])에 도달했을 때의 탈출exodus[4])은 흔한 문제이며, 이는 지역사회의 도시계획 설계자와 정치인들에게 되풀이되는 도전과제이다. 저소득 지역주민에게 과도한 부담을 지우는 임차료와 재산세의 증가 없이, 그리고 빠른 인구 유출의 유발 없이 지역사회는 어떠한 방식으로 통합될 수 있을까? 통합의 역사에 관한 연구에서 카쉰Cashin(2004)은 소수민족의 비율이 일정 수준을 초과하지 않았을 때 또는 3개 이상의 민족 집단이 공존할 때 지역사회의 빠른 이주가 덜 발생할 수 있다는 점에 주목하였다. 통합 조정이 언제나 필요한 것은 아니지만, 많은 지역사회의 경우 통합효과 및 상황을 면밀하게 모니터한다. 어떤 경우에는 통합을 강화하기 위해 그렇게 하는 반면, 다른 경우에는 통합을 저지하기 위해 통합 조정을 위한 모니터링을 실시한다. 계획 및 행정적 단계에 있는 사회복지사들은 지역사회에서 통합의 패턴에 영향을 미치는 것을 돕고 모니터할 수 있다. 또한, 그들은 가족과 개인이 보조금 지원 주택의 모호한 규정에 대해 협상하는 것과 새로운 지역주민들이 지역사회 자원에 접근하도록 보장하는 것을 도울 수 있다.

지역사회를 발전시키기 위한 다른 전략은 임파워먼트존Empowerment Zones—빌 클린턴 정부에서 시작된 경제적 발전 프로그램—을 통해 이루어진다. 이 계획을 통해, 도시의 임파워먼트존(EZs)과 기업 공동체는 연방세 공제, 정액 보조금Block Grants, 경제개발기금, 주택, 직업훈련 및 사회프로그램 등을 지원받는다(Dixon, 2000). 1993년 이후, 임파워먼트존 프로그램은 창업, 직업훈련 프로그램, 노숙인을 위한 새로운 주택 또는 복구된 주택 제공 등 어느 정도 성공을 거두었다. 그러나 효과 없는 관리감독과 부적절한 기금의 처리는 이 프로그램의 성공을 제한한다는 인식이 남아 있다(McDavid, 1998). 많은 지역사회 주민들은 임파워먼트존 기금이 그들이 가장 필요로 하

---

2) 도시 범죄를 우려한 백인중산층의 교외 이주현상 — 옮긴이 주.
3) 작은 변화들이 어느 정도 기간을 두고 쌓여, 이제 작은 변화가 하나만 더 일어나도 갑자기 큰 영향을 초래할 수 있는 상태가 된 단계 — 옮긴이 주.
4) 많은 사람들이 동시에 타지역으로 이동하는 것을 의미함 — 옮긴이 주.

는 정도에 못 미친다고 말한다(Dixon, 2000). 행정가와 지역사회 지도자들 간의 협력을 통해 사회복지사들은 임파워먼트존의 일자리와 자원들이 반드시 주민들이 가장 필요로 하는 곳까지 닿을 수 있도록 보장하고, 소규모 자영업자, 사업가 및 구직자들에게 자원을 제공하도록 도울 수 있다. 모든 시민들은 임파워먼트존 계획처럼 세금을 통해 제공되는 공공서비스 프로그램에 관심을 가져야 한다. 이때 사회복지사는 그러한 프로그램들을 효율적으로 운영하고 모니터하기 위해 훈련을 받고 기술들을 습득한다.

최근 보고에 따르면, 약 350만 명의 미국인들이 노숙문제를 경험할 가능성이 높은 것으로 나타났다(National Coalition for Homelessness, 2009). 860개 도시 및 카운티들은 노숙문제를 막기 위해 10개년 계획을 제정하였고, 49개 주의 경우 노숙인 문제에 관한 기관 간 협의회Interagency Councils on Homelessness를 설립하였다(Interagency Council on homelessness, 2009). 최근 2개의 연구에서 지적되었듯이, 사회복지사들은 노숙인 문제의 부정적인 건강 효과를 감소시키는 데 있어서 중요한 역할을 할 수 있다. 먼저, 병원 응급실에서 다루어지던 노숙인들은 장기주택과 사회복지사 주도의 사례관리, 그리고 표준 퇴원 계획으로 구성된 일반 관리 서비스 등에 임의로 배치되었다(Sadowski et al., 2009). 18개월 후, 장기주택의 노숙인들은 응급실 방문, 입원, 그리고 병원에서 지내는 날들이 모두 줄어들었다. HIV에 걸린 응급실 환자 노숙인을 대상으로 실시한 유사 연구에서, 이들을 표준 퇴원 계획을 받은 일반관리 집단의 노숙인들과 비교했을 때, 장기주택에 입주하고 사회복지사 주도의 사례관리를 받은 노숙인들이 1년간 살아남는 비율이 더 높게 나타났다(Buchanan, Kee, Sadowski, & Garcia, 2009).

진보적인 과세 정책을 사용하면서 유럽의 많은 국가들이 경제적 평등을 추구하는 데 성공하였다. 이러한 정책들은 사회보장을 강화하였고 소득과 관련된 건강의 차이를 감소시켰다. 1998년에 출판된 건강 격차에 관한 영국 애쉬슨 보고서Britain's Acheson report는 건강 격차를 감소시키기 위해 빈곤 여성, 임산부, 아동 및 노인들에 대한 증대된 현금지원 및 서비스 제공 등 구체적인 조치를 권고하였다. 또한 빈곤층을 위해 개선된 주택뿐만 아니라 직업훈련 프로그램 및 학교를 위한 추가적인 자원들도 권고되었다(Acheson, 1998). 미국의 경우, 많은 정치인들은 저임금 현장에 대해 고용의 "오프쇼링off-shoring"5)을 비난하며, 미국인 고용을 유지하기 위한 세금 인센티브를 요구해 왔다. 이와 같은 노력은 미국에서의 고용, 소득 및 지역사회 자원의 양극화에 대한 인식이 높아졌음을 반영한다. 이 같은 레토릭rhetoric이 지역사회 특성과 건강 간의 관련성에 대한 공감을 반영할지는 좀 더 두고 봐야 하겠지만, 이러한 방향에서의 노력들은 다른 국가들에서는 탄력을 받았으며, 일부는 그러한 노력들이 미국에서도 지지받아야 한다고 주장한다.

사회복지사들은 지역사회 발전을 감독하고 경제 개혁을 옹호하는 일에 중요한 역할을 할 수 있다. 최전선에서 일하는 전문가로서의 사회복지사들은 실업, 저임금, 그리고 건강보험 결핍의 효과들을 직접 관찰한다. 집을 얻을 능력의 부족, 껄끄러운 가족 관계, 유예된 질병 치료들은 사

---

5) 아웃소싱의 한 형태로, 기업들이 경비를 절감하기 위해 생산, 용역, 그리고 일자리를 해외로 내보내는 현상 ― 옮긴이 주.

회복지사들이 매일 직면하는 결과들 중 일부에 불과하다. 사회복지사들은 체계적인 변화를 위한 필요성을 인식하면서 자원이 부족한 지역사회에 대해 관심을 가지도록 이끈다. 이러한 관심은 지역사회기반 참여연구CBPR: community-based participatory research를 포함하여 다양한 방식으로 일어날 수 있다. 지역사회기반 참여연구는 문제를 경험하는 지역사회의 이해관계자들과 함께 지역사회 자원, 욕구 및 해결책 등을 규정하기 때문에 이는 변화의 시작을 위한 강력한 도구가 된다. 지난 20년 동안 발전된 지역사회기반 참여연구의 주된 특징들은 다음과 같다.

- 정체성의 단위로서 지역사회를 인식한다.
- 지역사회 내의 강점과 자원들을 구축한다.
- 연구의 모든 단계에서 모든 파트너들의 협력적이고 공정한 참여를 가능하게 한다.
- 모든 파트너들의 상호 이익을 위한 지식과 행동을 통합한다.
- 사회 불평등에 주의를 기울이는 협력적 임파워링 과정을 촉진한다.
- 주기적, 반복적인 과정을 수반한다.
- 긍정적이고 생태학적인 관점을 바탕으로 건강을 다룬다.
- 모든 파트너로부터 얻은 지식과 결과들을 널리 알린다.
- 모든 파트너들을 장기적으로 참여시킨다(Israel, Schulz, Parker, & Becker, 2001).

최근 연구들은 건강결과에 대한 지역사회 특성의 중요성을 부각시키기 위해 건축 환경 및 건강(Redwood et al., 2010), 보건의료 자원과 유방암 치료(Masi & Gehlert, 2009), 그리고 건강을 촉진시키고 약물남용을 예방하는 데 있어서 사소한 습관의 중요성(Thomas, Donovan, Sigo, Austin, & Marlatt, 2009) 등의 주제에 대해 지역사회기반 참여연구를 활용해 왔다. 사회복지사들이 지역사회 역량을 강화하고 개혁시킬 수 있는 다른 방식들로는 도시나 주의 입법 이전에 입증하기, 지역 신문에 사설 싣기, 부족한 도시 서비스 강조하기, 그리고 지역사회기반 서비스 조직을 형성하기 등이 있다.

개인의 건강이 지역사회 특성 및 자원에 의해 영향을 받는다는 많은 근거들이 있다. 매우 많은 지역사회가 경제적, 그리고 자원의 한계에 직면하기 때문에 사회복지사들의 의미있는 영향력은 막대하다. 이러한 영향력은 지역사회 및 국가 수준에서 뿐만 아니라 개인 수준에서도 발생할 수 있다. 선택된 전략이 무엇이든지, 타인들을 위해 사회적, 물리적 환경을 개선시키기 위해 분투하는 사람들은 그러한 노력들이 장기적으로 의미있는 건강상의 혜택을 가져올 것이라고 확신할 것이다.

연습문제

연습 7.1

지역주민들의 건강에 가장 중요한 영향을 미치는 것으로 생각되는 지역사회의 특성들을 기술해보자.

연습 7.2

경제적으로 낙후된 지역사회에 살고 있는 개인의 신체적, 사회적 욕구 및 보건의료 욕구를 나열해보자.

연습 7.3

보건의료에 관한 공중보건 모델과 의료적 모델의 장점과 단점을 비교하고 대조해보자.

연습 7.4

지역사회 자원, 욕구, 그리고 해결방안 등을 찾는 데 있어서 지역사회기반 참여연구의 장점을 나열해보자.

연습 7.5

미국에서 교육, 고용, 주거, 그리고 식량정책 등의 교육에 대한 잠재적인 영향력을 설명해보자.

추천 자료

Berkman, L. F., & Kawachi, I. (Eds.). (2000). *Social epidemiology*. New York, NY: Oxford University Press.

Commission on the Social Determinants of Health. (2008). *Closing the gap in a generation: Health equity through action on the social determinants of health*. Geneva, Switzerland: World Health Organization.

Diez Roux, A. V. (2001). Investigating neighborhood and area effects on health. *American Journal of Public Health, 91*, 1783-1789.

Ellen, I. G., Mijanovich, T., & Dillman, K. (2001). Neighborhood effects on health: Exploring the links and assessing the evidence. *Journal of Urban Affairs, 23*(3/4), 391-408.

Schoeni, R. F., House, J. S., Kaplan, G. A., & Pollack, H. (Eds.). (2008). *Making Americans healthier: Social and economic policy as health policy*. New York, NY: Russell Sage.

World Health Organization: http://www.who.int/en/

제8장

신체건강과 정신건강: 상호작용, 사정, 개입
Physical and Mental Health: Interactions, Assessment, and Interventions

말리타 엥스트롬 MALITTA ENGSTROM

　　신체적 건강과 정신적 건강과의 상호작용은 보건의료 현장에서 일하는 사회복지사들이 직면하게 되는 매우 복잡한 문제이다. 이 복잡성은 마음과 몸의 역학적 관계와 신체적·정신적 상태의 다양한 결합 가능성, 신체적 질병에 대한 차별화된 심리적 반응에 기인한다. 또한, 신체적 상태와 치료의 심리적 영향 및 정신질환, 정신건강 위기상황에 대한 개입, 신체적·정신적 웰빙을 위한 지속적인 개입 등도 복잡성의 원인이 되고 있다. 사회복지사들은 이러한 문제를 고려하면서, 평가도구를 공식화하고 독특한 가족과 생태학적 특징을 반영하는 개입을 제공한다. 특히 각자 다른 평가도구를 사용하기에, 이번 장에서는 사회복지사들이 이런 복잡한 것들을 다룰 수 있도록 안내하는 자료를 제공할 것이다.

　　신체적 건강과 정신건강과의 용어를 사용하는 데에 제한점이 있다는 것을 인식하는 것은 중요하다(U.S. Department of Health and Human Services[DHHS], 1999, p. 5). 이 용어는 전체적인 건강에서 일부 구성요소이기에 잘못된 구분이다(Angell, 20002; DHHS, 1999; Kerson, 2002). 실제로, 이 두 가지 요소는 서로 밀접한 관련이 있기도 하지만 상호간에 영향을 미치기도 한다(Rolland, 1994). 이러한 상호적 영향과 정신과 신체의 관련성에 대한 보고되고 있는 정보들을 고려하면서, 이 장에서는 적절한 전문적인 지식개발목표의 방향성과 목적을 설명하기 위해 이러한 용어를 사용하며, 이를 통해 실무자가 증거기반 평가 및 개입에 효과적으로 참여할 수 있도록 한다(Angell, 2002; Williams, 1998).

이 장의 목표

- 건강, 심리사회적 웰빙, 생태학적 요인들(예: 인종, 민족, 문화적 배경, 성별, 사회경제적 상태, 연령, 성적 성향, 가족관계, 사회적 지지)간의 공통점을 발견할 수 있는 틀을 제공한다.
- 신체적 질병에 따른 심리적 반응, 심리적 질병에 따른 신체적 질병 또는 치료, 임상적 상태, 임상적 기분상태, 불안장애 등 각기 다른 평가를 위한 안내 자료를 제공한다.
- 개념적인 개괄적 자료 및 자살 위험이나 이런 상황에서 개입을 하기 위한 임상적 평가

도구를 제공한다.

• 보건의료 현장에서 전반적인 건강, 대처, 웰빙 등을 지원하기 위한 일반적인 개입전략과 불안장애와 우울증을 동반하는 심리적 고통을 경험하는 사람들을 돕기 위한 표적화된 개입 전략을 강조한다.

심리사회적 상태와 증가하는 질병의 위험
PSYCHOSOCIAL CONDITIONS AND INCREASED RISK FOR ILLNESS

스트레스

스트레스, 분노, 적대적인 행위, 우울, 불안 등을 포함하는 심리적인 고통은 광범위한 질병 및 부정적인 건강 결과와 연관되어 있다(Institute of Medicine[IOM], 2001). 스트레스는 심장질환, 암, 면역질환, 염증성 질환, 상처치료 등의 다양한 건강문제와 연관된다는 것이 입증되었다. 스트레스와 생리기능에 대한 그 영향이 유익할 수도 있고, 개인이 위협에 반응—싸우거나 도망가는(IOM, 2001)—할 수 있도록 돕기도 하지만, 개인은 알로스타틱 부하allostatic load를 경험하게 되며, 이때 만성적인 스트레스, 해결되지 않는 스트레스에 직면하게 되어 스트레스 반응이 영구화 되기도 한다. 알로스타틱 부하는 지속되는 스트레스 반응이 누적된 생리학적 희생의 결과이다. 또한 알로스타틱 부하는 스트레스 반응 활성화에 실패할 경우 발생한다(McEwen, 1998; EcEwen & Gianaros, 2010). 알로스타틱 부하는 스트레스 원인에 대해 적응을 하도록 하거나 항상성을 유지하는 신체의 생리학적 반응과 관련이 있다. 그러나 알로스타시스Allostasis는 신체에 영향을 미치며, 알로스타틱 부하의 결과로 질병이 생기기도 한다(McEwen, 1998; McEwen & Stellar, 1993). 알로스타틱 부하는 만성적인 스트레스가 영향을 끼칠 뿐 아니라 물질남용substance use, 신체적 활동, 수면, 식습관, 행동적 요소들, 개인적 기질, 유전적인 것과 발달적 요소 등도 영향을 미친다(IOM, 2001; McEwen, 1998).

스트레스와 건강과의 관계를 고려하는 주요한 두 가지 방법이 있다. 그것은 생물학적 경로와 행동적 요소이다. 생물학적 요소에 따르면, 스트레스는 신체의 생리기능에 직접적으로 영향을 미친다. 스트레스에 관계된 호르몬의 반응은 중추신경, 심장질환, 자기면역 시스템에 영향을 끼친다(IOM, 2001). 특히, 만성적인 스트레스에 노출되는 것은 자기면역 시스템에 부정적인 영향을 끼친다(Segerstrom & Miller, 2004). 알로스타틱 부하의 개념은 누적되는 신체적 소진에 반응하는 스트레스로, 특히 건강불평등이 지속되는 것과 일반적인 웰빙에 영향을 미치는 스트레스를 이해하는 데 큰 영향을 미친다(McEwen & Gianaros, 2010). 고지방식을 섭취하거나, 흡연을 하거나, 운동량을 줄이는 등의 다양한 스트레스 대처행동들은 질병을 일으키는 위험을 증가시킨다(Ng & Jeffrey, 2003). 생리학과 행동학에 의하면, 스트레스와 건강은 관련되어 있다. 더불어 질병의 심리사회적 및 신체적 수요는 스트레스를 증가시키고 총체적인 건강에 관한 생물학적, 행동적 효과에 대한 개입의 근거가 된다.

스트레스에 대한 주요한 개념 중에 하나는 "그는 단지 스트레스가 있어요"라는 말에서 알 수 있듯이 웰빙에 영향을 주는 것이라고 여긴다. 그러나 특히 반복적으로 스트레스를 경험하는 사람의 경우에는 신체적 건강에도 영향을 미친다는 점을 과학적 증거들을 통해 알 수 있다 (McEwen & Gianaros, 2010). 보건의료현장에 종사하는 사회복지사들은 심리적으로 스트레스를 경험하는 사람들을 돕는 위치에 있다. 그러한 개입은 신체적, 정신적으로 지지하는 데 중요한 것이다. 라자러스Lazarus와 포크만Folkman이 개발한 스트레스, 평가 및 대처모델(1984)은 이 분야에서 개입에 도움을 주는 중요한 도구 중 하나이다. 심리적, 정신적 건강에 대한 이 모델과 시사점은 이번 장의 "보건의료 현장에서의 심리사회적인 개입 전략"에서 보다 자세히 논의할 것이다.

사회적 관계

사회적 네트워크, 사회적 지지, 사회통합, 사회적 자본은 신체건강 및 정신건강을 강하게 해준다(IOM, 2001; McGinnis, Williams-Russo, & Knickman, 2002). 사회적 네트워크라는 말은 일반적으로 사람들의 사회적 관계로 이루어진다(예컨대, 사람의 수, 관계의 유형, 사람들의 사회적 관계성 등). 사회적 지지는 일반적으로 사람들이 따뜻하게 배려를 받는다고 느끼거나 존경을 받거나, 또는 지지를 받는 유형을 뜻한다(예컨대, 심리적 지지, 물질적 지원, 도구적 또는 실질적 지원 등) (Cobb, 1976; House & Kahn, 1985; IOM, 2001). 사회통합은 한 개인이 다양한 사회적 역할과 다른 사람과의 공동체 관계를 맺는 것에 대해 갖는 인식과 더불어 개인이 다른 사람(가족과 친구를 포함하여) 및 단체(봉사단체와 종교단체를 포함하여)와 맺는 친밀한 관계의 수로 개념화할 수 있다(IOM, 2001; McEwen & Gianaros, 2010). 사회적 자본은 구성원 통합의 사회적 개념화를 반영한다. 사회적 자본의 측정은 시민들의 참여 정도와 사람들의 신뢰도에 따라 달라진다. 바람직한 사회통합은 삶의 질을 개선하며, 사망률을 낮추며, 자살률과 범죄율을 모두 감소시키는 등 좋은 결과를 가져온다(IOM, 2001). 게다가 강화된 사회적 통합은 장기간의 스트레스에 지속적으로 반응하는 심리적 소진을 감소시키는 데 도움이 된다(McEwen & Gianaros, 2010).

사회적 유대감과 지지는 건강을 강화하는 데에도 영향을 미친다. 그것은 유아기의 생존율을 높이고, 생애 전환기에 갖는 스트레스에 대한 완충작용을 한다. 또한 감기와 같은 질병에 걸리지 않게 하고, 경동맥경화증을 감소시키고, HIV 보균자의 면역약화를 늦추고 알로스타틱 부하의 수준을 낮추는 효과가 있다. 그 대신에, 관계에 있어서의 고립·상실·갈등과 전염성질환의 잠재성은 사회적 유대가 신체적·정신적 건강에 부정적인 영향을 미칠 수 있는 측면이기도 하다(IOM, 2001). 보건 분야에 있는 사회복지사들은 사회적 지지와 함께 필요할 때 도움을 줄 수 있는 자원을 제공하고, 사회적 관계 구성원들 간의 상호작용을 원활히 하며, 사회적 통합을 촉진하는 것에 더욱 관심을 가져야 할 것이다. 또한 사회복지사는 교육과 상담을 통해 사회적 네트워크 구성원

간의 질병 전염을 예방하는 중요한 역할을 할 수 있다.

신체적 질병과 정신건강의 역할
PHYSICAL ILLNESS AND THE ROLE OF MENTAL HEALTH

신체질환을 겪고 있는 사람들의 정신건강은 생애기간 동안 그들의 신체건강 결과에 중요한 영향을 미친다. 예를 들면, 우울하고, 낮은 자존감을 가진 청소년의 경우, 부모-자녀 사이에 갈등이 있으면 종양식이요법을 준수하지 않기도 한다(Kennard et al., 2004). 심근경색과 우울, 불안상태, 심리적 디스트레스를 경험한 성인은 5년 내에 심장질환 관련으로 사망할 위험이 높아질 수 있다(Frasure-Smith & Lesperance, 2003). 고령의 여성암환자는 우울증 때문에 적절한 치료를 받지 못하고 사망할 확률이 더욱 높다(Goodwin, Zhang, & Ostir, 2004). 이 외에도 우울증 치료는 통증의 강도를 낮추고 노인들의 골관절염 관련 장애를 감소시킨다(Lin et al., 2003).

HIV 보균 여성을 대상으로 한 연구들은 정신건강과 신체건강의 관계성·상호작용의 경로를 보여주며, 사회복지실천에서의 영향력을 보여준다. 이코빅스Ickovics 등이 연구한 내용(2001)에 따르면, 만성우울증이 있는 여성들은 우울증상이 없거나 적은 사람들에 비해 2배가량의 자살시도를 보였다. 뿐만 아니라 인구사회학적인 배경, 임상적인 상태, 물질중독을 통제하였을 때에는 만성적 우울감을 나타내는 CD4 세포의 수가 감소하는 것으로 나타났다. 이러한 일반적인 관계성에 대한 메커니즘에서는 불확실성이 남아 있음에도 불구하고 저자들은 4가지 가능한 설명을 가정하고 있다.

1. 유병률과 치사율에 대한 이전부터 가지고 있던 우울감은 신경내분비 및 면역 기능의 변화를 통해 의료적 질병과의 상호작용 효과를 가질 수 있다(Cohen & Herbert, 1996; Kemeny et al., 1994; Miller, Cohen, & Herbert, 1999 등을 참고).
2. 우울감은 알코올 중독, 흡연 등의 행동을 하게 하는 위험이 있을 뿐 아니라 건강관리를 하지 못하게 하여 부정적인 건강 상태에 영향을 미치게 된다.
3. HIV 보균자는 지속적인 약복용 때문에 우울감을 가지게 되며, 우울감은 건강에 부정적인 영향을 미칠 수 있다.
4. 프로테아제 억제제protease inhibitors는 우울증의 증상을 감소시킴에도 불구하고 절반이상의 여성이 HIV치료를 위한 적극적인 항레트로 바이러스치료antiretroviral therapy를 받고 있다(Ickovics et al., 2001; Low-Beer et al., 2000). 다른 치료를 경험한 여성들은 육체적·정신적 건강을 위한 프로테아제 억제제 치료를 받고 있다.

HIV보균 여성들의 우울증과 사망률 사이의 관계를 보여주는 예는 신체적 건강과 정신건강의 관련성 및 정신과 신체건강 사이의 가능한 경로의 복잡성을 강조한다. 신체질환을 해결하기 위한 의료적 개입이 보건의료 팀들 사이에서는 더 중요하게 여겨지지만, 정신건강 사정 및 개입은 신체적 건강과 밀접하게 관련되는 경향이 있다. 사회복지실천의 측면에서, 이러한 관련성은 정신건강 및 위험 행동을 포함한 심리사회적 조건의 평가와 개인의 전반적인 건강을 지원할 수 있는 개입을 공식화하는 데 중요한 역할을 한다.

보건의료현장에서의 심리사회적 상태 평가
ASSESSING PSYCHOSOCIAL CONDITIONS IN HEALTHCARE SETTINGS

효과적인 사회복지실천 개입은 정확한 평가에서 출발한다. 메이어Meyer(1993)에 따르면 평가는 사례의 의미를 찾아내고, 적절한 상세사항을 포함하며, 적절한 개입으로 이어지는 사고과정을 이끌어낸다(p. 2). 또한, 평가는 클라이언트와의 관계형성 과정이다. 클라이언트의 현재 문제점과 그 요인, 문제를 완화시킬 수 있는 자원, 어떻게 다룰 것인지를 찾기 위해 벌린Berlin과 말쉬Marsh(1993)는 공동의 노력을 기울였다. 사회복지사가 클라이언트가 처한 상황을 이해하려 관심을 기울이고 공감하면서 존경받는 협력자로서 참여하는 것이 클라이언트와의 긍정적인 관계 형성에 도움을 준다. 이와 같은 연합은 효과적인 서비스에서 중요한 항목이다(Horvath, 1995).

보건의료현장에서 사회복지사는 다양한 정신건강 상태에 있는 사람들을 만나게 된다. 몇몇 가벼운 심리적 디스트레스를 겪고 있는 사람들은 그들의 신체상태에 대한 심리교육과 대처기술 및 스트레스 관리능력을 향상시킬 수 있는 지지적 상담을 통해 좋아질 수 있다. 하지만 심각한 심리적 디스트레스를 겪고 있는 사람이라면, 심리치료와 약물치료를 포함한 강도높은 심리사회적 개입을 통해 개선될 수 있다(DHHS, 1999; IOM, 2001). 사회복지사 또는 다른 전문가가 클라이언트의 정신건강 문제와 그 요인의 본질을 고려하는 과정을 비교평가differential assessment라고 하며, 정신의학범주를 밝히려고 할 때의 과정을 비교진단differential diagnosis이라고도 한다(American Psychiatric Association, 2000). 이 장에서는 비교평가를 단순한 진단사항보다 더 넓은 의미로 사용한다. 비교평가를 이해하고 이를 바탕으로 사회복지실천에 적절히 중재하기 위해 생태학적 요인과 정신건강증상, 신체 컨디션, 약물치료와 물질사용 등 여러 가지 교차하는 영역을 다룰 것이다. 그림 8.1은 정신건강 증상과 관련된 다양한 영역이며, 그림 8.2는 각 영역 간 겹치는 부분의 실례이다.

그림 8.1 정신건강 증상에 관련된 영역

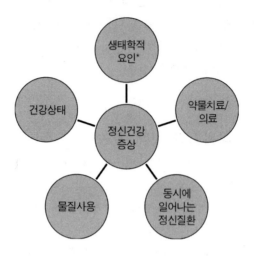

*예를 들어, 민족, 민족성, 문화적 배경, 사회경제적 지위, 고용상태, 성적 지향, 정신적 배경, 가족, 사회적 지지, 성별, 나이.

그림 8.2 정신건강 증상

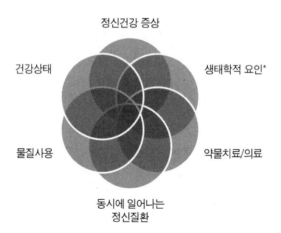

*예를 들어, 민족, 민족성, 문화적 배경, 사회경제적 지위, 고용상태, 성적 지향, 정신적 배경, 가족, 사회적 지지, 성별, 나이.

생태학적 요인Ecological Factors: 거시체계Macrosystems, 외체계Exosystems, 중간체계Mesosystems

인간과 환경과의 연관성에 대한 개념은 다양하게 변화해 왔지만, 사회복지사들은 환경 속의 인간 관점person-in-environment perspective의 중요성을 오래전부터 인식하고 있다(Berlin& Marsh, 1993; Germain & Gitterman, 1980; Hollis, 1939; Jordan & Franklin, 1995; Kondrat, 2002; Perlman, 1957; Richmond, 1917). *생태체계이론*Ecological systems theory(Bronfenbrenner, 1977, 1979, 1989)은 생태학적 요인과 신체 및 정신적 건강의 교류교차점을 고려하여 이 관점을 어떻게 이용할 수 있는지를 들여다볼 수 있게 한다.

생태체계이론에 따르면 각 개인은 여러 시스템이 고유한 방식으로 상호교차하는 환경에서 매우 개인화된 삶을 경험한다. 이러한 교차하는 시스템은 미시체계microsystem(개인적인 활동과 역할, 육체적·정신적 건강 상태)에서 시작하여 중간체계(가족, 배우자, 동료와의 관계)를 거쳐 외체계(직장, 이웃, 지역사회)로 확대되고, 마침내 거시체계(정책과 정부, 교육, 법 등에 영향을 끼치는 문화나 패턴화된 보편적 과정)로 확장될 수 있다. 이 관점을 통해, 신체적 건강과 정신적 건강과의 관계를 배우자나 친구와의 관계, 지역사회나 학교, 직장, 비고용 상태에서의 교류, 폭넓은 문화체계와 정부기관과의 연관성 범위 내에서 고려할 수 있다.

이 관점이 중요한 것은 개인과 역동적인 주위환경, 그리고 다양하게 영향받는 관계를 인식하는 사회복지실천의 일관성 때문만이 아니다(Kondrat, 2002). 생물과 행동 그리고 사회적 영향 사이의 상호작용에 포커스를 맞춘 미국의학협회IOM의 중요한 보고서(2001)에서 내린 결론 때문이기도 하다. 다양한 분야에 걸쳐 수집한 증거를 검토한 후, 보고서는 결론을 도출하였다:

> 건강과 행동은 생물학적, 심리학적, 그리고 사회학적으로 다양한 수준의 요소들에 의해 영향을 받는다. 자기컨트롤과 의지력과 같이 단순히 개인을 다룬 개입은 가족관계나 근로조건, 사회규범과 같이 변화를 유도하는 다른 요인들이 없다면 장기적인 행동변화와 연관성이 없다(p. 27).

사회복지사가 효과적인 개입을 하기 위해서는 정확한 사정이 이루어져야 하는데, 이때 다체계적 영향이 고려되어야 한다. 생태학적으로 기술된 사정의 다양한 구성 요소에 대한 관심이 부족할 경우, 사회복지사는 개인적 특성이나 환경적 요인 중 하나에만 집중하게 되며, 가장 도움이 되는 방법에 대해서 잘못 설명하는 결과가 발생할 수 있다(Berlin & Marsh, 1993).

제기된 문제를 지나치게 개인적 수준에서 초점을 맞춰 설명하는 기질적 편향은 일반적인 사정 오류이다(Berlin & Marsh, 1993; Gambrill, 2006). 하지만, 복잡한 사회, 정치, 경제 시스템은 보건행태에 영향을 주고, 건강지지자원에 접근한다(IOM, 2001). 효과직인 사정은 다체계 작용을 신중히 고려해야 한다. 생태체계는 개인적인 소통과 신체 및 정신적 건강의 상호 영향과 함께 다양한 시스템을 고려하는 효율적인 방법을 제공한다.

　　사정을 위한 생태학적 접근에 대한 소개는 거시체계에서 시작하여 신체건강과 정신건강에 대한 깊이 있는 관심으로 끝맺는다. 이 사정 순서는 복잡한 다체계 요소들이 신체정신적 건강에 영향을 준다는 것을 반영한다. 거시체계로부터 시작함으로써 사회적·환경적 고려는 사정과 개입과정의 전반부에 위치하게 된다. 문화적으로 역량 있는 서비스의 중요성과 건강불평등이 인종과 사회경제적인 배경에 근거한다는 전제를 지지하는 증거가 늘어나고 있다는 사실은 거시체계에서 시작하여 외체계, 중간체계와 미시적 수준의 사정 요소까지 나아간다는 것을 더욱 지지한다.

거시체계

　　가장 폭넓은 수준인 거시체계에서 시작하자면, 맥골드릭McGoldrick(1982)은 "도움이 필요한 사람의 준거 기준frame of reference"을 이해하지 않고서는 신체적 건강문제나 정신건강문제를 적절히 평가할 수 없다고 말한다(p. 6). 한 개인의 문화적 맥락은 이 준거 기준을 알려주고, 어떻게 문제를 밝히고 다루는 지에 영향을 준다(McGoldrick, 1982). 덧붙여, 문화적 영향은 고통의 경험과 의사소통, 기대되는 혹은 요구되는 치료, 질병의 원인에 대한 이해, 대응 양상, 그리고 도움이 필요한 사람에 대한 인식을 형성할 수 있다(예를 들어, 1차 진료진, 정신건강 제공자, 전통요법 치료사, 종교인) (DHHS, 2001a; McGoldrick, 1982). 보건의료 현장에서의 정신건강의 평가와 개입의 흐름에서 이와 같은 문화적 영향에 대한 고려는 여러 측면에서 특별히 두드러진다.

　　증상을 겪고, 설명하는 방법은 사회복지사가 문제를 파악하고 어떻게 도움을 줄 것인지 이해하는 데 영향을 준다(Berlin & Marsh, 1993; McGoldrick, 1982). 문화와 문화적 규범, 가치, 기대에 대한 보편적인 설명은 개인차와 경험들을 이해하기 어렵게 하고, 문화다양성을 간과할 수 있으므로 진부한 정보를 전달할 수 있다(Yellow Bird, Fong, Galindo, Nowicki, & Freeman, 1996). 하지만 이런 정보가 제공되고 적절히 사용될 때 사회복지사의 문화적 지식배경을 넓힐 수 있고, 클라이언트의 경험을 이해하기 위한 노력을 알릴 수 있다(Kerson, 2002). 이를 염두에 두고, 물리적 증상을 통해 고통을 표현하는 신체화somatization는 문화와 신체적 건강 그리고 정신건강 사이의 중요한 교차점을 반영한다(DHHS, 2001a). 신체와 정신의 연관성에 대한 문화적 이해, 문화적으로 받아들여지는 고통 표현의 방식, 정신질환에 대해 문화적으로 갖는 낙인 등의 강한 영향력이 신체화에 기여하는 것으로 보인다(DHHS, 2001a). 그 예로, 일부 연구들은 미원주민과 알래스카 원주민들의 경우, 신체와 정신의 뚜렷한 구분이 없으며, 신체화된 용어와 심리적 용어를 모두 사용하여 고통을 표현한다고 밝히고 있다(DHHS, 2001a). 여러 아시아권 문화에서 정신질병은 심각한 낙인이 될 수 있다. 따라서 낙인의 무게는 아시아 문화권 사람들의 심리적 고통을 물리적 증상으로 표현할 수 있는 가능성에 영향을 미칠 수 있다(DHHS, 2001a). 정신과 신체 사이의 연결에 대한 문화적 관점은 이러한 가능성에 영향을 미칠 수 있다(Lin & Cheung, 1999). 하지만 정신건강에 대해 분명하게 물었을 때, 연구에서는 아시아인 클라이언트의 경우, 심리적인 용어로 증상을 말하는 것으로 보고하고 있다(DHHS, 2001a; Lin & Cheung, 1999).

푸에르토리코인과 멕시코인, 백인의 신체화 증상에 대한 일반적인 예로는 소화관련 문제나 가슴통증, 심계항진 등이 있다. 아프리카와 남아시아인들에서 나타나는 신체화는 손발이 화끈거리는 느낌, 머릿속에 벌레가 기어다니는 듯한 느낌, 개미가 피부 안쪽을 기어다니는 듯한 느낌 등을 포함한다. 아시아계 일부 사람들에서 나타나는 신체화 증상은 흐릿한 시야, 어지러움, 현기증 등이 있다(DHHS, 2001a, p. 11). 보건의료 현장에서의 사회복지실천 측면에서, 심리적 고통의 가능한 신체화 증상은 정신건강 문제에 대한 일상적인 검진의 중요성을 강조한다.

문화적으로 능숙하게 사정하고 개입하기 위해서는 사회복지사가 신체 및 정신적 건강에 대한 경험에 대해 그들 자신의 문화적 믿음뿐만 아니라 클라이언트의 문화적 믿음까지도 알아야 한다(DHHS, 2001a; Pinderhughes, 1989; Rolland, 1994). 이와 같은 능력은 신체질환이나 정신질환에 대해 규범적으로 대처하는 것을 돕고, 신체적·심리적 건강증상에 대해 잘못된 평가를 하지 않도록 도와준다(Lin & Cheung, 1999). 다음 단락에서는 의료 환경에서의 정신건강에 대해 다루면서 사회복지사의 문화적 역량을 키우도록 도울 수 있는 전략에 대해 논의할 것이다.

신체 및 정신건강에 대한 자신의 문화적 믿음에 좀 더 주의를 기울임으로써 자기 이해를 늘리고 문화적으로 역량있는 사정과 개입을 할 수 있는 능력을 증진시킬 수 있다(Pinderhughes, 1989; Rolland, 1994). 사회복지사는 그들의 문화적 배경이 고통과 정신 및 신체 질환을 표현하는 그들의 가치관에 영향을 미치는 특수한 방식을 고려해야 한다. 정신건강 사정에서 특별히 중요한 영역은 감정 표현에 관한 문화적 기대를 포함한다. 개인의 문화적 배경이 어느 정도로 감정의 열린 표현을 조장하거나 직접적인 표현을 제한하는가? 기대되는 감정표현에 대한 사회복지사의 생각은 클라이언트의 경험을 사정하는 데 영향을 주는 경향이 있다. 예를 들어, 직접적인 감정 표현을 장려하는 문화적 배경을 가진 사회복지사는 감정표현에 내성적인 사람을 제한된 측면에서 문제가 있는 것으로 볼 수 있다. 하지만 사실 그 행동은 그 사람의 문화적 맥락과 일치하는 것이고, 감정 표현의 문제를 의미하는 것은 아니다. 이러한 시각을 인식함으로써 문화를 반영한 사정에 대한 이해를 높이고 "문화적인 차이가 문제를 의미하는 것은 아니다"라는 인식을 늘릴 수 있다(Pinderhughes, 1989, p. 17). 사회복지사들이 추가적으로 고려해야 할 핵심 영역은 어떻게 사람들이 신체적 고통에 대해 반응하고, 정신질환과 심리학적 고통을 평가하는지에 대해 사회복지사 자신의 문화적 배경에서 나오는 기대이다.

클라이언트의 문화정체성을 탐색하는 것은 고통과 선호하는 도움의 유형을 표현하는 문화적으로 알려진 방법을 포함하여 염려와 서비스 선호를 나타낼 때 문화의 영향을 설명할 수 있다. 덧붙여, 문화, 이주, 문화동화에 대한 탐색은 중요한 정보를 심리학적 정보 평가에 제공한다(American Psychiatric Association, 2000).

사회복지사들이 개입하는 사람들의 문화와 문화적으로 그들과 관련 있는 근거에 기반한 개입에 대해 더 잘 파악함으로써 개입의 효과성을 증진시킬 수 있다(Carlton-LaNey, 1999; DHHS, 2001a; Pinderhughes, 1989).

이 책의 10장에서 언급되었듯이, 질병과 그들이 원하는 결과와 서비스선호도에 대한 클라이언트의 생각은 다음과 같은 질문들을 함으로써 쉽게 알아낼 수 있다(Kleinman, Eisenberg, & Good, 1978, p. 256):

당신의 문제를 유발한 것이 무엇이라고 생각합니까?

왜 그렇게 생각합니까?

당신의 질병이 당신에게 어떻게 작용합니까?

당신의 질병이 얼마나 심각합니까? 그것은 단기적인 것입니까? 장기적인 것입니까?

어떤 종류의 치료를 받고 싶습니까?

이 치료를 받음으로써 당신이 기대하는 가장 중요한 결과는 무엇입니까?

당신의 질병이 당신에게 유발하는 가장 중요한 문제점은 무엇입니까?

당신의 질병에 대해 가장 우려하는 것은 무엇입니까?

인종, 민족성, 문화, 사회경제적 상태, 성별, 성적 기원, 연령, 신체 능력, 그리고 힘에 대한 공통점과 차이점에 대해서 보다 적응이 되면, 도움을 주고받는 관계에 있는 사회복지사와 클라이언트 사이에서의 이 요소들을 다루기가 쉬워진다(American Psychiatric Association, 1994; Pinderhughes, 1989).

클라이언트의 영적 신념을 적극적으로 고려하는 것은 문화적으로 역량 있는 서비스의 개선에 도움을 줄 수 있다. 커슨Kerson(2002)에 따르면, 영적 신념과 건강에 대한 신념은 밀접하게 연관되어 있고, 다른 문화적 신념과 유사하게 주목받는다. 그리고 월쉬Walsh(2004)는 다양한 긍정적 건강 결과에 대한 기도와 치료, 믿음은 스트레스를 낮춰주고, 혈압과 코티졸 농도를 감소시키며, 만성통증에 대한 관리를 개선시키고, 알코올이나 다른 약물로 인한 문제를 감소시킬 수 있고, 우울증을 개선할 수 있다고 설명했다. 월쉬는 350개가 넘는 연구가 육체적 · 정신적 건강에 대해 잊고 있던 아주 중요한 요소들을 지적하고 있다고 주장했다(p. 198). 신념은 신체적 · 정신적 건강 장애를 겪고 있는 사람들에 대한 강력한 인지적 도움을 줄 수 있다. 이는 일관성, 의미, 통제감을 갖도록 도움을 준다(Walsh, 2004).

의미를 갖게 하는 세계관을 지지하는 것 외에도, 무지크Musick, 트라파건Traphagan, 코니그Koenig, 랄슨Larson(2000)은 건강에 긍정적 영향을 줄 수 있는 다음과 같은 3가지 방법을 제공한다. (1) 긍정적 건강행동을 장려한다(예를 들어, 건강한 식이, 음주량과 흡연량 줄이기, 신체 활동 증진), (2) 사회통합과 사회적 지지를 발전시킨다(예를 들어, 공유된 신념, 더 큰 사회네트워크, 대화의 기회, 학습, 지지), (3) 편안함을 제공한다(예를 들어, 정서적 · 수단적 지원, 어려운 시기에 도움을 줄 수 있는 믿음이 강한 종교적인 의식, 소망하고 대처하게 하는 힘). 영성과 종교는 중요한 자원이 될 수 있지만, 사정은 반감을 불러일으키거나, 갈등의 소지가 될 수 있는 이러한 주제에 민감해야 한다(Gotterer, 2001). 경험의 다양성에 민감하고, 클라이언트의 경험을 이끌어내는 개방형 질문은 영적인 신념에 대한 적극적 이해의 유용한 출발점이 될 수 있다. 이 책의 11장에서 이 이슈들을 더 다루게 될 것이다. 11장에서는 신체감각이 질병의 증상으로 인식되는 방법 외에도 문화를 건강과 관련짓는 여러 방법들에 대한 추가적인 세부사항을 다룰 것이다.

비록 문화적 역량은 문화적 영향의 강점에 대한 인식을 용이하게 하고 수많은 건강 위해요소에 대처하게 하지만(McGoldrick, 1982), 신체적·심리적 건강의 맥락에서 인종과 관련된 건강불평등의 영향이 특히 중요하다. 생태학적 정보에 대한 평가는 이 불균형과 효과적인 서비스에 끼치는 영향에 관한 맥락적 지식을 요한다. 인종에 관련된 신체 및 정신적 건강불평등 정도는 믿기 힘들 만큼 크다. 그 예로 아프리카계 미국인은 백인과 비교해서 2배나 높은 유아사망률을 보이고, 저체중아 출산율이 2배이다. 그리고 결핵감염률 또한 높으며, 안 좋은 공기에 대한 노출도도 높을뿐더러 심장병, 뇌졸중, 모든 종류의 암, 살인에 의한 사망률 또한 상당히 높다(Keppel, Pearcy, & Wagener, 2002; Weir et al., 2003). 아프리카계 미국인은 또한 비교적 낮은 우울증과 알코올 의존도를 보이지만, 더 심각하고 끊임없이 지속되는 증상을 보이며 치료도 잘 받지 못한다(Grant, 1997; D. R. Williams et al., 2007; D. R. Williams, Mohammed, Leavell,& Collins, 2010). 나아가, 아프리카계 미국인은 심장질환으로 사망할 위험성이 높다는 것과 더불어 백인에 비해 그 질병과 관련된 부담을 더 크게 받을 위험이 있다(Hahn, Heath, & Chang, 1998; Office of Minority Health, Centers for Disease Control and Prevention [CDC], n.d.; Parmley, 2001). 유행병에 관한 연구가 아프리카계 미국인의 심혈관계 질환의 위험요인 증가율을 지적하고 있음에도(예를 들어, 신체활동 부족, 과체중, 고혈압, 당뇨병)(Hahn et al., 1998), 보건의료와 안전한 생활, 직업, 운동 환경, 건강한 식단 선택과 같이 건강을 뒷받침하는 기타 자원의 접근성에 영향을 미치는 구조적 불평등에 의해 위의 불평등 상황이 발생하며 이에 대한 경로를 고려하는 것이 중요하다(Keppel et al., 2002; Winkleby, Kraemer, Ahn, & Varady, 1998; Wyatt et al., 2003; 이 책의 7장 참조). 게다가, 인종과 사회경제적 불평등이 중복되는 부분이 있고 이것들이 (성별과 더불어) 건강에 영향을 미치는 경로를 밝히기 위한 추가적인 연구가 필요하지만, 여러 연구들이 인종과 관련된 긴강불평등은 사회경제적 요인을 통제한 후에도 지속된다고 보고하고 있다(더 많은 논의를 위해서는 Williams et al., 2010 참조).

인종 차별은 또 다른 중요한 신체적·정신적 건강불평등에 관련된 거시적 수준에서의 고려사항이다(Krieger, 2003; D. R. Williams, Neighbors, & Jackson, 2003). 연구는 주로 다양한 문화 집단에 걸쳐 행해지고, 차별이 건강문제 그중에서도 특히 정신건강 문제와 관련되어 있다는 것을 가리킨다(D. R. Williams et al., 2003; D. R. Williams & Mohammed, 2009; Yoo, Gee, & Takeuchi, 2009); 하지만, 건강에 영향을 미치는 차별에 관한 메커니즘은 아직 밝혀지지 않았다(Krieger, 2003; D. R. Williams et al., 2003; D. R. Williams & Mohammed, 2009). 이 관계에 대한 한 개념화는 차별을 겪는 것이 스트레스의 원인이 되고, 질환의 위험을 높이는 행동을 통해 생리학적으로 건강에 부정적인 영향을 줄 수 있다고 나타낸다(D. R. Williams et al., 2003; D. R. Williams & Mohammed, 2009).

차별과 건강 간의 관계에서 대처방식의 매개역할을 검증하는 것은 이 개념화에 기반하고 있다(Noh & Kaspar, 2003). 노Noh와 카스퍼Kaspar가 설명한 바와 같이 이 연구의 본질은 사람들이 차별을 당했을 때 감정에 초점을 맞춰 대처하는지 또는 문제 상황에 맞춰 대처하는지에 근거하여 건강에 대한 차이를 다룬다. 정서중심적 대처Emotion-focused coping는 보통 최소화, 회피, 거리 두기, 부정적 상황에서 긍정적인 요소 찾기와 같이 괴로움을 감소시키려 하는 인식을 포함한다 (Lazarus & Folkman, 1984). 문제중심적 대처Problem-focused coping는 보통 문제를 명시하기, 가능한 해결책 고안하기, 가능한 해결책의 한계와 실행가능성 평가하기, 해결책 선정하기, 행동에 옮기기와 같이 문제를 해결하기 위한 과정을 포함한다(Lazarus & Folkman, 1984). 다양한 문화와 성별을 가진 사람을 대상으로 한 정서적, 문제 중심 대처가 건강에 미치는 영향의 연구들은 다양한 결과들을 보여주고 있다. 노와 카스퍼(2003)는 대처의 효과는 스트레스 요인의 본질과 개인의 자원, 사회적 정황, 문화적 배경, 문화적 적응에 의해 형성된다고 주장한다.

차별이 건강에 미치는 부정적 측면에 대한 가능한 메커니즘의 또 다른 개념화는 크리거 Krieger(2003)에 의해 형성되었다. 그녀는 건강에 관한 인종차별의 영향은 다음과 같은 이슈를 다룬 연구들을 통해 검토되어야 한다고 주장한다. "(1) 경제적・사회적 박탈, (2) 독극물과 유해 조건, (3) 사회적으로 기인된 트라우마, (4) 정크 푸드와 향정신성 물질과 같이 건강에 해로울 수 있는 상품의 표적화된 마케팅, (5) 부적절하거나 질이 떨어지는 의료"(p. 196). 크리거가 개인 수준의 대처와 지역사회 수준의 대처법, 차별에 맞서기 위한 행동 등의 역할을 인정했지만, 이 5가지 방법은 건강에 관한 시스템적으로 다양한 수준의 인종차별의 영향을 강조한다. 이 견해의 본질은 발전하고 있지만, 스트레스 관리와 건강 유지를 위한 개인적인 대처전략과 신체적, 정신적 건강에 부정적 영향을 주는 시스템적 요인에 대한 관심이 사회복지실천으로 이어질 수 있다. 심리적인 안녕을 어떻게 이룰 것인지, 그리고 심각한 질병에 걸렸을 때 어떻게 대처할 것인지에 대한 추가적인 고려사항은 이번 장의 "보건의료 현장에서의 심리사회적 개입 전략"부분에서 다루게 될 것이다.

외체계

소득수준, 교육 수준, 고용 상태를 포함하는 사회경제적 지위SES에 관한 외체계의 쟁점은 미시적 수준의 신체적・정신적 건강문제와 교차하는 경향이 있다. 사실, 맥기니스McGinnis 등(2002)은 "전체인구에 대해 가장 지속적인 사망가능성에 관한 예측 변수는 교육수준이다. 즉, 45~64세의 사람은 가장 높은 교육수준에 있고, 가장 교육수준이 낮은 그룹에 비해 사망률이 2.5배 가량 낮다"(p. 81)고 주장했다. 또한 개인적인 빈곤과 수입 분배의 사회 불평등은 저소득층의 사망률에 부정적인 영향을 미친다(McGinnis et al., 2002). 낮은 사회경제적 지위에 관련된 사망률 위기는 추가적으로 정신건강문제의 위험을 높인다(DHHS, 1999; Siefert, Bowman, Hefl in, Danziger, & Williams, 2000). 제일 높은 사회경제적 지위에 있는 사람들과 제일 낮은 사회경제적 지위에 있는 사람들을 비교했을 때, 더 낮은 사회경제적 지위에 있는 사람들이 대략 2배 높은 연간 정신질환 발병률을 보임을 알 수 있다(World Health Organization [WHO], 2001).

낮은 사회경제적 상태에 있는 사람의 정신건강문제의 발병률 증가는 두 가지 주된 방법으로 설명할 수 있다. 첫 번째 설명은 빈곤하게 사는 사람들이 급성 및 만성 스트레스 요인들에 노출될 위험이 증가함에 따라 이들이 정신건강 문제에 휘말릴 위험이 같이 커진다는 것이다(Siefert et al., 2000). 이 설명은 정신건강문제 원인으로서 사회적 상황이 가지는 사회적인 인과관계를 언급한다. 사회적 선택에 대한 두 번째 설명은 정신건강문제가 사람들을 낮은 사회경제적 지위로 끌어내린다고 주장한다(Dohrenwend et al., 1992; Saraceno & Barbui, 1997). 사회적 원인은 우울을 경험하는 여성과 반사회적 성격의 남성이 물질사용장애와 관련이 있음을 보여주는 반면, 사회적 선택은 조현병을 경험하는 사람들과 높은 관련성이 있음을 나타낸다(Dohrenwend et al., 1992; Siefert et al., 2000). 아동에 대한 최근의 연구결과, 사회적 원인이 아동이 겪는 반항장애나 행동장애와 가장 관련이 깊고, 부모의 지도감독은 이 관계를 매개할 수 있으며, 가난한 수준을 바꾸는 것이 부모의 감시를 증가시키는 것과 관련이 되어 결국 정신건강 증상들을 감소시킬 수 있다고 밝혔다(Costello, Compton, Keller, & Angold, 2003). 이 연구는 사회적 원인이 참여자들의 불안 및 우울 증상과 관계가 있다는 것을 밝히지 못했다.

사회경제적 지위는 또한 정신건강 문제의 과정과 관련이 있다. 의료서비스의 이용을 가로막는 장애물, 건강보험의 부재, 문화적·언어적으로 적절한 서비스의 부재와 같은 다양한 요인들이 이 관계에 영향을 줄 수 있다(WHO, 2001). 보건의료 환경에서 정신건강 문제를 다루는 사회복지사들과 관련하여 사회경제적 지위가 낮은 집단에서 신체적·정신적 건강 상의 문제가 발생할 가능성이 높다는 사실은 이 집단에 대한 서비스를 기획하여 제공하는 일이 매우 중요함을 의미한다.

스트레스와 관상동맥질환에 대한 연구에서 사회경제적 지위와 신체적·정신적 건강을 연결시키기 위한 특별한 방법에 대한 사례를 제공한다. 크란츠Krantz 등(2000)은 사회경제적 지위와 심장 이환율, 사망률 사이의 역관계에 기여할 수 있는 요인들에 대해서 논의했다. 이 요인에는 보건의료에 대한 제한적 접근, 증가하는 위험(예: 고혈압, 흡연), 부적절한 영양, 사회적·환경적인 스트레스 등이 포함된다. 다음의 가상적인 상황에서 사회복지실천의 영향과 연관지어 이 점을 다룰 것이다.

이 사례가 보여주는 것처럼 조셉Joseph의 신체적·정신적 웰빙을 돕는 것은 개인적인 대처법과 스트레스 관리 전략뿐만 아니라 고용 상태 및 사회경제적 자원과 같이 더 넓은 시스템에 대한 고려를 포함한다. 더 나아가 사례를 통해 사회경제적인 자원과 건강과의 관계는 양방향으로 작용함을 알 수 있다(Adler & Stewart, 2010; Kawachi, Adler, & Dow, 2010).

중간체계

클라이언트의 가족과 사회적 맥락에 대한 관심은 생태학적 관점에서 중간체계를 반영한다. 수많은 경험적 연구는 신체적·정신적 건강을 위한 가족과 사회적 지지의 필수적인 역할을 지지한다(예를 들면, Allgšwer, Wardle, & Steptoe, 2001; Bagner, Fernandez, & Eyberg, 2004; DiMatteo, 2004a; McFarlane et al., 1995; Campbell, 2003; Weihs, Fisher, & Baird, 2002). 가족과 사회적 관계의 맥락에서 신체적·정신적 건강에 대한 이슈를 고려할 때 의미, 다양성, 이들의 관계의 힘에 관심을 기울

♣ 사 례

조셉은 52실, 이성애자이고 미혼인 이탈리아계 미국인 혈통의 남자이다. 그는 다양한 건설현장에서 지난 20년간 일해 왔다. 한 달간 지출을 감당하는 데 충분한 월급을 받고 있지만, 그의 고용주는 건강 보험을 제공하지 않으며, 그의 소득은 메디케이드(저소득층 의료보장 제도)의 가입 기준을 넘는다. 조셉은 최근 가슴 통증과 가쁜 호흡으로 응급실에 내원하였으며 결국 심근경색으로 진단받았다. 보건의료팀과 상담한 후 조셉은 약물요법을 시작하고, 작업시간을 줄이고, 생활 스트레스를 줄이며, 저가의 높은 지방을 함유한 포장음식을 선호하던 평소 식습관을 개선할 것을 권고받았다. 병원에서 퇴원하고 나서, 조셉은 보건의료팀의 권고를 따르기로 하고, 병원의 스트레스 관리 프로그램에 참여했다. 프로그램을 시작한 지 2주가 되기 전에 조셉은 사전에 설명된 것보다 비싼 약물치료와 병원 서비스에 대한 막대한 요금, 그리고 줄어든 작업시간 때문에 그가 지불할 요금이 점점 쌓여가고 있다고 말했다. 조셉은 작업시간이 줄어들고 스트레스 관리 프로그램에 참여한 이후 기분이 나아졌지만, 청구서들을 지불하지 못하게 될까 두려우며, 만약 이전의 작업 스케줄로 돌아가지 않는다면 집을 잃게 되지는 않을지 염려된다고 한다. 또한 그는 스트레스의 상당부분이 재정적인 압박과 더 오래 일하라는 상사의 압력에서 비롯되기 때문에, 업무복귀가 그의 일반적인 스트레스를 줄일 수 있을 거라 생각한다고 말한다. 조셉은 고용주가 요구하는 만큼의 작업시간을 채우지 않으면 그의 자리를 다른 일꾼으로 대체할까봐 불안해하고 있다.

이는 것이 중요하다. 브라운Brown(1991)은 불임 때문에 어려움을 겪는 레즈비언 여성에 대한 심리요법 개입과정 논의에서 다음과 같이 적었다. "불임치료와 생식력 검사 과정 중에 칼라Carla(클라이언트)는 항상 다른 사람에게 남편이 어디에 있는지, 수잔Susan(그녀의 파트너)은 누구인지를 설명해야 한다는 것을 예상해야 했다"(p. 25). 이성애자들의 선입견에 대한 이러한 예측은 클라이언트가 보건의료팀으로부터 정서적인 이탈을 가속화할 가능성이 있으며, 클라이언트의 삶에서 중간체계에서의 친밀한 관계를 지원할 수 있는 효과적인 개입을 어렵게 한다. 친밀한 관계 속에서 클라이언트를 지지하고, 그들의 신체적·정신적 건강을 뒷받침하기 위해서 정보 수집은 특정한 답변을 가정하지 않는 개방형의 포괄적인 질문으로 진행되어야 한다.

이전에 설명한 것과 같이 동성애 혐오증과 같은 거시체계 이슈는 신체적·정신적 건강상태의 미시체계와 상호작용할 수도 있다. 브라운(1991)은 아내로서, 엄마로서의 여성에 대한 지배문화적 기대와 관련된 복합성을 설명한다. 불임으로 애쓰는 레즈비언 여성은 지배적인 문화적 맥락에서 그들의 정체성과 관련하여 복잡한 이슈에 직면해야 할 수도 있다. 이러한 문화적인 것과 개인적인 것이 중첩되는 경험은 "자기 자신에게 가치를 부여하고, 다른 사람에게 가치를 인정받는 것 모두에서의 어려움 즉, 심리치료적 개입이 필요할 만큼 고통스러운 어려움"을 만들 수 있다(Brown, 1991, p. 15). 이 책의 13장에서 롤랜드Rolland는 개인과 가족, 건강 간의 관계를 살펴보고, 보건의료 환경에서 가족들이 보다 잘 대응하고 긍정적인 결과를 얻을 수 있도록 사회복지사가 개입할 수 있는 방법들에 대해 논의하고 있다.

관계이론에 의해 알려진 바와 같이 카이저Kayser와 소르만티Sormanti(2002a)의 연구는 여성의 암에 대한 심리사회적 반응은 다른 사람들과의 밀접한 관계에 영향을 받는 경향이 있고, 이러한 관계는 여성의 정체감과 뒤섞여 있다고 주장한다. 더불어, 이들의 연구는 암을 겪는 것은 엄마인 여성이 그들의 우선순위를 바꾸면서 정체성에 영향을 줄 수 있다고 제안한다(Kayser & Sormanti, 2002b). 그 예로 이 연구에서 다룬 여성은 그들의 가정과 그들의 삶을 굉장히 즐기며, 노동자, 배우자, 엄마로서의 기능과는 별개인 그들의 정체성에 대해 귀 기울이고 있었다. 또한, 개인적인 능력과 자기효능감에 대해 깊이 찾아내며, 그들의 관계에서 더 큰 공감과 진정성을 경험하고, 자기 자신과 타인을 돌보는 것 사이의 균형을 살피고 있었다.

정체성의 변화를 경험하고 있는 사람들을 돕고 질병에 걸렸을 때의 사회적 관계를 지원하기 위한 개입은 보건의료 환경에서 사회복지사 역할의 중요한 측면이다. 이와 같은 개입은 긍정적인 건강 결과에 중요한 영향력을 갖는다. 사회적 고립은 가족과 친구, 커뮤니티와의 관계가 있을 때에 비해 사망률을 2∼5배 증가시킨다(McGinnis et al., 2002). 정신건강상태가 사회적 위축과 사회적 고립에 기여하므로(American Psychiatric Association, 2000), 신체적·정신적 건강 상태를 동시에 경험하는 개인은 특히 취약한 그룹일 수 있다. 포괄적인 사정의 일부로서, 사회복지사는 클라이언트의 사회적 지지에 대해 알아보아야 하는데 여기에는 개인의 사회적 네트워크의 구성과 크기, 이용가능한 사회적 지지의 유형 및 긍정적·부정적 요소, 타인과 관계를 맺고 지원을 공유하는 데 있어서의 강점과 장애물 등에 대해 주목하는 것이 포함된다.

미시체계

생태학적 체계의 다중 시스템 간의 복잡한 교차점을 염두에 두고, 이번 논의에서는 신체적·정신적 건강의 미시체계에 초점을 맞출 것이다. 우울증과 불안장애가 모든 연령대에 넓게 퍼져 있고, 만성질환자 가운데 그 유병률이 높아지고 있다는 것을 고려할 때, 사정과 개입의 논의에 있어 이들에 주요하게 초점을 둘 것이다. 이 논의가 별개의 질병으로서 우울과 불안에 초점을 맞추고 있지만, 이들은 다른 정신질환 및 물질사용장애와 자주 같이 일어난다는 데 주목할 필요가 있다. 우울과 불안 등 여타 정신질환 증상이 동시에 발생하는 상황과 이와 관련된 문제, 그리고 이를 겪고 있는 사람들을 위한 통합치료의 중요성에 대한 인식이 점점 늘어나고 있다(American Academy of Child and Adolescent Psychiatry [AACAP], 2010; Campbell et al., 2007; Center for Substance Abuse Treatment [CSAT], 2005, 2009; Engstrom, El-Bassel, Go, & Gilbert, 2008; Engstrom, Shibusawa, El-Bassel, & Gilbert, 2011; National Institute of Mental Health [NIMH], 2008). 행동장애와 건강 문제를 동시에 겪는 아이들에게 미치는 사정과 개입의 영향은 참고 8.1에 잘 나타나 있다. 아이들과 노인에게 초점을 맞춘 추가적인 정보는 이 책의 15장과 16장에서 찾을 수 있다.

◆ 참고 8.1 파괴적 행동장애disruptive disorder와 건강문제 간의 교차점: 부모와 아이
　　　　　　원조하기

　　매년 대략 10명 중 1명의 아이들이 주의력 결핍과 과잉행동장애, 행동장애, 반항성과 같은
파괴적 행동장애disruptive disorder를 겪는 경향이 있다(DHHS, 1999; Shaffer et al., 1996). 파괴적
행동장애에 관한 증상은 지시를 따르는 것에 대한 어려움, 불만을 참는 것의 한계, 충동적인 행
동, 권위자에게 반대하는 것을 포함하고 있으며, 이 증상과 동시에 건강 문제를 가진 아이들은
까다로운 문제를 마주하게 된다. 의료적인 권고사항(예: 식이요법, 약, 기타 치료)을 지키고, 질병
을 악화시키거나 치료에 방해되는 행동(예: 제한된 활동 참여, 붕대 제거, 검사나 치료 중에 돌아다
니는 것)을 피하라는 어른들의 요구를 지키는 데 대한 어려움은 보건의료서비스에서 도움을 받
을 수 있는 아동의 능력을 제한할 수 있다(Bagner et al., 2004; Matthews, Spieth, & Christophersen,
1995). 이 연구는 유아가 겪는 파괴적 행동장애와 방광암에 초점을 맞추고 있지만, 보건의료 현
장에서 흔히 아동에게 나타나는 다른 질병 즉, 천식, 당뇨, 간질을 가지고 있는 아동과도 관련
이 있다.

　　반항성 장애와 방광암을 앓는 4세 소년 로버트 스미스Robert Smith의 사례연구에 기초하여,
바그너Bagner 등(2004)은 부모-자녀 상호작용 치료법PCIT: parent-child interaction therapy이 분열
적 행동과 오래 지속되는 신체적 질병의 동시발생을 다루는 효과적인 개입을 보장할 수 있다고
제안했다. 심리적 서비스에 대한 의뢰에 대해 로버트는 병원 진료 동안에 소리 지르고, 울부짖
고, 때리는 난동을 부렸다. 그의 행동장애는 화학요법을 시작했을 때 악화되었다. 한 가지 사례
를 들면, 투여받을 약물이 담긴 가방을 머리 위로 흔들어대다가 엄마와 간호사의 머리 위로 쏟
아버렸다.

　　부모-자녀 상호작용치료법의 2가지 단계는 초반부에 부모와 아이 사이의 관계 개선과 긍정
적인 소통 개선 그리고 놀이치료를 통한 아이의 사회적 능력 개선을 목적으로 하는 아동 주도
상호작용CDI: child-directed interaction에 초점을 맞춘다. 아동 주도 상호작용 단계에서 부모는
'PRIDE'라는 비지시적 기술을 쓰도록 안내받는다. 여기서 PRIDE는 아이에 대한 칭찬(praise),
아이의 말을 경청하기(reflection), 아이의 놀이 모방(imitation), 아이 행동의 묘사(description), 놀이
에 대한 열정(enthusiasm)을 의미한다(Bagner et al., 2004, p. 3). 이 단계에서 부모는 부정적인 행동
을 무시하고 아이에게 비판이나 질문, 명령을 하지 않고, 대신 'PRIDE' 기술을 쓰도록 지도받는
다. 두 번째 단계는 부모 주도 상호작용에 중점을 둔다. 행동개입과 유사하게 이 단계에서는 아이
들에 대한 기대, 제한된 능력, 일관된 훈육과 같은 영역에서의 양육기술 향상을 목적으로 한다.

　　부모-자녀 상호작용 치료법의 12세션을 마친 후, 로버트는 임상적으로 중요한 여러 가지
행동 개선을 보였고, 반항성 장애 증상을 보이지 않았다. 이는 아동 행동 체크리스트와 에이버그
Eyberg 아동 행동 목록에 의해 측정된 것이다. 로버트의 행동 개선은 의료 방문으로 이어졌고,
그를 담당하는 의료진과 사회복지사는 규칙 준수는 증가하고, 공격성은 줄어들었다고 기록했
다. 스미스 여사는 임상적으로 의미있는 스트레스 감소를 보였다.

이번 사례가 나타내는 바에도 불구하고 부모-자녀 상호작용 치료법의 효율성에 대한 설명은 아이들이 동시에 겪는 반항성 장애와 심각한 건강상태에 대해 이러한 상태에 있는 다른 여러 아이들에게도 효율성을 가지므로, 부모-자녀 상호작용 치료법이 의료진, 부모, 아이들에게 이와 같이 동시에 일어나는 건강 문제를 설명하는 데 유용할 수 있다고 주장했다(Brestan & Eyberg, 1998; Eisenstadt, Eyberg, McNeil, Newcomb, & Funderburk, 1993; Hood & Eyberg, 2003; McNeil, Eyberg, Eisenstadt, Newcomb, &Funderburk, 1991; Nixon, Sweeney, Erickson, & Touyz, 2003; Schuhmann, Foote, Eyberg, Boggs, & Algina, 1998).

유병률

정신건강에 대한 공중위생국 보고서Surgeon General's Report에 따르면, 매년 모든 연령대에서 대략 5명 중 1명은 진단가능한 정신질환의 기준을 충족시키는 정신병 증상을 경험한다(DHHS, 1999). 외상후 스트레스 장애, 단순공포증, 사회공포증, 광장공포증, 공황장애, 강박장애를 포함하는 불안장애는 9~17세 사이의 아동에서 13%, 18~54세 사이의 성인에서 16.4%, 55세 이상의 노인에서 11.4%로 높은 유병률을 보인다(DHHS, 1999). 아동 중에서 파괴적 행동장애는 연간 유병률과 유사하게 나타나는데, 약 10.3%의 아동이 진단기준을 만족시키고 가벼운 전체적 손상을 경험하고 있다(DHHS, 1999). 주요 우울삽화, 단극성 우울증, 경우울증, 양극성 장애를 포함하는 기분장애의 연간 유병률은 아동에서 6.2%, 성인에서 7.1%, 노인에서 4.4%로 나타났다(DHHS, 1999). 정신장애 및 물질남용장애는 대개 정신장애 진단 및 통계편람 4차 개정판Diagnostic and statistical Manual of Mental Disorders, Fourth Edition, Text Revision(DSM-Ⅳ-TR)의 진단 기준에 의해 참고 8.2와 같이 설명되고 분류된다(American Psychiatric Association, 2000).

심각하고 오래 지속되는 질병을 앓는 사람들에게서 DSM-Ⅳ-TR의 진단 기준을 만족하는 정신건강상태의 유병률이 상승하고 있다(Aben et al., 2003; American Psychiatric Association, 2000; Bing et al., 2001). 그 예로 HIV와 관련된 임상치료에 참석한 성인들 중에서 정신질환의 유병률이 47.9%로 커뮤니티의 참여자보다 2배 높게 나타났다(Bing et al., 2001; DHHS, 1999). HIV를 겪으면서 살아가는 사람들에게서 주요 우울증과 경우울증은 가장 일반적으로 나타나는 증상이고, 그중 21%는 불안장애와 공황장애를 모두 겪는다(Bing et al., 2001). 암을 겪는 사람들에게서 나타나는 우울증상과 주요 우울증의 유병률은 1~42%로 다양하게 나타났다(Patrick et al., 2003). 불안장애에 대한 표준화된 면접과 진단기준을 통한 유병률 평가는 10~30%로 넓은 범위를 보였다(Stark et al., 2002). 방법론적 한계가 이러한 넓은 범위에 기여하고 있다. 하지만, 미국국립보건원의 과학전문패널 National Institutes of Health's State-of-the-Science Panel(Patrick et al., 2003)은 암에 대한 치료와 암에 대한 가장 공통적인 증상은 고통, 우울, 피로감이라고 했다(p. 110). 뇌졸중이나 심근경색을 앓는 사람들 가운데, 새로 우울증을 갖게 된 사례는 38.7%이며 네덜란드에서 치료를 받는 사람들의 28.4%가 새로이 우울증을 앓게 되는 것으로 나타나, 연령, 성별, 장애 정도를 보정했을 때, 우울증의 비율은 유사하다(Aben et al., 2003).

◆ 참고 8.2 DSM과 다축평가Multiaxial Assessment

　　어떤 사람이 겪는 정신건강 증상의 유형을 건강상태나 환경적 스트레스 요인, 전반적인 기
능에 따라 분류하고 설명하는 데 쓰이는 일반적인 방법은 정신장애 진단 및 통계편람 4차 개정
판(DSM-Ⅳ-TR)(American Psychiatric Association, 2000)에 나와 있는 다축평가이다.

　　DSM-Ⅳ-TR(Kirk & Kutchins, 1992; Mechanic, 1999; Saleebey, 2002; Wakefield, 1999)에 대한 수
많은 비판이 있지만, 신체건강 및 정신건강 현장에서 시스템과 소통하고, 분류하는 데 광범위하
게 사용되고 있다(Kerson, 2002; Williams, 1998).

　　DSM-Ⅳ 다축평가 도구의 구성요소는 여기에서 다룬다. 더 상세한 정보와 DSM-Ⅳ의 최신
개정판은 DSM-Ⅳ-TR에서 찾을 수 있다. DSM의 종합적인 개정은 현재 진행 중으로, 5차 개정
판인 DSM-5는 2013년 5월에 출간될 예정이다.[1]

　　DSM-Ⅳ 다축평가(American Psychiatric Association, 1994, 2000)는 사람들이 겪고 있는 문제를
기술하고 소통하는 데 초점을 맞춘다. 하지만 사회복지사는 사람들의 강점을 형성하고 인식하
기 위해 노력해야 한다(Saleebey, 2002). 다축평가에서 클라이언트의 강점에 기반한 개입에 익숙
해지고, 이를 인식하고 형성하는 것이 중요하다. 상황이 대단히 심각하더라도, 사회복지사와 접
촉하면서 사람들은 견뎌내고 살아나갈 힘을 가진다. 지식, 역량, 자원 등 사람들의 강점에 대한
적극적인 관심과 반영은 그들의 목표와 비전을 이루고, 더 나은 삶의 질을 갖도록 하는 중요한
구성요소이다(Saleebey, 2002, pp. 1-2).

　　클라이언트의 강점에 대한 특정한 의견 제시는 다축평가의 한 부분으로, 클라이언트의 강
점을 적극적으로 고려하도록 도울 수 있다.

　　DSM-Ⅳ-TR에 따르면, 다축평가는 다음과 같은 영역을 포함한다.

- 축 Ⅰ—임상적으로 주의가 필요한 임상장애나 기타 장애
- 축 Ⅱ—성격장애, 정신지체
- 축 Ⅲ—일반 의학적 상태
- 축 Ⅳ—심리사회적·환경적 문제
- 축 Ⅴ—전반적인 기능 평가GAF: Global Assessment of Functioning(American Psychiatric
  Association, 1994, p. 25; American Psychiatric Association, 2000, p. 27)

　　신체적·정신적 건강에 대한 비교평가differential assessment에 관한 논의는 주로 주요 우울
삽화나 범불안장애와 같은 축 Ⅰ의 임상장애, 심장질환이나 HIV같은 축 Ⅲ의 일반 의학적 상
태, 노숙이나 장기적 빈곤과 같은 축 Ⅳ의 심리사회적이고 환경적인 문제에 초점을 맞춰 이루
어진다. 사회복지사는 사람과 그 사람이 처한 환경 사이의 관계를 밝히는 데 전문적인 훈련을

---

1) DSM-5는 2013년 5월 출간되었음. DSM-5는 세계보건기구WHO의 국제질병분류ICD와 조화를 이루도록 진
단체계를 구성하였으며, 다축평가는 포함하고 있지 않음. www.dsm5.org 참고 — 옮긴이 주.

받기 때문에 축 Ⅳ와 관련한 이슈를 설명하는 특별한 능력을 가진다. 하지만 이와 같은 전문성 외에도, 심리치료 인력으로서 사회복지사의 수(192,814)가 심리학자(73,108), 정신과 의사(33,486), 정신과 간호사(15,330)를 합한 것보다 더 많다는 점에 주목할 필요가 있다(Center for Mental Health Services, 2001; Insel, 2004). 이 장에 걸쳐서 설명한 바와 같이 사람과 환경의 관계에 대한 관심은 신체적·정신적 건강의 비교평가와 개입의 중요한 측면이다. 하지만 복잡하게 동시에 발생하는 문제들을 이해하고 중재하고 다루는 능력은 심리요법 개입에서 실질적인 뒷받침과 훈련을 필요로 한다. 심리치료적 개입 중 일부는 이번 장의 보건의료환경에서의 심리사회적 개입 전략 부분에서 다룰 것이다.

축 Ⅱ에서는 성격장애 및 정신지체에 대해 밝히고 있으며, 다음과 같은 10가지 성격장애가 있다. 편집성 성격장애, 분열성 성격장애, 반사회적 성격장애, 경계성 성격장애, 연극성 성격장애, 자기애성 성격장애, 회피성 성격장애, 의존성 성격장애, 강박성 성격장애가 그것이다. 이 10가지 유형에 대한 진단 기준을 충족시키지 않는 성격장애는 미분류 성격장애로 분류된다. 성격장애가 있는 사람은 일반적으로 "내적인 경험과 행동의 지속적인 패턴을 경험하는데, 그 행동은 문화적인 기대에서 현저하게 벗어나 있고, 광범위하고 변하지 않으며, 청소년기나 성인 초기에 발병하고, 시간이 지남에 따라 고정되며, 디스트레스나 손상을 가져온다"(American Psychiatric Association, 2000, p. 685). 축 Ⅰ에서 언급했던 임상장애들과 마찬가지로, DSM-Ⅳ-TR은 각 성격장애에 대한 구체적인 진단 기준을 포함한다.

축 Ⅴ는 클라이언트의 심리적 요소, 사회적 요소, 직업군의 전반적인 작용에 대한 임상의의 평가를 반영하는 전반적인 기능평가 척도를 포함한다. 전반적인 기능평가는 신체적·환경적 상태의 영향을 고려하지 않는다.

전반적인 기능평가는 정신건강 관련 기능에 대한 연속된 점수로, 1에서 100 사이로 측정된다(0은 부적절한 정보를 의미). 전반적인 기능평가에서 10점은 '자신이나 다른 사람을 심각하게 해할 수 있는 지속적인 위험' 정도, 50점은 '심각한 증상(예: 자살생각, 심각한 강박적 사고, 빈번한 절도) 또는, 사회적·직업적 기능이나 학교에서의 기능이 심각하게 손상됨' 정도, 91점은 '전반적으로 우수한 활동기능' 정도로 본다(American Psychiatric Association, 2000, p. 34).

전반적인 기능평가 점수를 어떻게 나타내는지에 대한 더 자세한 정보와 안내는 DSM-Ⅳ-TR에서 찾을 수 있다(American Psychiatric Association, 2000).

건강과 포괄적인 사정의 맥락에서 트라우마를 고려하는 것 또한 중요하다. 트라우마—누군가가 심각하게 상처입거나 죽는 것을 목격하는 것, 화재·홍수·자연재해, 생명에 지장을 주는 사고, 싸움, 물리적 공격, 성폭행 등을 포함한—의 평생 경험은 미국에서 61%의 남성과 51%의 여성에게서 나타나는 것으로 추정되고 있다(Kessler, Sonnega, Bromet, Hughes, & Nelson, 1995). 하지만 911 테러, 테러에 대한 세계적인 전쟁, 미국 내 자국의 안전경긱심 이후의 흐름에서 위기와 위협에 대한 개인의 안전과 관련된 심리적 후유증은 이전의 평가에서 보다 더 만연해 있을 수 있다(Susser, Herman, & Aaron, 2002). 1995년도 추정치에 의하면 18세에서 54세 사이의 대략 5.0% 의 남성과 10.4%의 여성들이 외상후 스트레스 장애와 불안증세 유형의 진단기준을 만족하는 트 라우마의 심리적 영향을 평생 겪는다고 한다(American Psychiatric Association, 2000; Kessler et al., 1995).

현재의 군사적 갈등에 연루된 미국의 상황을 감안할 때, 군인들과 재향군인들에게서 나타나 는 외상후 스트레스 장애와 다른 정신건강질병의 위험은 특히 중요하다. 이라크 해방작전과 항 구적 자유작전에 참가했으며, 재향군인 관리국에 서비스를 원하는 재향군인들에 대한 최근의 통 계에 따르면, 이들 중 25%가 정신건강질병의 진단기준에 해당된다. 또한 재향군인 중 13%의 남 성과 11%의 여성들이 외상후 스트레스 장애의 진단기준에 해당되는 것으로 나타났다. 40세 이전 의 특히 18~25세의 재향군인들은 40세 이후집단과 비교했을 때, 외상후 스트레스 장애와 다른 정신질환을 겪기 쉬운 것으로 나타났다(Seal, Bertenthal, Miner, Sen, & Marmar, 2007).

군복무와 관련된 위험 외에도, 여군들의 경험은 성희롱과 성폭력에 노출되면서 복잡해질 수 있다. 재향군인 관리국의 돌봄을 원하는 3,632명의 전국적인 여성 재향군인 표본 조사에서, 55% 가 성희롱, 23%가 성폭행을 군대에서 겪은 것으로 나타났다(Skinner et al., 2000). 이러한 경험은 외상후 스트레스 장애와 다른 정신건강 질병에 걸릴 위험을 증가시킬 수 있고, 문제성 물질남용 을 증가시킬 수 있다(Skinner et al., 2000; Suris, Lind, Kashner, Borman, & Petty, 2004).

대다수의 현역군인과 재향군인, 이들 가족의 중요한 정신건강 요구에도 불구하고, 낙인, 직 업적 영향에 대한 염려, 불충분한 자금으로 인해 정신건강 의료서비스의 이용가능성과 활용이 제한되고 있다(Department of Defense Task Force on Mental Health, 2007; Hoge et al., 2004; DHHS, 2001a). 미국 국방부의 정신건강 TF팀의 최근 보고서에서는 정신건강 서비스를 군복무의 요소로 통합함 으로써 회복탄력성을 강화시키고, 군인과 가족에게 지속적인 돌봄을 제공하며, 낙인을 줄일 수 있는 전략의 필요성을 제시하고 있다. 현역군인과 그들의 가족이 자유롭게 정신건강 서비스를 받을 수 있도록 노력하고 있는 조직, 기브 언 아워Give an Hour는 이러한 행동에 대한 요구에 부 응하는 자원이 되고 있다(www.giveanhour.org). 재향군인과 그 가족의 정신건강요구에 응답하고 사 정하는 것에 대한 추가적인 정보는 미국 국립 외상후스트레스장애센터National Center for PTSD (www.ptsd.va.gov/index.asp)에서 찾을 수 있다.

트라우마와 건강 사이의 연관성은 많다.

1. 이미 존재하고 있던 트라우마 노출과 이로 인한 정신적 후유증은 신체질병과 상호작용하 는 경향이 있다.

2. 사람들은 자동차 사고, 성폭행, 다른 신변공격과 마찬가지로, 외상 경험의 직접적인 결과 에 대한 의료적인 치료를 원한다.

3. DSM-Ⅳ-TR에서 외상적 사건이 PTSD를 유발할 수 있는 촉진요인이라고 밝힌 것과 같이 (American Psychiatric Association, 2000), 먼디Mundy와 바움Baum(2004)은 개인의 삶을 심각하게

위협하는 외상적 사건으로 여겨질 수 있는 심근경색과 같은 질병을 포함한 트라우마의 넓은 정의의 유용성을 강조했다.

4. PTSD와 보건의료서비스 이용에 대한 연구는 PTSD를 앓고 있는 사람들에게서 입원, 응급실 방문, 의료진 방문이 상당히 증가하고 있다는 것을 밝혔다(Stein, McQuaid, Pedrelli, Lenox, & McCahill, 2000).

외상적 사건에 노출되는 경험의 높은 비율, 개인적 건강과 의료서비스와의 높은 관련성, 사람들이 임상적으로 심각한 외상후 스트레스를 경험할 가능성 등을 고려하여, DSM-Ⅳ-TR의 PTSD 진단기준을 충족하지 않더라도, 이번 장에서는 보건의료 환경에서의 외상후 스트레스에 대해 논의할 것이다.

*발견*detection

보건의료 현장에서 정기적인 정신건강 검사의 중요성에 영향을 주는 요인들은 다음과 같다.

- 심각하고, 오래 지속되는 신체질병을 겪는 사람들에게 나타나는 우울과 불안의 높은 유병률
- 1차 진료서비스를 통해 정신건강 관리를 원하는 소수인종, 소수민족인 상당수의 사람
- 1차 진료에서 발견하지 못한 사람들의 높은 정신질환 유병률(30~50%)
- 정신질환이 건강에 미치는 부정적인 잠재영향(DHHS, 2001a; Lecrubier, 2004; Pignone et al., 2002; Regier et al., 1993)

보건의료 현장에서 우울과 불안은 다양한 방식으로 표현될 수 있다. 예를 들어, 아버지는 사회복지사나 보건의료 관련자에게 그의 십대아들이 "내가 알던 아이가 아닌 것 같다"라고 말할지도 모른다. 아버지는 그의 아들이 최근에 성질을 많이 부리고, 평상시보다 많이 자며, 학업성적이 떨어지고, 이전보다 사회적 활동에 대한 관심이 줄어들었다고 말할지도 모른다. 아버지는 아들이 학업성적을 잘 받도록 지원하고, 친구들과 시간을 낭비하지 않도록 격려해 왔다. 또 다른 사람은 피로, 근육통, 불면증을 호소하며, 이러한 증상의 원인을 최근 겪는 직장에서의 스트레스라고 할 수도 있다. 포괄적인 평가를 수행하는 일원으로서, 사회복지사는 아동과 청소년의 우울증이 화를 잘 내는 것으로 나타날 수 있다는 것과 직장에서의 스트레스와 같이 정상적인 상황으로 귀인되는 불안의 증상들은 발견되지 않을 수도 있다는 것을 인식한다(Culpeper, 2003; Kessler, Lloyd, & Lewis, 1999). 정동장애와 불안장애를 발견하기 위해서 이례적인 증상이나 행동에 대한 고려가 필요하다는 지식을 갖춘다면, 사회복지사는 정동장애나 불안장애를 가진 사람들을 위해 심화된 사정이 보장되어야 한다는 것을 이해할 것이다.

보건의료 현장에서 우울과 불안은 빈번한 의료방문(연간 5회 이상)과 체중의 감소나 증가, 수면문제와 같은 신체적 변화를 통해 표현될 수 있다(Institute for Clinical Systems Improvement, 2002).

의학적으로 설명되지 않은 흉통, 위장관 장애, 두통, 어지럼증과 같은 신체적 증상을 통해 불안을 표현할 수 있다(Culpeper, 2003; Institute for Clinical Systems Improvement, 2002). 공황장애를 앓는 사람에게서 불안에 대한 분명한 우려보다 신체적 우려가 좀 더 자주 표현된다(Institute for Clinical Systems Improvement, 2002). 신체적 증상을 무시하지 않는 것이 중요하지만 이러한 증상을 인식하는 것은 정신건강 영향과 관련 있을 수 있고, 문화적으로 알려진 고통의 신체화를 반영할 수 있으며, 적절한 개입과 경감을 위한 방법을 제공할 수 있다. 하지만 관상동맥 부전증, 만성폐쇄성 폐질환, 췌장종양, 부갑상선기능 저하, 크롬친화성 세포종, 폐색전, 간질을 포함하는 일부 질병은 불안 증세에 의해 가려질 수 있고, 의료진에 의한 평가를 보장할 수 있다. 컬페퍼Culpeper는 이전에 불안 증세를 보이지 않았고, 새로이 불안 증세를 보이는 35세 이상의 사람에 대해 가능한 의료적 질병에 대한 평가가 이뤄져야 한다고 주장했다. 이러한 의료평가는 다음과 같은 사항들을 나타낼 수 있다. (a) 개인적인 또는 가족의 불안 병력이 없는 클라이언트가 언제 불안 증상을 나타내었는가, (b) 스트레스성 생활사건의 부재와 잠재적 가능성, (c) 언제 클라이언트가 정신적 질병보다는 신체적 질병의 가능성을 나타내주는 불안감에 대한 높은 수준의 우려를 나타냈는가. 사회복지사들은 클라이언트들에게 적절한 신체적 치료를 일러줄 수 있어야 하고, 신체적 증상을 드러내는 정신건강문제에 대해 잘 파악해야 한다. 클라이언트의 기분, 대처전략, 일상적인 기능에 대해 개방형 질문으로 묻는 것 외에도, 스크리닝 도구와 공식적인 심리상태 검사는 사회복지사가 보건의료 현장에서 정신건강에 대해 탐색할 수 있는 두 가지의 구조화된 방법이다.

스크리닝 도구

추가적인 사정을 요하는 정신건강 증상을 밝히는 스크리닝 도구는 보건의료 현장에서 정서장애, 불안장애, 외상관련 장애를 발견하는 데 도움을 준다. 이러한 스크리닝 도구는 수많은 항목으로 이루어진 표준화된 척도일 수도 있고, 몇 가지 질문일 수도 있다. 스크리닝 도구는 특정한 심리사회적 반응이 자주 일어나고, 이들의 조기 발견이 최적의 치료 결과를 얻는 데 중요하다고 생각되는 보건의료 현장에서 자주 사용된다.

미국예방서비스 TF팀USPSTF: U.S. Preventive Services Task Force(2009)에 따르면, 이러한 스크리닝 질문이 우울증을 겪는 대다수의 성인들을 감별하는 데 자세한 방법과 비슷한 효율성을 가진다(p. 760):

- 지난 2주 동안 침체, 우울, 절망을 느낀 적이 있습니까?
- 일을 할 때 흥미나 즐거움을 잘 느끼지 못합니까?

위의 질문에 대한 긍정적인 답변은 적정한 개입을 위해 우울 및 이와 동시에 발생하는 질병(예: 물질사용문제, 정신적인 고통)에 대한 추가적인 사정이 필요하다는 것을 의미한다(USPSTF, 2009).

레빈슨Levinson과 엥겔Engel(1997)이 제안한 다음의 질문들로 구체적인 불안 증세에 대한 검사를 쉽게 할 수 있다. 이 질문들에 대한 긍정적인 답변은 일상생활에 미치는 영향과 불안에 대한 평가를 의미한다(Institute for Clinical Systems Improvement, 2002, pp. 2-3).

- 당신 자신이 신경질적인 사람이라고 생각하십니까? 긴장감을 느끼거나 신경이 쓰이십니까? (일반적인 불안증세)
- 갑자기 심장이 빠르게 뛰거나 두려움, 불안, 신경과민이 북받친 적이 있습니까? (공황 장애)
- 방금 물어본 것들을 갑작스레 겪을까봐 두려워서 중요한 활동을 피한 적이 있습니까? (광장공포증)
- 타인에게 보여지고 평가받는 것에 대해 강한 두려움을 가진 일부사람들, 예를 들어 다른 사람 앞에서 먹고 말하고 쓰는 것을 싫어하는 사람이 있는데 이러한 행동을 하는 이유는 그들 자신이 부끄러워하는 것을 감추고 싶어 하기 때문입니다. 이와 같은 문제가 당신에게도 나타납니까? (사회공포증)
- 높은 장소, 비행, 벌레, 뱀에 대해 강력한 두려움이나 공포증을 가지는 일부 사람들이 있습니다. 당신도 어떤 특정한 것에 대한 공포증이 있습니까? (특정 공포증)
- 일부 사람들은 계속 반복되는 거슬리고, 어리석고, 불쾌하고, 두려운 생각에 시달립니다. 예를 들어 어떤 사람들은 그들이 사랑하는 누군가가 다치는 생각을 원하지 않는데도 계속 되풀이합니다. (심각하게 다치거나 세균에 오염되거나 대중에게 공격받는 것에 대한 생각) 이와 같은 문제의 일부가 당신에게도 나타납니까? (강박)
- 어떤 사람들은 어떤 일을 계속해서 반복하는 것을 중요하게 여깁니다. 그들은 손을 몇 분 간격으로 반복적으로 씻거나 난로가 꺼져 있는지, 문이 잠겨 있는지 귀중품이 그대로 있는지 지나치게 확인합니다. 당신도 이 같은 증상 중 하나라도 겪은 적이 있습니까? (강박)
- 당신은 생명의 위기를 느낀 외상적 사건을 목격하거나 겪은 적이 있습니까? 당신은 다른 사람이 중대한 위험에 빠진 것을 본 적이 있습니까? 어떤 일이 있었습니까? (급성 스트레스, 외상후 스트레스 장애)

외상후 스트레스 장애는 잦은 건강관리가 필요하고, 종종 발견되기 힘든 고혈압, 관상동맥질환, 만성통증, 감염에 대한 취약성과 같은 여러 건강문제와 관련 있다. 국립 외상후스트레스장애센터(2010)에서 외상후 스트레스 장애를 앓는 사람들을 밝히고 돕기 위한 조치를 취했다. 4개 항목으로 이루어진 스크리닝 도구인 1차 의료 외상후 스트레스 장애 선별검사Primary Care PTSD Screen는 르크루비어Lecrubier(2004)가 묘사한 바처럼 "숨겨진 질병"을 찾는 데 도움을 줄 수 있다(Prins et al., 2004). 클라이언트에게 지필검사로 시행할 수 있는 네-아니오의 자기보고식 검사는 다음과 같다(www.ptsd.va.gov/professional/pages/assessments/pc-ptsd.asp).

지난 달에 당신은 살면서 너무 놀라고 공포스럽고 화가 나는 경험으로 인해 다음과 같은 일을 경험한 적이 있습니까?

1. 당신이 원하지 않는데도 그 경험에 대한 생각을 하거나 악몽을 꾼 적이 있습니까?
2. 그 경험에 대한 생각을 하지 않으려고 노력하거나 그 경험이 다시 생각나게 하는 상황을 피하려고 한 적이 있습니까?
3. 끊임없이 마음을 놓지 않고 지켜보거나 쉽게 놀랐습니까?
4. 멍하게 있거나 다른 사람과 어울리지 않고, 활동에 참여하지 않거나, 당신을 둘러싼 것들과 거리를 둔다고 느꼈습니까?

1차 진료 세팅에서 위의 질문에 대해 2번 이상 긍정적인 답변을 한 경우, 외상후 스트레스장애에 대한 추가적 사정을 받을 필요가 있다(Prins et al., 2004). 국립 외상후스트레스장애센터는 추가적인 사정과 개입에 대한 더 자세한 정보를 제공하고 있다(www.ptsd.va.gov/index.asp).

물질오남용은 다른 건강문제를 복잡하게 만들고, 정신질환과 종종 같이 일어날 수 있는 심각한 건강문제이다(CSAT, 2005). 17장에서는 물질사용문제를 겪는 사람들을 돕기 위한 스크리닝, 사정, 개입에 대해 상세하게 논의할 것이다.

공식적인 심리상태 검사

심리상태검사는 체계적이고, 현재 정신건강상태에 대한 정보를 모으기 위한 반구조화된 방법이다. 여기에는 그 사람의 정신 상태를 평가하기 위한 관찰과 조사, 그리고 종종 검사에 대한 요약서가 포함된다. 생물심리사회적 평가와는 달리, 심리상태검사는 클라이언트의 환경과 역사에 대한 종합적인 이해가 필요하지 않고, 현재 정신건강상태에 주로 초점을 맞춘다. 심리상태검사는 클라이언트의 관점을 이끌어내는 것뿐만 아니라 사회복지사의 관찰을 적극적으로 참고하고 결합시키는 것을 포함한다(Lukas, 1993). 심리상태검사는 진단도구는 아니지만, 사회복지사로 하여금 정신건강문제에 대해 추가적인 사정이 필요한지를 알게 한다(Trzepacz & Baker, 1993).

심리상태검사는 외모, 태도, 움직임appearance, attitude, and activity(때로는 간단하게 외모와 행동만을 다룬다), 기분과 정동mood and affect, 말과 언어speech and language, 사고의 과정·사고의 내용·지각thought processes, thought content, and perception, 인지cognition, 통찰과 판단insight and judgment과 같은 영역을 다룬다(Trzepacz & Baker, 1993). 심리상태검사는 임상적 검사의 일부로 또는 별개의 평가로 행해질 수 있다. 사회복지사가 고령의 클라이언트와 얘기를 나눌 때, 그는 현재 어떤 치료를 받고 있는지 기억이 잘 안 나고, 차를 어디에 주차 했는지도 잘 기억이 나지 않는다고 말할 수 있다. 고령 클라이언트의 진술은 인지능력과 기억에 대해 알기 위한 출발점이 된다. 특히 클라이언트가 심리상태검사 도중 더 조사할 만한 필요가 있는 부분에 대해 말할 때는, 클라이언트와 공감대를 형성하고, 사회복지사가 알고 싶어 하는 질문의 본질을 설명해주면서 검사를 계속 진행하는 것이 도움이 된다. 이러한 종류의 후속과정은 클라이언트에 대한 관심과 추가적인 사정 및 적절한 개입을 하기 위한 사회복지사의 전문적인 능력을 모두 포함한다(Shea,

1988).

외모, 태도, 움직임. 심리상태검사는 보통 클라이언트의 외모, 태도, 움직임에 대한 사회복지사의 관찰에서 시작한다(Lukas, 1993; Trzepacz & Baker, 1993). 심리상태검사 중 이와 같은 부분은 다음과 같은 사항에 대한 주의를 필요로 한다.

- 클라이언트의 의식 정도 (클라이언트가 민첩한가? 자극에 대해 반응하는가?)
- 클라이언트의 외모와 나이의 일치 (클라이언트가 제 나이처럼 보이는가? 더 어려보이거나 늙어 보이는가?)
- 클라이언트의 자세와 자리 (클라이언트의 자세가 딱딱하거나 편안해 보이는가? 클라이언트가 병상에 누워있는가? 인터뷰동안 앉아 있을 수 있는가?)
- 클라이언트의 복장과 개인위생 (클라이언트가 계절에 맞는 옷을 입었는가? 클라이언트의 개인위생에 문제가 있어 보이는가?)
- 주목할 만한 신체적 특징, 인종, 민족, 성별
- 사회복지사와의 면담 도중 클라이언트의 태도 (클라이언트가 어떻게 대답하는가? 면담 동안 답변에 변화가 있었는가?)
- 의미 있는 움직임이나 마비 (클라이언트가 계속 앉아 있는 것에 대한 불편함을 보였는가? 빠르게 혹은 느리게 움직였는가? 조금이라도 미동이나 무의식적인 동작을 보였는가?)

기분과 정동. 클라이언트의 기분과 정동에 대한 고려는 일반적으로 심리상태검사에서 보인 관찰을 따른다. 기분은 클라이언트의 평상시 감정상태 또는 일시적 감정 상태를 나타내고, 정동은 보통 클라이언트가 임상 인터뷰 동안 자신의 감정적인 상태를 표현하는 방식에 대한 사회복지사의 관찰을 의미한다(Lukas, 1993). 클라이언트의 감정에 대한 탐색은 다음과 같은 개방형 질문으로부터 시작할 수 있다. "최근에 당신이 느낀 감정은 무엇입니까?" 또는 "지금은 어떤 감정을 느끼고 있습니까?"(Trzepacz & Baker, 1993, p. 40). 클라이언트에게 지난 30일간 느낀 감정을 설명해보라고 요청하는 것은 이러한 질문이 될 수 있고, 특정 정보를 추가할 수 있다. 클라이언트의 진술을 주의 깊게 듣는 것은 중요하다. 더 많은 세부사항을 이끌어 내는 질문, 즉 그의 기분과 관련한 구체적인 질문을 하되, 특히 기분의 강도와 그것이 일상적인 기분을 어느 정도 반영하는지에 대해 질문한다. 그리고 가능하다면 정신상태 검사 요약서에 클라이언트의 직접적인 진술이 포함되도록 한다. 다음의 가상적인 대화는 이러한 과정을 보여준다.

사회복지사: 최근 당신의 감정에 대해 저에게 말해주시겠습니까?
클라이언트: 저는 요새 매우 신경이 예민합니다.
사회복지사: 어떤 면에 대해서 예민합니까?
클라이언트: 저는 배가 아파서, 음식을 먹을 수가 없습니다. 그래서 안절부절 못하고, 불편합

니다. 그리고 저는 피곤하지만 잠이 들 수가 없습니다. 잠깐 잠이 들었다가 일어나기를 반복합니다. 그래서 일에 집중하기도 힘듭니다.

사회복지사: 이전부터 겪어 온 것입니까? 아니면 최근 들어 새로이 생긴 증상입니까?

클라이언트: 이번처럼 힘들었던 적은 없었습니다. 모든 시험 결과를 기다리는 것은 저를 힘들게 하고, 염려스럽습니다.

사회복지사: 당신이 겪고 있는 그 감정이 어느 정도로 심합니까?

클라이언트: 말했듯이, 저는 계속해서 걱정하고 있고, 이와 같은 기분을 예전에 느껴본 적이 없습니다.

사회복지사: 꽤나 심해 보이는군요. 당신이 지금 느끼고 있는 기분에 대해 1에서 10까지 순위를 매겨 보시겠습니까? 1은 당신이 최고로 기분 좋음을 나타내고, 10은 당신이 겪어본 것 중 가장 예민한 것을 나타냅니다.

클라이언트: 전 지금 기분 좋은 상태와는 꽤나 거리가 멉니다. (웃음) 제 신경과민 정도에 대해 8 정도로 말씀드리겠습니다. 하지만 테스트 결과에 따라 더 높아질 수도 있습니다.

사회복지사: 이 과민함이 아주 심하고 일상적인 수준을 넘어선다는 것으로 들리는군요. 그리고, 당신이 그것을 복통이나 불면, 초조함같이 신체적으로 느끼고 있다는 말씀이군요. 그래서 일에 집중하는 것에도 영향을 받고 있구요.

위와 같은 상황에서 클라이언트가 기분에 대한 정보를 더 주면, 사회복지사는 그의 기분과 일치하는 정동을 관찰하기 더 쉬워진다. 상담 중에 유머를 집어넣는 것은 클라이언트가 불안함을 현저하게 느낄 때조차 정동의 범위를 표현할 수 있게 한다. 클라이언트가 겪고 있는 심리적인 고통은 적절한 개입방법을 찾기 위하여 추가적인 사정이 필요할 수 있다.

말과 언어. 말과 언어를 관찰할 때, 사회복지사는 정보를 표현하는 방법, 무엇에 대해 말하고 있는지에 초점을 맞춘다. 클라이언트가 말하는 속도, 주목할 만한 실어증aphasia(자기 자신에 대해 표현하는 데 있어서 단어선택 문제나 더 심각한 불능의 근거가 되는 언어를 표현하고 이해하는 데 겪는 어려움), 언어의 이해, 말할 때의 볼륨, 침묵의 지속, 말하기 위한 노력, 언어능력의 부족, 말하는 것에 관련된 심각한 손상에 특히 관심을 둔다(Lukas, 1993; Trzepacz & Baker, 1993). 이해력을 사정하기 위한 한 방법은 클라이언트가 간단하게 시작하지만 점점 복잡해지는 일을 완수하도록 요구하는 것이다. 그 예로 체파우치Trzepacz와 베이커Baker(1993)가 제안한, 눈을 가리키도록 하고, 그 다음에 왼손으로 오른쪽 귀를 만지도록 시키는 것을 들 수 있다. 또한 이 방법의 고안자들은 페이퍼클립을 집어 들게 하고, 그것을 테이블 위에 놓고, 팔짱을 끼게 하는 더 복잡한 3가지 단계를 요구했다. 클라이언트로 하여금 방안에 있는 물건 또는, 복잡한 그림의 이름을 말하도록 요구하는 것은 실어증을 평가하기 위한 방법이다. 심리상태, 특히 말과 언어에 대한 사정을 할 때, 클라이언트의 주 언어가 무엇인지를 알아야 하며, 언어적으로 역량 있게(클라이언트의 주 언어에 맞게) 수행되어야 한다(Trzepacz & Baker, 1993). 스페인어가 주 언어인 사람은 제한된 이해력을 보이

며, 사물의 이름을 말하는 데 어려움을 겪는다. 하지만 이는 정신질병에 의한 것보다는 영어를 유창하게 구사하지 못해서 나타나는 것일 수도 있다. 언어적 역량linguistic competence은 정확한 사정의 중요한 요소이다. 사회복지사의 언어능력이 부족해서 적절한 언어적 서비스를 제공하지 못할 때, 의사소통과 문화적 이해를 도와줄 수 있는 전문적인 통역사가 필요하다(Hepworth, Rooney, & Larsen, 2002).

　　말과 언어에 대해서 수집된 정보로부터 클라이언트가 겪고 있을 수 있는 정신건강문제에 대해 추론할 수 있다. 클라이언트가 우울증을 겪고 있는 경우, 느리게 말하거나 말하는 도중에 꽤 길게 쉴 수 있다. 최근에 뇌졸중이나 심각한 머리 외상, 뇌수술 또는 감염을 겪은 적이 있는 사람은 단어를 찾는 데에는 어려움을 보이지만 여전히 이해하고 있다는 것을 나타낼 수 있다. 그렇지 않으면, 그 사람은 이해능력이나 언어표현능력의 손실을 보일 수 있다. 추가로, 실어증과 관련된 다양한 어려움과 함께 클라이언트는 언어 상의 곤란에 대해 다양하게 인식하고 있을 수 있다. 어떤 사람이 실어증을 앓고 있을 때, 초학제간 보건의료팀과의 협업은 진행 중인 사정과 개입의 중요한 요소이다. 알츠하이머나 다른 진행성 치매로 인해 실어증을 앓고 있는 사람은 언어능력의 점진적인 저하를 나타낸다(Trzepacz & Baker, 1993). 노인들의 심리상태에 대한 정기적인 사정은 시간에 따른 심리상태의 변화를 감시하고, 빠른 개입을 할 수 있는 수단을 제공한다(Rabins, 1991). 하지만 미국 예방서비스 TF팀(2009)은 최근 이용가능한 근거에 기반하여 노인들의 정기적인 치매 스크리닝 검사를 지지하지도, 말리지도 않고 있다는 점에 주목해야 한다. TF팀은 인지장애나 저하를 겪고 있는 노인들의 인지기능 평가를 지지한다.

　　사고의 과정, 사고의 내용, 지각: 사고의 과정, 사고의 내용, 인식을 평가할 때 사회복지사들은 주로 클라이언트가 어떻게 생각하고, 무엇에 대해 생각하는지(Lukas, 1993, p. 20) 그리고 클라이언트가 겪고 있는 지각장애(예: 청력, 시력, 환각, 환상)에 대해 초점을 맞춘다(Lukas, 1993; Trzepacz & Baker, 1993). 사고의 과정은 "조직, 흐름, 사고의 생산"을 처리하면서 평가된다(Trzepacz& Baker, 1993, p. 84). 특히, 사회복지사는 클라이언트의 언어적 표현에서 사고이탈tangentiality, 우회적 사고 circumstantiality, 사고 비약flight of ideas, 사고연상의 해이looseness of associations의 정도에 주목한다. 사고 내용에 대한 관심의 주요 영역은 강박obsessions, 충동compulsions, 편집증paranoia, 망상 delusion, 폭력적인 생각violent ideation, 내용의 빈약함poverty of content을 포함한다(Lukas, 1993; Trzepacz & Baker, 1993). 만성질환과 불치병을 가진 사람들에게서 자살위험이 증가하는 것을 감안해서(Trzepacz & Baker, 1993), 이 장의 한 섹션 전체가 자살 사정과 개입에 대해 자세히 다룰 것이다. 살인, 학대 또는 방임을 통해 타인에게 상해를 입힐 위험에 대한 측면에서 사회복지사는 그들 스스로가 그러한 개인을 돕고 타인에게 해를 끼치는 것을 막는 것 같은 조직의 프로토콜에 대해 잘 알고 있어야 한다. 그 외에도, 사회복지사는 다른 사람을 해칠 일촉즉발의 위기에 대해 제3자에게 경고하도록 하고, 아동이나 노인에 대한 학대 또는 방임이 의심될 때 보고하도록 정하고 있는 주법state laws에 익숙해져야 한다(Lukas, 1993; Trzepacz & Baker, 1993). 만약 클라이언트가 다른 사람을 해칠 위기에 있다는 증거를 갖고 있는 경우, 사회복지사는 관리자와 상의하고, 잠재

적인 희생자를 안전하게 보호하기 위한 계획을 세우는 것이 중요하다.

인지. 인지평가는 지남력, 지능·집중력·기억력·추상적 사고에 대해 지각된 수준에 초점을 맞춘다(Lukas, 1993; Trzepacz & Baker, 1993). 심리상태 검사에서 자주 쓰이는 어구는 "이 사람은 3가지에 대해 지남력이 있다the person is oriented×3"이다. 이 말은 그가 사람(예: 그가 누구인지, 가까운 가족), 장소(예: 그가 어디 있는 것인지, 특수한 장소와 도시, 주), 시간(예: 시간, 날짜, 요일, 계절)에 대해 제대로 인지하고 있다는 것을 의미한다(Trzepacz & Baker, 1993). 추가적인 차원은 활동(예: 현재 하고 있는 행동)에 대한 인지를 포함한다. 심리상태검사에서 지능 수준은 클라이언트의 지능에 대해 분명하게 평균 이상 또는 평균 또는 그 이하로 나눈 사회복지사의 평가를 바탕으로 판단된다(Lukas, 1993). 집중력은 보통 20부터 거꾸로 숫자를 세거나, 100부터 계속 7을 빼면서 세거나(연속해서 7 빼기), "WORLD"의 철자를 거꾸로 말하기 등을 시켜서 평가한다. 이때 클라이언트는 종이나 연필, 기타 도구를 사용하지 않고 과제를 완수하도록 권장받는다. 단기기억은 클라이언트에게 3단어를 기억해볼 것을 요청하여 평가할 수 있다. 이 과정은 클라이언트에게 단어들을 말해준 뒤, 그가 그 단어들을 반복하도록 요구하고, 이어서 5분 뒤에 다시 그 단어들을 기억해보라고 요청하는 것으로 이어진다(Trzepacz & Baker, 1993). 장기기억은 클라이언트의 과거에 대한 중요한 부분(예: 그가 태어나고 자란 도시나, 중대한 생활사건에 대한 상세사항)에 대해 질문하는 것으로 평가할 수 있다(Lukas, 1993; Trzepacz & Baker, 1993).

클라이언트의 소통능력이 반영된 구체적이거나 추상적인 사고를 관찰하는 것과 함께, 클라이언트에게 속담을 해석해보도록 요구하는 것은 추상적 사고를 평가하기 위한 또 다른 방법이 될 수 있다. 그 예로 "다른 쪽에 있는 잔디가 더 푸르다"에 대한 "다른 곳이 꼭 그렇게 더 좋아보이지는 않다"와 같은 해석은 추상적 개념을 나타낼 수 있고, 좀 더 분명한 해석은 "그의 잔디가 내 잔디보다 푸르다"와 같이 나타난다(Trzepacz & Baker, 1993, p. 144). 나이, 문화적 관련성, 교육 수준, IQ, 정신이상, 섬망, 머리 손상, 전두엽 손상, 치매와 같은 수많은 요인들이 클라이언트가 속담을 해석하는 정도에 영향을 줄 수 있다(Trzepacz & Baker, 1993).

통찰과 판단. 심리상태검사의 마지막 요소로 설명할 통찰과 판단은 클라이언트가 문제를 파악하고, 잠재적 결과를 인식한 상태에서 행동을 취하는 능력을 평가한다(Lukas, 1993; Trzepacz & Baker, 1993). 심리상태검사는 사회복지사로 하여금 클라이언트의 다양한 심리상태요소를 평가할 수 있도록 하고, 추가적인 평가가 필요한 정신건강문제를 찾는 것을 도와준다. 정신건강문제가 밝혀진 후, 사회복지사는 적절한 개입을 이끌어내기 위해 비교평가를 진행한다.

비교평가: 우울과 불안

슬픔과 근심의 감정은 인간 경험의 부분이며(American Psychological Association, 2000), 암, HIV, 뇌졸중, 당뇨병, 심장 질환, 파킨슨병 등을 포함한 다수의 신체 질환을 동반하기 쉽다(NIMH, 2002a-f). 심리적 디스트레스는 신체 질환과 연관되어 있고 이는 일시적인 걱정과 슬픔에서부터 임상적인 정서와 불안장애까지 범위가 넓다. 이러한 논의는 개인과 가족을 돕는 적절한 개입 방안을 마련하기 위해, DSM-Ⅳ-TR의 불안장애와 정동장애의 진단 기준을 충족하는 지속적인 정신건강 문제와는 차별되는 슬픔과 걱정의 감정에 초점을 둔다. 전에 기술한 바와 같이 개입은 심리교육과 지지적인 상담(긍정적 대처를 지원하기 위해)에서부터 심리치료와 심리약물학(지속적이고 심각한 정신 질환 문제를 경험하는 사람들을 돕기 위해)까지 다양할 수 있다(DHHS, 1999; IOM, 2001).

신체적·정신적 문제를 동시에 경험하는 사람은 특히 사회적 고립, 투약 미준수, 부정적인 건강상의 결과들을 경험하기 쉽다(DiMatteo, 2004a; Frasure-Smith & Lesperance, 2003; Ickovics et al., 2001; IOM, 2001). 게다가 정신적 문제를 가진 사람들은 질병이나 사망률이 높다. 예를 들면, 높은 자살률 외에도, 정동장애를 가진 사람들은 심장 질환과 뇌혈관 질환, 사고, 약물 중독 등으로 인해 높은 사망률을 보인다. 나아가, 치료는 자살, 심장 질환, 암을 포함한 위험의 일부를 감소시킬 수 있다(Angst, Stassen, Clayton, & Angst, 2002). 사회복지사는 이러한 취약집단뿐 아니라 DSM-Ⅳ-TR의 진단 기준을 충족시키지는 않는 정신건강 문제를 가진 사람들에게 다가가는 것이 중요하다(APA, 2000). 심리적 문제의 하위 증상들은 도움이 필요한 심각한 디스트레스를 포함할 수 있다. 심리사회적 개입은 표적집단이 정신건강 질환보다 신체적인 질환에 기반해 있을 때 강력한 효과를 발휘할 수 있다. 그 예로, 1994년부터 1997년에 발행된 37개 연구를 메타 분석한 결과, 관상동맥 질환자를 대상으로 한 스트레스 관리와 건강교육에 초점을 둔 심리교육적인 개입이 식이요법, 흡연, 운동, 콜레스테롤과 혈압의 향상뿐만 아니라 심장병 사망률과 하위 심근염의 위험을 감소시킨 것으로 나타났다(Dusseldorp, van Elderen, Maes, Meulman, & Kraaij, 1999). 또한 연구들은 삶의 질, 사회적 지지, 교육, 대처, 지지, 스트레스 관리에 초점을 둔 집단 치료 개입이 암 생존율을 증가시킨다고 밝혔다(Butow, Coates, & Dunn, 1999; Fawzy et al., 1993; Fawzy, Fawzy, Arndt, & Pasaau, 1995; Spiegel, Sephton, Terr, & Stites, 1998). 건강 전반의 심리사회적 요소에 관심을 갖는 것은 삶을 연장하고 개선시킬 수 있다. 사회복지사는 흔히 이러한 과정에서 적극적인 역할을 한다.

한 개인의 고유한 상황을 생태학적 맥락에서 이해하는 것이 사정의 핵심이지만, 또한 적절한 행동은 다양한 건강 문제 및 심리적 장애에 대한 적응과 관련된 정서적인 반응들을 정확히 구분하는 것에 달려 있다. 정신질환 증상의 심각성, 일상 기능의 영향, 지속성을 이해하는 것은 이러한 과정에서 결정적이다(American psychological association, 2000; J. W. Williams, Hitchcock, Cordes, Ramirez, & Pignone, 2002). 다음 내용에서는 적절한 개입이 마련되도록 정신질환 증상의 병인과 범위를 세분화한 단계를 개괄적으로 설명한다. 이 단계들은 DSM-Ⅳ-TR을 포함한 결정 과정에 바탕을 둔다. 이러한 판정은 다양한 진단을 안내하고 개인이 경험하는 정신건강상의 어려움에 있어 의학적 상태와 물질의 기여 부분을 고려하도록 한다. 이 논의는 개인의 정신적 어려움에 생태학적 요인들이 잠재적으로 공헌한다고 밝힘으로써 DSM-Ⅳ-TR의 의사결정에 기초한다. 병인론적 요인들이 별도로 제시되기는 하지만, 한 개인이 다중의 원인에 의해 심리적 스트레스를 경험할 수 있음에 주목해야 한다(APA, 2000). 그러한 상황은 각 영항 요인들에 대한 관심을 요구하기도 한다.

의학적 상태

정신건강의 증상이 발견되면, DSM-Ⅳ-TR은 비교평가 과정에서의 초기 단계에 도움이 되는 지침을 제공한다. 첫 단계는 증상이 일반적인 의학적 상태에 의한 것인가의 여부를 결정하는 것이다. 다수의 의학적 상태는 우울감이나 불안과 연관되는 것처럼 보여 모호하다. 예를 들면, 쿠싱 증후군2)이나 갑상선 기능부전은 우울감을 유발할 수 있다(APA, 2000; J. W. Williams et al., 2002). 몇 가지 신체 질환은 불안감을 유발할 수 있다(Culpeper, 2003). 개인이 경험할 수 있는 잠재적인 건강상태의 방대한 가능성으로 인해, 초학제간 보건의료팀(예: 간호사, 의사, 기타 전문가)과의 협력과 건강상태에 관련된 특정 정보를 수집하는 것은 이러한 결정을 하는 데 필수적이다. 정신건강 증상이 의학적 상태에 의한 것이라고 결정된다면, 먼저 상태를 설명하고, 개입 후 정신건강 증상이 재사정되어야 한다. 신체적 증상이 심리적 디스트레스(예: 당뇨, 관상동맥질환, 자기면역장애)와 관련될 때, 개입은 개인이 경험하는 신체적·심리적 어려움 모두를 목표로 하여야 한다(J. W. Williams et al., 2002).

투약

정신건강 증상이 의학적 상태에 의한 것이 아닌 것으로 생각되면, 그 다음 단계는 증상이 약물, 즉, 처방약, 독소, 알코올, 기타 약물로 인한 것인가의 여부를 평가하는 것이다(American Psychiatric Association, 2000). 고용량의 인터페론, 스테로이드, 글루코민, 레드파인 등의 약물의 수많은 부작용은 심리적 디스트레스와 연관되어 있다(Strader, Wright, Thomas, Seeff, & American Association of the Study Liver Diseases, 2004; J. W. Williams et al., 2002). 클라이언트가 복용하고 있는 약물이나 다른 물질에 대해 질문하고 숙달되도록 폭넓고 차별화된 사정이 요구된다. 특정 물질 정보를 수집하고 초학제간 보건의료팀과 협업하는 것이 심리적 디스트레스에 대한 물질의 잠재된 영향을 이해하고 개입에 대한 대안을 고려하는 데 결정적인 요소이다.

물질사용

알코올이나 다른 약물의 사용 역시 정신건강 증상에 영향을 미칠 수 있다. 알코올 사용은 미국내 12세 이상 인구 중 51.6%로 일반화되어 있다. 이 중 23.3%는 지난 30일 동안 적어도 1번은 폭음하는 것으로 보고되었다(Office of Applied Studies, 2009). 과음과 폭음률이 가장 높은 연령대는 18~25세의 성인 초기로 각 14.5%와 41.0%였다(Office of Applied Studies, 2009). 소량의 알코올은 자신감 고양과 긍정적인 기분을 만들기도 하지만, 알코올은 느린 반응과 반사, 근육 반응을 유도하는 신경체계 억제제의 핵심이기도 하다. 게다가 고용량의 알코올은 주요 신경체계를 느리게 하며 흔들림, 두통, 우울감, 각성에 대한 집중력 저하 등으로 인해 졸리게 한다(Weil & Rosen, 1993).

흡연 또한 널리 펴져 있다. 미국 내 12세 이상 인구 중 4분의 1 이상이 담배를 피운다(Office of Applied Studies, 2009). 담배는 상당한 약물학적인 영향을 가지고 있어 매우 중독성이 강한 니코

---

2) 종양 관련 질환 ― 옮긴이 주.

틴 성분으로 된 식물이다(Henningfield, 1998; Weil & Rosen, 1993). 자극제로서 니코틴은 사람들을 정력적이고 각성 상태로 만들게도 하고, 한편으로는 안절부절하고 신경이 날카롭게 하기도 한다. 자극제는 수면이나 식이에도 영향을 미친다. 자극제 사용 후에는 졸리거나, 피곤하거나, 우울해지기 쉽다(Weil & Rosen, 1993). 국립약물중독연구소(NIDA, 2009)는 니코틴 중단과 관련된 수많은 심리적 영향을 설명한다(예: 강렬한 니코틴 갈망, 주의결핍, 민감성).

정신건강 증상과 관련된 알코올의 생리적 효과는 물질사용 및 정신건강 증상이 수많은 방식으로 상호작용하는 두 가지 예를 제공한다. 개인의 정신건강 증상을 광범위하게 사정하는 일부로서, 사회복지사는 이러한 증상에 잠재적으로 영향을 미칠 수 있는 물질을 고려해야 한다. 예를 들면, 장기간 흡연하여 최근 폐암을 진단받은 사람은 집중하는 것에 어려움을 나타낼 것이다. 좀 더 살펴보면, 당신은 그가 최근에 금연하였다는 것을 알게 된다. 최근의 흡연 중단이 심리적 디스트레스를 가져온 유일한 원인은 아니겠지만, 이것은 포괄적 사정에서 중요한 고려사항이 된다. 이와 유사하게, 우울로 도움을 구하는 사람은 과하게 알코올을 사용할 수도 있다. 알코올은 주요한 신경체계 억제제로서, 이를 소비하는 것이 그녀의 우울감에 영향을 미쳤을 수도 있다.

정신건강과 약물사용 간의 관계에 대한 이러한 개념화는 물질사용이 선행하여 개인이 경험하는 정신건강 증상을 일으키는, 일방향적이고 인과적인 관계를 나타낸다. 그러나 이러한 관계는 약물 남용과 정신건강 증상이 교류하는 여러 방식 중 하나이다. 일례로, 물질사용에 앞서 정신건강상의 어려움을 경험하는 것이 가능하고, 물질사용은 물질의존 진단기준을 충족시키지 못할 수도 있다(APA, 2000; Hien, Zimberg, Weisman, First, & Ackerman, 1997). 그렇지 않으면, 정신건강 문제와 물질사용 장애가 각각 독립적이어서 병의 원인을 꼭 공유하지는 않는, 동시적인 발병을 경험할 수도 있다. 하지만 한 장애의 증상이 증가되면 다른 증상도 강화된다(Hien et al., 1997). 비교평가를 하는 사회복지사의 경우, 정신건강과 물질사용 문제간 관계를 분리하여 개인의 정신건강 증상과 물질사용, 이것들과의 관계 등 폭넓은 이력을 얻을 필요가 있으며, 폭넓은 이력과 사정은 사회복지사의 여건에 따라 적절한 서비스나 자원의 제공을 용이하게 한다.

각 상태의 심각성을 보면(예: 정신장애가 좀 더 심하고, 물질사용 장애는 덜한), 동시에 발생한 정신 및 물질사용 장애를 구체화하는 것은 적절한 치료 환경을 명확히 하는 데 도움이 된다(CSAT, 2005). 보건의료 현장에서 물질사용을 설명하는 구체적인 일반 지침은 17장에서 설명될 것이다. 온라인으로 제공되는 물질남용치료센터CSAT의 2005년 발간자료『중복질환자 물질남용치료 프로그램Substance Abuse Treatment for Persons with Co-Occurring Disorders』에서도 물질남용과 정신장애를 동시에 안고 있는 사람들의 지원에 관한 정보를 찾을 수 있다.

생태학적 맥락

DSM-Ⅳ-TR이 정신장애를 다양하게 진단하는 것이 가능하도록 하는 생태학적 요인을 명확화하지는 않더라도(APA, 2000), 사회복지의 핵심 중 하나인 환경속의 인간을 중시하는 사회복지적 관점은 개인의 정신건강 증상에 영향을 미치는 요인에 대해 포괄적으로 사정해야 하며 그러기 위해서는 생태학적 맥락의 명백한 고려 사항도 포함해야 한다고 제시하고 있다. 부적절한 거주 양식, 영양, 재정 자원, 건강 보험, 임상의료의 접근성, 사회적 지지가 부정적인 건강상의 결과 뿐 아니라 스트레스, 슬픔, 근심 지각에 영향을 미치기 쉽다. 예를 들면, 노숙자에 대한 연구는 미국내 일반인들보다 정신질환, 물질사용장애, 신체 질환, 건강보험의 부족, 사망의 위험률이 높다고 보고하고 있다(Barrow, Herman, Cordova, & Streuning, 1999; Fischer & Breakey, 1991; Hibbs et al., 1994; Hwang et al., 1998; Kessler et al., 1994; Kushel, Vittimghoff, & Hass, 2001; Regier et al., 1993). 불안정한 음식 제공을 경험한 아동에 관한 연구에서는 이러한 경험이 수많은 사회적·정서적·행동적·신체적 건강 문제와 연관이 있는 것으로 나타났다(Wigth, Thampi, & Briggs, 2010). 게다가 복지 수급자인 어머니에 대한 연구는 (안전하지 않은 이웃과 거주, 음식이 충분하지 않음, 가정폭력 경험, 스트레스가 많은 생활이 기본적 욕구를 충족시키지 못하는 등) 환경과 사회적 위험이 증가할수록, 우울증의 위험도 증가하나, 사회적 지지와 자신의 삶에 대한 통제력은 이러한 위험의 감소와 관련이 있다는 것을 밝혔다(Siefert et al., 2000). 서비스 공급자와 학자 중 일부는 기본적인 욕구가 충족되지 않거나 무주택 상태를 심리학적 외상의 근원으로 설명하였다(Engstrom, Gunn, Petersen, 2011; Goodman, Saxe, & Harvey, 1991). 충족되지 않은 기본적인 욕구 및 생태학적인 위험과 관련된 건강에 대한 우려는 이러한 지역에 살고 있는 클라이언트를 돕는 전략의 중요성을 강조한다. 구체적인 욕구와 생태학적 위험에 대한 관심은 자주 평가절하되지만, 사회복지의 "축하받지 못한 강점"의 일부이다(Johnson, 1999). 그러한 관심은 삶의 질을 향상시키고, 심리적 디스트레스를 감소시키며, 신체적 건강을 개선시키는 결정적인 경로를 제공할 수 있다. 생태학적 요인이 개인의 정신건강상의 어려움에 영향을 미친다는 포괄적인 사정이 있었다면, 개입은 그것을 목표로 이루어져야 한다. 잠재적 자원과 서비스를 명확화하고, 타기관으로의 의뢰를 용이하게 하는 것은 정신건강의 증상을 가속화시키는 생태학적 요소들을 설명하는 중요한 측면이다. 이는 사회복지의 윤리적 책임감을 충족시키는 중요한 기능이며(Johnson, 1991), 사람들을 자원과 연결시키면서 사회복지사의 기본 역할 중 하나를 성취하는 것이다(Hepworth et al., 2002).

의학적 상태, 물질사용, 생태학적 요소들이 클라이언트의 정신건강 증상에 잠재적으로 영향을 미치는 것으로 설명된 후, 정신장애로부터 슬픔과 걱정을 구별해내는 과정에서 심각도, 지속 기간, 이러한 경험들의 기능적 영향을 보다 고려하는 방향으로 바뀌어 가고 있다(APA, 2000; Williams et al., 2002). 이러한 고려는 상이한 사정 과정이 필요하고 심리적 디스트레스를 경험하는 개인을 원조하는 전략들을 안내할 수 있다. 더욱이, 이러한 고려 사항은 DSM-Ⅳ-TR에 따른 정신장애 진단기준의 요소를 반영한다(APA, 2000).

진단 기준: 우울

개인의 정신건강 경험에 대해 질문할 때, 개인적인 어려움의 강도, 이력, 위기였던 사건이나 스트레스 원인, 이전의 정신건강 문제나 치료에 대해 조사하는 것이 유용하다. DSM-Ⅳ-TR은 각

장애에 대한 많은 정신건강 증상을 설명하고 있으며, 지속기간이나 기능에 대한 영향 등 각 증상들의 기준에 대해서도 규명하고 있다. 예를 들면, 주요 우울장애의 진단은 개인의 증상이 다음 기준을 충족하여야 한다(APA, 2000, p. 356).

1. 환자는 2주 이상 매일 또는 거의 매일 심각한 디스트레스나 기능상의 손상을 야기하는 증상들을 경험한다.
2. 증상들은 의학적 상태, 물질, 애도에 의한 것이 아니어야 한다.
3. 증상들은 우울 기조(아동과 청소년기는 안절부절한 기조)나 즐거움, 또는 활동에 대한 흥미 부재 등 적어도 다음 증상의 4가지를 포함한다.
   · 체중과 식욕에서의 급격한 변화
   · 불면증 또는 과다 수면
   · 정신운동 불안agitation 또는 정신운동 지연
   · 피로 또는 에너지 상실
   · 무가치감 또는 과도하거나 부적절한 죄책감
   · 집중력이나 결정력의 손상
   · 반복되는 죽음에 대한 사고, 자살 계획, 자살 시도

기능에 덜 영향을 미치는 증상을 적게 경험하는 개인은 특정화되지 않은 우울장애 기준을 충족할 수도 있다. 일반적 의학 상태나 기분 저하를 가져오는 물질 때문이 아닌, 개인이 우울 증상이라고 제시한 다른 진단기준은 우울 기조와 다른 2가지 증상을 포함하는데 2년 이상 심각한 디스트레스나 손상, 우울 기조로 적응 장애를 야기하거나 스트레스를 주는 생활 사건, 심각한 디스트레스나 기능상의 손상이 수반되는 우울 증상과 관련된다(APA, 2000; J. W. Williams et al., 2002).

진단 기준: 불안

일반적 의학 상태나 물질에 의한 것이 아닌 불안장애는 범불안장애GAD: generalized anxiety disorder, 공황발작panic attack과 공황장애, 공포증, 강박충동장애, 급성 스트레스 장애, 외상후 스트레스 장애, 기타 특정되지 않은 불안장애를 포함한다(APA, 2000). 여기서는 범불안장애와 외상후 스트레스 장애에 대한 진단 기준을 간단히 설명하고자 하며, 부가적인 정보는 DSM-Ⅳ-TR에 나와 있다. 심각성, 지속 기간, 기능상의 영향에 대한 관심은 범불안장애에서 일상적으로 경험하게 되는 걱정worry을 구별하거나, 외상후 스트레스 장애에서 외상적 사건에 노출될 때 기대되는 반응을 구별해내도록 한다(APA, 2000; J. W. Williams et al., 2002). 범불안장애의 경우, 6개월 이상 조절하기 어려울 정도의 과도한 걱정이나 불안을 경험하고, 적어도 3가지(아동은 최소 1가지)의 증

상을 경험하여야 한다(APA, 2000, p. 476).

1. 불안정함 또는 매우 흥분한 느낌
2. 쉽게 피로해짐을 경험
3. 집중의 어려움이나 마음이 공허함
4. 안절부절함
5. 근육의 긴장
6. 수면 장애(잠들기 어렵거나 수면을 유지하기 어려움, 또는 자꾸 깨어 수면에 불만족스러움)

또한 불안은 일반적이며 한 영역에만 초점을 두지는 않는다. 디스트레스나 기능상 손상의 토대가 되는 증상은 일반적 의학상태나 물질에 의한 것이 아니어야 한다.

진단 기준: 외상후 스트레스 장애

외상후 스트레스 장애의 진단 기준은 개인이 "극심한 두려움, 무력감, 또는 공포"를 경험한 외상적 사건에 노출된 것을 포함한다. 아동들은 이러한 것을 경험할 경우, 흥분이나 비조직화된 행동으로 표현할 수 있다(APA, 2000, p. 467). 또한, 외상의 사건을 경험한 개인은 그것과 관련된 자극을 회피하거나, 3가지 증상 중 적어도 1가지에 무감각한 반응의 증거를 보이거나, 최소 2가지 증상에 최고조로 각성된 경우를 보인다. 끝으로 급격한 디스트레스나 기능상의 손상이 1달 이상 증상으로 나타나야 한다(APA, 2000, pp. 467-468).

진단의 위계

개인의 여러 증상들이 중첩될 때, 진단에 있어 일반적 의학상태 혹은 물질에 의한 증상이 정신건강 증상보다 DSM-Ⅳ-TR의 진단적 위계에서 더 상위에 놓이게 되며, 주진단에서 파급된 2차적 증상은 독립된 질환으로 진단하지 않는다(J. B. W. Williams, 1998). 각 진단범주에서 배제기준exclusion criteria은 이러한 원칙의 적용을 용이하게 한다(APA, 2000; J. B. W. Williams, 1998). 윌리엄스Williams가 기술한 바와 같이, "의사결정 분지도decision trees[3])의 작은 묶음은 [DSM-Ⅳ-TR에서] 임상가들이 분류의 구성과 위계적 구조를 이해하는 데 도움을 줌으로써, 감별진단differential diagnostic을 보다 더 쉽게 하도록 한다"(pp. 37-38).

---

3) 어떠한 전략이나 방법 등을 나뭇가지 모양으로 그린 것 — 옮긴이 주.

자살

자살은 심각하지만, 예방 가능한 공중보건 문제이며, 미국 내 사망 원인의 11번째에 해당된다(DHHS, 1999, 2001b; NIMH, 2009; Xu, Kochanek, Murphy, & Tejada-Vera, 2010). 성, 연령, 인종, 결혼 상태에 따른 차이를 포함하여 수많은 위험 요인이 자살하려는 행동 및 자살 성공과 연관되어 있다(Heron, 2010; Moscicki, 1997; 2001; NIMH, 2009). 일반적으로는 여성이 자살시도를 더 많이 하나, 남성의 성공률이 좀 더 높다. 총에 의한 자살이 남성에게는 제일 많이 나타나며, 여성에게는 2번째로 많은 방법으로 보고된다. 독극물은 여성에게 가장 흔한 자살방법이다(NIMH, 2009).

65세 이상 사람들의 자살률이 높고, 85세 이상 백인 남성의 경우, 가장 자살률이 높다(NIMH, 2007, 2009). 15세에서 24세의 젊은이들도 위험하다. 이 집단의 경우, 자살이 사망의 3번째 원인이며, 2006년에는 심장병, 암, HIV, 선천적 문제, 당뇨 등을 포함하여 7번째 원인으로 설명되었다(Heron, 2010; U. S. Public Health Service, 1999). 15~24세의 젊은이 중 자살률은 1990년과 2003년 사이에 감소되었으나 최근 20세 미만에서 증가하는 것으로 보고된다(Bridge, Greenhouse, Weldon, Campo, & Kelleher, 2008; CDC, 2007). 역사적으로, 백인 젊은이의 자살률이 아프리카계 미국인보다 더 높은 것으로 보고되었으나 최근에는 특히 아프리카계 미국인의 젊은 남성을 포함하여 아프리카계 미국인 젊은층의 자살률이 증가하여 집단 간 차이가 감소되고 있다(Cash & Bridge, 2009; Joe, Baser, Neighbors, Caldwell, & Jackson, 2009). 아프리카계 미국인 젊은층의 자살 성공률이 아프리카계 미국인 여성보다 높았지만(Heron, 2010), 최근에는 아프리카계 미국인 여성의 시도율도 증가하고 있다(Joe et al., 2009).

2006년 모든 연령대에 있어 남녀의 사망원인에 자살이 상위 10위에 해당되어 미원주민(8위), 아시아계 미국인(9위), 백인(10위)이었다(Heron, 2010). 이 자료 검토 시 중요한 두 개의 고려사항으로 첫째, 헤론Heron은 인종과 관련된 사망진단서의 부정확성 때문에 아프리카계 미국인 또는 백인보다 다른 집단의 자살에 대한 해석에 주의해야 한다고 충고한다. 둘째, 아프리카계 미국인이나 히스패닉의 모든 성별과 연령에 있어 자살이 상위 10번째 사망원인으로 나타나지는 않더라도, 이 두 집단 내에서 연령과 성별에 따라 순위에 차이가 있다. 끝으로, 역학 연구에 따르면 자살에 대한 위험 요인을 명확히 하는데, 모시치키Moscicki(2001)는 이혼이나 사별한 사람들의 자살률이 전 연령대의 기혼자보다 높았고 이른 시기에 사별한 사람들은 특히 위험하였다.

게다가 연령, 성별, 인종, 결혼 상태에 의한 자살행동과 성공률의 차이에 대해 게이, 레즈비언, 양성애자, 성전환자(LGBT)의 자살행동 위험 증가에 관한 자료들도 있다. 젊은층의 게이, 레즈비언, 양성애자들의 경우, 자살사고와 시도에 대해 위험성이 증가한다는 것은 일반적으로 동의되는 부분이기는 하나(Fergusson, Horwood, & Beautrais, 1999; Frankowski & Committee on Adolescence, 2004; Jesdale & Zierler, 2002; King et al., 2008; Remafedi, 1999; Russell & Joyner, 2001), 문헌에서 젊은층의 게이, 레즈비언, 양성애자들의 자살 성공률을 이성애자들과 비교할 때 방법론적인 제한점 때문에 위험이 증가한다고 결론내리지는 않고 있다(Jesdale & Zierler, 2002; Remafedi, 1999). 또 다른 문헌에서는 성전환자의 경우, 자살에 있어 더 많은 위험이 있다고 보고하기도 하였다(Clements-Nolle, Marx, & Katz, 2006; Mathy, 2002; Wells, Freedenthal, & Wisneski, 2008). 성전환자의 자살 성공률에 대한 실증적 연구가 제한적이기는 하나, 이전의 자살시도는 자살의 중요 요인으로 간주된다(Gliatto & Rai, 1999; Moscicki, 1997; Nock et al., 2008; Zametkin, Alter, & Yemini, 2001). 따라서 건강관리 전문가는 젊은층의 성전환자 중 자살 위험의 증가가 잠재되어 있다는 사실을 인지해야 한다.

"HIV/AIDS, 헌팅턴병, 악성 종양, 다발성 경화증, 위염, 심장병, 척수 장애, 루푸스 에리토르브산염"을 포함한 몇 가지 신체 질환이 자살률 증가와 연관된다는 연구가 보고되고 있다. 그러나, "우울이나 물질남용을 제외하고 의료적인 질병이 자살에 대한 독립적 위험요인이라는 근거는 없다"(Moscicki, 1997; p. 511). 보건의료 현장에서의 사회복지실천 관점에서, 이러한 발견은 신체질환이 있는 사람을 위한 정기적 스크리닝, 사정, 개입 등 정신건강 상태를 다루는 전략이 자살 예방의 핵심 구성요소라는 것을 제시한다.

정신질환이나 물질사용장애를 경험하는 것은 자살시도 및 성공과 연관된다. 위험성은 한 가지 이상 장애를 가진 사람에게서 증가하고 특히, 정서 및 물질사용장애를 동시에 경험할 경우 더욱 그렇다(Kessler, Borges, & Walters, 1999; Moscicki, 1997, 2001; Nock et al., 2008). 그 외에 자살에 대해 널리 알려진 위험 요인은 다음과 같다.

- 무망감
- 이전의 자살시도 경험
- 집에 총기가 있음
- 억류
- 최근의 상실
- 심각한 스트레스 사건(예: 질병 말기의 진단, 실직, 재정 또는 법적 어려움)
- 정서장애 및 물질사용장애, 자살 행동의 가족력
- 가족 스트레스
- 제한된 사회적 지지
- 신체적, 또는 성적 학대
- 가족, 또래집단 또는 유명인 자살 행동 모델
- 충동 행동의 이력
- 도움을 구하는 것에 대한 낙인이나 기타 장애물(DHHS, 2001b; Hirschfeld & Rusell, 1997; Ivanoff & Smyth, 1992; Moscicki, 1997, 2001; NIMH, 2009; New York State Department of Health, 2007; Nock et al., 2008; Sanchez, 2001; Shaffer et al., 2001; U. S. Public Health Service, 1999; Zametkin et al., 2001).

이러한 고려 사항 외에도 젊은층의 자살 위험 요인은 가정 폭력, 거부, 훈육 스트레스 등이 포함된다(Moscicki, 1997; Zametkin et al., 2001). 미국국립암센터(NCI, 2010)는 암환자들의 자살 위험
이 증가할 수 있다고 주장하며, 부가적으로 고려하여야 할 위험 요인으로 다음을 꼽았다.

- 구강암, 인두암, 폐암(흔히 과음과 담배 사용과 연관된)
- 말기 단계와 불량한 예후
- 착란confusion/섬망delirium
- 적절하게 조절되지 못하는 통증
- 결손된 증상의 출현(예: 운동력 손실, 장과 방광 능력의 소실, 절단, 감각 손실, 하반신 불수, 먹고
  삼키지 못함, 탈진, 피로)(NCI, 2010).

자살 위험요인이 있다고 해서 자살행동으로 연관됨을 의미하지는 않지만(Ivanoff & Smyth,
1992), 다수의 요인을 경험하고 있다면 위험성은 증가될 수 있다(Moscicki, 1997, 2001). 개인의 자살
위험에 대한 평가는 위험요인을 인지하는 것으로부터 시작되지만, 개별화된 사정에 따라야 한다.
자살 사정은 안전하게 생활하고 자해를 자제할 수 있는 개인의 능력에 대해 관련된 정보와 정교
화된 기술을 이용하여야 한다. 이 과정에서 일반적인 정보는 개인의 특정한 경험의 맥락에서 고
려되어야 한다.

자살 사정

자살 사정의 첫 단계는 자살사고를 밝히는 것이다. 자살에 성공한 다수의 사람들은 특히 노
인의 경우, 죽기 몇 달 전부터 주요 돌봄제공자를 만나며(Andersen, Andersen, Rosholm, & Gram,
2000; Luoma, Martin, & Pearson, 2002), 의사들은 환자의 이력이나 자살 위험에 대해 잘 모른다
(Gliatto & Rai, 1999; Murphy, 1975a, b). 연구들은 의사가 환자에게 정기적으로 정신건강에 대해 질
문하고 자살에 대한 이력이 있는 사람에게는 매 방문마다 그러한 질문을 받는 것을 통해 지지받
고 있음을 느낄 수 있다고 제안한다(Zimmerman et al., 1995). 어떤 사람은 자살에 대한 사고를 구체
적으로 밝힐 수도 있지만, 어떤 사람은 속으로만 담아두거나 비언어적 언어로 전할 수도 있다.
비직접적인 대화는 무망감의 표현이나, 문제에 대한 해결책을 찾을 능력이 부재하거나, 본인이
없어도 남들은 더 잘 살 것 같다고 느끼거나, 포기하고 싶은 마음, 현재의 문제가 극복할 수 없다
고 느끼는 것 등을 포함할 수 있다(Ivanoff & Smyth, 1992).

자살계획에 대한 직접적인 질문이 자살행동의 원인이라고는 보지 않는다(J. W. William et al.,
2002; Zimmerman et al., 1995). 미국 예방서비스 TF팀(2009)은 적절한 서비스 제공에 있어 우울증 진
단을 제안하였지만, 유용한 근거에 기초한 일상적인 자살 스크리닝을 추천하지도 않고 저지하지
도 않는다. 그러나 특히, 높은 자살 환경에 처한 사람들에게 자살 계획에 대한 일상적인 질문은
정신건강 사정의 일부이며 위험에 처한 사람들을 초기에 발견하고 원조하는 데 도움이 될 수 있
다(Ivanoff & Smyth, 1992). 최근 보고에 따르면 자살경향과 우울증세를 확인하도록 주치의들을 훈

련시키는 것은 자살률의 감소와 유의한 관련이 있음을 보고한다(2~73%). 끝으로, 미국정신의학
회APA: American Psychiatric Association의 정신 평가 지침은 자신이나 타인에 대한 위험 사정을 전
반적인 임상 사정의 기준 영역으로 포함시킨다.

다수의 표준화된 자살 사정 도구가 연구에 유용하고 많이 사용되기는 하나, 미국정신의학회
(2006)는 그 예측력에 한계가 있음을 지적한다. 이러한 논의는 잠재적인 자해 가능성에 대한 직접
적인 질문과 자살경향을 사정하기 위한 개별화된 후속 질문에 초점을 두고 있다. 공감과 결부된
직접적인 질문은 자살생각과 의도를 사정할 수 있는 길을 터준다. 예를 들면, 무망감과 주어진
문제에 대해 해결책을 찾는데 어려움을 겪는 환자에 대한 논의 시 다음 질문은 "당신이 상당히
낙담한 것처럼 보이고, 다소 자포자기한 것처럼 들리는데, 자신을 자해할 생각이 있나요?"가 될
수 있고, 또 다른 질문은 "이 상황에서 벗어나기에 힘든 시간을 보내고 있고, 다른 대안이 없다고
느끼는 것 같은데, 당신은 포기를 원한다고 했습니다. 죽기를 원하나요?"가 될 수도 있다. 클라이
언트가 죽기를 원한다면, 그 다음 사회복지사는 "당신은 기분이 너무 가라앉아서 죽고 싶다고 했
습니다. 자해할 생각이 있나요?"라고 질문할 수 있다(또 다른 예는 APA, 2006; Gliatto & Rai, 1999;
Hirschfeld & Russell, 1997; Ivanoff & Smith, 1992; Lukas, 1993; Shaffer et al., 2001 참조).

클라이언트가 자살계획에 대해 얘기한다면, 사회복지사의 다음 질문의 목적은 (a) 계획의 구
성 요소에 대한 부가 정보를 수집하고(예: 내용, 시기, 착수, 빈도, 강도), (b) 그것과 연관된 급박한
위험 수준을 명확히 하는 것이다(APA, 2006; Hirschfeld & Russell, 1997; Ivanoff & Smith, 1992). 앞서
논의한 위험요인들과 함께, 극심한 자살사고와 아래 요인들이 보이면 자살의 위험성은 증가한다.

- 폭력이나 돌이킬 수 없는 계획에 특히 관심을 두어 자해할 계획을 발전시킴
- 계획을 수행할 도구에의 접근성
- 자해할 의도와 계획의 수행
- 발견되거나 방해받을 것을 피하기 위해 노력 중
- 자살 기록 작성을 완료하거나 진행 중
- 알코올이나 다른 물질사용
- 정신 이상 증상, 특히, 사람을 해치도록 지시할 수 있는 환각의 출현에 대해 특별한 관심
  을 가짐
- 무망감(APA, 2006; Hirschfeld & Russell, 1997; Ivanoff & Smith, 1992; USPSTF, 2009)

클라이언트의 자살위험 수준을 결정함에 있어, 다음 5가지 부가요소들이 도움이 될 수 있다.

1. 자살 사정 과정에서 특정한 정보를 수집하는 것은 사회복지사가 개인의 위험 수준을 좀
   더 고려하고, 상담을 필요로 할 경우 설명하고, 지시된 대로 서비스를 조정하는 데 도움이
   된다(Lukas, 1993).

2. 감독자나 동료에게 자문하는 것은 사정하고 적절한 개입을 구성하는 데 있어, 중요한 요소가 된다.

3. 자살 사정을 하기 전에 사회복지사는 자살 위험에 처한 클라이언트의 사정과 개입에 대한 기관의 방침과 절차에 익숙해져야 한다. 그 지역의 주 법과 규칙에 대해서도 숙지해야 한다.

4. 사회복지사는 병원에 입원 중인 환자의 잠재적인 부정적 측면(예; 낙인, 통제력 상실)을 염두에 두어야 하며, 클라이언트의 자아 통제력을 지지하는 데 중점을 두어야 한다(Ivanoff & Smith, 1992; Lukas, 1993). 루카스Lukas는 "당신 자신과 클라이언트의 웰빙을 위해, 당신이 모든 필요한 자원을 동원하여 클라이언트가 긴박한 자살 위험이 없다고 확신할 때까지, 클라이언트를 사무실에서 떠나지 않도록 하는, 그러한 실천을 해야 한다"고 단언한다(p. 119).

5. 위험 관리 상황에서 사용된 사건, 의사결정, 행동들을 명확히 문서화하는 것이 유용할 수 있다(Ivanoff & Smith, 1992).

자살 위험에 대처하기 위한 개입

클라이언트가 긴박한 자살 위험에 처해 있다면, 개입은 신체적 안전에 초점을 두어야 한다(Hirschfeld & Russell, 1997; Ivanoff & Smith, 1992). 그러나 이바노프Ivanoff와 스미스Smith(1992)는 그 과정 동안 "가능한 한 클라이언트의 자기 통제감과 자기 관리가 유지되도록 할 것"을 제안한다(p. 123). 이러한 태도는 사회복지사가 자살 위험에 처한 클라이언트와 만날 때, 일방적인 행동보다 공동 작업과 권한 부여를 추구해야 함을 제시하는 것이다. 사회복지실천에서 이러한 관점은 이용가능한 여러 개입을 통해 클라이언트가 참여하도록 하며, 그들이 행동하도록 권한을 부여하는 것과 관련이 있다. 예를 들면, 비자발적인 관여보다 환자의 입원에 자발적으로 행동하게 하는 것이다. 그러나 개인이 자신의 안전을 담보하는 행동을 할 수 없거나, 긴박한 자살위험이 있다면, 그의 신체적 안전을 보장하기 위해 개입하는 것은 사회복지사나 혹은 다른 직접 서비스 제공자의 책임이다.

클라이언트가 급박한 자살위험 상태일 때, 누군가 그와 함께 남아 있어야 한다면, 대부분의 경우 환자의 입원에 대한 평가가 있어야 한다(Hirschfeld & Russell, 1997). 클라이언트와의 연락이 끝났다 하더라도, 사회복지사는 계속 통화가 가능하여야 하고 클라이언트가 통화를 기다리게 해서는 안 된다(Millman, Strike, Van Soest, Rosen, & Schmidt, 1998). 클라이언트를 혼자 방치한 것이 아니고 정서적 지지가 유지될 수 있도록 클라이언트와 함께 머무르면서 안심시킬 수 있는 사람이 있으면 매우 도움이 된다(Ivanoff & Smith, 1992; New York State Department of Health, 2007). 밀만Millman 등(1998)은 클라이언트와 통화 도중 총이나 약을 가지고 있다고 말한다면, 총을 다른 방에 두거나 다른 사람에게 잠깐 동안 보관하도록 부탁하고, 마찬가지로 약을 옮기거나 변기에 넣어 없애도록 제안한다. 응급 의료 서비스를 이용하거나 경찰과 연락하는 것은 자살 시도가 발생하였거나 발생중일 때, 클라이언트의 입원 평가를 위해 이송해야 할 때 유용하다(Hirschfeld & Russell,

1997; Ivanoff & Smith, 1992). 병원에 입원하기 위해 평가가 필요한 고객을 혼자 운전해서 가게 하면 안 된다(Holkup, 2002).

샤퍼Shaffer 등(2001)은 자살시도 경험이 있는 아동이나 청소년에 대해 사회복지사는 클라이언트의 가족에게 연락하여야 하고, 치료의 현실성과 가족의 선호뿐 아니라 치료의 중요성을 설명해야 한다고 하였다. 덧붙여, 다양한 자료들로부터 정보(예; 클라이언트 지인과의 면접, 행동 관찰, 표준화된 척도의 사용)를 수집하고, 클라이언트의 보호자에게 자문할 것을 제안한다. 클라이언트의 보호자에게 자문 시 다음의 주제에 초점을 두어야 한다. (a) 억제력을 약하게 하는 알코올이나 약물에 접근하는 것을 제한하기, (b) 총이나 치명적 약물을 안전하게 제거하기, (c) 집에서 지지해 줄 누군가를 찾기, (d) 자살을 촉진하는 스트레스 상황이나 그것을 다룰 수 있는 대처 전략에 대해 논의하기, (e) 추후 돌봄이 이루어짐을 약속하고 확인하기이다.

긴박하지는 않지만 자살 위험이 감지되면 클라이언트 및 그의 가족과 구두 및 문서상 안전 계약이 이루어져야 한다(APA, 2006; Shaffer et al., 2001). 이러한 계약에는 흔히 클라이언트가 자해하지 않을 것과 클라이언트가 안전하게 있을 수 없다면 연락을 취할 번호, 안전을 위한 행동에 관한 동의 등이 포함된다(Holkup, 2002; Ivanoff & Smith, 1992). 문서화된 계약은 클라이언트와 사회복지사가 모두 서명하고 1부씩 복사하여 보관한다(Holkup, 2002). 그러한 계약이 널리 이용되기는 하나, 사용시 고려해야 할 중요한 주의점이 있는데, 그중 가장 중요한 것은 실증적인 연구가 부족하다는 것이다(Garvey, Penn, Campbell, Esposito-Smythers, & Spirito, 2009; Rudd, Mandrusiak, & Joiner, 2006; Shaffer et al., 2001). 또한, 미국정신의학회(2006)는 이 계약서가 안전하게 있을 수 있는 클라이언트의 능력이나 외래치료 혹은 입원치료를 중단할 수 있는 적격성의 근거로 사용되어서는 안 된다고 경고한다. 더욱이, 미국정신의학회는 클라이언트가 충동, 분노, 정신질환, 물질중독 상태에 있거나, 서비스 제공자가 충분히 잘 알고 있지 못하는 클라이언트이거나, 응급상황에 있는 클라이언트일 경우 안전 계약을 하는 것을 추천하지 않는다. 또한 가비Garvey 등(2009)은 그러한 계약에 대해 임상가에게 주의를 준다. 특히, 근거가 부족하다는 점, 서면 사전동의를 할 수 있는 클라이언트의 능력, 폭넓은 자살 위험 사정의 중요성, 그러한 계약에 관련될 수 있는 법적 가능성을 강조한다. 안전 계약의 제한점을 인지함에 있어, 러드Rudd 등(2006)은 클라이언트와 의료진 간의 역할과 기대, 치료와 자살에 대한 명확한 정보 전달, 필요시 위기 서비스의 이용 계획 등을 담은 치료각서CTS: Commitment-to-treatment를 제안한다. 저자는 치료각서에는 실증적 조사가 필요하나, 안전 계약의 제한점을 일부 설명할 수 있음을 강조한다. 맥마일러McMyler와 프리마척Pryjmachuk (2008)은 또한 안전 계약에 대한 대안 전략, 즉, 안전과 위기 계획, 방해되지 않은 관찰과 환자 병동에서의 위험 환경 감소, 자살을 촉진하는 요인을 다루는 것, 클라이언트와 임상가 간의 중요 대화에 참여하는 것을 제안한다. 이러한 대안전략의 근거 기반은 다양하다.

클라이언트가 자살위험에 처하기는 했지만 긴박하지는 않을 경우, 클라이언트의 허락 하에 친밀한 관계의 지지체계를 움직이고, 총이나 탄약, 치명적 약물, 기타 자해에 대한 잠재적이고 치명적 방법에 접근을 억제하도록 하는 개입이 추천된다. 추가 계약(유선상 계약, 방문, 서신, 예정된 만남)을 통해 정신질환이나 물질사용장애를 동시에 경험하고 있는 사람에게 적절한 개입을 제공하거나 의뢰한다(Hirschfeld & Russell, 1997; Ivanoff & Smith, 1992; New York State Department of Health, 2007; Shaffer et al., 2001). 물질남용 및 정신건강서비스국(Office of Applied Studies, 2009)은 자살 사정과 빠른 도움이 될 수 있는 즉각적인 개입에 관한 5단계 지침을 발전시켰다(http://downloan.ncadi. samhsa.gov/ken/pdf/SMA09-4432/SMA09-4432.pdf. 참조).

근거에 기반한 여러 자료들은 자살위험에 있는 사람들에 대한 개입을 안내한다. 효과적인 전략은 대체로 추후 강력한 심리치료와 약물치료를 포함한다(APA, 2006; Hirschfeld & Russell, 1997; Ivanoff & Smith, 1992; Shaffer et al., 2001). 반복되는 자살시도는 접수나 퇴원 후 첫 주 이내에 자주 발생하기 때문에(Hunt et al., 2009; Meehan et al., 2006), 적극적이고 즉각적인 추후 작업이 보장되어야 한다. 돌봄의 관계망, 추후 우편 발송, 심리치료에 대한 용이한 접근성을 다룬 일부 연구들(Morgan, Jones, & Owen, 1993)은 이러한 후속조치가 자살경향을 감소시키는 데 유용하다고 밝힌 반면, 다른 유형의 후속조치는 일상적인 돌봄에 비해 더 효과적이라는 결과가 일관되게 나타나고 있지는 않다는 점은 주목할 만하다(Mann et al., 2005). 특히, 전화 개입에 관한 가치에 대해서는 연구결과가 혼재된다. 예를 들면, 자살시도를 하여 정신치료를 받은 216명에 대한 스웨덴 연구에서는 2번의 전화 개입(4개월, 8개월 후)은 아무런 이득이 없었다고 나타났다(Cedereke, Monti, & Öjehagen, 2002). 미국에서 수행된 또 다른 연구에서는 심각한 우울증 또는 경우울증으로 1차 진료를 받아 온 386명을 대상으로 우울증 전문가가 2번 방문하고 개인 메일을 발송하며 1년간 3번의 전화 연락을 통해 복약 준수와 우울 증상을 개선한 것으로 나타났다(Kation et al., 2001). 두 번째 연구에서 자살률 효과에 대해 조사하지는 못했지만, 복합적인 개입은 복약 준수와 우울증 개선, 자살률 감소에 대한 가능성을 보여주었다. 이러한 발견은 전화를 기반으로 한 개입이 다측면적인 추후 계획의 일부일 때 좀 더 효과적임을 제시한다. 더욱이, 전화에 의한 보다 강력한 추후 관리 효과는 전화 접촉에만 주로 초점을 둔 본 연구에서는 평가되지 못하였다. 주요 비판점은 자살위험에 있는 사람들에게 적기에 추후 치료가 제공되었는가이다(Hunt et al., 2009).

인지행동치료CBT: Cognitive-behavioral therapy와 대상관계 심리치료는 우울증과 자살을 경험하고 있는 사람에게는 유용할 수 있다. 변증법적 행동치료와 심리역동 치료는 자살 및 자해 행동과 자주 연관되는데, 경계성 성격장애에 적절할 수 있다(APA, 2000, 2006; Mann et al., 2005). 예를 들면, 최근에 자살을 시도한 120명의 성인에게 인지치료(10회기)를 실시한 결과, 일상적 돌봄의 상황보다 자살 재시도의 가능성이 50% 떨어졌다(Brown et al., 2005). 경계성 성격장애를 가진 41명을 대상으로 입원(18개월) 및 퇴원 후(18개월) 심리역동 집단치료를 실시하고, 8년간 추후 관리한 결과, 일반 치료집단에 비해 실험집단에서 대략 60% 정도 자살 가능성이 낮아졌다(Bateman & Fonagy, 2008). 리튬, 신경이완제, 항우울제 등의 처방은 자살위험의 감소를 나타냈다(Angst, Angst. Gerber- Werder, & Gamma, 2005; Angst, Stassen, Clayton, & Angst, 2002; Baldessarini et al., 2006; Isacsson, Holmgren, Ösby, & Ahlner, 2009). 어떤 경우에는 우울증이 심각할 때 진기충격 치료ECT: Elcetrocon-vulsive therapy가 처방되기도 한다(APA, 2006; Hirschfeld & Russell, 1997; NIMH, 2008).

우울증을 경험하고 있는 노인에 대한 연구에서는 대상관계 심리치료나 약물 처방(일차적으로 선택적 세로토닌 재흡수 억제제SSRI: selective serotonin reuptake inhibitor인 시탈로프람citalopram)은 우울증의 개선뿐 아니라 자살사고를 일상적 치료보다 좀 더 시기적절하게 경감시키는 것으로 나타났다(Bruce et al., 2004). 자살을 생각하고 있는 아동과 청소년에 대한 개입 실천에서, 샤퍼Shaffer 등(2001)은 자살위험에 처한 젊은이를 돕는 접근, 즉, 인지행동치료, 대상관계 심리치료, 변증법적 행동치료, 가족 심리교육 등을 통해 우울증을 앓는 청소년에 대한 연구를 시도하였다(Brent et al., 1997; Brent, Poling, McKain, & Baugher, 1993; A. L. Miller, Rathus, Linehan, Wetzler, & Leigh, 1997; Mufson, Weissman, Moreau, & Garfinkel, 1999). 미국 소아·청소년정신의학회American Academy of Child and Adolescent Psychiatry(2007)는 최근 우울증을 겪은 아동과 청소년을 돕는 방법으로 인지행동치료, 대상관계 심리치료, 가족치료, 심리역동 심리치료가 유용함을 발견하였으나, 가족치료와 심리역동 심리치료에 대해서는 추가적인 연구가 필요함을 제안하였다.

샤퍼 등(2001)은 자살을 고려 중인 아동과 청소년에 대해 리튬, 밸프로에이트, 카르바마제핀, 선택적세로토닌재흡수억제제, 특히, 플루오제스틴을 포함한 몇 가지 심리약물 개입을 논의하였다. 젊은이들 중에 항우울제를 사용하는 것이 자살률을 증가시키는가에 대한 관심이 최근 늘어나고 있다(March, Silva, Vitiello, & TADS Team, 2006; Olfson, Marcus, & Shaffer, 2006; Schneeweiss et al., 2010; Simon, Savarino, Operakalski, & Wang, 2006; Tiihinen et al., 2006). 이는 항우울제가 아동과 청소년의 자살사고와 행동을 증가시킬 수 있다는 경고문을 포장에 포함시키도록 제약회사에 요구한 미국식품의약청FDA: Food and drug administration의 2005년 결정에도 영향을 미쳤다(FDA, 2007). 2007년 미국식품의약청은 24세까지 위험률이 상승할 수 있음을 나타내는 문구와 정신장애는 자살위험에 주요 역할을 한다는 등의 경고 문구를 개정하였다. 과학적인 자료를 검토하여, 미국 소아·청소년정신의학회(2007)는 다음과 같은 요약문을 제공하였다.

그것은 선택적세로토닌재흡수억제제 치료에 있어 동시에 더 많이 발생하는 것으로 보인다. 부작용에도 불구하고 선택적세로토닌재흡수억제제를 통해 얻는 이점이 더 많음을 경험한 환자들이 있고 자살 성공률 및 전반적인 자살률이 감소하였다. 우울증에 대해 선택적세로토닌재흡수억제제 사용에는 위험과 이점이 따르므로 주의 깊은 관찰이 바람직하다(p. 1516).

주의 깊은 관찰에는 자살과 우울 증상 악화, 행동 변화, 정좌불능증, 자살위험을 증가시킬 수 있는 부작용에 관한 정기적인 질문이 포함되어야 한다(NIMH, 2010b; Shaffer et al., 2001).

보건의료 현장에서의 사회복지사에게 이러한 발견은 역할과 현장에 따라, 인지행동치료, 대상관계, 심리역동, 변증법적 행동, 가족치료를 훈련받거나 그러한 치료 기관으로 클라이언트를 의뢰하도록 훈련받을 것을 제안한다. 더욱이 향정신제, 특히 과용해도 치명적이지 않은 약품의 사용을 평가할 수 있는 의사와의 협력은 보장되어야 한다(Hirschfeld & Russell, 1997; Murphy, 1975a).

보건의료현장에서의 심리사회적 개입 전략들
PSYCHOSOCIAL INTERVENTION STRATEGIES IN HEALTH-CARE SETTINGS

사회복지실천가들은 생태학적 관점에 따라 개인에 대한 개입 전략과 확인된 문제를 서로 부합시키고자 노력한다(Berlin & Marsh, 1993). 그들은 최적의 유용한 근거와 개입에 대한 클라이언트의 선호를 고려하여 작업한다(Culpeper, 2003; Gambrill, 2000; J. W. Williams et al., 2002). 포괄적인 사정은 사회복지사가 문제에 영향을 미치는 요인의 범위와 효과적으로 해결할 수 있는 개입의 범위를 충분히 고려하게 한다. 또한 사회복지사가 클라이언트와 개입의 선택에 대해 논의하게 한다(Gambrill, 2000). 전술한 바와 같이 비교평가는 개인이 경험하고 있는 정신건강 문제의 유형을 규명하고 그것에 가능한 영향, 설명하는 방법 등을 포함한다. 다음에 기술된 심리사회적 개입은 대처와 전반적인 웰빙을 지원하기 위한 전략에서부터 시작하여 우울과 불안장애를 겪고 있는 사람들을 원조하기 위한 전략을 설명한다.

심리사회적 상태에 대한 정기적 스크리닝

심리적 디스트레스와 신체건강 상태간 관계를 포함한 보건의료 현장에서의 정신건강의 중요한 시사점 때문에 건강행동의 역할, 자살 예방의 중요성, 건강을 지지하는 사회적 유대의 힘, 심리사회적 상태에 대한 정기적 스크리닝은 정신건강 현장에서 매우 관련이 깊다. 프로그램 계획과 정책 수준의 계획은 이러한 보건의료 핵심 요소의 이용가능성을 확실하게 보증한다.

서비스의 초학제적 공동작업과 조정

보건의료 현장에서 정신건강을 지원하는 또 다른 주요 구성 요소는 클라이언트와 함께 작업하는 팀으로서 초학제적 공동작업을 하는 것이다. 초학제적 공동작업은 특히, 신체적 건강상태와 결과에 있어 정신건강의 중요성을 강조하는 것, 클라이언트의 정신건강과 신체상태 간의 교류를 조사하는 것, 여러 서비스 제공자들과 포괄적인 돌봄을 조정하는 것에 관련되어 있다. 클라이언트가 심리약물치료를 받아야 하는 심리적 디스트레스를 경험하고 있다면, 초학제적 공동작업은 이러한 서비스에 접근하고 향정신성 약물 그리고, 클라이언트가 최근 다른 상태 때문에 복용하는 약물간 가능한 상호작용을 고려하는 데 도움이 될 수 있다.

사회복지사는 서비스의 중개자로서 빈번하게 역할을 한다(Hepworth et al., 2002). 사회복지사는 이 역할에서 자원을 용이하게 하거나 신체적·정신적 돌봄, 건강보험 혜택, 주택, 음식, 지역사회에 기반한 사례 관리를 포함하여 필요한 자원에 접근할 수 있다. 감브릴Gambrill(2000)은 클라이언트가 요청한 서비스의 효과를 알고 있어야 하는 중요성을 강조한다. 클라이언트를 주어진 서비스에 연결시키기 위해 사회복지사는 그 자원에 대해 전반적인 것을 알고 있어야 한다. 어떤 지역사회에서는 유용한 자원이 제한적이어서 지역사회 내 사람들의 요구를 적절히 충족시키기 위해서는 거시적 수준의 옹호를 요구할 수도 있다. 단순히 전화번호나 담당자 이름만 제공하는 것에 덧붙여, 사회복지사는 의뢰referral를 돕기 위하여, 클라이언트에게 문서화된 동의서를 받아 의뢰기관에 연락을 하고, 그 기관에 직접 다시 확인을 하고, 그 다음에 연결이 잘 되었는지 확인하기 위하여 클라이언트를 후속관리follow-up할 수 있다.

정보와 심리교육

정보와 심리교육은 과정과 기대 결과, 치료, 심리사회적 구성요인을 포함한 신체적·정신적 상태를 개인 및 그 가족이 이해하는 데 도움이 되는 핵심적인 요소이다(A. Johnson, Sandford, & Tyndall, 2003; Rolland, 1994). 교육적·심리교육적 접근은 전형적으로 서비스 제공자의 범위, 초점, 자격 요건에 따라 다르다. 교육은 일반적으로 예상되는 과정, 치료, 전문적 훈련이 필요하지 않을 수 있는 개인의 자기 돌봄 요소를 포함하여 질병에 관한 정보를 제공하는 데 중점을 둔다. 심리교육은 대개 정신건강 서비스에서 전문적인 훈련을 받은 개인에 의한 행동 및 인지 개입과 같은 심리치료 접근 등에 토대를 둔다(Lukens & Thorning, 1998). 심리교육적 접근은 정보의 정서적·인지적 과정을 지원하고, 사람들이 자신의 삶에서 상태와 그 의미를 심리사회적으로 이해할 수 있도록 돕는다(Rolland, 1994).

급성으로 병원에 입원했다가 퇴원한 아동의 부모에게 문서와 구두로 정보를 제공한 것의 유용성을 비교한 연구 고찰에 따르면, 존슨Johnson 등(2003)은 문서와 구두의 정보 제공 모두 더 높은 만족도와 지식에 관련이 있다고 결론지었다. 덧붙여, 그들은 문서화된 정보를 만들어내는 데 관여하는 클라이언트의 잠재력, 문화적으로 연관된 문서 표현의 중요성, 문서에 쓰여진 수준에 대한 주의 등을 강조한다. 문서 및 구두 상의 정보와 심리교육적 개입은 신체적·정신적 건강상태의 대처를 강화하고 지식을 용이하게 하는 중요한 구성요소이다. 더욱이, "스트레스 관리"와 "건강 지원 행동 강화" 부분에서 설명된 바와 같이, 그러한 개입이 건강상의 위험을 감소시키고 수명을 늘리는 데 중요한 역할을 할 것이다.

약물복용 및 치료의 준수를 돕는 상담

약물과 치료에 대한 준수는 건강 결과에 핵심적 영향 요인이다. 그러나 미준수는 매우 만연해 있고, 대략 4명 중 1명에게 영향을 미치고 있다(DiMatteo, 2004b). 사회복지사는 약물 복용과 치료를 준수하도록 돕는다. 보건의료 현장에서 약물 및 치료 준수를 지원하는 종합적인 지침에 대해서는 20장을 참고하기 바란다.

스트레스 관리

여러 가지 전략들이 사람들의 스트레스 관리와 전반적인 건강을 돕는데, 여기에는 명상에 기초한 스트레스감소MSBR: Mindfulness-based stress reduction(Kabat-Zinn, 2003; Weissbecker et al., 2002), 운동(McEwen & Gianaros, 2010), 이완 훈련 등이 있다. 이러한 접근에 대한 연구들은 정서와 삶의 질뿐 아니라 신체적 기능과 결과에 영향을 미치는 그들의 능력에 대해서 흥미로운 발견을 제시한다. 예를 들면, 최근 유방암을 극복한 84명의 여성을 무작위 추출하여 명상에 기초한 스트 레스감소 프로그램을 시도한 결과, 명상에 기초한 스트레스감소 프로그램은 일반적인 돌봄과 비 교했을 때, 재발에 대한 공포와 우울감을 줄이는 데 탁월한 효과가 있었으며, 활력과 신체적 기 능의 향상에 많은 향상이 있는 것으로 나타났다(Lengacher et al., 2009). 비무작위적으로 통제된 75 명의 초기 유방암 여성에 대한 연구에서, 명상에 기초한 스트레스감소 프로그램은 삶의 질, 대처, 면역 기능이 더 많이 개선되었고, 통제 집단과 비교시 코티졸 수준의 감소와도 관련이 있었다 (Witek-Janusek et al., 2008). 이와 유사하게 만성 고통을 경험하는 133명의 성인을 대상으로 한 연 구에서 명상에 기초한 스트레스감소 프로그램은 정신건강을 증진시켰을 뿐 아니라 고통과 신체 적 기능을 개선한 것으로 나타났다(Rosenzweig et al., 2010). 최근 메타분석 연구에서 암환자들의 명상에 기초한 스트레스감소 프로그램은 경미한 신체적 효과를 보였지만, 정신건강에 대해서는 상당한 효과가 있었음을 밝혀냈다(Ledesma & Kumano, 2009). 또 다른 메타분석 연구에서 명상에 기초한 스트레스감소 프로그램은 만성 신체질환이 있는 사람들에게서 정신건강에 작지만 유의하 게 영향을 미치는 것으로 나타났다. 연구자들은 명상에 기초한 인지치료가 심각하고 지속적인 신체질환을 가진 사람들 중에서 특히, 우울증에 있어 효과가 있는 것으로 나타났다고 제시했다 (Bohlmeijer, Prenger, Taal, & Cujipers, 2010).

심장병 환자를 대상으로 하는 일부 이완 훈련과 스트레스 관리의 효과성에 대한 연구결과들 은 혼재된다(IOM, 2001). 리스Rees, 베네트Bennett, 웨스트West, 데이비Davey와 에브라힘Ebrahim (2004)은 36개 연구를 고찰하였는데, 그중 18개 연구에서 스트레스 관리 전략의 효과를 조사하여, 심장질환자의 심리적 스트레스 관리 전략이 이들의 우울과 불안의 감소와 관련이 있음을 제시하 였지만, 발표된 연구의 방법론적인 제한점과 고찰에 포함된 개입의 범위 때문에, 연구결과가 곧 심장 사망률의 감소를 보여주는 것은 아니다. 이전에 논의된 이러한 결과와는 반대로, 37개 연구 의 메타 분석은 스트레스 관리와 건강 교육 개입은 실제로 흡연, 식습관, 콜레스테롤, 혈압과 같 이 관련된 위험 요소의 감소뿐 아니라 심장병 사망률의 감소와도 연관되는 것으로 나타났다 (Dusseldorp et al., 1999). 이러한 결과는 암이나 다른 심각한 질환을 경험하고 있는 사람들을 대상 으로 한 연구와 함께 살펴볼 때, 스트레스 관리 개입이 심리교육과 같이 시행되면 위험요소를 줄 이고, 대처 및 생존을 높이는 데 도움이 됨을 시사한다고 하겠다(Butow et al., 1999; Conn, Hafdahl, Brown, & Brown, 2008; Dusseldorp et al., 1999; Fawzy et al., 1993, 1995; Spiegel et al., 1998).

건강 지원 행동 강화

금연, 건강식, 체중 관리는 건강 개선에 도움이 되는 핵심적인 행동이다(IOM, 2001). 변화 과정에 참여하고 변화 행동의 동기를 촉진하는 것은 그러한 건강 행동을 지원하는 핵심적인 요소이다. 초이론적/변화의 단계모델transtheoretical/stages of change model(Prochaska & DiClemente, 1983)과 동기화 인터뷰motivational interviewing(Miller & Rollnick, 1991, 2002; Rollnick, Miller, & Butler, 2008)의 두 가지 패러다임은 행동 변화를 위해 노력하는 사람들에게 도움을 주는 모델이라는 점에서 상당한 관심을 받아 왔다. 실증적 연구들이 프로차스카Prochaska와 디클레멘트DiClemente의 초이론적 모델의 이론적 타당성에 대해 의문을 제기하여 왔지만(IOM, 2001; Littell & Girvin, 2002), 다른 연구들은 자기 효능감, 결과에 대한 기대, 자기 통제 행동의 지각이 행동 변화를 보다 효율적으로 예측할 수 있고, 변화의 단계모델이 변화 준비도를 개념화하는 개념적 틀로서 유용할 수 있음을 제안한다(IOM, 2001).

변화의 단계모델은 행동 변화에 대한 개인의 준비도가 5단계의 맥락에서 이해된다고 언급하는데, 고려 전, 고려, 준비, 행동, 그리고 유지 단계이다(Prochaska, DiClemente, & Norcross, 1992). 이 단계들은 (a) 개인의 행동 변화에 대한 인식 정도(예: 고려 전에서 고려 단계로 이동하여 변화되어야 하는 행동에 대한 인식 증가와 변화 가능성에 대한 고려 증가), (b) 행동 변화가 발생할 시간의 틀(예: 고려에서 준비 단계로의 이동으로 조만간 취할 행동의 의도 증가), (c) 개인이 성취하려는 행동 변화에 착수하려는 행위(예: 준비 단계는 변화 계획, 행동은 행동변화를 지원하는 환경이나 행동에 대한 적극적인 수정, 유지는 변화 지속의 단계)(Prochaska et al., 1992)를 반영한다. 더불어 밀러Miller와 롤니크Rollnick(1991, 2002)의 동기화 인터뷰모델과 변화의 단계모델은 동기 증진을 개념화하고 행동 변화를 원조하는 데 유용한 도구로서 제공될 수 있다(IOM, 2001). 이 두 모델은 이 책의 17장에서 더 많이 다룬다. 또한, 건강관리 맥락에서 보다 심층적인 동기화 인터뷰에 대한 정보는 롤니크Rollnick, 밀러Miller, 버틀러 Butler(2008)의 최근 저서에서 알 수 있다. 앞서 언급한 바와 같이, 개별화된 행동변화 개입은 안전한 운동장소의 접근, 건강식의 이용가능성 등 가족 및 사회적·환경적 요소들에 대한 관심과 결부되어 그 효과성이 강화될 것이다(IOM, 2001).

대처 증진

많은 문헌들이 대처 증진을 위한 개입이 심리적 스트레스를 경험하는 사람들을 원조할 수 있다고 주장한다(Noh & Kaspar, 2003). 신체 질환자 중에서 특정 정신건강 문제에만 초점을 두기보다는, 포크만Folkman과 그리어Greer(2000)와 같이 "심리적 안녕과 그것을 지원하는 대처 과정"에 초점을 둔다(p. 11). 라자러스Lazarus와 포크만Folkman(1984)의 스트레스와 대처의 인지모델과 질병을 경험하는 동안 효과적인 대처의 요소에 초점을 둔 관련 연구들에 대해, 포크만과 그리어는 질병에 직면할 때 대처를 지원하기 위하여 의미 있는 목적을 추구하는 것에 중요한 무게를 두는 접근을 제안한다. 핵심적인 것은 이 모델이 중요한 목적을 끊임없이 찾고, 목적이 실현되든 아니든 간에 잠재되어 있는 놀라운 가능성에 영감을 받도록 직면하고, 목적을 달성하도록 행동하는 것에 초점을 둔다는 것이다. 중요하면서도 반드시 질병에 한정되지는 않는 목적을 추구하는 것이 대처를 증진시키고, 질병 가운데서도 삶의 긍정적인 측면에 지속적으로 관여하도록 하는 것이 중요한 기제가 될 수 있다는 개념이 이 모델에 내포되어 있다.

이 모델에서 사회복지사는 우선 그 경험을 통해 얻을 수 있는, 가치 있는 어떤 것에 대해 긍정적 평가를 반영하는 "도전을 위한 조건"을 만드는 데 초점을 두어야 한다(Folkman & Greer, 2000, p. 16). 이 모델에서 도전의 중요성은 그러한 평가가 클라이언트 자신이 노력을 통해 의미있는 목적을 성취하고 클라이언트의 통제감과 능력을 증진할 가능성을 높인다는 가정에 바탕을 둔다. 이 도전은 목적 달성의 가능성 고취와 성공없는 노력에 대한 잠재된 걱정을 결합시킨다. 이러한 복합된 감정의 정상화는 도움이 될 수 있다. 도전에 대한 여건을 조성하기 위해 포크만과 그리어(2000)는 클라이언트에게 중요한 문제가 무엇이며, 그것이 그의 질병과 관련된 것인지, 다른 삶의 일부와 관련된 것인지 살펴볼 것을 제안한다. 최근의 사건들과 클라이언트에게 중요하거나 의미를 가진 그러한 사건들의 특정한 측면을 탐구하는 것은 도전을 위한 조건을 만드는 데 도움이 된다. 클라이언트가 부정적인 사건을 이야기할 때라도, 클라이언트에게 중요한 것을 규명하는 데 도움이 될 수 있다. 부정적인 사건들은 긍정적인 사건이나 개인의 강점에 대해 질문할 때 알아보거나 추가할 수 있다. 포크만과 그리어(2000)는 다음과 같은 특정 질문을 제안한다. "어떤 일이 생겼을 때 당신을 기분 좋게 한 시점에 대해 이야기해주세요." 또는 "어떤 일이 정말 잘 되고 있을 때, 무슨 일이 생기던가요?"(p. 16). 다른 예로는 "당신의 강점은 무엇인가요? 당신이 그 강점을 이용한 때는 언제인가요?"를 포함할 수 있고, 그 시기에 무엇이 연관되었는가를 알아보고, 클라이언트의 기분은 어떠했는지, 클라이언트에게 "무엇이 중요했는지" 등의 질문들은 그에게 중요한 것이 무엇인가를 규명하는 데 도움이 된다(p. 16).

클라이언트에게 중요한 것을 명확히 한 다음, 그에게 의미 있고 실현가능한 목적을 정립하도록 알려준다. 목적은 클라이언트에 의해 독립적으로 만들어질 수도 있고 사회복지사나 다른 중요한 사람에 의해 규정되기도 한다. 가장 타당한 것은 클라이언트에게 중요한 목적이고 개인적 통제를 강조하는 것이어야 한다. 포크만과 그리어(2000)는 대장암을 앓고 있는 사람의 목표는 그가 신체적으로 허약하다고 느끼고 가정적으로 다소 무기력하게 느낄지라도, 동료를 위해 차를 만드는 것이라고 설명한다. 그들은 이러한 목적을 설정하고 달성하기 위해 고려할 단계로서, "환자는 자신이 통제할 수 있는 것이 아직 있다는 것을 깨닫고, 이것이 그의 영혼을 고양하는 데 도움이 될 것이라고 설명한다(p. 16). 목표에는 사랑하는 이에게 책을 읽어주거나, 친구와 대화하거나, 소중한 취미를 추구하거나, 의학적 치료나 부작용을 관리하기 위한 시스템을 만들거나, 배우자에게 편지를 쓰는 것 등이 포함될 수 있다. 중요한 것은 그 목표가 클라이언트에게 가치가 있고 통제감을 강화한다는 것이다.

다음 단계는 끊임없는 지지와 과중해 보이는 과업의 수정 등을 포함하여 클라이언트의 목표

성취를 격려하는 데 초점을 두어야 한다. 이 단계의 중요 요소는 그에게 의미 있는 목적을 추구하는 데 있어 목표 달성 단계에 클라이언트의 적극적인 참여에 초점을 두면서, 긍정적인 도전의 조건을 계속적으로 만들어야 한다. 이 모델의 마지막 구성 요소는 "긍정적 기분의 배경화background positive mood"를 유지하는 것을 포함하는데(Folkman & Greer, 2000, p.17), 클라이언트에게 생활 중 긍정적 사건에 대해 질문할 수도 있고, 즐거움과 성취감을 느끼게 하는 활동을 계획하도록 격려하는 것일 수도 있다.

이론적으로 알려지고 연구에 지침이 된 이 모델은 개인이 심각한 질환을 앓고 있을 때, 대처와 심리적 안녕감 증진에 대한 틀을 제공한다. 이 모델의 핵심 요소는 투병 중의 맥락에서 정상적인 대처와 통제감, 숙련감을 지지하는 데 관심을 둔다는 것이다. 이 모델은 심각한 질환과 관련하여 도전의 기간 중에 의미, 성장, 안녕감을 지원하는 잠재력이 있다(Cordova, Cunningham, Carlson, & Andrykowski, 2001; Folkman & Greer, 2000; Towsley, Beck, & Watkins, 2007).

가족과 사회적 지지와 영적 자원

개인과 가족의 신체적·정신적 질환에 대한 심리사회적 반응은 시기, 발병 시점, 과정, 장애의 정도, 예상되는 질병의 결과에 따라 다양하다(Rolland, 1994). 가족과 사회적 지지는 생물학적 요인(예: 공기 또는 혈액을 통해 전염되는 질병, 유전적 상태), 건강 행동(예: 생활 방식, 돌봄, 성실한 치료의 지원), 심리생리학적 요인(예: 정서와 인지의 심리학적 영향)에 따른 건강상태에 영향을 미친다. 일반적으로 근거에 기반한 가족 개입은 지식과 대처에 도움이 되는 특정 질병 교육 및 심리교육, 관련 문제를 다루는 치료요법 등이 있다(Campell, 2003). 다수의 가족 집단, 가족 구성원의 심리사회적 경험에 대한 계속적인 사정, 정상적 대처에 대한 지원, 심리적 디스트레스 사건의 초기 개입, 자조 또는 지지 집단의 전문적 활성화, 적극적으로 가족 구성원을 관여시키는 서비스 구조 등이 권장된다(IOM, 2001; Fobair, 1998; Rolland, 1994; Weihs et al., 2002). 지지 집단과 동료 지지를 통한 사회적 지지와 대처 기술의 증진 역시 삶의 질과 건강 상태를 개선하기 쉽다. 끝으로, 종교 집단의 참여는 긍정적 건강 결과와 연결된다. 가족과 건강에 관한 추가 정보는 13장에서 알 수 있고, 가족들의 영적 자원에 관한 정보는 월쉬(2009)의 최근 저서에서 볼 수 있다.

우울증과 불안장애가 있는 사람들을 위한 표적화된 개입

우울증과 불안장애를 경험하는 사람들의 개입을 위한 지침의 근거는 방대하다(DHHS, 1999). 안타깝게도, 돌봄이 필요할 것 같은 미국내 다수의 사람들이 적절한 치료를 받지 않고 있는데, 이때의 "적절한 치료"란 최소 권장 수준의 항우울제 복용과 정신건강 전문가 또는 1차 의료 제공자와의 최소 4번의 면담에 기초하여 정의된 것이다(Young, Klap, Sherbourne, & Wells, 2001). 우울증이나 불안장애를 경험하는 전국 규모의 대상자 연구에서도 83%가 보건의료 서비스 제공자를 만났지만, 단 30% 정도만이 적절한 치료를 받았다. 적절한 치료를 받지 않을 가능성은 남성, 아프리카계 미국인, 교육 수준이 낮을수록, 30세 미만 또는 59세 이상일 때 관련이 높았다. 보험이 치료 노력과 관련이 있기는 하였지만 소득과 보험 여부는 적절한 치료와 관련이 없었다. 의료에 대한 접근은 백인이나 아프리카계 미국인간에 차이가 없었지만, 아프리카계 미국인은 적절한 치료를 덜 받는 경향이 있었다. 이러한 차이는 정신건강 돌봄에 있어 문화적 역량에 대한 대응의 중요성을 강조한다. 게다가, 연구는 인종과 사회경제적 지위와 관련된 건강 돌봄의 불일치를 설명하는데 중요성을 강조한다(DHHS, 2001a; Youmg et al., 2001).

우울증과 불안장애를 가진 사람들을 원조하기 위한 이러한 치료의 권장사항은 실증적 연구들과 합의된 내용에 의해 알려진 것이다(Ballenger et al., 2000, 2004; DHHS, 1999; Hollon, Thsae, & Marowitz, 2002; NIMH, 2008, 2009; Young et al., 2001). 우울증의 경우, 인지행동치료와 대인관계치료IPT: Interpersoanl Therapy가 청소년, 성인, 노인에게 효과적이었음을 보여주는 심리치료적 개입에 근거한다(DHHS, 1999; Hollon et al., 2002; NIMH, 2008). 우울증을 가진 노인들에 대한 효과성 관련 최근 고찰에서도 문제해결치료와 지지적 심리치료의 가치를 인식하였다. 생태체계를 강조하는 새로운 치료가 최근 개발되었으며, 이 치료는 주로 문제해결적 치료에서 인지적·신체적 문제로 인해 효과를 얻는 데 제한적인 노인들을 돕기 위한 목적을 가지고 있다(Alexopoulos & Kelly, 2009). 미국 국립정신건강연구소NIMH: National Institute of Mental Health(2010a)는 간단한 치료, 멜라토닌, 표현적·창의적 치료가 우울증 치료에 있어 전망이 있다고 강조한다.

선택적세로토닌재흡수억제제, 세로토닌과 노르에피네프린 재흡수억제제SNRI: serotonin and norepinephrine reuptake inhibitors, 트리사이클릭스tricyclics, 모노아민 산화효소억제제MAOI: monoamine oxidase inhibitors를 포함한 항우울제 복용은 우울증 환자에게 도움이 될 수 있다. 일회 복용은 비효과적일지라도 대개 효과적인 대안이며, 항우울제가 몇 주 동안 치료적 효과를 얻을 수 있음을 주목하는 것이 중요하다. 나아가, 특히 신체적·정신적 건강 증상을 동시에 경험하고 있는 일부 사람들은 추가적인 약물을 필요로 한다(NIMH, 2008). 우울증이 심하여 끊임없이 우울을 경험하며 다른 치료가 효과가 없거나 다른 정신적 증상이 같이 나타나는 경우, 전기충격치료를 고려해 보도록 권고될 수도 있다(DHHS, 1999; Hollon et al., 2002; NIMH, 2008).

불안장애를 경험하는 사람들에게, 인지행동치료는 항우울제나 항불안제, 베타수용체 차단약처럼 효과적인 것으로 나타났다(DHHS, 1999; NIMH, 2009; Young et al., 2001). 최근에 임상적으로 인지행동치료와 단기 정신역동 심리치료를 동시에 시도한 결과, 범불안장애 57명의 성인 중에서 불안이 개선된 것을 발견하였으나, 인지행동치료 집단은 걱정, 우울, 특정 불안에서 큰 효과를 경험하였다(Leichsenring et al., 2009). 다양한 정신건강 문제 경험자를 원조하기 위해 오랫동안 사용되었던 정신역동 심리치료에 관한 실증적 연구들이 증가하고 있는데, 대기자나 일상적 치료를 받는 통제집단보다 결과가 좋았으며, 정신적 상태를 망라한 인지행동치료는 다른 심리치료들과 자주 비교된다. 앞으로, 특정 정신건강 상태의 사람들을 돕기 위한 정신역농 심리치료의 효능감과 효율성을 조사하고, 접근 간 최적의 조합으로 개인을 도울 수 있는 연구들이 필요하다(Leichsenring

& Leibing, 2007; Leichsenring, Rabung, & Leibing, 2004; Leichsenring et al., 2009).

외상후 스트레스 장애를 경험하는 사람들에 대해 추천되는 개입은 외상의 사건이 발생했을 때에 따라 다르다. 외상적 사건 발생 직후에는 안전에 초점을 두고, 외상에 대한 교육을 제공하며, 자연스러운 지지체계에 접근하도록 하고, 지지적인 상담을 제공하는 것 등이 추천된다(Ballenger et al., 2000; Foa, Hembree, Riggs, Rauch, & Franklin, 2005; National Center for PTSD, 2010). 심리적 응급치료는 자연재해나 테러를 겪은 아동, 성인, 노인, 가족에게 이러한 것들과 관련된 고려 사항을 설명하는 연구이며 문화적으로 알려진 모델이다(Brymer et al., 2006). 심리적 응급치료에 대한 세부적인 지침은 국립 외상후스트레스장애센터의 웹사이트에서 이용할 수 있다(www.ptsd.va.gov/professional/manuals/psych-first-aid.asp).

외상, 정상적 반응, 대처 전략 및 심리치료적·정신약리학적 개입이 권고되었을 때, 이들에 대한 심리교육은 특별히 1차 의료에서 유용하다. 초기 개입 전략에서 심각한 사건의 스트레스를 1회기로 보고하거나 벤조디아제핀을 처방하는 것은 추천되지 않는다(Ballenger et al., 2004). 밸렌저 Ballenger 등은 상업적·비전문적 웹사이트 채팅룸보다는 공신력 있는 건강관리조직 또는 옹호조직으로부터 인터넷 정보를 구하도록 클라이언트를 격려해야 하는 중요성을 강조한다.

높은 수준의 심리적·신체적 디스트레스를 경험하고 있는 사람은 증상의 완화를 위해 도움을 받아야 하는데, 인지행동치료가 후기 외상후 스트레스 장애의 위험을 감소시키는 데 유용할 수 있다(Ballenger et al., 2004). 3, 4주 후 2번의 사정 회기에서 클라이언트가 외상후 스트레스 장애의 심각한 디스트레스와 증상을 계속 경험하고 있다면, 선택적세로토닌재흡수억제제, 인지행동치료 둘 중에 하나 또는 이 전략들을 혼합한 치료가 추천된다. 치료 완료 후 일어날 수 있는 재발에 대처하기 위한 후속 연구가 필요하다. 지속적으로 외상후 스트레스 장애를 경험하는 사람에게는 1년 이상 동안 약물과 식이요법을 유지하는 것이 효과적일 수도 있다. 인지행동치료는 약물치료 동안 효과를 증진시키고 치료 종결 후에도 효과를 유지하는 데 도움이 된다(Ballenger et al., 2004).

국립 외상후스트레스장애센터에서 언급한 것과 같이(Hamblen, Schnurr, Rosenberg, & Eftklari, 2010), 유용한 치료지침들은 모두 외상후 스트레스 장애를 가진 사람들을 돕는 데 있어 인지행동치료를 지지하고 있다. 노출기반치료는 가장 많이 연구되었으며, 강한 실증적 기반을 가지고 있다(Hamblen et al., 2010; IOM, 2008). 인지행동치료와 정신역동치료에 기반하고 있는 단기 전기심리치료 BEP: brief eclectic psychotherapy에 관한 최근 연구에서 외상후 스트레스 장애를 경험하는 24명의 네덜란드인 중 대기자 통제집단보다 단기 전기심리치료가 더 우수한 성과를 나타내었다(Lindauer et al., 2005). 향후 연구에서는 이 접근에서의 발견점이 외상후 스트레스 장애를 경험하는 사람들을 돕는 데 전망이 있는가를 알아볼 필요가 있다. 또 다른 접근은 안구운동 민감소실 및 재처리요법EMDR: eye movement desensitization and reprocessing에 관한 폭넓은 지지이다(Hamblen et al., 2010).

외상후 스트레스 장애를 경험하는 아동과 청소년에 대해 추천된 개입은 인지행동치료, 정신역동치료, 애착이론에서 파생된 외상 중심의 심리치료를 포함하는데, 원조 과정에서 1차 돌봄제공자의 관여, 심리적 디스트레스뿐 아니라 탄력성, 기능, 긍정적 발달에 대한 관심을 필요로 한다. 외상 중심 인지행동치료TF-CBT: Trauma-focused cognitive behavioral treatment는 강력한 근거에 토대를 두고 자주 이용된다. 몇 개의 연구들은, 외상 중심 인지행동치료와 유사한 집단모델인 학교에서의 외상 인지행동개입CBTIS: Cognitive-Behavioral Intervention for Trauma in Schools이 다양한 문화 집단에 적용할 수 있고, 외상후 스트레스와 우울 증상을 감소시킬 수 있다고 제안한다 (AACAP, 2010; Ngo et al., 2008). 외상 중심 인지행동치료의 구성요소인, 아동과 양육자에 대한 심리교육은 외상후 스트레스 장애와 치료, 대처의 활성화, 아동과 청소년을 지원하기 위한 부모의 노력 원조에 대한 정보 제공을 권고한다(AACAP, 2010; Cohen et al., 1998). 안구운동 민감소실 및 재처리요법을 아동에게 이용하는 것을 지지하는 일부 연구들이 있기는 하지만, 최근 수행된 지표는 유의한 제한점이 있다는 것에 주목하기도 한다. 끝으로, 심리치료와 결합한 선택적세로토닌 재흡수억제제는 외상후 스트레스 장애 아동과 청소년을 도울 수 있다. 리스페리돈, 클로니딘, 프로프라나달, 모르핀(한 연구에서 화상을 겪은 아동에게 사용)을 포함한 기타 약물 처방 또한 도움이 될 수 있다(AACAP, 2010). 추가 정보는 미국 소아 · 청소년정신의학회의 홈페이지에서 얻을 수 있다(http://www.aacap.org).

　　물질사용 문제와 정신건강 문제는 종종 동시에 발생하곤 한다. 일반적으로 이러한 문제를 동시에 다루는 통합치료가 선호된다(CAST, 2005; NIDA, 2009). 유망한 치료적 접근과 외상 근거 trauma-informed의 가치, 외상에 특화된 서비스 등 17장에서 논의된다. 좀 더 자세한 정보는 전자상으로 이용가능한 2개의 치료증진 프로토콜에서 찾을 수 있다(CAST, 2005, 2009).

결론
CONCLUSION

　　이 장은 보건의료 현장에서 신체적 · 정신적 건강간의 무수한 교차점을 설명한다. 여러 가지 측면에서 우리는 출발했던 지점—즉, 신체 및 정신건강과 생태학적 맥락간의 상호영향은 복잡하다는 인식—에서 결론을 맺게 된다. 제공된 일반적인 정보가 누군가의 근거기반 실천 지식에 기여할 수도 있지만, 어떠한 지식기반이든지 개인의 고유한 선호와 생태학적 맥락에 의해 제공되어야 한다는 것이 중요하다. 보건의료현장에서 신체적 · 정신적 건강 간의 수많은 교차점을 지날 때에, 클라이언트와 그 가족에게 문화, 인종, 민족, 사회경제적 배경, 성적 지향성, 영적 배경, 신체적 능력, 성별, 연령을 망라하여, 역량있는 서비스를 제공할 수 있는 사정 및 개입에 사려 깊은 관심을 기울이는 것이 중요하다. 첨단의 근거기반 실천 지식과 결합된 이러한 사려 깊은 관심은 사회복지사가 모든 사람이 받을 만한 고품질의 서비스를 제공할 수 있도록 한다.

연습문제

연습 8.1

다음 질문에 대해 토론해 보자. 신체적·정신적 건강 상태가 어떻게 교류하는가? 건강에 영향을 미치는 심리사회적·생태학적 문제에 어떻게 주목할 수 있는가? 당신의 실천 현장에서 심리사회적·생태학적 문제를 설명하는 데 나타나는 도전은 무엇인가? 이러한 도전들을 돕는 데 유용한 자원은 무엇인가? 당신이 클라이언트의 신체적·정신적 건강간 교차점을 다루기 위해 당신과 당신이 속한 조직의 능력을 개선할 수 있는 첫 단계는 무엇인가?

연습 8.2

다음 질문에 대해 토론해 보자. 당신의 문화적 배경이 신체적·정신적 건강, 정서와 고통의 표현, 도움의 적절한 방법에 대한 이해에 어떻게 영향을 미치는가? 이러한 이해들이 당신이 클라이언트와의 직접적 실천과 초학제적인 보건의료팀과의 상호작용에 어떻게 영향을 미치는가? 당신은 클라이언트와의 직접적 실천에서 문화를 어떻게 다룰 것인가? 이 영역에서 당신의 강점과 성장을 위한 영역은 무엇인가? 당신과 당신이 속한 조직은 제공된 서비스의 문화적 유능성을 어떻게 강화시키는가?

연습 8.3

다음 질문에 대해 토론해 보자. 보건의료현장에서 비교평가의 핵심요소는 무엇인가? 사정을 통해 어떻게 개입을 알 수 있는가? 당신이 어떻게 비교평가에 관여하고 다음 가상의 사례에 대해 개입하는지 토의나 역할극을 하도록 한다.

연습 8.3.1

달렌Darren은 25세의 아프리카계 미국인이다. 그와 아내, 파울라Paula는 결혼한 지 2년이 되었다. 작년 그는 HIV와 C형 간염을 진단받았다. 그는 최근 프로테아제 억제제와 인터페론-알파를 복합 처방받았다. 그의 우울감이 디스트레스를 유발하였기 때문에 의사에 의해 사회복지사에게 의뢰되었다. 그는 쉽게 지치고 "잘 할 수 없을 것 같아서" 며칠 일을 쉬었으나 일을 하지 않으면 돈을 지불할 수 없을 것 같아 일에 대해 걱정하고 있다. 청소년 때처럼 슬픔과 걱정의 감정을 겪고 있음을 설명하지만, 2개월 전까지는 그러한 감정이 몇 년 동안 수면위로 떠오르지 않았다.

연습 8.3.2

샌디Sandy는 40세의 미원주민 여성이다. 그녀와 15년간 동거인인 래퀄Racquel은 11세와 9세의 자녀가 있다. 샌디는 20대 초반부터 천식을 앓아 왔고, 그 증상이 악화되어 어제 병원에 입원했다. 당신과 이야기를 나누는 동안, 그녀는 또 다른 천식 발작의 가능성에 대해 극심한 공포를 나타내었고, 지난 2주 동안 호흡곤란의 어려움이 증가됨을 느꼈다. 그녀는 가사와 자녀 양육으로 매우 바빠 새로운 처방을 받으러 의사를 만나러 갈 시간이 없었다. 당신이 그녀를 만났을 때 그녀는 걱정과 불안감에 대해 이야기하였다. 그녀는 이전에 정신건강에 어려움을 느끼거나 정신건강 치료를 받은 적은 없다.

연습 8.4

다음 질문에 대해 토론해 보자. 이 책의 첫 사례였던 조셉을 직접 상담하기 위해서는 어떻게 진행해야 하는가? 사정하는 데 필요한 부가적인 정보는 무엇이며, 무슨 목적을 가지고 조셉과 공동 작업을 시작할 것인가? 이 목적을 설명하기 위해 어떻게 개입할 것인가?

연습 8.5

소집단을 구성하여 정신건강과 정신질환을 정의해보자. 당신의 집단에서 절반은 DSM-Ⅳ-TR의 사용을 지지하는 논리를 펼쳐야 하고, 나머지 반은 그것의 사용을 반대하는 논쟁을 해야 한다. 대집단에서 사회복지실천 시 DSM-Ⅳ-TR의 강점과 제한점을 토론해 보자.

연습 8.6

다음 질문에 대해 토론해 보자. 자살 위험과 관련된 요인은 무엇인가? 자살 사정과 개입의 핵심 구성 요소는 무엇인가? 조지나Georgina의 다음 가상 사례에 대한 사정에 관해 두 명씩 짝지어 역할극을 하고, 단기 및 장기적 개입은 무엇인가 고민해 보자.

연습 8.6.1

조지나는 5년 전 유방암 진단을 받은 45세의 멕시코 미망인이다. 그 당시 유방절제를 하였고, 재건 성형과 방사선 및 화학 치료를 받았다. 최근 암이 재발하였음을 진단받아, 그 진단에 대해 깊은 슬픔과 무망감의 감정을 토로하였다. 다시 통증을 느끼고, 항암치료를 받고, 머리카락이 빠질 것에 대해 두려워하며, "잘 안 될 거야"라고 믿고 있다. 또한 혼자라는 감정이 든다고 한다. 아들과 딸이 가까이 살기는 하지만, 둘 다 일과 가족 때문에 바쁘다. 조지나는 6개월 전에 오래된 친구와 헤어졌다. 조지나는 무망감에 압도당하고, 나아지지 않을 것이며, 죽고 싶다고 말한다. 가족에게 작별의 글을 쓰고, 진통제를 먹을 계획으로 집에 그것을 보관하고 있다.

연습 8.7

다음 질문에 대해 토론해 보자. 클라이언트와의 임상 실천시 지침이 될 만한 최근의 실천이론들은 무엇인가? 이 이론들을 8장에서 설명한 것과 같이 어떻게 근거에 기반한 접근으로 접목시킬 수 있는가? 클라이언트에게 최적의 임상적 서비스를 제공하는 데 적합한 시사점은 무엇인가?

연습 8.8

다음 질문에 대해 토론해 보자. 신체적·정신적 건강의 어려움을 경험하는 사람들을 사정하고 개입할 때, 효율성을 증진시키기 위해 도움이 되는 부가적인 정보는 무엇인가?

연습 8.9 과제

당신은 클라이언트 가운데 신체적·정신적 문제를 동시에 가진 경우를 효율적으로 다룰 수 있는 당신 기관의 역량에 대해 포괄적인 사정을 하도록 요청받았다. 이 사정을 하며, 조직의 강점과 문제점을 고려해야 한다. 적합한 스크리닝, 사정, 개입의 유용성과 적합성을 충분히 설명하는 사정과 함께, 조직에서 클라이언트의 경험에 영향을 미치는 다른 요인들까지 설명해야 한다. 당신의 포괄적인 사정에 토대를 두고, 신체건강 및 정신건강에 동시적으로 문제가 있는 클라이언트를 서비스하는 데 효과성을 증진시킬 수 있도록 조직의 행동 계획에 우선순위를 정하여 보자.

추천 자료

질병 특화 조직

American Cancer Society—www.cancer.org

American Heart Association—www.heart.org/HEARTORG

Join Together—www.jointogether.org

National Alliance for the Mentally Ill—www.nami.org

National Center for PTSD—www.ptsd.va.gov/index.asp

National Child Traumatic Stress Network—www.nctsn.com/nccts/nav.do?pid=hom_main

문화적 역량

Association of Black Cardiologists, Inc.—www.abcardio.org

Cross Cultural Health Care Program—www.xculture.org

Cultural Competence in Care with Older Adults—www.stanford.edu/group/ethnoger

Office of Minority Health—minorityhealth.hhs.gov

www.stanford.edu/group/ethnoger

근거기반실천

Evidence-Based Practice in Health Care-Cochrane Collaboration—www.cochrane.org

National Registry of Evidence-Based Programs and Practices—www.nrepp.samhsa.gov

Practice Guidelines—Consumers and Patients—www.ahrq.gov/consumer

Practice Guidelines—National—www.guideline.gov

U.S. Preventive Services Task Force—www.ahrq.gov/clinic/pocketgd.htm

게이, 레즈비언, 양성애자, 성전환자를 위한 자료

Gay and Lesbian Health—American Public Health Association—www.apha.org/about/Public+ Health+Links/LinksGayandLesbianHealth.htm

Gay and Lesbian Medical Association—www.glma.org

Parents, Families, and Friends of Lesbians and Gays—www.pfl ag.org

정부기관

Agency for Health Care Quality and Research—www.ahrq.gov

Bureau of Primary Health Care—http://bphc.hrsa.gov

National Institute on Drug Abuse—http://drugabuse.gov/nidahome.html

National Institute of Mental Health—www.nimh.nih.gov

Office of Minority Health—http://minorityhealth.hhs.gov

Substance Abuse and Mental Health Services Administration—www.samhsa.gov

의약품 정보

U.S. National Library of Medicine and National Institutes of Health—www.nlm.nih.gov/medlineplus/aboutmedlineplus.html

검색엔진

Google Scholar—http://scholar.google.com

PubMed—www.ncbi.nlm.nih.gov/pubmed

자살

Suicide Prevention—National Institute of Mental Health—www.nimh.nih.gov/health/topics/suicide-prevention/index.shtml

Suicide Prevention—Substance Abuse and Mental Health Services Administration(SAMHSA)— National Suicide Prevention Lifeline, 1-800-273-TALK; http://mentalhealth.samhsa.gov/suicide-prevention/

제9장

사회복지실천과 장애 문제
Social Work Practice and Disability Issues

레베카 브래쉴러 REBECCA BRASHLER

장애는 보건의료 연구와 사회복지 교과과정에 있는 다양성 연구를 이어주는 교두보 역할을 한다. 일반적으로 비장애인들에 비해 장애인들이 더 많은 보건 의료적 문제를 갖기 때문에 의료 서비스에 대한 접근성, 건강보험, 보건의료의 질 및 전달체계와 같은 문제들에 상당한 이해관계가 얽혀 있다(De Jong & Basnett, 2001). 그러나 *장애학*disability studies은 학문적으로 뚜렷이 구별되는 유망 분야로, 인문학과 사회과학 및 장애인의 역사를 포함하며, 아프리카계 미국인학, 유태인학, 여성학과 같은 집단정체성 연구와 유사하다. 사회복지사들에게 장애 연구는 낙인을 설명하는 심리학 연구와 차별의 정치학에 집중되어 있다. 여기에서 낙인은 주류에서 떨어져 있는 사람들뿐만 아니라 사회적인 장벽의 제거와 차이가 포용될 때의 혜택과도 연관되어 있다. 이 장은 여러 실천 현장에서 장애를 가진 개인을 상담하는 사회복지사들에게 아래와 같은 문제들을 살펴볼 수 있게 해줄 것이다.

이 장의 목표
- 장애를 정의할 때 직면하는 문제들을 논의한다.
- 장애 모델들을 살펴보면서, 그것들에 내포된 가정과, 그것이 사회복지사의 장애에 대한 관점에 미치는 영향을 논의해 본다.
- 장애를 가진 클라이언트를 접했을 때 사회복지사가 직면하는 일상적인 문제들에 대하여 개괄적 설명을 한다.
- 다름과 장애에 대한 사회적 가치관이 개인적 관점 및 임상적 접근법에 영향을 미치는 것에 관해 알아본다.

장애의 정의
DEFINING DISABILITY

개인의 시각에 따라 장애는 파란색 눈동자, 갈색피부나 곱슬머리와 같이 눈으로 식별 가능하지만 일부러 특징을 정의해야 할 필요는 없는, 개인적인 특성으로 간주될 수 있다. 다른 관점에서는 장애를 어떻게든 피해야 할 어려움, 고통, 수치심을 불러일으키는 질병이나 기형으로 볼지도 모른다. 반면, 어떤 사람들은 장애를 가진 사람들이 자신의 권리를 주장하도록 힘을 부여하면서, 다름을 기쁘게 받아들이는 장애문화와 장애공동체에 소속될 수 있는 자격이라는 점에서 장애를 자부심의 원천으로 바라보기도 한다. 장애에 대해 논할 때 한 사람의 장애에 대한 관점을 규정하는 것은 비판의 여지가 있다. 왜냐하면 그 관점이란 것은 역사적 맥락과 건강, 사회적 기준, 장애인과 비장애인에 대해 우리가 가지고 있는 이미지와 삶의 경험 등에 영향을 받아 변하기 때문이다.

더불어 *장애*disability라는 단어에 대해 보편적으로 수용되는 정의가 없어 문제는 더 복잡해진다. 옥스포드 의학사전은 장애를 "몸이나 마음의 손상으로 인해 기능적인 능력이나 활동이 손실 또는 제한된 상태"(Martin, 2010)로 정의한다. 미국 장애인법Americans with Disabilities Act은 장애인을 "3가지 기준 중 최소 1가지를 충족하는 사람"으로 정의 한다: (1) 신체적 혹은 정서적 손상impairment으로 인해 1가지 혹은 그 이상의 주요 일상생활을 수행하는 데 큰 제약이 있는 경우, (2) 그러한 손상 기록이 있는 경우, (3) 그러한 손상이 있다고 간주되는 경우(National Council of Disability, 1997, Appendix F).

사회보장국SSA: Social Security Administration은 "당신이 이전에 해왔던 일들을 지금 할 수 없고, 의료적인 상태로 인해 다른 일에도 적응할 수 없다고 판단된다면, 그리고 당신의 장애가 평생 또는 최소 1년 이상 지속되거나 혹은 당신이 장애로 인해 사망에 이를 것이라고 예상된다"면 당신을 장애인으로 간주할 것이다(www.benefits.gov/benefits/benefit-details/4343).

세계보건기구WHO: The World Health Organization의 국제장애분류ICIDH: The International Classification of Impairments Disabilities, and Handicaps는 장애에 관해 널리 인용되는 정의로, 손상impairment, 장애disability, 핸디캡handicap의 3가지 개념을 다음과 같이 구분하고 있다.

손상은 "신체 구조나 신체 과정의 문제"로 정의된다. 장애는 "인간으로서 정상적인 방식이나 정상적인 범위 내의 행동을 수행하는 능력에 결핍이나 제약이 있는 상태"이다. 그리고 핸디캡은 손상이나 장애로 인해 개인이 겪는 사회적인 불이익이다"(WHO, 1980).

이러한 정의는 세계보건기구의 국제장애분류-2에 의해 추후에 수정되었는데, 여기서는 "개인 활동 제한" 및 "사회 참여 제한"에서 환경의 역할 또는 사회적 요인의 역할이 더욱 강조되 있다.

장애를 판단하는 것은 매우 모호하며 지역사회에서 장애를 가진 사람들의 수를 측정하려는 시도는 "방법론적 편견에 지배받고 문화에 따른 시각에 왜곡된다"(Fujiura & Rutkowski-kmitta, 2001, p. 72). 미국통계청U.S. Census Bureau(2010)은 5세 이상 인구의 19%가 장애를 갖고 있다고 발표하였다. 전세계적 추정값들은 대중적인 문헌에서 흔히 찾을 수 있으며, 장애인들은 국가의 "최대 소수집단" 또는 "우리가 오래 살 경우 모두가 해당될 수 있는 소수집단"이라고 일컬어진다 (Shapiro, 1994, p. 13). 아직 장애를 가지지 않은 사람들은 삶의 상당 부분을 장애를 가진 가족을 돌보고 사랑하는 데 할애하게 될 것이다. 장애는 다양한 이유로 발생하게 되는데 어떤 이들은 질병이나 사고로 인해 장애를 후천적으로 얻고 어떤 이들은 처음부터 장애를 갖고 태어난다. 대다수가 장애 없는 삶을 보내다가 종반에 이르러 기능의 변화를 겪기도 한다.

장애는 손상 유형에 따라(기동성장애, 인지장애, 감각장애) 분류하거나, 제한되는 정도에 따라 경증, 경중증, 중증으로 장애 정도의 연속선상에서 구분하는 방법이 있다. 일부 장애들은 쉽게 알아챌 수 있는 반면 어떤 장애들은 한눈에 알아보기 힘들기도 하다. 존 롤랜드John Rolland의 유형 체계처럼, 장애를 발병onset, 진행course, 결과outcome 및 장애 상태로 분류하는 복합유형분류체계가 발달해 왔다(Rolland, 1994). 그러나 통계나 정의, 분류체계 등은 임상가에게는 관심이 있는 문제일지 몰라도 대부분의 장애를 가진 사람들은 그것에 별 관심이 없다. 장애를 가진 사람들의 가장 중요한 문제는 그들이 학교와 지역사회 및 직장에 완전히 소속되는가, 타인에게 가치 있는 사람으로 여겨지는가이다. 이러한 타인들로부터의 수용 관점은 장애인들의 삶을 극적으로 변화시킨다.

역사적 맥락
HISTORICAL CONTEXT

19세기 초, 서구의 많은 사람들은 질병과 장애를 가난과 재난을 보는 방식대로, 즉, "바람직하지 않은 성격이나 사회적 행동의 결과 … 공정하신 하느님이 나약하고 죄지은 자에게 내리는 천벌"(Trattner, 1974, p. 73)로 보았다. 역사적으로 장애를 가진 사람들이 두려움의 대상이 되고, 시설에 격리되고 꺼려지는 것은 놀라운 일이 아니다. 정작 놀라운 것은 사회진화론의 영향으로 이러한 시각이 그대로 유지되어 20세기 초 미국의 우생학을 이끌었다는 것이다(Braddock, 2002; Pfeiffer, 1999). 이 기간 동안 미국 의사들은 일상적으로 선천적 장애를 가진 아기들을 낙태시키고 지적 장애인 보호시설의 거주자들에게 피임 수술을 함으로써 그들의 "질 낮은 유전자들"이 우리 사회를 약화시키지 않도록 하였다. 우생학 운동의 진정한 공포는 1930년과 1940년대에 나치에 의해 수십만의 장애를 가진 독일인들이 "가치 없는 생명"으로 여겨져 학살당한 것이다(Lifton, 1986, p. 128). 이렇듯 의사들이 자행한 치료를 가장한 안락사는 2차 세계대전 당시 강제수용소에 있던 유태인 대량학살의 서막이었다.

20세기 미국에서는 장애가 있는 사람들을 재정지원이 잘 되지 않는 대규모 시설에 수용하지
는 않았다. 하지만, 이들은 1950년대부터 1960년대까지 유행하던 서커스와 괴기쇼freak show에 돈
벌이로 이용되고 대중의 유희를 위한 퍼레이드를 하는 등 호기심의 대상이 되어 착취당하였다
(Thomson, 1996). 이러한 배경에서 장애를 가진 사람들을 동정 및 자선의 대상으로 여기는 종교의
출현과 교구 단체의 등장은 비교적 인도적인 편이었다. 그러나 전화기부와 요보호아동 포스터홍
보를 통한 모금이 한창이던 시기1)에 장애인들은 비참한 환경의 희생양으로만 비춰지게 되었다.
전화기부를 포함한 여러 자선기금 모금자들은 시청자로 하여금 장애인을 걱정하고 동정하게 만
들어 "지갑을 열게" 했다(Shapiro, 1994, p. 13). 시청자들은 불행한 아이들에게 치료를 할 수 있는
돈을 보냄으로써 자신의 감수성을 달랬다. 이는 유일하게 수용될 만한 해결책이었는데, 성인 장
애인들의 모습은 대중에게 거의 보여지지 않았기 때문이다.

오늘날 우리는 자선운동이 장애인권운동으로 대체되고, 장애를 가진 사람들이 사회의 모든
분야에서 동일한 기회를 얻어 전면적으로 참여할 수 있는 권리를 주장하는 혁신적인 시대에 살
고 있다(Bickenbach, 2001). 치열한 입법 싸움과 시민들의 자립생활운동, 태도변화를 위한 각개의
노력들로 그동안 만연했던 편견이 최근 몇 년간 급격히 변화되었다. 그동안 장애를 가진 사람들
은 "불행과 기회 상실의 화신"으로 비춰졌다. 이제는 자신들의 정체성을 당당하게 주장하며, 장
애 하위문화를 기꺼이 포용하고, 능력과 가치에 대해 우리가 가지고 있던 선입견에 의문을 가지
게 한다(Trent, 2000, p. 214). 장애에 대한 관점들이 변화함에 따라 사회복지사와 정신건강 전문가
들은 자신의 역할을 재검토하고, 치료에 대한 전통적 사고를 재평가해야 한다.

장애모델
DISABILITY MODELS

의료모델

급성 복부통증을 앓는 사람을 예로 들어 의료적 치료모델을 설명하면 이해가 쉽다. 복부 통
증을 앓는 사람은 "환자"로서 전문 의료진의 진료를 받기 위해 응급실에 실려 간다. 시설에 관한
연구에서 고프만Goffman(1961)은 병원에 입원하면서 "사람"에서 "환자"로 전환되는 과정을 "하나
를 벗고 다른 하나를 입는데 그 중간에 알몸 상태가 되는 지점이 있다"고 표현했다. 의사는 보통
신체검사 및 과거병력으로 진찰을 하고, 추가적으로 신체 이상이나 병리를 확정짓기 위해 검사
를 실시한 뒤 치료나 개입을 위한 진단을 내린다. 개입단계 동안 환자는 의료전문가들로부터 자
율성과 통제성을 일정 정도 포기하도록 요구받는다. 이는 맹장수술 입원 환자들이 무엇을 먹고,
입고, 언제 일어나고, 언제 방문객을 받을지 등을 고지받는 것에서 쉽게 보여진다. 최상의 시나리

1) TV를 통해 사연을 보여주고 ARS기부를 받는 프로그램이 유행하던 때 — 옮긴이 주.

오는 치료를 통해 환자의 문제를 해결하거나 회복시켜 고통이나 기능장애가 없는 상태로 돌려놓는 것이다. 맹장염으로 진단 받아 맹장수술을 해야 하는 복통의 경우에 의료모델은 치료를 위해 알맞은 절차를 제공하는 것처럼 보인다. 그러나 만성질환과 장애에 대한 의료모델은 몇몇 문제를 갖고 있다. 치료할 수 없는 만성질환이나 영구적인 손상상태로 진단받는 것은 개인에게 영원히 "환자" 혹은 "병든" 역할의 굴레를 씌우는 것으로 보인다. 호전되지 않는 장애를 가진 사람들은 환자로서 평생 축소된 지위와 권력에서 헤어 나오지 못할 수 있다. 더 나아가 개입단계가 몇 개월 혹은 몇 년 동안 지속되면 만성질환이나 장애가 있는 사람들은 불명확한 기간 동안 의료 "전문가"에 의해 자율성의 포기를 요구받고, 이는 무력감과 의존감을 느끼게 한다. 만성질환이나 장애를 가진 사람들의 치료가 실패했을 때, 즉, "좋은 환자"가 되지 못하였을 때 의사나 간병인들은 예상치 못한 부정적 반응을 보이기도 한다. 치료할 수 없는 환자들을 다루는 보건의료전문가들은 낙심하게 되고, 비인간적인 기술적 접근만을 수행하게 된다(Halpern, 2001). 전문가들은 좌절감이나 나약함으로부터 그들 자신을 보호하기 위해 불치의 환자들을 유기하거나 더 좋은 결과를 낼 만한 다른 환자들에게 옮겨 갈 수도 있다(Gans, 1983; Gunther, 1994).

　　또한 의료모델의 진단단계는 장애를 가진 사람들에겐 위험부담을 준다. 장애를 가진 사람들을 설명하는 데 쓰이는 진단명 및 용어들은 낙인을 만들어낸다. 졸라Zola에 의하면 장애를 가진 사람들은 "기형의, 질병에 걸린, 이상이 있는, 비정상적인, 그리고 대부분이 말하는 것처럼 병자이다"(Zola, 1982, p. 206). "저능아," "백치"와 "다운증후군 저능아"와 같은 진단명들은 오래 전부터 인지장애를 가진 사람들을 묘사할 때 사용되었다. 자성적 예언self-fulfilling prophecy[2) 및 낮은 기대치와 관련된 이러한 진단들은 이후에 지역사회에서 성공적으로 살아갈 능력이 있다고 밝혀진 사람들에게도 시설 수용을 권장하는 결과를 가져왔다. 신체적, 정신적 질병에 대한 감별진단 체계와 분류체계에 환자의 욕구가 배제되었다는 것은 매우 중요한 시사점이다. 진단매뉴얼의 목적은 "연구자들이 다양한 (정신)장애를 가진 사람들을 진단하고, 병에 대해 소통하며, 연구하고 치료"하는 데 있다(APA, 1994, p. 4). 예를 들어 정신장애 진단 및 통계편람DSM-Ⅳ: Diagnostic and Statistical Manual of Mental Disorders의 서문은 독자들에게 이 책은 "사람을 분류하는 것"이 아니고 "사람들이 가진 질환의 종류를 분류하는 것"이라고 주의를 준다(p. 7). 이러한 차이가 중요함에도 불구하고 한번 진단명이나 진단이 결정된 후 임상가나 다른 전문가들이 그 사람을 다른 시각으로 본다는 보장은 없다. 꼬리표를 붙이는 과정은 낙인감을 주고, 만성질환이나 장애의 경우에는 그 낙인감이 평생 지속될 수 있다.

　　의료모델의 경우, 장애는 그 사람에게 어떤 문제가 있다는 것을 가정하고 있으며, 장애가 개인에 내재하는 것이라고 본다. 이러한 시각에서는 장애가 있는 사람들을 비정상적이며 기형적이라고 바라보며, 그들은 신체의 일부를 잃거나 기능이 결핍되고, 일반적인 업무를 수행할 수 없거나 신체가 건강한 사람들과 동일하게 삶을 살아갈 수 없을 것이라고 여긴다. 이러한 모델은 전적으로 병리적인 관점에 초점을 맞추고 있어 장애인들의 가치와 인간성이 무시되며, 길게 늘어선

---

2) 어떤 예측을 했을 때 그 결과가 예측대로 되었을 때 처음의 생각과 믿음을 말함 ― 옮긴이 주.

질병 목록 속으로 사람들을 몰아넣게 된다.

재활 및 생물심리사회적 모델

1900년대 중반에 발달한 재활의학은 장애를 가진 사람을 치료하기 위해 의사, 간호사, 물리치료사, 작업치료사, 언어병리학자, 심리학자, 사회복지사, 직업상담가 등 전문가집단의 다학제적 접근법이 적용된 분야이다(Albrecht, 1992). 재활 전문가들은 의료모델이 환자들의 욕구에 부합하지 않음을 깨닫고, "만성질환 및 장애에 있어서 질병을 치료하는 사람이 전문가인가, 아니면 실질적으로 매일 치료를 감당해내는 환자들(혹은 환자와 그 가족들)이 전문가인가"에 대해 의문을 가지기 시작했다(Anderson, 1975, p. 19). 재활모델에 기반한 치료는 환자가 수동적으로 돌봄을 받는 존재가 아니라 치료팀의 일원임을 인정하는 것이다. 또한 재활의 목적은 단순한 회복이 아니라 신체적·정신적 기능을 최대화하는 것이다. 재활의학에서는 장애를 가진 개인에만 초점을 두는 것이 아니라 그 개인과 가족, 그리고, 그 개인이 거주하고 있는 공동체에 초점을 두는 것으로 명확히 전환되었다(Engel, 1977).

생물심리사회적 모델은 신체병리학의 좁은 경계를 넘어 확장되었고, 심리학과 가족의 이슈로 사고를 대폭 전환하였다. 그러나 전환된 관점은 환자들의 신체와 마찬가지로 정신 역시 병리화하는 경향을 보이기도 하였다. 신체장애가 끊임없이 사람들을 파괴하고, 이는 이들의 심리상태에 부정적인 영향을 주며, 결국 성격장애에 이르게 할 것이라는 믿음을 유도하는 문헌은 쉽게 찾아볼 수 있다. 예를 들어, 한 문헌에서는 관절염 환자에 대해 다음과 같이 서술하고 있다;

> 나약한 자아를 가지며, 공격성을 억제하고, 순응하고 굴복하게 되며, 잠재적 정신병이 있고, 우울하고 의존적·양심적·피학적이며, 감정적으로 불안정하고, 강박적·내성적·보수적이고, 완벽주의를 추구한다. 또, 기분변화가 심하고, 예민하고 걱정이 많고 긴장하며, 개인의 외모에 대해 과잉염려를 하고 정신병리가 나타나는 경향이 있다고 한다(Shontz, 1970, p. 112).

수년간 많은 정신건강 전문가들은 병든 신체가 병적인 인격으로 이끄는 경향을 보인다고 생각하였으며, 그들의 가설을 뒷받침할 연구자료가 제한적임에도 불구하고 "장애를 가진 인격"을 분석하기 시작했다. 초기 생물심리사회모델의 적용은 낙인감으로부터 환자를 자유롭게 하기보다는 오히려 먼저 신체적으로, 그 다음엔 정신적으로 환자에게 꼬리표를 붙임으로써 장애의 낙인감을 더해갔다.

가족체계를 포함하는 확장된 치료모델에서는 장애가족 중 특히 어머니들에게 스스로 꼬리표를 붙이도록 하였다. 나중에 논쟁을 불러일으킨 브루노 베틀하임_{Bruno Bettleheim}의 이론에서는 자폐증이 차갑고 무심한 양육에서 비롯되는 정신장애라고 주장하고 있는데, 이는 이러한 현상의 전형적 예시이다(Bettleheim, 1967). 또, 아동의 천식은 자녀에게 "지속적인 헌신을 할 수 없었던"

"자기애적인 어머니들" 때문이라거나, 혈우병을 가진 아동의 "과잉보호적인 어머니들"은 자녀의 병에 대한 "부정과 죄책감이 숨길 수 없이 심각한 불안증으로 발현된" 경우라고 쓴 연구자들도 있었다(Travis, 1976, p. 178).

생물심리사회적 모델은 장애를 가진 사람과 그의 가족, 공동체 및 사회적 체계 간 상호작용에 대해 생각해 볼 수 있게 함으로써 생물학적 기능 및 정신적 기능의 결합을 강조한다. 이는 장애를 가진 사람들이 의학적 치료를 받고 있지 않더라도 그들에게 정당한 목표와 욕구를 가지도록 하고 치료에 있어서 적극적인 참가자가 될 수 있도록 함으로써 전통적인 의료모델의 원칙에 도전한다. 생물심리사회적 모델은 장애를 가진 사람들에게는 기능적 한계 이상의 것이 있다고 주장한다. 반면, 잘못 이해되기 쉬운 경향이 있으며, 꼬리표의 위험으로부터 전적으로 자유롭지 못하다는 점에서 의료모델의 한계에서 완전히 벗어나지는 못하고 있다.

사회적 모델과 소수집단 패러다임

장애의 사회적 모델은 개인이나 가족체계 내부의 손상에서 그 개인이 상호작용하는 환경으로 초점을 전환한다. 사회적 모델에서는 신체적·인지적 차이가 선천적인 결함이기 때문에 일반적으로 고통스런 삶을 살게 된다는 전통적인 믿음에 이의를 제기하고 있다. 이 모델에 따르면 "문제는 생물학적·정신적 혹은 인지적 능력이 아니라, 장애를 가진 사람들이 기능해야만 하는 사회적·제도적·물리적 세계, 즉 장애를 갖지 않은 다수의 욕구와 특성에 의해 설계된 세계이다"(Asch, 2001, p. 300).

의료모델의 접근에서는 입구가 계단으로 된 학교에 휠체어 때문에 들어가지 못하는 아이는 "이동성 장애mobility impairment"로 고통을 겪는 것처럼 보인다. 의료모델은 그 아이의 이동성 장애를 외상에 의한 발병(5살 때 오토바이 사고)과 예후(영구적이지만, 사망에 이르지는 않는)의 예측과정(고정적)을 기반으로 해서 신경학적으로(척수 손상) 분류한다. 걷지 못하는 아이의 장애는 "정상적인" 아이들과 등교할 수 없는 문제를 야기하고 한계를 만들며, 사회적·정신적 차이를 이끌어 낸다. 하지만 사회적 모델에서는 같은 상황에 처해 있는 아이를 건강하고 완전한 개체로 바라보며, 그 아이의 요구를 수용하지 못하는 시스템으로 인해 공교육을 받을 권한이 묵살당하고 사회적으로 배제된 것으로 본다. 초점은 개인에서 환경으로 바뀌며, 그러한 과정에서 사회적 규범과 차별에 대한 문제 및 정치적 이슈에 관심을 갖게 된다.

기존에 존재하던 분석틀을 바꾸고 순수하게 사회적인 개념으로 장애를 이해하는 것은 어려울 수 있다. 우리는 건강과 안녕을 가장 이상적인 상태로 생각하고, 규범에서 벗어나는 것은 바람직하지 않은 것으로 여기도록 배워 왔다. 때로 인류학 연구들이 의료모델의 기본 가정들을 해체하는 데 일조하기도 했다. 그로세Groce는 자신의 저서 『여기 모든 사람은 수화로 말한다 Everyone Here Spoke Sign Language』(1985)에서 18세기와 19세기 마르타의 포도밭Martha's Vineyard 이야기를 통해 유전성 난청에 대해 기술하였다. 섬에는 많은 수의 청각장애인들이 거주하였기 때문에 일반인들은 섬의 수화에 능숙하였고, 이는 의사소통의 장벽을 없애주었다. 청각장애인들은 학교를 가기 위해 섬 밖으로 나가기도 하였는데, 그들은 보다 확대된 정규교육을 받을 수 있게 되었다. 이를 통해 그들은 이웃보다 더 많이 배우고 재정적으로 안정될 수 있었으며, 구술 역사가가 누가 청각장애인이며 누가 아닌지 기억하기 어려울 정도로 그들은 사회에 완전하게 통합되었다. 더 이상 장애가 한계나 두드러진 특성으로 여겨지지 않자 본질적으로 장애는 사라졌다. 그로세의 연구는 장애가 만일 "보편적으로 정해져 있는 것이라기보다 어떻게 정의하느냐에 달린 문제라면, 그것은 다시 정의될 수 있을 것이며, 오늘날 사용되는 의미로 '장애가 없는'이라는 용어에 축약되어 있는 많은 문화적 선입견들은 사라질 수 있을 것이다"라고 결론지었다(Groce, 1985, p. 108).

사회적 모델은 장애인과 인종, 성별, 성적 기호나 국적 등으로 정의되는 소수집단들 사이의 유사점을 인식하는 데 도움을 준다. 즉, 다른 소수집단들과 같이 장애를 가진 사람들도 단일한 특성만으로 판단되곤 한다는 점이다. 이들은 요양원이나 보호시설로 격리되고, 불평등하고 분리된 교육을 받으며, 취업에도 제한을 경험하고, 사회의 대다수보다 더 약한 권력과 불안한 경제상황에 놓여 있다. 장애를 가진 사람들은 다른 억압받는 집단들과 마찬가지로 그들의 기본 시민권을 지키기 위해 싸워야만 한다.

그러나 사회적 모델은 질병 및 삶의 한계에서 오는 고통과 현실을 무시한다는 점에서 비판을 받고 있다. 장애를 가진 사람들이 만성통증과 힘겹게 싸우며 살아갈 때, 의식이 거의 없는 가족을 돌볼 때, 신체적·인지적 기능을 점차적으로 상실해가는 루게릭병(ALS)이나 알츠하이머와 같은 질병에 적응하려 할 때, 그들의 장애를 중립적인 특징으로만 보거나 사회의 문제에만 초점을 맞춰 보기는 어렵다. 일반적으로 우리는 "어떤 사회 제도 내에서도 장애와 연관된 문제들은 완전히 제거될 수 없다"는 사실을 알고 있다(Shakespeare, 2006, p. 56).

사회복지실천을 위한 통합모델
INTEGRATING MODELS FOR SOCIAL WORK PRACTICE

지금까지 제시된 모델들 사이에 알력이 존재하는 것은 부정할 수 없는 사실이며, 의학적·사회적 분석틀이 통합을 이룰 수 있을지는 불명확하다(Shakespeare, 2006; Turner, 2001). 예로서 배우 크리스토퍼 리브Christopher Reeve가 척추 손상 이후에 그랬던 것처럼, 장애 인권분야에서 일하는 사람들의 기분을 상하지 않고 의학의 진보나 치유를 위한 조사를 주장하는 것은 어려운 일이다. 혹자는 "리브가 장애 경험에 대해 이야기하는 것은 부적절하며 장애 인권에 반하는 것이다. 그의 이야기는 심각한 장애를 가진 사람들이 성격적·의학적 문제를 가지고 있으며, 그들에게 필요한 것은 동정과 치료라는 주장과 일치하기 때문이다"라고 우려를 표했다(Johnson, 2003, p. 129).

그러나 장애가 있는 사람은 모두 같은 관점에서 자신의 상황에 접근할 것이라고 생각하는 것이나, 사회 변화를 주장하려면 장애를 갖게 만드는 의료적 상태를 호전시키려고 해서는 안 된다고 생각하는 것 모두 편협한 것이다(Kirschner, 2000). 자신의 상태에 완전히 적응한 개인은 장애를 "정체성의 중요한 요소"로 바라보고, 그들의 장애를 세상에 알리기로 결정할 것이다. 반면, 똑같이 잘 적응해 온 것처럼 보이는 사람들일지라도 어떤 이들은 자신의 다름을 최소화하고 장애인 인권운동을 피하는 선택을 할지도 모른다(Glastris, 1997). 특히 의료 현장에 있는 많은 사회복지사들은 사회적인 억압, 제도적 차별, 태도의 장벽에 대한 경험으로부터 배우게 된 교훈을 항상 잊지 않으면서도 실천 현장에 맞춰 타협하는 기술을 잘 조화시키는 도전에 직면하게 된다.

임상실천의 쟁점 및 사회복지사의 역할
CLINICAL PRACTICE ISSUES AND THE ROLE OF THE SOCIAL WORKER

초기 상담과 장애에 대한 인식 형성

다양한 실천 현장에서 일하고 있는 사회복지사들은 난생 처음으로 장애에 직면한 사람들을 상담하고 지원해야 할지 모른다. 선천적 장애가 있는 태아를 가졌다는 사실을 알게 된 부모들을 상담하거나, 소아당뇨로 진단받은 아이를 학교에서 만날 수도 있다. 또는 중환자실에서 척추외상으로 다시는 걸을 수 없게 된 환자를 보거나, 뇌졸중으로 장애가 생긴 할머니를 둔 가족을 개인병원에서 만날 것이다. 이때 최우선적인 과제는 장애를 가지게 된 사건에 대한 당사자의 시각을 긍정적인 적응의 방향으로 이끄는 것이다.

사회복지사는 자신의 편견을 드러내지 않고 단순히 사실을 전달하거나 진단에 대해 이야기하는 것이 거의 불가능하다는 것을 인지하고 있을 필요가 있다. 개인에게 장애의 소식을 전하는 일을 맡은 전문가들은 그들이 선택한 단어와 어조, 감정, 바디랭귀지와 메시지 등이 뉘앙스와 어우러져 영향을 미칠 수 있음을 유의해야 한다. 다운증후군을 앓고 있는 아이의 부모는 다음과 같은 이야기를 들을 수 있다:

> 매우 나쁜 소식을 전하게 되어 매우 유감입니다. 아이는 다운증후군을 가지고 있습니다. 염색체 돌연변이 때문에 생기는, 치유할 수 없는 유전질환입니다. 아이는 눈구석 주름epican-thal folds,[3] 비스듬한 이마, 평평한 코와 짧은 팔 등 질환과 관련된 여러 신체적 특징을 갖고 있습니다. 이 장애를 가진 아이들은 다소 심각한 정신적 지체를 갖고 있으며, 다른 의학적 합병증을 갖고 있는 경우도 있습니다. 아이가 적절한 서비스를 받을 수 있도록 병원을 나가기 전에 여러 전문가들의 조언을 받아볼 필요가 있습니다.

---

3) 몽고 눈주름 ― 옮긴이 주.

반면 다음과 같은 이야기를 들을 수도 있을 것이다:

> 아주 명민해 보이고 예쁜 아기군요. 엘리자베스Elizabeth는 아주 건강해 보이지만, 다운증후군을 앓고 있고, 이와 관련된 의학적 문제들이 있을 수 있기에 다른 의사들도 만나볼 것을 권합니다. 다운증후군을 앓고 있는 아이들은 대개 일반 학교에 다니면서 친밀한 관계를 가질 수도 있고, 정상적인 삶을 살 수 있습니다. 하지만 다소 특별한 교육을 받는 경우도 있고, 신체적 지체를 가질 수도 있습니다. 다른 다운증후군 아동의 부모들과도 함께 이야기를 나눠보시면 엘리자베스를 위한 여러 서비스나 프로그램에 대한 풍부한 정보를 얻는 데 도움이 되시리라 생각합니다.

다운증후군에 대해 완벽히 잘 알고 있지 않거나 편견이 없다고 하더라도, 비정상적인 특성들과 추후 특별한 치료가 필요하다는 점 때문에 처음에는 그 장애에 대해 비극적으로 인식하게 된다. 첫 번째 인용문은 아이의 다른 점을 강조하고 의학적 문제에만 초점을 맞추어 설명한다. 두 번째 인용문은 장애를 예쁜 아이와 그 아이를 사랑하는 부모에게 견딜 만한 도전으로 인식되게 만든다. 여기서는 그 아이와 다른 사람들의 관계를 강조하며, 조언을 받아볼 만한 전문가들이란 다름 아닌 다운증후군이 있는 아이를 키우는 다른 가족들임을 알 수 있다.

많은 대화가 오갈 수 있는 인식형성 과정 동안, 사회복지사들과 다른 전문가들은 본인 또한 장애가 있는 삶에 대한 선입견이 있음을 깨달아야 한다. 장애가 있는 채로 삶을 연명하는 것보다 죽음이 낫다는 믿음과, 완치될 수 없는 장애는 영원한 고통이라는 믿음 등 장애에 대한 부정적인 관점은 의료진들에게도 존재한다고 연구되었다. 사실상 장애의 정도와 삶의 질의 상관관계는 약하며, 장애인들 스스로가 느끼는 삶의 질 수준은 타인들이 예측하는 것보다 더 높다(Bach & Tilton, 1994; Craig, Hancock & Dickson, 1994; Fuhrer, Rintale, Kare, Clearman & Young, 1992; Gerhart, Koziol-McLain, Lowenstien & Whiteneck, 1994; Longmore, 1995; Sprangers & Aaronson, 1992). 이러한 인식에서 비추어 볼 때, 초기 상담을 진행하는 사회복지사는 자신의 선입견을 면밀히 검토할 필요가 있다.

인식형성 과정의 가장 중요한 일 중 한 가지는 "질병의 영향을 받는 사람들을 돌보는 데 관여하는 보건전문가들의 폭넓은 시각과 더불어 그 질병의 영향을 받는 개인과 가족의 시각"에 기반하여 정보를 제공하고자 하는, 비심판적인 상담가를 접하는 것이다(Marteau & Anionwu, 2000, p. 126). 장애를 가진 것으로 새롭게 정의된 사람들은 인식을 형성하는 과정에서 비슷한 건강상태를 가지고 살아온 다른 사람들과 상호작용할 기회를 가지는 것이 중요하다. 가치중립적인 인식틀을 구조화할 때, 지지집단이나 동료상담가, 또는 장애를 가진 삶에 대한 일인칭 시점의 글들을 접하는 것은 매우 중요하다. 가장 중요한 메시지는 언제나 이것이다. 어떤 개인이 특정한 질병 그룹에 속하게 되더라도 그와 동일한 유전적 돌연변이, 신체적 제약 또는 만성질환을 공유하는 다른 사람들과 똑같아지는 것이 아니라, 그는 여전히 "자체의 고유한 개성을 지닌 한 개인"이라는 점이다(Berube, 1996).

적절한 상담시간과 안정을 느낄 만한 환경이 제공되는 것 또한 상담과정에서 매우 중요하다.

대부분의 초기 상담은 병원의 로비나 교실에서 급하게 이뤄지는 경우가 많고, 추가 검사나 이후의 치료를 위해 가족들이 다른 전문가를 만나도록 서둘러 상담을 마치는 일이 생기기도 한다. 임상가가 장애에 대해 느끼는 불안은 이러한 단절된 상호작용을 만들 수 있다. 사실상 사람들이 요구하는 것은 "지지받는 느낌과 함께 서두름 없이, 해결되지 않을 것만 같은, 이겨내기 힘든 문제들에 대해 그들만의 방식으로 물어볼 수 있는 기회"이다(Harper, 2000, p. 59). 비슷한 상황에 놓인 전문가들에게 한 어머니는 다음과 같이 주의할 점을 조언했다:

"사라지지 마세요. 방에서 나가지 마세요. 눈을 마주쳐 주세요. 제 눈을 보며, 이 문제에 있어서 당신이 무엇을 도와줄 수 있는지 말해주세요"(Berube, 1996, p. 38).

장애에 대한 대응

지난 몇 년간 치료자들은 장애를 당하여 겉모습과 기능의 변화에 적응하는 사람들의 경험을 예측하고 설명할 구체적인 모델을 연구하였다. 장애에 적응하는 다양한 모델들은 선행연구에서 찾을 수 있지만, 이 분야의 실증적 자료는 한계가 있으며, 장애적응과 관련하여 보편적으로 통용되는 이론이 없다는 사실을 인식하는 것이 중요하다.

장애에 적응하는 단계모델은 엘리자베스 퀴블러-로스Elisabeth Kubler-Ross의 말기 암환자 연구에서 시작하였다(Kubler-Ross, 1969). 이러한 모델은 사람들이 장애 진단을 처음 받았을 때 충격, 부정, 분노, 타협이나 우울과 같이 예기된 단계나 반응들을 경험한다고 말한다. 이 과정의 마지막 단계는 수용과 적응이다. 이 모델은 비록 건강하고 궁극적으로 잘 적응된 사람조차도 처음 장애를 당할 때는 기능적으로 혼란의 기간을 경험하게 됨을 강조함으로써, 적응의 과정을 병리화하지 않는 데에 그 가치가 있다. 그러나 단계 이론이 효용성을 가지려면 문자 그대로 받아들여지는 것이 아니라 개개인의 차이를 설명할 수 있어야 한다. 적응과정은 순탄치만은 않아서 그 과정이 때론 좋을 때도 있고 좋지 못할 때도 있다. 또한 모두가 같은 방법으로 단계들을 통과하지는 않는다. 어떤 사람들은 어느 한 단계에서 오랜 시간 머무르는 반면, 어떤 사람들은 모든 단계를 부정적인 결과 없이 건너뛰기도 한다(Gunther, 1969; Livneh, 1992; Olkin, 1999).

비탄grief 모델에서는 장애에 대한 반응을 죽음에 따른 사별과정에 비유하고 있다. *애도 mourning*는 상실에 대한 적응으로 정의되고(Worden, 1991), 신체 일부의 손실, 기능의 상실이나 건강한 아이라는 희망을 잃는 것과 관련이 있을 수 있다. 사별과 장애에 적응하는 것의 주요한 차이는 사망의 본질은 한시적이지만, 장애는 진행되고 만성화한다는 것이다. *만성적 슬픔chronic sorrow*이라는 개념, 즉, 한동안 수시로 표면화되는 비탄(종종 중요한 발달적인 이정표와 관련된)은 이러한 차이를 분명히 한다. 표면적으로는 만성적 슬픔이라는 개념이 우울하고 비관적으로 보일 수도 있지만, 이는 적응과정 동안 조급해지지 않도록 전문가들에게 주의를 주며, 적응 기간이 늘어난 것을 신경증의 증거라고 보지 않도록 해준다. 이 개념은 또한 전문가들이 수용이 약간의 치료과정을 통해 달성될 수 있다는 것과 같은, "수용에 대한 단순하고 고정적인 개념을 버리도록"

도전한다(Olshansky, 1970, p. 22). 다른 이들은 장애와 관련된 상실에 대하여 강조해 왔다. 특히 심각한 뇌 손상과 말기의 알츠하이머와 같이 장애를 동반하는 상실은 죽음과 관련된 상실보다 더 불분명하고 복잡하다(Boss, 2000). 이러한 상황 속의 개인들은 생존해 있기는 하지만, 과거에 존재했던 자신의 중요한 측면을 잃어버리기도 한다. 어떠한 위로의 예식도 없고, 대개는 사회가 인지하지 못하는, 그러한 죽음같은 상황이 있다.

위기개입모델에서는 누구나, 언제든지, 자신 또는 자신이 사랑하는 사람의 삶이 위협받거나 압도당하게 될지도 모르는 사건을 겪으면, 감정적인 안정과 기능에서 일시적인 혼란을 겪을 수 있음을 강조한다(Aguilera & Messick, 1978). 이러한 틀은 위기에 있는 사람의 인식을 평가할 수 있기 때문에 장애를 판단할 때 유용하다. 자신의 아기가 뇌성마비 판정을 받은 것을 알게 된 젊은 부부는 위기의 한가운데 있다고 느낄 수 있는 반면, 유사한 장애를 가진 아이를 입양기관에서 입양한 어떤 부모는 이를 기쁨으로 받아들인다. 사고로 손가락 하나를 잃은 바이올린 연주자는 엄청난 위기에 처했다고 느끼는 반면, 동일한 상해를 입은 기계공은 같은 사고를 대수롭게 생각하지 않을 수 있다. 각 개인의 위기는 그 사람 자신에 의해서만 정의될 수 있으며, 동일한 경험에 대해 다른 관점을 가진 사람에 의해 판단될 수 없다. 위기는 전환점이나 성장을 위한 기회로 받아들여지기도 한다. 이러한 관점은 클라이언트와 치료자들에게 사람은 종종 위기를 통해 대처기술을 향상시키고 경쟁력이 더 커졌다고 느끼게 된다는 사실을 상기시킨다. 사람들이 실제 역경으로부터 무언가를 얻는다는 생각은 장애의 도전을 경험하는 사람들에게 큰 힘이 된다(Elliot, Kurylo & Rivera, 2002; McMillen, 1999).

어떠한 틀을 가진 적응모델이든 간에, 사회복지사가 장애 적응과정에 있어서 개인이 경험하는 모든 문제를 장애에서 기인하는 것으로 여기는 함정에 빠지지 않는 것이 중요하다. 장애를 가진 사람들은 결혼문제, 생활의 적응문제, 자녀양육문제 및 감정적인 문제들을 치료자와 상담하게 될 것이다. 장애가 이러한 어려움의 근본적인 원인이라고 가정하는 것은 위험하다. 이러한 가정 하에서는 장애를 가진 개인이 자살생각을 하거나, 이러한 신체적 조건이라면 죽는 게 차라리 낫겠다는 생각으로 치료를 꾸준히 받지 않는 상황을 가져올 수 있으므로 매우 치명적이다. 장애가 있는 사람들이 자살하게 되는 원인은 장애가 없는 사람들과 같다. "장애와 관련해 죽음을 추구하는 행위에 있어서 독특한 측면이 있다는 근거는 없다. 그것은 어떻게 보자면 '일반적인' 자살보다 더 이성적이다"(Gill, 2004, p. 185).

1986년 엘리자베스 부비아Elizabeth Bouvia는 뇌성마비와 관절염이 있는 20대 여성으로, 캘리포니아 병원에서 위관 영양gastric feeding4)을 중단함으로써 안락사할 수 있게 승인해 달라고 요청하였다. 장애가 없는 사람이 자살을 시도할 경우에는 보통 정서적 고통을 치료하고 입원을 하도록 하지만, 부비아의 사례에서 법원은 그녀가 장애로 인해 삶을 견딜 수 없었을 것이라고 판단, 그녀의 죽음을 도와주어야 한다고 판결내렸다(Asch, 2001). 그들은 이 젊은 여성이 장애를 가지고 태어났음에도 성공적으로 살아왔다는 사실을 완전히 간과하였다. 하지만 최근 그녀는 형제의 죽

---

4) 경구로 음식을 섭취할 수 없어 튜브를 통해서 위로 직접 영양공급을 하는 것 — 옮긴이 주.

음과 유산, 이혼, 사회복지 석사과정에서의 자퇴 등 몇 번의 상실을 경험했다. 장애는 삶의 가치에 의문을 갖게 하고, 우울과 무기력감, 불안 증상을 나타나게 하는 여러 원인들 중 유일한 것처럼 보일 수 있다.

적응관점의 가장 유용한 점은 개인이 장애에 대해 가지고 있는 역설적인 감정과 생각을 잘 설명하고 있다는 것이다(Larson, 1998). 이 관점은 개인이 차이를 지닌 삶에 대해 상반된 생각을 가질 수 있음을 인정한다. 개인은 실제로 단계적으로 이동하지 않고, 2개나 그 이상의 단계에 동시에 머무른다. 그들은 뚜렷하고 확실한 애도기간을 경험하는 것은 아니다. 즉, 몇 년 동안은 상실에 의한 고통이 예상할 수 없는 패턴으로 지속되다가 지나간다. 장애가 있는 사람들은 하나의 사건이 일어난 뒤에 곧 적응이 되기보다는 여러 번의 위기를 겪기도 한다. 어떤 사람은 더 이상 걸을 수 없다는 사실에 엄청난 절망감을 느끼면서 동시에 미래에 대한 희망을 가지기도 하고, 어떤 사람은 아이를 조건 없이(장애가 있든 없든) 진정으로 사랑하면서 그와 동시에 아이가 기적적으로 치료되도록 기도할 수 있다. 또, 어떤 사람은 말할 수 있는 능력을 잃어버렸다는 사실에 슬픔을 느끼면서 그와 동시에 살아있음에 감사하는 마음이 들 수 있다. 또, 사회의 장벽에 분노하면서 그러한 장벽 앞에서 풍부한 자원을 새로 찾게 되는 기쁨을 느끼는 사람도 있다. 어떤 사람은 의사로부터 전해들은 예후에 과도하게 회의적이면서 동시에 처방된 치료를 그대로 따른다. 이처럼 장애에 적응한다는 것은 흑과 백처럼 단순한 일이 아니며, 이러한 관점에서 하나의 이론이나 모델만이 적합한 것은 아니다.

임상가가 적응에 대해 사정하고 개입을 구조화할 때 기억해야 할 중요한 요점들은 다음과 같다.

- 장애에 직면했을 때 개인은 기능이 일시정지되는 경험을 할 것이다. 그 자체는 병리적이거나 비정상인 것이 아니다. 반복적인 정상화 과정은 사회복지사가 제공할 수 있는 가장 중요한 서비스이다.
- 환자의 적응에 대한 접근에 있어서 옳고 그른 방법은 없다.
- 각 개인은 각자의 장애를 다르게 인식하며, 가장 적절한 것은 우리의 인식이 아닌 그들 개인의 인식이다. 사회복지사는 클라이언트의 인식을 주의 깊게 들어야 하고, 그들의 관점이 유동적일 수 있다는 사실을 알려주며, 필요한 경우 다른 관점에 노출시켜도 좋다.
- 사람들의 장애에 대한 관점은 시간이 지날수록 변화하며, 종종 모순된 시각을 가지기도 한다.
- 적응의 과정은 몇 주나 몇 년으로 규정될 수 없으며, 한 사람의 일생 동안 밀려왔다 밀려가듯 변한다. 사람들은 일반적인 삶의 각 단계에 적응하는 것과 마찬가지로, 장애가 있는 삶의 각 단계에 적응한다. 사회복지사는 초기 적응 단계에 도움을 줄 수 있어야 하지만, 그렇다고 해서 반드시 클라이언트들의 심리적 상태가 좋아지는 것은 아니다.
- 개인은 장애를 경험하는 동안 어느 시점에서든 치료가 필요한 우울이나 불안의 시기를 거칠 수 있다. 하지만 치료자는 이러한 증상들의 원인을 장애 하나만으로 추측해서는 안 된

다. 오히려 그것들은 사회적 장벽들로 인한 좌절의 결과이거나 다른 삶의 문제들과 연관되고 엮여 있다.

- 장애가 있는 사람들은 불만족스런 진료 상담 경험 때문에 치료 효과에 대해 불신하거나 환상을 가졌다가 깨져본 일도 있을 것이다. 이러한 과거력을 함께 살펴봄으로써 그들의 경험을 알게 되고 라포를 형성하고 치료적 동맹관계를 굳건히 할 준비가 되어야 한다.
- 장애가 없는 삶에서 이상적인 적응 상태라는 것이 따로 존재하지 않듯이, 장애의 최종 적응 또는 수용에 있어서 이상적인 상태란 없다.

장애와 윤리
DISABILITY AND ETHICS

우리 시대에 가장 절박한 윤리적 문제들 중 일부는 장애와 어느 정도 관련이 있다. 의사조력자살, 줄기세포연구, 유전자기술, 보건의료 자원의 할당과 생애말 돌봄 등이 그런 예이다. 이정표적인 한 사건을 자세히 검토해 봄으로써 장애 관점이 어떻게 윤리적 딜레마에 대한 사람들의 사고방식을 바꾸고 이를 통해 어떻게 다른 방식의 문제제기와 결론 도출을 이끌어낼 수 있는지 알아볼 수 있다.

1990년 2월 25일 테리 시아보Terri Schiavo는 심각한 저산소허혈성 뇌손상으로 인해 심장마비가 왔다. 15년 뒤 그녀의 이름과 얼굴은 의사, 변호사, 언론인 사이에서 널리 알려졌으며, 대중들은 그녀를 둘러싸고 있는 복잡하고 논쟁적인 상황과 그녀의 생명보호장치를 제거할 것인지에 대해 논했다. 그녀의 가족은 "살 권리"와 "죽을 권리"라는 슬로건을 중심으로 한 여론 및 정치적 반목으로 점점 고통스러워졌다. 이 사건은 의회에서 논의되어 입법안이 만들어졌으며, 언론인들은 가장 복잡한 윤리적 문제를 매일밤 뉴스에 적합한 언어로 정리하기 위해 고군분투했다. 당시 많은 사람들은 장애인 집단이 시아보의 위관 영양튜브 제거여부 결정에 크게 영향받는다는 사실을 알고 매우 놀랐다. 더 나아가서 장애인의 관점은 시아보의 생명을 유지시킨 위관에 대해 다른 사람들이 이전에는 생각하지 못했던 새로운 관점을 제시하였다(Brashler, Savage, Mukherjee, & Kirschner, 2007).

법의학에서는 "결정권이 있는 환자가 원치 않는 인위적인 수분과 영양공급을 포함한 의학적 치료를 거부할 권리는 윤리적으로나 법적으로 정착되었다"는 것이 유력한 관점이다(Quill, 2005, p. 1631). 이에 법정은 환자가 점점 기능을 잃어갈 때 인공적인 영양제공을 중단하는 것이 환자의 종전의 희망과 일치한다는 뚜렷하고 설득력 있는 증거가 있다면, 위의 권리가 상실되지 않는다고 판결내렸다. 하지만 가톨릭과 많은 교회들에서는 시아보의 위관을 제거하는 것이 비인간적인 처사라고 보았다. 교황 요한 바오로John Paul 2세는 식물인간상태에서 환자에게 위관영양을 제공하는 것은 "도덕적 책임"이라고 말했다(Vatican, 2004). 이러한 관점을 따르는 사람들은 위관을 제

거하는 것을 당연히 해야 할 일을 안 함으로 인한 안락사로 간주할 수 있다고 생각했으며, 시아
보가 "아사"할까봐 걱정했다.

　　세 번째 관점은 장애를 가진 사람들의 것으로, 시아보의 위관은 걷지 못하는 사람의 휠체어
와 크게 다르지 않은, 장애를 위한 편의장치일 뿐이라는 것이다. 만성질환으로 삼키는 것이 어려
워 위관을 매일 사용하는 사람들은 포크를 사용하는 것처럼 위관을 일종의 도구로서 대개 사용
한다. 관은 점차 의학적인 의미가 없어지고, 단지 사람들에게 음식물을 효과적이고 안전하게 소
화할 수 있게 해줄 뿐이다. 예를 들어, 보행이 가능한 사람들에게 휠체어가 다소 두려운 것이듯,
위관 역시 입으로 음식을 소화하는 사람에게 낯설 수 있다. 그러나 이러한 도구를 일상적으로 사
용하는 사람들은 큰 차이를 느끼지 않는다. 일부 장애인들은 그녀가 적응 장치에 의존하는 것에
공감할 뿐만 아니라, 삶의 질에 대한 결정에 대해서도 동질감을 느꼈다. 일부는 시아보의 위관을
제거하는 것이 받아들여진다면, 의식이 있는 사람이나 다른 이유로 위관을 사용했던 사람들의
위관 제거 역시 허용되지 않을까 우려하였다. 그들은 "우리는 결국 극심한 장애가 있긴 하지만
영원히 식물인간 상태로 있지 않을 사람들의 관을 제거하는 파멸의 길로 굴러떨어지는 것을 막
을 수 없을 것"이라고 염려하였다(Shepherd, 2009, p. 12).

　　시아보의 사례는 많은 사람들로 하여금 살 만한 가치가 있는 삶이란 무엇이며, 만약 자신이
그런 일을 당한다면 언제 연명장치가 제거되기를 원하는지에 대해 숙고해볼 기회를 제공했다.
이 사례에 내재된 장애문제는 삶의 가치에 대한 근본적인 질문과 사회 내의 취약한 개인을 보호
할 우리의 책무와 관련이 있다.

옹호
ADVOCACY

　　대부분의 사회복지사들은 장애가 있는 클라이언트에게 상담뿐만 아니라 구체적인 사례관리
서비스를 제공한다. 상담과 옹호는 각각의 기능에 따라 묶여지기보다는 통합적인 방식으로 제공
되는 것이 이상적이다. 노화나 질병으로 잃을 수 있는 것들에 대해 알려주지 않은 채 요양원에
있는 노인을 돕는 것이 무책임한 것처럼, 최근 장애를 당하여 직장에 다시 다닐 수 없게 된 사람
에게 어떻게 수입을 유지할 수 있을지에 대한 정보와 옹호 없이 상담만 진행하는 것은 무익한
일이 될 것이다. 미국 전역에 걸쳐 장애인들이 이용할 수 있는 재정, 법, 교육, 의료 및 가족 서비
스가 분절되어 혼란스럽게 흩어져 있고, 이 중 상당수는 복잡한 지원절차와 자격요건을 제시하
고 있다. 학교나 의료현장과 같이 개별적인 현장의 사회복지사들은 클라이언트가 넘쳐나는 장애
서비스들의 미로에서 길을 찾을 수 있도록 지역사회자원에 대해 공부해야 한다.

　　장애는 다음과 같은 3가지 측면에서 재정적 부담을 야기한다: (1) 병원/의료비 지출, (2) 개인
과 보호자의 수입 또는 잠재적 소득의 상실, (3) 추가적인 지역사회/생활비용. 메디케어Medicare,

메디케이드Medicaid, 관리의료보상금managed care indemnity, 산재보험, 퇴역군인급여Veteran's Administration나 각종 건강보험들은 장애와 관련된 의료비 지출을 보장한다. 하지만 사람들은 그들의 보험에 대해 익숙하지 않으며, 어떻게 신청하는지, 정책에 따라 어떤 종류의 의료서비스를 무료로 제공받을 수 있는지 잘 알지 못한다. 재해에 의한 부상의 경우, 재정 파산에 대한 두려움은 현실이 된다. 보험에 들지 않거나 부분적으로만 보장되는 사람들은 양질의 의료서비스에 접근하는 것에 대해 걱정한다. 대다수가 지급요청을 신청하기 위해서는 압도적인 양의 서류작업이 필요하며, 아픈 와중에 관리의료회사의 복잡한 절차를 진행하는 것은 그들이 감당할 수 있는 수준을 넘어선다. 이러한 부분에 있어 사회복지적 지원은 매우 유용하다.

장애가 있는 사람들의 경우, 장애연금과 보충적 소득보장, 퇴역군인급여, 범죄피해자 보상제도와 민간장애연금 및 산재보험 등을 통해 소득을 유지할 수 있다. 이러한 프로그램들은 복잡하고, 때로 서비스를 확보하기 어렵다. 장애가 있는 개인이 직장으로 복귀할 때 고용인의 편견, 시스템상의 저해요인, 융통성 없는 복지급여와 같은 문제에 직면할 수 있다. 따라서 이 분야에 있는 사회복지사는 수급 자격요건 및 법적 보호 모두를 아는 것이 중요하다.

지역사회에서의 생활비는 교통비, 접근성이 좋고 경제적으로 감당할 수 있는 정도의 집, 간병인 서비스 비용 등을 포함하고 있다. 다수의 지역 장애인권단체에서는 더 나은 교통, 주거, 간병인 이용을 옹호하며, 이런 기본적인 서비스에 대한 접근은 지역사회 내에서 자유롭게 활동하는 사람들과 시설이나 요양원에 사는 사람들 간에 다르게 이해된다. 지역사회 생활프로그램을 둘러싼 정치는 복잡하고, 장애를 가진 사람들의 시설 수용에 대한 편견이 현 정부 프로그램에 여전히 잔재되어 있다. 설령 지역사회 내에서 장애를 돌보는 것이 비용 상 절감된다 하더라도, 장애인들은 독립적인 삶을 사는 데 필요한 지원체계를 통합할 수 없기 때문에 요양원을 택하게 될 것이다. 지역사회 생활프로그램에 필요한 보조인력은 기술이 필요 없는 다른 직종보다도 더 적은 임금을 받는데다 건강보험이나 다른 복지가 보장되지 않아 보조인력을 구하는 것도, 지속적으로 고용하는 것도 어려운 일이다. 가족들은 집에서 간병하려 하지만, 그들의 경력과 건강마저 희생되는 경우가 있다. 그들은 전통적인 경제지표에 포함되지 않고, 보이지 않는 무급노동의 자원으로 남아 있다(Gould, 2004).

미국에서 공법Public Law 94-142(1975)이 통과되면서, 장애를 가진 아동이 적절한 무상 공교육을 받을 권리는 장애의 종류나 정도와는 무관하게 보장되어 왔다. 이후 이 법은 장애인교육법 Individuals with Disabilities Education Act으로 1990년 수정되었는데, 이 법이 시행되기 이전에는 "미국에서 최소한 100만 명의 아이들이 장애로 인해 공교육에서 배제"되어 있었다(Switzer, 2003, p. 61). 이 법으로 인해 부모들은 개별 교육프로그램을 통해 자녀의 교육을 계획하는 데 참여하게 되고, 학교는 "제약이 최소화된 환경"에 아동을 배치하도록 의무화되었다. 그러나 이러한 정부의 규정은 등록, 사례연구 평가, 다학제간 회의, 의정서 작성과 절차적 보호 등의 복잡한 체계를 만들었다. 그 과정에서 부모들은 특히 자녀의 욕구와 맞지 않을 때, 그들을 도울 옹호사가 필요하다고 종종 느낀다. 아무런 교육을 제공하지 않았던 것부터, 장애 아동을 위한 특수학교 설립, 일반학교의 특수학급 설치, 그리고 마침에 온전한 통합교육 제공에 이르기까지 장애 아동 교육을 위한 움직임은 여전히 논쟁적이다. 사회복지사는 부모와 아이들이 추구하는 가장 적합하고 포괄적인 교육프로그램이 지역사회 내에서 보장받을 수 있도록 도울 수 있다.

　　장애가 있는 클라이언트가 직장 내에서 차별받고, 의료서비스에 접근하기 어렵거나 지역사회서비스를 탐색하기 어려워할 때, 그들을 옹호하는 것은 사회복지사의 중요한 역할이다. 그러나 이 과정에서 사회복지사는 클라이언트가 취약하고 억압된 집단의 일원일 경우, 전문가와 서비스를 받으려는 클라이언트 사이에 언제나 존재하는 실질적인 힘의 차이에 민감해야 한다. 취약집단을 대상으로 일하는 사회서비스 전문가들은 그들을 고용한 관료주의의 연장처럼 보이거나, 필요한 서비스를 받으려는 클라이언트에게 조종당하는 게이트키퍼처럼 보이기도 한다. 많은 장애인들에게 이는 어느 정도 사실이기도 했다. 장애가 있는 환자들은 "사례"가 아니며 "관리"될 필요가 없다. 그들은 때때로 정보와 지원을 필요로 하지만 "도움은 역량을 강화시킬 수 있을 때만 유용하다"(Charlton, 1998, p. 5). 다른 소수집단들과 마찬가지로 장애가 있는 사람들에게 진정한 역량강화는 병원, 대학, 입법기관과 정부기관에서 적절한 지위를 획득할 때 현실화된다. 장애가 있는 사람들이 그들 스스로를 대변하고 자신에게 필요한 서비스를 계획하는 데 있어서 중요한 역할을 맡게끔 확실히 만드는 것이야말로 옹호자로서 사회복지사의 최종적인 목표임에 틀림없다.

의미의 발견
FINDING MEANING

　　의미를 찾는 여행은 몇 년이 걸릴 수도 있다. 이것은 모든 사람들에게 보편적인 과정이지만 장애가 있는 사람들에겐 더욱 신랄하고 중요한 의미를 갖는다. 많은 정신보건 전문가들은 우리의 초점이 환자의 신체적 조건의 한계를 측정하는 것이나 심리학적인 구성을 분석하는 것에서, 긍정적인 의미를 형성하는 노력의 일환으로 클라이언트가 자신의 가치를 명료화하는 데 도움을 주는 것으로 전환되어야 한다고 말한다. 트리쉬만Trieschmann(1999)은 다음과 같이 말하고 있다:

　　　나는 점점 더 서양의학과 심리학의 전통적인 개념 모델에 만족하지 못하고 있다. 그것들은 사람들이 행복을 찾도록 가르치는 데 정말 도움이 되는 편안한 관점이나 전략을 제시해주지 않기 때문이다. 사람들이 행복을 찾으려 할 때는 그들의 삶에서 무엇이 중요한 것인지 재평가해야 하는데, 대개 깊은 영성이 동반되고 전문가의 도움 없이 스스로 해낼 수 있다(p. 32).

　　로고테라피logotherapy라고 불리는 치유모델을 발전시킨 심리학자 빅터 프랭클Victor Frankl의 연구는 의미찾기 과정에 특히 도움이 된다. 프랭클은 제2차 세계대전 시 강제수용소에서의 경험과, 받아들일 수 없는 잔학 행위로부터 수용할 수 있는 의미를 찾는 것에 의지하여 어떻게 살아남을 수 있었는지를 집약적으로 서술했다. 그는 "사람은 자신을 고통스럽게 만든 상황을 변화시킬 수 없더라도 자신의 태도는 선택할 수 있다"(Frankl, 1984, p. 148)고 했다. 프랭클과 여러 학자들은 사람들이 만들어 낸 의미가 그들만의 삶의 경험과 종교, 문화, 가족 구조, 세계관과 신념체계에 기반한 독특한 것임을 강조한다. 보건의료 전문가가 이러한 의미찾기를 촉진할 수 있으나, 그 의미는 개인마다 다를 것이다.

장애를 가지고 살아가는 사람의 일인칭 서술문first person narratives은 개인적 의미가 얼마나 다양할 수 있는지를 보여준다. 하지만, 이러한 서술문은 모두 관점 변화나 가치관에 대한 재평가, 또는 "하찮은 것들을 중요한 것으로부터 걸러내는" 과정을 반영한다(Wright, 1983, p. 191). 한 아버지는 만물의 임의성에 대해 다음과 같이 이야기함으로써 편안함을 얻었다.

나는 예고된 불행이란 것은 없고, 과거의 죄로 인해 벌을 받는 것도 아니라는 사실을 믿게 되었다. 그건 이 세상의 분노와 슬픔에 대해서는 방도가 없다는 말이다. 삶은 다음에 떨어질 눈송이의 모양처럼 임의적이고 예측할 수 없는 것이고, 살아야 한다면 운에 맡기는 수밖에 없다(Seerman, 1995, p. 89).

어떤 사람은 종교적인 면에서 의미를 찾는다.

매순간 그 존재를 느끼진 못하더라도 내게는 언제나 나와 함께 하시는 신이 있습니다. 나는 할 수 있다는 것을 압니다. 나는 계속 희망을 가질 수 있다는 것을 압니다. 하지만 설령 내가 원하는 대로 이루어지지 않는다 하더라도, 나는 혼자가 아니라는 것을 알고 있습니다. 여기서 무엇을 더 바라겠습니까?(Kahlback, 2001)

또 어떤 아버지는 인간의 본질에 대해 다음과 같이 서술하고 있다.

동이 트기 전 달빛 아래에서 요람 속의 장애가 있는 아이를 들여다보면, 조건 없는 진정한 사랑의 눈물이 난다. 그것은 성적표 결과나, 미식축구 스타라면 그의 득점, 그리고 소송 변호사라면 그의 뛰어난 변론 때문에 생기는 그런 사랑이 아니다. 이 사랑은 지금 모습 그대로의 그 사람, 그들의 자질과 시련, 그리고 그들이 그 자리에 오르기까지 단련해야 했던 내면의 강인함에 대한 것이다(Kappes, 1995, p. 25).

암 수술로 인해 얼굴이 변형된 한 작가는 내면과 겉모습의 차이를 좁히려고 노력하고 있다. 그녀는 한때 이런 생각을 하였다.

나는 바로 내 얼굴이었다. 나는 흉측했다… 누군가 내게 어쩌다 삶이 그렇게 되었느냐고 물으면 누구나 금방 알아볼 수 있게 손으로 가리킬 수 있는 곳(Grealy, 1994, p. 7).

이후에 그녀는 이렇게 썼다.

　나는 이제까지 수년간 할로윈 가면 뒤에서 연습해온 자유의 순간을 경험했다. 마치 아이처럼 나는 나의 자유가 새 얼굴을 덮어씌우는 데서 올 것이라 생각했다. 하지만 그것은 뭔가를 벗어버리는 것, 즉, 나의 이미지를 벗어버리는 것에서 온다는 사실을 이제야 알게 됐다(Grealy, 1994, p. 222).

대학교의 교직원이자 자폐증이 있는 아들을 가진 어머니는 다음과 같이 썼다.

　자폐가 있는 아이를 기른다는 건 다름을 사랑하는 방법을 배우는 것이며, 우리가 가치 있다고 배운 성공과 성취보다 더 깊은 인간에 대한 사랑을 배우는 것이다… 나는 나의 깊은 편견들과 마주해야만 했다… 성인이 된 후 모든 인생을 학문적인 환경에서 살았던 나는 지능이 장점과 같은 것, 미덕과 같은 것이 아니라는 생각을 해 볼 필요가 없었다. 그것은 자연이 준 선물과도 같은 것이 분명하다(McDonnell, 1993, p. 324).

척수 손상을 입은 한 남자가 부정적인 관점에서 긍정적 관점으로의 전환을 통해 의미를 찾고 다음과 같이 말했다.

　내가 마비가 되기 전에는 만 가지 할 수 있는 일들과 만 가지의 가능한 일들이 있었다. 지금은 9,000가지이다. 나는 1,000가지의 일들에 연연해하며 살 수도 있고, 남아 있는 9,000가지의 일들에 집중하며 살 수도 있다. 물론 우리 중 어느 누구도 일생 동안 어떤 사건을 통해 2,000가지 혹은 3,000가지의 일들을 더 할 수 있게 되지는 않다(Corbet, 1980, p. 32).

　사회복지사의 중요한 역할 중 하나는 사람들로 하여금 의미를 형성하도록 돕는 것이다. 의미는 그들의 장애를 이해함으로써 장애가 더 이상 두려운 것이 아닌 일종의 환경으로 인식하게 이끈다. 미국 사회의 환경은 청소년들에게 강건함과 독립성, 권력, 부, 미와 성취를 장려한다. 사람들을 돕는 것은 위와 같은 누구에게나 흔한 가치를 뛰어 넘어 그들과 가족들의 영성—어떻게 걷는지, 말하는지, 먹는지, 보고 생각하는지와 같은 일상적인 문제를 초월한 그들만의 독특한 영성—을 소중히 여기도록 하는 것이며, 이는 매우 보람된 일이 될 것이다.

연습문제

　이 활동에서는 장애가 있는 사람들과 관련하여 학생 개인의 가치관을 탐색하는 데 도움을 주고, 사회적 관념에 대해 개방적인 토론을 촉진하고자 한다.

연습 9.1

학생들이 작은 지역병원의 이사회를 구성한다고 해보자. 그 지역에서 치사율이 100%에 이르는, 그것도 대개 몇 시간 내에 사망에 이르는 새로운 병이 발병했다. 유일한 치료방법은 개발된 지 얼마 안 된 신약을 주사하는 것이다. 주사를 맞을 경우 환자는 거의 즉각 치유된다. 불행히도 신약은 공급량이 부족하다. 누가 치료되어야 하는 환자인지, 누가 주사 받지 못하고 죽음을 받아들여야 하는지 어려운 결정을 내려야 한다. 병원에는 현재 감염되어 치료를 절실히 원하는 10명의 환자가 입원해 있다. 병원은 방금 5개의 약을 배송 받았다. 이사회의 구성원은 어떤 환자가 주사를 받을지 다음의 프로필을 보고 결정해야만 한다.

1. 인생 전부를 격리된 수도원에서 보내며 기도와 청빈에 스스로를 봉헌한 65세의 수녀.

2. 44세의 아프리카계 미국인이며 독신으로 5명의 키우기 힘든 장애 아이들을 입양해 홀로 키우는 어머니.

3. 최근 미국에서 가장 아름다운 10인으로 선정된 24세 남자 모델. 독신이며 방금 첫 번째 영화의 배역을 받았다.

4. 5살의 히스패닉 소년. 시청각 장애와 정신지체가 있다. 그는 장애에 잘 적응되어 있으며, 어머니와 할머니, 6명의 형제들로부터 사랑받으며 안전한 집에서 살고 있다.

5. 사회복지사로 일하고 있는 23세 여성. 약혼한 상태이며, 10년 전 교통사고로 척수손상을 입었다. 이동을 위해 휠체어를 사용하지만 돌봄을 필요로 하지 않는다.

6. 관절염 치료에 대한 연구로 노벨상을 받은 77세의 학자. 최근 몇 달간 중요한 약진을 보여 왔다.

7. 축구와 비디오 게임을 좋아하는 10세의 백인 남자아이. 부모 및 여동생과 교외에 살고 있으며 중상류 계층이다. 학습장애와 충동, 분노조절에 어려움이 있다.

8. 50세의 뛰어난 피아니스트. 우울하고 다혈질이며, 스스로를 고독한 사람이라고 묘사한다. 미혼이며, 소수의 친구가 있고 음악을 위해 산다.

9. 유명한 40세의 여자 올림픽 소프트볼팀 코치. 18개월 뒤에 있는 올림픽 경기를 준비 중이다.

10. 마약으로 수감된 21세 아프리카계 미국인으로 6개월 뒤 가석방될 예정이다. 수감 중에 검정고시를 마쳤으며, 갱단에 계속 머물고 있는 청소년을 위한 혁신적인 프로그램을 시작했다.

활동 뒤에 그러한 결정을 내리게 된 요인을 기재한다. 삶의 방식보다 나이가 더 중요한가? 지능 수준이 예술적 능력보다 더 중요한가? 뚜렷한 장애가 없는 환자들이 다른 이들보다 더 나은가? 과거의 행동이 미래의 가능성보다 더 중요한가? 환자의 어떠한 가치를 다른 가치와 비교하여 두었는가? 지역사회 대중들이 이사회의 일원으로서 내린 이러한 결정을 조사할 것이라고 가정한다면 어떤 점이 지역사회의 반대와 분노에 부딪치게 될까? 왜 그러한가? 왜 아닌가?

제 10 장

보건의료에서의 커뮤니케이션

Communication in Health Care

새라 겔러트 SARAH GEHLERT

좋은 커뮤니케이션은 효과적인 보건의료서비스를 제공하는 데 매우 중요하다. 환자와 의료서비스 제공자가 커뮤니케이션을 통해 정보를 정확하게 교환할 수 있다면, 건강은 여러 면에서 좋아질 것이다. 예를 들어, 사회복지사나 다른 보건의료서비스 제공자가 환자와 라포를 형성하고, 여기에서 얻은 단초를 통해 환자가 이해할 수 있는 방식으로 질문한다면 진단을 더 정확히 할 수 있을 것이다. 마찬가지로, 환자가 자신의 증상과 걱정거리를 의료서비스 제공자가 이해할 만한 방식으로 표현할 수 있다면, 그들의 상태나 문제는 더 정확히 진단되고 평가될 수 있을 것이다. 이러한 평가를 근거로 한 치료 계획은 환자 개개인의 보건의료 방식과 사회적 욕구를 잘 반영하기 때문에 더욱 효과적일 것이다. 따라서, 세상에서 가장 좋은 과학적 지식도 환자와 의료서비스 제공자 간의 커뮤니케이션에 결함이 있다면 충분치 않다는 피셔Fisher(1992)의 의견에 동의할 수밖에 없다.

이 장에서 보건 커뮤니케이션health communication의 목표는 왜곡과 불편을 최소화하면서 최대한의 정보를 얻고 전파하는 것으로 정의된다. 이 장의 목적은 (a) 의료적 만남health-care encounters에 내재하는 절충negotiation, (b) 커뮤니케이션 실수의 흔한 원인, (c) 다양한 임상 현장에서 커뮤니케이션을 증진시킬 수 있는 방법을 살펴보는 것이다.

이 장의 목표

- 보건의료 현장에서 환자(또는 환자 시스템)와 의료서비스 제공자 간 임상적 만남clinical encounter의 구조와 역동을 살펴본다.
- 건강신념health beliefs이 보건 커뮤니케이션에 어떻게 영향을 미치는지 살펴본다.
- 인종이나 민족, 성, 사회경제적 지위socioeconomic status, 종교, 그리고 지리적 차이가 건강신념에 어떻게 영향을 미치는지 확인해본다.
- 보건의료팀의 역동에 관해 알아본다.
- 보건 메시지health messages와 정보가 환자와 그 가족에게 소통되는 방식, 그리고 보건의료

서비스 제공자의 정보 요청 방식을 향상시키기 위한 근거 기반의 방법들을 알아본다.
- 환자와 가족이 보건의료서비스 제공자에게 정보를 알려주고 질문하는 방식을 향상시키기 위한 근거 기반의 방법을 알아본다.
- **통역**interpretation과 **번역**translation의 차이를 알아본다.
- 보건의료 현장에서 환자와 의료서비스 제공자 간 보건의료 정보의 정확한 통역 지침을 제시한다.

이 장은 다른 장들, 특히 신체 및 정신건강(8장), 만성질환(20장), 그리고 대안적 보건의료alternative health(12장)와 관련된 장들을 참고하며 볼 수 있도록 구성되어 있다. 보건의료의 성과 health-care outcomes를 최대화하는 커뮤니케이션 방법을 익히기 위해서는 앞서 언급한 장들을 적극적으로 참고하기 바란다.

보건의료에서 임상적 만남의 구조와 역동
STRUCTURE AND DYNAMICS OF THE CLINICAL ENCOUNTER IN HEALTH CARE

보건의료 커뮤니케이션과 관련한 클라인만Kleinman, 아이젠버그Eisenberg, 굿Good(1978)의 논문은 매우 영향력이 있는데, 여기에서 저자들은 환자와 의료서비스 제공자 간의 임상적 만남을 '현실을 구성하는 두 개의 서로 다른 문화가 타협하는 과정'으로 묘사하면서 이러한 타협의 결과로 임상적 현실이 만들어진다고 설명한다. 저자들은 **임상적 현실**clinical reality을 의료적 만남에서 일어나는 환자와 의료서비스 제공자 간의 상호작용, 그리고 그 상호작용을 통해 축적되는 결과로 정의하였다. 그 결과에는 (a) 치료 계획의 수립, (b) 이러한 계획들의 준수, (c) 천식이나 발작의 감소와 같은 건강 결과, (d) 아동의 복학 능력과 같은 사회적 결과 등이 포함된다.

클라인만 등(1978, 2006)은 환자가 의료서비스 제공자와 상담하러 올 때 일련의 신념·기대·가치·목표 등을 갖고 오며, 이것들은 각자의 삶의 경험에 의해 결정된다는 점에서 문화적으로 구성된 것임에 주목했다. 저자들은 질병이 문화적 요인들에 의해 형성된다는 점에 주목하였는데, 증상과 유사한 불편한 경험들에 대한 인지·명명·설명·평가는 그러한 문화적 요인들이 지배한다는 것이다. 이러한 과정은 가족·사회·문화의 복합적인 결합 속에 내재되어 있다. 예를 들어, 가족 구성원의 질병을 겪고 그 질병이 어떻게 관리되는지 지켜봤던 경험은 자기 자신이나 다른 가족의 질병에 접근하고 다루는 방식에 중요한 영향을 미친다. 이러한 선행 경험은 아동이 가족 구성원의 심각한 질병에 관해 부모의 이야기를 엿듣는 것과 같이 사소한 것일 수도 있다.

롤랜드Rolland가 13장에서 가족과 만성질환에 대해 묘사한 바와 같이 각 가정마다 질병에 대해 접근하는 방식은 매우 다르다. 질병을 함께 관리하는 수준이나 방법, 의료서비스 제공자와 협력하는 법, 그리고 질병에 관해 서로 의사소통하는 방식 등이 각각 다를 수 있다. 예를 들어, 자녀가 간질환자인 가정 중에서도 어떤 부모는 자녀의 상태에 대해 다른 가족과 이야기를 나누지 않는 경우도 있고, 다른 사람들에게 발작을 숨기려 하기도 하며, 자녀의 담당 의사에게 수동적인 역할만 할 수도 있다. 또, 어떤 부모는 자녀의 발작 문제를 중심으로 가족 구성원들을 조직화한다. 이들은 자녀의 상태를 허심탄회하게 털어놓고, 가족 구성원 모두 책임감을 가지고 증상을 살피게 하며, 권익단체 활동에도 적극적으로 참여하고, 자녀와 병원에 같이 다닌다. 또 다른 유형의 가정은 자녀의 발작을 가족의 삶의 일부분으로 통합하여, 상태를 숨기지도 않지만 그것에 의해 생활에 지배를 받지도 않는다. 이렇게 자녀의 간질을 대하는 부모의 세 가지 유형은 환자인 아동과 그 형제자매가 향후 평생 동안 질병에 대해 보이는 반응에 각각 고유한 영향을 미친다. 따라서 개인의 가족 병력을 확인하는 것은 보건사회복지사에게 강력한 도구가 될 수 있다. 왜냐하면 그것은 선행 경험들이 현실에 대한 그 개인의 문화적 인식을 어떻게 형성하는지 매우 통찰력 있게 볼 수 있도록 해주기 때문이다.

팻처Pachter(1994)는 현실에 대한 환자의 문화적 인식이 의료서비스 제공자가 갖고 있는 생의학적 인식biomedical constructions과 전혀 다른 경우는 거의 없으며, 다만 민족문화적 인식ethno-cultural constructions으로 이뤄진 한 면과, 생의학적 인식으로 이뤄진 또 다른 한 면의 간극이 얼마나 큰지의 차이가 있을 뿐이라고 말한다. 사실, 현실에 대한 환자들의 문화적 인식은 대개 "민족문화적 신념, 개인적이고 특유한 신념, 그리고 생의학적 개념"(p. 690)의 합성체이다. 환자의 인식과 의료서비스 제공자의 인식 간 거리가 멀수록 커뮤니케이션 문제가 발생할 가능성은 더욱 커진다.

의료서비스 제공자 역시 임상적 만남 때 일련의 신념·기대·가치·목표를 갖고 오는데, 이것들은 각자의 고유한 삶의 경험뿐 아니라 그들을 사회화시킨 전문직 문화에 의해 형성된 것이다(Hall, 2005). 의사·간호사·보건사회복지사·물리치료사와 같은 전문직의 문화는 각각 언어와 행동 규칙, 복장, 지위에 대한 인지방식 등을 공유한다. 예를 들어 로젠탈Rosenthal(1993, p. B1)은 의대생들의 사회화를 다음과 같이 묘사했다. "의대생들은 입학하면서부터 의사처럼 생각하는 법을 배우라는 이야기를 듣는다. 4년이 지나면 많은 학생들이 의사처럼 생각만 하는 게 아니라, 의사처럼 이야기하고, 의사처럼 입을 정도로 직업적 처신을 받아들이게 될 것이다." 일부 학생들은 그런 경향이 좀 심해서, 의료서비스 제공자의 사회화와 문화가 미국 내 건강불평등에 일조한다는 주장이 나올 정도이다(IOM[Institute of Medicine], 2002; van Ryn & Fu, 2003).

건강신념과 커뮤니케이션

건강신념은 현실에 대한 문화적 인식의 한 요소로서, 건강행동health behavior과 커뮤니케이션을 이끈다. 이것은 문화에 의해 좌우되며, (a) 증상이 어떻게 받아들여지고 어떤 증상을 의료서비스 제공자에게 알려줄 만한 것으로 여기는지, (b) 환자가 질병의 원인과 치료를 어떻게 이해하는지, (c) 환자가 의료서비스 제공자에게 무엇을 기대하는지, (d) 환자가 자신의 질병에 대해 어떤 개인적·윤리적 의미를 부여하며 질문을 던지는지—"왜 하필 내가? 내가 뭘 잘못했길래?"와 같은—에 영향을 미친다(Weston & Brown, 1989, p. 77).

레벤탈Leventhal(1985)은 문화가 건강신념을 형성하는 것과 거의 비슷한 방식으로 질병의 자연적인 역사가 환자의 건강신념과 현실에 대한 인식을 형성할 수 있다고도 했다. 이는 특히 만성질환의 경우에 맞는 이야기이다. 질병에 대한 환자의 인식과 이해는 건강정보에 노출되는 시간과, 만성질환에 대한 자신의 신체 반응에 스스로 익숙해지는 시간에 따라 증진된다. 이렇게 고양된 인식은 환자가 증상을 어떻게 평가하며, 어떤 상황에서 공식적인 치료를 받을 필요가 있다고 여기는지에 영향을 미칠 수 있다. 처음에는 증상에 놀라 자주 치료를 받으려던 환자가 자신의 증상 양상에 점점 익숙해지면서 스스로 관리할 수 있다고 느끼게 될 수도 있다.

범세계적 관점에서 보면 병illness이라는 것은 감염이나 사고와 같은 자연적 원인이나 영적 공격spirit aggression, 마법sorcery, 주술witchcraft, 천벌mystical retribution과 같은 초자연적 원인 때문에 나타난다(Erasmus, 1952; Foster, 1976; 표 10.1 참조). 이런 초자연적 원인들을 먼 나라 이야기로 여기는 이들도 많겠지만, 사실 이것들은 많은 미국 거주자, 특히 해외에서 이주해온 거주자들의 건강신념 체계를 부분적으로 이루고 있다. 2000년 현재 미국 거주자(2,840만 명) 10명 중 1명은 다른 나라 출신이다(Lollok, 2001). 2000년 인구조사에 따르면(Spector, 2004), 외국 출신 미국 거주자의 51%는 남미, 25.5%는 아시아, 15.3%는 유럽, 그리고 나머지 8.2%는 기타 지역에서 왔다. 이 수치는 미등록 이민자는 포함하지 않은 것이다. 정확한 수치는 알 수 없지만, 2009년 4분의 1분기에 미국에 살고 있던 미등록 이민자만 해도 약 1,090만 명에 이를 것으로 추정된다(Camarota & Jensenius, 2009).

건강신념은 일반적인 현실에 대한 문화적 인식과 마찬가지로 사회화를 통해 학습된다. 이것은 한 집단, 특히 사회경제적·종교적·지리적·정치적 이유 등으로 주류 사회로부터 배제된 집단에 남아 있는 오래된 문화적 신념일 수도 있다. 가령, 종교 집단이나 정치 집단에게는 특정 신

표 10.1 세계의 지역별 4대 초자연적 병인론Theories of supernatural causation

병인론	정의	지역
천벌	금기나 도덕적 금지사항을 깨는 행동을 함으로써 간접적으로 병을 초래하는 것.	아프리카
마법	사람이 마술적인 기교를 써서 건강에 해를 끼치도록 만드는 것. 독자적으로 할 수도 있고, 전문적인 마법사나 주술사의 도움을 받을 수도 있음.	북미
영적 공격	정령이나 병귀, 악마, 조상신이나 귀신 등 초자연적 존재가 악의나 복수심을 품고 직접 적대적인 처벌을 가하는 것.	동아시아, 태평양 제도, 남미
주술	특별한 힘이나 악마의 성향을 타고났다고 여겨지는 부류의 사람(마녀 등)이 자발적, 혹은 비자발적인 공격을 함으로써 건강에 해를 끼치도록 만드는 것.	지중해 주변

념에 의지하고 주류적 인식을 피하는 이유가 있다. 예를 들어, 여호와의 증인Jehovah's Witnesses
은 피를 나누는 것에 대해 반대하는 강한 신념을 갖고 있어서, 수술 중이나 사고 후 수혈을 처방
하는 의료서비스 제공자와 갈등을 빚는다. 화제가 됐던 많은 법원 판례들은 바로 여호와의 증인
신도인 부모가 자녀에 대한 수혈 처방을 거부한 상황에서 비롯된 것이다. 엄격한 율법을 따르는
정통 유대교인들은 입원한 병원이 코셔kosher[1] 식단을 따로 제공하지 못하는 경우 병원 직원들
과 갈등을 일으키기도 한다.

지리적 위치도 주류 자원들에 대한 접근성을 제한함으로써 전통적인 건강신념을 지속시키는
역할을 한다. 미국의 시골 지역은 대체로 인구 밀도가 낮으며, 전문적인 의료 인력이 적고, 보건
의료 시설들 간의 거리도 멀다(Coward & Cout, 1998). 주류 문화를 경험할 수 있는 수단이 대중매
체로 한정된 경우가 많기 때문에, 주류 보건 메시지들도 적게 받을 뿐 아니라 전통적인 건강신념
이 도전받을 일도 적을 수밖에 없다. 크리스타키스Christakis와 파울러Fowler(2007)는 매사추세츠
주 프래밍햄 지역의 건강 연구를 통해 1971년부터 2003년까지 1만 2,067명의 서로 촘촘하게 이
어진 사회적 연결망을 조사한 결과, 비만이 사람들 간의 사회적 유대를 통해 확산된다는 근거를
발견하였다. 즉, 같은 연결망 내의 사람이 일정 기간 동안에 비만이 될 확률은 그 기간 동안 비만
이 된 친구가 있을 경우 57%가 증가하였던 것이다. 이와 비슷한 결과가 알코올 소비 행동의 확
산에도 발견되었다(Rosenquist, Murabito, Fowler, & Christakis, 2010).

외국 출신의 미국 거주자는 미국에서 태어난 거주자에 비해 도심에 살거나 가난하게 살 확
률이 높다(Lollock, 2001). 그들은 도심 지역의 많은 미국 출신 거주자와 마찬가지로 집단 내 사회
적 연대가 강한 동질적 집단들 속에서 살고 있는 경우가 많다. 이렇게 강한 연대는 집단 내 다른
사람들로부터 지원받을 기회를 준다는 점에서 건강에 이롭다. 하지만 집단 내 다른 사람들 역시
가난하다면, 필요할 때 재정적 지원을 해주거나 보건의료 시설을 찾아가는 데 도움을 줄 수 없을
것이다. 또한, 강한 내적 연대는 보건정보의 중요한 자원인 주류 문화와의 약한 연대마저 희생시
킬 수 있다(Pescosolido & Levy, 2002). 예를 들어, 주류 문화와의 연대가 약한 여성은 유방암 자가
검진이나 무료 유방조영술을 받을 수 있는 곳 등에 대한 정보를 별로 받지 못할 가능성이 높다.
또, 주류 문화와의 연대가 약한 부모는 자녀가 보건의료기금 지원을 받을 수 있는 기회들에 대해
잘 모를 수 있다(5장 참조).

루델 스노우Loudell Snow는 저서 『쉽게 이해하는 의학Walkin' over Medicine』(1993)에서 환자의
건강신념이 그들의 건강 행동에 미치는 영향을 묘사하고 있다. 이는 그녀가 미시간 주 랜싱의 지
역사회 보건소에서 주로 아프리카계 미국인 환자들을 진료하면서 관찰한 것이다. 보건소의 의료
서비스 제공자들은 환자들이 혈압을 낮추는 약(고혈압약이라고 불리는) 등을 처방해준 대로 잘 먹
지 않는다고 걱정했다. 그런데 환자들과 인터뷰를 해 본 스노우는 많은 환자들이 "낮은 피low
blood"라는 말의 뜻에 빈혈증을 포함시켜 생각하고 있다는 것을 발견했다. 이런 환자들은 의사가
"축하합니다. 혈압이 내려갔군요. 이제 낮아요"라는 말을 들으면 약을 더 이상 먹지 않았다. 즉,

---

1) 유대교의 율법에 의해 합당한 음식으로 정해진 것 — 옮긴이 주.

의사들이 건강한 상태라고 생각하는 것(고혈압 위험이 높은 사람치고는 낮은 혈압)을 환자들은 빈혈 상태와 혼동하여 안 좋은 것이라 착각하고 약을 끊었던 것이다.

또 다른 사례로, 스노우(1993)가 젊은 아프리카계 미국인 여성의 무계획적 임신율이 높은 것에 대해 자문을 받았던 경우를 들 수 있다. 임상실천의 일부로 여성들에게 경구 피임약을 처방하고 월경 주기 이용법에 대해 가르쳐 주었다. 스노우는 인터뷰를 통해 이 두 가지 피임법이 많은 여성의 월경에 대한 건강신념에 배치된다는 것을 알아냈다. 이들은 월경이 몸 안의 독소와 오염 물질을 없애주기 때문에 건강에 매우 중요하며, 월경을 안 할 경우 건강에 안 좋을 것이라고 믿고 있었다. 이들은 경구 피임약이 월경을 하지 않게 만들기 때문에 건강에 해로울 것이라고 여겼다. 또, 월경 주기 이용법은 피임을 위해 성관계를 월경 시기 즈음에 하라는 것인데, 이들은 월경 시기 즈음에는 몸이 가장 많이 열려 있고 독소나 오염물질에 취약할 때라고 생각하기 때문에 이러한 피임법을 건강에 위험한 것으로 여겼다. 이 집단의 건강신념에 따른다면, 월경일로부터 가장 멀리 떨어진 시기가 몸이 가장 조금 열려 있기 때문에 성관계에 안전한 때였다. 문제는 월경일로부터 가장 먼 날들이야말로 배란기, 즉, 가장 임신하기 쉬운 때라는 점이었다.

이 두 사례 모두에서 임상적 현실은 환자의 건강신념과 의료서비스 제공자들의 건강신념 간 부조화에 초점을 맞추고 절충함으로써 만들어질 수 있었다. 고혈압 약의 경우 해결책은 간단했다. "낮은 피"라는 말을 환자들이 두 가지 의미로 받아들인다는 것을 파악하고, 의료진에게 "정상적인 혈압" 또는 "좋은 혈압"이라는 말로 대체하게 했다. 피임법에 대한 시각차의 경우, 경구 피임약과 같이 월경을 제한하거나 여성들이 자신의 몸이 취약할 때라고 생각하는 월경 때 성관계를 갖는(월경 주기 이용법) 피임법을 제외한 다른 방법들을 강조했다.

건강신념과 성공적인 행동 변화 간의 관계는 많은 실증 연구를 통해 뒷받침되고 있다. 패터슨Patterson, 크리스탈Kristal, 화이트White(1996)는 워싱턴 주에서 인구기반 표본 607명을 대상으로 다이어트와 암의 연관성에 대한 신념 수준을 측정했다. 이들은 신념이 강한 사람일수록 지방 소비율이 유의미하게 낮고 섬유질 섭취가 유의미하게 많다는 사실을 발견했다. 두 번째 연구에서는, 유방암 가족력 여부와 상관없이 자신이 유방암에 걸릴 위험이 없다고 믿으며 시골에 사는 저소득층 아프리카계 미국인 여성들이 유방암 위험이 있다고 생각하는 여성들보다 유방 조영술 검진을 받을 확률이 적은 것으로 나타났다(West et al., 2003).

병과 질병
ILLNESS VERSUS DISEASE

임상적 만남은 환자와 의료서비스 제공자 간의 교류transactions 혹은 교섭negotiation이라고 볼 수 있다. 양자가 어느 수준까지 합의에 이를 수 있느냐가 최소한의 성공을 결정짓는 척도가 된다. 일반적으로 현실에 대한 양자의 문화적 인식 차이가 클수록 협의하기 어려울 것이다. 현실에 대한 환자와 의료서비스 제공자의 문화적 인식 차이를 보여주는 대표적인 예는 의사는 질병을 다루는 데 반해 환자는 병을 앓는다는 것이다. 클라인만 등(2006)은 *질병disease*을 개인에게서 나타나는 생리학적이고 정신물리학적인psychophysiologic 오동작 또는 부석응 과정이라고 정의한다. 헬만Helman(1985)은 질병 인식disease construction은 병든 상태를 물리화학적 용어로 축소시키고 진단을 하는 데 있어서 생물학적(사회적 또는 심리학적인 개념에 반대되는) 정보를 강조한다고 말한다. 하지만 *병illness*이란 질병이나 불편함에 대한 개인적·대인적interpersonal·문화적 상호작용을 나타낸다(Kleinman et al., 2006). 헬만(1985)에 따르면 병은 사회적·심리학적·문화적 요인들에 의해 일정한 양식을 보이는, 더 광범위하고 더 널리 퍼져 있는 개념이다.

병이 주관적으로 결정된다면 질병은 객관적으로 결정된다. 따라서 병이 나지 않았어도 질병은 존재할 수 있다. 예를 들어, 어떤 환자는 스스로 멀쩡하다고 생각하지만 생리학적으로 비정상일 수 있다. 또, 어떤 여성은 아무 증상 없이 자궁암에 걸려 있을 수도 있다. 마찬가지로, 질병이 아닌데도 병이 날 수 있다. 예를 들어, 많은 환자가 두통이나 위장통을 호소하며 직장이나 학교에 다니기 힘들어 하는 등 사회적 기능에 장애를 일으키곤 하지만, 신체 기관이나 체계에는 아무런 기능적 문제가 없는 경우가 있다.

멕시코의 수스토susto(Rubel, 1977)라든가 말레이시아의 코로koro, 에스키모인들의 피블록토크pibloktoq(Foulks, 1972; 표 10.2 참조)와 같이 특정 문화에만 존재하는 병적인 상태는 질병이라기보다 병이라고 할 수 있다. 해당 문화집단은 이러한 문화 관련 증후군culture-specific syndromes이 실재한다고 여기지만, 의료서비스 제공자들은 이를 보편적인 것으로 인정하지 않는다. 따라서 이것들은 세계보건기구WHO: World Health Organization가 발간하는 *국제 질병 및 관련 건강문제 분류체계 International Statistical Classification of Diseases and Related Health Problems*(ICD)에 포함되어 있지 않다. 이미 10번째 개정안이 나온 ICD(ICD-10; WHO, 2003)는 국제적인 표준 진단체계로, 세계적으로 질병의 발생과 확산을 감시하고 회원국의 사망률mortality과 이환율morbidity 통계를 취합해 발간하는 데 이용된다.

병과 질병이 직접적으로 연관되어 있지 않다는 사실은 커뮤니케이션 실패의 원인이 될 수 있으며, 이로 인해 치료 권고안이 준수되지 않을 수도 있다. 뇌종양 같은 경우 의료서비스 제공

표 10.2 문화 관련 증후군culture-specific syndromes

증후군	설명	문화적 기원지
코로koro	성기가 몸속으로 수축돼 들어오며 죽을지도 모른다는 생각에 발작적으로 느끼는 강한 불안감	말레이시아
피블록토크pibloktoq (북극 히스테리)	무언가에 놀라서인 듯한, 발작적으로 짧게 나타나는 기괴한 행동	북극 인근 지역
수스토susto	혼이 육체를 떠났다는 생각으로 인해 놀라서 생기는 병	멕시코

자는 심각한 질병으로 여기지만, 초기 단계라면 환자에게는 허리 근육 경련 정도 외에 스트레스나 사회적인 문제도 일으키지 않을지 모른다. 게다가, 신체 기관이나 체계에 같은 수준의 병리적 문제(질병)를 가진 환자들이라 해도 웰빙이나 사회적 기능장애(병) 수준은 서로 다를 수 있다. 예를 들어, 류머티즘성 관절염을 가진 어떤 환자는 웰빙 수준도 적당하고 일상생활활동ADLs: activ-ities of daily living 수행능력에도 문제가 없는 반면, 같은 단계의 병을 가진 어떤 환자는 웰빙 수준도 크게 떨어지고 ADL 수행을 위해 도움이 필요할 수도 있다.

환자와 의료서비스 제공자 간 최상의 커뮤니케이션은 직·간접적인 여러 방식으로 건강에 영향을 미칠 수 있다(Street, Makoul, Arora, & Epstein, 2009). 의료서비스 제공자는 질병에 초점을 맞추고 환자는 병에 초점을 맞춘 임상적 만남은 불만과 불신을 초래하기 쉬우며 건강 결과도 좋지 않을 가능성이 높다. 왜냐하면 의료서비스 제공자는 환자가 자신의 권고를 충분히 고려하지 않는다고 느끼고, 환자는 자신의 불평을 의사가 심각하게 받아들이지 않는다고 여길 수 있기 때문이다. 『리아의 나라: 몽족 아이, 미국인 의사들, 그리고 두 문화의 충돌(Fadiman, 1997, 원제: The Spirit Catches You and You Fall Dawn)』이라는 제목의 책에는 이와 관련된 가슴 아픈 실화가 나온다. 미국에 이민 왔지만 영어를 할 줄 모르는 몽족[2] 부모는 어린 딸의 간질을 자기네 문화의 시각에서 딸의 영혼이 몸을 떠나는 현상으로 생각한다. 그들은 자신들의 신념에 따라 동물을 제물로 바치고 전통 약을 먹여서 딸을 치료했다. 반면, 캘리포니아 주 머시드 카운티의 의사들은 질병(간질) 차원에서 치료하고자 잘 조절된 용량의 항경련제를 복용하도록 했다. 양측 모두 최고의 선의와 연민을 가지고 행동했지만 서로 소통하지 못한 채 불신하고 비난한 결과 아이의 상태가 악화돼 심각한 장애에 이르는 것을 무력하게 바라볼 수밖에 없었다.

환자와 의료서비스 제공자 간의 이해 부족 문제를 인지하는 사회복지사는 서로의 차이를 지적해주고 각자의 불만을 상대에게 설명해주며 임상적인 조화를 이루도록 도와줌으로써 상황을 잘 마무리할 수 있다. 세다 로우Setha Low(1984, p. 13)는 "사회복지사는 종종 문화적 그림cultural picture의 양면—관료주의적 주류와 민족적 하위문화 관점—을 볼 수 있는 유일한 사람이며, 이러한 점 덕분에 의료서비스와 정보를 제공하는 데 있어서 가장 중요한 역할을 할 수 있다"고 썼다. 이는 리처드 캐봇Richard Cabot이 사회복지사를 보건의료 현장의 번역가(1장)라고 했던 말과 일맥상통하는 이야기이다.

클라인만(1980)은 사회복지사와 다른 의료서비스 제공자가 환자의 건강신념을 이끌어내는 데 유용한 도구로서 쓸 수 있는 문항들을 개발하였다. 이는 다음과 같다.

- 당신의 문제는 무엇 때문에 생겼다고 생각하십니까?
- 그 문제가 얼마나 심각하다고 생각하십니까?
- 그 문제가 금방 해결될 거라고 생각하십니까, 오래 걸릴 거라고 생각하십니까?

---

2) 고대 중국의 묘족(苗族)에서 갈라져 나와 베트남 북부, 라오스 북부, 태국, 미국 등에 흩어져 살고 있는 소수민족 — 옮긴이 주.

- 그 문제 때문에 힘들어진 점은 무엇입니까?
- 무엇이 가장 걱정되십니까?
- 어떤 치료가 당신의 문제에 적합하다고 생각하십니까?
- 그 치료를 받으면 어떤 점이 좋아질 거라고 기대하십니까?

영Young과 플라워Flower(2001, p. 91)의 연구를 보면 의료서비스 제공자가 환자의 건강신념을 인지하지 못해 생길 수 있는 일의 생생한 사례가 나온다. 패스트푸드점에서 일하는 피트Pete라는 청년이 발목을 다쳐 응급실에 갔다. 그는 매우 아프고, 전에 발목 골절을 당했을 때처럼 뚝 하는 소리를 들었기 때문에 이번에도 골절이 된 것이라고 생각했다. 가장 걱정이 됐던 건 결근을 하면 직장을 잃을지도 모른다는 사실이었다. 그런데 발목이 부러진 것이 아니라 접질린 것이며, 닷새 정도 쉬는 게 유일한 치료법이라는 말을 듣자 피트는 의사에 대한 신뢰를 잃었다. 그는 이 문제에 대해 의사와 매우 다른 틀로 보고 있었으며, 그 상황에 대해 다른 의미를 부여하였다. 현실에 대한 그의 문화적 인식은 심하게 접질린 것과 골절된 것의 심각성을 다르게 보았기 때문에 발목이 부러진 게 아니라 접질린 것이라면 고용주에게 병가를 얻을 필요가 없다고 여겼던 것이다. 의사는 피트에게 그런 이야기를 할 기회도 주지 않고 (골절이라고 생각했던) 피트를 비협조적이며 아무 이유 없이 결근이나 하려는 사람으로 생각했기 때문에 상황은 급격히 악화됐다. 피트는 의사가 처방을 잘못 했다고 생각하며 진료실을 나섰다. 그는 즉시 접질린 발목에 싸매준 붕대를 벗어 던지고 일하러 갔다. 이로 인해 그의 발목은 재발 위험이 높아졌고 의사에 대해 부정적인 시각을 갖게 되었다. 그 의사 역시 환자를 꾀병이나 부리는 사람으로 보는 생각을 더 굳히게 되었다.

보건의료팀에서의 사회복지사

클레오라 로버츠Cleora Roberts(1989)가 20여 년 전 사회복지사와 의사의 전문가적 관계에 내재하는 부담감strain에 관해 썼던 관찰기는 오늘날에도 진실된 울림을 준다. 로버츠는 이러한 부담감을 기꺼이 받아들이고 그것을 통해 적절히 긴장한다면 오히려 사회복지사와 의사의 성공적인 협업이 촉진될 수 있을 것이라고 하였다. 사회복지사와 의사가 가진 관점의 주요 차이는 다음과 같다.

1. 의사의 목표는 생명을 구하는 것인 반면, 사회복지사는 오래 사는 것보다 삶의 질에 더 초점을 둔다.
2. 의사는 실험 결과 등 객관적 자료를 토대로 판단하는 경향이 있는 반면, 사회복지사는 사건에 대한 환자의 주관적인 해석까지도 고려한다.
3. 의사는 치료 목표가 건강 증진과 생명 연장이라는 전제 하에 치료 계획을 세우는 경향이 있지만, 사회복지사는 치료 목표를 환자 스스로 결정하도록 독려하는 훈련을 받는다.

4. 대개 사회복지사가 의사보다 환자의 정서적 문제를 익숙하게 다룬다.
5. 의사는 보건의료팀의 책임자일 가능성이 높은 반면, 사회복지사는 협업에 익숙하다.

사회복지사와 의사의 협업에 관해 살펴본 연구들도 있다. 미즈라히Mizrahi와 아브람손 Abramson(1985)이 사회복지사-의사 50쌍에게 협업에 관해 직접 기술하도록 한 결과, 두 전문직이 여러 면에서 비슷한 관점을 갖고 있다는 사실을 발견했다. 다만, 사회복지사가 협업 의사보다 병과 관련된 가족의 문제나, 문제 해결을 위해 활용할 수 있는 자원들을 잘 파악하는 경향이 있었다. 이러한 연구결과는 사회복지사가 의사에 비해 삶의 길이보다 질을 더 고려하며 객관적인 자료를 덜 중시한다는 로버츠의 관찰 결과와 일맥상통한다.

터너Turner(1990)는 보건의료에서 사회복지의 역할을 다문화적 자원transcultural resource이라고 말한다. 그는 특정 문화 및 가치관과 밀접하게 관련되어 있는 서양의학의 세 가지 현상이 보건 커뮤니케이션에 장애가 될 수 있다고 하였다. 그 세 가지 현상은 각각 사회복지의 가치관과 갈등을 일으킨다. 먼저, 의학의 "과학화scientification"는 건강의 신체적 측면에 초점을 두는 경향으로, 행동적·사회적 측면을 경시한다. 터너는 사회복지의 "반복적이고 비공식적이며 대중적인 '반과학적anti-scientific' 주제"(p. 14)가 이러한 과학화 경향과 대조된다고 묘사하였다. 또 다른 경향은 전문성의 강화로, 터너는 이것이 전인적 인간whole person에 대한 민감성을 약화시킨다고 보았다. 따라서 사회복지의 전체론적 관점은 보건의료팀의 시각을 확장시켜 개인을 전체적인 존재로서 보게 해준다. 터너가 주목한 마지막 경향은 환자를 둘러싼 다른 사람들이나 사건, 이슈 등을 배제한 채 환자에만 초점을 맞추는 현상이다. 반면, 사회복지는 환경 속의 인간person in environment을 강조하기 때문에 보건의료팀의 시야를 넓혀줄 수 있다.

건강에 있어서 생리학적·사회적·행동적 요인들의 복합적인 상호작용(예를 들어, McGinnis, Williams-Russo, & Knickman, 2002를 볼 것)이 중요하게 인식되면서 팀 과학과 학제적 협업이라는 새로운 개념들이 생겨났다(Abrams, 2006; Hiatt & Breen, 2008). 미국국립보건원NIH: National Institute of Health 소장이었던 엘리어스 제루니Elias Zerhouni는 2003년 21세기 의학연구 로드맵Roadmap for 21st Century Medical Research을 제시하였는데, 이는 최초로 다양한 학문 분야의 전문가들이 새로운 방식으로 함께 연구하고 지역사회의 구성원들을 과학적 조사에 적극 참여시키는 것을 장려하였다. 미국국립보건원의 직원들과 과학자들, 그리고 지역사회 구성원들 모두 연구 관계자로 간주되었다.

미국국립보건원 로드맵을 통해 고양된 새로운 전문적 협업은 다학제적multidisciplinary·학제간interdisciplinary 접근에서부터 초학제적transdisciplinary 접근이라는 새로운 개념의 연구에 적용되었다(표 10.3 참조). 초학제적 연구에서 생리학·사회학·행동학 연구자들은 주요 보건 이슈들에 관해 매우 긴밀히 협업하는데, 이를테면 각 학문 분야의 주요 용어들을 합성해 새로운 공유어를 개발하며, 각 분야의 주요 이론들을 공유하고, 새로운 방법론과 분석법을 구축함으로써 같은 분석 내에 다단계 요인들을 포함시킬 수 있다(Gehlert et al., 2010). 칸Kahn과 프레이저Prager(1994)

표 10.3 보건의료팀의 유형

유형	설명
다학제적	다양한 전문 분야의 팀원들로 구성. 같은 팀에 속해 있긴 하지만 각자 전문적 지식을 따로 갖고 있으며 서로 다른 학문 용어를 씀.
학제간	다양한 전문 분야의 팀원들이 각자의 지식과 학문 용어를 공유함.
초학제적	다양한 전문 분야의 팀원들이 각자의 학문 용어를 바탕으로 공유어를 개발해 사용하며, 지식과 이론을 공유하고, 새로운 방법과 분석 기술을 함께 개발함.

는 진정한 초학제적 팀이 성공하려면 논문을 자주 게재하고 주제 범위가 좁아야 가산점을 주는 것과 같은 대학교 체제가 수정되어야 한다고 지적한다. 이런 견해는 전국 규모 학회들의 보고서 (National Academy of Sciences, National Academy of Engineering, & IOM, 2005)에도 제시되었다.

사회복지 교육은 유사한 도전에 직면해 있는데, 특히 보건의료 분야 업무에 관심 있는 학생들이 초학제적 팀과 효과적으로 일할 수 있도록 해 줄 생리학적·유전학적 훈련 프로그램을 제공해야 할 과제를 안게 되었다. 그러한 목적을 위해 이 장의 부록에 의학용어의 이해를 돕는 지침을 담아 놓았다.

건강 문제에 대한 초학제적 접근에 의해 당면한 또 다른 도전에는 학생들이 다른 학제적 문화의 전문가들과 함께 일할 수 있도록 준비시키는 것이라든지(Hall, 2005), 그들에게 보건의료와 관련된 의사결정 과정에 지역사회 구성원들을 참여시키는 새로운 방법들을 가르치는 것 등이 있다. 후자의 경우 사회복지 교육에서 전통적으로 배우는 가족 지지 방법은 좋은 지침이 될 수 있다.

미국국립보건원 로드맵은 연구 자체의 방향성을 담은 것이지만 보건의료에 대한 미국의 시각과 전달체계에 관해서도 암시해준다. 미국국립보건원은 의학연구에 있어서 세계적으로도 최대 규모의 기금을 제공하고 있으며, 많은 병원 및 보건의료 시설들이 그 연구기금에 의존해 운영되고 있다. 이는 한동안 대학병원에만 해당되었지만, 점점 지역사회 병원이나 기타 외래진료 시설, 질병 관련 소비자 단체(미국심장재단AHF: American Heart Foundation 등) 및 옹호단체도 기금 수혜 대상이 되고 있다. 미국국립보건원 로드맵이 제시한 것처럼 건강을 생리학적·사회적·행동적 요인들의 복합적인 상호작용으로 보고, 지역사회 주민들을 중요한 관계자로 보는 광범위한 시각은 보건의료에서 사회복지를 어떻게 바라보는가와 관련해 크게 두 가지 이유에서 의미가 있다. 먼저, 로드맵은 건강에 대한 시각을 사회적·행동적 요인을 포함해 더 넓힐 것을 강조한다. 또, 지역사회 연대를 구축하고 그것에 접근할 수 있는 것을 특히 중요하게 여긴다. 사회복지는 다른 보건의료 전문가들로부터 바로 이 두 영역의 특별한 전문가로 인정받고 있기 때문에 이 직업에 대한 인지도는 상승할 것이다.

보건의료 분야의 사회복지사들은 집단 구성원으로서의 환자를 이해하기 위해 집단 이론 group theory을 전통적으로 활용해 왔다. 이것은 또한 사회복지사들이 자신이 활동하는 팀의 역동을 이해하는 데도 도움이 된다. 흔히 이용하는 집단 내 역할 분류에는 의견 제시자opinion giver, 코디네이터coordinator, 게이트키퍼gatekeeper, 특수이익대변인special-interest pleader 등이 포함되는데, 이러한 분류법은 환자집단뿐 아니라 보건의료팀에도 적용될 수 있다. 마찬가지로, 작은 집단들이 거치는 단계들(예를 들어 Northouse & Northouse, 1997 참조)—방향설정orientation, 갈등conflict, 화합cohesion, 작동working, 종료termination—은 보건의료와 관련된 환자와 의료서비스 제공자 집단에 똑같이 적용된다. 보건의료팀의 경우 시간적 제한 없이 지속되는 경우가 종종 있긴 하지만 말이다.

얄롬Yalom(1998)은 집단 치료의 성공 요인들을 제시한 바 있다. 이를테면, (a) 구성원이 자신의 불만을 공개적으로 표현하거나 나타낼 수 있을 때 일어나는 정화catharsis, (b) 어릴 때 부모나 형제자매와의 사이에서 경험한 상호작용을 흉내 내지만, 좀 더 긍정적인 방식으로 다른 사람들과 상호작용을 경험하는 것을 말하는 1차 가족 집단의 교정적 재현corrective recapitulation, (c) 구성원들이 관찰을 통해 서로에게서 배우는 대인 학습interpersonal learning 등의 요인들에 대한 이해는 보건의료팀원들의 행동을 이해하는 데도 유용할 것이다. 많은 사회복지사들은 자신이 팀 진찰의사가 되었다며, 다른 전문가들이 자신에게 개인적인 문제에 관해 조언을 구하곤 한다고 말한다.

1980년대 초반 많은 저자들은 보건의료팀 내 사회복지사의 역할에 관해 조사하였다. 예를 들어, 샌즈Sands, 스태포드Stafford, 맥셀런드McCelland(1990)는 로버츠(1989)와 터너(1990; Mizrahi & Abramson, 1985도 참조)가 주목했던 사회복지사와 의사 간 갈등의 원인들을 다시 한 번 상기시키면서, 사회복지사가 다른 보건의료 전문가들과 맺는 관계에 영향을 미치는 다른 상관요인들을 추가하였다. 여기에는 민주적 기능을 저해하는 학제 간 지위 차이라든지, 전문적 역할과 기능이 겹칠 때 나타나는 경쟁 등이 포함된다.

이와 함께, 사회복지사가 포함된 전문직 간 협업이 효과적이라는 증거도 있다. 서머스Sommers, 마톤Marton, 바바샤Barbaccia, 랜돌프Randolph(2000)는 1차 진료의사와 간호사, 사회복지사로 이뤄진 팀과 1차 진료의사 혼자 보건의료서비스를 제공하는 경우로 나누어 환자들의 입원 횟수, 재입원 횟수, 진료실 방문 횟수, 응급실 이용 횟수, 신체적·정신적·사회적 기능에 대한 자기 평가의 변화를 비교하였다. 그 결과, 협업팀 환자들이 입원, 재입원, 사무실 방문 횟수가 더 적었고 사회적 활동 수준은 높은 것으로 나타났다. 1장에서 강조했던 것처럼, 보건의료 분야에서 사회복지사는 다른 전문가들에 비해 자신에게만 고유하다고 볼 수 있는 역할을 갖기가 쉽지 않았다. 이러한 현상은 리스터Lister가 1980년 13개 학제의 건강 관련 전문가들에게 기대 역할에 관해 설문조사한 연구에서 처음 주목받았다. 조사 결과 사회복지사에게만 고유하게 부여된 역할은 없었던 것이다. 이렇다보니 심리학자나 간호사, 치료사 등이 같은 기능의 일부를 수행할 때, 이를테면 환자의 사회적 배경을 알아본다든지, 환자가 의료적 절차에 대해 심리적 준비를 할 수 있게 돕는 것과 같은 일을 하게 될 때 혼란스러워진다. 어떤 현장에서는 역할 중첩이 더 심하게 나타난다. 응급실이나 집중치료실과 같이 기술적 비중이 높은 현장에서는 역할 구분이나 위계적 의사결정이 더 잘 나타난다. 반면, 장기요양시설이나 너싱홈과 같이 의술의 비중이 낮은 현장에서 전문가들의 역할 구분이 잘 되지 않고 중첩될 가능성이 높다. 또, 의사결정도 민주적일 가능성이 높다.

샌즈 등(1990)은 보건의료팀에 갈등의 기능도 있음을 강조했다. 즉, 그 팀이 당면하고 있는 상황과 문제를 다양한 관점에서 볼 수 있도록 해준다는 것이다. 만약 팀원들이 자유롭게 의견을 이야기할 수 있고 효과적으로 토론하며 해결할 수 있다면 갈등은 성장의 촉매제가 될 수 있으며 좋은 의사결정을 하는 데 기여할 수 있다. 반면, 집단 사고group think(Janus, 1972)는 집단 구성원들이 의견을 따라야 한다는 압박감을 느낄 때 생기는 것으로, 쿠바의 피그스만 공격이라든지 베트남전 확대와 같은 역사상 최악의 재앙들과 관련되어 왔다.

이에 많은 저자들은 의견 일치에 대한 압박감을 최소화함으로써 전문직 간 상호 기능을 향상시키는 방법들을 제시해 왔다(Freeth, 2001; Satin, 1987; Vanclay, 1996). 반클레이Vanclay는 사회복지사와 의사의 효과적인 협업을 지속시키는 핵심요소로서 전문직 간 교육, 다른 학제의 역할과 책임에 대한 명확한 이해, 정기적인 대면 접촉, 구조와 절차에 관한 정보 공유, 그리고 상급 관리자의 지지를 꼽았다.

보건의료 현장에서의 커뮤니케이션 양식

외래 현장의 커뮤니케이션에 관한 이정표적인 연구에 따르면 환자들은 건강에 관한 자신의 걱정거리를 제대로 표현하기도 전에 의사에게 말이 끊기는 경향이 있었다. 베크만Beckman과 프랑켈Frankel(1984)의 연구가 그것인데, 이들은 외래 재진 방문 사례 74건을 녹음해 의사들의 질문 방식과, 진료 초반에 환자의 말을 의사가 끊는지 여부를 측정하였다. 그 결과, 8%는 의사가 환자의 걱정을 전혀 들어보려 하지 않은 채 폐쇄형 질문(예-아니오 등 몇 가지 답변 중 선택만 하면 되는)만 한 것으로 나타났다. 또, 69%는 환자가 이야기를 시작한 지 18초 이내에 의사가 말을 끊고 다른 방향으로 화제를 돌렸다. 의사가 환자의 말을 끊었다가 다시 원래 하던 이야기를 하게 해준 경우는 전체 74건 중 딱 1건 있었다. 나머지 23%는 처음부터 의사에게 막히지 않고 자신의 걱정을 끝까지 이야기한(1% 미만) 것으로 나타났다. 저자들은 이 연구에서 관찰된 의사 주도식physician-directed style이 진단 및 치료계획에 필요한 정보를 배제시키는 결과를 낳을 것이라고 경고하였다. 이어진 인터뷰에서 프랑켈(Goleman, 1991)은 의사의 말 끊는 행위가 더 큰 문제인 이유로, 환자들은 대개 가장 큰 걱정거리를 맨 먼저 말하지 않고 다른 걱정거리들 사이에 끼워 넣어 이야기한다는 점을 들었다. 세 번째쯤 말하는 불평 사항이 환자들에게는 사실 가장 큰 걱정거리라는 것이다.

임상적 만남의 문제는 의료서비스 제공자와 환자가 다른 인종이나 민족, 또는 다른 사회경제적 지위에 속할 때 더 심각해질 수 있다. 특히 의료서비스 제공자가 미국 출신 백인이고 환자가 저소득층이거나 소수집단 출신인 경우 더 문제가 된다. 미국의학협회IOM: Institute of Medicine가

2002년에 발간한 한 보고서에 따르면, 의료서비스 제공자의 행동은 인종이나 민족, 또는 사회경제적 지위에 따른 미국 내 건강불평등을 심화시키는 원인 중 하나일 수 있다. 맥기니스McGinnis 등(2002)은 양질의 실증적 선행 연구들을 검토한 결과, 미국 내 조기 사망의 약 10%는 의료적 부실관리에 의한 것이며, 또 그것의 일부는 의료서비스 제공자의 행동 때문으로 간주된다고 하였다.

존슨Johnson, 로터Roter, 포웨Powe, 쿠퍼Cooper(2004)는 환자의 인종적·민족적 배경이 의료서비스 제공자와 환자의 커뮤니케이션에 얼마나 영향을 미치는지 알아보기 위해 연구를 수행하였다. 워싱턴 D.C. 및 볼티모어 지역의 백인 및 아프리카계 미국인 외래 환자 458명과 의사 61명에 대해 커뮤니케이션 전문가들이 의사의 대화 지배성verbal dominance(의사가 한 말의 횟수를 환자가 한 말의 횟수로 나누어 측정), 환자 중심성patient-centeredness(사회정서적 대화의 양을 생의학적 대화의 양으로 나누어 측정), 그리고 상담의 정서적 톤emotional tone(감정)을 평가하였다. 그 결과, 환자가 백인일 때보다 아프리카계 미국인일 때 의사의 대화 지배성이 23% 더 높고 커뮤니케이션의 환자 중심성은 33% 낮았다. 또, 환자가 백인일 때보다 아프리카계 미국인일 때 임상적 만남의 긍정적 감정 수준이 낮은 것으로 평가되었다.

비치Beach 등(2010)은 HIV 관리지구 4곳(오리건 주 포틀랜드, 미시건 주 디트로이트, 메릴랜드 주 볼티모어, 뉴욕 주 뉴욕)에서 HIV에 감염된 환자와 의료서비스 제공자 간에 이루어진 임상적 만남 354건에 대해 커뮤니케이션에서의 인종적 차이를 살펴보기 위해 로터 상호작용 분석 시스템을 이용해 분석하였다. 존슨 등이 2004년에 수행했던 연구에서와 같이, 환자가 백인일 때보다 아프리카계 미국인일 때 의사가 대화를 지배하는 경향이 높았다. 하지만, 비치 등의 연구에서는 두 집단 간에 사회정서적인 언급의 횟수 차이는 없었다.

버기스Burgess, 푸Fu, 반 린van Ryn(2004)은 건강불평등에 영향을 줄 수도 있는 의료서비스 제공자의 비의도적 편견이 생기는 이유를 알아내기 위해 개연성 있는 설명들을 몇 가지 나열해 보았다. 그들은 백인 의사가 무의식적으로 아프리카계 미국인 환자에게 부정적인 감정을 표현할 경우 그것이 환자 자신의 부정적인 감정을 건드려서 커뮤니케이션을 악화시키는 것일지 모른다는 의견을 제시하였다. 대다수의 의사들은 저소득층이나 소수집단 환자에 대해 비록 자동적이고 무의식적인 반응을 보일지는 몰라도 의식적으로는 평등에 관한 신념을 갖고 있다는 것이다. 나아가 저자들은 대개 정보를 모을 만한 시간이 결코 충분치 않은 임상 현장에서 의료서비스 제공자들은 각 집단에 대한 고정관념으로 그 정보의 간극을 메우고 그러한 고정관념을 확인하는 방식으로 행동하는 경향이 있다고 설명하였다.

루이스Lewis, 크로프트-제프리스Croft-Jeffreys, 데이비드David(1990)의 연구에 이러한 현상의 좋은 사례가 나온다. 이 연구에서 139명의 정신과의사들은 환자가 아프리카계 카리브해인Afro-Caribbean이냐 백인 미국인이냐 하는 점만 다른 두 개의 임상 사례 중 하나씩을 읽고 설문지에 답변을 했다. 또 다른 두 개의 사례는 환자의 성별만 달랐다. 총 4개의 그 사례들은 정신병 환자의 행동에 관한 것이었다. 응답자들은 환자가 미국 출신 백인인 경우보다 카리브해 출신 아프리카계 미국인인 사례에 대해 더욱 폭력적이고 범죄적이며 기면증 치료제가 더 필요할 것이라고 평가하였다. 또, 여성 환자가 남성 환자에 비해 폭력적 성향이나 범죄적 성향이 적고, 기면증 치료제의 필요성도 적을 것이라고 평가하였다.

두 개의 또 다른 연구도 환자의 인종이 의사의 치료 권고와 연관되어 있음을 보여준다. 먼저, 반 린과 버크Burke(2000)는 혈관 조영상 촬영 후 의사(193명)를 방문한 환자들(618명)에게서 설문 조사 자료를 수집하였다. 의사들은 아프리카계 미국인 환자가 백인 미국인 환자보다 지능이 낮고 치료 권고안을 지킬 가능성이 적으며 건강위험행동을 할 가능성이 높다고 평가하는 경향이 있었다. 또, 사회경제적 지위가 높은 환자에 비해 사회경제적 지위가 낮거나 중간 수준인 환자가 인성이나 능력, 역할 요구 및 행동 성향 측면에서 비호감적이라고 평가받았다. 또 다른 연구 (Schulman et al., 1999)는 두 개의 전국적 회의에 참석한 1차 진료의사 720명을 대상으로 조사한 것이다. 이들은 환자와의 인터뷰 테이프를 보고 그 환자에 대한 가설적 자료를 검토한 뒤 그 환자의 가슴 통증을 어떻게 처치할 것인지에 관해 응답하였다. 그 결과, 여성 및 아프리카계 미국인 환자에게는 심장카테터법이 제안될 가능성이 남성 및 백인 환자에게보다 적었다. 특히 아프리카계 미국인 여성 환자는 백인 미국인 남성 환자에 비해 그 수술이 제안될 가능성이 훨씬 적었다.

의료서비스 제공자와 환자의 인종적·민족적 차이 외에 사회경제적 지위 차이에 초점을 맞춰 커뮤니케이션, 나아가 건강 결과에 어떻게 영향을 미치는지에 관해 살펴본 연구는 거의 없다. 젠슨Jensen, 킹King, 건츠빌러Guntzviller, 데이비스Davis(2010)는 인디애나 주에 거주하는 저소득층 성인 131명에게 의료서비스 제공자와의 커뮤니케이션 만족도를 설문조사하였다. 흥미롭게도, 문자해독력이 더 높고 젊은 백인 환자의 만족도가 문자해독력이 낮고 나이가 많은 아프리카계 미국인이나 남미계 환자의 만족도보다 낮았다. 저자들은 후자의 집단은 임상적 만남 동안 스스로 위축되어 있는 반면, 전자의 집단은 더 적극적이기 때문일 것이라고 추정하였다.

성별에 따른 커뮤니케이션 상의 편견은 몇몇 관련 연구에서 관찰되어 왔다. 비록 환자의 성별에 따른 커뮤니케이션 차이에 관해서는 알려진 바가 거의 없지만, 의사의 성별에 따른 커뮤니케이션의 차이는 여러 연구에서 입증되었다. 로터Roter, 홀Hall, 아오키Aoki(2002)는 1967~2001년에 발표된 연구들을 검토하여, 전문 평가자가 분석할 만한 커뮤니케이션 자료를 사용한 연구 26편을 찾아냈다. 이들은 남성과 여성 의사의 생의학적 커뮤니케이션이나 사회적 대화에 있어 양적으로나 질적으로 성별에 따른 차이를 발견하지 못하였다. 하지만 여성 의사들은 남성 동료들에 비해 환자 중심적인 이야기—구체적으로는 정서에 초점을 둔 이야기, 심리사회적 상담, 심리사회적 질문, 적극적인 파트너십 행동 및 긍정적인 이야기—를 유의미하게 많이 하였다. 여성 의사의 진료 상담은 남성 의사의 경우보다 평균적으로 2분(10%) 더 길었다.

미국의학협회의 2001년 보고서나, 로터 등(2002) 또는 버기스 등(2004)이 했던 실증적 연구들은 *의료서비스 제공자*provider라는 포괄적인 용어를 사용한 경우도 있긴 하지만 의사를 대상으로 한 것이었다. 그러나 횡문화적 커뮤니케이션cross-cultural communication과 관련된 이슈들은 보건의료 분야의 사회복지사에게도 똑같이 중요하다. 사회복지사의 관점이나 가치는 의사의 경우와 다름에도 불구하고, 로버츠(1989)와 터너(1990)가 적절히 지적한 대로 사회복지사 역시 다른 전문직과 마찬가지로 고정관념이나 경험적 지식heuristics에 취약하다. 따라서 현실에 대해 다른 문화적 인식을 가진 사람들과 커뮤니케이션을 해야 할 때는 그와 같은 문제나 편견과 싸워 물리쳐야 한다.

다른 문화적 배경 출신의 환자와 커뮤니케이션 할 능력이 부족하다는 것은 환자뿐 아니라 의료서비스 제공자에게도 영향을 미친다는 근거가 있다. 울리Ulrey와 어메이슨Amason(2001)은 미국 남부의 병원 두 곳과 클리닉 네 곳의 종사자 391명에 대해 문화적 민감성과 문화 간 커뮤니케이션 기술, 그리고 불안 수준을 측정하였다. 그 결과, 낮은 민감성과 커뮤니케이션 기술은 높은 수준의 불안과 유의미한 상관관계가 있음을 발견하였다. 바꿔 말하면, 문화적 민감성이 높고 문화 간 커뮤니케이션을 잘하는 의료서비스 제공자는 민감성이 낮고 문화 간 커뮤니케이션에 능숙하지 못한 의료서비스 제공자보다 불안감을 덜 느낀다는 것이다.

커뮤니케이션 문제가 환자만큼이나 의료서비스 제공자에게도 심각한 문제일 수 있다는 생각은 독일의 한 연구(Zandbelt, Smets, Oort, Godfried, & de Haes, 2004)에서도 뒷받침되고 있다. 이 연구에서 저자들은 의사 30명과 환자 330명에 대해 외래 진료 후 진료 상담에 따른 5개의 관계 현상을 측정하였다. 그 결과, 의사가 환자보다 진료 상담에 대해 전반적으로 덜 만족한다는 것을 발견하였다. 환자들은 자신의 건강 관련 걱정거리를 더 잘 살펴주는 것 같고 그것에 관한 정보를 얻을 수 있었던 의사에게 가장 만족하였다. 의사들은 진료한 환자의 교육 수준이 높고 정신건강 상태가 좋을수록, 그리고 보건의료에 대해 세세한 것을 요구하지 않는 편일수록 만족감이 높았다.

환자-의료서비스 제공자 간의 커뮤니케이션과 건강 결과

수많은 실증적 연구들은 의료서비스 제공자와 환자의 커뮤니케이션 개선이 신체적·행동적 건강 상태의 긍정적인 변화와 연관되어 있음을 보여주고 있다. 의료서비스 제공자의 커뮤니케이션 기술 향상은 정보가 정확히 교환되도록 도와줄 뿐 아니라 환자가 치료에 적극 참여하도록 동기를 부여하고 스스로 건강에 영향을 줄 수 있다는 자신감을 높여줌으로써 건강을 증진시키는 것으로 여겨진다. 맥과이어와 핏시들리Pitceathly(2002, p. 697)는 커뮤니케이션이 효과적일 경우 환자의 불안 및 우울 성향이 낮아지며, 효과적인 커뮤니케이션은 의료서비스 제공자의 웰빙도 향상시킨다고 덧붙였다.

또 여러 연구에 따르면 환자와 의료서비스 제공자의 커뮤니케이션이 잘 될수록 식이요법이 더 잘 지켜지고 다른 보건의료 결과도 향상된다. 예를 들어, 슈나이더Schneider, 카플란Kaplan, 그린필드Greenfield, 리Li, 윌슨Wilson(2004)이 HIV 외래 진료소 22곳에서 치료받은 환자 554명을 대상으로 조사한 결과에 따르면, 더 나은 커뮤니케이션(4점 척도로 측정)은 항레트로바이러스 요법의 준수와 연관되어 있었다. 이 연구의 독립변수는 총 7개로, 이 중 6개는 의사-환자 커뮤니케이션의 질에 관한 척도들—일반적인 커뮤니케이션, HIV 관련 정보, 평등주의적 의사결정 방식, 전반적인 의료서비스 제공자 만족도, 의사를 추천하고 싶은 정도, 의사 신뢰—을 이용하여 측정하였으며, 마지막 하나는 환자가 생각하기에 항레트로바이러스 요법 관련 문제를 자신의 의사가 얼마나 이해하고 해결할 수 있는지에 관한 것이었다. 이 7개의 의료서비스 제공자-환자 커뮤니케이션 변수 가운데 6개(평등주의적 의사결정 방식을 제외한 나머지)가 항레트로바이러스 요법의 준수와 유의미한 상관관계를 보였다. 또, 콘테Conteh, 스티븐스Stevens와 와이즈만Wiseman(2007)에 따르면 감비아의 시골지역에서 커뮤니케이션이 잘 될수록 말라리아 치료를 더 잘 지키는 것으로 나타났다.

또 다른 연구(Stewart et al., 2000)에서는 환자 315명과 그들의 주치의 39명의 외래 진료 모습을 녹화해 환자 중심적 커뮤니케이션(환자의 질병과 병 경험을 살펴보고, 전체적인 인간으로서의 환자를 이해하며, 치료 계획에 관해 환자와 논의하고 동의를 구하는 수준을 측정)의 등급을 매겼다. 또 이와 별도로, 환자들에게 진료상담을 환자 중심적 커뮤니케이션의 측면에서 평가해달라고 요청하였다. 종속변수로 측정한 것은 환자의 건강 및 보건의료와 관련된 결과들로, 구체적으로는 환자 기록부에서 추출한 진단 검사와 의뢰referrals, 그리고 녹화된 진료 상담 후 2개월 내의 재진에 관한 내용이었다. 분석 결과, 커뮤니케이션이 환자 중심적일수록 환자가 처음 의사를 찾아올 때 있었던 문제에서 회복될 가능성이 유의미하게 높았으며, 진단 검사를 덜 받았고, 의뢰되는 일도 적었다. 그 밖에 커뮤니케이션 수준이 수술 후 통증 완화(Egbert, Battit, Welch, & Bartlett, 1964)나 기타 신체적 결과(Orth, Stiles, Scherwitz, Hennikus, & Vallbona, 1987; Skipper & Leonard, 1968)와 연관되어 있음을 보여주는 실증적 연구들이 있다.

보건 커뮤니케이션을 개선하기 위한 방법들
METHODS FOR IMPROVING HEALTH COMMUNICATION

최근 의료서비스 제공자와 환자의 커뮤니케이션 기술을 향상시키는 개입에 관한 연구가 늘고 있다.

의료서비스 제공자의 행동 변화시키기

이러한 개입에는 의료서비스 제공자로 하여금 환자가 정보를 이해하는지 확인하도록 만드는 것에서부터 커뮤니케이션을 향상시킨다고 여겨지는 여러 요인들에 초점을 맞춘 복합적이고 종합적인 훈련 프로그램까지 있다.

사이드리스Sideris, 추나-하지스Tsouna-Hadjis, 투마니디스Toumanidis, 바다스Vardas, 물로풀로스Moulopoulos(1986)는 의사 25명의 임상 수행에 대한 관찰 자료를 토대로 의사들의 보건 커뮤니케이션에 관한 4시간짜리 교육 세미나를 개발했다. 이 세미나에서 의사들은 (a) 진단 결과, 치료 목표 및 예후를 설명하는 법, (b) 지시사항을 말과 글로 제공하는 법, (c) 환자가 이해했는지 확인하는 법, (d) 긍정적인 감정을 전달하는 법을 배웠다. 이 교육 세미나 전후에 참여 의사와 비참여

의사, 그리고 두 의사 집단의 환자에게 진료 상담에 대한 일련의 상호보완적인 질문을 해서 커뮤니케이션 점수를 구했다. 또, 치료 준수에 대해서는 의사의 지시사항에 대한 환자의 행동을 비교해 측정하였다. 그 결과, 훈련에 참여한 의사와 그 환자의 커뮤니케이션 및 준수 점수는 비참여 의사와 그 환자로 이뤄진 쌍보다 유의미하게 높았다.

미아만Miaman, 베커Becker, 립탁Liptak, 나자리안Nazarian, 라운즈Rounds(1988)는 소아환자의 어머니들이 처방된 치료 권고를 잘 따르도록 만들기 위해 소아과의사들을 대상으로 정보 제공 및 동기 부여 기술을 훈련시키는 간단한 개입 프로그램을 시험해 보았다. 그 개입 프로그램은 (a) 진심어린 관심과 공감을 표현하는 법, (b) 이해하고 기억할 수 있도록 정보를 제공하는 법, (c) 식이요법을 단순화하는 법, (d) 건강신념을 알아내고 평가하고 수정하는 법, (e) 치료에 대한 어머니들의 기대 사항을 확인하고 부응하는 법, (f) 처방된 치료 권고안을 준수하는지 모니터하는 법에 초점을 맞춘 것이었다. 실험집단 의사가 담당하는 환자의 어머니들은 통제집단 의사 환자의 어머니들에 비해 약 처방을 준수하고 후속 진료 약속을 지킬 가능성이 유의미하게 높았다.

킨몬스Kinmonth, 우드콕Woodcock, 그리핀Griffin, 스피겔Spiegal, 캠벨Campbell(1998)은 간호사와 의사를 대상으로 커뮤니케이션의 환자 중심성을 높이는 1.5일짜리 교육 프로그램을 시험해 보았다. 의사와 간호사 41개 팀을 실험집단과 통제집단으로 무작위 배정하였다. 실험집단의 간호사들은 반나절 동안 환자 중심적 인터뷰의 효과를 입증하는 자료를 살펴본 다음, 하루 동안 인터뷰 전문가의 도움을 받아 환자 중심적 인터뷰 기술을 연습했다. 실험집단의 의사들은 반나절 동안 경청하고 행동 변화에 대해 협상하는 교육을 받았다. 간호사들은 전문가가 진행하는 두 개의 지원세션을 더 받았다. 통제집단의 간호사/의사 팀은 아무런 교육도 받지 않았다. 그리고 1년 후 실험 대상 의사-간호사 팀들의 병원에 다니는 2형 당뇨병 환자 250명에 대해 삶의 질과 웰빙, 헤모글로빈 A1c,[3] 지방질 농도, 혈압, 그리고 체질량지수BMI: body mass index를 측정하였다. 또, 환자들에게 간호사 및 의사의 커뮤니케이션 질과 보건의료에 대한 만족도를 평가하도록 했다. 실험집단에 속한 팀의 병원에 다니는 환자들은 커뮤니케이션의 질과 관리 만족도에 대한 평가, 그리고 웰빙 점수가 통제집단 팀의 환자들보다 좋았다. 하지만, 실험집단 팀 환자들의 헤모글로빈 A1c, 지방질 농도, 혈압, BMI 측정 결과는 통제집단과 별 차이가 없었다.

두 번째 연구(Brown, Boles, Mullooly, & Levinson, 1999)는 "바쁜 진료 속에서 성공하기Thriving in a Busy Practice: 의사-환자 간 커뮤니케이션"이라는 제목의 커뮤니케이션 기술 교육 프로그램을 진행한 후 환자의 만족도를 높이는 데 실패했다. 이 연구에서 1차 진료의, 외과의, 의학 부전공자, 진료보조인력PA: physician assistant[4] 및 임상 간호사 69명은 환자와 효과적인 관계를 구축하는 기술(경청, 관심과 이해 및 존중 표현하기, 감정에 반응해주기)에 초점을 둔 4시간짜리 상호작용 워크숍에 참여했다. 이어서 최소한 2명의 환자와 인터뷰한 것을 녹화하고 그것을 들어보는 2시

---

3) 당화혈색소. 당뇨병 관리와 관련된 혈당을 말함 — 옮긴이 주.

4) 의사 업무의 일부를 위임 받아 진료를 보조하는 인력. 미국에서는 대부분의 진료보조인력이 간호사이기 때문에 'PA간호사'로 통칭하기도 함. 최근 우리나라에서도 합법화 논쟁이 있음 — 옮긴이 주.

간짜리 과제를 받았다. 그리고 그 워크숍을 한 지 한 달이 됐을 때 환자와 효과적인 절충을 하도록 지도하는 기술에 초점을 맞춘 4시간짜리 후속 세션을 진행했다. 이 교육을 받은 의료서비스 제공자의 환자들은 의료서비스 제공자의 커뮤니케이션 능력에 대한 만족감과 전반적인 진료 만족감을 측정하는 의료 기술 설문 조사에 응했다. 그런데 커뮤니케이션 기술 교육 프로그램에 참여한 의료서비스 제공자의 환자나 그렇지 않은 의료서비스 제공자의 환자나 의술 설문조사 점수의 차이가 전혀 없었다.

라오Rao, 앤더슨Anderson, 이누이Inui와 프랑켈Frankel(2007)은 체계적 문헌고찰systematic review을 통해 의사의 커뮤니케이션 행동을 변화시키는 개입에 관한 연구 가운데 1996~2005년 저널에 게재된 21개의 무작위 임상시험을 평가하였다(앞서 언급된 연구들 중에는 이 리뷰 대상에 포함된 것이 없었다). 대부분의 개입은 정보, 피드백, 모델링, 실습 등과 같은 여러 개의 양식을 포함하였으며, 한 개 이상의 세션을 통해 전달되었다. 이 임상시험 중 17개는 커뮤니케이션에 대한 의사의 실천과 피드백 받기를 포함하고 있었다. 대부분의 연구는 의사 행동이 개선되었다고 보고하였다. 그런 개선 결과가 없었던 연구들은 개입 프로그램에 의사가 커뮤니케이션 기술에 대한 실습을 하고 피드백을 받을 기회가 거의 혹은 전혀 없었던 경우다.

환자의 행동 변화시키기

많은 연구가 보건의료 커뮤니케이션과 그에 따른 결과를 향상시키기 위해 의사와 진료상담을 하는 환자의 행동 변화에 초점을 맞춰 왔다. 대부분 환자가 치료에 좀 더 적극적으로 참여하도록 하는 데 초점을 맞춘다.

로터(1977)는 건강 교육자가 환자를 도와 의사에게 물어볼 질문을 만들고 진료상담 때 그 질문들을 빨리 하도록 만드는 10분짜리 개입 프로그램을 개발했다. 통제집단의 환자는 서비스에 관한 정보만 제공받았다. 흥미롭게도, 실험집단의 환자들은 통제집단의 환자보다 더 큰 불안감을 보고했지만, 4개월에 걸친 후속 연구 기간 동안 진료 약속을 통계적으로 유의하게 더 잘 지키는 것이 발견되었다. 실험집단의 환자들이 통제집단보다 의사에게 직접적인 질문을 하는 경우가 유의미하게 더 많았음에도 불구하고, 그들의 진료 시간이 통제집단보다 더 길지는 않았다. 달리 말해, 개입 프로그램은 진료 상담의 시간을 더 늘리지 않고도 본질적인 면을 변화시켰던 것이다.

환자와 의사 간 커뮤니케이션에 관한 또 다른 초기 연구를 보면, 그린필드, 카플란, 웨어Ware(1985)는 환자가 자신의 마지막 진료 상담에 대한 의료기록을 읽을 수 있도록 돕는 개입 프로그램을 개발해 실험하였다. 20분짜리 세션에서 환자는 자신의 기록에서 관련된 의학적 문제와 결정을 파악하고, 담당 의사와 이 결정에 대해 협상하는 방법을 생각해내며, 질문들을 하도록 배웠다. 이 개입 프로그램에 참여한 환자들의 인터뷰 녹음테이프는 비참여 환자들의 녹음테이프와 비교되었다. 두 집단의 방문 시간에는 전혀 유의미한 차이가 나타나지 않았다. 하지만, 훈련을 받은 환자들은 의사와의 상호작용에서 유의한 수준에서 더 적극적이었다. 이들은 통제집단보다 환자가 의사에게 이야기하는 경우의 비율이 48%나 높았으며, 의사로부터 이끌어낸 사실적인 문장의 숫자가 두 배나 됐다.

카플란, 그린필드, 웨어(1989)는 궤양·고혈압·유방암·당뇨병 환자들에게 자신의 의료기록 사본과 그 정보를 해석하는 방법을 알려주고 의사와의 임상적 만남에 더 적극적으로 참여하기 위한 행동전략을 지도해주는 개입프로그램을 실시해 그 연구결과를 보고하였다. 개입 프로그램 참여 전후의 상담은 모두 녹음되어 전문가에 의해 코딩되었다. 환자 자신의 통제가 더 많을수록, 환자와 의사 양쪽의 입장에서 정서, 특히 부정적인 정서가 더 많을수록, 그리고 환자가 원하는 정보를 의사가 더 많이 제공할수록, 당뇨와 고혈압에 대한 통제가 향상되는 등 건강 상태가 더 좋았다. 저자들은 긴장이나 신경질적인 웃음, 불만, 불안 등과 같은 의사의 부정적인 정서가 의사 입장에서는 돌봄을 전달하기 때문에 이롭다고 해석하였다.

톰슨Thomson, 난니Nanni, 슈완코프스키Schwankovsky(1990)는 환자가 외래 진료 방문 때 커뮤니케이션에 좀 더 참여하도록 간단한 개입방법을 시험하였다. 66명의 여성이 통제집단이나 실험집단으로 무작위 배정되었다. 실험집단은 의사에게 할 질문 3개를 써서 준비하도록 했다. 질문을 준비한 집단은 통제집단보다 진료방문 때 많은 질문을 하였고, 방문 후 더 적은 불안감을 보고하였다.

맥캔McCann과 와인만Weinman(1996)은 환자가 1차 진료의와 상담을 할 때 좀 더 적극적으로 참여할 수 있는 방법을 설명한 소책자를 준비했다. 소책자는 환자들이 의사와의 상호작용에 좀 더 적극적으로 참여하도록 격려하는 것이었다. 우선 환자들이 자기 문제의 본질을 서술하고 그 문제의 개연성 있는 원인과 치료방법, 예측되는 영향을 고려해보도록 했다. 소책자에는 또 진료 방문 때 걱정거리를 어떻게 이야기할 것인지, 진단과 치료에 관해 어떻게 질문하고 확인할 것인지에 대한 개요를 적어놓았다. 진료 상담 전에 그 자료를 받은 환자 59명은 교육용 팜플릿을 받지 않은 통제집단의 환자 61명보다 담당의사에게 통계적으로 유의한 수준으로 많은 질문을 했다.

또 다른 연구(Davison & Degner, 1997)에서는 지역사회 비뇨기과 클리닉에서 전립선암을 새로 진단 받은 60명의 남성들을 실험집단과 통제집단에 무작위 배정하였다. 실험집단은 전립선암에 대한 서면 정보와 의사에게 할 질문 목록, 그리고 의료 상담 오디오테이프를 제공받았고, 통제집단은 전립선암에 관한 정보만 제공받았다. 두 집단은 우울 수준에서 유의미한 차이가 없었음에도 불구하고 개입 프로그램을 실시한 집단의 남성들은 통제집단의 남성들보다 치료 결정을 하는 데 좀 더 적극적인 역할을 했고 개입 프로그램을 실시한 지 6주 후의 불안감 수준이 유의하게 더 낮았다.

또 다른 연구에서는 만성질환을 가진 환자 205명을 실험집단과 통제집단으로 무작위 배정하였다. 실험집단의 환자들은 의료기록 진행노트 사본을 받고 자신의 상태에 대한 질문 두 개를 준비해서 의료차트 앞에 붙여놓도록 했다. 통제집단은 교육자료를 받고 임상서비스를 향상시키기 위한 제안서를 작성했다. 실험집단 환자들은 전반적인 신체적 기능과 담당의사의 진료에 대한 만족도를 유의하게 긍정적으로 보고했으며, 통제집단보다 자신의 의료기록을 보는 데 있어 유의미하게 관심이 높았다. 게다가, 실험집단 환자들은 개입 전보다 유의미하게 전반적으로 나은 건강 상태를 보고했다(Maly, Bourque, & Engelhardt, 1999).

보건 커뮤니케이션 향상을 위한 그 밖의 기술들

보건 커뮤니케이션을 향상하기 위해 여러 가지 기술들이 제안되어 왔다. 이것들은 대략적으로 환자의 생각과 느낌에 공감하고 이를 이끌어내는 개인 수준의 기술과 집단 혹은 지역사회 수준의 기술로 나눠 볼 수 있다.

쿨레한Coulehan 등(2001)은 공감력empathy을 향상시키는 방법을 고안해내고 그것을 "환자의 상황과 관점 및 느낌을 이해하고 환자에 대한 이해를 의사소통하는 능력"(p. 221)이라고 정의하였다. 그들의 방법은 적극적 경청active listening, 프레이밍framing 또는 방향 제시signposting, 내용 반영reflecting content, 감정 파악 및 측정identifying and calibrating of emotion, 수정 요청 및 수용 등으로 이루어졌다. 경청은 언어 및 비언어적 기술을 포함한다. 예를 들어 표정으로 나타내기라든가 눈 맞추기, 집중하고 있음을 보여주는 자세, 이해했다는 끄덕임과 같은 반응 보이기 등을 말한다. 프레이밍이나 방향 제시는 임상 사회복지사들이 주장하는 감정이입식 반응empathic responding과 유사하며(예를 들어 Hepworth, Rooney, & Larsen, 2002 참조) "당신 말씀은 ~처럼 들리네요"와 같은 형태를 띤다. **내용 반영**은 의역paraphrasing의 다른 표현이다. 감정 파악 및 측정은 "당신이 뭔가 강하게 느끼고 있다는 건 알겠는데 그게 어떤 느낌인지는 정확히 모르겠어요. 제게 말씀해주시겠어요?"와 같은 말을 사용해 감정의 본질을 이끌어내는 방법이다(p. 222). 수정 요청 및 수용은 의료서비스 제공자가 환자가 말한 것을 이해하기 위해 "제가 제대로 이해했나요?"와 같은 말을 한 다음에 이어지는 것이다. 환자의 서술, 의료서비스 제공자의 이해 확인 및 수정 요청의 순서는 의료서비스 제공자가 제대로 이해했다고 환자가 인정할 때까지 반복된다.

뒤프르DuPre(2001)는 환자의 느낌과 생각을 이끌어내는 네 가지의 추가적인 기술을 제안하였는데, 이는 커뮤니케이션 기술로 유명한 어느 의사의 인터뷰들을 검토하면서 찾아낸 것이다. 이것은 (1) 환자를 의사결정에 참여시키기, (2) 환자의 두려움에 관해 터놓고 이야기하기, (3) 주관식으로 질문하기, (4) 의사 자신의 경험을 공개하기self-disclosing이다. 마지막 기술의 경우 개인적 성향이나 문화적 기대에 따라 어떤 환자들에겐 효과가 더 좋다. 자신의 경험을 공개하는 것은 항상 환자가 보이는 단서나 반응에 따라 결정해야만 한다.

의료서비스 제공자가 보건의료 목표를 달성하기 위해 집단이나 지역사회와 협력하는 기술들이 큰 관심을 모았다. 이러한 기술은 지역사회기반 참여연구인 지역사회 참여연구CEnR: community-engaged research의 범주에 해당된다. CEnR 접근법의 대표적인 특징은 연구 과정의 모든 단계에서 지역사회의 구성원들을 적극적으로 포함시키는 것이다. 이 접근법들은 "특정 현상과 지역사회의 사회적·문화적 역학에 대한 이해를 증진하고, 지역사회 구성원들의 건강과 웰빙을 개선하기 위해 습득한 지식을 행동과 통합한다"(Israel et al., 2003, p. 54)는 목적을 공유한다. CEnR 접근법은 다양한 문화 집단과 질병 상태에 대해 활용되어지고 있다.

와이아나에 암 연구 프로젝트(Matsnuaga et al., 1996)에서는 하와이 원주민 여성들의 자궁암 및 유방암 검진을 개선하는 데 있어서 문화적으로 적절한 개입법의 효과성을 시험하기 위해 새로운 접근법이 개발되었다. 개입을 하게 된 동기는 하와이에서 원주민이 두 번째로 높은 암 발생률을 보이고 있다는 사실이었다. 여러 해에 걸쳐 개입 프로그램을 고안하고 시험하기 위해 프로젝트의 과학적 조사자들과 협업할 지역사회 주민들로 구성된 자문위원회가 선출되었다. 개입은 일련의 건강 문제 관련 지지집단을 통해 이뤄졌는데, 이를 위해 상호호혜를 기대하거나 이에 대한 의무가 없어도 다른 사람들을 기꺼이 돕는 하와이의 전통적인 가치에 기반한 기존의 사회적 연결망social networks을 활용하였다. 하와이 원주민 출신의 전문직 보조원들은 지지집단을 이끌 여성들을 모집하였고 그 집단들에 정보를 제시하였으며 유방암과 자궁암 검진에 관한 토론을 중재하였다. 지지집단을 이끌기로 자원한 또래 집단 지도자들은 조사자들이 지역사회 집단에 접근할 수 있도록 도와주었다. 집단 토론은 전통적인 "이야기하기talk story"의 형태로 열렸는데, 이는 원주민 여성들에게 익숙한 형태이기 때문에 잘 받아들여졌다. 유방 조영술과 유방암 검사, 그리고 자궁암 검진용 팹테스트 무료 바우처를 지지집단에 참여한 여성들과, 지지집단에는 참여할 수 없었던 그들의 친구 한 명씩에게 나눠주었다. 프로그램의 평가는 유방암과 자궁암 검진에 대한 지역사회의 지식, 태도, 행동에 긍정적인 영향을 끼쳤다는 것을 보여주었다. 게다가 조사자들은 하와이의 전통적인 건강신념에 대해 많은 것을 알게 되었고, 지역사회 구성원 및 집단과 긍정적인 관계를 구축하였다.

최근에는 환자와 의사 간 파트너십을 향상시키기 위해 각 집단을 따로 대하거나 환자-의사의 내부 역학에 관심을 둔 시도가 이뤄지고 있다. 환자-의사 간 파트너십 연구(Cooper et al., 2009)는 인종적·민족적 소수집단 구성원들과 사회경제적 지위가 낮은 사람들을 대상으로 건강문제 개선을 위해 문화 맞춤식의 여러 구성요소로 이뤄진 개입방법의 한 예이다. 무작위 임상시험을 이용해 조사하게 될 그 개입에는 의사들을 위해 컴퓨터를 이용한 독학 형태의 커뮤니케이션 기술 훈련 프로그램이 포함되어 있다.

영어를 잘 못하거나 전혀 못하는 환자들과의 협력

보건 커뮤니케이션에 있어서 가장 어려운 경우는 환자나 그 가족이 영어를 잘 못하거나 아예 못할 때일 것이다. 이것이 오늘날 보건의료에서 이슈가 되는 이유는 2000년 인구 총조사에 따르면 미국에서 영어를 잘 하지 못하는 사람이 1,900만여 명에 이르기 때문이다(Marcus, 2003).

영어를 잘 못하거나 전혀 못하는 환자 또는 그 가족과 함께 일하는 데 있어 가장 적절한 접근법은 전문적인 의료 통역사와 함께 일하는 것이다. 사실, 연방법에 따르면 보건복지부로부터 기금을 받는 보건의료 시설들은 모든 국민이 의료서비스를 찾거나 받을 수 있도록 통역 서비스를 제공하도록 되어 있다. 그러한 의무는 연방인권사무소에 의해 강화되어 있다. 일부 주들도 통역을 이용하도록 하고 있다. 예를 들어 일리노이 주는 언어보조서비스법Language Assistance Services Act을 통과시켰는데, 이 법은 너싱홈과 병원들이 24시간 이용 가능한 대인in person 혹은 전화 통역 서비스를 제공하도록 요구한다.

전문 의료 통역사란 한 언어로 들은 메시지를 다른 언어로 표현할 수 있도록 특별 훈련을 받은 사람들이다(Luckman, 2000, p. 152). 그들의 임무는 단어를 단순히 한 언어에서 다른 언어로 바꾸는 것뿐 아니라 커뮤니케이션에 영향을 미치는 문화적 차이를 정확하게 반영할 수 있도록 하는 것이다. 이러한 이유로 럭맨Luckman은 전문 의료 통역사를 문화 중개인cultural brokers이라고 하였다. 번역은 글로 쓰인 언어를 다루는 반면 통역은 말로 하는 언어를 다룬다는 점에서 차이가 있다.

통역의 정확성을 증진시키는 것으로 알려진 몇 가지 포인트가 있다. 중요한 것은 의료서비스 제공자가 통역이 아닌 환자를 직접 보고 이야기해야 한다는 것이다. 이렇게 하는 것은 환자와 의료서비스 제공자 간에 어느 정도의 관계와 라포가 형성되도록 돕는다. 의료서비스 제공자는 특별히 문화적으로 문제가 되지 않는 한, 환자에게 말을 하거나 이야기를 들을 때 환자와 눈을 맞춰야만 한다. 눈을 맞추는 게 적절한가 하는 문제는 전문 의료 통역사나 가족에 의해 확인될 수 있다. 질문이나 다른 언급은 의료서비스 제공자가 말한 그대로, 같은 화자의 목소리로(즉, 1인칭으로) 통역되어야만 한다. 예를 들어, 의료서비스 제공자가 "오늘 무슨 일로 오셨는지 알고 싶습니다"라고 했다면, 통역사는 "의사는 당신이 오늘 무슨 일로 오셨는지 알고 싶어 합니다"라고 하기보다 1인칭으로 그 문장을 통역해야만 한다. 의료서비스 제공자는 한 번에 하나 이상의 질문을 하지 않도록 해야 하며(예를 들어 "오늘 기분은 어떻고, 오신 이유는 무엇인가요?"와 같이 묻지 않아야 하며), 통역하기 어려울 수 있는 약자나 구어체 사용("머리noggin를 다쳤나요?"와 같은)을 피해야 한다.

통역사는 환자의 옆쪽 뒤편, 의사와 환자 사이에 서서 세 사람이 삼각형을 이루도록 해야 한다. 통역사가 의료서비스 제공자에게 질문이 있을 경우 먼저 환자에게 양해를 구한 다음 영어로 의료서비스 제공자에게 직접 물어봐야 한다. 마찬가지로, 환자에게 확인을 하기 위해 질문을 하거나 요청을 할 경우에는 의료서비스 제공자에게 먼저 양해를 구한 다음 환자에게 직접 해야 한다.

한 언어를 다른 언어로 통역하는 것은 단순히 한 언어의 단어를 다른 언어로 표현하는 것 이상의 일이기 때문에 어떤 통역은 부수적인 설명을 덧붙여야 될지도 모른다. 한 문화에서 나타나는 어떤 현상이 다른 문화에서는 같은 형태로 나타나지 않을 수 있기 때문이다. 예를 들어 어떤 환자가 악마의 눈evil eye과 같이 특정 문화와 관련된 상태를 언급했을 때 단어를 단순하게 직역한다면 그 환자가 의료서비스 제공자에게 말하고자 한 의미를 충분히 전달할 수 없을 것이다. 이런 경우 단어를 직역한 후에 통역사는 의료서비스 제공자에게 그 말이 영어로는 환자의 언어에서와 같은 의미가 아니라는 것을 얘기해주고 설명을 덧붙여야 한다(예를 들어 "mal ojo, 즉 악마의 눈이란 것은 가르시아Garcia 씨의 문화에서는 어떤 사람이 다른 사람과 눈을 마주쳤을 때 갑자기 병이 난 것으로 여겨지는 경우를 말합니다"와 같이). 이때 통역사는 환자에게도 두 문화에서 같은 방식으로 일어나지 않는 어떤 상태에 관해 설명하고 있다는 것을 알려주어야만 한다. 그렇지 않을 경우 환자는 왜 통역사가 자기 말을 의료서비스 제공자에게 두 배, 세 배나 길게 통역하는지 궁금해 할 것이다.

일부 시설들은, 특히 흔치 않은 외국어의 경우 전화 통역 서비스를 이용한다. 예를 들어 AT&T사의 랭귀지 라인은 140개 언어 통역사를 고용하고 있는 24시간 서비스이다. 몇몇 주의 경우 저소득층을 위한 국가의료부조인 메디케이드Medicaid에서 이 서비스 비용을 대준다. 통역은 대개 스피커폰을 이용해 이뤄진다. 전화 통역 서비스 사용의 단점은 비언어적인 표현에 대한 통역은 해줄 수 없다는 점이다. 또한, 전화 통역 서비스 종사자들은 의학용어에는 익숙지 않은 경우가 많다.

대인 전문 의료 통역사를 이용할 때의 주요 장점은 그들은 대개 제3자이기 때문에 의사에 대한 환자의 답변과 관련해 이해관계가 없다는 것이다. 커뮤니티 보건소 등에서 통역사를 구하기 어려울 때 환자의 가족이나 이중 언어가 가능한 시설 직원을 이용할 필요가 있을 수 있다. 가족을 통역사로 이용할 경우 객관성의 문제가 생기며 환자는 자신의 친척 앞에서 민감한 정보를 이야기하기 꺼려할 수도 있다. 또한, 가족은 의사에게 환자가 괜찮은 사람으로 보이게 하고 싶고, 그래서 환각과 같이 사회적으로 좀 꺼리는 문제는 축소하려고 할 수 있다(Slomski, 1993). 더군다나, 가족의 영어 실력은 환자 자신보다 겨우 조금 나은 수준일 수도 있다.

가족이 아니면서 환자와 같은 언어를 사용하는 사람, 이를테면 병원의 다른 부서에서 일하는 직원 등을 이용하는 것은 효율적일지는 몰라도 좋지 않은 결과를 가져올 수 있다. 왜냐하면 그들은 의학 용어에 낯설고, 통역을 정확하고 객관적으로 하는 법을 이해하지 못할 수 있기 때문이다(Luckman, 2000). 가족이 아닌 사람을 이용하는 것은 보건 현장에서 심각한 사생활 침해 문제를 야기할 수도 있다. 또한, 같은 언어권이라도 단어 사용에 있어서 나라나 문화에 따른 지역적 차이가 있기 때문에 문제가 생길 수 있다. 비전문가 통역(이중언어를 구사하는 직원이나 가족 등)을 이용해 스페인어 사용 환자 6명과 진행한 상담의 녹취록을 검토한 연구에서 165개의 실수가 확인되었으며, 이 중 77%는 심각한 임상문제를 야기할 만한 것이었다(Flores et al., 2003). 여기에는 소아 환자의 어머니에게 항생제를 입이 아닌 귀에 넣어 주라고 말한 것이라든가, 약 알레르기에 관한 질문을 통역하지 못한 것 등이 포함된다.

환자가 영어를 잘 못하거나 아예 못하는 경우, 이중 언어를 구사하는 친척이나 직원을 이용할 필요가 있다 하더라도 의학 용어에 익숙한 전문 의료 통역을 이용하는 것이 낫다. 전화를 통해 통역이 참여하는 전화통역서비스도, 특히 의학용어에 대한 전문성을 가진 통역사를 고용하고 있다면 이용해 볼 만하다. 이중 언어를 구사하지만 의학용어에 관해서는 훈련받지 못한 가족이나 직원, 또는 전화 통역사를 참여시키는 경우 의료서비스 제공자는 (a) 따로 시간을 내서 의료서비스 제공자가 하는 말을 편집하지 않은 채 객관적으로 통역하는 것의 중요성을 설명하고, (b) 통역하고 있는 사람과 환자가 이해하기 쉽도록 전문용이 사용을 줄여야 한다(예를 들어 "열성febrile인가요?"라는 말보다는 "열이 있었나요?"라고 하거나, "오늘 배변했나요voided?" 대신에 "오늘 화장실에 다녀온 적이 있나요?"라고 질문하는 것이 좋다). 전문적인 언어를 많이 사용할수록, 의료서비스 제 공자와 통역가, 그리고 환자가 같은 방식으로 이해하게 될 가능성은 줄어들 것이다.

결론
CONCLUSION

환자와 의료서비스 제공자가 현실에 관한 문화적 인식이 완전히 다른 배경 출신이고 서로 다른 건강신념을 갖고 있을 경우, 보건의료적인 임상적 만남은 문제적이고 협상이 필요하다. 환자와 의료서비스 제공자 간의 좋은 커뮤니케이션은 서로 다른 신념을 극복하고 타협된 임상적 현실을 향한 길을 순탄하게 도와줌으로써, 정보의 흐름을 최적화하고, 환자가 자신의 치료에 적극적으로 참여하며 건강에 대한 스스로의 영향력에 대해 자신감을 갖고, 환자와 의료서비스 제공자 모두의 웰빙을 증진시켜줄 수 있다. 이러한 유형의 커뮤니케이션은 미국 내 집단 간 건강 차이를 감소시키는 데에도 중요하다.

효과적인 커뮤니케이션을 촉진하기 위한 여러 가지 기술들이 개략적으로 소개되고 논의되었다. 환자가 치료에 좀 더 참여하도록 만드는 여러 가지 기술들은 실증적인 지지를 받아왔으며 임상 현장에서의 사용 가능성을 보여준다. 환자의 건강과 관련된 비신체적 측면에 더 관심을 기울이고 보다 환자 중심의 상담을 함으로써 의료서비스 제공자의 커뮤니케이션 기술을 향상시키는 기술들은 실증적인 효과성 입증이 다소 부족하다.

사회복지 투입은 보건의료 영역에서의 커뮤니케이션 개선을 위한 개입들을 개발하고 확인하는 데 필요하다. 이 장에서 검토된 상당수의 연구들은 탄탄한 연구 설계를 갖고 있긴 하지만 대부분 매우 비이론적atheoretical이다. 보건의료 분야에서의 경험을 가진 사회복지사가 탄탄한 사회과학적 이론에 기반해 설계한 개입들이 훨씬 나을 것이다. 마찬가지로, 영어를 전혀 못하거나 잘못하는 사람들과의 커뮤니케이션을 최대한 정확히 하는 기술들도 실증적 확인이 필요하다.

사회복지 및 다른 학제에 있어 더 큰 도전은 의료서비스 제공자가 자신과 매우 다른 사회인구학적 집단 출신의 환자에 대해 갖는 미묘한 편견을 어떻게 인지하고 최소화할 것인가이다. 이는 그 어떤 다른 전문집단보다 사회복지사들에게 큰 도전이다. 주류 집단의 의료서비스 제공자와 소수 집단 및 사회경제적 지위가 낮은 집단 출신의 환자들 간의 보건의료적 접촉 결과에 대한 실증적 증거는 특히 건강 문제에 미치는 잠재적인 부정적 영향과 관련해 매우 심각하다. 의료서비스 제공자가 무의식적인 편견의 위험에 대해 스스로를 민감하게 만들고 그 편견을 극복할 지침을 제공하는 개입들을 개발하기 위한 연구들이 필요하다. 사회복지사는 이러한 개입들을 개발하고 시험하며, 초학제적 보건의료팀 내의 위치에서 좋은 실천적 모범을 보이는 데 있어서 분명한 역할을 갖고 있다. 이러한 노력의 성공은 맥기니스 등(2002)이 주목했던 것처럼 보건의료 분야에서의 실패로 인해 미국을 비롯한 세계 여러 지역에서 발생하는 건강불평등이 야기되는 것을 훨씬 줄일 수 있을 것이다.

연습문제

연습 10.1

여러분이 살고 있는 지역이나 여러분의 학교 또는 근무지에서 가장 가까운 대도시 지역에 최근 어떠한 이민이나 난민 집단이 있는지 알아본다. 그중 인원이 가장 많은 집단을 선택한다. 도서관이나 인터넷을 이용해 그 집단의 문화를 조사해 본다. 그 집단을 담당하는 보건의료서비스 제공자를 인터뷰해 본다. 지역의 보건과나 지역사회 클리닉, 혹은 연방정부의 인증을 받은 보건소에서 일하는 사람일 수 있다. 그 집단의 구성원과 인터뷰하는 것이 가능한지 물어보자. 아래의 질문들에 대한 답변을 구해 5페이지짜리 보고서를 작성하도록 한다.

1. 해당 집단이 당면하고 있는 주요 보건의료 문제는 무엇인가?(출신 국가 및 미국에서의 문제 모두)
2. 이러한 보건의료 문제를 다루는 데 있어서 장애물은 무엇인가?
3. 의료진과 그 집단 구성원들 간의 커뮤니케이션은 어떻게 진전되어 왔는가?
4. 의료서비스 제공자와 그 집단 구성원들 간의 커뮤니케이션에 있어서 주요 장애물은 무엇인가?
5. 이용 가능한 의료 통역 서비스는 어떤 것인가?
6. 이러한 서비스는 접근성이 어떠한가?

보고서의 결론에는 이러한 상황에 대한 여러분의 생각과 그 상황을 개선하기 위한 제언을 개략적으로 소개하도록 한다. 지역사회 참여연구CEnR 접근법을 이용해 그 집단 구성원들이 의사결정에 참여하게 만드는 방법을 제안하면 추가점을 받을 수 있다. 학술지에 게재됐거나 다른 경로로 구한 실천가들의 서면 인터뷰 자료를 부록으로 제출해도 좋지만 보고서에 담긴 정보들의 출처는 잘 밝히도록 주의한다.

연습 10.2

이 장의 부록에 간추려 놓은 의학 용어를 숙지하면서 다음 용어들의 의미를 알아보도록 하자.

1. Retroperitoneal
2. Neoplasia
3. Hypertrophy

4. Paranasal sinuses

5. Microcephaly

6. Cardiac arrhythmia

7. Myalgia

8. Bronchitis

9. Visceroptosis

10. Splenomegaly

11. Prostatic hypoplasia

12. Arteriosclerosis

13. Hemolysis

14. Prenatal

15. Mammography

16. Metastasis

17. Epigastric

18. Nephritis

19. Cardiomyopathy

20. Bradycardia

부록 10.1 의학 용어

이 부록에서는 의학 용어들을 형태소component parts별로 쪼개고 몇 가지 규칙을 따라 이해하는 법을 설명하고 있다. 의학적인 단어들을 형태소별로 쪼개고 그 형태소들의 의미를 알게 되면 광범위한 용어들의 의미를 이해할 수 있게 된다. 이것은 특히 사회복지사가 다양한 학제적 배경을 가진 팀원들과 의사소통해야 하는 초학제적 환경에서 일할 준비를 하는 데 중요하다.

의학적 용어들을 분석할 때는 단어의 끝부분(접미사suffix)에서 시작한다. 예를 들어, neurology라는 단어는 -LOGY로 끝나는데, 이는 "~학(學)"을 의미한다. 그 다음, 단어의 시작부분으로 간다. NEUR-는 이 단어의 어근word root, 즉 본질적인 의미를 제공하는 형태소이다. 어근 NEUR-는 '신경'을 의미한다. 이 단어의 세 번째 부분인 문자 O는 그 자체로는 아무런 의미가 없이 접미사와 어근을 연결해준다. 이러한 것을 합성모음combining vowel이라고 한다. 이렇게 형태소들의 의미를 합쳐보면 "신경학"이라는 의미를 알게 된다.

또 다른 단어 *gastroentertis*를 보자. 접미사 -ITIS는 "염증"을 의미한다. 어근 GASTR-는 "위"를 의미한다. 이 단어는 또 다른 어근 ENTR-를 갖고 있는데, 이것은 "장"을 의미한다. 두 어근의 접사connector O로 연결된다. 단어는 접미사부터 읽어서 시작부분으로 돌아가 오른쪽으로 계속 읽으면 된다. 그러면 *gastroentertis*는 "위장염"을 의미한다는 것을 알 수 있다.

단어를 형태소로 나눌 때 접사를 찾아보면 도움이 된다. 합성모음과 어근을 함께 묶어 합성형combining form이라고 한다. 어떤 단어들은 두 개의 합성형을 갖고 있다. 이런 경우 모음으로 시작하는 접미사 앞의 합성모음은 생략하는 것이 규칙이다. 예를 들어, *gastroenteritis*에서 어근 ENTER-는 -ITIS와 결합할 때는 합성모음이 없는데, 이는 접미사 -ITIS가 모음으로 시작하기 때문이다. 반면 어근들 사이의 합성모음(GASTR-O-ENTER)은 어근이 모음으로 시작되더라도 남겨둔다. 두 개의 합성형을 갖고 있는 단어의 또 다른 예로 *electroencephalogram*이 있다. 접미사 -GRAM은 "~의 기록"을 뜻한다. 합성형인 ELECTRO-는 "전기"를 의미한다. 또 다른 합성형 ENCEPHALO-는 "뇌"를 의미한다. 따라서 *electroencephalogram*은 "뇌전도"를 뜻한다.

접미사, 어근, 합성모음 및 합성형과 함께 어떤 단어들은 시작 부분에 형태소가 붙어 있는데 이를 접두사prefix라고 한다. 접두사가 붙으면 단어의 뜻이 바뀔 수 있다. 예를 들어 *pericardial*이라는 단어를 보자. 접미사 -AL은 "~와 관계있는"이라는 뜻을 갖는다. CARDI-는 "심장"을 의미하는 어근이다. PERI-는 "~을 둘러싼"이라는 뜻의 접두사이다. 따라서, *pericardial*은 "심장 주위의"라는 뜻이다. RETRO-는 "뒤에"라는 뜻의 접두사이다. 따라서, *retrocardial*은 "심장 뒤쪽의"라는 뜻이 된다. 또, 접두사 EPI-는 "위에"라는 뜻의 접두사이므로 *epicardial*이라는 단어의 뜻은 "심장 위쪽의"가 된다.

표 10.4~10.6은 흔히 쓰이는 의학적 접미사, 접두사, 어근을 정리해 놓은 것이다. 지면 사정상 일반적인 뜻만 제시해 두었으며, 완벽한 의학 용어 목록이라기보다 학습 자료로만 참고해야 한다. 이 책에 담긴 정보를 보완하고 전문 분야와 밀접한 의학 용어들을 제시해주는 매우 좋은 지침서들이 많다. 이 부록 끝에 그러한 지침서들의 추천 목록을 적어 놓았다.

다음 세 개의 표에 담긴 정보는 보건의료 분야의 사회복지사들이 부딪히는 의학 용어들을 분해하고 이해할 수 있도록 해줄 것이다. 의학 용어들을 파악하는 다음 5단계를 기억하라.

1. 접미사를 찾아내 그 뜻을 알아본다.
2. 접두사가 있는지 확인해서 그 뜻을 알아본다.
3. 합성형을 구성하는 제1 어근과 합성모음을 찾아내라. 접두사가 있다면 합성형은 그 뒤에 있다. 그리고 그 뜻을 알아본다.
4. 찾아낸 합성형 뒤에 또 다른 합성형이 있는지 확인해 그 뜻을 알아본다. 모음으로 시작되는 접미사 앞의 어근은 합성모음을 갖고 있지 않다는 것을 명심한다.
5. 접미사에서부터 접두사, 합성형 또는 어근의 순서로 단어를 읽는다.

표 10.4) 흔히 쓰이는 의학적 접두사들과 그 의미 및 용례

접두사	뜻	용례
a-, an-	~이 아닌, ~이 없는	apnea(무호흡, 질식)
ante-	~의 앞, 앞으로	antepartum(분만 전의, 산전의)
anti-	~에 반대하는	antibiotic(항생제), antiseptic(소독제)
auto-	자기, 자신의	autoimmune(자가면역의)
bi-	두 개의	bilateral(쌍방의), bifurcation(분기점)
brady-	느린	bradycardia(서맥[5])
cata-	~의 아래	catabolism(이화작용, 분해작용)
con-	~을 가지고, ~와 함께	congenital(선천적인)
contra-	~에 반대하는, ~과 반대의	contralateral(반대쪽에 일어나는)
de-	~의 아래, ~이 부족한	dehydration(탈수[증])
dia-	~을 통해, 별도의, 완료한	dialysis(투석), diarrhea(설사)
dys-	나쁜, 아픈, 어려운	dyspnea(호흡곤란)
ec-, ecto-	~의 밖, 바깥	ectopic(정규 장소를 벗어난)
en-, endo-	~의 안, ~의 이내	endoscope(내시경)
epi-	~의 위	epithelium(상피[세포])
eu-	좋은, 잘	euphoria(행복감, 도취[증])
ex-	~의 밖, ~로부터 멀리	exophthalmia(안구돌출증)
hemi-	절반	hemiplegia(반신불수)
hyper-	지나친, ~의 위	hyperplasia(과[過]형성, 증식)
hypo-	~보다 아래의	hypothermia(저체온증)
in-	~이 아닌, ~의 안	insomnia(불면증), incision(절개)
infra-	~아래의	infracostal(늑골 아래의)
macro-	큰	macrocephalia(이상 대두[大頭]의)
mal-	나쁜	malignant(악성의)
meta-	변화, ~너머	metastasis(전이)
micro-	작은	microscope(현미경)
neo-	새로운	neoplasm(신생물, 종양)
pan-	모든	pancytopenia(범혈구감소증)
para-	나란히, ~옆에, ~너머	parathyrod(부갑상선의), paralysis(마비)
peri-	~을 둘러싼	pericardial(심낭의, 심막의)

5) 보통 분당 60 이하의 느린 맥박을 말함 — 옮긴이 주.

poly-	많은	polyneuritis(다발성 신경염)
post-	~후, ~뒤에	postmortem(사후의), postnatal(출생 후의)
pre-	~전, ~앞에	prenatal(태아기의), precancerous(암 발병 전의)
pro-	~전, ~너머	prodrome(전구[前驅]증상6)), prolapse([인체 장기의]탈출증)
pseudo-	가짜의	pseudocyesis(상상임신)
re-	뒤로, 다시	relapse(재발)
retro-	~뒤에, 뒤로	retroperitoneal(복막 뒤의)
sub-	~아래	subcutaneous(피하의)
supra-	~위, 상위의	supracutaneous(상피의)
syn-, sym-	함께, ~을 가진	synthesis(합성), symphysis(결합)
tachy-	빠른	tachycardia(빈맥7))
trans-	~을 가로질러, ~을 통해	transfusion(투입, 수혈)
uni-	하나의	unilateral(단독의, 일방적인)

표 10.5 흔히 쓰이는 의학적 어근 및 연결모음과 그 뜻

어근/합성모음	뜻	어근/합성모음	뜻
abdomin/o	복부	nephr/o	장
aden/o	선(腺), 샘	neur/o	신경
angi/o	관, 혈관	onc/o	종양
arthr/o	관절, 마디	opthalm/o	눈
carcin/o	암	orch/o	고환
cardi/o	심장	oste/o	뼈
cerebr/o	대뇌	ovari/o	난소
chondr/o	연골	ped/o	아동, 소아
cutane/o	피부	psych/o	심리, 정신
encephal/o	뇌	pulmon/o	폐
enter/o	장	rhin/o	코
gastr/o	위	sarc/o	살
gynec/o	여성	thel/o	유두
hemat/o	혈액	thorac/o	가슴

---

6) 곧 발병할 것임을 암시해주는 증상 — 옮긴이 주.
7) 심장 박동 수가 100회 이상의 빠른 맥박을 말함 — 옮긴이 주.

hepat/o	장	thyr/o	갑상선
lapar/o	복벽	trache/o	기관, 기도
mamm/o	가슴	urethr/o	요도
mast/o	가슴		

표 10.6 흔히 쓰이는 의학적 접미사들과 그 의미 및 용례

접미사	뜻	용례
-algia	통증(pain)	neuralgia(신경통)
-centesis	천자(穿刺). 몸에 구멍을 내 분석용 체액을 뽑아내는 외과술(surgical punture to remove fluid for analysis)	amniocentesis(양수 천자)
-coccus	구균(berry-shaped bacterium)	streptococcus(연쇄 구균)
-cyte	세포(cell)	lymphocyte(림프 구)
-dynia	통증(pain)	mastodynia(유방통)
-ectomy	제거(removal of), 적출(excision)	tonsillectomy(편도선 절제술)
-genesis	생산하는(producing), 형성하는(forming)	carcinogenesis(발암[현상])
-genic	생산하는(producing), 생산된(produced)	carcinogenic(발암성의)
-gram	기록(record)	mammogram(유방조영술)
-itis	감염(inflammation)	tonsillitis(편도선염)
-logy	~학(study of)	morphology(형태학)
-lysis	붕괴(breakdown), 분리(separation)	paralysis(마비)
-malacia	연화(softening)	osteomalacia(골연화증)
-megaly	비대, 확장(enlargement)	splenomegaly(비장비대증)
-oma	종양(tumor), 수집·퇴적(collection)	myoma(근종)
-osis	상태(condition), 대개 비정상적인(usually abnormal)	necrosis(괴사)
-pathy	질병 상태(disease condition)	cardiopathy(심장질환, 심장병)
-penia	부족, 결핍(deficiency)	leucopenia(백혈구 감소증)
-plasia	발달(development), 생장(growth)	achondroplasia(연골무형성)
-plasty	외과적 교정(surgical repair)	angioplasty(혈관 성형술)
-ptosis	늘어지는(sagging, drooping)	visceroptosis(내장하수증[下垂症])
-sclerosis	경화(hardening)	arteriosclerosis(동맥경화증)
-stasis	멈추기(stopping), 통제·제어(control)	metastasis(전이)

추천 자료

Chabner, D. (2008). *Medical terminology: A short course.* Philadelphia, PA: Elsevier.

Chabner, D. (2010). *The language of medicine.* Philadelphia, PA: Elsevier.

Stedman, J. M. (2008). *Stedman's medical dictionary for the health professions and nursing.* Philadelphia, PA: Lippincott, Williams & Wilkins.

Steiner, S. S. (2002). *Quick medical terminology: A self-teaching guide.* Hoboken, NJ: Wiley.

제11장

종교, 영성, 건강 그리고 사회복지
Religion, Spirituality, Health, and Social Work

테리 A. 울퍼 TERRY A. WOLFER

이 장에서는 종교적·영적 역량이 증진되길 원하는 사회복지사에게 도움이 되는 정보를 제공하려고 한다. 이 장에서는 미국인에게 있어 종교의 중요성에 대한 자료를 간략하게 요약하는 것에서 시작하여, 이 후 종교와 영성을 정의하고 중복되는 용어의 다양한 개념과 연관된 다양한 용어들도 요약하고자 한다. 다음으로 종교, 영성, 그리고 신체적·정신적 건강 사이의 관련성에 대한 몇 가지 경험적 연구를 간략하게 설명하고 마지막으로, 간단한 도구부터 깊은 면담에 이르기까지 임상실습에서 사용하는 다양한 평가 전략을 소개한다.

이 장의 목표

- 미국에서의 종교성 수준을 설명하고 왜 이것이 보건사회복지사와 다른 건강전문가들에게 중요한지 설명한다.
- 종교와 영성의 개념과 이에 따른 다양한 관점을 정의하고 그것들이 어떻게 서로 연관성을 갖고 있는지 설명한다.
- 종교와 영성 그리고 신체적·정신적 건강을 연결시켜주는 주요 경로와 이러한 경로를 뒷받침할 수 있는 경험적 증거를 논한다.
- 클라이언트의 영성을 평가하기 위한 이론적 근거와 이를 평가하기 위한 주요 방법들을 서술한다(간단한 사정도구, 그림을 이용한 도구, 세심한 면담 방식을 포함하여).
- 클라이언트의 종교와 영성을 이해함에 있어서 보건사회복지사들의 중요성을 논한다.

종교와 건강 사이의 복잡한 관계는 최근까지 계속해서 미국 사회 내에서 논란이 되어 오고 있다. 예를 들어, 오리건주는 불치병의 상황에서 안락사—개인이 자신의 죽음을 선택하고 앞당길 수 있도록 허락하는 것—를 합법화한 미국의 첫 번째 주이다. 안락사는 다른 주에서는 부분적으로 불법으로 여겨지는데, 이는 종교적으로 사람의 생명에 대한 가치를 중요시하기 때문이다.

최근 오리건 주에서 있었던 법정 재판 가운데, 배경은 다르지만 이와 유사한 사건이 있었다.

이 사건은 그리스도 사도교회Followers of Christ Church 교인들과 연관되어 있다(Mayes, 2010). 한 부부는 16살 아들을 비뇨기감염에 대한 의료적 치료를 받지 못하고 죽음에 이르도록 하여 태만에 의한 과실죄로 기소되었다. 이 경우, 부모는 기도, 기름 부음, 의식적인 안수에만 의지하여 의학적인 치료를 거부하였다. 이 교파의 교인들은 종교적 기반으로 의학적 치료를 거부하는 몇몇 그룹 중 하나이다. 종교를 가진 미국인 대부분은, 공동체 내에서 의료서비스의 거부는 극단적이기 때문에, 정당화될 수 없다고 간주한다. 그러나 이는 미국 내에서 보건의료서비스와 사회서비스와 관련하여 종교적인 믿음과 행동 간의 다양한 모습들을 보여준다. (아동사회복지사는 아이가 죽기 몇 달 전 가족을 방문했었다.) 이러한 상황에서 일하는 보건사회복지사들은 부모의 종교적인 권리에 대한 존중과 개개인의 삶에 대한 보호, 특히 이런 세밀한 부분까지도 보호함으로써 가족들과 조화를 이루는 것이 필요하다.

명백히, 안락사 즉 의사조력자살은 종교적인 기반으로 의학적 치료를 거절하는 것과는 다르다고 할 수 있다. 그럼에도 불구하고, 두 상황은 인간의 생명을 보호할 수 있는 가치, 삶의 질, 환자 스스로의 결정, 종교적 자유, 가족주의와 관련된 논쟁에 대한 심오한 종교성 혹은 윤리적 불일치 등과 같은 몇 가지 공통점을 가진다.

보건의료에서의 종교적인 논쟁의 또 다른 예로는 장기기증이 있다. 거의 모든 장기기증은 죽은 사람보다 뇌사환자로부터 이뤄지기 때문에, 장기 관리팀은 종종 장기를 적출하기 위해 가족들의 동의를 얻어야 한다. 뇌사와 장기기증을 둘러싸고 있는 종교적·윤리적 문제로 인해 강력한 논쟁이 일어나기도 한다. 다음 두 가지의 사실은 논쟁을 더 심화시킨다: (1) 기부자의 수는 지속적으로 일정하다, (2) 매년 장기 이식을 기다리는 사람들의 수는 계속 증가한다. 결과적으로 장기를 기증해야 하는 압력이 증가하고 있음을 알 수 있다.

브레나한Bresnahan과 말러Mahler(2010)는 뇌사의 상황에서 장기기증에 관한 5가지 주요 전통적인 관점을 확인하고, 장기기증에 대한 정보를 온라인을 통해 쉽게 얻을 수 있는 방법을 비교하였다. 그 결과, 보건의료 관계자들과 대부분의 인터넷 정보 자원들은 대부분의 종교가 장기기증을 지지하고 있다고 대개 보고한다. 그러나 일부 웹 사이트는 그와 반대되는 주장을 하고 있다. 인터넷을 통해 정보를 얻는 소비자들의 수가 점차 증가한다는 점에서 이는 매우 중요하다. 대부분의 종교기관이 장기기증을 지지한다는 사실은 알지만 온라인 상에 이처럼 모순되는 정보가 있다는 사실을 모르는 사회복지사라면, 가족들이 종교적인 이유를 내세워 장기기증을 거부할 때, 그 상황을 이해하지 못할 수도 있다. 결과적으로 사회복지사는 정중히 그들의 문제를 놓고 고민하지만, 만족스러운 결정에 도달하는 것에는 크게 도움이 되지 않을지 모른다. 종교성이 깊은 가족들과의 신뢰를 구축하고 유지하고자 하는 보건 실천가들은 그들의 종교적 논쟁을 존중하는 관점에서 다뤄야 한다.

현재 종교적인 관점을 포함하여 또 다른 윤리적 문제에 있어서도 열띤 논쟁이 있다. 보건의료 실천가들이 개인적인 윤리적 혹은 종교적인 이유로, 반대하는 의학적 치료를 제공하는 것들을 거부할 수 있는 것인지에 대한 것이 그것이다. 이 논쟁은 국가의 보건의료 개혁에 대한 최근 논쟁 가운데에서 고조되었다. 많은 미국인들은 의료전문가들이 도덕적·종교적 반대가 있는 서비스를 제공하는 것에 거부할 수 있는 권리를 가져야 한다는 점에 동의했다. 동시에, 환사가 의학적 치료에 대한 모든 법적 선택권에 대한 정보를 가질 권리가 있다고 믿는다. 때때로 이러한 기대는 충돌하기도 한다. 컬린Curlin, 로렌스Lawrence, 친Chin과 란토스Lantos(2007)는 "임종을 앞둔 환자에게 말기 진정제 투여, 피임 실패에 대한 낙태 시술, 부모의 동의 없이 청소년에게 피임약을 처방하는 행위"(p. 593) 같은 논쟁적인 절차에 관해 의사를 대상으로 전국 규모의 표본조사를 실시했다. 서베이 결과에 따르면, 대부분의 의사들은 그들이 개인적으로 반대하는 치료에 대해 의구심을 표현하는 것이 용인될 수 있다고 믿지만, 또한 동시에 그들이 반대하는 치료방법에 대한 정보를 제공할 의무가 있으며, 그러한 치료법을 사용하는 다른 의사에게 환자를 연계해 줄 의무가 있다고 생각하고 있음을 보여준다. 그럼에도 불구하고, 컬린Curlin 등은, 상당수의 의사들이 "합법적이지만 아직 논쟁적인 치료방법에 대한 정보를 공개하고, 다른 의사에게 의뢰할 책임이 있지는 않다고 믿고 있다"(p. 597)고 보고한다.

보건사회복지사들은 두 가지 관점에서 윤리적 문제에 직면할 것이다. 의사와 같이 일부 사회복지사들은 도덕적으로 지탄받는 부분에 대해 개입하여 환자를 도와줄 것인지 혹은 이런 개입을 환자에게 알릴지에 대한 결정을 놓고 고심할 것이다. 또한 사회복지사는 자신과 반대 의견을 지닌 의사나 다른 의료 전문가와 함께 일할 수도 있다. 그러면 사회복지사와 의사는 해당 환자와 관련하여 서로 의견을 달리 하는 의료적 개입에 대해 논의할 수 있다. 보건사회복지사는 이러한 논쟁에 대해 인식하고 있어야 하고, 자신의 결론을 도출해야 하며 그들 스스로와 다른 신념을 가진 전문적인 동료들과도 일할 준비가 되어 있어야 한다.

건강과 보건의료 영역이 종교적·영적·도덕적 문제와 갈등을 겪는 것은 그리 놀랄 일도 아니다. 여러 면에서, 신체적·정신적 건강은 고통과 괴로움을 수반하며 삶의 의미에 대한 질문과도 관련되어 있다. 건강과 보건의료는 인간 존재의 심오한 측면, 종교와 종교제도를 역사적으로 다룬 측면, 그리고 점점 더 과학적 연구에 의해 주장되는 부분들에 대해서도 다룬다. 동시에, 의료적 혁신은 경계를 허물고 이전에 상상하지도 못한 문을 열었고, 종종 심오한 종교적·영적인 우려를 일으켰다. 이러한 이유로, 보건 분야에서 일하는 사회복지사는 클라이언트의 삶에서 종교와 영성, 가족, 동료, 그리고 자신에 대해 민감하게 반응하고 알 필요가 있다.

이 장에서는 사회복지사에게 종교적·영적 역량을 발전시키는 데 도움이 되는 정보를 제공하고자 한다. 그전에, 종교와 영성에 대해 알려져 있는 부분과 알려져 있지 않은 부분을 성찰하는 것은 유용할 것이다. 개인이 알고 믿는 것은 개인적인 경험에 의해 결정되지는 않더라도, 그 영향을 받는다. 여러 보건사회복지사와 환자를 포함한 모든 인간은, 그들의 가족 안에서, 친구 혹은 동료들과 긍정적인 혹은 부정적인 경험을 갖는다. 그들은 또한 다양한 문화 매체와 정규 교육으로부터 많은 것들을 배워왔다. 이들은 다른 사람을 이해하기 위해 자신의 경험과 교육된 내용을 활용하게 된다. 종교와 영성에 있어서는 독특하게도 어렵게 보일 수 있다. 왜냐하면 종교와 영성은 자기인식과 자기성찰이 덜 이루어지기 때문이다. 사람들은 저마다 다른 경험을 하기 때문에, 추측은 피하고 다른 사람에 대해 열심히 이해하는 것이 중요하다. 브라질의 의사들과 연구자들은 이렇게 설명한다.

영성을 과학적으로 공부하는 것은 비록 다소 불안정한 일일지라도 매우 흥미로운 일이다. 이 분야는 영성에 반대하는 편견과 선입관으로 가득한 분야이다. 많은 사람들이 의견을 제시하지만, 대부분의 판단은 대개 이용 가능한 증거에 대해 심층적인 분석을 기반으로 하고 있지 않다. 편협하고 회의적인 비관주의에 쉽게 빠질 수 있고, 의심스러운 주장에 대해서도 순진하게 수용하기 쉽다. 우리가 영적 혹은 물질적인 믿음을 유지하든, 종교적 내지는 반종교적 자세를 취하든, 우리는 인간에 대한 돌봄과 지식을 개선시키기 위해 영성과 건강 사이의 관계를 탐구할 책임이 있다(Moreira-Almeida, 2007, pp. 3-4).

미국인구의 종교성과 영성
RELIGIOSITY AND SPIRITUALITY IN THE AMERICAN POPULATION

미국인에게 종교의 중요성을 측정하는 방법은 다양하다. 아마도 가장 단순하고 직접적인 방법은 단순히 물어보는 것이다. 예를 들어, 종교와 삶에 관한 퓨 포럼Pew Forum on Religion and Public Life(2009)에 따르면, 미국인의 56% 이상이 그들의 삶에서 종교가 매우 중요하다고 답했다. 종교가 매우 중요하다고 진술한 사람의 비율 가운데, 뉴햄프셔와 버몬트 주는 36%의 낮은 수치를 기록하였으나, 미시시피 주에서는 82%로 높게 나타났다. 또 다른 예로, 퓨 포럼Pew Forum에 따르면 미국인의 5분의 2가량(39%)이 1주일에 적어도 1번 예배에 참석하고 있다고 보고했다. 반면 다른 많은 사람들은 예배에 덜 자주 참석하고 있다. 이와 비교하여 2008 사회총조사GSS: General Social Survey에 따르면 인구의 4분의 1 이상(27.5%)이 적어도 주중에 1번 예배에 참석한다고 했다. 반면 거의 절반에 가까운 사람들(48.3%)은 한 달에 적어도 1번 예배에 참석한다. 또한, 주간(weekly) 출석은 주마다 다르다. 알래스카 주에서 22%의 적은 수치가 나왔으나, 미시시피 주에서 60%로 높은 수치가 나왔다(Pew Forum, 2009). 미국인의 거의 절반인 48%는 적어도 하루에 1번 기도한다고 보고했다. 메인 주에서는 40%의 낮은 수치인 반면, 미시시피 주에서 77%의 높은 수치를 기록하고 있다(Pew Forum, 2009). 이와 비교하여, 2008 사회총조사에서는 미국인의 과반수(57.6%)가 적어도 매일 기도한다고 나타났다. 그리고 나머지 사람들(17.7%)은 1주일에 1번 기도한다고 보고했다(Association of Religion Data Archives[ARDA], n.d). 미국인 90% 이상은 "하나님 또는 보편적 영적 존재를 믿는다"고 했으며 3분의 2 이상(71%)은 이러한 신앙 안에서 절대적 확신을 가지고 있다고 보고하기도 했다(Pew Forum 2009).

미국 전체를 볼 때 이러한 변수에는 상당한 지역적 차이가 있다. 일반적으로, 이 설문조사는 남부지역에서 각각의 수치에 높은 비율이 나타난 반면, 북동부와 서부는 낮은 비율을 기록했다.

이러한 비율은 지역에 있는 사회복지사들이 종교를 중요시하는 환자들을 만날 가능성이 있음을 나타낸다. 이러한 환자들은 매주 예배에 참석하고 매일 기도를 한다. 문화적으로 역량 있는 보건사회복지 서비스를 제공하기 위해서 사회복지사는 이러한 현실을 이해하고 고려할 필요가 있다.

사회복지사 개인의 종교적 신념도 특정 종교를 믿는 사람들과 만날 확률에 영향을 끼칠 것이다. "중서부는 전체 인구의 종교적 구성과 가장 밀접하게 비슷하다. 남부는, 큰 차이로, 복음주의 교회의 구성원들이 가장 많다. 북동부는 가톨릭이 가장 많고, 그리고 서부는 무신론자와 불가지론자의 가장 큰 비율을 포함해서 어떠한 종교에도 소속되어 있지 않은 사람들의 비율이 가장 많다"(Pew Forum, 2009, p. 8). 국가 내 종교적 다양성에도 불구하고, 사회복지사들은 미국의 전역에서 종교적 믿음이 거의 없는 사람도 만날 수 있다. 그것은 비단 수도권 지역뿐만 아니라 외곽지역도 마찬가지라 할 수 있다. 예를 들어, 어떤 사람은 네브라스카 주의 작은 마을과 외곽지역에서 무신론자나 불가지론자를 만날 수도 있고, 남부 캘리포니아에 있는 보수적인 복음주의자를 만날지도 모른다.

종교적 다양성은 또 다른 부분에서 분명하게 나타난다. 비록 미국인 4명 중 3명 이상(78.4%)이 자신 스스로를 기독교인이라고 생각할지 모르지만, 이런 다양한 집단에는 개신교(복음주의, 주류교회, 역사적으로 아프리카계 미국인 교파를 포함한), 가톨릭, 몰몬교, 여호와증인, 정통파, 나머지 종파들까지 포함한다(Pew Forum, 2009). 대략 미국인 6명 중 1명(16.1%)은 무신론자와 불가지론자를 포함하여(각각, 1.6%와 2.4%) 종교가 없다고 볼 수 있다. 적은 수치이지만 미국인 20명 중 1명 미만(4.7%)은 유대교, 이슬람교, 불교, 힌두교, 그 외에 다른 종교를 믿는 사람들로 간주된다. 미국인 5명 중 4명은 3개의 아브라함 전통 중 하나를 동일시한다(기독교, 유대교, 이슬람교). 다른 측면에서 바라보면, 미국인들의 97.2%는 그들 스스로를 아브라함 전통의 종교 중 하나와 동일시하고 93.4%는 기독교와 동일시한다(Pew Forum, 2009).

삶의 주기에 걸친 종교와 영성에 대한 연구는 나이, 집단, 시대효과에 의해 혼동되어 나타난다(Smith, 2009, p. 10). 다시 말해서, 종교성의 일부 변화는 명백히 노화의 과정을 겪으면서 발생한다(삶의 주기의 경험과 죽음에 대한 걱정). 반면에, 나머지는 동시대에 태어난 사람들에 의해 또는 연구 및 인터뷰 시에 발생하는 사건에 의해 공유되는 상황과 경험들로부터 발생한다(Smith, 2009). 예를 들어, 밀레니얼스Millennials—1980년 이후 태어난 사람들—에 대한 연구에 따르면 일반적으로 이전의 성인세대보다 신앙, 교회출석, 봉사에 있어서 종교성이 떨어지는 것으로 나타났다(Pond, Smith, & Clement, 2010). 그러나 이전 세대가 그들과 같은 연령대였을 때에는 이전 세대 역시 그들과 유사했다는 연구 결과도 있다. 폰드Pond 등(2010)은 다음과 같이 결론을 지었다: "오늘날 저연령층과 고연령층 사이의 일부 종교적 차이는 전적으로 세대별로 나눌 수 없지만, 나이에 따라 종교를 더 강조하는 경향성을 띤다"(p. 2). 만약 이전의 경향이 계속 된다면, 우리는 저연령층이 나이 들어감에 따라 좀 더 종교적이 될 것으로 예상할 수 있다.

요약하면, 상당수의 미국인이 종교가 없거나, 예배에 참석하지 않거나, 기도를 하지 않는 반면, 또 많은 미국인은 그러한 종교적 행위에 참여하고 있다. 또한 이는 미국의 모든 지역에서 사실로 나타났다. 실제로 종교행동은 사람의 인생주기에 있어 나이에 따라 증가하는 것처럼 보인다. 마지막으로, 심각한 스트레스, 장애, 병, 죽음을 경험하는 사람들(그리고 그들의 가족구성원까지도)은 흔히 영적인 것에 관심이 높아지게 된다. 그리고 이런 사람들이 바로 보건사회복지사들을 만나게 되는 사람이다.

이런 자료들은 보건사회복지사가 신앙이 있는 사람과 일하게 된다는 점에 있어, 대비를 해야만 한다는 것을 보여준다. 비록 그 명칭 자체가 다양성을 포함하고 있지만 미국에서는 신앙을 가진 사람들 스스로를 기독교인으로 규정하는 사람들이 많다. 그렇기에 사회복지사는 다른 신앙을 가진 사람 혹은 종교적 신앙이 없는 사람들과도 일할 준비를 해야 한다.

미국을 흔히 종교적으로 다양한 국가라고 한다(Eck, 2001). 실제로, 미국은 식민 시대 이후로 종교적 다양성이 있었다. 일례로, 1600년대 초반에는 "찰스튼에는 위그노, 버지니아 주의 타이드워터 지역에는 영국성공회, 세인트 메리에는 가톨릭, 델라웨어강 유역에는 스웨덴 루터교, 강 상류에는 퀘이커와 기독교, 맨하튼에는 네덜란드 개혁파, 뉴잉글랜드 지역에는 청교도, 로드 아일랜드에는 침례교와 기타 온갖 종교들"이 성행했다(Gaustad, 1968, p. 835). 특히, 이러한 다양성은 주로 기독교 전통 내에서 발생했다. 그러나 처음에 미국에서의 종교적 다양성은 아메리카 인디언과 아프리카인의 종교적 전통에 의해 영향을 받았다. 스미스Smith(2002)는 "그 이후로, 미국은 외국의 것을 들여오고 토착 종교를 생성하기를 계속하고 있다"(p. 1)고 설명한다.

역사적으로, 미국 이민법의 변화는 기독교 전통을 따르지 않는 나라로부터의 이민자 수를 상당히 증가시켰다. 특히, 1965년 이민 및 국적법Immigration and Nationality Act of 1965은 다른 종교 전통을 따르는 이들의 수를 증가시켰다. 2000년 인구조사에 따르면, 미국인구의 11.1%는 외국에서 태어났다. 멕시코 다음으로, 주요 국가들은 중국, 필리핀, 인도, 베트남이었다. "상당수의 미국인들이 아직까지 자신의 전통적인 종교적 신념을 고수하고 있지만, 전세계 모든 종교가 미국에 자리를 잡았고 유대-기독교 외의 종교들이 점차 입지를 넓혀가고 있다"(Smith, 2002, p. 4).

보건의료 분야에서 왜 종교와 영성을 고려해야 하는가?
WHY CONSIDER RELIGION AND SPIRITUALITY IN HEALTH CARE?

인구 통계학은 사회복지사들이 환자들의 심리평가를 수행할 때 종교와 영성을 고려해야한다고 제안한다. 왜냐하면, 대부분의 미국인들에게 종교와 영성은 그들의 삶에서 중요한 부분이고 개인적이거나 협력적인 종교 활동을 정기적으로 참여하게끔 하기 때문이다. 사회복지사들이 정기적으로 이들의 활동에 대해 묻는 것은 중요하다고 보고된다. 이는 건강관리의 측면에서도 매우 중요하다. 많은 사람들에게 종교와 영성은 병, 고통, 장애, 회복, 대처, 죽음뿐 아니라 건강과 웰빙과도 깊게 관련되어 있다. 2004 사회총조사에 따르면, 미국인들의 절반 이상(51.2%)은 "최소 매일"에 걸쳐, "나는 종교와 영성생활로부터 안락함을 찾는다"는 것에 동의했다(ARDA, n.d.). 또 다른 4분의 1 정도(26.9%)는 같은 문항에 대해 "가끔씩" 또는 "거의 매일"이라고 답했다. 또한 같은 조사에서 거의 절반에 가까운 사람들(48%)은 최소 매일 "나는 종교와 영성생활 안에서 힘을 찾는다"고 응답했고, 4분의 1 정도의 응답자(28.5%)가 같은 문항에 "가끔씩" 혹은 "거의 매일" 이라고 보고했다(ARDA, n.d). 실제로, 종교와 영성은 질병의 예방과 죽음에 대한 대응에서 중요한 자원이다. "환자의 믿음, 종교적/영적 욕구와 지원을 의료서비스와 분리시켜 생각함으로써, 환자의 대응 및 지지체계의 핵심이자 그들의 안녕과 회복에 필수적일 수 있는 중요한 요소를 우리는 잠재적으로 간과하고 있다"(D'Souza, 2007, p. S57). 더 나아가, "종교는 사회적 지지, 존재론적 의미, 목적의식, 통합적인 신념체계, 명확한 윤리의식 등 개인의 건강과 안녕에 도움이 되는 요소들을 제공한다"(Eckersley, 2007, p. S54). 물론, 이러한 이점들은 다른 근원에서 나타날 수 있으나, 종교와 관련되어 있다. "인도주의적인 의료서비스 과정은 치료와 회복기간 동안, 영성을 포함한 개인 고유의 심리사회적 자원에 대한 고려를 포함한다. 영성은 다른 사람들과 연결된 감정과 삶에 대한 의미를 찾는 것을 포함한다"(Dalmida, Holstad, Dilorio, & Laderman, 2009, p. 120).

종교와 영성의 정의
DEFINING RELIGION AND SPIRITUALITY

*종교*와 *영성*에 대한 형식적인 정의와 이 둘이 어떠한 연관성을 갖는지 고려해보는 것은 유용하다. 사실, 이러한 용어에 있어서 갈등을 일으키는 정의들이 많이 있다. 10년 전, 스캇Scott(1997)은 종교와 영성의 정의를 놓고 20세기 사회과학을 살펴보았다. 그녀는 종교에 대한 정의 31개와 영성에 대한 정의 40개를 발견했다. 흥미롭게도, 그녀는 이 정의가 9개의 범주에 걸쳐 상당히 균등하게 분포되어 있다는 점을 발견했다. 이는 종교성이나 영성의 정의에 다양성과 중복성이 있음을 나타낸다. 스캇의 발견은 보건사회복지사에게 있어 용어를 정의하는 데 어려움과 복잡성이 있다는 점을 알려준다.

이러한 복잡성과 더불어, 최근 10년 동안 *종교*와 *영성*에 대한 대중적이고 학문적인 이해는 변해 왔다. 종교religion라는 단어는 인간의 힘보다 더 큰 무엇과 인간 사이의 결합을 의미하는 라틴어 religio로부터 유래했다(Hill et al., 1998, p. 15). 역사적으로 그것은 이러한 의미로 이해되었다. "(1) 개인이 응답해야 하는 초자연적인 힘, (2) 이러한 힘을 품는 개개인 안에 나타나는 느낌, (3) 그 힘에 대해 수행되는 종교적 의식"(p. 15). 이러한 의미들은 종교를 인간 경험의 심오하고도 보편적인 부분으로 묘사한다. 그러나 종교제도와 함께 세속주의와 환멸감도 자라나면서, 역사적으로 깊은 관계였던 종교와 영성의 관계가 파괴되었다. 많은 사람들은 현재 영성과 종교에 대해, 영성은 초월적인 개인의 경험과 연관된 것으로, 종교는 이러한 경험에 대해 가능한 제약과 경계를 두는 것으로 구별한다. 결과적으로 그들은 영성을 좀 더 긍정적으로, 종교는 부정적으로 보는 경향이 있다(p. 16). 그리고 또한 영성은 주관적인 것으로(예를 들면, 개인화된), 종교는 제도적인 것으로서 강조되는 경향이 있다.

종교와 영성 사이의 구분은 사람들이 스스로를 종교적, 혹은 영적이라고 간주하거나, 종교적 · 영적 모두라고, 혹은 둘 다 아니라고 간주하도록 한다. 사실상 사회총조사는 대부분의 미국인이 그들 자신을 종교적 · 영적으로 동일하게 간주하는 반면, 2008년에 점차 증가된 소수의 사람들이 1998년 조사에 임했던 사람들과 비교했을 때, 그들 자신을 종교적인 것보다는 영적인 것으로 규정했다는 것을 발견하였다(Smith, 2009).

이러한 경향에도 불구하고, 이런 방식으로 종교와 영성을 둘로 나누는 것은 문제의 소지가 될 수도 있다. 힐Hill 등(1998)은 종교와 영성을 둘로 나누는 것은 일부 위험한 요소가 있다고 했다. "첫 번째 미묘한 위험은 양극화된 두 형태―개인적인 것 vs 제도적인 것, 선한 것 vs 악한 것―로 표현될 수 있다는 점이다"(p. 18). 그들은 개인적인 영성과 제도적인 종교를 말하는 것이 두 가지 기본적인 사실을 무시하는 것이라고 설명했다. "(1) 사실상 모든 종교는 영적인 문제와 관련이 있다, (2) 모든 종교적 · 영적인 표현의 형태는 사회적 환경에서 나타난다." 다시 말해서, 종교는 지속적으로 초월적인 문제와 궁극적인 관심을 이야기하고, 그것이 종교적이든 영적이든 모든 믿음과 행위는 사회적이고 문화적인 환경 속에서 발생한다. 게다가, 힐 등(1998)은 "영성은 좋고 종교는 나쁘다고 주장하거나 혹은 그 반대를 주장하는 것은, 종교와 영성이 건강하고 건강하지 않은 방법 모두로 나타날 수 있음을 입증하는 상당수의 연구결과를 부정하는 것이다"(p. 18)라고 하였다. 단순한 이분법은 이러한 복잡한 부분을 모호하게 한다.

힐 등(1998)은 다른 위험성을 확인했는데, 이는 그들이 주장하는 위험 중 가장 심각한 것일 것이다. 바로 종교와 영성의 독특하고 성스러운 핵심을 잃는 것이다. 종교에서 신성한 것은 "더 높은 힘과, 신, 또는 궁극적인 진리로 다뤄져야 한다. 신성한 내용은 흔히 교권, 성서, 그리고 전통과 같은 제도적 메커니즘을 통해 정의되었다"(p. 19). 또한 영성에서 신성함은 초월적 혹은 궁극의 관심의 문제와 함께 다뤄져야 한다(예를 들면, 일상적 경험이나, 물질적 존재를 넘는). 그러나 영성은 흔히 개개인에게 매우 개별화되고 경험적인 경로라고 강조한다. 이러한 접근은 잠재적으로, 신성함에 대한 개인의 추구를 하찮은 것으로 만들거나, 혹은 아예 잊혀지게 만들 수 있다. 이 문제를 미루어보면, 저자는 신성함의 핵심은 종교와 영성의 경험에 있어 중요하다는 것에 동의한다. 게다가, 종교와 영성이 신성함에 대한 연구를 포함한다고 규정한다. 따라서 저자는 영성과 종교를 유사성에 초점을 맞추어 정의했다(표 11.1 참조).

이러한 정의는 사람들의 삶에서 이러한 개념들이 중요하게 중복되고 있다는 사실을 보여준다. 영성은 신성을 추구하는 것이다. 마찬가지로, 종교는 신성 또는 신성과 비신성 둘 다와 연관되는 맥락에서 신성의 추구 그리고 다른 비신성적인 목적을 추구하는 것이다. 또한, 종교는 집단에 의해 지지받는 추구에 대한 수단과 방법을 다룬다. 간단히 말해서, 영성과 종교 모두 신성함에 대한 추구와 관련이 있는 반면, 종교는 사회문화적 환경(그리고 그 환경 안에서 다른 목표)을 포함한다. 이렇게 정의되면, 개인의 영성은 항상 신성함에 대한 추구와 관련이 있다. 그러나 개인의 종교는 신성함을 추구하기 위해 조직된 집단의 맥락에서 신성함에 대한 추구 또는 비신성한 목

표 11.1 종교와 영성의 정의

영성의 기준

신성한 것을 찾는 것으로부터 나오는 감정, 사고, 행동. "찾음search"이라는 단어는 확인하고, 표현하고, 유지하거나 또는 변형시키는 시도를 말한다. "신성한sacred"이라는 단어는 개인이 인지하는 신적인 존재, 궁극적 실재 또는 궁극적 진실을 말한다.

종교/종교성의 기준

신성한 것을 찾는 것으로부터 발생하는 감정과 사고, 행동(개인이 인지하는 신적인 존재, 궁극적 실재 또는 궁극적 진실), 그리고/혹은 비신성한 목표에 대한 탐색이나 요청(예를 들어 정체성, 소속감, 의미, 건강, 웰빙).

출처: "Definitions of Religion and Spirituality," by P. C. Hill, K. I. Pargament, J. P. Swyers, R. L. Gorsuch, M. E. McCullough, R. W. Hood, and R. F. Baumeister, 1998. In D. B. Larson, J. P. Swyers, and M. E. McCullough (Eds.), *Scientific Research on Spirituality and Health: A Consensus Report* (p. 21). Rockville, MD: National Institute of Healthcare Research.

표의 추구(예를 들어, 사회적 정체성, 건강)를 포함할 것이다. 이 집단은 비신성한 목표, 신성하거나 신성하지 않은 목표에 대한 추구, 추구에 대한 방법이나 수단을 정당화할지 모른다. 이러한 기준에 따라, 영성은 좀 더 근본적인 범주로서, 종교는 좀 더 구체적인 것으로 고려될 것이다. 이러한 정의와 일관되게, 허포드Hufford(2005)는 영성을 가장 단순하게, "초월적인 것에 대한 개인적인 관계," **종교**는 "공동체, 영성의 제도적인 측면"으로 정의했다(p. 2).

종교와 영성에서 신성함을 강조하는 중요성은 연구에서 고려할 때 더 분명해질 것이다. 신성함에 대한 강조 없이는, 영성을 인본주의나 긍정심리학과 쉽게 구별할 수 없을 것이다(Koenig, 2008). 만약 그 경우에 해당한다면, 연구자는 영성, 인본주의, 긍정심리학, 그리고 건강 사이의 관계에 대한 명백한 결론을 도출할 수 없고 구별도 할 수 없을 것이다. 이러한 구분은 특히 정신건강과의 관계에서 어려움이 나타난다. 쾌닉Koenig이 언급한 것에 따르면, 영성연구자는 때때로 원인과 결과를 혼동한다. "영성을 단순히 좋은 정신건강으로 정의하고 영성에 대한 수단의 일부로 정신건강 지표를 포함하는 것은 실제로 영성과 정신건강 사이의 관계를 연구하는 능력을 불가능하게 만든다"(p. 18). 그 결과는 동어반복적이고, 본질적으로 그 자체와 상호연관된 개념이라 할 수 있다.

쾌닉(2008)은 영성의 의미는 변해 왔고 최근 연구의 목적으로는 너무 모호하다고 했다. 그러나 실제로 임상치료 현장에서는 이 모호함이 유용할 수 있다. 임상실천에서, 사회복지사는 개인 특유의 관점과 개별 클라이언트의 욕구를 돌봐야 한다. 따라서 쾌닉은 (보다 안정적으로 조작화할 수 있기 때문에) 연구 목적으로 종교적 범주를 사용하고, (클라이언트의 개인적 고유성을 이해하는 데 도움이 되기 때문에) 임상적 돌봄에 영적 범주를 포함시킬 것을 권장한다.

종교, 영성, 건강 사이의 연관성에 대한 연구를 검토하기 전에, 어떻게 이 개념들을 조작화 할수 있는가, 연구를 위한 것인지, 임상평가를 위한 것인지를 더 깊게 탐구하는 것이 도움이 된다. 다음 섹션은 사람들이 종교와 영성에 참여할 수 있는 수많은 방법들에 대해 명확히 하고자 한다.

종교성과 영성의 차원

초기 종교와 건강에 대한 연구는 일반적으로 환자의 종교적 소속 또는 교파에 초점이 맞춰져 있다. 대략 250여 개의 연구가 1937년과 1984년 사이에 시행되었는데, "종교연구는 교파 간의 병적 상태와 사망률의 비교에 국한되어 있었다"(Levin & Markides, 1986, p. 589). 종종 이러한 차이는 가톨릭, 개신교, 유대교에서 더 나아가지 못했다. 1960년대 초, 일부 보건 연구자들은 연구 내용에서 조사응답자에게 얼마나 자주 예배에 참석하는지를 가지고 "교회 출석"으로 일반적으로 명시하였다. 예를 들어, "당신은 얼마나 주일 예배에 참석하십니까?"와 같은 단일 연구 항목으로 측정하였다(Hall, Meador, & Koenig, 2008, p. 140). 이후에, 연구자들은 자기보고식의 전반적인 종교 평가법을 사용하기 시작했다. 이것은 "당신은 스스로를 어느 정도 종교적인 사람이라고 생각하십니까?"(p. 142) 또는 "당신에게 종교는 얼마나 중요합니까?"(Veenhoven, 2003, p. 145)와 같은 질문의 형태를 취했다. 그러나 지난 10년간 연구자들은 종교와 영성에 대한 많은 추가적인 차원에 대해 개념화하고 측정하고자 하는 시도를 해왔다. 이 부분에서는 현재의 경험적 연구를 이해하고 좀 더 일반적으로 우리의 인식을 확장하고 환자의 삶에서 종교와 영성을 이해하는 기초로서 다음의 차원을 간략하게 검토할 것이다.

표 11.2는 일부 학자 집단에서 확인된 종교적 영역을 비교한다. 킹King과 헌트Hunt(1972)는 일찍이 종교적으로 기인한 항목들을 요인분석함으로써 실증적으로 영역들을 확인하는 시도를 해왔다. 랄슨Larson, 스와이어Swyers, 맥컬로McCullough(1998)는 존 템플턴 재단John Templeton Foundation과 국립보건의료연구소National Institute for Healthcare Research가 후원하는 일련의 학회를 기반으로 "일치 기록"을 내놓았다. 그들의 보고서는 종교와 영성분야에서 70명 이상의 저명한 연구자의 생각을 반영한다. 보고서의 첫 번째 장은 종교와 영성의 정의에 대한 내용이다(Hill et al., 1998). 페처 연구소Fetzer Institute와 국립노년연구소NIA: National Institute in Aging의 자금을 지원받아, 소규모의 전국적인 학자그룹은 새로운 도구인 건강연구를 위한 종교성/영성 다층 척도Multidimensional Measurement of Religiousness/Spirituality for Use in Health Research를 만들었다(Fetzer Institute/National Institute in Aging, 1999). 이 척도는 종교와 영성의 11가지 영역을 포함한다. 이 조사도구는 사회총조사에 끼워졌고, 영역별로 특화된 요인들은 보건 연구 분야에서 폭넓게 활용되었다. 힐Hill과 후드Hood(1999)는 (현재까지 최대 규모를 자랑하는) 표준화된 종교성 측정 데이터를 구축하고 영역의 목록을 개발했다. 이와 같이, 쾌닉Koenig, 맥컬로McCullough와 랄슨Larson(2001)은 2000년에 경험적 문헌에 대한 포괄적인 검토를 바탕으로 다양한 영역을 확인했다. 검토에는 1,200개 이상의 연구와 400개의 연구 분석이 포함되었다. 표 11.2는 독특하고 중복되는 범주를 강조하기 위해서 집단이 확인한 다양한 분야를 나열한다.

이전에 보고된 인구통계학적 변수를 넘어, 표 11.2에 기재된 개념들은 사람들의 삶에서의 종교성과 영성에 대해 잘 이해할 수 있도록 한다. 이러한 수치 중에서, 종교적 소속은 연구자들이 가장 널리 사용하는 개념이다. 최근 40년 전까지만 해도 학자들과 보건 전문가들은 사람들이 천

표 11.2 종교와 영성의 차원

킹과 헌트 (1972)	랄슨, 스와이어, 맥컬로(1998)	페처 연구소/국립 노년연구소(1999)	힐과 후드(1999)	퀘닉, 맥컬로, 랄슨(2001)
교리적 동의	믿음과 가치	믿음	믿음과 실천	믿음 신념 대 비신념 믿음의 확실성 믿음의 정통
종교적 지식		가치	도덕적 가치	
	선호 또는 소속	종교적 선호		소속 또는 교파
조직적 행동	사회적 참여	조직적인 종교	제도적인 종교	조직적인 종교성
회중의 참여				회원
교회 출석				종교 예배 참여 사회적 활동 성경공부 및 기도모임 교회 대표직(장로, 집사) 성찬 참여
재정적 지원				재정적 지원
경건주의	개인적 실천	개인의 종교적 실천	영성과 신비주의	비조직적 종교성 개인적 기도 개인적 읽기(성경, 신학) 종교방송/라디오
				종교의 중요성 자기평가척도 종교성
중요점				객관적 종교성
행동				종교의 중요성
인식				종교성 자기평가
종교의 지향성	헌신	헌신	헌신의 방향	헌신과 동기
성장과 노력				본질적
외부적인 요소				외적
		의미		질문(진실을 추구)
	경험	매일 영적인 경험	경험	경험
				종교적 웰빙
	대처	대처	대처와 문제풀이	대처
	과거력	과거력		과거력(영적인 역사)
			발전	성숙함
			태도	태도와 실천
	관계를 조절하고 화해하기 위한 동기	용서	용서	
	지원	지원		
			신에 대한 개념 근본주의 내세관 신적인 개입	

출처: "Measuring Religiousness in Health Research: Review and Critique," by D. E. Hall, K. G. Meador, and H. G. Koenig, 2008, *Journal of Religion and Health*, 47(2), 134-163.

주교인지 개신교인지 유대교인지 기꺼이 물어보곤 했다. 그러나 사회역동성과 이주에 따른 종교적인 인구통계학적 결과의 변화로 이러한 범주는 부적절해졌다. 마찬가지로, 종교적 참여를 측정하는 또 다른 보편적 척도인 주일예배 참석은 종교성에 관해 너무 부족한 척도로 인식되어 오고 있다.

표 11.2는 종교와 영성의 수많은 차원들이 보건 혹은 다른 현장에서 특정 환자 집단에 중요할 수 있음을 명백히 보여준다. 종교적이거나 영적인 과거력은 서로 얽혀 있고 중복된 차원을 평가하는 가장 좋은 수단이 될 수 있다. 과거력은 중요하고, 흔히 클라이언트의 경험에서 특별하며, 발달에도 중요한 요인이다. 종교적이고 영적인 과거력은 특별히 임상 실천에 적합하지만, 매우 질적이기 때문에 종교와 건강 결과에 대한 연구에서는 덜 사용된다. 이러한 차원들은 상호연관성이 있다. 예를 들어, 많은 사람들이 일주일에 한번 예배에 참여하는 것뿐만 아니라 개인적으로 종교 활동에 참여한다: 기도하기, 종교방송 보기, 종교라디오 듣기, 명상하기 또는 성경이나 다른 종교 관련 서적 읽기. 이러한 활동은 조직적인 참여에서 권장하겠지만, 조직적 참여가 없어도 일어날 수 있다. 종교적인 활동은—조직적·개인적 모두—아마도 사람들의 종교적 지식, 믿음, 가치에 기여할 것이다(세 영역은 분리되지만 중복되는 차원이다). 종교적 지식, 믿음, 그리고 가치는 종교적인 의미생성과 더불어 스스로의 삶에 대한 판단을 촉진한다.

게다가, 이는 종교적·영적 대처에 기여할 수 있다(예를 들어, 스트레스 요인에 대처하는 데 종교적인 생각과 실천을 사용). 또한 조직된 종교성에 참여함으로써 특히 종교적·영적 지지(종교집단 내에서의 지지나 종교적 이유에 따른 사회적 지지)를 교환할 수 있다. 종교적·영적 사고와 행동 역시 종교적 동기로 이어질 가능성이 있다. 예를 들어, 종교성은 이상과 목표에 대한 중요한 내용을 제공한다(정직함, 충실함, 사죄, 용서). 시간이 지나면, 이상과 일치된 행동을 권장할 수 있고, 결과적으로 성취를 위해 헌신을 할 수도 있다. 어떤 사람들은 평화로운 느낌이나 경외감에서부터 변화나 치유와 같은 보다 명시적이고 직접적인 몰입에 이르는 신성을 경험하기도 한다. 마치 사람마다 겪은 신성함이 다양한 것처럼, 이는 또한 주관적 혹은 개인적 종교성과는 다르다. 일부 몇몇 사람들은 종교적·영적 경험과 관련하여 탐구하고 모험하는 감각을 경험하고, 많은 사람들은 그들의 삶에서 영적인 웰빙의 존재 유무를 확인할 수 있다.

종교와 영성은 이 모든 것을 다 할까? 아마도 개개인의 수준에서는 아니더라도, 집단의 수준에서는 다양하게 종합되어 작용할 것이다. 비록 종교적·영적 개입이 개인과 집단 사이에 극단적일 만큼 다양해질 수 있으나, 이러한 차이점은 종교와 영성을 이해하고 사정하는 것에 중요한 관점들을 제공한다. 크라우스Krause(2008)가 주장한 바와 같이, 이제는 종교와 영성의 단순한 개념화를 넘어서야 하는 시기다. "만약 연구자가 종교와 건강 사이의 관계를 더 잘 이해하기를 바란다면, 종교가 측정되는 복잡한 방식에 더 많은 관심이 있어야 한다"(pp. 5-6).

완성된 종교성 영역의 목록에는 4가지 목적이 있다.

1. 종교와 영성의 근원적인 개념의 다차원적인 특성을 나타낸다.

2. 이러한 개념들을 조작화하고자 하는 연구자들과 그러한 개념들을 클라이언트 평가에 포함시키고자 하는 현장 실천가들에게 좋은 출발점을 제공한다.

3. 종교와 영성, 그리고 건강에 대한 관계에서 실증적 연구를 이해하고 해석하기 위한 기초를 제공한다.

4. 좀 더 일반적으로, 종교와 영성의 모호하고 중복되는 개념들을 정리하고 중요한 개념을 정확하게 이해하는 데 도움을 준다. 이는 어떻게 종교와 영성이 건강과 관련되어 있는지 탐구하는 데 기초를 제공해 줄 것이다.

종교와 건강에 관한 실증적 연구
EMPIRICAL RESEARCH ON RELIGION AND HEALTH

2001년, 퀘닉 등은 종교와 다양한 신체적·정신적 건강 상태 사이의 관계에 대한 실증적 연구를 700페이지 연구 분석 보고서인 『종교와 건강 핸드북Handbook of Religion and Health』을 출판했다. 저자들은 그 당시 구할 수 있는 영어로 쓰여진 모든 1,200개 이상의 연구와 400편 이상의 연구 분석 보고서를 검토했다. 퀘닉 등은 2011년도에 『종교와 건강 핸드북』의 두 번째 판을 출판했고 최신판은 지난 10년간 연구를 검토한 것이다. 이 주제에 대한 학문적 관심이 크게 증가한 현실을 반영하듯이 초판 발행 이후 10년간 수행된 연구가 그 이전 100년간 수행된 연구보다 더 많았다(2009년 2월 8일, H. 퀘닉과의 개인적 교류). 종합적인 개관을 제공하기보다, 이 부분은 종교와 영성이 건강에 영향을 미치는 이론화된 주요 경로에 대해 논의하고 있다.

급증하는 실증적 연구에서 일부 잠재적 경로가 종교와 영성이 건강에 미치는 영향을 이론화하기도 했다. 일부 연구가 포괄적인 것에 반해, 다른 연구들은 생물학과 생리학적인 메커니즘도 포함하고 있다. 후자는 이 장에서 검토하지 않는다.

첫 번째, 일부 종교집단은 오만Oman과 토올슨Thoreson(2005)이 일반적으로 '생활 건강 행동'이라고 부르는 것을 지시하고 장려한다. 예를 들어, 조지George, 엘리슨Ellision 과 랄슨Larson(2002)은 몰몬교가 알코올과 불법마약의 사용, 흡연과 혼외정사를 금한다고 했다. 또한 몰몬교는 식습관과 수면을 위한 지침을 제공한다. 마찬가지로, 제7일 안식일교는 알코올과 불법마약, 담배, 카페인의 소비를 금하고 채식 위주의 식단을 권장하고 안식일을 지킬 것을 장려한다. 덜 직접적으로, 많은 종교집단은 선물로 주어진 생명에 감사함을 고취시키고 신의 성전으로서(Park, 2007, p. 322) 또는 신의 예배의 도구로서(Oman & Thoreson, 2005) 인간의 몸을 존중하고 관리하기를 권장한다. 이러한 긍정적 메시지들은 건강한 선택을 하는 데 기여하는 양상을 띤다(George et al., 2002).

실제로, 실증적 자료는 이러한 심리사회적 기제를 뒷받침한다. 예를 들어, 증거에 기초한 문헌의 검토를 기반으로, 포웰Powell, 샤하비Shahabi 와 토올슨Thoreson(2003)은 "종교/영성과 심혈관계 사망과의 관계는, 종교/영성이 더 건강한 생활습관을 위해 제공하는 장려사항에 의해 대부분 설명된다"(p. 42). 또 다른 예로, 흡연에 대한 종교적인 제재는 일부 종교 집단에서 흡연 관련 암이 적게 나타나는 것으로 보아 중요한 요인으로 보인다. 최근 흡연의 상당한 감소에도 불구하고, 흡연 관련 암은 미국 내에서 암으로 인한 사망의 주요 원인으로 남아 있다(Centers for Disease Control [CDC], 2010). 최근 심리학적 연구를 기반으로, 게이어Geyer와 바우메이스터Baumeister(2005)는 영적 자기규제를, 사람들이 자신의 삶을 중요한 가치와 일치시키고자 하는 시도에서 자기조절능력을 향상시키기 위해 어떻게 종교를 사용하는가를 이해하는 수단이라고 제시하였다.

건강행동과 관련하여, 종교는 예방보건의료가 증가하고 의학적 식이요법을 엄격히 지키는 것과 관련이 있다(Oman & Thoreson, 2005, p. 446). 예를 들어, 전국 노인의 대표 표본에서, 벤자민스Benjamins와 브라운Brown(2004)은 종교성이 강한 사람들이 좀 더 예방적 서비스(독감 예방주사, 콜레스테롤 검사, 유방자가검사, 유방조영술, 자궁경부암검사, 전립선검사)를 이용하는 경향이 있다고 밝혀냈다. 그들은 종교적인 믿음이 좀 더 건강한 삶을 야기하고 예방 관리를 하도록 한다고 했고 종교적인 환경이 정보, 수단적 지원(예를 들어, 교통) 혹은 현장에서의 예방적인 서비스를 직접적으로 제공한다고 추측하였다. 예방보건의료의 이용을 장려하거나 이러한 치료에 대한 접근을 용이하게 함으로써, 종교적인 개입은 노인의 예방보건의료의 이용을 증진시키고 건강결과가 향상된 것으로 보인다.

더 폭넓게, 대부분의 종교집단은 그들의 구성원에게 중요한 사회적 지지를 제공하는데, 특히 구성원들이 가장 필요로 하는 시점에 제공한다(Koenig, 2008, p. 57f). "이것은 놀랄 일이 아니다." 왜냐하면 사실상 세상에 있는 모든 종교들은 서로를 사랑하는 미덕과 어려움에 처한 사람들을 도와주는 것을 극찬하기 때문이다. 실제로, 이는 일부 연구자들이 교회 안에서의 교제가 단결력이 있어 세속적 환경 안에서 가지는 사회적 관계보다 더 유익할지 모른다고 주장하는 한 이유이다(Krause, 2008, p. 1216). 종교와 영성과 같이, 사회적 지원은 복잡하고 다중적인 구조이다. 이것은 수많은 관계의 가능성을 창조해낸다. 예를 들어, 종교적이고 영적인 개입은 더 크고 안정적인 사회적 네트워크, 사회적 네트워크 안에서의 더 많은 상호작용, 사회적·정서적 지원의 더 큰 인식, 그리고 지원에 있어서의 더 큰 만족감과 관련되기도 한다(George, Larson, Koenig, & McCullough, 2000; Oman & Thoreson, 2005).

사회적 지지는 개인적 환경에서 제공되는데, 이는 건강 상태와 염려를 터놓고 드러내도록 한다. 결국,

사실을 털어놓는 것은 인지적·정서적 반응을 불러일으키고, 이는 스트레스를 개선할 수 있고 인간의 생리학적인 영역에서 유해한 영향을 완화시킬 수 있다. 게다가, 서로 신뢰를 주고받는 것, 인간 또는 신, 그리고 개인 사이에서 도움의 상호적 유대를 강화시키는 것은, 또는 다른 신성한 것과 함께, 사람들에게 건강을 조장시키거나 질병을 예방하는 결과를 가지고 있다. 이는 10년간 사회적 지지에 대한 사회적·역학연구 결과이다(Levin, 2009, p. 90).

종교집단은 대개 크라우스Krause(2008)가 "가까운 친구close compaion friends"라고 명명한 가족 외에 흔하지 않은 강한 관계 유형을 촉진시킨다.

종교와 건강에 대한 연구에서, 아주 흔한 연구는 사람의 종교적인 개입이 그들이 경험하는 사회적 지지의 양과 질과 관련이 있다는 것이다(Koenig, 2008). 이는 특히 노인과 건강상의 문제를 가진 사람들에게 사실이다. 예를 들면, 노인은 다른 사회적 집단보다 종교집단에 관여하고 있고, 다른 요인을 통제하고 보았을 때, 이 개입이 그들의 행복과 건강에 더 큰 영향력을 미치기 때문이다(Koenig, 2008; Krause, 2008).

종교적 전통은 구성원들이 그들의 고통의 목적과 의미를 발견하는 데 도움을 주고, 그들의 경험을 이해하고, 일관성을 세우는 데에 중요한 자원을 제공한다(George et al., 2002). 종교를 통해서 사람들은 우주 안에서 그들의 역할과 삶의 목적을 이해하고 고통을 참는 용기를 향상시킨다"(George et al., 2000, p. 111). 흥미롭게도, 그 의미가 긍정적이라는 가정은 없다. 단순히 경험을 이해할 수 있는 것이 가장 중요하다.

이와 같이, 종교 전통은 다양한 대처 자원을 제공하는데, 사람들이 질병, 고통, 그리고 죽음에 대처하는 데 도움을 준다(Koenig, 2008). 다소 아이러니컬하게도, 신을 믿는 것은 많은 사람들에게 통제력을 강화시키고 능동적 대처를 고취시킨다(Hood, Hill & Spilka, 2009; Pargament, 1997). "일례로, 신을 협력자로 보는 '협력적' 대응법을 선택한 사람들은 (문제에 대한 소극적인 태도 등) '지연' 대응법이나 '자기주도적' 대응법을 선택한 사람들보다 더 좋은 결과를 경험한다"(Oman & Thoreson, 2005, p. 445).

종교적 대처가 일반적으로도 유익하지만, 특별히 사랑하는 사람을 상실하였을 때나 만성적 질병을 다루는 데 더 효과적으로 나타난다(Hood et al., 2009). 신체적 건강상에 종교적 대처의 효과에 대한 증거는 제한적이다. 부정적인 대처와 긍정적인 대처를 구분할 수 없음으로 인해 효과는 모호할 수 있기 때문이다(Park, 2004, p. 1217). 그럼에도 불구하고,

폭넓게 걸쳐 있는 사회적 환경 속 수많은 인상적인 연구들은 긍정적인 종교 대처 반응에 의지하는 사람들이 그들이 직면한 역경을 대처하는 데 종교에 의지하지 않는 개인보다 치명적인 스트레스의 영향을 잘 피할 것이라고 보여주었다(Krause, 2004, p. 1217).

자아존중감, 자기효능감, 통제감 같은 심리사회적인 자원 또한 종교적 참여가 건강에 대해 갖는 유익을 부분적으로 설명할 수 있다. 종교적 참여는 이러한 높은 수준의 심리사회적 자원과 연관되어 있지만, 이 연관성을 지지하는 증거는 횡단연구 데이터에 기반한다(Krause, 2008). 또한 이러한 심리사회적 자원들이 더 나은 건강과 관련이 있다는 증거가 있지만, 이 결론은 주로 횡단적 연구의 결과이다.

대부분의 종교적 전통은 용서하는 태도와 행동을 지지한다(McCullough, Bono & Root, 2005; Oman & Thoreson, 2005). 크라우스(2004)는 용서는 여러 가지 측면에서 사람들을 도울 수 있다고

했다. 첫째, 용서하는 것을 꺼리는 사람들은 "종종 상처 받는 행동을 다시 반복해서 체험한다"(p.
1218). 그러한 집착은 스트레스를 발생시키고 건강을 악화시킨다. 반대로, "다른 사람들을 용서하
는 것은 이전의 중요한 지지 자원이었던 사회적 유대를 회복하고 갱신하는 데 도움을 준다." 이
러한 유대는 건강이 증진되도록 한다. 마지막으로, "다른 사람을 용서하는 것은 긍정적 감정을
이끌어 낸다." 이전에 언급했듯이, 이런 행동은 건강에 좋은 영향을 끼친다. 게다가, 용서를 이끌
어내는 개입은 심리적 웰빙을 향상시키고, 만성적 스트레스와 화를 줄이고, 걱정과 우울 증세를
줄이고, 자아존중감과 희망을 높여준다(Enright & Coyle, 1998; McCullough et al., 2005). 이러한 이유
들 때문에, 용서는 건강증진에 기여한다고 할 수 있다.

　　이와 같이, 종교적 전통은 개입의 이유와 기회를 제공함으로써 다른 사람에 대한 이타심과
봉사를 이끌어 낸다. 예를 들어, 자원봉사, 자선활동, 이타주의, 그리고 다른 종류의 돕는 행동은
일반적으로 종교인들 사이에서 높게 나타나고, 이러한 행동은 정신건강과 신체건강에 연관이 있
다(Koenig, 2008). "규칙적인 교회 출석은 남을 돕는 행동을 통해 자기존중감과 삶의 목표를 제공
하는 의미있는 사회적 역할을 장려한다." "이는 도움받는 것에 초점을 둔 사회적 지지라는 보다
일반적인 개념화에 반대된다"(Powell et al., 2003, p. 48). 나아가 종교적 참여는 공식적 자원봉사와
비공식적인 도움을 고취시키고, 이 둘은 건강증진의 결과와 관련이 있다.

　　　종교적이고 영적인 사람은 고마움, 희망, 낙관주의, 그리고 연민(각기 삶에 있어서의 감사,
　　좋은 결과물에 대한 기대, 한 사람이 이러한 결과물들을 성취할 수 있다는 느낌, 인류에 대한 깊
　　고도 변치 않는 사랑과 관련 있는)과 같은, 인간으로서의 자질을 나타내고 개인에게 더 깊은
　　삶의 의미와 어려운 시기에 있어서의 방향 제시와 편안함을 제공할 수 있다(Park, 2007, p.
　　322).

게다가, 이들은 더 나은 대처의 결과로, 긍정적인 심리적 상태를 겪을 수 있는데, 이는 종교적인
목표로부터 파생된 의미, 용서의 경험, 남을 돕는 것, 신앙과 관련된 기대이다(Oman & Thoreson,
2005). 만일 그렇다면, 이러한 긍정적인 심리상태는 긍정적인 건강의 결과에 기여할 수 있다.

　　이러한 긍정적 감정상태는 결국 알로스타 부하AL: allostatic load[1]를 감소시켜 건강에 영향을
미친다. 알로스타 부하는 일상적 스트레스로 인해 오랜 기간에 걸쳐 몸이 손상된 상태를 말한다.
이러한 스트레스는 정상적인 작동 범위 내에서 생리적 시스템을 유지하기 위해 지속적으로 변화/
적응할 것을 요구한다. 결과적으로, 특히 스트레스가 만성적일 때는 그러한 변화/적응과정 자체
가 손상되거나, 변화/적응이 불충분하거나, 혹은 다른 이유로 작동을 멈추지 않을 수 있다. 따라
서, 알로스타 부하는 신체적인 시스템이 정상적인 조정 실패로 개념화되고, 스트레스와 건강 사
이의 관계를 매개하며, 질병의 위험을 증가시키는 것으로 받아들여지고 있다(Maselko, Kubzansky,
Kawachi, Seeman, & Berkman, 2007).

---

1) 인체의 불균형으로 인한 항상성이 깨진 상태 — 옮긴이 주.

오만Oman과 토올슨Thoreson(2005)은 애착 유형이 종교와 건강 간의 잠재적 통로를 제공한다고 보았다. 안정적인 신앙은 삶의 만족도를 높이고, 불안, 우울감, 고독감을 낮추어 몸을 건강하게 한다(Oman & Thoreson, 2005).

거시적 구조에서 종교와 건강 사이의 관계를 고려할 때, 공동체의 건강을 향상시키기 위한 신념 기반의 노력은 더욱 인기를 얻게 되었다. 그리피스Griffith 등(2010)은 지역사회 건강증진 노력에 대해 언급했는데, 이는 HIV/AIDS를 줄이기 위한, 미시간 주 플린트에 있는 아프리카계 미국인 교회들과의 연합의 성공적인 예를 들 수 있다. 이 교회와 함께, 지역사회집단은 11개의 교회에서 4,000명 이상 집회에 모인 사람들에게 접근할 수 있었고, 이는 HIV/AIDS에 대한 인지, 지식, 그리고 이해를 증진시켰다. 두루Duru, 사르키시안Sarkisian, 렝Leng과 만조네Mangione(2010)는 신앙에 기초를 둔 신체적 활동 프로그램의 무작위 대조군연구를 첫 번째로 실시했고, 이는 로스앤젤레스에 있는 3곳의 교회에서 아프리카계 노인 여성의 신체적 활동을 증가시키기 위해 시도되었다. 이러한 시도의 한 부분으로, 집회에 모인 사람들은 성경읽기와 기도와 산책이 포함된 커리큘럼을 따랐다. 그들의 연구는 교회에 기반을 둔 신체적 활동 프로그램이 멤버들 사이에서 신체활동을 촉진하며 성공적일 수 있다고 제안했다. 제넷Jennette, 붑투리Vuppturi, 호건Hogan, 펄크Falk, 하워드Haward(2010)의 신장 질병 검사에 대한 노스캐롤라이나 지방 표적집단의 대다수 참여자는 이러한 검사가 지역사회 교회에서 시행된다면 가장 성공적일 것이라고 제안했다. 한 표적집단의 일원은 "만약 당신이 지역사회 안에서 시작하기를 원한다면 교회가 좋은 장소라고 생각한다. 왜냐하면 가난하든 부유하든 교회는 공동의 장소이기 때문이다"(p. 7)라고 하였다. 캠벨Campbell 등(2007)은 교회 안에서 협동적인 동료관계가 지역사회의 건강을 증진시킬 수 있고 최대한의 효과를 위해 이러한 동료관계의 프로그램 지도자들이 지역사회에 기반을 둔 참여연구(예를 들어, 교회 안의 프로그램 설계와 전달체계를 포함)의 중요한 요소들을 포함시켜야 한다고 제안했다.

종교와 건강과 관련된 가능성 있는 경로에 대한 간략한 개요는 더 확실해지고 있는 실증적인 증거를 반영한다. "요약하자면, 종교 혹은 영성과 신체건강 사이의 관계는 존재하지만, 이는 다른 이들이 제시한 것보다 더 제한될 수 있고 더 복잡할 수 있다고 결론지을 수 있다"(Powell et al., 2003, p. 50). 박Park(2007)은 "[그러한 경로를] 개념상으로 분명히 하는 것이 유용하지만, 여러 측면에 있어서 상호작용하고 중복될 것이다"(p. 321)라고 언급했다.

자살

보건의료를 포함한 많은 현장 속 사회복지사들은 자살을 생각하거나 시도하는 클라이언트를 접하게 된다. 자살시도와 자살률이 성별, 나이, 인종에 따라 다르다는 것은 미국 내에서도 잘 알려져 있다(CDC, 2010). 자살은 젊은층 사망의 주된 원인이지만 실상은 노인들에게서 더 자주 발생한다. 백인, 미국 인디언, 알래스카인들의 자살은 다른 집단의 거의 2배에 이른다(CDC, 2010). 자살위험과 자살률이 종교와 관련 있다는 것은 잘 알려지지 않았을 것이다.

자살률이 종교 전통과 참여도에 따라 달라진다는 점은 연구를 통해 지속적으로 증명되었다: 직간접적인 종교적 참여는 모두 자살의 보호 요인으로 작용한다(Gearing & Lizardi, 2009; Lizardi & Gearing, 2010). 쾌닉Koenig과 랄슨Larson(2001)은 68개 연구를 검토하여 이중 84%가 더 종교적인 사람들 가운데서 낮은 자살률을 나타내거나 자살에 대해 더 부정적인 태도를 보이고 있음을 발견했다고 보고하였다. 대부분의 종교 전통은 자살에 반대하고 삶의 의미를 부여하며 공격적인 행동이나 적대감을 방지하고자 한다. 더 넓게, 종교적 참여는 사회적 지지를 제공하고 감정적 안녕감을 증가시킬 수 있다. 이러한 보호적인 잠재력 때문에, 자살위험에 대한 심리사회적 사정은 반드시 종교성을 고려해야 한다. 제링Gearing과 리잘디Lizardi(2009)는 사회복지사가 클라이언트 종교의 중요성, 과거에 스트레스와 어려움을 겪을 때 종교성의 역할, 클라이언트의 종교에서 자살을 어떻게 개념화하는지, 클라이언트의 종교성을 권장하는 것에 대한 잠재적인 이점을 측정하기 위해 다양한 질문들을 물어보는 것을 권했다(pp. 237-238).

영적 사정
SPIRITUAL ASSESSMENT

종교와 영성의 구성 요소에 대한 이전의 논의는 우리에게 다양한 방법으로 종교와 영성이 건강과도 관계가 있음에 대해 알려주었다. 더 나아가 종교와 영성이 특정한 질병의 진행 및 발달과 인생 전반에 걸친 심리사회적 문제에 영향을 미칠 수도 있다고 했다. 또한 종교와 영성에 대한 고려에 있어, 중요성은 면밀한 심리사회적 사정 과정의 필수적인 부분이라고 밝혔다. 일부 학자들은 사정 과정에서 종교와 영성을 포함하기 위해 다양한 근거들을 제시했다.

만약 미국에서 영적·종교적 다양성의 존재가 중요하게 여겨진다면, 이에 관련된 데이터는 넘쳐날지도 모른다. 그러나 사회복지사가 특정한 종교와 영적 접근의 세부사항을 아는 것보다, 환자의 종교적, 영적 신념과 참여에 대해 어떻게 질문하는지를 아는 것이 더 중요하다. 문화적 역량의 일부로, 종교적·영적 역량은 익숙하지 않은 부분을 탐구하는 데에 주요한 능력이 된다. 시간과 관심이 주어지면, 환자들은 흔히 그들의 건강에 대한 염려와 어떻게 건강이 종교나 영성과 관련이 있는지에 대해 보건의료 제공자들에게 가르쳐주기를 원한다. 바니스Barnes와 해리스Harris(2001)는 클라이언트에게 다가가는 중요한 방법으로 "존중을 보이는 호기심"을 추천했다. "모든 임상 의료에서 효과적으로 폭넓은 기술은 다르게 듣는 능력, 개인적으로 존중을 표하는 방법, 의료 통찰력, 그리고 동의하거나 동의하지 않기보다는 이해에 목표를 두는 것을 포함한다"(pp. 7-8).

이와 같이 간략하게 본문을 살펴보면, 보건사회복지사가 전문적인 실천 현장에서 직면할 수 있는 다양한 종교적·영적 신념과 실천에 대한 적절한 소개를 제공하는 것은 거의 불가능하다. 게다가 종교집단 간뿐만 아니라 종교집단 내에서도 큰 다양성이 존재한다. 그러므로 종교적으로 역량 있는 실천기술을 위해서는 개별화된 사정을 위해 노력하고, 추측이나 고정관념을 갖는 것을 피해야 한다.

영적 사정의 근거

　　사회복지사가 환자 및 그들의 가족의 종교와 영성을 다루는 것에는 몇 가지 이유가 있다. 이전에도 논의했듯이, 많은 미국인들은 그들 스스로를 종교적이거나 영적이라고 정의하며 이러한 부분이 중요하다고 말한다. 종교와 영성 같이 사람에게 중요한 부분은 그들의 보건의료에도 영향을 미칠 것이다. 만약 그렇다면, 사회복지사는 이것이 특정한 환자에게 사실인지를 밝히고, 이 환자에게 개입할 때 이러한 정보 역시 포함되기를 바랄 것이다. 예를 들어, 종교와 영성은 사람들의 아픔과 고통에 대한 신념, 삶의 질, 의미와 목적, 그리고 사망률과 관련될 수 있다. 또한 이러한 신념은 환자의 사회적 지지와 다른 자원들의 접근에도 영향을 미칠 수 있다. 종교적 또는 영적 사정을 하는 목적은 환자들의 삶에 더 완전하고 나은 치료 계획을 개발하도록 하고 이에 대한 종교와 영성의 역할을 명확히 하기 위해서이다.

　　왜 우리는 환자의 종교적·영적 주제에 접근하고 다루어야 하는가? 쾨닉(2008)과 다른 연구자들은 몇 가지 근거들을(더 많은 정보를 알기 원한다면, Canda & Furman, 2010 참조) 제시했다. 앞에서도 논의했듯이, 많은 환자들은 종교적이고 그들 대부분이 치료에서도 그들의 종교적 신념이 고려되기를 바란다(Cloninger, 2006; Koenig, 2008). 또한 미국인 상당 부분 그들 스스로를 종교적이거나 영적이라고 정의하고, 높은 비율이 종교나 영성이 그들의 삶의 중요한 부분이라고 보고한다. 이런 환자의 경우, 종교와 영성을 물어보는 것에 대해 전인적 관심을 표하고, 치료관계와 치료효과를 향상시킬 수 있다(D'Souza, 2007).

　　종교와 영성은 신체적이나 정신적 질병을 겪는 사람들의 노력과 능력에 영향을 미친다. 더 구체적으로, 종교는 "자기 돌봄에 대한 동기부여, 계획 치료와 관련한 의지, 그리고 의료적 치료를 따르는 능력"에 영향을 미칠 수 있다(Koenig, 2008, p. 157). 이러한 부분들은 성공적인 치료에 중요한 원인이기 때문에 종교가 있는 것은 사회복지사와 다른 보건의료 관련자에게도 중요하다. 특히, 종교는 (보건사회복지사의 주된 관심영역인) 퇴원 계획과 이후의 돌봄과정에서 중요한 역할을 할 수 있다. 왜냐하면 종교집단은 종종 구체적인 지지(예를 들어, 교통수단, 식사)와 그들의 새로운 일원을 위한 사회적 지지의 중요한 자원들을 제공하기 때문이다. 예를 들어, 많은 교회들은 보건사역이나 봉사활동을 하기도 한다.

　　게다가, 종교적 신념과 실천은 의료적 결과에 영향을 미칠 수 있다(Koenig, 2008). 쾨닉이 시사하듯이, 영적·정서적 욕구가 충족되지 않으면 심리사회적 스트레스가 발생할 수 있고 이는 신체에 영향을 미친다. 이러한 현상의 결과로서 환자의 수술이나 의료적 치료에 반응하는 방식에도 영향을 끼칠 수 있다.

　　환자들이 입원을 하게 되면, 흔히 그들의 평상시의 영적 돌봄과 지지에서 고립되게 된다. 이들은 집과 그들의 영적 공동체로부터 떨어져 입원을 할 수도 있기 때문이다. 심지어 거리적으로 멀지 않더라도, 성직자의 시간과 방문이 제한될 수도 있다. 이러한 상황에서, 사회복지사는 환자의 성직자, 공동체 안에서의 성직자, 혹은 병원내 성직자와의 만남을 통해 환자가 영적 돌봄과 지지를 받을 수 있도록 중요한 역할을 해야 한다. 게다가 대부분의 성직자는 의료적 상황과 의료과정에 대한 이해에 한계가 있으므로, 영적 관심과 이러한 상황을 연결하는 능력이 제한되어 있을 것이다. 이 상황에서, 사회복지사는 환자, 성직자, 그리고 다른 의료 전문가 사이에서 중재자로서 도와야 한다. 이는 환자가 특정과정(예를 들어, 삶의 지지를 시작하거나 멈출 때)에서 영적 상담을 원할 때 크게 중요한 역할을 한다.

퀘닉(2008)이 개요에 서술했듯이, 종교적 신념과 의식은 특히 환자가 심각하게 아플 때, 그들이 내리는 의료 결정과 갈등에도 영향을 미칠 수 있다. 종교적 신념과 의식은 환자의 소망과 일치하든 그렇지 않든 구성원에 의한 의료적 결정에 영향을 줄 수 있다. 비록 드물게 나타나지만, 이러한 갈등은 종종 높은 관심과 필요 이상의 주목을 불러일으킨다. 이것은 크리스천 사이언스 교인들의 임상의료 회피, 기독교 근본주의자들의 정신의학적 의료 불신, 여호와의 증인 성도의 수혈 거부 등을 포함한다. 보건사회복지사는 이러한 관점을 가지고 있는 사람들과 일하고 보건의료 관리자, 변호사, 재판제도의 구성원들에게 탄원하는 데에도 준비되어 있어야 한다.

환자들이 종교 모임에 참여하는지 그리고 어느 정도 참여하는지는 추후 관리에 중요한 의미를 가질 수 있다. 예를 들어, 종교 공동체는 다양하고 중요한 물질적, 정서적 지지를 제공한다. 잠재적 지지는 음식, 교통, 사회적 방문, 기도, 전화연락, 슈퍼비전, 돌봄, 돌보는 사람을 위한 유예기간 등을 포함한다. 이러한 지지는 지역사회로 퇴원을 촉진시키고, 지역사회에 머무는 것을 연장하며, 삶의 질을 증진시킬 수 있다. 특히 교회 신자들의 지지는 주변에 가족 구성원이 많이 없거나, 그들의 가족 구성원이 크게 지원할 수 없는 환자에게 중요하다.

오늘날 주요 전문기관들은 일상적인 업무의 일환으로서 영적 사정을 시행하도록 권고하거나 의무화하고 있다. 앞서 말한 이점들을 받아들여, 의료기관 인증 합동위원회Joint Commission for the Accreditation of Hospital Organizations는 병원, 요양원, 재가요양기관에서 모든 환자들의 영적 사정을 요구한다(Hodge, 2006). 또한 이와 관련하여, 합동위원회는 의료, 간호, 정신의학 훈련 프로그램이 학생들의 종교적 신념에 대한 민감도를 고려하여, 문화적으로 섬세한 보건의료를 제공할 수 있도록 준비될 것을 요구한다(Koenig, 2008). 이와 비슷하게, 세계보건기구WHO는 임상실천에서 종교와 영성에 대해 이야기하는 것의 중요성을 강조했다(WHO, 1998; WHOQOL SRPB Group, 2006). 보건 전문가의 다른 집단에서도 완화의료(예를 들어, American College of Physicians; Qaseem et al., 2008), 암 치료(National Cancer Institute, 2009), 정신건강(Substance Abuse and Mental Health Services Administration, 2006; Royal College of Psychiatrists, 2010)에서 역량 있는 실천의 일부로서 영적 사정을 추천했다.

전미사회복지사협회National Association of Social Workers는 영적 사정이 권고된 여러 전문 실천 분야에서의 기준을 공표했다. 장기요양시설에서의 서비스(NASW, 2003), 보건의료현장에서의 사회복지실천(NASW, 2005b), 그리고 물질남용장애를 가진 클라이언트와의 사회복지실천(NASW, 2005a)에는 이러한 전미사회복지사협회 기준이 포함되었다. 보건의료현장을 위한 기준은 다음의 주장이 반영되었다: "사회복지사는 인종적, 문화적, 영적 그리고 종교적 요인이 보건의료 선택과 양생법 준수에 영향을 미침을 인지한다"(NASW, 2005b, p. 18). 일반적으로, 전미사회복지사협회는 문화적 기능에 대한 필수적인 측면으로 영적 사정을 추천한다(NASW, 2001, 2007). 그러므로 전문적 능력으로 영적, 종교적 요인에 대한 사정을 요구할 것이다.

사정 접근법

이 장에서는 종교와 영성에 대한 여러 가지 측면에 대해 확인할 것이다. 학자들은 비록 몇 가지 특정한 측면에만 초점을 둔 듯했지만, 실증적 연구에서 종교와 영성을 사정하는 여러 가지 표준화된 척도를 발전시켰다. 보건연구를 위한 종교성/영성 다차원 척도Multidimensional Measurement of Religiousness/Spirituality for Use in Health Research는 종교, 영성, 그리고 건강 사이의 관계를 연구하기 위한 가장 좋은 척도 중 하나이다. 더욱 구체적인 조사에서 전체 또는 특정 부분이 선택되어 사용될 수 있다. 힐Hill과 후드Hood(1999)는 연구목적을 위해 개발된 대규모 종교적 척도를 따랐고, 이들 중 대부분이 보건 연구에 적합했다. 가장 최근에, 힐Hill과 몰비Maltby(2009)는 안녕감과 관련된 종교와 영성의 척도를 개발했다. 또한 국립암연구소(NCI, 2010)는 종교와 건강연구에 대한 몇 가지 척도에 대해 확인했다. 듀크대학교 종교지표DUREL: Duke University Religion Index는 몇 가지 핵심적 차원을 이용하여 간단하게 5가지 항목으로 측정하는 지표로서, 대규모 보건 연구에서 종교와 영성을 추가하고자 할 때 사용할 수 있다(Koenig & Büssing, 2010). 이는 역학연구에 사용하기 위해 개발되었고, 보건연구와 쉽게 통합될 수 있었다.

같은 시기에, 학자들은 임상 실천에서 종교와 영성을 사정할 수 있는 다양한 도구들을 개발했다. 이 장은 이러한 도구에 대한 일련의 범주를 제공하고 각 범주의 본보기를 설명한다. 임상 실천에서 영성을 사정하는 측정도구는 간단한 검사 도구, 그림을 이용한 인터뷰 도구, 그리고 심층면접으로 범주화될 수 있다. 각 범주에서 몇 가지 도구를 활용하여, 이 장에서는 임상가들의 개인적 선호뿐 아니라 클라이언트의 욕구와 우선순위에 적합한 접근방법을 선택하게 만들어준다. 이러한 도구들은 기존의 사전조사 절차나 더 철저한 심리사회적 사정 과정의 부분으로서 사용된다.

보건사회복지사에게는 환자들의 종교적, 영적 관심을 다룰 수 있는 몇 가지 방법이 있다. 그들은 환자가 영적 관심에 대해 이야기하는 것을 기다릴 수 있다. 보통은 환자에게 종이와 연필을 이용, 간단한 사정이나 말로 하는 검사 도구를 사용한다. 또는 이러한 문제들을 명쾌하게 다루는 영적 질문이나 사정을 사용하여, 더 많은 논의를 통해 그들의 솔직함을 나타내기도 한다(NCI, 2010). 이러한 접근에는 장점과 단점이 있다. 사회복지사가 어떻게 응답할지에 대한 불확실성에서 어떤 환자들은 그들 스스로 영적 관심을 높이는 것을 주저하거나 두려워할지도 모른다. 어떤 이들은 그들의 영적 관심에 대해 사회복지사와 논의하는 것은 적합하지 않다고 생각하지만, 다른 이들은 그렇게 하는 것을 원하기도 한다. 어떤 환자들은 이러한 문제들을 다루기 위해 솔직함을 보이는 사회복지사가 편할지도 모른다. 이러한 이유로, 간단한 일상질문은 현장 인력들이 환자에게 과도한 압력을 가하지 않고 흥미와 솔직함을 적절하게 표현하게 할 수 있다. 국립암연구소NCI는 다음과 같이 제안했다.

> 종교적 또는 영적 대응 등에 대한 간단한 질문을 통해 환자가 그러한 경험의 중요성을 보다 깊이 탐색해보도록 유도할 수 있다. 환자들 중 소수만 그러한 질문이 거슬리고 괴로움으로 느껴질 것이라는 증거가 보고되었다(NCI, 2010).

간단한 스크리닝 도구

의사, 간호사, 사회복지사를 포함한 보건의료 현장인력은 몇 가지 간단한 스크리닝 도구를 사용한다. 대부분은 실천가들이 권장되는 질문이나 주제를 상기할 수 있도록 단어의 머리글자를 사용한다. 예를 들어, **HOPE** 질문(Anandarajah & Hight, 2001, p. 86)은 다음의 의미를 나타낸다:

H 희망, 의미, 위안, 강점, 평화, 사랑, 연결의 근원Source of *h*ope, meaning, comfort, strength, peace, love, and connection

O 조직화된 종교*O*rganized religion

P 개인적인 영성과 실천*P*ersonal spirituality and *p*ractice

E 의료와 생애말 이슈에 대한 영향*E*ffects on medical care and *e*nd-of-life issues

이러한 몇 가지 질문은 종교와 영성의 존재에 관해 사회적, 개인적 측면을 강조하고 환자의 임상의료와 어떠한 관련이 있는지 알려준다.

이와 비슷하게 전문가의 또 다른 4개의 질문은 "환자의 삶과 대처방법에서 영성의 의미와 효과"에 초점을 둔다(Frick, Riedner, Fegg, Hauf, & Borasio, 2006, p. 238). **SPIR** 질문은 다음과 같다(p. 240):

S 당신은 스스로를 넓은 의미에서 믿음 있는/영적인*S*piritual/종교적인 사람이라고 표현하는가?

P 당신의 삶에서 영성의 위치*P*lace는 어디인가? 이것은 당신의 질병에 있어 얼마나 중요한가?

I 당신은 영적 공동체에서 통합되었는가/*I*ntegrated?

R 당신은 영성의 영역에서 의사, 간호사, 또는 치료자에게 어떤 역할*R*ole을 주고 싶은가?

이 질문은 영적 정체성과 그 중요성, 환자의 영적 공동체 참여, 그리고 영성에서 보건의료 전문가의 역할에 대한 환자의 선호를 강조한다.

또 다른 4개의 질문 문항은 보건의료에서 간단한 검사 도구로서 가장 널리 사용된다 (Puchalski, 2004; Puchalski & Romer, 2000). 푸찰스키Puchalski의 모델은 머리글자로 FICA를 사용하여 영적 사정을 이끄는 세부적인 질문을 한다(Pulchalski & Romer, 2000, p. 131):

F 믿음과 신념Faith and Belief: "당신은 스스로를 영적이거나 종교적이라고 여기는가?" 또는 "당신은 스트레스를 다루는 데 도움이 되는 영적 신념을 가지고 있는가?" 만약 환자가 "아니오"로 답하면, 보건의료 공급자는 "무엇이 당신의 삶에 의미를 주는가?"라고 물어볼 수 있다. 때때로 환자는 가족, 직업, 또는 자연과 같은 답을 말한다.

I 중요성Importance: "우리의 삶에서 당신의 믿음이나 신념이 어떤 중요성을 갖는가? 당신의 신념이 스스로 질병을 어떻게 돌보는지에 영향을 미친 적이 있는가? 당신이 건강을 다시 찾는데 이 신념이 어떤 역할을 하는가?"

C 공동체Community: "당신은 영적 또는 종교 공동체의 일원인가? 이는 당신을 어떻게 돕는가? 단체에는 당신이 정말 사랑하거나 중요하게 여기는 사람들이 있는가?" 교회, 절, 이슬람 사원, 또는 생각이 비슷한 친구들의 그룹은 일부의 환자들에게 강한 지지체계로 기여할 수 있다.

A 돌봄 문제에 대한 대응Address in Care: "나와 같은 당신의 보건의료 공급자가 당신의 보건의료의 사안 가운데에서 문제들을 어떻게 다루길 원하는가?"

이전 모델과 마찬가지로, FICA는 다음과 같은 이유로 환자에게 권장된다: 환자 스스로가 본인이 종교적 또는 영적인지 확인하고, 보건의료 전문가들에게 환자가 선호하는 용어가 무엇인지 알려주며, 종교와 영성이 얼마나 중요하고 그들의 질병과 어떻게 관련이 될 수 있는지를 알게 한다. 또한, 환자에게 잠재적 지지네트워크로서 종교적·영적 커뮤니티를 떠올리게 하며, 보건의료전문가와 이러한 문제에 대해 터놓고 이야기를 나누며 편안함을 느끼게 한다. 간단하게, FICA는 전문가에게 무엇이 허용되는지뿐 아니라 환자와의 협력에서 무엇이 중요한지를 알게끔 도와준다.

이러한 간이 스크리닝 도구들은 환자의 영성에 대한 기본 정보를 알려주며, 전문가-환자 관계의 시작에 도움을 준다. 물론, 전문가는 여전히 이 정보를 어떻게 사용할지에 대해 결정해야 한다. 만일 의료 전문가가 종교와 영성이 환자의 과거력, 의료적 상태, 치료에 대한 잠재적 반응에 중요한 역할을 한다고 확신한다면, 전문가는 다음에 논의할 방법 중 한 가지를 사용하여 추가적인 정보를 파악할 수 있다.

그림을 이용한 인터뷰 도구

간이 스크리닝 도구가 시작하기에는 좋지만, 일반적으로 환자의 삶에서 종교와 영성에 대한 정보는 제한적이다. 더 나아가기 위하여, 사회복지사에게는 추가적으로 인터뷰를 기반으로 하는 도구가 필요하다. 사회복지실천 현장에서 사정 도구가 폭넓게 사용되기 시작하면서, 호지 Hodge(2005a)는 사회복지실천에서의 사용을 위한 사정 도구를 적용했다. 그는 구체적으로 종교와 영성에 관한 인터뷰를 보충하기 위해 몇 가지의 그림을 이용한 도구를 제안하였으며, 많은 환자들은 이러한 인터뷰를 통해 민감한 종교적, 영적인 경험을 기꺼이 드러낼 수 있었다.

영적 인생지도 *Spiritual Life Maps*

호지(2005a,c)는 영적인 과거 경험을 말하는 대안으로 영적 인생지도를 제안했다. 호지(2005a)는 임상실천에서 인생지도가 가지는 장점을 다음과 같이 언급했: (a) 인생지도는 사정 과정에서 클라이언트의 적극적인 역할을 독려한다, (b) 인생지도는 잠재되어있는 민감한 문제를 논의할 수 있도록 존중하는 분위기를 제공한다, (c) 인생지도는 말을 적게 하거나 영어가 모국어가 아닌 환자들과의 의사소통을 촉진시키고, 추후 탐구를 위한 구체적인 초점을 제공한다, (d) 인생지도는 모호하고 주관적인 부분을 분명하게 하여 개입을 더욱 용이하게 한다. 더 나아가 인생지도의 구조는 그 자체가 개입의 형태를 나타낸다. 과거 경험을 선택하고 회고하는 과정을 통해 통찰력을 증진시키고, 환자들이 과거에 이해하지 못했던 부분을 분명히 하도록 도우며, 그들 스스로 그들의 경험을 더 긍정적으로 재해석하거나 재구조하게끔 하며, 일반적으로 서술이 더 일관성을 가지도록 고무한다. 이러한 많은 이점들은 그림을 이용한 다른 도구에도 적용된다.

영적 인생지도를 만들기 위해서는 큰 종이 한 장과 필기도구가 필요하다. 클라이언트의 인생을 나타내는 선을 따라 클라이언트는 그림을 그리거나 붙일 수 있고, 영적으로 중요성을 가진 주요 사건과 경험을 나타내는 단어를 쓰게 된다. 이러한 사건들은 긍정적이거나 부정적일 수 있고, 크거나 작을 수 있고, 공적이거나 사적일 수도 있다. 인생지도를 구성하는 과정은 기억을 되짚어보는 계기가 되고, 임상에서 대화를 위한 주제로도 작용한다. 실천 현장에서는 창의성을 위해 색연필이나 크레용, 색상지, 사진을 자를 수 있는 잡지, 가위, 풀을 제공할 수 있다. 실천가들은 환자가 인생지도를 만드는 동안 임상적인 대화를 지속할 수 있고 환자가 선택하여 나타낸 사건에 대해서도 이야기할 수 있다. 클라이언트와 실천가들은 인생지도를 구성하는 것에서부터 과제와 다음 회기에서 논의될 부분들을 의논하는 과정을 통해서도 많은 부분을 배울 수 있다. 이러한 경우에 인생지도는 실천가가 치료과정에서 참고할 만한 구체적인 부분에 대해 다루게 된다(예를 들어, 특정한 사건, 강점, 반응에 대해 논의하는 것). 그림을 이용한 도구 가운데, 아마도 영적인 인생지도는 가장 덜 구조화되어 있어, 가장 융통성 있고 클라이언트가 주도할 수 있는 방법이다.

칸다 Canda와 펄만 Furman(2010)은 인생지도와 비슷하지만 조금 더 구조화된 도구로 영적 발달 타임라인 Spiritual Development Timelines을 제안한다. 이 타임라인 역시 클라이언트가 그들의 인생에 대해 이야기하는 것을 돕도록 만들어졌지만, 연구자들은 이 이야기에 서술적 일관성을 가져 오는 어떠한 발달과정을 가정하고 있다. 타임라인은 시간경과를 나타내는 수평적 측면과 영적 의식의 발달 단계를 나타내는 수직적 측면을 포함한다.

영적 가계도 Spiritual Genograms

영적 인생 지도가 환자 개인의 인생주기에 중점을 두었다면, 영적 가계도는 가족 배경의 역사에서 환자의 삶을 표현한다. 패밀리 트리의 전통적 묘사에 기초하여, 가족 가계도는 가족관계에 대한 추가적인 질적 정보를 담아내고 세월에 따른 가족 패턴을 강조한다(McGoldrick, Gerson, & Shellenberger, 1999). 더 나아가, 영적 가계도는 세대에 걸친 가족 경험에서의 영적, 종교적 양상을 나타낸다(Frame, 2000; Hodge, 2001b, 2005a). 가계도는 보통 3세대 또는 더 많은 세대의 가족 체계에 대한 정보를 포함하기 때문에, 종교와 영성이 가족기능을 강화하거나 저해했던 방식을 밝힐 수 있다. 일례로, 가계도는 환자가 가족 내에서 자신의 영적 사회화와 지지에 핵심적인 기여를 한 사람들이 누구인지, 종교가 어떻게 가족 내의 유대와 갈등에 영향을 끼치는지를 보여주며, 시간의 추이에 따른 영속성과 변화의 패턴을 보여줄 수 있다. 또한, 이는 가족 구성원이 질병을 치료할 때 종교와 영성이 긍정적으로 작용하였던 기억을 촉진시킬 수도 있다.

호지(2001b, 2005a)가 설명하였듯이, 영적 가계도는 종교와 영성을 나타내는 상징을 추가로 사용하고 종교와 영성에 대한 정보를 구체적으로 포함한다는 것을 제외하고는 기존의 가계도와 비슷하다. 예를 들어, 전통적으로 남성은 사각형, 여성은 원으로 표시하는데, 실천가는 가족체계 밖의 주요 종교적 인물을 삼각형으로 표현할 수 있다. 다른 종교적 전통은 다른 색을 사용하여, 타종교 간의 결혼과 대가족에서 종교적 배경의 다양성을 강조할 수도 있다. 가계도와 마찬가지로, 개인 간의 영적·종교적 유대를 나타내기 위해 선을 사용할 수 있다. 또한 사람, 관계, 사건에 대한 다른 중요한 정보들을 전달하기 위한 문자와 기호를 활용하기도 한다. 영적 가계도의 사용을 보여주는 예와 완성된 가계도를 보다 심도 있게 탐색하는 인터뷰 질문들을 보려면 호지 Hodge(2001b)와 프레임 Frame(2000)을 참고하기 바란다.

영적 생태도 Spiritual Ecomaps

영적 인생 지도나 가계도와는 다르게, 영적 생태도는 개인 혹은 관계적 역사보다 환자의 현재 생태적 맥락을 강조한다. 요컨대, 생태도는 환자가 현재 관련된 관계만큼 종교적·영적 자원에 집중한다. 이렇게 함으로써, 생태도는 무엇이 이미 존재하는지 강조 및 확인하고 무엇이 없는지를 명확히 한다. 두 종류의 정보 모두 개입 계획을 세우는 데에 유용하다. 호지(2000)가 지적한 것처럼, 과거의 경험을 반추하는 일에 회의적인 환자라도 현재의 관계가 그들의 상황에 어떠한 영향을 미치는가에 대해서는 알고 싶어할 것이다. 실제로 영적 생태도는 관계와 사회적 지지를 강조하는 대부분의 종교적 관행과 잘 조화된다.

생태도는 대가족, 일, 학교와 사회서비스의 연결을 포함하는 클라이언트의 생태적 맥락을 묘사하기 위해 하트만Hartman(1995)에 의해 처음으로 개발되었다. 영적 생태도는 필수적으로 맥락에서의 종교적·영적 측면에 초점을 둔다. 생태도는 환자와 환자의 가족을 묘사하는 중심 원과 그 주변을 둘러싼 일련의 추가 원들로 구성된다. 주변 원들은 환자의 환경에서 주요 구성요소를 나타내기 위해 명시된다. 그리고 각 관계들의 본질을 나타내는 다른 종류의 선들과 중심 원이 연결된다. 영적 생태도에서, 호지(2000)는 주변 원들에 대한 범주로서 신/초월성, 종교 공동체, 영적 지도자, 초자아, 종교상 의식/실천, 그리고 환자 부모의 종교적 전통 같은 것들을 제안했다. 또한 그는 어떻게 범주가 적용될지를 논의하고 생태도 사용의 예가 되는 사례들을 제공했다.

영적 에코그램Spiritual Ecogram

또한 호지(2005b)는 영적 가계도와 생태도를 결합한 영적 에코그램을 설명한다. 영적 에코그램은 과거와 현재 상황 양쪽에 모두 초점을 맞추게 함으로써 환자와 실천가가 복잡한 상호작용을 인식할 수 있도록 돕는다. 그러나 영적 에코그램은 여기에 설명된 그림을 이용한 도구 중 가장 복잡하고 시간이 많이 걸린다는 단점이 있다. 이러한 이유로, 사회복지실천가는 완성도에 대한 노력을 기울일지 여부와 소요 시간에 대해 고려하여 결정해야 한다. 영적 에코그램은 이미 생태도와 가계도에서 주어진 가이드 라인으로 구성될 수 있다.

심층면접

종교와 영성이 덜 중요하게 보이는 상황에서는, 관련 있는 측면에 초점을 둔 심층면접을 하는 것이 더 적합할 수 있다. 넬슨-베커Nelson-Becker, 나카시마Nakashima, 칸다Canda(2007)는 종교와 영성에 관한 시작 질문 2가지를 추천했다:

1. 영성, 종교, 또는 신앙은 당신의 인생에서 중요한가?
2. 영성, 종교, 또는 신앙에 대해 이야기할 때 당신은 어떤 단어를 선호하는가? 설명해 주십시오.

이러한 질문들은 사회복지사가 이런 이슈를 논할 때 환자가 선호하는 언어를 사용할 수 있게 해 준다.

칸다와 펄만(2010)은 환자의 삶에서 종교나 영성의 역할을 깊이 있게 연구할 수 있는 지도를 제공했다. 인터뷰 방법이 특정 보건의료 현장을 목표로 하지는 않지만, 대부분 실천 환경과 관련이 있다. 영적 사정은 암묵적 사정, 간략한 명시적 사정, 상세한 명시적 사정의 3가지로 구별된다. 예를 들어, 암묵적인 영적 사정은 다음과 같은 질문을 포함한다.

- 무엇이 현재 당신의 삶에서 의미와 목적을 가지고 오는가?
- 당신은 어디에서 이러한 깊은 영감이나 평화를 찾는가?

- 무엇이 강점의 중요한 자원이자, 당신의 어려움이나 위기를 극복할 수 있도록 돕는가?
- 당신의 상황이 당신에게 제기하는 가장 깊은 질문은 무엇인가?(p. 102)

칸다와 펄만은 간략한 명시적 사정을 기억할 수 있도록, 머리글자로 **MIMBRA**를 제공한다. 이것은 의미Meaning, 중요성Importance, 회원자격Membership, 신념Beliefs, 타당성Relevance, 행동Action을 나타낸다. 해당 질문들은 다음과 같다:

- 무엇이 당신의 삶에서 깊은 의미Meaning, 목적, 도덕성, 희망, 연결, 기쁨, 또는 평화를 경험하도록 돕는가?
- 영성, 종교, 또는 신앙은 당신에게 중요한가Important? 왜 중요한지 또는 왜 그렇지 않은지 설명해 주십시오.
- 당신은 당신에게 소속감을 주고 삶의 의미와 지지를 찾을 수 있도록 돕는 단체나 공동체 (종교단체, 지지단체, 또는 문화단체)의 구성원Member인가? 설명해 주십시오.
- 현재의 상황에 대한 당신의 생각과 대응을 뒷받침하는 중요한 신념Beliefs, 실천(기도, 명상, 예배의식, 홀리스틱 요법), 또는 가치에 대해 설명해 주십시오.
- 지금까지 논의된 것 중에서, 무엇이 당신의 현재 상황과 우리가 함께 할 수 있는 당신의 목표와 관련Relevant되었는가?
- 당신은 우리가 함께한 활동 중 논의된 부분 중에 우리가 함께 행동Act하고 싶은 것이 있는가? 예를 들어, 우리가 적용할 수 있는 도움 되는 부분이나, 우리가 피하거나 다루지 말아야 하는 도움 되지 않는 부분이 있는가? 내가 알고 있거나 연락해야 하는 가까운 친구, 친척, 멘토, 성직자, 또는 영적 교사가 있는가? 설명해 주십시오(Canda & Furman, 2010, p. 267).

칸다와 펄만(2010)은 부록에서 10가지 범주로 정리된, 더 완성도 있는 인터뷰 질문의 한 세트를 제공했다:

1. 영적 단체 멤버십과 참여
2. 영적 신념
3. 영적 활동
4. 영적 경험과 느낌
5. 도덕과 가치문제
6. 영적 발달
7. 지지에 대한 영적 자원
8. 변화에 대한 영적 자원
9. 영적 안녕감
10. 영적 경향에 대한 외적/내적 스타일

이 범주 내에서 50개가 넘는 질문이 있다. 특정 환자에게 무엇이 중요해 보이는지에 따라, 보건사회복지사는 더 많은 탐색을 위해 이 범주에서 하나 또는 더 많은 질문을 선택할 수 있다.

넬슨-베커 등(2007)은 일단의 비슷한 인터뷰 범주들을 구성하여 각 범주에 대해 질문을 제시하였다. 또한 각 질문에 대한 클라이언트의 응답이 클라이언트와 그들의 상황을 이해하는 데 어떻게 도움이 될 수 있는지를 보여주는 예문들을 제공하였다. 이러한 이유로, 그들의 연구논문은 특정 범주 내의 질문들이 갖는 잠재적인 효과를 이해하는 데 특히 도움이 될 수 있다. 그러한 예문들은 노년층에 초점을 맞추고 있지만 다른 인구집단에도 동일한 인터뷰 질문들을 적용할 수 있다.

구체적으로 종양학 관련 현장을 위해서, 국립암연구소NCI(2009)는 다음과 같은 범주로 환자와의 영적 사정 인터뷰를 제안하였다.

- 종교 교파
- 신념 또는 삶의 철학
- 중요한 영적 실천 또는 의식
- 힘의 자원으로서 영성이나 종교사용
- 지지 공동체 일원되기
- 기도나 명상 사용
- 믿음 상실
- 영적 종교적 신념과 암 치료 사이에 갈등
- 보건의료 공급자와 간병인과 환자의 영적 필요를 돕는 방법
- 죽음과 그 이후의 삶에 대한 관심
- 생애말에 대한 계획

사정 접근법이 모든 환자에게 가능하지는 않을 것이다(Hodge, 2005b). 이러한 이유로, 현장에서의 인력은 다양하고 각기 다른 사정 방식에 익숙해져야 하며, 그들은 각 환자에게 적합한 접근법을 선택할 수 있어야 한다. 간단한 스크리닝 도구 또는 초기 면접 질문의 선택을 넘어, 실천가가 선호하는 사정 접근법을 갖는 것은 클라이언트의 기호, 실질적 중요 부분과 시간제약과 관련될 것이다.

개입에 대한 접근
APPROACHES TO INTERVENTION

퀘닉 등(2001)은 보건전문가가 보건의료에서 종교와 영성을 다루거나 구체화될 수 있는 몇

가지 방법에 대해 확인하였다. 제시된 것처럼, 의사는 환자의 삶에서 종교와 영성의 역할을 평가해야 한다. 치료를 지시할 수 있는 기본적인 정보를 모으는 것에 비해, 이러한 부분은 보건 전문가가 종교적이고 영적인 문제를 논의하도록 소통할 수 있을 것이다. 만약 환자의 종교적 신념과 실천이 도움이 되는 것처럼 나타나면, 전문가는 "환자에게 도움 되는 것"을 찾는 것에 격려하고 지지해야 한다(p. 441). 종교 서적이나 청취자료에서부터 병원의 목사에 이르기까지, 환자가 원하는 종교 자원에 접근할 수 있는지 확인하는 것이 도움이 된다. 환자가 목사와 종교공동체의 다른 구성원을 방문하는 것은 더 도움이 될 수 있다. 이와 관련하여, 특히 병원, 요양시설, 호스피스 기관에서 보건전문가는 목사나 공동체 종교지도자를 보건의료팀의 일부로서 인식해야 한다. 또한 보건전문가는 목사나 다른 성직자를 만날 수 없을 때, 직접적이고 실질적으로 영적 문제를 다룰 수 있게 준비되어야 한다. 결과적으로, 보건전문가는 특별한 상황에서 특정 환자에게 영적으로 개입하기를 원할지도 모른다. 그러나 개입 과정에서 보건전문가들은 세심한 주의를 기울여야 한다. "환자와의 상황은 조심스럽게 선택되어야 하고, 개입은 환자의 종교적 배경과 영적 욕구에 맞게 개별화되어야 한다"(Koenig et al., 2001, p. 443).

잠재적 영적 개입

보건의료에서 환자의 영적 문제를 포함하는 이러한 노력 외에, 최근 급부상중인 종교/영적 치료의 범주가 있다. 최근 논문에서, 후크Hook 등(2001)은 실증적으로 검증된 종교적/영적 치료법에 관한 연구들을 체계적으로 검토했다. 해당 연구에서는 개인이나 단체를 직접 대상으로 하는 정신건강치료 개입을 구체적인 기준으로 설정했으며, 치료법 맥락 밖의 의료적 개입이나 종교적 개입은 제외하였다. 또한, 명시적으로 종교나 영성을 통합시킨 개입만을 포함하였으며, 영성(예: 마음챙김)에 바탕을 둔 여러 개입들은 제외하였다. 마지막으로, 무작위적인 임상실험만을 포함했다. 총 24개의 연구가 이러한 선택 기준에 부합했는데, 그 연구들은 우울(8개의 연구), 불안(6), 용서에 대한 거부(3), 식이장애(2), 조현병(1), 알코올중독(1), 분노(1), 그리고 결혼문제(1)에 대한 치료를 다루었다. 종교에 있어서는 기독교(10개 연구), 이슬람(7), 도교(1), 불교(1), 그리고 포괄적인 영성(5)으로 나타났다. 대부분의 개입은 종교적 또는 영적인 부분에 표준화된 일반적 개입을 추가하여 구성되었다.

일부 치료는 클라이언트에게 도움이 된 것으로 밝혀졌고, 이 도움은 추후에도 지속되었다. 한 연구에서는 종교적 치료가 종교성이 높은 클라이언트에게는 효과적이지만 다른 클라이언트에게는 일반적인 대안보다 더 효과적이지 않은 것으로 나타났다. 적은 수의 연구에서 일반적으로 긍정적인 결과가 있었고, 연구자는 선택한 종교나 영적 치료가 주로 클라이언트의 선호나 치료자가 주는 위안의 문제일 것이라고 제시했다. 연구자는 이러한 치료에 대한 더 많은 연구가 필요하다고 결론을 내렸다.

결론
CONCLUSION

종교, 노화와 건강에 대한 연구에서, 크라우스(2004)는 이 장의 내용과 관련하여 세 가지의 일반적 관찰을 제시하였다.

1. 종교와 건강 사이의 연계는 불완전하다. 종교는 어떤 유익을 가진 것으로 나타나지만, 모두에게나, 모든 환경에서 그런 것은 아니다. 주어진 종교와 영성의 다차원적인 측면에서 우리는 건강과 종교 사이에 특정한 관계에 대해 더 많이 아는 것이 필요하다.
2. 종교적이거나 영적인 사람을 포함하여 모두가 죽는다는 것과, 대부분의 사람들이 죽기 전에 아프다는 것을 기억하는 것이 중요하다. 그것은, 종교의 어떠한 이점에도 분명한 한계가 있다는 것을 의미한다.
3. "모두는 아니지만 몇몇의 종교성이 강한 사람들은 종교가 누군가의 건강을 회복시키는 목적으로 추구되어서는 안 된다고 믿는다"(Krause, 2004, p. 1220). 바꿔 말하면, 종교와 영성이 건강에 미치는 이득에 대해 수단적으로 초점을 맞추는 것은 내적으로보다는 외적인 종교로 이끌 수 있으며, 종교와 영성의 필수적이고 주된 목적을 훼손시킬 수 있다.

연습문제

연습 11.1

종교 데이터 기록 협회ARDA: Association for Religion Data Archives(n.d.)는 미국의 종교 다양성을 이해하기 위해 흥미롭고 사용하기 쉬운 도구를 제공하였다. 지리정보시스템GIS: Graphic Information System의 사용으로 1980년, 1990년, 2000년도의 우편번호를 통해 인구 통계에 대한 지도를 그렸다. 예를 들어, 주요 종교집단(가톨릭, 주류 개신교, 복음주의 개신교, 유대인, 무슬림, 그리스정교도)의 인구 비율을 보여주고 이와 마찬가지로 130개의 특정한 교파(예를 들어, 바하이교, 로마가톨릭, 장로교, 남부 침례, 유니테리언교도협회)의 인구비율도 보여준다. 소그룹이나 둘씩 짝을 지어, 자신이 거주하거나 일하는 지역의 종교 소속에 대해 배울 수 있도록 온라인 지리정보시스템 자료를 이용해 보자. 이 자료가 어떻게 도움이 될지, 개개인의 클라이언트 혹은, 지역사회, 이웃, 그리고 다른 조직과 함께 팀으로 협력해서 일해야 하는 보건사회복지사의 세팅에서 어떻게 도움이 될 수 있는지 논의해 본다.

연습 11.2

하버드대 다원주의 프로젝트Pluralism Project at Harvard(Eck, 2010)는 미국에 무수히 많은 종교 전통을 소개한다. 다른 것보다, 이 웹사이트는 국가나 종교 전통에 의해 조직된 광범위한 정보를 포함한다. 당신이 익숙하지 않은 하나의 영적인 전통에 대해 읽어보라. 이 프로젝트로부터 당신이 알게 된 정보를 소모임이나 큰 집단에서 공유하고, 이 정보가 어떻게 보건사회복지사로 하여금 개인 환자수준과 지역사회/조직수준 모두에 개입할 수 있게 돕는지 논의해 본다.

연습 11.3

영적 사정과 간단한 검사도구의 사용방법을 더 배우기 위해, 조지워싱턴대학교 영성과 건강 연구소George Washington Institute on Spirituality and Health의 웹사이트(www.gwish.org/)를 이용해 보자. 이 사이트는 무료이고, 멀티미디어 트레이닝 모듈multimedia training module로, 임상실천에서의 영적 사정을 "질병이나 스트레스에 대한 환자의 반응에 중요한 영적 신념, 가치, 그리고 실천기술을 사정하는 것"으로 본다. 강의에서 이 장에서 언급된 도구 중 하나인 FICA 사용방법에 대해 세부적인 정보를 제공한다. 이 모듈과 도구의 사용을 위해, 파트너와 영적 사정에 대한 역할극을 실시하도록 한다.

연습 11.4

보건의료에서 영적 사정의 추가적인 자원을 위해, 영성과 건강 온라인 교육 자원센터 SOERCE: Spirituality and Health Online Education and Resource Center를 검색해 본다. 존 템플턴John Templeton 재단의 자금을 받는 이 곳은 "영성과 건강 온라인 교육 자원센터는 영성, 종교, 건강 분야에서 교육적 자원과 임상 자원을 위한 최초의 온라인 장소가 되는 것을 목표로 한다." 영성과 건강 온라인 교육 자원센터는 www.gwumc.edu/gwish/soerce/에서 확인할 수 있다. 웹사이트에는 논문, 사정 도구, 사례연구, 모듈, 방법 또는 활동 교육, 가이드, 핸드북, 매뉴얼, 비디오나 오디오 프레젠테이션, 그리고 환자나 간병인 교육 자료가 포함되어 있다.

연습 11.5

심층 집단 토론을 통해, 진행자는 사회복지교육협의회Council on Social Work Education에서 출판한 사례집, 『사회복지실천에서의 영성과 종교: 사회복지실천 사례Spirituality and Religion in Social Work Practice: Decision Cases for Social Work Practice』에서 사례를 선택할 수 있다. 이 사례집의 모든 사례들은 개방형 결론의 사례로, 대부분 보건의료 현장에서 온 실제 사회복지사와의 인터뷰를 기반으로 하였다.

추천 자료

인쇄물

Canda, E. R., & Furman, L. D. (2010). *Spiritual diversity in social work practice: The heart of helping.* New York, NY: Oxford University Press.

Fetzer Institute/National Institute of Aging. (1999). *Multidimensional measurement of religious-ness/spirituality for use in health research.* Kalamazoo, MI: Fetzer Institute.

Hill, P. C., & Hood, R. W., Jr. (1999). *Measures of religiosity.* Birmingham, AL: Religious Education Press.

Koenig, H. G. (2007). *Spirituality in patient care: Why, how, when, and what* (2nd ed.). West Conshohocken, PA: Templeton Foundation Press.

Koenig, H. G. (2008). *Medicine, religion, and health: Where science and spirituality meet.* West Conshohocken, PA: Templeton Foundation Press.

Koenig, H. G., King, D. E., & Carson, V. B. (2011). *Handbook of religion and health* (2nd ed.). New York, NY: Oxford University Press.

Koenig, H. G., McCullough, M. E., & Larson, D. B. (2001). *Handbook of religion and health.* New York, NY: Oxford University Press.

Krause, N. M. (2008). *Aging in the church: How social relationships affect health.* West Conshohocken, PA: Templeton Foundation Press.

Pargament, K. I. (1997). *The psychology of religion and coping: Theory, research, practice.* New York, NY: Guilford Press.

Pargament, K. I., Exline, J. J., & Jones, J. (Eds.). (Forthcoming). *APA handbook of psychology, religion and spirituality* (Vol. 1). Washington, DC: American Psychological Association.

Puchalski, C. M., & Ferrell, B. (2010). *Making health care whole: Integrating spirituality into patient care.* West Conshohocken, PA: Templeton Press.

Richards, P. S., & Bergin, A. E. (Eds.). (1999). *Handbook of psychotherapy and religious diversity.* Washington, DC: American Psychological Association.

온라인

Barnes, L. L. (2010). Boston Healing Landscape Project: A program for the study of cultural, therapeutic and religious pluralism. Available at www.bu.edu/bhlp/

Center for Spiritual Development in Childhood and Adolescence, Search Institute. (2010). Spirituality measures. Available at www.spiritualdevelopmentcenter.org/Display.asp?Page=measure2#intrinsic

Center for Spirituality and Healing, University of Minnesota. (2003). Spirituality in health care. Available at www.csh.umn.edu/modules/spirituality/index.html

Center for Spirituality, Theology and Health, Duke University. (2007). Center for Spirituality, Theology and Health. Available at www.spiritualityandhealth.duke.edu/index.html

Eck, D. (2010). The Pluralism Project at Harvard University. Available at http://pluralism.org

Ehman, J. (2009). Spiritual assessment and health care: A select bibliography of Medline-indexed articles published 2001-2009. Available at www.uphs.upenn.edu/pastoral/cpe/Res_Bib_Spiritual_Asessment_MEDLINE_2009.pdf

George Washington Institute for Spirituality & Health. (n.d.). Spirituality and Health Online Education and Resource Center (SOERCE). Available at www.gwumc.edu/gwish/soerce/

George Washington Institute on Spirituality and Health. (n.d.). Spiritual assessment in clinical practice. Available at: www.gwish.org

Harrington, A. (2009). Health and spirituality. Available at http://nccam.nih.gov/training/video-lectures/spirituality.htm

National Cancer Institute: PDQ®. (2010). Spirituality in cancer care [Professional version]. Bethesda, MD: National Cancer Institute. Available at www.cancer.gov/cancertopics/pdq/supportivecare/spirituality/HealthProfessional

Free online course from National Center for Complementary and Alternative Medicine, National Institutes of Health.

Maloof, P. S. (n.d.). Body/mind/spirit: Toward a biopsychosocial-spiritual model of health. Available at http://nccc.georgetown.edu/body_mind_spirit/

Pew Forum on Religion and Public Life. (2008). U.S. religious landscape survey. Religious affiliation: Diverse and dynamic. Washington, DC: Author. Available at http://religions. pewforum.org/pdf/report-religious-landscape-study-full.pdf

Pew Forum on Religion and Public Life. (2009). How religious is your state? Available at http://pewforum.org/How-Religious-Is-Your-State-.aspx

제 12 장

상호 이해의 증진: 환자가 보완적 및 대안적 접근을 이용할 때

Developing a Shared Understanding: When Medical Patients Use Complementary and Alternative Approaches

페니 B. 블락 PENNY B. BLOCK

　　미국 안에서 대체의학의 이용은 지나간 유행도, 대수롭지 않은 사회학적 현상도 아니다. 1990년에 시행된 국가 조사에서는 미국인들의 대체치료 사용이 실제적 현상이며 증가하고 있는 것으로 나타났다. 그러나 대체치료의 이용자들이 제한된 표본에서 추출되었기 때문에 이러한 의료를 찾는 사람들은 주로 높은 교육수준과 소득을 가진 백인, 중년의 여성으로 오인되었다(Astin, 1998b; Eisenberg et al., 1993, 1998). 이 후 더 넓은 인구학적인 자료들에 근거하여 수정된 보고서에서는 다른 결론을 제시하였다. 적어도 한 가지 종류 이상의 대체치료를 이용하는 것이 모든 인종, 수입, 연령대를 초월하여 이미 만연해 있으며(MacKenzie, Taylor, Bloom, Hufford, & Johnson, 2003), 선호하는 치료의 형태만 각 인종들 사이에 다르게 나타나는데, 이러한 결과는 이 후의 분석에서도 유사하게 나타났다(Hsiao et al., 2006). 민족적, 사회적으로 다양한 클라이언트를 접하는 환경에서 효과적으로 우리의 전문적 역할을 수행하고 진실된 존중과 민감성으로 다양한 문화적 배경을 지닌 개인들에게 서비스를 제공하기 위해서는 우리 자신의 생물의학적 배경을 넘어서 다양한 건강철학과 실천에 대한 이해를 높이는 것이 필수적이다. 클라이언트가 중요하게 생각하는 것을 파악하고, 비전통적인 치료 유형nonconventional modalities을 고려하는 것은 확신과 신뢰, 서로에 대한 존중을 높이는 전제조건이다. 즉, 일반적인 통념과 건강에 대한 개인의 신념 간의 간극을 좁힘으로써 치료 전략을 기획하는 과정에서 클라이언트와 환자의 협력을 얻어내고, 포괄적이면서도 환자가 선호하는 방식의 의료적 치료를 증진하는 치료적 동맹을 강화할 수 있다. 더불어, 사회복지사가 이러한 치료법들 간 효율적인 시너지 효과가 있음을 혹은 상호작용에 문제가 있음을 알게 되었을 때 이를 잘 조정함으로써 최상의 보건의료서비스를 제공할 수 있다.

이 장의 목표

- 서로 다른 인구집단 간 대안적이고 보완적으로 이용되는 치료 유형 및 보급에 대해서 배운다.
- 대안적, 보완적, 통합적 치료의 범주를 구분한다.
- 대체치료로 묶여진 다양한 건강 모델과 치료에 대해 논의한다.
- 대체치료를 이용하는 이유, 이를 뒷받침하는 연구 및 효과적인 적용에 대해 이해한다.
- 건강 실천에 관한 열린 토론에 클라이언트를 참여시킬 수 있는 가능성에 대해 학습한다.
- 스트레스 완화 도구로서 심신 전략의 적절한 적용을 규명한다.
- 비대증요법 치료nonallopathic therapies에 대한 보다 상세한 정보 및 평가를 위해 여러 자원을 제공한다.

미국의 대안적이고 보완적인 실천
ALTERNATIVE AND COMPLEMENTARY PRACTICES IN THE UNITED STATES

일부 전문가들은 대체의학 실천의 인기가 식을 것이라 예측했지만, 점점 더 많은 미국인들이 현재 서양의학의 외부에서 대안적 치료법을 찾고 있다. 미국의 성인은 주치의와의 병원 진료보다 대체의학 의료 공급자들과 더 많은 횟수의 만남(연간 약 6억 건)을 정하고 있다. 1993년 보고서에 이은 1998년의 후속 연구에 따르면, 아이젠버그Eisenberg 등은 미국인들의 대체의학의 이용이 1990년 33%에서 1997년 42.1%까지 확대되면서 25%의 증가율을 기록했다고 보고하였다. 같은 기간 동안 대체의학 실천가들을 방문한 연간 환자의 수는 47.3%만큼 증가하여 4억 2,700만에서 6억 2,900만 명으로 늘어났으며, 이들 중 2억 4,300만 명은 주치의들보다 이들을 더 많이 만났다. 이러한 증가 경향은 2002년까지 계속되었다. 국가 조사에 따르면, 74.6%의 미국 성인들은 최소 한 가지 형태의 보완대체의학CAM: Complementary and Alternative Medicine을 사용해왔으며(Barnes, Powell-Griner, McFann, & Nahin, 2004), 이에 수반되는 경제적 비용은 상당한 수준이었다. 1997년도의 자료에 근거하면 대체 의료를 이용한 미국인들은 대체의학 치료에 대해 환급되지 않는 돈으로 거의 270억 달러를 지출하였다. 이 액수는 1990년도에 비해 45.2% 증가한 것으로, 이는 전체 내과 진료 서비스에 지출된 비용을 약간 초과하는 수준이다. 이 후 조사에서는 12개월 동안 보완대체의학 치료를 받은 미국 성인들이 339억 달러를 사용했다고 밝혔다(Nahin, Barnes, Stussman & Bloom, 2009). 서로 다른 암을 진단받은 453명의 환자들 중 69%는 전년도에 최소 한 가지 유형의 표준화되지 않은 서비스와 상품을 이용한 것으로 보고되었다(Sparber et al., 2000). 소아과의 경우에는 그 비율이 다양한데, 몇몇 조사에 따르면 21%의 부모가 대체적이거나 보완적인 방식으로 아이를 치료한 반면 소아암 환자의 경우에는 73%가 비전통적 치료방식을 이용했다(Noonan, 2002).

이러한 설문조사에서 나타난 치료 유형은 휴식 기술, 한방, 마사지 치료, 척추지압, 영적 치료, 비타민 대량 투여법, 자조 집단 치료, 형상화, 식이요법 계획 및 기타 생활방식 프로그램, 민속 치료, 에너지 치료, 동종요법, 최면, 생체자기제어 그리고 침술 등이다(Eisenberg et al., 1998). 생체자기제어, 최면, 지시적 심상요법, 휴식 기술, 생활방식, 다이어트, 비타민 투여는 전통적인 의학의 연속선상에 더 가까울 수도 있지만(특수한 만성 질병에 대해서는 주류 의학에서 더 쉽게 받아들이는 것으로 보인다), 대체의학 실천가를 방문하는 사람들 중 10% 조금 못되는 정도는 이러한 치료를 받는다. 사람들이 전통적인 의료시설 이외에서 제공하는 서비스를 찾게 되는 것은 주로 대증적인 방법으로는 치료되지 않는 만성질환인데(예를 들어, 허리 문제, 알레르기, 피로, 관절염, 두통, 목 문제, 고혈압, 불면증, 피부 문제, 소화불량, 우울증, 불안 등), 비전통적인 기술로 치료받는 질병 중 가장 흔한 것은 끊임없는 허리통증과 성가신 알레르기이다(Eskinazi, 1998).

이러한 자료는 건강관리 시스템에서 점차 활발해 소비자 주도 혁명을 반영하고 있다—이는 이국적인 관행이나 일시적인 유행에 단순히 매료되는 것이 아니라, 전통적인 의학의 틀에 제한되어 있는 것보다 더 폭넓은 의료시설에 대한 공공의 요구가 증가하고 있다는 징후이다. 다소 놀랄 만한 결과의 조사 자료와 특정 정치적 압력에 대응하여, 1998년 의회는 대체치료의 효능과 안전성을 연구하고 공공 정보센터를 개발하기 위해 할당된 100억 달러 이상의 예산을 통해—초기 2백만 달러에서 더 늘어남—국립보건원NIH: National Institutes of Health의 대체의학과Office of Alternative Medicine를 국립보완대체의학센터NCCAM: National Center for Complementary and Alternative Medicine로 다시 개편하였다(Goldberg, Anderson, & Trivieri, 2002). 국립보완대체의학센터에 대한 연방정부의 예산 책정액은 2010년까지 점차적으로 계속 확대되었다. 예산액은 2009년 할당된 예산에서 2.7% 이상의 증가율을 보이며 1억 2,547만 1천 달러에 이르렀다.

전통적 치료conventional therapies를 지속하는 것과 함께 대체의료nonconventional therapies의 이용도 급증했지만, 적은 수의 환자만이 실제로 의사와 대체의료 이용에 대해 토론하거나 이야기를 나누었다. 1998년 보고서는 심각한 질병에 대해 기존의 의사와 상담한 성인 3명 중 1명은 이와 동시에 대체치료도 받고 있었지만, 이러한 환자들 가운데 40% 미만만 그들의 주치의에게 이러한 치료에 대해 언급하였다. 특별히 1990년에는 대체치료의 39.8%를 의사에게 알렸지만, 1997년에는 38.5%로 약간 감소하였다(표 12.1 참조).

2008년의 후속 연구에 따르면 무려 72%나 되는 미국인들이 보완대체의학 치료법을 이용한 사실을 주치의에게 드러내지 않았다고 강조하였다. 이 연구의 저자들은 드러난 수치가 민족적, 인종적 소수집단 사이에서 상당히 과소측정된 것임을 강조하였다(Chao, Wade & Kronenberg, 2008). 1994년 진행된 연구에서도 이미 심각한 질병을 가진 것으로 진단 받은 사람의 83%가 전통적인 치료와 함께 은밀하게 비전통적인 치료를 받았으며, 이러한 환자들의 72%는 이 사실을 의사에게 알리지 않은 것으로 나타났다(Brown, Cassileth, Lewis, & Renner, 1994). 많은 환자들은 대체의학에 관한 주제를 의료 상담에서 힘들게 꺼내려 하지 않는다. 왜냐하면, 그들은 1차 의료 주치의가 보완대체의학에 관심이 없거나, 이를 인정하지 않거나 바로 묵살할 거라 믿고 당황스럽게 느끼며,

표 12.1	보완적 치료를 이용한 사실을 밝히지 않은 이유

의사가 아는 것이 중요하지 않아서 61%
의사가 질문하지 않아서 60%
의사의 영역이 아니어서 31%
의사가 이해하지 못할 것 같아서 20%
의사가 대체의학을 허락하지 않거나 사용하지 못하게 할 것 같아서 14%

출처: "Perceptions about Complementary Therapies Relative to Conventional Therapies Among Adults Who Use Both: Results from a National Survey," by D. M. Eisenberg et al., 2001, *Annals of Internal Medicine, 135*(5), 344-351.

전통적인 혹은 대체적인 실천이 의료적인 대화와는 무관한 것으로 생각하기 때문이다(Brown et al., 1994; Richardson, Sanders, Palmer, Greisinger, & Singletary, 2000). 차오Chao 등은 만약 주치의들이 비전통적인 치료에 대해 수용적인 태도를 가지고 있다면, 대부분은 환자들이 보다 쉽고 공개적으로 비전통적인 치료에 대해 이야기할 것이라고 하였다. 대체의학에 반대하는 쪽으로 편향된 의사들로 인해 환자들이 보완대체의학을 이용한 사실의 공개가 치료 결과에 영향을 미침은 당연한 것이다.

이러한 비공개 상황과 함께 합법적 의료에 대한 우려는 한방치료 이용을 급증시켰다. 1998년부터 2008년까지 한방치료를 받고 있는 미국인들의 비율은 거의 4배 가까이 증가하였다. 또한, 고용량의 비타민 보충제 사용도 130% 가량 급증하였다. 설리반Sullivan(2000)은 보충제와 동시에 처방의약품을 복용하여 좋지 않은 상호작용으로 인한 위험에 처한 성인을 1,500만 명 정도로 추정하였다. 특정한 보충제는 약효를 억제하고, 효능을 상당히 방해하거나 특정 의약품에 대한 생체이용률bioavailability의 확대를 가져와 결과적으로 주의를 요하는 심각한 합병증을 초래할 수 있다. 의료 환경에서는 의학적으로 금기시되는 관행이 잘 알려져 있지 않고 설명도 되지 않는 경우가 너무도 많다. 대체의학의 사용과 그것의 의학적 효과라는 바로 이 복잡한 교차점에서 사회복지사가 환자와 의료서비스 제공자 간을 연결하고 조율하는 일은 개별 고객의 보다 큰 건강 욕구를 충족시키는 데 결정적인 역할을 한다.

소수민족집단에서의 대체의학 사용
ALTERNATIVE USE AMONG ETHNIC MINORITIES

예상과는 다르게, 여러 가지 조사를 통해 반복되는 한 가지 결론은 소수민족 사이에서 대체의학의 이용이 생각처럼 그리 흔하지 않다는 것이다. 아이젠버그 등(1993, 1998)은 전형적인 보완대체의학 사용자들은 오히려 백인, 여성, 높은 교육적·사회적 지위를 가진 사람이라고 설명하였다. 이러한 설명은 우리가 민속의학에서 알고 있는 것과 다르며, 의료인류학 자료들의 연구결과와도 모순될 뿐만 아니라(Barnes et al., 2004; Becerra & Iglehart, 1995; Hsiao et al., 2006; MacKenzie et al., 2003; Ni, Simile, & Hardy, 2002), 전통적인 치료 기술을 사용하는 인구집단의 경험과도 다르다(Culliton & Kiresuk, 1996). 아이젠버그 팀은 그들이 수집한 데이터베이스가 소수민족의 대체의학 이용을 반영하기에는 충분히 크지 않고, 다른 인종들을 적절하게 포괄하고 있지 못함을 인정하였다(MacKenzie et al., 2003). 아이젠버그 팀(1998)의 연구에서 (전체 조사대상의 48%에 해당하는) 전형적인 보완대체의학 이용자들이 비이용자들에 비해 더 높은 소득 계층(5만 달러 이상의 연간 수입)에 속하지만, 보완대체의학 치료를 이용한 사람들의 43%는 최하위 소득계층인 것을 자료를 통해 알 수 있었다(연간 2만 달러 이하를 벌어들임). 이 전에 수행되었던 세 번의 보완대체의학 추세조사는 영어로만 진행된 반면, 맥켄지MacKenzie 등의 2003년 자료는 다양한 언어로 실행된 조사에 기반하였다(스페인어, 만다린어, 광둥어, 베트남어, 한국어). 맥켄지 팀은 1995년 소수집단 건강관리 국가비교조사 분석을 통해 표준화되지 않은 접근법을 사용함에 있어 민족 간 차이가 없음을 밝혀냈다. 성인의 43.1%가 그러한 치료를 최소 한 번 사용하였는데, 이는 아프리카계 미국인, 히스패닉계 미국인, 아시아계 미국인, 미국 원주민, 비히스패닉계 백인들 사이에 통계적으로 유의미한 차이를 보이지 않았다. 그들은 분석을 통해 보완대체의학 실천이 소수 인종, 특히 낮은 사회경제적 계층에서 의학적으로 중요하지 않은 것으로 보고한 초기 보급 연구들이 결과적으로 부정확했다고 결론지었다. 특정 대체의학—한약, 침술, 척추지압, 전통치유자traditional healer, 가정 치료법home remedy—에 대한 선호만이 소수 인종집단 간에 다양하다는 것이 밝혀졌다(한약 조제는 아시아인과 미국 원주민들 사이에서 더 흔하고 인기가 있는 반면, 백인은 이보다는 척추지압 서비스를 더 자주 이용한다고 밝혀졌다). 맥켄지 등이 보완대체의학 인구통계를 재설정하더라도 조사결과는 과소측정되기 쉽다. 왜냐하면 일부 문화적 전통에서는 특별한 음식, 식물, 한약재, 향신료와 같은 가정 치료법을 일반적인 것으로 간주하여 대체의학으로 보고하지 않기 때문이다(Committee on the Use of Complementary and Alternative Medicine by the American Public, 2005).

맥켄지 연구에서는 보완대체의학 사용에 대한 집계 통계aggregate statistics가 서로 다른 소수 인종간의 다양한 형태들을 무시하고, 실제적인 사용을 제대로 알려주지 못한다는 것을 명확히 주장하고 있다. 보완대체의학 이용자의 실제적인 프로필을 반영하는 데이터를 만들기 위해서는 조사에서 보완대체의학이라는 이름으로 뭉뚱그려 묶여진 다양한 실천들이 보다 세부적으로 구분될 필요가 있다(표 12.2 참조).

그들은 보완대체의학이 어느 단일한 인구 집단에 한정되어 사용되지 않는다고—즉, 민족, 소득, 나이, 외국 태생 등이 보완대체의학 사용을 예측하는 것이 아니라고—결론지었다. 따라서 이러한 다양한 실천과 실제적인 사용을 이해하는 것이 문화적으로 유능한 임상 의료를 전달하는 데 있어 필수적이다.

맥켄지 팀(2003)은 연구의 세부 사항을 완성시키는 데 있어 그들의 설명을 왜곡시키는 결함에 주목하였다. 예를 들어, 그들은 서양 의학의 핵심인 종교적 또는 영적인 치유 실천, 가정치료법과 및 특별한 식이요법에 대해서는 조사하지 않았다. 게다가, *curandero*나 *medicine man*,

표 12.2 | 인종에 따른 대체의학 사용 유형

실천의 범위	사용의 빈도
한방의학herbal medicines	• 아시아계 미국인이 백인보다 약 3배 이상 많이 이용 • 라틴계 미국인이 백인보다 약 2배 이상 많이 이용 • 아프리카계 미국인이 백인보다 약 1.5배 이상 많이 이용
침술acupucnture	• 아시아계 미국인이 백인보다 약 12.84배 이상 많이 이용 • 비보험자의 경우, 보험자보다 2배 높게 이용
전통적인 치유자traditional healer[a]	고등교육 이상—대략 3배 가까이 됨
가정 치료home remedy	• 아프리카계 미국인이 백인보다 거의 1.24배 많이 이상 이용 • 여자는 남자보다 1.24배 이상 이용 • 비보험자는 보험자보다 1.5배 이상 많이 이용

(a) 이 용어는 흔히 사용되는 주술사curandero(medicine man 또는 root-worker라고도 함)라는 단어보다 학술적인 용어임.

출처: "Ethnic Minority Use of Complementary and Alternative Medicine (CAM): A National Probability Survey of Cam Utilizers," by E. R. MacKenzie, L. Taylor, B. S. Bloom, D. J. Hufford, and J. C. Johnson, 2003, *Alternative Therapies, 9*(4), 50-56.

root−worker(모두 주술사라는 의미로 사용됨)와 같이 여러 민족집단에서 흔히 사용되는 용어가 아닌 *traditional healer*라는 학술적인 용어를 사용함으로써 실제로 주술적 치료법을 추종하는 사람들의 수를 정확하게 도출해내지 못했을 가능성이 있다. 맥켄지 등의 메시지는 의학은 항상 문화적인 구조이며, 생의학적 모형은 유럽식 과학에서 나온 하나의 패러다임이고, 많은 미국인들이 비대증적인 의료철학에서 나온 보건의료 접근법을 지속적으로 따르고 있음을 강하게 알려주고 있다. 마지막으로 민족적 유형에 따른 의료적 선호가 반영된 데이터를 확보하는 것은 매우 중요하지만, 이로 인해 사회복지사가 문화적 규범에 따른 개인의 다양성을 감안하지 못해서는 안 되며, 지지적인 설문을 통해 적절한 질문만으로 설명될 것을 경고하고 있다(Becerra & Iglehart, 1995; Krajewski-Jaime, 1991; Pachter, 1994).

용어의 정의: *대체, 보완, 통합*의 차이점
DEFINITION OF TERMS: DISTINCTIONS AMONG *ALTERNATIVE, COMPLEMENTARY,* AND *INTEGRATIVE*

*대체*alternative, *보완*complementary, *통합*integrative은 비표준화된 의료적 실천을 설명하기 위해 흔히 서로 번갈아가며 사용된다. 그러나 이 고정되지 못하고, 규정하기 어려우며, 중복되는 용어는 서로 다른 실천들의 장점을 구별하기 위한 노력에 있어 오히려 혼란과 부정확함을 지속시키

고 있다. 최근 대체의료를 받으려는 미국인이 급증하고, 연방정부의 재정지원 및 보험적용이 확대됨에 따라 정부 기관들은 이러한 치료에 대해 연구하고자 애썼지만, 대체의학에 대한 명확하고 일관된 정의는 나오고 있지 않다. 전문가들은 여전히 확신이 없는 상태에서 부정적인 개념화에 치우쳐 있는데, 그중 가장 극명한 예가 미국의 의과대학에서 대체의학을 가르치지 않고 보험이 적용되지 않는 것 등이다(Eisenberg et al., 1993). 그리고 2002년에는 보완대체의학을 다룬 내용의 수업이 125개의 의학전문 학교 중 98개 학교에서 학과과정으로 개설되었다(Barzansky & Etzel, 2003).

예를 들어, 서구 의학의 모든 의료시설 이외의 실천을 나타내는 '*대체적인*alternative', '*비전통적인*unconventional', '*검증되지 않은*unproven'과 같은 용어를 사용하는 것은 암묵적으로 이러한 치료에 대한 비판의 뉘앙스를 담고 있다(Scholten & Van Rompay, 2000). 언어가 함축하는 것은 교묘하게, 하지만 효과적으로 그에 대한 수용과 신뢰성을 파괴하거나 실질적으로 이에 영향을 미친다. 예를 들어, 미국 내에서 현재 우세한 의료 체계를 확인하기 위해 *정통*orthodox이라고 명명하는 것은 스스로에게 자동적 권위를 부여한다. 왜냐하면, *수용되는*accepted, *승인된*approved, *확립된*established, *표준화된*standard이라는 단어는 *정통*orthodox과 동의어로서 이해되기 때문이다. 생의학이라는 단어조차 이 계통의 모든 실천이 과학적 확증에 기반해 있다고 가정하고 있으며, 인간 유기체는 생화학적 존재 이상이라는 다른 근거를 무색하게 하고, 심신관계 접근mind-body approach의 가치를 배제한다(MacIntosh, 1999). 다음의 논의는 대체, 보완, 통합이라는 용어의 뒤얽힌 의미를 풀어내어 전문가들의 동료 간 대화 및 클라이언트와의 대화가 잘못 해석될 가능성을 줄이기 위한 것이다.

대체의학 Alternative Medicine

대체의학은 단일한 실천 또는 전통이 아니라, 넓은 의미에서 서로 다른 의료적 철학으로부터 나타난 보건의료의 다양한 체계 및 실천이다. 대체의학 체계는 비서구적 문화 전통(예를 들면, 전통 중국 의학TCM: Traditional Chinese Medicine과 아유르베다Ayurveda[1]), 그리고 서양 문화에서 개발된 것(예를 들면, 동종요법homeopathy과 자연요법의학naturopatic medicine)과 같이 독특한 이론적 토대를 갖춘 진단 및 치료적 접근이다. 구별하자면, 대체적인 실천은 포괄적이고 일관된 의료적 도식과는 무관한, 특수하고 개별적인 치료 혹은 양식이다(MacIntosh, 1999). 다른 대체적인 실천 및 시스템들과의 주된 공통점은 그들이 현대 생의학과는 명백한 점에서 차이가 있으며, 따라서 일반적인 의료패러다임에 대한 도전으로 간주된다는 것이다. 실제로, '대체적인'이라는 용어는 현대 의학적 치료를 대신하여 사용된 의료 실천을 나타내기 위해 빈번하게 사용한다(예를 들어, 홍채 진단은 기존의 혈액 분석을 대신하는 진단기법으로 사용됨).

대체적인 것의 성격을 정의하는 것을 넘어서, 여기에는 여러 가지 긍정적이고 공유되는 전

---

1) 인도의 고대의학 — 옮긴이 주.

제들이 있다. 먼저, 이러한 대체적인 양식은 인간 유기체를 불가분의 조직체계, 생태학적인 것으로 간주한다. 이것은 신체, 마음, 정신이 분리되는 것이 아니라 역동적으로 상호 연관되어 있으며, 하나의 통일된 체계로서 치유 과정을 활성화시킨다는 것이 기본 가정이다. 구별하자면, 서양의 의료 모델은 정신과 신체는 독립적으로 처리할 수 있는 분리된 독립체라고 가정한다. 그것은 한 기관의 장애가 다른 기관의 장애와 상호 연관되어 있지 않다고 간주하는 것이다. 또한 생의학에서는 상호 연동하지만 해부학적으로 반독립적인semi-independent 기계로서의 신체는 의학 전문가에게는 보통 통용되지 않는 것으로 생각된다. 또한 대체적인 실천은 자가치유 과정을 뒷받침하고 이를 격려하도록 만들어진 의료 요법을 통해 자가치유를 위한 신체의 타고난 잠재력에 대하여 핵심적인 믿음을 공유하고 있다.

다음으로, 대체적 방법의 주요 목적은 나타난 질병의 증상과 징후의 제거가 아닌, 최적의 건강과 전체적인 치료이다. 서양의학은 신체적 질병에 집착하고 있다. 그러나 질병disease과 건강회복restoring health의 개념은 서로 같은 것이 아니다. 조너스Jonas(1998)는 발병pathogenesis에 집착하는 생의학에 비하여, 건강에 중점을 두는 이 비대증요법을 사루토제네시스salutogenesis[2]라고 언급하였다. 나아가, 전통적 체계traditional systems에서는 서양의 해부학적 동의어가 존재하지 않는, 삶의 힘 혹은 에너지(예를 들어, 중국에서 '치chee', 한국과 일본에서는 '기ki', 인도에서 '프라나prana', 동종요법이나 다른 전통적인 서구 체계에서는 '생명력vital force')에서의 불균형이나 장애가 좋지 않은 건강을 유발한다고 전제하고 있다. 균형을 복원하는 것은 모든 차원에서 건강을 다시 회복시킬 것이다. 또한 대체적인 실천들은 치료과정 중에 환자의 활동적인 개입 또는 협력의 원리를 공유한다. 나아가 대체적인 실천들은 영성을 신체적, 심리적 건강과 분리할 수 없으며, 이것이 서양 의사들이 생물학적 질환으로서만 진단하고 치료하는 것을 해결하기 위한 근본적 가정임을 공유한다(더 많은 논의는 11장 참조). 영성은 대체적 실천들의 기저에 있는 것으로, 각 문화의 지배적인 종교와 우주론적인 믿음을 반영한다. 예를 들어, 전통중국의학은 도교와 연결되어 있고, 아유르베다는 힌두교 신앙체계에 근거하며, 티베트의 의학은 특정 불교의 가르침과 일치한다(Eskinazi, 1998).

어떤 경우에는, 대체의학으로 자연스레 이름 붙여진 것들이 의학의 주요한 유형과 효과적으로 들어맞을 수도 있다(예를 들어, 암에 대한 황산 하이드라진[3] 치료). 그래서 좀 더 정확히는 보충적인 보조요법으로 고려될 수 있다. 동일한 대증요법의 패러다임이 여전히 치료의 구조를 결정하되 한방 혹은 식물 약재가 전통적으로 처방된 약을 대체하거나 이에 추가적으로 사용된다. 그러나 진단 범주와 필수적인 치료 계획은 정통 서양의학과 일치한다(Pietroni, 1994).

---

2) 사루토제니시스는 의료사회학 교수인 아론 안톤노브스키Aaron Antonovsky가 만든 용어로, 인간의 건강과 웰빙에 초점을 두는 접근법을 의미한다. 이 모델에서는 건강, 스트레스, 대처 간의 관계에 관심을 둠 — 옮긴이 주.

3) 황산 하이드라진hydrazine sulfate은 세하이드린sehydrin이라고 알려져 있는 화학 혼합물로서 암으로 인해 식욕을 잃거나 몸무게가 줄어드는 경우, 대체의학 치료에서 자주 사용됨 — 옮긴이 주.

상호보완적 접근

특정한 대체의학(예를 들어, 침술, 명상, 휴식과 생체자기제어,[4] 척추 지압, 마사지 치료)이 현대 의학 센터나 의학 주류에 접근함에 따라, 새로운 상황은 새로운 명칭을 가져왔다(Brown et al., 1994). 상호보완적 의학—실제로 부적절한 명칭인—은 보건의료의 종합적인 시스템이 아닌, 한 가지 범주 아래에 뭉쳐 있는 수백 개의 치료 유형의 모음이라 할 수 있다. 이러한 치료는 전통적인 치료를 대신한다기보다는 함께 사용되며, 불편감이나 현대적인 의료 개입의 이차적인 결과를 경감시키기 위해 사용된다(즉, 특정 한약은 나쁜 효과를 완화시키고, 휴식을 취하는 데 도움이 되는 처방 약물 요법과 함께 사용되어 수술과 화학요법의 고통 증상을 경감시킨다). 모형을 적용할 때, 보완적인 치료 실행에 우선하는 모형은 여전히 서양의학 패러다임이다(Pietroni, 1994). 비록 '대체적인'이라는 단어가 이미 수차례 '보완적인'과 같은 의미로 사용되었을지라도, '보완적인'이라는 의미는 부족한 것을 제공하거나 완성하는 것을 뜻한다(Merriam-Webster, 2003). 반면 '대체적'이라는 것은 양립할 수 없는 두 가지 중 하나를 선택하는 것과 같이 상호 배타적인 것을 의미한다. 이전에는 대체의학으로 판단되었던 것이 내부 즉, 주류 의학의 프로토콜로 들어오게 되면, 그것은 부수적이거나 보조적인 역할을 맡게 되고 더 이상 주류 의학 모델에 경쟁적이거나 도전적인 것으로 여겨지지 않는다. '보완적'이라는 것은 실제로 다양한 치유 기법을 설명하는 용어라기보다는 일반적인 의료 시스템에 대한 다양한 치료의 관계를 나타내주는 명칭이다.

보완대체의학 사용 기록에서 가장 흔한 건강 문제는 끊임없이 지속되는 질병들로, 여기에는 만성 허리통증, 불면증, 관절염 문제, 두통, 근골격계 문제, 심리적 고통 등이 있다(Campion, 1993; Institute of Medicine, 2005). 좀 더 심각한 건강문제로 보완대체의학을 찾는 사람들의 대다수(83%)는 그들의 표준치료 공급자와 치료를 지속하지만, 비표준화된 치료를 사용하는 사람들 중 85%는 그들이 그렇게 하고 있다는 사실을 주치의에게 알리지 않는다(Eisenberg et al., 2001). 카실렛Cassileth, 룩Luck, 스트루스Strouse, 보덴하이머Bodenheimer(1984)의 연구가 진행되었을 시기에는, 보완대체의학 실천가의 60%가 의사였다. 즉, 이는 정통적이지 않은 치료를 제공하는 사람들은 진부하고도 훈련받지 않은 사기꾼은 아니었다는 것을 암시한다. 이 비율은 꾸준히 증가해 왔으나, 보완대체의학 실천가 중 종양학자oncologist는 거의 없었다(Cassileth & Chapman, 1996). 보완대체의학이 가장 위험하다고 판명될 때는 전통적인 치료와 비표준화된 치료가 서로 조화되지 못할 때이다.

암을 진단받은 환자들은 자주 보완대체의학을 선택한다(Campion, 1993; Eisenberg et al., 2001; Ernst & Cassileth, 1998). 캠피온Campion(1993)의 보고서에 따르면, 무려 58%가 이러한 치료법이 본인을 치유시킬 것이라 확신했다. 1984년도 자료에 따르면, 미국의 한 암센터에서 조사된 환자의 54%는 보완대체의학의 지지자인 것으로 확인되었고, 같은 시점에 그 센터의 최소 40%의 환자가

---

4) 심장 박동처럼 보통 의식적인 제어가 안 되는 체내 활동을 전자 장치로 측정하고 그 결과를 이용하여 의식적인 제어를 훈련하는 방법 — 옮긴이 주.

보완대체치료만을 받기 위해 표준화된 치료를 포기하였다. 한 체계적 문헌 연구에서는 보완대체 의학과 전통적인 치료를 조합하여 사용하는 즉, 동시적으로 혹은 순차적으로 사용하는 암환자의 비율이 64%인 것으로 나타났다. 화학요법을 마친 직후의 암환자들을 내상으로 진행한 다른 설문 조사에서는, 91%가 통상적으로 치료 주기 동안 적어도 한번은 보완대체의학 모형을 이용한 것으로 보고하였다(Yates et al., 2005). 환자가 잠재적으로 효과가 있는 일반 치료를 중단하고 대체의학 에만 의존하기로 선택한다면 그것이 설령 보조제로써 효과가 있다고 입증되었다 하더라도 상당 히 우려가 될 것은 분명하다. 이러한 환자들은 불필요하게 위험한 치료법을 따르다가 길을 잃고 혼란에 빠질 수도 있기 때문이다.

보완대체의학의 적용—식이요법, 이완치유요법, 신진대사치료; 침술, 동종요법, 손과 몸 치 료, 비타민, 한방 및 식물성 원료 또는 다른 첨가 화합물(예를 들어, 이스카도르Iscador, 겨우살이에 서 추출한 특허된 암치료제)—은 세계적인 현상이라는 데에 동의하는 것으로 보인다. 아이젠버그 는 보완대체의학을 현재 보건의료 안에서 "보이지 않는 주류"라고 인정하였다(Cassileth, 1998; Eisenberg, 1997).

통합적 의료

현재 사용되는 용어인 **통합적 의료**Integrative medicine는 보건의료의 접근법 중 하나를 나타내 는데, 이것은 세심한 치료 프로그램화를 통해 안정성과 잠재적 효용성이 입증된 보완적 치료를 주류 의료적 치료와 결합하는 것이다. 뛰어난 철학 및 이론적 기초 아래 형성된 특정한 전통tra- ditional 보건의료 체계와는 달리, 통합의료는 대중요법에 있어 정규적인 훈련을 받고, 관련된 대 체의학 양식에도 동일하게 능숙하거나 그에 대한 지식을 가진 사람들에 의해 사용된다. 제대로 혼합된 통합의료 프로토콜을 제공하기 위해, 의료 인력은 이것에 완벽하게 정통하거나 긍정적인 시너지를 예상할 수 있어야 하고, 융합되지 않았던 이전의 치료법들이 서로 혼합 되었을 때에 발 생될 상호작용 문제에 대해서도 잘 알아야 한다. 비록 이것은 단일하게 독립된 의학 체계는 아니 지만, 의료 분야에서 일관되고 식별 가능한 치료 기준으로 존재한다. 진정한 통합적 접근은 신체 의 자체적인 회복과정을 이끌어내기 위해 서구 의료와 대체 의료의 체계적인 융합을 필요로 한 다. 이를 위해서는 서구의 대중요법 이외의 패러다임에도 개방되어 있고, 최적의 건강상태—특정 한 질병 문제를 완화시키는 것을 넘어서서—라는 더 큰 목표에 초점을 맞추며, 의료공급자와 환 자의 협력관계가 전제되어야 한다. 이 마지막 원칙은 사회복지실천의 핵심 원칙과도 일치하는 것으로서 통합영역에서 보건사회복지사가 갖추어야 할 진정한 전문성을 재차 강조하고 있다. 만 약 식이요법이 적절하게 통합되거나 각 개인의 특별한 건강 욕구에 잘 맞는다면, 지지자들은 치 료적 이점을 주장할 것이다. 개별 환자를 위해 서구 의료(예를 들어, 처방약)와 대체 의료(예를 들 어, 약초나 식물제제)의 양쪽 모두를 건전하게 결합시킨 치료계획과 근거가 명확한 정보에 기초한 융합, 잠재적으로 문제가 될 수 있는 상호작용(환자나 개입의 의료적 상태의 특성 때문에 어떠한 조합은 상충된다)에 대한 주의 깊은 감독이 필요하다. 통합프로그램의 총체는 부분의 합보다 더 많은 것을 산출해 낼 수 있다. 즉, 포괄적이고 일관성 있는 치료 계획은 단지 분리된 부속품들을 합치는 것을 넘어서 시너지적인 큰 이점을 산출해 낼 수 있다는 것이다. 그럼에도 불구하고, 답이 없는 수수께끼는 통합에 대한 열정적 의지 주변에서 맴돌 뿐이다. 그 수수께끼는 서로 비슷하지도 않고, 평행적이지도 않은 건강과 치료라는 두 패러다임이 완전히 섞일 수 있을까라는 것이다.

대체치료를 찾는 이유
REASONS FOR SEEKING ALTERNATIVE TREATMENTS

아이젠버그 등이 보완대체의학에 대한 첫 보고서(1993)를 발표하고 10년이 더 지난 후, 보완대체의학의 실질적 결정 요인들을 둘러싼 의견충돌은 여전히 들끓고 있다. 이러한 논쟁을 논하는 것은 단순히 토론이나 비판을 위한 것이 아니라, 환자와의 열려 있지만 지적인 토론을 격려하고, 환자와 의료팀 사이에서 정보를 가진 연락책으로서 역할을 감당하며, 효과적인 프로그램에서의 문화 및 의료다원주의에 대한 행정적인 반응에 영향을 미쳐야 할 필요성에 우리가 익숙해질 수 있도록 하기 위한 것이다.

일부는 조사결과에 근거해 서구 의료에 대한 불만족이 대체의료에 있어서 중요한 예측변수가 아니라고 주장한다. 에이스틴Astin(1998a)은 54%의 대체치료를 사용한 사람들이 서구 의료방식에 매우 만족하고 있다는 자료를 인용하고 있다. 에이스틴의 결론은 "철학적 합치 이론philosophical congruence theory"을 지지한다. 즉, 환자들은 온전히 병리와 질병을 지향하는 치료보다는 건강을 증진하기 위한 포괄적 치료와 셀프케어 프로그램에서의 식이요법, 마음과 정신, 생활방식의 요소들에 가치를 두는 접근에 대해 잘 맞는다고 느끼는 것이다. 이런 관점에서 보면, 현대 의학은 건강에 대한 염려와 관심에 필요하지만 충분하지는 못한 조건임을 알 수 있다.

다른 이들은 이러한 철학적 합치마저 전통적인 치료에 대한 불만족의 지표로 해석될 수 있다고 주장한다. 비록 대부분의 보완대체의학 사용자들이 주류 의료치료를 믿지 못한다거나 아니면 완전히 불만족하는 것은 아니라 할지라도, 대체치료를 선택하는 것이 암묵적으로 서구 의료 시설의 결과에 대한 어느 정도 불만족을 나타낸다는 것 즉, 서구 의료가 완전히 효과적이지는 않으며 환자들로 하여금 다른 치료를 찾도록 한다는 것에 동의할 것이다(Baldwin, 1998). 이 관점에서 만약 환자가 서구 의료를 피하지 않을지라도, 보완대체의학 치료법을 선택하는 것은 그들의 주류 의료 시설에 대한 경험이 만족스럽지만은 않다는 것을 알 수 있다. 에이스틴(1998b)이 "서구 의학을 통한 치료법이 당신에게 효과가 있었나요?"와 같은 지각된 효용성perceived efficacy에 대해 직접적으로 질문하지 않았기 때문에 이러한 것들은 아직 논쟁의 대상으로 남아 있다. 그리고 치료에 대한 만족이 각 개인의 의료선택의 주요한 결정요인이기 때문에, 에이스틴의 결론은 부적절한 자료에 근거하고 있다. 발드윈Baldwin의 말을 빌리자면, "환자들은 일반적으로 그들이 전통적인 방식 이외의 건강치료에 있어서 자기들이 점점 나아진다고 느끼지 않는 이상 돈을 많이 쓰지 않는다"(1998, p. 1660).

비록 표준 서구 의학이 트라우마, 긴급구호와 같은 위기개입, 세균으로 인한 질병과 싸우는 것에는 비할 데 없이 좋을지라도, 어떻게 최적의 건강을 성취하고 유지할 것인가, 또는 완화시킬 수 없는 만성 질병에 어떻게 대응할 것인가에 대한 해답을 찾는 것에는 그다지 성공적이지 못하였다. 보완대체의학쪽으로 눈을 돌리는 것은 특이한 것이라는 데 의심의 여지가 없다. 하지만 반복되는 특정 문제들이 사람들을 비정통 의료로 이끌고 있다.

1. 제도적인 의료현장에 만연된 비인격성에 대한 불편함
2. 인간 건강에 대한 기계적·환원적 모형을 전제로 한, 기술적인 과정에 대한 불만족(Borins, 2002)
3. 해결되지 않는 만성 의료 문제(예를 들어, 관절염, 전통적인 치료로 해결되지 않는 알레르기) 및 성가신 건강문제를 제거할 수 있는 의료적 능력에 대한 믿음 감소(Jonas, 1998; Testerman, Morton, Mason, & Ronan, 2004)
4. 건강의 영적 차원에 있어서의 매력의 증가
5. 대체치료의 낮은 독성 및 큰 안정성에 대한 확신, 이와 더불어 의료 치료행위의 잠재적 독성 및 부정적 결과들에 대해 증가하고 있는 불안감(Jonas, 1998)
6. 의료공급자로부터의 형식적이고 낙담되는 대화의 반복 경험
7. 치료의 과정 및 방향성에 대해 어느 정도 개인의 통제력을 다시 얻고 싶어 하는 욕구

이 마지막 이유, 즉 의료개입과 외과적 기술에 대해 수동적인 환자로 남아 있기보다는 치료 결정 및 방법에 책임을 다시 얻기 위해 암환자들은 종종 비표준치료를 찾게 된다(Lerner & Kennedy, 1992). 무서운 부작용과 의원성 결과(iatrogenic consequences[5])를 피하는 것 이상으로 악성 종양을 진단 받은 많은 사람들은 공기오염, 식습관, 스트레스가 그들 병의 원인과 관련이 있다고 의심한다. 따라서, 논리적인 회복 전략으로서 음식섭취를 바꾸고 개인의 생활양식을 조정하는 것이 필요하다(Borins, 2002). 나아가, 암환자들은 악성종양과 싸우는 데 있어 피곤, 고통, 메스꺼움 등의 증상을 경감시키고, 부작용을 줄이며, 감정적 웰빙을 증진시키기 위해 필수적인 생물학적 요인들을 증대시키고자 하는 욕구로 보완대체의학 치료를 받는 데에 동기부여가 된다(Molassiotis et al., 2005). 비록 43%의 환자들이 암과 싸우는 데에 있어서 보충적인 프로그램들이 정말 효과적인 전략이라고 믿는다 할지라도, 이들이 대체 혹은 보완적인 양식을 선택할 경우 그들은 보완대체의학을 유일한 치료 수단으로 한정짓지 않는다(Cassileth et al., 1984). 환자의 암 투병이 길어질수록 보완대체의학을 사용할 가능성은 증가한다(Lerner & Kennedy, 1992). 특히, 종양 환자들은 이러한 혼합된 치료를 선택하게 되는데, 그 이유는 서구의료가 낮은 치료 효과 및 암울한 통계결과를

---

5) 의사의 진료로 인해 발생한 질병 등의 결과 ― 옮긴이 주.

보이고 있으며, 바라는 결과를 가져오지 못할 것 같기 때문이다. 완전한 환멸까지는 아니더라도 이 모든 이유들은 환자들의 불만족을 야기한다(Borins, 2002; Lerner & Kennedy, 1992). 이러한 이슈 외에도, 환자들과 상당수의 의사 사이에서는 표준의학에 대한 그들의 경험에서 오는 좌절이 늘어가고 있는데, 이는 의사에게 너무 적은 시간을 허용하고 종종 비인격적으로 느끼게 하는 시스템을 장려하는 관리의료 경제에 의해 영속화되고 있다는 것이다(Weil, 2001). 그러므로, 대부분의 대체치료 이용자들이 진심으로 주류 치료법에 대해 불신하지는 않을지라도, 그리고 사실상 대체 및 보완치료 양식과 동시에 서구 의학 요법을 유지한다 해도, 그들이 서구 의료 양식의 결과에 완전히 만족하는 것은 아니다.

체계와 실천
SYSTEMS AND PRACTICES

철학적 토대에 근거한 건강과 의학의 다양한 문화적 모델들을 배우는 것은 사회복지사에게 있어 하나의 실천, 약품, 또는 치료의 이름과 유형에 익숙해지는 것만큼 매우 중요하다. 전통적인 혹은 토착적인 보건의료 시스템은 매우 오래된 철학적 원리들에서 출발하였으며 생의학의 근본적 모델과는 전혀 다른 보건의료의 기초에 기인한다. 이는 각 문화의 전통적인 방법과 사회적, 정신적 신념이 반영된 의학적 이데올로기 및 고대 문헌으로부터 발전되었다.

전통 중국 의학

전통 중국 의학TCM: Traditional Chinese Medicine 체계에서는 생체 전위의 통로bioelectrical pathways를 따라 흐르는 생체 에너지(기)가 원활하게 흐르는 상태를 건강한 것으로 정의하는데, 이는 서양의 해부학 모델과는 완전히 다른 이론이다. 게다가 건강은 신체, 마음, 정신의 체내 모든 시스템에서와 더 큰 외적인 환경과의 관계에서 음과 양의 서로 반대되는 우주적 힘의 균형을 의미한다. 균형을 되찾고 건강을 최적화시키기 위해서 전통적인 중국 의사들은 복잡한 식이요법, 명상과 관련된 신체 운동(예를 들어, 태극권-tai chi, 기공-qi gong), 특정 마사지 요법, 약제, 그리고 침을 처방한다. 이러한 권고는 개인의 진단(예를 들어, hot liver excess; 전통 중국 의학의 진단은 서양 질병 카테고리와 정확히 대응되는 것이 없음)에 맞추기 위해 만들어졌으며, 또한 맥박(서양의 맥박 짚는 방법과 혈압을 재는 것과는 달리)과 다른 특징들(예를 들어, 혀, 목소리 톤, 피부 상태)에 의해 결정된다. 진단 시 의사들은 그 당시 개인의 특이하고 부조화된 몸의 패턴 속에 내재된 원인을 찾는다. 예를 들어, 음기 부족cold-deficiency을 진단받은 개인은 몸을 데우는 것('온도'와 동의어는 아니며, 피를 강화시킨다고 믿어지는 질quality의 문제)으로 알려진 특정 음식으로 구성된 식이요법을 하게 된다.

침술

막혀 있는 에너지의 흐름은 질병의 원인으로 간주되기 때문에, 침술은 막힌 곳이나 특정 경혈에 에너지의 흐름을 원활하게 하거나 회복시키기 위하여 매우 얇은 바늘을 삽입하는 것이다. 2,000군데 이상이 특정 신체 기관과 연결되어 있다는 이론이 있다. 침술이 미국에서는 대체의학으로 간주되지만, 중국에서는 전통적이며, 표준적인 치료법이라고 나이 칭Nei Ching(ca. 2500 B.C.)의 중국 의학 고전 문헌에 기록되어 있다. 현재는 전 세계적으로 가장 흔하게 사용되는 의술이며, 아시아 문화에서는 완전하고 진단적이며 치유적인 치료로 적용되고 있다(Gerber, 1988; NCCAM, 2000).

1998년에 발행된 보고서는 미국에서 침술사들의 진료가 연간 5백만 건 이상 이루어졌다고 추산하였다(Eisenberg et al., 1998). 서로 다른 종류와 정도의 불편함을 완화시키는 침술의 효과에 대한 조사에 따르면, 침술은 특정 통증 증후군에 대해 점차 의학적으로 수용되었다(NIH, 1992). 침술의 특정한 메커니즘을 과학적으로 설명하기는 어렵지만, 위약이 만성 및 급성 통증을 완화시키는 것 이상으로(Jackson, 1997; Takeda & Wessel, 1994) 침술이 약물 금단증상을 완화시키며(Gandhi, 1996), 화학요법이 가져오는 메스꺼움과 구토를 감소시키는데 효과적이라는 강력한 증거들이 발견되고 있다(Beinfield & Korngold, 2003; Ezzo et al., 2005). 대뇌혈관 질환을 위해 투여된 진통제와 마취제 이상으로 침술은 회복 시간을 50% 줄였으며, 환자에게는 2만 6,000달러의 비용을 절감시켜 주었다(Johansson, Lindgren, Widner, Wiklund, & Johansson, 1993). 폭넓은 의료 현장에서 침술은 천식, 위장 문제, 만성 피로의 치료법으로서 각광받고 있으며(Sullivan, 2000), 특히 뜸(몸의 아픈 부위에 올려지는 따뜻한 약초)과 한약재와 결합될 때, 식은땀, 설사, 구토, 소화 불량, 불면증, 그리고 여타 AIDS 결과로 얻어지는 쇠약 증상들에 효과가 있다고 여겨진다(Hudson, 1996). 바늘에 대한 공포가 있는 사람들은 침술에 대해 저항을 보이기 때문에 일반적으로 예상되는 효과가 나타나지 않을 수도 있다(D.P. Lu, Lu,&Kleinman, 2001).

아유르베다 의술

아유르베다 의술ayurvedic medicine이라 알려진 전통의학 시스템은 5,000년 된 고대 인도 문헌에서 기인된 것으로, 전통 중국 의학과 비슷하게 질병을 필수 생명력 또는 프라나(힌두 철학에서 모든 생명체를 존재하게 하는 힘)의 균형 및 조화가 붕괴된 것으로 설명한다. 건강의 회복—균형의 회복—은 개별화된 식이요법, 약초, 마사지, 그리고 도샤dosha라 불리는 개인의 체질에 따른 명상 요법에 달려 있다(예를 들어, 카파kapha, 피타pitta, 바타vatta[6]) (Chopra, 1989). 질병 원인과 그들의 특정 치료법에만 집중하기보다는, 아유르베다의 치료 계획은 건강의 최적화와 예방적 치료를 동

---

6) 아유베르다 이론에 따르면 사람의 몸은 바타(바람), 피타(불), 카파(물)의 세 가지 원소로 이루어져있다고 하며, 이에 따라 사람의 체질을 3가지로 나눔 — 옮긴이 주.

등하게 목적으로 설정한다.

대체 보건의료 시스템

동종요법

의술의 완벽한 시스템인 동종요법homeopathy은 1790년대 후반과 1800년대 초반 독일에서 유래되었고, "similla similibus curantur" 또는 "동종법law of similar"이라고 불리기도 하는 "같은 것이 같은 것을 치료한다like cures like"는 이론을 바탕으로 만들어졌다(Moore & Schmais, 2000). 1800년대와 20세기 초반 독일에서는 동종요법은 인기가 있었을 뿐만 아니라 완전한 의학적 접근법으로서 매우 전문적이라고 여겨졌다. 1900년대까지 동종요법 기관은 22개의 의학 학교와 약 200개의 병원에 포함되었으며, 의사들 중 15%는 동종요법 의사들이었다. 그러나, 이종요법의 출현, 실증주의에 대한 문화적 이상, 증가하는 미국의학협회의 영향, 그리고 미국의학협회의 수용 가능한 실천은 또 다른 문화적·사회적 의학 모델의 한 형태인 동종요법의 위상을 감소시켰다(Wharton, 1999). 그러나 동종요법은 여타의 다른 의술보다 전 세계적으로 더 넓게 사용되었으며, 서유럽에서는 매우 일상적으로 적용되었다(Sullivan, 2000). 또한 이는 연구기관들의 꾸준한 관심을 모으고 있으며, 미국에서 다시 한 번 옹호를 받고 있다.

동종요법의 원리는 모순적이며 통상적인 약학 이론과 반대되는 것처럼 보인다. 동종요법에서는 미네랄, 식물 추출물, 금속, 심지어는 다량을 사용할 경우 해당 질병을 유발할 수도 있는 질병의 원인균을 생수나 알코올에 소량 희석하여 투여함으로써 병을 치료한다(Goldberg et al., 2002). 이러한 실천의 원칙은 극소량의 법칙으로 지칭된다. 즉, 더 많이 희석된 복용량(30번 연속 희석)은 덜 희석된(6번) 배합formulation보다 더 강력하다고 여겨진다(Moore & Schmais, 2000). 기본 가정은 정확하게 제조된 극소량은 우리 몸의 타고난 치료 메커니즘을 작동시켜 질병의 근본 원인을 치료한다는 것이다. 이 치료 체계에서 증상은 기관들이 스스로 치료하거나 정상화시키기 위한 기능적인 시도로 여겨지며(Taylor, 1995), 따라서 치료의 주된 대상이 아니다. 예를 들어, 똑같은 서양 의학 진단을 받은 두 환자는 매우 다른 증상을 보여줄지도 모른다. 미묘하게 관련된 다른 지표들을 분석한 결과, 그 두 사람의 질병의 원인은 서로 비교할 수 없는 것으로 의사는 이들에게 완전히 다른 동종요법을 추천할 것이다. 이는 (수많은 치료법들 중 선택하여) 하나의 진단에 하나의 치료 계획을 규정하는 서양 의학의 정확한 알고리즘과 대비된다.

동종요법의 가정이 서양 의학 수칙들과 대비될지라도, 80번 이상의 무작위 시도들은 어린 아이들의 심한 설사(Jacobs, Jimenez, Gloyd, Gale, & Crothers, 1994), 천식, 피부염, 그리고 중이염과 같은 질병에 효험이 있음을 보여준다(Sullivan, 2000). 메타 분석은 건초열, 천식, 그리고 인플루엔자와 같이 다양한 질병들을 위한 측정 가능한 혜택을 발견하였다(Kleijnen, Knipschild, & Riet, 1991).

자연 의학

흥망성쇠를 반복하는 역사를 지닌 자연요법naturopathy은 이제 다시 대중의 관심과 인식을 얻고 있으며, 공식적으로 15개의 주와 워싱턴 D.C.에서 인증을 받았다. 1900년대 초반 미국에서 유래된(처음엔 벤자민 러스트Benjamin Lust에 의해, 나중엔 헨리 린드라Henry Lindlahr가 체계화한 자연요법의 문헌에서) 자연요법은 전세계적 치료 시스템에서 파생된 무독성의 식이요법이다. 치료 계획은 몸의 타고난 치료 능력을 강화시키는 것이며, 다양한 전통적 치료법들에서 파생된 방법인 세심한 식이요법, 약초, 동종요법, 침술, 해독 요법(관장, 소금물 목욕, 단식), 수 치료법, 신체적 요법, 척추/연조직 조작 그리고 고열치료 등이 이에 해당된다. 자연요법은 급성적이거나 정신적 외상 조건들보다는 만성적, 퇴행성 문제들에 가장 흔하게 적용된다.

자연요법과 서양 의학의 가장 기본적 원리는 질병 증상을 신체의 건강하지 못한 불균형을 고치려는 선천적인 메커니즘으로 이해한다는 것이다. 예를 들어, 고열이나 염증 상태의 근본 원인을 제거하기보다는 열을 내리거나 간단한 불균형의 징후인 염증에 약물을 투여하는 것은 장애를 지속시킬 것이며, 오히려 만성질환을 야기한다고 여겨진다. 종종 원인 요소를 제거하기 위해 치료적인 식이요법을 하는 동안 환자는 급성 증상이나 치료의 위기를 경험하기도 하는데, 자연요법에 의하면 이는 치료에 따르는 예상 반응이며 치료가 진행 중임을 알려주는 신호로 간주한다. 증상이 확대된 이후에는 부정적인 상태가 자연적으로 진정될 것이라고 여긴다(Goldberg et al., 2002).

민간요법

사전적인 용어로, **민간요법**folk medicine은 구전 또는 공통의 문화적, 민족적 정체성을 가진 사람들 사이에 모방을 통해 내려온, 건강에 대한 믿음 및 질병 치료에 관한 전통이다(Hurdle, 2002; Merriam-Webster, 2003). 이 용어가 마법처럼 느껴지는 것은 지방 또는 이질적인 인구집단 사이에서 우세한 기이한 관습이기 때문이다. 1995년의 기록에서, 베쎄라Becerra와 아이글하르트Iglehart는 민간요법이 특히 흔하지 않은 질병 또는 현대 과학적 치료에 접근 가능한 다양한 도시 거주자 사이에서 예방차원으로 흔하게 사용된다고 보고했다. 예를 들어, 중국계 미국인들은 특정 건강문제에 있어서는 현대 의학적 치료법들과 중국 전통 의학이 각각 다르게 효과적일 거라고 간주하며 현대 의학적 치료법들을 따르면서 전통 중국 의학을 선택적으로 적용할 수도 있다. 놀랍게도, 서로 다른 민족 그룹의 부모들(중국계 미국인, 흑인, 멕시코계 미국인, 그리고 히스패닉이 아닌 백인들)에게 설문 조사를 실시한 결과, 베쎄라와 아이글하르트(1995)는 동화assimilation의 수준은 민간요법에 대한 의존도를 예측하지 못했지만 앞선 6개월 동안의 상해나 아이들의 질병은 이를 예측할 수 있었다고 한다. 이러한 민간요법이 아직도 열렬한 지지자들을 이끌어내며, 현대 사회에서도 회복세를 갖는 이유는 가장 먼저, 그리고 가장 중요하게는 특정 문제에 대한 효험에 있으며, 이와 더불어 유산과 전통을 포기하는 것에 대한 망설임, 개인의 건강에 대한 자기 결정을 유지하고 싶은 욕구, 감당 가능한 비용, 그리고 영적인 믿음과의 합치 등이다(Neff, 2004).

민간 신앙으로 받아들여진 특정 치료법 혹은 치유법이 전통적인 방법들의 조합으로 종종 사용될지라도, 이러한 실천을 쉽게 상호보완적이라고 할 수 없다. 즉, 민간요법들이 대중요법에 깔끔하게 맞아 떨어지지 않는다는 것이다. 그들의 이론적 토대와 진단, 치료 카테고리들이 생의학적 사고방식과는 양립할 수 없다. 이러한 사실은 서양 의학 패러다임 안에서 훈련된 전문가들에게 상당한 도전을 안겨준다. 민간요법들은 연결되지 않은 치료법과 예방법들의 모음이 아닌, 지속적이고 일관된 실천의 양식을 대표한다. 각 민간요법은 질병의 뚜렷한 발병 원인을 설명하는 모델을 제시함으로써 문화적 배경을 반영하고 있으며, 영적이고 종교적 의미를 병인학 및 치료학에서 분리하는 서양 생의학과는 상당히 다르다.

이러한 민간요법의 진단과 치유법들은 부모의 질병과 이후의 건강이 사회적, 생태학적, 영적인 환경 요인에 영향을 받는다는 믿음을 공유하는 것으로 여겨지며, 이는 전문적 사회복지의 환경 속의 인간이라는 토대와도 밀접한 관련을 가지는 신조이다. 또 다른 중요한 특징은 발병 원인이 알려지지 않거나 확실하지 않음에도 불구하고 처방을 하는 대중요법과는 달리, 민간요법에서는 명확한 원인을 밝히기 전까지는 치료를 진행하지 않는다(Krippner, 1995).

한 챕터로는 복잡한 민간요법에 대한 완벽한 논의가 불가능하다. 다음의 예시들은 체계들 사이의 구별되는 특징을 조명하고, 현대 의학적 사고 및 건강과 질병 문제들을 이해하는 매우 다양한 방식의 민간요법 모델들 사이에서 나타날 수 있는 부조화의 지점을 밝히는 데 사용될 것이다. 보건사회복지사들에게 있어 민간요법들에 익숙해지는 것은 서로 다른 의료 문화를 연결하고, 보다 더 효과적인 서비스 제공을 위한 상호 존중을 만들어내는 데 도움이 된다.

예를 들어, 멕시코계 미국인들 사이의 민간 치료법인 쿠란데리스모curanderismo[7]는 가족보건의료에서 지속적으로 사용된다(Beccera & Iglehart, 1995). 이는 단편적인 치료법들의 모음이 아니라, 정교한 질병의 분류에서 도출된 것으로, 실천에 있어 종교를 핵심적인 요소로 보는 포괄적인 전통이다. 이러한 질병은 정통 의학에서 정확히 추론되지 못하므로 서구의 의학 기술로는 해결되지 못할 수도 있고, 결과적으로 민속 치유자(쿠란데라curandera 또는 쿠란데로curandero[8])의 개입이 필요하게 된다. 질병의 원인이 신의 처벌이라 여기지는 않지만, 신성은 질병으로부터의 회복과 안정의 궁극적인 원천이라고 여겨진다(Becerra & Iglehart, 1995). 민간치료사는 매우 빈번하게 환자의 기운 또는 몸의 에너지를 읽음으로써, 혹은 환자와 가족들에게 환자의 이상한 행동 패턴이나 증상들을 물어봄으로써, 그리고 궁극적으로 꿈에서 영적 가이드spirit guide[9]가 주는 정보를 통해 병을 진단한다(krippner, 1995). 민간 치료법에는 다섯 개의 주요 질병이 있다. 그중 네 개는 선천적

---

7) 쿠란데리스모는 민간 치유의 한 형태로 기도, 한약재, 치유의식, 영성, 마사지, 심리치료 등의 여러 가지 기술이 있으며 주로 라틴계 미국인들 사이에서 많이 사용됨 — 옮긴이 주.

8) 쿠란데로는 민간 치료사, 수술사 등을 의미하며, 쿠란데라는 여성 치유자를 의미함 — 옮긴이 주.

9) 서양의 영매사나 강령술사 등이 사용하는 용어로 인간을 보호하거나 인도하는 영적인 존재를 의미함 — 옮긴이 주.

질병으로 여겨진다. 즉, *caida de la mullera*(엄마의 방치로 인한 영아의 천문 함몰), *empacho*(부드
러운 음식이나 타액에 의한 장과 위의 폐색으로 생각되는 소화 질환), *malojo*(부러움 혹은 욕망으로 가득
찬 악마의 눈), *susto*(충격 혹은 두려움)이 그것이다. 그리고 마법이나 마술에 기인한 마지막 하나는
마녀 때문에 생긴 *mal puest*가 있다(Becerra & Iglehart, 1995; Krippner, 1995). 증상의 패턴은 복잡하
며, 여기에는 열, 두통, 구토, 눈병으로 인한 처진 눈이 있으나 그 자체를 문제로 정의하지는 않
는다. 진단에 의존한 치유법들은 약초, 주문, 촉진, 도움이 되는 영혼의 중재 또는 신성한 도움을
요청하는 주술사의 영적 관행 등을 포함한다(Krippner, 1995).

라틴 아메리칸의 전통에서 엠파초Empacho[10]로 알려진 민속의학적 질병을 가진 환자의 사례
는 성공적인 민간의학과 생의학의 접점을 잘 보여주고 있다. 푸에르토리코의 20개월 된 유아가
성장장애—계속되는 체중 감소를 나타내는 생의학적 진단명—로 인하여 식이요법 및 행동 관찰
을 위해 병원으로 이송되었다. 하지만 그의 부모는 이 증상이 현대의학에 대응되는 것이 없는 질
병인 엠파초를 나타내는 것이라고 믿었다. 두 부모의 확신과 주장을 존중하며, 의사들은 보타니
카(약초, 치료약, 특정 종교 공예품을 판매하는 푸에르토리코인의 가게)의 주인과 지역 주술사를 병원
으로 초대하여, 이들이 마사지와 치유의식을 비롯한 관습적인 치료, 그리고 이와 공존하는 다른
민간 치료법을 실행하도록 하였다. 며칠이 지나, 그 남자 아이는 적정 무게를 회복한 후에 집에
돌아갈 수 있었다. 이러한 성공적인 결과를 달성하는 데 있어서 중요한 것은 부모들이 질병에 관
해 그들이 문화적으로 결정한 믿음을 포기하지 않았으며, 또한 의사들이 이러한 믿음에 동의하
도록 강요받지 않았다는 것이다. 이 결과는 서로 모순된 설명모형이 서구 의료 환경에서도 효과
적으로 서로 타협될 수 있음을 보여준다. 즉, 평화적으로 공존하며, 효과적인 치료를 수행할 수
있음을 보여줌으로써 개방성과 판단적인 사고를 유보할 수 있는 능력을 입증하였다(Pachter,
1994).

여러 민간요법들은 도시에서도 이루어진다. 예를 들어, 아프리카계 미국인들은 병을 치료하
기 위해 주술에 의존한다. 또한, 신이 내리는 벌이나 자연 혹은 마법적인 힘에서 병이 기인한다
고 생각되었을 때 영적인 실천들을 추구한다. 이와는 대조적으로, 비히스패닉 백인들non-Hispanic
White은 치료제로서 특정 음식물과 기계적 응용프로그램(예를 들어, 약초보다는 습포제)에 의존하는
것으로 보인다. 그러나 현대 의학과 유사하게, 앵글로 민족 의학Anglo popular medicine(베라와 아이
글하르트가 1995년 명명함)은 신체적인 건강실천으로부터 영적의식을 분리하였다. 저자는 앵글로
식 치유 방식이 다른 민간요법과 같이 아직 체계화되고 정교화되지 않았을지라도, 그 방식이 계
속될 것임을 시사하고 있다. 왜냐하면, 이 방식은 독립적이고 자립적인 가치를 가능케 하고 반향
을 일으키기 때문이다.

미국 원주민의 치료법들은 엄격한 논리를 바탕으로 하는데 의료 인류학자들은 전문 분야와
하위 분야로 나뉘어 있는 피마 인디언Pima Indian 모델의 경우 서구 의학체계만큼이나 발달된 것
으로 보고 있다(Krippner, 1995). 그러나, 비교는 그리 간단하지 않다. 왜냐하면 많은 진단 범주가

10) 위가 막혀 생긴 라틴계의 민속 질병 — 옮긴이 주.

특정 문화적 관점을 벗어나서는 이해되지 않기 때문이다. 피마 모델에 의하면, 질병의 한 가지 유형은 외부치료에 반응하는 반면, 유아 기형과 같은 다른 유형들은 신체의 타고난 메커니즘에 의해 치료되거나 치료될 수 없다고 주장한다(Krippner, 1995). 피마 이론에 따르면, 각 환자의 신체는 자원과 약점이 축적된 저장소이다. 샤먼은 개인에게 다른 의료 인력의 적절한 개입을 배정해 주기 전에 자애로운 영의 가이드를 받아 몸의 자원과 약점을 평가하고 분석한다. 특정 행동은 주술사의 진단적 결론에 영향을 미친다. 이러한 시스템에서, "돌아다니는 병wandering sickness"(몸을 돌아다니는 세균, 고름 또는 열과 같이 불결한 것)은 발열, 두드러기, 치핵(치질의 일종), 염증같은 징후들과 관련이 있으며, 약초와 영적 기도로 치료된다. 다른 질병의 유형인 "머무르는 병staying sickness"(자연의 권력에 대한 금지된 행동의 징후)은 개인이 신성한 법을 위반하였기 때문에 몸에서 지속된다. 여기에는 "바람병wind sickness," "사슴병deer sickness," "토끼병rabbit sickness" 등이 있으며, 샤머니즘적인 노래와 아픈 사람의 몸에서 독성 물질을 제거하는 의식이 필요한데 모래 그림과 특별한 축제가 그 예이다(Krippner, 1995). 어떤 경우에는 질병이 치료할 수 없는 것으로 여겨져서(기질적으로 발생한 내재된 질병) 개입이 어려운데, 이것은 특수하고 필수적인 삶의 교훈을 저해한다(Cohen, 1999).

보완대체의학 실천

앞서 언급하였듯이, 우리가 보통 보완적 의학으로 분류하는 것은 사실상의 의료체계가 아니라, 대중요법 모델 안에서 적용되는 비표준적인 요법을 의미하는 포괄적 개념의 단어이다(즉, 비표준적인 치료법이 서구 의료를 통한 치료법을 밀어내는 것이 아니라 서구 의료와 잘 들어맞을 때). 그 사용법을 결정하는 것은 여전히 전통적인 생의학 모델과 이론이다. 이번 장에서 보완대체의학 물리치료법들을 열거하려면 너무 광범위하여 모두 다룰 수는 없겠지만, 보완대체의학 치료법에 대해 좀 더 잘 이해하기 위해 이에 속하는 요법들 중 비교적 잘 알려진 몇 가지를 다루고자 한다.

신체 마사지 치료(수기치료)

수기치료manual therapy는 육체적 접촉을 통해 진료와 치료를 행하는 여러 종류의 특수한 요법들을 말한다(Loveland-Cook et al., 2000).

척추교정법은 척추를 조정하는 것인데, 보완대체의학의 범주에 속하는 저명한 요법 중 하나이다(Lawrence & Meeker, 2007). 한 해 동안 어림잡아 230~380만 미국인이 척추교정사를 찾는다(Goldberg et al., 2002). 척추교정법의 제일 주요한 기능은 미국에서 감기 다음으로 흔한 증상인 요통을 치료하는 것인데, 몇몇 주(예를 들어, 일리노이 주)에서는 요통 치료 외에도 인후 배양throat culture과 같은 가벼운 증상을 치료하는 것이 허가되어 있다(Rattenbury, 1995). 척추교정법의 전제는 중추신경의 상태가 건강을 좌우한다는 것이다. "불완전 탈구"를 의미하는 척추의 잘못된 배열은 통증과 함께 다른 건강문제들을 일으켜 결국 여러 가지 방법을 사용하여 신경이 제대로 기능할 수 있도록 하는 척추교정이 필요하게 된다. 수많은 연구에 의하면, 일반적으로 의사들이 사용하는 방법에 비해 척추교정법으로 요통을 치료하는 것이 더욱 효과적이고, 효과의 지속성도 뛰어나다(Meade, Dyer, Browne, Townsend, & Frank, 1990). 게다가, 비용도 의사에게 진료를 받을 때보다 훨씬 저렴하다(Jarvis, Phillips, & Morris, 1991).

마사지 요법naprapathy은 척추교정법과 연관된 등, 허리, 몸통 치료법으로 뼈보다는 연결부위의 조직과 근육을 조절하여 근골격계 통증을 치료하는 방법이다. 마사지 요법은 주로 근육 경련, 관절통, 염증, 반흔 조직scar tissues을 치료한다(Rattenbury, 1995).

반사 요법reflexilogy[11] 역시 손을 통한 치료법으로, 손과 발에 몸의 각 기관과 대응하는 지점이 있다는 것을 전제로 한다. 시술자가 이 지점들에 딱 맞는 압력을 가하면 통증을 유발하거나 몸 상태를 비정상으로 만드는 뒤틀린 에너지 흐름을 바로잡을 수 있다고 여겨진다(Stephenson & Dalton, 2003). 반사 요법이 만성 편두통과 긴장성 두통에 효과적인 치료법이라는 연구결과가 있다(Launso, Brendstrup, & Amberg, 1999).

접촉 요법TT: therapeuitic touch의 가장 근본적인 전제는 생체 전기 에너지 장 bioelectrical energy fields이 개인의 육체와 정신을 구성한다는 것이다. 그리고 이 에너지 장은 환경적 요소들에 반응하여 건강의 문제를 일으킨다. 접촉 요법의 한 가지 기능은 어지러워진 에너지 장을 재배열해 다시 균형을 잡는 것이다. 접촉 요법의 효과에 대해 조사한 연구에 따르면, 접촉 요법으로 인해 미숙아들은 체중이 늘어나고(Harrison, Olivet, Cunningham, Bodin, & Hicks, 1996), 정신적 고통을 받던 어린이들은 치료를 통해 마음과 행동이 차분해지는 효과가 있었다(Kramer, 1990). 또한, 다른 자료에 의하면 접촉 요법은 면역 반응을 강화시키는 요소들을 촉진하는 데 도움이 된다. 특히, 도움이 되는 T4세포를 증가시키고 몸에 나쁜 T8세포는 감소시킨다(Quinn & Strelkauskas, 1993). 뿐만 아니라, 접촉 요법은 긴장성 두통으로 인한 고통을 완화시키는 데도 도움이 되며(Keller & Bzdek, 1986), 이미 200곳이 넘는 병원에서 실제로 쓰이고 있다(Goldberg et al., 2002).

아로마테라피aromatherapy는 식물기름에서 증류해 낸 정유를 사용하여 질병과 관계된 증상이나 치료의 부작용을 완화시키고, 후각기관을 통해 몸의 종합적인 건강상태를 향상시킨다. 아로마테라피를 시행하는 방법은 디퓨저로 분사한 오일을 호흡하거나 피부에 직접 펴 바르는 방법이 있다. 피부에 직접 바르는 방법을 사용하려면 전문가의 지시를 따르는 것이 좋은데 계피나 정향 같은 일부 오일은 피부에 닿았을 때 화상이나 가려움증을 유발할 수 있기 때문이다. 그리고, 매우 순수하게 정제된 오일도 독성이 강할 수 있기 때문에 결코 먹어서는 안 된다. 하지만, 긍정적인 효과들도 많다. 라벤더는 두뇌파장을 안정시키는 효과가 거의 진정제에 버금가며(Birchall, 1990), 불면증에도 효과가 있는데 특히 쉽게 잠이 들지 못하는 사람에게 효과가 좋다. 분만 시 라벤더향과 레몬향은 진통 초기에 산모의 긴장을 완화시키는 효과가 있었고, 진통 후기에는 페퍼민트가 현기증과 구토를 완화시키는 효과를 보였다(Burns & Blarney, 1994). 어떤 병원의 집중 치료실에서는 환자 치료 시 아로마테라피와 마사지를 병행하였는데 마사지만 시행했을 때보다 훨씬

---

11) 발바닥을 마사지하는 것으로 혈행을 좋게 하거나 긴장이 풀어지게 하는 요법 ― 옮긴이 주.

큰 효과를 발휘하였다(Dunn, Sleep, & Collett, 1995).

치료 마사지와 함께 몸을 사용하는 치료법에는 스웨덴식 마사지, 심부조직 마사지, 스포츠 마사지, 림프 마사지 등 여러 종류가 있다. 매년 약 2,000만 명 정도의 미국인이 이런 마사지를 받는다(Goldberg et al., 2002). 수기치료에 대한 연구결과를 살펴보면, 수기치료가 정신적 스트레스를 덜어주고 기분을 고양시켜준다는 것을 뒷받침해주는 증거 자료들이 많다(Corley, Ferriter, Zeh, & Gifford, 1995; Dunn et al., 1995; Sims, 1986). 생리학적으로 보면 마사지는 혈액순환, 림프액순환, 부교감 신경계 반응을 향상시키는 효과가 있다(예를 들면, 줄어든 심박수와 호흡수, 근육의 긴장 완화, 낮아진 혈압 등). 마사지는 또한 장 기능 강화, 진통제에 대한 의존율 감소와 함께 전반적인 신체 기능을 향상시키는 결과를 보였다(DeGood, 1996). 다른 관점에서 진행된 연구결과를 보면, 미숙아들은 매일 마사지를 받았을 때 전보다 눈에 띄게 체중이 늘어났고, 입원치료를 받는 날의 수도 확연히 줄어들었다(Field et al., 1986). 이 장에서 모두 다룰 수 없을 정도로 많은 종류의 다른 물리요법들 중에는 근육을 깊이 마사지하는 롤핑 요법과 가볍게 실시하는 부교감 신경계 치료법, 지압, 펠덴크라이스Feldenkrais 방식의 동작을 응용하여 신체 인지상태를 높이는 치료법 등이 있다.

심신관계*mind-body*라는 용어는, 정신과 신체가 역동적이고 통합된 체계를 이루는 밀접한 관계를 이룬다는 전제하에 사용되는 용어로, 여러 종류의 기술을 아우르는 말이다. 명상, 최면, 바이오피드백, 자율 훈련법, 안정된 복식 호흡, 이미지 연상법, 점진적 근육 이완요법 등이 이에 속한다. 신경전달물질을 통해 이루어지는 자율신경계, 근골격계, 정신신경내분비계 간의 밀접한 관계는 다음과 같은 의미를 내포한다. 즉, 스트레스를 주는 요인이 생리학 및 생화학적 측면에서 나쁜 영향을 미칠 수 있지만, 반대로 스트레스 요인을 완화시켜줌으로 신체와 전반적인 건강에 건전한 효과를 미칠 수도 있는 것이다.

듀크대학교의 블루멘탈Bluementhal 등(1997)은 후두염에 걸린 환자들을 '16주 심신관계 프로그램'을 통해 평가하였고 그 결과, 문제가 많이 줄어든 것을 발견했다. 생리학적으로 해로운 반응을 일으키는 스트레스 요인들을 자각하지 못할 수도 있는데, 급성이든 만성이든 정신적 고통이 있으면 고혈압이나 호흡수의 증가, 혈소판응집 증가, 인슐린 수치 증가, 나트륨 축적증가, 면역반응 감소 같은 증세들이 나타난다(Seaward, 1997; Wells-Federman et al., 1995). 경험에 의해 증명된 치료법들 중 스트레스가 주는 위험을 현저히 줄여주는 몇 가지 치료법을 살펴보자.

- 상상요법guided imagery 기술은 꽤 효과가 있는데, 자기가 원하는 것을 상상할 수 있기 때문에 개인이 자기에게 맞추어 이용할 수 있는 요법이다. 예를 들어 시각, 청각, 후각, 촉각 등 전 감각을 이용하여 머릿속에 떠올린 구체적인 어떤 이미지는 그것을 떠올린 개인에게 안정감, 편안함, 치유되는 환경을 제공해 줄 수 있다. 이런 상상요법을 통해 만성적인 고통이 줄고, 면역력이 향상된 경우가 많이 있었다(Benson & Stuart, 1993; Hillhouse & Adler, 1991). 2~4기 여성 암환자들의 경우, 점진적 근육 이완요법과 상상요법을 병행할 때, 단순히 지

지요법만 사용하는 경우에 비해 훨씬 고통이 줄었다(Sloman, 1995). 상상요법에 능숙한 암 환자들은 화학 요법 후에 나타나는 구강 점막염의 극심한 고통을 줄일 수 있었다(Pan, Morrison, Ness, Fugh-Berman, & Leipzig, 2000). 유방암 환자들 사이에서는 상상요법을 사용할 때 독성세포의 활동이 향상되었고 기분도 나아졌다(Fawzy et al., 1993; Newton, 1996). 또 유 방암 환자들 사이에서 이 심신요법을 사용할 때, 바이러스 증식 억제 물질인 인터페론의 양이 증가했고, 체력도 좋아졌다(Justice, 1996). 게다가, 상상요법은 종양 치료에서도 화학요 법이 초래하는 메스꺼움이나 구토증세를 완화시켜 주었다(Troesch, Rodehaver, Delaney, & Yanes, 1993).

• 명상meditation은 다양한 문화에서 다양한 방법으로 시행해 온 아주 오래된 기술인데, 명상 에서 종교적 요소나 문화적 요소들을 덜어내면, 상당한 공통점이 발견된다. 명상의 기본은 현재에 차분하게 정신을 집중하고, 고통스런 과거에 대한 생각이나 미래에 대한 불안을 버리는 것이다. 명상 중에서도 집중적 접근방법을 사용할 때 명상가는 호흡이나 어떤 특 정 단어, 소리, 말(만트라mantra), 이미지 중에 하나에 집중하도록 훈련 받는다. 마음챙김 mindfulness 접근방법은 마음에 들어오는 감각과 생각에 대하여 판단하지 않지만 단순히 예리하게 관찰하는 그런 상태를 만들어 준다. 존 카밧 진John Kabat-Zinn과 매사추세츠 대 학 연구팀이 개발하여 미국 내 200개 이상 병원에서 활용되고 있는 마음챙김 기반 스트레 스 감소법의 심리생물학적 이점들은 다음과 같다. 즉, 만성적이고 지속적인 고통이 완화되 는 것(Cassileth, 1998; Hafner, 1982; Kabat-Zinn, Lipworth, & Burney, 1985), 4배나 빠른 건선의 치 료효과(Kabat-Zinn et al., 1998), 불안감 및 스트레스 완화 그리고 이에 동반되는 긍정적인 생 리 효과(예: 고혈압의 감소) 등이 그것이다.

• 최면hypnosis은 특정하게 바뀐 상태(최면상태)를 만들기 위해 선택적으로 집중하도록 하는 요법으로, 치료적인 유익을 위해 의식과 무의식적 과정(예: 자율신경계 기능)의 커뮤니케이 션을 증진시킨다. 모든 최면은 사실상 자기 최면, 즉 최면 상태를 만들어 내는 것으로 클 라이언트는 조력자인 치료자만큼이나 자발적인 참여자로서 활동적으로 참여해야 한다. 뇌 의 변연계12)가 감정에 영향을 미치고 비자발적인 신체기능이라고 생각되는 것을 통제하 며, 최면 암시에 반응한다고 생각되기는 하지만, 이러한 개입이 어떻게 작용하게 되는가에 대해서는 여전히 과학적인 설명이 어렵다. 1991년까지, 적어도 1만 5,000명의 건강 전문가 들은 많은 질병을 개선하기 위해 전통의학과 함께 최면요법을 실행하였다(Goldberg et al., 2002). 최면요법은 치유를 촉진하는 데 도움을 준다(Ginandes, Brooks, Sando, Jones, & Aker, 2003). 즉, 항염물질을 몸 안에서 스스로 방출하도록 하고 궤양환자들 사이에서 위산 분비 를 억제하며, 만성 및 급성 통증을 완화시키고(Montgomery, DuHamel, & Redd, 2000), 메스꺼 움, 구토와 같은 화학요법의 부작용을 완화시키며(Levitan, 1992; Lynch, 1998; Marchioro et al., 2000; Syrjala, Cummings, & Donaldson, 1992), 수술로 인한 혈액손실 및 진통제에 대한 욕구를

---

12) 인체의 기본적인 감정·욕구 등을 관장하는 신경계 — 옮긴이 주.

줄이고(Disbrow, Bennett, & Owings, 1993; Enqvist, 1991), 천식 완화를 도움으로써(Hackman, Stern, & Gershwin, 2000) 다른 어려운 치료와 함께 통증을 상당히 경감시킨다(Goldberg et al., 2002). 무작위로 실시된 임상실험에서 유방검사 및 유방종양 절제술을 실행하기에 앞서 15분 동안 최면을 받은 집단은 그렇지 않은 통제 집단과 비교할 때, 마취제에 대한 필요, 보고된 통증의 강도 및 수술 후 메스꺼움과 피로가 유의하게 줄었다는 것은 중요한 함의를 가진다. 이 짧은 개입의 또 다른 눈에 띄는 장점은 환자당 773달러의 제도적 비용이 절감되는 것으로 이는 폭주하는 건강관리 비용에 대한 국가적 우려를 고려할 때 특히 적절하다(Montgomery et al., 2007). 다른 관점을 가진 한 연구에서는 화상 환자가 더 빠르게 치유되었고, 트라우마 직후 가벼운 가수면 최면상태가 유도되었을 때 덜 아픈 통증으로 환자를 치료하였다고 보여주었다(Findlay, Podolsky, & Silberner, 1991). 소아환자에게 있어서 최면은 재발 편두통에서 겸상적혈구 빈혈13)에 이르는 문제를 도와준다(Goldberg et al., 2002). 이전의 추정과는 달리, 환자의 약 94%는 약간의 안도감을 경험하고, 좀 더 쉽게 최면에 걸린 환자들은 훨씬 더 많은 혜택을 경험한다(Podolsky, 1991).

• 바이오피드백biofeedback은 통증이 없는 절차이다. 클라이언트는 전극이 부착된 센서를 손가락에 접지시키거나 팔목 위쪽에 대고 컴퓨터 모니터 상의 신호를 관찰한다. 그 신호는 클라이언트가 바람직한 상태에 도달할 수 있음을 나타내는 신호로 예를 들면 심장박동수를 줄이거나 긴장성 두통을 완화시키거나 주변부의 온도를 따뜻하게 하는 것(Long, Machiran, & Bertell, 1986) 등이다. 이 기술에는 환자들이 휴식을 취할 때 비자발적인 신체기능을 통제하는 것을 학습하는 것이 포함된다(예: 피부 온도, 뇌파 패턴). 바이오피드백은 레이너드병Reynaud's disease(혹한의 상태가 아니더라도 추워지면 손가락 통증이 심해지는)에 유용한 것으로 알려졌다. 수많은 보험회사들은 이 치료의 비용을 배상하였다(Goldberg et al., 2002).

심신 기술은 환자들이 자기관리를 통한 긍정적인 변화를 이행하도록 권한을 부여하는 사회복지의 목표에 부합하며, 개인의 욕구를 존중하고 이에 맞추는 사회복지적 가치와도 일치한다. 왜냐하면 각 기술이 개인의 적응에 따르기 때문이다. 게다가, 심신 접근법은 전문교육프로그램 및 워크숍을 통해 임상 기술을 첨가할 수 있고 전문적인 사회복지실천에 통합될 수 있다. 이러한 보완적인 기술에 환자와 클라이언트를 참여시킴으로써 즉, 심신 요법으로 혜택을 얻을 수 있는 사람을 훈련하고 치료함으로써, 사회복지사는 환자옹호 및 의료적 전달자의 역할을 넘어서 임상적인 역할을 확대할 수 있으며, 사회복지의 근간에 반향을 일으킬 이상적 치료에서의 역할을 넓힐 수 있다.

---

13) 대부분 아프리카계의 사람들에게서 나타나는 유전적 악성 빈혈 — 옮긴이 주.

영양과 생활요법

전통의료체계는 건강을 지키기 위한 핵심 요소로 신체의 건강을 회복하고 유지하기 위한 식이조절에 의존한다. 환경적인 요인과 개인의 건강 상태에 따라 특정 음식들이 필요하거나 또는 바로 섭취를 중단 혹은 제외시켜야 한다.

자연주의 식이요법macrobiotic은 일본식 불교에서 유래한 생활양식이자 식이요법으로, 음양의 균형을 회복시키기 위해 개별화된 처방을 제시한다. 이러한 방식의 식이요법은 정제되지 않은 곡물, 야채, 콩, 씨앗, 견과류, 과일 그리고 생선 등과 같은 신선한 유기농 식품을 개인의 불균형한 체질 상태에 맞게 조절해주는 것으로, 체질과 건강 상태를 평가하고 급격하게 변하는 환경에 적합하도록 만든다.

라이프스타일 하트 트라이얼Lifestyle Heart Trial에서는 특정 저지방 식단, 적당한 운동 그리고 휴식 등이 동맥경화에 효과가 있다고 한다(Ornish et al., 1983, 1998). 역학이나 관찰연구를 바탕으로 한 다른 식이요법에서는 채식이 류마티스 관절염을 완화시키고, 관절염이나 알레르기 발병은 단백질 섭취 절제를 통해 완화될 수 있다고 설명한다(Adam, 1995). 더 나아가, 고섬유질 식품과 다른 유기농 곡물, 채소, 콩류, 신선한 과일을 섭취하는 것은 건강한 위장 기능과 관련이 있으며, 특정 암이나 심장 혈관 문제 등을 감소시킨다(Block, 1999; Burkitt, Walker, & Painter, 1974).

의학적인 논란에도 불구하고 영양 보조식품은 최근 수십 년 동안 미국인들 사이에서 지속적으로 높은 섭취율을 보이고 있다(Murray & Pizzorno, 1996). 이 사실은 식물, 약초 그리고 영양소가 의약품과 비교할 때 유의미한 차이를 만들어내며 독성이 덜하다는 일반적인 신념을 재확인시켜주었다. 매체들이 열광하는 가운데서도 특정 약품들이 감염성 질병에 대한 저항력과 내구성을 증진시켜 준다는 논쟁이 있었다(Hemila, 1994). 이러한 현상은 심지어 노인들 사이에서도 나타났다(Chandra, 1992). 보충제는 심각한 질환(예를 들면, 특정 암이나 심장병을 예방)에 대항하는 면역력을 강화시키는데, 특히 비타민 E와 C 그리고 카로티노이드 등이 이에 해당된다(Loveland-Cook et al., 2000). 또한 일부 근거들은 코엔자임 Q10이 출혈성 심장 기능 장애 등의 심혈관 문제를 개선하고, 독소루비신과 같은 심장 화학요법으로부터 보호한다는 것을 뒷받침하고 있다(Mortensen, Aabo, Jonsson, & Baandrup, 1986). 또한, 크롬은 제2형 당뇨병에 도움이 된다(Sullivan, 2000).

생체전자치료bioelectronic therapy는 모든 생물체가 전자파(EM)에 영향을 받거나 그 범위 내에 존재한다는 이론적 전제에서 출발한다. 전자기장의 치료는 생리학적 완화를 위해 개인의 에너지를 바꾸어주는 것으로, 약하고 비열적인nonthemal 개인의 전자기장에 신체를 접촉시켜야 한다. 이러한 접촉은 혈액과 림프의 순환, 세포 산소공급, 해독을 증진시켜 통증을 줄이고, 치유과정을 빠르게 하며 에너지를 상승시킨다. 골절 치료의 향상에 대해서는 1984년(Barker, Dixon, Sharrard, & Sutcliffe)에 발표된 연구에서 그 근거가 발견되며, 이런 에너지 방식은 상처의 빠른 치료 효과를 가져왔다(Bassett, 1993; Lee, Canaday, & Doong, 1993). 인체에 자석을 작용시키는 것이 이로운가에 대한 검증은 통계적으로 중요한 결과를 보이지는 못했다.

생물학적 치료biological treatments는 특수화된 생리적 반응을 만들기 위해 이론화된 화학제재를 주사로 주입하거나 혹은 섭취하는 것이다. 이때의 생리적 반응은 특정한 면역 요소를 증진시키는 것이지만 유기체나 질병과정을 만들어내어 질병을 제거하기 위한 의약품은 아니다. 중금속 제거법을 예로 보면 에틸렌디아민사초산EDTA: ethylene diamine tetracetic acid과 같은 물질을 주입하면 인체에 들어가 독성 물질(예를 들어, 알루미늄과 납)에 흡착하여 배출된다. 중금속 제거법은 납과 같은 독성 물질을 제거함에 있어서 도움이 될 뿐만 아니라 다른 건강 문제에도 사용된다(Chappell, 1995). 에틸렌디아민사초산은 아테롬성 동맥 경화atherosclerotic problems, 발작, 그리고 말초혈관계 질환을 위해 보조제로 유용하게 사용된다(Goldberg et al., 2002).

생약의학

고전적인 의학 치료방법인 생약은 네안데르탈인 시대로까지 거슬러 6만 년의 역사를 가지고 있다(Solecki, 1975). 유럽에서는 생약 치료법herbal therapies이 예부터 전통적으로 사용되었을 뿐만 아니라, 미국보다 더 일반적으로 표준 치료 계획에 통합되어 있다. 이제 미국 전역에서 민간의료 요법이 오랜 시간에 걸쳐 생약 요법을 받아들여 왔음을 과학적으로 증명하면서 주류 의료계획 속으로 서서히 움직이고 있다. 생약은 뿌리, 꽃, 줄기, 씨앗 또는 잎을 포함한 식물성 물질로 장기의 부적절한 기능을 바로잡아 주거나 증진시키고 전통중국의학, 아유르베다 의술 그리고 자연 요법 등의 치료 방법의 핵심 성분이다. 이 생약의 일종으로서 가장 일반적으로 의학적 가치가 많이 알려진 마늘(및 그 성분)(Blumenthal, Goldberg, & Brinckmann, 2000; Goldberg et al., 2002)은 다양한 복용 방법을 주도하고 있다. 마늘은 콜레스테롤을 감소시키고 혈압을 상승시키기 위해 섭취하며(Vorberg & Schneider, 1990; Warshafsky, Kramer, & Sivak, 1993) 항균성 및 항생 물질을 포함하고 있고(Sullivan, 2000), 통풍과 류마티스에 해독 작용을 하며(Foster, 1991), 동맥을 깨끗하게 한다(Koscielny et al., 1999). 게다가 많은 역학 연구들에서 마늘의 가벼운 섭취는 장암을 감소시키는 것과 통계적으로 관련되어 있음을 보여준다(Lawson,1997). 1998년까지 마늘의 이로운 작용에 대한 1,990개의 연구 논문이 출간되었다(Goldberg et al., 2002). 심장질환자에 관한 한 연구에서는 매일 6mg의 마늘 섭취는 위장약 섭취에 비해 심근경색을 35% 감소시키고, 사망률에서도 45% 감소를 가져오는 것으로 보고하였다(Lawson, 1997).

연구 딜레마
RESEARCH DILEMMA

보완대체의학에 대한 존중과 이해를 확대시키기 위한 가장 좋은 가능성은 통제된 연구를 지속하는 것이다. 그러나, 이러한 연구를 방해하는 것은 경제학적 이슈와 실제 방법론적 난제들이다. 하나의 의약품을 검사하는 것과는 달리, 보완대체의학에서는 발생하는 재정적인 이익보다 지출이 크기 때문에 연구에 대한 편견은 중요할 수 있다. 게다가 대다수의 대체 시스템과 보완대체의학 프로토콜, 통합적 식이요법은 복잡하고 다면적인 프로그램으로, 한 가지 치료만을 평가하기는 어려우며 과학적 연구에서 가장 흔한 단일 초점 조사 방식을 수행하기 힘들기에 연구의 어려움이 있다. 또 한 가지 추가적인 난제는 명상과 같은 특정한 실천에 대해 이중맹검연구double-blind study[14]를 어떻게 설계할 것인가이다. 즉, 무엇이 진정한 위약 통제가 될 수 있는가에 대한 것이다. 그리고 통제를 유지할 그룹을 찾는 것도 까다로운 일이다. 왜냐하면, 설문조사 결과 많은 수의 환자들이 개인마다 독창적인 방법의 대체치료를 받고 있기 때문이다. 마지막으로 대체 시스템에서의 진단 범주는 생의학과 항상 일치하지 않기 때문에 정확한 비교가 쉽지 않다.

문제점과 우려
PROBLEMS AND CONCERNS

구체적인 치료법이 매우 다양하다는 사실은 신뢰할 수 있는 근거 기반 구축을 어렵게 만든다(예를 들어, 중국 침술과 한국 침술의 차이). 실천법들 간의 이러한 차이는, 예를 들어 무작위로 통제된 실험 결과들을 바탕으로 근골격계 통증에 대한 침술의 효과에 대해 고객을 상담할 때 큰 문제가 될 수 있다. 지역의 침술사가 사용하는 방법과 연구에서 검증된 정확한 접근법이 실질적으로 일치하는지 확실하지 않기 때문이다. 또 다른 예로, 편두통에 정확히 가장 효과적인 혈점, 침을 맞는 적절한 시간, 필요한 치료의 횟수 등이 불분명한 것을 들 수 있다(Vickers, 2003).

해결되지 않은 어려움이 실천기술의 융합과정에서 발생한다. 즉, 서로 다른 의료모델들이 정말 효과적으로 통합될 수 있는가? 즉, 진단과 치료 체제가 서로 다른 생물학적, 철학적 전제를 바탕으로 하고 있다면 치료 계획이 올바르게 융합될 수 있는가? 예를 들어, 서양의학에서 위암으로 명명되는, 하나의 질병 표현이 중국에서는 몇 가지 다른 질병을 지칭할 수 있다. 열로 인한 위장의 '음'의 결핍, 기의 정체로 인한 어혈 또는 위의 '양음'의 결핍(Beinfield & Korngold, 2003) 등이며, 각각은 별개의 조화되지 않는 치료법을 요구한다. 이로 인해 미국 의사들이 위암 치료를 목적으로 합리적인 화학요법 연구계획서를 처방하더라도, 같은 위암에 대해 중국 의사들은 중국의 진단범주에 따라 매우 다른 식이요법을 권할 수도 있다.

또 다른 계속되는 문제는 공식적인 교육, 자격 증명서, 그리고 보완대체의학 의사의 개업인가 및 면허교부의 문제들이 50개 주마다 일관적이지 않게 모니터되거나 요구되고 있다는 점이다(척추교정요법은 예외적으로 미국 전역에서 정규 교육과정이 설립되어 인정받고 있다). 대부분의 생약조제는 유독성 위험이 적다고 하더라도, 다양한 화학물질을 혼합하면 상승작용을 통해 치료 잠재성이 증가될 것이라고 믿고 있기 때문에, 중독이 일어나거나 생약과 약물의 역작용이 발생할 가능성도 없지 않다. 그러나 처방약과 비교해보면, 보충제는 아주 적은 위험이 따른다. 더 나아

---

14) 참여자나 실험 보조자 모두 그 실험의 중요한 측면에 대해서는 알지 못한 채 진행되는 실험적 절차 ─ 옮긴이 주.

가, 전문가들에 의하면 처방약의 51% 정도가 사용 승인을 위한 통제된 실험 과정에서 발견하지 못하는 심각한 부작용을 일으킬 수 있다고 한다(Moore, Psaty, & Furberg, 1998). 이러한 이유로 생약과 의약품을 동시에 사용하는 것은 전문가와의 상담이 필수적이다.

식품보조제가 식품 화합물로 판매되기 때문에 미국식품의약청Food and Drug Administration이 제시하는 기준에 통제받지 않는다. 품질 문제(예를 들어, 제품 함량 및 공정과정에서의 오염이나 변이 등)는 정식교육을 받지 않은 대중들에겐 여전히 걱정되는 부분이다(De Smet, 1999; Marrone, 1999). 어떤 제품은 의미 없는 양의 핵심 성분을 표시하여 출시되는데, 다수가 섭취 후에 용해되거나 분해되지 않으며, 표준화되어 있지도 않다. 만약 한 제품(예를 들어, 블랙코호시15))에 대해 안정성과 유익성을 나타내는 긍정적인 결과가 있다 해도, 다른 코호시 제품도 그와 같은 효과를 나타낼지는 섭취하는 분량이 일관적이지 않기 때문에 확신할 수 없다.

일부 과감한 대체의학 실천은 안 좋은 결과를 일으킬 가능성을 내포하고 있긴 하지만, 보완대체의학 치료를 통한 심각한 부작용은 제약 또는 다른 침습적 시술을 통해 완화되는 것으로 보인다. 보완대체의학 치료가 전문적으로 적절하게 사용된다면 문제가 될 가능성은 줄어들 것이다(Jonas, 1998). 이러한 고찰은 대체의학 실천과 전통적인 약품 사용 간의 상호작용과정에서 발생할 수 있는 문제를 제한적으로 부정한다기보다는 실제적인 우려를 의미한다. 한 예로, (2003년 10월, 자메이카 출신 여성의 비공식적 보고에 의하면) 고혈압을 낮추기 위한 자몽의 특별한 처방을 들 수 있다. 규칙적으로 자몽 쥬스를 섭취하는 것은 시토크롬 P450을 하향 조절하여 특정 항고혈압제anti-hypertensives, 항히스타민제antihistamines, 그리고 항우울제antidepressants의 혈량을 증가시키는 작용을 하는 것으로 알려졌다. 이 시토크롬 P450 효소는 인체와 약물이 대사작용할 수 있도록 한다(Beinfeld & Korngold, 2003). 약초 사용금지에 대해 망종화(Hypericum perforatum, 고추나물)를 예로 들어보자(St. John's wort). 망종화는 건강 식품점에서 쉽게 구입할 수 있으며, 과학 및 일반적 문헌에 근거하면 이것은 안전하고, 가벼운 우울증상에 효과적인 것으로 알려졌다. 이 순한 약초는 단백질 분해효소억제제의 대사작용을 증가시키므로 약물 섭취 시 혈액 수치를 낮게 하고, 인체의 세로토닌 함량을 높임으로써 모노아민 산화효소 억제제와 선택적 세로토닌 재흡수 저해제 항우울증약의 영향을 증가시킨다. 또한, 시클로스포린 및 테오필린과 같은 약의 효과를 저해시킨다(Croom, 2000). 또 다른 약초의 부작용으로서, 일반적으로 기억력 및 인지능력을 증진시키기 위해 복용되는 은행나무는 혈소판의 집합을 억제(마늘이 그러하듯)시킬 수 있는데, 일부 처방전의 영향으로 항응혈작용을 강화한다. 그러나 이런 경고들은 단일 제제로서의 약초에 대한 과학적 평가에서 생겨났다. 관찰된 영향력은 약초 또는 영양분이 여러 화학 성분들 중 하나로 포함될 경우에는 완화되는 것으로 나타났다. 한 예로, 항응혈작용의 문제는 다른 약초를 포함시킴으로 완화될 수 있다. 의약 보충제의 문제를 개선하기 위해 권고되는 한 가지 방법은 약과 음식을 동시에 섭취하지 않음으로써 소화기관에서 둘 간의 바람직하지 않은 상호작용을 막는 것이다(Blumenthal et al., 2000).

---

15) black cohosh ─ 승마라고도 불리며, 미나리아재비과로 분류되는 식물로 여성호르몬제에 사용됨 ─ 옮긴이 주.

보험 적용 관련 이슈
INSURANCE COVERAGE ISSUES

10년 전만 해도 일부 제삼자 보험사들이 암환자들을 위한 보완대체의학 치료 비용의 25%를 부담해주는 것으로 보고되었다(Campion, 1993). 미국 소비자들에게 대체의학 실천의 매력적인 요소 중 하나는 가격이다. 많은 대체치료법은 항신경통과 같은 몇몇을 제외하면 전통적 치료에 비해 비용이 저렴하다(Ernst, 1994, 1995). 사실 소수민족들의 대체치료법의 사용에 대한 보고에서 맥켄지 팀(2003)은 보험에 가입을 하지 않은 경우—즉, 개인이 부담하는 경우—전통적 치료법보다는 대체의학을 선택할 가능성이 높다고 언급하였다. 그러나 경쟁이 치열한 관리의료 회사들의 경우, 단번에 반할 만한 이국적인 기술에 끌리는 새로운 고객층 확보를 위해 수지타산이 맞는 보완대체의학 시장으로 시선을 돌리고 있다. 건강관리조직 제재에 커다란 불만을 가지고 맞서는 관리의료회사의 마케팅 전략 중 하나는 일반 정책에 몇 가지 대체 케어 옵션을 추가하는 것이다. 다른 보험사들은 비전통적인 서비스에 대해 할인혜택—척추교정법, 침술 등의 서비스를 25% 할인—을 제공하기도 한다(Rauber, 1998). 2000년에는 두세 개의 업체에 뒤이어 43개의 보험업자들이 대체의료 부문까지 보장범위를 확대하였고, 일부는 다양한 혜택들을 혼합한 마케팅 전략을 펼치고 있다(Pelletier & Astin, 2002).

결론
CONCLUSION

오늘날 보건의료 분야는 다양한 문화를 반영하듯 의학적 선호도와 실천기술이 혼합되어 있다. 깊이 뿌리내렸던 편견은 점차 없어지는 반면, 새로운 여론이 나타나는 형세를 보이고 있는데, 이 새로운 여론은 대체의학과 전통의학을 따로 구분짓는 것이 좋지 않다는 것이다(Fontanarosa & Lundberg, 1998). 다양한 의학 철학medical philosophy 옹호자들은 의학을 "이로운 의학"과 "해로운 의학"으로 분류하며, 건강 전문가들은 각 환자에 맞는 가장 좋은 약을 찾기 위해 열린 마음가짐을 가져야 한다고 주장한다. 이 원칙에 따라, 맥켄지 등(2003)은 "인간이 만든 의료 시스템이 얼마나 우리가 돕고자 하는 환자 개개인에게 적합한가?"라는 질문을 던지고 있다(p. 56).

이 문제를 설명하기 위한 한 가지 시도는 복잡한 의학용어를 풀어 고치는 언어학적 교정corrective response을 시도하고, 다양한 출신배경을 가진 환자들에게 질병과 치료방법에 대한 정보를 충분히 전달하기 위해 전문가들의 의사소통방법을 개선하는 것이었다. 하지만, 이러한 노력은 상당 부분 외국인을 비롯하여 치료방법을 오해하는 환자들이 치료에 순응하도록 설득하고자 하는 의료적 필요에 의한 것이었다(MacKenzie et al., 2003). 이런 언어의 일치를 위한 노력에도 불구하고,

여전히 서로 다른 의학 기술에 대한 인정과 통합 그리고 생의학 패러다임에 대입하는 부분은 잘 이루어지지 않고 있다. 문화적으로 다양하고 고유한 건강에 대한 신념을 가지고 있으나, 기술과 개인의 의료적 사고가 일치하지 않는 미로 속에서 방향을 잃을 수 있는 개별 클라이언트를 효과적으로 돕고 지원하기 위해서, 사회복지사는 그들의 전문적인 역할에서 더 나은 치료를 위한 연결로서, 다양한 접근방법에의 익숙함을 확장시켜야 한다.

연습 문제

연습 12.1
다음 질문을 생각해보자. 유사하지 않고 서로 다른 패러다임의 치료방법을 가진 의학 모델이 효과적으로 통합될 수 있는가? 만약 가능하다고 생각한다면, 구체적인 예시를 들어 현대 전통의학과 대체의학의 결합에 있어 그 제한점에 대해 논의해 본다. 또한 당신은 이질적인 의학 모델을 환자에게 적용하도록 의료진을 어떻게 설득할 것인가? 만약 의료진을 설득하는 것이 불가능하다고 판단되면 왜 그러한지 대체의학 시스템을 사용하여 구체적이거나 특정한 예시를 들고, 환자에게 이것이 불가능하다는 것을 어떻게 설명할 것인지 논의해 본다.

연습 12.2
이번 12장과 앞 장인 11장의 보건의료의 영성, 6장의 건강이론을 결합하여 다음 사람에게 열린 마음으로 더 나은 의료를 위한 건강 기술을 지지할 수 있는 대화 방법을 논의해 본다.

- 40세 멕시코계 미국인(또는 중국계 미국인) 여성은 유방암 2기 판정을 받았다. 여기에는 화학 치료방법이 효과적인데, 환자가 예약된 진료 시간에 두 번이나 나타나지 않았다. 이번 과제에서 당신이 이 여성에게 적절한 치료 기술을 찾도록 도와주고, 치료의 가치와 부작용에 대응할 수 있는 약품의 이용가능성에 대해 효과적으로 대화하였다고 가정해보자. 하지만, 당신은 암 전문의가 그녀에게 추천한 방법을 그녀가 중단한 원인을 알고자 한다. 건강에 대한 문화적 가치와 개인의 선호를 고려하고 당신의 의학 소견을 확인하며 생각을 정리하여 이 여성과 교류할 방법을 설명해본다. 이 환자를 만나기 전에 당신이 생각해야 할 점은 어떤 것들이 있는가? 어떤 질문들과 안내를 해 줄 수 있는가? 이러한 점들을 고려한 뒤, 그녀의 담당 물리치료사에게 왜 그녀가 문제가 될 만한 실천방법을 사용해 왔는지를 설명하고 환자의 문화적인 부분을 고려하여 이에 맞는 방법을 추천해 줄 수 있도록 한다.
- 뒤이어 고혈압을 앓고 있는 50세 아프리카계 미국인 남성과의 만남에서 진행될 대화를 생각해 본다. 그의 경우, 치료에 대해 질병이 반응하지 않거나 그의 담당의사의 말처럼 그가 치료요법을 제대로 따르지 않고 있다. 아니면, 고혈압이 아닌 이와 비슷하게 당뇨를 앓는

미국 원주민 남성이라고 생각해 보자. 어떤 치료방법이 고려될 만한가? 치료를 저해하는 요소에는 어떤 것이 있을까?

추천 자료

Beinfield, H., & Korngold, E. (1992). *Between heaven and earth: A guide to Chinese medicine.* New York, NY: Ballantine Books.

Blumenthal, M. (2003). *The ABC clinical guide to herbs.* Austin, TX: American Botanical Council.

Goldberg, B., Anderson, J. W., & Trivieri, L. (Ed.). (2002). *Alternative medicine: The definitive guide* (2nd ed.). Berkeley, CA: Celestial Arts.

Jonas, W. B., & Levin, J. S. (1999). *Essentials of complementary and alternative medicine.* Philadelphia, PA: Lippincott Williams & Wilkins.

Moss, D. (Ed.). (2003). *Handbook of mindbody medicine for primary care.* Thousand Oaks, CA: Sage.

Pizzorno, J., & Murray, M. T. (1998). *Encyclopedia of natural medicine* (revised 2nd ed.). Roseville, CA: Prima.

관련 정보제공 웹사이트

National Center for Complementary and Alternative Medicine (NCCAM)—Tollfree (888) 644-6226; TTY (for deaf or hard-of-hearing callers): (866) 464-3615; e-mail info@nccam.nih.gov

Insurance—www.consumeraction.gov/insurance.shtml

의료보험을 가진 클라이언트/환자를 대상으로 주정부의 보험부서에서 보완대체의학치료에 대한 보험보장 관련 정보를 제공

Ornish, Dean—http://www.pmri.org/index.html

메디케어는 2010년 9월에 시작하기로 되어 있는 심장질환 호전을 위한 딘 오니시Dean Ornish 박사의 프로그램(식이요법/피트니스/스트레스 케어요법, 수술에 대한 가능한 대안적 치료)에 대한 보장을 계획하고 있다.

제 13 장

가족, 건강, 질병
Families, Health, and Illness

존 S. 롤랜드 JOHN S. ROLLAND

질병과 장애, 죽음은 가족 내에서 보편적으로 경험하는 것들이다. 사실상 문제는 우리가 이러한 위기에 직면할 것이라는 사실보다 언제 이러한 일들이 어떠한 조건 하에서 일어나며, 그 일들이 얼마나 지속될 것이고 심각할 것인가에 있다. 의학기술의 발달로 인해 사람들은 과거에는 치명적이었던 질병을 가지고도 더욱 오래 살고 있다. 이것이 의미하는 바는 점점 더 오랜 기간 동안 만성질환을 가지고 살아가며, 때로는 동시에 다양한 질병에 대처해야 하는 가족들이 점차적으로 증가하고 있다는 것이다. 이 장에서는 만성질환 및 치명적 상태에 처한 가족들을 사정하고 심리교육을 하며 개입하기 위한 기본적이고 예방적인 모델을 제시하고자 한다. 현대적인 가족의 복합성과 다양성, 현대 의학, 그리고 보건의료 서비스 전달 및 접근성에 관한 기존의 불완전한 모델들을 고려할 때, 이 모델은 건강한 가족이 중증질환에 적응하는 것을 시간 경과에 따른 발달적 과정으로 보는 체계적 관점을 제공한다.

이 장의 목표

- 만성질환과 장애를 겪고 있는 가족의 사정과 임상적 개입을 위한 가족체계 모델의 다양한 범위를 제시한다.
- 질병의 발병onset, 경과course, 결과outcome, 무력화incapacitation 패턴과 불확실성의 정도에 기초하여 질병의 심리사회적인 요구에 대해 설명한다.
- 질병의 위기·만성화·종결단계, 단계 간의 이행, 각 단계에 관련된 심리사회적 발달과업에 대해 서술한다.
- 질병과 가족, 개인의 발달 간의 상호 접점, 다세대에 전수되는 질병과 사망, 그러한 전이가 만성질환의 적응과 대처에 어떤 관계가 있는지 논의한다.
- 건강신념체계가 환자 및 환자가족의 질병에 대한 반응에 어떻게 영향을 끼치는지 설명한다.

가족체계-질병모델의 개요
OVERVIEW OF THE FAMILY SYSTEMS-ILLNESS MODEL

지난 30년 동안 보건의료 분야에서 가족 중심적이고 협력적인 생물심리사회적 모델biopsy-chosocial model은 꾸준히 개발 및 진화해 왔다(Blount, 1998; Doherty & Baird, 1983; Engel, 1977; McDaniel, Campbell, Hepworth, & Lorenz, 2005; McDaniel, Hepworth, & Doherty, in press; Miller, McDaniel, Rolland, & Freetham, 2006; Rolland, 1994a; Seaburn, Gunn, Mauksch, Gawinski, & Lorenz, 1996; Wood et al., 2008). 가족기능과 건강, 신체적인 질병 간에 상호적인 영향이 있다는 수많은 증거들이 있다(Carr & Springer, 2010; D'Onofrio & Lahey, 2010; Weihs, Fisher, & Barid, 2002). 또한 만성질환에 대해서는 가족중심적인 개입이 유용하다고 알려져 왔다(Campbell, 2003). 웨이스Weihs 등(2002)은 심각한 질병이 일생 동안 가족에게 미치는 영향, 질병행동 · 치료계획의 준수 · 질병경과에 대한 가족역동의 관계에 관한 여러 연구를 요약하였다. 이 보고서에서는 *가족*의 광의적인 개념을 사용하여 "강한 정서적 유대를 가진 친밀한 집단으로, 과거와 미래를 함께하는 집단"(p. 8)이라 정의 내렸다. 대부분의 질병관리는 가정환경 안에서 이루어지고 있다. 보건의료 환경에서 사회복지사의 개입은 장애와 질병을 가지고 살아가는 가족의 욕구를 조정하고, 보건의료 시스템 및 전반적인 삶의 질을 증진하는 데 목적을 둔다.

임상적 실천과 연구 모두에 유용한 지침을 제공하며, 학제 간에 역동적이고 개방적인 의사소통을 가능하게 하는 개념적 모델이 필요하다는 것은 분명하다. 가장 필요한 것은 생물학적 질병, 가족, 가족 내의 구성원, 의료를 제공하는 전문가들 사이에서의 모든 복잡한 상호작용에 관한 사고를 조직화할 수 있는 포괄적인 방법론이다. 질병이 진행되는 동안 "시스템의 여러 부분들" 간의 상호작용이 변화하는 모습과 생애주기의 변화를 수용할 수 있는 모델이 필요하다.

가족은 심리사회적 지도psychosocial map가 없이 질병과 장애의 세계에 입문하게 된다. 질병이나 장애로부터 주어지는 도전들을 완수하기 위해 가족은 가족 전체의 네트워크 환경에 미치는 질병의 영향력을 이해해야 한다. 롤랜드Rolland(1984, 1987a, b, 1990, 1994a, 1998)에 의해 개발된 가족체계-질병모델은 책임과 위험에 집중하기보다는 가족관계를 자원으로 간주하여 성장과 회복탄력성의 가능성을 강조하는 '강점관점'을 토대로 하고 있다(Walsh, 2006). 이 모델은 질병 혹은 장애가 가족의 삶에 미치는 영향에 대해 사정하고 가족구성원의 욕구를 충족시키기 위해 구조화된 개입방법을 제공한다.

체계적 관점에서 정의 내린다면, 가족의 삶에 대한 질병의 영향을 사정하는 효과적인 심리사회적 모델은 그 질병에 영향을 받는 모든 사람을 포괄해야 할 필요가 있다. 이러한 모델을 구조화하기 위한 첫 번째 단계는 돌봄의 단위를 단지 아픈 개인으로만 보기보다는 가족이나 간병체계까지 포괄하도록 재정의하는 것이다(McDaniel et al., in press). 이로써 환자 개인에만 초점을 둔 협소한 관점의 의료모델에서 벗어날 수 있다. 가족을 간병체계의 초석으로 정의함에 따라 우리는 이 모델의 성공적인 대처방식과 가족체계의 강점에 기반한 적응에 대해 논의할 수 있게 되었다. 넓은 범위의 가족형태 및 가족의 역동을 기준으로 서비스를 제공함으로써 사회복지사는 가족의 자원과 강점에 대해 주장하며 다양한 환경적 요구를 모델에 적용할 수 있게 된다.

만성질환을 가지고 있는 상황에서 기본적인 가족의 과업은 그들의 효능감과 통제감을 유지하도록 질병 상황에 대한 의미를 부여하는 것이다. 극단적으로는, 상충되는 이데올로기들로 인해 가족은 생물학적인 설명과 개인적인 책임(예를 들어, 잘못된 행동에 대한 징벌로서의 질병) 사이에서 선택을 해야 하는 상황에 처할 수도 있다. 가족은 그들이 질병에 대해 적절히 대처하고 있다는 확신을 간절히 필요로 한다(선한 사람들에게도 나쁜 일이 생길 수 있는 것이다). 이러한 욕구는 심리사회적 지도가 불분명하거나 아예 존재하지 않는 상황에서 발생한다. 특히, 불시에 장애를 갖게 된 가족들의 상당수는 도와줄 사람 없이 낯선 곳에 떨어졌다고 느낀다. 따라서 그들의 자신감과 통제력을 최대화하면서, 동시에 그들이 질병과 관련하여 시간의 경과에 따라 요구되는 일반적인 과업들을 예측할 수 있도록 도와주는 예방적이고 심리교육적인 접근법이 필요하다.

가족의 질병경험을 위한 규범적인 맥락을 만들기 위해서는 다음과 같이 네 부분으로 구성된 기반이 필요하다.

1. *가족은 체계적 용어를 이용하여 해당 질병을 심리사회적으로 이해할 필요가 있다.* 이는 해당 질병에 수반되는 신체적 장애로 인해 언제 어떠한 일들이 요구되는가와 같이, 질병이 진행되는 동안 나타나는 장애로 인해 예상되는 실질적이고 정서적인 요구의 패턴을 배운다는 의미이다.
2. *가족은 그들 스스로를 체계적이고 기능적인 단위로 이해해야 한다.*
3. *개인과 가족의 생애주기 패턴과 변화를 이해함으로써 해당 가족과 장애의 발달단계에 따라 가족 전체와 개별 구성원들에게 요구되는 과업들을 보다 원활하게 통합시킬 수 있도록 한다.*
4. *가족은 그들이 구성한 간병체계의 유형을 이끄는 문화적·민족적·영적·젠더기반 신념에 대해 이해해야 한다.* 여기에는 가족의 역할, 의사소통 규칙, 성공이나 통제력mastery의 개념, 보건의료 공급자의 신념과 잘 맞는지 등을 정의하는 기본 원칙이 포함된다. 이러한 영역에 대한 가족의 이해는 질환과 가족을 시간에 따라 진화하는 기능적인 가족-건강/질병체계로서 좀 더 전체적으로 통합할 수 있도록 촉진한다.

가족체계-질병모델은 다음의 세 가지 차원을 설명하고 있다: (1) 건강상태의 심리사회적 유형, (2) 가족사에서의 주요 발달단계, (3) 핵심적인 가족체계 변화(그림 13.1 참조). 이 모델은 여러 단계를 거치는 동안 예상되는 장애의 심리사회적 요구, 가족과 개인의 발달을 강조하는 가족체계의 역동, 그리고 다세대간의 패턴과 신념체계(문화, 인종, 영성, 성의 영향을 포함한)를 다룬다(그림 13.2 참조). 가족체계-질병모델은 시간에 따른 장애의 심리사회적인 욕구와 가족체계의 강점, 약점 간의 조화를 강조하고 있다.

그림 13.1   3차원 모델

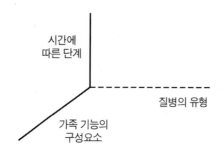

출처: "Choronic Illness and the Life Cycle: A Conceptual Framework," by J. S. Rolland, 1987a, *Family Process,*
26(2), 203-221. Reprinted with permission.

그림 13.2   가족체계-질병 모델

출처: *Families, Illness, and Disability: An Integrative Treatment Model*, by J. S. Rolland, 1994a, New York, NY:
Basic Books. Reprinted with permission.

질병의 심리사회적인 유형

의료현장에서 사용되는 질병의 표준화된 분류는 환자와 가족에 대한 심리사회적인 요구보
다는 의학적 진단과 치료계획을 위해 모아놓은, 순수하게 생물학적인 기준을 바탕으로 한다. 여
기에 소개된 대안적인 분류 도식은 생물학적 관점과 심리사회적 관점 간에 더 나은 연계를 가능
케 하고 만성질환과 가족 간의 관계를 명확히 한다(Rolland, 1984, 1994a). 이러한 분류의 목표는 일
생에 걸쳐 개인에게 영향을 미치는 다수의 만성질환에 대해 유사한 심리사회적 요구를 가진 의
미있고 유용한 범주를 정의하는 것이다.

발병

질병은 뇌졸중과 같이 급성으로 시작되는 것과 알츠하이머처럼 점진적으로 발현되는 것으로 나뉠 수 있다. 급성으로 발병하는 질병의 경우에는 정서적이고 실제적인 변화가 짧은 시간에 압축적으로 나타나 가족의 빠른 위기관리 능력을 요한다. 격한 감정 상태에 대해 인내하고, 유동적으로 역할을 변화시키며, 효과적인 문제해결을 위해 외부 자원을 이용하는 가족이 급성으로 발병하는 질병을 잘 다룰 수 있다. 반면 파킨슨병과 같이 점진적으로 발병하는 질병의 경우에는 천천히 시간을 두고 적응기간을 가질 수 있을 것이다.

경과

만성질환의 경과는 일반적으로 진행성, 항상성, 재발성/삽화성episodic의 세 가지 형태를 보인다. 치매나 파킨슨병과 같은 진행성 질환에서 가족은 점차 장애가 심해지고 증상이 영원히 계속되는 환자와 마주하게 된다. 가족은 질병이 진전됨에 따라 자신들의 역할이 계속 바뀔 것을 예상하고, 지속적인 상실에 적응하며 살아야 한다. 소진으로 인해 간병 가족의 부담은 더욱 증가하는데, 질병 특성상 간병인이 쉴 틈이 별로 없고, 질병이 심각해짐에 따라 새로운 간병 업무가 생기기 때문이다.

항상성 질병은 한 번의 심장마비나 척수손상과 같은 최초 단일사건 발생 이후에는 신체적인 변화가 거의 없다. 보통 초기 회복단계 이후에는 기능적인 결함이나 한계를 그대로 유지한다. 가족은 상당한 기간 동안 고정되어 예측 가능한, 반영구적인 상태를 지켜봐야 한다. 가족은 시간이 흘러감에 따라 간병으로 인해 소진되지만, 새로운 역할을 맡아야 한다는 부담은 적다.

허리 문제나 천식과 같이 재발성/삽화성 질병에서는 약화된 증상이 지속되는 시기와 갑자기 재발하거나 악화되는 시기가 번갈아 가며 나타난다. 가족은 위기와 비위기 시기의 잦은 전환과 언제 또 고비가 나타날지 모르는 불안정한 상태가 지속됨에 따라 부담을 느낀다. 이에 가족은 두 가지 전략을 개발할 수 있는데, 하나는 갑작스런 재발에 대처하는 것이고, 또 하나는 상대적으로 안정적인 기간을 다루는 것이다. 재발 가능성이 있는 질환의 경우, 증상이 약화된 기간과 재발 기간 사이의 심리적 부담감이 다르기 때문에 가족은 이 두 가지 종류의 준비 상태를 오가며 융통성 있는 자세를 유지해야 한다.

결과

만성질환이 얼마나 환자를 죽음으로 이끌거나 수명을 단축시킬 만한 질병이냐 하는 것은 심리사회적으로 큰 영향을 미친다. 질병이 사망을 야기할 것인가를 초기에 예상하는 것은 가장 중요한 요소이다. 질병의 연속선상에서 한 극단에는 수명에 일반적으로 영향을 미치지 않는 알레르기나 관절염 등이 있지만, 다른 극단에는 악화되어 치명적인 상태에 이르는 전이성 암과 같은 질병도 있다. 연속선상의 중간에는 예측 불가능한 심장병과 같이 수명을 난축시키거나, 혈우병처럼 갑작스러운 사망을 야기하는 병이 포함되어 있다. 질병이 야기하는 이 같은 결과에 따라 그 가족이 상실을 경험하는 정도와, 가족의 삶에 전반적으로 미치는 영향에 큰 차이가 생긴다 (Rolland, 1990, 2004).

무력화 incapacitation

장애에는 인지장애(알츠하이머), 감각장애(실명), 행동장애(뇌졸중 마비), 체력장애(심장질환), 외형손상(유방절제술), 그리고 사회적 낙인과 관련된 질병(자가면역질환: AIDS; Olkin, 1999) 등이 있다. 장애의 정도, 종류, 시기는 가족의 스트레스 정도에 큰 차이를 가져온다. 예를 들어, 뇌졸중으로 인한 복합적인 인지 및 행동장애는 인지능력이 영향을 받지 않는 척수손상으로 인한 장애보다 더 큰 가족 역할의 재조정을 필요로 한다. 뇌졸중과 같은 몇몇 질병은 대체로 발병 시점이 가장 힘들다. 알츠하이머와 같은 진행성 질병의 경우, 장애가 대개 큰 문제로 부상하는 것은 후기 단계에서다. 따라서, 환자의 인지기능이 아직 정상적일 때 질병과 관련된 계획을 가족과 함께 세울 수 있는 기회가 있어 변화에 준비할 시간적 여유가 있다(Boss, 1999).

질병의 예측가능성이나 구체적인 진행 방향에 대한 불확실성의 정도는 다른 모든 변수를 뒤엎기도 한다. 다발성 경화증과 같이 매우 예측하기 힘든 질병의 경우에는 앞으로 닥칠 불안과 모호함으로 인해, 가족은 미래에 대한 계획을 세우기 어렵고 질병에 대한 대처 및 적응이 어렵다. 가족의 소진과 역기능의 위험을 피하기 위해서는 장기적 불확실성의 관점에서 상황을 받아들이는 것 자체가 최고의 준비라고 할 수 있다.

발병과 병의 경과, 결과 그리고 무력화의 유형을 하나의 도식으로 묶음으로써, 질병들을 여러 개의 무리로 유형화할 수 있다. 이러한 질병군의 차이점과 유사점은 질병 각각의 심리사회적 요구들을 다르게 만든다.

질병의 시간적 단계

"암에 대처하기," "장애 관리하기" 또는 "생명을 위협하는 병 치료하기"에 대한 논의는 질병을 정적인 상태로 바라보기 때문에 시간의 흐름에 따른 질병의 역동적인 과정을 이해하기 어렵게 만들기도 한다. 시간적 단계의 개념은 사회복지사와 가족이 만성질환을 장기적으로 바라보고, 각 단계를 대표하는 현상과 전환, 욕구 변화가 일어나는 지속적인 과정으로 이해할 수 있도록 돕는다. 질병의 각 단계는 심리사회적 욕구와 강점 및 태도, 가족으로부터의 변화를 요구하는 발달 과업을 제시한다. 만성질환의 경과에 따른 핵심적인 심리사회적 논점은 세 가지의 주요한 단계, 즉, 위기·만성·말기 단계로 묘사될 수 있다(그림 13.3, 표 13.1 참조).

위기 단계

위기 단계는 진단 전 증상을 보이는 기간, 진단 이후 초기과정의 재적응 단계, 그리고 초기의 치료계획을 모두 포함한다. 이 단계에서는 환자와 가족에게 중요한 다양한 과업들이 주어진

표 13.1 질병 발달과업의 단계

위기 단계
1. 가족은 그 자체를 체계적 관점에서 이해한다.
2. 가족은 질병을 심리사회적으로 이해한다.
   a. 실질적이고 정서적인 측면에서
   b. 장기적이고 발달적인 측면에서
3. 가족은 발달적 관점을 이해한다(개인, 가족, 질병의 생애주기).
4. 가족은 위기의 재구조화를 경험하게 된다.
5. 가족은 가족 관리와 효능을 증진시키는 의미를 만들어낸다.
6. 가족은 "우리"라는 표현으로 도전을 공유된 것으로 정의한다.
7. 가족은 질병/장애의 영속성을 수용한다.
8. 가족은 만성질환 이전의 가족 정체성의 상실에 대해 애도한다.
9. 가족은 희망을 유지하되, 미래의 상실 가능성에 대해 인정한다.
10. 가족은 지속적인 질병의 심리사회적 요구에 대해 유연성을 발전시킨다.
11. 가족은 증상과 함께 살아가는 법을 배운다.
12. 가족은 보건의료 현장과 치료에 적응한다.
13. 가족은 보건의료 공급자들과 기능적이고 협력적인 관계를 만든다.

만성 단계
1. 모든 가족 구성원은 질병으로부터의 구속에서 자율성을 극대화한다.
2. 가족 구성원의 분리와 유대감의 균형을 맞춘다.
3. 가족 내의 관계 왜곡을 최소화시킨다.
4. 가족과 개인의 생애주기가 현재와 미래의 단계에 끼칠 수 있는 영향에 대해 최대한 주의를 기울인다.

말기 단계
1. 예상되는 비탄 과정과 해결되지 않는 가족의 문제를 완수한다.
2. 말기에 이른 가족구성원을 지지한다.
3. 남은 시간 동안, 가족들과 죽음을 맞는 사람이 최대한 자신의 삶을 살도록 돕는다.
4. 가족 재구조화를 시작한다.

다. 무스Moos(1989)는 질병과 관련된 실질적인 과제의 보편적인 특징을 묘사한다. 즉, (a) 증상과 장애에 대처하는 법에 대한 학습, (b) 보건의료 현장과 치료과정에 대한 적응, (c) 보건의료팀과 협업할 수 있는 관계정립 및 유지로 구분된다. 이 밖에 일반적이고 실존적인 특성을 지닌 중요한 과업들이 있다. 가족은 (a) 통제감과 능력을 최대화할 수 있도록 질병의 의미를 만들어야 하고, (b) 건강 상실에 대해 애도하며, (c) 그 질병이 과거와 미래를 이으며 영원히 지속될 것이라는 사실을 점진적으로 받아들여야 한다. 또한, (d) 즉각적인 위기의 상황에 대처하기 위해 모두가 협력해야 하며, (e) 불확실한 상황에 직면했을 때 미래에 대한 목표를 만들어야 한다.

초기의 적응기간 동안 보건 전문가들은 이러한 발달과업을 달성함에 있어 가족의 접근과 효

그림 13.3   질병의 타임라인과 단계

출처: *Families, Illness, and Disability: An Integrative Treatment Model*, by J. S. Rolland, 1994a, New York, NY: Basic Books. Reprinted with permission.

능감에 큰 영향을 미친다. 초기 상담과 진단 시의 조언은 "인식틀 짜기framing event"로 여겨진다. 이 시기에 가족들은 매우 예민해져 있기 때문에 임상가는 가족 구성원과의 상호작용에 매우 민감해야 한다. 또한 가족과의 상호작용 가운데 자신의 행동을 통해 전달될 수 있는 메시지에 주의를 기울여야 한다. 이 인식틀 짜기는 가족이 어떤 것이 정상적인지 판단하는 데 강력한 영향을 끼친다. 예를 들어, 의사가 암 진단과 예후에 대한 정보를 당사자인 청소년 자녀를 제외하고 부모에게만 알린다면, 부모는 그 병에 대한 논의에서 청소년 자녀를 제외하라는 암묵적 지시를 받고 있다고 생각할 것이다. 사회복지사는 의사에게 병에 대한 논의를 가족 및 환자 가운데 누구에게까지 나눌 것인지, 어떤 방법이 좋을지 직접 환자에게 물어보도록 조언할 수 있다.

심장병과 같이 갑작스러운 죽음을 야기할 수 있는 치명적인 질병의 경우에는, 솔직한 대화를 사전에 나누는 것이 더 바람직하다. 의학적 노력과 생명 유지에 관한 환자의 의사를 가족이 알게 됨으로써 가족 구성원 모두에게 도움이 될 것이다. 이를테면, 한 가족의 아버지가 심각한 심장질환을 갖고 있었다. 아버지를 비롯한 모두가 생애말에 대한 의사결정을 회피해온 까닭에, 공포감으로 인해 정서적 마비상태가 되었다. 가족 상담을 통해 아버지는 생명을 유지하려는 노력의 한계에 대해 자신이 원하는 바를 가족에게 알릴 수 있게 되었다. 가족은 삶과 죽음의 선택의 순간에 아버지가 원하는 바를 알고 있어 안심하고 결정할 수 있었다. 아버지의 입장에서도, 자신의 뜻을 알려놓음으로써 삶의 마지막까지 본인이 결정권을 가질 수 있게 되었을 뿐만 아니라, 신체적으로 편안한 여생을 보내는 것에 집중할 수 있었다. 생애말에 관한 논의를 짧게 다루기는 어렵지만, 죽음을 맞이하는 구성원의 바람이 알려지지 않거나 무시되어 왔을 때, 가족에게 가장 고통스러운 생애말 경험이 발생하기 쉽다는 사실을 염두에 두어야 한다. 진행성 치매를 포함해 알츠하이머와 같은 질병의 경우에는 환자의 인지적인 손상이 의미 있는 논의를 불가능하게 만들기 전에 환자가 원하는 치료에 대해 대화를 나누는 것이 좋다(Boss, 1999).

만성 단계

만성 단계는 길고 짧음과 무관하게 초기진단/재적응단계와 사망/불치병의 이슈가 분명해지는 세 번째 단계 사이의 기간을 말한다. 이 단계의 특성은 항상성, 진행 또는 가끔씩 발생하는 변화로 볼 수 있다. 이 단계는 "지난한 여정" 또는 "만성질병과 함께하는 일상" 등으로 불린다. 환자와 가족은 심리적이고 조직적으로 영구적인 변화를 통제하며, 지속적으로 대응전략을 고안해야 한다. 이 시기에는 가족이 정상적인 삶과 유사한 삶을 유지시켜 나가며, 질병과 일반적인 발달 과업 모두에 주의를 기울이는 것이 가장 중요하다. 치명적인 질병에서 이 시기는 불확실한 상태에서 살아가는 시간이다. 뇌졸중이나 치매와 같이 완전히 치명적이지는 않지만 심신을 약하게 만드는 몇몇 질병의 경우, 가족은 "끝이 없이" 사람을 소진시키는 문제로 인해 안장이라도 찬 기분을 느낄 수 있다. 모순적이게도 가족은 환자의 죽음 이후에서야 "정상적"인 삶을 다시 살 수 있다는 희망을 느끼게 된다. 계속되는 역경 속에 있는 모든 가족들에게 자율성을 최대로 유지시켜 주는 것이 덫에 걸린 듯한 무기력감을 상쇄할 것이다.

장기간 지속되는 질병에서 일상적인 부부간의 친밀도 패턴 역시 환자와 반려자/돌보는 사람 간의 차이로 인해 왜곡된다(Rolland, 1994b). 한 젊은 남편이 아내의 암에 대해 "2년 전에는 앤Ann이 완치된다 하더라도 방사선치료로 인해 임신이 불가능할 것이라는 사실을 받아들이기 힘들었습니다. 이제는 암과의 느리게 지속되는 승산 없는 싸움이 우리 또래의 다른 부부들처럼 꿈을 좇을 수 없게 만든다는 사실이 견디기 힘듭니다"라고 말했다. 일반적인 양가감정과 회피에 대한 환상이 마음 속에 잔재되어, 살아남은 자들로 하여금 죄책감을 느끼게 한다. 치명적인 상실과 관련된 그러한 감정을 정상화시키는 가족대상 심리교육적 개입은 비난, 수치심, 죄책감의 파괴적 순환을 예방하는 데 도움을 줄 수 있다.

말기 단계

질병의 말기에 죽음은 점점 피할 수 없이 명백해져가며, 가족의 삶을 지배하게 된다. 이 지점에서 가족은 헤어짐, 죽음, 애도, 상실 후의 정상적인 가족의 삶을 재개하는 데 필요한 재조직 과정을 시작하는 데 나타나는 문제에 대처해야 한다(Walsh & McGoldrick, 2004). 이 단계에 가장 잘 적응하는 가족은 희망적인 관점을 가지고 질병을 통제할 수 있는 통제감을 가지는 가족이다. 최적의 대처는 눈앞에 놓인 무수한 과업들을 다루는 것뿐만 아니라 감정적으로도 개방되어 있어야 한다. 이는 곧 닥칠 상실을 인정하고, 완료되지 않은 일들을 처리하며, 작별 인사를 하기 위한 소중한 시간을 함께 보낼 기회로 보는 것을 말한다. 환자와 가족 구성원들은 다음과 같은 일들에 대해 미리 정해두지 않았다면, 생전 유언living will을 통해 결정해 둘 필요가 있다. 즉, 의학적 시도는 어느 정도까지 원하는지, 집과 병원, 그리고 호스피스 중 어디에서 임종하는 것을 더 바라는지, 또한, 장례식이나 추모식, 매장방법 등은 어떻게 해주길 원하는지 등을 밝혀두어야 한다.

단계 간의 이동

주요 전환기들이 이 세 단계를 연결해준다. 이러한 전환기는 가족이 질병과 관련해 새로운 발달적 필요를 느낄 때, 이전 삶의 구조가 적절한지 재평가하는 기회를 준다. 이전 단계에서 끝나지 않은 일들은 전환기를 거쳐 이동하는 것을 어렵게 하거나 차단할 수 있다. 가족은 효과성이 바닥난 적응 단계에 영속적으로 머무르게 될 수도 있다(Penn, 1983). 예를 들어 위기 단계에서는 유용했던 협력이 만성 단계에서는 모든 가족 구성원에게 적용되지 못하거나 부담스러운 것이 될 수 있다. 질병의 타임라인은 심리사회적 발달단계를 각각의 고유한 발달과업과 함께 보여준다. 만성질환의 지난한 여정 동안 가족이 성공적으로 적응하기 위해서는 제시된 단계에서의 과업을 따라가는 것이 중요하다.

새로운 유전학과 확장된 질병의 타임라인

인간 게놈 지도화로 인해 질병의 메커니즘, 치료와 예방에 대한 과학적인 이해는 급성장했다. 새로운 유전학 기술은 의사들로 하여금 삶을 위협하는 질병의 위험을 실제로 발병하기 이전에 예방할 수 있도록 하였다. 이는 사랑하는 사람이 이러한 질병의 증상을 나타내기 훨씬 전부터 발병 위험에 대한 정보를 가지고 사는 사람들과 가족이 생겼다는 것을 의미한다(Miller et al., 2006). 즉, 가족이 질병을 걱정하는 데 사용하는 시간과 에너지의 양이 매우 증가한다는 것이며, 질병 타임라인이 증상을 나타내지 않는 단계까지 포함하여 확장된다는 것이다(Rolland & Williams, 2005). 무증후성 단계는 병에 대해 인지하는 것, 예측검사, 검사/사후 검사, 장기간 적응을 포함한다. 이러한 무증후성 단계는 불확실성의 문제로 구별된다. 근본적인 문제는 의학적으로 이용 가능한 유전 정보가 얼마나 되고, 그중 어느 수준까지 가족 구성원이 접근하고자 하는지, 그로 인한 심리사회적 영향 하에서 어떻게 살아갈 것인가에 있다.

일부의 경우에는 예측 검사를 할 수 있을 때부터 무증후성 위기단계가 시작되는데, 이 단계는 예측 검사를 받고자 하는 결정과 초기 사후검사의 수용을 통해 지속된다. 어떤 이들에게는, 중요한 발달상의 이정표에 도달하여 검사에 대해 고려하기 시작할 때 이 단계가 시작된다. 때로는 자녀 계획을 할 때 유전자 변이가 전달될까 하는 두려움이 생겨 검사에 대한 관심을 갖게 되기도 한다. 어떤 여성은 혈연관계에 있는 엄마, 이모 또는 언니가 유전적 유방암이나 난소암을 진단받았던 나이가 되면 검사를 받기로 결정한다. 사후 검사 단계에서 가족은 유전적 정보의 영속성을 받아들여야 한다. 그들은 미래의 불확실성이나 상실에 대비하여 그들의 효능감과 유연성을 유지할 수 있는 의미를 발전시켜야 한다(Rolland, 2006a; Werner-Lin, 2008).

유전정보를 얻은 후, 가족은 장기간 적응 단계에서 몇 년간 고착되어 살 수도 있다. 사회복지사는 가족이 질병과 상실의 가능성 또는 불가피성을 인정하도록 하고, 생물학적 결과를 초월하는 의미를 찾을 수 있게 하며, 질병에 대한 염려와 규범적인 가족발달의 균형을 맞추는 계획에 있어 가족의 유연성을 만들어 가도록 하여, 가족이 이 단계에서 통제감을 유지하도록 도울 수 있다.

보건의료 체계의 개입은 질병의 실제 진단보다 예측 검사에 의해 달라질 수 있는데, 이는 심리사회적으로 매우 도전적인 문제다. 양성 판정에서 오는 막대한 심리사회적 영향에도 불구하고 대부분의 가족은 초기 검사 이후에 의료 전문가들과 제한된 접촉을 갖는다. 따라서 고독과 두려움을 예방하기 위한 지속적, 가족 중심적, 협력적인 접근 방법이 필요하다.

우리는 유전적 위험성이 높아지는 때와 같이 미래의 중요한 생애주기 전환단계에서 가족이 예방 지향적 상담의 중요성을 인식하도록 이끌 수 있다. 가족 구성원이 지체해 왔거나 해결하고자 하는 상실에 대한 문제는 결국 표면화될 것이다. 젊은 성인기가 되거나 결혼이나 진지한 관계가 시작되는 변화의 시기에 유전적 위험 및 수검 결정과 관련한 우려가 더욱 커진다는 사실에 대해 가족을 준비시키는 것은 매우 중요하다. 또한 이러한 감정들은 다른 가족 구성원의 유전자 검사, 직계 또는 대가족이나 친구, 사랑하는 이의 진단이나 죽음과 같은 중요한 사건에 의해 재활성화될 수 있다. 사회복지사는 가족과 언제 유전 검사에 대한 이야기를 나누는 것이 좋을지, 누구와 이야기 하면 좋을지, 유전적 위험에 대해 아이나 청소년과 어떻게 이야기 나눌지 등에 대해 가족구성원이 결정하도록 도울 수 있다.

임상적 · 연구적 함의
CLINICAL AND RESEARCH IMPLICATIONS

가족체계-질병모델은 만성질병과 장애를 심리사회적으로 이해할 수 있게 도움으로써 사정과 임상적 개입에 대한 틀을 제공한다. 시간적 단계와 질병 유형학의 상호작용은 인간발달모델과 유사한, 만성질환의 표준화된 심리사회적 발달모델의 틀을 제공한다. 위기, 만성, 말기와 같은 시간적 단계는 만성질환의 자연적인 과정에서의 광범위한 발달기간으로 간주될 수 있다. 발병, 경과, 결과, 무력화의 특성에 주목함으로써 임상적 사정과 가족에 대한 개입을 위한 표식marker을 제공하게 된다. 예를 들어, 급성질환은 높은 수준의 적응성, 문제해결, 가족 재조직과 균형 잡힌 응집력을 요구한다. 이러한 상황에서 가족의 유연성을 극대화할 수 있도록 돕는 것은 그들이 더 성공적으로 적응할 수 있게 한다.

이러한 틀은 연구를 계획하는 데 있어서도 매우 유용하다. 유형과 시간적 단계의 틀은 만성질환의 스펙트럼에 걸쳐 각기 다른 심리사회적 변수들의 상대적 중요성을 정리하는 연구에 도움이 된다. 특정한 질병의 "심리사회적 유형"은 대략적으로 발병, 경과, 결과, 무력화, 불확실성의 정도에 연결되는 것으로 생각될 수 있다. 특정한 유형학적 변수는 시간에 따라 다른 건강상태와 연관지어 개인과 가족의 역학관계를 분석하고 비교하는 데 사용될 수 있다. 시간적 단계는 종단 연구를 위한 방법론을 가능하게 한다. 각기 다른 시간직 단계의 간격에 따라 다각적인 관찰이 가능하다.

이 모델은 질병의 특정 유형이나 단계에 가장 연관된 가족 기능의 구성요소에 대한 인식을 바탕으로 하고 있으며, 따라서 목표설정과 치료계획에 대한 정보를 제공할 수 있다. 심리교육적 접근방식을 사용하여 사회복지사는 가족의 통제감과 현실적인 소망을 극대화할 수 있는 특정한 목표를 설정하면서, 가족과 함께 심리사회적 지도를 만들어 갈 수 있다. 이 과정을 통해 가속이 만성질환과 함께하는 삶의 여정에 힘을 불어넣을 수 있게 된다. 또한, 가족이 적절한 시기에 단기간의 목표지향적인 치료를 할 수 있도록 위험신호에 대해 교육한다. 이러한 틀은 질병과 가족 구성원 개인 및 가족 발달과정의 주요 전환기에 맞춰 심리사회적 검사의 시기를 잡는 데 유용하다. 제한된 자원을 가지고 있거나 심리사회적 돌봄에 대한 접근에 한계가 있는 가족의 경우에는, 사회복지사가 제한된 시간 안에서 향후 다가올 고통을 최소화하기 위해 질병의 진행과정 각 지점마다 무엇을 겪게 될지에 대해 가족을 교육할 수 있다.

이 모델은 또한 일반적인 기능과 질병에 특화된 가족 역학관계에 대해 평가할 수 있도록 하는데, 여기에는 개인 및 가족의 발달과 질병의 접점, 질병·상실·다른 역경에 대한 가족의 대처와 관련된 다세대적인 과거력, 가족의 건강·질병에 대한 신념체계, 가족에게 있어서의 질병의 의미, 사회적 지지, 지역사회자원 활용, 질병과 관련된 가족의 위기관리 능력이나 재가의료 서비스를 수행할 능력 등이 있다. 더 큰 수준의 체계에서 이 모델은 임상가가 보건의료 기관, 전문가, 환자, 가족 구성원 간 관계의 변화를 분석할 수 있는 관점을 제공한다.

심리교육적 가족 집단

환자와 가족을 위한 예방 지향적인 가족 심리교육집단 또는 지지집단의 형성(Gonzalez & Steinglass, 2002; Steinglass, 1998)은 질병에 대한 가족의 걱정을 이야기할 수 있는 유용하고 효율적인 방법이다. 심리교육/지지집단은 다양한 종류의 상태(진행성, 생명을 위협하는 정도, 재발성)에 대처할 수 있도록 만들어졌다. 이 집단은 하루 동안 혹은 매주, 격주에 걸쳐 3~6회기로 진행된다. 특정 유형 질병의 주요 단계에서 짧은 심리교육과정은 가족으로 하여금 장기간 대처 과정에서 관리가 가능한 부분을 이해할 수 있게 해준다. 교육과정은 질병의 특정 단계와, 질병과 관련된 욕구에 직면할 때 필수적인 가족의 대처기술에 맞춰 제공된다. 이 방법은 가족을 묶어주는 동시에 고독에 대응할 수 있게 하며, 부적응할 위험이 큰 가족을 확인하는 등 비용절감적인 예방 서비스를 제공한다.

가족체계에 기반한 심리교육적 틀을 토대로, 질병에 대하여 유사한 심리사회적 욕구를 가진 가족들을 한데 모아 교육하는 방법도 있다. 가족 집단에 대한 심리교육의 목표는 만성질환의 지속적인 요구에 대해 가족이 한 팀으로서 대처할 수 있도록 돕고, 질병이 있는 개인이 자연스럽게 지지관계망을 형성할 수 있게 하는 데 있다. 나아가, 일반적으로 질병과 관련된 가족 스트레스요인의 부정적인 효과를 줄이는 것이다. 다시 말해 "가족 안에서 질병의 위치를 찾는 동시에 질병을 그 자리에 머무르게 하는 것이다"(Gonzalez, Steinglss, & Reiss, 1989, p. 80). 이것은 보건의료 서비스 제공자와 사회적 네트워크, 기술 훈련의 협력을 통한 정보제공에 의해 이루어진다.

이러한 집단은 가족의 장점과 긍정적인 대처기술, 문제해결 능력의 계발에 초점을 맞추면서 회복탄력적 관점을 강조한다. 이는 가족이 질병 관리에 적응하는 것에 대해 부정적이고 병리학적 관점을 최소화할 수 있게 한다. 마지막으로 개입은 모든 가족 구성원의 욕구를 대상으로 한다. 각 참가자들이 비슷한 가족 역할을 가진 다른 이들과 자신의 걱정거리에 대해 이야기를 나누고 가족 간 협력을 형성할 기회를 준다(Gonzalez & Steinglass, 2002; Steinglass, 1998). 사회복지사는 가족이 사회적 기술과 문제해결 훈련을 도구로 이용하여, 집단 모임 시간에 이러한 기술들을 연습하게 하고, 기술에 대한 경험을 집단에서 다시 언급할 수 있도록 유도한다.

가족 사정
FAMILY ASSESSMENT

만성질환은 가족체계와 그것의 모든 과정에 연관되기 때문에, 대처는 시간과 신념체계 차원과 관련된 질병 중심적인 가족 역학관계에 의해 영향을 받는다.

질병, 상실, 위기의 다세대적 유산: 가계도 구조화

가족의 현재 행동과 질병에 대한 반응은 가족력과 분리되어서는 충분히 이해될 수 없다(Boszormenyi Nagy, 1987; Bowen, 1993; Byng-Hall, 1995; Framo, 1992; McGoldrick, Garcia-Preto, & Carter, 2010; Walsh & McGoldrick, 2004). 사회복지사는 가족력에 관한 질문을 사용하여 기본적인 가계도와 전환 시점과 사건을 추적해 타임라인을 구성할 수 있다(McGoldrick, Gerson, & Petry, 2008; 부록 13.1 참조). 이 과정은 의사가 가족의 조직적 변화와 과거의 스트레스 요인, 좀 더 명확히는 과거 질병에 대한 반응으로서의 대처전략을 이해하도록 돕는다. 이러한 조사를 통해 가족의 현재 대처, 적응, 의미 생성의 스타일이 설명된다. 다세대 사정은 강점과 약점의 영역을 명확히 하는 데 유용하게 쓰인다. 고위험 가족에게 있어서, 과거에 해결되지 않은 문제와 기능적이지 못한 패턴은 가족에게 나타날 수 있는 문제들을 적절히 해결하는 데 방해가 된다.

질병에 초점을 둔 가계도는 주요 스트레스요인, 특히 현재와 과거 세대에서 이전의 질병과 예기치 못한 위기에 관하여 가족이 어떻게 스스로 조직화하고 하나의 진화하는 체계로서 적응하는가에 주목한다. 주된 목표는 응집력과 갈등의 원천인 합의와 "학습된 차이"의 영역을 조명하는 것이다. 여기엔 대처, 반복, 중단, 관계의 변화(예를 들면, 삼각화, 단절), 효능감의 패턴이 표시된다. 이 패턴들은 가족의 자부심, 미신, 금기, 비극적인 기대, 그리고 신념체계로서 전 세대에 걸쳐 전달된다(Seaburn, Lorenz, & Kaplan, 1992; Walsh & McGoldrick, 2004). 남편이 기저 세포암 진단을 받은 부부의 사례에서 종양학자는 긍정적인 예후를 보일 것이라 말했다. 이러한 확신에도 불구하고 아내는 남편이 피부암으로 죽을 것이라고 믿었다. 이것은 결국 부부 불화를 심화시켜 마침내 종양학자와 부부 상담을 갖게 하였다. 초기 상담에서 아내는 과거에 아버지를 잘못 진단된 악성 흑색종으로 상실했던 경험에 대해 털어놓았다. 아내는 특히 피부와 관련된 암에 대해 민감하였고, 의료 전문가들도 인간이기에 오진을 범할 수 있을 것이라 생각해 두려워했다. 만일 진단시기에서부터 종양학자가 이전 경험에 대해 물어보았다면 더 빠른 개입이 이루어졌을 것이다.

다른 형태의 상실(이혼, 이민), 위기(장기간의 실업, 강간, 허리케인과 같은 자연재해), 장기화된 역경(가난, 인종차별주의, 전쟁, 정치적 압박)에 대해서 물어보는 것 또한 도움이 될 것이다. 위와 같은 경험들에서의 회복탄력성과 효과적인 대처기술 등은 심각한 건강문제에 있어 새로운 자원이 될 수 있을 것이다(Walsh, 2006).

질병의 유형과 시간적 단계 이슈

가족이 어떠한 질병이든 간에 대처하는 특정한 방법을 가지고 있다 하더라도 질병의 "유형"에 적응하는 스타일과 성공에는 중요한 차이가 있을 수 있다. 사회복지 사정에서는 지각된 능력, 실패 또는 미숙한 부분과 관련하여 과거의 가족 질병에 대해 알아보는 것이 중요하다. 예를 들어, 다른 유형의 질병(치명성 vs. 비치명성)에 관한 경험에 대해 물었을 때 대부분의 가족들이 치명적이지 않은 질병에 한해서는 성공적으로 대처했지만, 전이성 암의 경우 힘들어했다는 것을 찾아낼 수 있다. 그러한 가족은 덜 심각한 상황에서는 잘 대처할 수 있지만 치명적인 질병이 발생했을 때에는 취약할 수 있다는 것이다. 어떤 가족은 만성질환에 대해 익숙하지 못할 수도 있다. 다음 상담사례는 경험해 보지 못한 미지의 영역에서 가족력의 중요성을 보여주고 있다.

♣ 사 례

조Joe는 심각한 천식의 진단 이후, 아내 앤Ann, 세 자녀와 함께 10개월 간 가족 사정을 진행했다. 조는 44세로 수년간 스프레이 페인트공으로 일해 왔다. 새로운 화학약품에 노출되면서 천식 발작이 시작되었고, 병원에 입원하게 되어 직업 활동이 불가능해졌다. 질병은 어느 정도 호전되었으나, 그는 계속해서 지속적이고 심각한 호흡기 증상을 보였다. 처음에 의사는 그의 질환이 나아질 것이라 예측했지만 만성의 정도에 대해서는 애매한 입장을 취했다. 계속된 호흡곤란은 우울, 갑작스런 분노, 과음, 가족 불화, 알코올 중독으로 이어졌고, 결국 그는 입원하게 되었다. 초기 사정에서 조의 정신과 외래가 중단된 이후 사회복지사는 가족의 이전 질병 내력에 대해 질문하였다. 가족은 만성질환에 대한 경험이 없었고, 다른 제한된 경험을 가지고 있었다. 아내 앤의 아버지는 예상치 못한 심장마비로 갑작스럽게 7년 전 사망하였고, 조의 형은 익사 사고로 사망하였다. 둘 다 진행성 질환에 대한 경험이 없었던 것이다. 조는 나아진다는 것이 "치유"를 의미한다고 생각하였다. 게다가 조는 20년간 차도를 보이던 알코올 중독의 내력도 가지고 있었다. 조와 아내에게 있어, 질병은 죽음 또는 회복 둘 중 하나를 의미하였다. 조의 천식이 위기에서 만성단계로 전환되는 이 시점은 질병의 영속성이 논의되어야 할 때임에도 불구하고, 의사 및 가족체계의 대처기술은 이 가족의 숨겨진 위험을 적절히 다루지 못했다.

과거에 가족이 만성적 질병의 위기·만성·말기 단계에 대처한 방식을 살펴보면 질병의 각 단계에서 적응 상의 문제와 함께 가족이 지닌 잠재력을 확인할 수 있다.

한 예로 심장병과 부분적 장애가 있는 아버지 밑에서 자란 한 남성은 자신의 부모님이 전통적인 성역할을 성공적으로 재조정하는 것을 보며 자랐다. 장애가 있는 아버지는 집안일을 맡고, 어머니는 일을 하러 나갔다. 이 남성은 이미 자신의 원가족에서 성역할에 대한 긍정적 경험을 했기 때문에 자신이 심장병에 걸렸을 때에도 질병에 대해 융통성 있는 반응을 보였다.

만성신장질환을 가진 구성원이 있는 또 다른 가족은 집에서 하는 투석을 실용적으로 잘 받아 들였다. 그러나 말기 단계에서 감정적인 표현의 한계로 인해 해결되지 않은 큰 비탄을 겪어야만 했다. 과거에 겪은 질병과 관련하여 시간의 흐름에 따른 가족의 경험을 살펴보면 임상가가 가족의 강점과 약점을 파악하는 데 도움이 되고, 이를 통해 보다 정확하게 가족의 기능성을 진단할 수 있다. 사회복지사는 과거 원가족이 경험했던 질병과 상실의 긍정적 경험에 대해 구체적으로 물어볼 필요가 있다. 이는 가족의 성공을 조명해주고, 현재 가족이 겪고 있는 문제에 대한 적응 모델로서 사용될 수 있다.

만성질환에 직면한 많은 가족이 적응에 있어 여러 세대에 걸친 건강한 방법의 패턴을 갖고 있다 하더라도 비교적 짧은 기간에 발생하는 여러 가지 질병과 질병 외의 스트레스요인에 직면하게 되면 누구든 주춤하게 된다. 실제로 진행성으로 무기력하게 만드는 질병이나 가족 내 여러 구성원에게 동시에 퍼지는 질병에 걸릴 경우, 가족 외부의 지지와 자원의 확장된 혹은 창의적인 사용에 초점을 맞추는 실용적 접근이 가장 효과적이다.

질병, 개인, 가족 발달의 접점

일생에 걸친 질병의 영향력에 대해 나루는 것은 심각한 질병에 대한 일반적인 틀을 구성하는 강력한 방법이 될 수 있다. 개인과 가족 생애주기 관점은 개별 단계에서의 시간에 따른 발달을 다루는데, 각 개별 단계는 다음 단계로 이어지기 전에 해결되어야 할 예상 가능한 도전을 가지고 있다. 질병을 겪으며 가족은 자원이 질병관리와 치료에 집중되어 있기 때문에 이러한 규범적인 도전을 해결하는 데 어려움을 겪게 된다. 만성질환의 전개에 대한 발달적인 맥락을 보기 위해서는 세 가지 진화적인 연결선, 즉, 질병, 개인, 가족 발달의 상호작용을 이해하는 것이 중요하다(Rolland, 1987a, 1994a, 2010 참조).

개인과 가족 발달

개인과 가족 발달의 상호작용을 고려하는 것은 필수적이다. 만성질환은 발병 시 나이, 당시 환자와 각 가족 구성원의 삶에서 맡은 주요 책무, 그리고 가족 생애주기의 단계를 포함한 여러 가지 요인에 따라 환자와 다양한 가족 구성원의 발달과정에 영향을 미친다. 생애주기모델은 주요 건강문제에 있어 가족단위와 각 구성원의 시기 및 특성에 대해 적극적으로 생각하게 할 수 있게 해준다.

생애주기와 생애구조는 가족과 개인의 발달 모두에 주요한 개념이다. *생애주기*는 삶의 기본적 순서와 생애 과정의 전개로서, 그 안에 개인이나 가족, 또는 질병이 독특하게 존재하게 된다. *생애구조*는 생애주기 어느 단계에서 개인이나 가족의 삶의 주요 형태(예를 들면, 일, 자녀양육, 부양 등)를 나타낸다.

질병, 개인 및 가족의 발달은 단계마다 각 단계를 특징짓는 공통적인 개념과 각각의 발달과업을 가진다. 맥골드릭McGoldrick 등(2010)은 가족 생애주기를 6단계로 구분하였다. 주요 사건(예를 들면, 결혼, 첫 자녀 출산, 청소년기, 자녀의 독립)은 한 단계에서 다음 단계로의 전환을 예고한다. 가족 생애주기는 가족의 발달과업이 강한 결합이나 상대적으로 강한 응집력을 요구하는 단계(예를 들면, 유아기 양육)와 개인의 정체성과 자율성을 강조하는 청소년기의 가족과 같이 가족의 외적 경계가 느슨해지는 단계 사이를 계속 오가는 것으로 보여질 수도 있다(Combrinck-Graham, 1985). 레빈슨Levinson(1986)은 각 성인의 발달과정에 대해, 개인과 가족의 생애구조가 어떻게 생애구조 전환기와 형성/안정기 사이에서 이동할 수 있는지를 설명한다. 때때로 전환기는 가장 취약한 시기일 수 있는데, 이는 작은 변화라기보다 큰 불연속적인 변화를 필요로 하는 새로운 발달 과업의 시각에서 이전의 개인, 가족, 질병의 생애구조를 재평가해야 하기 때문이다. 생애구조 형성/유지 시기의 주요 목표는 이전의 과도기에 개인/가족이 만든 주요 선택을 바탕으로 생애구조를 형성하고 삶을 풍요롭게 하는 것이다.

이러한 통일적 개념은 질병과 개인 및 가족 발달의 적합성에 대해 생각할 수 있는 기반을 제공한다. 발달의 세 가지 단계에서 각 단계는 거의 다른 단계들과 맞물려지는 과업과 도전을 갖는다. 이 모델은 (a) 특히 응집력의 종류와 수준을 필요로 하는 가족 생애주기 단계, (b) 가족 및 개인 발달에서 전환의 교체와 생애구조의 형성/유지기, (c) 만성질환의 진행 과정에서 상대적으로 크고 작은 가족 응집력을 필요로 하는, 심리사회적 요구의 정도가 높고 낮은 시기 등을 구별한다.

일반적으로, 질병과 장애는 개인과 가족의 발달적인 과정을 전환과 응집력의 증가로 몰아가는 경향이 있다. 새로운 가족 구성원이 생길 때와 유사하게, 발병은 가족 내부에 초점이 맞추어진 질병의 사회화 과정이 시작되도록 한다. 증상, 기능 손실, 새로운 질병에 관련된 역할 변화 혹은 역할 취득에 대한 요구, 그리고 장애나 죽음에 대한 두려움 모두 가족이 내부에 초점을 맞추도록 만든다.

가족 응집력은 질병 유형과 단계에 따라 크게 달라진다. 질병으로 인해 가족을 내부로 끌어들이는 경향은 장애의 수준, 진행 및 사망의 위험에 따라 증가한다. 본질적으로 시간에 따른 진행성 질환은 일정한 과정을 거쳐 일정 상태가 유지되는 항상성 만성질환보다 강한 응집력을 필요로 한다. 질병의 진행에 따라 새로운 요구가 나타나게 되고, 이는 가족의 에너지를 내부에 유지하게 만들고, 종종 다른 구성원의 생애주기 진화를 방해하거나 중지시키기도 한다. 초기 적응 시기 이후, 항상성 만성질환(심각한 장애가 없는)의 경우에는 가족이 다시 발달상의 원래 궤도로 돌아올 수 있다. 재발성 질환은 가족을 내부로 끌어들이는 시기와 질병에 대한 즉각적인 요구에서 벗어나는 시기가 번갈아 나타난다. 그러나 많은 이러한 질병들은 대기상태에 있어야 하는 속성상 발달단계의 자연적 흐름을 방해하면서, 증상을 보이지 않는 시기에도 가족구성원들이 내부에 초점을 맞추도록 한다.

주요한 건강 상태에 따라 가족 구성에 관한 이전 규범은 더 큰 유연성을 필요로 할 수도 있다. 세대 간 경계선이 모호한 밀착enmeshment은 가족 역기능의 전형적인 특징이다. 그러나 아주 어리지 않은 아동과 청소년에게 가족의 생존을 위해 성인의 기능을 맡도록 하는 실질적인 부담은 "부모화된" 아동에 대한 엄격한 병리학적 설명과는 구별되어야만 한다. 예를 들어, 자녀양육단계의 발달과정에서 부모에게 심각한 질병이 생기는 경우, 그러한 과정을 감당하는 가족의 능력은 아주 심각한 부담을 갖게 된다. 그 영향은 이중적이다. 부모를 잃은 것 같은 새로운 가족의 부담이 추가된다. 자녀양육과 부양요구를 동시에 충족하기 위해, 큰 아이나 조부모는 부모의 책임을 맡아야 될 수도 있다. 만약 구조적 재편성이 유연하게 이루어지고, 공유되고, 나이와 관련된 발달적 필요를 다루는 것에 민감하다면 이러한 가족 적응의 형태는 적합하다고 볼 수 있다. 그러나, 자녀에게 책임 있는 역할을 요구하는 것이 발달상 적합하지 않아도, 대개 가족이나 문화적 요구는 아동 특히 여자아이들에게 아주 책임 있는 역할을 맡긴다. 사회복지사는 기대를 분명히 하고, 가족이 여러 구성원들에게 과업을 위임하도록 도와 어느 구성원 하나에게 과중한 부담을 지우지 않는, 문화적으로 적합한 구조를 세우도록 가족을 도울 수 있다. 또한, 사회복지사는 가족이 특별히 어려움을 겪는 동안 이들을 도울 수 있는 이웃, 지역사회 구성원, 종교적 모임 등의 협력을 얻는 데 있어 가족을 도울 수 있다.

임상적인 사정에서는 다음의 두 가지 기본 질문이 있다. "질병과 관련된 심리사회적 요구와, 가족과 개인의 생애구조 및 특정한 생애주기 시점에서의 발달과업 사이에 조화가 어떠한가?" 그리고 "이 질병이 진행됨에 따라 가족 및 각 구성원의 발달과 관련하여 이러한 조화는 어떻게 변화할 것인가?"

체계 관점에서 볼 때, 진단시점에서 가족 생애주기 단계와 더불어 환자뿐 아니라 모든 가족 구성원의 개인적인 발달단계를 아는 것은 중요하다. 한 가족 구성원의 만성질환은 다른 구성원의 발달적 목표에도 깊이 영향을 미칠 수 있다. 예를 들어, 유아의 장애는 유능한 자녀양육에 관해 부모가 미리 갖고 있던 관념에 심각한 장애물이 될 수 있다거나, 젊은 기혼자가 가진 생명을 위협하는 질병은 건강한 배우자로서 부모가 되기 위한 준비과정을 방해할 수도 있다. 또한 대개 가족 구성원들이 만성질환에 적응하는 수준이 비슷하지는 않다. 각 구성원의 적응 능력과 속도는 각자의 발달 단계와 가족 내에서의 역할과도 관련이 있다. 가족 구성원들이 서로의 발달과정에서 조화를 이루고, 유연성과 발달상의 욕구를 충족시키는 대안적인 수단을 촉진할 때, 장기간의 성공적인 적응은 극대화된다.

임상가는 종단적인 발달 관점을 사용함으로써, 미래의 발달상 변화에 대응하게 될 것이다. 주요 부양자인 아버지(목수)가 심장 마비를 일으킨 가족의 경우를 생각해보자. 아버지는 재활을 잘 해서 삶의 방식을 적절히 조정하고 직장에도 복귀한다. 15세인 큰 아들은 비교적 영향을 받지 않는 것처럼 보인다. 2년 뒤, 아버지는 두 번째 심장 발작을 일으키고 장애를 가지게 된다. 이제 17세인 아들은 멀리 있는 대학으로의 진학을 꿈꾼다. 경제적 어려움과 '가족 내의 남자'에 대한 필요성은 아들과 가족에게 심각한 선택의 딜레마를 만든다. 이는 자녀의 급격한 학업성과 저하와 알코올 남용을 불러오기도 한다. 이러한 경우, 개별적인 발달상 문제와, 점진적이며 생명을 위협하는 심장질환으로 인해 가족이 지속적으로 요구받는 일들 사이에서 핵심적인 충돌이 발생하게 된다. 더 나아가, 상실에 대한 두려움이 재발에 의해서뿐 아니라 큰 아들에게 주요한 발달상의 전환기라는 타이밍으로 인해 다시 재생된다. 아들은 자신이 멀리 떠난다면, 다시는 살아있는 아버지를 못 볼지도 모른다는 생각에 대해 두려움을 느낄 수 있다. 이 사례는 동시적인 여러 가지 전환기—질병이 좀 더 불능화되고, 점진적이며 생명에 위협을 주는 경과로 가는 전환, 청소년 아들의 초기 성인기로의 전환, 10대 자녀와 함께 살다가 초기 성인으로 떠나보내는 가족의 전환 단계—간의 잠재적인 충돌을 보여준다. 초기 진단 시기에 향후 3~5년 사이에 예상되는 주요 전환에 대해 탐색하고, 이를 특정한 심장질환의 유형 및 불확실성과 관련하여 논의하는 것은 미래의 위기를 방지하도록 도울 수 있다.

생애주기에서 만성질환의 시기는 규범적일 수도 있고(예를 들면, 자연적 시간과 사회적 시간에 의해 예상 가능한 시기), 비규범적(예를 들면, 예상치 못한 시기)일 수도 있다. 만성질환과 죽음을 대처하는 일은 보통 노년기에 예상되는 문제이지만, 일찍 나타날 경우 발달상의 문제를 일으키며 발달단계를 벗어나게 한다(Neugarten, 1976). 예를 들어, 자녀양육단계에서 발생한 만성질환은 가족 경제와 양육 책임에 대해 질병이 가지는 잠재적 영향 때문에 더욱 힘들 수 있다. 실제 영향은 질병의 종류와 발병 전 가족의 역할에 달려 있을 것이다. 누가 경제부양자이고 양육자인지에 대해 유연한 성역할을 가진 가족은 쉽게 적응할 수 있을 것이다.

부모의 생애주기 가운데 자녀양육단계에서 주요 건강문제가 발생할 때, 가족의 능력은 심각하게 부담을 받게 된다. 뇌졸중과 같이 심각하고 심신을 쇠약하게 만드는 질병의 경우, 질병의 영향은 그 가족에 새로운 유아가 생긴 것과 비슷하다. 환자는 "특별한 욕구들"로 인해 그렇지 않아도 부모 상실로 인해 줄어든 가족 자원을 놓고 다른 자녀와 경쟁하게 될 것이기 때문이다. 나아가, 양친가족 중 건강한 부모는 배우자 부양과 함께 자녀양육의 요구를 수행해야만 한다(Rolland, 1994b).

시간이 지남에 따라 만성질환자를 돌보는 가족의 중요한 목표는 하나의 체계로서 가족 구성원이 그들 자신 혹은 가족의 발달을 희생하지 않고, 질병의 진행상 요구를 다루는 것이다. 누구의 생애 계획이 취소되고, 연기되고, 혹은 변경될지, 언제 보류된 계획과 미래의 발달적 사안들을 다룰 것인지를 결정하는 것이 중요하다. 이렇게 하여, 임상가는 "질병 안에서의 자율성"과 "질병에 대한 예속성" 간의 관계에서 발달 단계에 따른 중요 지점들을 예측할 수 있다. 가족 구성원은 개인적 목표를 추구함과 동시에 아픈 가족에게 필요한 돌봄을 제공하기 위하여 도움을 받을 수 있다. 즉, 생애계획을 통해 죄책감과 절망감을 해소하고, 자유를 늘릴 수 있는 가족 자원 및 외적 자원을 찾으며, 좀 더 건강한 균형을 이룰 수 있을 것이다.

건강/질병 신념체계
HEALTH/ILLNESS BELIEF SYSTEM

질병이 발생했을 때 가족에게 필요한 주요 발달과제는 통제감과 효능감을 증진시키는, 질병 경험에 대한 의미를 만드는 것이다(Kleinman, 1988; Rolland, 1987b, 1994a, 1997; Wright & Bell, 2009). 심각한 질병은 우리 몸에 대한 기본적인 믿음과 우리는 아프지 않을 거라는 신념에 대한 배신감으로 느껴지기 때문에(Kleinman, 1988), 힘을 부여할 수 있는 이야기를 만드는 것은 엄청난 의미가 될 수 있다. 가족의 건강신념은 죽음에 대한 두려움과 같은 실존적인 딜레마, 죽음에 대한 거부를 지속시키고자 하는 경향, 고통과 상실이 발생했을 때 통제를 다시 주장하는 시도 등을 해결하도록 돕는다. 가족의 건강신념은 결정과 행동을 이끄는 인지지도cognitive map로서 기능하고, 과거·현재·미래에서의 지속성을 가능하게 하면서, 가정생활에서의 일관성을 위해 새롭고 불분명한 상황에 대한 접근 방법을 제공한다(Antonovsky & Sourani, 1988; Reiss, 1981). 아마도 가족신념에 대한 탐구와 호기심은 가족과 보건 전문가 사이에서의 협력에 대한 가장 강력한 초석일 것이다(Rolland, 1998; Wright & Bell, 2009). 많은 연구가 암과 같은 질병으로 인한 가족 구성원의 정신적 고통은 질병의 객관적 특성보다 지각한 위험이나 심각성에 대한 평가에 더 관련되어 있다는 것을 보여주고 있다(Franks & Roesch, 2006; Hurley, Miller, Rubin, & Weinberg, 2006; Thompson & Kyle, 2000).

초기 위기 단계에서는, 임상가가 가족의 질병에 대한 서술과 대처전략을 형성하는 핵심적인 가족 신념에 대해 알아보는 것이 필수적이다. 이 질문에는 다음과 같은 사항이 포함된다: a) 정상 normality 및 정신과 신체의 관계, 조정과 통제에 대한 신념, b) 질병의 원인과 질병의 과정 및 결과에 영향을 미치는 요소에 대한 가정assuapmtion, c) 가족, 민족, 종교나 넓은 문화에 의해, 증상(예: 만성적 고통)(J. Griffith & Griffith, 1994; McGoldrick, Pearce, & Garcia-Reto, 2005), 질병의 유형(예: 생명을 위협하는), 가족의 건강신념을 형성해온 특정한 질병(예: AIDS)(Sontag, 2001)에 부여된 의미, d) 건강신념이 한계에 이르렀거나 변화해야 할 때, 질병·개인·가족 발달에서 예상되는 주요 지점nodal point. 또한 임상가는 가족, 보건의료 시스템, 넓은 문화 사이에서와 마찬가지로 가족전체와 여러 하위체계(부부, 부모, 대가족)의 건강신념에 대한 일치도를 사정해야 한다.

정상에 대한 신념

무엇이 정상이고 비정상인지에 대한 가족신념과, 일반적인 가족과 관련하여 가족 구성원들이 순응과 미덕에 두는 중요성은 만성질환에 대한 적응에 있어 지대한 영향을 미친다. 자기폄하 없이 문제를 받아들이는 가족적 가치관은 만성질환에 맞서 외부로부터 도움을 구하면서도 긍정적인 정체성을 유지하도록 하는 분명한 장점을 갖는다. 도움을 요청하는 것을 약하고 수치스러운 것으로 정의하는 가족은 이러한 종류의 탄력성을 평가 절하한다. 본질적으로 만성질환은 문제를 예상할 수 있고 전문가와 외부 자원의 활용이 필수적이기 때문에, 이러한 정상적 과정을 병리화하는 신념은 일을 더 어렵게 할 수 있다.

이러한 신념을 알아내기 위해 사용할 수 있는 두 가지 좋은 질문은 다음과 같다: "다른 평범한 가족들은 당신과 비슷한 상황에서 어떻게 할 거라고 생각하는가?" 그리고 "이상적으로 건강한 가족은 당신의 상황을 어떻게 다루겠는가?" 높은 성취욕과 완벽주의의 강한 신념을 갖고 있는 가족은 그들에게 익숙한 통제방법이 통하지 않는 질병의 상황에서도 그 기준을 적용하려는 경향이 있다. 특히, 생애주기 초기에 시기적으로 예상치 못한 질병이 발생한 경우에는, 같은 연령대의 사람들이나 다른 젊은 부부들에게 사회적으로 기대되는 발달상의 중요한 과업을 따라가느라 추가적인 부담을 갖게 된다. 발달상의 목표를 성취하는 것이 예상보다 오래 걸리거나 수정이 필요할 수 있는데, 이를 위해서는 정상과 건강의 정의에 대한 유연한 신념을 필요로 한다. 장기적으로 어려운 상황에서 희망을 효과적으로 유지하기 위해 가족은 정상의 개념에 대해 유연성을 가지는 것이 필요하다.

정신mind과 신체의 관계

정신과 신체의 관계에 대한 다양한 개념화는 수천 년 동안 담론과 논쟁의 대상이 되어 왔다. 전통적인 정신건강 이론 및 연구 노력은 병리학을 기반으로 하여 신체의 화학적 작용에 부정적인 영향을 미치는 성격적 특성이나 감정 상태를 강조하는 경향을 가진다. 이러한 관점에서 감정은 신체에 부정적 영향을 미치는 것으로 보일 수 있고, 반면 건강한 태도의 긍정적인 영향은 간과될 수 있다. 최근 사람들은 정신과 신체의 일치를 강조하고, 치유에서 긍정적인 태도의 중요성을 인용한 대중적인 문헌들에 더 많은 관심을 갖는다. 이러한 문헌들은 치유를 엄밀히 말해, 신체에 어떠한 생의학적 현상이 일어난다기보다, 정신과 신체를 하나의 존재 상태로 설명한다. 사회복지사는 특히 가족이 치유의 강력한 근원으로서 긍정적 태도에 좀 더 익숙할 수도 있고 개방적일 수 있다는 것을 유념해야 한다.

사회복지사는 질병에 대한 가족의 신념을 사정할 때, 정신을 신체의 치유를 도울 수 있는 행동(의료적 도움을 구하는 것, 식단이나 행동 패턴을 바꾸는 것)을 결정하는 논리적 사고과정으로 보는 신념과, 정신을 신체 생리에 직접적으로 영향을 미칠 수 있는 사고나 에너지의 근원으로 여기는 신념을 구분하는 것이 필요하다. 정신과 영성에 대한 이러한 신념은 종종 개인을 넘어 가족, 지역사회, 또는 높은 영적 능력으로 확장된다. 인류학자들은 치유의 근원으로서의 가족, 지역사회, 신, 또는 자연의 역할이 엄청나게 다양하다는 것을 발견하였다. 이러한 신념은 보통 의식의 형태로 표현된다(Imber-Black, Robers, & Whiting, 2003). 예를 들어, 우리 사회에서 가족의 종교적 공동체는 종종 환자의 치유를 촉진시키기 위한 기도모임을 조직할 수 있다. 사회복지사는 가족의 삶에서 영성의 역할(Walsh, 2009), 치유에 관한 가족신념, 그리고 이러한 신념의 중요한 표현인 의식절차에 대해 물어 볼 수 있다. 때때로 병원규칙과 갈등을 일으키는 가족의 중요한 치유 의식은 가족을 소외시키고 보건의료팀과의 기능적인 협력 관계를 약화시키는 다툼을 초래할 수도 있다.

질병을 대하는 가족의 통제감

가족이 일반적인 상황과 질병이 있는 상황에서 통제나 조정을 어떻게 정의하는지 결정하는 것은 매우 중요하다(Taylor, Helgeson, Reed, & Skokan, 1991; Thompson & Kyle, 2000). 통제력은 건강에 관한 통제 소재locus of control의 개념과 유사한데, 이는 질병 과정/결과에 영향을 줄 수 있다는 신념을 나타낸다(Lefcourt, 1982). 가족의 신념이 내부 통제, 우연한 외부적 통제, 또는 강력한 다른 존재에 의한 외부 통제를 전제하고 있는지 구별하는 것은 유용하다. 내적 통제 소재를 가지고 있는 가족은 상황의 결과에 영향을 미칠 수 있다고 믿기 때문이다. 이러한 가족들은 질병의 발생에서 그들이 스스로의 건강에 대한 직접적인 통제를 가지고 있고, 질병으로부터 회복할 수 있는 능력을 가지고 있다고 믿는다(Wallston, 2004). 외부지향에는 결과가 개인이나 가족의 행동 여하에 달려 있지 않다는 신념이 수반된다. 질병을 우연의 관점으로 보는 가족은 질병 발생은 운의 문제이며, 운명이 회복을 결정한다고 믿는다. 힘이 있는 다른 존재에게 건강에 대한 통제력이 있다고 보는 가족은 의료전문가, 신, 또는 때때로 힘이 있는 가족 구성원을 그들의 몸과 질병과정에 통제력을 발휘할 수 있는 존재로 여긴다.

통제력에 관한 가족신념은 질병과 보건의료체계, 각 구성원의 관계에 강한 영향을 미친다. 그리고 이는 치료와 치유과정에 있어, 가족참여를 고수하는 것이나 선호하는 것에도 영향을 미친다. 질병과정이나 결과를 우연으로 보는 가족은 의료전문가와 미약한 관계를 가지는 경향이 있는데, 대개는 그들의 신념체계가 질병 과정에서 그들 스스로나 전문가의 영향을 축소하여 판단하기 때문이다. 또한, 사회경제적 수준이 낮은 가족, 특히 소수민족은 충분한 의료를 못 받거나, 보험이나 접근성 부족을 보일 수 있는데, 그들은 운명론적인 태도를 보이며, 보건의료 제공자가 도움을 줄 것이라 신뢰하지 못하여 관계도 부족하게 될 수도 있다. 마치 심리치료적 관계가 무엇이 치료적인가에 대한 공유된 신념체계에 달려 있는 것과 같이, 기본적인 가치의 관점에서 환자, 가족, 보건의료팀 사이에서 실행가능한 합의를 이루는 것은 필수적이다. 보건전문가가 오해를 한다고 느끼는 가족은 종종 이러한 기본적인 가치 단계에 소극적으로 참여하게 된다. 참여하고자 하는 가족의 건강한 욕구가 일방적으로 통제하려는 전문가에 의해 무시당하거나 저지되는 경우가 너무도 많았다(Rolland, 1998).

가족은 일상생활의 문제와는 반대로 신체적 질병을 다룰 때, 통제에 대한 다른 신념들을 고수하기도 한다. 그러므로 가족의 기본적인 신념, 일반적인 질병의 통제에 대한 신념, 만성적이고 생명을 위협하는 질병의 통제에 대한 신념, 그리고 마지막으로 가족이 직면하고 있는 특정한 질병에 대한 통제에 대한 신념 모두를 확인하는 것이 중요하다. 예를 들어, 실제 심각성이나 예후에 상관없이, 암은 의료적인 통계나 문화적 미신, 또는 우선시되는 가족력 때문에 죽음과 거의 동일시될 수도 있다. 반면, 어떤 가족들은 암으로 인해 짧아진 생애에도 불구하고 관계의 질과 목표를 효과적인 우선순위에 두고 "충만한" 삶을 살았던 구성원이나 친구의 이야기를 갖고 있을 수도 있다. 임상가는 가족이 성공에 대한 정의를 생물학적 통제에만 초점을 두는 문화적 신념에 대응하도록 돕기 위해 이러한 긍정적 이야기를 강조할 수 있다.

통제력에 대한 가족의 신념 간의 적합도는 질병의 시간적 단계에 따라 달라질 수 있다. 어떤 질병의 경우에는 위기 단계에서 장기적인 의료적 개입이 진행됨으로써 가족의 직접적인 통제영역을 벗어난다. 이것은 외부 통제와 간섭 없이 스스로 문제와 씨름하기를 원하는 가족에게 스트레스가 될 수 있다. 환자가 퇴원하여 집에 돌아오면 일의 양이 늘어날 수는 있지만, 가족 구성원들이 좀 더 주도적으로 상황을 관리할 수 있다. 반대로, 전문가의 외부적 통제를 선호하는 가족은 가족 구성원이 집으로 돌아왔을 때 큰 어려움을 가질 수 있다. 통제에 대한 신념에 있어 이러한 규범적 차이에 대한 인식은 각 가족의 욕구에 맞추어지고, 그들의 핵심 가치를 무시하기보다는 긍정하는 효과적인 심리사회적 치료계획으로 이끌 수 있다.

사회복지사는 고통스러운 현실의 상대적인 부정이나 수용에 대해 판단하는 것을 주의해야 한다. 종종 사람들은 두 가지 모두를 필요로 하기도 한다. 축소화의 적절한 사용, 긍정적 측면에 대한 선택적 집중, 시기적절한 유머는 부정과는 구별되어야 한다. 훈련된 사회복지사는 과장된 희망적 표현의 사용과 질병이나 새로운 합병증을 통제하기 위한 치료의 필요를 모두 지지해야 한다. 예방적 행동이나 의료적 치료가 결과에 영향을 미칠 수 있다는 희망이 있거나, 질병이 말기단계로 들어가게 될 때 가족이 부정에 직면하는 것은 큰 인센티브가 있다. 그러나 힘들고 불분명한 과정에 대처하기 위해, 가족은 종종 질병을 인정하면서도 치료의 위험이나 좋지 않은 결과의 가능성을 축소화하는 과정이 동시에 필요하다.

질병 원인에 대한 가족의 신념

중요한 건강문제가 발생했을 때 "왜 나에게(또는 우리에게)?" 그리고 "왜 지금?"을 궁금해 하는 것은 자연스러운 현상이다(Roesch & Weiner, 2001; Taylor, 1983). 우리는 대부분 언제나 우리의 경험을 정리하도록 돕는 설명이나 이야기를 구성한다. 현재의 의학적 지식이 지니는 한계로 인해 수많은 요소들의 상대적 중요성이 규명되지 않은 경우가 너무도 많고, 이로 인해 가족과 개인은 질병의 유발 요인에 대해 독자적인 판단을 내린다. 질병의 원인에 대한 가족의 신념은 무엇이 결과에 영향을 미칠 수 있는지에 대한 신념과 구별하여 접근되어야 한다. 각 가족 구성원의 설명을 끌어내는 것은 중요하다. 일반적으로 응답의 내용은 의료 정보와 가족의 신화에 대한 조합을 반영할 것이다. 신념에는 사전 악행에 대한 심판(불륜 등), 특정한 가족 구성원을 탓함("당신이 술을 마셨기 때문에 내가 아프다!"), 불공평하다는 생각("왜 내가 벌을 받아야 하나? 나는 좋은 사람이었는데"), 유전자(암이 한쪽 집안에서 내려오고 있다), 환자의 부주의(부주의한 운전 등), 부모의 부주의(유아돌연사증후군 등), 또는 단순한 불운 등이 포함된다.

높은 적응력을 가진 가족의 이야기는 과학적 지식의 한계를 존중하고, 기본적인 능력에 대해 확신하며, 다양한 생물학적·심리사회적 치유 전략의 유연한 사용을 증진시킨다. 반대로, 원망, 수치심, 죄책감을 불러일으키는 인과적 귀인은 가족이 질병에 기능적으로 적응하고 다루는 것을 방해한다. 명시적이지 않더라도 암묵적으로 비난을 받은 가족 구성원은 환자가 생명을 위협하는 질병으로 사망하는 경우, 이에 대한 책임을 진다. 치료에 대한 결정이 뒤죽박죽 틀어지고 긴장만이 남게 된다. 자신의 음주가 부인의 관상동맥에 영향을 주고, 차후 죽음의 원인이 되었다고 믿는 남편은 깊은 죄책감으로 인해 자기 파괴적인 음주가 늘어날 수도 있다. 딸의 백혈병에 대해 스스로를 탓하는 어머니는, 남편이 질병 말기인 아이가 후속 치료로 더 고통받을 수 있다고 생각하는 것에 반해, 낮은 확률의 실험적인 치료라도 더 시도하기를 원한다(참고 13.1 참조).

신념체계 적응력

질병은 심리사회적 요인들에 대한 민감성이 매우 다르기 때문에, 가족과 의료서비스 제공자

◆ 참고 13.1 질병 원인에 대한 가족신념

루시Lucy와 톰 G.Tom G.라는 젊은 부부에게는 백혈병 말기의 다섯살배기 딸 수잔Susan이 있다. 소아 종양학자는 부모가 낮은 성공률의 실험적인 치료를 할 것인지, 현재의 치료를 중단할 것인지 결정을 내리도록 하였다. 톰의 결정은 "그만 멈추자, 이제 충분하다"인 것에 반해 루시는 "우리는 계속 치료해야 한다. 우리 딸을 이대로 죽게 할 수 없다"고 반박했다. 부부는 의견을 조율할 수 없었고, 의사는 이러한 상황에서 개입할 수 없었다. 이에 의사는 부부를 위해 사회복지상담을 신청하였다.

상담가가 "당신의 딸이 왜 백혈병에 걸렸다고 생각하는지 설명해주실래요?"라고 묻자 중요한 이야기가 언급되었다. 톰은 기본적으로 운이 나빴다고 보았다. 그러나, 루시는 매우 다른 신념을 가지고 있었다. 그녀가 수잔을 임신한 동안 루시의 아버지가 심장마비에 걸렸었고, 두 번째 발병 몇 개월 후 아버지는 돌아가셨다. 루시는 이로 인해 큰 스트레스와 슬픔을 경험하였다. 그녀는 이것이 태아 상태였던 수잔에게 악영향을 주었다고 느꼈다. 수잔의 정상적인 출생 이후에도 루시는 여전히 아버지에 대한 상실감으로 슬퍼했고, 이것은 수잔과의 애착관계의 질에도 영향을 미쳤으며 아이에게 잠재적 우울증을 만들었다고 느꼈다. 더 나아가 루시는 우울이 면역력을 낮추고, 신체의 암세포를 없애는 효과도 떨어뜨릴 수 있다는 연구를 읽었다고 했다. 그녀는 이러한 다양한 요인의 조합이 아이의 암에 대한 원인이라고 믿었고, 그녀는 자신이 만약 더 나은 어머니였다면, 이런 일이 발생하지 않았을 것이라고 말했다. 루시는 아무도 자신에게 이러한 질문을 한 적이 없었고, 매우 수치심을 느꼈기 때문에 이 이야기를 남편을 포함하여 아무에게도 말한 적이 없다고 말했다. 그녀는 치료를 희망했고, 모든 문제가 해결되기를 바랬다. 그녀는 딸의 죽음이 자신의 잘못을 의미하기 때문에 치료를 멈추는 것을 받아들일 수 없었다.

모두는 장기간 질병 과정에서의 전반적인 참여에 대한 신념, 질병의 생물학적인 전개를 통제할 수 있다는 그들의 능력에 대한 신념, 그들이 이 신념들을 적용할 수 있다는 유연함 등을 구별해야 한다. 가족의 능력이나 통제에 대한 경험은 이러한 차이점에 대한 이해에 달려 있다. 가족과 제공자의 최적의 이야기narrative는 과학적 지식의 한계를 존중하고 기본적인 능력을 확신하며, 다양한 생물학적·심리사회적 치유 전략에 대한 유연한 사용을 증진시킨다.

질병의 전 과정에 참여하는 것에 대한 가족의 신념은 질병이 안정적인지, 호전되는지, 또는 말기인지의 여부와 독립적으로 생각될 수 있다. 암 증상이 호전되는 환자의 건강을 유지하기 위해 가족이 가족의 역할이나 의사소통, 식단, 운동, 일과 여가의 균형 등 가족의 행동을 조절하는 것처럼, 생물학적 과정에 대한 통제력과 통제하고자 하는 시도가 일치하는 경우가 있다. 이상적으로는, 환자의 증상이 더 이상 호전되지 않고 병의 말기에 접어들 때 통제력의 표현인 참여가 '현실의 수용'이라는 과정으로 성공적으로 전환되어, 고통을 경감시키는 완화의료가 제공될 수 있도록 한다(Lynn, Schuster, Wilkinson, & Simon, 2007).

유연한 신념체계를 가진 가족은 죽음을 심각한 실패라고 생각하기보다는, 평정심을 가지고 경험한다. 장기간 점점 쇠약해지는 질병으로 인해 다른 사람에게 무거운 부담이 되었던 환자의 죽음은 가족 구성원에게 슬픔뿐 아니라 안도감을 줄 수도 있다. 죽음에 대한 안도는 사회적인 전통과 반대되기 때문에 심각한 죄책감으로 인해 우울감이나 가족 갈등과 같은 반응이 표출될 수 있다. 임상가는 가족 구성원이 죽음에 대한 양가감정을 수용할 수 있도록 돕는 것이 필요하다.

가족과 보건전문가 체계 모두의 유연성은 가족기능을 최적화하는 데 있어서 핵심 변수이다. 가족은 생물학적 결과(생존 또는 회복)만을 성공적인 통제의 유일한 결정요인으로 여기는 융통성 없는 방식보다, 성공을 정의하는 주요 기준으로, 전체 과정에 개입과 참여를 포함한 더 전체적인 의미로 통제를 정의할 수 있다. 이것은 "병을 고치는 것"과 "체계를 치유하는 것" 사이의 차이점과 유사하다. 체계를 치유하는 것은 과정과 결과에 영향을 미치지만, 가족의 성공에 질병의 긍정적인 결과가 필수적이지는 않기 때문이다. 통제력에 대한 유연한 관점을 통해 가족 간 관계의 질이나 가족과 보건전문가 관계의 질이 성공 기준의 핵심이 될 수 있다. 의료 공급자의 능력은 단지 생물학적인 경과와 관련된 것이 아니고, 기술과 돌봄의 관점 모두로부터 평가된다.

민족 · 영적 · 문화적 신념

민족적·인종적·영적·문화적 신념은 건강과 질병에 관한 가족신념에 많은 영향을 미친다(McGoldrick et al., 2005; Rolland, 2006b; Walsh, 2009). 건강신념에 관하여 중요한 민족적 차이점은 일반적으로 건강의 위기상황에서 드러난다. 의료 전문가들은 지역사회에 존재하는 다양한 민족과 인종, 종교 집단의 신념체계에 대해 유념해야 하는데, 특히 이러한 신념체계가 그들 자신의 행동과 다른 행동양식으로 나타날 때 유의해야 한다. 문화적 규범은 다음의 영역에서 다르게 나타난다. 즉, 환자를 위해 적합한 '환자 역할'의 정의, 질병에 대한 열린 의사소통의 종류와 정도, 누가 간병체계에 포함되어야 하는가(예: 확대가족, 친구, 전문가), 누가 일차적인 간병인이 되어야 하는가 (대부분 항상 아내, 어머니, 딸, 또는 며느리), 질병의 다른 단계에서 일반적으로 나타나는 의식의 종류(예: 병원침상에서의 밤샘 간호, 치유, 장례의식) 등에서 다양하다. 이것은 특별히 우세한 백인 미국인 문화로부터 차별이나 소외를 경험한 소수집단(예: 아프리카계 미국인, 아시아계 미국인, 히스패닉계 미국인)에게 더 많이 드러난다. 질병은 역할에 대한 유연성을 확장할 수 있는 기회, 예를 들어, 한 명의 여성 가족구성원을 간병인으로 정하는 것에서 남자 및 여자 형제/성인자녀를 포함한 공동 간병팀으로 전환하는 기회를 제공한다.

임상가는 장기간의 질환을 이겨낼 수 있도록 실행 가능한 연합팀을 형성하는 필수적인 단계로서, 그들 자신과 환자, 가족 사이의 문화 차이에 대해 유념해야 한다(Seaburn et al., 1996). 이러한 이슈를 무시하는 것은 가족이 보건의료 공급자와 이용가능한 지역사회자원으로부터 멀어지게 할 수 있는데, 이것은 문제에 대한 집착과 치료 실패의 주원인이 된다. 환자가 자기 신체에 대한 결정의 최종 책임 권한을 갖고 있다는 것을 수용하는 것은 사회복지 핵심가치인 자기결정권에 대한 강한 신념을 필요로 한다.

보건의료서비스 제공자, 보건시스템, 가족 신념 간의 적합성

가족을 하나의 단일체로 보고, 전체로서 느끼고 생각하고 믿고 행동한다고 일반적으로 생각할 수 있지만, 이는 불행히도 잘못된 생각이다. 사회복지사는 가족 구성원들의 신념 간에, 그리고 가족과 보건의료체계 사이의 차이에 대해 어느 정도 동의하고 수용하는지에 관해 모두 알아보아야 한다. 가족의 규칙이 "우리는 모든 가치(또는 특정한 가치)에 동의해야 한다"인가? 아니면 다양성과 다른 관점을 수용하는가? 가족이 어느 정도 우세한 문화적 혹은 사회적 신념 또는 가족전통과 의견을 같이해야 한다고 느끼는가?

가족신념은 합의와 다양성 및 혁신에 대한 욕구 사이에서 균형을 이루는 것이 가장 이상적이며, 허용될 수 있는 선택을 극대화한다. 만약 합의가 규칙이라면, 개별적인 차이는 불충과 일탈을 의미한다. "우리는 다른 관점을 가질 수 있다"가 지배적인 원칙이라면, 다양성은 허락될 수 있다. 이 원칙은 심각한 질병과 같이 장기적인 역경에서 필요한 새롭고 창의적인 문제해결 방법을 가능하게 하기 때문에 적응적이다. 사회복지사는 구성원들이 주요 보건의료/치료에 대한 결정이 다를 때, 개방적인 의사소통과 효과적인 갈등해결을 도울 수 있다.

위와 같은 질문들은 가족과 사회복지사와 보건의료팀 사이의 적합성과도 관련이 있다. 질병의 경과/결과에 영향을 미치는 자신과 가족의 능력에 대한 그들의 태도는 어떠한가? 보건의료팀은 치료과정에 자신들의 참여와 가족의 관여 사이의 균형을 어떻게 바라보는가? 만약 통제에 대한 신념에 기본적인 차이가 있다면, 이러한 차이는 어떻게 조화를 이룰 수 있을까? 사회복지사는 이러한 질문들로, 만성질환과 말기질환에 직면한 가족을 도울 수 있는 개입유형을 알 수 있을 것이다.

일반적으로 주요 생애주기나 질병의 전환기에 신념이나 태도의 차이가 발생한다. 예를 들어 심각한 장애나 말기질환의 상황에서, 한 구성원은 환자가 집으로 돌아가기를 원하고, 다른 구성원은 장기적인 입원을 원하거나 장기회복센터로 옮겨가는 것을 원할 수 있다. 보통 환자 간병의 주요 업무는 아내/어머니에게 주어지기 때문에, 이 점에서 그들이 주요한 부담을 떠맡게 되기 쉽다. 임종을 앞둔 가족 구성원을 집에서 돌볼 때 실제로 요구되는 일의 양이 막대한 상황에서 (간병은 여성의 일이라는) 간병에 대한 성차별적인 고정관념이 문제가 될 수 있음을 인지하고, 융통성 있게 가족의 간병 규칙을 수정할 수 있는 역량을 지닌 가족은 간병 책임자가 부담감에 짓눌려 분노하고, 그로 인해 전반적인 가족관계가 훼손되는 상황에 이르는 위험을 피할 수 있을 것이다.

만성과 말기 사이의 불분명한 경계선에서 전문가의 신념이 가족의 신념과 충돌할 가능성이 커진다. 의사는 성공 가능성에 관계 없이 자신이 할 수 있는 모든 가능성을 시도해봐야 한다는 기술적인 책임감을 느낄 수 있다. 가족은 실제적으로는 희망이 없는데도 희망이 있다고 가정하면서, 지속되는 생명연장 노력을 어떻게 해석해야 하는지 모를 수 있다. 보건의료 전문가와 기관은 실제로 기술적인 통제를 넘어서는 자연적 과정으로서의 죽음을 거부하려는 사회적인 바램에 대해 결탁할 수도 있다(Becker, 1973). 끝이 없이 지속되는 치료는 의료진이 질병의 통제에 대한 일반적인 가치와 '환자의 총체적 돌봄'이라는 측면에서의 (치료 외의) 참여에 대한 신념을 분리시키지 못한다는 의미로 해석할 수 있다.

가족기반 연구 실행의 과제
CHALLENGES IN IMPLEMENTATION OF FAMILY-BASED RESEARCH

의료적 질병에 직면하고 있는 가족에 대한 개입은 현재 병원, 지역사회 건강과 정신건강 클리닉, 호스피스, 웰니스 기관을 포함하여 여러 현장에서 실행되고 있다(Campbell, 2003). 사회복지사는 이용가능한 최선의 연구 지식에 기반을 두고 개입방법을 발전시키는 것이 매우 중요하다. 가족개입연구에 대한 주요 과제는 건강상태·보건의료 결과·비용절감과 가족체계의 역학관계를 보여주는 연구방법과 프로토콜을 더욱 발전시켜야 한다는 것이다(Carr & Springer, 2010; Law & Crane. 2007; Weihs et al., 2002).

근거기반 지식의 발전에도 불구하고 중요한 과제는 체계적이고 엄격한 개입 연구를 계속적으로 수행하는 것이다(Kazak, 2002). 종종 가족 중심의 생물심리사회적 연구의 실행은 일차적으로 치료와 개인 질병에 대한 관리에 초점을 둔 보건의료현장(예: 병원)에서는 적용하기 더 어렵다. 심리사회적인 돌봄이 가족기능을 향상시키더라도, 이러한 성과는 생의학적 치료와 비용 조절에 관심을 두는 의료현장이나 건강보험회사의 정해진 목표가 아닐 수 있기 때문이다. 다가구토론집단(McFarlane, 2002)이나 가족 중심의 1차 및 3차 공동치료(McDaniel et al., 2005; Weihs et al., 2002)와 같은 가족기반의 개입은 다음과 같이 보건의료 현장에서 효과적이라는 것이 입증되었다. 즉,

(a) 환자와 가족의 대처 및 적응을 촉진시키고, (b) 모든 가족 구성원의 의학적·정신적 질병 발생률을 줄이며, (c) 전체 보건의료비용을 억제하고, (d) 치료 준수를 향상시키기 위한 가족과 보건의료팀 사이의 협력을 촉진시켰다. 이러한 데이터에도 불구하고, 이러한 개입은 일상적인 의료에서 거의 이루어지지 않는다.

관리의료 시대에, 긍정적인 결과를 강조하는 근거기반의 실천은 병원과 의료현장에서 명확하고 통합된 상황을 유지하기 위한 사회복지 노력에서 핵심적이다. 가족기반의 개입이 어떻게 질병 관리를 용이하게 하고 보건의료팀의 부담을 줄이고 비용효과적인지를 설명함으로써, 사회복지사는 표준화된 실천의 일부로서 이러한 개입을 포함한 보건의료의 공동모델을 지지하는 다른 보건의료전문가와 함께 할 수 있다. 사회복지사는 이러한 방법론 및 임상적 격차를 채우기 위해 공동으로 협력하고, 논리적인 개입 연구를 실시하여 의료현장에서 자신의 고유한 틈새시장을 개척할 수 있다.

결론
CONCLUSION

대부분 회복력이 있는 가족은 만성질환이나 장애에 관한 위험과 부담의 경험을 삶의 질을 향상시키는 데 활용할 수 있다. 가족은 한계를 받아들이는 것과 자율성을 촉진하는 것 사이에서 건강하게 균형을 이룰 수 있다. 장기간 위험한 질병의 경우, 가족은 상실의 가능성을 인정하고, 희망을 지속시키며, 가족과 각 구성원의 생애 계획—주요한 목표를 유지·조정하며 불확실성의 힘을 피하도록 돕는—에서 유연성을 갖는 능력을 향상시킴으로써 불확실성에 맞서 통제력을 유지할 수 있다.

암과 같은 심각한 질병이나 죽음의 고비는 상실에 대한 비극적인 두려움에 맞서는 기회를 만든다. 이러한 직면은 가족 구성원들이 삶에 대해 더 감사하게 하고, 삶을 바라보는 관점 또한 발전시킴으로써 우선순위를 명확하게 하고 관계를 더 강화시킬 수 있게 만든다. 최적의 순간을 미루거나 두려운 순간을 소극적으로 기다리는 대신 기회를 잡을 수 있다. 생명의 나약함과 소중함에 대한 강조를 통해서, 주요 질환들은 가족에게 풀리지 않았던 문제를 치유하고, 더 빨리 돌봄 관계를 발전시키는 기회를 제공한다. 더욱 심각한 단계에 있는 질병에 대해, 임상가는 가족이 좀 더 즉각적으로 달성할 수 있고 그들의 일상을 풍요롭게 할 수 있는 목표를 정의함으로써, 삶의 질을 강조하도록 도와야 한다.

유전학의 새로운 시대가 펼쳐지면서, 가족과 임상가는 전례 없는 복잡한 의료윤리 과제와 마주하게 되었다(Miller et al., 2006). 가족은 향후 유전적으로 그들의 건강에 위협을 가할 수 있는 위험과 그러한 상황에 대한 정보에 대해서도 선택할 수 있게 되었다. 주요 질문은 다음과 같다:

• 어떤 사람들이나 가족이 유전적 위험의 검진과 건강위험이나 운명에 대한 지식정보를 통해 혜택을 받을 수 있을 것인가?

• 가족 구성원이 예측 검사를 받을지 여부를 결정하는 데 있어서 우리는 어떻게 최선의 도움을 줄 수 있는가?

• 이러한 결정에 포함되어야 할 적절한 가족 구성원은 누구인가―배우자 또는 파트너? 대가족?

• '완벽하고 건강한 신체'에 대한 사회적 집착은, 장애·질병 또는 유전적 위험을 가진 가족이 그들의 삶의 가치를 보여주고 낙인을 피하기 위해 더욱 그들의 고통을 숨기도록 하면서, 기술과 우생학을 완벽하게 혼합시킬 수 있었다(Rolland, 1997).

임상가는 질병과 상실에 대한 자신의 경험과 감정을 고려하는 것이 필요하다(McDaniel, Hepworth, & Doherty, 1997). 우리 자신이 가진 질병과 상실에 대한 다세대적인 내력 및 가족력, 건강신념, 현재 발달 단계에 대한 인식과 여유를 통해 우리는 중병을 마주한 가족들과 효과적으로 일하는 능력을 강화시킬 수 있다.

질병에 대한 부담과 불확실성을 가지고 삶을 사는 것은 엄청난 도전일 수 있다. 가족체계-질병모델은 이러한 도전을 다루고, 불가피한 부담을 좀 더 관리할 수 있는 부담으로 만드는 방법을 제공한다. 다세대적·발달적·신념 체계적인 맥락 내에서 시간에 따라 달라지는 질병의 심리사회적 요구에 주의를 기울임으로써, 강점관점 체계―질병, 장애, 상실을 겪는 가족을 위해 협력적이고 창의적인 문제해결과 삶의 질을 가능하도록 하는 공통 언어―를 제공할 수 있다.

연습문제

연습 13.1

당신은 종양학과 입원병동의 수간호사로부터 병동에서 혼란을 일으키는 환자와 가족에게 개입해달라는 연락을 받았다. 환자는 34세의 남성으로 아프리카계 미국인이고, 4기의 전립선암을 진단받았다. 환자의 어머니는 그의 병에 대해 매우 감성적이었고, 아들의 방에서 지내기를 고집해왔다. 이러한 상황은 종양학과의 규칙과 갈등을 일으킨다. 환자인 키스Keith는 결혼한 지 6개월된 환자이며, 아내 리사Lisa는 백인여성으로 키스의 질병으로 인해 매우 괴로워하고 있으나, 가족으로부터는 떨어져 있다. 키스는 배우자에게 문제가 될 만큼 그의 본가, 특히 어머니와 밀접한 관계를 가지고 있었기 때문에, 부부에게는 불편한 삼각관계의 갈등이 존재해왔다. 입원 후, 어머니는 아들의 병원침대에서 24시간 간호하기 시작했다. 리사는 시어머니의 거슬리고 숨 막히는 행동을 분하게 여겼다. 키스의 어머니는 리사의 냉담함을 인지하고 이에 대해 비판한다. 키스는 어머니와 아내 사이에 끼어있음을 느끼고, 불안과 피로감을 호소한다.

1. 당신과 가족 구성원의 다른 문화적 전통에 관해서 생각할 때, 당신은 이 사례에 대해 어떻게 반응할 것인가? 체계적으로 생각할 때, 당신은 환자와 가족과의 상담을 어떻게 접근할 것인가?
2. 자신의 직장(병원), 사회복지사로서 자신, 개인적인 문화/인종/가족가치, 이 3가지 특징의 신념체계의 교차점에 대해서 생각해보고, 이 사례에서 이러한 특징은 당신의 전략에 어떤 영향을 미칠 것인가? 어떤 편견이 당신의 유효성을 방해할 것인가? 당신은 편향되는 것을 어떻게 피할 것인가?

연습 13.2

L부인은 다섯 살짜리 딸 제니스Janice가 지난 3개월 동안 강박적으로 자위행위를 해왔으며, 그것이 성적학대의 증거라고 걱정하며 당신에게 말했다. 아동 사정을 통해 학대의 증거를 찾지 못했으나, 당신은 최근 가족에게 있었던 스트레스가 많은 다른 사건에 대해 물어본다. 그러자 L부인은 남편이 위암 때문에 9달 전 위 부분절제술을 받았고, 3개월 전에 확인하지 못했던 추가검사를 위해 재입원했다고 하였다. L부인에게 무엇을 아이에게 말해주었는지 묻자, 남편의 수술 후, 아이에게 단지 "아빠는 배가 아파. 그래서 의사가 아빠의 배를 수술했고 좋아졌다"고 말했다고 한다. L부인은 남편의 상태에 대해 계속해서 걱정하지만 남편은 의사를 보러 가지 않을 것이고, 그의 문제에 대해 논의하지 않을 것이라고 말한다. 수술 후 그녀는 "그는 그것에 대해 얘기하기를 정말 원치 않아요. 그는 거의 즉시 일터로 돌아갔고, 모든 것이 괜찮다고 주장했어요"라고 말한다. 이러한 의료적 위기가 아이들, 특히 제니스에게 어떤 영향을 미쳤는지를 물었고, 그녀는 다음과 같이 답했다. "음… 제니스는 저에게 어떠한 걱정에 대해서도 말하지 않았어요. 그러나 당신이 지금 그것을 물어보니까 생각난 부분인데요, 매일 밤 저녁시간 우리가 자비에 대해 얘기할 때, 제니스는 아빠의 배에 대해 크게 기도했어요. 그러나 가족 중 아무도 이것에 대해 언급하지 않아요."

1. 위태로운 상실에 직면하여 건강한 가족의 의사소통에 대해 생각할 때, 당신은 이 사례에 어떻게 개입할 수 있는가? 당신은 누구를 부르기 위해 노력할 것인가? 그 이유는?
2. 당신은 아이와의 의사소통을 부부와는 다르게 어떤 방법으로 다룰 것인가?
3. 당신은 다른 증상을 보이는 가족 구성원의 맥락에서 문제를 축소화하고 개인적인 것으로 여기는 남편의 개인적인 결정을 어떻게 보는가?

연습 13.3

엘리스Ellis 부부는 모두 80대 초반으로 일리노이 주 시골 농장에 단둘이 산다. 남편 엘리스는 알츠하이머병으로 신경 전문의의 진찰을 통해, 진행성 치매를 진단받았다. 최근 주치의를 방문할 때, 엘리스 부인은 남편의 건망증이 더 나빠지고 있고, 남편이 그녀를 가끔 심한 멍이 들만큼 때리기도 했다고 말했다. 가정의 주치의는 부부가 그들의 한계를 넘었고, 남편을 위해 요양원 입소를 제안했다. 가족으로는 3명의 성인자녀, 에이미Amy, 존John, 제리Jerry가 있다. 에이미는 100마일 떨어진 거리에 살고, 매주 방문한다. 두 아들은 결혼하여 멀리 떨어져 살고, 아이들을 키우고 있다. 에이미는 가정 주치의의 의견에 동의하여, 엄마에 대해 매우 걱정하고 있었다. 그러나 아들들은 에이미와 어머니가 과장하고 있다고 생각하였으며, 어머니가 아버지를 전혀 이해하지 못하고 있음에 대해 비난했다. 가족은 현재 딜레마에 고착된 상태이고, 양측 사이에서는 긴장감이 팽팽한 상황이다.

1. 엘리스의 아내와 딸, 아들은 무엇으로 인해 엘리스의 상태를 다르게 인지하고 있다고 볼 수 있는가? 그것이 엘리스를 요양원에 보내는 것에 대해서 각 가족 구성원이 가지는 감정에 어떻게 영향을 미치는가?
2. 당신은 가족모임 일정을 잡았는가? 당신은 엘리스를 포함할지 여부를 어떻게 결정할 것인가? 멀리 있는 존과 제리는 어떻게 할 것인가?
3. 이 사례에서 성별 규범은 어떤 요인이 되는가? 당신은 이 가족에게 어떻게 그것을 설명할 것인가?
4. 어떤 생애주기 문제(예: 노후 부부, 자녀양육시기와 노화되는 부모님 상황에 있는 성인 자녀)가 적절한가? 그리고 당신은 어떻게 이 부분을 상담과정의 일부로 만들 것인가?
5. 당신은 이 가족을 위한 선택으로 무엇을 예상하는가? 당신은 어떻게 그들을 탐색할 것인가?

부록 13.1 가족 가계도 만들기

(가족의 심리학적 관계와 병력을 보여주는) 가계도는 몇 세대에 걸친 가족의 구조와 패턴을 시각적으로 보여준다. 이것은 사회복지사가 현재 건강상태와 다세대 가족패턴의 맥락에서 현재 가지고 있는 문제에 관하여 가족의 강점과 약점을 빨리 파악할 수 있도록 한다. 복합적인 가족구조에 대한 설명은 현재 문제의 발전에 대한 가설을 만들고, 개입전략을 발전시키기 위해 사용될 수 있다. 가계도는 여러 세대에 걸쳐 진행되어 온 가족의 특정한 문제들을 규명하고, 복잡한 가족적 상황에서 비난을 최소화하고, 가족이 통제력을 회복하면서 앞으로 나아갈 수 있도록 돕는 유용한 임상도구이다. 사회복지사는 실천 현장에서 주요한 가족의 이야기를 파악하고, 중요한 가족과 공동체 구성원, 질병과 대처의 패턴, 관계망을 강조하기 위해 가계도를 사용할 수 있다. 맥골드릭 등(2008)은 가족의 가계도를 구성하기 위해 표준화된 서식을 제공하였다. 이러한 형식은 (a) 가족구조를 도표화하기, (b) 가족에 대한 정보를 기록하기, (c) 가족관계 설명하기를 포함한다. 기초적인 가족구조지도는 핵가족과 대가족 구성원을 그림으로 묘사한 것이다. 그리고 이 지도는 가족

외에 중요한 사람이나 조직도 포함하며, 이는 보통 3세대를 보여준다. 이러한 구조적인 지도는 인구통계학 정보, 기능, 주요 사건을 더하여 구체화된다. 주요 인구통계학 데이터에는 간병하고 있는 주요 가족 구성원의 나이, 출생과 사망 날짜, 직업, 교육, 인종 배경, 종교, 지리적인 장소가 포함된다.

　일반적으로 가족은 중요한 가족의 가치를 소통할 수 있는 유용한 방법과 그것의 내력을 공유하는 과정을 발견한다. 때때로 이는 주어진 문제를 감정적으로 논의하는 것보다도 쉬운 첫 걸음의 과정이다. 가족은 일반적으로 가계도를 만드는 것을 즐거워하고(심지어 어떤 사람들은 집에 가져갈 수 있게 복사할 수 있는지를 묻기도 한다), 열심히 참여한다. 이는 사회복지사와 협력을 이루는 것에 대한 가족의 역량과 흥미에 관한 단서를 제공한다.

　사회복지사는 실천 현장과 가족의 현재 문제에 따라 창의적으로 가계도를 사용할 수 있다. 예를 들어, 보건의료 현장에서 가계도는 특정한 강점과 현재 진단을 받아들이는 가족의 도전을 강조할 수 있도록, 가족의 주요 질병 경험과 반응패턴을 알아보는 데 초점을 맞추기도 한다. 가계도는 다른 상담가와 보건의료 공급자들이 사례를 빨리 파악할 수 있도록, 다용도의 간결한 임상적인 요약을 제공함으로써 의료의 지속성과 포괄성을 증진시킨다.

제 14 장

인간의 성적 건강
Human Sexual Health

레 갈로-실버 LES GALLO-SILVER, **데이빗 S. 빔비** DAVID S. BIMBI

성욕sexuality과 육체적 친밀성physical intimacy은 모든 개인의 삶의 질에 기여한다. 하지만 많은 사람들, 특히 성 정체성 때문에 스티그마를 느끼는 이들(즉, 레즈비언·게이·양성애자·트랜스젠더LGBT: lesbian, gay, bisexual, and transgender; 비전형적인 성적 행동을 하는 사람들)은 삶의 이러한 측면에 관해 보건의료 전문가들과 이야기 나누는 것을 어려워한다. 성적인 존재로서 인간의 발달, 인간의 섬세한 성적 반응, 의학적 질환과 외상성 손상traumatic injuries에 의해 생기는 변화와 문제를 이해할 수 있다면, 사회복지사들은 보건의료 현장에서 환자 및 배우자와 성생활에 관해 이야기할 때 더 편안하고 자신감을 느끼게 될 것이다. 보건의료팀 내에서 사회복지사는 의사소통과 관계, 그리고 치유의 맥락에서 성욕과 육체적 친밀성 관련 문제에 관해 기꺼이 이야기할 수 있는 유일한 구성원일 때가 많다(Hazan & Shaver, 1987; McCabe, 1994; Schover, 2000). 환자가 손상이나 질환에 직면했을 때 삶의 이 중요한 부분을 보존하도록 돕는 것은 보건사회복지사에게 매우 중요한 일이다. 이 장에서는 인간의 성욕과 질환이나 손상의 영향에 관한 기본적인 정보를 제공하고자 한다.

성욕과 육체적 친밀감의 다양한 측면은 많은 단어로 묘사된다. 이 장에서 **성욕**은 성적 접촉 및 성교를 갖고자 하는 욕망과 성적 자극에 대한 신체 반응을, **육체적 친밀성**은 애정·위안·지지 등을 표현하는 신체적 행동을 의미한다. **관능성**sensuality은 쾌락적인 유형의 자극을 말하지만, 반드시 성적인 것을 의미하지는 않는다.

이 장의 목표

- 언어 및 비언어적 커뮤니케이션과 대인관계의 맥락에서 심리성적인 발달psychosexual development에 초점을 맞춘 관점에 대해 소개한다.
- 환자와 성적인 문제에 관해 이야기하거나 성적인 내용을 조사할 때, 불편함을 느끼지 않을 수 있는 전략들을 안내한다.
- 사회복지사가 보건사회복지 환경에 적합한 삶과 행동, 성적 관계, 활동을 이해하는 데 필

요한 질문들을 포함하는 사정assessment을 숙지하도록 돕는다.

- 인간의 성적 반응을 이해하고, 성적 권리 박탈에 대한 문제를 논하기 위해 의학적 질환과 손상을 가진 사람들에게 보존되는 성기능들을 알아본다(참고 14.1 참조).
- 성기능과 기능 회복에 있어서의 어려움, 또는 손상에 대해 창의적으로 적응하는 방법에 초점을 맞춘 성 재활상담 기술을 소개한다.
- LGBT의 고유한 관심사를 소개한다.
- 성적 재활에 영향을 주는 문화적이고 종교적인 문제들을 소개한다.
- 성 긍정적인sex-positive 의료 환경을 만드는 거시적 차원의 문제들을 소개하고, 입원 및 외래 현장에서 성 긍정적 교육과 옹호, 리더십을 제공하는 방법을 익히도록 한다.

◆ 참고 14.1 육체적 친밀성에 대한 제도적 장애

의학적으로 아프거나 손상된 사람들을 지원하는 보건시설이나 관련 환경들은 육체적 친밀성을 방해하는 정책이나 절차들을 갖고 있다. 이러한 정책과 절차들은 인간의 성욕에 대한 기본 지식의 부족과 성적 문제에 대한 회피를 반영한다. 이를테면, 성인 환자의 파트너가 환자와 함께 잠을 자거나 한 침대에서 쉬는 것을 막는 규칙이 한 예이다. 그런 기관도 부모가 소아환자와 침대를 공유하는 것에 대해서는 일상적인 것으로 간주할 것이다. 이러한 불일치는 암 치료 센터들에서 매우 명확히 드러나는데, 성인과 소아환자들 모두 화학요법을 받고 면역시스템이 약화된 상태이지만, 숙박이나 침대 공유에 대해 두 집단은 차별적 정책을 적용받고 있다.

인간의 성적 발달에 대한 이해
DEMYSTIFYING HUMAN SEXUAL DEVELOPMENT

사회복지사는 전미사회복지사협회National Association of Social Workers 윤리강령에 따라 자살 생각, 가정폭력, 약물남용과 같은 문제들을 조사해야 할 의무가 있다. 어떤 사회복지사들에게는 이런 조사를 하는 것이 어려울 수 있지만, 이 같은 문제들이 사회복지실천에 중요하지 않다고 주장할 사회복지사는 거의 없을 것이다. 사회복지사는 성욕과 육체적 친밀성에 대해서도 삶의 질을 구성하는 건강하고 치유적인 측면들이라는 점에서, 똑같은 전문가적 관심을 가져야 한다.

인간의 자연스럽고 생리적인 성적 능력은 전 생애주기를 통해 드러나는데, 심지어는 성적 욕망이나 성교의 개념조차 발달하기 전인 어린 나이에도 나타난다. 예를 들어, 남자아기들도 발기를 경험할 수 있고, 여자아기들도 질액이 분비될 수 있다(Horner, 2004; Kelly & Hockenberg-Eaton, 1999; Ryan, 2000; Walker & Casale, 1997). 아이들도 아주 어릴 때부터 성기 등 자신의 몸을 탐색할 수 있는데, 이를 통해 쾌락적인 느낌을 얻기 때문이다(Kaplan, 1974; Zoldbrod, 2003).

성적 발달에 관한 초기 이론들

리비도libido라는 개념을 처음 사용한 프로이드Freud의 쾌락 원칙pleasure principle은 많은 사회복지사의 성적 발달에 관한 전문가적 사고에 영향을 미쳐왔다(Freud, 1922). *리비도*는 성적 욕망과 환상, 성적으로 자극받을 때의 첫 느낌 등을 포함하는 개념이다. 프로이드는 리비도가 성적 긴장을 완화하기 위한 쾌락 추구와 관련이 있다고 믿었다. 그는 하나의 이론을 제시하였는데, 그것은 구애나 위안, 다른 사람으로부터 기쁨을 얻는 것과 같은 대인관계들에 대해서는 별로 다루지 않는 듯 보인다. 따라서 그것은 삶의 질을 보존하고 향상시킨다는 사회복지의 철학에는 부합하지 않는다. 성적 감정을 주로 긴장 이완의 방법으로 본 결과는 불행히도 성욕과 육체적 친밀성 문제들을 사람의 일상적인 기능이 아닌 것으로 간주하게 만들고, 그에 따라 당연히 직장이나 학교를 다닌다든지 자녀를 돌보는 것과 같은 활동보다 덜 중요한 일로 여기게 만든다.

아동기에서부터 성인기에 이르기까지 한 사람의 정체성 형성에 관해 다룬 에릭슨Erickson(1968)의 연구는 성욕과 육체적 친밀성을 보다 잘 표현하고 있다. 그는 이것들을 사람들이 관계를 맺고 자신의 생각과 감정을 소통하게 해주는 인간 경험의 측면들로 보았다. 각 발달단계마다 사람들은 육체적 애정과 위로, 때로는 성적 욕망을 드러냄으로써 다른 사람들과 가까워지고 싶은 자신의 바람을 표현한다는 것이다(Erickson, 1968).

W. 로널드 D. 페어베언W. Ronald D. Fairbairn(1946)의 연구는 프로이드와 에릭슨의 관점 사이에서 확실한 가교 역할을 한다. 그는 리비도가 이완 추구와 관련이 있을 뿐 아니라 친밀한 관계를 맺고 싶은 대상이나 사람과 더 관련이 있다고 보았다. 육체적으로 관계를 맺고자 하는 욕구는 유아-부모 관계에 뿌리를 두고 있는데, 유아-부모 관계란 기본적으로 스킨십에 기초하며 모든 인간이 생전 처음 경험하는 육체적 관계이다. 성욕을 관계에 기반하는 것으로 생각한다면, 단순한 쾌락추구 활동으로 간주할 때보다 더 깊은 의미를 갖게 될 것이다. 이러한 생각은 인간의 성욕을 단순히 생리적인 것이라기보다 대인관계의 맥락에서 고려하게 함으로써 그것을 명확히 이해시켜준다. 이러한 개념화는 졸드브로드Zoldbrod가 제시한 성적 발달의 이정표Milestones in Sexual Development 모델의 기본이다(1998, 2003).

졸드브로드의 성적 발달의 이정표 모델

졸드브로드가 제시한 성적 발달의 이정표는 출생과 더불어 시작돼 부모와 갓난아기의 첫 유대 경험으로 진행된다. 부모의 사랑은 스킨십을 통해 소통된다. 스킨십은 부모가 아기의 울음소리에 제대로 반응하고자 할 때 필요한 공감의 토대이다. 아기의 울음소리가 정확히 해석될 때, 아기는 세상에 대한 신뢰감과 자신의 욕구가 해결될 것이라는 믿음을 발달시키며, 이로써 부모는 아기를 잘 달랠 수 있게 된다. 부모는 목욕시키고 먹이는 것과 같이 아기의 기본 욕구들을 모두 도와주어야 하기 때문에 아기의 몸에 대한 부모의 태도는 아기의 자기 몸에 대한 태도에 반영되고, 나아가 신체 이미지의 토대가 된다. 신체 이미지는 궁극적으로는 성 정체성_{gender identity} 확립으로 구체화된다.

성장기 아동은 점점 자신의 성 정체성에 확신하게 되면서 자아존중감을 발전시키고, 사람들에게 자신이 받아들여지는 것을 느낀다. 나중에는 성 정체성이 어떻게 되든지 간에, 비전형적인 성적 표현을 하는 아동은 부모와 또래친구들의 반감과 비난, 애정 철회에 부딪히게 된다. 아동은 발달기를 거치면서 다른 사람들에 대한 자신의 영향을 점점 더 인식하게 되고, 자신의 말과 행동이 다른 사람에게 영향을 준다는 것을 깨닫는다. 그러면서 다른 사람들과의 관계 내에서 힘을 조정하는 법을 학습하는 과정이 시작된다. 사춘기에 접어들면서 아동은 스스로에 대한 "소유" 의식을 발전시킨다. 즉, 그들은 타인과의 상호의존성이라는 개념과 자율성의 한계를 개인적 고유성의 한 측면으로써 보기 시작한다.

사춘기는 성적인 탐색의 시기이다. 부모가 자녀에게 성적인 문제들을 탐색해볼 수 있게 허락해준다는 것은 기본적으로 사춘기 청소년들이 집약적으로 성적인 감정을 경험한다는 사실에 대해 열린 대화를 하고, 공유하며, 인지하는 기능을 한다. 성적 감정이나 정서적 감정을 탐색하는 것은 모두 사회적이고 대인관계적인 맥락 내에서 이루어지며, 더 복잡한 사회적 기술을 발전시킬 기회를 제공한다. 이러한 성적 발달의 여정에서 핵심적인 부분은 성적 환상을 만들어내는 것과 자위행위이다. 졸드브로드 모델의 마지막 이정표는 사랑을 나누는 성적 대인관계의 발달이다.

졸드브로드의 이정표들은 대인관계적 관점, 즉 부모-자녀 관계에 성적 발달의 근거를 두고 있다. 자녀의 육체적 욕구 및 기능에 대한 부모의 관심과, 자녀가 아동기에서 청소년기에 이어 성인 초기로 발달해가는 여정을 함께 하는 스킨십과 정서적 애착은 성욕과 육체적 친밀성을 단순한 감성이나 쾌락추구의 일면이 아닌 인간적 의사소통과 관계의 일면으로 자리매김하게 만든다. 따라서, 아동이 성인이 되면 이러한 이정표들은 자연스럽게 부모의 사랑과 스킨십에서 다른 사람들과의 애정과 성적 관계로 진행된다(Zoldbrod, 1998, 2003). 부모의 스킨십은 아직 말을 못하는 갓난아기의 욕구에 정서적·육체적으로 반응하는 것으로, 공감과 신뢰의 토대가 된다. 즉, 아기는 부모의 스킨십이 자신을 달래주며, 자신이 편안해지도록 도와줄 것임을 배운다. 기저귀를 갈아주거나 목욕을 시켜주면서 자녀에게 말을 거는 부모는 자녀와 그 자녀의 몸이 아름답다는 메시지를 전달하는 셈이다. 이러한 경험은 긍정적인 신체 이미지에 대한 첫 관념을 형성시켜준다(Clawson & Reese-Weber, 2003; Connolly, Slaghter, Mealey, 2004; Ehrenberg & Ehrenbergm 1988). 만져지는 것의 쾌감은 인간의 성욕 및 육체적 친밀성의 기본적인 토대이다(Frohlick & Meston, 2005).

커뮤니케이션과 보건의료팀

의료적 문제가 있는 사람들은 다름 아닌 의료계에 의해 성적 권리를 박탈당하곤 한다. 1940

년 알프레드 킨제이Alfred Kinsey는 미국에서 인간의 성생활을 연구하여, 첫 성경험 때의 나이, 동성애의 비율과 가변성, 혼인관계에서의 성교 빈도, 청소년과 성인의 자위행위 등에 대한 데이터를 제공하였다(Kinsey, Pomeroy, & Martin, 1948, 1953). 킨제이의 연구는 시카고대학의 라우만Laumann, 가뇽Gagnon, 마이클Michael, 마이클스Michaels(1994)에 의해 재고되었는데, 이들은 킨제이의 것과 비교할 수 있는 데이터를 수집하였다. 두 데이터의 비교를 통해 알게 된 변화는 미국인의 첫 성경험 나이가 어려졌으며, 자위행위를 한다는 여성이 많아졌고, 이성 간 구강성교가 흔해졌으며, 결혼을 하지 않은 채 동거하며 성관계를 하는 사람들이 많아졌다는 것 등이다. 하지만, 두 연구 모두 의료적 문제나 손상을 가진 사람의 성생활은 다루지 않았다.

의료적 문제가 있는 사람은 성과 관련된 고민을 아무도 살펴주거나 다뤄주지 않을 때 성적인 권리를 잃게 된다(Gallo-Silver & Parsonnet, 2001; Kroll & Klein, 2001; McCabe, 1999). 보건의료전문가는 환자와 그 파트너가 성적인 문제에 대해 먼저 이야기하지 않는 이상, 스스로 이야기를 꺼내지는 않으려는 경향이 있다(Esmail, Yashima, & Munro, 2002). 이러한 침묵은 성과 관련된 질문이나 걱정이 적절하지 않다는 메시지를 주어, 환자와 그 파트너를 더욱 고립시킨다(Katzin, 1990; McInnes, 2003).

환자가 성 및 성적 표현 관련 문제로 상의하는데 불편함을 느끼는 것은 문화적 혹은 종교적 신념에 따른 것일 수 있다. 혼전 성관계와 자위행위, 출산을 하지 못하는 성관계nonprocreative sex[1])에 대한 금기는 환자의 신념체계 속에 통합되어 온 문화적 혹은 종교적 환경의 일부일 수도 있다. 보건사회복지사는 환자를 하나의 정보원으로 활용하여, 이러한 이슈들에 대해 배울 필요가 있다. 때때로 보건사회복지사는 이러한 제약들을 정중하면서도 생산적인 방식으로 풀 수 있도록 돕기 위해 종교적 지도자들과 협력하기도 한다. 헬렌 싱어 카플란Helen Singer Kaplan(1974)은 성적인 이야기를 불편해하는 부모에 의해 엄하게 양육되는 것을 성적 소외sexual alienation와 성인기 성적 기능 장애의 한 원천이라고 보았다.

LGBT인 사람은 자신의 커뮤니티 밖에 있는 사회복지사와 성적인 행동과 표현에 대해 이야기 나누는 것을 불편해할 수 있으며, 어떤 이들은 그런 화제 자체를 완전히 피하려 할 수도 있다. 사회복지사는 이러한 환자들이 자신을 개방하고 이야기를 나눌 수 있도록 LGBT에 대해 우호적이며, 문화적으로 신뢰할 만하다는 것을 보여주어야 한다(참고 14.2 참조).

---

1) 동성애를 의미함 — 옮긴이 주.

◆ 참고 14.2 LGBT 커뮤니티 내에서 사용되는 용어들

LGBT 커뮤니티 회원들은 다음과 같은 특수용어들을 이용해 자신의 정체성을 표현한다.

레즈비언lesbian: 다른 여성에게 성적erotically, 낭만적romantically, 애정적affectionately으로 끌리는 여성.

게이gay: 동성에게 성적, 낭만적, 애정적으로 끌리는 사람. 일반적으로 남성에 의해 사용되고 남성을 언급하는 말로 주로 해석되지만, 여성에 의해서도 공용됨.

바이섹슈얼bisexual: 남성, 여성 모두에게 성적, 낭만적, 애정적으로 끌리는 사람. 정체성과 함께 행동을 표현할 때 모두 사용됨.

트랜스젠더transgender: 보통 성적인 변형을 가진 사람을 모두 표현할 때 사용됨. 즉, 임상적으로 해부학적 성별에 따라 기대되는 성이 아닌 다른 성을 가지고 살거나 그 성을 자신의 정체성으로 여기는 사람을 묘사할 때 사용됨.

이러한 용어들과 함께, 스스로 생각하는 정체성을 이해하는 것이 중요하다. 호모섹슈얼homosexual은 행동에 대해 언급할 때 사용하는 것이지, 사람을 뜻하는 것은 아니다. **성 정체성**은 사람이 자신을 남성, 여성, 또는 다른 성이라고 느끼는 것이다.

젠더 변이gender variant: 자연적으로든 스스로의 선택에 의해서든, 성에 관한 사회적 기대를 따르지 않는 사람.

간성intersexed: 성을 구별지을 수 있는 생식기가 불분명하게 태어난 사람. 길게 늘어진 음핵을 가진 여성이나, 작은 음경과 잠복고환을 갖고 있는 남성이 자신의 정체성을 나타낼 때 사용하기도 함.

트랜스섹슈얼transsexual: 트랜스젠더와 종종 바꿔서 사용하기도 함. 임상적으로 자신의 성 정체성에 맞추기 위해 수술을 통해 자신의 2차적, (또는) 1차적 성적 특성을 조정한 사람을 뜻함.

이러한 용어들 중 상당수가 특정 문화들 내에서는 낙인화되어 왔으며, 보통 도심의 지역사회와 관련되어 있다. 사람들은 자신의 정체성과 행동을 설명하는 데 여러 가지 다른 용어를 사용하기도 하는데, 예를 들면, **퀴어**queer라든지, **남자와 성관계를 하는 남자**men who have sex with men, **동성 간 사랑**same-gender loving, **두 개의 영혼을 가진 사람**two-spirited, **범성욕주의자**pansexual, **다애인**polyamorous 등이 있다. 잘 모를 경우에는 항상 클라이언트에게 자신이나 자신의 행동을 어떤 용어로 표현하는지 개방적이고 존중하는 태도로 물어보아야 한다.

♣ 사   례

> 75세의 킹King 여사는 난소암으로 자궁절제술을 받고 회복 중으로, 여성성이 줄어든 것 같은 기분 때문에 힘들어 하고 있다. 의사는 그녀가 잘 회복되고 있으며, 임신을 할 수 있는 연령이 지났고 폐경이 되었기 때문에 수술이 생활에 별다른 영향을 미치지 않을 것이라고 하였다. 킹은 의사에게 수술이 자신의 여성파트너와의 성관계에 어떤 영향을 미칠지에 대해 물어보지 않기로 하였다. 사회복지사는 공감적이고 존중하는 자세로 킹과 파트너와의 관계가 어떠한지 더 알아보고자 한다. 퇴원하기 전, 환자 커플과의 합동회의는 육체적 친밀감에 대해 솔직하고 직접적인 의견을 나눌 수 있도록 돕는다. 그때, 킹의 의사는 질문을 받고, 의료적인 문제가 성 기능에 영향을 미칠 수 있으며, 이러한 문제를 어떻게 하는 것이 좋을지 설명한다. 사회복지사는 커플에게 성관계에 관해 읽을 자료를 제공하고, 자세한 정보에 대해서는 의사와 상의할 수 있도록 조정해준다.

사회복지사의 역할

전문적인 개입의 성공은 환자와 파트너의 태도에 의해 어느 정도 영향을 받는다. 또한, 보건의료팀의 기능은 팀 구성원의 문화적·종교적 배경으로부터 영향을 받게 되는데, 이는 환자와 파트너 사이의 성적 관계에 관심 갖는 것을 꺼려하게 만들 수 있다. 게다가, 일부 보건의료전문가는 성에 관한 이슈를 꺼내는 것이 환자와 파트너를 당혹하게 하고, 자신이 부적절하거나 비전문가로 여겨질 것이라고 우려할 수도 있다. 사회복지사는 가정폭력, 약물의존, 자살생각 등 어려운 이슈를 다루는 데 훈련되어 있다. 이러한 이슈는 이야기 나누기 힘든 것들이지만, 사회복지사의 개입을 필요로 한다. 보건사회복지사는 환자와 파트너가 가진 심리사회적 이슈를 충분히 사정하고 다루기 위하여, 그들의 성생활과 친밀감의 이슈에 대해 똑같이 편안하게 이야기를 나눌 수 있어야 한다. 이는 환자와 파트너를 위하여 개인, 집단, 지역사회 대상의 효과적인 프로그램과 서비스를 계획하는 데도 필요하다. 또한 보건사회복지사는 사람들에 대해 성 긍정적 접근을 할 필요가 있는데, 예를 들면, 모든 사람은 이성애자라든지, 성관계를 하기에 "너무 많은 나이"라든지 등의 가정은 하지 말아야 한다. LGBT인 사람들이 성적 지향성이나 생활 방식에 따라 명명되고 있기는 하지만, 성행위에 대해 이야기하기를 꺼려하거나 불편해하는 것은 보통 사람들이나 마찬가지다. 오히려 거부당하거나 낙인 찍히는 것에 대한 두려움 때문에 LGBT인 사람이 다른 사람들보다 그러한 대화를 더욱 꺼릴 수도 있다.

보건사회복지의 친밀성
INTIMACY OF HEALTH SOCIAL WORK

보건사회복지는 다른 현장의 사회복지사들은 거의 경험하지 않는, 일정 수준의 친밀성이 필요할 때가 있다. 급성환자의료시설에서 환자들은 환자복이나 잠옷을 입은 채 침대에 누워 사회복지사를 만나는 경우가 많다. 보건사회복지사는 요양원뿐 아니라 외래나 병동에서도 자주 환자의 신체와 기능에 대해 이야기를 나누어야 한다. 방문간호나 호스피스 프로그램에 소속된 보건사회복지사는 환자의 신체나 기능에 임상적인 초점을 두어야 하게 되는 경우도 있고, 대부분 환자가 잠들었거나 잠이 들려고 할 때 방문하게 된다.

실천 현장에서 보건사회복지사의 친밀성은 환자의 프라이버시 욕구나 상처받기 쉬운 감정에 대해 매우 민감해야만 한다. 대개 사회복지사는 침대 옆에서 상담하는 것에 대해 환자에게 허락을 받거나, 이야기 나누기에 편안한 시간이 언제인지를 물어보도록 잘 훈련되어 있다. 병실이나 요양원의 문이 열려 있더라도 노크를 하는 것은 존중한다는 느낌을 주며, 자신이 환자의 친밀한 환경에 들어가고 있음을 알려준다. 어떤 문화에서는 보건의료전문가가 좀 더 정중하게 대하는 것을 선호한다. 사회복지사는 환자의 문화권 기준에 접근할 때까지 항상 격식을 차린 인사로 환자와 관계를 시작하여야 한다(예를 들면, 존댓말과 환자의 성last name을 사용하는 등). 눈맞춤은 동등한 높이에서 하는 것이 가장 좋다. 즉, 환자가 침대에 있거나 휠체어에 앉아 있다면, 보건사회복지사 또한 자리에 앉아서, 환자가 사회복지사를 올려다보지 않도록 환자의 눈높이에 맞추어야 한다. 눈 마주침이 무례하게 받아들여지는 문화에서 온 환자일지라도 거의 항상 존중한다고 생각될 만한 눈높이에서 대해야 한다.

이러한 환경에서 환자는 신체 기능과 성생활에 대하여 이야기할 수 있을 것이며, 이는 다른 실천 현장의 사회복지사에게는 거의 꺼내지 않는 이야기이다. 이러한 친밀한 환경 안에서 성생활, 성기능, 육체적 친밀성 등에 관한 이야기를 나눌 때 중요한 점은 환자를 완전한 성인의 삶을 살다가 질병이나 부상으로 인해 지장을 받게 된 사람으로 생각하여야 한다는 점이다(Schover, 2000; Schover & Jensen, 1988). 또한, 보건사회복지사는 프라이버시를 어느 정도 지켜주어야만 하는데, 이는 일부 의료환경에서는 어려울 수 있다.

성적 이력sexual history 수집

AIDS 유행 초기와 현재의 항바이러스 약품류가 개발되기 전, AIDS환자는 오랫동안 병원에 입원하였다. 퇴원계획에 있어 보건사회복지사의 역할은 다른 보건의료전문가를 교육하는 것이었으며, 이는 의료서비스에 취약하고 소외된 지역사회에 대한 전문가의 책무이기도 하였다(Eagan, 1993; Fahs & Wade, 1996; Mantell, Shulman, Belmont, & Spivak, 1989; Napoleone, 1988). AIDS 개입에 앞장선 보건사회복지사들은 전문가적 역할의 일부로서 이성애자, 양성애자, 게이여성과 남성을 대상으로 안전한 성행위와 피해감소를 위한 상담을 주장하였다(Berkman & Zinberg, 1997; Christ, Moynihan, & Gallo-Silver, 1995; Gallo-Silver, Raveis, & Moynihan, 1993; Weiner & Siegel, 1990). 상담은 성 긍정적 접근을 사용한다(Furstenberg & Olson, 1984; Samuel & Boyle, 1989). 보건사회복지사는 수용과 존중의 자세를 갖고 개인의 성행위를 사정함으로써 이 과업을 수행하며, 그 과정을 전체 개입의 일부로 생각한다.

마찬가지로, 어떤 질병이나 손상을 경험한 사람에 대한 심리사회적 사정에서 성적 이슈를 다루지 못한다면, 이는 불완전한 것이다. 보건사회복지사는 질병과 손상의 치료와 시술 측면에만 특별히 초점을 두지 않는 유일한 보건의료팀 구성원이다. 대신, 보건사회복지사는 정서적 대처기술과 실제적 문제해결에 초점을 둔다. 사회복지적 관계는 환자와 파트너가 성생활과 육체적 친밀감 이슈에 관해 이야기하기에 가장 편안하고 안전한 환경 및 기회를 제공한다. 사회복지 사정 중 관계와 사회적 지지에 대해 이야기할 때야말로 환자가 성적으로 활동적인지, 파트너가 있는지 등을 물어보기에 자연스럽다(Fuentes, Rosenberg, & Marks, 1983; Gallo- Silver & Parsonnet, 2001; Weerakoon, Jones, Pynor, & Kilburn-Watt, 2004).

이러한 사정을 통하여, 보건사회복지사는 성욕과 육체적 친밀성이 자연스럽고, 생활의 정상적인 부분이라는 메시지를 전할 수 있다(Andrews, 2000). 대개 성욕과 육체적 친밀성을 즐겨온 사람은 그러한 삶이 다시 회복되고 계속되기를 원한다. 오랫동안 성욕에 어려움이 있었던 사람은 의료적 상태가 이러한 어려움을 다루기 힘들게 할 것이라 염려한다. 어떤 경우라도, 사회복지사의 지지와 공감은 그들이 혼자라고 덜 느끼고, 성욕과 육체적 친밀성에 대한 이슈에 덜 압도당하도록 도울 수 있다. 환자의 최근, 그리고 현재의 성관계에 대해 이해하면, 사회복지사는 부정적인 건강상태 때문에 잃게 된 것, 또는 잃었다고 생각하는 것에 대해 알게 된다. 모든 사정은 의미 있는 관계에 대한 정보를 이끌어내야 한다(참고 14.3 참조).

LGBT 환자의 경우, 그들의 관계에 대해 국가 차원의 법적 인정이 부족하기 때문에, 사회복지사는 그들이 직면하게 되는 추가적인 스트레스나 장벽에 대해 특별히 주의를 기울여야 한다. 이러한 인정의 부족으로 인하여, LGBT 커뮤니티의 구성원들은 파트너를 설명할 때 남자친구나 여자친구와 같은 용어를 사용하기도 하고, 설사 법적인 관계가 아니더라도 남편이나 아내라고 하기도 한다.

환자의 파트너는 환자의 성적, 감정적 관계를 이해하는 데 매우 중요하다. 파트너를 인터뷰하면, 질병이나 장애 이전 환자의 생활 기능에 대해 더 많은 정보를 이끌어 낼 수 있다(참고 14.4 참조; Cagle & Bolte, 2009; Lemieux, Kaiser, Periera, & Meadows, 2004). 파트너는 신뢰의 부족으로 인해 성생활이나 육체적 친밀성의 이슈에 대해 접근하는 것을 꺼려할 수 있으며, 질병이나 장애를 가진 파트너의 욕구 이전에 자신의 욕구에 따라 자기 본위로 생각할 수 있다(Soloway, Soloway, Kim, & Kava, 2005; Wimberly, Carver, Laurenceau, Karris, & Antoni, 2005; Zunkel, 2002). 파트너와 성생활과 육체적 친밀성에 대해 다루려고 한다면, 보건사회복지사는 질병이나 부상으로 인해 생활이 어

◆ **참고 14.3 환자에 대한 다섯 가지 사회복지사정 추천 질문과 전략**

1. 환자의 인적사항을 보면, 보건사회복지사가 심리사회적 사정에서 성생활과 육체적 친밀성에 대해 질문을 어떻게 하면 좋을지 생각하는 데 도움이 된다. 만약에 환자가 기혼자라면, 사회복지사는 다음과 같이 물어볼 수 있다. 예를 들면, "입원기록을 보니, 결혼을 하셨다고 나와 있네요. 결혼하신 지는 얼마나 되셨나요? 아이가 있으신가요? 자녀의 나이는 어떻게 되십니까? 요즘 성관계를 가지시나요?" 또는 "입원기록에 긴급연락처가 있던데요, 그분과 관계가 어떻게 되시나요? 그분이 친척이나 친구, 아니면 파트너이신가요? 파트너와 요즘 성생활을 하시나요?" 등이 있다. 어떤 환자는 게이나 레즈비언일 수 있다. 환자를 이성애자로 지레짐작하고 부인이나 남편이라고 얘기하면, 성적인 이슈에 대해 이야기를 꺼내고 이야기를 나누는 데 방해가 될 수 있다. *파트너*라는 용어는 보다 성-중립적이다.

2. 커플의 성적 관계를 사정하기 위한 첫 번째 단계는 정서적 친밀감을 사정하는 것이다. 정서적 친밀감은 커플이 서로의 삶에 대해 의사소통하고 공유하는 정도를 알 수 있는 유용한 지표이다. 고려할 부분으로는 서로 어떻게 만나게 되었고, 어떻게 관계가 발전되었는지, 질병/부상 전 잠자리, 특별히 중요하게 생각하는 즐거운 사건, 함께 보낸 레크레이션/레저 시간 등이 있다.

3. 환자는 성관계와 육체적 친밀성을 개인적인 방식으로 정의한다. 환자에게 *성관계* 또는 *육체적 친밀성*을 어떻게 정의하는지 물어봄으로써, 공손하고 전문적인 태도를 보일 수 있다: "파트너가 있으시고, 질병이나 부상 전에 성관계를 하셨다는 말씀을 해주셔서 감사합니다. 저와 이야기 나누시는 것이 괜찮으시다면, 구체적으로, *성관계*가 어떤 의미인지 말씀해 주실 수 있으신가요?"

4. 환자는 질병이나 부상이 성기능에 미치는 영향에 대해 염려, 걱정, 스트레스를 갖기 때문에, 보건의료전문가와 성문제에 대해 이야기 나누기를 원할 것이다. 보건사회복지사는 환자가 쑥스러워하더라도, 이 이슈에 대한 개방이 환자를 편안하게 할 수 있기 때문에 이러한 근심에 대해 이야기를 나눌 수 있다. 성적 이슈에 대해 탐색하는 이유는 환자의 고독감을 줄여주고, 성적 기능을 향상시킬 수 있는 의료적 정보나 개입에 접근하도록 도울 수 있기 때문이다. 보건사회복지사는 이야기를 나누는 목적을 분명히 밝히며 이러한 이유를 설명한다. "이런 개인적인 이슈를 이야기해 주셔서 감사합니다. 성관계에 대해 여쭤보는 것이 저도 좀 난처합니다. 이 이슈에 대해 이야기하는 목적은 특별히 도움이 필요할 수도 있는 부분을 알아보고자 하는 데 있습니다."

5. 때로 환자는 특별히 신체 기능에 대해 걱정하는 것이 아니라, 자신이 다른 사람에게 어떻게 보여질지, 그리고 자신이 생각하는 매력의 상실과 장애에 관하여 걱정을 하기도 한다. 이러한 감정은 자존감을 낮추기 때문에 환자에게는 매우 낙담되는 것일 수도 있다. 때때로 이러한 감정은 치료나 재활에 전념하는 것을 방해할 수 있으며, 우울증의 한 측면일 수 있다 (McCabe & Taleporos, 2003; Sundquist & Yee, 2003; Tanyi, 2002). 보건사회복지사의 개입은 공감

적으로 경청하고, 침묵을 인내하는 것이며, 환자를 성급히 안심시켜 탐색을 방해해서는 안된다. "외적인 모습에 대한 당신의 감정은 매우 중요합니다. 당신은 이 일로 얼마나 많은 고통을 느끼고 있는지 말씀해 주셨습니다. 어떤 쉽고 빠른 해결책이 있다고는 생각지 않지만, 이 문제에 대해 이야기하는 것이 해결책을 찾는 데 도움이 되리라 생각합니다."

떻게 변하였는지 일반화하여 질문하는 것이 나을 수 있다(Esmail et al., 2002).

성에 대한 과거 정보를 획득하고, 궁극적으로 환자와 파트너의 문제해결을 둘러싼 성적 이슈에 도움을 제공하는 보건사회복지사의 접근은 지지적인 상담기술에 기반을 두고 있다. 보건사회복지사의 질문 활용은 커플의 생각과 감정, 관심사, 욕구에 대한 이해를 증대시키며, 더 깊은

◆ **참고 14.4 파트너에 대한 네 가지 사회복지사정 추천 질문과 전략**

1. 사회복지사는 커플이 관계를 시작할 때 가졌던 성경험과 육체적 친밀성에 대해 이해하여야 한다. 보건사회복지사는 커플의 관계가 어떻게 감정적으로 진행되었는지 알기 위하여, 파트너에게 어떻게 환자를 만났는지 물어볼 필요가 있다. 예를 들면, "어떻게 두 분은 커플이 되셨나요? 커플이 되기로 생각하신 계기는 무엇입니까? 관계를 시작할 때 어떠셨나요?" 등 파트너의 감정적인 부분에 초점을 맞추어 질문하고, 궁극적으로 성적인 부분에도 관심을 기울여야 한다.

2. 감정적 몰입을 성관계와 육체적 친밀성 등 육체적 사랑의 표현과 연결시키면, 파트너는 보건사회복지사가 이 부분에 관심을 갖고 있다는 것을 알 수 있게 된다. 보건사회복지사는 이러한 대인관계적 접근을 반영하여 질문하는 것이 필요하다: "제가 드릴 질문은 당연한 것이지만 또한 매우 개인적인 것으로, 불편해하지 않으셨으면 합니다. 두 분 관계에서 시간이 지나면서 성생활과 육체적 친밀성 부분은 어떻게 발전이 되셨나요? 환자분이 질병이나 부상을 입기 전에는 어떠셨나요? 요즘은 스킨십이나 애정 표현을 어떤 식으로 하시나요?"

3. 보건사회복지사는 파트너가 자신과 환자의 삶에서 성생활과 육체적 친밀성을 어느 정도 중요하게 생각하는지 확인할 필요가 있다: "질병/손상 전에 사랑/섹스를 하는 것이 얼마나 중요하셨나요? 지금 어떤 것이 그리우신가요? 질병/손상 전에 두 분이 즐겨하셨던 것을 다시 할 수 있는 방법을 알아보는 데 관심이 있으신가요?"

4. 보건사회복지사의 개입은 공감적으로 경청하기, 침묵에 대해 인내하기, 파트너를 성급하게 안심시키거나 주제를 바꿈으로써 탐색을 방해하지 않기 등이 있다: "두 분이 얼마나 많이 서로 공유하고 가까운지를 잘 알 수 있게 해주셔서 감사합니다. 커플의 삶에서 성생활과 육체적 친밀성은 중요한 부분입니다. 아마도 말씀을 더 나누면서 두 분의 관계에서 육체적 친밀성을 유지하거나 회복하는 데 도움이 되는 어떤 해결방법이나 특별한 서비스를 같이 찾을 수 있을 것으로 생각됩니다."

개입을 필요로 하는 환자와 파트너를 확인하고, 다른 보건의료 전문가들이 특수화된 서비스를 제공할 수 있도록 협력한다.

사정을 위한 이런 식의 과정 중심적인 개요 외에도 의료모델을 이용하는 보건의료현장에서는 다른 개입 방법들이 더 흔하게 쓰인다. 보건사회복지사는 다른 보건전문가들이 성에 대한 이슈와 육체적 친밀성에 대해 어떻게 접근하는지 인지해야 할 필요가 있다.

다음의 EX-PLISSIT 사정모델은 간호전문가에 의해 개발되고 개선되었으며, 보건사회복지사들도 활용하곤 한다(Cagle & Bolte, 2009). EX-PLISSIT은 1976년 아논Anon에 의해 개발된 PLISSIT 모델에 기반을 두고 있다(Taylor & Davies, 2006). 약자가 의미하는 바는 다음과 같다.

*EX*tended 확장된. 성적인 이슈를 가지고 있는 사람들을 돕기 위해, 사회복지사는 완급이 적절하고 지속적인 접근방법을 취해야 한다.

*P*ermission 허용. 사회복지사는 일반화generalization와 정상화normalization 개입을 통해 환자로 하여금 성적인 사안에 대해 이야기하고 고민하도록 허용해주어야 한다.

*L*imited *I*nformation 제한된 정보. 사회복지사는 성과 관련된 사정에 있어, 환자와 가족의 교육 측면을 정확히 담아내기 위해 제한된 정보를 수집할 필요가 있다.

*S*pecific *S*uggestion 구체적 제안. 사회복지사는 환자 및 해당 커플에게 질병이나 손상 이전의 성적 활동에 기반하여 구체적인 제안이나 추천을 해주어야 한다.

*I*ntensive *T*herapy 집중치료. 사회복지사는 확인된 욕구를 다룰 수 있도록 적절한 의뢰를 통한 집중치료를 제안할 수 있다.

많은 보건사회복지사가 EX-PLISSIT 모델을 활용하지만, 사회복지에서 발전된 모델 역시 사용할 수 있다. CARESS 모델은 삶의 마감을 앞두고 완화치료를 받는 환자의 성적인 이슈를 사정하기 위해 고안되었다(Gallo-Silver, 2011). 각 약자가 의미하는 바는 다음과 같다.

*C*ounseling 상담. 보건사회복지사는 다양한 서비스와 동시에 심리사회적인 개입을 제공한다. 성적인 이슈는 종종 질병에 대한 적응에 초점을 두고 지속적으로 만나는 과정에서 드러나기도 한다.

*A*ssessment 사정. 보건사회복지사가 환자 및 파트너와의 치료적 관계를 발전시키고 난 후에는 그들이 정서적이고 육체적인 친밀감에 대해 이야기할 수 있도록 하는 방식으로 성적인 이슈들을 끄집어내야 한다(참고 14.4 참조).

*R*esearch 연구. 사회복지사는 구체적인 질병 및 상태로 인해 각각의 환자가 직면한 성적인 문제와 특수한 욕구에 대해 잘 알기 위해 연구를 수행해야 한다.

*E*ducation 교육. 사회복지사는 환자 및 파트너가 의료적으로 관련된 현재의 성적인 문제들을 이해하도록 돕기 위해, 사회복지사의 연구에 기반하고 보건의료팀과 협력해 환자와 파

트너에게 교육을 제공해야 한다.

Strategies 전략. 사회복지사는 환자 및 파트너와 함께 협력하여, 구체적인 문제를 해결하기 위한 전략을 세워야 한다. 대체로 커플은 서로 아이디어를 나누는 것을 무안해 하거나 꺼리기 때문이다.

Sustainment 유지. 사회복지사는 의료적인 이슈들이 변화할 때에도 커플을 돕기 위해 지속적으로 헌신해야 한다.

보건사회복지사는 명확한 설명을 다시 요청하기 어려워하는 환자들에게 특정한 용어나 어구가 어떻게 혼동을 줄 수 있는지, 다른 보건전문가들이 이해하도록 돕는다. 성적인 행동을 묘사하는 완곡한 어구의 수를 고려할 때, 정의는 개개인마다 달라질 수 있다.

아동기 성적 학대
CHILDHOOD SEXUAL ABUSE

사람들의 성적인 경험은 기쁨, 만족, 포기 혹은 실망으로 가득 차 있을 수 있다. 보건사회복지사가 기술을 활용하여 성생활과 육체적 친밀성에 대한 이슈들을 정상화하고, 이를 삶의 자연스러운 일부인 것으로 인정하고 나면 다른 이슈들이 드러나게 될 수 있다. 슬프게도 모든 아이들이 부모의 정성어린 보살핌과 애정으로 길러지는 것은 아니다. 연구자들은 여성의 1/3, 남성의 1/7이 아동기에 성적 학대를 경험한 것으로 추정하고 있다(Finkelhor 1984; Maltz, 2001, 2003; Russell, 1999). **아동기 성적 학대**는 페니스, 손가락, 손, 혹은 기타의 물건을 질과 항문에 삽입하는 것, 구강 성교를 하거나 받는 것, 애무나 자위 행위, 목욕을 하거나 화장실을 이용할 때 사생활을 침해하는 것, 성적으로 도발하는 행동 및 나체, 포르노그라피에 노출되거나 참여하는 것 등 다양한 일련의 행동을 포괄하는 용어다(Johnson, 2004). 아동기 성학대생존자는 종종 보건의료시스템에서 감정이 상하기도 한다(Jehu, 1992). 환자들은 옷을 벗고 이상하게 보이는 병원가운을 입고, 가만히 있거나 특정 포즈를 취한 채 X-레이나 기타 다른 방사선 검사를 받고, 부인과나 직장 검사와 같은 침습성 검사를 받아야 하는 상황들은 이전에 회피해 왔거나 인정하지 않았던 아동기 성학대에 대한 감정이나 생각을 불러일으킬 수 있다(Draucker & Spadlin, 2001; Gallo-silver & Weiner, 2006; Hobbins, 2004; Sansone, Gaither, & Sansone, 2001; Sansone, Skaife, & Rhodes, 2003).

보건사회복지사는 보건의료 환경에 대처하는 데 어려움이 있거나 정신적인 스트레스를 받고 있는 환자와 일할 때에 아동기 성학대와 관련된 과거력에 대해 알게 될 수도 있다. 이러한 환경에서 환자가 안전감을 느끼도록 돕는 것은 주어진 상황에 대한 환자의 통제감을 증가시킴으로써 가능하다. 모든 의료적 절차는 어떠한 형태의 동의서를 필요로 하는데, 이는 환자의 바람에 따라 철회되거나 변경될 수 있다. 다음의 사례는 보건사회복지사가 정서적으로 취약한 인구집단을 어

♣ 사 례

> 앨런Allen 씨는 암을 치료하기 위해 줄기세포이식을 받고 천천히 회복 중이다. 그는 집중 항암치료를 받았고, 이 치료에서 골수를 회복하기 위해 이식이 필요했다. 그는 마지못해 잠옷을 갈아입고, 목욕을 거부하며, 검사를 받을 때마다 몸부림을 쳤다. 그와 이식을 기대하며 상담을 진행했던 사회복지사는 앨런 씨의 행동이 이식 이전에 암에 대해 대처해왔던 것과는 다르다고 하였다. 그의 행동 변화에 대한 의료적 원인을 배제한 후에, 사회복지사는 앨런 씨가 자신의 감정과 사고에 대해 더 많이 인식하도록 지속적으로 도와주었다. "스텝들이 당신을 만질 때 당신을 괴롭게 하는 것은 무엇인가요? 말로 표현해 줄 수 있나요?"와 같은 간단한 질문은 그가 어릴 때 그의 피부가 매끈하고 부드럽다고 말하며 애무하던 아버지에 대해 이야기할 수 있도록 도왔다. 앨런 씨는 모든 체모가 없어졌을 때 아버지가 추행했던 몸으로 돌아가는 것 같은 기분 때문에 공포감을 느끼게 되었다는 사실을 사회복지사에게 말했다. 지속적인 상담과 치료가 포함된 정신과적 개입은 앨런 씨가 남은 치료 과정을 유지할 수 있도록 도왔다.

떻게 임상적 기술을 사용하여 도울 수 있는지 묘사하고 있다.

　　보건의료현장에서 아동기 성학대에 대해 탐색하는 것은 위의 사례에서 알 수 있는 바와 같이 과거력이 의료에 대한 장애물로 나타날 때 적절히 필요하다. 환자가 학대받은 경험에 대해 이야기할 때 공감적으로 반응할 수 있는 능력은 아동기 성학대의 경험이 있는 사람과 일하게 될 때 매우 중요한 기술이 된다. 그러한 이야기는 본질적으로 듣기가 어렵고 사회복지사와 다른 보건의료 전문가들에게 상당한 불안감을 유발할 수 있다. 아동성폭력 생존자들에게는 자신의 과거력이 듣기에도 힘든 일이라는 사실을 아는 것 자체가 존중과 지지가 된다. 질문의 속도 역시 중요하다. 왜냐하면 생존자들이 한 번에 너무 많은 정보를 공개하게 되면 스스로 압도되거나, 다시 트라우마를 갖게 되기 때문이다. 한 번의 세션에서 얼마만큼의 주제에 대해 다룰 것인지 미리 정해둠으로써 보건사회복지사는 생존자가 거절당하기보다는 배려받고 있다고 느끼도록 도울 수 있다(Gallo-Silver & Weiner, 2006; Schacter, Radomsky, Stalker, & Teram, 2004).

인간의 성적 반응
HUMAN SEXUAL RESPONSE

　　청소년기 동안 호르몬의 급증은 스킨십에 대한 피부의 민감도를 높인다(Neufield, Klingbell, Borgen, Silverman, & Thomas, 2002). 스킨십에 대한 민감성은 인간이 늙거나 병이 들어도 온전하게 남아 있다(Gelfand, 2000; Kingsberg, 2000). 심각하게 아픈 사람도 침상 목욕에서나, 발에 모이스쳐 크림을 바를 때, 침대에서 자세를 바꾸는 것에 도움을 줄 때에도 성적으로 반응할 수 있다. 척수손상 환자의 경우, 척수손상 부위 이외의 다른 신체부분은 매우 민감하다. 일부 척수손상 환자는 손상 부위 아래의 느낌이 적기 때문에, 피부에서는 민감도가 매우 고조되는 것 같다고 보고했다 (Sipski, 1998).

인간의 성적 반응은 신경학적인 과정으로 볼 수 있다. 뇌의 중심에서 자극을 해석하고 신체에 반응하도록 메시지가 전달되기 때문이다. 뇌는 접촉적 자극과 비접촉적 자극 모두를 해석한다. 뇌는 학습·경험·기억의 저장소로 기억의 모든 요소를 가지고 있다. 뇌는 신체적 자극과 관련된 흥분·각성·오르가슴, 자위의 성적 공상 및 성적인 기억, 실제의 성 경험과 같은(Cranston-Cuebas & Barlow, 1990; Holstege, Georgiadis, & Paans, 1003; McKenna, 1999) 다양한 성적인 기억도 저장한다(Karma, Lecours, & Leroux, 2002). 자위의 성적 공상은 인간이 성숙해짐에 따라 피상적으로 변할 수 있는 생각이지만, 삶의 과정을 통해 기본적인 개념은 끊임없이 지속된다(Green & Mosher, 1985; Hurlbert & Whittaker, 1991; Lukianowicz, 1960; Mosher, 1980; Nutter & Condron, 1985; Rowan 2000). 장기 기억의 일부에서는 성적인 기억이 탄력적이고, 회복 가능하다(Jones & Barlow, 1990). 자위의 성적 공상을 이용함으로써, 의학적으로 아프고 상처 입은 사람들도 이러한 기억을 되찾아 그들의 성적인 반응을 증대시킬 수 있다.

마스터스Masters와 존슨Johnson(1966, 1970)은 인간의 성적 반응을 상호의존적인 단계로 분류하였다. 이 네 단계는 발기부전과 성적 불감증, 즉, 성기능부전에 대한 우리의 이해를 증진시키지 못하고 환자들에게 절망감과 거절감만 더해준 과거의 개념을 넘어서서, 인간의 성생활에 대해 현존하는 지식을 확장시켰다. 마스터스와 존슨이 밝힌 단계는 다음과 같다. (1) 흥분기는 섹스에 대한 생각과 감정, 성적인 감정에 휩싸이는 단계이며, (2) 고조기에는 성적인 자극이 주어지는 동안 생식기로 혈류가 증가하고, 음경이 발기되며, 질에 애액이 분비된다. (3) 절정기는 빠른 근육 경련과 함께 심장과 호흡이 가빠지고, 체온이 상승하며 사정이 일어나는 단계이고, (4) 해소기에 이르면 심장 박동이 정상으로 돌아오고, 생식기로의 혈류가 줄어든다.

의학적 질환과 상처는 이러한 단계들 중 일부에 지장을 줄 수 있으나, 모든 단계에 뚜렷하게 지장을 주는 경우는 매우 드물다(Black, 2004; Boone & Kelly, 1990; Ide, 2004; Katz, 2007; McCabe & Taleporos, 2003; McInnes, 2003). 모든 단계에서 지장을 받은 것이 아니기 때문에, 의학적으로 질병이나 상처를 가지고 있는 사람들도 성적인 회복이 가능하다. 성적 재활은 의학적으로 아프거나 상처를 가지고 있는 사람에게 성적인 기능을 회복시키고 재개할 수 있도록 도움을 주는 과정이다. 재활적 접근은 어떤 단계의 기능이 유효한지 확인하고, 그 단계들의 강점을 키움으로써 환자들이 성적인 반응과 즐거움을 최대화할 수 있도록 돕는다(Gallo-Silver, 2000; Kaplan, 1974, 1983; Schover & Jensen, 1988). 성 치료자는 인지적이고 행동적인 기술에 초점을 두고 이 모델을 사용하여 성적인 염려와 걱정들을 제거할 수 있도록 돕는다(Gallo-Silver, 2000).

마스터스와 존슨이 발전시킨 성적 반응의 단계는 본질적으로 선형적인 것으로 간주된다. 이러한 이유에서 성 치료자는 이러한 단계가 여성보다 남성과 더욱 관련되어 있다고 보았다. 예를 들어, 베이슨Basson(2001)은 여성의 성적 반응이 남성에 비해 보다 순환적이라고 했다. 베이슨의 여성 성적 반응 주기는 정서적인 친밀감과 함께 시작되고 끝나며, 그 친밀성은 성적인 자극에 대한 수용성을 높인다. 주기는 정서적·신체적으로 모두 주관적 각성을 일으키고, 객관적 각성과 반응적 흥분으로 이끌며(마스터스와 존슨의 흥분기 단계와 유사), 오르가슴과 해소, 그리고 정서적·신체적 만족감이 뒤따르게 된다. 정서적·신체적 만족감은 더 깊은 정서적 친밀감을 불러일으킨다. 베이슨의 공식에서 정서적 친밀감은 성기능 주기의 시작과 끝이다. 베이슨의 개념에 기반을 둔 개입을 하는 성치료자들은 성적·정서적 만족에 대한 기본 요소로서, 손상되지 않은 반응 주기의 측면을 규명하는 강점에 기반한 접근법을 사용한다.

변화된 신체나 기능의 문제를 가진 환자는 성적인 이슈에 대해 낙담하고 두려워하기 쉽다. 강점 기반 접근은 성에 대한 다른 접근과 달리, 이와 같은 환자에게 희망과 가능성의 수단으로 제시된다. 베이슨(2001)의 모델에 기반한 재활적 접근은 안락함과 육체적 친밀감을 즐기는 데 장애가 될 수 있는 대인관계적·정신 내적 이슈에 초점을 맞춘다. 여기에서 설명한 젠더의 패턴이 불변하는 것은 아니라는 점을 인식해야 한다.

발달적 관점
DEVELOPMENTAL PERSPECTIVE

노년기

성은 종종 청년의, 비장애인의, 날씬하고 건강한 사람의 영역으로 규정된다. 일부 베이비부머(제2차 세계대전 후 1945년에서 1968년 시기에 태어난 세대)는 성적으로 왕성한 노년기를 새로운 현상으로 여기지만, 1990년대의 라우먼뿐만 아니라 1940년대의 킨제이 역시 남성과 여성 모두 80대와 90대에 이르러도 성적으로 왕성하고 육체적 친밀감의 질에 만족하는 사람들이 있다는 것을 발견하였다(Kinsey, Pomeroy, & Martin, 1948, 1953; Laumann et al., 1994). 킨제이의 연구결과는 이를 보다 잘 조명하고 있는데, 그의 연구시기에는 사람들의 중위 생존연령이 오늘날보다 낮았고 심각한 의료적 문제를 해결할 정도로 의학이 발달하지 않았었기 때문이다. 사회복지사는 성이 기본적인 인간의 조건이기 때문에 모든 환자를 성적인 존재로 고려해야 한다. 이러한 접근은 그 어떤 집단(예를 들어, 80세보다 나이가 많거나, 신체적으로 장애가 있는 경우)도 성적으로 활동적이지 않다고 간주되거나 성적인 욕구가 없어지는 것은 아니라는 사실을 분명하게 해줄 것이다.

일정한 연령 이후에 여성은 에스트로겐의 분비가 줄어들기 시작한다. 에스트로겐의 감소 단계에서는 질의 애액 분비가 줄어들고, 질벽도 점점 두꺼워지며, 탄력성이 떨어지게 된다. 어느 정도 호르몬에 의해 결정되는 성욕도 감소될 수 있으며, 일부 여성들은 나이가 많아지면서 강렬한 오르가슴을 덜 느끼게 된다고 보고한다(Dennerstein & Lehert, 2004; Dennerstein, Lehert, Dudley, & Burger, 1999). 그러나 호르몬 대체치료는 유방암과 난소암의 위험을 높인다는 실증적 증거로 인해, 여전히 많은 논란을 일으키고 있다(Aubuchon & Santoro, 2004; Chen et al., 2004; Ching & Lip,

2002; Durna et al., 2004).

폐경기 여성은 질의 윤활액 혹은 모이스처라이저의 도움으로 편안한 성교가 가능하다. 남성은 나이가 듦에 따라 발기를 위해서는 더 많은 촉각적인 자극이 필요하기도 하며, 발기도 덜 단단할 수 있다. 오르가슴의 강도나 사정의 양 역시 줄어들게 된다. 남성 역시 오르가슴이 따르는 발기에 도달하기까지 많은 시간이 걸리게 된다. 발기부전 치료제는 자연스러운 노화, 의료적 문제, 혹은 정서적으로 흥분하는 것에 문제가 있는 사람들에게 효과가 있다고 한다.

라우먼 등(1994)은 노년기의 성생활에 있어서는 신체적인 노화의 후유증보다 파트너의 존재 여부가 더욱 중요한 장애물이 될 수 있다고 주장하였다. 파트너가 없는 노인은 기본적인 성생활로 자위를 이용할 수 있다. 자위는 잠드는 의식의 일부가 될 수 있다. 파트너가 없는 여성 노인의 자위는 남자 청소년 사이에서 일어나는 만큼이나 많다는 결과가 있다(Laumann et al., 1994). 노인 공동주거시설에서 일하는 보건의료 스태프는 자위를 하고 있는 환자를 마주하게 될 때 불편하다는 보고를 하기도 한다. 사회복지사는 노년기의 자위에 대해, 그리고 행위 중인 자위에 대해서도 직원들을 교육할 수 있고, 그러한 경험에 대해 정상화하여 받아들이도록 도울 수 있다.

보호주택assisted living residence, 노인 지원 아파트, 요양원, 만성질환 돌봄기관과 같이 노인 공동주거시설에 사는 사람들은 때로 다른 거주자와 성적인 관계를 형성하기도 한다. 요양원과 만성질환 돌봄기관은 독신 환자의 방 공유를 금지하기도 한다. 그렇지만 사랑에 빠진 연인들은 어떻게든 사적인 시간을 보내는 방법을 찾아낸다. 연약한 환자들을 성적 학대에서 보호하는 것도 중요하지만, 사생활과 성생활에 대한 일부 규정은 보호의 필요성보다 섹스에 대한 사회적 불편함을 더 반영한다. 사회복지사는 성적 활동에 대해 동의할 능력이 있는 환자들이 제도적인 정책이나 절차와 부합하는 방식으로 그들이 바라는 사생활을 가질 수 있도록 대변해야 한다.

동성애자 노인은 보호주택, 요양원, 만성질환 돌봄기관에서 특히 고립되었다고 느낄 수 있다(D'Augelli, Grossman, Hershberger, & O'Connell, 2001; Grossman, D'Augelli, & Hershberger, 2000; McMahon, 2003). AIDS 전염성으로 인해 남성 동성애자는 동성친구의 지지 없이 지내게 된다. 평생 자유롭게 자신의 정체성을 드러내고 살았던 동성애자 노인들도 시설에 들어온 이후부터는 자신을 있는 그대로 보여주지 못하거나 자신의 성적 정체성/지향에 대해 공개적으로 이야기할 수 없다고 느끼는 경우가 많다(Spitzer, Neuman, & Holder, 2004). 사회복지사는 LGBT(레즈비언, 게이, 양성애자, 트렌스젠더)들이 배척되거나 희생양이 되는 위협 없이 안전하다고 느끼면서 있는 그대로의 자신으로서 살아가는 등 새로운 주거 환경에 적응할 수 있게 도와야 한다. 사회복지사는 직원들뿐 아니라 거주자에게 수용하는 모습을 본보기로 보여주는 것이 중요하다.

보건사회복지사는 보건의료팀의 다른 구성원들에게 환자의 성에 대한 정보욕구에 대해 알려줄 수 있다. 때때로 보건사회복지사는 보건의료팀에서 성적인 문제에 접근하기에 가장 "안전한" 구성원으로 보이기도 한다. 이는 보건사회복지사가 환자에게 중요한 다른 이슈들에 관해 형성해 온 치료적인 유대관계 때문일 것이다.

♣ 사 례

80세의 존스Jones 씨는 여러 개의 동맥 폐색을 심장 카테터 삽입으로 제거하고 병원 회복실에 있다. 그의 침상에는 그의 "친구"인 75세의 토마스Thomas 여사가 있다. 의사는 그가 잘 회복되고 있으며, 몇 주 내에 정상적인 활동으로 돌아갈 수 있다고 말해주었다. 그러나 그 시기 동안 과도하게 힘을 가해서는 안 된다고 했다. 의사는 성교에 대해 언급하지 않았다. 존스 씨나 토마스 여사 역시 이미 이전에 한 달에 수 차례 사랑을 나눴음에도 불구하고 이에 대해 말하는 것이 편하지 않았다.

그들은 성생활을 하다가 심장마비로 죽은 사람들의 이야기를 들었기 때문에 집에서 껴안는 것조차 두려워했다. 사회복지사는 존스 씨와의 상담에서 토마스 여사와의 관계에 대해 질문하며 그들을 안심시켰으며, 성적인 관계에 대해 이야기하는 것이 중요하다는 것을 분명히 하였다.

청소년

청소년은 정서적으로, 신체적으로 빠르게 변화하는 시기이다. 청소년기의 주요한 특징이면서, 발달단계에서 이 시기에 정서적인 격변을 가져오는 엔진은 테스토스테론testosterone과 에스트로겐estrogen이다. 청소년은 음모, 유방, 근육량에서의 발달로 인해 신체이미지와 기능에 큰 변화를 가지게 됨으로써 어려움을 겪는다. 질병과 손상은 청소년의 신체와 발달하는 성정체성의 관계를 더욱 복잡하게 한다(Berman et al., 1999; Greydanus, Rimsza, & Newhouse, 2002).

보건의료 전문가는 권장된 치료가 생식력에 지장을 주거나 손상시킬 수 있다는 것을 환자에게 알려야 한다. 흔히 이러한 논의는 치료로 인해 발생할 수 있는 성적 문제들에 적절히 대응하지 못함으로써, 질병이나 치료가 자신의 성적 능력에 끼칠 영향에 대해 알고 싶어하는 청소년들의 욕구에 답하지 못한다. 고환암, 부인과 암, 음경암과 같은 일부 질병은 생식기의 기능과 모양에 모두 영향을 미친다(Anderson, Woods, & Copeland, 1997; Katz, 2007; Nazareth, Lewin, & King, 2001; Opjordsmoen, Waehre, Aass, & Fossa, 1994). 보건사회복지사는 환자들에게 완벽하고 포괄적인 정보가 주어지도록 옹호할 수 있는데, 이는 그들의 대처를 돕는 첫 번째 핵심적 단계이다.

옹호는 보건의료팀에 대한 사회복지사의 중요한 리더십 기능이다. 환자가 의사나 간호사에게 정보를 받기 전에 보건사회복지사가 생식기에 미치는 질병과 손상의 영향, 그리고/혹은 치료의 영향에 대해 알고 있는 것은 중요하다(Fuentes et al., 1983; Weerakoon et al., 2004). 이러한 논의가 발생할 때 그 자리에 함께 있는 것은 환자에게 어렵거나 고통이 될 수도 있는 논의를 형성해가는 보건사회복지사의 능력을 극대화시켜 준다.

성적으로 경험이나 지식이 없는 사람들과 성적인 이슈를 논의할 때에는 분명하고 정확한 언어를 사용하는 것이 중요하다. 환자가 주어진 정보를 이해하지 못하거나 정보를 오해할 가능성이 있을 때, 이를 다른 보건의료 전문가에게 알리는 것은 보건사회복지사의 옹호 역할의 한 부분이다.

♣ 사　례

림프종을 앓는 19세의 크레인Crane 씨는 자랑스럽게 병원으로 걸어들어가 사회복지사에게 의사들이 틀렸으며 그가 받는 화학요법으로 자녀를 갖지 못하는 일은 없을 거라고 이야기한다. 그는 여자친구와 함께 지난 밤 사랑을 했으며, 모든 것이 예전과 거의 같았다고 말한다. 크레인 씨는 그의 질병에 대해 이야기할 때 사용한 완곡하고 의료적인 언어 때문에 혼동된 것이다. 그는 불임이 발기를 하지 못하는 것이라고 생각하였다.

생식력과 관련한 이슈 외에도, 청소년이 어려움을 겪는 심리사회적 문제는 매력과 호감도의 이슈이다. 신체이미지 문제는 현재 파트너가 없거나 성적인 경험이 제한된 사람들에게 자존감의 위기를 가져올 수 있다(Horgan & MacLachlan, 2004; Ide, Watanabe, & Toyonaga, 2002; Lawrence, Fauerbach, Heinberg, & Doctor, 2004; McCabe & Taleporos, 2003). 외모의 변화는 성별에 관계없이 청소년 누구에게나 고통스럽다. 많은 사람들이 청년기를 장기적인 관계를 맺고, 결혼하고, 아이를 갖는 시기로 본다. 따라서 신체상의 변화를 경험하는 사람들은 이 시기 동안 특별히 자존감의 이슈에 취약할 수 있다. 이는 절단으로 고심하고 있는 청년에게는 특별히 더욱 그렇다.

♣ 사　례

22세의 딘Dean 양은 자동차 사고 이후, 왼쪽 다리의 무릎 위쪽을 절단하게 되었다. 거의 동시에 그녀의 남자친구는 그들의 관계를 끝내기로 결정하였다. 그녀가 의족을 기다리는 동안, 그녀는 반복적으로 약속을 취소하고 외래의 물리치료 약속을 지키지 않는다. 그녀는 사회복지사에게 그녀는 그저 휠체어에 앉아 있게 될 것이기 때문에 약속을 지키는 것이 무의미하다고 이야기한다.

사회복지사와의 상담은 그녀가 남자친구와 다리 모두에 대한 상실을 애도할 수 있도록 돕는다. 지지와 교육은 딘 양이 좀 더 통제감을 느끼고, 그녀의 의족을 받아들이도록 돕는다. 상담은 그녀의 통합적인 물리치료의 일부분으로 지속된다. 딘 양은 점차 그녀의 외모에 주의를 기울이기 시작한다. 그녀는 사회복지사에게 친구들과 어울릴 때 좀 더 확신을 갖게 되었으며, 새로운 관계를 시작할 '적합한 사람'을 만나고 싶다고 이야기한다.

팔다리의 절단과 얼굴의 손상은 개인의 자존감을 심각하게 파괴할 수 있다. 그것은 다른 사람이 그 사람과 상호작용하는 데 직접적인 영향을 미치기 때문이다(Horgan & MacLachlan, 1004; Lawrence et al., 2004; McCabe & Taleporos, 2003; Monga, Tan, Ostermann, & Monga, 1997).

청소년기 신체적 발달의 특징적인 여러 변화를 고려할 때, 질병과 손상으로 인한 추가적인 변화는 청소년과 그의 친구들을 멀어지게 한다. 청소년들은 보통 친구들과 함께 자신의 신체적 변화에 대한 생각과 고민을 공유하면서 배워 나가지만 질병이나 손상으로 인한 어려움을 겪는 청소년들은 그러한 기회를 갖지 못하는 경우가 많다. 어떤 면에서는 보건사회복지사와의 관계가 질병이나 손상으로 야기된 특별한 상황에 대한 타당화와 정상화를 위한 환경이 된다.

팔다리를 절단한 청소년에게 절단된 부분을 가려주는 옷을 입은 상태에서는 보철용품이 신체를 "온전하게" 보이도록 해주지만, 친밀한 상황에서는 팔다리의 상실이 분명하게 드러난다. 이러한 현실은 청소년이 필수적인 물리치료와 보철용품 피팅을 받고, 이를 준수하는 데 영향을 미친다. 보건사회복지사의 역할은 종종 청소년이 잃어버린 신체 일부에 대해 슬퍼하고, 상실에 대한 증인이 되고, 상실이 성적인 관계에 어떤 영향을 미칠지에 대한 두려움에 직면하도록 하는 것이다. 물리치료 세션 전이나 직후에, 절단에 적응하는 정상적이고 일반적인 과정에 대해 교육하고 지지적인 상담을 제공하는 것은 절단을 경험한 청소년들이 그들의 경험을 통합하기 시작하도록 돕는다(Bodenheimer, Kerrigan, Garber, & Monga, 2000; Shell & Miller, 1999). 보건사회복지사 개입의 목표는 환자가 지속적인 적응과정의 부분으로서 신체 일부의 상실을 받아들이는 것이다.

얼굴의 외모손상에 대한 청소년의 적응에는 사회적인 고립과 보건의료 전문가를 포함한 새로운 사람과의 만남에 대한 불안이 수반된다(Bianchi, 1997; Monga et al., 1997; Whitehead, 1993). 보건사회복지사는 환자와 눈맞춤을 유지하고 얼굴의 손상으로 인해 발생된 불편감을 인정해줌으로써 신뢰관계를 만들 수 있다. 얼굴의 손상이 있는 청소년이 사람들을 편안하게 해주는 전략을 개발

♣ 사　　례

15세의 노스North 군은 뇌성마비로 인해 여러 가지 신체적 문제를 겪고 있다. 그는 마찬가지로 뇌성마비를 가진 15세의 화이트White 양과 우정을 나누고 있다. 그들은 둘 다 치료를 받고 있는 병원에서 만났다. 부모들은 그들의 자녀가 가까운 친구관계라는 것을 알고 있다.

한 의료 보조원은 그들이 사적인 장소라고 여긴 곳에서 키스와 애무를 하는 것을 보았다. 그는 화이트가 "보호되어야 한다"고 믿으며, 그녀의 어머니에게 이야기한다.

사회복지사는 화이트의 어머니가 병원 직원에게 노스에 대해 불만을 표현한 후에 개입한다. 부드럽지만 공감적으로, 사회복지사는 화이트의 어머니가 딸과 그 남자친구의 행동을 청소년기의 관점으로 볼 수 있도록 도왔다. 어머니는 딸이 생리주기를 이해하도록 돕고, 브래지어를 사고, 개인 위생행동을 배우도록 하는 것 이상으로는 딸의 신체 변화에 초점을 맞추지 못했다. 어머니는 사회복지사에게 딸이 그러한 생각을 가질 수 있다는 것을 생각해보지도 못했다고 인정한다. 마찬가지로, 노스의 부모님도 그가 자위행위를 하는 것을 알았지만 그와 성적인 발달이나 감정에 대해 이야기해보지는 않았다.

보건사회복지사는 공평한 중립성뿐만 아니라 공감을 활용하여, 이 두 가족이 많은 어려운 이슈에 관해 서로 의사소통하도록 도울 수 있다. 이 사례에서, 청소년의 행동을 정상화하는 것은 그 부모들이 청소년을 둔 모든 부모가 같은 문제로 애쓰고 있다는 것을 깨닫도록 돕는다.

하고, 외모손상에 대해 마음을 상하게 하는 반응에 개방적이고 직접적인 방식으로 대처하도록 도움으로써 이들이 사회적 확신을 얻을 수 있도록 지원할 수 있다. 보건사회복지사는 일반적으로 절단이나 얼굴의 손상을 가진 청소년들이 성적인 정체성과 육체적 친밀성의 이슈를 고려해보고, 사회적인 상황들을 관리할 수 있도록 돕는다.

사회복지사는 이성애자만을 가정해서는 안 되는데, 이는 많은 레즈비언, 게이, 양성애자 등이 중고등학교에서 "커밍아웃"하거나, 그들의 성적인 지향성에 대해 인식하게 되기 때문이다(Grov, Bimbi, Nanin, & Parsons, 2006). 게다가, 많은 성전환자들은 청소년기에 그들의 성 정체성과 싸우기 시작하기 때문이다(Koken, Bimbi, & Parsons, 2009).

마지막으로, 복합적인 의료적 욕구가 있는 청소년은 보통 그들에 대한 지속적인 의료에 관여해야 하는 부모로부터의 독립이라는 이슈로 고군분투한다. 청소년의 삶과 신체적 욕구에 대한 부모 관여가 증가하면, 그들의 자녀가 성숙하고 성적인 발달을 하고 있다는 것에 대한 인정이 늦어질 수도 있다. 보건사회복지사는 종종 자녀가 경험하는 추가적인 어려움과 성정체성 및 육체적 친밀성과 관련된 청소년기의 경험에 관해 부모를 교육한다. 이성애 및 LGBT청소년은 그들의 자아감과 정체성을 확인하기 위해 성적인 접촉을 할 수도 있다.

부부와 일할 때의 특별한 이슈
SPECIFIC ISSUES RELATED TO WORKING WITH COUPLES

건강한 배우자의 부모화 Parentification

질병을 치료하는 의학기술의 향상, 외래 서비스의 확대, 보험회사의 요구로 인해 병원에 머무는 기간이 계속해서 짧아지고 있다. 가족은 만성질환이나 급성질환을 가진 사람을 실제적으로 돌보는 데 더 많이 관여하고 있다. 돌봄이 보건 관련 시설에서 환자의 가정으로 옮겨지는 것은 부부에게 의도치 않은 부정적인 결과를 가져올 수 있다.

질병과 외상성 손상은 환자를 실제적으로나 정서적으로 취약한 위치에 두고, 타인에 대한 의존을 증가시킨다. 건강한 배우자는 종종 환자의 상태를 모니터하고, 투약을 감독하고, 병원진료를 위한 교통편을 제공하며, 목욕과 화장실 이용을 보조하고, 물리치료나 작업치료에 참여해야 한다. 실제적이고 개인적인 돌봄의 수준이 증가할수록, 배우자는 그들이 배우자가 아닌 부모가 된 것 같이 느껴진다고 보고할 수도 있다. 다른 보건의료전문가들은 건강한 배우자가 돌봄과 치료, 경과에 대해 상세하게 초점을 맞추기 시작할 때, 부부 관계에서 이러한 역동의 변화가 생긴다는 것을 종종 인식하지 못한다. 이러한 건강한 배우자의 잠재적인 부모화에 대한 보건사회복지사의 인식은 부부 간에 생기는 고립과 외로움을 감소시킬 수 있다. 보건사회복지사는 문제해결기술을 사용하여, 배우자가 육체적 친밀성의 어떠한 측면을 일상 생활에 통합할 수 있는지에 대해 탐색하도록 한다. 배우자는 그 활동을 알아내고, 보건사회복지사는 부부가 육체적 친밀성을 이러한 활동에 통합하는 방법을 고려해 보도록 돕는다. 여기에는 목욕 시 마사지를 한다거나 환자의 식사를 도울 때 키스를 하는 것 등이 포함된다.

단도직입적이고 솔직한 제안은 부부가 그들의 사랑을 육체적으로 보여줄 수 있다는 승인이 될 수 있다. 보건사회복지사는 작업치료사와 협력하여, 매일 스스로 돌보는 기능뿐 아니라 성생활 이슈에 영향을 미치는 외상성 손상에 맞서 부부가 좀 더 정상적이라고 느끼도록 도울 수 있다.

♣ 사　례

리차드Richards 양은 허리 아래로 마비가 오게 한 총상에서 회복 중이다. 그녀의 배우자인 배리Barry 씨는 그녀를 매일 찾아와 급성의료 재활센터에서 있는 치료에 참여한다. 리차드 양은 사회복지사에게 배리가 신경을 써주고 도움이 되지만, 애정이나 육체적 관계는 어려움이 있다고 호소하였다.

사회복지사는 배리 씨를 만나 그와 배우자가 척수손상에 얼마나 잘 적응하고 있다고 생각하는지 묻는다. 그는 많이 배우게 됐고, 리차드를 모든 면에서 돕고 싶지만, 이전의 삶의 측면을 잃어버렸다고 보고한다. 사회복지사가 질문을 계속하자, 배리 씨는 자신이 얼마나 연인으로서가 아닌 아버지처럼 느끼는가에 관해 말하며 울기 시작하였다. 그는 그녀를 안고 그녀의 가슴을 애무하는 것을 얼마나 좋아했는지 사회복지사에게 회상한다. 배리 씨는 이것을 사회복지사와 이야기하면서 상당히 당황한 것으로 보인다. 사회복지사는 그를 안심시키고 척수 손상이 리차드 양의 가슴을 변화시킨 것은 아니며, 그들이 접촉하는 것이 그녀를 어떤 식으로든 손상시키는 것이 아니기 때문에 그들이 여전히 나눌 수 있는 무언가가 있을 것이라고 제안한다. 사회복지사는 그에게 침상 주변에 커튼을 치고, 서로 얼마나 사랑하는지 보여줄 수 있는 충분한 사생활을 가지라고 제안한다.

♣ 사　례

웡Wong 씨는 고환암 수술을 받은 후 회복 중인 28세의 남성이다. 그가 자위행위를 하려고 할 때 이를 우연히 본 간호사가 그를 보건사회복지사에게 의뢰하였다. 그는 보건사회복지사에게 그의 성기가 여전히 기능하는지 확인하고 싶었다고 설명하였다. 주치의는 수술에 앞서 그의 발기능력은 변하지 않을 것이라고 그를 안심시켰다. 웡 씨는 그가 성적인 능력이 없으면 2년 된 남자 친구인 페레즈Perez가 그를 떠날 것이라고 두려워하였다. 그는 페레즈에게 어떻게든 말하는 것도 두렵지만, 이 문제에 대해 전혀 논의하지 않고 집으로 돌아가는 것을 더 두려워하고 있었다. 보건사회복지사는 그들이 서로의 몸을 즐길 수 있는 다양한 방법을 발견하도록 돕는 커플 회기를 진행하였다. 특히, 페레즈의 포옹과 키스는 웡에게 그들의 관계에 대한 페레즈의 마음을 확인시켜주었다.

부부 의사소통의 한 측면으로서의 육체적 친밀성

질병과 외상성 손상은 부부가 의사소통하고, 공유하며, 서로를 이해하는 능력에 큰 영향을 미칠 수 있다. 만약 건강상의 위기가 오기 전에 의사소통 문제가 존재했다면, 건강이 좋지 않거나 장애가 있는 상태에서 의사소통 문제는 향상되지 않을 것이다. 질병을 가진 사람들의 육체적 친밀성을 위해서는 언어적인 의사소통이 필요하다. 부부는 건강의 위기가 오기 전에 즐겼던 육체적 친밀성을 다시 회복할 수 있도록, 종종 서로 경청하는 법을 재학습해야 한다. 변화된 신체와 신체이미지에 적응하려면 민감성과 명확성이 필요한데, 두 가지 모두 좋은 의사소통을 통해 가장 잘 이루어진다.

말하기/듣기 기술Speaker/Listener Technique(Markham, Stanley, & Blumberg, 1994)은 부부가 의사소통능력을 향상시켜, 그들의 생각과 염려, 걱정을 공유할 수 있도록 돕기 위해 개발되었다. 이 기술은 부부가 어떻게 반응해야 하는가에 초점을 맞추지 않고, 배우자가 말하는 단어에 어떻게 집중하는지를 가르치는 것을 포함한다. 부부는 배우자가 말한 것을 다른 말로 바꾸어 말하도록 노력하고, 그들의 해석이 배우자의 말을 정확히 반영했는지 물어보도록 배운다. 부부는 돌아가면서 그 연습을 마친다. 좀 더 구조가 필요한 부부의 경우에는, 말하는 사람이 "발언권Floor"이라 쓰여 있는 카드를 들 수 있다. *발언권 갖기holding the floor*라는 말은 그 카드를 지닌 사람만이 그 시간에 말할 수 있다는 의미이다. 말하기/듣기 기술은 침대 옆이든 병원 검사실에서든 배울 수 있다.

질병과 외상성 손상의 영향
EFFECTS OF MEDICAL ILLNESSES AND TRAUMATIC INJURIES

성적 · 육체적 친밀성에 대한 영향

질병과 손상은 인간의 성적 반응에 대개 지장을 주지만, 전적으로 이를 불능상태로 만드는 경우는 드물다. 많은 사람들은 최소한 성적 반응의 주요 단계(예: 성욕기, 흥분기, 절정기) 중 하나에서는 기능을 유지한다.

성행위 중 심장마비로 고통 받는 사람들에 대한 많은 일화가 있다. 성교 중 심장마비 사례가 흔하지 않음에도, 심장병이 있는 사람들은 종종 성행위의 이슈를 두렵고 공포스러운 것으로 여긴다(Debusk, 2000). 심장질환, 고혈압, 당뇨는 혈류량의 감소에 부차적으로 접촉과 자극에 대한 신체의 민감성을 대개 감소시킨다. 이는 생식기에 매우 큰 영향을 미치는데 음경의 발기나 질의 윤활작용을 위해서는 증가된 혈류를 공급해야 하기 때문이다. 그러나 동시에, 감소된 혈류는 성적 자극을 위한 욕구나 전반적인 오르가슴의 질에는 거의 영향을 미치지 않는다.

성욕은 호르몬에 의해 크게 지배를 받지만 또한 체계적인 문제에 의해 영향을 받을 수도 있다. 왜냐하면 정서적인 활력과 힘이 성욕단계에서 역할을 하기 때문이다. 신장부전증이 있는 사람들은 보통 신장이 깨끗하게 해주었을 불순물들이 신체 내에 쌓여서 에너지와 정력을 잃는다. 투석이 신장의 기능을 대신해주지만, 그 과정은 몸을 피로하게 하고 자극에 대한 전반적인 반응을 감소시킨다. 따라서 오르가슴은 거의 영향을 받지 않지만, 발기와 윤활작용이 손상된다(Schover, 2000; Schover & Jensen, 1988).

폐질환은 신체의 에너지를 앗아가고, 결국 성욕을 감소시킨다. 폐질환을 가진 사람은 자극을 받아 성적 반응의 흥분이나 각성 단계로 갈 수 있음에도, 때로 그들은 오르가슴을 견뎌낼 폐의 역량을 가지고 있지 않으며, 오르가슴의 질과 강도가 저하된다(F. Haas & Haas, 2000; Walbroehl, 1992).

암은 세포가 통제를 벗어나 배가되고 증가하는 모든 수많은 질병을 지칭하는 포괄적인 용어이다(19장 참조). 유방암이나 부인과 암을 가진 여성은 성욕의 감소, 흥분과 각성의 문제, 오르가슴 질의 저하를 경험할 수도 있다. 전립선암을 지닌 남성은 성욕감소와 발기의 문제를 겪을 수도 있지만 오르가슴 기능은 유지한다. 고환암을 가진 남성은 성욕과 발기능력은 있지만 일부는 오르가슴 질의 저하를 보고하기도 한다. 직장암과 방광암을 가진 사람들은 발기와 윤활작용의 문제를 경험하지만 성욕과 오르가슴은 유지한다. 방광암이나 자궁암, 다른 부인과적 암으로 치료받은 여성은 질 원개의 모양과 크기의 변화를 경험할 수도 있다. 따라서 질의 윤곽을 유지하고 늘리기 위해 확장기 사용이 필요할 수 있다. 확장기는 음경이 질에 편안하게 삽입될 수 있을 때까지 사용된다. 보건의료 전문가들은 질을 통한 성교를 질의 윤곽을 보전하는 방법의 하나로 권장하기도 한다. 이것은 성 부정적인sex-negative 권고인데, 이는 장기적인 성적 편안함을 위해 단기적으로는 여성을 불편하고 고통스러운 성교를 가져야 하는 위치에 놓기 때문이다. 백혈병이나 림프종을 가진 사람들은 성욕의 상실과 피로로 인한 발기나 윤활 장애를 경험하지만 오르가슴은 유지한다. 뇌종양을 가진 사람들은 성욕상실을 경험하지만 종종 오르가슴뿐 아니라 발기나 윤활작용을 할 수 있는 능력을 유지할 수 있다(American Cancer Society, 1998; Schover, 1999).

척수손상은 개인이 손상 부위 이하에서 느낄 수 있는 능력에 지장을 준다. 성욕은 그대로 남아 있고, 발기나 윤활작용도 일어나지만 개인이 이러한 변화를 느낄 수 없다. 오르가슴은 성기에만 제한된 것이 아니라 신체의 전체적인 반응이기 때문에 사람들은 손상부위 위쪽에서 절정감을 경험할 수 있다. 크롤Kroll과 클라인Klein(2001)은 감각을 유지하는 부위의 피부는 일종의 오르가슴 반응을 보인다고 보고하였다.

사회복지전문직은 강점관점을 장려하고 있다. 지지적이고 교육적인 사회복지 개입방법은 특정한 성적 능력의 상실이나 손상을 존중하는 동시에, 손상되지 않은 성적 기능의 측면에 초점을 맞춘다. 사람들이 자신의 성적 느낌을 편하게 나눌 수 있도록 도울 수 있는 보건사회복지사는 그들이 좀 더 만족스러운 육체적 친밀성을 만들기 위한 성적 반응을 찾아낼 수 있도록 도울 수 있다.

스태미나(성적 활력)에 대한 영향

암, AIDS, 폐질환, 다발성 경화증, 또는 그 밖의 만성질환으로 인한 전반적인 신체적 스태미나의 상실은 성적 자극에 대해 반응하는 신체적 능력을 손상시킬 수 있다(Ferrando et al., 1998; Harden, 2005; Parish, 2002; Schmidt, Hofmann, Niederwieser, Kapfhammer, & Bonelli, 2005; Walbroehl, 1992). 신체가 각성단계에서 절정기로 이동할 때, 심장박동과 호흡이 증가한다. 심장전문의들은 성적 활동에 필요한 에너지를 두 층의 계단 오르기나 평지에서 3마일 걷기에 소요되는 에너지로 비유한다(Brody & Pruet, 2003; Debusk, 2000; Thorson, 2003). 에너지 보존은 질병이나 손상을 가진 사람이 성적 능력을 회복하는 데 있어 핵심적인 요소이다. 체위에 대한 합의로, 성교 작업의 많은 부분은 건강한 파트너에게 옮겨간다(Haas & Haas, 2000).

피로는 질병을 가진 사람의 성적 행동에 주요한 장애물이다. 피로는 수면이나 휴식에 반응하지 않는 생리학적 현상으로, 활동성이 떨어지면서 더욱 심해지는 경향이 있다. 보통 피곤은 사실상 육체적인 것으로 수면이나 휴식을 통해 해결될 수 있다. 피로할 때 활동적이 된다는 것이 납득되기는 어렵지만, 운동은 피로를 상쇄시키는 작용을 한다. 사람들이 육체적 친밀성을 계획할 수 있도록 그들이 높은 에너지 수준을 경험하는 시기를 알아내는 것은 중요하다.

폐질환자에게 아침은, 자는 동안에 폐에서 만들어진 분비물을 깨끗이 하는 시간이다. 많은 사람들은 분비물을 깨끗이 한 후에 더 에너지가 있다고 느낀다. 뇌졸중이나 척수손상으로 인한 마비로 휠체어에 있는 사람들의 경우에는 그들이 침대에서 휠체어로 이동할 때 에너지 수준이 더 높아지는 것으로 보인다. 휠체어를 사용해야 하는 사람들에게 육체적 친밀성은 대개 침대보다는 휠체어에 있을 때 좀 더 쉽게 행해지는데 이는 휠체어가 신체적·정서적으로 지지가 되고(어떤 사람은 휠체어에서 좀 더 자신감을 느낄 수도 있다), 침대보다는 이동성을 가지기 때문이다.

신장투석을 하는 사람들은 보통 일주일에 3일 정도 투석을 한다. 보통 사람들은 투석 후 둘째 날 아침에 좀 더 에너지를 느낀다(Camsari et al., 1999; Reynolds & Postlethwaite, 1996; Uttley, 1996). 암에 대한 화학요법을 받고 있는 사람들은 화학요법의 부작용에서 회복할 수 있도록 치료 사이에 휴식을 갖는다. 보통 다음번 화학요법 직전에 높은 에너지를 갖게 된다(Burt, 1995; Hughes, 2000; Wood & Tombrink, 1983). 치료와 에너지 수준 사이의 관계를 알고 있는 보건사회복지사는 부부가 육체적 친밀성을 다시 시작할 수 있을 때, 그들이 정상이라는 느낌을 가질 수 있도록 더욱 잘 도울 수 있다.

인체면역결핍 바이러스(HIV)를 가진 사람은 감염 초기에는 거의 증상을 나타내지 않는다. 바이러스의 성장을 막는 약은 피로나 성적 활력을 감소시키는 위장질환과 같은 부작용을 가져올 수 있다(Roak, Webster, Darrow, & Stempel, 2005). HIV 보균자의 과제는 그들이 다른 사람에게 감염시킬 위험을 줄일 수 있는 실천방법과 일상적인 성적 활동을 통합하는 것이다. 남성의 경우 콘돔, 여성의 경우 덴탈 댐dental dam2)이나 살정제spermicide3)와 같은 보호 장치를 사용하기 위해서
는 성행동에 대한 사려 깊고 계획된 접근법이 필요하다.

약물치료에서 오는 합병증의 영향

성기능에 영향을 미치는 약에 대해 성적인 부작용을 가지고 있다고 말한다. 투약은 성적 반
응의 어느 단계든지 지장을 줄 수 있다(Dickman, 2003; Kaplan, 1983).

질병과 외상성 손상은 기분장애를 일으킬 수 있기 때문에 환자는 항우울제나 항불안제를 처
방받는다. 항우울제 투약은 성욕을 감소시킬 수 있다. 전립선암, 당뇨, 심장질환으로 발기부전을
겪는 남성은 우울을 경험할 수도 있다. 전립선암, 당뇨, 심장질환의 치료에는 호르몬 치료와 강압
제와 같이 추가적인 약제 처방이 포함되는데, 이러한 것들이 성욕 감소, 발기부전, 오르가슴의 강
도를 감소시킬 수 있다. 성욕을 억제할 수도 있는 항우울제가 치료약 리스트에 포함된다는 것으
로 인해 남성은 성적으로 "폐쇄되었다"고 느끼게 될 수도 있다. 발기부전 치료약이 발기력을 크
게 높여 성욕을 재점화시킬 수도 있지만, 그러한 약이 다른 약이나 신경 손상으로 인해 손상된
오르가슴의 질을 향상시킬 수는 없다.

남성과 마찬가지로 여성도 암, 당뇨, 심장질환에 대한 반응으로 우울을 경험할 수 있다. 이러
한 우울은 질병의 영향이 더해져, 성적 기능과 관련된 신체능력에 영향을 미친다. 화학요법은 35
세에서 40세 사이에 있는 여성환자 중 거의 절반에게 폐경을 가져온다. 또한, 40세에서 45세 사
이 여성의 70%, 45세에서 50세 사이의 여성의 경우에는 80% 정도 폐경을 가져온다(Poniatowski,
Grimm, & Cohen, 2001). 일시적인 갱년기는 더욱 보편적이다.

일부 부인과 암은 난소절제술이라고 불리는 난소 제거의 과정을 필요로 한다(Schover, 1997).
에스트로겐 수용체 양성 유방암의 치료는 여성에게 조기 폐경을 초래할 수도 있다(Chen et al.,
2004; Schover, 1997, 1999). 이러한 치료는 에스트로겐 분비와 신진대사에 미치는 효과로 인해, 질
윤활작용과 질벽의 탄성에 영향을 미칠 수 있다.

대개의 항우울제, 베타 차단제beta blockers,4) 강압제 등은 남성의 경우와 마찬가지로 여성에
게도 문제를 일으킨다(Dickman, 2003; Schover, 2000). 이러한 약을 복용하는 여성에게서 성욕감퇴,
자연적인 윤활작용의 상실, 오르가슴 질의 저하 등이 보고되었다. 아직까지는 자극에 대한 여성
의 성적 반응을 눈에 띄게 향상시킬 수 있다고 널리 인정받는 여성 성기능장애 치료법이 개발되
지 못했다. 일부 생약 복합제는 여성의 성기능을 향상시키는 데 식물성 에스트로겐에 의존한다
(Rowland & Tai, 2003). 이러한 조제약은 질벽과 음핵에 직접 바르는 연고이다. 이러한 조제약의 일
부는 혈액을 생식기로 쏠리게 하는 가벼운 자극제가 함유되어 있고, 다른 것들은 프로게스테론

---
2) 구강 성행위때 성병 보호용으로 쓰는 얇은 라텍스 조각 — 옮긴이 주.
3) 정자가 질에서 자궁경부를 통해 자궁에 들어가기 전에 정자를 죽이는 화학 물질을 포함하고 있는 피임
제 — 옮긴이 주.
4) β-아드레날린수용체를 차단하는 약물 — 옮긴이 주.

을 함유하고 있다. 후자는 복부에 바르는 연고 형태, 또는 천천히 호르몬을 배출하는 고리 모양의 질 삽입제이다. 그러나 이러한 어떤 방법도 미국식품의약청Food and Drug Administration의 인증을 받지 못했다는 점에 주의해야 한다. 그리고 보건사회복지사는 이러한 방법을 고려하는 환자들을 그들의 주치의에게 의뢰해야 한다.

보건사회복지사는 환자가 처방약과 의료적 처치에 따른 성적 부작용에 대해 인지하고 자신의 주치의에게 그러한 우려사항에 대해 이야기할 수 있는 자신감을 얻도록 도와주어야 한다. 이것은 처방된 약에 대한 어떠한 실행 가능한 대안이 없을지라도 중요하다. 환자가 질병과 손상, 치료가 가져온 손상에 대해 슬퍼할 수 있을 때, 질병에 대해 좀 더 통제력이 있다고 느끼게 된다. 발기부전에 대한 약을 요구하거나 주치의에게 호르몬 대체나 강화에 관한 이슈를 다시 논의하도록 요청하는 것에는 자기옹호가 필요하다. 보건사회복지사의 중요한 역할은 사람들이 그들의 주치의와 성적인 이슈에 관해 의사소통하는 방법을 배울 수 있도록 돕는 것이다. 때로 역할극은 사람들이 고통스러운 상황에서 의사소통하는 새로운 방식을 실천할 수 있도록 돕는 효과적인 방법이 된다.

질병이나 외상성 손상을 가진 사람의 성적 재활

성치료는 심인성 혹은 정서적일 수 있는 육체적 친밀성에 대한 문제나 장애를 다룬다. 성치료의 목적은 환자가 새롭고 향상된 성기능의 기준선을 확립하도록 돕는 것이다. 또한 성 재활상담은 성적인 기능과 친밀함에 대한 질병과 손상의 영향에 대해 초점을 맞춘다. 이것의 목적은 그들이 기준치의 성적 기능으로 되돌아가거나 회복하도록 돕거나, 변화된 기능의 기준치에 적응하도록 돕는 것이다(Gallo-Silver, 2000).

성 재활상담에는 여러 가지 인지행동적 개입이 포함되는데, 여기에는 안전한 스킨십 훈련 safe-touch exercise, 자기 탐색 및 자기 만족훈련self-pleasing exercise, 감각에 초점두기sensate focus 또는 감각적 마사지 훈련sensual massage exercise, 변화된 신체에 적응하기 위한 성교 체위 바꾸기 등이 있다(Gallo-Silver & Parsonnet, 2001; Schover, 2000). 안전한 스킨십 훈련과 신체지도body mapping는 스킨십이 육체적 친밀성과 성생활의 기초가 된다는 개념과 일치한다. 성 재활상담에서 일련의 안전한 스킨십 훈련 방법을 사용하기도 하는데, 이는 강간, 근친상간이나 아동 성학대 등으로 인해 성적으로 외상을 입은 사람들이 스킨십에 대해 편안함을 갖도록 돕기 위해 고안된 것이다(Maltz, 2003). 이러한 훈련 가운데 몇 가지는 질병이나 손상으로 어려움이 있는 부부를 돕는데 활용될 수 있다. 등에 글쓰기back-writing는 질병이 있는 사람이 파트너의 등에 손가락 끝으로 단어를 쓰는 것이다. 그 사람은 파트너가 글자를 정확히 알아낼 때까지 반복해서 단어를 쓴다. 그리고 나서, 서로 바꾸어 파트너가 질병이 있는 사람의 등에 글을 쓴다.

다른 훈련으로는 어린이 게임인 빨강불-초록불Red-Light-Green-Light의 변형으로, 질병이 있는 사람이 파트너에게 접촉해도 좋은 부분(초록불), 접촉하면 편치 않은 부분(빨강불), 때로는 접촉이 괜찮은 부분(노랑불)에 대한 암시를 주는 것이다. 신체지도는 유사한 개념에 기초하고 있다. 신체의 윤곽은 초록색, 빨간색, 노란색으로 그려지며, 배우자는 질병이 있는 배우자가 스킨십을 즐길 수 있는 신체부위에 대한 지도를 갖게 된다.

장시간 키스prolonged kiss와 두 번째 키스second kiss 훈련은 질병으로 인해 압박을 받는 부부는 빠르고, 거의 형식적으로, 때로는 부모가 하듯이 키스를 한다는 사실에서 착안된 것이다. 두 번째 키스 훈련은 부부가 만약 두 차례 키스를 한다면 서로에 대해 더 인식하고 연결되어 있다고 느낄 것이라는 전제를 가지고 있다. 전형적으로 두 번째 키스는 좀 더 긴 시간 동안 이루어져서, 부부는 두 번째 키스에서 좀 더 큰 정서적인 반향을 느끼는 경향이 있다.

자기탐색과 자기만족 또는 자위는 즐거운 감각을 발견하는 기본적 행동이다(Lukianowicz, 1960; Rowan, 2000). 많은 문화와 종교가 자위를 금지하지만, 자위는 여전히 남성과 여성이 자신의 성적 취향과 오르가슴 능력을 발견하는 일차적인 방법이다. 성 재활상담은 질병이 있는 사람이 변화된 몸을 탐색하고, 편안함을 되찾을 수 있도록 한다. 자기만족 훈련은 목욕의 한 부분에 포함된다(Gallo-Silver & Parsonnet, 2001). 그리고, 훈련은 침대에서나 의자에서 반복된다. 궁극적으로 질병이 있는 사람은 파트너에게 좋은 느낌을 주는 것이 무엇이고, 자신의 몸을 자극하는 가장 좋은 방법이 무엇인지 알려주게 된다.

이러한 기초 위에서, 부부는 자주 감각에 초점두기 훈련을 하게 된다. 감각에 초점두기 훈련은 질병이나 손상으로 성적 행위에 지장을 받고 있는 부부를 돕는 일련의 감각적 마사지 테크닉이다. 마스터스와 존슨(1970)이 개발한 이 훈련은 부부가 신체의 다른 부위에 대한 애무가 좀 더 편해질 때까지 직접적인 성기의 마사지는 피한다(Kaplan, 1974, 1987; Masters & Johnson, 1970). 신체의 손상을 입은 곳이나 "빨강불" 부위를 피하기 위해 성교체위를 바꾸는 것은 질병이 있는 사람이 에너지를 보전할 수 있도록 돕고, 부부가 안심하고 안전하다고 느낄 수 있도록 하여, 서로 육체적 친밀성을 즐길 수 있도록 한다.

또한 성 재활훈련은 스스로 할 수 있도록 하는 측면이 있다. 설명서는 따라하기 쉽고, 부부가 훈련을 이해할 수 있도록 그림이 곁들여진 체계적인 설명을 제공해준다. 이러한 자료들의 상당수는 이성애 부부에게 초점이 맞춰져 있지만, 동성애 커플에게도 쉽게 적용될 수 있다.

성 긍정적인 의료 환경 조성

보건사회복지사는 문제해결사이다. 프라이버시는 제도적 환경에서 육체적 친밀성에 대한 주요 장애물이다. 병실 문을 항상 열어두도록 하는 정책과 절차는 환자가 전염되는 염증이 있거나 보호가 필요할 때, 즉 골수나 조직 이식에서 회복되고 있을 때는 바뀌어진다. 성인 방문자가 성인 환자와 함께 침대에 있는 것을 반대하는 정책과 절차는 환자와 아동이 한 침대에 있는 것이 일상인 소아과 병동에서는 적용되지 않는다. 육체적인 애정표시에 대한 불편함도 병원 직원들이 새로운 환자를 위해 로맨틱한 환경을 제공해주는 산부인과 병동에서는 변화되고 있다. 보건전문가들 중에는 이처럼 대부분의 사람들이 친밀감의 상승을 경험하는 환경에서 질병이나 상해가 있는 성인 환자들만 제외된다는 사실을 잘 모르는 경우가 있다. 보건사회복지사는 상황에 따라, 개인별로 규칙을 적용하는 것을 지지한다. 종종 사생활에 대한 환자나 배우자의 욕구에 관한 직원교육에서는 부부의 사랑과 서로에 대한 헌신을 강조한다. 사회복지사는 별거로 인한 외로움과 슬픔을 해소하는 지지적인 돌봄 계획의 한 부분으로, 부부의 사생활을 정의할 수 있다. 때로, 보건사회복지사는 동료 전문가들이 환자의 사생활과 신체적 접촉에 대한 욕구를 이해하도록 돕는 창의적인 아이디어로 정책을 변화시킬 수 있다.

환자와 전문가를 위한 병원 도서관은 육체적 친밀성과 성생활에 관한 책을 거의 갖고 있지 않다. 보건사회복지사는 이러한 자료를 도서관에 비치하도록 옹호할 수 있다. 가정방문을 하는 사회복지사는 환자와 배우자가 육체적으로 가까워지도록 돕는 팜플렛이나 도서목록을 제공할 수도 있다. 만성 및 급성 질환이나 손상을 가진 사람들은 성적인 어려움에 대해 지식기반을 가지고 있는 비뇨기과 의사나 부인과 의사를 정기적으로 만나지 않는다. 사회복지사는 지역 전문가들이 환자와 배우자를 집단 형태로 만날 수 있도록 하는 교육적 프로그램을 개발하여 이러한 간극을 메울 수 있다.

♣ 사   례

보건사회복지사는 종양학과의 다학제간 회의에서 환자들이 파트너와 보내는 오붓한 시간을 좀 더 많이 갖기 원한다고 보고한다. 심지어 병실 문이 닫혀 있는데 직원들이 때로 노크도 없이 들어오거나, 노크하면서 불쑥 들어온다는 것이다. 사회복지사는 보건의료 직원들이 닫힌 문을 감염으로부터 환자나 다른 사람을 보호하기 위한 것으로만 간주하는 데 익숙하다는 것을 지적한다. 사회복지사는 배우자가 방문 중일 때, 환자나 배우자는 큐피드 카드를 문에 걸어서, 자신들이 같이 있으며 사생활을 원한다는 것을 직원들에게 알리도록 제안한다. 직원들은 변화를 받아들이고, 사회복지사의 제안은 기관 마케팅 캠페인의 한 부분이 된다.

결론
CONCLUSION

성생활과 육체적 친밀성의 문제는 문화적인 규범의 영향을 상당히 받는다. 이러한 이슈를 자세히 다루는 것은 이 장의 범위를 넘어서는 것이지만, 문화적 규범이 과학적 발견과 정치적 영향에 따라 어떻게 변화하는지를 고려하는 것은 중요하다. 한때 동성애는 여러 정신보건 전문직에서 정신적 질병으로 간주되었다. 의사들은 한때, 자위가 다수의 신체적·심리적 질병을 일으키며, 성교가 "건강한" 유일한 이유는 생식 때문이라고 믿었다. 아동학대 전문가와 보건의료전문가들은 한때 아동기의 성적 학대는 거의 일어나지 않는다고 믿었다. 성전환자는 여전히 널리 이해되고 있지 않으며, 원인론과 이것이 DSM의 진단이 필요한 질병인가에 관한 논쟁이 계속되고 있다. 그럼에도 불구하고, 이러한, 또는 다른 성적인 이슈들에 대한 태도의 변화가 결코 보편적인 것은 아니다. 보건의료전문가와 사회의 생각은 종종 종교적 믿음, 당시의 문화적 전통, 개인이 속한 인종이나 문화적 집단의 믿음, 성적인 존재로서의 사람에 대한 기본적인 과학적 이해에 기초하고 있다. 이러한 모든 요소는 당시의 정치적·문화적 환경에 따라 변화하기도 하며, 널리 영향을 미치는 것이 되기도 하고 혹은 그 영향력을 잃기도 한다. 그럼에도 불구하고, 성적인 문제는 본질적으로 사람에 관한 문제이다. 문화, 정치, 혹은 무지로 인해 인간의 성생활의 측면이 간과되거나 이를 생물학적인 기능으로서만 바라보게 되면, 삶의 질의 중요한 측면이 감소되는 것이다. 질병과 손상을 가진 사람들은 많은 상실, 그중 성적인 존재로 여겨진다는 느낌을 잃음으로써 고통받는다. 보건사회복지사의 역할 중 하나는 보건의료의 경험을 인간화하는 것이다. 아프고 손상된 환자가 그들이 사랑하는 사람과 연결되고, 육체적으로 사랑을 소통하며, 다른 이의 사랑의 접촉을 받아들이고, 즐거운 육체적 감각을 느끼는 등의 능력을 회복하도록 돕는 것은 보건의료 환경을 인간화하는 한 부분이다.

연습문제

연습 14.1

당신의 형제자매나 사촌이 당신에게 자신이 성전환자라고 이야기한다. 당신이 이를 알게 되었을 때, 어떻게 느낄 것인지에 대해 써 보라. 당신과 그와의 관계에 어떤 영향이 생길 것인가? 당신 가족에는 어떤 영향이 미칠 것인가? 당신의 형제자매/사촌의 배우자 선택은 당신과 당신의 가정에 의해 환영받을 것인가?

연습 14.2

당신이 현재 인턴으로 일하거나 실습하는 곳에서 육체적 친밀성에 방해가 되는 정책이나 절차 한 가지를 정해보자. 이 정책을 변화시킬 전략을 개발하라. 이 과정을 시작하려면 당신은 누구를 만나야 하는가? 이러한 논의를 하려면 어떤 환경—사적인 만남, 팀 회의, 회진—이 가장 좋겠는가? 당신은 정책의 일부는 보존하지만, 개인이 육체적 친밀성을 가질 기회를 증진시키는 대안을 얼마나 생각해낼 수 있는가?

연습 14.3

당신 자신의 성적인 이력을 써보자. 그것을 자신에게 조용히 읽어보라. 이러한 이야기를 낯선 이와 나누는 것이 얼마나 어려울 것인가? 당신이 자신의 이야기를 하는 데 좀 더 편하게 느끼도록 하려면 그 사람은 무엇을 하거나 말하거나 보여주어야 하겠는가? 당신의 생각을 수업시간 중 소집단이나 대집단에서 나누어보라.

연습 14.4

당신이 성적인 이슈를 논의하는 데 가장 편하게 느끼는 클라이언트 혹은 환자의 유형은 무
엇이며, 그 이유는 무엇인가? 성적인 이슈를 이야기하는 데 가장 불편한 클라이언트 혹은 환자의
유형은 무엇이며, 그 이유는 무엇인가?

추천 자료

전문적인 교육

American Association of Sex Educators, Counselors and Therapists (ASSECT)—www.assect.org
ASSECT는 다양한 수준의 기술을 가진 전문가들을 위해 미국 전역에서 많은 훈련 세미나와
워크숍을 통해 지속적인 교육을 제공하고 후원하고 있다.

LGBT 커뮤니티 교육

Advocates for Youth (LGBT Adolescents)—www.advocatesforyouth.org

Family Caregiver Alliance (LGBT frequently asked questions)—www.caregiver.org

LAMBDA (LGBT Adults)—www.lambda.org

질병 또는 상태별 성교육

American Association of Kidney Patients—www.aakp.org

American Cancer Society—www.cancer.org

American Heart Association—www.americanheart.org

American Lung Association—www.lungusa.org

American Social Health Association (Sexually Transmitted Diseases, Hepatitis, HIV/AIDS)—
www.ashastd.org

American Spinal Injury Association—www.asia-spinalinjury.org/

전문가와 환자/파트너를 위한 교육용 도서

Altman, C. (1997). *You can be your own sex therapist*. San Francisco, CA: Caper.

Britton, P. (2005). *The art of sex coaching*. New York, NY: Norton.

DeVillers, L. (2002). *Love skills*. Marina Del Rey, CA: Aphrodite Media.

Westheimer, R. K. (2005). *Sex after 50: Revving up the romance, passion & excitement*. Sanger, CA:
Quill Driver Books/Works Dancer Press.

제 **III** 편

보건사회복지 실천영역

제 15 장

아동 및 청소년 환자의 사회복지

Social Work With Children and Adolescents With Medical Conditions

낸시 보이드 웹 NANCY BOYD WEBB, 로즈 A. 바톤 ROSE A. BARTONE

이 장은 질병 및 치료에 관련된 스트레스와 외상적 요소들을 인정하는 강점관점strengths perspective을 활용하여, 사회복지사가 중증질환이나 만성질환을 갖고 있는 아동 및 청소년을 도울 수 있는 여러 방법을 제공한다. 이 장은 아동과 가족구성원들(광의의 가족을 포함하여)이 청소년의 의료적 현실과 관련한 수많은 스트레스 요인을 이해하고 대처하도록 돕는 방법뿐 아니라, 사회복지사가 의료 및 학교 인력과 효과적으로 협력하는 데 필요한 지식기반을 검토한다. 병원 기반의 사회복지 개입은 물론, 아동이 집에서 지내는 경우의 사회복지 개입에 대한 구체적인 예시는 질병의 서로 다른 단계에서 지원하는 방법을 제시해준다. 의학적으로 위태로운 아동을 돕는 데 있어서 가족과 함께 일하는 것은 핵심적인 부분이다. 이 장은 의료적 문제가 있는 청소년에게 적절하고, 포괄적이며, 온정어린 의료서비스를 제공하기 위한 협력적 팀워크의 필요성과 가치에 대해 서술하고 있다. 그러한 팀워크는 종종 사회복지사에 의해 주도되며, 사회복지사는 병원 기반의 의료 전문가뿐 아니라 학교 및 다른 지역사회 기관과도 연계하여 일한다.

이 장의 목표

- 아동 건강문제의 유병률과 범위를 이해한다.
- 의료적 진단 및 예후와 관련된 특성에 아동의 연령과 발달단계가 미치는 영향을 이해한다.
- 의료적 문제가 있는 아동에게 의료서비스를 제공하는 데 있어서 가족과 학교, 그리고 의료 현장 간 협력의 필요성을 인식한다.
- 병원과 가정, 그리고 지역사회에서 의료적 문제가 있는 아동을 돕는 사회복지사가 적용할 수 있는 개입방법을 학습한다.
- 아동 및 가족과 학제간 팀을 위한 완화의료palliative care와 생애말end-of-life 이슈에 대해 알아본다.
- 의료적 문제가 있는 아동을 상대하는 사회복지사와 관련된 대리외상vicarious traumatization 등의 이슈와 과제를 이해한다.

- 질병으로 어려움에 있는 아동 및 가족을 도울 수 있는 지역사회와 인터넷상의 자원을 알아본다.

아동 건강문제의 유병률과 범위
PREVALENCE AND SCOPE OF CHILDREN'S HEALTH PROBLEMS

아동의 건강문제는 며칠 정도 고통스럽고 불편한 것(수두나 감기)에서부터 그 아동의 전 생애에 걸쳐 꾸준히 모니터링하고 주기적으로 입원해야 하는 것(암 또는 당뇨, 표 15.1 참조)까지 폭넓다. 이 섹션은 아동기의 가장 흔한 중증 질환에 초점을 맞춰, 각 질병의 빈도와 진행 과정, 그리고 치료법의 일반적인 범위를 다루고 있다.

미국에서 18세 미만 아동 가운데 특별한 보건의료가 필요한 아동은 12.8%이며, 매년 18세가 되는 청소년 가운데 약 50만 명이 특별한 보건의료를 필요로 한다(Oftedahl, Benedict, & Katcher, 2004). 특별한 보건의료에 대한 욕구는 조산, 질병, 상해, 또는 선천적인 원인에 기인한다.

표 15.1 미국에서 가장 흔한 소아질환

질병	유병률	일반적인 진행 과정	치료법의 범위
천식	미국의 18세 미만 아동 670만 명, 11~17세 아동 유병률이 가장 높음(Akinbami, Moorman, Garbe, & Sondik, 2009)	평생	단기적 진정제, 장기적 흡입기, 환경적 조절, 임상시험
암	미국의 20세 미만 아동 약 1만 2,400명(Mariotto et al., 2009)	급작스런 발병	항암치료, 스테로이드, 구토방지제, 수술, 임상시험
당뇨	-제1형: 미국의 0~19세 인구 10만 명당 182명 이상 -제2형: 미국의 0~19세 인구 10만 명당 174명 이상(SEARCH for Diabetes in Youth Study, 2006)	-제1형(청소년기 발병): 자가면역, 21세 미만에서 진행 -제2형: 비자가면역, 21세 미만의 과체중 아동에서 진행	모든 유형: 식습관, 운동 제1형: 인슐린 제2형: 인슐린이 필요할 수 있음
소아 류머티즘성 관절염	미국 아동 10만 명당 1.6~86.1명(Helmick et al., 2008)	평생, 퇴행성	스테로이드
비만	미국의 2~19세 아동의 16.9%(Ogdem. Carroll, Curtin, Lamb, & Flegal, 2010)	유전, 생활습관, 문화, 의료적 문제에 따라	식습관, 운동, 약

의료적 진단에 대한 발달적 고려사항과 아동 및 가족의 의미 부여
DEVELOPMENTAL CONSIDERATION AND CHILD AND FAMILY ATTRIBUTION OF MEANING TO MEDICAL DIAGNOSES

질병에 대한 공식적인 진단은 생각지도 못하다가 받을 수도 있고, 몇 주, 몇 개월, 혹은 몇 년간 아동과 가족을 괴롭혀온 일련의 증상이나 문제 끝에 받게 될 수도 있다. 부모는 무언가 심각하게 잘못되었다고 의심하면서 큰 두려움 속에서 공식적 진단을 기다려온 것일지도 모른다. 반면, 어떤 가족들은 아동의 증상을 무시하고 아동이 호소하는 불평이 어떤 잠재적인 중요성을 갖는지 인식하지 못할 수도 있다.

진단 결과는 부모와 아동에게 그동안 아동이 불평해온 이유를 알려줄 뿐만 아니라, 가족과 아동에게 향후 수년 동안, 혹은 평생 실질적인 변화를 가져올 현실에 맞닥뜨리게 한다. 진단 결과는 종종 모든 것이 다시는 예전같이 될 수 없을 것이라는 잔혹한 현실을 가져오기도 한다. 아동이 심각한 질병을 갖고 있다는 것을 알게 되면 관계된 모든 사람들은 충격과 거대한 상실감을 느끼게 된다. 사람들은 그들이 이 새로운 현실에 적응하고 대처할 방법을 찾아야 하며, 이것이 모든 가족 구성원들의 삶에 영향을 주게 될 것임을 깨닫는다(가족과 건강에 대한 더 많은 논의는 13장 참조).

의료적 진단이 가족에 미치는 영향을 연구해 온 학자들은 청소년의 질병에 대한 일반적인 적응을 4단계의 모델로 설명한다. 클라크-스테판Clarke-Steffen(1993; Dell Clark, 2010)에 의하면, 그 단계들은 다음과 같다.

제1단계: **첫 번째 단서**. 가족과 아동이 "무언가 확실히 문제가 있다"고 인식하기 시작함.
제2단계: **림보**limbo.[1] 가족과 아동은 진단 결과에 대해 다양한 정도의 불확실성과 취약한 느낌의 반응을 보임.
제3단계: **의미 재건**. 가족은 치료프로그램의 필수 요소를 해내기 위해 생활습관과 일상을 재정비함.
제4단계: **새로운 정상**. 가족과 아동은 비록 현재의 상황이 이전의 "정상적인" 경험과 다르지만, 새로운 일상과 불확실성에 대한 인내를 공유하며 살아감.

---

1) 원래 가톨릭에서 지옥과 천국 사이의 장소를 일컫는 말로, 두 단계 사이의, 미래가 불확실한 상태를 의미함 — 옮긴이 주.

♣ 사   례: 천식이 있는 아동, 13세 칼Carl

이 사례는 아직 사춘기에 이르지 않은 소년인 칼의 설명을 토대로, 그가 세 살 때 천식을 진단받고 보였던 반응과, 이후 그 질병과 함께 성장한 경험을 보여주고 있다(Huegel, 1998). 그는 매일 필요한 약과 의사에게 이야기해야겠다고 생각한 중요사항들을 적어둔다. 칼은 건강상태가 좋지 않음에도 불구하고 체육수업을 포함한 스포츠 및 기타 학교 활동에 참여하려고 노력한다. 칼의 어머니는 그의 삶에 매우 긍정적인 존재였고, 자신들이 사는 지역사회에서 천식이 있는 아동과 가족을 위해 지지그룹을 시작하였다.

칼은 4학년 때부터 스스로 책임감 있게 약을(부모의 모니터링 하에서) 먹었다고 말한다. 그는 천식이라는 제약을 계속 안고 살아야 한다는 것을 명확히 인식하고, 갑작스런 발작에 대비해 스스로 Mediac Alert2) 팔찌를 차고 약과 에피펜EpiPen3)을 주머니에 가지고 다닌다. 그는 운동에 참여할 때 체육선생님과 코치에게 자신이 격렬한 경기를 시작하기 전에는 흡입기를 사용할 것이며 경기 중간에 잠시 나와야 할 수도 있다는 것을 알려준다. 그는 매년 3주짜리 여름 캠프에도 다녀오는데, 그곳에서 그는 상담도 충분히 받을 수 있고, 일상적인 캠프활동을 할 수 있도록 여분의 약과 흡입기도 제공받는다.

칼은 천식이 있는 다른 청소년들과 대화를 나누고 그들을 격려해주면서, 또한 자신의 이야기를 글로 적음으로써 그들을 도와왔다. 그는 천식을 가지고 사는 것이 좋지는 않지만 그것이 삶의 성공을 방해하도록 내버려두지는 않겠다고 분명히 마음먹었다. 이러한 긍정적인 태도는 다른 이들이 바랄 만한 이상적인 모습이라고 할 수 있다.

이 모델이 수용이라는 마지막 단계까지 논리적으로 진행되는 것처럼 보여도, 모든 가족이 일관되게 이 단계들을 거치는 것은 아니다. 어떤 가족은 진단 결과를 계속적으로 부정하며 추가적인 검사나 절차를 주장한다. 마찬가지로, 모두가 치료법을 따르기 위해 최선을 다할 때조차도 질병의 예측불가능성으로 인해 아동의 질병이 재발할 수 있고 대처방식을 손상시킬 수도 있다.

13세 소년 칼의 사례는 천식에 대한 한 가족과 아동의 긍정적이고 이상적인 적응 모습을 보여준다. 천식은 가장 흔한 아동의 만성질환으로, 미국에서 18세 미만 아동 600만 명 이상이 앓고 있다(Brown, Daly, & Rickel, 2007; Clay, 2004). 천식은 다른 만성질환보다 학교를 결석하게 하는 경우가 더 많은 편이고, 15세 미만 아동이 입원하게 되는 주요 원인 중 세 번째에 해당된다(Taylor & Newacheck, 1992). 사회복지사를 비롯해, 천식과 같은 질병이 있는 아동을 대하는 사람들은 아동에게 흡입기inhaler나 다른 치료가 필요하다는 것을 친구들이 알게 될 것이고 그것에 대해 걱정할 수도 있다는 것을 인지해야만 한다. 칼과 그 가족의 사례는 이 질병에 대한 성공적인 적응을 보여주는 경우로, 이들은 이 병 때문에 적응해야 할 많은 일들에도 불구하고 다른 사람들도 희망

---

2) 미국의 건강관리 관련 비영리기업으로, 회원들은 팔찌나 목걸이 등 개인 식별 장신구를 차고 다니다가 위급상황 때 응급구호전문가에게 개인의 건강정보를 알릴 수 있음 — 옮긴이 주.
3) 알레르기 쇼크가 왔을 때 사용되는 자동주사기 형태의 응급약품 — 옮긴이 주.

을 잃지 않도록 용기를 북돋아 주기 위해 자신들의 개인적인 경험을 공개하였다(Huegel, 1998).

아동의 질병에 대한 아동 및 부모의 일반적인 반응
TYPICAL RESPONSES OF CHILDREN AND THEIR PARENTS WHEN DEALING WITH A CHILD'S MEDICAL CONDITION

아동과 그 가족마다 심각한 질병에 대한 반응은 매우 다르다. 칼은 자신이 천식을 진단받았을 때 세 살밖에 안 돼서 그 질병이 갖는 의미를 이해할 수 없었다고 한다. 좀 더 큰 아동이 같은 상황에 놓인다면, 그 병 때문에 죽음에 이를 수도 있다는 생각을 할는지 모른다. 일곱 살 때 어머니로부터 자신의 당뇨병에 관해 이야기를 들었던, 현재 열 살인 한 소녀의 경우가 그러했다. 당시 소녀는 울음을 터뜨렸고, 부모가 그녀는 죽지 않을 거라고 납득시킨 후에도 소녀는 자신의 삶이 완전히 바뀔 것이라고 확신하였다(Krementz, 1992; Webb, 2009).

아동은 주변의 어른에게서 질병에 대한 암시를 받기 때문에, 부모가 올바른 정보를 가질 수 있게 도와주려면 사회복지사는 여러 질병에 대해 잘 알고 있어야 한다. 부모들은 종종 질병의 관리나 향후 진행될 과정에 대해 의사가 권고하거나 예고한 말을 확실히 기억하지 못할 수 있다. 이럴 때 문서화된 설명이나 가이드라인은 물론, 사회복지사가 질병이나 그것의 관리에 관한 질문에 대답해줄 수 있고 다른 의료서비스 공급자와의 관계에서 중재자 역할을 하는 것은 도움이 된다. 또한, 사회복지사가 환자나 그 가족과 좋은 관계를 유지하며 그들이 약, 식이요법, 추후 진료에 대한 지시사항을 잘 이해하도록 돕는 것도 중요하다. 이 장 마지막 부분에는 가장 일반적인 만성질환에 관해 도움이 될 만한 정보가 있는 웹사이트들을 제시해 놓았다.

의료적 진단에 관해 부모들은 여러 가지 질문과 불안감을 갖게 되기 마련이며, 의료서비스 공급자에게 이에 관해 말하고 싶지 않을 수 있다는 것은 이해할 만하다. 부모는 자녀가 왜 아프게 되었는지 알고 싶어 하며, 특히 자녀의 질병에 유전적인 요인이 있는 경우에는 책임감을 느낄 수도 있다. 부모는 분노와 걱정, 상실감의 복잡한 감정에도 불구하고, 자녀 앞에서는 긍정적으로 보이려고 노력할는지 모른다. 그러나, 아동은 대개 부모의 기분을 느낀다. 어찌할지 모르고 걱정스러운 부모들에게 개인이나 그룹 상담 참여는 상실을 애도하고 자녀를 좀 더 지지해줄 수 있다고 느끼게 하는 데 도움을 준다. 아동을 위한 그룹 또한 매우 도움이 될 수 있는데, 이를테면 비슷한 의료적 문제를 가지고 있는 다른 부모나 아동과 인터넷을 통해 접촉하는 것이다. 특정 질병에 대해 훈련된 사회복지사들이 중재하는 온라인 지원 및 정보 그룹은 치료센터에서 먼 곳이나 시골에 사는 사람들에게는 유용한 자원이다. 예를 들어, http://healthfinder.gov/scripts/SearchContext.asp?topic=833&section=3을 참조하기 바란다.

청소년은 질병이 미래에 미칠 영향보다 현재의 삶에 더 중점을 둔다. 그럼에도 불구하고, 약을 복용하고, 주기적으로 병원에 가서 검진을 받고, 때로는 혈액검사와 같은 검사들도 주기적으로 받아야 할지 모르는 의료적인 일상의 필요성에 대해 이해해야만 한다. 모든 과정 혹은 과정의 일부분에 대한 청소년의 저항은 흔한 일로, 부모들이 그 과정의 필요성을 강조하며 자녀의 저항에 단호히 대처하기 위해서는 도움이 필요할 것이다. 굿맨Goodman(2007)은 한 소년이 암 치료를 받게 될 것에 대해 극심한 스트레스를 겪던 상태에서, 이후 그것을 받아들이고 요추 천자법spinal taps4)과 같은 과정을 경험하는 다른 아이들을 도와주고 싶어 하게 되기까지의 변화를 보여준다. 이런 변화는 적어도 부분적으로는 한 공감적인 미술치료사로부터 받은 미술치료 덕분인데, 그 미술치료사는 그가 그림을 통해 자신의 기분을 상징적으로 표현할 수 있도록 도와주었다. 외부와의 접촉 없이 매우 고립감을 느끼며 자신의 상태에 대해 낙담하고 있는 아동들에게 특정 질병의 지지그룹은 굉장히 도움이 된다(특화된 지지 그룹을 후원하는 기관의 명단은 이 장의 추천 자료 참조).

의료적 문제를 안고 사는 것은 활동에 대한 스트레스와 제약을 가져오지만, 청소년들이 자신을 진단명으로 규정하지 않도록 하는 것이 중요하다. 일부 암 생존 청소년과 부모들은 지지적인 치료를 받은 지 1년 후 긍정적인 태도를 보고한다(Barakat, Alderfer, & Kazak, 2006). 이러한 현상을 *외상후 성장*posttraumatic growth이라고 하는데, 이것은 자기 자신과 다른 사람, 그리고 의학적 진단에 따른 미래의 계획을 보는 관점이 긍정적으로 바뀌는 것을 말한다. 이런 일이 모든 경우에 생기지는 않겠지만, 의료적인 위기가 부정적인 결과를 가져오는 것만은 아니라는 사실에 대해 설득력 있는 증거를 제시해준다.

아동·청소년 환자의 돌봄을 위한 가족, 학교, 의료 현장의 협력
COLLABORATION AMONG FAMILY, SCHOOL, AND MEDICAL SETTING IN CARING FOR YOUTH WITH MEDICAL CONDITIONS

아동들은 학교와 지역사회, 그리고 가족구성원의 네트워크들이 모두 포함된 세계에서 살고 있기 때문에, 의료적 진단을 받은 후 사회복지사들은 이러한 네트워크들과의 연계를 촉진할 필요가 있다. 비밀보장성confidentiality은 언제나 관철되어야 하고, 어떤 의료 정보일지라도 학교나 다른 곳과 공유하려 할 때는 사전에 아동의 부모로부터 서면 동의를 받아야 한다. 1996년 제정된 '건강보험의 이동성 및 책임성에 관한 법률'Health Insurance Portability and Accountability Act of 1996(U.S. Department of Health and Human Services, n. d.)은 의료정보의 비밀보장에 대한 법적인 보호 내용을 담고 있다. 부모가 자녀의 진단 내용에 대해 학교 교직원들에게 알려주고자 할 경우라도 너무 상세히 알리는 것은 삼가는 것이 바람직한데, 이는 부모가 학교에 알리는 내용이 학교에 평생 기록으로 남기 때문이다. 학교 간호사는 학교에서 아동에 대한 의료서비스를 조율하는 데 핵심적인 인물이다. 사회복지사, 부모, 학생, 간호사는 아동의 사적인 의료정보를 보호하면서 돌봄에 있어 협력할 수 있다.

---

4) 뇌 척수액을 뽑거나 약을 투여하기 위해 시행하는 검사법이자 처치법 — 옮긴이 주.

만성 혹은 급성질병을 가진 아동의 교육문제는 관련된 모든 사람들, 특히 그 아동에게 어려운 과제이다. 하지만, 암이나 생명을 위협하는 다른 질병을 가진 아동을 교육하는 것은 특별한 도전이 된다. 진단 단계에서 부모들의 첫 관심은 아동의 생존과 의료비용에 맞추어진다. 진단 결과에 대한 충격이 줄어든 후에는, 치료와 그 부작용이 교육과정이나, 어쩌면 미래의 성공까지도 방해할 수 있다는 현실을 인지하게 된다(Keene, 2003). 항암치료제나 방사선치료, 수술적 치료는 기억력과 인지능력에 영향을 미칠 수 있다(CureSearch, 2008). 치료의 부작용은 성인기까지 줄곧 이어져 인지기능과 신체기능의 손상을 초래할 수 있다(Leukemia & Lymphoma Society, 2007).

뇌종양, 눈과 귀 종양, 급성 림프구성 백혈병, 비호지킨 림프종non-Hodgkin's lymphoma의 치료는 치료의 본질상 학습과 기억력 문제를 일으킬 가능성이 더 높다. 항암제인 메토트렉세이트methotrexate나 사이토신 아라비노사이드cytosine arabinoside, 뇌수술, 그리고 뇌와 귀, 또는 몸 전체에 하는 방사선치료는 아동의 학습 장애를 초래할 위험이 높다. 신경심리검사는 학습능력 상실을 밝히는 데 중요한데, 이것이 시기적으로 알맞게 진단되면 적절한 교육 계획이 만들어질 수 있기 때문이다. 첫 검사 결과가 정상이라 하더라도, 학교에 다니는 동안 정기적으로 반복해서 검사하여 교육계획을 수정할 수 있도록 해야 한다(CureSearch, 2008).

사회복지사는 연방법상의 학생의 법적 권리를 확실히 이해하여 부모와 함께 미성년자인 환자를 옹호할 수 있도록 하는 것이 중요하다. 표 15.2는 학생의 권리를 지원하고 보호해주는 몇 가지 법들을 정리한 것이다. 사회복지사는 이 영역에서 교육자와 옹호자의 역할을 할 수 있다. 사회복지사는 교육자로서 부모와 학교 교직원에게 학생 권리에 영향을 미치는 법에 대해 가르칠 수 있다. 또한 사회복지사는 그 학생의 현재의 삶과 미래에 직접적으로 영향을 미칠 수 있는 사람들과 효과적으로 의사소통하고 협력할 수 있는 기회를 가지고 있다. 이러한 개입의 결과는 수년간 아동의 삶의 질에 긍정적 영향을 미치는 잠재력을 가지고 있다.

생식력
FERTILITY

청소년/청년기는 많은 변화와 도전을 가져온다. 청년들은 원할 때 아이를 가질 수 있는 것을 당연하게 여기지만, 암 진단은 이러한 가정에 도전한다. 특정 항암치료와 고선량 방사선 치료high-dose radiation therapy로 인해 불임에 이를 수도 있다. 사회복지사의 역할은 환자와 그의 가족에게 정보와 자원을 제공하여 그들이 성인기로의 변화와 그로 인한 장애물에 대비할 수 있도록 하는 것이다. 이는 질병을 진단 받은 초기 단계 때 진행되는 것이 가장 좋으며, 치료 기간이나 그 후에 필요할 때마다 주기적으로 주의를 기울여야 한다.

정자 동결보존과 수정란 동결은 가임기가 된 암 생존자에게 성공 확률이 가장 높은 방법이다. 정자 수집은 비교적 쉽다. 환자는 자위행위를 통해 정자세포를 제공하고, 정자는 미래에 사용

표 15.2	학생의 권리를 지원하고 보호하는 미국의 법률
재활법 Rehabilitation Act of 1973, 제504장	주요 일상생활 활동 가운데 적어도 한 가지와 관련해 신체적 또는 정신적 손상이 있는 개인을 차별로부터 보호하고 서비스를 제공하기 위해 교육부를 통해 연방정부의 지원이 제공됨.
미국장애인법ADA: American with Disabilities Act of 1990	장애인의 시민권 보장. http://www.usdoj.gov/crt/ada/adahom1.htm 참조.
장애인교육법IDEA: Individuals with Disabilities Education Act*	유치원, 초등학교, 중·고등학교(3~21세)까지 적합한 무상교육 보장. 개별화교육계획IEP: Individualized Education Plan은 학생들이 자신의 잠재능력을 최대치까지 성취할 수 있도록 지원해주기 위해 개발됨.
가족교육 및 프라이버시에 관한 법률FERPA: Family Education and Privacy Act	학생의 서면기록에 대한 비밀보장을 분명히 하여, 합법적인 사유를 가진 사람에게게만 학생의 승인 하에 이용가능하게 함.

* 재활법 제504장과 장애인교육법에 따라, 연방정부의 지원을 받는 단과대학 및 종합대학들은 학생들에게 편의시설을 제공해야 한다.

출처: Beyond the Cure: The Mountain You Have Climbed, National Children's Cancer Society, Saint Louis, MO: Author, 2008.

될 수 있도록 얼려서 보관된다. 수정란 동결은 재생산 확률이 가장 좋은 방법이지만, 수정란을 얼려 보관하기 전에 수정 과정을 거쳐야 하기 때문에 여성 환자들의 이용 가능성이 더 적다. 난자의 동결보존, 즉 성숙된 난자를 외과적 시술을 통해 떼어내어 얼려 보관하는 것이 여성에게 좀 더 실행 가능한 선택이다.

아직 가임기에 이르지 못한 환자의 재생산 능력을 보존하는 또 다른 방법으로는 남성의 고환조직 동결과 여성의 난소조직 동결이 있다. 과정은 외과적 시술을 통해 고환의 조직을 떼어내 얼리는 것이다. 여성은 외과적으로 난소의 부분 또는 전체를 떼어 두었다가 나중에 사용할 수 있다. 이런 절차는 아직 시험적이며 비용이 높다(Leukemia & Lymphoma Society, 2007). 21장에서는 자신이 암 발생 위험을 높이는 유방암 유전자 변이에 양성임을 알게 된 한 여성의 특별한 딜레마를 보여준다.

아동·청소년 환자를 돕는 병원 기반 및 지역사회기반 사회복지사를 위한 엄선된 개입방법
SELECTED INTERVENTIONS FOR HOSPITAL-BASED AND COMMUNITY-BASED SOCIAL WORKERS WHO HELP YOUTH WITH MEDICAL CONDITIONS

질병 치료 때문에 입원해 있는 아동·청소년들은 많은 스트레스를 받게 된다. 무엇보다 우선 미지의 대상에 대한 두려움이다. 이들은 익숙하지 않은 환경 속에서 낯선 사람들에 둘러싸여 고통스럽거나 불편한 치료과정을 겪어야 한다. 부모가 곁에 있어도 아동은 이 특수한 환경에서는 부모가 더 이상 "책임자"가 아니라는 걸 깨닫게 되고, 이러한 현실은 아동을 혼란스럽고 분노하게 만들 수 있다. 앞으로 자신에게 일어날 일과 관련한 아주 작은 통제나 선택에 대해서도 부모가 별로 도움이 되지 못한다는 것을 깨닫게 되면 아동의 두려움은 더욱 커진다. 더군다나, 도움이 될 거라는 치료법이 통증을 일으킬 수도 있으며, 이는 아주 어린 아동에게 큰 혼란을 줄 수 있다. 종종 아동은 자신의 신체에 손상이 생기는 것을 두려워하며, 자신이 과연 집으로 돌아가거나 기능적으로 정상적인 생활을 할 수 있게 될지에 대해 의문을 품게 된다. 병원은 아동에게 아주 무서운 곳이 될 수 있으며, 치료의 필요성을 이해하는 청소년이라도 그것을 받아들여야 한다는 사실에 강하게 분노할 수도 있다.

행동주의 소아과 의사인 조안 로베트Joan Lovett는 의료적 경험이 아동에게 정신적 외상을 줄 수 있는 요소들을 다음과 같이 꼽았다(Lovett, 2010).

- 무력감과 취약성
- 불편함과 통증
- 혼돈
- 부모의 스트레스
- 결과에 대한 불확실성

사회복지사는 어린 환자들과 가족이 질병에 동반하는 사회심리적 스트레스에 대처하도록 도와줄 수 있다. 사회복지 개입을 할 때는 환자에게 집중하느라 종종 간과되는 환자의 형제자매 등, 가족과의 협력이 필요하다. 가족 외에도, 사회복지사는 입원해 있는 환자들에 신경을 쓰면서 미래에 대한 그들의 불안과 두려움에 주목해야 한다.

사회복지사의 역할은 놀이치료적 접근법을 이용한다든지, 입원 후 질병의 다양한 국면을 거치는 동안 아동의 불안을 경감시켜줄 사전연습을 해주는 것 등을 망라한다. 몇몇 병원은 아동전문가를 고용해 아동에게 치료과정을 준비시키고 그것이 끝난 뒤에도 상호작용을 하면서 안정을 찾을 기회를 제공하는 등의 일을 맡긴다. 빌라스Vilas(2010)는 입원한 아동을 돕기 위해 놀이 및 표현치료를 이용하는 아동전문가의 역할에 대해 상세히 묘사하고 있다. 이러한 기능 중 많은 부분이 사회복지사들이 수행하는 역할과 매우 비슷한데, 사회복지사들은 전통적으로 환자·가족·의료진과 상호작용하면서 그들에게 필요한 서비스를 제공해 왔다. 사회복지 개입에는 놀이 및 표현치료, 불안관리기술을 포함하며, 이러한 개입방법들은 사회복지사와 협력하는 다른 전문가들도 사용하는 것일 수 있다.

놀이 및 표현치료

아이들은 자신의 감정을 단어로 표현하기 어렵기 때문에, 놀이치료사들은 인형이나 꼭두각시, 여러 종류의 장난감 등을 이용한다. 놀이치료의 기본적인 가정은 놀이치료사의 방문 목적이 자신의 "문제와 걱정거리"에 대해 도와주는 것이고 이야기를 하든 놀든 괜찮다는 것을 아동이 알게 되면, 그 아동은 자신의 불안을 상징적으로 표현하기 위해 장난감을 사용하게 될 것이라는 점이다.

의료적 문제가 있는 아동과 함께 일하는 치료사들은 누구나(병원, 학교, 지역사회 등 어떤 현장에서 일하든) 장난감 병원놀이에 들어 있는 것과 같은 의료용품들을 필요로 한다. 이런 용품에는 설압자,5) 장난감 주사기, 체온계, 혈압계, 수술마스크 등이 있다. 어린 아동은 인형을 대상으로 자신이 경험한 절차를 반복하기도 한다. 이런 과정 속에서 놀이치료사는 아동이 인형 환자의 기분이나 질문들을 말로 표현할 수 있도록 이끄는데, 이는 아동이 실제로는 인형을 통해 자기 자신의 감정과 걱정거리를 표현하고 있다는 가정을 전제로 한다. 이런 놀이를 하는 동안, 치료사는 질병에 관한 교육적인 정보를 제공해 아동의 혼란스런 생각을 명확히 바로잡아줄 수 있으며 아동이 자신의 미래를 예측할 수 있도록 도와준다. 다음과 같은 상황은 일반적인 것이다.

치료사: 앨리스, 이 인형이 너처럼 배가 아프고 병원에 가야 한대. 인형이 준비할 수 있도록 병원에 가면 어떤 일이 생길지 인형한테 좀 알려줄래?

아 동: 의사가방을 주세요. [장난감 주사기를 꺼내며 인형에게 말한다] 팔을 내밀어봐. 주사를 맞아야 해.

치료사: [인형인 듯 말한다] 아플까요?

아 동: 응. 그렇지만 금방 괜찮아질 거야. 네가 잠들고 나면 의사선생님이 와서 배의 일부를 꺼낼거야.

치료사: [인형인 듯 말한다] 배가 없으면 어떻게 먹어요?

아 동: 네가 할로윈 사탕을 너무 많이 먹어서 받는 벌이야.

치료사: [인형인 듯] 엄마가 내 배에 큰 덩어리가 있다고 했어요. 이게 사탕 때문인 거 같진 않아요. 왜냐하면 사탕이나 내가 먹는 다른 것들은 똥으로 변해 화장실에 가면 나와요.

아 동: 그럼, 그 큰 덩어리는 어디서 왔지?

치료사: 의사선생님도 확실히는 모르지만, 네가 먹은 음식 때문은 아니야. 어쨌건 의사선생님은 그걸 분명히 빼내주실 수 있고, 그렇게 하면 넌 더 이상 아프지 않을 거야.

아 동: [인형에게] 좋아. 이제 일어나도 되고 곧 집에 갈 수 있을 거야.

치료사: 네가 정말로 괜찮아졌는지 확인해보려면 나중에 검사하러 또 다시 와야 하겠지만, 그래도 넌 곧 학교로 다시 돌아가 일상적인 활동을 할 수 있게 될 거야.

---

5) 혀를 아래로 누르는 데 사용하는 의료 기구 ― 옮긴이 주.

이 짧은 대화는 놀이치료사가 어떻게 아동에게 걱정거리를 표현하게 하면서 혼돈된 부분과 잘못된 정보를 확실히 잡아주는지를 보여준다.

사회복지사들과 다른 전문가들은 그림과 보드게임을 사용하여 조금 더 연령대가 높은 아동과 똑같은 놀이치료를 할 수 있다. 굿맨(2007)과 웹Webb(2009)은 프레드니손6)을 복용하는 한 소년의 선인장 가족 그림에서 선인장 가시는 아동이 자주 맞는 주사를 표현한다고 하였다. 놀이치료사는 또한 밀턴 브래들리사의 보드게임인 **수술**operation을 효과적으로 활용해볼 수 있다. 예를 들어, 엄마가 위독한 10세 소녀와 그 게임을 하면서 놀이치료사는 소녀에게 의사가 도울 수 없는 상황에 관해 이야기를 나누며 용기를 북돋아줄 좋은 기회를 가질 수 있었다(Webb, 2002). 질병을 가진 아동들에게 적합한 놀이 활동을 보려면 하트Hart와 롤린스Rollins(2011)의 책을 참조하기 바란다.

대부분의 놀이 및 표현치료법은 입원환자와 외래환자 모두에게 활용될 수 있다. 어떤 병원들은 여러 장난감을 구비한 놀이치료실을 갖고 있다. 아동이 걸을 수 있으면 치료사가 아동을 놀이치료실로 안내할 수 있다. 아동이 침대에 있어야 할 때에는 치료사가 여러 장난감을 가져가서 아동이 고를 수 있도록 한다. 어떤 병원에는 음악치료사가 있으며, 이들은 아동에게 악기를 고르게 한 다음 "The Wheels on the Bus"와 같이 친숙한 노래 멜로디에 맞춰 아동 자신이 가사를 붙여보게 한다. 음악치료 사례 중에는 7세 소년에게 잠을 방해하는 괴물을 쫓기 위해 무서운 음악을 연주해 준 경우도 있다. 괴물이 없어졌다고 소년이 생각하게 되자, 치료사는 부드러운 자장가를 연주하며 불러주었고, 그는 평화롭게 잠들 수 있었다(Loewy & Stewart, 2004).

놀이치료의 힘은 아동을 그들 자신과 비슷한 상황에 상징적으로 상입되게 만들어, 그들의 기분을 자신의 것이라고 밝힐 필요 없이 드러내고 이야기할 수 있게 해준다는 것이다. 아동은 인형, 그림, 음악 등을 통해 문제의 해결책을 찾아보고, 이러한 해결책을 자신의 상황에 적용할 수 있다.

불안 관리 기술

놀이치료는 본질적으로 아동을 편하게 해주지만 대개 좀 더 구체적인 방법으로 불안을 줄이는 방법이 적절하고 효과적일 수 있다. 이러한 기술에는 다음과 같은 것들이 있다.

- 숨쉬기 운동breathing exercises
- "멈춤 신호Stop Sign"나 "채널 바꾸기Change the Channel"와 같은 자기통제법
- 안전한 장소 상상

숨쉬기 운동
천천히 호흡하는 것과 호흡을 세어보는 것은 신체에 안정을 주지만, 대부분의 아동은 자신

---

6) 천식, 류머티즘성 관절염, 다발성 경화증 등에 처방되는 스테로이드계 항염제 — 옮긴이 주.

의 몸에 집중하는 것을 지루하게 여긴다. 그래서 창의적인 놀이치료사 등은 아동이 재미있어 하면서도 의도적인 숨쉬기 운동에 참여할 수 있게 할 방법을 만들었다. 예를 들어, 치료사는 아동에게 빨대와 비눗방울액을 사용해 비눗방울을 부는 척 해보라고 한다. 치료사도 함께 비눗방울을 부는 척 하면서, 아동에게 여러 개의 가짜 비눗방울을 불도록 하면서 비눗방울의 크기와 색깔까지 이야기해 보도록 한다. 이러한 운동을 하고 몇 분만 지나도 아동은 훨씬 더 안정되는 것을 느끼게 될 것이다.

자기통제법

인지요법을 활용하는 두 가지의 쉬운 자기통제 연습에서는 아동에게 사람의 머리가 텔레비전과 같다고 설명한다. 예를 들면, 이렇게 진행된다. 사회복지사는 어린 환자에게 "많은 그림들이 너의 머릿속을 지나가는데 어떤 것은 좋고 어떤 것은 좋지 않고, 또 어떤 것은 무섭거나 두려울거야"라고 말한다. 그리고 아동에게 그가 주인이니까 머릿속에서 일어나는 일들을 마음대로 할 수 있다고 이야기해준다. 아동은 머릿속 그림이 마음에 안 들면 "채널 바꾸기"를 할 수 있다. 사회복지사는 "멈춤 표지판을 생각한 다음, 그걸 네 머리 앞에 내걸었다고 생각해봐. 그건 나쁜 그림들에게 멈추라고 말하는 거야"라고 말한다.

그런 다음, 사회복지사는 아동에게 상상이든 현실이든 어떤 장소, 즉 그들이 완벽히 안전하게 느끼고, 나쁘거나 무서운 것들이 하나도 없는 곳을 눈감고 생각해보라고 한다. 치료사는 그곳이 어떻게 생겼고, 냄새나 느낌, 소리 등은 어떤지 물어본다. 몇 분 뒤, 사회복지사는 아동에게 눈을 뜨고 그 장소를 그려보라고 한다. 중요한 것은 시간이 걸리더라도 구체적으로 그리게 하는 것이다. 그림이 완성되었을 때, 사회복지사는 "이곳은 아무도 너를 위험하거나 다치게 할 수 없는 너만의 안전한 장소"라고 이야기해 준다. 사회복지사는 걱정거리나 머릿속의 무서운 그림을 쫓아내고 싶으면 먼저 멈춤 신호를 생각해보고, 그래도 걱정스럽고 두려울 때는 이 장소를 이용하라고 말해 줄 수 있다. 사회복지사는 이러한 일을 아동이 모두 통제할 수 있다고 강조하는 것이 좋다. 사회복지사는 "어떤 아이들은 멈춤 신호를 들고 채널을 바꿀 때마다 '내가 나의 주인이다'라고 되뇌기를 좋아하더라"라고 이야기해 줄 수도 있다. 이러한 인지요법 관련 활동은 아동 자신의 타고난 회복탄력성resiliency을 고취시킨다. 이것이 질병으로 인한 통증이나 필요한 치료 과정을 없애주지는 않지만 무력감과 취약성을 줄여준다.

완화의료와 생애말 이슈들
PALLIATIVE CARE AND END-OF-LIFE ISSUES

미국에서 매년 약 5만 3,000명의 아동이 사망하고, 적어도 40만 명의 아동이 만성적이고 생명을 위협하는 질병을 가진 채 살아가고 있다(Friebert & Huff, 2009, p. 9). 현재 죽어가는 아동들 중

표 15.3	1~19세 인구의 사망원인
모든 1~19세 아동청소년	만성질환을 가진 1~19세 아동청소년
1. 사고	1. 악성종양
2. 폭행	2. 신경근육계 질환
3. 악성종양	3. 심혈관계 질환

출처: "A Key Step in Advancing Care for America's Children," by S. Freibert and S. Huff, 2009, Newsline, pp. 9-13. Retrieved from www.dcppcc.org/dp/sites/default/files/A%20Key%20Step%20in%20Advancing%20Care%20for%20Americas%20Children.pdf

10~20%만이 호스피스 서비스를 받고 있으며, 치명적인 질병 상태의 아동도 비슷한 인원이 완화의료를 받고 있다(Friebert & Huff, 2009). 1~19세 아동의 사망 원인에 대한 정보는 표 15.3에 더 자세히 나와 있다.

성인의 경우 의사의 진단 결과, 삶이 6개월 이하밖에 안 남았다고 판단되면 호스피스 서비스를 받게 된다. 그러나 아동에게는 이러한 시간적 틀이 잘 맞지 않는데, 아동의 질병 진행과정은 예측하기가 더 어렵기 때문이다. 사실상, 미국 호스피스 프로그램의 20% 정도만이 아동 및 그 부모에게 서비스를 지원하는데(Corr, 2009), 이는 아동이 죽는 순간까지 치료를 포기하지 않고 병을 고쳐주고 싶은 마음을 보여주는 것일 수 있다. 어쨌든 아동 대상의 호스피스 완화의료가 서서히 의료계의 지지를 받기 시작하면서, 가족들도 서비스를 받는 데 점점 마음을 열고 있다. 최근 아동병원에는 점점 더 많은 소아 완화의료 프로그램이 개발되어 "전통적인 병원치료와 지역사회 기반 호스피스 서비스"의 간극을 메워주고 있다(Himelstein, Hilden, Boldt, & Weissman, 2004, p. 17). 소아 완화의료에 대한 인식을 변화시키기 위해 협력하게 되면 아동들을 신속히 의뢰하고 서비스를 더 빨리 받게 해줄 수 있을 것이다(Thompson, Knapp, Madden, & Shenkman, 2009).

호스피스와 소아 완화의료는 통증과 고통을 줄여준다는 목표를 공유한다. 통증관리, 간호와 사회복지적 지지, 종교적 서비스, 그리고 환자의 사망 후에 제공되는 지속적인 지지와 사별서비스 등은 모두 이왕이면 빨리 제공되는 것이 좋다. 호스피스는 재가서비스도 지원하고 자원봉사자를 보내줌으로써 간병인에게는 숨 돌릴 틈을 주고 환자에게는 더 큰 위안을 준다. 이러한 프로그램은 환자가 사랑하는 사람들과는 이야기하기 어려울 수 있는 자신의 죽음에 관해 가족이 아닌 사람과 이야기를 나누며 속을 터놓을 기회를 제공함으로써, 환자를 좀 더 편안하게 만들어준다(자세한 내용은 22장과 23장 참조).

아동에게 선택할 치료법이 더 이상 남아 있지 않을 경우, 관련된 모든 사람, 즉 보호자, 의사, 간호사, 사회복지사, 소아환자 전문상담원은 물론, 바이탈 사인(맥박, 체온 등)을 기록하고 병실을 청소하는 보조직원들까지도 큰 충격을 받을 수 있다. 사회복지사는 조기에 환자와 가족, 그리고 의료팀 간의 연계를 만들어 개입할 수 있고, 완화의료와 생애말 의료서비스가 필요하게 된 환자와 가족들을 그 과정으로 잘 옮겨가도록 도와줄 수 있다.

응급실에서 청소년의 갑작스런 죽음을 인지하거나 목격하는 것, 그리고 의료팀이 더 이상 도울 것이 없다는 결론을 내린 후 상태가 점점 악화되는 아동이나 청소년을 지켜보는 것은 견디기 어려운 일이다. 그 상황에서의 목표는 통증을 다스리고 가족의 향후 계획을 도와주는 것이 된다. 여기에는 호스피스 프로그램으로 안내하거나, 가족 구성원과 개별적 혹은 집단적으로 만나줄 수 있는 종교적 상담자를 소개시켜주는 것 등이 포함된다. 사회복지사는 말기의 아동이 삶을 찬찬히 돌아보도록 도와줄 수 있는데, 이를테면 일기를 써보게 한다든지, 자신이 특별히 아끼던 물건들을 나눠줄 계획을 짜보게 하는 것이다. 이런 일은 예후에 대한 결론이 내려진 후, 그리고 질병의 마지막 단계에 이르러 삽관이나 강한 진정제가 필요해지기 전에 해 둘 필요가 있다.

병원기반 사회복지사는 아동 및 그 가족과 함께 일하는 다른 전문가들과 협력하면서 이 모든 절차를 진행하는 데 있어서 중요한 역할을 한다. 삶의 마지막 단계에 이른 아동 및 그 가족과 함께 일하는 전문가들을 "완화의료팀"이라고 한다. 여기에는 의사, 간호사, 종교지도자, 의료사회복지사, 소아환자 전문상담원이 포함된다. 윤리학 및 완화의료 전문가인 한 의사는 "완화의료로의 이행은 치유 목표를 편안함의 척도로 바꾸는 것을 포함한다"고 하였다(Finn, 2006, p. 86). 소아환자의 가족이 자신들의 아이가 결국 죽게 될 것이라고 예상을 했든 안했든 간에, 이것은 그 가족에게 엄청난 변화로 느껴질 수 있다.

완화의료에 대한 가장 완벽한 정의는 미국 호스피스 및 완화의료 표준 지침National Hospice and Palliative Care Standards(http://www.nhpco.org/i4a/pages/index.cfm?pageid=4900)에 있다. 이 기준에 언급된 바에 따르면 소아 완화의료는 생명을 위협하는 질병을 가진 아동에게 의료서비스를 제공하는 철학이자 조직화된 방법이다. 여기에는 심리사회적·종교적 서비스 제공과 함께, 통증 및 다른 괴로운 증상들에 대한 효과적 관리가 포함된다. 소아 완화의료서비스는 아동, 가족, 간병인 등이 포함된 초학제적 팀의 협력적 노력을 통해 계획되고 전달된다. 이 팀은 아동 및 그 가족이 그들에게 남은 시간 내에 자신들의 목표를 이룰 수 있도록 결정하는 데 도움을 주고 이끌어주고자 노력한다.

응급실에서의 생애말 의료서비스

어떤 청소년들은 생명을 위협하는 심각한 사고로 인해 응급실이나 소아중환자실에 입원하게 된다. 예를 들어, 낙상으로 인해 정신적으로도 큰 충격을 가져오는 두부손상을 입을 수 있으며, 심각한 자전거 사고는 수술 중 혹은 수술 후 사망에 이르게까지 할 수 있다. 가족들은 일반적으로 충격을 받고, 그들의 자녀가 회복되지 못할 수 있다는 소식을 믿지 못할 수도 있다. 다행히도, 응급실에는 갑작스런 사별을 대비한 프로토콜이 있다(Heggar, 1993; Meyer, 2009 참조). 이러한 프로토콜에는 모든 의료적인 노력에도 불구하고 자녀가 사망했다는 사실에 관해 부모와 확실하게 직접 의사소통하라는 내용도 있다(Wind, 2009). 어떤 일이 일어났는지 그 가족이 이해할 수 있을 때까지 죽음이라는 사실에 관해 위로어린 방식으로 반복해 이야기해 주어야 할 수도 있다. 많은 가족들은 이러한 어려운 시기에 병원 원목이나 다른 성직자로부터 도움을 받기도 한다.

갑작스런 죽음의 상황에서 사회복지사의 역할에는 정해진 서류작업을 마치고, 가족 주치의에게 알리며, 교통수단 등 세세한 것들을 제공하고, 가족들이 그들의 감정을 다룰 수 있도록 도와주며, 사별 이후의 서비스를 찾아주는 것 등이 있다. 이러한 환경은 의료팀을 포함한 모두에게 큰 스트레스가 된다. 사회복지사와 다른 일원들은 그들 자신의 감정에 주목하고 대리적인 외상을 피하거나 경감시킬 수 있는 적절한 방법을 찾아야 한다. 이에 대한 설명은 이 장의 뒷부분에서 논할 것이다.

소아중환자실에서의 생애말 의료서비스

놀이치료는 생명을 위협하는 질병으로 입원한 7세 소년 나단Nathan의 사례에서처럼 죽어가는 아동들의 고통을 경감시키기 위해 사용되어 왔다(Shelby, 2010). 나단은 자신의 침상에서 미니어처 성이나 동상, 말 등을 가지고 놀기도 하고, 강력한 기사들과 적들의 전투 장면을 흉내 내기도 했다. 놀이치료사는 그렇게 노는 모습을 관찰하고 그것의 주제에 대해 몇 가지 견해를 제시했다. 나단의 놀이에서 용감한 사람은 언제나 승리하는데, 이것은 생존을 위한 그 자신의 전투와 희망을 나타내는 것이다.

나단은 점점 기운이 떨어지면서 말들만 가지고 놀기를 원했고, 그중에서도 탈출하는 중이라는 하얀 종마와 특별한 관계를 발전시켰다. 죽기 직전에 나단은 그 말에게 자기 없이 혼자서 탈출해야 한다고 이야기하였다. 이 가슴 아픈 이야기는 한 아동이 그 자신의 죽음을 준비하는데 어떻게 놀이를 이용하였으며, 놀이치료사는 관찰자로서의 역할을 하면서 아동이 필요로 하는 지지와 이해를 어떻게 제공해 주었는지를 묘사하고 있다.

생애말의 청소년과 그 가족을 돕는 방법

청소년의 죽음은 받아들이기 매우 어렵지만, 현실은 아동과 청소년이 죽음에 임박해 있다는 것이며, 사회복지사나 다른 사람들은 죽음의 과정이 모두에게 고귀하고 의미 있는 것이 될 수 있게 하는 데 중요한 역할을 할 수 있다. 품위 있는 죽음이 되도록 돕는 방법에는 다음과 같은 것들이 있다.

- 임종을 앞둔 사람의 영적인 욕구 인정
- 인생 회고 지원과 유산 알아보기
- 의미 있는 의식 만들기
- 가족, 친구, 지역사회와의 연결

임종을 앞둔 사람의 영적인 욕구

영성이라는 말은 인간 경험을 넘어서는 것을 이해하고자 하는 보편적인 욕구를 의미하는데, 여기에는 삶의 의미, 비전에 대한 탐구, 그리고 일종의 영감 등이 포함된다(Thayer, 2009). 아동의 영적인 욕구는 간과되거나 최소화될 수 있지만, 만성질환을 가진 아동 전문가들은 아동들이 종종 질병에 대한 그들만의 투쟁과, 그 경험에서 의미를 찾으려는 노력에 관해 개인적인 이야기를 만들어낸다는 것을 알게 되었다.

인생 회고 지원과 유산 알아보기

성인과 마찬가지로 아동 역시 가끔은 자신의 행동이 뭔가 의미 있는 변화를 만들어냈으며, 자신의 특별한 재능이나 특성 때문에 다른 사람들이 자신을 기억해줄 것이라고 느낄 필요가 있다. 사회복지사는 아동이 추억의 책을 만들어 다른 사람들이 그를 기억할 때 생각해주길 바라는 활동이나 메시지 등을 담도록 도와줄 수 있으며, 이는 아동이 자신의 가치를 확인해볼 수 있게 해줄 것이다. 어떤 아동에게는 이것이 스포츠, 음악, 요리, 동물 돌보기와 관련된 성취일 수 있다. 특별히 중요한 것이 무엇이든 간에 여기에는 가능하면 아동 자신만의 언어가 포함되어야 한다. 사회복지사는 아동에게 그들의 삶에 관한 매우 특별하고 개인적인 책을 만들도록 도와주겠다고 말하면서 이런 주제를 소개할 수 있으며, 만약 아동이 그렇게 하길 원한다면, 그 아동이 특별히 자랑스러워하는 것에 대해 이야기를 시작할 수 있다. 사회복지사는 아동의 진술을 녹음하고 비디오를 찍거나 아동이 말하는 것을 받아 적을 수 있다. 사회복지사는 이러한 기록을 아동이 부모나 가족에게 전할 수 있도록 격려할 수 있다.

의미 있는 의식 만들기

말기 소아환자의 욕구에 따라 특별한 의식을 만들어볼 수 있다. 이를테면, 종교적인 환자들을 위해서는 기도를 드리거나 특별한 위로의 노래를 부르는 것이다. 종종 부모들이 관여해서 아동에게 의미 있는 활동을 제안하고 참여할 수도 있다. 예를 들면, 아동 전담 음악치료사는 어린 환자가 통증을 경감시킬 때 사용할 노래를 만들어 통증에 대처할 수 있도록 도왔다. "비야 비야 가거라Rain, Rain, Go Away"라는 곡을 어린 빌리Billy는 "통증아, 통증아, 가거라/다른 날에도 오지 마라/어린 빌리는 놀고 싶으니까/통증아 가버려라"라는 말로 개사했다. 통증이 심해지면서 그는 자신의 노래에 다른 가사를 덧붙였다. 이러한 의식은 아동을 달래주었고 그가 죽어가며 누워있을 때 음악치료사는 침상에서 그의 노래를 불러주었다. 이것은 간병인과 그의 부모에게 위로가 되었다.

종교적 서비스 역시 임종을 앞둔 아동의 가족에게 그들만의 비애 의식을 치를 기회를 제공할 수 있다. 다양한 문화 및 종교적 의식에 대한 이해와 개방성은 환자와 가족들이 삶의 마지막 단계에 잘 대처할 수 있도록 돕는다.

가족, 친구, 지역사회와의 연결

생명을 위협하는 질병을 가진 아동의 부모나 형제들에게는 그 아동과 조용하고 친밀한 시간을 갖는 것이 매우 중요하다. 이러한 시간은 애도 과정을 맞게 될 부모들을 돕고, 아동이 안전하고 연결되어 있다는 느낌을 가질 수 있게 해준다. 아동은 부모가 반드시 자신이 통증을 겪지 않도록 만들고자 노력해줄 것이며, 통증을 줄여주는 어떤 약들은 아동을 졸리게 만들지 모른다는 것을 알리고 싶어 할 수 있다는 사실에 대해 재확인 받아야만 한다. 아동과 가족 모두 이 특별한 순간을 언제나 기억하겠다는 말로 서로에 대한 사랑을 표현하도록 해주어야만 한다.

의료사회복지사를 위한 이슈와 과제
ISSUES AND CHALLENGES FOR THE MEDICAL SOCIAL WORKER

질병을 가진 청소년 및 그 가족을 매일 상대한다는 것은 쉽지 않다. 일부 어린 클라이언트들은 그들의 삶에 영원히 영향을 미칠 수 있는 신체적 제약이나 상태를 가질 수도 있으며, 사회복지사는 그런 제약에 초점을 맞추기보다는 그 아동이 성취할 수 있는 것을 강조할 방법을 찾아야 한다. 많은 아동은 대개 자신이 신체적인 제약을 가졌다고 보기를 원치 않기 때문에 이러한 긍정적인 방식에 호의적으로 반응한다. 만성적인 질병 혹은 말기 질병을 가진 아동·청소년이 쓴 자서전들은 다른 사람들이 "변형적transformational"이라고 명명할 수 있는 긍정적인 사고 형식의 수많은 사례를 보여준다. 예를 들어, 매튜 스테파넥Mattew Stepanek(2001)은 심각한 말기 근이영양증7) 진단을 받았음에도 불구하고 미래에 대한 희망을 전하는 시들을 썼다.

모든 사회복지사가 자신의 어린 클라이언트들 가운데 몇 명이 수주 혹은 수개월 내에 죽게 될지 알고 일할 수 있는 것은 아니다. 거의 모든 사회복지직이 일정 정도의 스트레스를 갖고 있긴 하지만, 외상과 통증, 상실이라는 현실은 의료 분야에 만연해 있다. 이 실천 분야는 확실히 해당 전문가들에게 특별한 것을 요구하며, 그들은 고도의 스트레스 환경에서 일하는 법을 배워야만 한다.

사회복지사는 스트레스를 다루는 다른 방법들을 가지고 있다. 어떤 사회복지사들은 아동·청소년과 그 가족이 평화롭고 품위 있는 죽음을 맞이하도록 돕는다는 사실에 자부심을 가질 수도 있다. 종교적인 신념과 사후세계에 대한 믿음을 표현하는 아동이나 가족 구성원 중에는 통증에도 불구하고 이별 과정을 고무적인 것으로 만드는 경우도 있다.

어떤 소아의료시설은 의료서비스 담당자들이 아동의 장례식에 참여하도록 독려하기도 한다. 일반적으로 병원은 사망한 아동의 가족에게 다가가는 프로토콜을 가지고 있다. 생애말 원조과정에는 아동과 가족에게 위안을 제공하는 일에 참여하고 있는 또 다른 사람들과 상실의 경험을 나누는 것도 포함된다. 그래서 일부 병원들은 스태프, 다른 환자, 가족 구성원을 위한 추도식을 갖

---

7) 골격근이 점차로 변성되고 위축되어 악화되어 가는 진행성, 불치성, 유전성 질환 ― 옮긴이 주.

는다. 기념의식은 간병인이 환자의 상실에 대처하도록 돕는 데 매우 중요하다. 장기간 동안 보호 받아온 아동은 그들의 간병인과 관계를 발전시키는데, 그러한 간병인에게 자신의 생각과 감정을 표현할 기회를 주는 것은 그들이 상실을 애도할 수 있도록 돕는다.

대리 외상 피하기

아동과 가족이 특수한 의료적 상황을 다룰 수 있도록 돕는 일은 전문적 원조자를 포함한 모든 관계자들에게 높은 수준의 스트레스로 작용하여 매우 부담을 줄 수 있다. 연구에 따르면 모든 의료적 과정은 아동에게 정신적 외상이 되는데(Lovett, 2010), 이것들은 실천가들에게도 정신적 외상이 될 수 있다.

대리 외상vicarious traumatization이란 용어는 클라이언트의 신체적 혹은 심리적 통증을 파악하고 공감해주는 원조자가 실천 과정에서 스스로 외상화될 정도에 이르는 경험을 의미한다. 이 표현은 1990년 맥케인McCain과 펄먼Pearlman이 정신적 외상을 입은 사람들을 대상으로 하는 치료자들이 클라이언트와의 공감적 관계로 인해 받는 영향을 설명하기 위해 발전시킨 것이다. 원조자 스스로는 자신의 정신적 외상에 대해 인식하지 못한 채 행동이나 직업관, 세계관 등이 부정적으로 바뀔 수 있다. 예를 들어, 소아암 시설에서 일하는 것에 대해 자부심을 갖고 열정적이던 한 사회복지사는 의사들이 모든 환자들을 이전의 기능 수준으로 회복시킬 수는 없는 것 같다는 이유로 환자의 웰빙에 대해 두려움을 갖기 시작했다. 그녀는 월요일마다 직장으로 돌아가는 것에 대해 두려워하기 시작했고, 가족은 그녀가 이해할 수 없는 이유로 짜증내고 화내는 것 같다는 점을 점점 인식하게 되었다. 그녀는 운동을 덜하고 텔레비전을 점점 더 보고, 과도한 양의 술을 마셨다. 다행히도 대리 외상을 주제로 한 직원 교육 과정은 그녀가 그 질병의 피해자가 되었다는 것을 깨닫도록 도왔다. 그녀는 교육 과정에서 논의되었던 대리 외상 예방 지침을 따르기로 스스로 약속하였다(Gamble, 2002; Ryan & Cunningham, 2007; Webb, 2009). 그 지침은 다음과 같다.

- 가정과 직장의 경계를 만들고 개인적인 정체성(전문적인 정체성과 반대 의미에서의)을 유지한다.
- 아동 및 그 가족과 일하는 보건사회복지사의 스트레스를 이해하는 전문가로부터 수퍼비전을 받는다.
- 의료현장에서 일하며, 한 달에 두 번씩 만나 병원일의 스트레스와 외상에 대해 논의해줄 수 있으며, 함께 이야기하는 과정을 통해 서로를 지지해줄 수 있는 전문가 동료를 찾는다.
- 일반 아동 및 청소년의 행동에 대한 광범위한 관점을 유지할 수 있도록 의료적인 문제가 없는 아동과 시간을 보낸다.
- 활기를 되찾게 해주는 경험이나 관계를 갖는다.
- 기도나 묵상, 음악 감상, 원예, 산책, 운동 등 스트레스를 풀 수 있는 방법을 찾는다.

- 자기 자신의 한계와, 의학이 모든 사람을 고통과 갑작스런 죽음에서 구할 수는 없다는 현실을 받아들인다.
- 사회복지사가 돕고 있는 아동 및 그 가족에게 의료팀이 최선을 다하고 있다는 사실을 알고 있다는 데서 위안을 얻는다.

이 지침을 따르는 실천가들은 그들의 일과 개인의 삶을 좀 더 분리시키고, 결과적으로 낙관주의와 희망을 가지고 일터로 갈 수 있게 될 것이다.

결론
CONCLUSION

심각한 의료적 문제를 가진 아동 및 청소년을 다루는 사회복지사의 역할은 매우 복잡하고 도전적이다. 일상적으로 보건사회복지사는 고통을 겪으며 어린 나이로 인해 스스로를 옹호할 수 없는 클라이언트를 위해 시스템(아동의 가족과, 학교와 같은 조직 모두)을 다루어야 한다. 사회복지사는 의료적 상황의 제약과 현실 내에서 어린 환자들의 삶의 질을 증진시키기 위해 가능한 최선의 개입을 해야 한다.

사회복지사는 종종 가족들이 아동의 상태에 대해 그 의미와 예후를 함께 의논할 수 있는 사람으로서 중요한 역할을 수행한다. 가족과 사회복지사 간에 강한 유대감이 발전되기도 하며, 이러한 원조관계는 아동의 질병이 많은 위기 국면을 지나는 동안 그 가족을 도와줄 수 있다. 급박하게 돌아가는 상황은 친밀도를 강화시켜 가족을 위로하고 그들이 자녀에게 집중하도록 만들어 줄지도 모른다. 이는 그 가족들이 사회복지사의 도움으로 정서적으로 더 강해졌다고 느끼기 때문이다. 반대로, 아동과 가족에 대한 사회복지사의 공감은 실천가에게 예상치 못한 부정적인 영향을 가져올 수도 있고, 사회복지사가 정신적 외상을 느끼게 만드는 경우도 있다. 이 일은 어려우며, 사회복지사가 자신의 정신건강을 지키기 위해서는 자기관리가 중요하다.

의료적 문제를 가진 어린 환자 및 그 가족을 위해 일하는 것과 관련된 다측면적인 책임을 이행하려면 다른 전문가와의 협력이 매우 중요하다. 아동을 위해 초학제적인 팀과 일하는 것은 부담과 책임을 나눈다는 것을 의미한다. 그럼에도 불구하고, 생애말 이슈들에 일상적으로 노출됨으로써 생기는 높은 수준의 스트레스는 사회복지사의 정서적 자원을 고갈시키고 감소시킬 수 있는데, 바로 그런 업무가 그들을 대리 외상의 영향에 취약하게 만든다. 그래서 사회복지사는 생애말기의 현실과 스트레스 요인에 빈번하게 노출됨으로써 생기는 개인적 비탄과 상실 문제를 해결하지 않은 채, 환자 가족의 고통에 공감해야 하는 위험에 처해 있다. 죽어가는 환자를 다루는 병원과 기타 시설들은 담당자들의 위험을 인지하고, 의료직 입무의 이러한 불가피한 요소들에 대처할 수 있도록 교육을 제공해야 한다. 다행히도 이 분야에 종종 나타나는 소진burnout 현상을 예방하기 위한 자기관리법들이 잘 문서화되어 있다. 보건사회복지사의 목표는 심각한 의료적 상황에 대처하고 있는 어린 환자 및 그 가족들에게 의미와 품위를 온정어린 방식으로 전해주는 어려운 일을 수행하는 데 있어 자부심과 성취감을 갖는 것이다.

연습문제

연습 15.1
파트너를 찾아 아동 대상의 보건사회복지사가 직면하는 도전에 대해 논의해보자. 대화를 마친 후, 논의 사항에 대해 좀 더 큰 그룹 내에서 보고해보자. 이 논의에 사용될 수 있는 질문들의 예를 들자면 다음과 같다.

- 보건의료 현장에서 아동을 대상으로 일할 때 발생할 수 있는 독특한 이슈는 무엇인가?
- 보건의료 현장에서 아동을 대상으로 일하는 것은 성인을 대상으로 할 때와 어떻게 다른가?
- 보건의료 현장에서 아동을 대상으로 일할 때, 부모가 아동에게 진단이나 예후에 대해 밝히기를 원치 않는다면 어떻게 할 것인가?
- 청소년이나 청년을 대상으로 일하는 것은 아동을 대상으로 할 때와 어떻게 다른가?
- 사회복지사는 다른 전문직 동료와 의사소통하기 위해 전문적인 의료 용어들을 어떻게 모두 배울 수 있는가?
- 사회복지사는 보건사회복지사가 대부분의 시간을 퇴원계획에 쓴다고 생각하는 사람에게 어떻게 대응할 수 있겠는가?

연습 15.2
대리 외상이라는 말이 일부 보건사회복지사가 경험하는 것으로 보고되는 소진을 묘사하는 데 적절한 용어라고 생각하는가? 만약 동료가 평소와는 달리 거칠게 굴고 환자 및 그 가족과 효과적으로 관계를 맺지 못한다는 것을 발견했다면, 그 동료에게 어떻게 그것에 관해 이야기를 꺼내고 도움을 받아보도록 제안할 수 있겠는가? 대리 외상을 피하기 위한 개인적인 계획을 서술해보자.

추천 자료

아동·청소년/가족 및 건강 관련 전문기관

청소년 및 그 가족을 위한 자원
미국암학회ACS: American Cancer Society—www.cancer.org

이 사이트는 미국암학회 지부들의 전화번호를 제공한다. 여기서는 질병에 관련된 일반적인 정보를 제공하며, 교통수단이나 약품, 의료용품 비용을 지급할 수도 있다. 이 기관은 또한 6 ~19세 아동을 위한 여름캠프를 진행한다.

빌리브인 투모로Believein Tomorrow—www.believeintomorrow.org

이 전국적 규모의 비영리기관은 소아암 환자와 그 가족을 지원하기 위한 고유의 프로그램을 가지고 있다. 이 프로그램은 환아를 둔 가족에게 숨을 돌릴 수 있는 휴가를 제공한다.

캔서 케어Cancer Care, Inc.—www.cancercare.org

이 전국적 규모의 비영리기관은 암환자와 가족에 대한 상담, 재정지원, 교통과 같은 일련의 서비스를 제공한다.

어린이 희망·꿈 재단Children's Hope and Dreams Foundation—www.childrenwishes.org

이 재단은 암, 낭포성 섬유증, AIDS, 호지킨 림프종, 백혈병, 근이양증, 겸상적혈구병 등 모든 종류의 말기 만성질환을 가진 아동을 위해 교육용 소책자를 제공한다.

전국소아암학회NCCS: National Children's Cancer Society—www.nationalchildrenscancersociety.com

전국소아암학회는 의학적 치료, 임시숙소 및 여행을 위한 재정 지원을 한다.

아동, 십대와 가족을 위한 지지그룹
미국 보건복지부가 편찬한 지지그룹 명단List of support groups compiled by the U.S. Department of Health and Human Services—healthfinder.gov/scrpits/SearchContext.asp?topic=833&section=3

길다의 클럽Gilda's Club—www.gildasclub.org

이 무료 암환자 지지 공동체는 광범위한 치료적 활동과 교육 프로그램을 제공한다. 10대 지지 그룹과 Noogieland라는, 재미있는 활동과 아동 지원을 하는 마법의 공간을 마련하고 있다.

스타라이트 스타브라이트 어린이재단Starlight Starbright Children's Foundation—www.starlight.org, www.myspace.com/starlightfriends

스타라이트가 시작한 마이 라이프My Life는 심각한 질병을 가진 10대와 그들의 10대 형제를 위한 온라인 소셜 네트워크인 스타브라이트 월드를 확장한 것이다. 마이 라이프는 생명을 위협하는 질병을 가진 10대가 죽음의 가능성을 인정하고 대처할 수 있도록 구체적으로 돕기 위해 개발되었다.

인터넷 10대 지지그룹

Group Loop—www.grouploop.org

I'm Too Young for This—i2y.com/

Planet Cancer—www.planetcancer.org

Teens Living with Cancer—www.teenlivingwithcancer.org

형제를 위한 프로그램

Supersibs!—www.supersibs.org

캠프

메이크어드림 캠프Camp Make A Dream—www.campdream.org

이곳은 환자와 가족들을 위한 1주일 간의 무료캠프를 제공한다.

선샤인 캠프Camp Sunshine—www.campsunshine.org

이곳은 환자와 가족들에게 1주일간의 무료캠핑경험을 제공한다.

부모와 교사를 위한 프로그램

Learning Disabilities OnLine—www.Idonline.com

부모양육 팁, 아동을 위한 활동과 학습장애에 관한 현재의 연구들

캔서바이브Cancervive—www.cancervive.org

이 그룹은 암을 경험한 사람들에게 지지와 공교육, 옹호를 제공하기 위한 목적을 갖고 있다.

스타라이트 어린이재단Starlight Children's Foundation—www.starlight.org/sicklecell

이 재단은 겸상적혈구 빈혈을 가진 아동과 가족들을 위해 지속적인 지지를 제공하는 포괄적인 외래환자, 병원기반 및 인터넷 자원을 제공한다.

기타

Adapting Motor Vehicles for People with Disabilities—www.nhtsa.dot.gov/cars/rules/adaptive/brochure/index.html

추천도서 및 자료집

Alexander-Azlin, M. L. (2000). *Beyond the rainbow*. Enumclaw, WA: Wine Press.

Best, C. (2002). *Goose's story*. New York, NY: Farrar, Straus & Giroux.

Brown, B. S. (1997). *Oliver's high five*. Albuquerque, NM: Health Press.

Brown, L. K., & Brown, M. (1996). *When dinosaurs die: A guide to understanding death*. New York,

NY: Little, Brown.

Carion, H. S. (2008). *Sixty-five roses: A sister's memoir*. Toronto, Canada: McArthur & Co.

Foss, K. S. (1996). *The problem with hair*. Omaha, NB: Centering Corporation.

Heegaard, M. E. (2003). *Living well with my serious illness*. Lanham, MD: Fairview Press.

Gerner, M. (1990). *For bereaved grandparents*. Omaha, NE: Centering Corporation.

Gordan, M. A. (1999). *Let's talk about sickle cell anemia*. New York, NY: Rosen.

Gouss, D. J., & Leeds, E. M. *Tool box of hope*. Atlanta, GA: Healing Hearts Communications.

Keane, N., Hobbie, W., & Ruccione, K. (2006). *Childhood cancer survivors: A practical guide to your future* (2nd ed.). Sebastopol, CA: O'Reilly.

Keene, N. (2003). *Chemo, craziness, and comfort*. Kensington, MD: Candlelighters.

Keene, N. (Ed.) (2003). *Educating the child with cancer*. Kensington, MD: Candlelighters.

Klein, S. D., & Schive, K. (2001). *You will dream new dreams: Inspiring personal stories by parents of children with disabilities*. New York, NY: Kensington Books.

Krishner, T., Levine, A. & Westcott. B. (1992). *Kathy's hats: A story of hope*. Atlanta, GA: Whitman & Co.

McCue, K. (1996). *How to help children through a parent's serious illness*. New York, NY: St Martin's Press.

Miles, B. S., & Wong, N. (2006). *Imagine a rainbow: A child's guide to soothing pain*. Washington, DC: Magination Press.

Mills, J. C. (2003). *Little tree: A story for children with serious medical problems*. Washington, DC: Magination Press.

North, S. (2003). *My brand new leg*. Thousand Oaks, CA: Northstar Entertainment.

O'Toole, D. (1995). *Facing change: Falling apart and coming together again in the teen years*. Burnsville, NC: Compassion Press.

O'Toole, D., & Corr, J. (2004). *Helping children grieve and grow: A guide for those who care*. Omaha, NB: Centering Corporation.

Platt, A. (2003). *Hope and destiny: A patient's and parent's guide to sickle cell disease*. Munster, IN: Hilton.

Sacerdote, A., Platt, A, and Sacerdote, A. (2002). *Hope and destiny: The patient and parent's guide to sickle cell disease and sickle cell trait*. Munster, IL: Hilton.

Salloum, A. (1998). *Reactions: A workbook to help young people who are experiencing trauma and grief*. Omaha, NE: Centering Corporation.

Samuel-Trailsman, E. (1992). *Fire in my heart, ice in my veins: A journal for teens experiencing loss*. Omaha, NE: Centering Corporation.

Scherago, M. G. (1987). *Sibling grief*. Redmond, WA: Medic.

Schmidt, R. C. (2003). *My book about cancer: A workbook to help children deal with the diagnosis and treatment of a father with cancer.* Pittsburgh, PA: Oncology Nursing Society.

Schultz, C. M. (2002). *Why, Charlie Brown, why? A story about what happens when a friend is very ill.* New York, NY: Ballantine Books.

Schwiebert, P., & DeKlyen, C. (1999). *Tear soup.* Portland, OR: ACTA Publications.

Shavatt, D., & E. (2002). *My grieving journey book.* Mahwah, NJ: Paulist Press.

Silverman, J. (1999). *Help me say goodbye.* Lanham, MD: Fairview Press.

Sonnenblick, J. (2006). *Drums, girls, and dangerous pie.* New York, NY: Scholastic.

Temes, R. (1992). *The empty place: A child's guide through grief.* Far Hills, NJ: New Horizon Press.

제16장

보건의료 환경에서의 노인복지

Social Work With Older Adults in Health-Care Settings

새드나 다이완 SADHNA DIWAN, 샨타 밸라스와미 SHANTHA BALASWAMY,
이상은 SANG E. LEE

건강과 삶의 질에 대한 이해를 도모하기 위해 생물심리사회적 접근biopsychosocial approach을 시도하고 있으므로, 이 장에서는 보건의료 환경 내 노인복지와 관련된 이슈들을 소개하고자 한다. 다양한 노인 집단의 욕구와 자원들을 사회복지사들이 보다 명확히 평가하기 위해 필요한 지식이 무엇인지, 사정의 다양한 영역에 관해 경험적 문헌들을 검토하고, 다양한 보건의료환경 내에서 노인들이 접하게 되는 사회복지실천 유형들이 무엇인지 설명할 것이다. 이 장의 주제는 노인들과 관련된 정책이나 장애, 신장학, 종양학, 만성질환, 생애말 의료, 그리고 통증관리와 같은 이 책의 다른 장들과 중복되는 부분이 있다. 독자들은 중복되는 부분들을 별개라 생각하지 말고 공통되는 정보의 핵심부분이라 생각하기 바란다.

이 장의 목표

- 보건의료서비스 분야의 사회복지사들에게 고령화와 관련된 인구변화와 그 영향에 관해 최근 현황을 소개한다.
- 포괄적 노인의학사정comprehensive geriatric assessment에 관한 개념을 설명하고, 효과성 측면에서 이용가능한 실증적 문헌에 관해 논의한다.
- 문화와 연관되어 있는 다문화노인의학ethnogeriatric 사정과 관련된 핵심요소들에 대해 설명한다.
- 생물심리사회적 접근방법으로, 노인의 욕구와 자원을 사정하기 위해 필요한 주요 지식을 제공한다.
- 1차 의료나 급성 입원환자를 위한 의료, 병원에서 가정으로 연결되는 과도적 의료서비스, 재가보건의료서비스나, 요양원과 같은 신택된 보건환경에서 노인들을 위한 사회복지실천의 특성을 소개한다.

• 현재의 보건의료서비스 환경에서 노인과 함께 생활하는 사회복지사들이 접하게 되는 이슈
나 문제들을 논의한다.

노인 인구의 특성
CHARACTERISTICS OF THE AGING POPULATION

미국 노인청Administration on Aging(AOA, 2010)은 『미국노인프로파일A Profile of Older American: 2009』을 통해 다음과 같은 내용을 보고하였다.

인구사회적 특성

• 65세 이상의 노인들은 2008년 현재 3,890만 명으로, 전체 미국인구의 12.8%에 달하는데
이는 8명당 1명이 노인인 셈이다.

• 노인층은 점점 더 고령화되어, 2009년 현재 65세에 해당하는 인구는 향후 18.6년을 더 살
게 되었다(여성은 19.8년, 남성은 17.1년).

• 65세 이상의 인구는 2000년에 3,500만 명이었던 것이 2010년에는 4,000만 명이 되었으며
(15% 증가), 2020년에는 5,500만 명으로 증가할 것으로 예측된다(10년간 36% 증가). 85세 이
상 인구의 수는 2030년까지 2배 이상 증가할 것으로 예상된다.

• 2008년에, 65세 이상의 19.6%가 인종 및 민족 소수자들이었고, 8.3%는 아프리카계 미국
인, 히스패닉은 6.8%이었다. 약 3.4%는 아시아 또는 태평양 제도민이고, 1% 미만은 미국
원주민 혹은 알래스카 원주민이었다. 65세 이상 인구의 약 0.6%는 그들 자신을 둘 이상의
혼혈 인종으로 인식하고 있었다.

건강과 보건의료

• 대부분의 노인들은 최소 1개의 만성질환을 지니고 있으며, 다수가 그 이상의 질환을 앓고
있다. 2005년에서 2007년 동안 발생빈도가 높은 질환들을 살펴보면, 고혈압(41%), 관절염
(49%), 모든 유형의 심장질환(31%), 암(22%), 당뇨(18%), 축농증(15%)이었다.

• 2008년, 시설에 입소하지 않은 노인들 중 39%는 그들의 건강을 '매우 좋음'이나 '좋음'으
로 평가하고 있었다. 노인인구 중, 아프리카계 미국인(25%), 미국 원주민/알래스카 원주민
(23.2%), 히스패닉(28%)은 백인(41.8%)이나 아시아계 미국인(35.2%)보다 스스로의 건강상태
를 '매우 좋음'이나 '좋음'으로 평가한 비율이 낮다.

• 2008년, 노인의 38%가 어떤 유형의 장애(청각, 시각, 인지, 보행, 자가 관리나 독립적 생활에 있

어서의 어려움)를 갖고 있다고 보고되었다. 이러한 장애 중 일부는 비교적 심각하지 않지만, 그 외의 장애는 주요한 개인욕구를 충족시키는 데 있어 도움이 필요한 상태이다.

• 만성질환으로 인한 일상생활수행능력의 제약은 고령일수록 증가한다. 80세 이상 노인의 56%가 심각한 장애를 가지고 있고, 그중 29%는 도움이 필요하다고 보고되고 있다. 장애상태와 건강상태는 관련성이 크다. 심각한 장애를 지닌 65세 이상의 노인들 중 64%는 그들의 건강이 보통이거나 나쁘다고 하였다.

• 2006년, 65세 노인의 1,310만 명이 병원에 단기입원했던 것으로 나타났다. 65세 이상 노인 중 퇴원 비율은 모든 연령대의 비율과 비교해 3배 이상인 것으로 나타났다.

• 65세 이상 노인의 입원 기간은 평균 5.5일로, 4.8일인 다른 연령대와 비교되는 수치이다. 입원 기간 즉, 평균 일수는 1980년대 이래로 5일이나 감소하였다.

• 2005년, 연간 노인이 의사를 만난 평균 횟수는 젊은 연령대와 비교해 많은 편이다. 65~74세의 노인은 6.5회 방문한 것으로 나타났고, 75세 이상은 7.7회 방문하였다. 45~65세의 방문 횟수는 3.9회였다.

• 2008년, 노인의 96% 이상이 주요 의료서비스원을 갖고 있다고 답한 반면, 2.4%는 경제적인 이유로 지난 12개월 동안 필요한 의료서비스를 받지 못했다고 답했다.

• 미국노인은 자신의 지출액 중 12.5%를 건강을 위해 소비한다고 했는데, 이것은 다른 연령대(5.9%)와 비교하여 2배 이상의 수치이다.

보건의료 사회복지 영역에 대한 인구변화의 함의

수십년 내에, 모든 보건의료서비스(초기 진료, 전문 치료, 병원 입원, 요양원) 영역에서 높은 비율을 차지하는 인구층은 노인이 될 것이다. 병원에 머무는 기간이 줄어들고, 요양원 거주(단기거주, 급성후 의료postacute care) 특성이 변화함에 따라, 적절한 퇴원 후 계획과 지역 환경 내에서 노인을 원조할 수 있는 지역사회기반 돌봄 모델 개발이 매우 강조될 것으로 예측된다. 지역사회기반 돌봄 모델은 노인과 그 가족의 신체적, 기능적, 심리적, 사회적 요구에 부응해야 하며, 사회복지사들은 소수집단 노인의 양적 증가를 고려해 관련 문제해결을 위한 돌봄의 문화적 역량모델 culturally competent model 개발에 보다 많은 노력을 기울일 필요가 있다.

노동통계국Bureau of Labor Statistics은 다음과 같은 내용을 기록하고 있다(2010):

의료와 공중보건 사회복지사들의 직업적 수요는 약 22%에 달하여, 다른 모든 직업들의 평균치보다 매우 빠르게 성장하고 있다. 그 성장요인 중 하나는 바로 노인인구의 증가이다. 그들은 노인을 위한 최상의 돌봄과 지원뿐 아니라 노인 가족을 위한 지원자로서도 중요한 인력이다. 노인학을 공부한 사회복지사들에게 이러한 고용의 기회는 매우 희소식으로, 그 이유는 특히 장애인생활지원 공동체나 노인주거복지공동체의 증가추세에 힘입어 인력수요 또한 증가할 것으로 예측되기 때문이다. 노인인구의 증가는 그 외에도 요양원이나 장기요양기관, 재가돌봄 시설 그리고 호스피스 분야에 있어 사회복지사의 수요 증가를 가져오는 원동력이 되고 있다(p. 3).

메디케어로 65세 이상 노인들이 보건의료서비스에 대한 접근이 가능해지기는 했지만, 노인은 다른 그룹에 비해 보건의료, 특히 처방약 등에 지출을 많이 하며, 본인의 지출 총액에서도 보건의료비의 지출비중이 높게 나타난다(AoA, 2010). 보건의료 제품과 서비스를 위한 정책적 지지와 자원개발이 보건환경 영역에서 사회복지사들의 주요 과업이 될 것이다.

포괄적 노인의학 사정
COMPREHENSIVE GERIATRIC ASSESSMENT

욕구와 자원에 관한 포괄적 사정은 노인의 돌봄제공에 있어 필수적인 것이 되었다. 보건의료 분야에서의 포괄적 노인의학 사정CGAs: Comprehensive Geriatric Assessments의 원리는 1930년대에 영국의 마조리 워렌Marjory Warren의 노력에 의한 결과이다. 그는 작업장 병원 내workhouse infirmary 특별 노인의학 평가부서—당시 방치되어 있거나 병상으로 외출이 어려웠던 많은 수의 노인환자들을 수용했던—를 설치했던 사람이다(Wieland & Hirth, 2003). 워렌은 체계적 사정을 통해, 의료적 서비스나 사회복귀서비스를 받아야 하는 자들을 구분하였다. 결국 그녀는 이미 귀가한 이들을 비롯해 다수의 환자들을 다시 불러 모아 사정을 받도록 하였다. 그녀의 선두적 노력으로 노인들은 만성질환병원이나 양로시설 입소 전 포괄적 노인의학 사정 단계를 거치게 되었다(Wieland & Hirth, 2003).

세월이 흘러, 영국의 국민보건서비스National Health Service는 보건의료 시스템 등록 지역마다 노인의학 사정부서를 설립했고, 이러한 사정은 보편적 건강보험에 기반하여 모든 노인환자들에게 적용되기 시작했다. 이에 관해 다수의 선진국(캐나다, 오스트레일리아, 이탈리아, 네덜란드, 노르웨이)들은 영국의 모델을 따르고 있으나(Urdangarin, 2000), 미국은 포괄적 노인의학 사정을 학술기관이나 재향군인관리국VA: Veterans Administration 병원에만 적용하도록 제한하고 있다(Urdangarin, 2000).

1차 의료나 입원환자의 의료, 그리고 요양원과 같은 보건의료 환경에 있어 포괄적 노인의학 사정의 개념에는, 노인은 보건의료 욕구가 미충족된 채 복합적인 영역—신체적, 사회적, 심리적—에서 문제를 동시적으로 경험한다는 가정을 전제하고 있다. 이러한 문제와 욕구를 파악하기 위해서는 의사의 통상적인 진단 수준 이상의 보다 면밀하고 빈틈없는 사정이 필요하다. 포괄적 노인의학 사정의 특징은 주로 내과의사, 간호사 그리고 사회복지사로 구성된 다학제적 혹은 초학제적 팀에 의해 수행된다는 점에 있는데, 여기에는 작업치료나 물리치료, 영양, 약학, 청각학 그리고 심리학 분야에서의 전문가들이 포함될 수 있다(Agostini, Baker, & Bogardus, 2001; American Geriatrics Society, n.d.; Wieland & Hirth, 2003).

미국노인병학회American Geriatrics Society에 의하면(n.d.):

노인의학 사정은 표준적 의료진단보다 더 많은 것들이 관여되며 포괄적이므로, 건강에 관한 "역사history"와 신체적 진단이 포함되며, 종종 인간의 일상생활수행능력ADLs: Activities of Daily Living, 약물치료, 면역조치, 이동성, 인지력, 그리고 불안이나 우울증상 등이 포함되기도 한다. 노인의학전문의들이 "책임자" 역할을 하는 동안, 노인의학팀 구성원들은 전문적 의료종사자로 활동하게 된다. 이들 모두, 노인환자를 위해 적합한 사정을 수행하고 돌봄을 제공하는 데 중요한 역할을 한다(p. 1).

비록 포괄적 노인의학 사정이 환자의 욕구를 이해하고 진단하는 데 매우 도움이 되기는 하지만, 환자의 상태가 얼마나 나아졌는가에 관한 성과 측면에서는 포괄적 사정의 가치가 제한적일 수밖에 없다. 그 이유는 사정팀이 의사의 1차 진료를 통한 치료계획이나 권고 이행에 대한 통제력은 갖고 있지 않기 때문이다. 미국의 연구자들은 사정에서 제시된 다수의 권고사항들이 1차 진료자인 의사나 환자에게서 이행되지 않아 결과적으로 의료욕구가 미충족되고 건강상태가 나빠짐에 주목하였다(Shah, Maly, Frank, Hirsch, & Reuben, 1997; Urdangarin, 2000).

사정과 환자에게 제공되는 치료나 돌봄이 서로 연결되지 않기 때문에, 미국에서는 욕구 사정이 케어 매니지먼트와 결합되어야 한다는 인식이 커지고 있다. 그 결과, 재향군인관리국은 노인의학 평가 관리GEM: Geriatric Evaluation and Management적 접근을 임상 노인의학 진료의 기본요소로 택하였다(Urdangarin, 2000). 먼저 재향군인관리국 시스템은 입원환자 병동 내 노인의학 평가 관리 부서를 설립하였다. 이후에는 시설보호가 필요하며, 일상적인 의료로는 차도를 기대하기 힘든 장애가 있는 퇴역군인을 밝혀내고 사정하고 치료하기 위해 외래 진료센터 내에 노인의학 평가 관리 부서가 만들어졌다(Wieland & Hirth, 2003). 재향군인관리국 시스템 내에서의 노인의학 평가 관리적 접근에 대한 초기 연구들은 노인의학 평가 관리가 높은 비용효율성을 가지고 있어 시스템 내에서의 도입도 용이하게 만든다고 보고하였다. 이에 1990년대 중반까지, 172개의 보훈병원의 4분의 3 정도가 노인의학 평가 관리 프로그램을 보유하고 있었다(Wieland & Hirth, 2003).

노인의학 평가 관리 프로그램 내에서 환자들은 노인의학 평가 관리팀으로부터 대부분의 의료를 제공받는다. 그 팀은 a) 의료서비스를 제공하고 일반적으로 팀을 지도하는 의사, b) 의료서비스와 질병·치료와 투약 및 재가 보건 및 응급서비스의 활용에 관한 교육을 제공하는 간호사, c) 환자와 보호자에 대한 심리사회적인 상담을 진행하거나 입원 환자에게 재정적, 사회적, 심리정서적으로 지역사회와 연계하고, 입원 환자에 대해서는 퇴원계획을 도와주는 사회복지사로 구성된다(Urdangarin, 2000).

노인의학 평가 관리의 원리는 노인 사정 및 돌봄을 위한 노인의학정보GRACE: Geriatric Resources for Assessment and Care of Elders[1]나 노인을 위한 포괄적 케어프로그램Program of All Inclusive Care of Elderly 등과 같은 돌봄조정모델care coordination model에서 통합되거나 검증되어 왔다. 포괄적 노인의학 사정 시행이 입원환자 부서와 외래환자 부서로 확대되었음에도 불구하고, 의료보험 수혜자의 80%는 이 프로그램들을 접하지 못하고 있다(American Geriatrics Society, n.d 참조). 서비스 제공의 방해요인 중 일부는 적절한 보상을 받는 데 대한 어려움, 이러한 부서들과 일할 수 있는 훈련된 노인의학 전문의의 부족, 학제간 팀 유지의 어려움 등이다(Wieland & Hirth, 2003). 또 다른 측면은 기능 상태나 인지력, 감정, 서비스 이용, 돌봄 비용, 돌봄에 대한 만족도, 사망과 같은 다양한 결과에 이러한 접근이 어떠한 영향을 미치고 있는지 일관된 효과성 검증 결과를 찾기 어렵다는 데에 있다.

　포괄적 노인의학 사정과 노인의학 평가 관리의 긍정적 결과로 가장 일반적으로 알려진 것은 사후관리기간 동안 사망률이 감소하고, 인지와 신체적 기능에 있어서 긍정적 효과가 나타나며, 가정에서의 생활능력이 증가하고, 입원가능성이 감소하는 점 등이다(Urdangarin, 2000). 포괄적 노인의학 사정과 노인의학 평가 관리 연구로 관련 영역들을 검증하는 작업은 여러 측면에서 제한적이다. 즉, 개입하는 환자들이 다양하므로 "일상적 돌봄" 역시 다양하게 개입되어야 한다는 점, 노인의학 평가 관리의 복잡성, 사정 도구의 활용과 성과에 관한 비일관된 측정 그리고 성공적 단일연구의 반복 재현의 어려움 등이 그것이다(Van Craen et al., 2010; Wieland & Hirth, 2003). 복수통제실험multisite controlled trial은 이러한 문제들을 일부 해결하는 데 도움이 될 수 있다. 그럼에도 불구하고, 포괄적 노인의학 사정은 특히 관리 보건의료 서비스와 더불어, 노인의학의 1차 의료, 입원환자의 상담 서비스의 구성 요소의 하나가 되어가고 있다. 참고 16.1에서는 사정과 돌봄 조정에 관한 노인사정·돌봄을 위한 노인의학정보 모델을 설명하고 있다. 즉, 사회복지사와 임상간호사팀이 저소득 노인계층을 위한 개별화된 돌봄 계획을 사정하고 개발·실행하기 위해 대규모 다학제팀 그리고 1차 의료진과 협력하는 것을 의미한다(Counsell et al., 2007). 이 모델은 보건자원서비스청AHRQ: Agency for Health Care Research and Quality(2010)의 보건의료의 혁신교류Healthcare Innovations Exchange에서 나타나 있으며, 다른 보건의료체계에도 전파되고 있다.

　R. L. 케인R. L. Kane(2000a, p. 3)에 의하면, "이상적 사정의 핵심은 강력한 개념적 모델을 사용하는 것"으로, 특정 클라이언트에 대한 관심만이 아니라 관련된 요소들 즉 물리적 환경과 비공식적 지지들에 관한 것까지 확인하는 것이다. 즉, 생물심리사회적 관점을 활용하여, 사정의 다양한 영역, 그리고 그로 인해 노인들의 삶에 미치는 영향, 사회복지실천에 있어서 이러한 것들의 통합이 어떠한 의미를 갖는지 여러 측면에서 논하고 있다. 사정 영역의 마지막 부분으로 표 16.1은 각 영역에 있어 환자와 가족을 평가하는 데 흔히 사용되는 도구목록을 제시하고 있다. R. L. 케인과 R. A. 케인R. A. Kane(2000)은 각 아이템들에 대해 구체적으로 설명하며, 측정도구의 심리평가적 특성을 제시하고 있다.

---

1) 노인 대상 사정을 진행하거나 돌봄제공을 계획하는 데 도움을 줄 수 있는 노인의학적 정보를 제공하는 것 ― 옮긴이 주.

생리적인 안녕과 건강

개인의 건강상태를 사정하는 것은 보건의료 환경에서 포괄적 사정의 가장 기초적인 부분이다. 고령일수록 가장 흔한 문제인 관절염이나 심혈관 질환, 암, 당뇨와 같은 만성질환의 유병률은 유의미하게 증가하고 있는데(AoA, 2010), 질병을 유발하는 유전적이고 가족적 소인은 제외한다 하더라도 일단 이러한 질병이나 상태는 개인의 일상생활 수행에 영향을 미치게 된다(Centers for Disease Control and Prevention[CDC], 2004). 사정에 있어 일반적이면서도 중요한 또다른 건강관련 척도는 통증여부, 영양상태, 낙상의 위험성, 요실금, 수면, 알코올이나 약물 복용, 구강 건강, 감각인식, 특히 청각이나 시각 등 노인 개인의 종합적 건강상태이다(McInnis-Dittrich, 2009). 이러한 건강상태는 유의미하게 다른 영역에 영향을 미치는데, 심리적 안녕감을 저하시키고, 생활기능을 제약하며, 삶의 질을 떨어뜨린다. 예를 들어, 관절염은 통증을 유발하고, 이동성 제약이나 우울을 유발할 수 있다. 마찬가지로 당뇨병으로 인한 합병증은 수족손실을 가져와 집안의 구조변경이 필요하게 되거나 보조장치를 설치해야 할 수 있고, 사적인 돌봄지원을 요구하는 상황이 될 수 있다. 사회복지사들은 일반적으로 이러한 문제에 처한 노인과 그 가족을 도울 필요가 있다.

복합적인 보건환경에 내재한 중요한 문제 중 하나는 과잉투약에 관한 것이다. 즉, 환자들은 다른 의사들을 만나거나 다른 약물들을 처방받을 수 있는데, 이로 인해 약물의 상호작용과 부작용 유발이 초래될 수 있다. 왜냐하면 의사들은 환자가 또다른 약물 제공자들을 만나고 있다는 사실을 모를 수 있기 때문이다. 환자가 복용하게 되는 모든 약물에 관한 검토는 노인의학적 평가상의 표준적 구성요소가 되어야 한다(R. L. Kane, 2000a). 사회복지사들은 노인환자들이 복용하는 약제들에 대한 규정사항을 알아야 하며, 또한 부작용에 대해 상당한 지식을 지녀야만 한다. 약물에 대한 경험이나 준수에 따른 문제들은 가정방문이나 가족돌봄 제공자와의 대화를 통해 알 수 있다. 약물사용에 의한 또 다른 중요한 문제는 약물의 비용에 관한 것이다. 모타발Mojtabal과 올프슨Olfson(2003)은 약물에 지출이 많은 메디케어 수혜자들이 비용 때문에 규정된 약물사용을 준수하지 않을 가능성도 높다고 보고하고 있다.

비용 때문에 약물사용을 준수하지 않는 것은 관절염이나 심장질환, 고혈압, 우울증상 등의 만성질환을 악화시키므로 건강의 결과를 더욱 저하시킨다(Mojtabal & Olfson, 2003). 따라서 사회복지사들이 처방된 약물을 사용하도록 권장하는 일은 보건의료 세팅 내에서 그들의 중요한 실천업무가 되고 있다.

◆ 참고 16.1   노인 사정·돌봄을 위한 노인의학 정보(GRACE)

주요 구성요소
- 임상간호사와 임상사회복지사로 구성된 지원팀이 재가방문을 통해 수행하는 포괄적 노인의학 사정. 사정에는 의료적 및 심리사회적 내력, 약물 검토, 기능사정, 사회적 지원과 사전 의

사결정에 관한 상황 점검, 그리고 가정의 안정성 평가 등이 포함된다.

- 12개의 보편적인 노인의 건강상태의 평가 및 관리를 위한 프로토콜에 기반하여 개별화되고 통합적인 돌봄계획을 발전시키기 위한 학제간 팀 회의(노인질환 전문의, 약사, 물리치료사, 정신보건사회복지사, 지역사회 서비스 연계 담당자). 건강상태에는 사전돌봄계획, 건강관리, 투약관리, 보행의 어려움/낙상, 영양결핍/체중 감소, 시각장애, 청각상실, 치매, 만성통증, 요실금, 우울증, 그리고 보호자의 부담이 포함된다.

- 팀의 실행, 즉 전자의료기록EMR: Electronic Medical Record과 종단 추적시스템에 의해 지원되는 지속적인 돌봄 조정. 조정에는 돌봄 계획과 목표 점검을 위해 가정 내 사후관리 상태를 파악하고자 하는 지원팀 방문이 포함된다.

- 지속적인 돌봄의 조정과 사례관리. 팀은 목표설정이나 자기관리를 독려하고, 문제해결 능력 향상을 위해 교육하며, 낮은 건강지식으로도 노인사정·돌봄을 위한 노인의학정보GRACE 프로토콜에 부응해 그 내용들을 사용할 수 있도록 훈련의 기회를 제공한다. 또한, 환자와 의료진이 사무실 방문 동안 문제와 팀의 제안을 다루도록 준비하며, 교통 문제를 돕는다. 환자들은 약물 복용의 변화나 사회적 지지, 혹은 동거형태 등에 변화가 없는지 매달 점검 차 최소한의 전화연락을 받게 된다. 사회복지사들은 환자들에게 도움을 받을 수 있는 지역사회기반 자원(운동프로그램에 대한 할인 등)에 관한 사항이나 보건 및 사회서비스 체계를 안내하고 연계, 처리하는 과정에서 중요한 역할을 담당하게 된다.

- 주기적 학제 간 돌봄 팀 점검과 연간 재사정.

결과

노인사정·돌봄을 위한 노인의학정보 프로그램은 근거기반 돌봄의 공급을 개선시켰으며, 일반적인 건강·활력·사회적 기능·정신건강의 측정에 있어 유의미한 향상을 보여주었으며, 응급실 진료를 감소시켰고, 의료진과 환자의 만족도를 높은 수준으로 끌어올렸다. 병원 전체의 입원비율에 영향을 미친 것은 아니지만, 고위험군 참가자의 입원비율은 일반치료그룹 환자들보다는 낮아진 것으로 나타났다. 최근 분석에 의하면, 이 프로그램은 비용 면에서 볼 때 2년까지는 비용 대비 효과가 없었으나, 고위험 등록자들에게는 3년 차에 비용절감 효과가 나타난 것으로 파악되었다.

출처: "Team-Developed Care Plan and Ongoing Care Management by Social Workers and Nurse Practitioners Result in Better Outcomes and Fewer Emergency Department Visits for Low-Income Seniors." Washington, DC: Agency for Health Care Research and Quality, Innovations and Tools to Improve Quality and Reduce Disparities, 2010. Retrieved from www.innovations.ahrq.gov/content.aspx?id=2066

사회복지사들은 각 주마다 약물 지원 프로그램이 다르므로(상세한 정보는 5장 참조), 그만큼 지역이나 국가의 제도나 제공되는 서비스들(메디케어 약품 할인 카드, 제약회사 프로그램들)에 대한 정보를 잘 알고 있어야 한다.

심리적 안녕과 정신건강

노인들도 다른 성인들처럼 많은 정신장애를 경험하기는 하나, 이들의 장애 유발특성과 그 과정은 상당히 다른 특징을 보인다(U. S. Department of Health and Human Services, 1999). 우울, 불안, 그리고 치매는 고령일수록 유발가능성이 높은 병적 장애이다(McInnis-Dittrich, 2009). 이러한 문제들은 종종 임상가들이 노인들을 대하며 정신건강 영역을 사정할 때 일부 제약적 상황으로 인해 상당 부분 간과되는 경향이 있다. 예를 들어 환자의 중복이환(두 만성질환을 동시에 앓는 상태) 상태가 이에 포함된다. 또한 환자가 여러 기분장애 증상(불면, 피로)을 함께 호소할 경우, 의료진은 건강상의 문제를 잘못 진단할 수도 있다. 그 외에 환자의 연령에 대한 고정관념으로, 예를 들어 나이가 들면 부정적 증상이 증가할 수 있다는 판단에 클라이언트의 기분장애 증상에 별 관심을 기울이지 않을 수도 있다(Grann, 2000). 가족구성원들은 "노화"에 대해 나이가 들면 으레 그러한 증상이 나타난다고 판단하고, 노인들을 보살피고자 하는 노력을 등한시할 수 있다. 세대와 문화적인 차이로 인해, 어느 문화의 노인들은 본인들이 느끼는 신체적 증상을 호소하기보다 자신의 심리사회적 증상들을 더 부정적으로 인식할 수 있으므로, 스스로 다른 세대에게 혹은 문화가 다른 이들에게 본인들의 기분이나 감정을 드러내는 것을 꺼려할 수 있다(10장 참조). 예를 들어 아시아계 문화권에 속한 노인들은 특히 슬픔이나 불안에 대한 느낌보다 수면이나 기억력의 문제들을 더 많이 호소하는 경향이 있다(Kleinman, 2004). 즉, 치매 증상과 우울 간의 중복 증상으로 인해 그 둘을 분리시켜 사정하는 데에는 어려움이 따른다.

약물 남용 특히, 알코올남용, 약물처방, 처방전 없이 살 수 있는 약 등도 노인들을 진단할 때 간과되는 또 다른 장애 중 하나이다. 노인들은 연령요인에 의해 활동감소 성향을 나타내는 경우가 종종 있어, 노동활동이나 사회활동 시 나타나는 그들의 분열증상이 약물 남용에 기인한 것인지 판단이 어려운 경우가 있다(Widlitz & Marin, 2002). 게다가, 노인들이 임상가와 대화할 때, 그 증상에 대한 내용을 주제로 삼지 않으므로 노인의 알코올 문제는 종종 감지되지 못하고 간과되기도 한다(Kane, 2000c). 특별 사정도구, 즉 케이지CAGE나 마스트MAST: Michigan Alcoholism Screening Test는 노인의 특이 증상에 있어 약물 남용 상태를 체크하는 데 필수적이다. 그 내용에서 다루어지는 증상에는 조울증, 신체이동력 상실, 점진적 고립감, 설명되지 않는 사고, 그리고 인지기능저하 등이 포함된다. 진단되지 않고 처치되지 않은 증상들을 남겨두더라도, 약물남용은 면역결핍, 부정맥, 암, 위염, 발작증상 유발과도 관련되므로 건강을 약화시킬 수 있다(Widlitz & Martin, 2002). 더 많은 정보들은 17장의 내용을 참조하기 바란다.

노인들의 정신건강 영역을 사정함에 있어 심리적 안녕의 긍정적인 측면들은 간과되는 경우가 잦다. 즉, 우울, 스트레스, 불안과 그 밖의 장애들에 대한 사정은 빈번히 다루어지지만, 긍정적 감정, 희망, 낙관성, 삶의 만족 등의 영역은 개인의 주관적 삶의 질을 논함에 있어 쉽게 주목되지 않는 영역이다. 포크만Folkman과 모스코위츠Moskowitz(2000)는 만성적 스트레스 상황에서의 긍정적 감정은 우울증이나 스트레스로 인한 부정적 생리 현상이나 부정적 결과를 예방 또는 지연시키는 데 도움이 된다고 하였다. 희망은 미래에 대한 긍정적 기대에 기인하는 것으로 개인을 동기화하고 불확실성에 대한 대응력을 갖도록 한다(Raleigh & Boehm, 1994). 우울증을 경험하는 노인 중에는 희망 결핍이 자살생각의 예측요인으로 간주되고 있다(Uncapher, Gallagher-Thompson, Osgood, & Bonger, 1998).

비록 65세 이상 노인의 자살률이 1991년 이래로 감소되고는 있지만, 노인의 자살률은 모든 연령대 중 가장 높다(CDC, 2009). 참고 16.2를 보면 8장에서와 같이 노인의 자살 요인에 관해 보다 많은 정보를 알 수 있다.

인지능력

인간의 인지능력은 연령에 따라 변화한다. 인지적 변화는 두 가지 유형이 있다고 알려지고 있다. 첫 번째는 기억력, 선택적 집중력, 정보처리능력, 문제해결능력이 소규모로 감소하는 것으로서 그 변화량은 매우 다양하게 나타나지만 대부분 노화현상에 기인한 것이다(Siegler, Poon, Madden & Welsh, 1996). 이러한 인지적 변화의 지속은 학습 속도를 늦추며, 새롭게 습득된 정보를 반복해 기억할 것을 요구한다(U.S. Department of Health & Human Services, 1999). 인지변화의 두 번째 유형은 병적 치매화에 기인한 것으로, 점진적이고, 비가역적인 그리고 기능의 전반적 퇴행이라 할 수 있는 알츠하이머 질환, 혈관성 치매, 피질하성 치매와 같은 것들이다. 65~74세 노인 중 남성과 여성의 약 3%가 알츠하이머를 앓고 있으며, 85세 이상 노인은 50%가 이에 속하는 것으로 보고되고 있다(National Institute on Aging, 2004).

또 다른 주요 이슈는 인지능력이 저하된 사람들의 의사결정력에 대한 것으로, 돌봄에 관한 자신의 결정에 관한 내용이다. 대개 이는 가족구성원이나 사회복지사(가족구성원이 가능하지 않을 경우)가 환자의 재정적 측면 혹은 사람에 관한 후견인 청원을 법적 절차를 통해 진행함으로써 이루어진다. 후견인 승인에 관한 결정은 법률상 합법적 결정이기는 하나, 일반적으로 의사와 사회복지사가 사정하는 클라이언트의 능력에 대한 평가—클라이언트가 자신과 타인에게 해를 입히지 않을 것이라는 의사결정—에 기반한다(Cummings & Jackson, 2000).

치매가 진행되면 기억력, 언어, 사물인지, 주요 기능(계획, 조직, 순서, 추상 등)은 현저히 변화하며, 불안, 환각, 배회 등의 행동적 증상 또한 빈번히 발생된다. 이러한 인지적 변화는 노인에 대한 감시통제 역시 증가시키게 되므로, 공식적이고 비공식적 돌봄제공자 모두에게 상당한 부담과 짐이 된다(Alzheimer's Association, 2004). 사회복지사들은 이에 비공식적 돌봄제공자를 지원할 수 있는 지지그룹이나 행동관리 훈련, 상담, 사적 돌봄서비스, 휴식, 대체적 생활환경(위탁보호, 보

◆ 참고 16.2 노인의 자살 요인

• 자살률은 연령별로 증가추세에 있으며, 65세 이상의 사람들에게서 그 비율이 가장 높게 나타나고 있다.
• 65세 이상 인구 중 자살한 이들의 85%는 남성들이었다. 백인남성들의 자살비율이 가장 높게 나타나고 있다.
• 젊은층들과 비교해 볼 때, 자살하는 노인들은 단독거주 비율이 높고, 미망인이며, 신체적 질환을 가진 이들의 비율이 높은 것으로 나타난다.
• 노인 자살자들 중 약 70%는 자살을 시도하기 이전 달에 1차 의료기관에 방문했던 것으로 나타나는데, 그 시기에 개입기회를 상실한 것이기도 하다.
• 2001년 65세 이상 노인들의 자살에 소총이나 권총 등의 소형 화기가 사용된 비율은 73%나 되었다(CDC, 2004)
• 선행연구에 의하면, 우울증을 앓고 있거나 자살을 고려하고 있는 노인환자에게 소형 화기의 접근가능성을 질문하는 의사들은 단지 58%라고 한다(Kaplan, Adamek, & Rhoades, 1998).

1차 의료 상에서의 노인자살 예방: 협력적 시도(PROSPECT: Prevention of Suicide in Primary Care Elderly Collaboration Trial) 연구
대부분의 노인자살자들은 자살 후, 몇 주 내에 1차 의료 제공자들에 의해 발견되며, 경도와 중등도 사이의 첫 번째 우울증 에피소드를 경험하고 있다고 전해진다. 노인의 자살생각을 감소시키는 데 효과적인 개입 중 하나는(Alexopoulos et al., 2009) 훈련된 우울 케어 관리사들(사회복지사, 간호사, 그리고 심리학자)이 관여하는 케어매니지먼트 개입으로, 1차 의료 담당 의사들과 협력하는 방식을 취하게 된다.
• 우울증 인식
• 환자를 위한 가이드라인 기반 처치 권장사항을 제공하는 것
• 환자의 우울증상, 약물의 역효과, 그리고 투약 준수에 대한 모니터링
• 환자의 약물처치 감소 시 대인관계에 대한 심리치료 제공

개입에 관한 무작위적 평가를 통해 이러한 개입이 우울증상 환자들의 자살생각 감소에 효과적임을 알 수 있었으며, 개입환자들에게 처치반응이 보다 빨리 나타나는지 주목하게 되었다. 효과적인 개입이었음에도 불구하고, 콘웰Conwell(2009)은 개입 환자의 3분의 2가 여성이었음을 지적하고 있어 우울증상을 지닌 남성들(고위험군에 속하는)의 자살생각과 자살행동 감소에 이러한 개입이 효과적인지 검증과제가 남아 있다.

호주택,[2] 양로원alternative living arrangement) 등 그들을 위한 자원탐색에 많은 노력을 기울이게 된다. 이때 약물도 불안이나 환각, 환청 등과 같은 일부 행동적 증상들을 관리하는 데 도움을 줄 수 있다. 환자의 가족들은 종종 다른 돌봄제공자로부터 다양한 행동관리 기술들을 듣는 과정에서 학습하기도 하므로, 사회복지사는 가족들이 환자에 관한 모든 증상과 행동의 변화를 의사나 사회복지사, 돌봄제공자 지지그룹들과 함께 공유하며 대화하도록 독려해야만 한다.

기능수행능력

기능수행능력은 일반적으로, 기본적인 개인의 일상생활수행능력으로 정의된다. 기본적 일상생활수행능력으로 분류된 활동들은 개인적인 돌봄(옷 입히기, 목욕하기, 식사하기, 몸단장하기, 화장실가기, 침대나 의자 사용하기, 대소변 가리기)을 말한다. **도구적 일상생활수행능력**IADLs: Instrumental activities of daily living은 지역사회환경에서 생활할 수 있는 능력에 필요한 활동(조리하기, 청소, 쇼핑, 재정관리, 교통수단이용, 전화하기, 약 복용하기)들을 일컫는다. 걷기나 계단 오르기, 균형, 의자나 침대 이용하기 등의 이동성에 관한 것은 종종 일상생활수행능력에 포함된다. 이러한 활동 수행은 여러 활동들을 수행함에 있어 대개 독립적으로 수행하는가, 혹은 도움이 필요한 상태인가(인적 도움이나 기계적 장치들로), 수행할 수 없거나 전적으로 사람의 도움에 의지하는가에 따라 평가된다. 이러한 활동 수행에 있어서의 장애의 진행정도는 독립생활이 가능한 정도부터, 보조적 지원이 필요한 상태인가(비공식적, 공식적 혹은 둘 모두로부터), 요양원 돌봄이 필요한 정도인가에 이르는 돌봄의 연속 선상에서 개인이 어느 상태로 이동할지 예측한다.

개인의 일상생활수행능력이나 도구적 일상생활수행능력 정도에는 다양한 요소들이 관련된다. 피어슨Pearson(2000)은 "기능수행능력은 노인의 생리적, 심리정서적, 외부의 물리적 환경, 그리고 사회적 환경의 역동적 상호작용의 결과"라고 하였다(p. 19). 예를 들어 초기에 논의된 많은 보건의료환경은 노인의 기능적 수행능력에 제약요인이 될 수 있을 것이다. 심리적 문제, 즉 우울이나 불안(실패에 대한 두려움), 절망 등은 이러한 활동에 대한 동기를 저하시킨다. 치매와 같은 인지적 변화 또한 개인의 기능수행능력을 제약한다. 결국 외부의 물리적 환경(주거나 이웃의 유형)은 사회적 지원만큼이나 개인이 일상생활수행능력을 수행하는 데 있어 촉진적 역할을 하거나 방해요인으로 작용할 수 있으며, 생활환경의 변화를 요구할 수도 있다. 사회복지사들에게 시사하는 바는 명확하다. 즉, 기능적 상태를 사정하는 것은 개인에게 장애가 되는 이러한 요소 모두에 대한 평가라 할 수 있다. 일상생활수행능력과 도구적 일상생활수행능력의 제약은 정부의 지원을 받는 모든 가정과 지역사회기반 서비스 프로그램에 있어 서비스 자격의 전제조건과도 관련된다.

기능적 제약에 있어 또 다른 중요한 문제는 자동차 운전 능력에 관한 것이다. 스터츠Stutts,

---

2) Assisted Living Facility: 노인, 장애인 등 장애가 있는 사람을 위한 주거시설로, 이곳에서는 일상생활수행에 대한 보조, 외부에서 제공되는 의료서비스의 조정, 개개인의 건강이나 웰빙 증진을 위한 거주자의 활동 모니터링 등이 제공됨 ― 옮긴이 주.

마텔Martell, 스태플린Staplin(2009)에 의하면, 60~69세의 운전자(젊은 노인들)의 자동차 사고는 증가되는 경향을 보이지 않는다고 하였다. 그러나, 그 비율은 70세 이상부터 상승하기 시작해 80세까지 빠르게 증가한다고 한다. 이같이, 고령의 운전자들은 보다 많은 위험과 공중안전이 필요한 상태에 처하고 있다. 사고위험성이 상당히 높은 고령의 운전자들에게는 교차로나 좌회전과 같은 복잡한 상황에서 방향을 안내하거나 사고에 임박했을 때 도움을 줄 수 있는 환경이 제공될 필요가 있다.

노화에 따른 시각, 청각, 반응속도, 인지기능 등의 다양한 변화들은 개인의 운전능력에 관여될 수 있는 요인들이다. 이에 스터츠 등(2009)은 다음과 같이 언급하였다.

고령의 운전자들이 처하는 위험한 상황들은 종종 복잡한 시각적 탐색과 다중 정보원에 관한 상황으로 이는 주의집중력을 신속히 분산시켜야만 가능한 일이다. 이는 맥락에 적합한 운전자의 행동이 공식적 혹은 비공식적 규칙에 의존하기보다는 판단력이나 "실행기능"에 의존하게 되는 상황을 의미한다(p. 42).

특정 위험요인들에 관한 이러한 결과들은 연령별 적합한 교육 주제로도 활용될 수 있으므로 프로그램에 동참하도록 하여 안전운전 기간 연장에 도움을 줄 수 있다(Stutts et al., 2009).

이에 미국은 운전능력이 특별히 자립성 유지에 매우 중요한 요소 중 하나라는 것을 알게 되어, 일부 지역에서는 교통신호 알림 시간을 늘리거나 길에 표시된 글자나 시계의 크기를 확대하는 등 환경 개선의 노력을 기울이기도 했다. 미국자동차협회Automobile Association of America나 미국은퇴자협회AARP: American Association of Retired Persons와 같은 조직에서는 노인운전자 재훈련을 위해 노인운전자 안전프로그램Mature Driver Safety program을 제공하기도 하였다. 노인운전자에 관한 연구들에서는, 하트포드 재무서비스그룹이 매사추세츠 주 공대MIT의 노년 연구실과 연계해 가족들이 운전을 주제로 노인과 대화할 때 주의사항이나 요령을 안내문 형식으로 개발한 바도 있다(Hartford, 2005). 노인들은 대개 그들의 운전에 관해 가족 외(예를 들어 가까운 친구나 경찰 등의) 사람들보다는 가족원들과 대화하기를 원한다. 비록 배우자와 거주하는 기혼 노인 운전자의 18% 정도는 절대로 운전에 관해 배우자와 대화하고 싶지 않다고 하긴 했지만, 대부분의 기혼 노인 운전자들은 배우자와의 대화를 선호하고 있었다. 의사와 성인 자녀 또한 대화에 있어 선호하는 대상들에 속한다. 홀로 사는 노인들의 경우에는, 성인 자녀 다음으로 의사와의 대화를 선호하고 있다(Coughlin, Mohyde, D'Ambrosio, & Gilbert, 2004). 사회복지사들은 노인 환자들과 이러한 주제로 대화하는 의사 및 가족원들을 교육·훈련시키는 데 일조할 수 있다.

사회적 기능

사회적 기능을 사정할 때, 사회적 기능화에 대한 주관적이고 객관적인 요소들에 유념해야 한다. 객관적 측정에는 사회적 지원(받았던 도움이나 지지), 사회적 네트워크(개인적 사회집단 내의 구성원들), 사회활동(사회활동의 참여, 타인들과의 연락/만남빈도), 사회적 역할(수행하는 역할의 수나 유형)이 포함될 것이다. 사회적 기능에 관한 주관적 척도는 개인의 사회적 상황과 필요 시 이용 가능한 지원에 관한 그들의 인식에 대한 만족도가 어떤지를 질문하게 된다. 사회적 기능의 객관적 척도에서는 개개인이 상당히 다를 수 있지만, 만족도에서는 유사하게 표현될 수 있다. 사실, 지원에 대한 주관적 평가는 타인과의 연락빈도와 같이 사회적 기능화의 객관적 지표보다는 심리적 안녕감과 보다 깊이 관련됨이 입증되고 있다(Krause, 1995). 사회적 기능의 여러 측면들은 치료나 돌봄 계획의 목표에 의해 다뤄질 수 있다. 예를 들어, 사회복지사가 사회적 네트워크와 접촉의 빈도를 증가시키는 것(사회활동이나 교화활동에 참여하기 위해 교통수단 찾아보기)이나, 사회적 역할 늘리기(고용의 기회나 자원봉사의 기회를 찾는 것)에 집중할 경우, 해당 노인의 그러한 사회적 기능은 두드러지게 향상될 수 있다.

　　노인들에게 있어 사회통합(사회적 유대, 역할, 활동)은 사망이나 심장질환, 암, 기능 저하 등의 건강상 위험 감소에 보다 효과적이다(Unger et al., 1999). 반대로 침대생활만 하거나 심각한 이동장애를 가진 사람들은 사회활동들로부터 유리될 수 있는데, 이때 사회적 기능은 이들이 가정 내 활동에서 벗어날 수 있는 기회를 제공하게 된다. 이에 관해 레빈Levin(1994)은 사회적 기능이 신체적, 심리적 안녕감에 결과로 나타나기도 하며 동시에 예측변인으로도 작용한다고 언급하였다.

　　부정적 상호작용이나 지원 또한 평가의 중요한 영역이다. 전형적으로 부정적 상호작용은 노인과 가까운 관계에 있는 사람과 발생하며(Antonnuci, Sherman, & Vandewater, 1997), 의견차이, 정서적 학대나 경제적 학대, 그리고 심지어 신체적 학대나 방임 등의 형태로 나타날 수 있다("가족 및 비공식적 지원 사정" 부분에서 논의된 바 있다).

　　노인 중 사회적, 신체적, 심리적 영역에서 중첩되는 한 가지 이슈는 성 정체성(sexuality)에 대한 표현과 성행위 경험에 관한 것이다(보다 자세한 내용은 14장 참조). 후니만Hoonyman과 키약Kiyak(2002)은 나이가 들면 성생활이 중단될 것이라는 오해와는 반대로, 노인세대에서도 성생활은 지속되며, 성에 대한 흥미나 욕망이 감소한다고 보기 어렵고, 오히려 성생활은 생활환경에 의해 달라질 수 있음을 발견하였다. 예를 들어 성행동에 있어 결혼지위나 대인관계로 인한 영향은 남성보다 여성에게서 더 큰 것으로 나타나며(Matthias, Lubben, Atchison, & Schweitzer, 1997), 반면 성적 기능장애로 인한 신체적 문제들은 남성들의 성생활에 영향을 미치는 주요 요인인 것으로 밝혀지고 있다(Wiley & Bortz, 1996). 노인의 성생활에 영향을 미치는 요인들에 대한 심리사회적 사정에는 성생활에 대한 개인의 과거력, 성생활과 성행위에 대한 태도, 파트너의 존재여부, 성행위에 대한 욕구, 사생활을 누릴 수 있는 기회, 시설 환경 내 스탭들의 성생활에 대한 태도 등을 포함해야만 한다. 노인들의 인체 면역결핍 바이러스(HIV)와 후천성 면역결핍증(AIDS) 발생률을 살펴보면, HIV의 경우는 50대 이상에서 10%, 60세 이상에서는 약 3%인 것으로 나타나(Linsk, 2000), HIV와 위험적 행위에 대한 지식 또한 사정 영역에 포함될 필요가 있다.

물리적 환경

연령에 따라, 종종 사회복지사들은 환경적 요구와 이러한 요구에 대처하는 개인의 능력 간의 상당한 차이를 발견하게 된다. 노화는 감각에 대한 지각, 보행, 반응속도, 기력 등 환경에 대한 개인의 적응능력을 위태롭게 만드는 많은 생리적 변화를 수반한다. 예를 들어, 시각이나 깊이지각의 변화는 계단이용을 어렵게 만드는데, 이는 외출을 제한할 수 있고, 나아가 도움에 의존하게 만들며, 사회적 고립감 증가를 초래할 수 있다. 물리적 환경에 대한 부적응은 집이나 거주지의 개조를 필요로 하는데, 이는 특히 노인이 그 변화를 원하지 않을 경우 개인의 심리적 안녕감에 부정적 영향을 미칠 수 있다. 이는 특히 요양원에 입소하는 많은 사례에서 보이는 현상이다.

독립적인 가정independent homes이 물리적 환경의 적절성에 관한 사정의 가장 명백한 목표이지만, 컬터Culter(2000)는 "모든 거주환경은, 거주환경이 적응가능하고, 지지적이며, 접근가능하고, 안전해야 한다는 보편적 디자인 원리에 반하여 측정될 수 있다"고 주장하였다(p. 360). 2000년에 자기 집에 거주하는 65세 이상 노인의 약 78%(U.S. Census Bureau, 2004)와 55세 이상 노인의 약 89%가 가능한 오랫동안 현재의 거주지에서 살고 싶다는 다소 강한 의사를 밝힌 바 있다(AARP, 2000). 노인들에게 낙상은 부상이나 사망을 초래하며, 상처나 외상후 스트레스로 인한 병원입원의 가장 흔한 원인이기도 하다. 매 해, 65세 이상 노인의 약 35에서 40%는 최소 1번 이상 낙상을 경험하며, 낙상 사례의 약 3분의 2에서 2분의 1가량은 집주변에서 발생하였다(CDC, 2001). 공동주택 거주 노인들은 혼자 살거나 일부 기능상의 장애를 가진 사람들이어서 낙상의 위험이 더 크다(Elliott, Painter, & Hudson, 2009).

개인의 능력과 함께 가정환경에 대한 적합성을 사정하는 것은 중요한 영역이며, 특히 낙상예방은 개입의 매우 중요한 지점이다. 전형적으로 가정에 관한 사정은 여건, 적절성, 조명에 대한 접근성 등을 점검하는데, 바닥재, 카페트, 낙상과 관련된 장애물과 잠재적 위험요소, 욕실과 화장실, 도움장치의 필요여부, 부엌, 냉방과 난방, 외부출입에 대한 접근, 가정 내 각 방에 대한 접근, 이웃환경과 같은 개인적 안전상의 문제 영역들을 포함한다. 노인생활시설이나 위탁보호시설을 평가할 때도 유사한 문제들을 중요하게 다루고 있다.

가족 및 비공식적 지지의 사정

가족원은 노인의 돌봄준비나 돌봄제공에 중요한 역할을 한다. 지역사회에 거주하며 장기요양보호가 필요한 사람의 약 3분의 2(64%)는 도움에 있어 오로지 가족이나 친구(비공식적 지원)에만 의존하고 있었으며, 28%는 비공식적인 도움과 공식적 돌봄을 조합한 형태로, 그리고 공식적 돌봄 혹은 유급 돌봄만을 활용하고 있는 이들은 단지 8% 정도에 불과하였다(Liu, Manton, & Aragon, 2000). 대개 노인의 가족이 돌봄제공자가 되는데 성인 딸(27%), 다른 친척여성들(18%), 아들(15%), 아내(13%), 남편(10%) 등이 이에 속한다. 노인장기요양보호서비스 이용자를 보살피는 사람들의 약 30%가 65세 이상의 연령대에 속하며, 15%는 45~54세에 속하는 이들이다(Spector, Fleishman, Pezzin, & Spillman, 2000).

일반적으로 비공식적 지원에 대한 사정은 도움을 제공하는 가족원의 수와 그 관계, 제공되는 도움의 양과 유형, 가족도움에 대한 영속성 예측정도, 돌봄제공자가 느끼는 부담, 최근 돌봄의 긍정적 양상 등에 초점을 둔다(Gaugler, Kane, & Langlois, 2000; Pearson, 2000). 대다수의 돌봄제공자들은 어린 자녀의 돌봄이나 고용 등의 문제로 갈등상황을 경험한다. 만성질환이나 치매로 인해 나타나는 기능저하 현상으로 노인에 대한 더 많은 보살핌이 요구됨에 따라, 돌봄제공자는 심한 중압감을 느끼게 되어 그 결과 노인을 요양원에 입소시키기 위해 더 많은 위험에 빠뜨리거나, 보다 심한 학대나 방임의 빈도가 잦아지는 등 불미스러운 행위가 초래되기도 한다. 따라서 돌봄제공자의 욕구를 보다 잘 이해하기 위해 돌봄제공자의 부담요인을 객관적, 주관적 측면 모두에서 사정하는 것은 매우 중요하다. *부담의 객관적 요소*는 재정, 가족생활, 사회적 관계에서의 어려움을 의미하며, *부담의 주관적 요소*는 돌봄제공자가 스트레스 상황이라고 평가하는 것을 의미한다(Gaugler et al., 2000).

돌봄제공으로 인한 부담을 평가함에 있어, 백인들에 비해 아프리카계 미국인 돌봄제공자는 이를 스트레스 상황으로 받아들일 가능성이 더 낮다는 결과가 입증된 바 있는데, 이는 인종 및 민족적 차이가 반영된 것이라 할 수 있다(Pinquart & Sörenson, 2005). 그러나 인종 및 민족성에 관한 연구의 상당수는 사회경제적 지위에 의해 그 내용이 틀렸음이 입증되고 있고, 동일 인종 및 민족그룹 내에서의 각기 다른 사회경제적 계층에 있는 돌봄제공자의 관점에 대한 연구는 거의 없다. 대다수의 장기요양 프로그램에서 공식적 서비스는 가족들의 돌봄제공이 불가능할 때만 제공되고 있다. 따라서 사회복지사들이 장기요양 계획을 수립할 때에는 돌봄제공자의 객관적 부담과 주관적 부담 모두를 고려해야만 한다.

보건의료 체계 내에서, 가족의 지지를 사정하는 것은 법적 범위 내의 가족구성원들에게만 국한될 때가 있다. 즉, 게이와 레즈비언 노인커플에게는 분명 다양한 보건환경 내에 구조적이고 법적인 장애요인들이 존재할 수 있다. 예를 들어 이 커플은 본인 배우자의 의료기록이 필요할 때나 돌봄제공을 위해 방문하고자 할 때 저지당할 수 있다. 의료적 의사결정이 필요한 경우, 가족들이 노인환자의 파트너보다 알고 있는 내용이 적음에도 불구하고 보건의료 전문가들은 가족원들만 상대함으로써 파트너의 접근을 제한할 수 있다. 또한 보건의료 환경 내 구성원들도 게이나 레즈비언 커플들에게 부정적인 태도를 보일 수 있다(Hooyman & Kiyak, 2002). 사회복지사들은 이러한 이슈와 행위에 대해 성적 성향을 포함한 다양한 요인에 기인하여 개인을 차별하지 않겠다는 전문가적 윤리에 입각해 자신의 가치와 실천을 인식해야만 한다(National Association of Social Workers, 2003).

노인학대는 가족구성원들이 돌봄제공으로 책임감에 쫓기거나, 특히 수혜자와 제공자가 동일한 공간에 거주하며 생활할 때, 그리고 가족학대의 과거력을 지니고 있을 때에 빈번히 발생하는 것으로 나타난다. 노인학대에 추가적인 위험요인으로는 75세 이상이라는 연령 요인, 여성, 신체적 혹은 인지적 제약, 가정의 낮은 사회경제적 수준, 약물사용, 정신질환, 혹은 수혜자의 재정적 의존에 제공자가 취약할 경우 등이 포함된다(McInnis-Dittrich, 2009; National Center on Elder Abuse[NCEA], 2004). 2000년 전국노인학대센터NCEA: National Center of Elder Abuse의 조사에 의하면, 30개의 주와 미국령 지역에서 사회복지사들은 노인 학대에 대해 보고할 의무를 가지고 있다. 이 사실은 어느 정도 중요한데, 그 이유는 보건의료현장에서 노인의 타박상이나 골절위험, 신체적 통증은 정상적인 노화나 예기치 못한 낙상, 질병과 관련된 통증으로 인한 변화일 수 있어 노인학대의 징후가 간과될 수도 있기 때문이다.

경제적 자원

전형적으로 경제적 자원들에 대한 사정(소득, 연금, 건강보험, 다른 자산들)은 정부에서 제공하는 가정 및 지역사회기반 서비스의 적격성을 결정할 때 필요한 과정이다. 거의 모든 주가 가정에 재정을 지급하는 메디케이드 재정사용 기준완화Medicaid waiver 프로그램과 요양원에 입소할 위험에 있는 노인을 대상으로 가정 돌봄 서비스를 제공하는 지역사회기반 서비스 프로그램을 운영하고 있다. 사정과 적격성 기준은 주마다 다르지만 일반적으로 기능상의 제약, 소득, 빈곤수준 등이 고려된다(Centers for Medicare and Medicaid[CMS], 2010a). 소득이 기준을 초과하는 사람들은 적격성 기준에 부합할 때까지 자산을 지출해야 한다(CMS, 2010b). 추가적인 정보는 5장을 참조하기 바란다. 소득과 자산을 사정하는 것은 정보 공개의 민감성으로 인해 당사자들이 꺼릴 수 있는 부분이다. 또한 메디케이드 신청 과정에서 시간이 지체되는 경우가 많아 시간 소모적 행위로 간주되기도 하며, 그 과정에서 노인과 가족들은 좌절감을 경험하기도 한다(Diwan, 1999).

가치와 선호

보건과 장기요양보호 환경에서 노인의 가치와 선호를 체계적으로 평가하는 일은 흔하지 않다(R. L. Kane, 2000c). 케인Kane은 개인의 선호를 도출하는 체계적인 방법이 바람직한 몇 가지 영역을 개략적으로 소개하였다. 이 영역에는 다음에 대한 선호를 포함한다:

- 생애말 의료를 위해 각 개인에게 취해지는 소생법, 산소호흡기, 삽관술, 수화hydration 등의 여러 절차들을 희망하는지 그 여부에 관한 것과 스스로 의사결정할 수 없는 사항에 대해 대리 의사결정자를 지정하고 싶어하는지에 관한 것
- 퇴원계획과 관련된 대안적 방안들: 예를 들어 가정간호서비스가 필요할 경우, 특정 유형에 관한 선호 혹은 퇴원 후 돌봄 장소에 관한 것
- 다양한 유형의 공동생활에 관한 것으로 자립도와 관련한 사항들, 혹은 보호주택이나 소규모 그룹홈, 지속적 돌봄을 제공하는 은퇴자 단지, 연속보호 은퇴주거단지, 요양원 등의 주

택에 관한 사항
- 특히 일상생활수행능력과 도구적 일상생활수행능력에 있어 일상적으로 반복되는 생활을 어떻게 해낼 것인가에 대한 것
- 종교적 실천에 관한 것
- 특히 개인들이 방을 공유하게 되는 공동생활 환경이나, 일상생활수행능력에 도움을 받을 때 다른 이들에 의해 관찰될 수 있음에 관한 것 등의 사생활적인 측면
- 안전성 대 자유로움에 관한 사항으로, 노인들은 전문가들이 판단하기에 충분한 환경이 아 님에도 불구하고 주거선택이 가능하다는 측면

클라이언트의 자기결정권과 자율성 원칙을 촉진하고자 하는 사회복지의 가치에 기반하여, 자기결정권의 기회가 최소화될 수 있는 시설환경에서 노인들의 가치와 선호를 사정하는 것은 노인들과 함께 일하는 사회복지사들이 보다 주의를 기울여야 하는 측면이다.

영적 사정

노인의 종교성, 영성, 종교 활동에의 참여, 건강과 심리적 안녕감 간의 긍정적인 관계를 보이는 문헌들이 점점 증가하고 있다(Koening, 1990; Levin, 1994). 종교와 영적 활동에 대한 선호를 사정하는 것은 이러한 요인들이 개인의 심리적, 사회적 기능, 스트레스 대처 능력, 전반적인 삶의 질에 영향을 미치는 것으로 알려져 있으므로 중요하다. 영적 신념과 종교적 관점 역시 건강 및 질병과 관련된 믿음에 영향을 끼친다. 다수의 아프리카계 미국인들에게 있어, 영적 신념은 병의 상태를 이해하고 치료를 결정하는 데 기초가 된다(예를 들어, 그들은 신이 궁극적으로 신체건강을 책임지며, 의사는 신의 도구이며, 신만이 삶과 죽음을 결정할 권한이 있다고 믿는다)(Johnson, Elbert-Avila, & Tulsky, 2005). 이슬람교 다수는 질병이 믿음을 시험하고 성격을 강인하게 만드는 한 방법이며, 신이 보건 의료를 책임진다고 가르침을 받는다. 따라서 이슬람교도는 죽음이나 질병의 예상되는 과정에 대해 실천가와 협조하여 의논할 필요는 전혀 없다고 선택할 수도 있다(Gorder & Ellor, 2008). 사정의 실제적 영역은 소속된 종교, 믿음, 헌신, 종교 활동의 참여, 사적인 일상 경험을 포함할 수 있다(Olson & Kane, 2000). 개인에게 있어 이러한 영역의 중요도는(예를 들어, 음식에 대한 종교적 제한—유대교 엄수자의 코셔,[3] 이슬람교 엄수자의 할랄,[4] 종교적 서비스의 이용가능성) 장기 요양 시설 거주뿐 아니라 지역사회에 돌봄에 기반한 돌봄 계획에 상당한 영향을 미칠 수 있다.

---

3) kosher: 전통적인 유대인의 의식 식사법에 따라 식물을 선택하는 것 — 옮긴이 주.
4) halal: 과일·야채·곡류 등 모든 식물성 음식과 어류·어패류 등의 모든 해산물과 같이 이슬람 율법 하에서 무슬림이 먹고 쓸 수 있도록 허용된 제품을 총칭하는 용어 — 옮긴이 주.

| 표 16.1 | 사정 영역 및 자주 사용되는 사정 도구 |

주요 사정 영역	흔히 사용되는 사정 도구
생리적 안녕과 건강	*Get up and Go Test*(Mathias et al., 1986)와 *Expanded Timed Get up and Go*(Wall, Bell, Campbell, & Davis, 2000): 낙상의 위험을 진단하는 데 널리 사용됨. *Medical Outcomes Study – Short Form-36 Health Survey*(SF-36)(Ware & Sherbourne, 1992). 8개 영역: 신체적 기능, 신체적 문제로 인한 역할 제한, 사회적 기능, 고통, 일반적 정신건강, 정서적 문제로 인한 역할 제한, 생동감, 일반적 건강 지각.
생리적 안녕과 정신건강	*CAGE 질문지*(Ewing, 1984): 알코올 문제 사정. *Center for Epidemiological Studies Depression Scale(CES-D)*(http://chipts.cch.ucla.edu/assessment/Assessment_Instruments/Assessment_pdf_new/assess_cesd_pdf.pdf). 우울한 정서, 긍정적 정서, 신체적/생식의 증상, 대인 관계상 디스트레스 사정. 단축형 유용.
인지 능력	*Global Deterioration Scale(GDS)*(Reisberg, Ferris, de Leon, & Crook, 1982): 인지, 기능상 능력, 문제 행동과 관련된 치매의 심각도 사정. *Mini Mental State Exam(MMSE)*(Folstein, Folstein, & McHUGH, 1975): 즉시 및 지연 기억 회상, 지남력, 계산, 작업 기억, 시공간 능력, 언어 사정.
다양한 일상 생활 수행 능력	*Katz Index of Independence in Activities of Daily Living*(Katz et al., 1963): 다양한 일상 생활 행동 수행을 측정; 옷입기, 세수하기, 먹기, 단정히 하기, 대소변보기, 침대에서 의자로 옮겨가기, 이동성, 지속성. *Older Americans Resources and Services, Instrumental Activities of Daily Living (OARS-IADL)*(Fillenbaum & Smyer, 1981): 일상생활활동 수행 측정—요리 청소, 장보기, 금전 관리, 교통수단 이용, 전화하기, 약 복용 준수.
사회적 기능	*루벤Lubben의 Social Network Scale*(Lubben, 1988): 노인의 고립 위험을 검진하는 도구로 사용될 수 있음. *Social Support 질문지*(Sarason et al., 1983): 제공된 지지의 객관적, 주관적 측면 측정; 전체적, 정보적, 지각된, 구조적, 제공된 지지.
물리적 환경	*Elderly Resident Housing Assessment Program(ERHAP)*(Brent & Brent, 1987): 주택 소유자와의 면접을 통해 다양한 영역에서의 안전, 기능, 안락함 사정, 직접 관찰, 평정자에 의한 사진 촬영.
돌봄제공자 사정	*Caregiver Strain Index*(Robinson, 1983): 돌봄과 관련된 신체적, 개인적, 가족, 재정적 긴장 사정. *Revised Memory and Problem Behavior Checklist (RMBPC)*(Teri et al., 1992): 환자를 돌볼 때 이것이 돌봄제공자를 얼마나 힘들게 하는지 기억, 정서, 행동 문제의 빈도 사정.
경제적 자원	*Older Americans Resources and Services (OARS-Economic Resources)*(Filenbaum & Smyer, 1981): 소득, 연금, 사회보장, 건강보험, 주택, 차, 저축과 같은 기타 자산 사정.
가치와 선호	*Desire for Choice and Control in Nursing Homes*(Kane et al., 1997): 요양 시설에서의 일상 생활에 대한 선택과 조정에 관한 선호를 사정. *Values Assessment Protocol*(Degenholtz, Kane, & Kinvick, 1997): 재가 프로그램에서 노인 사례 관리에 대한 가치와 선호 사정. 돌봄 계획 수립 시 유용할 수 있음.
영적 사정	*The Daily Spiritual Experience Scale*(Underwood & Teresi, 2002): 특정 신념이나 행동보다 경험을 사정하려고 시도.

다문화노인의학 사정
ETHNOGERIATRIC ASSESSMENT

노년층에서의 인종적, 문화적 다양성 증가와 문화적으로 적절한 돌봄에 대한 수요 증가는 인종노인학, 유색인종노인의 보건의료와 사회적 서비스에 대한 노화, 건강, 문화적 관심의 복합어인 다문화노인의학Ethnogeriatric의 발전에 기여하고 있다(McBride & Lewis, 2004; Yeo, David, & Llorens, 1996). 다문화노인의학 사정은 포괄적 노인의학 사정에 문화적 탐구나 문화적 탐색을 더하는 것이다. 다문화노인의학 사정은 문화적으로 적합한 돌봄을 제공하는 첫 단계이며, 문화적으로 규정된 건강에 대한 신념, 역사적 및 동시대 경험, 문화적 맥락에서 가족의 역할, 문화적으로 적절한 비언어적 의사소통(존경 표하기)을 포함하여 여러 영역에서의 지식과 기술을 요한다. 이는 클라이언트에게 언어적, 문화적으로 적절한 사정 도구를 이용하여 언어적 장벽을 설명하는 능력이다.

건강과 질병에 대한 문화적 맥락

다양한 인종과 문화적 배경을 가진 노인 클라이언트와 가족은 생의학적 모델에 토대를 둔 서구의 보건의료 체계에는 적합하지 않거나 존재하지 않는 건강신념 체계를 가질 수도 있다(Yeo, 2009). 유색인종의 노인 클라이언트와 가족은 그들의 상태를 설명하는 데 있어서 균형, 자연, 영혼과 같은 요소를 고려하는 데 반해, 생의학적 모델은 과학적 가정과 과정에 기반한 건강과 질병의 정의 및 설명을 이용한다. 결과적으로 사회복지사는 사정시 문화적으로 정의된 신체화 장애 또는 문화적으로 규정된 증상을 설명하는 클라이언트를 만날 수도 있다(Stanford Geriatric Education Center, 2001). 예를 들면, 중국이나 다른 전통의학 국가에서 건강은 몸의 힘의 균형(예: 음과 양의 조화, 냉과 온의 개념)과 기의 자유로운 흐름에 의해 유지된다(Lin, 1980; McBride, Morioka-Douglas, & Yeo, 1996). 베트남과 다른 동남아시아의 망명자들은 다양한 질병의 원인으로 "풍(風)wind illness"을 명시하고, 과거의 삶이나 초자연적 또는 선조의 영향으로부터의 업보가 건강이나 질환에 영향을 미친다고 믿는다(Yeo, 1996). 캄보디아 출신 몽족Hmong 노인 망명자들은 정신과 영혼의 부재가 건강에 영향을 미친다고 믿는다(Gerdner, Xiong, & Yang, 2006).

역사적 맥락과 동시대 경험

이민의 형태, 특정 사건의 경험(예: 전쟁, 고문, 난민 여부), 차별과 같은 역사적 맥락과 동시대 경험은 건강에 대한 신념과 질병 행동에 반영되기 쉽다. 그러한 경험을 모르면 클라이언트의 상태에 대해 부적절한 사정을 하게 된다(Rosich, 2007; Xakellies et al., 2004; Yeo et al., 1998). 예를 들면, 현기증을 동반한 심한 두통을 앓는 캄보디아 노인이 흔히 보고하는 증상은 크메르루즈의 대학살이라는 특이한 동시대 경험과 관련된 것일 수 있다. 전쟁 동안 가족을 잃거나 헤어진 것을 자주 생각한 결과, 두통이 생기는 것이다(Handelman & Yeo, 1996). 아동기, 학창 시절에 죽음이나 이별을 경험한 알래스카 원주민은 지금 나이가 들어서도 외상과 같은 증상을 보이기도 한다(Rosich, 2007). 이러한 특별한 경험에 대해 인지하는 것은 표현되는 증상을 잘 해석하고 유색인종 클라이언트와 그 가족의 신뢰를 형성하는 데 도움이 된다(SGEC, 2001).

개인이 전통, 규범, 하나 이상의 문화 관습에 적극적으로 관여하고 영향을 받는 정도인 문화적 적응은 그러한 문화에 노출되는 양에 따라 다양할 수 있다. 동시대 경험, 미국 내 거주 기간, 언어 유창성은 문화 적응의 정도에 영향을 미친다(Diwan, 2008). 따라서 문화적 적응은 범주라기보다 연속선상으로 간주되어야 하고, 사회복지사는 노인의 준거 틀을 더 잘 이해하기 위해 사고, 행동, 태도에서 문화 적응의 정도를 사정하여야 한다(Organista, 2009; Yeo, 2009).

문화적 맥락에서의 가족의 역할

유색노인 클라이언트의 사정 시, 관여와 의사결정과 같이 가족 구성원의 반응에 지침이 되는 이들의 문화적 기대를 인식하여야 한다(Yeo, 1996). 독립심, 자율성, 사생활 존중, 비밀보장과 같이 미국의 보건의료에서 강조되는 가치와 윤리적 원칙이 어떤 문화에서는 적용되지 않을 수도 있다. 예를 들면, 전통적인 멕시코나 필리핀 가족들에게 노인의 신체적 의존은 예상될 수 있는 것이며, 의존적인 노인을 돌보는 것을 가족의 의무로 생각한다. 다수의 문화권에서, 가족(노인 클라이언트가 아닌)은 노인의 보건 의료에 대해 결정할 책임이 있고, 때로는 가족 구성원이 보건의료서비스의 제공자에게 노인을 보호하는 방법의 하나로, 중병의 진단이나 나쁜 소식은 발설하지 말아달라고 부탁하기도 한다(Yeo, 1996; 2009). 성역할 역시 매우 전통적이다(예를 들면, 이슬람 가족에서 남성은 여성의 보호자로 간주되고, 남성은 모든 보건 의료에 관한 결정을 책임진다)(Gorder & Ellor, 2008).

가족 중심의 문화권에서 노인 클라이언트와 일할 때, 노인뿐 아니라 가족 구성원을 사정 과정에 참여하도록 하는 것은 유용하다(Andrulis & Brach, 2007). 이처럼, 가족 구성과 구조, 친족 유형, 가족 구성원의 기대, 의사결정 관습과 역할(예: 개인주의적 대 집단주의적, 가족중심적, 모계중심 또는 부계중심), 성역할 태도 등과 관련하여 정보를 명확히 하는 것은 도움이 된다(SGEC, 2001; Xakelies et al., 2004). 가족 구성원은 클라이언트의 문제에 협동적으로 문제 해결에 영향을 주는 중요한 정보를 제공할 수 있다(Organista, 2009).

문화적으로 적절한 비언어적 의사소통

비언어적 의사소통을 통해 존경을 표하는 문화적 선호는 집단에 따라 매우 다양하고, 사회복지사는 문화적으로 적절한 행동, 몸짓, 양식에 익숙해져야 한다(Xakelies et al., 2004). 실천가와 클라이언트가 적절한 신체적 근접싱은 문화에 따라 다양하다. 인사할 때 신체적 접촉과 이성에 의한 진단은 많은 문화권에서 제한되거나 금지되고, 직접적 눈 맞춤이 어떤 문화권에서는 적절 하지만, 다른 문화권에서는 무례하거나 불손하게 생각될 수도 있다(Gorder & Ellor, 2008; SGEC, 2001). 실천가는 이러한 다양성을 명심하여야 하고 사정시 할 것과 하지 말아야 할 것을 주의깊 게 결정하여야 한다. 어떤 행동의 적절성에 대해 확신이 없다면 클라이언트에게 그들이 선호하 는 바에 대해 안내를 부탁하도록 한다(Yeo, 1996).

언어 장벽

정확한 사정을 위해서는 명확한 의사 소통이 핵심적이지만, 노인 및 그 가족과 일할 때 이들 의 영어 유창성이 제한적이고 사회복지사가 클라이언트와 동일한 언어를 구사할 수 없을 때, 이 는 큰 도전과제가 될 수 있다(Yeo, 1996). 언어 장벽은 사정시 의사 소통에 있어서 오해와 실수에 영향을 미칠 수 있으며, 실천가와 클라이언트 간 관계를 악화시킬 수 있다(Min, 2005). 이처럼, 정 확한 사정에 선호되는 언어와 영어 유창성 정도는 통역 서비스 및 번역 자료를 이용할 것인지 결정하는 데 있어서 필수적이다(Andrulis & Brach, 2007; Hasnain-Wynia & Baker, 2006). 의사소통에 대한 정보와 통역 이용에 대한 자원은 10장을 참조하기 바란다.

표준화된 사정 도구 사용

표준화된 사정 도구를 사용할 때(예: 우울증과 기타 정신 상태, 건강 이해), 실천가는 문제에 처 한 개인이나 집단의 적절성을 결정하기 위해 정신측정학상으로 검증된 도구인가를 확인해야 한 다(Tran & Ngo, & Conway, 2003). 번역된 도구에만 의존하는 것은 문항들이 모든 집단에서 동일한 의미가 아닐 수도 있고 교육과 문해 수준 또한 점수에 영향을 미칠 수도 있기 때문에 문제가 될 수 있다(Andrulis & Brach, 2007; Douglas & Lenahan, 1994; Yeo, 1996).

어떤 형식의 도구를 선택할 것인가는 클라이언트의 인종 집단에 따라 다양할 수 있다. 예를 들면, 예상되는 정서 표현은 문화권에 따라 다양하다. 대면 면접은 감정 표현이 원활한 문화권의 클라이언트에게 적절할 수 있다. 자기 보고식은 감정을 자제하는 문화적 규범에 영향을 받은 사 람에게 보다 적합할 수 있는데, 조화와 체면을 유지하는 방법이 개인으로 하여금 면접을 꺼리게 하거나 사회적 바람직성의 편향을 이용하도록 할 수 있기 때문이다(SGEC, 2001).

보건의료분야의 사회복지를 위한 유색인종 사정의 함의

개인의 문화적 태도를 형성하는 요인들은 조금 전에 언급된 영역에만 제한되어 있는 것이 아니라 사회복지사가 문화적으로 적절하게 세심하고 겸손한 방법을 통해 폭넓은 정보를 구하도록 노력해야 한다(Gorder & Ellor, 2008). 문화적 연결자liaison(예: 보건지원원health worker, 개인 간병인personal care worker)나 문화 중개인은 사회복지사가 상호작용이나 의사소통에 어려움을 해결하는데 도움이 될 수 있다(Xakellies et al., 2004; Yeo, 2009). 전술한 바와 같이 의학적 해석은 특별하게 훈련되고 면허가 있는 사람들에 의해 수행되어야 한다(10장 참조).

사정 vs 스크리닝
ASSESSMENT VERSUS SCREENING

노인과 그 가족에 대해 폭넓게 사정하는 것은 바람직하지만, 모든 가능한 영역에서 개인을 심층적으로 사정하는 것이 용이하지는 않다. 전형적으로 사정의 내용은 그것이 발생한 목적과 장소에 의해 결정된다. 사정의 단축형은 스크리닝이나 사례 발견의 목적 하에 자주 이용된다. 그 다음 이러한 개인들은 좀 더 심층적으로 사정되고 연속적인 돌봄을 위해 특정 훈련을 받은 곳으로 의뢰된다(Finch-Guthrie, 2000). 예를 들면, 다수의 건강 관리 조직들은 등록 시점에서 모든 고령의 환자들에게 질문지를 보내어 스크리닝을 한다. "위험" 기준을 충족하는 개인(예를 들어, 낙상의 위험, 비공식적 지원의 와해, 응급 서비스를 자주 이용할 것 같은 사람)은 그들의 특정한 위험 요인들을 설명하는 특별 계획을 개발하고, 도와주고, 점검하는 사례관리자에게 의뢰된다. 스크리닝 또는 사례 발견 역시, 만성질환 노인 환자의 심리사회적 요구를 사정하는 시간과 훈련의 부족 때문에 간과될 수 있어, 다수의 고령 환자들의 요구가 있는 1차 의료 현장에서 중요하다(Berkman et al., 1999). 스크리닝의 또 다른 예는 입원 병동에서 사회복지사가 "고위험군"의 개인, 혹은 퇴원 계획을 실행하고자 하는 목적으로 더 빠른 개입 및 집중적인 관심이 요구되는 사람들을 검사할 경우 행해진다(Cummings & Jackson, 2000).

보건의료 현장에서의 노인 대상 사회복지
SOCIAL WORK WITH OLDER ADULTS IN HEALTH-CARE SETTINGS

노인 대상 사회복지실천은 다양한 보건의료 현장—외래 클리닉, 병원, 응급실, 공중보건 부서, 재가 보건의료 기관, 재가 및 지역사회기반 서비스 제공 기관, 요양원과 보호주택과 같은 거주 및 재활시설—에서 일어난다. 그러한 현장에서 노인에게 요구되는 중요한 사회복지실천 기술은 표 16.2에 설명되어 있다.

표 16.2	보건의료서비스 현장에서의 중요 사회복지실천 기술들
스크리닝	고위험, 서비스 적격성, 특정 문제
사정	문제 명확화, 욕구, 강점, 자원들—개인과 지역사회
의사소통기술	언어적 및 비언어적 의사소통, 환자 및 가족, 기타 전문가와 보건의료서비스 공급자와의 면담
대인관계 관련 기술	가치 전달—자율성·공감·신뢰, 역할 구체화, 역량강화
임상 기술	위기 개입, 상담과 치료—개인, 가족, 집단
집단 활성화	지지 집단, 심리사회적 집단
동기/협상	옹호, 논쟁 해결
문서화	건강보험, 의료 기록, 요구 사정

1차 보건의료 현장

*1차 의료*primary care는 환자가 초기에 보건의료 체계에 의뢰되었을 때 언급되는 용어로서 건강 증진, 질병 예방, 정신 및 신체건강 서비스의 통합에 초점을 둔 전체적인 접근을 의미한다(Cowles, 2003; Oktay, 1995). 1차 보건의료센터는 환자 및 가족에게 기타 보건의료서비스에 대한 방향을 제시하고, 연속적인 진료와 환자, 가족, 지역사회의 연계를 촉진할 수 있기 때문에 중요한 원스톱 서비스로 간주된다(Donaldson, Yordy, Lohr, & Vaneselow, 1996). 1차 보건의료 현장의 대부분의 노인 환자들은 본 장의 서두에서 기술한 바와 같이, 두 개 이상 만성질환의 중복이환을 보인다.

일반적으로, 사회복지사는 의사나 간호 사례관리자, 또는 고위험군 스크리닝 과정에 의해 의뢰되는 노인들을 접하게 된다. 사회복지사는 환자의 강점과 서비스 욕구를 결정하기 위한 심리사회적 사정을 완료하고, 환자 및 가족과의 협업을 통해 돌봄 계획을 발전시키며, 돌봄 서비스 전달에 관련된 모든 보건의료 전문가의 투입을 모색한다. 사회복지사의 보건의료 전문가와의 협업 수준은 1차 의료 현장의 형태와 노인의학 자문팀의 활용에 따라 다양하다. 참고 16.1에 설명된 노인사정·돌봄을 위한 노인의학정보 모델은 1차 의료 현장에서 사정과 돌봄 계획에 있어 학제간 협업의 예이다. 사회복지사는 성공적인 돌봄 계획의 이행을 확실히 하기 위해, 노인을 대변하여 1차 의료 현장 내외의 서비스와 자원 간 간극을 분명히 하는 접근을 옹호할 수 있다. 그들은 지역사회에서 유용한 자원에 대한 정보도 제공하고, 거주, 교통, 재가 보건의료서비스, 상담/심리치료, 지속적인 의료 장비, 건강보험과 같은 서비스를 제공하는 지역사회 기관에 노인을 의뢰한다. 목표는 환자의 요구를 충족시키는 폭넓은 돌봄을 용이하게 하는 것이다. 직접적인 서비스 실천가로서, 사회복지사는 노인에게 자신의 질환, 치료, 예후에 대한 대처와 적응력을 기르기 위해 정서적 지지와 상담을 제공할 수 있다. 또한 그들은 지역사회 내에서 사회적 지지체계(가족, 친구, 중요한 타인)를 명확히 하고 동원하는 데 도움이 된다.

1차 보건의료 공급자에 대한 접근성을 증가시키기 위해 사용되어 오고 있는 새로운 접근방법은 노인 전문의, 간호실천가, 사회복지사의 학제간 팀이 재가 환자 및 고위험군 환자, 고령자에게 전화하는 것이다. 이 접근은 입원 환자의 병원 서비스, 재가 요양 및 돌봄 비용의 감소와 같은 바람직한 결과를 도출해 왔다(Maynard & Stein, 2008). 게다가, 노인에게 추천되는 돌봄 서비스의 접근성과 준수를 개선하기 위하여 전문가들은 1차 의료 현장에서 정서적 건강 문제에 대한 진단과 치료에 관해 오인들을 교육할 필요가 있음을 제안하고 있으며, 이를 위해 정신건강 전문가를 활용할 수 있다(De Jonge, Taler, & Boling, 2009; Thrope, Patterson, & Sleath, 2006).

보건의료 영역이 이동 서비스 현장으로 빠르게 변모하고 있기 때문에 사회복지 전문가는 다학제 및 초학제 팀 접근, 조직적 관계망, 사례 관리 서비스, 의학 윤리 자문의 참여, 치료 및 위기 개입, 기타 지지적 자문과 집단 개입을 포함한 사회복지사의 역할을 1차 의료 현장에서 확장할 필요가 있다(Berkman & Harootyan, 2003; Cowles, 2003; Netting, 1992).

입원 환자의 병원 현장

병원에서 사회복지사는 대개 의사와 간호사 또는 고위험 스크리닝 과정을 통해 의뢰된 노인 환자를 만나게 된다. 고위험 환자의 특징에는 독거, 말기 또는 만성질환, 자살 의도, 정신건강 문제(Becker & Becker, 1986; Thrope et al., 2006)와 지지의 부족(Berkman et al., 1999) 등이 포함되어 있다. 입원한 노인 환자는 입원에 대한 불안, 수술 전후 절차, 치료와 회복 및 퇴원에 대한 걱정, 지지와 퇴원 후 자원의 부족, 수명 연장 기기 사용에 대한 가족과 환자의 동의, 학대 우려, 개입이 요구되는 인지적 또는 기능적 손상과 같은 폭넓은 범위의 주제와 문제로 인해 사회복지사에게 의뢰된다. 병원에 입원해야 하는 노인들의 급성 건강 문제에는 낙상과 골절, 신체적 손상의 치료로 인한 질환, 영양상 문제, 수술 등이 포함된다.

입원 병동의 의료사회복지사는 스크리닝과 사례 발견, 심리사회적 사정, 퇴원 계획, 퇴원 후 사후 관리, 구제 활동, 상담(개인 및 집단), 문서화와 자료 보관, 협업에 대한 책임이 있다. 병원에 따라 전화 프로그램을 통한 응급 서비스를 제공할 수도 있다.

심리사회적 사정은 환자의 기능 수준, 서비스 욕구, 사회적 이력, 필요하다면 가족 또는 친구로부터의 활용가능한 지지 등을 평가한다. 퇴원 계획 및 퇴원 후 돌봄 계획을 발전시키는 과정에서 다학제간 팀의 다양한 구성원들이 협업을 위해 투입될 수 있다. 사회복지사는 환자와 가족을 연락하는 팀 내의 중요 역할을 맡아 조정한다(Cotti & Watt, 1989; Cowles, 2003, Cummings & Jackson, 2000).

사회복지사는 질환의 심각성, 치료를 받지 않을 경우의 결과, 연속적 돌봄을 원조하는 유용한 자원들, 돌봄 대안의 선택, 법적 권리, 기타 문제들에 대해 노인에게 공지하거나 교육하는 것을 수행할 수 있다. 그러한 정보는 환자들을 효과적인 서비스 구매자가 되도록 하며, 기능 손상을 경험하거나 거대하고 복잡한 보건의료체계에서 문제를 처리해야 할 때 종종 상실하기 쉬운 자기 효능감을 얻는 데 도움을 준다. 사회복지사는 지역사회 서비스와 가족 면담에 대한 의뢰를 통해 환자가 퇴원 후나 병원 내외의 특별 서비스를 받는 데 도움이 되는 나른 공식적 및 비공식적 지지망을 알려주는 작업도 할 수 있다. 이는 다양한 지역사회 자원의 활용가능성 및 수급자격 요건에 대한 지식을 요한다. 사회복지사는 사적 또는 공적 보험, 본인 부담 비용 등과 같은 지급 방법에 대해 결정할 때, 이와 관련된 지식과 기술을 가지고 있어야 한다.

질병과 관련된 적응에 대해 고령 환자와 상담하는 사회복지사는 가족과 노인이 정서적 평정을 재정립하고, 의학적 상태를 이해하기 시작하며, 과업의 우선순위를 정하고, 단기간 행동 계획을 발전시키는 데 도움이 되도록 위기 상담을 제공할 수도 있다(McInnis-Dittrich, 2009). 사회복지사는 기능손실과 질병을 앓는 환자 및 그 가족을 돕기 위해 지지집단(예: 사별, 암, 치매, 고위험 건강 행동 등)을 발전시키거나, 필요한 경우 가족상담을 실시할 수 있다. 이러한 환경에서 고령 환자의 지지 집단 활성화는 관계 형성, 상담, 의사소통과 같은 기술을 요구한다(Ross, 1995).

퇴원 계획에 대한 사회복지사의 관여 수준은 병원의 규모 및 위치, 고용된 사회복지사의 수, 정책, 지침, 조직 문화에 따라 다양할 수 있다. 일반적으로, 의사는 일차적으로 드러난 건강과 관련된 태도, 감정, 행동 문제보다는 환자의 기능적 일상생활 수행 능력을 돕는 것과 같은 구체적인 서비스, 또는 재정적 욕구, 퇴원 후 돌봄, 이동 수단과 같은 사회·환경 문제들을 사회복지사에게 의뢰한다(Cowles & Lefcowitz, 1995). 그러나, 홀리만Holliman 등(2001)의 연구에 따르면, 현장에서 사회복지사들은 구체적 서비스를 제공하는 것뿐만 아니라, 사회적, 재정적 문제에 대한 사정 및 의사소통과 관련하여 특정 기술을 요하는 퇴원 계획을 그들의 역할로 인식하고 있다.

돌봄 전환 현장 Care Transition Settings

"돌봄 전환care transitions은 환자의 상태 및 돌봄 욕구 변화에 따라 환자가 의료서비스를 제공하는 전문가나 환경을 바꾸는 것"을 의미한다. 이는 급성 질환 후 병원에서 요양원이나 재가 관리로의 전환, 또는 요양원에서 재가 관리로의 전환을 포함할 수 있다(California Health Care Foundation, 2008, p. 1). 돌봄을 전환하는 동안, 다중의 질환을 가진 고령 환자는 특히 의료적인 실수, 서비스의 중복, 환자 및 부양자의 디스트레스, 돌봄 계획의 중요 요소가 누락되는 등의 위험에 처할 수도 있다. 돌봄 전환의 비효과적인 관리는 부실한 임상 결과, 환자의 불만족, 부적절한 병원서비스·응급 처치·급성후postacute 서비스·이동진료 서비스의 이용을 초래할 수 있다(Coleman & Boult, 2003).

보건의료서비스 제공자들은 질병의 재발을 방지하고, 재입원을 감소시키며, 안전 및 지속적인 관리를 보장하기 위해 돌봄 전환에 개입하고자 많은 노력을 시도해 왔다(Kannan, 2009; Naylor & Keating, 2008; Parry, Kramer, & Coleman, 2006). 돌봄 전환의 첫째 목적은 병원과 요양 기관 공급자, 주치의, 기타 지역사회 공급자들의 의사소통을 증진시키는 것이다. 둘째 목적은 퇴원 즈음 사후 돌봄 계획을 수립하고, 교육과 지지를 통해 돌봄의 질과 안전을 보장하는 것이다.

콜만 돌봄전환개입CTI: Coleman Transition Care Intervention 모델은 콜만Coleman 등에 의해 개발되고 수행된 것으로, 퇴원 후 보건의료 현장에서 환자의 역량강화, 지지 및 교육을 통해 환자의 즉각적인 요구를 설명하도록 설계된 단기 개입이다(Coleman, 2006). 특히, 개입에는 전환 코치transition coach가 활용되는데, 그의 역할은 환자가 보건의료 공급자와 치료 방향을 설정하고 원활하게 의사소통할 수 있도록 기술을 발달시키며, 환자 스스로 자신의 돌봄 및 안녕감을 관리하도록 도움으로써 환자의 역량강화를 위한 책임을 지는 것이다. 전환 코치는 네 가지 영역에서 환자와 돌봄제공자의 기술 발전을 용이하게 한다: (1) 투약 관리(투약에 관한 지식을 얻게 되고 투약 관리 체계를 가짐), (2) 개인 건강 기록PHR: Personal Health Record 사용(개인 건강기록에 대한 이해와 사용을 통해 돌봄 환경에 상관없이 의사소통과 연속성을 용이하게 함), (3) "붉은 깃발red flags"에 대한 지식(자신의 상태가 악화되고 있다는 것을 나타내 주는 지표와 대응 방법에 대해 알고 인식함), (4) 1차 의료와 특별 사후 관리(사후 관리 일정을 정하고 그들의 상태에 대해 의사소통함). 돌봄 전환은 퇴원 전 병원이나 요양 시설에 최소 1회 방문을 통해 가능하고, 가정 방문과 사후 안부 관리 전화는 환자의 전환이 성공적이도록 하는 데 도움이 된다. 일부 유용한 도구는 전환 돌봄 코치가 자신의 업무(예: 사후 방문 동안 환자의 개선을 사정하는 환자 활성화 사정 도구, 환자가 의학적 상태와 투약을 문서화한 개인 건강 기록, 환자가 주치의에게 질문할 목록) 수행에 도움이 된다(Coleman, 2006).

콜만 돌봄전환개입 모델은 실행에 융통성이 있어서 전환 코치의 계획에 따라 간호사, 약사, 지역사회운동가, 사회복지사를 포함하여 다양한 훈련을 받은 전문가의 참여를 촉진하기도 한다(California Health Care Foundation, 2008). 이 모델은 다양한 돌봄 환경에서 퇴원 후 환자의 개선을 위한 전략으로, 여러 조직에서 현장 검증되었고(Adler, Lipkin, Cooper, Agolino, & Jones, 2009; California Health Care Foundation, 2008; Graham, Ivey, & Neuhauser, 2009; Naylor & Keating, 2008; Parry et al., 2006), 메디케어 지급 자문 위원회Medicare Payment Advisory Commission, 메디케어·메디케이드 서비스센터Centers for Medicare and Medicaid Services, 병원 및 품질개선 공동위원회Joint Commission for Hospitals and Quality Improvement, 미국 내과학 위원회American Board of Internal Medicine와 같은 주요 보건의료 조직에서 돌봄 전환을 증진시키는 전략으로도 지지되었다(California Health Care Foundation, 2008).

한 장소에서 다른 곳으로 성공적인 전환에 있어 다수의 고령 환자가 직면하는 어려움은 소수 인종 집단, 최근 이민자, 배우자 없는 고령자, 제한된 영어 기술을 가진 사람들에서 더 두드러진다는 증거들이 제시되었다(Graham et al., 2009). 콜만 돌봄전환개입 모델은 이러한 환자들, 특히 문화적으로 유능한 전환 코치라면 더욱 유리할 수 있다. 참고 16.3에서 콜만 돌봄전환개입 모델을 좀 더 자세히 설명한다.

사회복지사에게 전환 코치로서의 역할이 혁신적이기는 하지만, 보건의료 환경에서 충분히 실행되기 위해서는 문제가 있다. 여기에는 적절한 인력의 부족, 인력의 높은 이직률, 지역사회 내 자원의 부족, 지역사회 공급자간 효율적 협업, 환자와 가족의 과정 참여에 확신, 퇴원 후 이들 내 가정 방문을 통한 사후 관리 등이 포함된다(California Health Care Foundation, 2008).

재가 보건의료 환경

2007년 미국 내 760만 명이 1만 7,000명 이상의 보건의료서비스 제공자로부터 재가 건강 서비스를 받았다(National Association of Home, 2001). 재가 보건의료에 대한 주요 재원은 메디케어와 메디케이드에 의한 것이며, 다음으로는 사적인 본인부담이다. 공인받은 메디케어 재가 보건의료 공급자는 환자 의료에 대한 최소한의 연방 기준을 충족시켜야 하며, 전산상으로 성과·사정정보 OASIS: Outcome and Assessment Information Set의 자료 저장을 유지하여야 한다. 저장된 이 자료는 환자가 받는 모든 성인 재가 의료에 대한 임상적 사정의 주요 요소로 구성되어 있다. 성과·사정 정보의 주요 구성 요소는 거주 형태, 지지적 원조, 감각 상태, 피부 상태, 호흡 상태, 손실, 신경/행동/정서 상태, 일상 생활 수행 능력과 기능적 일상 생활 수행 능력, 투약, 의료 장비 관리, 응급 의료이다(Kane, 2000b).

연방정부는 결과에 근거한 서비스 질을 개선시키려는 목적을 가지고 환자의 건강 결과를 측정하기 위해 지속적인 모니터링을 수행하고, 보건의료 공급자들에게 의료 비용을 상환하기 위해 정보를 활용한다. 의사가 메디케어와 메디케이드의 지급을 받기 위해서는 고령 환자를 재가보건 의료서비스에 의뢰해야 한다. 유사하게 메디케어는 사회복지사가 의사의 지시에 의해서만 담당 하도록 의무화하였다. 노인에 대한 재가보건의료 서비스의 목표는 가정에 다양한 보건 및 사회 서비스를 제공함으로써 입원 일수와 퇴원이 지연되는 것을 감소시키는 것이며, 재입원을 예방하 는 것이다(Dyeson, 2004). 재가보건의료에 관한 최근 연구에서는 2001년 이래로 재가 보건의료기 관의 수가 전반적으로 증가하고 있음을 보여준다. 대략 1만 2,564명의 사회복지사가 현재 고용되 어 있고, 클라이언트 1인당 평균 3.31회의 방문을 진행한다(National Association of Home Health Care and Hospice, 2008). 클라이언트의 욕구를 충족시킬 수 있도록 원만하게 조정·연계된 서비스를 통 해 수혜자의 4분의 3 이상이 재가보건의료서비스에 접근하는 데 아무 문제가 없다고 보고하였 다. 그러나 소수 인종의 노인은 그들의 이용가능성에 대한 인식의 부족으로 인해 재가보건의료 서비스를 덜 이용하는 경향이 있다(Choi, Crist, McCarthy, & Woo, 2010).

백인, 여성, 저소득, 미망인, 이혼한 경우, 독신, 독거, 일상 생활 수행 능력의 기능이 제한되 어 있는 경우, 그리고 도시 지역 거주자가 재가보건의료서비스를 더 많이 이용하는 것으로 나타 났다. 메디케어 수혜자의 약 69%가 65세 이상이었으며, 당뇨, 고혈압, 심장마비, 만성피부염, 관 절염과 같은 만성질환의 갑작스러운 악화로 인해 재가보건의료서비스를 더 많이 받았다(National Association of Home Health Care and Hospice, 2008). 게다가, 대부분이 자신의 질환에 영향을 미치고 사회복지사를 포함한 다수의 전문가로부터 돌봄을 요하는 심리사회적 문제를 가지고 있다(Lee & Gutheil, 2003).

퇴원 후 가정에서 요양 중인 환자는 다양한 보건의료서비스 제공자들에 의한 여러 가지 서 비스를 요구할 수도 있다. 간호사와 물리치료사는 투약과 재활을 도와 줄 수도 있고, 재택건강보 조원은 환자의 목욕, 이동(즉, 침대나 의자에서 일어나고 앉기)과 같은 개인적 돌봄 활동을 도울 수

◆ **참고 16.3 콜만 돌봄전환개입** CTI: Coleman Transition Care Intervention

다음 요소는 전환 코치를 활용하는 콜만 돌봄전환개입의 핵심이다.

• **환자의 명료화.** 일반적으로, 퇴원 후 재발의 위험이 높은 환자는 사회복지사, 간호사, 기타 지역사회 보건의료인에 의한 정기적 스크리닝 및 사정에 근거한 고위험 스크리닝을 통해 의뢰나 직접적인 사례발굴로 구체화된다. 고위험군 환자는 병원이나 요양 돌봄 시설과 같은 환경에서 명확화될 수 있다.

• **퇴원 계획.** 퇴원을 준비하는 환자에 대한 1차 방문을 실시하라. 퇴원에 앞서 개인건강기록과 퇴원 준비 목록을 환자에게 소개하라. 개인건강기록에는 환자의 인구학적 정보, 의학 이력, 주치의, 돌봄제공자 연락 정보, 향후 지침, 투약과 알레르기, 경고 신호의 목록(붉은 깃발) 등이 포함되어 있다. 퇴원 준비 목록은 환자가 퇴원 과정 및 제안 사항에 대해 이해했다는 것을 확인하기 위해 퇴원 전에 완료되어야 한다.

• **퇴원 후 사후 관리.** 환자의 요구와 재발 위험에 따라 퇴원 후 24~48시간 내에 가정 방문을 진행하거나 또는 전화를 하라. 환자에게 돌봄에 대한 동의와 잠재된 재발의 감소를 확인하기 위해 주치의/전문가와 개인건강기록을 공유하도록 상기시키고, 방문 결과에 대해 환자와 논의하라. 가정 방문 동안 전환 코치는 환자 사정, 교육, 자기 관리 기술의 활성화를 책임지고, 환자의 기능상 능력, 정신 능력, 사회적 지지, 자기 관리 능력 및 욕구와 관련되는 환경적 도전에 관해 중요 정보를 수집하라.

• **종결.** 개입의 기간은 퇴원 후 대략 4주간이다. 종결에 앞서, 환자의 안정성을 사정하고, 필요한 돌봄과 지지의 연속성을 보장하기 위해 지역사회 내 추가 자원에 환자를 의뢰하라.

전통적인 사례 관리 접근에 반하여, 콜만 돌봄전환개입은 전환 코치가 환자를 위해 그것을 "하기"보다는 모델링 기법을 이용하는 자기 관리 모델이다. 환자 및 보호자가 퇴원 후 돌봄에 대해 더 많이 관여하고 통제하도록 돕기 위해, 보건의료서비스, 증상 관리, 투약 관리, 의사와의 사후관리, 자기 사정에 대한 개인건강기록을 유지하도록 정보를 제공함으로써 환자 교육과 훈련에 초점을 둔다. 콜만 돌봄전환개입에 참여하는 환자는 병원에 재입원하는 경향이 유의하게 적었고, 1개월 개입 후에 최소 5개월 동안 그 효과가 유지되었다.

참조: "The Care Transitions Intervention: A Patient-Centered Approach to Ensuring Effective Transfers between Sites of Geriatric Care," by C. Parry, E. Coleman, J. Smith, J. Frank, and A. Kramer, 2003, *Home Health Services Quarterly, 22*(3), pp. 1-17; and the Care Transitions Program at www.caretransitions.org/

도 있으며, 가사도우미는 식사 준비, 장보기, 빨래 등의 간단한 가사노동을 도울 수 있다. 재가 보건사회복지사는 이와 같은 지지적 서비스의 조정 외에도, 교통수단, 방문자원봉사자와 같은 지역사회 서비스를 연계할 수 있다. 그들은 서비스 제공자가 가정을 방문하는 것에 가족 및 노인이 적응하고, 지지적 또는 치료적 상담 서비스를 자주 받도록 하며, 지역사회 내 다른 기관의 유사한 서비스를 주선하기도 한다(Dziegielewski, 2004; Lee & Gutheil, 2003; McInnis-Dittrich, 2009).

사회복지사의 중요한 기능은 환자의 회복과 재활에 보호자의 관여를 사정하고 용이하게 하는 것이다. 사회복지사는 환자의 변화되는 욕구를 충족시키기 위해 보호자들이 성인 주간 보건의료서비스와 같은 지역사회의 다른 서비스들을 인지하고 활용하도록 돕는다(Rossi, 1999). 사회복지사는 환자의 욕구에 부합된 서비스를 위해 특정한 서비스, 서비스 단위, 이용 시간, 특정한 직원에 대한 환자의 요청에 대해 보건의료서비스 제공자와 협상해야 할 경우도 있다. 의료진이 서비스 요청을 거절하는 빈도는 비용 상환 정책의 변화로 인해 재가보건의료 환경에서 더 높게 나타나므로(비용에 근거한 환급체계에서 예상비용지불체계로 전환), 사회복지사는 자신의 환자를 옹호할 윤리적인 책임감을 가진다(Kadushin & Egan, 2001).

요양원 현장

국가 요양원 실태 조사에 따르면, 2004년 미국 내 1만 6,000개의 요양원이 운영되고 있으며, 150만 명이 거주 중인데, 이들 중 65세 이상이 88.3%를 차지하였다(National Center for Health Statistics, 2004). 역사적으로, 요양원은 장기 요양 시설로 간주되어 왔으나, 지난 10여 년간 요양원 재정에 대한 메디케어의 역할이 증가됨에 따라 퇴원 후 재활과 돌봄을 위해 단기간 체류하는 용도로서의 요양원 이용이 크게 증가하였다(Rhodades & Sommers, 2003). 미망인이나, 이혼자, 독신, 미혼자들에 비해 기혼이나 동거자가 있는 거주자는 최소한의 시간 동안 요양원에 머무르는 경향이 있었다(Talley & Crew, 2007). 요양원 거주자의 71%가 여성이며, 57%가 미망인이고, 절반 이상이 일상 생활 수행 능력—목욕, 옷입기, 식사, 이동, 대소변—의 모든 영역에서 도움이 필요한데 이는 돌봄의 의존성 수준이 높다는 것을 반증하고 있다. 거주자의 거의 3분의 1이 장 문제, 4분의 3 이상이 고통스러운 위염 2기 증상이었다고 하며, 기타 건강 합병증과 감염에 이를 수도 있다. 거주자의 4분의 1이 1차 진단에서 순환계 문제가 있었고, 정신장애(22%)와 신경계 및 감각 기관의 질병이 뒤를 이었다(National Center for Health Statistics, 2004). 게다가 75세 이상 거주자는 치매와 조현병 및 기분장애와 같은 정신 질환으로 자주 진단된다. 보고서에 따르면, 거주자가 고통받는 가장 흔한 정신건강 장애는 섬망, 치매, 우울증이다.

우울증은 요양원 거주자에게서 흔하고(Jakubiak & Callhan, 1995, 1996; Masand, 1995), 특히 알츠하이머로 진단받은 환자에게서 많이 나타난다. 하지만, 우울증은 다른 질병들과 흔히 공존하는 증상이거나, 단순히 노화 때문인 것으로 치부되어, 적절한 개입을 받는 데 실패하곤 한다(Adamek, 2003). 요양원 거주자가 가장 많이 받은 서비스는 간호, 투약, 의학적 및 개인적 돌봄, 영양, 사회

서비스, 보조 기구 및 장치 등이다. 외부에서 흔히 받는 기타 서비스로는 호스피스, 치료, 족부 치료, 치과 서비스, 진단 서비스 등이다(National Nursing Home survey, 2004, www.cdc.gov/nchs/nnhs/ nnhs.htm). 기능적 및 인지적으로 손상된 고령의 거주자는 생애말 의료를 더 많이 받고, 거주자의 4분의 3이 최소 1회 자신의 기록에 대해 사전의료의향서를 받았다(National Center for Health Statistics, 2008).

민간 영리 요양원(19%)은 비영리 요양원(7%)과 정부에서 직접 운영하는 요양원(6%)에 비해 전일제 사회복지사를 행정가, 특별 단위 감독자(예: 치매 돌봄), 임상가로서 더 많이 고용한다 (Center for Health Workforce Studies, 2006). 요양원내에서, 사회복지사는 심리사회적 사정(Nathanson & Tirrito, 1998), 가족과 시설직원 및 행정가와의 갈등 해결(Iecovich, 2000; Vinton, Mazza, & Kim, 1998), 요양원 거주자의 문제 행동 설명(Tirrito, 1996)과 같은 다양한 기능을 수행한다. 대부분의 요양원에서 사회복지사는 환자가 주요 정신장애(정신 지체, 발달적 장애, 관련 장애)가 있다면 적절한 의뢰와 치료 제공을 결정하기 위해 입소 허가 전 진단을 수행할 책임이 있다(Cowles, 2003; Dziegielewski, 2004).

메디케어와 메디케이드가 인증한 모든 요양 시설은 입소 후 2주 이내에 거주자에 대한 폭넓은 사정을 요구한다. 요양원의 질에 대한 공공 및 전문적 관심에 부응하기 위해 1980년대 전국에 걸쳐 의회는 보건의료재정청Health Care Financing Administration에 요양원 규정의 개선 방법을 연구하도록 지시하였다. 부처는 의료 기관과 접촉하여, 1986년 보고서를 출간하였다. 의회는 1987년 예산 협상법의 일부로서 이 보고서에 다수 기관의 제안 사항을 포함하였다. 기관 보고서에 기초한 이 규제 법안은 18개 기능 영역에서 요양원의 거주자들을 사정할 것을 요구하였다. 최소자료군Minimum Data Set5)은 포괄적인 사정을 권고하는 형식으로 개발되었다(American Geriatrics Society, 2000). 많은 시설에서, 사회복지사는 거주자의 돌봄 계획을 수립하기 위해 최소자료군의 심리사회적 사정을 완료해야 한다(Cowles, 2003; Dziegielewski, 2004).

노인이 요양원 환경으로 전환할 때 직면하는 정신적 고통의 근원으로 자주 인용되는 것은 상실감과 유기되었다는 감정, 새로운 환경에의 적응, 변화, 질병, 예후와 관련된 공포 및 불안, 사생활과 독립성 및 가족 연락의 부족 등이다. 사회복지사는 심리사회적 기능을 향상시키기 위해 정서적 지지를 제공하고 적절한 개입(개인, 가족, 집단)이 시작되도록 하여 거주자가 환경에 잘 적응하도록 도울 수 있다. 그들은 또한 요양원 환경에 맞는 레크리에이션 활동 계획을 통해 요양원 내에서 사회적 통합을 촉진할 수 있다. 입소하여 퇴원하기까지 거주자에게 직접 서비스의 제공과 가족의 참여를 결합시키는 것은 매우 중요하다(Kruzich & Powell, 1995; Vourlekis, Gelfand, & Greene, 1992). 비공식적 지지망은 노인이 요양원에 머무르는 동안 지지를 제공하고 시설의 인력이 제공한 돌봄 서비스의 질을 모니터링하는 데 귀중한 도움이 될 수 있다.

---

5) 최소자료군은 미국 연방정부에서 메디케어나 메디케이드에서 인증한 요양원의 모든 거주자들에게 임상적
   인 사정을 하도록 한 의무적인 과정 중의 일부임. 이 과정은 각 거주자의 기능적인 능력에 대한 포괄적
   인 사정을 제공하며, 요양원 직원들이 건강 문제를 식별할 수 있도록 도움 — 옮긴이 주.

가족 구성원은 돌봄 계획을 구성하는 일부로서 간주되기 때문에, 사회복지사는 그들에게 치료적 지지 집단이나 질병 및 생애말기에 관한 집단 교육과 같이 의미 있는 서비스를 제공하고자 할 수 있다. 요양원과 같은 환경에서, 환자와 가족 구성원은 취약함, 개인적 결단력 부족, 관료주의 때문에 클라이언트의 돌봄에 대해 협의하지 못할 수 있으므로, 가족 자신의 관심사에 제 목소리를 내도록 권한을 부여하고, 환자의 치료적 욕구와 돌봄을 협상하도록, 사회복지사는 환자를 대변하여 옹호할 수 있다. 그들은 거주자 협의회와 작업하여 시설에서 돌봄의 질을 개선하도록 할 수 있다. 다른 상황에서는 가족 구성원과 시설 인력 간에 갈등이 있을 수 있는데, 사회복지사는 갈등 해결을 돕고 의사소통의 개선이 용이하도록 중재할 수 있다.

최근 보건의료 환경에서의 노인복지 이슈와 과제
ISSUES AND CHALLENGES TO SOCIAL WORK WITH OLDER INDIVIDUALS IN THE CURRENT HEALTH-CARE ENVIRONMENT

인구학적 경향을 볼 때, 향후 10년 안에 보건의료 체계(1차 의료, 특수 돌봄서비스, 입원 일수, 요양원)의 모든 부분에서 고령층이 대상자의 상당한 비중을 차지할 것이다. 보건의료 비용이 지속적으로 급등함에 따라 이러한 비용을 관리하려는 시도는 보건의료 서비스가 전달되는 맥락을 바꾸어 왔으며, 다양한 보건의료현장에서의 사회복지실천에도 지대한 영향을 미쳐 왔다. 보건의료의 관리를 강조하는 주요 논지는 보건의료 서비스의 "불필요한 이용"을 감소시킴으로써 비용을 통제하여 왔는데, 이는 예산 감축, 사례 관리와 이용 검토, 서비스를 제한하는 공급자에게 인센티브 부여, 진료 접근시 1차 의료 공급자의 문지기 역할 등을 통해 이루어졌다(Berkman, 1996). 그러나, 이러한 보건의료의 관리는 사회복지사가 환자의 옹호와 자원의 게이트키퍼로서 딜레마에 처해 있음을 보여준다. 예를 들면, 사회복지사는 이용 시간이 제한적일 때, 환자와 가족의 욕구를 적절하게 사정할 수 있는가, 입원 일수를 최소화하려는 퇴원 계획을 고안하고 실행하라는 기관의 명령을 환자와 가족이 선호하는 바에 적용할 수 있는가(Moody, 2004)와 같은 문제이다.

메디케어를 통해 65세 이상의 인구가 보건의료서비스를 이용할 수 있지만, 고령층은 다른 연령층과 비교할 때 시간이 흐름에 따라 보건의료서비스와 관련된, 이 중에서도 특히 처방약을 위한 본인부담 지출과 소득에서 보건의료 지출이 차지하는 비중이 높음을 경험해 왔다(Administration on Aging, 2010). 따라서, 보건의료의 생산과 서비스의 옹호, 자원 개발은 보건의료현장에서 사회복지사에게 중요한 과업이 될 것이다.

입원 일수 단축과 요양원 체류 본질의 변화(단기 체류, 급성 후 돌봄)를 고려할 때, 지역사회기반 돌봄 모델은 노인이 지역사회 현장에 머무를 수 있도록 발전되어야 한다. 그러나 지역사회에 노인이 머무르는 것은 여러 지역사회 자원들의 활용과 연계에 달려 있다. 자원이 개발되지 않았거나 서비스가 재정적으로 클라이언트의 욕구에 미치지 못하는 지역사회에서는 사례관리가 단지 노인과 가족의 욕구에 적절하게 부응하지 못하는 의뢰 서비스에 불과할 수도 있다(Netting, 1992). 가족 돌봄제공자 지지를 옹호하는 정책은 지역사회에 토대를 둔 노인을 지지하기 위한 사회복지 실천의 중요 영역으로 남아 있을 것이다. 더불어, 고령화로 인해 대상자의 취약성이 증가함에 따라 정신의학 서비스에 대한 접근 증가, 재입원 감소, 비용 절감을 위해 신체 관리와 재가정신의학 치료를 통합하고자 하는 욕구가 중요해질 것이다. 끝으로, 개인 및 지역사회 차원에서 노인들이 기능적 자율성, 신체 및 심리적 안녕감을 유지하도록 돕는 건강 증진과 질병 예방 활동은 사회복지 개입의 영역이 될 것이다.

추천 자료

Administration on Aging—www.aoa.gov

이 사이트는 노인과 보호자를 위한 프로그램, 서비스, 기회 등에 관한 정보를 제공한다. 또한 주와 각 지역의 노인 관련 기관 및 노인과 보호자에게 서비스를 제공하는 지역사회기반 기관에 대한 정보를 제공하는 Eldercare Locator(www.eldercare.gov)로 연결한다.

American Association of Retired Persons(AARP)—www.aarp.org

미국은퇴자협회AARP는 50세 이상의 성인을 위한 전국적인 비영리 기관이다. 주요 관심 분야는 돌봄과 가정, 건강과 웰니스, 입법과 선거, 재정과 직업, 정책과 연구, 여행과 레저이다. AARP 웹사이트상의 정보는 스페인어로도 가능하다.

American Geriatrics Society (AGS)—www.americangeriatrics.org/

미국노인병학회AGS는 모든 노인의 건강과 자립, 삶의 질 향상에 헌신하고 있는 보건전문가(주로 의사)들의 비영리 단체이다. 웹사이트는 특별히 정책 옹호와 다문화노인의학ethno-geriatrics에 관한 서적―『Doorway thoughts』, 『노인을 위한 다문화적 보건의료Cross-cultural health care for older adults』 1-3권(AGS 2004, 2006, 2008)―의 출판에 관한 유용한 정보를 가지고 있다.

Benefits Checkup—www.benefitscheckup.org

이 온라인 서비스는 55세 이상의 개인이 그들이 다양한 프로그램 혜택을 받을 자격이 되는지 확인할 수 있도록 한다. 이 서비스는 1,100개 이상의 연방, 주, 지역의 공공 및 민간의 혜택을 확인한다.

Care Transitions Program—www.caretransitions.org/

이 프로그램은 돌봄이 다른 곳으로 바뀌는 동안 그 질과 환자의 만족도를 향상시키기 위해 설계된 돌봄전환개입의 효과성에 대한 설명, 도구, 참고자료, 근거 등을 제공한다.

Centers for Disease Control and Prevention—www.cdc.gov/

이곳은 미국인의 건강과 안전을 모니터하는 연방기관의 공식 웹사이트이다. 노인에게 적용되는 건강과 안전의 주제로는 장애, 질병과 건강상태, 환경적인 건강, 건강증진, 백신과 예방접종 등이 있다. 주 및 국가의 건강과 안전 데이터 그리고 통계 또한 이 웹사이트에서 이용 가능하다.

Centers for Medicare & Medicaid―www.cms.hhs.gov/

이곳은 이 기관의 공식웹사이트이다. 메디케어와 메디케이드의 프로그램, 급여, 적격성 규정 등에 대해 설명하고 있다.

Council on Social Work Education Gero-Ed Center―www.cswe.org/CentersInitiatives/GeroEd Center.aspx

이 사이트는 보건, 정신건강, 약물남용 분야의 사회복지실천에서 노인과 관련하여 근거 기반의 자원 개관, 교수 모듈, 실천시범 동영상 등을 담고 있다. 『Health Resource Review』는 노인사회복지와 관련한 자원을 소개하는 좋은 자료이다.

Family Caregiver Alliance (FCA)―www.caregiver.org

가족보호자연합FCA은 전국적인 옹호 단체이다. 웹사이트의 주제에는 공공정책 및 연구, 간병 정보, 간단한 보고서와 간행물, 뉴스레터, 온라인 토론 및 지지 그룹(LGBT지지 집단과 같은 특화된 집단을 포함하여), 보도자료 등이 있다. 웹사이트의 정보는 중국어와 스페인어로 가능하다.

Hartford Geriatric Nursing Institute―consultgerirn.org/resources

이 사이트는 노인 돌봄과 관련한 매우 다양한 주제들에 대한 논문, 사례연구, 사정 도구의 사용을 설명하는 동영상을 제공하는 우수한 자원이다.

Massachusetts Institute of Technology Age Lab―agelab.mit.edu/

이 노년연구소는 새로운 아이디어와 사람들의 건강을 향상시키고 그들이 사는 동안 무언가를 할 수 있도록 기술을 실질적인 해결책으로 창의적으로 변환시키기 위해 만들어졌다. 이 사이트는 현재 진행중인 수많은 프로젝트에 대해 설명하고 있다.

Medicare Rights Center―www.medicarerights.org/

"메디케어 미로에서 당신의 가이드"라는 부제가 붙은 이곳은 메디케어 설계 사항과 현재의 정책 변화에 대한 정보를 제공하는 전국적인 비영리단체이다.

Psychosocial Measures for Asian-American Populations: Tools for Direct Practice and Research― www.columbia.edu/cu/ssw/projects/pmap/about.htm

컬럼비아대학교 사회복지대학에서 운영하는 이 사이트는 수많은 아시아계 미국인 대상 사정 도구의 타당성과 신뢰도에 관한 정보를 담고 있다.

Social Security Administration―www.socialsecurity.gov

이곳은 미국사회보장국SSA의 공식 웹사이트이다. 여기서는 사회보장 프로그램에 대한 정보를 제공한다. 게다가, 개인이 온라인 클레임을 처리하고 향후 급여에 대해 추정할 수 있으며, 사회보장카드의 대체를 신청할 수 있다.

Stanford Geriatric Education Center—sgec.stanford.edu/

이 웹사이트는 다문화노인의학 분야의 포괄적인 커리큘럼(5개 모듈로 이루어진 핵심커리큘럼으로 11가지 인종특화 모듈을 지니고 있다)을 제공한다. 스탠포드 노인의학교육센터SGEC의 일차적 초점은 문화적으로 민감한 노인의학적 돌봄에 대한 훈련을 제공하는 것이다. 이곳은 다문화노인의학의 뛰어난 정보원이다.

Veterans Administration(VA)—www.va.gov

여기는 재향군인관리국의 공식 웹사이트이다. 여기서는 퇴역군인의 건강급여와 서비스, 직업재활과 취업 서비스, 연금 급여와 장제급여에 대한 정보를 제공한다.

Volunteers in Health Care(VIH)—www.volunteersinhealth care.org/home.htm

이곳은 보험을 가지지 못한 사람들을 돌보는 기관과 임상가들을 위한 로버트 우드 존슨 재단이 지원하는 전국적인 자원봉사 센터이다. 웹사이트는 www.rxassist.org에서의 처방약 지원 프로그램에 대한 유용한 정보를 가지고 있다.

추천 도서

Beaulieu, E. M. (2002). *A guide for nursing home social workers*. New York, NY: Springer.

요양원에서 사회복지사가 알고 주장해야 할 포괄적인 이슈들의 개요를 제공

Hooyman, N., & Kiyak, A. (2010). *Social gerontology: A multidisciplinary perspective* (9th ed.). Boston, MA: Allyn & Bacon.

노화에 대한 다양한 측면의 문헌을 검토하고, 보건 및 정신건강 전문가집단의 다학제적 독자를 위해 함의를 논의

Kane, R. L., & Kane, R. A. (Eds.). (2000). *Assessing older persons: Measures, meanings, and practical applications*. New York, NY: Oxford University Press.

본 챕터에서 논의된 각각의 사정영역에서 활용할 수 있는 도구들에 대해 훌륭한 검토를 제시하는 책

Knight, B. G. (2004). *Psychotherapy with older adults* (3rd ed.). Thousand Oaks, CA: Sage.

치료적 관계에 있는 노인들과 작업할 때 필요한 실증적인 지식, 테크닉, 기술에 대해 제공. 치료과정에서 다루는 치료적 과업 및 이슈에 대한 역동을 묘사하고, 노인과 작업하는 경우, 인간적 요소에 대해 사례를 들어 제시

연습 문제

연습 16.1

C 부부는 백인의 노인 부부로 부인이 탈수증으로 입원 후 의료사회복지사를 만나게 되었다. 그녀는 진료를 받는 동안 혼란과 섬망 증상이 있었다는 주치의의 기록에 의해 의뢰되었다. 부인은 지난 며칠 안정적이었으나, 연령(73세)과 혼란 상태를 고려해 볼 때, 적절한 퇴원 계획을 수립하기 위해 추가적인 관심이 요구되는 위험 환자로 분류되었다. 사회복지사는 부부가 자기 집에 살고 있으며 외아들은 200마일 떨어진 곳에서 살고 있다는 것을 알게 되었다. 그들은 연금과 사회보장으로 생활하고 있으며, 남편은 퇴원 후 집에서 자신이 부인을 잘 돌볼 수 있다고 하였다. 그는 피곤해 보이기는 했지만 일상 생활 능력에 별 다른 문제가 있어 보이지는 않았다. 사회복지사는 그가 부인을 잘 돌볼 능력이 되는지 확신이 들지는 않았는데, 부인은 탈수로 병원에 더 입원을 해야 했다. 환자 기록에 따르면, 부인은 사회복지사와의 대화에서는 의식이 명료해 보였지만, 부인의 혼란 증세는 지속되었다. 의사와 간호사는 사회복지사가 조속하게 적절한 퇴원 계획을 수립하기를 희망하였다. 의료사회복지사는 퇴원 후 남편이 부인을 돌봐야 한다고 결정하였지만, 그녀는 의사가 재가보건의료를 지시하고 간호사가 환자의 상태를 관찰하며 사회복지사가 클라이언트의 집에서 포괄적인 사정을 해주기를 제안하였다. 이처럼, 최소한 누군가 몇 주 동안 이 상황을 관찰할 수 있었다.

의료사회복지사가 그 부부를 위한 계획에 있어 모든 것을 다 할 수 있는가? 사회복지사가 경험하는 압박과 딜레마는 무엇인가?

ABC 재가 관리 센터는 부인의 재가 보건의료를 위해 선택된 기관이다. 재가 보건의료사회복지사는 사정을 위해 일단 집을 방문했다. 집은 어수선해 보였다. 남편이 집안일을 전부 다 하고 있는데 관절염의 통증 때문에 빨리 해낼 수는 없다고 했다. 사회복지사는 가사도움을 받도록 제안했다. 남편에게 지역내 기관에 관한 정보를 주고, 시간이 지나면 도움이 더 많이 필요할 것이기 때문에 아들에게 장기 돌봄에 대해 의논하도록 전화할 것을 권유했다. 남편이 기관에 가사도움을 요청하였지만 대기자 명단에 올랐다. 한 달 뒤, 남편은 여행을 갔다가 다리가 골절되어 입원했다.

어떻게 이 일을 예방할 수 있겠는가? 부부에게 도움이 되는 지역사회 내 자원에는 무엇이 있는가? C 부인에게 현재 어떠한 선택이 가능한가? 부부를 도울 수 있는 지역사회내 자원에 대해 조사해 보라.

추가 토의 질문들

　유색인종에 대한 사정을 연습하기 위해 이 사례를 활용하라. 인종적 배경/클라이언트의 맥락
(예: 가족과 함께 살기 위해 미국으로 이민 온 멕시코인, 베트남인)을 바꾸어 보고, 사례 사정을 위한
장에서 설명한 유색인종 원칙을 통합하라.

　돌봄 전환 코치 사례를 연습에 이용하라. 전환 코치의 활용을 통합하고 클라이언트의 안정
을 유지하고 1차 질병의 재발 감소를 돕기 위해 대처해야 할 이슈에 대해 논하라.

제 17 장

보건사회복지 실천에서의 물질사용문제

Substance Use Problems in Health Social Work Practice

말리타 엥스트롬 MALITTA ENGSTROM, 콜린 A. 마호니 COLLEEN A. MAHONEY,
진 C. 마쉬 JEANNE C. MARSH

물질사용문제는 다양한 연령, 성별, 성적 취향, 인종, 문화, 그리고 사회경제적 배경을 불문하고 우리 사회에 만연해 있다. 사회복지사라면, 어느 현장에서 일하든지 간에, 물질사용문제를 안고 있는 클라이언트와 조우할 가능성이 농후하다. 그러나 물질사용이 건강에 미치는 영향을 감안하면, 특히 보건의료 실천 현장의 사회복지사들의 경우에는 이러한 인구집단을 마주할 일이 잦을 것이다. 환자들이 물질사용과 직결된 신체 질환(예를 들어, 간경변)을 보이든지, 혹은 물질사용과 명백한 관련성이 없는 건강문제들을 안고 있든지, 보건사회복지사는 무엇보다 물질사용이 클라이언트의 건강, 치료, 그리고 사회적 욕구에 지대한 영향을 미치고 있음을 인지해야 한다 (Abbott, 2002). 이 장에서는 다양한 클라이언트와 보건의료 현장에 걸쳐, 사회복지사들이 물질사용 문제를 다루는 데 필요한 기본 지식과 핵심 기술을 제공한다.

이 장의 목표

- 물질사용문제를 설명하는 용어와 진단범주를 정의한다.
- 물질사용문제가 다양한 인구사회학적 집단에 만연해 있음을 확인한다.
- 일반적으로 사용하는 물질이 정신과 건강에 미치는 영향에 관한 정보를 제시한다.
- 물질사용문제를 겪고 있는 사람들에게 유익하고 괄목할 만한 접근방법들을 다루는 실천 및 연구의 개관을 제공한다.
- 물질사용문제 스크리닝에 도움을 주는 개략적인 정보와 보건의료현장에서 이 문제들을 다루는 단기 개입방법을 제공한다.

저자는 스캇 피터슨Scott Petersen이 이 장의 이전 버전에 도움이 되는 의견을 주었음에 감사를 표한다.

용어 정의
DEFINITION OF TERMS

학술적인 글들과 일상 대화에서 물질사용문제를 지칭하는 표현들은 매우 다양하다. **중독**ad-diction, **약물남용**drug abuse, **알코올중독**alcoholism은 상용어에 속한다. 그럼에도 이 용어들과 그 밖의 다른 용어들을 일관된 방식으로 사용하지 못한다는 점에는 대개 동의하고 있다(National Institute on Alcohol Abuse and Alcoholism[NIAAA], Center for Substance Abuse Prevention [CSAP], & Public Health Service, 1995; White, 1998). 하지만, 정확한 어휘 사용은 중요하다. 게다가, 보건사회복지사는 보건의료 시스템과 환자들 사이의 통역자라는 고유한 역할을 가지고 있어(의사소통에 대한 논의는 10장을 참조) 명확하고, 간결하며, 일관된 언어를 사용하는 것이 특히 중요하다. 이 장은 용어와 표현을 명료하게 하는 것에서 시작한다.

이 영역 전체는 흔히 물질남용 분야 또는 중독 분야를 지칭한다(van Wormer & Davis, 2003). 두 명칭은 이 분야를 설명하는 손쉬운 방법을 제공하지만, 맥락에 따라서 다른 의미를 내포할 수 있다는 점을 언급해 둘 필요가 있다. **물질남용**은, 흔히 물질사용문제의 범위를 나타내는 데 사용되지만, 정신질환 편람인 DSM-IV[1])에서는 구체적인 질환으로 구별된다(*DSM-IV-TR*; American Psychiatric Association, 2000). **중독**은 일반적으로 의존과 그로 인한 부정적인 결과로 인해 지속적인 물질사용을 포함하는 심각한 물질사용의 단계를 의미한다. 더욱이, **중독**은 종종 물질사용보다는 문제행동(예를 들면, 도박)에 적용된다. 이 장에서는 향정신성 물질사용으로 인한 문제행동으로 논의를 한정하고자 한다. 하지만 구체적인 질환기준에 부합하는 물질사용만으로 국한하지 않고, 문제를 일으킬 만한 모든 사용을 포괄하고자 한다. 그러므로 **물질사용문제**substance use problem는 전 범위에 걸친 물질 문제를 지칭한다. 때로는, **물질남용**substance abuse을 모든 단계의 물질사용문제를 나타내는 데 쓰고자 한다.

물질substance은 복용했을 때 중추신경계(CNS)에 영향을 미치는 합법적·비합법적 향정신성 물질을 가리킨다. 사용자는 기분, 인지, 지각, 기억, 혹은 의식의 변화를 통해 쾌락이나 통증이 경감되는 것을 느낄 수 있다. 알코올, 니코틴, 그리고 카페인은 합법적 향정신성 물질이다. **약물**drug은 대부분 비합법적인 "길거리" 향정신성 물질(예를 들면, 마리화나, 코카인, 헤로인)과 처방약이 비합법적으로 사용되는 것을 의미한다. 하지만, *AOD*alcohol and other drugs와 *ATOD*alcohol, tobacco, and other drugs라는 약어는 알코올과 담배 자체가 약물이 되는 경우를 뜻한다. 이 두 약어는 일반적으로 길거리 약물이 알코올이나 담배와 다르고, 훨씬 더 위험하다는 근거 없는 믿음에 반박한다. 이 장에서, 물질이라는 용어는 합법적·비합법적 향정신성 물질을 둘 다 지칭한다. 비록 카페인은 흥분제로 널리 사용되고 있지만, "보통 건강에 위협이 되거나 기능장애를 가져오지 않는다"(McNeece & Barbanell, 2005, p. 16). 따라서 합법적 약물에 대한 논의에는 포함시키지 않았다.

---

1) Diagnostic and Statistical Manual of Mental Disorders, Fourth Edition, Text Revision

  일정 단계의 문제적 물질사용은 질병으로 진단 가능한 기준에 부합하지 않는 경우에도 주의를 요한다. 전문용어의 기준은 복용량과 잠재적 위험요인을 지정해 줄 때 존재한다. 예를 들어, 약물남용 및 정신보건서비스청SAMHSA: Substance Abuse and Mental Health Services Administration(2009)에 따르면, 문제적 알코올연구와 임상 검사에서 통용되는 음주는 지난 30일 동안 적어도 1회 이상 음주로, 폭음binge use은 지난 30일 동안 적어도 한 번 이상, 한꺼번에 다섯 잔 이상의 음주를 한 경우, 과음heavy use은 지난 30일 동안 적어도 5일 이상으로, 한꺼번에 다섯 잔 이상의 음주로 정의한다. 하지만, 국립알코올남용·중독연구소NIAAA: National Institute on Alcohol Abuse and Alcoholism(2004a)는 최근 폭음에 대한 정의를 개정했는데, 혈중알코올농도가 .08그램 퍼센트 이상으로 증가했을 때를 말한다. 보통 이러한 혈중알코올농도는 성인 남성을 기준으로 2시간 동안 5잔 이상 음주한 경우를 의미하고, 여성 기준으로는 2시간 동안 4잔 이상 음주했을 때의 수치를 나타낸다.

  *중독*intoxication,[2] *금단*withdrawal, *갈망*craving, *내성*tolerance, *의존*dependence, 그리고 *중독*addiction[3]은 향정신성 물질사용 경험의 다양한 측면을 설명하는 중요한 용어들이다. *중독*은 최근의 물질사용으로 발생하게 된 가역적인 상태를 의미하는데, 이는 전형적으로 물질로 인한 생리적, 행동적, 인지·정서적 변화들이 특징이다. 그러나 *금단*은 물질사용을 줄이거나 중지하면서 나타나는 물질 특정의 행동적, 생리적, 그리고 인지·정서적 변화를 의미하며, 특히 상당한 양을 복용하거나 장기간 복용할 때 나타난다. *금단*은 전형적으로 물질사용의 중독과 반대되는 경험과 관련되어 있고(예를 들면, 코카인에 취한 상태일 때의 희열은 코카인을 금단할 때의 우울한 감정과 대응된다), 알코올, 니코틴, 코카인, 오피오이드,[4] 암페타민[5]과 관련된 물질로 발생한다. 그리고 진정제, 최면제, 항불안제 물질사용에 대한 *갈망* 혹은 강렬한 욕구는 증상을 완화하기 위한 금단 상태에서 종종 일어난다(American Psychiatric Association, 2000). 물질을 사용한 기간이 길어질수록, 개인은 그들이 이전에 작은 양으로도 얻었던 것과 같은 효과를 얻기 위해 더 많은 물질을 사용하게 되며, 이로 인해 *내성*이 나타난다(Wilcox & Erickson, 2005). *중독*과 *의존*은 일관되게 정의하지 않는다. 오브라이언O'Brien과 볼카우Volkow(2006)가 언급했듯이, 수많은 향정신성 물질과 관련된(예를 들면, 오피오드, 베타차단제, 그리고 항우울제) 신체적 의존과 중독을 구분하는 일은 중요하다. 수많은 향정신성 물질로 예측 가능한 생리적 반응인 내성과 금단이 부정적인 결과임에도 불구하고 문제는 약물을 찾는 중독자에게서만 나타나는 것이 아니다. 오브라이언과 볼카우에 의하면, 이런 혼란은 비록 중독으로 나타나지는 않지만, 클라이언트가 내성과 금단을 보일 때 임상의는 진통제 제공을 중단할 수도 있다. 또한, 그들은 일부 클라이언트가 진통제를 육체적으로 의존하여 중독과 동

---

  2) 신체 증상으로서 중독(intoxication), 생물체의 기능에 해로운 영향을 주는 화학 물질에 생물체가 노출될 경우 발생되는 문제로 정의됨 — 옮긴이 주.
  3) 정신적 의존증으로서 중독(addiction), 일종의 습관성 중독(addiction, 중독, 갈망, 탐닉)으로, 심리적 의존증상이 있어 계속 물질을 찾는 행동을 하고, 신체적 의존증상도 있어 복용을 중단하지 못하며, 신체적, 정신적 건강을 해치게 되는 상태를 말함. intoxication과 addiction은 모두 "중독"으로 번역됨 — 옮긴이 주.
  4) 아편 비슷한 작용을 하는 합성 진통·마취제 — 옮긴이 주.
  5) 각성제의 일종 — 옮긴이 주.

일시하여, 불필요하게 약을 피하게 될 수도 있다고 주장한다. 결국, 물질의존에 대한 DSM 진단이 반드시 내성이나 금단의 경험을 요구하지는 않는다는 것에 주의할 필요가 있다(American Psychiatric Association, 2000).

진단범주
DIAGNOSTIC CATEGORIES

DSM-Ⅳ-TR(American Psychiatric Association, 2000)에서는 물질관련 장애를 두 그룹으로 분류한다. *물질사용장애*substance use disorders는 문제물질을 사용한 경우로 정의하며, 진단범주로는 물질남용과 물질의존을 포함한다. *물질로 인한 장애*substance-induced disorders는 물질사용 그리고 물질사용을 중단했을 때 나타나는 생리적, 행동적, 인지적, 정서적 반응과 관련이 있다. 여기에는 물질로 유발된 정신장애(예를 들면, 정신착란, 지속되는 치매, 지속되는 기억상실장애, 정신이상, 기분장애, 불안장애, 성기능장애, 수면장애)와 함께 중독과 물질금단이 포함된다. *DSM-Ⅳ-TR*은 전 물질에 적용되는 물질남용, 의존, 중독, 그리고 금단의 일반적 기준을 제공한다. 또한, 11가지의 다른 종류의 물질에 대한 각각 진단의 구체적 정보를 제시한다. 이 섹션에서는 물질사용장애에 대한 일반적 기준을 설명하고자 한다.

물질남용

이 장애는 물질의존 진단기준에 부합할 만큼 심각하지 않지만 물질의 반복 사용으로 인해 나타나는 부정적인 결과가 특징적이다. 니코틴과 카페인은 남용 기준에 들어맞는 물질에 해당되지는 않는다. 물질남용에 대한 구체적인 *DSM-Ⅳ-TR*기준은 *정신질환편람 4판, 편집본*(American Psychiatric Association, 2000)에서 찾아볼 수 있다.

물질의존

이 장애는 심각하게 부정적인 결과에도 불구하고 물질을 지속적으로 사용하여 나타나는 총체적인 증상들을 특징으로 한다. 개인은 반복적으로 물질을 구하고 소비하며, 물질에 대한 금단과 내성을 경험하게 된다. 물질의존장애 진단을 받았다고 하여 반드시 물질남용장애로 진단하지는 않는다. 구체적 기준은 DSM-Ⅳ-TR에서 찾아볼 수 있다(American Psychiatric Association, 2000).

일반적으로 *알코올중독*과 *약물중독*drug addiction이라는 용어는 *물질의존*substance dependence으로 대체할 수 있다. *알코올중독자*alcoholic와 *중독자*addict라는 용어는 각각 알코올의존장애나 다른 물질의존장애(일반적으로 비합법적인)가 있는 사람을 지칭하는 데 사용된다. 이 용어들은 금주동맹AA: Alcoholics Anonymous같은 많은 자조 집단 안에서 사용하는 일반적인 어휘들이고, 이 집단에서 활동하는 사람들을 일컫는 중요한 이름표가 될 수 있다. 그럼에도 불구하고, 또한 이 표현은 개인에게 낙인을 찍기도 한다. *알코올중독자*alcholic와 *중독자*addict는 "알코올(혹은 다른 물실)의 존을 겪는 사람a person experiencing alcohol(or other substance) dependence"과 같이, ~하는 사람 person-first languages으로 대체하는 편이 바람직하다. 다른 물리학, 심리학, 그리고 발달 상태에서 종종 사용되는 "~하는 사람"은 건강상태가 개인의 모든 정체성을 설명하지 않는다는 의미를 전달하는 데 도움을 준다. 게다가, 그런 표현은 건강상태보다 사람을 강조한다. *DSM-5*를 개편하면서 *물질의존*substance dependence을 *중독*addiction으로 대체하려는 노력들이 진행 중이다(O'Brien & Volkow, 2006). 그러한 변화가 가시화된다면, 중독을 경험하는 사람을 설명하는 데 있어 '~하는 사람'이란 표현은 여전히 유효할 것이다.

흔히 사용하는 물질
COMMONLY USED SUBSTANCES

미디어는 물질남용을 도심 지역에서 불법약물을 팔고 소비하는 저소득 계층의 정형화된 이미지로 전달하는 경향이 있다(Cornelius, 2002). 약물사용이 주로 도심에서 발생하는 문제라는 점에는 의문의 여지가 없지만, 그 범위와 규모는 빈곤율이 높은 도시지역에만 국한되지 않고 다양한 인종적, 문화적, 성별, 그리고 소득별 집단을 아우른다. 또한, 담배 및 알코올 같은 합법적인 약물의 사용은 사회경제적 집단과 지역을 막론하고 가장 빈번히 발생하고 있으며, 약물 관련 문제로 인한 비용적인 대가도 적지 않다(SAMHSA, 2009). 이 섹션에서는 역학에 대한 정보와 더불어 자주 사용하는 합법적 · 비합법적 문제 물질들이 건강에 미치는 영향 및 향정신성 효과에 대한 정보를 제공하고자 한다.

알코올

2008년 국가 약물사용 및 보건실태조사NSDUH: National Survey on Drug Use and Health에 따르면 12세 이상 모든 미국인의 절반 이상이 최근 음주 경험이 있다고 응답하였다(SAMHSA, 2009). 미국 성인들 중 절반 이상은 가까운 친지 중에 알코올 의존 진단 기준에 부합되는 사람이 있다고 대답하였으며(Dawson & Grant, 1998), 18세 미만의 청소년 4명 중 1명꼴로 가족 안에서 알코올 의존이나 알코올 남용에 노출되어 있는 것으로 보고된다(Grant, 2000). 미국과 전 세계적으로 알코올은 가장 널리 사용되고 있는 위험한 약물 중 하나이다. 음주문제는 생물학적, 심리학적, 그리고 사회적 복리에 악영향을 초래한다. 게다가, 이 영향은 음주문제를 안고 있는 개인을 넘어 그들의 가족과 지역사회에까지 확장된다.

알코올은 다른 향정신성 물질들과 달리 중추신경계 억제제이며, 중추신경계 신경전달물질시스템에 복합적인 영향을 미친다(Moak & Anton, 1999). 크란츨러Kranzler와 안톤Anton(1994)은 알코올과 신경전달물질시스템 사이의 관계는 음주문제를 가진 사람의 유형만큼 다양하다고 주장한다. 이와 관련하여 음주장애에 대한 취약성의 수준도 다양하다. 특히, 유전은 모든 취약성의 약 60%를 차지한다(Prescott & Kendler, 1999). 그러므로, 음주장애를 가진 사람의 가까운 가족, 친지들은 각별히 위험성에 대한 교육을 받아야 한다.

역학

2008년 국가 약물사용 및 보건실태 조사에 따르면, 18세에서 25세 사이의 청년들이 음주로 인한 문제를 겪은 비율이 가장 높다고 한다(SAMHSA, 2009). 이 집단의 약 41%는 지난 달 폭음을, 14.5%는 같은 기간에 과음을 했다고 보고하였다. 이 집단 내에서, 남성은 여성보다 더 많은 폭음(48.4% vs. 33.6%)과 과음(19.9% vs. 9.0%)을 하는 것으로 나타났으며, 아시아계 미국인 청년은 가장 낮은 폭음(24.9%)과 과음(6.4%)을 하는 것으로 보고되었다. 또한, 18세에서 25세 사이의 백인 청년은 문제적 알코올 사용의 비율이 가장 높은 것으로 나타난다(폭음 47.1%, 과음 18.1%).

같은 연구에서 12세에서 17세 청소년의 우려할 만한 음주비율에 대해서도 보고되었다. 지난 한달 동안 이들의 약 30.8%가 술을 마셨고, 같은 집단의 8.8%가 지난 달 폭음을 하였다. 음주에서 성별 차이는 초기 성인기보다 청소년 사이에서 덜 유의한 것으로 나타났다. 흥미롭게도, 12세에서 17세 사이의 여자청소년(39.1%)은 조사시점에서 남자청소년(37.6%)보다 훨씬 더 많은 음주 경험을 보고하였다. 지난 달 폭음한 비율은 남자청소년 8.9%, 여자청소년이 8.7%로 나타났다. 다양한 인종/민족 집단 사이에서 아시아계 청소년은 지난 달 폭음(2.0%) 및 전체 음주경험(25.2%)이 가장 낮은 비율을 보이는 것으로 나타났다. 아프리카계 미국인 청년 역시 상대적으로 낮은 폭음 비율(4.0%)을 보고하였다. 반면, 미국 원주민(46.6%), 히스패닉(39.3%), 백인(39.8%) 청소년 순으로 평소 음주가 높은 수준인 것으로 나타났다.

성인의 음주율, 폭음률, 과음률은 정점이 지난 후에 나이가 들면서 점점 감소한다(SAMHSA, 2009). 26세에서 64세 사이 현재 음주비율은 67.4%에서 50.3%로 감소하였다. 마찬가지로, 성인에서 폭음과 과음의 비율은 나이가 많아질수록 천천히 감소한다(폭음은 42.6%에서 14.6%로, 과음은 13.2%에서 3.6%로). 26세 이상의 남성과 여성은 폭음비율에 차이가 있었으며(31.7% vs. 13.2%), 같은 연령의 인종집단 사이에서, 히스패닉 성인은 가장 높은 폭음비율(26.4%), 아시아계 성인은 가장 낮은 폭음 비율(10.7%), 그리고 이 외의 다른 인종집단은 21.4%에서 24.0% 사이의 비율을 나타냈다.

65세 이상 성인의 8.2%가 폭음을 하였고, 2.2%는 과음을 한 것으로 보고되었다(SAMHSA, 2009). 이 비율은 초기 성인 및 중년기 성인과 비교할 때는 상대적으로 낮은 수준이지만, 연령이 높은 집단의 음주는 간과하지 말아야 할 심각한 문제가 된다. 노년층은 독특한 취약성이 있는데, 상대적으로 적은 양의 음주도 부정직인 결과로 더 큰 위험에 처하게 한다. 예를 들어, 노년층은 다른 집단보다 더 적은 음주에도 더 높은 혈중알코올농도에 도달할 수 있다. 게다가, 알코올 사용은 노년층의 낙상 위험을 증가시킬 수 있고, 그런 사고로부터 회복이 어려울 수 있다(Center for Substance Abuse Treatment[CSAT], 1998).

건강에 미치는 영향

알코올 사용이 건강에 미치는 영향은 그 범위가 넓고 매우 충격적이다. 알코올은 다양한 신체 기관과 시스템에 영향을 주며 몇몇 종류의 암과도 관련이 있다. 도시 병원 환자의 20%에서 40% 정도가 알코올 사용으로 인해 질병이 심각하게 악화되거나 질병에 직접적으로 영향을 받은 사람들이다(NIAAA, 2000). 알코올은 폭력, 부상, 트라우마 등의 에피소드와도 종종 관련이 있으며, 이로 인해 보건의료시스템을 자주 이용하게 된다. 알코올이 파트너 폭행의 67%, 살인의 50%, 교통사상사건의 40%, 그리고 성폭행의 37%와 관련이 있다고 밝힌 연구결과가 있다(NIAAA, 2000). 아마 건강에 있어, 알코올의 부정적인 영향의 증거를 가장 잘 말해주는 것은 알코올에 의존하는 사람의 평균수명이 10년에서 15년 정도 단축된다는 사실일 것이다(Schuckit & Tapert, 2004).

상당 수의 연구가 만성적 과음이 심혈관질환의 원인이 된다고 증명했다(NIAAA, 2000). 실제로, 심장질환은 알코올에 의존하는 사람의 이른 사망 원인이 된다(Schuckit & Tapert, 2004). 알코올에 의존하는 남성은 알코올에 의존하지 않는 남성에 비해 퇴행성심질환과 죽상판 경화증으로 사망할 확률이 두 배 더 높다. 알코올에 의존하는 여성은 알코올에 의존하지 않는 여성에 비해 같은 질환으로 사망할 확률이 네 배 더 높다(McNeece & DiNitto, 2005). 미국식품의약청USDA: U.S. Drug Administration과 보건복지부DHHS: U.S. Department of Health and Human Services가 선정한 식품섭취가이드라인 자문위원회DGAC: Dietary Guidelines Advisory Committee(2010)에서는 적은 양에서 적당한 양의 음주(예를 들어, 남성의 경우 하루에 두 잔 이하, 여성의 경우 하루에 한 잔에 해당하는 평균 알코올 음주)는 관동맥성 심장병, 당뇨병, 그리고 중년층과 중장년층의 모든 사망원인의 위험 감소와 관련이 있다고 언급하였다. 하지만, 윌리엄스Williams, 모하메드Mohammed, 리벨Leavell과 콜린스Collins(2010)의 논의에 의하면 아프리카계 미국인, 특히 아프리카계 미국인 남성은 같은 효과를 경험하지 않았다. 게다가, 심지어 적은 양 혹은 적당한 양의 알코올의 효과도 유방암, 대장암, 간암, 그리고 의도치 않은 피해의 위험이 있어, 알코올 사용의 효과 대비 위험의 대가는 상당히 복잡하다. 성별, 식이요법, 생활방식, 그리고 다른 건강 요소가 알코올과 이런 종류의 암 사이의 관계를 별도로 영향을 준다는 점을 알아두어야 한다(DGAC, 2010).

흔히 간 질환은 알코올 복용과 깊은 관련이 있다. 알코올과 건강에 대한 미국 의회 10차 특별보고서10th Special Report to the U.S. Congress on Alcohol and Health(NIAAA, 2000)에서, "장기간 알코올의 과음은 미국에서 간 질환으로 인한 질병과 사망의 가장 주요한 원인"이라고 하였다(p. 198). 간은 인간의 생존과 건강에 핵심적이다. 왜냐하면 간은 주요 영양소를 가공하고, 신체의 방어체계가 피에서 독소를 거르도록 돕기 때문이다. 장기간동안 보통에서 심한 정도의 음주는, 알코올성 간질환과 더불어, 세 단계로 설명되는 간의 변화에 영향을 준다. 질환의 첫째 단계인 지방간은 일반적으로 금주로 되돌릴 수 있다. 알코올성 간질환의 두 번째 단계는 알코올성 간염으로,

간의 염증을 특징으로 한다. 경변증, 혹은 간의 흉터는 이 질환의 마지막 단계이다. 알코올성 간염과 경변증 모두 있는 사람의 예후는 4년간 사망률이 60% 이상으로 매우 좋지 않다(Chedid et al., 1991). 알코올은 또한 다른 종류의 간 질환에 중요한 역할을 한다. 예를 들어, 알코올 복용은 간독성인 아세트아미노펜을 강화시키고 구체적인 메커니즘은 잘 알려지지 않았지만, 알코올 복용은 더욱 심각한 C형 간염과도 관련 있다(NIAAA, 2000).

알코올 의존이 있는 사람은 특히 머리, 목, 식도, 그리고 위쪽의 암 발병률의 위험이 증가한다. 폐암은 심지어 금연을 하는 사람에게도 높은 발병률을 보인다. 비록 생리학적 단계에서 잘 알려지진 않았지만, 과음이 면역체계에 중요한 영향을 미치는 것은 명백하다. 예를 들면 폐렴과 같은, 면역결핍의 결과로 인한 감염은 일반집단보다 과음집단에게 더 많이 일어난다. 인간 면역결핍 바이러스인 HIV의 발병 비율은 알코올 남용을 하는 사람에게서 더 높게 나타난다. 이 결과에는 위험한 성행동, 알코올 남용과 약물 주입의 병행, (HIV 감염 확률을 높이는) 알코올의 면역성 저하 효과 등 몇 가지 요소들이 영향을 끼칠 수 있다.

만성적 알코올 복용은 다양한 신경성 장애로 이어진다. 신경장애는 발과 다리의 마비 및 고통을 겪는 개인의 신경성 장애로, 과음과 관련이 있다. 베르니케증후군과 코르사코프 정신병[6] 역시 과음과 관련 있다. 이 질환은 종종 서로 결합되어 나타나고, 정신혼미, 새로운 내용을 배우는 것에 대한 무능력, 기타 인지적 결함을 특징으로 한다(McNeece & DiNitto, 2005).

가임기 여성은 태아기 알코올 증후군 및 알코올 노출에 관련된 다른 장애의 위험성을 특히 우려해야 한다. 임신 중 음주는 자연유산, 저체중 출산, 작은 뇌 크기, 심장결함, 다양한 단계의 정신지체, 그리고 안면이상형태증 등의 위험을 증가시킨다. 폭음이 태아의 위험성을 높이는 것과 큰 관련이 있지만, 임신 중 어느 정도의 음주가 안전한 것인지에 대한 명확한 기준은 아직 확립되어 있지 않다(Stratton, Howe, & Battaglia, 1995).

담배

담배가 독성을 가지고 있으며 담배의 니코틴 성분이 매우 중독성이 강하다는 점은 잘 알려진 사실임에도 불구하고, 물질남용을 다룬 책에서 흡연을 찾아보기는 힘들다. 그러나 담배만큼 유병률과 사망률을 높이는 향정신성 물질은 없다(Slade, 1999). 국립약물남용연구소NIDA: National Institute on Drug Abuse(NIDA, 2001a)는 "담배로 인한 사망자수는 매년 43만 명 이상이며, 이는 알코올, 코카인, 헤로인, 살인, 자살, 자동차 사고, 화재, 그리고 AIDS로 인한 사망자 수를 모두 합한 것보다 더 많다"고 보고하였다(p. 3). 흡연자의 비율이 높고, 흡연의 폐해가 잘 알려져 있고, 효과적인 치료법이 있음에도 불구하고(NIDA, 2001a), 보건서비스 제공자들이 흡연자들의 금연을 지원하는 일은 거의 없다(U.S. Public Health Service [USPHS], 2000). 더 나아가, 다른 물질 문제나 심각한 정신질환을 앓는 사람들은 일반인들보다 금연 지원 서비스를 더욱 절실히 필요로 할 수 있지만

---

6) 장기간의 음주로 인해 생기는 기억력장애 ― 옮긴이 주.

그들이 금연 지원을 받는 일은 더욱 드물다(Grant, Hasin, Chou, Stinson, & Dawson, 2004).

이러한 치료방법들이 실패하는 원인들은 복잡하다. 최근까지도, 금연에 효과가 있는 치료는 거의 발견되지 않았다. 게다가, 보건의료 시스템은 일관된 전달체계를 제공하지 못했다(USPHS, 2000). 하지만, 레몬Lemon, 프리드만Friedman과 슈타인Stein(2003)은 약물남용치료성과연구DATOS: Drug Abuse Treatment Outcome Study에 참여한 흡연자 2,316명을 대상으로 수행한 연구의 후속 인터뷰를 통해 금연이 물질사용치료 종료 후 12개월 동안 불법 약물 사용 절제의 증가와 정적으로 관련이 있다는 결과를 제시하였다. 담배를 덜 피우는 사람들이 금연하기 더 쉽고, 치료가 종료된 사람들이 연구 표본에 선정되었을 가능성이 높지만, 연구는 "먼저 주요한 약물 의존을 안정화시킨 후에 니코틴 의존을 치료해야 한다는 임상적 신화"에 의문을 제기할 수 있다(p. 1330). 이와 유사하게, 금연 노력은 특히 HIV 보균자들에게 중요한데, 그들에게 흡연은 시간이 지날수록 면역기능에 부정적인 영향을 주고, 기도 감염의 위험을 증가시킬 수 있기 때문이다(Chiasson, 1994).

니코틴의 최초 흡입은 두통과 메스꺼움과 같은 불쾌한 경험의 결과를 가져올 수 있다. 이 증상의 내성은 빠르게 생기지만, 규칙적인 흡연자는 흡연이 이완과 집중에 도움을 준다고 보고하였다(Slade, 1999). 규칙적인 흡연과 함께 발생한 중독 및 과민성, 수면장애, 갈망, 그리고 인지적 결함과 같은 금단증상은 사용 중단 후에도 한 달 이상 계속될 수 있다(NIDA, 2001a).

역학

2008년 국가 약물사용 및 보건실태조사에서는 12세 이상 미국 인구의 28.4%를 현재 흡연자로 추정하였다. 12세에서 17세 사이 청소년의 현재 흡연율은 11.4%로 보고되었다. 남자청소년(12.6%)은 여자청소년(10.2%)보다 더 많이 흡연을 하는 것으로 보고되었다. 미국 원주민 청소년은 가장 높은 흡연율(22.0%)을 보였고, 아시아계 청소년은 모든 인종 중에서 가장 낮은 흡연율(4.4%)을 나타냈다.

음주와 비슷한 패턴으로, 현재 흡연율은 초기 성인기에서 가장 높게 치솟았다. 18세에서 25세 사이 인구 중 41.4%는 지난 달 담배를 피웠다고 보고하였으며, 이 연령에서 성별과 인종에 따른 흡연율은 청소년의 양상과 유사하게 다양함을 보였다. 남성(48.8%)의 경우 여성(33.8%)보다 흡연율이 더 높았다. 또한, 초기 성인 아시아계 미국인(20.0%)과 아프리카계 미국인(30.7%)의 경우 가장 낮은 분포를 보였으며, 미국 원주민(52.8%)과 백인 청년층(47.5%)은 가장 높은 분포를 나타냈다.

26세 이상의 성인 중 28.3%는 현재 흡연을 하는 것으로 보고하였으며, 남성의 흡연율(35.0%)이 여성(22.2%)보다 더 높게 나타났다.

건강에 미치는 영향

건강 및 보건의료시스템에서 담배의 부정적인 영향은 아주 많다. 실제로, 국립약물남용연구소(2010b)에서는 "담배사용이 미국에서 질병, 장애, 그리고 사망을 예방할 수 있는 원인"이라고 보고하였다. 약 860만 명의 미국인들은 흡연에 의해 적어도 한 가지의 심각한 질병으로 고통 받고 있고, 흡연으로 인한 과대 의료지출의 경제적 손실은 연간 750억 달러로 추정된다(Centers for Disease Control and Prevention[CDC], 2004). 담배사용은 폐암, 심장질환, 그리고 만성 폐쇄성 폐질환(폐기종과 만성 기관지염)과 깊은 관련이 있다. 흡연자는 뇌졸중 및 말초동맥질환의 위험이 증가하고, 많은 구강암, 인후암, 후두암, 식도암 등이 흡연과 관련이 있다(NIDA, 2001a; Slade, 1999). 2001년 국립약물남용연구소(2001a)는 "담배 흡연이 미국에서 가장 중요하게 예방할 수 있는 암의 원인"이라고 보고하였다(p. 5).

미국에서 임산부의 약 20%가 임신기간 동안에도 흡연을 한 것으로 추산되었고(NIDA, 2001a), 임산부 흡연에 대한 이 놀라운 수치는 태반분리(자궁벽으로부터의 분리), 저체중아 출산, 조산, 그리고 유아돌연사증후군의 위험을 증가시키는 것(NIDA, 2001a; Slade, 1999)을 포함해 다양한 유해 임신결과와 연관된다. 다양한 물질이 태아기에 미치는 영향에 대해 조사한 포괄적 연구에서 시오노Shiono 등(1995)은 "미국에서 담배흡연은 유해 임신결과를 가장 확실하게 미리 예방할 수 있는 원인이다"라고 결론을 내렸다(p. 26).

대마초

12세 이상 미국 인구 중 약 10.3%와 6.1%가 각각 지난 해 및 지난 달에 마리화나를 사용하였다고 보고하였다(SAMHSA, 2009). 이러한 보급률은 마리화나가 가장 흔히 사용되는 비합법적 약물임을 보여준다. 마리화나의 영향을 다룬 문헌들은 서로 상충되는 결과들을 보고하고 있어, 이에 대한 검증이 필요하다. 예를 들어, 어떤 종단연구에서는 청소년기 마리화나 과용은 성인의 불안정한 역할 수행과 관련이 있음을 밝혀냈다(Kandel, Davies, Karus, & Yamaguchi, 1986). 하지만, 이러한 결과가 마리화나 사용 때문인지 혹은 다른 물질 때문인지, 그리고 마리화나 과사용자와 다른 사람들 간 이미 존재했던 차이 때문인지는 불확실하다(Stephens, 1999).

대마초는 흔히 피워서 흡연을 하지만, 가끔 음식에 섞기도 한다. 사용자는 가벼운 희열, 이완, 그리고 지각된 경험의 왜곡이나 상승을 경험하게 된다. 중독은 종종 단기 기억장애와 주의력장애를 수반한다. 전형적으로 무감각과 졸음은 효과가 사라지면서 일어난다(Stephens, 1999). 중독은 장기간 복용의 결과로 나타날 수 있고(NIDA, 2004a), 일부 저자는 임상의들이 "전에 비해 더 많은 마리화나 의존 환자들"을 만나고 있다고 보고한다(Gold, Frost-Pineda, & Jacobs, 2004, p. 177).

역학

앞서 언급하듯이, 2008년 국가 약물사용 및 보건실태조사에서 12세 이상의 6.1%가 현재 마리화나 사용자인 것으로 나타났다. 불법 물질사용자 중 75.7%는 마리화나를 사용한 경험이 있다고 보고하였으며, 마리화나는 가장 흔히 사용하는 불법 물질이 되었다. 이 조사결과는 다양한 연령 집단에서도 사실로 밝혀졌다. 하지만, 12세와 13세에서는 현재 마리화나(1.0%)보다 정신질환 치료제(비의료적으로 사용되는 처방 유형의 의약품 1.5%)와 흡입제(1.3%) 사용이 더 높다는 점이 매우 흥미롭다. 대마초 사용률은 18세에서 25세 사이에 가장 높이 치솟으며, 현재 16.5%가 대마초를 피우는 것으로 보고되었다. 초기 성인기의 경우, 남성(20.1%)은 여성(12.8%)보다 더 높은 사용률을 나타냈다. 이 성별차이는 26세 이상의 성인까지 이어져서, 남성은 5.8%, 여성은 2.8%로 사용률이 보고되었다. 청소년 사이에서 성별 차이는 남자 7.3%, 여자 6.0%로 역시 남자 청소년의 사용률이 더 높게 나타났지만, 그 차이는 덜하다.

12세에서 17세 사이 아시아계 미국인(1.0%)과 아프리카계 미국인(5.9%)은 낮은 분포를 나타냈고, 반면 두 가지 이상의 인종이 섞이거나(10.6%) 백인 청소년의 경우(7.2%) 가장 높은 사용률을 보고하였다. 18세에서 25세 사이에서, 두 가지 이상의 인종이 섞이거나(22.8%) 미국 원주민(20.4%)인 경우, 가장 높은 사용률을 나타냈고, 반면 백인(17.8%)과 아프리카계 미국인(18.2%) 청년은 다소 낮게 보고되었지만, 여전히 상당한 사용률을 보였다.

건강에 미치는 영향

마리화나 사용이 직접적으로 건강에 결정적으로 부정적인 영향을 미치는 경우는 거의 없다. 가장 중요하게 고려되어야 하는 부분은 마리화나의 향정신성 성분이 아니라, 마리화나를 복용할 때 선호하는 투여 방식이다(Stephens, 1999). 담배와 마찬가지로 마리화나는 빈번하게 흡연되고, 호흡기문제의 증가, 암 유발률 증가와 같이 비슷한 건강 위험을 나타낸다(NIDA, 2002a; Slade, 1999). 임신 기간 동안의 마리화나 사용을 조사한 연구들은 상반된 연구결과를 제시하고 있다(Keegan, Parva, Finnegan, Gerson, & Belden, 2010). 일부 연구에서 임신 기간 중 마리화나 흡연은 저체중아 출산과 관련이 있는 것으로 나타났다(Hatch & Bracken, 1986; Zuckerman et al., 1989). 하지만, 규모가 큰 멀티센터의 연구에서는 담배사용을 통제하였을 때, 마리화나 사용은 저체중출산이나 조기출산과 관련이 없는 것으로 나타났다(Shiono et al., 1995).

마리화나 사용의 긍정적 영향이나 의학적 영향에 대한 관심은 여전히 진행형이다. 옹호자들은 마리화나가 암, HIV/AIDS, 다양한 경화증, 그리고 녹내장 등의 다양한 증상을 치료하는 데 효과적이라고 언급한다. 반대론자들은 마리화나의 잠재적인 위험을 강조하고 마리화나를 의약품으로 사용하는 것은 단순히 기분 전환을 목적으로 하는 사용을 더 용이하게 만들려는 전략일 뿐이라고 주장한다. 2010년까지 15개 주가 의료적 마리화나 프로그램을 허용했지만, 이 주들의 법은 모든 대마초 사용을 금지하는 연방정부 법에 위배된다. 1999년 미국의학협회IOM: Institute of Medicine가 발행한 보고서는 마리화나를 둘러싼 논란들을 잘 정리하였다. 마리화나는 고통, 소모성 증후군, 메스꺼움, 근육경련, 운동장애, 간질, 그리고 녹내장을 치료하는 데 효과가 있다. 또 고통을 완화하고, 메스꺼움, 식욕저하를 경감하는 데에도 도움을 준다. "AIDS 환자나 화학요법을 받는 환자, 심한 고통, 메스꺼움, 그리고 식욕저하로 동시에 고통받는 환자들에게 카나비노이드 약제cannabinoid drugs는 다른 어떤 단순한 의약품을 통해서는 얻을 수 없는 광범위한 고통 경감을 제공해줄 것이다(Joy, Watson, & Benson, 1999, p. 177)." 그럼에도, 보고서에서는 마리화나 흡연을 "좋은 의약품"이라고 추천하는 데에는 신중한 입장을 보이고 있다(p. 177). 마리화나의 유효성분인 테트라히드로카나비(THC)는 치료적 효과를 보였지만, 담배연기에서 많이 발견된 것과 같이, 마리화나 역시 다른 독소 물질들을 전달하기 때문이다. 따라서 보고서는 후속 연구에 카나비노이드의 더욱 안전한 물질전달 시스템 개발을 목적으로 하는 임상실험을 포함할 것을 권한다.

코카인

코카인은 강력한 흥분제로, 현재 12세 이상 미국인 중 약 0.7%가 사용한다(SAMSHA, 2009). 이는 하얀 가루나 크랙crack의 형태로 팔리며, 코로 흡입할 수 있고, 주사로도 맞을 수도 있으며, 연기로 피울 수도 있다. 즉각적인 효과로는 정신적 각성, 에너지 증가, 행복감, 심장 박동 수, 혈압, 체온의 증가 등이 있다. 흥분제의 높은 지속 기간과 복용량으로 인해 혼미, 혼란, 걱정, 그리고 두려움 등의 흥분제 섬망을 경험할 수 있고, 복용량이 많을 경우, 정신이상과 편집병 증상, 행동적 강박충동을 느낄 수 있다(Kosten & Sofuoglu, 2004).

효과의 시작, 지속기간, 강도는 투여방식에 달려 있다. 예를 들어, 크랙 코카인은 코카인 가루에 물과 암모니아 혹은 중탄산나트륨(베이킹 소다)을 넣어 쉽게 만들 수 있는데, 흡연을 하면 순식간에 아주 강하게 다가온다(Kosten & Sofuoglu, 2004; NIDA, 1999a). 코카인 가루를 코로 들이마시는 것은 일반적으로 20분 안에 효과를 가져오며, 정맥주사는 대개 30초 안에 효과를 이끌어낸다(Kosten & Sofuoglu, 2004).

역학
2008년, 12세 이상 미국인 중 14.7%가 코카인을 사용해 본 적이 있다고 보고하였다. 남성의 경우, 전 생애 사용(17.7% vs. 11.9%)과 현재 사용(1.0% vs. 0.5%) 모두 여성에 비해 더 높은 경향을 보인다. 하지만, 12세에서 17세 사이 청소년은 여자청소년(2.1%)이 남자청소년(1.7%)보다 더 높은 분포의 사용경험을 보였고, 현재 사용은 남자 청소년이 더 높았다(0.5% vs. 0.3%). 두 가지 이상의 인종이 섞이거나 백인 초기 성인의 경우, 현재 코카인 사용률이 0.5%로, 이 연령대 중 가장 높았다. 현재 가장 낮은 사용률을 보이는 집단은 아시안계 미국인 청소년(0.0%)과 아프리카계 미국인 청소년(0.1%)이었다.

현재 코카인 사용은 21세(2.3%)에서 가장 높다. 18세에서 25세 사이 초기 성인 남성의 경우, 현재 사용률이 1.8%인 데 반해 초기 성인 여성은 1.3%로 나타났다. 인종에 따른 청년 집단의 분포를 살펴보면, 초기 성인인 아시아계 미국인과 아프리카계 미국인은 각각 0.2%와 0.3%로 가장 낮은 분포를 보였다. 하지만, 이러한 경향은 26세 이상 성인에서는 다르게 나타나는데, 아프리카계 미국인이 1.2%로 현재 가장 높은 사용률을 나타냈다.

건강에 미치는 영향

코카인이 건강에 미치는 영향은 투여방법에 따라 다르다(NIDA, 2010a). 예를 들면, 비강 내의 사용(코로 들이마시는 것)은 코피가 나게 할 수 있고, 후각을 잃어버리게 할 수도 있으며, 끊임없이 콧물을 나게 할 수도 있고, 코카인 주사는 바이러스 감염을 포함해 HIV를 걸리게 하거나 다른 혈액매개성 감염에 걸리게 할 위험 및 알레르기 반응을 일으킬 수도 있다. 또한, 코카인의 비강 내 사용과 약물 흡입 도구를 공유하는 것은 바이러스성 감염을 일으킬 위험을 높인다(Aaron et al., 2008; Macias et al., 2008; NIDA, 2010a).

코카인과 다른 흥분제의 과용은 종종 다양한 체계의 건강문제를 가져온다. 심장 혈관 질환과 위장질환은 중추신경계와 생식기 시스템의 문제로 흔히 나타난다(Weaver & Schnoll, 1999). 연구들은 코카인이 특히 알코올과 함께 사용될 때 위험하다고 시사한다. 우리 몸은 코카인과 알코올을 코카틸렌cocaethylene이라는 물질로 변형시킨다. 이 혼합물은 어떤 다른 두 가지 물질의 혼합보다 더 높은 사망률을 발생시킨다(NIDA, 1999a).

몇몇 사람들은 코카인 사용이 가져오는 부정적인 문제가 생리적인 것보다 심리적인 부분 그리고, 사회적인 부분이라 주장하지만(Weil & Rosen, 1993), 코카인 남용이 죽음을 일으킬 수 있는, 심장마비와 뇌졸중 등 급성 심혈관 질환 및 뇌혈관 질환과 관련 있다는 점을 주목하는 것이 중요하다(NIDA, 2010a). 최근의 두 연구—뉴멕시코에서의 연구와 브리티쉬 콜롬비아에서의 연구—는 1990년 이후 코카인 과복용 비율이 상승하였음을 밝혀냈다(Buxton et al., 2009; Shah, Lathrop, Reichard, & Landen, 2007). 최근 뉴욕에서의 연구는 주위의 온도(24℃ 이상~약 75°F)가 코카인의 우발적, 치명적 과용과 관련이 있고, 특히 따뜻한 계절에는 위험집단군을 관리하려는 공중보건 노력이 필요하다고 하였다(Bohnert, Prescott, Vlahov, Tardiff, & Galea, 2010).

많은 연구에서 임신기간 동안 코카인을 사용한 여성에게서 태어난 아기가 조산 또는 저체중으로 출산되고, 자궁 내에서 코카인에 노출되지 않은 아기에 비해 더 작은 머리 둘레를 가지고 있음을 입증하였다(NIDA, 1999a). 하지만, 연구의 방법론적 한계로 인해 임산부의 다른 물질사용, 산전 건강관리, 그리고 낮은 사회경제적 지위와 같이 동시에 영향을 미치는 여타 조건들과는 분리된, 코카인만의 영향을 알아내기는 쉽지 않다(Singer, 1999). 또한, 국립약물남용연구소 (1999a)는 되돌릴 수 없는 심각한 손상으로 고통받는 "크랙 베이비즈crack babies"[7]에 대한 예측은 "지나친 억측"이라고 주장한다. 왜냐하면 이런 아이들 대부분이 어린 시절의 결함을 다시 회복할 수 있기 때문이다(p. 6). 그러나 오늘날의 보다 정교한 연구 기법을 통해 태아의 코카인 노출이 이후 집중력 결여와 같은 미묘한 행동 문제와 연관되어 있음을 보여주고 있다고 지적한다.

헤로인

2008년 12세 이상 미국인의 약 21만 3천 명(인구의 0.1%)이 현재 헤로인을 사용하고 있다고

---

7) 코카인 중독자 어머니에게서 태어나는 신생아 — 옮긴이 주.

보고하였다(SAMHSA, 2009). 상대적으로 적은 수임에도 불구하고, 헤로인 복용은 심각하고 중요한 공공보건 문제에 해당된다. 헤로인은 연기를 흡연할 수도 있고, 코로 흡입할 수도 있으며, 피하주사를 맞거나("skin-popping"), 정맥주사("mainlining")로 맞을 수도 있다. 일반적으로 사용자는 기분 좋은 흥분이나, 우울, 졸림 뒤에 따라오는 "황홀감"을 경험한다. 헤로인은 오랫동안 주변인 집단marginalized groups과 관련되었지만, 1990년대에는 헤로인 사용이 중위 및 중상위 계층으로 파급되었다(Stine & Kosten, 1999).

모르핀에서 유래한 헤로인은 진통제로 사용되는 오피오이드로 알려진 물질군에 속한다. 동일분류에 해당하는 처방 의약품에는 모르핀morphine, 코데인codeine,8) 옥시코돈Oxycodone9)(옥시콘틴OxyContin10)), 하이드로코돈hydrocodone11)(바이코딘Vicodin), 프로폭시펜propoxyphene12)(다르본Darvon), 메페리딘meperidine13)(데메롤Demerol), 그리고 하이드로모르폰hydromorphone14)(딜라우디드Dilaudid)이 있다(NIDA, 2009b, 2010b). 역학의 목적으로, 이 처방 의약품은 "정신질환 치료제" 섹션에서 다룰 것이다. 이 의약품들은 헤로인과 비슷한 효과를 주는 경향이 있다.

역학

2008년 12세 이상 미국인 중 1.5%는 전 생애 동안 헤로인을 사용해보았다고 보고하였다. 예상대로, 전 생애 동안 사용한 비율은 26세 이상인 경우 1.7%로 가장 높았고, 12세에서 17세 사이가 0.3%로 가장 낮았다. 18세에서 25세 사이 초기 성인기의 경우, 1.4%가 살아오면서 헤로인을 사용해 본 경험이 있는 것으로 나타났다.

건강에 미치는 영향

"장기간에 걸쳐 나타나는 헤로인의 가장 유해한 영향 중 하나는 바로 중독이다"(NIDA, 2000. p. 3). 정기적인 사용자는 내성을 경험하고, 원하는 효과를 얻기 위해 더 많은 복용량을 투여해야 하며, 그에 따라 신체적 의존도 증가한다. 헤로인을 다시 투여하지 않는다면, 일주일까지 고통스러운 생리적 금단증상이 나타날 것이다. 일부 사람들은 한 달 정도 금단증상을 겪기도 하는데(NIDA, 2010b), 여기에는 초조함, 근육과 뼈의 통증, 불면증, 위장기능장애, 불수의적 하지 운동장애, 갑작스럽게 추위를 느끼는 증상 등이 포함된다(NIDA, 2005a). 과복용은 사망으로 이어질 수 있고, 특히 자신들이 복용하는 헤로인의 순도를 인지하지 못하는 길거리 사용자들은 상당히 위

---

8) 아편에서 채취되는 진통·진해·수면제 — 옮긴이 주.

9) 마약성 진통제 — 옮긴이 주.

10) OxyContin 제제(製劑)의 상표명 — 옮긴이 주(이후 괄호 안 표시는 상표명)

11) 마약성 진통제 — 옮긴이 주.

12) Codeine과 비슷한 약한 오피오이드로서 경증에서 중등도의 통증환자에 적용되고, 기침치료에도 사용되는 약 — 옮긴이 주.

13) 합성 진통제·진경제 — 옮긴이 주.

14) 몰핀보다 효력이 5~7배 강하므로 급성, 만성 통증, 수술 후 통증, 암성통증, 골절 시 통증, 화상 등의 심한 통증에 사용 — 옮긴이 주.

험하다. 주사기를 사용하는 헤로인 사용자는 주사바늘을 공유함으로써, HIV와 C형 간염과 같은 혈액매개 바이러스의 위험을 감수해야 한다. 비강 내 사용 또한 바이러스 감염 위험을 증가시킬 수 있다(Aaron et al., 2008). 정맥 파열, 간 질환, 종기, 심장 내벽과 심장판막 감염, 그리고 폐합병증은 헤로인 장기사용이 가져오는 결과들이다(NIDA, 2000).

헤로인에 의존하는 산모에게서 태어난 아기는 조산과 저체중의 가능성이 높고, 분만 시 다양한 합병증과 기형의 위험을 안고 있다(McNeece & DiNitto, 2005). 임산부의 헤로인 복용은 조산 그리고 더 위험한 유아돌연사증후군과도 관련이 있다. 임산부와 아기의 건강은 포괄적인 메타돈 치료와 산전 건강관리를 병행하여 호전시킬 수 있다(NIDA, 2010b). 메타돈 치료를 받은 산모의 아기가 신체적 의존의 신호를 보인다면 안전하게 치료를 받을 수 있다(NIDA, 2000). 최근에는 부프레노르핀이 임신 기간 동안 각광받는 치료법으로 부상하고 있다. 임신 기간 동안 오피오이드로부터의 해독은 태아에게 미칠 수 있는 위험 때문에 신중하게 고려되어야 한다(NIDA, 2010c).

환각제

환각제는 100가지 이상의 다양한 물질들을 광범위하게 포함하고 있으며, 다양한 감각왜곡과 환각을 초래할 수 있다. 역사적으로 일부 집단에서는 특별한 환각제를 종교적·영적 의식의 일환으로 사용하였다. 예를 들어 일부 멕시코 원주민들은 페요테 선인장에서 유래되는 메스칼린을 사용했는데, 또한 북미 원주민 예배에서도 이것을 의식의 중요한 요소로 사용하였다(Durrant & Thakker, 2003).

환각제는 LSD,[15] PCP,[16] 환각 버섯, 그리고 엑스터시[17] 등이 일반적으로 미국에서 잘 알려져 있다(MDMA). 엑스터시는 합성약물로 특정 효과를 얻기 위해 맞춤형으로 만들어진다. 이는 파티 약물과 여피족의 환각제로 유명하고 흥분제와 환각제 효과 둘 다 만들어 낼 수 있다(McNeece & DiNitto, 2005). 사용자는 아마도 포근한 행복감과 확장된 정신적 시각 및 통찰력을 경험할 것이다. 약을 사용하고 몇 주 뒤에 가끔 혼란스러움, 수면장애, 걱정, 그리고 편집증과 같은 부정적인 영향들이 나타난다. 탈수, 몽롱, 이 악물기, 냉기, 발한, 그리고 메스꺼움과 같은 생리적 증상도 관찰된다(McNeece & DiNitto, 2005).

역학

2008년 12세 이상 미국인의 약 106만 명이 현재 환각제를 사용하는 것으로 나타났고, 370만 명은 지난해에 환각제를 사용했다고 보고하였다. 지난 해 사용자 중 약 64만 명은 엑스터시를 사용했다고 보고하였으며, 15만 4천 명은 LSD, 그리고 2만 4천 명은 PCP를 사용했다고 보고하였

---

15) Lysergic acid diethylamide: 맥각균에서 합성한 향정신성의약품의 하나 — 옮긴이 주.
16) Phencyclidine: 화낙 알칼로이드로 합성하는 향정신성의약품의 일종 — 옮긴이 주.
17) Ecstasy: 암페타민 계열의 유기화합물로 환각 작용을 일으키는 향정신성의약품 — 옮긴이 주.

다(SAMHSA, 2009).

인종집단별로는 연령이 적은 아시안계 미국인과 아프리카계 미국인이 가장 적은 환각제 사용 경험을 보고하였다. 구체적으로, 청소년은 0.8%와 1.4%, 그리고 초기 성인기는 7.5%와 9.5%로 나타났으며, 26세 이상에서 그들의 사용 경험의 비율은 여전히 낮았으며(5.2%와 9.9%), 이는 같은 연령대의 라틴계 사람들(9.4%)과 유사하였다. 전 생애기간 동안의 환각제 사용 수치는 26세 이상 미국 원주민에게는 유효하지 않았다. 하지만 청소년과 청년 사이에 이러한 사용 비율은 가장 높게(13.8% 와 31.9%) 나타났다.

건강에 미치는 영향

엑스터시를 제외하고 환각제가 건강에 미치는 영향은 거의 알려져 있지 않다. LSD 사용은 정신병과 관련이 있는 것으로 꾸준히 언급되어 왔지만, LSD가 원인이 되는 범위는 불분명하다 (Abraham, Aldridge, & Gogia, 1996). 급성 환각상태일 경우, 우발적 상해나 죽음의 위험이 있다. 이는 특히 PCP사용에서도 그러하다. 왜냐하면 편집증 및 혼란 상태는 PCP의 급성적 효과와 관련 있기 때문이다(Stephens, 1999).

다량의 엑스터시를 복용한 경우에는 이상고열, 심혈관, 신장 및 간 부전이 발생할 수 있다. 동물 실험에서는 신경독성이 입증되었고, 비록 인체 실험에서 완벽하게 동일한 결과를 보여주지 않았지만(NIDA, 2005c), 임상보고서는 엑스터시 사용과 관련된 치사율 및 독성효과를 증명하였다 (Dar & McBrien, 1996).

흡입제

흡입제란 아주 흔한 일상용품과 가정용 물질에서 발견되는, 흡입할 수 있는 화학적 증기를 일컫는다. 예로는 가솔린, 페인트, 액체세제, 접착제, 마킹 펜, 액체라이터, 그리고 래커 희석 액이 해당된다. 향정신성 효과를 얻기 위해 이런 물질을 코로 들이마신다. 특정물질의 영향은 다양하겠지만, 일반적으로 중독은 알코올과 유사하게 흥분과 쾌락을 가져올 수 있으며, 탈 억제, 불안, 그리고 가벼운 두통이 뒤따른다. 흡입하는 증기의 양을 증가시키면, 마비나 의식불명 등과 같은 결과를 가져올 수 있다(NIDA, 2005b).

역학

흡입제는 접근성이 좋고 적당한 가격으로 구입할 수 있기 때문에 젊은층이 선택하는 물질이다. 2008년 12세에서 17세 사이 미국 청소년의 1.1% 정도가 최근 흡입제 사용경험을 보고하였다 (SAMHSA, 2009). 또한, 같은 집단에서 9.3%가 이전에 이를 사용해 본 적이 있다고 보고하였다. 전 생애 사용경험 분포는 여성 청소년(10.1%)이 남성청소년(8.4%)보다 더 높았고, 미국 원주민은 같은 연령대의 여러 인종 집단들 사이에서 가장 높은 비율(16.8%)을 나타냈다. 모든 청소년 중,

14세가 지난 달(1.5%)과 지난 해(5.1%) 흡입제 사용이 가장 많은 것으로 보고되었다(SAMHSA, 2009).

건강에 미치는 영향

흡입제는 독성이 강하고 잠재적으로 치명적이다. 전국흡입제방지연대National Inhalant Prevention Coalition에 따르면 1996년과 2001년 사이에 700명 이상이 흡입제 사용으로 사망하였는데, 대부분 10대와 10대 초반 아동들이었다(CSAP, 2003). 이 외에도 흡입제 사용은 뇌, 폐, 신장, 간에 손상을 가져와 건강에 부정적인 영향을 미친다. 흡입제 사용은 돌연사와도 관련이 있다(NIDA, 2005b).

정신질환 치료제

정신질환 치료제는 오늘날 두 번째로 널리 사용되는 불법 물질이다. 2008년 현재 12세 이상 미국인 가운데 2.5%가 이러한 물질을 사용하고 있는 것으로 알려졌다. 정신질환 치료제는 의사 처방이 필요한 진통제, 신경안정제, 흥분제, 진정제를 비의료적으로 사용하는 경우를 포함한다. 처방전을 통해 혹은 불법적으로 "거리에서" 구한 수많은 종류의 물질이 여기에 포함된다. 이런 물질의 종류로는 오피오이드(예를 들어, 모르핀, 코데인, 옥시코돈), 중추신경계 진정제(바르비투루 barbiturates18)와 벤조디아제핀benzodiazepines19)), 그리고 흥분제(예를 들어, 덱스트로암페타민dextro-amphetamine20) [덱세드린Dexedrine21)], 메틸페니데이트methylphenidate22) [리탈린Ritalin23)], 메탐페타민 methamphetamine24)) 등이 가장 일반적으로 남용된다(NIDA, 2001b). 복용방법에 따라, 오피오이드 사용자는 대개 쾌락을 경험하고, 뒤이어 상당한 긴장과 불안의 감소를 느낀다(Stine & Kosten, 1999). 중추신경계 진정제는 침착하고 차분하게 하는 효과가 있고(Brady, Myrick, & Malcolm, 1999), 반면 흥분제는 각성, 주의, 쾌락의 감정과 함께 에너지가 증가하도록 한다(Weaver & Schnoll, 1999).

역학

12세 이상 미국인 중 20.8%는 정신질환 치료제를 사용해 본 적이 있다고 보고하였다 (SAMHSA, 2009). 남성(22.4%)이 여성(19.3%)보다 사용 경험률이 약간 더 높고, 다른 연령 집단과 비교했을 때 18세에서 25세 사이의 초기 성인기의 경우, 정신질환 치료제 사용 경험이 가장 높은 것으로 보고되었다(29.2%). 또한 초기 성인기는 모든 연령집단 중 정신질환 치료제의 현재 이용

---

18) 중추신경에 억제작용을 가진 물질로 항경련제, 최면제, 진통제, 마취제로서 사용 — 옮긴이 주.
19) 신경안정제에 속하는 향정신성의약품의 하나 — 옮긴이 주.
20) 각성제 및 식욕 억제약으로 쓰임 — 옮긴이 주.
21) dextroamphetamine 제제(製劑)의 상표명 — 옮긴이 주.
22) 각성제의 일종으로 주의력결핍 과다행동장애와 기면증의 치료제로서 승인된 향정신성의약품 — 옮긴이 주.
23) methylphenidate 제제(製劑)의 상표명 — 옮긴이 주.
24) 각성제, 필로폰[히로뽕] — 옮긴이 주.

률이 가장 높게 나타났다(5.9%). 반면, 26세 이상의 경우, 1.9%로 가장 낮은 현재 사용률을 나타
냈다. 12세에서 17세에 해당하는 청소년의 경우, 약 3%가 현재 정신질환 치료제를 사용한다고
보고하였다.

전반적으로 남성이 여성에 비해 현재 정신질환 치료제를 사용하거나 과거에 사용한 경험 분
포가 더 높은 것으로 나타났다(2.6% vs. 2.4% 그리고 22.4% vs. 19.3%). 하지만, 연령집단별로 살펴봤
을 때, 성별 유형은 다양하게 나타난다. 12세에서 17세 사이 여자청소년은 같은 연령의 남자청소
년보다 현재 사용과 이전의 사용경험이 더 높다(3.3% vs. 2.5% 그리고 12.4% vs. 9.9%). 하지만 18세
에서 25세는 성별이 역전되어, 남성의 현재 사용 분포와 과거의 사용경험(6.3%와 30.8%)이 여성
(5.5% vs. 27.6%)보다 높았다. 26세 이상의 성인의 경우, 여성과 남성의 현재 사용률(1.8%와 1.9%)
은 비슷하지만, 사용 경험은 남성이 더 높은 것으로 보고되었다(22.6% vs. 18.8%).

12세에서 17세 사이 젊은층에서는 아시아계 청소년의 경우, 현재 정신질환 치료제 사용률이
가장 낮은 것으로 보고되었다(0.7%). 두 가지 이상 인종이 섞이거나 미국 원주민의 경우에는 가장
높은 사용률이 나타났다(4.2%와 4.0%). 초기 성인기에서 백인, 미국 원주민, 둘 이상의 인종이 혼
합된 경우, 현재 정신질환 치료제 사용률이 가장 높은 것으로 보고되었고(7.2%, 5.9%, 그리고
7.7%), 아시아계 미국인은 계속해서 가장 낮은 사용률(3.0%)을 보였다. 마찬가지로 26세 이상의
경우, 아시아계 미국인은 현재 정신질환 치료제의 가장 낮은 사용률(0.7%)을 보였으며, 미국 원주
민과 백인은 현재 가장 높은 사용률 수치를 보고함으로써 같은 추세를 나타냈다(2.2%와 2.1%).

건강에 미치는 영향

물질 자체가 다양한 화학적·향정신성 속성을 가지고 있기 때문에 정신질환 치료제가 건강
에 미치는 영향 또한 다양하다. 통증을 치료하는 데 처방되는 오피오이드는 모르핀, 코데인, 옥시
코돈, 메페리딘, 프로폭시펜 등이 있다. 오피오이드를 장기간 사용할 경우 내성, 신체적 의존, 중
독을 유발할 수 있다. 만약 갑자기 사용을 줄이거나 중단하면 초조감, 불면증, 과민증, 설사, 메스
꺼움, 갑작스럽게 추위를 느끼는 것과 같은 금단증상이 일어날 수 있다(NIDA, 2001b). 심한 중독
이나 과복용은 잠재적으로 치명적이기 때문에 즉시 의료적인 치료를 받아야 한다(Stine & Kosten,
1999). 최근의 연구들은 오피오이드 처방 과복용이 증가하고 있음을 시사하고 있다(Compton &
Volkow, 2006; Hu & Baker, 2009; Paulozzi, Ballesteros, & Stevens, 2006).

특히, 적절한 통증관리와 오피오이드 처방의 위험 사이에서 균형을 잡는 문제는 보건의료현
장에서 시험대에 올라 있다(Savage, Kirsh, & Passik, 2008; Zacny et al., 2003). 오피오이드계 의약품과
관련된 신체적 의존성이 있다고 해서 그러한 의약품을 잘못 사용했다는 의미는 아니다(O'Brien &
Volkow, 2006). 그러나 자크니Zacny 등이 지적한 바와 같이 의약품에 대한 불충분한 정보와 남용
에 대한 지나친 우려로 인해 오피오이드 공포증이 지속되고 있으며 이로 인해 통증을 제대로 치
료하지 못하는 문제가 발생하고 있다. 비록 의약품을 처방하는 것은 아니지만, 사회복지사는 클
라이언트의 현재와 과거 물질사용을 사정하고, 클라이언트의 통증관리 전략을 지지하는 데 개입

하며, 클라이언트가 문제물질을 복용할 경우 도움을 주고, 그들을 추가 서비스와 자조 프로그램에 연계하며, 전체 치료 팀과 협력을 도모하는 등 중요한 역할을 담당한다(Savage et al., 2008). 최근 출간된 새비지Savage 등(2008)의 저서는 클라이언트의 통증관리와 물질사용 문제에 관여하고 있는 현장 사회복지사를 위하여 보다 세부적인 지침을 제공한다.

수면장애와 불안장애에 처방되는 중추신경계 진정제는 다이아제팜diazepam[25](발륨Valium[26]), 클로르디아제폭사이드chlordiazepoxide[27](리브리엄Librium), 알프라졸람alprazolam[28](재낵스Xanax), 그리고 클로나제팜clonazepam[29](클로노핀Klonopin)과 같은 신경안정제와 벤조디아제핀을 포함한다. 이러한 물질은 시간이 지나면서 내성이 증가하고, 육체적 의존, 금단, 그리고 중독 또한 위험하다. 비록 이런 물질이 문제적 물질사용 위험성을 줄이는 것과 연관이 있어 보이지만, 졸피뎀zolpidem[30] (암비엔Ambien), 에스조피클론eszopiclone[31] (루네스타Lunesta), 그리고 잘레프론zaleplon[32](소나타Sonata)과 같은 수면장애 의약품도 중추신경계 진정제이다. 중추신경계 진정제를 알코올, 진통제, 일부 감기약, 알레르기약, 혹은 기타 졸음이 오게 하는 물질과 함께 사용하면, 호흡과 심장박동 수를 느리게 하여 사망에 이를 수 있다(NIDA, 2009a). 벤조디아제핀은 골절을 일으키는 낙상과 인지장애의 위험 요인이 될 수 있기 때문에 성인에게 신중하게 사용해야 한다(NIDA, 2001b).

처방된 흥분제는 덱스트로암페타민과 애더럴Adderall[33] 같은 암페타민, 리탈린과 콘서타Concerta[34]에서 발견되는 메틸페니데이트를 포함한다. 사용자는 쾌락, 식욕 감소, 고조된 에너지와 긴장을 경험한다. 흥분제를 과복용하게 되면 불규칙적인 심장박동, 높은 체온, 심부전이나 경련 등이 일어날 수 있다. 흥분제와 충혈완화제의 혼합은 혈압이나 부정맥의 위험한 상승을 가져올 수 있다. 항우울제와의 혼합은 흥분제의 효과를 강화시킬 것이다(NIDA, 2009a).

메탐페타민은 암페타민 물질과 밀접한 관련이 있다. 하지만, 중추신경계에 미치는 효과는 더 크다(NIDA, 2004b). 이는 매우 중독성이 있고, 코카인보다 장기간 지속력을 갖는다. 빠른 심장 박동, 증가하는 혈압, 고열, 시간 흐름에 따른 뇌기능의 변화, 심각한 체중 저하, 치아문제, 정신병, 기분 및 행동과 관련된 다양한 문제 등 심각한 건강상의 문제를 다양하게 야기할 수 있다. 메탐페타민 과복용은 고열과 경련을 가져올 수 있으며, 적절한 의료적 주의를 기울이지 않으면 치명적일 수 있다. 연구는 임신기간 이러한 물질을 사용하게 되면 산전 합병증, 조산, 아이의 심장과 뇌에 문제를 일으킬 수 있음을 시사한다. 이 분야의 후속 연구에서는 신생아 행동의 변화 유형뿐만 아니라 가능한 연구의 방법론적 한계를 다룰 필요가 있다(NIDA, 2002b).

25) 백색~연한 황색의 분말로 냄새는 없고 쓴맛이 약간 나며 약한 정신안정제로 이용 — 옮긴이 주.
26) diazepam제제(製劑)의 상표명 — 옮긴이 주(이후 괄호 안의 표기는 상표명).
27) 근육 이완과 정신 안정 작용으로 신경증·우울증 따위를 치료하는 데에 쓰이는 정신 안정제 — 옮긴이 주.
28) 일반적인 불안증, 공황장애, 우울증과 같이 오는 불안증에 효과를 나타내는 신경안정제 — 옮긴이 주.
29) 간질 치료제의 하나. 특히 간질의 장기 치료에 쓰임 — 옮긴이 주.
30) 수면제의 일종 — 옮긴이 주.
31) 수면제의 일종 — 옮긴이 주.
32) 수면제의 일종 — 옮긴이 주.
33) ADHD의 치료제의 일종 — 옮긴이 주.
34) ADHD의 치료제의 일종 — 옮긴이 주.

물질사용문제를 개념화하고 다루는 중요한 접근
PROMINENT APPROACHES TO CONCEPTUALIZE AND ADDRESS SUBSTANCE USE PROBLEMS

다양한 요인들이 물질사용문제를 다루는 개입에 정보를 제공하고 이를 형성해 왔다. 물질사용문제의 발달을 설명하는 개념 모델은 특정 개입과 기대 결과를 연결하고 이를 옹호하는 경향이 있다. 일례로, 금주동맹과 같은 영성에 기반한 12단계 접근법들은 물질사용 문제를 이를 치료하는데 신의 힘이 필요할 정도로 복잡한 질병의 결과로 개념화(AA, 2001)하는 경향이 강한 반면(Miller & Hester, 1995; Schilling & El-Bassel, 1998), 인지행동적 접근법에서는 학습 프로세스의 결과로써 개념화한다(Longabaugh & Morgenstern, 1999; Marlatt & Gordon, 1985). 근거 기반 실천에 대한 관심과 함께(Miller, Zweben, & Johnson, 2005), 이 섹션에서는 물질사용문제를 안고 있는 사람들을 돕기 위한 주요한 접근과 양상을 간략히 설명한다. 그리고 보건의료현장 사회복지사가 맡게 될 수 있는 단기 개입과 스크리닝에 관하여 보다 세부적인 논의를 제공한다.

다양한 관점의 조화

사람들은 그들이 지지하는 특정 방법을 효과에 따라 구분한다(Miller & Hester, 1995). 특정 접근방법 및 개념틀에 대한 옹호는 확보한 근거의 평가, 개인적 선호, 치료와 회복 경험, 훈련과 연합에 기반을 둔 협력의 가치 등 복잡한 방법에 의해 형성될 것이다(Borden, 2000). 여기에서 제시하는 주요 접근의 개요는 특히 개념 원리, 개입의 함의, 이것들을 지지하는 활용 가능한 근거들에 초점을 두고자 한다. 더욱이 특정 접근의 지지자 사이에 뚜렷한 구분이 있음에도 불구하고, 모든 사람에게 효과적인 방법을 제시하지 못한 것도 사실이다(Miller & Hester, 1995; NIDA, 2009b). *체계적 절충주의 또는 정보에 입각한 절충주의*systematic or informed eclecticism라는 용어는 사회복지사와 다른 서비스 제공자가 사람들을 돕기 위한 효과적인 모델을 결정하는 과정을 설명하는 데 사용해 왔다(Hepworth, Rooney, & Larsen, 2002; Miller & Hester, 1995). 이 과정은 근거를 기반으로 하고, 전략과 기술에 대한 분명한 설명을 포함하며, 사회복지윤리와 일치하고, 사회복지사의 역량 안에 있으며, 문화적으로 만족할 수 있는 접근에 대한 선호와 함께 개입을 이끄는 데 체계적으로 고려되는 가능한 근거들을 포함한다(Hepworth et al., 2002). 체계적 또는 정보에 입각한 절충주의 과정을 촉진하기 위해 이 논의는 각 접근에 관한 가능한 근거를 다룬다.

도덕 및 절제 관점

역사적으로 많은 관점들이 물질사용문제를 이해하고 다루는 유용한 접근법을 알려주었다.

많은 학자들이 문제적 물질사용에 대한 이해의 진전을 설명한다(McNeece & DiNitto, 2005; Miller & Hester, 1995; Schilling & El-Bassel, 1998). 초기모델은 문제적 물질사용을 노덕적 취약함, 죄악, 행동의 사회적 규범에 대한 의지박약을 반영하는 도덕 문제로 개념화하였다(McNeece & DiNitto, 2005; Miller & Hester, 1995). 1800년대 후반 미국에서 일어난 절주운동은 위해한 결과의 가능성에 기반을 두고 적당한 음주를 옹호하였다(Miller & Hester, 1995). 다른 관점은 문제적 물질사용의 도덕적 관점에 기여하는 절주운동의 역할에 있다. 일부 학자는 "절주모델의 핵심은 알코올 문제의 원인은 알코올 그 자체"라고 주장한다(Miller & Hester, 1995, p. 3). 이 개념화는 알코올 가격을 올리거나 이용하기 어렵게 함으로써, 알코올 접근을 제한하거나 절제와 금주를 장려하는 것이 유용한 개입이라고 제안한다(Miller & Hester, 1995). 다른 학자는 "미국에서 궁극적으로 금주령 채택을 끌어낸 절주운동이 진행되기 전에는 술 소비가 반드시 죄가 되는 행동은 아니었다"고 주장한다(Marlatt, 1985b, p. 182). 절주운동의 역할에 대한 이러한 관점은 특히 개인의 자제력 부족에 집중하면서 문제적 물질남용의 도덕적 관점을 강조하였다(Marlatt, 1985b). 도덕적 관점은 물질사용에 대해 사회적·법적 결과를 통한 처벌을 강조하는 개입을 제공한다(Miller & Hester, 1995).

질병모델

19세기 초반, 미국의 내과의 벤자민 러쉬Benjamin Rush는 음주문제를 이해하는 질병 개념의 기틀을 마련하였다(Marlatt, 1985a). 이 틀은 20세기를 거치며 더욱 발전하였다. 1935년 금주동맹은 알코올 중독을 도덕적 실패가 아닌, 질병으로 파악하는 개념을 확산시키는 데 기여했다(Kinney & Leaton, 1991; Schilling & El-Bassel, 1998). 또한 1940년대에는 예일대학교의 옐리네크E. M. Jellinek 등이 알코올 중독을 현재의 질병 모델로 정립하는 데 기여하였다(Kinney & Leaton, 1991; Marlatt, 1985a). 금주동맹의 친구로 알려진 윌리엄 실크워스William Silkworth의 관점에는 질병 모델의 요소들을 고려하는 한 가지 방법이 반영되어 있는데, 바로 "마음의 집착과 몸의 알레르기"라는 것이다(Kinney & Leaton, 1991, p. 54). 이러한 개념화는 심리적·생물학적 요소가 질병을 바라보는 관점에 포함되어 있음을 반영한다. 밀러Miller와 헤스터Hester(1995)가 주장하였듯이, 12단계 접근은 회복의 주요 요소로 영성을 상당히 강조하며 이를 포함하였다. 사실, 금주동맹의 12단계 접근은 알코올 중독을 "오직 영적 경험으로 이겨낼 수 있는 질병"으로 바라본다(AA, 2001, p. 21).

문제적 물질사용을 지속적인 의료적 상태로 개념화하는 것은 이것이 생물학적, 환경적, 행동적, 그리고 유전적 요소의 영향을 받는다는 인식과 더불어 발전해 왔다(Alterman, McLellan, O'Brien, & McKay, 1998; O'Brien & McLellan, 1996). 약물남용치료센터Center for Substance Abuse Treatment에서도 유사한 관점을 제시하였는데(CSAT; 1999b), 이는 "최근 생겨난 생물심리사회적·영성 모델"을 설명한다(p. 8). 이 관점은 복잡하고 서로 교차하는 요인들이 물질사용문제의 시작과 과정에 영향을 주는 것을 인지하고 다른 만성적 건강 상태와 마찬가지로 다면적 개입 전략을 필요로 한다는 것이다(CSAT, 1999b; Leshner, 1997; NIDA, 2009b). 게다가, 다른 만성적 건강 상태처럼 장기적 치료를 통해 중독을 "만성적이며 재발하는 질병"으로 다루도록 한다(Leshner, 1997, p. 45; O'Brien & McLellan, 1996). 재발 위험은 종종 일반적인 중독을 이해할 때 가장 중요하게 다루어지는데, 중독의 재발비율(40~60%)은 제1형 당뇨병(30~50%), 고혈압(50~70%), 그리고 천식(50~70%; NIDA, 2009b)과 관련된 재발률과 비교할 수 있다. 비록 여러 요인들이 복합적으로 결합하여 치료의 효과성에 영향을 줄 수 있지만(예를 들면, 클라이언트가 나타내는 문제의 종류와 심각성, 클라이언트가 나타내는 문제를 다루는 이용 가능한 서비스의 역량, 서비스 제공자와 클라이언트 사이에 상호작용의 특징 등), 국립약물남용연구소(2009c)는 "장기간 치료를 받는 개인을 추적한 연구에 의하면, 대부분의 사람들이 약물사용을 중단하는 치료에 계속 남아 있고, 범죄 행동은 감소하며, 직업적, 사회적, 심리적 기능은 증진되었다"(p. 11)고 한다.

일부 개입 전략들은 물질사용장애를 질병으로 개념화하는 것으로부터 비롯한다. 비록 기질적 질병 모델dispositional disease model과 더 포괄적인 금주동맹의 관점 사이에는 차이가 있지만(Miller & Kurtz, 1994), 금주동맹과 다른 12단계 접근은 물질사용장애를 질병으로 개념화하는 것을 잘 보여준다. 12단계 접근을 다루는 연구는 제한되어 있지만, 2004년 연구 리뷰는 금주동맹과 약물중독자모임Narcotics Anonymous에 참여하는 것이 절제를 증가시키고, 자기효능감과 사회화를 강화한다고 제시하였다. 추가적 집단 활동에 참여함과 동시에 12단계 모임에 참여하는 것은 효과를 높이는 것으로 나타났다(Humphreys et al., 2004). 또한, 이 리뷰의 결과는 자조집단 참여를 급박한 전문가 치료를 대체하는 것이 아닌, 연속적인 케어의 일환으로서 우선적으로 고려할 것을 제안하였다. 근래의 연구 리뷰들은 금주동맹 참여의 여러 측면, 예를 들어 후원자와의 연결, 빈번하고 장기간에 걸친 모임의 참여, 더 빠른 금주동맹 가입, 그리고 다른 금주동맹 멤버로부터 자조를 받는 것 등이 더 좋은 결과를 낳는 것과 관련 있음을 지적한다(Krentzman, 2007). 덧붙여 청소년에 대한 최근의 연구는 12단계 개입이 치료 후 3년 동안 약물 중단 및 금주와 관련 있다고 하였다(Chi, Kaskutas, Sterling, Campbell, & Weisner, 2009). 마지막으로 금주동맹 모임의 참여를 촉진하고 12단계 접근의 요소를 조정하는 것에 초점을 맞추며, 10년 이상 1,726명의 클라이언트를 지도한 대규모 알코올 치료 임상 실험인 프로젝트 MATCH의 결과는 치료자가 지도하는 12단계 촉진이 인지행동치료와 동기강화치료 만큼이나 효과적임을 제시하였다(Donovan, Carroll, Kadden, DiClemente, & Rounsaville, 2003).

수많은 약물요법pharmacotherapies은 물질사용문제를 겪는 사람들을 돕기 위해 탄생하였다. 가장 널리 알려진 것은 아래와 같다.

- 니코틴 정제, 패치, 혹은 껌이나 부프로피온bupropion[35](자이반Zyban) 또는 바레니클린vare-nicline[36](챔픽스Chantix)과 같은 경구용 약은 니코틴 중독이 있는 사람에게 도움을 줄 수 있다. (주의: 하지만, 경피적 패치는 미국식품의약청에서 유일하게 청소년 사용이 승인된 중독 치료

---

35) 항우울제 및 금연약의 일종 — 옮긴이 주.
36) 경구 금연 보조의약품. 세계 최초의 니코틴 수용체의 부분 효능제 — 옮긴이 주.

의약품이다)

- 디설피람Disulfiram(알코올 중독 치료제)은 동기부여가 잘 되어 있거나, 배우자와 치료 각서를 쓰거나, 알코올이 제공되는 행사에 참석하는 알코올 중독자들에게 도움이 될 수 있다.
- 아캄프로세이트Acamprosate[37](캄프랄Campral)와   토피라메이트topiramate[38](토파맥스Topamax) 는 사람들이 절주하거나 금주하는 데 도움이 될 수 있다(토피라메이트는 아직 미국식품의약 청에 승인되지 않았다).
- 날트렉손Naltrexone[39](레비아Revia)은 알코올과 아편제 사용 문제를 치료하는 데 희망을 보여주었다.
- 메타돈Methadone[40]과 수부텍스Subutex는 오피오이드 의존을 치료하는 데 효과를 보여주었다.
- 선택적 세로토닌 재흡수 억제제[41])는 알코올 치료 유지를 강화하고, 불안을 겪는 클라이언트의 알코올 소비를 줄이며, 메타돈 치료에 참여하는 클라이언트의 코카인 소비를 줄이는 데 효과적이었다(Alterman et al., 1998; NIDA, 2009b).

심리사회적 개입과 결합된 약물요법은, 다음에서 보다 심도 있게 논의하겠지만, 중독을 "중요한 생물학적·행동적·사회적 요소로 구성된 심리생물학적 원형 질병prototypical psychobiological illness"으로 다루는 다면적 접근을 반영한다(Leshner, 1997, p. 46).

심리 모델

물질남용을 이해하기 위한 주요 심리 모델은 행동적·인지적 관점을 포함한다(Miller & Hester, 1995). 재발방지Relapse Prevention 모델은 이 중 하나로, 중독 행동을 "다른 습관과 같은 방식으로 분석하여 수정할 수 있는 과잉 학습된 습관"으로 간주한다(Marlatt, 1985a, p. 9). 말랏Marlatt 이 설명하듯이, 이러한 습관분석은 상황이나 환경 속의 선행사건(상관관계가 있는 갈등, 사회적 영향, 감정 등), 물질사용 결과에 대한 기대(소비의 긍정적 결과 기대 등), 그리고 물질에 대한 이전의 경험적 학습(물질을 사용하는 동료와 가족 구성원에 대한 관찰, 소비의 쾌락적 효과를 통한 행동의 정적 강화, 소비와 함께 고통의 경감을 통한 행동의 부적 강화 등) 등과 같이 행동을 유지하는 데 기여하는 요인들에 대한 조사를 포함한다. 또한 이 분석은 물질사용 행동과 관련 있는 사회적 맥락 및 대인관계 요소에 특별한 주의를 기울이며, 행동 상의 결과에 대한 조사(예를 들면, 행동을 촉진하도록

---

37) 알코올중독치료제의 일종 — 옮긴이 주.
38) 보조식욕억제제 및 보조기초대사제의 일종 — 옮긴이 주.
39) 알코올 의존증 치료제, 물질 및 금연에도 사용되는 치료제의 일종 — 옮긴이 주.
40) 합성 마취제이며 의학적으로 진통제나 기침약으로 사용 — 옮긴이 주.
41) Selective serotonin reuptake inhibitors, 우울증 치료약 혹은 불안장애, 공황장애, 강박장애, 광장공포증과 사회공포증과 같은 심한 공포증에 쓰임 — 옮긴이 주.

물질사용이 강화되었던 방법들과 부정적 결과가 행동을 막을 수 있었던 방법들)를 포함한다.

이 모델의 또 다른 핵심요소는 재발, 혹은 물질사용행동이 다시 시작되는 것에 대한 관점이다. 사실, 말랏(1985a)은 실수 또는 이전 행동으로 돌아가는 단순 경험과 재발, 즉 이전의 행동으로 돌아가는 더 완전한 경험을 구분하였다. 이 모델에서는 "한 번의 실수"를 "전체 실패의 지표"로 바라보지 않았다(p. 32). 이렇게 물질복용에 가담하거나 물질복용의 통제력을 벗어난 개념을 이분법적으로 바라보지 않고, 미래의 재발 방지 전략을 알릴 수 있는 학습경험으로 실수lapses와 재발relapses을 사용하였다(Larimer, Palmer, & Marlatt, 1999; Marlatt, 1985a).

말랏(1985a)이 사용한 ***절제 위반 효과***abstinence violation effect라는 문구는 사람들이 완벽한 절제를 약속하고 물질을 사용했을 때 겪는 경험에 대한 인지적·정서적 반응을 묘사한다. 절대 금지를 선언한 뒤에 물질을 복용하게 된 사람은 좀 더 부정적인 심리 상태(죄책감 등)를 경험하고, 자기비난을 하거나 자기통제 부족을 강화하는 인지 성향을 보인다. 또한, 그러한 경험은 재발 위험을 증가시킬 수 있다(Larimer et al., 1999; Marlatt, 1985a; Miller, Westerberg, Harris, & Tonigan, 1996; 자세한 내용은 Dimeff & Marlatt, 1998 참조). 물질사용문제 모델의 개념화에 기반을 둔 개입은 재발의 위험을 증가시킬 수 있는 상황을 확인하기 위한 사정에 초점을 두며, 그런 상황에 대처하거나 상황을 조정할 수 있는 역량을 강화하고, 물질사용으로 예견되는 결과에 대한 예상을 다루며, 자기효능감을 강화시키고, 인지적 개입을 통해 절제위반효과의 강도를 줄이며, 실수와 재발로부터 배움을 촉진한다(Larimer et al., 1999).

국립약물남용연구소(2009b)는 알코올, 니코틴, 마리화나, 코카인, 그리고 메탐페타민 복용문제를 갖고 있는 사람들을 대상으로 한 인지행동 치료의 효과성에 주목하고, 치료를 받은 그 다음 해에도 지속적으로 유지되었다고 강조한다. MATCH 프로젝트 연구결과는 인지행동치료가 12단계 촉진12-step facilitation과 동기강화치료만큼 효과적이었다고 제시한다(Miller & Longabaugh, 2003). 또한, 인지행동 재발방지에 대한 연구 리뷰는 일부 연구에서의 긍정적인 결과를 언급한다. 이 접근은 절제 기간을 늘이는 데 도움이 되고, 재발의 심각성을 줄일 수 있으며, 알코올과 기타 약물 사용에 있어 12단계 접근과 함께 상대적으로 효과가 있다(Dimeff & Marlatt, 1998). 비록 재발방지를 지지하는 연구도 있지만, 디메프Dimeff와 말랏Marlatt은 몇 가지 혼재된 결과가 있다고 언급한다. 예를 들어, 밀러Miller와 헤스터Hester(1995)의 리뷰에서, 특히 "재발방지"를 검사한 일곱 연구 중 세 개의 연구는 혼재된 결과를 산출하였다. 여기에는 두 실험 집단에서 발견된 향상결과가 포함된다. 또한 밀러와 헤스터(1995)의 지지적 치료는 언어학습능력이 낮은 클라이언트에게 재발방지보다 알코올과 관련된 결과에 효과적이라고 하였다(Dimeff & Marlatt, 1998; Jaffe et al., 1996).

동기 및 변화이론 관점

동기 및 변화이론 관점은 변화를 가져오는 동기, 변화의 속성 및 과정에 대한 이해를 중시한다.

동기 강화 인터뷰

1991년 처음 출판된 밀러Miller와 롤릭Rollnick(1991, 2002)의 동기 강화 인터뷰 모델motivational interviewing model은 '사람들이 왜 행동을 바꾸지 않는가'보다는 '사람들은 왜 변화하려는가'에 초점을 두었다. 구체적인 원칙과 방법은 동기 강화 인터뷰와 관련이 있지만, 밀러Miller와 롤릭Rollnick은 개정판에서 접근법에 더 비중을 두었다. 저자는 이러한 접근법에 기여하는 세 가지의 주요 요소에 초점을 맞추고 있는데, 협력collaboration, 환기evocation, 자율autonomy이 그것이다(p. 34). 이 요소들은 직면confrontation, 교육education, 권위authority라는 상반되는 대응요소와 짝을 이룬다(p. 35). 먼저, 협력의 정신은 사회복지사와 클라이언트 사이에 직면과 논쟁의 맥락보다 평등주의적 동반 관계 형성을 목표로 한다. 목표는 "변화에 기여하되, 강압적이지 않은 긍정적 대인관계 분위기를 형성하는 것이다"(p. 34). 사회복지사는 클라이언트가 자각, 정보, 혹은 역량이 부족하다는 점을 감안하고, 클라이언트에게 이를 전하려 하기보다는 동기 강화 인터뷰를 통해 클라이언트의 관점, 흥미, 동기 유발을 끌어내도록 해야 한다. 그러한 유도 작업의 이면에 있는 가정은 클라이언트 및 그들의 목표에서 가장 유의미한 것에 대한 내적 동기를 이끌어낼 때 변화가 나타난다는 것이다. 마지막으로 동기 강화 인터뷰는 사회복지사가 클라이언트에게 무엇을 하라고 말하는 권위적 관계에 초점을 맞추기보다 도움을 받아들이는 선택권이 클라이언트에게 있고 나아가 행동 변화의 책임 또한 그들에게 있음을 인정한다. 밀러와 롤릭(2002)은 "동기 강화 인터뷰가 적절하게 행해질 때, 변화를 논하는 사람은 상담자가 아닌 바로 클라이언트"라고 설명한다(p. 34). 밀러와 롤릭(p. 36)은 동기 강화 인터뷰를 설명할 수 있는 4가지 원칙으로 공감의 표현, 불일치의 확인, 저항에 따른 충격의 최소화, 자기효능감의 지지를 제시하였다.

밀러와 롤릭(2002)이 설명하듯이, 공감 표현은 칼 로저스의 저작에서 반영적 경청의 강조를 차용하였고, 변화에 대한 양가감정이 정상이라는 점을 인정한다. 불일치의 확인에서 사회복지사는 현재 상황과 미래 목표 사이의 차이를 탐구하면서 클라이언트를 돕는 것을 목표로 한다. 불일치에 대해 클라이언트의 관점을 이끌어내고 변화를 촉진하며 모순을 해결하기 위해 그들의 관점이 확장하는 것은 이 과정을 촉진한다. 저항에 따른 충격의 최소화에서 핵심 개념은 "논쟁은 역효과를 낳는다"는 것이다(Miller & Rollnick, 2002, p. 39). 밀러와 롤릭에 의하면, 실제로 클라이언트가 "저항"을 드러낼 때, 사회복지사는 이를 현재의 접근법이 수정되어야 한다는 신호로 받아들여야 한다. 결국, 변화가 가능하다는 사회복지사의 신념과 궁극적으로 클라이언트에게 변화의 책임이 있을 것이라는 인식, 이 두 가지가 자기효능감의 주요 요소라 할 수 있다. 이 두 가지 생각은 씨실과 날실처럼 서로 얽혀 있다. 즉, "한 개인이 스스로의 변화를 결심하고 감당할 책임이 있다고 주장하는 것은 그 사람이 그렇게 할 수 있음을 가정하는 것이다"(Miller & Rollnick, 2002, p. 41).

동기 강화 인터뷰는 광범위한 물질사용 문제와 기타 건강 문제의 징후를 보여주는 200개 이상의 임상 실험을 통해 평가되었다. 이는 신체의 비활동성, HIV 위험, HIV 약품복용 준수, 동시 발생 물질사용과 정신건강문제, 고혈압, 심혈관 재활, 그리고 당뇨 관리 등을 포함한다(Britt, Hudson, & Blampied, 2004; Miller & Rose, 2009; Miller, Yahne, & Tonigan, 2003; Parsons, Golub, Rosof, &

Holder, 2007; Weir et al., 2009). 최근의 메타분석 연구결과에 따르면, 물질에 따라 효과의 차이는 있지만 동기 강화 인터뷰가 물질사용과 관련된 긍정적 결과를 촉진하는 것으로 나타났다. 이 연구에서, 상대적 효과는 약한 비교집단에게 크게 나타났다. 그럼에도 동기 강화 인터뷰가 일반적인 치료보다 적은 회기로 구성된다는 점을 주의해야 한다. 이는 동기 강화 인터뷰가 성과를 얻기까지 더 적은 비용과 시간을 필요로 함을 시사한다(Hettema, Steele, & Miller, 2005; Lundahl & Burke, 2009; Lundahl, Kunz, Brownell, Tollefson, & Burke, 2010; Vasilaki, Hosier, & Cox, 2006). 메타분석에서는 성별이나 문제의 심각성에 따라 동기 강화 인터뷰의 효과가 다르지 않았다. 그러나, 일부 분석에서는 특정 소수 인종/민족 집단과 나이가 많은 집단에서 동기 강화 인터뷰의 효과를 더 크게 경험하는 것으로 나타났다(Hettema et al., 2005; Lundahl et al., 2010).

동기 강화 인터뷰를 4회기로 적용한 동기강화치료MET: Motivational Enhancement Therapy는 MATCH 프로젝트에서 12주 이상의 치료로 구성되어 있다(Donovan et al., 2003; Miller & Longabaugh, 2003). MATCH 프로젝트의 결과는 동기강화치료가 인지행동치료와 12단계 촉진치료 12-step facilitation만큼 효과적인 것으로 나타났다. 하지만 짧은 회기를 감안하면, 동기강화치료 개입은 비용 대비 효율이 높은 개입으로 간주된다(Miller & Longabaugh, 2003). 효과적인 치료에 대한 최신 리뷰에서 국립약물남용연구소(2009b)는 동기강화치료의 성공이 사용한 약물에 따라 달라지는데, 알코올과 마리화나에서 더 큰 효과가 나타난다고 하였다. 따라서, 약물사용을 변화시키기보다는 치료에 대한 참여를 강화하는 것이 더 유용하다.

동기 강화 인터뷰가 변화를 촉진하고 유지하는 메커니즘, 그리고 그러한 메커니즘과 환경적 요인(예: 변화 노력에 대한 가족과 사회의 지지)간의 교차점을 이해하는 작업은 후속 연구의 핵심 과제이다(Dunn, Deroo, & Rivara, 2001; Heather, 2005; Vasilaki et al., 2006). 동기 강화 인터뷰에서 변화 메커니즘을 확인하기 위해서는 특히 관계적 요소(공감 및 동기 강화 인터뷰의 정신 등), 기술적 요소(동기 강화 인터뷰와의 일관성, 변화에 관한 대화를 유도하고 지지하는 능력, 의사결정 균형decisional balance 연습의 활용, 피드백의 제공 등), 그리고 클라이언트 경험(변화에 관한 대화 및 변화 의지를 보여줌, 현재 상황과 가치 있는 목표 간의 차이에 대한 지각 등) 등이 중요하다. 이 분야의 연구들은 공감, 동기 강화 인터뷰 정신, 변화 촉진 등 관계적 요소의 역할에 대한 상반되는 결과를 보여준다(Apodaca & Longabaugh, 2009; Miller & Rose, 2009). 또한, 이 분야에서 지속된 지식의 발전은 동기 강화 인터뷰의 이론적 이해, 이러한 접근의 직접적인 실천, 물질사용과 기타 건강 문제에 직면한 사람들을 위한 긍정적 결과를 강화하는 경향이 있다.

초이론적/변화 단계 모델

초이론적 모델Transtheoretical/Stages of Change Model은 행동의 변화의지를 촉진하는 점진적인 과정에 대한 이해의 틀을 제공한다(DiClemente & Velasquez, 2002). 이 모델의 핵심은 사람들이 다섯 단계를 거쳐 행동의 변화를 경험한다는 것이며, 바로 여기에서 변화단계Stages of Change라는 명칭이 유래하였다(DiClemente & Velasquez, 2002; Prochaska, DiClemente, & Norcross, 1992). 변화의 다

섯 단계에는 사전고려단계, 고려단계, 준비단계, 행동단계, 유지단계가 있다(참고 17.1).
변화단계모델의 핵심적 원리는 디음의 세 가지 개념을 포함한다.

1. 변화과정은 사람들이 그들이 문제가 있다고 인지하기 전에 시작될 수 있다(사전고려단계).
이 과정은 문제 행동 인지가 증가하고(고려단계), 어떻게 변화를 적용할 수 있는가를 고려
한 다음(준비단계), 행동변화를 시작하고 나서(행동단계), 마침내 행동변화를 유지하게 된다
(유지단계).

2. "중독에 있어 예외라기보다는 일반적인" 재발은 변화단계를 통해 나선형 모델로 발전한
다(Prochaska et al., 1992, p. 1104). 나선형 모델에서, 행동을 취하고 재발을 경험한 사람은
고려단계나 준비단계로 되돌아 갈 수 있고, 변화단계를 거치며 계속해서 나아간다
(Prochaska et al., 1992). 재발방지모델에서, 재발은 실패라기보다는, 배움을 위한 기회로 바
라본다(Prochaska & Prochaska, 1999). 더 나아가 프로차스카Prochaska와 프로차스카Prochaska
(1999)의 설명에 의하면, 금연을 시도하는 사람들은 유지 지속에 도달하기까지 보통 7년에
서 10년 동안 세 번 혹은 네 번의 노력을 기울인다. 사회복지사는 예상된 재발로 인한 실
패를 클라이언트의 탓으로 돌리지는 않지만, 재발을 통해 배울 수 있는 교훈을 정리하고,
지속된 행동변화를 달성하기 위하여 소요되는 시간동안 클라이언트에게 피드백을 제공하
며, 클라이언트가 자기효능감을 유지하고 변화를 위해 다시 노력하도록 돕는 것이 중요하
다(DiClemente, 1991; DiClemente & Velasquez, 2002; Prochaska & Prochaska, 1999; Prochaska et al.,
1992).

◆ 참고 17.1 변화의 다섯 단계

1. *사전고려단계*precontemplation. 예측할 수 있는 미래의 행동 변화에 대한 의지가 없음. 이 단
계에 있는 많은 사람들이 자신의 문제를 알지 못하거나 인식하지 못한다.

2. *고려단계*contemplation. 문제가 존재한다는 점을 인식하고 이를 극복하기 위해 진지한 고려를
하지만, 이때까지는 어떠한 행동도 취하지 않음. 고려단계에 있는 사람들은 전형적으로 양가
감정을 경험하고 종종 문제의 장단점과 해결책에 대해 숙고한다.

3. *준비단계*preperation. 다음 달에 행동을 취하려는 의지, 지난 해에 행동을 취했지만 성공적이
지 않았다.

4. *행동단계*action. 문제를 극복하기 위한 행동, 경험, 혹은 환경의 수정. 이 단계는 하루에서 6개
월 동안의 중독 행동에 대한 성공적인 개선을 포함한다.

5. *유지단계*maintenance. 행동을 통해 재발방지와 성취의 강화를 얻음.

출처: "In Search of How People Change: Applications to Addictive Behaviors," by J. O. Prochaska, C. C.
DiClemente, and J. C. Norcross, 1992, *American Psychologist*, 47(9), pp. 1103-1114.

3. 디클레멘테DiClemente와 벨라스케스Velasquez(2002)는 클라이언트의 변화단계와 개입전략
을 일치시키는 것이 중요하다고 설명한다. 예를 들어, 음주습관을 문제적으로 바라보지
않고 변화를 고려하지 않는 클라이언트는 사전고려단계로 간주될 수 있다. 이 단계에서는
행동 지향적 움직임은 너무 이르고 도리어 성공을 제한할 수 있다(Prochaska et al., 1992).
행동 지향적 움직임을 진행하기보다 사전고려단계에서 고려단계로의 이동을 촉진하는 동
기 강화 인터뷰 전략(공감, 반영적 경청; 도움을 받아들이는 데 있어서 클라이언트의 자기선택권
을 인정하고; 현재 알코올사용의 장단점을 비교하며; 가능한 선택의 방법들을 제공)이 보다 바람
직할 수 있다(DiClemente & Velasquez, 2002).

비록 변화단계모델이 수많은 대상 집단 및 현장(예를 들어, 물질복용, 파트너 폭력 노출, 건강 행
동, 그리고 정신건강을 다루는 현장)에서 연속적 단계순서에 따라 변화하려는 개인의 준비를 개념화
를 하는 데에는 유용하게 사용될 수 있지만, 최근 학계에서는 실천에서 그 효과성에 대해 상반된
결과들이 보고되고 있으며(Bridle et al., 2005), 이론적 기반에 있어서도 일부 타당성에 대한 비판이
있다(IOM, 2001; Littell & Girvin, 2002). 브라이들Bridle 등(2005)은 초이론적 모델에 기반을 둔 35개
실험의 행동적 결과를 검토하였다. 흡연, 식이요법의 변화, 그리고 치료 준수를 포함한 다양한 건
강문제에 집중한 35개의 연구 중, 4분의 1 정도는 비교의 결과가 긍정적이었다. 또한, 약 절반 정
도는 개입집단 및 통제집단 간 결과가 비슷하였고, 나머지 4분의 1은 결론에 이르지 못하였다.
다양한 표적문제를 변화의 단계에 맞춰 실험한 87개의 연구를 리텔Littell과 거빈Girvin(2002)이 분
석하였는데, 이들은 이 모델에서 두 가지 중요한 면이 제한점을 갖는다고 결론지었다. 첫 번째로,
각 단계의 구분이 부족하고, 변화를 위한 준비와 단계들 사이에 관계의 명확함이 제한적이라는
것이다. 두 번째는 사람들이 계단식 단계를 통해 움직인다는 점에 대한 과학적 증거가 부족하다
고 하였다. 리텔과 거빈은 선형적 발전을 보이지 않는 연속체를 따라 변화를 개념화하는 것이 유
용할 수 있으며 그 모델은 경험적 유용성을 가질 수 있다고 제안하지만, 단계에 따라 맞춰진 개
입에 대해서는 신중한 입장이다. 앞으로의 연구는 다양한 문제와 사회문화적 맥락을 가로지르는
변화 과정을 더 깊이 탐구해 가야 한다.

공중보건: 손상감소접근법[42]

1980년대 네덜란드에서 출현한 손상감소접근법Harm reduction approach은 물질남용에서 상대
적으로 새로운 영역이다. 이 접근법과 전통적인 방법들을 상호보완적이고 통합적인 방식으로 사
용했을 때의 잠재적 효과를 연구하는 문헌들이 점차 증가하고 있기는 하지만(Denning, 2001;
Futterman, Lorente, & Silverman, 2004; Housenbold Seiger, 2004; Kellogg, 2003; Lee, Engstrom, & Petersen,
in press; Marlatt, Blume, & Parks, 2001), 손상감소는 절제를 지향하는 전통적 접근법과 대척점에 있

---

42) 위험행동에 따른 건강상의 폐해를 최소화하는 것을 뜻함 — 옮긴이 주.

는 것처럼 보인다. 하지만, 손상감소 철학은 절제가 많은 물질사용자에게 이상적인 목표라는 점을 간과하지는 않는다(Marlatt, 1998). 또한, 중독 분야의 저명한 학자들은 중독이 만성적 건강상태이므로, "치료보다는 개선"이 "중독치료에서 유일한 현실적인 기대지"라고 주장하였다(O'Brien & McLellan, 1996, p. 237). 이 접근법에서는 많은 클라이언트들이 치료 시스템에 접촉하는 시점에 절제를 추구할 준비가 되어 있지 못하다는 점을 인식하였다. 손상감소는 이런 클라이언트에게 적절한 목표 혹은 더 나쁘게는 치료를 거절하기보다는, 있는 그대로 클라이언트에게 개입하는 방법이다. 손상감소는 현재 물질을 사용하는 사람에게도 강점이 있고, 이 강점을 통해 클라이언트는 자신의 삶에 손상을 최소화할 수 있도록 강화되며, 중요한 목표를 성취할 수 있게 된다고 여긴다. 밀러Miller와 밀러Miller(2009)는, "클라이언트는 스스로 우선권이 있고, 우리가 그들에게 언급한 정도는 계약, 유지, 그리고 결과로 우리의 성공에 영향을 줄 수 있다"고 언급하였다(p. 685). 치료는 단순히 물질사용을 제지시키는 것이 아니라 그들의 삶을 증진시키는 데 초점을 맞춰야 하며, 이는 손상관점과 일치한다. 손상감소는 물질사용에 초점을 맞추는 것이 아니라, 클라이언트의 삶 속의 긍정적인 변화에 가치를 둔다. 손상감소연맹Harm Reduction Coalition(n.d.)은 이 접근법이 "성공적인 개입과 정책의 기준으로서 개인과 지역사회 삶의 질 및 웰빙을 수립하는 것으로, 모든 약물사용을 반드시 중단하는 것이 아니다"라고 설명하였다. 결론적으로, 많은 측면에서 손상감소접근법은 사회복지사의 가치와 일맥상통한다(Brocato & Wagner, 2003; MacMaster, 2004). 클라이언트를 있는 그대로의 모습으로 수용함으로써 사회복지사는 클라이언트가 사용하는 물질이 무엇이건 간에 그 개인이 지닌 내재적 가치와 존엄을 본다. 더구나, 이 접근법은 사회정의의 가치를 구체화한다. 즉, 물질사용을 중단하려는 동기와 상관없이, 물질사용자는 치료 서비스를 받을 가치가 있다는 점을 인정한다(Brocato & Wagner, 2003).

손상감소에 대한 공중보건적 접근법에는 수많은 주요 요소가 있다. 손상감소연맹(n.d.)에서 설명하듯, 손상감소는 "합법적·비합법적 약물사용과 관련된 실제적이고 비극적인 손상 및 위험을 무시하거나 최소화하려는 시도가 아니다." 하지만, "합법적·비합법적 약물사용이 우리 세상의 일부이고 단순히 그들을 무시하거나 비난하기보다 약물의 해로운 영향을 최소화하기 위해 개입하기로 선택했다면 좋든 나쁘든 수용하는 것이다." 손상감소 전략은 약물사용의 해로운 영향을 줄이는 것이다. 여기에는 직접적 실천이나 치료 개입, 환경의 변화 혹은 공중보건적 접근법, 그리고 공공정책과 옹호계획이 포함된다(Marlatt, 1998; Rotgers, Little, & Denning, 2005). 직접적 실천과 치료개입은 다음의 전략들을 포함할 수 있다. 문턱을 낮춘 서비스 접근low-threshold service access, 동기 강화 인터뷰, 협력적인 교육, 참여정신, 인지행동 접근에 의한 재발방지 전략, 메타돈과 니코틴 대체와 같은 약물요법, 물질사용 스크리닝의 통합, 단기 개입, 그리고 응급실과 트라우마 센터의 연계(Hunt, 2003; Logan & Marlatt, 2010; Marlatt, 1998; Marlatt & Witkiewitz, 2010; Rotgers et al., 2005) 등이 그것이다.

환경의 수정 및 공중보건적 접근법은 위생적인 바늘과 콘돔 제공, 운전자 지정 프로그램의 활성화, 의료서비스에 대한 접근성 개선 및 치료와 금욕의 의무없이 안전하고 저렴한 주택을 이

용할 수 있도록 지원, 날록손naloxone(헤로인 해독제)의 보급 및 사용법 교육을 통한 남용 방지 등
이 포함될 수 있다(Harm Reduction Coalition, n.d.; Marlatt, 1998; Marlatt & Witkiewitz, 2010; Rotgers et al.,
2005). 공공정책과 손상감소접근법을 지지하는 활동들은 서비스에 대한 장벽을 낮추고 접근성을
개선하며, 물질 남용자들에 대한 차별을 철폐하고, 물질사용과 관련한 법적 처벌을 개선하고, 선
고형량의 불공정성을 개선하는 것들이 포함될 수 있다(Marlatt, 1998; Rotgers et al., 2005).

불공정한 선고형량의 한 예를 들자면, 정제형 및 분말 코카인을 소지한 경우 연방정부의 의
무적 최소 형량이 최대 100배의 차이가 있는데 흑인들에게 압도적으로 높은 형량이 부과된다
(Hatsukami & Fischman, 1996). 이 정책에 따르면, 정제 코카인 5g을 소유함으로써 처음으로 정책을
위반한 사람은 최소 5년의 형량을 받게 될 것이며, 염산코카인 500g을 소유한 경우에도 같은 형
량이 주어질 것이다(Hatsukami & Fischman, 1996). 미국 상·하원은 이러한 형량불균형을 줄이고자
법안을 통과시켰고, 오바마 대통령은 2010년 공정형량법Fair Sentencing Act을 승인하였다. 이 법안
에 따라 5년의 형량은 정제 코카인 28g에 적용된다(Fields, 2010). 이런 불균형은 해로움을 줄이고
사회적 정의를 추구하는 공공정책계획을 반영한다. 마지막으로, 손상감소는 다양한 긍정적 결과
를 평가한다. 이 결과는 다양한 수준(개인, 지역사회, 사회 등)의 약물사용과 관련된 손상감소를 반
영하고, 독특한 경험 및 개인과 지역사회의 흥미를 반영하는 개인적 접근을 선호한다(Harm
Reduction Coalition, n.d.; Hunt, 2003).

손상감소에 대한 연구는 주사 바늘 교환과 메타돈 치료 개입에 중점적으로 집중되어 왔다
(Hunt, 2003). 깁슨Gibson, 플린Flynn과 페랄레스Perales(2001)는 주사기 교환 프로그램에 대한 42개
의 연구 리뷰 중 28개에서 긍정적인 결과를 확인하였다. 저자들은 연구 디자인, 선택편의와 희석
편의design of the research and selection and dilution biases 등 방법론적 문제를 고려하였는데 2개 연
구에서는 부정적으로 영향을 미쳤으며, 14개 연구에서는 영향이 나타나지 않거나 일관성 없는
결과가 나타났다. 하지만, 저자들은 리뷰에 근거하여 "일회용 주사기 교환프로그램이 주사약물사
용자IDUs: Insection Drug Users 사이의 HIV위험행동과 HIV혈청변환을 예방하는 데 효과적이라는
상당한 증거가 있다"(p. 1338)는 결론을 내린다. 메타돈 치료는 거의 40년간 연구되어 왔다. 그 결
과, 메타돈 치료는 HIV위험행동과 헤로인의 사용이 줄어드는 데 긍정적인 영향을 미쳤다고 한다
(Hunt, 2003). 말랏Marlatt과 비키에비츠Witkiewitz(2010)는 최근 리뷰에서 오피오이드 대체치료가 불
법 아편제 사용과 HIV위험행동뿐만 아니라, 비합법적 행동 및 사망과 관련된 오피오이드 사용을
줄였다고 결론을 내렸다. 또한, 오피오이드 사용 치료에 1달러를 지출하면, 12달러의 비용 절약
이 있다고 한다. 결국 국립약물남용연구소(2009b)는 "메타돈이나 부프레노르핀의 적절하고 지속
적인 복용이 안정화된 환자는 정상적으로 기능을 할 수 있다"고 설명하였다(p. 39).

이 외에도 실증적 결과의 지지를 받는 다양한 손상감소 전략들이 있는데, 동기 강화 인터뷰
(Britt et al., 2004; Hettema et al., 2005; Lundahl & Burke, 2009; Lundahl et al., 2010; Miller & Rose, 2009;
Miller et al., 2003; Parsons et al., 2007; Vasilaki et al., 2006; Weir et al., 2009), 인지행동 재발방지(Dimeff
& Marlatt, 1998; Larimer et al., 1999; Miller & Hester, 1995), 행동적 자기통제훈련, 과복용 방지(Seal et

al., 2005), 치료나 절제요구가 없는 주거 프로그램(Larimer et al., 2009; Tsemberis, Gulcur, & Nakae, 2004), 그리고 물질사용 스크리닝, 단기 개입, 의료현장에서의 치료 연계(Madras et al., 2009) 등이 이에 포함된다.

추가적인 근거 기반 접근

이 섹션에서 다룬 주요 접근들은 완벽한 것은 아니며, 물질사용문제에 대한 다양한 의견과 개입들을 소개하고 있다. 국립약물남용연구소(2009b)가 근거 기반으로 설명한 추가적 접근은 (a) 코카인, 알코올, 흥분제, 오피오이드, 마리화나, 니코틴 절제를 도와주는 바우처나 인센티브를 통합하는 행동전략과 (b) 흥분제와 기타 약물복용을 줄이도록 돕는 재발방지, 집단치료, 자조, 약물복용 교육, 가족치료 등을 반영하는 매트릭스 모델Matrix model이다. 물질남용분야에 있어 가족 중심 개입에 대한 많은 연구는 주로 청소년에 초점을 맞추고 있으며, 다음 모델들은 근거들이 개발되고 있다. 다체계 치료, 다차원 가족치료, 그리고 가족치료의 단기 전략(Henggeler, Schoenwald, Borduin, Rowland, & Cunningham, 1998; Liddle & Hogue, 2001; Liddle, Rowe, Dakof, Henderson, & Greenbaum, 2009; NIDA, 2009b; Szapocznik & Williams, 2000) 등이 그것이다. 증가하고 있는 근거들은 물질사용문제가 있는 성인에게 가족 중심의 개입을 시도할 기반이 된다. 이런 개입과 관련된 성과에는 물질사용의 감소, 보다 더 많은 치료의 참여와 참석, 가족구성원의 복리 증진, 그리고 가족관계의 강화가 있다(NIDA, 2009b; O'Farrell & Fals-Stewart, 2008; O'Farrell, Murphy, Alter, & Fals-Stewart, 2010; Smith, Meyers & Austin, 2008). 또한, 오파렐O'Farrell과 팔-스튜어트Fals-Stewart (2008)가 말한 행동적 커플 치료behavioral couples therapy는 국립약물남용연구소가 인정한 근거기반 치료로서 사회적 비용을 5분의 1로 감소시키는 결과를 가져왔다. 이는 이 치료에 1달러를 투자하면, 보건의료, 사법제도, 그리고 공적부조 지출 등의 사회적 비용이 5달러만큼 절약된다는 의미이다.

정신질환은 종종 물질사용문제와 함께 일어난다. 이는 물질사용장애가 있는 사람들의 약 50%에서 75%에게 영향을 미친다(CSAT, 2005; NIDA, 2009b). 물질사용과 정신질환을 동시에 앓고 있는 사람들에게는 동시에 두 상태에 집중하는 통합치료를 추천한다(NIDA, 2009b; CSAT, 2005). 물질사용과 정신질환을 동시에 겪는 사람들을 돕기 위한 주목할 만한 접근으로는 동기 강화 인터뷰, 위급상황 관리, 인지행동치료, 재발방지, 적극적 지역사회 중재프로그램ACT: assertive community treatment, 집중 사례관리, 수정 치료 공동체 모델modified therapeutic community model 등이 있다(CSAT, 2005). 트라우마 반영 프로그램trauma-informed programming은 반복적인 트라우마와 물질사용 문제를 안고 있는 클라이언트, 특히 여성 클라이언트의 참여와 치료의 성공을 돕는 데 중요한 역할을 할 수 있다(CSAT, 2005; Elliott, Bjelajac, Fallot, Markoff, & Reed, 2005; Finkelstein et al., 2004; Harris & Fallot, 2001). 트라우마와 함께 나타나는 물질복용을 다루고, 구체적인 트라우마 치료를 뒷받침하는 더 많은 연구근거들이 있다(Cook, Walser, Kane, Ruzek, & Woody, 2006; Cusack, Morrissey

& Ellis, 2008; Gilbert et al., 2006; Hien, Cohen, Miele, Litt, & Capstick, 2004; Hien et al., 2010; Morrissey et al., 2005; Najavits, 2002; Najavits, Schmitz, Gotthardt, & Weiss, 2005; Zlotnick, Johnson, & Najavits, 2009). 약물남용치료센터Center for Substance Abuse Treatment는 상세한 실천 지침을 제공하기 위해 두 가지 치료개선프로토콜Treatment Improvement Protocols을 발표하였다. 하나는 동시에 일어나는 물질 복용 및 정신건강 상태에 초점을 맞추었고(2005), 다른 하나는 여성의 치료 욕구에 대한 것이다 (2009).

개입양식

개입은 정보를 제공하는 인과관계 모델뿐만 아니라 기능, 양식, 그리고 조직적 구조에 따라 다양하다. 예를 들어, 문제의 초점(해독, 장기간 사회복귀, 사후관리 등), 위치(병원, 지역사회 등), 강도(입원환자, 입소자, 외래환자, 자조집단 등), 원조 시스템의 특성(물질남용서비스, 정신건강센터, 아동복지, 가족 및 사회적지지 등), 클라이언트 시스템(개인, 집단, 가족 등), 그리고 공공 혹은 개인의 자금 출처 등에 따라 개입은 매우 다양해진다(McNeece & DiNitto, 2005). 다양한 치료양식과 이용가능한 지역자원에 대한 지식은 특히 보건의료현장의 사회복지사와 깊은 관련이 있다. 이들은 물질사용문제를 빈번하게 겪는 사람들의 치료결과에 영향을 줄 수 있는 추가적인 전문 서비스 및 포괄적인 서비스에 수시로 연계한다(El-Bassel, Gilbert, Wu, Chang, & Fontdevila, 2007; Engstrom, El-Bassel, Go, & Gilbert, 2008; Engstrom, Shibusawa, El-Bassel, & Gilbert, 2009; Grella & Stein, 2006; Marsh, Cao, & D'Aunno, 2004; McLellan et al., 1998). 미국중독의학회American Society of Addiction Medicine의 『2001 물질관련 질병 치료를 위한 환자 배치 기준Patient Placement Criteria for the Treatment of Substance-Related Disorders』은 청소년과 성인 클라이언트의 물질사용 특징, 생물심리사회적 상태, 그리고 환경적 맥락에 따라 적절한 수준의 케어를 연계하기 위한 세부 지침들을 제공한다.

보건의료현장에서 스크리닝과 단기 개입의 조정
SCREENING AND BRIEF INTERVENTION COORDINATION IN HEALTH-CARE SETTINGS

보건사회복지사는 클라이언트에 대한 케어와 잠재적으로 물질사용문제가 불거질 가능성을 통합하여, 주의 깊게 클라이언트의 물질사용 행동에 대한 정보를 수집해야 한다. 다양한 이유로, 많은 보건·사회 서비스 제공자들은 단순히 물어보지 않아서, 가능한 물질사용 문제를 무심코 간과한다. 미국의학협회(1990)는 보건의료체계에서 만나는 모든 사람들에게 식이요법과 운동 등 일상적인 생활양식과 행동을 포함한 물질사용문제에 대해 질문하도록 권고하고 있다. 특히 물질사용에 문제가 있는 많은 사람들이 스스로 문제가 없다고 생각하거나 치료를 원하지 않는다는 점을 고려할 때(약 95.5%; IOM, 1990; Madras et al., 2009), 물질사용 스크리닝, 단기개입, 그리고 치료 연계SBIRT: Screening, Brief Intervention, and Referral to Treatment는 이런 사람들에게 접근하는 훌륭한 기회를 제공한다. 또한, SBIRT에 대한 연구는 강력한 결과를 증명하고 있다(Babor et al., 2007; Madras et al., 2009). 다양한 보건의료현장(응급실, 트라우마 센터, 1차 진료, 학교보건소 등)과 다양한 인구집단(인종/민족, 성별, 연령, 사용된 물질 등)의 45만 9,599명에게 SBIRT를 적용한 연구에서, 알코올과 약물사용 스크리닝은 단기개입, 단기치료 혹은 전문치료를 위한 연계가 필요한 사람들을 확인하였다. 기초선에서 약물사용이 양성으로 나타난 사람들의 경우, 6개월 후 약물복용과 과음비율이 각각 67.7%, 38.6%로 낮아졌다. 더욱이, 단기치료나 전문치료를 위한 연계는 일반적으로 건강상태, 정서적 문제, 고용, 체포, 노숙 등 다른 영역에서도 긍정적인 결과와 관련이 있었다(Madras et al., 2009).

다음 섹션에서는 잠재적 물질사용문제를 탐지하는 데 필요한 정보와 도구를 제공하고자 한다. 첫째, 클라이언트와 물질사용행동에 대해 대화를 나눌 때 전문가로서 자신의 경험담을 활용하는 것과 관련된 이슈들을 논의한다. 그리고 정보 수집에 관한 몇 가지 기본 고려사항을 제공한다. 마지막으로, 검증된 검사 도구와 프로토콜에 대한 정보를 제공하고, 단기개입이나 다른 서비스 연계가 필요할 때 수집된 정보가 어떻게 관련을 맺는지 제시한다.

스크리닝

이 장에서는 스크리닝과 사정을 개입과 분리하여 제시하고 있지만, 다른 사회복지실천과 마찬가지로, 실제로는 양자가 일정 부분 중복되는 활동이라는 점에 주의를 기울여야 한다. 사정은 대개 개입 과정 내내 지속된다. 국립알코올남용·중독연구소(2004b)에서는 스크리닝과 사정 활동 두 가지 모두를 단기개입의 틀 안에 포함하였다. 또한, 클라이언트에게 그들의 행동에 대해 질문하고 대답을 바탕으로 피드백을 제공하는 대인관계 경험은 그 자체로 효과적인 개입이 될 수 있다(Miller, 2000).

이 장은 사정보다는 스크리닝에 초점을 맞춘다. 일반적으로, 스크리닝은 상대적으로 간단한 과정을 통해 물질사용문제의 소지를 안고 있는 개인을 찾아내는 것에 그 목표를 둔다(Abbott & Wood, 2000; Donovan, 1999). 클라이언트가 위험군에 속한다는 점을 확인하고 나면, 더 심도 있는 사정이 이루어져야 한다. 사정과정의 범위는 보다 포괄적이어서 물질사용장애 진단, 건강과 심리사회적 부분에 대한 영향 평가, 전문적이고 포괄적인 서비스에 대한 정보제공을 목표로 한다(Cooney, Zweben, & Fleming, 1995). 이 섹션에서는 물질사용 스크리닝을 일반적인 심리사회적 사정 안에 포함시키는 방법, 필요한 경우 더 많은 사정과 개입을 위해 적절한 진료를 의뢰하는 방법에 대한 정보를 제공한다.

공감적, 초대적invitational, 그리고 지지적 자세

흔히 물질복용문제는 스티그마와 수치심을 일으키기 때문에, 잠재된 문제를 질문하는 사회복지사의 태도는 중요하다. 맥크래디McCrady(1993)는 음주문제를 가지고 있는 사람들을 성공적으로 치료하는 데 도움이 되는 제공자의 특징을 확인하였다. 이 특징은 정확한 스크리닝과도 관련이 있다.

(1) 임상가는 공감적이어야 하고, 클라이언트가 물질사용에 대해 말하는 것이 종종 어렵고 난처하다는 점을 인지해야 한다. 만약 클라이언트가 여러 해 동안 물질사용문제와 씨름하고 있다면, 이들은 가족, 친구, 그리고 이전의 치료 제공자로부터 비난과 외면에 직면해 있을 것이다. 덧붙여, 임상가가 물질을 사용하는 행동을 변화시키는 일이 얼마나 어려운 일인가에 대해 노고를 치하해주는 것 역시 중요하다. 때때로 클라이언트는 알코올, 담배, 혹은 다른 약물사용을 중단하기 위해 다양한 시도를 하지만, 결국 재발하거나 그들이 실패했다고 느끼면 사기가 더 크게 저하된다. 그래서 물질사용의 스티그마와 물질을 사용하는 행동 변화가 어렵다는 점을 공감하는 능력은 매우 중요하다.

(2) 임상가는 사람과 물질사용 행위를 구분할 수 있어야 한다. 맥크래디(1993)는 이 과정이 "세심한" 균형을 요한다고 지적한다. 무엇보다 임상가는 인간의 내재된 존엄성, 중요성과 가치를 인정하며 사람에 대한 존경심을 전할 필요가 있다. 하지만 동시에, 맥크래디는 임상가가 물질사용행동 문제를 간과하거나 놓치지 않도록 조심해야 한다고 경고한다. 더욱이, 물질사용문제가 상당히 일반적이라는 점을 감안하면, 전문 서비스 제공자 본인의 가족과 사회관계망에서 물질사용문제에 대한 개인적인 경험을 갖는 것은 특이한 일이 아니다. 어떤 치료 프로그램은 회복 경험을 갖고 있는 제공자를 선호하기도 한다. 개인적 경험은 공감을 촉진하기도 하지만, 무엇이 효과가 있을까에 대해 제공자 자신의 경험과 생각에 국한되어 버릴 가능성도 존재한다(Imhof, 1995). 지속적인 임상 슈퍼비전은 제공자 스스로의 신념과 편견을 솔직하게 인정하고 사전고지된 계약, 스크리닝, 사정, 그리고 개입 등에 관한 최근 지식의 활용을 독려함으로써 제공자의 역량을 촉진하는 것이 중요하다.

(3) 최근의 연구들은 물질사용문제를 겪고 있는 사람들을 돕는 전략들에 영향을 발휘해 온 수많은 신화들을 더 이상 지지하지 않는다는 점을 유념해야 한다. 예를 들어, "중독 취약성 성격addictive personality"과 같은 것은 근거가 입증되지 않았는데, 이는 성격이라기보다는 물질사용문제가 있는 사람들이 변화를 촉진하는 과정에서 저항 혹은 부인하거나, 공격적으로 직면하는 등 방어기제를 더 많이 사용하는 경향이 있다(CSAT, 1999b).

정보의 출처

보건사회복지사는 다양한 출처로부터 클라이언트의 물질사용과 관련된 행동에 대해 중요한 정보를 수집한다. 첫 번째로 무엇보다 클라이언트 본인에게 정보를 모은다. 덧붙여, 관련된 가족과 친구, 다른 치료 제공자들로부터 정보를 모을 수도 있다. 끝으로, 기존의 의료/치료 기록, 독성 검사toxicology screenings와 같은 생물학적 테스트, 그리고 다른 서비스 제공자로부터 정보를 모을 수 있다. 다음 섹션에서는 정보를 모으는 과정에서 두 가지 중요한 질문인 (1) 정보를 수집하는 목적이 무엇인가? (2) 어떤 정보를 수집해야 하는가?에 답하고자 한다.

물질사용 행동에 관한 정보를 수집하는 목적

클라이언트의 물질사용 이력과 유형에 대한 정보를 수집하는 목적을 이해하는 일은 매우 중요하다. 물질사용과 다양한 건강 및 사회문제 간에는 강력한 상관관계가 존재하며, 이는 사람들로 하여금 보건의료체계를 찾도록 한다. 앞서 사정된 건강문제를 이와 관련된 물질사용문제와 동시에 다루지 않는다면 제대로 치료할 수 없다. 이렇듯 클라이언트가 진단받은 기존의 건강문제에 포괄적인 치료를 제공하고 추천하기 위해 물질사용문제의 가능성을 사전에 스크리닝하는 것이 필요하다. 자칫, 알코올과 다른 물질의 잦은 사용 때문에 특정 약물요법과 의료적 처치를 시도조차 못하게 될 수도 있다. 사용 결과뿐 아니라 사용 빈도 및 사용량에 대한 구체적인 정보는 보건사회복지사로 하여금 적절한 치료와 서비스를 추천하고 연계하는 데 도움을 준다.

어떤 정보를 수집해야 하나

물질사용문제를 스크리닝할 때, 사회복지사는 사용물질, 사용빈도, 사용량, 사용결과, 그리고 사용하는 상황 등 정보를 몇 가지 범주로 나누어 수집할 수 있다. 유전이 물질의존에 미치는 영향 때문에 사회복지사는 가까운 가족 구성원에게도 물질사용에 대하여 질문할 것이다(NIAAA, 2004b). 다음에 설명할 검증된 도구는 하나 이상의 범주에 대해 질문을 던진다. 일반적으로, 음주 및 다른 약물사용 결과에 대해 묻는 질문은 이미 물질사용장애가 있는 사람들을 찾아내는 데는 매우 효과적이다. 하지만, 이러한 질문은 물질사용장애로 발전할 위험군에 속한 사람들을 누락시킬 수 있다. 따라서 사용빈도와 사용량에 대한 질문은 중요하다(CSAT, 1997).

특히 클라이언트가 사용하는 불법 물질은 정직하게 대답하기 어려울 수 있기 때문에, 일반적으로는 음주에 대해 묻기 시작하여(IOM, 1990), 다른 물질사용을 논하는 것이 바람직하다. 다른 약물사용에 관한 질문과 음주에 관한 질문이 짝을 이룰 때 상대적으로 스티그마가 덜 할 수 있다. 다른 약물사용에 대한 위험 요소들에는 정신질환, 유전적 소인, 알코올과 다른 약물을 사용하는 동료, 가족 갈등, 그리고 HIV 양성상태 등이 있다(CSAT, 1997).

국립알코올남용·중독연구소(2007)는 "당신은 가끔 맥주, 와인, 그리고 다른 알코올 음료를 마십니까?"로 간단히 시작하는 것을 추천한다. 이때 마시지 않는다라는 답변이 나오면 "왜 마시지 않기로 결심했습니까?"라고 물어본다(CSAT, 1997, p. 15). 만약 클라이언트가 5년 이상 절주를 보고하거나 한 번도 술을 마신 적이 없다고 답하면, 다음에 해당하는 몇몇 예외를 제외하고, 스크리닝을 종결할 수 있다. 마시는 술에 대한 답변과 상관없이, 청소년에게는 다른 약물의 사용, 특히 마리화나에 대해 질문해야 한다. 임산부이거나 삶의 중요한 전환기를 경험한 여성에게는 처방약 사용과 처방전 없이 살 수 있는 수면제에 대해서도 질문해야 한다(CSAT, 1997). 마지막으로, 모든 노년층(60세 이상)에게도 역시 처방전 없이 살 수 있는 약과 처방약에 대해 질문해야 한다(CSAT, 1998).

국립알코올남용·중독연구소(2007)는 "당신은 가끔씩 맥주, 와인, 혹은 다른 알코올 음료를 마십니까?"에 긍정적인 대답을 들은 다음에는 빈도와 사용량을 추가적으로 질문할 것을 추천한다. 그러한 질문은 "하루 다섯 잔 이상[남성의 경우], 혹은 하루 넉 잔 이상[여성의 경우] 마시는 날이 일년에 몇 일 정도인가요?"로 시작할 수 있다. 만약 과음을 하루 이상 보고한다면, 다음 질문은 "평균적으로, 한 주에 몇 번 음주를 하십니까?"와 "일상적인 음주에서 몇 잔 정도 마십니까?"를 포함해야 한다(p. 4). 클라이언트에게 "지난 달 어떤 상황에서든 최고로 많이 드셨을 때 몇 잔입니까?"라고 질문하는 것도 유용할 수 있다. 특히 이 질문에서 표준 음주측정은 명확하게 확인되어야만 한다. 한 잔은 맥주나 와인쿨러wine cooler[43]의 12oz,[44] 맥아주malt liquor[45]의 8~9oz, 식사용 와인의 5oz, 보강 와인(예를 들면, 셰리sherry나 포트port 와인)의 3~4oz, 코디얼cordial,[46] 리큐어liqueur,[47] 아페리티프aperitif[48]의 2~3oz, 그리고 증류주spirits의 1.5oz와 같다(NIAAA, 2004b).

빈도와 음주량에 대한 정보로 사회복지사는 클라이언트의 알코올 소비가 안전범위 내에 있는지, 아니면 잠재적으로 문제의 소지가 있는지를 결정할 수 있다. 알코올 섭취의 "위험"을 정의함에 있어서, 국립알코올남용·중독연구소(2004b, 2007)는 연령, 성별, 임신/건강/의료 상태, 그리고 물질의존 가족력에 따라 차이가 있다고 하였다. 아래 조건의 알코올 소비에 해당되는 경우는 "위험"으로 간주한다.

- 남성의 경우, 한 번의 술자리에서 4잔 이상 마시거나, 한 주에 14잔 이상 마시는 것
- 여성의 경우, 한 번의 술자리에서 3잔 이상 마시거나, 한 주에 7잔 이상 마시는 것
- 임산부는 음주량에 상관없이 알코올을 섭취할 경우
- 노년층은 한 번의 술자리에서 3잔 이상 마시거나, 한 주에 7잔 이상 마시는 것
- 아동이나 청소년은 모든 알코올의 섭취

덧붙여, 문제적 물질사용은 다양한 건강과 심리사회 문제와 맞물려 나타난다. 아래의 요인들은 물질사용 문제의 위험을 증가시킬 수 있다:

- 정신건강문제
- HIV, B형 간염, C형 간염, 그리고 결핵 등의 감염질환

---

43) 와인을 베이스로 사용한 일정한 레시피가 없는 칵테일 — 옮긴이 주.
44) 미국식: 1oz=29.5729ml/ 영국식: 1oz=28.4123ml 정도임. 따라서 1oz는 약 30ml로 보면 됨 — 옮긴이 주.
45) 맥아(양조)주, 엿기름으로 만든 술 — 옮긴이 주.
46) 과일 주스로 만들어 물을 타 마시는 단 음료. 리큐어와 비슷함 — 옮긴이 주.
47) 달고 과일 향이 나기도 하는 독한 술. 보통 식후에 아주 작은 잔으로 마심 — 옮긴이 주.
48) 식욕 증진을 위해 식전에 마시는 술 — 옮긴이 주.

- 트라우마 노출
- 약물과 알코올을 복용하는 동료와의 관련
- 노숙/주거 불안정성
- 중요한 가족과의 갈등이나 불안정성
- 물질사용문제의 가족력
- 직업의 불안정성
- 법적 문제(CSAT, 1997)

비록 이러한 위험요인의 존재나 부재만으로 개인이 물질사용문제를 겪고 있는지, 아닌지를 완벽하게 예측할 수는 없지만, 이러한 요인들은 사회복지사가 향후 잠재적인 위험을 고려하는 데 단서가 될 수 있다(CSAT, 1997). 더불어, 건강과 심리사회적 위험요소들은 포괄적이고 생물심리학적인 사정과 개입의 일부로서, 보건의료 현장에서 사회복지사의 개입 지점이 될 수 있다.

검증된 도구

물질사용 문제를 스크리닝하고 사정하기 위하여 다양한 측정방법들이 개발되었다. 임상적 도구는 구조화된 인터뷰와 자기기입식 질문들을 포함한다. 이러한 임상적 도구들은 측정의 민감성sensitivity과 특수성specificity을 반영함으로써 스크리닝 능력의 정확성을 증명하는 것이 중요하다. *민감성*은 지정된 문제를 가진 모든 사람을 확인하는 측정능력이다(예를 들어, 거짓 음성false negatives[49]을 피한다). *특수성*은 지정된 문제가 없는 사람을 포함하지 않는 도구의 능력을 말한다(예를 들어, 거짓 양성false positives[50]을 피한다)(NIAAA, 2004b). 예를 들어, 만약 측정도구가 단일 문항인 "알코올을 마십니까?"로 알코올사용 장애가 있다고 대답한 사람을 확인한다면, 이는 아주 높은 민감성과 아주 낮은 특수성을 나타낼 것이다. "당신이 음주를 할 때 의식을 잃은 적이 있습니까?"라는 단일 문항에 긍정적인 응답으로 문제적 알코올 사용이 있는 사람을 확인하는 측정은 민감성은 낮지만 특수성은 높다. 도구의 민감성과 특수성은 절단점을 변경하거나, 지정된 문제를 바꾸고, 항목을 지우거나 추가함으로써 달라질 수 있다. 다음 논의는 이 원칙의 일부를 설명한다.

CAGE

케이지CAGE는 물질남용분야에서 가장 널리 사용하는 짧은 검사도구 중 하나이다. 원래 알코올 의존을 선별하기 위해 고안되었는데, 이는 알코올 사용의 측면에 대한 4가지 질문으로 구성된다(http://pubs.niaaa.nih .gov/publications/arh28-2/78-79.htm).

---

49) 실제로 그 정보가 옳은데도(+) 검사 결과에서는 틀리다고(−) 나오면 거짓 음성false negative이라고 할 수 있음 — 옮긴이 주.
50) 실제로 그 정보가 틀린 것(−)인데 검사 결과에서는 옳다고(+) 나왔다면 그것을 거짓 양성false positive이라고 할 수 있음 — 옮긴이 주.

1. 술을 끊거나 줄여서 마셔야겠다고 느낀 적이 있습니까?
2. 다른 사람으로부터 자신의 음주에 대해 비평을 받은 적이 있습니까?
3. 자신의 음주에 대해 죄책감을 느낀 적이 있습니까?
4. 아침에 숙취로 인해 해장술을 마신 적이 있습니까?"

　　두 개 혹은 그 이상의 질문에 대한 긍정적인 대답은 임상적으로 의미 있게 간주된다(Ewing, 1984). 이는 음주장애를 가진 사람을 선별함에 있어서 높은 민감성과 특수성을 보이는 것으로 밝혀졌다(Buchsbaum, Buchanan, Centor, Schnoll, & Lawton, 1991). 그러나, 이 검사는 음주빈도와 음주량에 대한 질문을 포함하지 않기 때문에, 진단기준에 미치지 못하나 위험군에 속하는 음주자를 누락시킬 가능성이 농후하다(Adams, Barry, & Fleming, 1996). 더 폭넓은 물질사용문제에 대해 케이지의 민감성을 증가시키기 위한 시도로, 국립알코올남용·중독연구소(2004b)와 약물남용치료센터 (1997)에서는 케이지를 빈도와 알코올 사용량에 대한 질문과 함께 연결하여 사용할 것을 권장한다. 덧붙여, 하나의 질문에 긍정적인 대답을 한 경우, 바로 다음 단계 사정을 권장한다.

　　케이지는 알코올과 더불어 기타 약물을 검사하기 위해 수정되어 왔다. 케이지-에이드CAGE-AID(CAGE에 약물Drugs까지 적용한)는 케이지의 기존 문항으로 이루어져 있지만, 음주에 초점을 맞추기보다는 이전에 확인된 각 질문들과 함께 약물사용을 묻는다. 케이지-에이드를 사용할 때는 질문을 하기 전에 먼저 "약물사용에 대해 생각할 때는 불법 약물의 사용과 처방 이외의 목적으로 처방약을 사용한 경우까지 포함해야 한다"고 설명해주어야 한다(Brown, Leonard, Saunders, & Papasouliotis, 1998, p. 102). 케이지-에이드는, 케이지와 같이, 부정적 결과에 관해서만 질문하기 때문에, 약물남용치료센터(1997)는 "당신은 평생 다섯 번 이상 길거리 약물을 사용하였습니까?"라는 질문을 추가적으로 물을 것을 권장하였으며(p. 17), 이 질문이나 케이지-에이드 질문에 긍정적인 대답을 한 경우에는 보다 자세한 사정을 진행해야 한다고 하였다.

　　케이지와 케이지-에이드를 노년층에게 테스트하였고, 이는 이 집단에서 알코올과 기타 약물사용 문제를 스크리닝하는 데 효과를 나타냈다. 벅스밤Buchsbaum 등(1991)은 60세 이상의 외래환자 표본을 이용하여 케이지에서 2점 이상을 얻은 경우 알코올 남용 문제가 있는 것으로 규정하였는데 이것이 합리적인 민감성(.70)과 우수한 특수성(.91)이 있음을 발견했다. 노년층에게 케이지-에이드의 유용성을 검사한 다른 연구는 이 도구가 알코올이나 다른 약물사용장애가 있는 사람을 가려내는 데에는 높은 민감성(.91과 .92)을 보였지만, 특수성은 그리 높지 않은 것으로(.48) 나타났다(Hinkin et al., 2001). 또, 많은 노년층이 물질사용장애 여부와 상관없이, "당신은 음주나 약물사용을 자제해야 한다고 느낀 적이 있습니까?"는 질문에 긍정적으로 대답하였다. 이 질문을 빼면, 민감성은 .83으로 낮아지지만, 특수성이 .69로 상당히 올라간다. 결과를 종합하면, 서비스 제공자는 인구집단, 현장, 그리고 목표에 맞게 케이지를 수정하여 사용해도 무방하다.

AUDIT

알코올사용장애선별검사인 오딧AUDIT: Alcohol Use Disorders Identification Test은 인터뷰나 서면으로 답할 수 있는 10개 문항으로 구성되어 있다. 오딧은 알코올사용과 관련된 문제를 발견하고자 세계보건기구WHO의 주도하에 6개국에 걸친 협력적, 다문화적 프로젝트로 고안되었다 (Saunders, Aasland, Amundsen, & Grant, 1993). 프로젝트 팀의 처음 의도는 조기 개입을 위해 의존성이 증가하거나 심각한 손상을 받기 전에 문제를 발견하는 스크리닝 도구를 만드는 것이었다. 측정도구는 세 가지 개념 영역을 다루고 있다. 소비량의 정도(문항 1~3), 의존 증상(문항 4~6), 그리고 알코올 관련 결과(문항 7~10)가 그것이다. 각 문항에 답한 점수를 합해 총점을 매긴다.

1. 술은 얼마나 자주 마십니까?
   (0) 전혀 마시지 않는다
   (1) 월 1회 이하
   (2) 월 2~4회
   (3) 1 주일에 2~3회
   (4) 1 주일에 4회 이상

2. 평소 술을 마시는 날에는 몇 잔 정도나 마십니까?
   (0) 1~2잔
   (1) 3~4잔
   (2) 5~6잔
   (3) 7~9잔
   (4) 10잔 이상

3. 한번 술을 마실 때 소주 1병 또는 맥주 4병[51] 이상 마시는 음주를 얼마나 자주 하십니까?
   (0) 전혀 없다
   (1) 월 1회 미만
   (2) 월 1회
   (3) 1 주일에 1회
   (4) 매일

---

51) 원문에서는 "How often do you have six or more drinks on one occasion?"으로 되어 있으나, 대한보건협회 홈페이지 자료의 AUDIT 한국어 번역판에는 "한번 술을 마실 때 소주 1병 또는 맥주 4병 이상 마시는 음주는 얼마나 자주 하십니까?"로 되어 있음. 즉, 'six or more drinks'가 우리나라 에서는 '소주 1병 또는 맥주 4병 이상' 정도의 음주량으로 번역됨 — 옮긴이 주.

4. 지난 1년간, 술을 한번 마시기 시작하면 멈출 수 없었던 때가 얼마나 자주 있었습니까?

   (0) 전혀 없다

   (1) 월 1회 미만

   (2) 월 1회

   (3) 1 주일에 1회

   (4) 매일

5. 지난 1년간 당신은 평소 할 수 있었던 일을 음주 때문에 실패한 적이 얼마나 자주 있었습니까?

   (0) 전혀 없다

   (1) 월 1회 미만

   (2) 월 1회

   (3) 1 주일에 1회

   (4) 매일

6. 지난 1년간 술 마신 다음날 아침에 다시 해장술이 필요했던 적이 얼마나 자주 있었습니까?

   (0) 전혀 없다

   (1) 월 1회 미만

   (2) 월 1회

   (3) 1 주일에 1회

   (4) 매일

7. 지난 1년간 음주 후에 죄책감이 들거나 후회를 한 적이 얼마나 자주 있었습니까?

   (0) 전혀 없다

   (1) 월 1회 미만

   (2) 월 1회

   (3) 1 주일에 1회

   (4) 매일

8. 지난 1년간 음주 때문에 전날 밤에 있었던 일이 기억나지 않았던 적이 얼마나 자주 있었습니까?

   (0) 전혀 없다

   (1) 월 1회 미만

   (2) 월 1회

(3) 1 주일에 1회

(4) 매일

9. 음주로 인해 자신이나 다른 사람이 다친 적이 있었습니까?

(0) 없었다

(2) 있지만, 지난 1년 동안에는 없었다

(4) 지난 1년 내 있었다

10. 친척이나 친구, 또는 의사52)가 당신이 술 마시는 것을 걱정하거나 술 끊기를 권유한 적이 있었습니까?

(0) 없었다

(2) 있지만, 지난 1년 동안에는 없었다

(4) 지난 1년 내 있었다

점수의 범위는 0점에서 40점까지이며, 일반적으로, 8점 이상의 점수는 문제적 알코올사용 가능성이 높다는 것을 의미한다(Saunders, Aasland, Babor, De La Fuente, & Grant, 1993).

비록 집단 간 차이가 나타나지만, 일반적으로 최근 연구는 오딧이 성별과 인종을 넘어 유용성을 가지고 있음을 제시한다(Reinert & Allen, 2002). 예를 들어, 체르피텔Cherpitel(1998)은 표준 절단점인 8점을 사용할 때, 오딧은 남성에게보다 여성에게 덜 민감하다고 하였다. 국립알코올남용·중독연구소(2007)는 남성에게는 절단점 8점 이상을 스크리닝 양성으로, 여성에게는 절단점 4점 이상을 스크리닝 양성으로 권장한다.

TICS

알코올 및 기타 약물사용에 대한 두 문항 선별도구인 틱스TICS: Two-Item Conjoint Screening는 1차 진료 시 434명 성인의 평가에서 강한 민감성과 특수성(약 81%)을 보였다(Brown, Leonard, Saunders, & Papasouliotis, 1997). 틱스는 다음과 같은 두 가지 질문으로 구성되어 있다:

1. 지난 해, 당신이 의도했던 것보다 더 많은 음주를 하거나 약물을 사용한 적이 있습니까?
2. 지난 해, 당신의 음주나 약물사용을 자제할 필요가 있거나 원한다고 느낀 적이 있습니까?

---

52) 원문에서는 "Has a relative or friend or a doctor or other health worker been concerned about your drinking or suggested you cut down?"으로 되어 있으나, 대한보건협회 홈페이지 자료의 AUDIT 한국어 번역판에는 "친척이나 친구, 또는 의사가 당신이 술 마시는 것을 걱정하거나 술 끊기를 권유한 적이 있었습니까?"로 되어 있음. 'a relative or a doctor or other health worker'가 우리나라 번역판에서는 보건사회사회복지사가 제외된 '친척이나 친구, 또는 의사'로만 번역되었음. 이는 미국과 한국의 문화적 차이나 의료적 차이를 감안한 것임 — 옮긴이 주.

브라운Brown 등(1997)은 각 질문에 긍정적으로 대답하여 선별된 성인(18~59세)의 80%에서 현재 물질사용장애가 있음을 정확하게 확인할 수 있었다고 하였다.

추가 도구

물질관련 문제를 포괄적으로 선별하고 사정하기 위하여 많은 다른 도구들이 개발되어 왔다. 여기에서 모두 설명하기에는 너무 많기 때문에 일부만 언급하겠다. 마스트MAST: Michigan Alcoholism Screening Test는 알코올문제를 발견하기 위해 만들어진 25개 문항으로 구성되어 있다 (Selzer, 1971). 두 개의 짧은 버전이 이용 가능한데, 13개 문항으로 구성된 쇼트 마스트Short MAST(SMAST; Selzer, Vinokur, & van Rooijen, 1975)와 10개 문항으로 구성된 브리프 마스트Brief MAST(B-MAST; Pokorny, Miller, & Kaplan, 1972)가 있다. 노년층을 위한 마스트 버전MAST-Geriatric Version(MAST-G; Blow et al., 1992)으로 노년층의 도구 사용에 대한 타당도를 높였다. 마지막으로 약물남용선별검사인 다스트DAST: Drug Abuse Screening Test(Skinner, 1982)는 알코올보다는 약물사용과 관련된 문제를 확인하기 위하여 만들어졌다.

스크리닝부터 단기개입까지

스크리닝 과정에서 물질사용문제의 가능성이 있는 사람이 발견된다면, 사회복지사는 물질사용장애에 대한 추후 사정과 후속조치를 취하고, 단기개입을 실시하며, 문제의 심각성에 따라 더 포괄적인 사정을 수행하고 서비스 연계를 제공하고자 할 것이다(Babor et al., 2007; Madras et al., 2009; NIAAA, 2007; SAMHSA, 1999). 다음에 설명할 단기개입은 사회복지사가 클라이언트의 물질사용과 관련된 위험에 대해 말하고, 물질사용문제를 언급하며 긍정적인 단계를 향한 동기를 강화시키는 수단을 제공한다. 검사결과에 대한 피드백은 초기 단기개입의 첫 단계이다. 약물남용치료센터(1997, 1999a,b)는 피드백을 즉각적이고 직접적이며 비판단적인 방법으로, 존중을 담아, 클라이언트의 의료적 건강과 관련시키며, 문화적 역량을 갖춘 방식으로 제공하기를 권한다.

단기개입

물질사용문제를 다룰 기회는 대개 물질남용 치료현장이 아닌 곳에서 일어난다. 따라서, 보건사회복지사와 다른 전문가들은 단기개입을 통해 이 기회를 잘 실현하도록 준비를 갖춰 놓아야 한다. 단기개입은 "잠재적 문제를 조사하고 개인이 물질남용에 대해 어떤 일을 하도록 동기 부여하는 것을 목표로 하는 실천, 혹은 클라이언트 중심의 수단이나 추가적 치료"로 정의된다 (SAMSHA, 1999, p. 5). 단기개입은 일반적 지침에 따라 다양한 전략과 기술을 포함한다.

일반적 목적과 지침

모든 단기개입의 일반적 목표는 "지속적인 물질사용의 결과로 발생할 수 있는 손상의 가능성을 낮춤"(SAMHSA, 1999, p. 5)이라는 손상감소의 철학을 기반으로 한다. 개인에게 특수한 목표는 그들의 물질사용 목적, 사용의 특징(물질의 선택, 사용의 심각성, 사용 이력 등), 변화에 대한 준비, 그리고 개입이 제공되는 현장 등에 따라 결정된다(CSAT, 1999a). 목표를 설정할 때는 물론 클라이언트의 관심을 끄는 목표를 찾는 것이 중요하지만, 다음과 같은 예가 구체적인 목표에 포함될 수 있다: 보다 포괄적인 평가에 참여하기, 물질사용으로 인한 비용과 이점 확인하기, 주어진 기간 동안 사용량 기록하기, 주어진 기간 동안 사용량 줄이기, 알코올이나 다른 물질을 제공받을 때 거절하기, 금주동맹이나 약물중독자모임에 참석하기, 지지적인 사회적 네트워크 확대하기, 물질사용을 대체할 수 있는 긍정적인 활동 찾기(CSAT, 1999a). 이러한 목표들은 몇 개의 예에 불과하다. 사회복지사와 클라이언트는 클라이언트의 특정 상황에 적합한 여러 목표들을 확인하기 위하여 창조적으로 브레인스토밍을 할 수 있다. 사회복지사는 물질사용의 해로운 결과로 인한 위험을 감소시키는 어떠한 목표든 그것의 긍정적인 질을 강조해야 한다.

14개 국가, 32개 연구에 대해 광범위한 분석을 수행한 비엔Bien, 밀러Miller와 토니건Tonigan (1993)의 연구결과는 문제적 알코올 사용을 겪는 사람을 돕는 단기 개입의 효과성을 상당히 뒷받침한다. 12개의 실험 중 11개는 단기개입이 전문 서비스로의 연계와 참여를 높인 것으로 나타났다. 8개의 실험 중 7개에서 단기개입은 개입하지 않은 결과와 비교할 때 알코올사용이나 이에 관련된 문제를 줄이는 데 효과적이었다. 밀러Miller와 산체스Sanchez(1993)는 이러한 개입들의 공통적 요소를 파악하기 위해 연구들에 적용된 단기개입전략을 조사하였다. 그 결과, 효과적인 단기개입에 있어 여섯 가지 요소가 확인되었고, 이는 현재 널리 알려지고 권장되는 프레임스FRAMES라는 머릿글자로 요약된다. "피드백Feedback, 책임감Responsibility, 조언Advice, 메뉴Menu, 공감Empathy, 그리고 자기효능감Self-efficacy"이 바로 이러한 여섯 가지 구성요소이다(Bien et al., 1993, p. 326; Britt et al., 2004; CSAT, 1999a; Miller & Sanchez, 1993). 프레임스FRAMES 접근과 같은 이러한 단기개입은 앞서 언급된 SBIRT 모델의 중요한 요소가 된다(Madras et al., 2009).

(1) 서비스 제공자는 클라이언트의 물질사용과 관련된 위험에 대해 알리기 위해 피드백을 제공한다. 이 피드백 과정은 정보를 제공하고 이에 대한 클라이언트의 반응을 끌어내는 상호작용적인 것이어야 한다(CSAT, 1999a,b). 효과적인 단기개입은 보통 앞서 설명한 구조화된 스크리닝을 포함한다. 스크리닝에 따라 클라이언트는 물질사용상태에 대한 정보를 받는다. 보건사회복지사는 클라이언트의 일반적 상태에 대한 교육과 함께 건강 상호작용health interaction과 물질복용 결과에 대한 정보도 제공해야 한다. 예를 들어, 활발한 물질사용은 장기이식, 특정 약 처방과 같은 의료적 개입을 불가능하게 만들 수 있다는 것을 말해준다.

(2) 변화의 책임은 클라이언트에게 맡긴다(CSAT, 1999a). 전문가는 클라이언트의 복지에 관심

을 기울이지만, 궁극적으로 물질복용행동의 변화를 이끌어내는 책임은 본인에게 달려 있다는 점을 클라이언트가 인지하는 것이 중요하다. 하지만, 클라이언트가 변화하려고 노력하는 과정에서 혼자라고 느끼지 않고 문제에 대해 비난받는 느낌을 갖지 않도록 해야 한다. 더 정확히 말하면, 사회복지사는 이 단계가 자기결정권과 임파워먼트에 관한 것이며(CSAT, 1999b), 이는 동기 강화 인터뷰의 핵심 요소인 자율성의 정신을 반영한다는 것(Miller & Rollnick, 2002)을 분명히 해야 한다.

(3) 서비스 제공자는 클라이언트가 행동을 바꾸도록 조언한다(Bien et al., 1993; CSAT, 1999b). 클라이언트에 따라 조언의 내용은 물질사용행동을 변화시키기 위한 제안부터 물질사용과 관련된 정보의 제공까지 범위가 다양할 수 있다(CSAT, 1999b). 동기 강화 인터뷰에 부합하는 방식으로 조언을 제공하고자 할 때의 핵심 요소는 클라이언트에게 조언을 제공해도 좋은지 물어보기(예: "이러한 상황에서 제가 과거에 본 것에 대해 말씀드려도 되겠습니까?")(CSAT, 1999b, p. 27), 클라이언트가 속한 문화에 상응하는 방식으로 정보 제공하기, 그러한 조언을 제공하는 방식에 주의를 기울이기 등이 있다(Britt et al., 2004; CSAT, 1999b).

(4) 사회복지사는 변화를 촉진하기 위해 다양한 선택권을 제공한다(Bien et al., 1993; CSAT, 1999b). 이러한 선택은 치료 서비스, 자조, 그리고 다른 변화전략을 포함할 것이다. 클라이언트에게 선택에 대한 정보를 제공하고 그들의 관점에 대해 상의하는 것은 클라이언트를 돕는 핵심적 요소이다. 이는 그들이 어떻게 진행하고 싶은지 알고 스스로 결정을 내리도록 한다(CSAT, 1999b).

(5) 사회복지사는 존경, 돌봄, 따뜻함, 그리고 반영적 경청을 전하는 공감적 자세를 가져야 한다(Bien et al., 1993; CSAT, 1999b).

(6) 사회복지사는 클라이언트의 자기효능감을 강화하도록 해야 한다. 자기효능감은 그들 스스로 정한 목표를 달성할 수 있다는 신념이다(CSAT, 1999b). 희망, 낙관, 그리고 클라이언트의 강점에 대한 인정 등을 전달하는 것은 이 목표를 달성하는 데 의미 있는 방법이다(Bien et al., 1993; CSAT, 1999b).

결론
CONCLUSION

물질사용문제로 힘들어 하는 사람들을 효과적으로 원조하는 과정에서 보건사회복지사는 많은 도전과 마주하게 된다. 지식의 기반은 포괄적이고, 현장은 때로 끊임없이 변화하고 있는 것으로 인식되며, 물질사용문제는 변화를 위해 개입하기조차 어려워 보일 수 있다. 게다가 이 문제는 다양한 연령, 성별, 성적 취향의 사람들과 인종, 문화적, 사회경제적 배경을 넘어 매우 광범위하다. 이 장은 물질사용문제를 겪는 클라이언트에게 희망적이고 효과적으로 개입하기 위하여 유용한 기초적인 정보를 제공한다. 현재 유병 데이터에 따르면, 흔히 사용되는 물질이 단기간 동안 정신에 영향을 미치고, 장기적으로는 건강에 영향을 끼친다는 정보는 보건사회복지사로 하여금 특정 물질사용에 어려움이 있어 위험을 겪는 개인을 선별해내는 능력을 갖추도록 한다. 또한, 그러한 정보는 영향을 받는 집단에 도달하기 위한 서비스의 발달적·문화적 역량을 강화하는 데에도 도움을 줄 수 있다. 보건사회복지사는 물질사용문제를 개념화하고 다루는 중요한 접근들의 개요를 숙지함으로써 어떠한 개입을 선택할지 익숙해지며, 연구를 지원할 수 있다. 사회복지사가 특정 접근의 근거 기반을 알고 있을 때, 클라이언트에게 근거기반 실천전략을 이용하도록 서비스를 제공하거나 연계할 수 있다. 마지막으로, 이 장은 단기개입전략을 위한 틀 뿐만 아니라 스크리닝 지식 및 검사 도구를 제공한다. 이 정보는 지침을 제공함으로써 사회복지사로 하여금 물질사용문제를 겪는 사람들에게 희망을 제공하고, 동기를 강화하며, 위험을 줄이고, 변화를 유지·추구하기 위한 노력을 강화하는 방식으로 그들을 도울 수 있도록 한다.

연습문제

연습 17.1
내성, *금단*, *육체적 의존*, 그리고 **중독**을 어떻게 정의할 것인가? 보건사회복지 실천에서 이 개념에 대한 명확성이 어떻게 유용할 수 있는가?

연습 17.2
역학과 다양한 물질의 영향에 대한 지식이 사회복지실천에서 클라이언트에게 어떻게 사용될 수 있는가?

연습 17.3
물질사용문제를 개념화하고 다루기 위한 주요 접근법에는 무엇이 있는가? 선호하는 접근법이 있는가? 그 접근법의 어떤 점이 당신의 선호에 영향을 미치는가? 이 장에서 논의된 접근법의 효과성에 대한 연구는 무엇을 시사하는가? 그리고 "효과가 있다"는 당신의 관점에 어떻게 정보가 들어맞는가? 연구결과와 당신의 선호가 물질사용문제를 겪는 사람들에 대한 직접적 실천에 어떻게 정보를 제공할 수 있는가? 이 분야에서의 직접 실천에 도움이 되는 또 다른 연구결과들이 있는가?

연습 17.4
약어 SBIRT는 무엇을 의미하는가? 효과성에 대해 알려진 것은 무엇인가? 당신 혹은 당신이 일하거나 인턴으로 참여하는 기관은 SBIRT 활동에 담당하는 클라이언트를 어느 정도로 참여시키는가? 당신의 실천과 당신의 기관에서 얼마나 SBIRT 노력이 강화될 것인가?

연습 17.5

두 사람씩 짝을 지은 뒤, 다음 가상의 상황에서 알렉스Alex에 대한 단기개입에 당신은 어떻게 프레임스FRAMES 모델을 적용할 것인지 역할극을 해보자.

알렉스Alex는 25세의 이성애자이며, 이탈리아계 미국인 백인 남성이다. 그는 60세의 어머니와 함께 산다. 그의 형제 칼Carl은 그를 보건소에 데리고 갔다. 음주와 코카인 사용으로 그의 전반적인 건강이 염려되고, 알렉스와 함께 살고 있는 엄마도 걱정이 되기 때문이다. 1차 의료 의사에게 진찰을 받은 후, 알렉스는 당신에게 연계되었다. 알렉스에 대한 단기 스크리닝에서 그가 코카인을 사용하지 않고 음주를 자제하기 위해 그동안 수많은 시도를 해왔다는 점이 나타났다. 그는 이러한 노력들에 대해 "그리 효과가 있지는 않았다"고 설명하였지만 이 문제를 스스로 다룰 수 있다고 생각하였다. 그는 또한 "이 모든 것에 대해 마치 큰 일이 난 것처럼 군다"며 형제에게 분노를 느꼈으며, 술을 마시는 동시에 코카인을 사용할 때 자신의 행동에 죄책감을 느낀다고 하였다. 알렉스는 일주일에 4~5일 정도는 맥주를 6병씩 마신다고 했다. 최근에 그 양이 증가했지만 자신이 얼마나 마시는지를 일일이 생각해보지는 않았다고 했다. 알렉스는 그가 한 달 전에 실직한 이후로 코카인을 살 여유가 없어 이전보다는 덜 자주 사용한다고 했다. 현재 알렉스는 건강보험이나 고정 수입이 없다.

연습 17.6

물질사용문제를 겪는 사람들에게 개입하는 과정에서 당신의 강점은 무엇이며, 당신에게 도전이 되는 점은 무엇이라고 생각하는가? 물질사용문제를 겪는 사람들을 효과적으로 원조하기 위해 당신의 능력을 강화하는 데 도움을 주는 추가 정보에는 무엇이 있는가?

연습 17.7

다음에 나열되는 집단들 중 하나를 발전시켜보도록 요청을 받는다면 어떻게 진행할 것인가? 어떤 접근(들)으로 그 집단을 지도할 것인가, 그리고 어떻게 구조화할 것인가? 어떻게 참가자를 모을 것인가? 그 집단에 누가 포함될 것인가? 그 집단의 성공을 어떻게 측정할 것인가? 그 결정의 근거는 무엇이 될 것인가? 이 집단을 실행하는 데 당신이 직면하는 도전과제는 무엇이 있을까? 그리고 어떻게 사전대책을 강구해 도전과제를 다룰 것인가?

집단 주제

- 일반 대중의 물질사용과 건강
- 물질사용 위험이 있는 사람들의 통증관리
- 만성적 통증을 관리하는 동안의 문제
- 위험군에 속하는 개인들과 그 가족들을 위한 남용 예방

추천 자료

Al-Anon and Alateen—www.al-anon.alateen.org

Alcoholics Anonymous—www.aa.org

Alcoholism and Drug Addiction Counselor Information and Certification—www.naadac.org/index. php?option=com_content&view=article&id=478&Itemid=129 Current Clinical Trials—www. clinicaltrials.gov

Double Trouble in Recovery—www.doubletroubleinrecovery.org

　　12단계에 기반하여, 본 프로그램은 물질사용과 정신보건적 문제를 겪고 있는 사람을 지원

Harm Reduction Coalition—www.harmreduction.org

Health Effects of Substance Use—www.drugabuse.gov/consequences

International Harm Reduction Association—www.ihra.net

Join Together—www.jointogether.org

Motivational Interviewing—www.motivationalinterview.org

Narcotics Anonymous—www.na.org

National Clearinghouse for Alcohol and Drug Information (NCADI)—www.health.org

　　본 정보센터는 국립알코올남용·중독연구소, 국립약물남용연구소, 그리고 약물남용 및 정신보건서비스청에서 열람가능한 알코올 및 기타 물질에 대한 정보 및 자료를 보유함. 자료는 비디오, 포스터, 팜플렛, 교육적 도구 및 키트, 보고서 등을 포함함. 정보는 광범위한 대상(예를 들어 가족, 청소년, 보건서비스 제공자, 교육자, 연구자)에 적합하도록 맞춤. 자료는 무료열람 가능

National Institute on Alcoholism and Alcohol Abuse—www.niaaa.nih.gov

　　NIH 산하 본 기관은 문제적 알코올 사용에 대한 치료 및 효과에 대해 연구

National Institute on Drug Abuse—www.nida.nih.gov

　　NIH 산하 본 기관은 약물 남용에 대한 영향 및 치료 연구

National Registry of Evidence-Based Programs and Practices—www.nrepp.samhsa.gov

Substance Abuse and Mental Health Services Administration—www.samhsa.gov

보건복지부 산하 본 기관은 효과적인 예방 및 치료 프로그램을 개발 및 전파함. 약물남용 및 정신보건서비스청은 약물남용예방센터CSAP: Center for Substance Abuse Prevention와 약물남용 치료센터CSAT: Center for Substance Abuse Treatment를 포함.

Substance Abuse Treatment for Gay, Lesbian, Bisexual, and Transgender Individuals—http://kap. samhsa.gov/products/manuals/pdfs/lgbt.pdf

Treatment Locator (NCADI)—http://dasis3.samhsa.gov

본 자료는 지리적 위치, 인구, 치료 유형에 따라 분류되어 물질남용치료 제공자에 대한 자료를 제공

World Health Organization—http://whqlibdoc.who.int/hq/1992/WHO_PSA_92.4.pdf

이 사이트는 1차의료기관에서 오딧을 사용함에 있어 가이드라인을 제공

University of Washington Alcohol and Drug Abuse Institute—https://depts.washington.edu/adai

제18장

신장사회복지[1]

Nephrology Social Work

테리 브라운 TERI BROWNE

말기신장질환ESRD: End-Stage Renal Disease은 평생 혈액투석치료를 하거나, 신장 이식이 필요한 만성질환으로 미국 보건의 중요한 이슈이다. 또한 보건사회복지사의 실천에서 중요하게 다뤄지고 있는데, 이는 질병이나 치료분야 중에서 석사 수준의 사회복지사가 서비스를 제공하도록 의무화한 유일한 메디케어Medicare[2] 분야이기 때문이다. 이 장은 말기신장질환에 관련된 심리사회적 이슈와 여러 분야에서의 신장사회복지사 역할에 대한 논의를 소개한다.

이 장의 목표

- 신부전증의 심리사회적 측면과 치료법을 탐색한다.
- 신장사회복지사의 역할과 책임을 알아본다.
- 신장사회복지 사정과 개입방법을 소개한다.
- 투석과 이식에서의 신장사회복지사의 역사를 알아본다.
- 신장사회복지사의 전문적 이슈를 규명한다.

공중보건 이슈로서 말기신장질환
END-STAGE RENAL DISEASE AS A PUBLIC HEALTH ISSUE

말기신장질환은 미국 신장데이터시스템 연례보고서U.S. Renal Data System Annual Data Report(2010)의 결과에서 보듯이 중요한 미국 공중보건의 이슈로, 그 중요성이 점차 증가하고 있다.

---

1) 신장내과 분야의 사회복지 ― 옮긴이 주.
2) 미국의 사회보장제도 중 하나로 65세 이상 혹은 소정의 자격을 갖춘 사람에게 건강보험을 제공하는 제도 ― 옮긴이 주.

- 2008년도 미국의 만성신장질환자는 54만 7,982명이었다(혈액투석 35만 4,600명, 복막투석 2만 6,517명, 신장이식 16만 5,639명). 2030년까지 말기신장질환자의 수는 224만 명까지 증가할 것으로 예상된다.
- 말기신장질환자 치료비용은 2008년도에 3,946억 달러였다.
- 말기신장질환자 치료는 2008년도의 메디케어 예산의 5.9%를 차지할 정도로 연방정부의 보건의료 비용에서 큰 비중을 차지하고 있다.
- 메디케어에서 말기신장질환자 프로그램에 지출하는 비용은 1991년 58억 달러에서 2008년 268억 달러로 증가하였다. 말기신장질환자 치료를 위한 비메디케어 지출 즉, 메디케이드 Medicaid3)로 민간보험 및 주state의 신장프로그램에 지출하는 비용은 1991년 22억 달러에서 2008년 1,266억 달러로 증가하였다.

말기신장질환은 신부전을 가져오고, 투석이나 신장이식 등 신장대체요법이 필요한 만성질환이다. 또한, 말기신장질환은 "만성신장질환 5기"라고 일컫기도 한다. 신부전이 생기면 폐기물 및 유체는 몸 안에 쌓이고, 소변은 감소하며(그리고 완전히 멈출 수도 있다), 적혈구 생산이 줄어든다. 말기신장질환은 갑자기 생길 수도 있고 수년에 걸쳐 생기기도 하며, 치료를 받지 않으면 사망하게 된다. 말기신장질환에는 여러 원인이 있는데, 가장 큰 두 가지 원인은 당뇨와 고혈압이다. 말기신장질환의 다른 원인으로는 루푸스, 통풍, 화학치료요법, 암, 약물남용, 그리고 사구체신염, 신염, 신다낭포병 등의 신장질환이 있다.

투석은 대부분 전국적인 대형 영리 투석체인에서 받게 되며, 대개 별도 독립된 클리닉에서 외래로 진행된다. 이식은 이식센터가 있는 병원에서 이루어진다. 2010년, 메디케어에서 1년간 환자 한 명당 혈액투석으로 지불한 비용은 7만 7,506달러였으며, 복막투석 비용은 5만 7,939달러, 신장이식비용은 대략 이식을 받은 해에는 11만 6,110달러, 이식 후에는 매년 2만 6,668달러였다(U.S. Renal Data System, 2010). 현재 투석은 혈액투석과 복막투석의 두 가지 형태가 가능하다.

혈액투석은 환자에 투석기를 연결하여 진행하는 치료인데, 이때 투석기는 환자 흉부에 장착된 외부 카테터4)와 연결되어 있거나, 혈관에 연결하는 영구적인 장치(동정맥루fistula 또는 인조혈관 graft이라 불리며 보통 환자의 팔에 있다)에 삽입된 바늘과 튜브를 통해 연결되어 있다. 혈액투석기는 튜브, 수액제, 모니터, 여과기(환자에게서 과도한 양의 수액을 제거하고 카테터나 혈관 연결 장치에 연결된 튜브를 통해 피를 몸으로 돌려보내기 전에 피를 여과시키는 장치)로 구성되어 있다. 혈액투석은 보통 1주일에 3번 실시하는데(센터에서의 투석), 외래투석클리닉에서 간호사나 의료 기사가 시행하며, 한번 치료를 받는데 최소 3시간 정도가 걸린다. 혈액투석 환자는 투석치료 중에 보건의료 팀을 만나게 된다.

---

3) 소득이 빈곤선의 일정 수준 이하인 극빈층에게 미국의 연방정부와 주정부가 의료비를 지원하는 제도 — 옮긴이 주.
4) 체내에 삽입하는 도관 — 옮긴이 주.

혈액투석요법은 매일, 야간, 혹은 가정 투석 등 다양한 치료옵션이 가능하다. 연구에 따르면, 혈액투석을 일주일에 3번보다 더 자주 받는 것이 사망률이나 질병률, 삶의 질 등에서 보다 나은 결과를 가져온다고 한다. 『New England Journal of Medicine』에 발표된 수시혈액투석네트워크 FHN: Frequent Hemodialysis Network 시험그룹의 2010년도 연구에서는 무작위로 배정된 125명의 환자에게 1주일에 6번의 혈액투석을 받게 하고, 역시 무작위로 배정된 120명은 표준대로 1주일에 3번 투석을 받게 하였다. 무작위적 임상실험 1년 후, 더 자주 투석을 받은 환자들에서 사망률이 더 낮았으며, 심장상태가 더 좋은 것으로 나타났다.

로즈너Rosner(2010)는 가정 투석과 관련한 메타분석 연구에서 가정에서 투석을 받는 환자가 투석센터를 이용하는 환자보다 사망률, 질병률, 영양상태, 삶의 질 등에서 더 나은 결과를 보였다고 하였다. 이 연구를 비롯하여 가정 투석의 이점에 대해 평가한 여러 연구들은 가정 투석 환자들이 보통 1주일에 3번 외래에서 투석을 받는 환자들보다 투석 시간을 더 길게 가질 수 있다는 점에 좋은 결과가 나오는 것으로 보았다.

가정 투석은 집에서 투석을 받는 치료방법이다. 환자와 사회적 지지망에 있는 성원들은 투석을 관리하기 위한 포괄적인 훈련을 받는다. 투석 센터는 이러한 투석치료에 적합한 기술을 갖춘 소형투석기계를 사용하여, 가정 투석에 필요한 장비와 물품을 마련한다. 환자는 투석바늘을 삽입하는 것, 투석기계를 작동시키는 법을 훈련하고, 염려되는 부분에 대한 해결방법을 배운다. 환자는 가정에서 편하게 투석할 수 있고, 여행 중 투석도 가능하다. 가정에서 투석을 받는 환자는 임상테스트나 추적검사를 위해 투석 센터를 방문할 때, 투석팀원들을 만난다.

복막투석 역시 환자 스스로가 수행하는 신장대체치료법이다. 카테터는 외과적으로 환자에 시술되는데, 복부에서 돌출되며 투석액이 담긴 컨테이너에 튜브를 부착하는 데 사용된다. 투석액은 환자의 복강으로 들어간다. 복강을 둘러싼 복막의 막을 사용하여, 투석액은 환자의 피를 여과하고 초과된 액을 모으고 주기적으로 배수되고 다시 채워진다. 복막 투석은 매일, 기계를 통해 하루에도 여러 번 혹은 밤새 시행된다. 복막투석 환자는 매달 병원을 방문할 때 보건의료팀을 만나게 된다.

연구에 의하면, 혈액 투석보다 센터에서 복막투석을 받는 환자가 사망률이나 질병률에서 더 나은 결과를 보인다. 미국 전역에 걸쳐 9,277명의 투석 환자를 대상으로 한 연구에 의하면, 복막투석환자는 1주일에 3번 혈액 투석을 받는 환자와 비교하여 40%가량 사망률이 감소하였다(Charnow, 2010). 흥미롭게도, 최근 신장전문의를 대상으로 한 익명 연구에서 신장전문의들 중 압도적인 다수가 만약 자신에게 신장대체치료가 필요하다면 복막투석이나 가정 투석을 선택할 것이라고 응답하였다고 보고하였다(Schatell, Bragg-Gresham, Mehrota, Merighi, & Witten, 2010). 응답자들은 만약 신부전이 생겨 신장이식을 위해 5년을 기다려야 한다면 어떤 치료방법을 택하겠는가 질문하였을 때, 660명의 신장전문의 6.4%만이 표준 1주일 3번-센터내 혈액투석을 택하겠다고 응답하였으며, 45%는 복막투석을, 45%는 가정 투석을 선택하였다.

신장이식은 기증자의 신장을 말기신장질환자의 몸에 이식하는 외과적 방법이다. 신장은 사망하였거나(사체), 혹은 살아있는 기증자로부터 받는다. 환자는 이식을 받기 위해 폭넓은 평가와 테스트를 받게 된다. 만약 살아있는 기증자가 없으면, 환자는 사망자의 기증된 신장을 받기 위해 대기자 명단에 이름을 올린다. 살아있는 기증자가 있는 환자는 수술을 위해 일정을 잡게 된다. 신장이 건강한 사람은 하나의 신장만으로도 기능할 수 있어, 살아있는 사람의 장기 기증living donation은 점점 인기 있는 이식의 한 형태가 되고 있다. 살아있는 사람의 기증은 보통 환자와 친척관계에 있는 기증자 사이에서 이뤄지지만, 이식수혜자가 누구인지 모르는 이타적 기증도 점점 더 보편화되고 있다.

이러한 이타적 신장 기증에는 신장이식에서 증가하고 있는 한 현상인 "기부자-이식자 교차 기증자paired donors"가 있다. 가장 단순한 형태의 기부자-이식자 교차기증paired donation은 신장이식이 필요한 사람과 사회적 지지네트워크 내에서 이식을 할 수 없는 신장기증자를 연결시켜주는 것이다. 이러한 기증자는 다른 환자와 짝이 되어 이식을 위한 신장기증을 하게 된다. 예를 들어, 조Joe는 신장이식이 필요한 말기신장질환자이다. 그의 아내 도리스Doriss는 조에게 신장을 기증하길 원하고, 이것이 기증의 가장 적합한 방법이지만 그녀의 신장은 조의 혈액형과 맞지 않을 수도 있다. 앤Ann은 같은 상황에 있는 말기신장질환자로 그녀의 자매인 낸시Nancy가 신장을 앤에게 주길 원하지만, 그녀 역시 앤의 혈액형과 맞지 않는다. 이식 센터는 두 환자 간의 짝 지워주기를 통해 조가 낸시의 신장을 받고(그들은 잘 맞으므로), 앤은 도리스의 신장을 받을 수 있도록 한다(그들은 같은 혈액형을 가지고 있기 때문이다). 기부자-이식자 교차 기증은 점점 복잡해지고 있다. 리스Rees 등(2009)은 기부자-이식자 교차기증 덕분에 5개 주의 6개 이식센터에서 10개의 신장을 이식할 수 있었다고 보고하였다. 2010년 11월 조지타운 대학 병원Georgetown University Hospital은 16명 환자의 배우자, 이모, 부모, 자녀, 사촌, 낯선 사람 등의 기증자로부터 각기 다른 16명 환자에게 맞교환을 통한 신장이식을 시행한 기록을 세웠다. 기증자들은 말기신장질환자인 가족과는 생물학적으로 맞지 않았지만(혹은 신장 기증에 대해 박애적인 동기를 가진 낯선 사람이었지만), 조지타운대학 신장이식센터의 주관으로 16명 환자 중 한 명과 "신장 맞교환kidney swap"을 이룰 수 있었다. 미국에서는 사체의 장기기증이 드물기 때문에 장기공유 네트워크United Network of Organ Sharing는 향후 기부자-이식자 교차 기증의 비율이 증가되기를 기대하고 있다(Georgetown University Hospital, 2010).

이식은 말기신장질환 치료treatment의 한 형태지만 환자의 몸이 기증된 신장을 거부하지 않도록 면역억제제를 복용해야 하기 때문에 치유cure는 아니다. 이식은 실패할 수도 있으며, 환자가 다시 투석을 하게 될 수 있다. 말기신장질환자는 살면서 세 가지 치료형태를 모두 경험할 수도 있다.

신장 이식은 말기신장질환을 위한 가장 비용효과적인 치료이며, 특별히 투석과 비교했을 때 신체적, 정신적 건강을 증진시킨다(Becker et al., 2000). 신장이식을 받은 투석환자의 수를 늘리는 것은 헬시 피플 2010Healthy People 2010의 복표임과 동시에 헬시 피플 2020의 잠정적 목표이기도 하다(U.S. Department of Health and Human Services, 2000). 환자가 의료적으로 이식수술에 맞지 않은 상황이거나 다른 형태의 치료를 선호한다면 이식은 가능하지 않을 수 있다.

급성 투석은 1940년대에 처음으로 시행되었고, 첫 번째 신장이식은 1951년에 실시되었으며, 만성 외래 투석은 1960년대 초반에 이르러 처음으로 가능해졌다. 1965년 전 세계에는 200명의 투석환자가 있었으며, 1972년 이전에는 혈액투석기계가 희귀하여 투석은 대개 환자의 자비나 후원금으로 지불되었다(Fox & Swazey, 1979). 환자선별위원회는 투석할 환자를 선정했는데 재원의 부족과 치료 장소의 희귀성으로 많은 말기신장질환자를 투석하기가 어려웠다. 환자선별위원회는 일반인들로 구성되었으며, 이들은 한 가정의 가장이나 지역사회 지도자 등 "사회적 가치"가 있다고 생각되는 환자들을 선호했다(Jonsen, 2000). 1972년 10월 30일, 국가적인 만성질환자 프로그램인 공공법92-601Public Law 92-601은 투석의 합리화를 위한 환자와 가족, 지역사회의 로비 끝에 통과되었다(Fox & Swazey, 1979). 이 법은 나이에 상관없이 모든 말기신장질환자가 투석이나 신장이식을 위한 메디케어의 보험적용을 받을 수 있도록 하였다. 메디케어는 또한 기부자-이식자 교차기증자를 포함하여 신장기증자를 위한 비용도 지불한다. 이 보장은 독특한 것으로, 말기신장질환이 (환자나 배우자/부모가 충분한 근로 경력이 있을 때) 메디케어 적격성을 보장하는 유일한 질병 범주이기 때문이다.

신장질환자의 인구학적 특성
DEMOGRAPHICS OF RENAL PATIENTS

신장질환자의 인구학적 특성은 미국에서 광범위한 말기신장질환 의료가 시작된 이후 드라마틱하게 변화되어 왔다. 투석환자의 다수는 젊은 가장이었다. 오늘날은 65세 이상의 노인이 말기신장질환자 중 가장 빠르게 증가하고 있는 인구집단이다(Kutner, 1994). 말기신장질환을 가진 노인은 유사한 상태의 젊은 성인에 비해 높은 중복이환율, 큰 심리사회적 이슈와 욕구, 많은 신체적 문제를 가지고 있다(Chen, Wu, Wang, & Jaw, 2003).

말기신장질환은 미국의 특정한 집단에 불균형하게 영향을 미친다. 즉, 아프리카계 미국인, 히스패닉, 북미 원주민, 알래스카 원주민 등은 백인에 비해 신부전을 가질 확률이 극단적으로 높다. 백인의 말기신장질환 발병률이 인구 백만 명당 273명인 것에 비해, 아프리카계 미국인은 998명, 히스패닉은 508명, 북미 원주민은 495명, 아시아인은 296명이었다(U.S. Renal Data System, 2009). 소수 인구집단에서의 말기신장질환의 높은 발병률은 일반적으로 이 인구집단의 당뇨와 고혈압의 높은 유병률에 기인하며, 이것이 결국 말기신장질환으로 이어지고 있다.

신장이식에서도 격차가 존재하는데, 백인 남성이 미국의 어느 인구 집단보다도 신장이식을 더 많이 받은 것으로 나타났다. 아프리카계 미국인 말기신장질환자는 백인에 비해 신장 대기자 명단에 이름을 올리거나 신장이식을 받은 경우가 훨씬 더 적다(U.S. Renal Data System, 2010). 이러한 격차의 이유로는 예방적 케어의 부족, 환자의 선호도, 사회경제적 취약성, 의료계에 대한 불신, 신장 이식에 대한 지식 부족, 의료적 이유 등을 들 수 있다. 향후 말기신장질환의 격차에 대한 연구가 필요하다.

심리사회적 측면
PSYCHOSOCIAL ASPECTS

말기신장질환자의 89%가 질병으로 인해 심각한 생활양식의 변화를 경험하였다고 보고하였다(Kaitelidou et al., 2005). 말기신장질환의 만성적 특성과 필수치료의 영향으로, 신장환자들은 일상적인 삶에서 질병 및 치료와 관련된 많은 스트레스 요인을 갖게 된다(Devins et al., 1990). 말기신장질환과 관련된 질병의 영향은 "질병 그리고/또는 치료가 환자의 삶의 중요한 측면을 방해하는 정도"로 정의된다(Landsman, 1975, p. 328). 연구자들은 심리사회적 이슈가 환자의 건강 결과에 부정적으로 영향을 미치며, 환자의 삶의 질을 떨어뜨린다는 것을 밝히고 있다(Auslander, Dobrof, & Epstein, 2001; Burrows-Hudson, 1995; Kimmel et al., 1998). 사회복지사는 환자가 다음과 같은 말기신장질환 케어에 대한 심리사회적 장벽을 개선할 수 있도록 도울 수 있다.

- 질병과 치료법에 대한 조정과 대처
- 의료적 복잡성과 문제
- 통증, 완화의료, 생애말 의료와 관련된 이슈
- 사회적 역할의 조정: 가족, 사회와 직업
- 구체적 욕구: 재정적 손실, 보험문제 및 처방의 보험적용
- 삶의 질 감소
- 신체 이미지 이슈
- 경제적 안정, 건강, 리비도, 힘, 독립성, 기동성, 스케줄의 융통성, 수면, 식욕, 식사와 수분 섭취의 자유 등에 대한 다양한 상실

질병에 관련된 심리사회적 측면

말기신장질환은 미각을 손상시키고 식욕을 감퇴시키거나 외과술이 필요한 골질환bone disease을 일으킬 수 있고, 걷는 능력을 손상시킬 수도 있다. 체내에 독소물질이 쌓여서 환자에게 빈혈이나 요독증이 올 수도 있다. 요독증과 빈혈은 현기증, 무기력, 심리사회적 후유증을 가져오는 수면문제를 초래한다. 빈혈은 말기신장질환자들에게 흔한 질병으로, 일상생활 활동을 손상시키고, 에너지를 감소시켜, 결과적으로 삶의 질에 영향을 줄 수 있다(Gerson et al., 2004). 말기신장질환자는 부실한 영양 상태를 가지고 있으며, 결과적으로 낮은 혈액 알부민 수준은 환자의 삶의

질을 감소시킨다(Frank, Auslander, & Weissgarten, 2003).

더욱이, 말기신장질환은 보통 고혈압이나 당뇨 같은 만성질환과 함께 발생한다. 이러한 질병들은 이 질병만의 심리사회적 이슈들을 가지고 있어서, 말기신장질환자가 여러 지역사회 자원의 건강 서비스에 자주 접근하도록 한다(Merighi & Ehlbrcht, 2004c).

말기신장질환자는 종종 신부전과 여러 다른 건강 상태로 인해 복잡한 처방을 필요로 한다. 투석을 하는 동안 빈혈 및 철분 결핍에 대한 약물과 혈액 수혈이 필요할 수도 있다. 투석 환자는 대개 말기신장질환과 경련이나 하지불안증후군 등의 부작용으로 인해 여러 가지 수많은 약물뿐만 아니라 매끼 인이 함유된 약을 먹어야 한다. 실제로, 이식환자는 이식을 관리하고 장기 거부를 예방하기 위해 하루에 수십 알의 약을 먹어야 한다. 경구투여에 대한 자기 관리는 신장질환자에게는 중요한 문제이다(Browne & Merighi, 2010). 치우Chiu 등(2009)은 투석환자가 만성질환을 가진 모든 환자 중 1일당 가장 많은 수의 약을 복용하는 것으로 결론지었는데, 혈액 투석환자의 25%가 하루 최소 25정의 약을 먹어야 한다(중간값 19정).

이러한 질환과 관련된 스트레스 요인에 대한 부담은 크다. 일부 연구자들은 말기신장질환자가 일반 인구집단보다 자살을 할 가능성이 유의미하게 높다는 것을 밝혔다(Kurella, Kimmel, Young, & Chertow, 2005). 다른 연구자들은 말기신장질환이 불안과 우울을 가져온다고 보고하였다. 오스랜더Auslander 등(2001)은 말기신장질환자의 52%가 유의미한 불안을 가지고 있음을 발견하였으며, 워쓰Wuerth 등(2001)은 환자의 49%가 우울하다는 것을 알아내었다. 말기신장질환자의 우울은 다음과 같은 이유로 중요한 이슈이다.

- 킴멜Kimmel, 피터슨Peterson, 웨이스Weihs 등(2000)은 우울한 말기신장질환자는 보다 좋지 않은 영양적 결과를 가질 확률이 높으며 높은 사망률을 가진다고 주장하였다. 쿠Koo 등 (2003)은 우울이 영양실조를 가져온다는 것을 알아내었다. 우울한 환자는 적절하게 먹지 않을 가능성이 있다. 우울은 높은 사망률과 관련이 있다(Hedayati et al., 2004). 또한, 드오레오DeOreo(1997)는 우울한 환자가 그렇지 않은 환자에 비해 추천받은 치료법을 잘 준수하지 않을 가능성이 있으며, 높은 수준의 질병률과 사망률을 보일 수 있음을 밝혔다.
- 파니아구아Paniagua, 아마토Amato, 보네쉬Vonesh, 구오Guo, 무하이스Mujais(2005)는 우울한 말기신장질환자가 더 많이 입원하는 경향이 있음을 알아내었다.

또한, 우울증은 환자의 삶의 질을 감소시킨다(Frank et al., 2003; Mollaoglu, 2004). 이것은 공공 정책과도 관련이 있으며, 공중 보건의 관심이기도 하다. 그 이유는 드오레오(1997), 매입스Mapes 등(2004)이 말기신장질환자의 낮은 삶의 질이 높은 입원율과 질병률, 사망률에 유의미하게 관계되어 있다는 것을 보여주었기 때문이다.

말기신장질환자는 일반적인 인구보다 낮은 기능적 상태를 가지고 있으며 일상생활 활동에 도움이 필요할 가능성이 높다(Kimmel, 2000). 말기신장질환자는 종종 불면증과 수면 장애를 가지고 있다(Valdez, 1997). 그들은 또한 혈액투석과 약물요법의 부작용과 관련하여 신체 이미지 이슈를 가질 수도 있다(Beer, 1995). 혈액투석을 위한 혈관 삽입은 굉장히 커서, 환자의 팔에 잘 보일 수 있다. 복막 삽입과 혈액투석을 위해 사용되는 카테터는 외과적으로 삽입되고, 신체에 돌출된다. 약물 특히, 이식 면역억제제는 몸무게를 늘리거나 환자의 외모에 여러 변화를 가져올 수 있다.

말기신장질환으로 인해 성기능이 감퇴될 수 있는데, 이는 환자의 또 다른 큰 걱정거리이다(Wu et al., 2001). 말기신장질환을 가진 여성은 임신의 가능성이 낮아지는데, 질환이 재생산을 위한 내분비 기능을 손상시키기 때문이다. 손상된 내분비 기능은 수많은 임신의 복잡성을 초래하고 말기신장질환자는 성공적인 임신을 할 가능성이 낮아지게 된다(Holley & Reddy, 2003).

말기신장질환에 대한 부적응은 랜드스만Landsman(1975)이 언급한 "주변인 증후군marginal man syndrome"에 의해 더 악화될 수 있다. 대개의 말기신장질환자는 만성적으로 아프지만, 건강하게 보일 수 있다. 그래서, 다른 사람들은 그들의 능력에 대해 비현실적인 기대를 갖게 될 수도 있고, 적절한 수준 이상의 것을 기대할 수도 있다. 친구, 이웃, 동료들은 왜 환자가 신장 식이요법 때문에 피자파티에 참석하지 않거나, 투석 스케줄로 인해 다른 사회활동에 참여할 수 없는지 이해하지 못할 수도 있다. 랜드스만(1975)은 "질병 세계와 건강한 세계 사이의 림보 상태에 멈춰 있는, 어디에도 속하지 않지만 양쪽 모두의 부분인, 나는 아픈 걸까 아니면 괜찮은 걸까? 질문하게 되는, 치유가 되지 않는 영구적 치료의 개념"에 대한 대처의 필요성을 설명하였다(p. 268).

환자가 지속적으로 사지를 떠는 하지불안증후군은 말기신장질환자에게 흔하다(Takaki et al., 2003). 급성과 만성 통증은 말기신장질환자에게 매우 흔하며, 삶의 질을 손상시킨다(Devins et al., 1990). 통증은 수술, 경련, 바늘 찔림, 신경증, 골질환으로부터 올 수 있다. 이아코노Iacono (2003, 2004)는 투석환자의 60%가 만성통증을 가지고 있으며, 이들 환자의 66%가 진통제를 처방받는다고 밝혔다. 말기신장질환자이면서 옹호자인 로리 하트웰Lori Hartwell(2002)은 통증에 대한 자신의 경험을 묘사하였다.

많은 의료적 처치를 받으며, 나는 수백번의 주사 바늘에 따끔하게 찔리는 것을 견뎌야 했다. 내가 좀 더 어렸을 때는 간호사가 찌르는 횟수에 대해 불평하지 않았다. 그래서, 그들은 반복적으로 나에게 내가 얼마나 좋은 환자인지를 이야기하였다. 실제로는 그런 주사 바늘이 아팠다! 나는 계속 나를 찔러대는 사람에게 울고 소리 지르고 싶었다. 거의 대부분 나는 조용했고, 가능한 참으려고 노력했다(p. 8).

완화의료와 생애말 이슈는 말기신장질환에서 일반적이다. 환자의 기대여명은 말기신장질환을 갖지 않은 비슷한 사람의 75% 정도 낮다(Moss, 2005). 투석의 중단은 치료 선택으로 인식되고, 환자는 죽음을 초래하는 치료 중단을 선택하기도 한다. 투석을 중단한 후에 생존시간은 매우 다양하지만, 투석 없이 환자가 생존할 수 있는 날 수의 중간값은 8일이다(Germain & Cohen, 2007). 사망한 투석환자 11만 5,239명에 대한 한 연구에서 투석을 중단한 환자의 96%가 한 달 안에 사망한 것으로 나타났다(Murray, Arko, Chen, Gilbertson, & Moss, 2006). 미국에서 5% 미만의 환자가 투석을 시작하지 않는 것을 선택한다(Germain & Cohen, 2007). 신상실환팀은 이러한 생명연장 치료를 시작하는 것과 관련하여, 예후에 대한 현실적인 기대와 삶의 질에 대해 논의해야 한다. 러스Russ, 심Shim, 카프만Kaufman(2007)은 신장전문의가 환자와 예후 즉, 투석으로 얼마나 오래 살아있을 수 있으며, 투석이 삶의 질과 가족에게 어떠한 영향을 미칠지에 대해 솔직하게 이야기하는 것을 추천한다. 많은 말기신장질환자들은 심리사회적 문제와 죽음에 앞서 생의 마지막 주에 겪게 되는 심한 통증 등에 대해 걱정을 한다(Cohen, Grmain, Woods, Mirot, & Burleson, 2005). 신장질환 환자를 위한 완화의료와 생애말 의료에 대한 자세한 논의는 브라운Browne(2011)을 참조하도록 한다.

마지막으로, 말기신장질환으로 고통 받는 아동은 특별히 질환과 관련된 어려움이 있다. 소아 말기신장질환자와 가족은 고유한 심리사회적 스트레스 요인과 마주하게 된다. 말기신장질환을 가지고 태어난 영아는 잦은 입원과 진료가 필요하다. 그들의 발달은 손상되고, 보충적인 영양공급이나 영양보급관이 필요할 수도 있다. 소아 말기신장질환자의 부모는 건강한 자녀를 둔 부모보다 불안과 우울, 대처 문제를 가지고 있을 가능성이 높다(Fukunishi & Honda, 1995). 부분적인 이유로는, 말기신장질환이 일반적인 영아 케어를 변화시키기 때문이다. 예를 들어, 말기신장질환을 가진 영아는 소변을 보지 못할 수도 있기 때문에 부모의 불안을 높일 수 있다(Brady & Lawry, 2000).

말기신장질환을 가진 아동과 청소년은 투석과 관련하여 특별히 신체 이미지에 대해 염려할 수도 있다(Fielding et al., 1985). 신체 이미지 이슈로 인해, 말기신장질환 치료법과 식이요법에 적응하는 데 어려움을 가질 수도 있다. 쿠틴Kurtin, 랜드그라프Landgraf, 아베츠Abetz(1994)는 59%의 말기신장질환 청소년이 치료법을 잘 준수하고 있지 않다고 보고하였다.

또한 말기신장질환은 환자의 가족에게 중요한 심리사회적 영향을 미친다(참고 18.1 참조). 투석환자의 파트너는 질병과 치료법에 대처하는 데에 어려움을 갖는다(White & Greyner, 1999). 맥도날드MacDonald(1995)는 말기신장질환자의 가족이, 질병이 생활양식에 미치는 영향에 적응하는 데 어려움을 가지고 있음을 발견하였다. 다른 연구자들은 말기신장질환으로 인해서 배우자나 파트너가 보통의 경우보다 역할을 바꾸고, 더 많은 책임감을 가져야 한다는 것에 대해 스트레스와 문제의 수준이 증가한다는 점을 보고하였다(Gudes, 1995; Pelletier-Hibbert & Sohi, 2001). 또한, 가족은 말기신장질환의 잠재된 경제적 부담에 대해서도 대처해야만 한다. 배우자나 자녀는 환자를 돌보는 시간과 치료를 위한 교통 문제로 일하는 시간을 제한해야 할 수도 있다. 카이텔리도드Kaitelidoud 등(2005)은 말기신장질환자의 가족 구성원의 51%가 환자의 질병과 관련하여 결근한 적이 있다고 보고하였다.

말기신장질환은 환자와 가족에게 소득의 상실을 가져올 수 있는데, 이는 또 다른 매우 중요한 걱정거리이다(Wu et al., 2001). 한 연구는 말기신장질환자의 13%만이 투석을 시작한 이후 직업을 다시 시작할 수 있었다고 밝혔다(Dobrof, Dolinko, Lichtiger, Uribarri, & Epstein, 2000). 그리스에서는 혈액투석 환자 표본의 60%가 질환으로 인해 직업을 바꾸거나 은퇴해야 했다(Kaitelidou et al.,

2005). 따라서, 신장사회복지사는 환자의 고용 옵션을 고려하는 것이 특히 중요하다. 말기신장질환을 진단 받은 후 직업을 유지하고 활기차게 지내는 것은 유익하다. 일하는 환자는 실업상태에 있는 환자보다 덜 우울하다(Chen et al., 2003). 취업이나 다른 활동을 통해 활기를 유지하여, 양호한 재활 상태를 가지고 있는 환자는 보다 나은 삶의 질을 가질 수 있다(Mollaoglu, 2004).

치료에 관련된 심리사회적 측면

말기신장질환에 관련된 치료법은 심각한 심리사회적 영향을 가질 수 있다. 투석환자는 칼륨과 인 함유가 높은 음식물 섭취의 어려움과 나트륨 제한으로 엄격한 식이요법을 필요로 한다. 외부에서 적절하다고 여겨지는 칼륨 수준이 심부전을 가져올 수 있기 때문에, 표준 신장식이요법에 대한 불량한 자기관리는 심각한 결과를 가져올 수 있다. 높은 수준의 인은 영구적인 골질환과 심장의 석회화를 초래할 수 있다. 그래서 투석환자는 바나나, 멜론, 건조 과일, 토마토, 오렌지, 감자, 견과류, 유제품, 콜라, 나트륨 같은 음식을 엄격하게 제한받는다.

◆ 참고 18.1 말기신장질환 사례 예시

댄Dan은 17세 복막투석 환자다. 신장사회복지사는 수년간 댄이 신체적으로 신장이식 수술과 회복을 준비하기 위하여 신장식이요법과 투약법을 잘 지키도록 댄과 그의 아버지 크리스Chris와 일해 왔다. 댄은 식사와 함께 인결합제를 복용하지 않고 있는데, 이는 이식이후 면역억제제를 복용할 잠재적인 의지의 부족을 의미하였다. 만약 댄이 처방된 약 복용에 실패한다면, 신장이식은 실패의 심각한 위기를 맞게 될 것이다. 댄의 아버지와 사회복지사는 이러한 낮은 성공 문제에 관하여 몇 차례 논의하였다. 크리스는 두 가지 직업과 세 아이에 대한 단독 친권으로 인해 감정적으로 약해져 있었고, 댄에게 필요한 지속적인 모니터링을 해 줄 에너지가 거의 없었다.

댄은 맏이이고, 크리스는 종종 일을 하거나 잠을 자기 때문에, 댄은 7살 이후로 동생들에 대한 일차적인 보호자 역할을 해왔다. 나이에 맞지 않는 과도한 책임감과 청소년기 정상적인 성장 및 발달의 조합은 잘 섞이지 못하고 있었다. 크리스는 댄에게 상당히 의지하게 되었고, 댄의 질병이 그들의 일상에 가장 큰 방해물이라는 것을 알게 되었다. 그는 댄을 의사와의 약속에는 데리고 갔지만 관여는 하지 않고 화난 채로 있었으며, 댄과 아버지는 수차례 공개적으로 갈등을 보였다. 사회복지사는 둘 사이에 갈등을 줄이기 위해 여러 번의 병원 내원 시 개입하였다.

사회복지사는 이식에 대비하여 청소년과 그들의 부모를 교육하고 지지하기 위해 모임을 주관하였는데, 댄과 아버지가 그 모임에 참여하는 데 동의를 얻을 수 있었다. 다행히 까다로운 환자 중 한 명인 제프Jeff도 어머니와 함께 모임에 참여하였다. 15세인 제프는 스스로 치료를 준수해야 하는 문제로 고생해오고 있었다. 제프는 사회복지 상담과 교육으로 자신의 약 복용을 관리할 수 있었으며, 1년 전 성공적으로 이식을 하였다. 모임이 진행됨에 따라, 댄은 이 모임이 재미없다며 떠나고 싶어하였다. 제프는 댄에게 직접적으로 직면하였다. 제프의 엄마 데니스 Denise는 댄에게 식사 때마다 인결합제를 가져올 수 있도록 매일 점심도시락을 학교에 가져가도록 제안하였다. 크리스는, 데니스가 그가 무엇을 다루고 있는지 진심으로 이해하며, 그녀가 종종 제프를 돌볼 때 얼마나 힘들었는지 이야기할 때 울었다. 사회복지사는 그 논의를 지지체계의 유익함과 함께 문제에 직면하는 방향으로 이끌 수 있었다.

댄의 학교 성적은 좋아졌고, 댄과 아버지는 스스로 만들었던 고립감에서 나오기 시작하였다. 그들은 제때 약속을 지켰고, 재미있었던 일에 대해 말하고 싶어 하였다. 두 번 정도의 모임 후에 댄, 크리스, 제프, 데니스는 함께 도착하였다. 그들은 카페테리아에서 이른 저녁을 먹었고, 그곳에서 데니스는 댄에게 약복용에 대해 물었다. 그는 주로 보였던 무례한 반응이 아니라, 웃으며 자신의 약을 보여주었다. 네 명은 서로 연결되어 있고, 지지집단 내에서뿐만 아니라 병원 환경 밖에서도 서로 도울 수 있다고 느끼고 있음이 분명하였다. 그 해, 댄의 인 수치는 정상 범위 내에 있었고, 정서적으로 이식에 대한 준비가 되어 있었다. 치료 계획을 잘 따른 것에서 보여지듯이, 댄은 책임감을 통해 성취의 기쁨을 느꼈고 모임에서도 자주 그러한 느낌에 대해 이야기했다.

출처: Sandra Coorough, Phoenix Children's Hospital Kids Kidney Center, Phoenix, AZ.

또한, 환자는 알부민 수준이 낮아서 고단백 식이를 필요로 한다. 최적의 식이요법을 이행 하려는 노력은 종종 환자의 식욕 부진과 미각 감소로 인해 제한된다.

소변을 효과적으로 만들어내기 어렵기 때문에, 환자는 하루에 48온스[5] 정도로 수분 섭취에 매우 엄격한 제한을 받는다. 그렇지 않으면 초과되는 수분이 쌓여서 사지가 붓게 되고, 폐에 물이 차게 된다. 투석치료 사이의 심각한 체중 증가는 투석 중 불쾌감을 느끼게 하고, 과도한 수분 배출은 심각한 경련과 저혈압을 가져온다. 구강건조와 갈증은 투석 환자들에게 흔하다. 복막 투석 환자는 식이요법과 수분 섭취기준이 다소 덜 제한적이며, 이식환자는 일반적으로 신장 식이요법과 수분 섭취에 제한을 받지 않는다.

말기신장질환 치료에 대한 불량한 자기관리는 환자에게 심각한 영향을 미친다. 치료를 빠지는 것과 치료 중 고수분 체중증가는 투석환자의 사망률 증가와 관련이 있다(Saran et al., 2003). 면역억제제 복용을 잘 하지 않으면, 이식거부가 일어난다(Russell & Ashbaugh, 2004). 많은 투석환자가 식이요법, 처방, 수분섭취 제한에 대한 의료적 권고를 따르지 못할 수 있다(Friend, Hatchett, Schneider, & Wadhwa, 1997). 투석환자에 대한 한 연구는 다음과 같은 연구결과를 얻었다.

5) 약 1.4L — 옮긴이 주.

- 환자의 27%에서 31%가 한 달에 한번 투석치료를 빠졌다.
- 35%에서 41%의 환자는 투석을 일찍 마쳤고, 정량의 치료를 받지 않았다.
- 76%에서 85%의 환자는 추천 식단을 준수하는 데 문제가 있었다.
- 대처를 잘 하지 못하는 환자의 75%는 치료를 빠지는 경향이 있었다.
- 대처를 잘 하지 못하는 환자의 50%는 권고된 수분섭취기준을 따르지 않았다(Dobrof et al., 2000).

　　말기신장질환 치료법은 매우 불편하고, 끊임이 없다(참고 18.2 참조). 환자는 멀리 여행 중에도 투석을 받아야 하기 때문에 여행가는 것이 쉽지 않다고 느낄 수 있다.

◆ 참고 18.2　혈액투석 환자의 하루

　　플로렌스Florence는 65세 환자로, 매주 월요일, 수요일, 금요일에 투석을 받는다. 그녀의 치료는 오전 5시에 시작하기 때문에 오전 3시 30분에 일어나 혈액투석 병동까지 25마일[6]을 이동해야 한다. 플로렌스는 당뇨가 있어서 집을 떠나기 전에 아침을 먹어야 한다. 그녀는 오전 4시 45분까지는 투석병동에 도착해야 하는데, 그렇게 해야 기능사가 와서 팔에 기계를 연결할 바늘을 꽂기 전에 몸무게를 측정하고(치료팀이 투석하는 동안 수분을 얼마나 제거해야 하는지를 알 수 있기 때문이다), 혈압을 재고, 치료받을 동안 사용할 베개와 담요를 준비하고, 투석의자 위에 있는 텔레비전의 채널을 그녀가 좋아하는 아침뉴스에 맞추어 놓고, 동료 환자에게 인사를 할 수 있기 때문이다. 4시간의 치료동안 활력징후vital sign를 측정하고, 약을 주고, 그녀의 주치의, 간호사, 영양사, 사회복지사가 방문할 것이다. 투석 후에 플로렌스는 때로 과도한 출혈이나 낮은 혈압과 같은 문제가 생겨서 이것이 안정될 때까지 기다렸다가 집에 가기도 한다. 플로렌스는 집에 가기 위해 지역 노인용 밴을 타는데(밴은 오전 9시 전에는 운행하지 않으므로 플로렌스는 이웃에 돈을 주고 투석센터에 데려다 달라고 부탁해야 한다), 보통 밴이 투석센터까지 도착할 때까지 30분 이상 기다려야 하기도 한다. 대개 밴은 다른 사람들의 진료나 쇼핑 때문에, 플로렌스를 집으로 바로 데려다 주지는 않는다. 이로 인해 플로렌스는 보통 정오 전에 투석센터에서 집으로 가지 못한다. 이것은 그녀가 처음 집을 떠난 이후 거의 8시간이 흘렀다는 것을 의미한다.

지방이나 환자의 수가 치료기관의 수용력보다 많은 지역, 또는 스탭이 부족한 지역을 여행하는 중에는 투석치료를 받는 것이 어려울 수 있다. 여행 중인 투석 환자는 진료비를 지불하는 것이 어려울 수 있다. 일부 민간보험은 네트워크에서 벗어난 지불을 거부하며, 메디케이드는 환자가 거주하는 주에 한정되어 적용이 되고, 메디케어와 대부분의 보험회사들은 미국령을 벗어난 곳에서의 투석에 대해 보험을 적용하지 않는다. 혈액투석은 1주일에 3번, 보통 4시간에서 6시간 길리

---

6) 약 40km — 옮긴이 주.

는데, 여기에는 통원, 치료 전후 처치, 합병증 관찰 등이 포함된다.

혈액투석의 흔한 부작용은 경련, 메스꺼움, 구토가 있다. 복막투석의 심각한 합병증은 복막염이라 불리는 감염으로, 고통스러우며 때로는 치명적이다. 이식은 중요한 정밀검사, 빈번한 수술 후 방문, 매일의 수많은 면역억제제를 필요로 한다. 이식은 심각한 수술이며, 합병증을 가져올 수도 있다. 장기간의 면역억제제 사용은 신체적으로 심각한 부정적 결과를 가져올 수 있다.

심리사회적 이슈의 영향
RAMIFICATIONS OF PSYCHOSOCIAL ISSUES

여러 심리사회적 요인은 신장 환자의 영양 상태와 알부민 관리에 부정적인 영향을 미친다 (Vourlekis & Rivera-Mizzoni, 1997). 환자의 교육과 읽고 쓰는 수준은 질 좋은 식단에 대한 장애물이 될 수 있는데, 환자가 식단에 대한 설명을 잘 이해하지 못할 수도 있기 때문이다. 환자에게 추천되는 영양보충제가 보험적용이 되지 않을 수도 있다. 사회적 지지의 이용가능성은 말기신장질환자의 부실한 식이와 관련이 있는 심리사회적 속성이다. 이는 환자가 식료품을 사고 음식을 준비하는 데 도움이 필요할 수 있기 때문이다. 또한, 환자는 우울증이나 불안으로 인해 식욕이 감퇴할 수 있다. 이러한 요소들은 사회복지사가 해결해야 하는 중요한 문제인데, 불량한 영양 상태는 말기신장질환자의 사망과 분명하게 관련되어 있기 때문이다(Lowrie & Lew, 1990). 질병과 치료에 대한 인식이 낮고 심리사회적 문제를 지닌 말기신장질환자는 높은 수분 섭취 경향과 치료를 거르는 경향이 더 많이 있으며, 이는 좋지 않은 건강결과를 초래한다. 취약한 심리사회적 상태를 가진 환자는 치료법을 덜 준수하며, 좀 더 자주 입원하고, 높은 사망률을 가지는 경향이 있다 (DeOreo, 1997). 질병에 대해 통제력이 적다고 느끼는 말기신장질환자는 덜 효과적으로 대처하며, 더 낮은 삶의 질을 가지는 경향이 있다(Mapes et al., 2004).

환자들은 질병의 과정에서 여러 가지 다른 치료법을 경험할 가능성이 있는데, 여기에는 성공적이지 못한 신장이식도 포함된다. 그들이 다양한 상실, 반복되는 삶의 양식 적응, 이식과 투석 사이의 어려운 이행 등에 대해 대처할 때, 이러한 변화들은 말기신장질환자의 부담에 복합적인 영향을 미칠 수 있다(Levine, 1999).

나는 투석치료, 세 번의 이식과 두 번의 거부를 경험하며 살았다. 각 이식은 새로운 희망을 주었지만, 매번 거부반응은 나를 힘겹게 했다. 계속되는 진단, 끝이 없는 것 같은 나쁜 소식의 물결에 어떻게 감정을 조절하는지 배우는 데에는 수년이 걸렸다(Hartwell, 2002, p. 7).

사회복지 개입
SOCIAL WORK INTERVENTION

말기신장질환자와 가족이 직면하는 중요한 심리사회적 이슈들에는 신장사회복지라는 사회복지 개입이 필요하다. 말기신장질환은 석사 수준의 사회복지사가 보건팀에 포함되도록 공공정책이 정하고 있는 유일한 질병 범주 혹은 치료 영역이다. 메디케어 규정은 석사수준의 사회복지사가 모든 투석센터와 신장이식 프로그램의 스탭으로 있어야 한다고 규정하고 있다(*Federal Register*, 1976, 2008). 이러한 사회복지사는 만성질환에 대한 환자의 적응력과 대처능력 및 환자의 욕구를 충족시킬 수 있는 보건의료 시스템의 능력을 향상시키는 데 초점을 맞춘다(McKinley & Callahan, 1998, p. 123).

임상사회복지사LCSW인 매건 프리스콧Megan Prescott은 입원병동과 외래 투석센터, 두 군데에서 일을 하는 신장사회복지사의 사례를 보여준다. 그녀는 콜로라도 대학병원의 외래 투석실과 입원 급성투석실 모두에서 일한다. 그녀는 매주 시간을 쪼개어 두 군데의 투석실에서 일한다. 만성외래환자 세팅에서 그녀가 만나는 환자는 주로 메디케이드 환자와 취약계층이다. 그녀는 환자들이 건강에 대한 지식 수준이 낮다는 것을 알고 있다. 대개는 신부전이 생기기 전까지는 보건의료를 접하지 않았으며, 많은 환자들이 투석을 시작하기 전까지 신장 문제에 대해 모르고 있었다. 그녀는 환자가 투석치료법에 적응하도록 돕는데, 여기에는 환자들로 하여금 가능한 지지 자원을 알아내고 활용하며, 효과적인 대처전략을 개발하며, 보건팀의 교육적인 지원을 이해하고 관여하게 하며, 자기관리와 결과를 극대화할 수 있도록 돕는 것이 포함된다.

프리스콧은 환자들이 가능한 자원 즉, 메디케어, 메디케이드, 직업재활서비스, 주거 및 기타 지역사회 자원 등에 접근하는 것을 돕는다. 급성 환자치료 셋팅에서 그녀는 사회복지사이면서, 입원한 투석환자의 퇴원계획가로서 일한다. 만성 환자치료 현장에 대한 지식으로, 그녀는 환자의 투석스케줄과 이에 관련된 욕구를 염두에 두면서, 퇴원을 위한 안전한 전략을 개발시키도록 도울 수 있다. 그녀는 케어의 지속을 위해 새로운 의료적 욕구를 추후관리할 수 있도록 환자의 정해진 투석센터의 스탭과 함께 일한다. 일부 환자들은 일상에 변화 없이 병원을 떠나기도 하지만, 다른 이들은 입원에 뒤이어 가정 내 건강보조원이나 요양시설 보호 등이 필요할 수도 있다. 이러한 역할 외에도, 프리스콧은 신부전 진단을 받아 치료가 필요한 환자들과도 일한다. 그녀는 대개 그들이 신장대체치료가 필요하다는 것을 알게 된 후 처음으로 만나게 되는 사회복지사이다. 그녀는 환자에게 다양한 치료법을 소개하고, 다른 의료팀의 구성원들과 함께 치료를 시작하는 데 가장 좋은 방법을 선택할 수 있도록 교육을 제공하고, 그러한 치료의 시작이 조화될 수 있도록 돕는다. 프리스콧은 메디케어를 받을 수 있는지, 교통이나 지역사회 다른 자원 등 환자들의 즉각적인 관심사로 대화를 시작한다. 이러한 대화는 환자가 투석팀과 치료 계획을 확정할 때까지 계속된다.

사회복지사는 환자 및 환자의 가족, 신장전문의(신장 의사), 간호사, 영양사, 의료 기사를 포함하는 신장의료팀의 일원이 된다. 또한 이 팀에는 이식수술 의사와 약사도 포함된다. 다양한 전문가를 포괄하는 것은 신장환자가 직면하고 있는 욕구와 이슈의 복잡성을 반영하며, 경험적으로 최적의 서비스 전달과 관련이 있다(Goldstein, Yassa, Dacouris, & McFarlane, 2004). 예를 들어, 린버Lindber 등(2005)은 혈관삽입장치 환자 교육에 있어 사회복지사를 포함한 팀접근 방법이 한 분야로만 이루어진 접근방법보다 더 성공적이었다고 보고하였다. 미국국립보건원National Institutes of Health(1993)에서 실시한 투석의 질병률과 사망률에 대한 보고서는 "투석환자의 사회적이고 심리적인 복지와 삶의 질은 다학제적 팀에 의해 긍정적으로 영향을 받는다"(p. 1)고 보고하였다. 많은 팀들이 협력적인 초학제적transdisciplinary 환경에서(이에 대해서는 이 책의 2장 참조) 환자에게 의료를 제공하고 있으나, 메디케어 정책에서는 이 독특한 실천 현장에 대해 학제간interdisciplinary이라는 용어를 사용하여 팀을 묘사하고 있다. 투석과 신장이식 세팅을 위한 2008 메디케어 보장조건Medicare Conditions for Coverage에서 환자와 가족 구성원이 팀의 중요한 멤버로 여겨져야 하며, 환자는 사정과 의료 계획에 참여하고 치료에 관한 어떠한 측면도 거부할 수 있는 권리가 있다고 규정한 것은 중요한 일이다(*Federal Register*, 2008).

환자들은 신장사회복지적 개입을 가치 있게 여기는 경향이 있다. 시걸Siegal, 위튼Witten, 룬딘Lundin의 1994년 말기신장질환자를 대상으로 한 설문에 의하면, 응답자의 90%가 "신장사회복지사에 대한 접근이 중요하다고 믿는 것"으로 나타났으며(p. 33), 환자들이 대처와 적응, 재활에 있어 신장사회복지사에게 의지하고 있다는 것을 밝혔다. 루빈Rubin 등(1997)에 의하면, 투석환자는 "도움이 되는 사회복지사"를 신장전문의나 간호사보다 더 중요한 순위에 놓았다. 한 연구는 환자의 70%가 사회복지사가 간호사나 의사에 비해 치료방법에 관한 가장 유용한 정보를 주는 것으로 응답하였다고 보고하였다(Holley, Barrinton, Kohn, & Hayes, 1991). 또한, 이 연구자들은 환자들이 혈액투석과 복막투석 중 치료방법을 선택하는 데 있어, 사회복지사가 신장전문의에 비해 두 배 더 도움이 된다고 생각하고 있음을 밝혔다.

신장사회복지 업무

사회복지사는 신장 보건팀과 협력하여, 심리사회적 욕구를 가진 신장 환자들을 다양한 방법으로 도울 수 있다. 신장사회복지사가 수행하는 활동으로는 사정, 상담, 교육, 위기개입, 생애말 의료, 사례관리, 재활지원, 환자 옹호 등이 있다. 또한 사회복지사는 지역사회 수준에서 개입하기도 한다.

사정

말기신장질환자에 대한 포괄적인 개별 심리사회적 사정은 최선의 결과를 얻기 위해 매우 중요하다(Fox & Swazey, 1979). 신장사회복지사는 환자의 강점, 욕구, 사회복지적 개입이 필요한 영역을 알아내기 위하여 심리사회적 상태를 사정한다. 사회복지 사정은 모든 투석 및 이식환자에게 실시되며, 개별 환자의 사회적, 심리적, 재정적, 문화적, 환경적 욕구를 고려한다.

말기신장질환자를 위한 사회복지케어의 독특한 속성은 서비스가 간헐적이기보다는 장기적 관점에서 제공된다는 점이다. 신장사회복지사가 환자와 장기적인 관계를 발전시킬 수 있는 현장에서 일할 수 있다는 것은 행운이다. 장기적 관계는 사회복지사가 그 기간 동안 서비스의 효과성을 평가하고, 클라이언트의 욕구를 재사정할 수 있는 기회를 제공한다. 데번 로차Devon Rocha(2010)는 『New Social Worker』에 대한 논문에서 투석 사회복지사로서의 그녀의 관점에 대해 설명하였다.

이 세팅은 사회복지에 많은 장점들이 있다. 그중에 한 가지는 잠재적으로 수 년 동안 지속적인 클라이언트 베이스로 일하게 된다는 점이다. 나는 한 투석센터에서 풀타임으로 일한 이후로, 모든 환자를 매주 여러 번 만나게 된다. 이것은 특히, 어떤 환자가 특별히 어려운 시간을 경험하고 있을 때 유용하다. 전형적인 상담이나 치료관계에서처럼 한 주를 기다려야 하지 않고, 환자가 어떻게 지내는지 "확인하는check in" 기회를 준다. 또한, 환자의 외부 지지 시스템과 협력할 수 있는 실질적인 기회가 있다. 환자의 사랑하는 사람들을 포함하는 팀 접근법은 투약관리, 영양, 치료법 전수 등의 어려움에 대해 매우 효과적일 수 있다. 또한, 새로 말기신장질환으로 진단받았거나 투석을 시작해야 하는 사람들처럼 삶의 중요한 변화를 겪고 있는 사람과 함께 있다는 것은 보람있는 일이다. 일부 환자들은 그들이 신부전과 같은 위험에 있다는 것을 모르고 있었다. 그러면 그들은 갑자기 "아픈 사람"이라는 새로운 자기 이미지를 다루어야만 한다. 이것은 불안을 크게 불러일으킬 수 있는데, 많은 새로운 용어, 일상, 새로운 사람들이 관여하게 된다. 대개 큰 상실감을 경험하고, 삶의 양식에서 엄청난 변화를 겪기 마련이다.

또한, 사회복지사는 이식 기증자를 사정한다. 미국에서는 낯선 사람을 포함하여 살아있는 신장이식 기증자가 점점 늘어나고 있다. 사회복지사는 기증자의 기증 동기와 사전동의informed consent를 하는 능력뿐 아니라, 기증자의 결정에 영향을 미쳤을 수 있는 규범적 압력의 정도를 파악하기 위해 기증자와 수혜자를 사정한다. 이것은 신장기증이 중대한 수술이며, 회복과정을 필요로 하기 때문에 중요하다. 만약 개인이 신장을 기증하는 데 대한 압력을 느낀다면, 사회복지사는 심화된 사정이 이루어지기 전까지 기증을 하지 않도록 권고할 수도 있다. 사회복지사는 수술과 관련하여 이식팀에 권고하기 위하여 기증자와 수혜자의 심리사회적, 정신적인 상태와 발달적, 약물 사용의 이력뿐 아니라 기증자와 수혜자의 관계의 특성을 조사한다(Leo, Smith, & Mori, 2003). 이식센터에 대한 2007년도 메디케어 지침에 따르면, 모든 투석센터는 별도의 살아있는 기증자 대변인을 가지고 있어야 한다(Federal Register, 2007). 이러한 대변인은 살아있는 기증자가 독립적으로 평가받고, 이들의 사전동의를 극대화하기 위해서이다. 어떤 이식센터에서는 사회복지사가 살아있는 기증자의 대변인 역할을 하고 있다.

신장사회복지사는 우울과 삶의 질 척도를 포함하여 타당도와 신뢰도를 가진 다양한 표준화된 사정도구를 사용한다. 투석분야에 대한 2008 메디케어 보장조건은 메디케어에 서비스 요금을 청구하는 모든 투석센터는 사회복지사가 환자의 삶의 질을 측정하도록 규정하고 있다(Federal Register, 2008). 이러한 규정은 삶의 질이 독립적으로 투석환자의 질병률과 사망률을 예측할 수 있다는 연구결과들을 반영한 것이다(DeOreo, 1997; Knight, Ofsthun, Teng, Lazarus, & Curhan, 2003). 앞으로의 투석분야 메디케어 임상수행척도는 신장질환 삶의 질Kidney Disease Quality of Life을 사용하도록 제안하고 있기 때문에, 대부분의 투석 사회복지사는 이 척도를 사용하여 환자의 삶의 질을 사정한다.

상담 및 교육

신장사회복지사는 환자와 지지망에 있는 성원들에게 정서적 지지, 격려와 상담을 제공한다. 말기신장질환자와 가족은 질병과 치료법에 적응하는 데 어려움을 겪을 수 있다. 사회복지사는 지지 집단뿐 아니라 개인, 가족, 집단상담을 통하여 그들이 대처할 수 있도록 도울 수 있다.

사회복지사는 환자의 우울을 감소시키기 위한 상담과 교육을 제공할 수 있다. 우울은 말기신장질환자가 자주 경험하는 심각한 이슈이다. 첸Chen 등(2003)은 "우울의 가능성과 심각성을 감소시키기 위해, 좋은 심리사회적 프로그램이 만성신부전을 지닌 환자의 치료에 통합되어야 한다"고 권고하였다(p. 124). 베더Beder(1999)는 한 실증연구에서 신장사회복지상담과 인지행동적 교육 개입이 환자의 우울을 유의미하게 감소시켰음을 밝혔다. 캡니스Cabness(2005)는 사회복지사가 이끄는 인지행동적 교육 집단이 더 낮은 우울감에 유의미하게 관련되어 있음을 밝혔다. 존스톤Johnstone과 르세이지LeSage(1998)는 우울한 투석환자의 76%가 외부의 정신건강 전문가로부터 도움을 받기보다는 치료팀에 있는 신장사회복지사로부터 상담받고 싶다고 응답하였음을 보고하였다.

신장사회복지사는 환자가 말기신장질환과 관련하여 생기는 수많은 상실에서 오는 정서적 어려움을 다룰 수 있도록 돕는다. 여기에는 혈관삽입장치와 이식의 실패, 스케줄과 식사의 제한, 동료 환자의 죽음, 활동의 감소, 직업과 전문성의 상실 등이 있다. 또한 신장이식환자는 신장이식까지 수년이 걸릴 수 있기 때문에 이식대기자로 있는 동안의 불안과 좌절에 대처하는 데 사회복지적 지원이 필요하다. 이식환자는 사망한 사람의 조직을 받으며 느낄 수 있는 죄책감에 대해 도움이 필요할 수 있다. 또한, 살아있는 기증자로부터 신장을 받는 것에 대해 기증자가 수술로 인해 위험해질 수 있어 걱정을 할 수도 있다.

신장사회복지사는 환자 교육 및 다른 개입을 통해 환자가 말기신장질환 치료법을 잘 준수하도록 하는 데 성공적이다(참고 18.3 참조). 예를 들어, 리타-안 킬리Rita-An Kiely와 사회복지 동료들은 환자에게 모든 혈액투석치료를 받는 것의 중요성에 대해 상담하고, 치료여부를 확인하고, 치료법을 지키는 것에 대해 지속적인 격려를 제공했다. 사회복지 교육과 상담의 결과로, 혈액투석치료를 거르는 일이 50% 감소하였다(Medical Education Institute, 2004). 오스랜더Auslander와 벅스Buchs(2002), 루트Root(2005)는 사회복지상담과 교육이 환자의 수분 섭취로 인한 몸무게 증가Fluid weight gains를 줄였다고 밝혔다. 존스톤Johnstone과 할쇼Halshaw(2003)는 사회복지 교육과 지지가 수분섭취 제한 준수를 47% 향상시켰다고 보고하였다.

◆ 참고 18.3 성과중심outcomes-oriented 신장사회복지실천

캘리포니아 샌디에고의 프레제니우스 메디컬 케어Fresenius Medical Care의 신장사회복지사들은 성과중심 투석 사회복지 개입의 사례를 만들었다. 또한, 말기신장질환을 가진 환자에게 웰니스 프로그램wellness program을 제공한다. 이러한 프로그램 참여를 방해하는 장벽 때문에, 사회복지사들은 우울증 관리를 위한 전화 집단상담을 시작하였다. 환자들은 지지적인 관계를 만들기 위해 사회복지사와 한번 만나고, 5번의 전화 세션을 갖는다. 말기신장질환을 가진 환자를 위한 웰니스 프로그램은 암환자 프로그램과 유사하게 다음의 세 가지 영역에 초점을 맞춘다.

1. 프로그램은 신장팀의 한 부분으로서 환자의 중요한 역할을 조명하고, 환자가 자신의 치료에 활발하게 참여하도록 초대한다.
2. 프로그램은 생존 및 삶의 질을 향상시키기 위하여 환자가 복잡한 의료적 치료법을 관리하는 방법을 배울 수 있도록 하는 생활기술들을 알리는 데 초점을 둔다.
3. 프로그램은 대개 건강증진 교실의 모습을 띠며 환자들이 자신의 의료적 과정에 대해 역량이 강화되는 느낌을 갖도록 돕는다. 이러한 프로그램과 함께 향상되는 통제감과 자기효능감은 교실에서 제공하는 추가적인 사회적 지지와 결합되어, 향상된 결과를 가져오는 주요한 변화 매개체로 보인다. 이 사회복지사 그룹은 또한 다양한 심리사회적 개입에 대한 많은 연구프로젝트를 수행하고, 신장 관련 출판 및 발표에 자주 기여한다.

출처: Stephanie Johnstone, Fresenius Medical Care, San Diego, CA.

베더Beder, 메이슨Mason, 존스톤Johnstone, 칼라한Callahan, 르세이지LeSage(2003)는 인지행동적 사회복지 서비스의 효과를 검증하기 위해 실험조사 연구를 실시하였다. 그들은 신장사회복지사에 의한 환자 교육과 상담이 약복용 준수를 유의미하게 증가시켰다는 것을 발견하였다. 연구는 또한 이러한 개입이 환자의 혈압을 개선시켰다고 밝혔다. 시콘Sikon(2000)은 사회복지상담이 환자의 불안 수준을 낮출 수 있다는 것을 발견하였다. 여러 연구자들은 신장사회복지상담이 말기신장질환자의 삶의 질을 유의미하게 향상시킨다는 것을 밝혔다(Chang, Winsett, Gaber, & Hathaway, 2004; Frank et al., 2003; Johnstone, 2003).

신장사회복지사는 말기신장질환을 위한 여러 치료법에 대해 환자를 교육하고, 환자가 다른 치료선택을 할 수 있도록 돕는 데 있어 중요한 역할을 한다. 이것은 특히 투석환자가 신장이식을 받을 때 중요하다. 신장이식이 가장 좋은 결과를 갖는 말기신장질환 치료라는 증거에도 불구하고, 연구는 취약한 환자, 특히 아프리카계 미국인이 신장이식을 받는 데 덜 성공적이라는 것을 보여주었다(Browne, 2008). 2008 메디케어 보장조건은 환자가 신장이식과정을 알아보는 데 혈액투석팀의 추가적인 도움이 필요하다는 것을 인식하고, 모든 투석팀은 특별히 그리고 방법적으로 신장이식에 관심이 있는 모든 환자가 도움을 받을 수 있도록 규정하고 있다(Federal Register, 2008).

신장사회복지사는 이러한 과업을 관장하고, 환자가 신장이식을 받도록 돕는 데 매우 적합하다.

위기개입

신장사회복지사는 투석 및 이식병동에서 위기개입을 제공한다. 환자는 투석하는 동안 스탭이나 다른 환자에게 소리를 지르거나, 폭력으로 위협하거나, 팔에서 바늘을 빼내려고 하는 등 부적절하게 행동할 수 있다. 사회복지사는 또한 복막투석과 이식 환자의 위기를 해결한다. 사회복지사는 대개 투석세팅에서 갈등을 효과적으로 중재한다(Johnstone, Seamon, Halshaw, Molinair, & Longknife, 1997). 메리지Merighi와 엘브락트Ehlebracht(2004a)는 신장사회복지사의 75% 이상이 갈등을 중재한다고 하였다.

생애말 의료

사회복지사는 말기신장질환자의 완화의료와 생애말 의료에 중요한 역할을 한다. 사회복지사는 환자와 가족에게 생애말기에 대한 정보를 제공한다(Promoting Excellence in End-of-Life Care, 2002). 유삭Yusack(1999)은 사회복지사가 환자에게 사전의료의향서advance directives 교육을 하였을 때, 관련 문서 이용이 51% 증가하였다고 한다. 위독한 말기신장환자와 가족은 사회복지사가 더 많은 정서적 지지와 다른 개입들을 해주기를 희망하였으며, 환자 사후에도 사회복지사가 가족과 연락하며 지내기를 바랐다고 한다(Woods et al., 1999).

로버트우드 존슨 재단의 미국 프로그램 사무소National Program Office of the Robert Wood Johnson Foundation는 2002년 "생애말 의료의 우수성 촉진"이라는 이름의 말기신장질환자 지지 그룹을 설립했다. 신장 전문 사회복지사에게 권장된 내용은 다음과 같다.

- 말기신장질환자와 가족에게 완화의료와 생애말 의료에 관해 교육한다.
- 통증과 증상 관리, 사전 돌봄 계획, 심리사회적 및 영적 지지를 포함하는 완화의료 프로그램을 개발한다.
- 환자의 자기결정권이 존중되도록 옹호한다.
- 피어-멘토링peer-mentoring 개입계획 및 사별 프로그램 등을 개발한다.

사례관리

신장사회복지사는 환자와 가족에게 그들이 모르는 자원과 정보를 제공한다(McKinley & Callahan, 1998). 사회복지사는 지역이나 주, 연방의 기관 및 프로그램에 대한 정보제공, 연계, 연결 등 일상적인 사례관리 서비스를 제공한다.

재활지원

사회복지사는 환자가 최상의 재활상태가 되도록 지원한다. 여기에는 환자의 재활 목표에 장애가 되는 요소를 사정하고, 환자에게 교육과 격려를 제공하고, 지역이나 주정부 직업재활기관과 협조적 사례관리를 진행하는 것 등이 있다. 환자의 재활 목표가 최대한 달성되도록 지원하는 일은 환자들에게 매우 중요한 일로, 메디케어 보장조건에서는 모든 투석실에서 주의를 기울이도록 하고 있다(*Federal Register*, 2008). 선행연구에 의하면, 많은 환자들이 투석을 시작한 후 직장에 복귀하지 않는다고 한다. 미국 내 투석클리닉에서 무작위 추출을 통해 수집한 환자 296명의 자료를 분석한 결과, 투석 시작 당시 직장인이었던 환자 중 단 33%만이 치료 후 고용상태를 유지한 것으로 파악되었다(Kutner, Zhang, Hung & Johansen, 2010).

신장질환과 관련된 사회복지 및 재활 연구 중 로마노Romano(1981)는 재활영역 내 차별화된 사회복지사의 역할로 다음을 언급하고 있다.

- **독려자/촉진자**: 사회복지사는 환자가 직장업무, 사회활동, 운동을 하며 적극적으로 생활하도록 격려한다. 말기신장질환 치료 후에도 고용상태를 유지할 수 있도록 하고, 자원봉사활동이나 운동 등이 불가능한 환자나 흥미를 잃은 환자에게도 다시 활동을 시도할 수 있도록 독려한다.
- **교육자/옹호자**: 사회복지사는 말기신장질환자와 가족에게 직업재활훈련을 제공할 수 있다. 학교나 직장 셋팅, 직업재활기관 등을 통해 말기신장질환자를 교육할 수 있으며, 또한 그러한 환경이 제공되도록 환자의 편에서 그들을 옹호할 수 있다(Raiz, 1999). 이러한 시기에 환자는 관입intrusive 투석일정 때문에 스스로 더 이상의 직장생활이 불가능하다고 생각하기도 한다. 이때 사회복지사는 환자가 고용상태를 유지할 수 있도록, 매일의 투석일정을 보다 유연히 조정할 수 있는 가정 내 투석치료옵션에 대해 교육할 수 있다. 또한 일하는 환자를 위해 투석실 담당자들과 투석 스케줄을 늦은 밤이나 밤샘 투석요법으로 전환하는 것에 대해서 상의할 수 있다.
- **관리자**: 사회복지사는 관련 연구를 수행하는 것뿐 아니라 말기신장질환자에게 재활 기회를 제공하는 프로그램을 관장하거나 개발할 수 있다. 많은 사회복지사들이 재활정보를 포함하는 말기신장질환 커뮤니티를 제공하는 전국적 조직인 라이프 옵션Life Options의 위원이자 자문가로 활동하고 있다.

팀 협력

신장사회복지사는 환자에게 의료를 제공하는 신장 팀과 협조적으로 업무를 수행해야 한다. 품질보증quality assurance 프로그램과 팀 의료 계획과정에 참여하고, 환자의 심리사회적 문제에 관하여 다른 보건의료 전문가를 훈련시키기도 한다. 투석실에 대한 2008 메디케어 보장조건은 모든 투석실에서 환자와 임상적 결과를 평가할 수 있도록 품질보증과 수행개선QAPI: Quality Assessment and Performance Improvement 프로그램을 이행하도록 규정하고 있다(*Federal Resister*, 2008). 품질보증과 수행개선 계획은, QA나 CQI 프로그램으로도 불리는데, 다학제적으로 구성되어야 하며 투석전문 사회복지사를 포함하여야 한다.

옹호

사회복지사는 지역기관에서와 마찬가지로, 병원 내에서도 환자를 위한 옹호활동을 한다(참고 18.4). 예를 들어, 사회복지사는 간호사에게 환자가 오후에 컴퓨터 수업을 받고자 하여, 혈액투석 스케줄 변경이 어렵다는 점을 설명할 수 있다. 또한 장기 이식팀이 환자의 병력을 알고 장기이식을 주저할 경우, 환자를 위한 옹호활동으로 예를 들어, 환자가 4년간 금주를 했으며, 3년간의 투석상황이 어떠했는지 대신 설명할 수도 있다. 더불어 지역 및 정부의 다양한 기관에서 환자를 위한 체계적 지원이 이루어지도록 하는 일 역시 사회복지사의 옹호행위 중 하나라 볼 수 있다. 아서Arthur, 잘렘스키Zalemski, 기르맥Giermek과 램Lamb(2000)에 의하면 비신장 전문 의료진, 즉 가정의료나 요양시설 의료 제공자들은 말기신장질환자의 심리사회적 문제를 다루는 데 익숙하지 않다고 한다. 따라서 신장사회복지사는 환자가 복잡한 서비스 제공체계들을 잘 활용하도록 하며, 말기신장질환자의 의료 문제들을 지역 내 관련된 사람들에게 교육하거나 그들의 특정 욕구를 이해시키기 위해 환자의 입장을 대변하기도 한다.

말기신장질환자를 위한 지역사회수준의 사회복지적 개입

신장사회복지사는 신장환자를 위해 사회환경을 개선하거나, 그들을 위한 정책 수립, 프로그램 개발과 실천영역에서 일하게 된다. 애리조나의 투석 사회복지사 케이 스미스Kay Smith는 매주 환자를 위한 기금 모금을 위해 중고물품세일 활동을 주관하고, 밀입국노동자들을 위한 투석 서비스를 제공하기 위하여 지속적으로 로비활동도 하였다. 이러한 활동 때문에 그녀는 영리 투석센터로부터 일시 정직을 경고받은 바 있다. 스미스는 2003년 NASW로부터 "올해의 사회복지사"로 선정되었다. 상패에는 "사회복지 전문가로서 모범적인 자세와 태도를 지녔으며, 뛰어난 리더십을 보여줌으로써, 환자를 위한 옹호활동, 사회정책, 사회복지실천, 프로그램 개발, 행정과 연구분야에서 훌륭한 업적을 보여주었다"라고 쓰여 있다(NASW, 2003). 사회복지사 스티브 보가츠Steve Bogatz(2000) 또한 의료관리기관으로부터 환자의 신장이식비 지급 보증을 성공적으로 얻어내기도 하였다.

이 외에도 사회복지사는 말기신장질환자 커뮤니티를 위한 거시 차원의 서비스에 고용되기도 한다(참고 18.5). 즉, 치료기관의 임상관리자, 투석기관의 사회복지 디렉터, 지역사회복지 코디네이터, 학술연구자, 지역기관 위원회 구성원이나 말기신장질환자 조직의 독립 컨설턴트로도 활동하게 된다. 신장사회복지사는 간접적으로 환자를 돌보는 기관, 즉 메디케어 센터나 정부의 의료보험, 국가신장기금(국가나 지역 사무처), 미국 신장기금, 미국 신장환자 협회, 말기신장질환자 네트워크, 정부의 신장 프로그램 분야 등에 고용되기도 한다.

◆ 참고 18.4 옹호자로서의 사회복지사: 보건정책의 변화

1982년, 이식을 위한 애리조나 메디케이드 보장은 신장이식에는 제한을 두고 있었다. 메디케이드에 가입되어 있는 많은 빈곤층과 근로빈곤층은 심장이나, 간, 골수이식을 필요로 하였지만, 메디케이드는 구명치료를 보장하지 않았다. 1980년대 후반과 1990년대 초반에 이르러서야 보충적 소득보장SSI: Supplemental Security Income이나 요부양아동가족부조AFDC: Aid to Families with Dependent Children와 같은 연방정부의 저소득층 기준에 적합한 메디케이드 환자들은 구명을 위한 장기이식을 지원받게 되었다. 그러나 근로빈곤층은 적격자가 아닌 저소득층으로 분류되어 높은 의료비용을 지불하거나 "비용지급선 감축" 대상이 됨으로써 구명을 위한 이식대상에 포함되지 못하였다. 장애가 시작된 후 첫 6개월 동안 장애로 인해 보충적 소득보장을 받고 이식수술에 대해 메디케이드 급여를 받았다가 그 결과로 보충적 소득보장과 사회보장 장애수당SSDI: Social Security Disability Income 자격을 상실한 환자가 꽤 많았다. 보통 사회보장 장애수당을 지급받는 환자가 구명 장기이식의 적격자로서 메디케이드 수혜자로 판정되기까지 약 2년여의 시간을 기다려야 한다. 그러나, 그러한 환자의 대다수는 그렇게 오랜 시간 생존할 수가 없다. 1985년, 애리조나 이식 병원의 사회복지사들은 지난 몇 년간 50명 이상의 메디케이드 가입 환자가 이러한 정책으로 인해 사망하게 되었음을 문서화하였다.

1994년 11월, 이식 사회복지사들은 애리조나 주 법률제정에 영향력 행사를 위해 연합체를 조직하고 지지그룹에 합류해 활동하면서, 메디케이드 가입자였으나 그동안 거부되어 왔던 근로빈곤층들의 심장, 간, 골수이식에 관한 메디케이드 정책 개정에 중요한 성과를 거두기도 하였다(Thomas, 1999). 연합체는 정기적으로 모였으며, 애리조나 주에 있는 모든 장기이식 지지그룹—주립 장기구득기관, 기증협력체, 광역 보건부서, 보건 및 메디케이드 부서, 국립신장재단NKF: National Kidney Foundation, 미국간재단, 미국신장환자연합, 이식병원 로비스트들, 미국병원협회, 국회정보처, 메디케이드에서 이식을 거부당한 환자와 가족들—에 초청장을 발송하였다. 이식센터의 사회복지사는 지역사회조직가 역할을 하였다.

로스만Rothman(1968)의 사회복지실천 원리—지역사회개발, 사회계획, 사회행동—가 활용되었다. 지역사회개발 원리는 이해당사자들이 연합체를 구성함으로써 발생한다. 사회계획의 원리가 중요했던 이유는 메디케이드가 심장, 간, 골수 이식을 제공하는 것보다 죽어가는 사람들에게 의료서비스를 제공하는 데 더 많은 비용을 지불하고 있음을 연합체가 문서로 기록할 수 있었기 때문이다. 예를 들어, 대대적으로 매스컴에 보도되었던 여성은 13만 달러가 드는 골수이식이 필요하였는데 결국 사망하였으며, 사망하는 과정에서 메디케이드를 통해 지불된 서비스 비용은 80만 달러 이상이었다. 연합체는 3개 영역의 대안적 기금출처—추가연방기금, 연간 예산 내 미사용된 메디케이드 기금, 새로운 담배세금수입—을 찾아내었다. 사회적 행동 단계에는 메디케이드가 언론과 접촉하고 입법 과정과 입법에 참여하는 방법에 대해 연합체 구성원들과 다른 사람들을 교육시키면서 장기이식 관련 정책에서 근로빈곤층을 어떻게 "차별"했는지를 기록한 정책 브리프나 백서를 작성하는 과정이 포함되었다.

대다수 연합체 구성원이 장기이식의 시급성을 주장했지만, 입법부와 메디케이드의 반응속도는 신속하지 못했다. 연합체는 "그것 자체보다 위협이 더 무섭다"라는 알린스키Alinsky(1971)의 전술을 이용하여 이식수술이 거부된 메디케이드 환자가 사망할 때마다 언론에 보도하겠다고 위협했다. 앞에서 언급된 것과 같이, 언론은 이전에 메디케이드에서 이식에 대한 보장을 거부한 뒤에 사망한 여러 명의 사례를 보도하였었다. 결국 이 전략은 입법부의 주목을 끌게 되었다. 연합체는 입법기관, 주지사, 매스컴에 직접적인 영향력을 행사하며 계속해 확산시켜 나갔다.

1995년 3월, 연합체가 조직된 지 5개월 만에, 결국 애리조나 주 입법부는 담배세금수입 8만 2천 달러를 근로빈곤층 63명의 심장, 신장, 골수이식을 위해 즉시 투입하도록 하는 긴급법률을 통과시켰다. 주지사는 직접 상원의원을 찾아가 법안에 서명을 받아내며 결국 법률을 제정하게 되었다. 1995년 10월, 연합체는 주지사를 설득해 주의회의 특별회의를 소집하도록 하였는데, 그 결과 담배세금수입의 추가 2백7십만 달러가 17사례의 심장과 폐 이식을 위한 기금으로 배정되었다. 1996년 주의회는 주정부의 신장치료 프로그램을 확장해 매년 10만 달러였던 것을 25만 달러로 확대하였다. 1997년에는 10만 달러를 더 추가하여, 결국 매해 35만 달러를 신장치료 프로그램에 사용하였다. 1998년에는 법률을 제정하여, 심장, 간, 폐 이식 환자를 위한 비신장치료 프로그램에 새로이 20만 달러를 지원하게 된다. 이 과정 속에서 의도하지 않게 대기자 명단에 있는 이식 후보자가 메디케이드 수급 자격을 상실하더라도 계속 대기자 명단에 남아 있어서 이후 장기이식을 받는 경우 메디케이드가 그 비용을 지불하도록 하는 정책이 만들어졌다. 2004년까지, 120명 이상의 근로빈곤층이 장기이식을 하게 되었다. 주에서 지출된 평균 비용은 연간 대략 5백만 달러로, 약물치료비용을 포함해 약 4백만 달러 이상을 이식 수혜자를 위해 지출하게 되었다.

2010년 경제적 불황으로, 애리조나 주의 주의회는 C형 간염과 모든 폐이식, 췌장이식을 우선해 간이식 메디케이드 조항을 삭제하였고, 심장이식과 골수이식을 위한 보장규모도 축소시켰다. 또한 공공교육이나 대학교육뿐만 아니라 또 다른 메디케이드 영역을 위해 예산도 삭감하였다. 이 과정 중에 사회복지사들과 이식 커뮤니티가 동원되기는 했으나 이식에 관한 삭감을 저지할 수는 없었다. 이식을 위한 메디케이드 범위가 확대되었던 초기 성공과는 달리, 결국 주는 재정적 위기를 맞게 되었고, 사용기금은 고갈되고 말았다. 캠페인 활동은 애리조나 이식 커뮤니티에 국한하지 않고 미국이식회American Society for Transplantation나 미국이식외과학회American Society for Transplantation surgeon, 장기공유 연합네트워크United Network for Organ Sharing와 같은 전국 조직에까지 확산되었다. 다른 주에서도 애리조나와 같은 예가 발생해, 구명을 위한 이식에 대한 메디케이드가 위협받게 되면서 사태는 심각해져 갔다. 이러한 문제는 지금까지 해결되지 않고 있다. 이에 사회복지사와 이식 병원, 환자와 가족, 현재의 국가조직은 옹호활동을 지속하고 있다.

출처: Charles M. Thomas, Banner Good Samaritan Medical Center Transplant Services, Phoenix, AZ.

신장사회복지사의 전문화
PROFESSIONALIZATION OF NEPHROLOGY SOCIAL WORKERS

사회복지사는 말기신장질환자를 위한 효과적 개입을 위해 부단히 노력한다. 그러나 그 과정에서 신장사회복지사는 직업상의 도전에 직면하기도 하고, 고용주에 의해 부적절한 과업을 수행하기도 한다. 신장사회복지사가 하는 사무관련 일이나 입원청구서 작성, 보험관련 보상업무들은 그들이 집중해야 하는 임상적 업무수행을 방해하는 요인들이다. 루소Russo(2002)는 조사를 통해 모든 신장사회복지사가 교통편 관련 업무가 자신들에게 적합하지 않다고 생각하고 있음에도 불구하고 응답자의 53%가 환자의 교통편 준비 책임자 역할을 수행한다는 사실을 밝혀냈다. 또한 응답자의 46%가 투석 교통편 준비에 책임을 맡고 있었던 반면(환자의 기록을 다른 시에 복사해 주거나 보내는), 환자의 교육에는 단지 20%만이 관여하고 있다는 사실도 보고하고 있다.

◆ 참고 18.5 사회복지와 말기신장질환 네트워크

말기신장질환 네트워크 시스템은 1972년 10월 30일 메디케어 보장이 확대된 후, 1976년 6월 3일 법령에 근거해 만들어졌다. 이는 말기신장질환을 앓고 있는 이들에게 의료적이며 질적인 돌봄이 효율적으로 공평하게 제공되기 위함이며, 대상은 65세 이하의 영구적 신장 장애를 가진 사람들이다. 1978년 6월 13일, 사회보장법은 말기신장질환 네트워크의 설립으로 개정되었다. 현재 18개 말기신장질환 네트워크들은 메디케어 및 메디케이드 서비스센터CMS: Centers for Medicare and Medicaid Services와 계약관계로 운영되며, 환자기록 컴퓨터시스템을 관리하고, 지속적인 질 향상 방법과 데이터 분석을 통해 돌봄의 질을 보장하며, 커뮤니티 교육을 진행하고, 환자의 불편 사항을 처리하며, 제공자들을 위해 정기적인 안내 업무를 수행하고 있다. 말기신장질환 네트워크의 환자 서비스를 위한 직업상 미션은 환자의 관점에서 말기신장질환 네트워크 프로그램을 디자인하고 실행하는 것이며, 의사소통과 교육, 갈등 해결을 통해 돌봄의 질을 보증함으로써 말기신장질환자의 욕구를 충족시키는 것이다.

환자를 위한 풀타임 환자서비스 코디네이터PSC: Patient Services Coordinator는 2003년 각 네트워크에서 메디케어 및 메디케이드 서비스센터에 의해 권한이 주어졌다. 환자서비스 코디네이터들은 석사학위 소지자인 사회복지사이거나 일정 자격을 지닌 이들(신장과 관련된 간호사나 상담가)이어야만 한다. 대다수의 네트워크는 환자 상황 변화를 다루는 담당자로 사회복지사를 활용한다. 이를 통해 네트워크 시스템이 사회복지적 관점을 가질 수 있으며, 시설 사회복지사들은 원조를 위한 접촉을 승인받게 된다. 네트워크 조직은 규제라기보다 자원으로 간주되는 경우가 많다.

저항하는 환자challenging patient는 처리요법을 준수하지 않는 사람으로 정의되는데, 이들은 언어적, 신체적인 위협을 가하거나 폭력적일 수 있다. 몇몇 사례를 보면, 스탭들의 반응이 적절하지 못하거나 상황을 더 악화시키는 경우도 있다. 활동 분야와 상관없이 모든 환자서비스 코디네이터들은 환자 및 시설과 관련한 문제의 예방, 조정, 해결에 있어서 적극적인 역할을 맡는다. 이러한 역할에는 교육프로그램을 시행하는 일도 포함될 수 있는데, 프로그램을 통해 시설 구성원들은 다루기 어려운 상황들을 처리함에 있어 도움을 받을 수 있으며 상황에 따라 개별 환자의 권리나 시설에 있는 모든 환자의 권리를 위한 옹호활동도 가능하게 된다.

비록 인구밀도에 의해 네트워크의 특정 환자서비스 코디네이터들의 업무가 다를 수 있고, 지역이나 문화에 따라 다를 수도 있으나, 전체적으로 목적은 동일하다. 과업 중에는 환자교육이나 종사자 훈련, 그 외 고충처리에 고민하는 시설경영자들과의 미팅을 위해 혹은 환자나 종사자들과의 만남을 위해 시설을 방문하거나, 참가자나 발표자의 신분으로 지역 회의에 참석하는 일, 네트워크를 통해 환자들에게 뉴스레터를 보급하는 일 등이 포함된다. 어떤 네트워크는 기관 내 돌봄의 질 향상을 위해, 자원봉사 환자들로 구성된 환자 자문단PAC: patient advisory committee을 갖추기도 한다.

대부분의 환자서비스 코디네이터는 네트워크 수준에서 고충을 처리하는데, 시설 내 상호작용을 통해 해결방법을 강구하거나, 적합한 위탁단체를 통해 동향 파악을 위한 자료들을 축적·활용함으로써 해결한다. 환자를 격려하고 직장복귀를 돕는 기관의 직업재활에 대한 노력은 환자서비스 코디네이터의 영역에 속하기도 하는데, 즉, 환자에게 훈련프로그램을 권장하는 일 등이 포함된다. 일부 환자서비스 코디네이터는 미국신장재단NKF이나 미국 신장 및 비뇨기 재단Kidney and Urology Foundation of America, 미국신장기금American Kidney Fund, 미국 신장환자연합American Association of Kidney Patients, 보건사회복지 리더십회Society for Social Work Leadership in Health Care, 전국 및 지역 신장사회복지사협회Councils of Nephrology Social Workers 등의 다른 전문조직들처럼 네트워크의 정책이나 업무, 목표에 기반해 소통하기도 한다.

이러한 환경 속에 환자서비스 코디네이터는 돌봄의 질 향상을 위한 관점으로, 의료적 관심만이 아니라 환자의 심리사회적 측면까지 포함해 욕구에 부응하고자 한다. 즉, 사회복지적 관점으로 해석한다면, 신장환자를 위한 돌봄의 질을 고려하는 국가적 논의에 수요자 중심 서비스 제공 의식을 강화시키는 것이라 할 수 있다. 이러한 관점은 환자의 건강을 지지하고, 삶의 질을 다루는 메디케어 및 메디케이드 서비스센터 임원 회의나 네트워크 정책개발에 중요한 영향을 미치고 있다.

말기신장질환 네트워크에 관한 내용이나 뉴스레터들은 웹사이트를 통해 접할 수 있으며, 전국 상황은 말기신장질환 네트워크 포럼 웹사이트인 http://www.esrdnetworks.org를 통해 찾을 수 있다. 더불어 네트워크 피에스시Network PSC(E. Anderson, R. Bachelder, B. K. Campbell, R. Bova-Collis, B. Dyson, L. Hall, M. Meir, K. Niccum, M. L. Pederson, D. Perez, R. Russo, K. Thompson, R. Valdez 등)의 문헌은 사회복지나 신장학 관련 저널이나 논문을 통해 살펴볼 수 있다.

출처: Rick Russo, MSW, LSW, Media, PA.

생애말 의료의 중요성을 선포했던 2002년 보고서에는 석사 수준의 사회복지사들이 환자와 가족을 위한 임상 서비스 제공에 충분한 시간을 가질 수 있도록 사무적인 일을 부과하지 말 것을 권고하고 있다. 2005년 미국보건복지부Department of Health and Human Services에서는 말기신장 질환자 시설의 적합한 환경조성을 위해 다음의 내용을 반영하도록 제안하고 있다.

또한 투석환자들은 교통편이나 메디케어 혜택, 메디케이드 적격성, 주거, 약물치료 등에 대한 정보 등 기본적인 서비스들을 제공받아야 하나, 이러한 과업들은 다른 시설 스탭들에 의해 수행되어야만 한다. 그 이유는 사회복지사들이 돌봄의 최적 성과를 내도록 환자의 다학제 간 팀 업무에 전적으로 관여해야 하기 때문이다(*Federal Register*, 2005, p. 6222).

메리지Merighi와 엘브라크트Ehlebracht(2004a, b, 2005)는 미국 내 809명의 투석 사회복지사를 무작위 추출하여 다음과 같은 사실을 파악하였다.

• 94%의 사회복지사가 사무적인 일을 수행하고 있었는데, 응답자의 87%는 이러한 일이 사회복지훈련 범위 외의 과업이라 생각하고 있었다.
• 61%의 사회복지사는 환자 교통편 준비에 단독으로 책임을 맡고 있었다.
• 57%의 사회복지사는 단기체류하는 환자의 여행준비에 대한 책임을 맡고 있었으며, 9%의 시간을 소요하고 있었다.
• 26%의 사회복지사는 초기 보험조회 업무를 담당하고 있었다.
• 43%의 사회복지사는 메디케어 조정 기간을 추적하고 있었다.
• 44%의 사회복지사는 등록 서류들을 구비하는 데 일차적인 책임을 맡고 있었다.
• 18%의 사회복지사는 환자의 비용 수납에 관여하고 있었다. 응답자들은 분명 이러한 일들이 치료관계를 약화시킬 수 있으며, 신뢰를 떨어뜨릴 수 있음을 언급하였다.
• 응답자들은 그들 시간의 38%를 보험, 청구, 사무 관련 업무를 수행하는 데 소요하고 있었으며, 그에 비해 25%에 해당되는 시간을 상담이나 환자 사정에 사용하고 있었다.
• 단지 34%의 사회복지사만이 환자의 심리사회적 욕구를 다루는 데 필요한, 충분한 시간을 갖고 있다고 생각하고 있었다.

또한, 연구에서는 신장사회복지사에게 주어지는 보험이나 청구 관련 업무가 늘어날수록 직업만족도는 줄어들었음을 지적하고 있다. 이는 환자로부터 수납을 담당하는 사회복지사들에게 더욱 뚜렷이 나타나는데, 신장사회복지 영역에 있어 직업 만족도는 상담이나 환자 교육에 관한 업무시간과 정적으로 관련되며, 보험 사무업무와는 부적 관련이 있었다. 보험, 청구, 사무 활동을 수행하는 신장사회복지사는 감정적 소진현상이 증가하고 있다고 보고하였다. 상담이나 환자교육에 보다 많은 시간을 소요하는 이들은 감정적 소진이 덜한 것으로 나타났다. 연구자들은 환자교육을 제공하고, 환자나 가족을 대면하는 일이 석사학위 소지자인 사회복지사에게 보다 적합한 일이며, 업무 만족감을 높이는 일임을 밝히고 있다.

직업과 관련한 신장사회복지사의 또 다른 관심 영역은 많은 수의 담당 환자들에 관한 것이다. 신장사회복지사협회CNSW: Council of Nephrology Socila Worker는 2010년 3월 31일에서 6월 21일까지 신장사회복지사에게 급여 수준과 환자 수를 온라인상으로 익명조사를 하였다(Merighi, Browne, & Bruder in press). 조사 결과(n=1,037), 풀타임 투석 사회복지사는 1∼711명까지의 환자들을 담당하고 있는 것으로 나타났다(중앙치는 125명). 이식담당 사회복지사는 수백명의 환자들과 장기기증자들을 담당하고 있었다. 이처럼 많은 수의 환자를 담당하는 것은 결국 환자의 만족도를 떨어뜨리는 일로, 환자의 기능회복수준을 저하시키는 요인이 된다(Callahan, Moncrief, Wittman, & Maceda, 1998). 사회복지사가 많은 수의 환자를 담당하는 것은 적절한 신장 임상서비스, 특히 대부분의 상담 영역에서 그러한데, 충분한 서비스 제공을 방해하고 있다(Merighi, & Ehlebracht, 2002, 2005).

신장사회복지사협회(2002)는 환자의 심리사회적 위험을 고려한, 보다 정확성에 근거한 사회복지사 대 환자의 비율을 권장하고 있으며, 풀타임 투석 사회복지사 1인당 환자수를 최대 75명까지로 제안하고 있다. 텍사스 주의 경우, 풀타임 사회복지사 1인당 75명에서 100명까지로 환자수를 정하고 있다. 네바다 주는 풀타임 사회복지사 1인당 100명의 투석 환자를 배정하고 있다. 그러나, 메리지와 엘브락트(2004)가 전국 사회복지사를 조사한 바에 의하면, 풀타임 투석 사회복지사의 단 13%만이 75명 이하의 환자를 담당하고 있었으며, 40%는 76명에서 100명의 환자를, 47%는 100명 이상의 환자를 담당하고 있는 것으로 나타났다.

2010년까지, 연방정부는 신장학 관련 사회복지의 비율을 의무화하지 않았다. 그러나, 2008년 투석실에 대한 메디케어 보장조건은 모든 투석실에서 사회복지사가 자신의 의무를 수행할 수 있는 적절한 환자의 수를 확정할 필요가 있음을 지적하고 있다(Federal Register, 2008). 특히 보장조건 494.180조항에는 다음을 명시하고 있다.

적정 환자 수 제한은 언제든 환자의 투석이 가능하도록 하기 위함으로, 환자와 종사자 비율은 투석조치의 적절성과 환자욕구의 충족수준을 고려해 정해져야 한다. 학제간 팀 내의 공인된 간호사와 사회복지사, 영양사 수는 환자의 임상적 요구에 부합하도록 구성되어야 한다 (p. 20483).

선행연구에 의하면 신장사회복지사가 너무 많은 환자를 돌보는 일은 임상에 개입하는 그들의 능력과 서비스 제공을 저해하는 요인이라고 한다(Bogatz, Colasanto, & Sweeney, 2005). 이 연구에서는 응답자들이 170명 정도의 환자를 담당하고 있었는데, 그중 72%는 중앙치인 125명의 환자를 담당하는 것으로 나타났다. 또한 연구자들은 68%에 해당하는 사회복지사가 사례관리나 상담에 충분한 시간을 갖지 못하며, 62%는 환자교육 수행에 요구되는 시간을 할애하지 못하고, 36%는 사무, 보험, 청구관련 업무를 수행하는 데 과도한 시간을 사용한다고 하였다. 한 응답자는 "담당하는 환자들이 보다 복잡한 문제를 갖고, 그 숫자도 더 많아지게 되는 현 상황에서는 연방정부의 가이드라인을 지키는 것은 불가능하다. 나는 우리 환자들이 양질의 사회복지서비스 접근을 거부당하고 있다고 생각한다"라고 답하였다(p. 59).

신장사회복지사협회
COUNCIL OF NEPHROLOGY SOCIAL WORKERS

미국신장재단과 연계된 전문가 협회인 신장사회복지사협회CNSW는 신장사회복지사 조직 중 전 세계적으로 가장 크다. 조직의 목적은 다음과 같다: (1) 환자의 공공교육을 개발하고 촉진한다, (2) 신장사회복지의 전문성과 교육을 지지하고 촉진한다, (3) 규제력을 지니고, 입법적인 이슈들에 영향을 미친다, (4) 자격을 갖춘 사회복지사가 말기신장질환자를 위한 셋팅에 고용되도록 한다, (5) 신장 환자에게 계속적으로 지원과 교육을 제공한다. 2010년, 900명 이상이 조직의 회원으로 속해 있었는데, 대부분이 미국인이었다. 신장사회복지사협회 지부 55개 이상이 미국에 위치하며, 모두 국가조직에 의해 감독된다. 신장사회복지사는 다음과 같은 다른 전문조직에도 소속될 수 있다.

- 1986년 미국과 캐나다에 설립되어 운영 중인 장기이식 사회복지사회Society for Transplant Social Workers
- 사회복지요소를 갖춘 유럽 투석 및 장기이식 간호사 연합European Dialysis and Transplant Nurses Association
- 신장사회복지 조직을 포함하고 있는 캐나다 신장재단Kidney Foundation of Canada

신장사회복지사협회는 1973년 4월, 국가 독립기구로 미국신장재단의 자문위원회가 되었다. 그 이전에는 신장학 사회복지사들이 공통 이슈와 관심에 대해 지역적으로 만나서 논의하였다. 초기 신장사회복지사협회는 말기신장질환 연방법규에 조언을 하거나, 신장팀에 석사수준의 사회복지사가 참여하도록 로비하는 활동을 수행하였다. 그 때부터 신장사회복지사협회는 "신장사회복지를 위한 실천 표준"이나 "신장사회복지사를 위한 지속적 품질관리" 등의 출판물 발행뿐 아니라, 신장사회복지사를 위한 연간 훈련프로그램을 포함해 수많은 전문적 자원들을 개발해 왔다. 투석 및 장기이식 기관의 메디케어 보장조건이 2005년 개정되었을 때, 신장사회복지사협회가 발의한 이니셔티브에 의해 사회복지사들은 모든 말기신장질환 시설의 정책과 관행을 규정하는 제안된 조건들에 대해 가장 많은 발언을 하는 직업군이 되었다. 신장사회복지사협회는 신장 영양 협의회Council of Renal Nutrition, 선진의사협의회Council of Advanced Practitioners, 신장 간호사 및 기능사 협의회Council of Nephrology Nurses and Technicians 등과 같은 다른 미국신장재단 전문협회들과 함께 여러 프로젝트를 수행하고, 분기별 진문 뉴스레터를 발긴하기 위해 협력히고 있다. 1981년 이후부터, 신장사회복지사협회는 신장사회복지사들이 계획한 연구프로젝트에 기금을 지원하

고 있다. 여기서 논의된 직업적 문제들에 대응하고 성과 중심의 신장사회복지서비스를 제공하는
일은 신장사회복지사협회의 중요한 과제이다. 1995년, 신장사회복지사협회는 사회복지 성과측정
의 가이드라인 체계로 "신장질환 환경에 있어 사회복지 및 심리사회적 서비스를 위한 전미사회
복지사협회/신장사회복지사협회 임상적 지표"를 만들어내기 위해 전미사회복지사협회와 협력하
였다. 또한 신장사회복지사협회는 "신장사회복지의 재조명: 성과훈련 프로그램"이라 지칭하는
라이브 프레젠테이션, 비디오테이프 형식의 지역활동 교육 훈련, 그리고 다음과 같은 인터넷 기
반 전문교육 프로그램들로 구성된 18개 분야의 훈련영역을 갖추고 있다.

- "문화적 장애요인에 관한 사정과 효율적인 돌봄 계획 디자인"
- "환자의 정신상태 변화 사정과 관리"
- "포괄적 임상 사정 수행"
- "준수향상을 위한 실행 개입"
- "지속적 질 향상"
- "사정 강화, 치료 성과 모니터, 지속적 개입 가이드를 위한 생물심리사회적 도구의 적용,
  점수매기기, 해석"
- "재활을 위한 개별화된 계획 개발"
- "생애말 이슈들"
- "사례관리 서비스 제공"
- "지지 촉진하기, 심리교육적이고 단기 치료그룹들"
- "다학제간 팀 협력과 교육"
- "환자의 질병 적응강화를 위한 결혼 및 가족 상담"
- "환자 교육"
- "보호적 서비스 제공"
- "우울 다루기"
- "말기신장질환자의 우울의 이해와 접근"
- "치료성과의 심리사회적 예측요인 이해"

신장사회복지사협회의 주안점은 입법적 옹호에 있다. 신장사회복지사협회는 미국보건의료사
회복지기구 컨소시엄National Consortium of Health Care Social Work Organization의 적극적인 구성원으
로, 이식 수혜자의 메디케어 보장범위 확대를 통한 면역억제 약물치료의 보험적용을 비롯하여,
말기신장질환자의 건강보험 보장범위 확장을 위해 미국신장재단과 일하고 있다. 신장사회복지사
협회의 또 다른 관심은 전문적 옹호로, 신장사회복지사의 역할 정립을 위해 수많은 문서들을 만
들어 왔다. 위원회는 각각 일반 회원, 지부장, 신장이식 사회복지사, 소아과 사회복지사들을 위한
4개의 활발한 전자우편 리스트서브를 갖고 있다. 구성원들은 이러한 인터넷 자원을 통해 동료들

과 신속히 접촉할 수 있다.

2008년 10월, 메디케어는 30년 만에 이식과 투석시설에 대한 보장요건을 처음으로 개정하였다. 이 규정은 미국 내 모든 말기신장질환 시설에서 제공되는 돌봄을 명시하였으며, 주와 연방 감독관들로 하여금 시설들이 적절하게 이를 수행하고 있는지 확인하도록 하였다. 신장사회복지 사협회는 이러한 요건에 반응하기 위하여 구성원들을 조직하고, 말기신장질환의 심리사회적 이슈, 신장 팀 내 사회복지 석사학위자의 적절한 활용 등에 대한 관심을 높이기 위한 옹호활동을 하고 있다.

결론
CONCLUSION

말기신장질환은 심각한 생물심리사회적 결과를 가져오는 중요한 공중보건 영역이다. 신장사회복지개입은 최상의 말기신장질환자 치료를 위해 심리사회적 장애요소를 다루는 데 효과적임이 밝혀지고 있다. 신장사회복지사는 모든 유형의 세팅, 모든 실천단계에서, 그리고 다양한 연령과 배경을 지닌 환자들과 일한다. 이 장은 모든 보건사회복지사에게 말기신장질환과 심리사회적 이슈들을 소개할 뿐만 아니라 신장병학 내 사회복지실천을 안내하는 정보를 제공하고 있다.

연습문제

연습 18.1

신장 이식환자의 고령화(65세 이상) 현상이나 에이즈나 간염과 같은 만성질환 보유비율은 점차 증가하는 추세이다. 미국은 대기자 명단의 신장이식환자 수를 고려할 때, 보급되는 장기의 수는 턱없이 부족한 실정이다. 따라서 일부 지역에서는 환자들이 사망한 기증자의 신장이식을 위해 8년을 기다리기도 한다. 최근에는 신장이식 선정체계에 관한 항의논쟁도 있었다. 역사적으로 보면, 어린이들은 장기이식에 전제조건을 가지고 있다. 즉, 완벽한 항체적합도가 확인되어야 하며(즉, 기증된 신장이 장기이식 대기자 명단의 어떤 이의 항체와 완벽히 적합하다면, 대개 그 사람이 그 신장을 얻게 된다), 명단에 오른 기간도 중요하다(즉, 명단에 올라 있었던 시간이 길수록 장기이식을 받는 데 유리하다). 신장선정에 관한 새로운 정책은 "장기이식 이후의 수명"을 강조하고 있으며, 사망기증자의 신장 분배의 우선순위를 신장이식 후 가장 오래 살 가능성을 가진 대기자에게 두고 있다. 새로운 선정체계를 지지하는 이들은 사망기증자의 신장 공급이 부족한 상황이므로, 이를 해결하기 위해 체계의 변화가 필요하다고 주장한다. 한편 이러한 체계를 반대하는 이들은 새로운 절차가 노인이나 동반질환을 앓고 있는 환자들에게 불리하며 장기이식에 적절한 시기를 놓치게 만든다고 주장한다. 이에 관하여 소규모 혹은 대규모 토론그룹을 만들어(혹은 과제로) 학생들을 토론하게 하거나 논의하도록 한다(윤리에 관한 보다 많은 정보를 보려면 3장을 참조하시오. 신장이식 선정에 관한 추천 자료는 http://optn.transplant.hrsa.gov/kars.asp를 통해 볼 수 있다).

1. 75세 노인환자, 또는 에이즈나 간염환자가 사망한 기증자의 신장이식을 받는 것에 대해 어떻게 생각하는가? 신장이식을 위해 기다리는 수천 명의 사람들(보다 젊은, 혹은 보다 덜 아픈 많은 사람들)이 당신의 결정에 영향을 받게 된다. 이러한 사실에 대해 당신은 어떻게 생각하는가?
2. "장기이식 이후의 수명"을 강조하는 새로 제안된 신장선정에 대한 생각은 어떠한가? 이를 생각할 때 고려해야 하는 사회복지 윤리항목은 무엇인가?
3. 만약 당신이 새로운 제안에 동의하고, 장기이식을 위한 신장 선정 시 장기이식 후 수명을 우선적으로 고려해야 한다고 생각한다면, 이러한 새로운 시스템에 관해 신장이식을 생각하고 있는 건강한 70세 환자나 간염이나 에이즈를 앓고 있는 30세 환자에게 어떻게 설명할 수 있는가?

연습 18.2

헬시 피플 2020Healthy People 2020은 신장병을 포함해 여러 보건 영역과 관련된 미국의 보건 목표로 구성되어 있다(U.S. Department of Health and Human Services, 2000. 보다 많은 정보는 4장 참조). 그룹 멤버들과 헬시 피플 2020에 관해 조사하고, 다음의 질문에 대해 발표하도록 한다(혹은 보고서를 제출하도록 한다).

1. 헬시 피플 2020은 무엇인가?
2. 헬시 피플 2020에서 신장질환자에게 권고하는 것들은 무엇인가?(학생들은 관련 정보를 http://www.healthypeople.gov에서 찾을 수 있다.)
3. 미국이 헬시 피플 2020에서 언급하는 신장질환에 관한 목표달성을 위해 사회복지사가 도울 수 있는 방법 최소 5가지는 무엇인가? 이번 토론에서는 사회복지사에 대한, 정책차원에서의 역할과 함께 개인과 가족차원에서의 역할을 반드시 포함하도록 한다.

연습 18.3

학생들을 6개 그룹으로 나누어, 절반은 신장사회복지사의 역할을 하며 나머지 절반에 대해 사회복지 사정을 하도록 한다. 학생이 원한다면, 상세하게 하기 위하여 사례 18.1에서 18.4까지 나오는 환자 중 한 명을 선택하여 역할극으로 진행할 수 있다. 각 그룹은 다시 제자리로 돌아가 역할극에서 확인된 특정 심리사회적 이슈들에 관하여 논의한다. 시간이 허락된다면, 각 그룹들은 설정된 환자를 위해 개입계획을 세울 수도 있다.

♣ 사 례 18.1

조셉Joseph은 고혈압이 있는 52세의 백인 미국인으로, 이제 막 투석을 시작하였다. 그는 신장이 손상된 것을 알지 못했고, 숨이 가빠 응급실에 와서 말기신장질환이라는 진단이 나오자 충격을 받았다. 이전에 그는 10년 동안이나 의사를 만난 적이 없었다. 병원에서 1주일을 지낸 후, 그는 1주일에 3번씩 외래 투석 클리닉을 방문하며 투석을 시작하였다. 그는 최근에 결혼했으며, 건설노동자로 풀타임으로 일하고 있다. 그는 직장에 다니면서도 투석일정을 소화해 낼 수 있는지 궁금해 하고 있으며, 현재 쇠약해져 있는 상태이므로 신체적 부담을 느껴 회복될 가능성이 없는 것은 아닌지 매우 마음이 약해져 있는 상태이다. 그는 신장 손상에 대한 다른 치료방법을 모르고 있는 상황으로, 자신이 죽을지도 모른다는 두려움을 당신에게 호소하고 있다.

♣ 사 례 18.2

리타Rita는 32세의 히스패닉계 여성으로, 분주한 도시에서 생활하며 6개월 동안 투석을 해 왔다. 그녀는 신장이식에 관심을 갖고, 이식 사회복지사의 평가를 받기 위해 병원에 왔다. 그녀의 가족은 이미 살아있는 기증자로서 이식이 가능한지 검사를 마친 상태이나, 사실 아무도 적합판정을 받지 못해 그녀는 사망 기증자로부터의 이식 대기자 명단에 등록해야만 하는 상황이다. 그녀는 투석 클리닉에 있는 친구로부터 신장이식까지 6년 이상 기다려야 할 것이라는 이야기를 듣고, 대기 시간이 어느 정도일지 궁금해 하고 있다. 그녀를 담당하는 투석실은 리타가 이식 클리닉에 권장된 치료시간에 항상 오는 편이 아니고, 어떨 때에는 완전히 잊어버리는 경우도 있어 투석 프로그램을 완벽히 잘 따르고 있지는 않다고 보고하였다.

이에 대해 부서의 스탭들은 만약 리타가 이식을 하게 되면, 모든 면역억제제 약물치료 과정을 잘 수행할 수 있을지 확신을 갖고 있지 않아, 이식된 신장의 거부증상으로 위험상황에 놓이게 될 가능성을 우려하고 있다.

♣ 사 례 18.3

존John은 42세의 아프리카계 미국인으로, 1년 동안 투석해온 여동생 모니크Monique를 위해 신장을 기증하고자 준비하고 있으며, 살아있는 기증 희망자로 사회복지 사정을 받고자 이식센터에 오게 되었다. 모니크는 3명의 어린 자녀가 있으며, 투석을 시작한 후 수차례 입원을 반복하고 있다. 존은 모든 형제자매와 가족, 부모 중에서 동생 모니크에게 신장을 기증할 수 있는 유일한 적합자이다. 가족들은 이를 "기적"이라고 말한다. 그러나, 존은 이식에 관한 양가감정에 휩싸여 있다. 그 이유는 신장 기증을 위해 정밀검사를 하거나 수술을 하게 되면, 회복에 이르는 시간까지 일을 할 수 없기 때문이다. 그는 모니크와 그렇게 가까운 사이도 아니었기에, 모니크에게 신장을 기증하라는 가족들로 인해 스트레스를 받고 있다.

♣ 사   례 18.4

메리Mary는 20세의 미혼 백인계 미국인으로, 여성 투석환자이다. 그녀는 1주일에 3번씩 외래 투석 클리닉에 다니고 있다. 그녀는 14세에 받았던 장기이식이 실패한 후, 2년 전부터 투석을 시작하였다. 투석실에서는 메리를 매우 좋아한다. 그녀는 또 다른 사람의 신장이식을 위해 사망기증자 대기명단에 등록되어 있으며, 현재 그녀에게 신장을 이식할 수 있는 가족 구성원은 없는 상태이다.(그녀의 신장 손상은 유전에 기인한 질환이므로, 가족으로부터 신장을 기증 받는 것은 불가능하다.) 메리가 거주하는 도시에는, 신장 이식을 위한 대기시간이 약 6년 정도이다. 텔레비전을 통해 식료품 가게의 한 점원이 고객 중 한 사람에게 신장을 기증한 사례가 매스컴을 통해 알려지자, 메리는 투석팀에게 신장을 기증할 수 있는지 물어오고 있다. 환자를 돌보는 기능사 중 한 사람인 킴Kim은 메리에게 신장을 기증하고 싶어 한다. 메리를 사정하는 역할극을 진행하고 난 후, 메리에게 신장을 기증하고자 하는 킴과 관련될 수 있는 윤리적 이슈에 관하여 토론하시오.

추천 자료

신장사회복지

Canadian Association of Nephrology social Workers—www.cansw.org

National Kidney Foundation—www.kidney.org/professionals/CNSW/index.cfm

Society for Transplant Social Workers—www.transplantsocialworker.org/

신장질환, 심리사회적 이슈와 치료 옵션

American Association of Kidney Patients—www.aakp.org

American Kidney Fund—www.akfinc.org

American Social of Nephrology—www.asn-online.org

American Social of Pediatric Nephrology—www.aspneph.com

American Social of Transplant Surgeons—www.asts.org

Centers for Medicare and Medicaid Services—www.cms.gov/

Dialysis from the sharp end of the needle(Patient-created Web site about kidney disease—www.billpeckham.com/from_the_sharp_end_of_the)

Healthy People 2020—www.healthypeople.gov

Home Dialysis Central—www.homedialysis.org

Institute on Rehabilitation Issues—www.rcep6.org/IRI_PublicaNational

Kidney and Urology Foundation of America—www.kidneyurology.org

Kidney Directions: For Research in Polycystic Kidney Disease—www.kidneydirectioans.com

KDQOL Complete—www.kdqol-complete.org

Resource to help administer and score KDQOL assessments.

Kidney Disease Quality of Life (KDQOL) Working Group—http://gim.med.ucla.edu/kdqol/

Kidney School—www.kidneyschool.org

Life Options—www.lifeptions.org

National Institute of Diabetes and Digestive and Kidney Diseases—www.niddk.nih.gov

National Kidney Disease Education Program—www.nkdep.nih.gov/

National Kidney Foundation—www.kidney.org

Nephron Information Center—www.nephron.com

NephrOnline—www.nephronline.com

NephroWorld: The Whole World of Nephrology—www.nephroworld.com

PKD Foundation: For Research in Polycystic Kidney Disease—www.pkdcure.org/home.html

Promoting Excellence in End of Life Care—www.promotingexcellence.org

RenalWeb: Vortex Web Site of the Dialysis World—www.renalweb.com

United Network of Organ Sharing—www.unos.org

United States Renal Date System—www.usrds.org

국제 신장학

European Dialysis and Transplant Society—www.era-edta.org/

International Society for Hemodialysis—www.ishd.net

International Society of Nephrology—www.isn-online.org

International Society of Peritoneal Dialysis—www.ispd.org

Kidney Foundation of Canada—www.kidney.ca

Kidney Health Australia—www.kidney.org.au

National Kidney Research Fund—www.nkrf.org.uk

U.K. National Kidney Federation—www.kidney.org.uk

World Kidney Fund—www.worldkidneyfund.org

제19장

종양사회복지

Oncology Social Work

다니엘 S. 가드너 DANIEL S. GARDNER, 앨리슨 워너-린 ALLISON WERNER-LIN

종양사회복지oncology social work는 암으로 인해 영향을 받는 사람들과 그 가족의 심리사회학적 반응 및 욕구에 관심을 기울이는 사회복지의 한 전문분야이다. 종양사회복지라는 하위전문분야는 오랜 전통을 가진 보건의료 사회복지에서 갈라져 나와 20세기, 즉, 생의학적 발전에 의해 암이 불치병에서 만성질환으로 바뀐 시기에 활성화되었다. 종양사회복지의 개념적 토대는 심리사회종양학psychosocial oncology을 비롯한 여러 학제에 기반하고 있다. 심리사회종양학의 경우 개인과 가족 및 지역사회의 암으로 인한 심리학적, 사회적, 행동적, 영적 역학 등에 관심을 기울이는 임상실천 및 연구 분야이다. 사회복지사는 다체계적이고 전체적인 실천과 연구, 교육 및 옹호활동을 하며, 이를 통해 암에 관한 지식적 토대를 확대하고 암 환자 및 암의 영향을 받는 사람들에게 포괄적인 돌봄 서비스를 제공하는 데 있어 필수적인 역할을 한다. 이 장에서는 종양사회복지의 토대와 포괄적이고 통합적인 암 돌봄 서비스에 있어서 사회복지사 고유의 역할에 대해 소개하고자 한다.

이 장의 목표

• 암 역학과 치료, 암이 개인과 가족에게 미치는 심리사회적 · 행동적 · 영적 영향에 관해 소개한다.
• 전반적인 종양사회복지의 역사와 개념적 토대 및 기능, 심리사회종양학 분야에 관해 설명한다.
• 종양연구에 있어서 사회복지가 기여한 바를 설명한다.
• 종양사회복지사가 심리사회적이고 삶의 질과 관련된 문제를 사정하고 개선하기 위해 활용하는 실천지식 및 기술, 개입의 범위를 정의한다.
• 암생존자cancer survivorship, 가족 의사결정, 유전자 검사 및 생애말 의료서비스 등 심리사회종양학의 최근 이슈들을 살펴본다.

• 환자 교육과 지지 및 전문적 발전을 위해 이용 가능한 자료들을 엄선해 제시한다.

암 역학
CANCER EPIDEMIOLOGY

미국인이 평균 수명까지 생존할 경우 암에 걸릴 확률은 남성 44%, 여성 38%이며, 올 한 해 동안만 약 150만 명이 새롭게 암을 진단받을 것이다(Altekruse et al., 2010). *암*이란 인체 내에서 비정상적 세포가 통제할 수 없을 만큼 성장하면서 생기는 수백 가지의 질병을 일컫는 포괄적 용어이다. 종양학자들은 암이 시작된 세포의 유형이나 인체 기관에 따라 구체적으로 분류한다. 발생률은 성별과 인종 및 민족에 따라 차이가 있지만 전립선암, 유방암, 폐암, 대장 및 직장암, 자궁암, 방광 및 신장암, 난소암, 비호지킨 림프종과 흑색종[1]은 성별이나 인종에 상관없이 가장 흔한 암이다(Altekruse et al., 2010; 표 19.1과 19.2 참조).

암은 일반적으로 비정상적 세포들을 성장하게 만드는 유전형질의 손상에서 시작되는데, 이는 돌연변이를 바로잡지 못했기 때문인 경우가 많다. 이 세포들은 불규칙적인 방식으로 활동하고 건강한 세포들보다 훨씬 빨리 분열하며, 유전적으로 정해진 기능을 수행할 수 있는 능력이 부족하다.

표 19.1 여성의 인종별 주요 암 발생

암 발생 부위	미국 유병, 2007년(SEER)	추정 신규 발생, 2010년(ACS)	미국 유병, 백인 미국인	미국 유병, 아프리카계 미국인	미국 유병, 히스패닉계 미국인	미국 유병, 아시안계 미국인
모든 부위	6,360,682	739,940	5,614,748	479,368	268,580	133,712
유방	2,591,855	207,090	2,296,698	201,276	102,436	58,562
자궁 내	575,108	43,470	523,613	26,175	19,390	10,533
대장 & 직장	571,857	70,480	489,901	58,546	21,186	14,223
흑색종	408,229	26,260	391,407	1,605	6,063	750
비호지킨 림프종	211,470	30,160	188,249	15,490	10,719	4,382
폐 & 기관지	197,878	105,770	172,551	17,957	4,795	4,049
난소	177,162	21,880	156,821	12,072	8,061	8,061
신장	116,651	22,870	102,098	13,778	7,288	1,816
갑상선	100,521	338,026	298,625	19,155	21,041	10,761
췌장	16,939	21,770	13,718	2,330	1,082	589

출처: *SEER Cancer Statistics Review, 1975-2007*, edited by S. Altekruse et al., 2008. Bethesda, MD: National Cancer Institute.

1) melanoma — 멜라닌 세포의 악성화로 생기는 종양. 주로 피부에 많이 발생함 — 옮긴이 주.

표 19.2 남성의 인종별 주요 암 발생

암 발생 부위	미국 유병, 2007년(SEER)	추정 신규 발생, 2010년(ACS)	미국 유병, 백인 미국인	미국 유병, 아프리카계 미국인	미국 유병, 히스패닉계 미국인	미국 유병, 아시안계 미국인
모든 부위	5,353,054	789,620	4,688,195	462,299	233,031	94,285
전립선	2,276,112	217,730	1,923,891	273,813	99,902	35,457
대장 & 직장	540,636	72,090	472,191	43,302	23,519	15,315
방광	395,480	52,760	370,034	12,835	9,507	4,559
흑색종	385,054	38,870	371,219	1,083	3,723	595
비호지킨 림프종	226,855	35,380	203,436	15,559	11,662	4,732
폐 & 기관지	172,739	116,750	145,246	17,728	4,879	4,504
신장	164,839	35,370	144,338	15,097	9,831	2,881
구강 & 인두	161,112	25,420	141,976	10,436	5,218	4,324
백혈병	137,398	24,690	122,770	7,877	10,181	2,685
췌장	16,057	21,370	14,093	1,291	451	840

출처: *SEER Cancer Statistics Review, 1975-2007*, edited by S. Altekruse et al., 2008. Bethesda, MD: National Cancer Institute.

암 세포들은 종양tumor(악성 종양malignancies이라고도 함)의 형태가 되며, 건강한 조직들을 공격하고 파괴하면서 혈액이나 림프계를 통해 퍼지는데 이 과정을 전이metastasis라고 부른다. 만약 공격적 세포의 성장이 조금도 수그러들지 않는다면, 해당 부위의 기능은 중지된다(Eyre, Lange, & Morris, 2001). 성장이 빠르거나 공격적인 암의 경우, 이 과정은 사망으로 이어지곤 한다. 하지만, 많은 경우 종양은 느리게 자라며, 치료를 통해 이를 멈추거나 조절할 수 있다.

악성종양 세포들은 유형에 따라 발현이나 반응, 치료 방식이 다르기 때문에 유형에 대한 정확한 진단이 매우 중요하다. 진단에는 신중한 검진과 혈액검사, 스캔, 조직검사 등이 포함되며, 이에 따라 암은 일반적으로 5개의 유형으로 분류된다. *상피성 종양*carcinoma은 모든 암을 가리킬 때 사용되기도 하는 용어로, 특히 피부·폐·유방·위·대장·전립선과 같은 장기의 상피성 내벽epithelial linings에서 시작되는 암을 말한다. *육종*sarcomas은 뼈·연골·근육, 즉, 결체조직connective tissues에 영향을 준다. *선종*adenomas은 부신·뇌하수체·호르몬샘에서 시작된다. *림프종* lymphomas은 림프계에 생기는 암을 말하며, 면역계와 관련된 장기에 영향을 준다. *백혈병*leukemias은 혈액암으로, 줄기세포가 성숙되는 골수에서 시작되어 혈류를 통해 이동한다. 흑색종이나 소세포폐암small-cell lung carcinomas과 같은 일부 암들은 이 광범위한 범주에 속하지 않는다(Beers, Porter, Jones, Kaplan, & Berkwits, 2006).

병인학과 사망률

암은 여러 가지 기전에 의해 생기며 다양한 경로를 따라 활동한다. 여기에는 유전적, 환경적, 또는 행동 과정 간의 상호작용이 포함된다. 일부 악성 종양은 무작위적, 혹은 산발적으로 생기는 유전적 손상이나 돌연변이에 의해 발생하며, 어떤 종양은 한 세대에서 다음 세대로 이어지는 유전적 돌연변이가 원인이다. 또, 어떤 암은 연령, 성, 민족, 인종, 가계ancestry와 밀접한 관련이 있다. 환경적 영향(유독성 화학물질이나 대기오염, 바이러스, 햇빛 및 자외선 등), 행동 양식(음주나 흡연, 비만 및 식습관, 성 및 생식 관련 행동 등), 그리고 사회적 환경(빈곤, 치료 관련 인종차별, 또는 주거와 영양, 깨끗한 공기, 교육, 보건의료와 예방검진에의 접근성 부족 등) 또한 암의 발현과 치료 반응 및 사망률에 영향을 미칠 수 있다(Ghafoor et al., 2003; McGinnis, Williams-Russo, & Knickerman, 2002; Shavers & Brown, 2002).

매년 약 57만 명의 미국인이 암으로 사망하며, 이는 모든 사망 원인의 약 25%를 차지한다(American Cancer Society[ACS], 2010a). 예방 노력과 조기검진의 향상, 치료의 발전 덕분에 암으로 인한 사망률은 1990년대 이래 전반적으로 감소하고 있다(Altekruse et al., 2010; Edwards et al., 2009). 생존율은 세포 유형과 진단 당시의 진행단계에 따라 다르지만, 암 진단을 받은 사람 중 절반 이하만이 암으로 인해 사망한다(Eyre et al., 2001). 이러한 경향에도 불구하고 발생률과 사망률은 성, 연령, 인종/민족, 가계, 지리, 사회경제적 지위SES: socioeconomic status에 따라 심각한 건강불평등을 나타낸다. 미국질병관리본부CDC: Centers for Disease Control and Prevention에 따르면 암 종류에 따라 남성과 여성의 발생률이나 사망률이 다르지만, 전반적으로 남성이 여성보다 암에 걸릴 위험이 더 높다. 모든 종류의 암을 통틀어 보면 아프리카계 미국인 남성은 다른 인종의 남성보다 암 발생 위험이 매우 높으며, 암 사망률은 아프리카계 미국인 남성과 여성이 다른 인종의 남성과 여성보다 높다. 일반적으로 낮은 사회경제적 지위는 암에 걸릴 위험을 증가시키며(Ghafoor et al., 2003), 노인은 65세 미만인 사람보다 암에 걸릴 위험이 10배가 넘는다(Altekruse et al., 2010).

관련된 문헌 자료가 많음에도 불구하고, 암 및 기타 만성질환과 관련된 건강불평등의 원인들은 충분히 이해되지 않고 있다. 이는 유전적 차이, 환경적 독성물질에의 노출, 충분한 영양섭취와 예방검진 및 건강보험에의 접근성 부족 등 생리적·사회적·행동적 요인들 간의 복합적인 상호작용이 반영되는 것으로 보인다(Link & Phelan, 1995; Williams, 1997). 보건의료 공급자들 간의 편견과 주류 의학에 대한 일부 환자들의 회의skepticism, 그리고 1차 의료 및 예방서비스에의 접근성 부족과 같은 요인들은 취약한 지역사회와 소외집단의 암 위험을 증가시켜 왔다(Shavers & Brown, 2002). 예를 들어, 미국의 아프리카계 미국인 여성은 백인 여성보다 암 유병률이 낮지만, 암으로 인한 사망률은 유의미하게 높다(Chu et al., 1997; Dignam, 2000). 겔러트Gehlert 등(2008)은 질병의 "하향식 모델downstream model"을 제시하고 있는데, 이는 구조적·환경적 변인들(빈곤, 영양결핍, 범죄에의 노출, 열악한 주거 등)이 사회적 고립, 우울, 스트레스 호르몬 반응과 연결되어, 사회경제적 지위가 낮은 인종/민족의 지역사회에서 질병과 더 높은 사망률을 보이게 된다는 것이다.

암 치료

종양을 없애거나 크기를 줄이고, 암의 확산이나 재발을 예방하기 위해 다양한 전통적·실험적 치료법들이 적용되고 있다. 종양학자들은 치료법을 주로 암의 유형이나 침윤성, 진행단계에 근거해 결정한다(참고 19.1). 특정 치료법의 효과성, 환자의 전반적인 건강, 각 집단에 따라 다르게 나타날 수 있는 치료의 장·단기적 부작용, 보험 적용 범위와 같은 경제적 문제도 중요한 고려대상이다(Eyre et al., 2001). 의사들은 일반적으로 환자와 함께 치료 대안을 논의하며, 환자는 보건의료 전문가 및 가족과 상의해 결정한다. 치료는 수술과 화학요법, 방사선치료가 적절히 혼합되어 진행될 수 있다.

◆ 참고 19.1 암의 병기 진단

*병기 진단*staging은 암의 심각성과 침윤성을 확인하는 과정이다. 이는 치료방법을 정하는 데 필요한 정보를 제공하고, 예후를 알아보며, 적용할 만한 임상시험을 파악하고, 의료공급자들 간의 의사소통을 원활하게 해준다. 흔히 원발암primary tumor의 부위와 크기, 주위 림프절lymph nodes로의 전이 여부, 다른 장기로의 전이 여부에 관한 정보를 통합해 병기를 진단한다.

병기의 기준은 암의 유형에 따라 다르기 때문에 미국합동암위원회AJCC: American Joint Committee on Cancer는 공용어를 제공하기 위하여 TNM 병기 분류체계를 개발하였다. *T*는 원발 종양의 크기(mm 또는 cm 단위) 혹은 침윤 범위를 말하고, *N*은 암 세포가 주위 림프절로 퍼졌는지를 알려주며, *M*은 다른 장기로의 전이 여부를 나타낸다. 기준마다 심각성의 정도를 나타내는 등급이 있다.

하지만, 일반적으로 환자나 가족들과는 암의 병기에 대해 다른 방식으로 이야기한다. 이러한 병기 진단체계는 다음과 같다.

병기	유형	설명
0기	원지성in situ	비정상세포가 원발 장기 내에 억제되어 있는 경우. 일반적으로 0기 암은 치료 가능함.
1기	국한localized	암이 전이의 증거 없이 원발 장기 내에 국한되어 있는 경우.
2~3기	국소진행regional	암이 지역적으로 진행되어 주위 림프절로 퍼지기도 한 경우.
4기	원격전이distant	암이 원발 부위에서 다른 장기나 다른 부위의 림프절까지 퍼진 경우. 일반적으로 4기 암은 전이성이라고 하며, 수술로 치료할 수 없음.
	재발성recurrent	암이 원발 부위나 다른 부위에 원격전이되어 재발하는 경우.

출처: www.cancer.gov/cancertopics/factsheet/Detection/staging과 www.cancerstaging.org/mission/whatis.html

수술은 암의 예방, 진단 및 치료를 위해 이용된다. 외과적인 조직검사를 통해 종양의 크기 및 침윤 정도를 시각적으로 확인하고, 세포 유형과 병기 분석을 위한 조직을 채취한다. 암이 억제되어 있거나 쉽게 제거되는 경우, 수술은 가장 효과적인 치료법이다. 수술은 종종 방사선 치료나 화학요법, 호르몬요법 등 다른 치료법과 결합해 이용되기도 한다. 방사선 치료는 악성 종양을 파괴하거나 최소화하기 위해 이온화 방사선을 이용하는 것으로, 종종 접근하기 어려운 암세포나 종양을 정확하게 목표로 하여 도달할 수 있도록 하기 위해 사용된다. 방사선 치료는 근치적 치료[2] 및 완화적 치료에 모두 효과적인 방법으로, 단독으로 혹은 수술이나 화학요법의 보조적인 치료법으로 처방될 수 있다. 방사선 치료는 몇 주 동안 매일 받아야 할 수도 있다. 이는 시간 소모적이고 심신을 지치게 하며, 국부적인 피부 반응이나 탈모, 치료 부위의 내상 등을 유발할 수 있다(Eyre et al., 2001; Weinberg, 2006).

다소 국소적인 치료법과 대조적으로 화학요법은 신체 전반에 걸쳐 암 세포를 공격하는 수백 가지의 약품을 가리키는 광범위한 용어로, 치료를 하는 동안 건강한 장기와 기능에도 영향을 미칠 수 있다. 방사선 치료와 마찬가지로 화학요법도 근치적 혹은 완화적 목적에 두루 사용될 수 있으며, 암의 유형이나 병기에 따라 단독 혹은 다른 치료법에 보조적으로 쓰일 수 있다. 화학요법은 특정한 조합의 항암제를 이용하는데, 이는 건강한 장기에 미치는 영향을 최소화하도록 여러 가지 방법(투약이나 주사, 경구 투약 등)과 일정, 용량을 통해 제공된다(Beers et al., 2006). 화학요법은 암 환자의 사망률을 감소시키는 데 큰 역할을 하고 있지만, 심각한 신체적 부작용과 큰 불안감을 초래할 수 있다. 메스꺼움과 구토, 면역체계 억제, 탈모, 구강점막 질환, 피로, 성욕 감소 등 다양한 부작용이 있다(Weinberg, 2006).

실험적 접근법은 전통적인 치료법에 잘 반응하지 않는 암 환자나 전이 및 재발을 겪고 있는 환자에게 적용될 수 있다(Eyre et al., 2001). 환자들은 새로 개발된 프로토콜의 효과성을 알아보기 위한 임상시험에 참여함으로써 새로운 치료법을 시도해 볼 수 있다. 그러나, 임상시험의 프로토콜에 포함시키거나 배제하는 기준이 엄격하기 때문에 접근성은 제한되어 있다. 이는 실험적 치료법이 도움 될 만한 사람이라고 해서 모두 임상시험에 참여할 수는 없다는 의미이다. 종합암센터로부터 먼 곳에 사는 외곽 거주자는 실험적 접근법을 이용할 기회가 더 적다. 또한 임상시험은 일반적으로 소수의 연구기관이나 대학병원에서 시행되는데, 재정이나 교통수단에 제약이 있는 사람들은 그런 곳을 다닐 엄두도 내기 어렵다. 이와 같은 심리사회적, 구조적 장애물들은 소수민족이나 인종의 임상시험 참여를 가로막는 경우가 많다(Wells & Zebrack, 2008). 실험적 치료는 대개 이중맹검법double-blind test[3]을 통해 플라시보 또는 미국식품의약청 인증 프로토콜을 할당받아 시험된다.

많은 암 환자들은 전통적인 치료법과 함께 보완대체요법을 이용한다. 미국 내 성인의 약 53

---

2) 암의 전이가 없을 때 암을 완전히 제거하고자 하는 치료 — 옮긴이 주.
3) 환자와 의사 양쪽 모두에게 치료제와 플라시보(위약)의 구별을 알리지 않고, 제3자인 판정자만이 그 구별을 알고 효과를 확인하는 검정법 — 옮긴이 주.

~68%가 건강 상태 호전을 위해 기도나 영적 수행, 자연요법 보조제, 호흡 및 이완 운동, 요가, 척추지압 등을 이용한 적이 있다고 보고하였다(Richardson et al., 2000; Tilden, Drach, & Tolle, 2004). 보완적 치료를 위해 다소 비전통적인 요법을 이용하는 경우는 최근 몇 년째 꾸준히 증가하고 있다. 미국국립보건원NIH: National Institutes for Health의 국립보완대체의학센터NCCAM: National Center for Complementary and Alternative Medicine는 이러한 경향이 베이비붐 세대의 노화와 함께 지속될 것으로 예상하고 있다. 보완대체치료에 관한 더 많은 논의를 보려면 이 책의 12장을 참조하라.

심리사회종양학의 개괄적 역사
BRIEF HISTORY OF PSYCHOSOCIAL ONCOLOGY

파괴적 질병과의 투쟁

암은 역사가 기록된 이래 오랫동안 인류에 영향을 끼쳐 왔음에도 불구하고, 20세기 전까지는 확진하기 어려웠으며 거의 언제나 치명적인 질병이었다(Mukherjee, 2010). 암을 진단받은 사람들은 조절할 수 없는 통증, 무력감, 외모 손상, 역겨운 냄새의 종양, 사회적 고립, 자존감 상실 등을 겪곤 했다(Holland, 1998). 암은 그 자체나 원인에 대해 알려진 바가 거의 없었기 때문에 전염에 대한 두려움과 낙인화stigmatization의 위험이 컸다(Sontag, 2001; Waskul & Van der Riet, 2002). 암은 수치스런 비밀이었다. 20세기 말까지 암 진단은 공개적으로 거의 논의되지 않았으며, 의사나 가족은 환자에게조차 알리지 않기도 했다. 19세기 말 마취가 도입되면서 최초의 암 근치법이라 할 수 있는 수술 방식이 가능해졌다. 하지만 초기의 수술은 매우 파괴적이었고, 장기적인 신체적·기능적 부작용을 초래하였다. 1920년대에는 방사선 요법이 일부 종양을 줄이는 데 효과적인 것으로 확인되면서 수술과 함께 이용되었다. 제2차 세계대전 후에는 원래 군대에서 화학전을 위해 개발됐던 화합물들이 급성 소아백혈병 치료에 효과적이라는 사실이 발견되었다(Mukherjee, 2010). 이는 화학요법이 발전하는 계기가 되었으며, 1950년대 초반부터 널리 이용되었다.

암 연구와 훈련을 위한 공공 및 민간 기금 모금으로 효과적인 치료법이 늘어나기 시작했으며, 이러한 기금은 점점 보편화되었다. 미 연방정부는 암 발생률과 사망률에 관해 이해하고 이를 감소시키는 노력에 구심점을 만들기 위해 1937년 국립암연구소NCI: National Cancer Institute를 설립하였다. 제2차 세계대전 후 미국임상종양학회ASCO: American Society of Clinical Oncology, ACS[4])와 같은 비영리조직들은 암 치료와 관리를 개선하기 위해 헌신하였고, 암 예방과 검사에 관한 대중교육을 확대하였으며, 많은 연구자들이 기금을 받아 다양한 암의 조기 발견과 치료를 크게 발전시킬 수 있도록 도왔다(ACS, 2010c; Fobair et al., 2009). 1970년 닉슨Nixon 대통령은 "암과의 전쟁"을 선포하였고, 의회는 암의 완치법을 찾는 데 초점을 둔 법을 제정하였다(NCI, 2010). 1971년의

---

4) American Cancer Society: 미국 암학회 — 옮긴이 주.

국가암퇴치법National Cancer Act은 국립암연구소의 범위와 책임을 확대하고 국가암프로그램 National Cancer Program을 만들었으며, 연구와 임상을 통합하기 위해 미국 전역에 12개(현재는 40여 개로 늘어남) 종합암센터의 개발을 준비했다. 국가암퇴치법은 암의 병인과 치료, 생리적·심리적 영향에 관한 데이터를 생성하고 수집할 인프라를 만들었다. 이는 지난 40여 년 동안 암 검진과 치료, 암 생존자 분야에서 괄목할 만한 발전을 이루는 기초가 되었다.

20세기 말의 진전과 희망

암 검진과 발견, 진단, 치료 기술에 있어서의 지속적인 발전 덕분에 1960년대와 1970년대에는 암 발병 후 장기 생존하는 경우가 증가하였다. 미국 암학회ACS(2010a)에 따르면 가장 흔한 암 15개의 5년 생존율은 지난 20년 동안 인종과 성별에 관계없이 50%에서 66%로 증가하였다. 이는 암 치료 및 조기 발견의 발전으로 약 54만 명이 죽음을 피할 수 있었음을 의미한다(Jemal et al, 2010). 전국적으로 약 1,050만 명의 사람들이 암으로부터 살아남았고, 10여 년 동안 4대 암, 즉, 폐암, 유방암, 전립선암, 대장암의 사망률은 줄어들었다(Altekruse et al., 2010). 암을 가진 채 살아가고 치료의 장기적 부작용을 겪는 사람들이 크게 늘면서, 암은 불치병이라기보다 만성적이고 간헐적으로 증세가 나타나는 병으로 여겨지게 되었다(Witter & LeBas, 2008). 여전히 암을 완치하는 것이 목표이긴 하지만, 장기 생존은 치료 목적이 증상 조절과 환자의 삶의 질 최적화로 확대되도록 만들었다(Gunnars, Nygren, & Glimelius, 2001; Holland & Lewis, 2000).

암의 행동적·환경적 측면(흡연, 자외선 및 다른 발암물질에의 노출 등)에 관한 대중인식이 늘어나고 암 생존자가 증가하면서, 정신종양학psycho-oncology의 발전이 촉진되었다(Holland, 1998; Montgomery, 1999). 이는 암 질환 및 치료에 대한 심리적인 반응과 암 발생률 및 사망률에 대한 생물심리사회적biopsychosocial 결정요인을 다루는 의학의 하위 전문분야이다. 정신종양학이라는 초학제적인 분야는 암 환자 개인과 가족의 스트레스를 완화하고 지지를 증가시키며, 삶의 질을 최대화하는 개입을 개발하고 평가하는 것을 목적으로 한다. 암 환자와 가족을 위한 심리사회적 의료서비스를 통합하려는 노력은 지난 30년 동안 크게 늘어났다. 미국 암학회, 미국 임상종양학회, 미국의학협회IOM: Institute of Medicine, 미국 국립암연구소는 모두 암 예방, 대처와 적응, 암 생존자, 삶의 질 사정, 가족 간병, 문화적 차이와 건강불평등, 정신신경면역학psychoneuroimmunology, 암 유전학 등의 주제에 관한 연구와 컨퍼런스, 학술출판을 촉진함으로써 심리사회종양학 분야를 발전시켰다(Montgomery, 1999).

1970년대의 호스피스와 생애말 의료end-of-life care 운동은 만성 및 말기질환 의료의 질을 향상시키려는 욕구에 대한 관심에서 발전되었다(Connor, 2007). 호스피스 옹호자들과 초기 프로그램들은 환자의 자율성 증진, 통증 및 증상 조절, 의료적 상태와 치료방법에 관한 환자와의 의사소통, 생애말 사회적 지지네트워크의 중요성을 주장하며 종양학 분야에 확연한 영향을 끼쳤다. 이는 통증관리팀과 심리사회적 의료서비스에 대한 대중인식과 기금을 증진시켰다. 그 후 20년 동안 호스피스 운동은 완화의료의 발전에 박차를 가했으며, 이는 진단 시점에서부터 암 치료에 대해 환자 및 가족 중심의 전체적인 접근을 더 하도록 만들었다(Connor, 2007; National Hospice and Palliative Care Organization, 2010). 완화의료 및 호스피스 서비스에 관한 보다 자세한 내용은 22장과 23장을 참조하라.

사회복지의 실천적 기여

보건사회복지사는 20세기 초부터 개인과 가족이 병원과 외래클리닉에서 암의 생물심리사회적 측면에 대처하도록 도와 왔다(Beder, 2006; Fobair et al., 2009; 1장 참조). 아이다 캐논Ida Cannon이나 해리엇 바틀렛Harriet Bartlett과 같은 선구적인 사회복지사들은 전인적이고, "환경 속의 인간 person-in-environment" 관점을 자신의 임상실천에 적용했으며, 종양사회복지라는 하위전문분야의 길을 이끌었다(Fobair et al., 2009). 1940년대에 사회복지사들은 암 환자와 가족의 심리사회적 관심에 집중하는 최초의 병원 부서를 발전시켰으며, 종양사회복지사들은 그때부터 전국 주요병원의 학제간 보건의료팀에서 필수적인 팀원이 되었다(Holland, 2002). 오늘날 종양사회복지사는 포괄적인 심리사회적 사정, 사례관리, 개인·가족·집단에 대한 지지적 개입을 제공함으로써, 환자와 가족이 의료체계를 잘 파악하고, 지역사회자원을 활용하며, 암 질환과 치료에 최적의 적응을 할 수 있도록 돕는다(Hermann & Carter, 1994).

종양사회복지계 리더들은 환자에 대한 의료서비스 향상에 매우 헌신적이다. 많은 리더들은 1980년대에 숙련되고 매우 존중받는 부서를 만들며, 의료서비스의 기준을 개발하고, 전문적 훈련과 연구 프로그램을 촉진함으로써 임상적 지식과 기술을 개선하고 전파하도록 도왔다(Fobair et al., 2009). 뉴욕시 메모리얼 슬로언-케터링Memorial Sloan-Kettering 암센터의 사회복지 책임자였던 그레이스 크리스트Grace Christ, 필라델피아의 팍스 체이스Fox Chase 암센터의 전 책임자인 조안 허만Joan Hermann, 보스톤 다나-파버Dana-Farber 암연구소의 현 사회복지 책임자인 나오미 스티얼스Naomi Stearns 등이 그러한 리더들이다. 이들과 다른 개척자들은 미국 암학회의 지지를 받아 1983년에 전국종양사회복지협회NAOSW: National Association of Oncology Social Work(1993년에 종양사회복지협회AOSW: Association of Oncology Social Work로 개명함)를 만들었는데, 이는 이 분야의 사회복지사들을 대표하는 주요 전문조직으로 성장하였다. 심리사회적 지지 서비스는 종양학의 표준의료지침으로 점차적으로 통합되고 있다(Blum, Clark & Marcusen, 2001; Holland, 2002). 미국과 국제적 종양사회복지 조직들은 암 환자와 가족에 대한 심리사회적 의료서비스를 개선하기 위한 노력을 이끌며 도와 왔다(Fobair et al., 2009). 이를 위해 종양학 내에 사회복지에 특화된 전문적 임상기준을 만들고, 안락사 및 통증관리 같은 부문에 관한 성명서를 발표하며, 전국적인 컨퍼런스와 학술상을 제정하고, 생애말 의료와 가족 중심적 실천과 같은 분야에서의 공식적인 보수교육을 시행하였다.

암의 심리사회적 영향
PSYCHOSOCIAL IMPACT OF CANCER

조기 발견과 치료가 진전되었음에도 불구하고, 암을 진단받는다는 것은 정서적으로 엄청나고, 삶을 변화시키는 경험이 될 수 있다(IOM, 2007). 새로 진단받은 환자들은 두려움, 충격, 불확실성, 슬픔 등 다양한 감정을 경험하며, 많은 사람들이 이러한 감정을 다루는 데 필요한 대처기술을 사용하는 데 큰 어려움을 겪는다(Hermann & Carter, 1994). 환자와 가족은 암에 관한 많은 정보와 의학용어를 받아들이고 이해해야 하며, 혈액검사와 진단 절차를 견뎌야 하고, 질환을 관리하고, 치료법을 따라야 한다. 또, 복잡한 보건의료체계를 파악하고, 내실 있는 질문과 중요한 치료 결정을 해야 하며, 광범위한 식이요법이나 행동적 제약에 적응해야 할 때도 있다. 뿐만 아니라, 그들은 진료 일정과 절차에 주의를 기울이며, 다양한 보건의료 공급자들과 상호작용하고, 장단기 장애 정책 등 보험혜택을 검토하면서 병에 대한 전문가가 되려고 애쓴다(Smith, Walsh-Burke, & Crusan, 1998). 암과 후유증에 관련된 심리사회적 스트레스는 개인의 자아와 자아존중감을 약화시키고, 두려움과 불안을 불러일으키며, 그 어느 때보다도 대처 기제, 가치, 사회적 지지 체계를 시험할지 모른다. 오랜 시간에 걸쳐 나타나는 암의 정서적 영향에 대처한다는 것은 불확실성과 언젠가는 죽는다는 생각, 그리고 일, 여가, 사회적 관계 등 삶의 모든 영역에서의 극단적인 붕괴 등을 겪으며, 자아와 정체성의 변화에 적응하고 산다는 것을 의미한다(Holland & Lewis, 2000; Waskul & van der Riet, 2002).

암 자체보다 치료 때문에 환자의 삶이 더 불편해지고 방해받는 경우도 있다. 암 수술은 통증과 불편함, 이동성 약화, 출혈, 감염 등의 단기적 문제와 흉터, 신경 및 조직 손상, 심각한 기능 제한(위장, 호흡, 또는 성 기능의 붕괴와 이동성 및 동작 범위의 제한 등)과 같은 장기적 부작용을 초래할 수 있다(Eyre et al., 2001). 치료에 대한 반응 증상을 조절하는 개입과 프로토콜이 발전했음에도 불구하고, 피로, 통증, 메스꺼움, 구토 등 화학요법과 방사선요법 치료로 인한 부작용은 여전히 흔하다(IOM, 2007). 치료 부작용은 에너지를 감소시키고 이동성, 자율성 및 일상 활동 수행능력을 제한하기 때문에, 삶의 질에 심대한 영향을 미칠 수 있다. 탈모나 식욕 및 체중 변화 등의 부작용과 극단적인 방식의 수술은 심각한 병에 걸렸었다는 것을 눈치챌 수 있게 만들어 낙인화를 가중시킨다(Rosman, 2004).

암을 가진 사람들은 동년배보다 정신질환, 특히 적응장애나 불안, 우울의 위험이 더 높다(Carson et al., 2004; Spiegel, 1996). 심리적 스트레스는 원래 있었든지 암 진단으로 생긴 것이든지 상관없이, 암의 진행과 치료 과정에 의해 악화될 수 있다. 불안과 우울은 암의 유형과는 특별히 관계가 없지만 예후가 나쁜 암일수록(췌장암과 같은) 스트레스 수준이 높은 경향이 있다(Carson et al., 2004; Zabora, Brintzenhofeszoc, Curbow, Hooker, & Piantadosi, 2001). 보건의료 전문가들은 암 환자의 우울을 제대로 진단하지 않거나, 생명을 위협하는 질병에 대한 "자연스런" 반응으로 보곤 한다(Spiegel, 1996). 심리사회적 어려움이나 정신질환을 정확하게 발견하거나 치료하지 못하면 환자와 가족의 스트레스를 악화시키고, 질병관리나 치료 프로토콜을 준수하지 못하게 하며, 삶의 질을 저하시킬 수 있다(IOM, 2007).

암에 대한 심리사회적 반응 연구는 환자가 질병에 더 잘 적응할 수 있게 만드는 여러 가지 요인들을 제시해준다. 자신의 병에 대해 내적 통제감과 낙관적 혹은 희망적인 태도를 갖고 접근하는 암 환자는 다른 암 환자들보다 일반적으로 정서적 스트레스를 덜 받으며 심리적 적응을 더 잘한다(Ell, Nishimoto, Mediansky, Mantell, & Hamovitch, 1992; Livneh, 2000). 문제 해결을 강조하는 적극인 참여 중심의 대처 방식을 사용하고, 정보와 사회적 지지를 모색하며, 감정을 처리하고 표현하며, 투병 의지를 갖는 것 또한 암 경험에 대한 심리적 적응을 증진시킬 수 있다(Stanton et al., 2000). 또한, 사회적 지지 수준이 높다고 보고한 환자들과, 종교나 믿음에 귀의함으로써 질병에 대처하는 이들도 스트레스를 덜 느끼며 웰빙이 향상되기도 한다(Wright, 1999). 하지만, 이러한 문헌연구는 일치되지 않는 경우가 많고, 대처와 심리적 적응에 있어서 신경면역학적인 변화와 질병 요인, 성별·연령·인종/민족과 같은 인구사회학적 변인들의 역할은 아직 충분히 조사되지 못하고 있다(Livneh, 2000).

암과 가족

개인의 병은 여러 가지 방식으로 가족 및 친족의 기능에 영향을 주고받는데, 암도 이러한 측면에서 가족에 영향을 미치는 질병으로 간주된다. 암과 암 치료는 정서적인 격변을 초래하며, 병을 관리하고 정상적인 가족 기능을 유지하기 위해 가족 모두의 변화를 요구하는 과정에서 가족 및 사회적 역할을 방해할 수도 있다(Weihs & Politi, 2006). 가족은 구조와 규칙, 서로 혹은 외부 사람들과의 커뮤니케이션에 있어서 복합적이고 대개 무의식적이기도 한 변화를 겪으면서 만성 중증질환에 적응한다(Gardner, 2008; Patterson & Garwick, 1994). 예를 들어 환자가 너무 아프거나 기력이 소진돼 자녀를 돌볼 수 없는 부모이거나, 당분간 일을 할 수 없게 된 가족 부양자 혹은 외모나 성욕에 큰 변화가 생긴 배우자일 경우, 가족 간 상호작용과 자원, 건강에 있어 파괴적 변화를 초래할 수 있다.

가족 간병인family caregiver은 암 환자 간병과 관련된 일의 대부분을 한다(Rabow, Hause, & Adams, 2004; Wolff, Dy, Frick, & Kasper, 2007). 또, 직접적인 일상생활의 돌봄을 제공하고, 투약과 치료 계획을 잘 지키는지 확인하며, 환자의 상태·욕구·걱정거리에 관해 보건의료팀원이나 친구, 또는 가족과 지속적으로 의사소통하는 데 중요한 역할을 한다. 특히, 암 환자가 아동이거나 노인, 또는 말기암인 경우 더욱 그렇다(Glajchen, 2004; Hauser & Kramer, 2004; Waldrop, Kramer, Skretny, Milch, & Finn, 2005). 많은 실증적 문헌들에 따르면 가족 간병인들은 종종 자신의 신체적·정신적 건강까지 위험에 빠뜨릴 만큼 진행성 만성질환 환자의 정서적·신체적·재정적 부담을 상당부분 공유한다(Hudson, Aranda, & Kristjanson, 2004; Waldrop, 2007). 가족이 만성질환 환자를 돌보는 것은 잠재적인 이점이 있지만, 간병인이 너무 많은 일을 하게 되면 여러 정신적·신체적 건강 문제에 취약해질 수 있다(Braun, Mikulincer, Rydall, Walsh, & Rodin, 2007).

암에 대한 가족의 적응은 질병의 진행과정(즉, 급성이냐 만성이냐, 또는 진행성이냐, 만성이냐, 재발성이냐 하는 것), 예후, 환자의 기능 수준과 같은 질병 요인은 물론이고, 의사소통, 융통성, 상호관계, 응집력, 가족생활의 단계 등 가족 역학family dynamics의 영향을 받는다(Rolland, 2005; 13장 참조). 가족 역할과 경계의 융통성이란 가족 기능의 일관성을 유지하면서 외부의 지원을 이용할 수 있는 것으로, 대처 및 회복 탄력성resilience과 관련이 있다(F. Walsh, 2006). 암을 가지고 산다는 것은 가족의 의사소통 방식을 변화시키며, 가족 간에 거의 혹은 전혀 이야기해본 적이 없었던 것에 관해 이야기를 나누도록 만든다. 친밀하고 열린 대화는 만성질환자와 함께 사는 가족들에게 도움이 되는 것으로 여겨지지만, 기존의 가족 갈등이라든가 건강신념 혹은 선호하는 간병 형태의 차이, 가족의 비밀, 갈등을 일으키는 대화법 등은 효과적인 의사소통을 막는 장애물이다(Kramer, Boelk, & Auer, 2006; Werner-Lin & Gardner, 2009). 관계적 스트레스는 암의 대응과 관련한 부담을 가중시키고, 배우자나 파트너와의 관계에 악영향을 미칠 수 있다(Kayser, Watson, & Andrade, 2007; Manne, 1998).

유전자 검사와 생식 관련 결정

최근 인간 게놈genome 지도가 발전하면서 특정한 유전 코드의 변형을 가진 보인자들carriers의 경우에는 다양한 성인형 암에 걸릴 위험이 증가한다는 것을 알게 되었다(제21장 참조). 국립인간게놈연구소NHGRI: National Human Genome Research Institute(n.d.)에 따르면, 유전성 암은 진단되는 모든 암의 약 5~15%를 차지한다. 혈액검사를 통해 이러한 돌연변이가 존재하는지 알 수 있는데, 그 결과를 안다는 것은 어렵고 스트레스를 일으키기도 한다(Meiser, 2005). 유전의 본질상, 검사 결과는 온 가족의 혈통에 관한 정보를 제공하기 때문이다. 모든 세대가 돌연변이 유전의 위험을 갖고 있기 때문에 초기 성인은 주로 가족계획을 위해 유전자 검사를 하고자 한다(Decrueynaere et al., 1996; Denayer, Evers-Kiebooms, Tejpar, Legius, & van Cutsem, 1999; Werner-Lin, 2010). 유전 상담과 검사는 위험을 명확히 인지하게 해주고(Meiser & Halliday, 2002), 유전적 위험에 대한 통제력을 향상시켜주며, 선진적이고 표적화된 예방 의료서비스를 추구할 길을 열어줌으로써(Gooding, Organista, Burack, & Beisecker, 2006), 환자의 불안감을 감소시켜줄 수 있다. 그러나 환자는 복잡한 유전적 보건의료정보를 이해하고, 해석하고, 이용하는 데 어려움을 겪곤 한다. 더군다나, 예방법이 있다 하더라도 그것의 효과는 전혀 장담할 수 없으며, 그것은 삶의 질과 정체성, 자존감, 성생활(Lostumbo, Carbine, Wallace, Ezzo, & Dickersin, 2004; Lux, Fasching, & Beckmann, 2006; Metcalfe, Lynch, Ghadirian, & Nadine, 2004), 그리고 장기적인 건강(Kauff et al., 2008; Rebbeck, 2002)에 중대한 영향을 미칠 수 있다.

BRCA 유전자 돌연변이는 유전성 유방암의 위험요인으로 여겨지는 유전사 돌연변이늘 중 하나일 뿐이지만, 여성이 평생 동안 유방암에 걸릴 위험의 약 14~87%는 물론, 난소암에 걸릴

위험의 10~68%와 관련되어 있다(Antoniou et al., 2003; Szabo & King, 1997). 암 발현율이 높다는 것은 확대가족체계에서 거의 계속적으로 암 관련 진단과 상실을 경험해 왔다는 것을 의미한다. 암 치료와 상실의 경험은 가족의 삶에서 익숙한 일이 될 수 있으며, 암 위험을 인시하고 예방에 관한 결정을 내리거나, 증상 없이 암에 걸려 있는 가족을 조기에 발견할 수 있도록 해주기도 한다(Werner-Lin, 2010).

생애주기와 암

아동 및 청소년기

암이 개인, 가족 및 지역사회에 미치는 심리사회적 영향은 대부분 환자의 생리학적·발달적·역사적·문화적 연령에 달려 있다. 예를 들어, 연령이 다른 아동들은 자신의 인지적·발달적 역량에 따라, 그리고 가족 및 또래 관계의 맥락 속에서 자신의 병과 치료를 다르게 해석하고 경험한다. 소아암 환자들은 불안, 우울, 사회적 고립 및 퇴행을 경험할 위험이 큰 편이다(Zebrack & Chesler, 2001). 그 결과, 아동기나 청소년기에 암을 진단 받으면 양육자로부터의 독립이나 정체성 발달, 친밀한 친구관계 형성과 같은 정상적인 발달과업의 달성에 어려움을 겪을 수 있다. 아동들은 고전적 조건화conditioning나 불안감으로 인해 치료를 받기도 전에 메스꺼움과 구토 등의 예후 증상을 경험할 수 있다. 13세 미만 아동의 33%, 청소년의 59%가 암 치료를 준수하지 않는다는 보고가 있다(Keene, Hobbie, & Ruccione, 2000; Richardson & Sanchez, 1998). 아동이 치료를 준수하도록 할 책임은 부모에게 있지만, 아동은 그래도 치료를 거부할 수 있다. 사회복지사는 아동의 통제 욕구가 덜 유해한 다른 행동으로 향하도록 초점을 재조정하고, 부모의 양육 스타일이 아동에게 어떤 문제를 일으킬 수 있는지 사정하는 방식으로 개입할 수 있다. 만약 문제가 지속될 경우 개인이나 가족 상담을 반드시 의뢰할 필요가 있다.

학교 경험은 아동 및 청소년기의 발달과 지지에 지대한 영향을 미친다(Patenaude & Kupst, 2005). 아동은 학교를 많이 못 다닐 수 있으며, 이는 교실 학습, 또래 관계, 통제감과 자율성에 영향을 미칠 수 있다. 청소년의 경우, 암은 성적인 발달을 방해할 수도 있다. 심리성적 상실psycho-sexual losses은 신체적 발달, 월경, 생식력, 성욕 등의 이슈와 관련되어 있다(Zebrack, Casillas, Nohr, Adams, & Zeltzer, 2004). 암은 또한 청소년의 성적 정체성 탐색을 방해할 수도 있다. 청소년 암 생존자의 절반 가량이 이성에 대해 불편함을 느끼고 데이트하기를 피한다(Zebrack & Chesler, 2001).

학령기 아동의 부모

학령기 아동의 부모가 암을 진단받은 경우 양육과 자기관리를 함께 하기가 어려울 수 있다. 암을 가진 부모는 자녀에게 자신의 병에 관해 무엇을 어떻게 이야기할 것인지, 치료를 받는 동안 양육 부담을 어떻게 지속적으로 해결할 수 있을지, 그리고 자신이 암으로 사망할 경우 자녀 양육 계획은 어떻게 세워야 할지 걱정한다(Biank & Sori, 2003). 때때로 암 환자는 아동 및 청소년인 자녀에게 치료나 정서적 지지에 대하여 의존하기도 한다. 이러한 "부모화parentification"는 아동의 부담을 가중시킬 수 있으며, 정신건강에 부정적인 영향을 미칠 수 있다(Hermann, 2001). 아동이나 청소년, 또는 부모는 교육과 지지를 통해 도움을 받을 수 있는데, 예를 들어 지지집단에서 자신의 욕구와 걱정을 털어놓을 수 있다(Werner-Lin, Biank, & Rubenstein, 2010).

노년기의 암

노인은 매년 새로 발생하는 암 환자의 약 77%를 차지한다(ACS, 2010a). 노인 암 환자들은 65세 미만보다 당뇨, 심혈관계 질환, 호흡기 질환, 신장 질환, 알츠하이머 및 기타 치매성 질환과 같은 만성질환을 동시에 지니고 살 가능성이 높다. 노년기에는 여러 만성질환을 동시에 앓기 때문에 노인 암 환자와 가족, 보건의료 관계자는 보건 및 심리사회적으로 독특한 어려움에 처하게 된다. 노년기의 만성질환은 통증·우울·사망률의 증가 및 삶의 질 저하와 관련되어 있다(Kane & Kane, 2005; Lawton, 2001). 노인에게 만성 및 퇴행성 질환이 동시에 발생하면 기능적 제약이 생기거나 가중됨으로써 스스로를 돌보거나 독립적으로 살아갈 능력이 위협받을 수 있다. 시력과 청력의 상실, 균형이나 보행 관련 어려움, 낙상, 식사나 영양 문제, 인지적 상실, 요실금 등 연령과 관련된 기능적 문제들은 노인의 일상활동 수행 및 치료 관리능력을 크게 제한할 수 있다(Inouye, Studenski, Tinetti, & Kuchel, 2007). 근육 약화, 이동성 제한 및 피로로 정의되는 허약frailty은 나이가 들수록 흔해지며, 낙상·장애·입원·조기사망의 위험이 높아지는 것과 관련이 있다(Feldt, 2004; Woods et al., 2005; 16장 참조).

노인 환자들은 자신의 노화 및 질병 경험, 삶의 질, 완화의료 욕구를 형성하는 여러 가지 신체적·심리적·사회적·영적 문제를 공유한다. 노년기는 퇴직, 가족 역할의 변화, 배우자 및 사랑하는 사람들의 사망, 그리고 건강·기능성·자율성·독립성의 저하 등을 경험하는 삶의 중요한 전환기이다. 노인 환자가 만성 및 진행성 질환을 경험하는 방식은 매우 다양할 수 있지만, 삶을 위협하는 진단을 "예상된" 발달과정의 한 현상으로 보는 경우도 있다. 많은 노인들은 죽음 그 자체보다 죽어가는 과정을 두려워한다. 통제 불가능한 통증, 점점 더 어려워지는 정상적 생활, 자율성과 통제력의 상실, 가족에게 주는 부담 등을 흔히 걱정한다(Cicirelli, 1999; Gardner & Kramer, 2009/10). 신체적 통증이 크거나 더 커질 위험이 있는 노인, 버림받을까봐 두려워하는 노인, 사회적·영적 지지가 부족한 노인들은 진행성 질환과 죽음을 대처하는 데 더 어려움을 겪는 것으로 보고되고 있다(Fortner & Neimeyer, 1999).

수입이 고정되고 건강보험 혜택이 적당하지 못할 경우, 특히 성인 자녀나 손자, 또는 병든 배우자를 돌보고 있는 경우, 노인 암 환자는 암 치료를 위해 필요한 자원들에 접근하기 어려울 수 있다. 노인의료보험인 메디케어나 다른 건강보험으로 보장되지 않는 치료비를 지불해야 한다거나, 진료 받으러 갈 교통수단을 구하는 일, 스스로를 돌보는 일상 활동 수행에 보조가 필요한 일 등은 흔한 문제들이다. 메디케어와 제3자 보험회사들third-party insurers은 신약이나 실험적인 의약품 및 치료 절차에 대해서는 거의 보장해주지 않기 때문에 노인 환자들은 새로운 치료법의 혜택을 충분히 누리기 어렵다. 게다가, 다양한 암 진단을 받은 노인 환자들이 제대로 치료받지 못하게 만드는 한 요인으로 노인 차별ageism을 거론하는 연구문헌들이 늘고 있다(Dale, 2003; Peake, Thompson, Lowe, & Pearson, 2003). 노인 암 환자는 단지 연령 때문에 임상시험에서 배제되곤 하며, 노인 환자는 신체적 부작용을 통제할 수 없을 거라는 가정 하에 의사들이 노인 환자에 대한 치료에 적극적이지 않을 수도 있다(Marcusen & Clark, 2001; Rohan, Berkman, Walker, & Holmes, 1994).

믿을 만한, 상호적이고 사회적인 지지와 지역사회, 혹은 사회적 네트워크(교회 모임, 친구, 확대가족 등)를 갖고 있다고 느끼는 것은 노년기의 건강과 웰빙에 있어서 중요한 예측변인이다(L. Berkman, 2000; Krause, 2006). 이는 중증 질환과 스트레스성 생애사건들의 영향을 중재할 수 있다(Cohen, 2001). 반대로, 사회적으로 고립되고 혼자 살며 사회적 자원이 거의 없다고 보고하는 노인들은 질병과 장애에 더 취약하고, 사망률이 더 높다(Lyya & Heikinen, 2006; Moren-Cross & Lin, 2006). 그러나 노인은 대개 내부에 관심을 두거나(Atchley, 2009; Werth, Gordon, & Johnson, 2002), 삶의 의미와 자신의 유산legacy, 내세에 의문을 던지는 방식으로(Bolmsjo, 2000; Nelson-Becker, 2005) 중병과 죽음의 위협에 대처한다. 가족 및 지역사회와의 연계를 강화하는 노인들이 있는가 하면, 어떤 노인들은 상실과 만성질환, 기능적 저하, 죽어가는 것, 죽음 등에 스스로 적응할 수 있도록 도와줄 신앙을 다시 찾기도 한다(Atchley, 2009).

암생존자

암과 같이 삶을 위협하는 상황을 넘기고 살아가기 위해서는 정서적인 스트레스, 기능적 제약, 그리고 만성적인 건강문제를 초래할 수 있는 장기적인 부작용을 관리해야만 한다. 어떤 생존자들은 피부 건조, 림프부종(종종 팔이나 다리에 생기는 붓기), 또는 손발의 약한 신경장애 등의 "사소한" 골칫거리를 가지고 산다. 또, 어떤 이들은 암을 이겨낸 대신 심장질환이나 인지장애, 만성 신장질환, 2차 암, 불임 등 다른 심각한 건강문제를 갖고 살게 될지도 모른다(Kornbluth, 1998; Oeffinger et al., 2006; Pizzo, 2001). 이러한 만성적 상황과 부작용은 암과 관련된 부정적인 정서적 경험을 계속 상기시킬 수도 있다.

소아암 생존자들은 특유의 의료적, 심리사회적 이슈들에 직면한다. 그들은 자주 재발을 걱정하며(Zebrack & Chesler, 2001), 부모로부터 독립하거나 또래집단으로 재통합하기 위해 지지가 필요할 수 있다. 화학요법과 방사선치료로 인해 학습장애가 생길 수 있으며, 이는 학문적 발달을 방해하고 성숙감과 자존감의 상실, 사회적 고립, 우울, 불안, 그리고 가족 문제를 야기할 수 있다(Shilds et al., 1995; Zebrack, Yi, Petersen, & Ganz, 2007). 학교 재통합은 아동과 가족에게 큰 근심거리이다. 그런 아동을 위해 특정 질병에 대해 참작해주면서 정상생활을 유지할 수 있도록 학교 규칙을 적절히 결합한 현실적인 기준이 마련되어야 한다.

생존자가 성인이 되면 장기적인 치료 부작용과 조기 사망의 위험이 더 커질 수 있다(Mertens et al., 2001). 가족과 보건의료 공급자들은 아동·청소년 암 환자들과 암 치료의 장기적인 부작용에 관해 충분히 논의하지 않을 수도 있다. 이는 아동이 살아남도록 돕는 즉각적인 목표에 초점을 두거나, 정서적으로 힘들고 고통스러울 수 있는 미래의 상실 문제를 꺼내기 어렵기 때문이다. 소아암 생존자들이 성인기에 흔히 경험하는 치료 부작용은 지속적인 피로와 통증, 생식력에 대한 불확실성, 성기능 문제이다(Zebrack et al., 2007). 성생활과 생식기능은 소아암 경험을 지속적으로 상기시킨다. 생식력과 성기능에 대한 염려로 인해 청년 생존자들은 자녀를 가질 수 있는지, 혹은 가져야 할지, 또한 이러한 문제를 연애 상대자와 어떻게 논의해야 할지에 대해 알고 싶어한다(Zebrack, Casillas, Nohr, Adams, & Zeltzer, 2004).

종양사회복지
ONCOLOGY SOCIAL WORK

종양사회복지사는 암에 의해 영향을 받는 개인과 가족, 집단, 그리고 지역사회의 건강과 기능을 극대화시킬 수 있도록 심리사회적 지지를 제공한다. 종양사회복지사는 다양한 종양 분야 현장과 연속적인 암 치료 과정에서, 심리사회적 도움이 되는 자원에 접근하고, 적응적인 대처능력을 지원하며, 정서적·환경적인 스트레스 요인을 완화시킨다(AOSW, 2010). 사회복지사는 질병 경험을 높이거나 악화시킬 수 있는 사회환경적 요인들을 고려하여 "전인적 인간"을 다루기 위하여, 전문적인 환경 속의 인간person-in-environment 관점을 이용한다. 이러한 접근은 치료방침에 따라 치료를 견디고 질병을 관리하는 데 장애물이 되는 생물심리사회적, 영적인 문제를 다루며, 종양사회복지사가 보건의료팀의 필수적인 구성원이 되도록 한다(IOM, 2007).

영역과 기능

사회복지사는 환자의 건강과 삶의 질을 향상시키기 위하여, 시스템 전반에 걸쳐 다양한 차원(참고 19.2)에 개입한다(Raveis, Gardner, Berkman, & Harootyan, 2010). 미시적 차원에서의 심리사회적 지지는 다음을 포함한다.

- 개인과 가족의 정서적, 행동적, 사회적 기능에 대한 포괄적인 사정 실시하기.
- 환자와 가족의 대처, 정서적·사회적 자원, 질병에 대한 반응 사정하기, 암과 치료에 관한 의학적·실제적·심리사회적 측면에 대한 교육을 실시하고 질문들에 응답하기.
- 적응적 대처 키워주기.
- 환자와 가족이 복잡한 보건의료 및 지역사회 체계에서 방향을 찾아갈 수 있도록 돕기.
- 치료의 질을 향상시키는 지지적 자원과 서비스 동원하기.
- 증상과 부작용을 관리하고 줄일 수 있는 전략 가르치기.

• 질병 과정 중 불확실성을 다루고, 불안과 정서적 스트레스를 줄이고, 삶의 질을 향상시키기 위하여 개인과 집단, 가족에게 지지적이고 치료적인 개입 제공하기(AOSW, 2010).

종양사회복지사는 전체 암 치료과정에서 각기 다른 시기에 암환자와 가족의 특별한 욕구를 충족하기 위하여, 임상사례관리부터 집중적인 심리치료에 이르기까지 다양한 개입방법을 사용하고, 폭넓은 서비스를 제공한다.

전통적으로, 종양사회복지사는 주로 병원의 병동과 외래 분야에서 활동하여 왔으나, 다양한 입원과 외래환자 프로그램(예를 들어, 종양학, 통증의학과 완화치료, 기타 특수 서비스 등), 가정간호와 호스피스 서비스, 지역기반 암 지원 프로그램, 개인 수련, 지역기반 정신보건세팅 등 하위전문분야가 다양하게 확대되고 있다(AOSW, 2010). 사회적 맥락과 여러 체계를 망라하는 실천에 대한 강조로 인해, 사회복지사는 질병의 경과에 따라 다양한 변화를 경험하는 환자의 치료 연속성을 높이고, 치료과정을 잘 조율하고 있다(Raveis et al., 2010).

지지그룹은 암환자, 간병인 및 가족구성원이 병과 관련된 질문의 답을 찾고, 심리사회적 어려움을 개선하는 데 효과적인 자원이 될 수 있다. 집단 사회사업은 암 치료에 있어 사회적 고립을 줄이고, 사회적 지지를 구축하고, 정서적 어려움을 공유하는 것을 촉진하기 위하여 자주 활용된다. 또한 증상관리, 가족구성원 및 보건의료 공급자와의 교류, 병과 관련된 변화에 대한 대처 전략를 교환하는 안전한 공간을 제공한다(Fobair, 1998; Spiegel & Classen, 2000). 지지그룹에 참여하는 환자와 간병인은 암에 대한 부정적인 스트레스를 덜 느끼며, 병과 관련된 어려움에 더 효율적

◆ **참고 19.2　종양사회복지사협회**AOSW: Association of Oncology Social Workers **실천 영역**

종양사회복지사협회 실천기준에 명기된 종양사회복지사의 실천 영역은 다음과 같다.

1. 암 생존자, 가족, 간병인에 대한 임상적 실천을 통한 서비스로, 암 경험의 모든 단계에서 포괄적인 심리사회적 서비스와 프로그램 제공.
2. 기관과 단체에 대한 서비스로, 암에 대한 대처와 그 결과에 영향을 주는 심리사회적, 사회적, 문화적, 영적 요인에 대한 이해를 높이며, 양질의 심리사회적 프로그램과 치료 제공.
3. 지역사회에 대한 교육, 자문, 연구, 자원봉사활동을 통한 서비스로, 암 생존자의 욕구를 충족시켜줄 수 있는 지역사회 서비스, 프로그램, 자원의 활용·촉진·강화.
4. 전문가에 대한 서비스로서, 종양 분야 임상사회복지사에게 적절한 오리엔테이션·수퍼비전·평가 제공, 종양사회복지에 대한 학생교육과 전문교육 참여 및 촉진, 임상과 연구를 통한 지식 발전.

출처: Association of Oncology Social Workers. (2010). Scope of practice. Retrieved from www.aosw.org/html/prof-scope.php.

으로 대처한다(Goodwin et al., 2001; Spiegel & Classen, 2000). 지지그룹은 아동과 청소년이 발달 과정을 유지하도록 도울 수 있으며, 부담이 과중되고 지친 부모를 지지하며, 혼란스럽고 불확실한 전환기에 연속성을 제공한다(Werner-Lin et al., 2010).

종양사회복지사는 생명을 위협하는 만성적 질환에 직면할 때, 환자가 가장 의지하게 되는 주요 사회적 관계인 의사-환자 관계에 대한 기존의 초점을 확장하여, 치료의 단위로서 가족을 강조한다. 가족 중심 치료는 양질의 치료를 제공함에 있어 가족 구성원을 협력자로 참여시키어 존엄과 존중을 갖고 대하며, 환자와 가족이 더 많은 정보를 갖고 합의된 치료결정을 내릴 수 있도록 돕는다(Johnson, 2000). 종양사회복지사는 가족이 병과 관련된 가족의 역할과 책임의 변화에 적응하도록 돕고, 가족의 간병 부담을 줄일 수 있도록 정서적 지지와 자원을 제공하며, 재정적 어려움 및 교통편의 어려움을 원조하고, 가족이 환자 상태에 대한 정보를 알고 있도록 돕는다. 또한, 종양사회복지사는 질병의 과정에서 환자를 옹호한다. 가족 간병인은 임상사례관리, 자원 의뢰, 휴식 서비스, 주위 변화에 대한 지지를 받는다. 또한, 가족은 문제해결과 의사결정, 가족 갈등 다루기, 다른 사람이나 팀 구성원과의 효과적인 의사소통에 관한 정신요법 지원과 심리교육을 받는다.

종양사회복지사는 환자, 가족구성원, 보건의료팀의 구성원 사이의 의사소통을 증가시키고, 질병 관리를 향상시키기 위해 가족 회의를 폭넓게 사용하고 있다. 사회복지사는 가족 회의를 조정하고 용이하게 하며, 가족과 보건의료팀 구성원들을 도와 서로 연결되고, 모든 참석자의 어려움을 다룰 수 있는 환경을 조성한다. 효과적인 가족 회의는 변화하는 의료정보에 대해 의사소통하고, 치료 옵션들에 대한 의견을 나누는 기회를 제공하며, 환자와 가족에게 정서적 지지를 제공하고, 치료 선호와 목표에 대한 의사소통과 의사결정을 가능하게 한다(Glajchen, 2004). 또한, 사회복지사는 가족이 암을 가지고 살아가는 데 적응함에 있어, 실제적이고 정서적인 원조를 제공하기 위하여 환자, 가족, 친구, 이웃, 지역사회기관의 대표들을 가족 회의에 참석하도록 한다(예를 들어, 직장, 학교, 종교기관).

종양사회복지 실천 영역은 환자와 가족뿐 아니라 다른 종양팀에 있는 전문가, 보건의료 시스템, 지역사회, 사회복지전문가, 그리고 사회 전체에 대한 서비스까지 포함하여 확장되고 있다. 종양사회복지사는 환자와 보건의료 시스템 사이의 가교 역할을 하며, 환자와 가족을 옹호하고, 환자의 암과의 경험에 영향을 주는 환자만의 특별한 관심, 강점, 문화적 신념과 치료 선호에 대해 종양팀이 알 수 있도록 돕는다. 사회복지는 지역사회자원을 강화하고 발전하도록 하고, 암 환자와 생존자의 욕구에 부응하는 사회적 서비스와 프로그램을 개발하고 실행한다. 또한 조기 암 스크리닝과 치료 옵션에 대한 공공 교육을 촉진하고, 질병이 개인과 가족에게 미치는 영향, 종양에 대한 심리사회적 개입의 효과성, 그리고 암 생존자와 가족 구성원의 장기간 경험에 대한 연구를 수행함으로써, 암 예방과 양질의 치료 발전에 기여한다(AOSW, 2010; Hermann & Carter, 1994). 덧붙어, 종양 영역의 시회복지사는 윤리적이고 숙련된 실천기술에 대한 가이드라인을 개발하고 전파하고, 임상 수퍼비전을 제공하고, 차세대 종양 보건의료 전문가를 교육하는 등 전문성 신장에 적극적으로 임하고 있다.

개념적 기반

종양사회복지 실천은 심리사회종양학, 애착과 상실, 스트레스와 대처모델(Livneh, 2000), 가족체계와 관계적 대응(Boss, 2001; Kayser et al., 2007), 아동과 성인 발달, 이야기와 의미 만들기(Fife, 1994; Werner-Lin & Gardner, 2009)를 포함하여 다양한 이론적 틀과 실증적 문헌에 기반을 두고 있다. 또한, 생태체계적 관점(Germain & Gitterman, 2008; Meyer, 1995)과 환경 속의 인간에 대한 신념은 종양분야 사회복지에서 필수적으로, 이를 통해 사회복지사는 개인과 가족의 정신내적이고 대인관계적인 욕구에 주의를 기울이는 동시에 소속 팀과 기관의 이슈들, 지역사회 프로세스, 거시적 차원의 정책에 민감할 수 있게 된다. 종양사회복지사에게 "생태체계적 관점은 개인과 환경이 복잡하고 다층적으로 연결되어 있는 현실 안에서 사례 현상을 보고, 그 구성과 복잡성을 이해하고, 지나친 간소화를 피할 수 있는 방법이다"(Meyer, 1995, p. 18).

종양사회복지 실천은 클라이언트에게 서비스 촉진하기, 인간의 존엄성과 자기 결정권, 사회정의, 사회적 관계의 중요성, 전문적 활동에 있어 청렴성 등과 같이 사회복지 전문가에게 지침이 되는 윤리와 가치를 반영한다(NASW, 2008). 암 영역은 가장 취약하고 억압된 사회 구성원의 욕구를 충족시키기 위하여 전문가의 책무가 특히 중요하며, 사회복지사는 건강불평등과 치료의 불균형을 제거하기 위하여 개인과 가족, 집단을 위한 자원을 동원한다. 종양사회복지의 목표는 개인과 가족의 기능, 자율성과 의사결정의 선택권, 의사소통과 자원에 대한 접근, 만성질환 돌봄 및 생애말 의료에서의 삶의 질을 향상시키는 데 중점을 두고 있다는 점에서 완화의료 · 노인학 · 보건사회복지의 목표와 일치한다.

필수 지식과 기술

암 진단, 치료 프로토콜, 증상이 매우 다양하고 각 환자의 경험이 독특함에도 불구하고, 참고 19.3에 기술된 지식과 역량은 암 환자와 가족에게 양질의 심리사회적 치료를 제공하는 데 필수적이다.

암과 종양학에 관한 의학적 · 심리사회적 지식

종양학에서 종양사회복지사는 암의 보편적 유형, 증상, 치료 프로토콜, 의료적 절차, 장 · 단기 부작용, 병의 진행과정, 그리고 암생존자 등 암에 관한 의학적 · 심리사회적 지식을 잘 알고 있어야 한다. 암과 종양학에 관한 기본적인 내용을 아는 것은 환자의 의료적 상황의 변화를 따라가고, 환자와 가족이 질병과 치료방법을 얼마나 잘 이해하고 있는지 정도를 평가하고, 그들이 보건의료와 심리사회적 서비스 공급자에게 적절한 질문을 하거나 준비함에 있어 도움을 주는 데

◆ 참고 19.3   종양사회복지사를 위한 필수 지식과 기술

- 암, 증상, 치료방법, 부작용에 대한 지식
- 만성적이고 삶을 위협하는 질병이 개인, 가족, 지역사회에 미치는 생물심리사회적 영향
- 보건의료 및 사회적 서비스 체계와 자원
- 정신건강 진단과 치료
- 윤리적 문제와 법적 문제
- 포괄적인 생물심리사회적 사정 활동
- 임상 사례 관리
- 암의 연속적 과정에 대한 직접적인 임상 실천
- 가족 중심 실천
- 환자와 가족구성원에 대한 암 예방, 건강 증진 및 질병 자가관리 교육
- 말기암과 완화 치료
- 학제간 및 윤리적 실천
- 문화적 역량과 옹호
- 연구 및 근거 기반 실천

중요한 역할을 한다. 조기 진단과 유전자 검사, 다양한 암의 신체적·행동적 예측인자를 포함하여, 암 예방과 관리에 대한 기본적 이해 또한 종양사회복지사에게 중요하다. 연구에서는 사회복지사가 집단 내 유해 행동을 타겟으로 하여, 개별적이고 행동지향적인 맞춤형 개입을 통해 암 예방을 도울 수 있다고 제안하고 있다(Gotay, 2005).

질병 과정에서 암과 함께 살아가는 것의 신체적, 정서적, 심리적, 사회적, 영적 그리고 실제적인 영향에 대한 이해는 종양사회복지의 필수적인 기초 지식이다. 사회복지사는 효과적으로 사정하고 환자와 가족의 욕구에 맞는 계획을 수립하기 위하여, 발달적 역동, 자아 기능, 대처 기술, 가족 역동과 질병에 대한 적응, 가족 간병인의 특별한 욕구들, 재정적 및 기타 실제적인 욕구들, 사회적 지지의 역할, 그리고 지역사회의 암에 대한 반응과 결과에 대하여 지속적으로 지식을 쌓아가는 것이 필수적이다(Hermann & Carter, 1994). 종양사회복지사는 과학계 간행물, 전문가 대상 단체 이메일에 익숙해져야 하며, 근거 기반 연구와 실천을 배울 수 있는 지속적인 교육의 기회를 많이 가져야 한다.

종양사회복지사는 또한 정신건강과 질병에 관한 최신 지식을 잘 챙겨서 알아두어야 하는데, 특히 만성적이고 생명을 위협하는 질병과 관련된 정신병리의 징후와 정신병적 증상에 대해 잘 알아야 한다. *정신진단통계편람*Diagnostic and Statistical Manual of Mental Disorders과 정신약리학과 같은 지식에 익숙해지는 것은 포괄적인 사정, 시례 계획, 적절한 서비스와 의뢰를 제공하는 데 필수적이다. 암환자는 불안과 우울에 취약할 수 있으며, 암환자 중에는 불안과 우울을 비롯한 여러

심각한 정신건강문제를 제대로 진단받거나 치료받지 못하는 경우도 있다. 종양사회복지사는 정신과 행동 건강에 가장 전문화되어 있는 초학제간 의료팀의 구성원으로서, 암환자와 간병인에게 일반적으로 나타나는 정신건강 상태의 위험요인과 치료방법에 대해 잘 알고 있어야 한다.

보건 및 사회 서비스 시스템과 자원

환자와 가족이 양질의 치료를 받기 위해 복잡한 체계를 잘 찾아가고 필요한 자원에 접근하는 것을 돕기 위하여, 종양사회복지사는 보건의료기관 및 서비스, 서비스 전달체계, 재정 관련 제도 및 절차 등(예를 들어, 건강보험, 관리의료managed care, 메디케어, 메디케이드)을 아주 잘 알고 있어야만 한다. 종양사회복지사는 건강증진 및 질병예방에서부터 중증의 생애말 치료까지 연속적인 치료의 양상들을 이해할 수 있도록 교육을 받게 되며, 여기에는 지역 기반 클리닉부터 입원병원, 재활 및 장기요양시설에서의 프로그램과 서비스가 포함된다. 환자들에게 필수적인 프로그램 및 자원(예를 들어, 정보, 재정적 지원 또는 교통편 지원, 가정간호와 재가건강보조원, 저소득층 의료보장제도와 제3자 보험 등)을 연결시켜 주기 위해서는 시시각각 변하는 정책과 서비스의 자격요건, 신청절차 등에 관한 최신 지식과 암 환자와 간병인에게 어떻게 정보를 전달할 것인지에 대한 전략이 필요하다. 종양사회복지사는 환자와 가족에게 정보와 서비스를 제공하기 위하여, 환자의 네비게이터navigator와도 종종 친밀하게 일을 한다. 네비게이터는 환자가 치료 시스템 안에서 효율적이고 효과적으로 치료를 받을 수 있게 돕기 위하여, 병원이나 클리닉에서 고용한 사람들이다.

개인과 가족에 대한 지속적인 사정

암환자와 가족이 마주하고 있는 채워지지 않은 욕구, 도전, 심리사회적 자원을 다루고 이해하기 위해서는 포괄적인 생물심리사회적 사정을 수행하기 위한 기술이 필수적이다. 초기 사정은 역기능적 대처와 건강행동을 명확하게 하고, 이를 해결하는 것을 돕는다(Brintzenhofszoc, Smith, & Zabora, 1999; Zabora et al., 2001). 포괄적 사정은 고령 암환자의 이환율 및 사망률을 예측할 수 있다(Extermann & Hurria, 2007). 사정은 암의 진행, 중단, 재발에 따라 계속되어야 한다. 예를 들어, 암 생존 경험에 대한 사정은 스트레스를 완화시키거나(Zebrack et al., 2007), 환자의 사망 후 남은 가족들이 직면할 수 있는 복잡한 양상의 애도감을 다루는 데 도움이 될 수 있다(Brintzenhofszoc et al., 1999). 많은 표준화된 사정도구들이 암에 대한 적응과 환자의 삶의 질을 측정하기 위하여 설계되어 있지만(예를 들어, FACT, COPES; Goodwin et al., 2001 참고), 포괄적 사정은 다음 사항들을 포함하여야 한다(IOM, 2007; Walsh, 2005; Zebrack, Walsh, Burg, Maramaldi, & Lim, 2008).

- 현재 의료적 상태와 증상으로, 병의 진행과정과 경과, 통증 및 다른 증상에 대한 다차원적인 사정, 질병과 치료에 대한 환자와 가족의 인식 등
- 인지적, 기능적 상태
- 개인과 가족의 질병 이력(신체 및 정신질환, 의료적·심리사회적 지지 서비스 이용 포함)

- 가족 및 관계적 프로세스(가족체계, 의사소통, 문제해결, 적응력, 응집력, 갈등 등)
- 발달상의 역량과 우려
- 대처 기술과 자아 기능
- 사회적 지지(정보적, 정서적, 실제적)와 자원
- 문화적, 영적, 종교적 신념과 가치 및 관습
- 재정적 상태와 자원
- 지역사회 프로그램과 서비스에 대한 접근
- 가족 의미 만들기
- 정신건강 및 문제에 대한 대처

문화적 역량과 옹호

점점 더 다양해지고 고령화되어 가는 사회에서, 다양한 문화, 인종, 민족, 사회경제적, 그리고 종교적 배경을 가진 사람들을 대하는 능력은 종양사회복지사에게 필수적인 기술이다. 사회복지사는 문화적으로 민감한 사정, 의료 계획, 심리사회적 지지 서비스를 제공하도록 교육받는다(Bonder, Martin, & Miracle, 2001). 종양사회복지사는 민족성, 문화, 종교, 인생사, 사회경제적 지위에 따라, 질병, 의학적 치료, 슬픔과 상실을 대하는 환자와 가족의 인식과 대처 방법에 있어 차이가 있음에 반드시 주의를 기울여야만 한다. 예를 들어, 효과적인 통증 및 증상 관리는 개인적, 가족적, 문화적 인식 및 가치, 그리고 통증에 대한 신념을 이해하지 못하거나, 만성질환을 가진 환자와 가족의 독특하고 개별화된 경험을 존중하는 개입을 개발하지 않고서는 불가능하다(Altilio, 2004; Davidhizar & Gige, 2004). 유능한 사회복지사는 자신의 문화적 가정assumption과 선입견에 대하여 알고 있어야 하며, 다양한 클라이언트의 세계관을 탐구하고 인정하여야 하며, 모든 클라이언트를 돕는 데 있어 적절하고 상대적이며 세심한 개입 전략을 고민하고, 개발하고, 실행하여야 한다(Perez Foster, 1998).

사회복지사의 핵심가치인 클라이언트의 가치와 존엄성에 대한 존중은 개인, 가족, 지역사회에 영향을 주는 차이의 역학dynamics of difference과 사회불평등에 관심을 기울이게 한다(NASW, 2008). 따라서, 인종차별주의, 외국인 혐오, 성차별, 노인차별, 경제적 차별, 그리고 누적되는 불이익의 광범위한 영향과 건강 불균형을 이해하는 것은 종양사회복지 실천에 필수적이다. 다양한 암환자와 가족의 독특한 관점 및 관심사에 대한 인식을 높이고, 그들의 욕구와 관심사에 대해 옹호하며, 더불어 노령화, 질병, 통증과 치료 등에 대한 분명한 신념과 가치에 관하여 완화의료팀 구성원들에게 교육하는 것은 치료의 질을 높이고, 그 범위를 확장시킨다(Del Rio, 2004). 사회복지사는 다양한 차원(예를 들어, 개인, 가족, 기관, 지역사회, 사회 등)에 개입하고, 모든 환자에게 공정하고 공평한 치료의 제공을 보장할 전문적인 의무를 갖는다. 또한 모든 환자들에게 공정하고 평등한 서비스가 제공되고, 보건의료체계 내에서 비용 효율성 및 측정 가능한 성과에 대한 요구와 모든 암환자와 가족이 이용할 수 있는 저렴한 서비스 사이에서 균형이 이루어지도록 해야 한다

(Christ & Diwan, 2008; Harootyan & O'Neill, 2006).

암의 연속적 과정에서 다양한 기법의 임상 실천

종양사회복지사는 검진 시점부터 장기 생존의 시기까지 개인, 가족, 지역사회에 심리사회적 지지를 제공한다. 많은 암환자는 연속적인 질병의 과정에 따라, 취약함, 위협감과 미래에 대한 불확실성을 느끼게 되는 전환점들을 경험한다. 이러한 전환점들은 암 진단, 치료의 시작, 병의 완화, 재발 또는 전이, 치료종결, 그리고 많은 경우에서 질병이나 합병증으로 인하여 죽음에 직면했을 때 나타날 수 있다. 사회복지사는 다양한 암 진단에 따른 특수한 어려움들을 잘 알고, 숙련된 위기개입과 지지적 상담을 활용하여, 이 시기에 종종 발생할 수 있는 있는 정서적, 실제적, 실존적 위기에 환자와 가족이 대처할 수 있도록 돕는다.

교육과 심리사회적 지지는 환자를 돕는 데 매우 중요한데, 환자가 의료적 정보와 절차를 이해하고, 다른 보건의료 공급자의 역할을 명확히 알고, 진단 검사를 받는 데 필요한 요구사항을 준비하며, 보건의료체계에서 방향을 찾아가고, 치료와 공급자들, 의료 현장에 대해 잘 아는 상태에서 의사결정을 내릴 수 있도록 돕는 데 중요하다. 치료 초기에 종양사회복지사는 환자와 가족 간병인을 계속적으로 지지한다. 환자와 가족은 의료적 치료 프로토콜을 준수하고, 부작용을 다루고, 가정이나 병원 또는 클리닉에서 새로운 일상에 적응하는 데 두려움과 불확실함을 느끼게 된다. 치료기간 동안 사회복지사는 환자가 강점을 이끌어내고, 복잡하고 까다로운 치료요법을 지키며, 치료에 동반하는 불안, 불확실성, 정서적 소진을 관리하도록 돕는다(Eyre et al., 2001).

치료의 종결은 더 이상 적극적으로 암과 맞서 싸울 수 없다고 느끼고, 재발에 대한 불안을 느끼는 몇몇의 환자들에게 실존적 위기를 준다(Holland & Lewis, 2000). 암 치료는 특별히 본질적으로 힘들기 때문에 암 생존자로 하여금 재발로 인한 엄청난 손상에 대해 생각하게 하며, 수개월, 또는 수년 후에 있을 다음 진단 테스트와 검사는 치료를 다시 시작할 수도 있다는 공포감을 불러일으킬 수 있다. 종양사회복지사는 질병과 그 치료로 인한 장기간의 신체적, 기능적, 정서적 영향들에 대한 적응을 높이기 위하여 개인, 집단, 가족 치료를 제공함으로써 생존자가 새로운 "정상"(Rolland, 2005)을 이해하고 적응하도록 돕는다. 이는 생존자가 어려움을 예상하고, 이전 역할과 활동을 재개하기 위해 필요한 자원을 동원하도록 돕는다.

종양사회복지사는 다양한 직접적인 실천 방법들에 숙련되어 있어야 한다. 사회복지사는 병과 관련된 어려움들을 다루기 위하여, 인지-행동, 정신역동, 가족과 집단 치료 등과 같은 다양한 기법들을 사용하도록 교육받는다. 불안, 우울, 만성적 정신장애와 같이 정신건강 문제를 갖고 있는 환자들을 위하여, 치료 가이드라인과 근거 기반 실천에 익숙해지는 것은 효과적인 심리사회적 개입을 제공하는 데 필수적이다. 이러한 기술들은 사회복지사가 연속적인 암의 다른 시점에서 환자와 가족을 지지하기 위하여 다양한 치료기법과 방법을 유연하게 사용할 수 있도록 한다.

가족과 가족 간병인에 대한 임상 실천은 종양사회복지의 핵심적인 요소이다. 보건의료 영역의 극적인 변화들을 고려해 볼 때, 가족이 암과 다른 만성질환을 가진 사랑하는 사람을 돌보는 것에 대한 부담은 점차 증가할 것으로 추정된다. 포괄적 가족 사정을 수행하고, 가족 중심의 치료계획을 수립하며, 질병과 관련된 변화와 근심에 대해 가족 상담을 제공하는 것, 가족 모두에게 환자의 의학적 상태와 치료 옵션을 알리기 위한 가족 회의를 준비하고 촉진시키는 것은 환자와 가족 구성원의 심리사회적 욕구를 지원하는 데 필수적이다(Given, Charles, Given, & Kozachik, 2001). 종양사회복지사는 폭넓은 근거 기반 개입과 휴식 서비스를 통하여 가족 간병인을 지지하고, 가족에게 가정간호, 약물치료, 재정적 지원, 교통편 및 사회적 지지 등의 자원을 연결한다.

사례관리와 치료의 조정

사례관리는 오랫동안 종양사회복지사의 중요한 역할이었다. 사회복지사는 다양한 지역사회 및 기관과 함께 일하는 데 있어 전문적인 기술을 가지고 있기 때문에, 암환자가 회복하고, 재활치료를 받고, 추가적인 의학적·심리사회적 지원이 필요함에 따라 환자가 의료 환경을 바꿔가는 것을 돕는 데 적합하다. 지역사회와 기관 기반의 보건의료팀에서 오랜 경험이 있는 사회복지사는 협업, 옹호, 그리고 의사, 간호사, 관련 보건 전문가와의 업무에서 리더십 등 안정된 기술들을 보여준다. 치료 조정과 사례관리는 환자의 질병 과정에서 환자와 가족을 지지하기 위하여, 다양한 환경(예를 들어, 병원, 가정, 장기 요양)에서의 협업을 필요로 한다. 점점 더 세분화된 보건의료 환경에서, 사례관리자는 보건의료 현장 간의 통합을 가능하게 하고, 치료의 연속성을 높여 환자, 가족, 보건의료팀에게 도움을 준다. 종양사회복지사는 다양한 공급자들과 환경 사이에서 서비스를 조정함으로써 보험 관련 일을 처리하고, 가능한 혜택을 이용할 수 있도록 돕고, 교통편 서비스 및 가족과 지역사회 지지와 서비스를 제공한다. 또한 가정에서의 돌봄을 지원하기 위한 장비와 서비스를 마련함으로써 시기적절하고 효과적인 퇴원계획을 지원한다.

환자교육

종양사회복지사는 질병의 과정에서 암과 예상되는 질병의 진행과정, 치료방법, 일반적인 심리사회적 반응, 지역사회자원, 증상관리에 대해서 환자와 가족을 교육하는 일에 관여하게 된다. 종양사회복지사는 가족이 온라인과 지역사회에서 믿을 수 있는 자원에 접근하도록 돕는다(AOSW, 2010). 종양사회복지사는 지속적인 안내, 설명, 심리교육을 통해 암환자와 간병인에게 보건의료 및 사회서비스체계를 탐색할 수 있는 도구를 제공하고, 환자의 변화하는 욕구와 문제, 선호에 관한 의사소통, 문제해결, 의사결정에 관한 전략을 가르친다(Glajchen, 2004; Hermann & Carter, 1994).

종양사회복지사는 환자와 가족에게 의학적 치료의 전반적인 측면에 대하여 질문을 하고, 정보에 입각한 결정을 내리도록 도움으로써, 그들이 점점 더 치료에 참여하도록 북돋는다. 치료에 앞서 생식과 관련한 선택들을 제공하는 것과 같이, 변화하는 의학 기술은 의사결정의 새로운 영역을 열어주었다. 한 예로, 나중에 사용하기 위해 방사선치료 이전에 난자를 채취하거나 정자를 모아둘 것인지에 대한 것이 있다. 이 같은 절차는 비용이 많이 들지만(Keene et al., 2000; Richardson

& Sanchez, 1998), 암환자에게 미래 가족계획에 대한 다소의 조정이 가능하도록 해준다. 더 나아
가, 사회복지사는 성인 생존자에게 본인과 자녀에게 미칠 암과 관련된 임신 위험뿐만 아니라 생
식력에 대한 정확한 정보를 찾아볼 수 있도록 독려한다. 정확한 정보를 얻는 것은 생존자의 지속
되는 스트레스와 자존감에 대한 손상을 상당히 줄여줄 수 있다(Zebrack & Chesler, 2001).

완화치료와 생애말 치료

종양사회복지사는 생애말에 일어나는 변화들과 만성 말기암환자의 통증과 불편감을 조절하
는 서비스에 대해서 잘 알고 있다. 호스피스는 죽어가는 환자에게 삶의 마지막 몇 달 동안 신체
적, 심리사회적, 정신적 고통을 줄여주기 위하여, 최신의 의학적 치료와 통증관리를 제공하는 1
차 관리의 혁신적인 모델이다. 완화의료팀과 프로그램은 심각한 만성질병의 어떠한 시점에서도
환자의 자율성과 기능을 향상시키고, 통증과 기타 증상을 관리하며, 죽어가는 환자와 가족, 심각
한 질병에 대한 치료와 삶의 질을 향상시키는 것을 목표로, 통합적이고 전인적인 치료를 제공한
다. 호스피스와 달리, 완화 약물치료는 환자의 상태가 호전되거나 호스피스 서비스가 권고될 때
까지, 대개 치료요법과 동시에 제공된다(National Hospice and Palliative Care Organization, 2010).

암 사망률은 점차 감소하고 있지만(Altekruse et al., 2010), 종양사회복지사는 만성적으로 아프
고 죽어가는 환자와 함께 일하는 데 익숙하고 숙련되어야 한다. 완화의료 및 생애말 의료에서 종
양사회복지사는 의학적 의사결정, 가족 의사소통, 선호하는 치료방법 등 복잡한 윤리적 차원을
다루는 초학제적인 팀에서 자문가, 중재자, 옹호자의 역할을 한다. 필요한 기능으로는 증상관리
와 생애말에 대한 환자와 가족을 위한 심리교육, 정교한 의료 계획, 환자가 선호하는 생애말 의
료와 가족의 바람을 통합시키도록 돕는 가족 치료, 슬픔과 사별에 대한 지지적인 상담 등이 포함
된다(Blacker et al., 2004).

사회복지사는 개인의 자율성과 삶의 질을 포함한 복잡한 윤리적인 딜레마를 다루고, 개인의
욕구, 관점, 가치, 그리고 환자의 책임감을 다루며, 가족 구성원과 보건의료 공급자 사이를 중재
하기 위하여 특별히 훈련을 받는다(Csikai, 2004). 생애말의 경우, 사회복지사는 환자의 생애말 소
망에 대해 이야기할 수 있도록 하고, 필요하다면, 건강관리대리권health-care proxy의 선택을 지지
함으로써 환자와 가족 구성원에게 생애말 의료를 제공하게 된다. 마지막으로 환자가 사망할 때,
종양사회복지사는 가족의 장례준비를 돕고, 사별 상담 또는 사별 자원을 제공할 수 있다. 완화의
료 및 생애말 의료에 관한 보다 자세한 내용은 22장과 23장을 참조하라.

근거 기반 실천 연구

종양사회복지사가 심리사회적 개입을 향상시킬 수 있는 한 가지 중요한 방법은 연속적인 암
치료 중에 있는 개인과 가족의 암 경험을 다루는 연구에 참여하는 것이다(Brintzenhofszoc et al.,
1999; Clark, 2001; Institute for the Advancement of Social Work Research, 2003). 사회복지사는 환자와 가
족의 욕구에 대한 이해를 높이고 심리사회적인 개입을 개발하고 평가하는 목적을 갖고, 암의 생

물심리사회적인 측면에서 1차 연구를 수행할 수 있다. 이러한 초점의 확장과 개인과 가족 기능에 대한 전체론적인 전문가적 관점은 암 치료에 있어 사회복지 연구를 더욱 중요하게 만든다.

사회복지 연구는 사회복지 및 다른 개입의 효과에 대한 증거를 만드는 기회를 제공한다. 연구의 중요한 영역들로는 암 생존자의 건강상태와 삶의 질, 암과 노화의 관련성, 불평등의 영향과 이를 줄이기 위한 전략, 치료의 질 향상, 환자 및 가족과 보건의료 공급자 간의 의사소통 강화, 가족 간병인의 욕구, 완화치료 개선, 암 예방과 검진을 높이기 위한 행동적 개입, 암과 치료 결과에 영향을 주는 유전적 요인에 대한 확인 등이 있다. 사회복지사는 이러한 개입을 개발하고, 개입의 효율성과 효과성을 시험하는 데 적극적으로 임해 왔다. 사회복지사는 또한 사회적 환경이 어떻게 암의 예후를 악화시키는지에 대한 1차 연구를 수행함으로써, 지식 축적에 기여하고 있다 (Gehlert et al., 2008).

종양사회복지의 과제
CHALLENGES TO ONCOLOGY SOCIAL WORK

암과 함께 사는 것의 심리적, 정서적인 부담이 어느 정도 알려져 있음에도 불구하고, 보건의료체계는 암환자, 암 생존자, 그리고 가족의 심리사회적인 어려움을 적절하게 다루지 못하고 있다. 미국의학협회IOM의 연구(2007)는 많은 보건의료 공급자가 이러한 문제를 다루고 있지 않거나 양질의 종양 치료에 필수적인 부분인 심리사회적 지지를 고려하고 있지 않음을 지적한다. 이러한 연유로, 암환자와 가족이 보건의료팀으로부터 받을 수 있는 지지적 정보와 심리사회적 치료의 양에 대개 만족하지 못하고 있으며, 그들의 정서적 · 심리사회적 · 행동적 · 영적 욕구가 보건의료팀으로부터 대부분 채워지지 않고 있다는 보고는 놀랄 일이 아니다(Christ, 2010; IOM, 2007).

종양 분야에서 초학제팀 접근은 점점 더 일반적이 되고 있지만, 사회복지사가 항상 종양팀의 일부가 되고 있지는 않다. 전통적으로 의료모델은 심리사회적 요소를 제외한 채 주로 생물학적이고 임상적인 측면에만 집중해 왔다(IOM, 2007). 또한, 암치료와 보건의료체계 및 전달방법의 중요한 변화들은 종양학에서 사회복지사의 업무를 어렵게 하고 있다. 위기상담, 장기상담, 사례관리, 퇴원 계획 등 전통적인 기능들은 입원기간이 짧아짐에 따라 문제가 되고 있다. 유전학 검사, 복잡하고 특수화된 치료 옵션, 생명 유지 기술의 발전과 더불어, 치료 결정시 환자의 선택권을 보다 중시하는 경향이 증가하면서, 개인이나 가족에게는 새로운 기회와 함께 부담이 증가하고 종양사회복지사에게는 중요한 새로운 역할이 위임되었다. 이러한 암 치료의 발전은 사회복지사에게 자극과 기회가 되어, 클라이언트의 욕구를 충족시키기 위한 혁신적인 개입들을 개발하도록 한다.

결론
CONCLUSION

종양학에서 사회복지사는 넓고 다양한 환경에서 암환자와 가족을 위하여 양질의, 가족 중심의, 생물심리사회적 치료를 제공하는 데 상당한 기여를 하고 있다. 보건의료 사회복지 내 하위전문분야에는 많은 역할들이 있으며, 가령 환자와 가족이 다른 가족구성원 또는 공급자와 자신의 욕구나 치료 선호, 다음 의료 계획 등에 대하여 의사소통하는 것을 돕는 역할이 있다. 종양사회복지사는 또한 보건의료체계 내에서 환자와 가족의 의사결정을 돕고, 그들을 옹호하는 역할을 한다. 사회복지사의 명확한 지식과 기술, 가치는 암환자와 가족, 보건의료팀을 위한 자원이 된다.

사회복지실천의 초석인 자기옹호는 개인적으로나 전문가적으로나 종양학 분야에서 살아남고자 하는 종양사회복지사에게 필수적이다(Stearns, 2001). 병원에 기반을 둔 종양사회복지사들은 인원감축의 영향에 직면하고 있으며, 모든 영역에서 암환자와 가족을 위한 접근 가능한 심리사회적 자원은 지속적으로 부족하다. 전문가와 클라이언트를 대신하여 수행하는 제도적ㆍ사회적 옹호는 알맞은 양질의 서비스를 유지하는 데 필수적이다(Institute for the Advancement of Social Work Research, 2003). 특히, 국가기관과의 협력을 통한 정치적인 활동과 정책 개발은 클라이언트의 삶이 향상되고 전문성이 발전되는 변화를 이끌어내는 강력한 도구가 되고 있다.

암의 높은 발병률과 증가하는 성인 생존자의 수를 고려해 볼 때, 모든 사회복지사는 어느 한 시점에는 암에 의해 영향을 받는 최소 한 사람과는 만나게 된다고 예상해야 한다. 과학과 기술의 새로운 발견, 조기 진단, 암 유전학, 건강 불균형, 그리고 기초 연구가 임상에 적용되도록 하는 중개연구translational research 등은 암을 지역사회에서 관리되는 만성질환으로 전환시킬 것이다(NCI, 2010). 종양사회복지사는 암환자와 가족의 심리사회적, 영적 어려움을 다루고 삶의 질을 높이는 데 가장 선두에 서게 될 것이며, 이는 연구, 정책 개발, 임상실천을 통해 이루어질 것이다.

연습문제

연습 19.1

일반 가계도genogram 표기법5)을 사용하여, 질병ㆍ가족 간병ㆍ상실의 경험에 초점을 둔 다세대의 가계도(당신의 가족 또는 클라이언트의 가족)를 그려보자. 적어도 3세대를 포함하라.

---

5) 가족의 심리학적 가계도 구성에 대한 안내로, 사회복지실천 교과과정의 내용을 참고하거나 다음을 참조할 것. R. Gerson, M. McGoldrick, and S. Petry (2008), Genograms: Assessment and intervention, 3rd ed.(New York, NY: Norton Professional Books).

1. 기본적인 인구학적 정보를 추가하며 시작하라: 출생과 사망, 결혼, 별거, 이혼 날짜, 지리적 위치, 이민 날짜, 종교적 또는 영적인 성향.
2. 주요 질병 또는 건강 관련 사건을 명확히 하라. 발병 날짜와 중요한 의료적 개입(입원, 수술 등) 그리고 사망의 원인을 포함하라.
3. 질병, 간병 역할, 연합과 관련된 가족의 역동, 질병 치료 또는 손상과 관련된 손실을 간추려 추가하라.

가계도를 깊이 생각해보라. 탐색을 위한 가능한 질문은 다음과 같다.

- 원인, 치료, 의사와 가족 간병인이 요구하는 간병이 어떻게 가족의 삶과 대처에 영향을 미치는가?
- 가족은 어떻게 질병의 요구들을 조정하였는가? 대처에 무엇이 도움이 되었는가? 무엇이 더 나은 대처를 가능하게 하였는가?
- 건강 또는 영적 신념이 어떻게 질병 이야기에 관여가 되었는가?

연습 19.2

암에 대처하는 사람들을 돕기 위한 한 가지 대표적인 심리사회적 개입은 지지집단이다. 이러한 집단은 다양한 단계의 다른 종류의 암에 대처하는 참가자들로 주로 구성된다. 참가자들은 깊이 생각하기 위하여, 각기 특별한 가족과 일에 관련된 어려움을 집단에 가져온다. 종양사회복지사의 역할은 참가자들에게 이러한 근심을 이야기할 수 있는 안전한 장소를 제공하고, 그들의 이야기에서 공통된 요소를 발견하고 유대감을 만들어주는 것이다.

이 훈련을 위하여, 여섯 명의 학생에게 이러한 지지집단의 한 세션을 역할연습 하도록 해보자. 집단 촉진자와 다섯 명의 집단 참가자 등 여섯 가지 역할을 쪽지에 쓰고, 반으로 접어서 모자 안에 넣어라. 쪽지에는 기본적인 암과 인구학적 정보를 포함하고 있어야 한다. 촉진자는 자신의 개인적인 경험을 가지고 역할극에 참석하며, 실제 임상 현장에 있는 것처럼 집단을 이끌어야 한다.

각 학생들은 모자에서 쪽지를 하나씩 꺼내, 집단 역할연습을 하는 15분 동안 그 역할을 실연한다. 일단 역할극이 끝나면, 학생과 촉진자는 대화를 이끌어가고, 참여하고, 또는 관찰한 경험을 다루기 위하여 10분의 시간을 갖도록 한다. 학생들이 서로에게 건설적인 피드백을 제공하도록 독려하여야 한다.

이 활동은 다른 인구집단을 위하여 수정될 수 있다(예를 들어, 가족 간병인, 소아암환자, 암환자의 형제, 사별을 겪은 청소년).

추천 자료

종양사회복지 지원기관

American Psychosocial Oncology Society—www.apos-society.org

Association of Oncology Social Work—www.aosw.org

Association of Pediatric Oncology Social Worker—www.aposw.org

International Psycho-Oncology Society—www.ipos-society.org/

Society of Behavioral Medicine—www.sbm.org

미국의 전국적 암 기관

American Cancer Society—www.acs.org (800) ACS-2345

Cancer Care, Inc.—www.cancercare.org (800) 813-HOPE

Cancer Support Community—www.thewellnesscommunity.org (202) 659-9709

National Cancer Institute—www.cancer.gov (800) 4-CANCER

미국의 전문 기관 및 지지 네트워크

American Society of Clinical Oncology—www.asco.org

Association of Cancer Online Resources—www.acor.org

Cancer News—www.cancernews.com

National Association of Social Workers—www.naswwebed.org

Online continuing education.

National Center for Complementary and Alternative Medicine—nccam.nih.gov

National Chronic Care Consortium—www.nccconline.org

National Coalition for Cancer Survivorship—www.canceradvocacy.org/

National Registry of Evidence-Based Programs and Practices—www.nrepp.samhsa.gov

Oncolink at the University of Pennsylvania Cancer Center—.www.oncolink.org

미국 가족 간병인을 위한 자원

Caregiver Resource Directory—www.stoppain.org/caregivers/resource_form.html

National Alliance for Caregiving—www.caregiving.org

National Family Caregiver Association—www.nfcacares.org

U.S. Administration on Aging, National Family Caregiver Support Program—www.aoa.gov/aoa-root/aoa_programs/oaa/resources/faqs.aspx#Caregiver

제 20 장

만성질환에서의 치료 준수와 정신건강 이슈:
당뇨, 심장병, HIV/AIDS

Adherence and Mental Health Issues in Chronic Disease:
Diabetes, Heart Disease, and HIV/AIDS

웬디 오슬랜더 WENDY AUSLANDER, 스테이스 프리덴탈 STACEY FREEDENTHAL

만성질환자를 대상으로 하는 사회복지사는 점점 더 많은 직접적인 실천 이슈와 관련된 과제에 직면하게 된다. 만성질환의 비율은 지속적으로 늘어나고 있으며, 심리사회적 문제를 함께 가지고 있거나 만성질환으로 인한 심리사회적 문제가 새로이 발생하기도 한다. 만성질환자는 대개 복잡하고 부담스러운 치료요법을 유지하는 데 많은 어려움을 겪는다. 사회복지사는 정신건강과 행동적 이슈에 전문성을 가진 보건의료팀의 일원으로서, 만성질환자를 돕는 독특한 위치에 있다.

이 장은 사회복지사가 의료서비스 기관이나 지역사회 현장에서 만날 수 있는 3가지 주요 만성질환, 즉 심장병, 당뇨, 인체면역결핍바이러스(HIV)와 후천성 면역결핍증후군(AIDS)의 역학에 대한 개관을 제공한다. 그리고 환자가 치료요법을 잘 지킬 수 있도록 사회복지사가 도울 수 있는 체계적인 실천모델을 설명하고, 환자의 정보 회상도를 높일 수 있는 전략에 대해 고찰하고, 또한 사회복지사가 교육자로서 역할을 할 때 활용할 수 있는 지침을 제공한다. 마지막으로 이 장은 정신건강 이슈와 만성질환 병인, 만성질환 관리 간의 관계를 설명한다.

만성질환자를 대하는 사회복지사에게 가족과 개인의 대처, 사회적 지지, 질병과 관련된 발달문제, 질병 관리에 영향을 미치는 경제적·문화적 요소 등 여러 가지 많은 직접적인 실천이슈들은 중요하다. 이러한 이슈들은 이 책의 다른 부분에서 상세히 기술되어 있다(7장, 10장, 13장 참고).

이 장의 목표

- 인종적·민족적 불평등을 포함하여, 미국 내 심장병, HIV/AIDS, 당뇨의 병인에 대해 알아본다.
- 만성질환자의 치료준수에 영향을 미치는 심리사회적 요인을 확인하고 파악한다.

- 실제 만성질환자를 대상으로 하는 체계적인 치료준수 상담모델을 이해한다.
- 만성질환자에 대한 교육과 치료준수 상담에서 의사소통기술의 중요성을 이해한다.
- 정신건강과 만성질환 사이의 관계를 이해한다.

만성질환자 치료의 최근 경향
CURRENT TRENDS IN THE CARE OF PATIENTS WITH A CHRONIC DISEASE

　　지난 세기 비교적 최근의 몇 가지 동향으로 인해, 미국인의 건강 상태에 중대한 변화가 일어났다. 우선 한 가지는, 사람들이 예전보다 더 오래 살고 있다. 지난 세기 동안 미국 내 평균수명은 1900년 49.2세에서 2000년 76.5세로 27년이나 증가하였다(Guyer, Freedman, Strobino & Sondik, 2000)—이는 주로 전염성 질환을 통제하기 위한 백신접종, 항생제, 기타 방법들 등 공중보건 대책 때문이다(Centers for Disease Control and Prevention [CDC], 1999a). 두 번째 동향은 의학적 치료법과 기술의 진보, 평균수명의 증가로 인하여, 만성질환을 가지고 살아가는 사람들이 수적으로 증가하였다. 더욱이, 만성질환은 미국 내에서 전염성 질환을 제치고, 주요 사망 원인으로 자리 잡았다(Guyer et al., 2000). 예를 들어, 1900년도 가장 높은 사망원인은 폐렴, 결핵, 설사와 같은 장(腸)의 문제들이었다(CDC, 1999b). 디프테리아와 결합된 이러한 급성 질환은 미국 내 전체 사망 중 3분의 1을 차지하였다(CDC, 1999b). 오늘날 심장병, 당뇨, AIDS는 주요 사망원인에 포함되는 만성질환들이다. 구체적으로, 심장병은 미국 내 사망원인 1위이고, 당뇨는 7위, HIV/AIDS는 20위에 있다(CDC, 2010b). 여전히 치유할 수는 없지만, 이러한 질병은 흔히 약물치료, 수술 또는 다양한 유형의 내과적 치료법에 반응을 보이기도 한다.

　　미국 내 만성질환 유병률이 증가하면서 개인을 보건의료의 소비자로 여기던 관점이 그들의 실제 모습, 즉 보건의료의 제공자로 보는 관점으로 전환되었다. 만성질환의 예방과 관리에 대한 대부분의 책임은 환자와 가족에게 있다. 만성질환을 앓고 있는 개인과 가족은 치료요법을 수행하는 데 필요한 일상 활동에 가장 무거운 책임을 지고 있는 보건의료팀의 일원들이다. 이러한 관점의 변화 때문에, 지난 20년 동안 환자의 치료요법 준수를 촉진하는 방법을 파악하는 것이 점점 더 중요해지고 있다. 특히, 당뇨·HIV/AIDS·심장병은 한번 진단 받으면, 복잡하고 어려운 치료방법을 엄격하게 지켜야 하는 만성질환이다. 이러한 질병을 예방하기 위해서는 체중감량, 운동, 식이 변화, 위험한 성적 행동의 감소와 같은 행동적 변화를 포함하며, 환자가 이 같은 변화를 장기간 유지하는 데 어려움을 가질 수 있다.

　　사회복지사는 만성질환 예방과 관리에 있어서 환자의 치료준수의 중요성을 이해하는 것 뿐만 아니라, 만성질환과 관련한 3가지 다른 이슈들을 이해하는 것 또한 중요하다.

　　1. *당뇨·심장병·HIV/AIDS와 같은 만성질환에는 알려진 치료제가 없으며, 만성질환은 대개 자*

연적으로 진행되는 성격을 지니고 있다. 몇몇의 장애나 급성 질병과 달리, 만성질환에서는 증상과 질병관련 합병증이 변동을 거듭한다. 만성질환을 가진 개인의 특정한 합병증은 "예측 가능한 위기"로 여겨질 수 있는데(Hamburg & Inoff, 1983), 이는 질병이 어떻게 진행되는지 알고 있고, 그것이 예측될 때 불안과 불안정한 상태를 야기할 수 있기 때문이다.

2. *만성질환의 계속적으로 진행되는 특성으로 인하여, 환자와 가족은 거듭되는 치료법의 변화에 적응해야만 한다.* 예를 들어, 환자는 새로운 부작용을 자주 겪게 되어, 새로운 약물이 지속적으로 개발되고 있다. 지난 몇십 년 동안 당뇨 관리를 위한 새로운 의학 기술(예를 들어, 인슐린주입펌프, 가정 혈당측정기)이 개발되었으나, 이러한 기술은 모두 환자에게 이익과 함께 다소의 대가(예를 들어, 재정적, 신체적 고통)를 수반한다.

3. *만성질환은 대개 환자의 전 생애에 걸쳐 지속되기 때문에, 발달상 및 생활방식의 변화*(임신, 사춘기, 이혼, 대학입학 등)*는 일반적으로 만성질환자에게 추가적인 과제를 부여하거나, 영향을 미친다.* 이러한 만성질환에 있어 독특한 각 과제들(예를 들어, 질환, 치료요법, 발달적 변화)은 환자에게 긍정적인 적응을 촉진하고, 행동을 관리하도록 사회복지개입의 기회를 제공한다.

당뇨, 심장병, HIV/AIDS의 역학
EPIDEMIOLOGY OF DIABETES, HEART DISEASE, AND HIV/AIDS

사회복지사는 응급실, 병원, 클리닉, 지역사회센터, 호스피스, 요양원, 재활센터를 포함한 사실상 모든 보건의료환경에서 심장병, 당뇨, HIV/AIDS를 가진 사람들을 마주한다. 당뇨, 심장병, HIV/AIDS로 진단받은 사람을 대하는 사회복지사를 위한 몇몇 실천 이슈들을 설명하기에 앞서, 먼저 미국과 전 세계에서의 주요 사망원인이 되고 있는 이 3가지 질환의 발병률, 위험 요소, 인종적·민족적 불균형과 기타 정보에 대한 개관을 제시하고자 한다(표 20.1 참고).

심장병: 가장 주요한 사망원인

*심장병*이란 용어는 관상동맥질환, 심부전, 심장마비 등의 심장 증세를 의미한다. 심장병은 심장혈관계 질병의 한 유형으로, 고혈압, 뇌졸중과 함께 언급된다. 뇌졸중 역시 미국 내 주요 사망원인이며, 대개 동맥 내 플라그plaque 때문에 뇌에 산소가 부족해진 결과이다(CDC, 2010b). 뇌졸중과 고혈압은 그 자체로 중요한 공중보건 문제이지만, 이 섹션에서는 직접적으로 심장과 관련된 만성질환에 대해서만 초점을 맞춘다(표 20.2 참고).

표 20.1 미국 내 만성질환의 역학

	심장병	당뇨	HIV/AIDS
사망(2007년도)[a]			
순위	1	7	20[b]
수(명)	616,067	71,382	11,295
미국 내 비율	25.4%	2.9%	0.5%
질환 보유자	1,800만 명[c]	1,340만 명(6.6%)[d] 1,670만 명(8.3%)[c]	HIV: 800,000명[e] AIDS: 362,827명[d]
예상 증상	가슴 통증 또는 조이는 느낌 숨가쁨 체액 적체	심한 갈증 빈뇨 극심한 허기 비정상적인 체중 감소 피로 흐린 시야	급격한 체중 감소 재귀열 또는 식은땀 심한 피로감 임파선 부종 만성 설사 폐렴
위험 요소	당뇨 고콜레스테롤 고혈압 흡연 신체적 비활동성 비만 고령 가족력	*제2형의 경우만,* 비만 신체적 비활동성 고령 가족력 아프리카계 미국인, 히스패닉, 미국 원주민 / 알래스카 원주민 고혈압	보호되지 않은 성관계 주사 약물 사용
예방 대책	운동 섬유질, 과일, 야채가 풍부한 식사 금연	*제2형의 경우만,* 체중 조절 건강한 식사	콘돔 사용 청결한 주사바늘 헌혈자 스크리닝

[a] "WISQARS Leading Cause of Death Reports: 1981-1998," by Centers for Disease Control and Prevention (2010b), retrieved from http://webappa.cdc.gov/sasweb/ncipc/leadcaus9.html

[b] HIV ranks as the 8th leading cause of death for the 15- to 54-year-old age group.

[c] "Prevalence of Diabetes and Impaired Fasting Glucose in Adults: United States, 1999-2000," by C. C. Cowie, K. F. Rust, D. Byrd-Holt, M. S. Eberhardt, S. Saydah, L. S. Geiss, et al., 2003, *Morbidity and Mortality Weekly Report, 52,* pp. 833-837.

[d] *Summary Health Statistics for U.S. Adults: National Health Interview Survey, 2002* (DHHS Publication No. PHS 2004-1550), by U.S. Department of Health and Human Services, 2004, Hyattsville, MD: Author.

[e] *HIV/AIDS Surveillance Report*, 13th ed. (pp. 1-44), Centers for Disease Control and Prevention, 2001. Atlanta, GA: Author.

표 20.2 심장병의 주요 유형

병명	설명
관상동맥질환 Coronary artery disease	동맥이 플라그(동맥경화증)에 의해 굳고 좁아져서, 심장으로 가는 혈류가 감소하고, 심장 근육의 산소 공급이 줄어든다.
급성 심근경색 Acute myocardial infarction ("심장 마비heart attack")	혈전이 심장으로 가는 혈액을 막아서, 심장 근육에 손상을 초래하고 가끔 사망에 이르게 된다.
울혈성 심부전 Congestive heart failure	심장이 효과적으로 혈액을 펌프하는 것에 실패하여, 숨이 가빠지고 피로감을 초래한다.
선천성 심장병 Congenital heart defects	심장이나 심장 주위의 혈관이 태어날 때 적절히 발달하지 못한 상태를 말한다.
심근증 Cardiomyopathy	심장 근육이 약해진 것을 말한다.
협심증 Angina	심장이 혈액을 충분히 공급 받지 못하여 가슴 통증이나 불편감이 생기며, 대개 동맥경화증(동맥이 굳는 것)의 결과로 발생한다.

성 Gender

많은 사람들이 심장병은 주로 남성에게 영향을 미친다고 잘못 생각하고 있지만, 실제로는 최근 몇 년 사이 남성은 심장 치사율에서 감소세를 보이고 있다. 하지만, 여성에게 심장병의 비율이 점차 증가하고 있으며(American Heart Association, 2002), 심장병은 여성의 주요 사망원인이 되고 있다(CDC, 2010b). 인과관계가 확실하지 않지만, 많은 여성들에게서 특히 에스트로겐과 같은 호르몬이 폐경기 이후까지 심장병을 보호하는 것으로 보인다. 연구는 폐경기 이후 여성에 대한 호르몬 대체요법이 실제로 심장병의 위험을 증가시킬 수도 있음을 시사하고 있다(Manson et al., 2003). 에스트로겐은 폐경기 직후 몇 년간은 긍정적인 효과가 있긴 하지만, 연령이 증가하면서 부정적인 효과가 증가할 수도 있다(Manson et al., 2007).

인종적 · 민족적 불평등

당뇨나 HIV/AIDS와 같이, 심장병은 특정 인종과 소수민족에게 불평등하게 영향을 미친다. 2007년 미국 일반인구 내에서 심장병으로 사망한 사람은 70만 명으로, 65세 미만은 19.5%였다(CDC, 2010b). 그러나 미국 원주민과 알래스카 원주민에서 심장병으로 사망한 사람 중 65세 미만은 38.1%였다(CDC, 2010b). 아프리카계 미국인과 히스패닉 미국인에서의 비율은 각각 35.4%와 26.5%였다(CDC, 2010b). 이러한 불평등 원인은 아직 완전히 알려지지 않았지만, 아마도 의료서비스 및 응급치료에 대한 접근, 식이, 운동, 담배와 같은 위험행동, 주기적인 혈압검사 등 건강행동의 차이가 불균형의 원인이 될 수 있을 것이다. 예를 들어, 미국 원주민 중 흡연자의 비율은 백인 미국인에 비해 2배에 달한다. 또한, 아프리카계 미국인은 백인 미국인보다 고혈압이 있을 가능성이 많다. 그리고 아프리카계 미국인, 미국 원주민, 히스패닉 미국인은 백인 미국인보다 건강보험 보장이 부족할 가능성이 높다(Bolen, Rhodes, Powell-Griner, Bland, & Holtzman, 2000). 의사의 편견 또한 심장병 치사율의 인종적·민족적 불평등에 영향을 미칠 수 있다. 비디오 녹화를 이용하여 실시한 가상 사례 시나리오hypothetical case scenarios 실험에서 모든 출연자가 동일한 증상임에도 불구하고, 의사들은 아프리카계 미국인과 여성보다 백인 미국인 남성에게 거의 2배나 많은 심장 시술을 권유하였다(Schulman et al., 1999).

당뇨: 전 세계적인 유행병

진성당뇨diabetes mellitus는 혈당(당)을 대사하는 인체의 기능에 영향을 미친다. 건강한 사람의 췌장은 세포가 음식물을 흡수하고 혈당으로 전환시키기 위한 충분한 인슐린을 생산한다. 당뇨가 있는 사람의 신체는 인슐린을 적절하게 사용하는 데 실패하거나 전혀 생산하지 못한다. 그러므로 당뇨가 있는 대부분의 사람은 설탕 섭취를 제한하거나, 스스로 주사나 인슐린 주입 펌프를 이용하여 인슐린을 투여해야만 한다. 당뇨가 제어되지 않고 혈당수치가 매우 높을 때(고혈당), 숨가쁨, 메스꺼움, 구토, 심한 갈증, 당뇨성 케톤혈증diabetic ketoacidosis이라 불리는 치명적인 전혼수precoma 상태를 경험하기도 한다. 조절된 당뇨는 대개 과도한 인슐린 또는 약물에 의한 저혈당(낮은 혈당) 위험이 있다. 저혈당의 증상과 징후에는 어지러움, 초조함, 심계항진, 허기, 발한이 포함된다. 치료되지 않고 방치된 심각한 저혈당은 의식상실, 경련, 혼수상태를 야기할 수도 있다.

대부분의 당뇨 환자는 수년 동안 질병을 가지고 잘 기능하며 살아간다. 당뇨를 가진 대부분의 사람은 증상이 서서히 나타나기 때문에 심지어 그들이 당뇨를 앓고 있다는 사실조차 알지 못한다. 그러나 당뇨는 개인의 건강과 삶의 질에 막대한 타격을 줄 수 있다. 당뇨가 있는 사람에게는 일반적으로 심혈관계 질환, 시력문제(실명 포함), 절단, 심부전, 신경 손상 등 다수의 합병증이 생기게 된다. 본질적으로 당뇨는 치명적일 수 있다. 당뇨는 2007년 미국 내 7만 1,382건의 사망을 가져옴으로써, 주요 사망원인 중 7위를 차지하고 있다(CDC, 2010b). 사망률은 당뇨의 실제 치명성을 너무 적게 추산하고 있다. 왜냐하면 당뇨가 폐, 조직, 장기에 미치는 손상은 다른 주요 사망원인—일부만 예를 들면, 심장병, 뇌졸중, 신장병—으로 분류되기 때문이다(National Center for Health Statistics [NCHS], 2010). 당뇨를 가진 사람 중 절반이 결국 심장병 혹은 뇌졸중으로 사망한다(World Health Organization[WHO], 2009a).

당뇨의 유형
주요 당뇨 유형에는 4가지가 있다. *제1형 당뇨*Type1 diabetes, 예전에는 아동과 청소년에서 주로 진단되어 연소자형 당뇨병이라 불렸으며, 전체 당뇨 사례의 5~10%를 차지한다(National Institute of Diabetes and Digestive and Kidney Diseases [TypeNIDDK], 2008). 제1형 당뇨는 인체의 면역체계가 필수 조직을 부적절하게 공격하는 자가면역질환이다. 제1형 당뇨에서는 면역체계가 혈당을 대사하는 인슐린 호르몬을 생산하는 세포를 파괴한다. 제1형 당뇨 환자는 주사 또는 인슐린 주입 펌프를 통해서 매일, 때로는 매 식사 전에 인슐린을 투여하여야만 한다.

*제2형 당뇨*Type 2 diabetes는 전체 당뇨 사례에서 90~95%를 차지한다(NIDDK, 2008). 제2형 당뇨는 예전에는 성인기 발증형adult-onset 당뇨라고 불렸으며, 신체에서 인슐린을 생산하기는 하지만, 신체의 세포가 인슐린을 흡수하지 못한다. 결국에는 췌장이 인슐린 생산 기능을 완전히 잃게 될 수도 있다. 이 유형의 당뇨는 주로 과체중 및 저조한 신체활동과 관련이 있다. 제2형 당뇨가 있는 대부분의 사람은 식이 조절, 체중 감량, 규칙적인 운동, 경구용 약물 복용 등으로 혈당을 조절한다. 제2형 당뇨를 가진 사람 중 대략 10~15%에서 인슐린을 필요로 하며, 인슐린 단독으로 혹은 경구용 약물과 함께 필요하다(NIDDK, 2008).

*임신성 당뇨*Gestational diabetes는 포도당 과민증의 한 유형으로, 임신 중인 여성의 약 14%에서 발생한다(Kim, Newton, & Knopp, 2002). 출산 후 대개 문제가 사라지지만, 여러 연구에서 임신성 당뇨가 있던 여성의 2.6~7%에서 제2형 당뇨가 생기는 것으로 알려져 있다(Kim et al., 2002).

*당뇨의 기타 유형*은 유전적 결함, 약물사용, 감염 또는 드물게 자가면역질환 등에 의해 발생한다(American Diabetes Association, 2004). 이러한 당뇨 유형은 흔치 않으며, 미국 내 당뇨 사례 중 단 1~5% 정도이다(NIDDK, 2008).

역학

미국 내 1,790만 명 이상이 당뇨로 진단되었고, 추가적으로 570만 명이 자신도 모른 채 당뇨가 있는 것으로 추정된다(NIDDK, 2008). 미국 내 당뇨병 비율은 최근 몇 년간 상당히 증가하였고, 1997년부터 2004년까지는 50%의 증가를 보였다(CDC, 2006). 이러한 비율은 전국적으로나 전 세계적으로 매우 급격하게 증가하고 있으며, 비록 덜 알려지긴 했지만, 세계보건기구에서는 당뇨를 HIV/AIDS와 유사한 규모의 조기사망을 가져올 수 있는 유행병으로 간주하고 있다(WHO, 2004). 2005년에는 전 세계적으로 110만 명 이상의 사람이 당뇨로 사망하였다(WHO, 2009a). 전 세계 약 2억 2천만 명의 사람이 당뇨로 진단받았으며(WHO, 2009a), 그 수는 2030년에 3억 3,600만 명까지 증가할 것으로 예상된다(Wild, Roglic, Green, Sicree, & King, 2004). 같은 기간 동안 당뇨를 앓는 미국인의 수는 3,800만 명까지 늘어날 것으로 예상된다(Mainous et al., 2007).

위험요인

제2형 당뇨는 대개 예방이 가능하리라 여겨진다. 제2형 당뇨 유병률 증가는 오늘날 사회의 비만, 설탕과 지방 소비, 신체적 활동량 감소 등의 증가와 아주 유사하다. 당뇨는 개발도상국보다 선진국에서 거의 2배 정도 흔하며(Black, 2002), 이는 높은 사회경제적 지위에서 흔히 동반되는 운동 부족과 과잉 지방섭취를 반영한다.

인종적 · 민족적 불평등

특정 인종과 소수민족은 특히 당뇨에 취약하다(Black, 2002). 히스패닉이 아닌 백인 인구에 비교하여, 미국 내 히스패닉은 1.5배, 아프리카계 미국인은 1.6배, 미국 원주민과 알래스카 원주민은 2.3배 정도 당뇨가 있을 가능성이 더 높다(CDC, 2004a). 예를 들어, 65세에서 74세 사이의 아프리카계 미국인 여성의 4명 중 1명은 당뇨가 있다(Tull & Roseman, 1995). 미국 내 일부 지역에서는 미국 원주민 3명 중 1명 이상이 제2형 당뇨가 있다(Lee et al., 2000). 애리조나 주 남쪽지역의 피마족 인디안은 세계에서 가장 높은 당뇨 비율을 보이고 있는데, 부족원 2명 중 1명이 당뇨 진단을 받았다(Black, 2002; Knowler, Saad, Pettitt, Nelson, & Bennett, 1993). 소수민족 내 더 높은 당뇨 비율은 당뇨의 주요 위험 요인인 비만과 활동부족뿐 아니라, 보건의료에 대한 낮은 접근성과 포도당 내성의 유전적인 차이에 따른 결과로 추정된다(Black, 2002).

미국 내 인종적 · 민족적 소수자는 백인 미국인보다 당뇨로 인해 더 많은 부정적인 영향을 받고, 이로 인한 고통 또한 받고 있는 것으로 보인다. 예를 들어, 미국 내 당뇨로 인한 사망률은 백인 미국인에 비교하여, 아프리카계 미국인과 히스패닉 미국인에서 2배 가량 높았고, 미국 원주민에서는 3배 가량 더 높았다(CDC, 2000).

HIV/AIDS: 불치병에서 만성질환으로
HIV/AIDS: FROM TERMINAL ILLNESS TO CHRONIC DISEASE

HIV와 AIDS는 2개의 다른 질병이지만, 중복되는 부분이 있다. HIV는 신체의 면역체계를 감염시키는데, 특히 감염이나 다른 위협으로부터 신체를 지켜주는 T4 임파구(T세포)라는 세포를 감염시킨다. AIDS는 HIV 감염의 가장 중증 단계로, 신체의 면역체계를 심각하게 억제하는 상태 또는 특정 질환군으로 정의된다(CDC, 2001). HIV 양성인 사람이 혈액 큐빅 밀리미터 cubic millimeter 당 200 T세포 미만일 때 AIDS로 진단되는데, 건강한 성인은 1,000 이상의 T세포를 갖는다 (National Institute of Allergy and Infectious Diseases [NIAID], 2003). HIV 양성인 사람이 AIDS로 되기까지는 10년 이상의 시간이 걸릴 수 있다(NIAID, 2003). 이렇게 잠복되어 있는 시간 동안의 바이러스는 특히 위험한데, 이는 감염된 사람이 자신도 모르게 다른 사람에게 HIV를 전할 수 있기 때문이다.

HIV는 감염된 혈액을 통해 전염되는데, 혈액의 감염은 성적인 접촉, 주사바늘 공유, 또는 수혈을 통해 발생할 수 있다. 여성은 또한 임신, 출산, 수유 기간 동안 그들의 아이들에게 바이러스를 옮길 수도 있다. 성관계 시 콘돔의 사용은 HIV 전염을 예방하기도 한다. HIV를 예방하기 위한 공중보건의 접근방법으로는 헌혈된 혈액을 검사하고, 바늘을 공유하지 않도록 홍보하며, 대학 캠퍼스에 무료 콘돔을 배포하는 것 등이 있다.

역학

최초의 AIDS 사례는 1981년 미국에서 보고되었다(NIAID, 2003). 단 4년 만에 미국 내 1만 6,000명이 AIDS로 진단을 받았고, 8,000명이 사망하였다(Center for Infectious Diseases, 1985). HIV 또는 AIDS 진단은 사실상 사형선고와도 같았다. 1980년대 중반 미국에서 AIDS로 새로 진단받은 사람의 중간 생존기간median survival time은 11.6개월이었다(Jacobson et al., 1993). 효과적인 치료법 은 존재하지 않았으며, 환자의 억제된 면역체계는 일반적으로 젊은이에게는 치명적이지 않은 폐 렴과 같은 감염으로도 사망에 이르게 하였다.

미국 내 HIV/AIDS의 사망률은 1996년, 환자들이 고강도 항레트로바이러스 치료highly active antiretroviral therapy(HAART)라는 효능이 강한 약을 먹기 시작하면서부터 느려졌다. 이 치료는 다 양한 종류의 약물을 혼합시키는 것으로, 주로 약물 칵테일요법drug cocktail이라 불렀다. 약물 칵 테일요법 안의 약물로는 바이러스가 자기복제를 하지 못하도록 막아주는 역전사효소억제제와 전 염성 있는 바이러스성 입자들이 퍼뜨리는 HIV의 효소를 통제하는 프로테아제 억제제가 있다. 항 레트로바이러스 치료는 HIV나 AIDS를 치유하지는 못하지만, 바이러스의 양을 감소시키고, 생존 기간과 삶의 질 모두를 연장시켜준다. 미국 내에서 항레트로바이러스 치료가 소개된 이후, HIV 에 의한 사망률은 1996년 사망자 3만 1,130명에서 1997년 1만 6,516명(CDC, 2010b)으로 극적으로 감소하였다. 같은 해, HIV/AIDS는 사망원인 상위 10위권에서 탈락하였다. 고소득 12개국에서 실 시된 AIDS 사망에 대한 연구는 항레트로바이러스 치료가 사망률을 전체적으로 85%까지 낮춘 것을 발견하였다(Bhaskaran et al., 2008).

가장 최근의 이용 가능한 통계에 따르면, 최근 수년간 미국 내 AIDS로 인한 사망은 2000년 1만 4,478명에서 2007년 1만 1,295명까지 떨어지며 꾸준히 감소하였다(CDC, 2010b). AIDS로 인한 대부분의 사망은 젊은 사람에게 발생하며, 미국 내 15~54세 청장년에서 HIV는 여덟 번째 주요 사망 원인이다(CDC, 2010b).

전세계적인 AIDS: 주요 사망 원인

첫 사례가 거의 30년 전에 보고된 이후, 전 세계에서 적어도 2천만 명의 사람들이 AIDS로 사망하였다(Joint United Nations Programme on HIV/AIDS [UNAIDS], 2004). HIV/AIDS는 이제 전 세계 주요 사망원인 중 6위를 차지하고 있다(WHO, 2008). 특히 전 세계 3,300만 명의 AIDS환자 중 2,200만 명이 해당되는 남아프리카를 초토화시켰다(WHO, 2009b). 2008년 한 해 동안, 남아프리카 에서 140만 명의 사람들이 AIDS로 죽어 갔다(UNAIDS, 2009). 이런 가난한 나라에서는 최근에서 야 새롭고 강력한 항레트로바이러스 치료를 사용할 수 있게 되었다. 2008년 HIV를 보유한 남아 프리카인의 48%가 항레트로바이러스 약물을 받은 것과 비교하여, 2003년에는 단 7% 밖에 되지 않았다(UNAIDS, 2009). 더욱이, HIV의 비율은 지속적으로 증가하고 있다. 2008년에는 전 세계적 으로 270만 명의 사람이 HIV에 감염된 것으로 추정된다(UNAIDS, 2009).

거의 모든 새로운 HIV 감염은 개발도상국에서 발생하며, 대부분 이성간의 접촉을 통해 퍼진다. 아프리카 여성의 HIV 감염은 80% 이상이 이성적인 접촉으로 인한 것이며, 나머지는 어머니로부터 아이에게 전염되거나 수혈을 통하여 전염된다(Lamptey, 2002).

성Gender과 AIDS

다년간 미국에서 AIDS는 흔히 경멸적으로 "동성연애 질병gay disease"으로 알려졌는데, 이는 대다수의 AIDS 사례가 성병을 막을 수 있는 콘돔의 사용 없이, 남성과 성행위를 한 남성 사이에서 발생했기 때문이다(CDC, 2001; Herek & Glunt, 1988). 또한, 초창기부터 지금까지도 AIDS는 HIV 양성인 남성과 성관계를 한 여성, AIDS에 걸린 어머니에게서 태어난 아기와 어린이, 감염된 수혈을 받은 사람, 주사 주입형 약물을 사용하고 그 오염된 주사 바늘을 공유한 사람의 삶을 앗아가고 있다.

미국에서 AIDS는 남성과 성관계를 한 남성을 여전히 과도하게 괴롭히고 있지만, 이는 점점 변하고 있다. 2008년 새로이 AIDS에 감염된 사람의 3분의 1은 이성간의 접촉으로 병을 얻었다(CDC, 2010a). 국가적으로 HIV는 여성보다 남성 사이에서 더 흔하며, 전체 사례의 75%가 남성에서 발생하였다(CDC, 2010a). 전 세계적으로는 AIDS 감염자의 거의 절반이 여성이며, 주요 감염경로는 이성간의 접촉이다(UNAIDS, 2009). 예를 들어, 남아프리카에서 HIV 감염자의 60%는 여성과 소녀들이었다(UNAIDS, 2009). 아프리카에서 성불평등, 특히 여성에 대한 폭력은 여성에게 지나치게 질병 부담을 갖게 한다는 이유로 지적되고 있다(UNAIDS, 2009).

인종적·민족적 불평등

미국과 같이 부유하고 산업화된 나라에서는 항레트로바이러스 치료가 시작된 이후로, AIDS로 인한 사망률은 모든 인종과 사회경제적 집단에서 떨어지고 있지만, 일부 취약한 집단에서는 그 감소 정도가 점점 줄어들고 있다. 사망자의 감소폭은 아프리카계 미국인 여성에서 가장 작았으며, 백인 미국인 남성과 부유한 지역에 사는 거주자에서 가장 컸다(Karon, Fleming, Steketee, & DeCock, 2001). 더욱이 아프리카계 미국인, 아시안계 미국인, 미국 원주민 사이에서는 HIV 비율이 증가하고 있다(CDC, 2010a). 아프리카계 미국인은 미국 인구의 13%이지만, 2008년 전체 새로운 HIV 감염자 중 52%를 차지하였다(CDC, 2010a). 38개 주에서 수행된 HIV 사례 추적연구는 아프리카계 미국인에서 HIV 감염비율이 가장 높다는 것을 발견하였다(CDC, 2010a). 이러한 격차는 HIV검사 패턴과 새로운 약에 대한 접근의 차이를 크게 반영한다(Karon et al., 2001). 소수자, 여성, 저소득층은 HIV와 AIDS에 효과적인 치료를 받거나 접근할 가능성이 더 낮을 수 있다(Andersen et al., 2000).

미국 내 AIDS: 지속적인 공중보건 문제

비록 미국에서 HIV와 AIDS에 걸린 많은 사람이 항레트로바이러스 치료를 받으며 잘 지내고 있지만, 여전히 중대한 국가적인 공중보건 문제이다(Arias, Anderson, Kung, Murphy, & Kochanek, 2003). 설사 AIDS 사망률은 하락하고 있을지라도, 보고되는 HIV 사례의 수는 매년 증가하고 있다(CDC, 2010b). HIV는 주로 젊은 사람, 특히 소수자에게 영향을 끼친다. 연구자들은 새로운 약물 치료법의 도입 이후 치료에 내성을 갖는 HIV 유형들이 나타났다는 점을 지적한다. 약물 칵테일 요법이 효과적이고 이용가능하지만, 많은 사람들이 복잡한 투약방법과 부작용 때문에 적절히 사용하는 데 실패한다(Conway, 2007; Fleming, Wortley, Karon, DeCock, & Janssen, 2000). 즉각적인 부작용으로는 발진, 재발되거나 만성적인 설사, 구토, 피로 등이 있을 수 있고, 장기적인 영향으로는 췌장, 간, 신장의 기능장애가 있을 수 있다(Sax & Kumar, 2004). 일부는 동의하지 않지만(예: Elford, 2006), HIV 감염으로부터 스스로를 보호하곤 하였던 고위험집단 사이에서 새롭고 효과적인 치료방법이 안일함을 가져오고 있다는 의견이 제시되고 있다(Fleming et al., 2000). 이러한 이유 때문에 보건의료현장에 있는 사회복지사는 HIV양성이거나 AIDS를 앓고 있는 사람들을 계속해서 만나게 될 것이다.

치료요법의 준수
ADHERENCE TO TREATMENT REGIMENS

당뇨, 심장병, HIV/AIDS의 성공적인 관리는 대개 환자가 자신의 치료요법에 책임감을 가지고 어느 정도 준수하는가에 달려 있다. 이러한 이유로, 환자가 치료법을 준수하도록 하는 것이 보건의료팀에 있는 사회복지사의 중요한 기능으로 부상되고 있다. 준수Adherence는 의학적 조언과 환자의 행동이 일치하는 정도를 대체로 의미한다(Meichenbaum & Turk, 1987). 준수와 순응compliance이라는 용어는 때로는 통용되고 있지만, 순응이 좀 더 수동적이고 순종적인 역할을 뜻하는 반면, 준수는 적극적이고 의료 전문가들과의 협력적인 역할을 함축하고 있다. 당뇨, 심장병, HIV/AIDS와 같은 만성질환에서는 복잡한 치료요법을 지키고자 하는 환자의 의지와 능력이 치료의 효과성에 큰 영향을 미친다.

예를 들어, 당뇨 치료요법에는 매일 여러 차례의 인슐린 주사나 인슐린 주입펌프 사용(제1형 당뇨), 경구용 약 복용(제2형), 매일 빈번한 혈당체크, 식사계획 준수, 규칙적인 운동 프로그램 등이 있다. 심장병 치료준수에는 경구용 약 복용뿐만 아니라, 음식 조절, 운동, 혈압 및 지방질 모니터링, 정기적인 심장병 전문의 진료를 통한 일상 스트레스검사와 심전도검사 등이 있다. HIV/AIDS에서는 예방적 행동(예를 들어, 콘돔과 깨끗한 주사바늘의 사용)은 전염이나 감염의 위험을 줄이기 위해 필수적이다. 일단 감염이 되면, 치료법 준수는 병의 진행을 늦추고 HIV의 합병증을 지연시키는 데 대단히 중요하다. 현재 HIV를 위한 치료지침은 보통 3~4가지의 항레트로바이러스 약물의 복합요법인 고강도 항레트로바이러스 치료를 권고한다(Deeks, Smith, Holodniy, & Kahn, 1997).

의학적 요법 비준수nonadherence의 심각성에 대한 연구는 수십 년간 계속되고 있다. 50년간 569개의 연구를 살펴보면, 치료 비준수는 평균 75.2%로, 4.6%부터 100%까지 이른다(DiMatteo,

2004). 이 리뷰에서는 최근의 소규모 연구에서 건강행동수정요법보다는 약물요법에 대한 치료준수가 유의하게 더 높았고, 고학력·고소득과 같이 더 많은 자원을 가진 인구집단에서 치료법 준수가 유의하게 더 높았다고 한다. 미국의학협회IOM는 대략 9천만 명의 성인이 글을 읽고 쓰는 능력이 낮다고 밝혔는데, 글을 읽고 쓰는 능력은 건강 정보를 이해하고 반응하기 위해 꼭 필요한 능력이다(Kindig, Nielsen-Bohlman, & Panzer, 2004). 저소득층, 소수민족, 외곽지역 거주자들은 건강지식 장벽health literacy barriers에 직면할 가능성이 더 높다(Kirsch, Jungeblut, Jenkins & Kolstad, 1993).

많은 연구는 당뇨·심장병·HIV/AIDS가 있는 사람들의 가족, 정신건강, 건강신념, 읽고 쓰는 능력, 인구학적 요인 등 치료준수의 영향요인 혹은 예측인자를 검증해 왔다(Anderson, Auslander, Jung, Miller, & Santiago, 1990; Auslander, Thompson, Dreitzer, White, & Santiago, 1997; DiMatteo, Haskard, & Williams, 2007; Frain, Bishop, Tschopp, Ferrin, & Frain, 2009; Glasgow & Toobert, 1988; Jacobson et al., 1990). 여러 연구의 결과는 당뇨 치료요법에서 어느 한 측면의 준수 정도가 다른 측면의 치료준수와 관련되는 것은 아님을 보여준다(Glasgow, Wilson, & McCaul, 1985). 이는 환자의 치료준수에 영향을 주는 다양한 요소들이 있음을 시사하며, 만성질환자의 행동적 변화를 가늠하는 것이 복잡함을 강조하는 것이다.

더 최근에는 HIV에 감염된 환자의 고강도 항레트로바이러스 치료준수에 관한 연구가 증가하고 있다. 고강도 항레트로바이러스 치료는 바이러스 양을 줄이고 HIV 변종에 내성을 방지하기 위한 치료법으로, 효과적인 치료를 위해서는 적어도 95%의 준수율을 보여야 한다(Chesney, 2003). 환자가 치료법을 준수하지 않는 것은 사망의 위험을 상당히 증가시키기 때문에, 연구는 준수 행동의 촉진요인뿐만 아니라 준수의 방해요인에도 초점을 두고 있다(Chesney, 2003; Garcia & Cote, 2003; Steele & Grauer, 2003). 확인된 준수 방해요인으로는 복잡한 복용 스케줄, 음식 제한, 약물 부작용, 심리사회적 문제 등(예를 들어, 약물중독, 우울, 스트레스)과 의료서비스 제공자와의 지지적이지 못한 관계가 있다(Altica, Mostashari, & Friedland, 2001; Chesney, 2003; Gonzalez et al., 2004).

마찬가지로, 심혈관 위험감소를 위한 준수의 선행조건에 대한 문헌연구(Cohen, 2009)는 의사와 환자 간의 협력적인 관계가 매우 중요함을 보여준다. 치료준수는 개인의 위험에 대한 인식, 의사결정 지지, 동기부여, 자기 효능감, 신뢰할 수 있는 건강정보 등에 의해 영향을 받는다.

치료준수 상담의 체계적 모델

많은 연구 특히, 당뇨와 HIV/AIDS 환자를 위한 연구가 치료요법 준수를 향상시키기 위해 개발된 개입의 효율성과 효과성을 평가해 왔으며(Anderson, Brackett, Ho, & Laffel, 1999; Smith-Rogers, Miller, Murphy, Tanney,& Fortune, 2001; Wysocki et al., 2000), 치료준수 개입에 대한 방대하고 체계적인 연구들이 있다(van Dulmen et al., 2007). 그러나 이러한 개입에서 공통되는 치료준수 상담의 과정을 명시한 연구는 거의 없었다. 이 장에서 설명하는 치료준수 상담 과정은 근거에 기반한 것은 아니지만, 임상현장에서 치료준수 향상을 위해 제시되었던 전략을 포괄적이고 체계적으로 정리한 개관이라고 하겠다(Auslander, 1993; Auslander, Bubb, Peelle, & Rogge, 1989; Bubb, Auslander, & Manthei, 1989; Lorenz et al., 1996). 이 접근법은 인지행동적 관점을 기반으로, 베커Becker(1974; Becker & Maiman, 1980), 마이첸바움Meichenbaum과 터크Turk(1987), 말라트Marlatt와 고든Gordon(1985)의 고전적인 연구결과를 통합한다. 일반적으로 치료준수를 향상시키기 위한 근거 기반 개입은 동료에 대한 격려와 가족 지지, 건강신념에 대한 사정 및 수정, 공동 의사결정 독려 등과 같이 일정 부분 행동적 변화를 목표로 하고 있으며, 이 모델의 윤곽이 되었다. 실제로 사회복지사는 치료준수 관련 문제에 따라 단독으로 또는 다양한 팀에서 모든 전략을 수시로 사용한다. 표 20.3에 제시한 바와 같이, 치료준수 상담은 4단계로 나누어져 있으며, 사회복지사는 다음의 내용을 실행하게 되는데, 치료준수 문제 사정과 명확화, 의료적 치료요법 계획, 행동 변화 촉진, 환자의 치료준수 유지가 그것이다.

1단계: 치료준수 문제를 사정하고 확인하라

사정단계는 치료법 준수에 영향을 미칠 수 있는 요소에 초점을 둔다. 임상 경험과 건강행동 연구는 치료요법을 따르고자 하는 환자의 의지 및 능력과 관련된 여러 영역을 확인해 왔다(Marlatt & Gordon, 1985; Meichenbaum & Turk, 1987). 이러한 영역으로는 사회적 지지, 생활양식, 재정적 상황, 심리사회적 안녕감, 건강신념, 과거의 치료준수 경험, 치료요법에 대한 만족도 등이 포함된다 (표 20.3 참조). 이 같은 요소들에 대한 평가는 치료준수 확률을 높이기 위한 실현가능한 치료 계획을 설계하는 데 중요한 정보를 제공한다.

사회적 지지. 가족사정은 가족의 강점 및 치료준수와 관련된 위험요소를 확인하기 위하여 설계되었다. 가족사정은 다음을 포함하는데 즉, 가족의 사회적·경제적 상태, 가족의 돕고자 하는 의지와 실행 능력(예를 들어, 가족 구성원의 질병 지식, 기법적인 기술, 학습능력, 문제 해결 능력, 조직 기술), 이혼, 재혼, 실업, 아이 출생, 가족과의 사별 등과 같은 가족의 스트레스 요인, 가족의 협동 능력 및 갈등해결 능력에 대한 정보를 얻기 위한 가족 상호작용에 대한 관찰 등이다. 가족 특성과 치료준수 사이에 유의한 관련이 있다는 연구들을 고려할 때, 가족사정은 중요한 부분이다. 환자는 많은 시간을 직장이나 학교에서 보내게 되고, 집처럼 환자가 치료법을 잘 준수할 수 있는 환경을 조성하기 위하여 직장이나 학교의 협조가 필요하다. 환자는 또한 의학적 응급 상황 시, 충분한 지원을 필요로 한다. 따라서 친구, 선생님, 동료, 고용주 등 가족 외 다른 사람들에게 받을 수 있는 도움의 정도를 사정하는 것은 중요하다.

생활양식/하루일과. 환자와 가족의 일상생활을 사정하면, 생활양식에서 치료법 준수를 저해하고 약화시킬 수 있는 부분들이 빈번하게 드러난다. 생활양식/하루일과 사정은 일어나서 잠자리에 들 때까지 시시각각 일상적인 일들을 회상하도록 하여 수행할 수 있으며, 덧붙여 환자에게 평일과 주말이 어떻게 다른지를 기술하도록 요청할 수도 있다. 이 24시간 회상 방법론은 당뇨병과 심장병 환자의 다이어트 준수를 평가하기 위한 연구에 널리 사용되고 있다(Anding, Kubena, McIntosh, & O'Brien, 1996; Johnson, Perwien, & Silverstein, 2000). 대개 환자의 생활에서 작고 세세한

표 20.3 만성질환 관리를 위한 치료준수 상담

• 1 단계: 환자와 가족 사정
　사회적 지지
　생활양식과 하루일과
　심리적 요인들
　건강 관련 신념들
　이전 치료준수 경험과 치료 만족도

• 2 단계: 치료요법 계획하기
　현실적인 의료요법을 촉진하라.
　치료요법 계획에 환자의 참여를 장려하라.
　의사소통을 가능하게 하라.
　공동 의사결정을 장려하라.

• 3 단계: 행동 변화를 용이하게 하라.
　새로운 행동을 시작하라.
　　치료 목표를 행동적 목표로 전환하라.
　　고위험 상황을 대비한 계획을 세우도록 가르쳐라.
　사회적 지지를 활성화시켜라.
　　가족지지, 가족 관여를 증가시켜라. 공유된 책임감을 촉진하라.
　　정서적 지지를 강화시켜라.
　　가족 외의 사회적 지지
　　사회적 지지와 의료적 지지를 활성화시키기 위한 환자의 능력을 강화하라.

• 4 단계: 장기간 치료준수를 위한 전략
　치료준수를 유지하기 위한 기술을 개발하라.
　치료준수 시, 실수에 대처하는 방법을 가르쳐라.
　의료서비스의 접근성을 향상시켜라.
　긍정적인 건강관리 행동을 강화시켜라.

부분을 알게 되면, 주요한 치료준수 문제에 대해 이해하게 될 것이다.

　　심리적인 요인. 이 장 앞에서 논의한 바와 같이, 몇 가지 심리적 문제는 의학요법 준수와 관련이 있다. 우울(Anderson, Freedland, Clouse, & Lustman, 2001; Lustman et al., 2000; Starace et al., 2002), 불안장애(Anderson et al., 2002), 식이장애(Jones, Lawson, Daneman, Olmsted, & Rodin, 2000), 약물중독 (Arnsten et al., 2002) 등이 그것이다. 이러한 문제들은 치료준수에 부정적인 영향을 줄 수 있기 때문에, 심리적 요인을 사정하는 것은 중요하다.

　　신념. 베커(1974; Becker & Maiman, 1980)는 건강신념모델health belief model에서, 환자의 건강과 관련된 결정과 행동은 보건의료전문가의 권고보다 개인의 의료 경험, 신념, 태도에 영향을 받는다고 하였다. 보건의료팀의 구성원은 환자의 준수를 약화시킬 수 있는 잘못된 정보와 오해를 바

로 잡기 위하여, 환자의 건강신념에 대해 이해하는 것이 중요하다. 베커의 모델에서는 몇 가지 핵심적인 사정의 영역을 지적하고 있다. 즉, 치료법을 따르는 데 소요되는 노력을 보상할 만큼 질병이 심각하다는 환자의 믿음, 치료요법이 의학적 상태를 개선시킬 것이라는 환자의 신념, 치료준수에 따르는 어려움과 불편함보다 치료로 인한 혜택이 더 클 것이라는 환자의 신념이다.

치료준수 경험/치료 만족도. 환자의 과거치료 준수에 대한 평가는 중요한데, 왜냐하면 실천가는 과거의 치료준수 행동을 향후 치료준수의 유용한 예측인자로 보기 때문이다. 치료준수 행동 패턴은 환자에게 처방된 각각의 치료법을 얼마나 자주 따르는지 구체적으로 질문함으로써 평가할 수 있다. 예를 들면, 환자에게 그 전날, 지난 주, 지난 한달 동안 얼마나 자주 운동을 하였는지 물어볼 수 있다. 또한 언제, 어디서 치료를 지키기 가장 어려웠는지도 확인하여야 한다. 환자의 치료준수 경험을 사정하는 동안, 사회복지사는 환자가 어떤 이유에서 치료의 특정 부분을 따르지 않았는지 확인할 수 있다. 예를 들어, 사회복지사는 환자가 처방된 치료요법을 잘못 이해하여서 치료를 잘 지키지 못하였다는 것을 알게 될 수 있다. 이전 치료준수 경험을 사정할 때, 환자가 치료준수 성과performance에 만족하는지를 알아보는 것도 중요하다. 만약, 환자가 성과에 만족하지 못하였다면, 이미 새로운 계획을 세우고 치료준수 행동을 바꾸려고 할지도 모른다. 반대로, 환자가 치료법 준수 성과에는 만족하지만, 치료법을 지키지 않고 있다면 변화에 대한 준비가 제한될 것이다. 이런 상황에서는 치료진과 환자 간에 치료의 목표를 재검토하여야 하며, 이는 2단계에서 다루도록 한다.

2단계: 의료요법을 계획하라

사회복지사는 심리사회적·행동적 요소가 간과되거나 소홀하게 다뤄지지 않도록 지원함으로써, 치료 계획의 효과성을 높이고 환자의 치료준수를 향상시킬 수 있다. 이런 이유에서, 사회복지사는 치료계획을 수립하는 데 반드시 적극적인 역할을 하여야 한다.

현실적인 의료요법 개발을 촉진하라. 환자와 보건의료전문가들은 사회복지사의 치료준수 사정 내용을 활용하여, 환자의 생활에서 실현가능한 의료요법을 개발할 수 있다. 만약 환자의 치료요법이 환자의 특수한 생활양식에 맞춰진다면, 환자의 행동 상의 변화는 최소화되고 더욱 편안해지므로, 환자가 치료법을 준수하기 더 쉬워진다(Chesney, 2003; DiMatteo, 2004).

치료요법 계획에 환자의 참여를 장려하라. 환자의 수행정도를 반영하여 개별화된 의료요법을 개발하면, 환자의 치료준수를 향상시킬 수 있다. 사회복지사는 치료계획 시 보건의료팀이 적극적으로 환자를 참여시키고, 환자의 바람과 기대를 충분히 고려할 수 있도록 독려하는 것이 중요하다. 사회복지사는 환자가 모든 가능한 치료옵션과 그에 따르는 각각의 위험과 장점에 대해서 잘 알고 있도록 하여야 한다.

의사소통을 가능하게 하라. 여러 연구들은 의사의 의사소통 스타일과 환자의 이해·만족·치료준수 사이에 긍정적인 상관관계가 있음을 발견하였다. 의사와 다른 보건의료제공자는 환자와의 효과적인 의사소통을 위하여 사회복지사와 먼저 상의하는 것이 도움이 될 수 있다. 이는 사회

복지사가 환자의 요구와 치료준수의 어려움을 고려하여 보건의료팀에게 조언을 줄 수 있기 때문이다. 환자들 역시 기꺼이 보건의료제공자에게 귀를 기울이고 이해하여야 한다. 사회복지사는 환자의 정확한 이해를 돕기 위하여, 보건전문가들이 중요한 의학적 정보나 지침에 대해 환자 스스로 매번 다시 말해 보도록 요청할 수 있게 독려하여야 하는데, 이는 잘못 이해한 부분을 바로 잡을 수 있기 때문이다. 이 장의 마지막 부분에는 사회복지사가 환자의 정보 회상을 높이는 데 사용할 수 있는 전략을 설명하고 있다.

공동 의사결정을 장려하라. 효과적인 의사소통관계가 형성된 이후, 사회복지사는 보건의료전문가가 환자와 치료계획을 조율하도록 독려하고 조언할 수 있다. 연구는 환자가 적극적으로 치료방법 결정에 참여하거나 의사결정을 함께 하는 것이 환자의 치료준수와 건강 상태를 향상시킬 수 있음을 보여준다(Fraenkel & McGraw, 2007; Heisler, 2008; Stacey, Samant, & Bennett, 2008). 환자의 치료 목표가 종종 보건의료전문가의 목표와 다르기 때문에, 의사결정을 함께 하는 것이 중요하다. 예를 들어, 당뇨 치료 계획 시 환자의 목표는 저혈당으로 인한 불편한 사건을 예방하는 것인데, 당뇨 보건의료팀은 혈당을 정상 수치로 유지하는 것을 목표로 치료요법을 처방하게 된다면 혈당은 의도적으로 정상보다 높게 유지될 것이다. 그렇게 되면, 환자는 목표에 도달하는 행위자 측면에서는 치료를 준수하게 되는 것일 수 있지만, 치료전문가의 관점에서는 치료를 준수하지 않는 것이 될 것이다.

3단계: 행동 변화를 용이하게 하라

만성질환을 진단받은 지 얼마 되지 않은 환자는 권고 받은 치료요법을 가장 효과적으로 시행할 수 있도록 새로운 행동을 개발하거나 기존의 행동을 변화시켜야만 한다. 사회복지사가 행동 변화를 용이하게 하기 위하여 사용할 수 있는 전략은 두 가지 범주 즉, 새로운 행동 시작하기와 사회적 지지 활성화시키기로 나눌 수 있다.

새로운 행동 시작하기. 행동변화 과정에서 초기 성공경험은 환자의 행동변화를 강화하고, 동기를 부여한다. 여기서 설명하는 기법들은 환자가 새로운 치료준수 행동을 확립하기 시작한 후, 가능한 빨리 성취감을 느낄 수 있도록 설계되었다(Meichenbaum & Turk, 1987). 첫 번째 기법은 치료 목표를 행동적 목표로 변환하도록 돕는 것이다. 환자는 치료 목표를 달성하기 위하여 어떠한 행동이 새롭게 필요하거나 변화되어야 하는지를 정확하게 이해하여야 한다. 환자는 특히 언제, 어디서, 어떻게 새로운 행동을 할 것인지를 계획하여야 한다. 만약에 치료 목표가 운동을 증가하는 것이라면, 단순히 환자에게 운동을 더 자주 하도록 조언하는 것은 효과적이지 않다. 치료 목표가 운동량을 증가시키는 것이라면, 단순하게 환자에게 더 자주 운동하도록 충고하기보다는 예를 들어, 운동의 종류, 빈도, 운동할 장소와 시간 등 구체적인 계획을 세워볼 수 있도록 조언 하는 것이 보다 효과적일 것이다. 마이첸바움과 터크는 최상의 결과를 위하여, 계획을 너무 엄격하게 하지 말고, 적당히 구체적이어야 한다고 강조한다.

두 번째 기법은 환자가 자가 관리 전략을 사용하도록 독려하는 것이다. 행동 목표가 설정되고 나면 환자들은 일일 자가 모니터링이나 자가 기록체계를 수립하도록 장려된다. 매일매일 해나가면 변화를 이루기가 더 쉬워진다. 또한 일일 모니터링이나 기록은 환자에게 즉각적인 성취감을 주기 때문에 환자의 노력을 강화시킨다. 이에 더해서, 환자와 보건의료제공자가 치료요법을 더 효과적으로 관리하기 위하여 자가 모니터링 자료에서 정보를 얻고 활용할 수 있다. 큰 변화들보다 작은 변화가 더 이루기 쉽다. 환자가 치료계획을 완수한다면 즉, 단계적인 방식으로 행동을 변화시킨다면 더욱 성공적일 것이다. 예를 들어, 일주일에 5회씩 운동하도록 교육받은 환자는 과제에 압도당할 수 있다. 주 2회 운동으로 시작하여, 점진적으로 운동을 늘려나가는 것이 환자에게는 덜 벅찰 것이다. 또 다른 자가 관리 전략은 가정과 일하는 장소를 조직화함으로써 물리적인 환경을 구조화하는 것이다. 이를 위해서 환자에게 간단한 변화를 갖도록 독려하는 것이 필요한데, 예를 들면, 집안 내 고지방 음식 두지 않기, 편안한 장소에 운동매트 놓아두기, 가까운 장소에 혈액검사 도구 비치하기 등 지속적인 자극을 유발하게 하는 것이다. 마지막으로, 환자의 치료준수를 성공적으로 증가시켜 온 또 하나의 자가 관리 전략은 단서주기cueing이다. 환자가 새로운 행동을 더 잘 기억하도록, 단서를 사용하는 것에 대해 가르칠 수 있다. 환자는 가장 좋아하는 TV 쇼나 저녁 뉴스와 같은 일상적인 일들을 약 복용의 단서로서 사용할 수 있다. 일일 용량만큼 나누어 보관하는 약품 용기도 도움이 된다. 환자가 행동 단서를 확인할 수 있도록 창조적이고 유머러스해져라.

세 번째 새로운 행동을 시작하도록 돕는 기법은 환자가 고위험 상황에 대해 미리 계획하도록 가르치는 것이다(Marlatt & Gordon, 1985). 사정을 통해 환자의 치료요법 준수를 방해할 수 있는 행동, 상황, 사건, 사람에 대해 알게 될 수 있다. 이러한 치료준수의 장애물들을 예측하고, 이에 대한 대처방법을 계획하는 것은 성공적인 행동변화를 위한 중요한 전략이다. 역할극과 예행연습은 환자가 일상생활의 어려움들을 대처하기 위하여 준비하는 데 유용하다.

사회적 지지를 활성화시키기. 다양한 연구결과는 사회적 지지와 사회적 관계가 부분적으로 건강행동을 통해 건강에 긍정적인 영향을 미침을 강력하게 시사한다(Heaney & Israel, 1997). 가족 내외의 환자의 지지 네트워크를 강화하고 확장하는 것은 치료준수 상담 3단계에서 필수적인 요소이다.

사회복지사는 초기 치료준수 사정단계에서 드러난 가족강점과 위험요인을 통해, 욕구가 가장 큰 영역에 대한 집중적인 개입이 가능하게 된다. 일반적으로, 효과적인 가족 지지를 활성화시키기 위하여 사회복지사는 가족의 참여를 독려하고 역량을 강화시키며, 가족구성원 내 책임감을 공유하도록 촉진하고, 환자에 대한 가족의 정서적 지지를 강화하는 일을 한다. 가족의 참여를 독려하고 역량을 강화시키기 위해서 사회복지사가 가족, 특히 치료준수와 관련하여 가장 중요한 역할을 하는 구성원이 질병 관련 교육과 치료요법 계획에 참여할 수 있도록 보건의료팀을 독려하는 것이 중요하다. 예를 들어, 물건을 사고 요리를 하는 가족 구성원은 심장병이나 당뇨 환자에게 권고되는 식이요법에 대해 반드시 배워야 하며, 보건의료팀이 가정 상황에 맞게 환자의 식단을 조정하도록 도와야 한다. 이러한 가족의 참여가 가능하도록, 교육이나 모임은 환자나 보건의료팀뿐만 아니라 가족이 편리한 시간으로 계획되어야 한다. 만약 가족 구성원이 질병에 대해 배우기를 꺼려하거나 치료를 돕기 주저하는 것 같아 보인다면, 사회복지사는 참여를 꺼리는 이유에 대해 가족과 이야기를 나눌 수 있다. 의료적 절차를 두려워하는가? 돕는 방법을 알고 있는가? 주어진 요구에 화가 난 것인가? 이러한 이슈들이 표면에 떠오르면, 사회복지사와 가족은 솔직하게 그것에 대해 다룰 수 있다. 가족 구성원의 노력이 차이를 만들어 내고, 그들의 노력에 감사하고 있다는 것을 알게 되면, 계속해서 돕기를 원하게 될 가능성이 높다.

가족구성원 내 책임을 공유하도록 촉진하는 것은 가족 지지의 효과성을 향상시키는 또 하나의 방법이다. 연구는 질병 관련 과업의 책임 분배에 있어, 가족 구성원간의 의견불일치가 치료준수의 문제와 관련이 있음을 보여준다(Anderson et al., 1990). 이러한 이유로, 환자와 가족이 각자 맡고자 하는 과업과 역할에 대해 논의하고 결정할 수 있도록 도와야 한다. 가족은 의료적 응급 상황에 대처하는 것을 종종 걱정한다. 따라서 첫 모임에서 응급상황 시 무엇을 해야 하고, 누가 각 임무를 수행할 것인지를 계획하도록 돕는 것은 의미가 있다.

가족구성원들이 솔직하게 자신의 감정을 공유하도록 격려함으로써 정서적 지지는 강화될 수 있다. 환자와 가족은 서로를 보호하기 위해 슬픔, 괴로움, 불안과 같은 힘든 감정을 자주 숨기려고 한다. 그렇게 되면 그들은 서로를 위로하고, 가족으로서 더 가까워질 수 있는 기회를 놓치게 된다. 사회복지사는 또한 화난 감정을 공유하도록 격려함으로써, 의견 차이를 조정하고 갈등을 해결할 수 있다. 많은 연구결과들은 갈등이 적고 응집력이 좋은 가족이 치료법을 더 잘 준수하고, 더 나은 의료적 결과를 갖는다는 것을 나타내고 있다(Hanson, De Guire, Schinkel, & Kolterman, 1995; Herskowitz et al., 1995).

심장병, 당뇨, HIV/AIDS 환자의 친구, 동료, 상사, 선생님 등이 환자에 대해 잘 모르고 있거나 공감해주지 않는다면, 환자가 치료법을 준수하는 것이 불가능하지는 않더라도 어려움이 있을 것이다. 환자에게 적어도 1~2명의 동료나 학교 친구를 가르치도록 격려하는 것이 지지적인 분위기를 강화하고, 치료준수의 가능성을 높일 수 있다. 환자의 교육적인 노력이 직장이나 학교의 지지를 북돋을 수 있다. 소아당뇨의 경우, 보건의료팀의 일원이 개별적으로 연락을 취하여, 부모가 학교 교직원을 대상으로 교육하는 것에 힘을 실어줄 수도 있다.

환자를 지지집단에 연결시켜주면 고독감을 상당히 줄이고, 치료준수 문제에 대처하는 실질적인 방법을 배울 수 있는 기회를 제공한다. 환자를 적절한 지역사회 자원에 연결하는 것은 전통적이고 필수적인 사회복지의 기능으로, 환자가 치료요법을 준수하는 데 중요한 물품과 서비스에 접근하도록 돕는다.

환자가 스스로 주변의 지지를 활성화시키는 방법을 배우게 되면 장기적으로 더 나은 도움을 받을 수 있다. 사회복지사는 환자가 과거에 자신에게 도움을 주었던 사람을 기억해 내고, 향후에 기꺼이 도움을 줄 수 있는 사람을 생각해 보도록 함으로써, 사회적 지지를 제공할 수 있는 사람을 발견하도록 안내할 수 있다. 더 나아가, 사회복지사는 말라트와 고든(1985)이 제시한 역할극과 예행연습 기법을 사용하여, 환자가 지지를 요청하거나 거절에 대해 대처할 수 있도록 훈련시킬 수 있다. "의사를 귀찮게 하기Bothering the doctor"가 불편한 환자에게는 의료적 지원을 받을 수 있도록, 환자에게 활성화activation 또는 자기주장 기술을 가르칠 수 있다. 환자 활성화 전략 중 하나는 의사와 통화를 하거나 진료실을 방문하기 전에 질문 목록을 준비하도록 격려하는 것이다(Roter, 1977). 다른 전략으로는 환자 자신의 의무기록을 읽고 의학적 상태에 대해 알 수 있도록 독려하거나, 보건의료제공자와 의학적 치료에 대해 협의하여 결정하도록 돕는 것 등이 있다. 아미르Amir, 라빈Rabin, 갈라처Galatzer(1990)는 당뇨 치료요법 준수의 인지행동 결정요인에 대한 연구에서 적극적으로 특정 의사의 사후관리follow-up를 요청하는 환자의 능력이 치료준수와 유의한 상관관계가 있음을 발견하였다.

4단계: 환자의 치료준수 유지하기

말라트와 고든(1985)은 높은 비율의 행동변화 시도의 실패가 치료 유지단계에 대한 강조의 부족에 기인할 수 있다는 점을 발견하였다. 만성질환자 교육 및 관리프로그램은 대개 치료법 유지에 대해서는 관심이 부족하다는 문제가 있다. 보건전문가들은 흔히 일단 환자가 교육을 받고 새로운 치료요법을 시작하고 나면, 자신의 일은 끝났다고 생각하는 경향이 있다. 그러나 환자에게 새로운 도전은 이제 막 시작되는 것이다. 다음 전략은 장기간 치료법 준수를 용이하게 하는 데 도움이 되어 왔다.

유지 기술에 대해 원조하라. 앞서 기술한 초기 행동 변화에 효과적인 전략의 대부분은 행동변화 유지에도 또한 효과적이다. 일반적으로, 환자에게 자신의 치료법 준수에 대한 책임감을 키워주고, 환자가 이 책임을 수행하기 위해 필요한 기술을 획득하도록 돕는 것이 가장 성공적인 전략일 것이다(Meichenbaum & Turk, 1987). 이 장에서 설명하는 기술 중 가장 중요한 한 가지는 치료비준수 행동을 가져올 가능성이 높은 상황을 미리 앞서 예측하고 계획하는 것이다. 이 기술은 말라트와 고든의 연구결과(1985)에 비추어 볼 때, 대부분의 치료 비준수 사건이 각 개인에게 특수하고 한정된 고위험 상황에서 일어난다는 점에서 특히 중요하다.

환자가 독립적으로 치료준수를 유지하도록 돕는 다른 기술로는 문제해결기술, 자기주장기술, 대인관계기술, 스트레스관리기술 등이 있다(Meichenbaum & Turk, 1987). 환자가 이런 부분에서 부족함이 있을 때, 사회복지사의 역할은 치료준수와 관련된 기술을 강화시키는 것이다. 또한, 환자에게 지역사회기관에서 제공하는 기술훈련 프로그램skills training programs을 연계해 줄 수도 있다. 그때 사회복지사는 환자가 훈련프로그램에서 배운 지식과 기술을 환자의 개인적인 치료요법 준수 문제에 적용하도록 도울 수 있다.

실수에 대처하는 기법을 가르쳐라. 장기간 치료준수를 유지하기 위하여, 환자들은 깜박하는 실수에 성공적으로 대처하는 방법을 배워야 한다. 말라트와 고든(1985)은 하나의 실수를 개인적인 부족함의 신호 또는 치료준수는 달성할 수 없다는 암시로 바라보는 환자에 대하여, 인지적 재구성의 중요성을 강조한다. 이런 방시으로 생각하는 환자는 쉽게 낙담하거나 동기를 잃는다. 인지적 재구성은 깜박하는 실수가 개인적인 결함을 나타내는 것이 아니라, 새로운 행동을 배우는 과정에서 생길 수 있는 오류나 잘못으로 생각하도록 돕는 것으로, 궁극적으로 환자가 어떠한 실수를 하더라도 배우며 고쳐나갈 수 있음을 이해하도록 하는 것이다. 그때 사회복지사는 환자가 실수에 대해 생각해보고 알아갈 수 있도록 도우며, 실수가 반복되지 않도록 실수의 원인을 파악하고, 전략을 고쳐 갈 수 있게 한다. 말라트와 고든(1985)은 또한 환자가 치료준수에서의 실수를 잘 다루기 위하여 준비시키는 기법으로 실수 예행연습Laps rehearsal을 제안한다. 실수 예행연습은 환자가 치료준수의 실수를 예측하고, 실수에 대한 반응을 상상해 보고, 사회복지사에게 피드백과 코칭을 받을 수 있는 기회를 준다.

사후관리기법을 이용하여라. 보건의료팀이 장기간 치료준수 유지를 독려할 수 있는 여러 가지 매우 직접적인 방법이 있는데, 그중 환자와 보건의료팀이 지속적으로 의사소통하는 것도 포함된다. 정기적인 전화, 문자, 이메일, 상기시켜주는 메모reminder 등은 환자가 순조롭게 치료를 준수할 수 있도록 돕는다.

사회복지사는 보건의료비용을 줄이기 위한 전략을 활용할 수 있는데, 약품이나 물품의 가격이 낮은 곳을 찾아보거나, 재정적 또는 의료적 지원을 위하여 주 또는 연방 기관을 연계하는 것 등이 있다. HIV/AIDS・당뇨・심장병과 같은 만성질환은 고액의 약 처방, 혈당검사 기구, 식이요법 제한, 잦은 진료, 의료를 위한 교통편, 보육, 검사 등으로 인해 관리 비용이 꽤 많이 든다. 환자는 시간이 지나면서 가족 내 비용 부담 때문에, 치료를 유지하는 데 빈번히 실패한다. 장기적으로, 질병과 관련된 비용보다 다른 재정적인 요구가 더 중요해질 수 있다. 사회복지사는 시간이 지나며 치료준수에 변화가 생긴다면, 이는 상충되는 재정적 요구 때문일 수 있음을 인식하여야 한다.

사회복지사는 지속적으로 이를 인식하고, 환자의 긍정적인 건강관리 행동을 강화하여야 한다. 환자가 자신의 성공이 의료전문가들의 노력이라기보다 자신의 노력 때문이라는 것을 깨닫게 된다면, 강화reinforcement는 더 효과적일 것이다(Meichenbaum & Turk, 1987). 환자가 생애동안 치료요법을 성공적으로 따르기 위해서는 자신감과 자기효능감에 대한 신념이 필요하다.

다양한 인구집단에의 적용 가능성

이 접근법은 치료준수의 장애물과 촉진요소를 사정하는 데 생태학적 접근법을 사용하기 때문에 다양한 사회경제적, 인종적 배경을 가진 개인에 대한 적용이 가능하다. 이 접근법은 또한 치료준수 행동에 영향을 미치는 사회적, 문화적 요소와 같은 폭넓은 사회적 맥락의 영향을 인정하고 이를 검증한다. 예를 들어, 소수민족 환자가 갖는 건강신념이나 확대 가족의 사회적 지지 연결망 등 문화적 요소는 주류 문화에서와 다를 수 있는데, 이러한 문화적 요소는 성공적인 치료준수 상담에 있어 매우 중요하다. 더 나아가, 이러한 치료준수 상담의 접근법은 새로이 진단받은 환자나 치료요법을 바꾸고 있는 환자에게서 발생하는 치료준수 문제를 예방하기 위한 전략으로 사용 될 수 있다. 아동 만성질환자에 대한 연구뿐 아니라 임상적 상식으로 볼 때도, 가족 내에 이미 존재하는 부정적인 패턴을 바꾸는 것보다 가족의 치료법 준수나 질병관리와 관련한 문제가 발생하지 않도록 예방하는 것이 더 쉽다(Auslander, Anderson, Bubb, Jung, & Santiago, 1990; Auslander, Bubb, Rogge, & Santiago, 1993).

치료준수와 환자-실천가 의사소통
ADHERENCE AND PATIENT-PRACTITIONER COMMUNICATION

긍정적인 환자-실천가 의사소통에 관련된 성과

30년간의 환자-의사 의사소통에 대한 연구에서 몇 가지 일관된 결과가 있는데, 이는 환자와 현장의료인력 사이의 상호작용이 치료준수와 관련이 있다는 것이다. 예를 들어, 실천가가 보다 긍정적이고 덜 부정적으로 이야기하고, 질문을 덜하고, 더 많은 정보를 제공할 때, 환자는 치료준수를 보다 더 잘 하는 경향이 있다. 실제 더 많은 정보 제공은 환자의 더 나은 회상recall 및 파트너십 구축과 관련이 있다(Hall, Roter, & Katz, 1988; Roter & Hall, 1997). 비록 많은 연구들이 의사들과 진행되어 왔지만, 일반 원칙과 기법은 보건의료팀의 다른 구성원들, 즉 사회복지사, 간호사, 영양사 등에게도 적용이 되어 의사소통기술을 향상시켜 왔다.

마찬가지로, 환자의 만족도를 예측하는 가장 강력한 인자는 환자가 얼마나 많은 정보를 제공 받았는가이다. 즉, 정보를 더 많이 받은 환자는 정보를 덜 받은 환자보다 보건의료서비스에 더 만족한다(Hall et al., 1988). 더 많은 정보와 더 큰 만족감 사이의 강한 상관관계는 환자가 자신의 상태에 대해 더 알고자 하는 욕구 때문일 것이다. 또한, 더 많은 정보를 공유해주는 실천가가 사람에게 더 많은 관심을 갖고 보살필 것이라는 환자의 인식과도 관련이 있을 것이다. 더욱이 연구는 환자-현장의료인력 의사소통이 수술 후 회복을 향상시키고, 진통제 사용량을 줄이는 등 건강 성과와도 관련있다고 한다(Roter & Hall, 1997). 만성질환자는 자신의 치료와 건강에 대한 책임감을 크게 가지기 때문에 정보에 대한 욕구가 높을 것이다. 사회복지사는 환자와 공급자 사이의 상호작용이 보다 더 협력적인 의사소통 방식으로 변화하도록 의료팀을 이끌 수 있다(보다 자세한 내용은 10장 참조).

정보 제공과 교육자 역할

만성질환자는 끊임없이 변화에 대처하고 적응하게 된다. 그 변화로는 정신건강 문제의 동시발생co-occurrence, 의학적 상태의 변화, 치료요법의 변화, 발달적 또는 생활양식의 변화 등이 있다. 이러한 모든 변화는 환자들로 하여금 지속적으로 새로운 정보를 찾고 새로운 대처방법을 배울 필요를 제기한다. 이 같은 환자의 욕구에 대응하여, 사회복지사는 환자에게 질병과 관련된 심리사회적 이슈에 대한 정보를 제공하고 교육을 하는 데 많은 역할을 한다. 대부분의 사회복지프로그램에서 심리사회적 사정을 강조하고 있지만, 사회복지사를 환자에게 정보를 전달하는 것에 대해 훈련시키는 것은 거의 관심을 받지 못하고 있다. 환자-실천가 의사소통 연구에서는 다음의 경우에 환자가 만족하지 못하고 치료준수를 하지 않게 된다고 한다. 즉, 무슨 말을 들었는지 이해하지 못하고 질문하지 못할 때, 무슨 말을 들었는지 잊어버렸을 때, 환자 교육을 제공하기보다는 너무 많은 시간을 개인의 과거력을 사정하는 데 소비할 때이다(Robbins et al., 1993; Roter, 1977; Roter, Hall, & Katz, 1987).

정보 회상을 향상시키기 위한 의사소통 기법

환자는 병원을 떠날 무렵이면 실천가가 말한 것의 대부분을 잊는다. 다음의 의사소통 전략은 의료적 대면 상황에서 환자가 회상하는 정보의 양을 증가시키는 데 유용한 것으로 확인되었다. 첫 번째 전략은 정확하게 범주화하는 것이다. 사회복지사는 환자에게 많은 정보를 제공할 때, 미리 각 카테고리를 설명하고, 카테고리나 블록으로 나눠진 정보를 제시하여야 한다. 예를 들어, "제가 말씀드릴 내용은 환자와 가족이 이용할 수 있는 다양한 지지집단의 종류와 집단에 참여하면 어떤 좋은 점이 있는지, 누가 집단을 운영하고 후원하는지, 그리고 언제 어디서 지지그룹이 진행되고, 어떻게 신청할 수 있는지 등입니다."

두 번째 전략은 반복하는 것이다. 환자와 가족에게 가장 중요한 정보를 반복해서 말하는 것은 정확한 범주화와 더불어 회상을 증대시킬 수 있다. 환자-실천가 의사소통에 대한 선구적인 연구 중 한 연구에서는 의사가 말한 것을 이해하였는지 확인하기 위해, 환자에게 다시 말해 보도록 요구했다. 환자는 어떤 정보를 잘못 이해하였거나 잊어버리기도 하였다. 이 연구결과는 반복을 실시한 실험집단이 의사로부터 얻는 정보를 더 잘 회상할 수 있었고, 진료에 대해서도 더욱 만족한 것으로 나타났다(Bertakis, 1977).

또 다른 정보 회상을 향상시키는 전략은 구체적인 지시를 하는 것이다. 환자는 일반적이고 추상적인 정보보다는 명확하거나 구체적인 자세한 조언을 더 잘 기억하고 따른다. 이는 전자 보다 후자가 머릿속으로 그려보기 더 낫기 때문이다. 예를 들어, "환자분은 식단에서 설탕을 줄여야 합니다"와 같은 전형적이고 일반적인 말은 대개 도외시된다. 이는 달성하기 어려울 뿐만 아니라, 충분히 구체적인 조언을 제공하지 않기 때문이다. 더욱 구체적인 표현으로 "식단에 식후 디저트 대신에 신선한 야채와 크래커를 드세요"라고 할 수 있다. 구체적인 지시를 할 때, 사회복지사는 이해하기 어려운 의학용어나 긴 문장의 사용은 피해야 한다.

또 다른 환자 정보 제공에 관한 선구적인 연구로, 레이Ley(1982)는 환자에게 정보를 제시하고 그것을 어떤 순서로 정리하는지 실험하였다. 연구결과, 환자들은 의료적 대면 상황에서 받은 정보 중 처음에 들은 내용과 자신이 가장 중요하게 생각하는 부분을 가장 잘 기억하는 것으로 나타났다. 실천가는 대개 환자에게 정보나 권고사항을 알려주면서 면담을 마무리하기 때문에 환자가 그 정보를 더 쉽게 잊는지도 모른다. 대신, 레이의 초기 연구는 환자가 정보를 잘 기억할 수 있도록 사회복지사는 면담 초반에 가장 중요한 정보를 알려주어야 한다고 제안한다. 환자의 회상을 높일 수 있는 또 다른 전략은 왜 이 치료가 권고되는지 환자가 이해할 수 있도록 근거를 제공하는 것이다. 마지막으로, 실천가는 환자의 기대와 참여를 이끌어 내야 한다. 환자와의 상호작용을 증가시키기 위하여, 실천가는 환자가 알고 싶은 것이 무엇인지를 묻고, 환자가 논의과정에 참여하도록 독려하여야 한다. 최근 연구에서 1차 진료 의사들이 회상을 높이기 위하여 어떠한 행동을 주로 사용하는지 조사하였는데, 반복repetition이 가장 일반적인 기법으로 사용되었고(53.7%), 그 다음은 치료에 대한 근거 제시(28.2%)로 나타났다(Silberman, Tentler, Ramgopal, & Epstein, 2007). 면담 시간이 더 길어지면 회상을 촉진하는 기법의 사용이 증가하기 때문에, 사회복지사는 의사와의 면담이 끝난 후, 이어서 환자와 면담을 함으로써 회상을 높이는 중요한 역할을 할 수 있다.

실천가와 환자의 의사소통과 치료준수에 관한 이전의 연구는 보건의료전문가가 환자와 상호협력적인 방식을 채택할 때 가장 효과적이라고 알려준다. 환자가 치료요법을 준수하지 않기로 선택한다면, 이는 논리적이고 동기가 부여된 선택으로 간주되어야 한다. 해결방법은 환자가 현실적으로 치료에 따를 수 있도록, 합의된 치료법 처방에 대해 다시 논의하는 것이다. 제1형 당뇨 환자의 집중치료를 중심으로 다수의 장소에서 통제된 실험(당뇨병의 통제 및 합병증 실험, Lorenz et al., 1996)을 한 결과에 따르면, 집중치료가 성공하려면 환자만큼이나 의료진도 바뀌어야 한다.

정신건강과 만성질환의 관계
RELATIONSHIP BETWEEN MENTAL HEALTH AND CHRONIC DISEASE

만성적으로 아픈 환자를 대하는 사회복지사에게 가장 중요한 문제 중의 하나는 정신건강 문제가 같이 발생하는 것이다. 심장병, 당뇨, HIV/AIDS 등 만성질환을 앓는 사람은 일반 사람보다 정서적 문제 비율이 더 높다. 만성질환은 기능적인 장애, 지속적인 통증, 부담스러운 치료요법, 간병인에 대한 의존, 죽음에 대한 인식, 그리고 비탄, 불안, 우울의 감정을 가져올 수 있는 어떠한 것을 야기할 수 있다. 그러나, 정신장애와 만성질환 간의 관계는 만성질환이 환자에게 정신적인 고통을 일으킨다고 하는 쉽게 설명될 수 있는 전제를 넘어서는 것이다. 또한 연구에 따르면, 이 관계는 반대 방향으로도 발생하는데 즉, 부정적인 스트레스는 만성질환의 병인학에서 유발요소가 될 수 있다는 것이다. 우울증은 직간접적인 경로를 통하여 심장병, 당뇨, HIV/AIDS의 위험을 증가시킬 수 있다.

사회복지사는 만성질환자의 치료를 위하여, 전체론적인 환경 속의 인간 관점을 가져온다. 이 관점의 일부는 정신질환과 다른 신체적 질환이 어떻게 불가분의 관계가 되는지에 대한 지식을 필요로 한다. 그런 지식들을 간추려 보기 위하여 다음을 살펴본다. 심장병, 당뇨, HIV/AIDS를 가진 사람의 정신질환의 유병률, 만성질환과 정신질환의 쌍방향적인 관계, 만성질환자의 정신건강과 관련된 요인들, 정신질환과 심장병, 당뇨, HIV/AIDS를 가진 사람에게 사회복지서비스를 제공하기 위한 접근들이 그것이다.

심장병, 당뇨 또는 HIV/AIDS를 가진 사람의 정신질환 유병률

심장병

일반 인구에서 4~7%가 우울증을 가진 것과 비교하여, 심장병이 있는 사람 중 약 15~20%가 우울증도 같이 가지고 있다. 연구는 우울증이 심장병을 가속화시킬 수 있음을 보여주는데, 이는 우울증에 따른 행동 즉, 불량한 식습관과 운동 습관 때문이거나, 심박 변이도 및 혈소판 활동의 감소와 같은 생리적 연관성 때문일 것이다(Ferketich, Schwartzbaum, Frid, & Moeschberger, 2000). 최대 15년까지 심장병 환자를 추적한 20개의 연구에서 심장병과 우울증을 가진 사람은 우울증 없이 심장병을 가진 사람에 비해 심장 합병증으로 사망할 가능성이 평균 2배가량 높은 것으로 나타났다(Barth, Schumacher, & Herrmann-Lingen, 2004). 연구에서는 일반적으로 관상동맥질환, 급성 심근경색, 울혈성 심부전을 앓았거나 심장 수술을 받은 경험이 있는 사람은 우울증 없이 심장병을 앓는 사람보다 심장 문제로 사망할 가능성이 1.5~2.5배 높다고 한다(Lett et al., 2004). 우울증이 자살의 주요 위험요인이기는 하지만, 자살과 의학적 질병에 관한 연구에서는 고혈압이나 심장이식과 같은 심장의 컨디션이 자살의 위험을 높이지는 않는 것으로 나타났다(Hughes & Kleespies, 2001).

당뇨

여러 연구가 당뇨가 없는 사람과 비교하여, 제1형 또는 제2형 당뇨환자에게 우울증의 위험이 2배 가량 더 높은 것으로 일관되게 보여주고 있다(Ali, Stone, Peters, Davies, & Khunti, 2006; Anderson et al., 2001). 이러한 결과는 다른 유형의 당뇨뿐만 아니라 여성, 남성, 아동, 성인에게도 동일하다. 2만 218명을 대상으로 한 39개의 연구에서 전반적으로 당뇨환자의 11%에서 주요 우울증이 있으며, 추가적인 31%에서 많은 우울 증상을 겪고 있는 것으로 나타났다(Anderson et al., 2001). 제1형 소아당뇨 종단 연구에서는 10년 동안 28%에서 우울증이 나타났다(Kovacs, Goldston, Obrosky, & Bonar, 1997). 정신장애는 주로 치료 후 첫 해에 가장 많이 발생한다. 당뇨환자의 우울증은 취약한 영양, 약물치료 준수 부족, 건강문제 증가, 낮은 삶의 질과 관련이 있다(Anderson et al., 2001; Ciechanowski, Katon, & Russo, 2000; Lustman & Clouse, 2005). 다양한 연구에서 우울증이 당뇨환자에게서 더 높은 확률의 고혈당, 시력 손상, 심장병, 입원, 기타 합병증 등과 관련이 있는 것으로 나타났고(Clouse et al., 2003; Kovacs, Mukerji, Drash, & Iyengar, 1995; Lustman et al., 2000; Lustman & Clouse, 2005; Rosenthal, Fajardo, Gilmore, Morley, & Naliboff, 1998), 당뇨의 심각도와 기능적 손상은 우울증의 위험을 증가시키는 것으로 나타났다(de Groot, Anderson, Freedland, Clouse, & Lustman, 2001; Lustman et al., 2000).

또한, 정서적 문제와 장애, 특히 불안과 일반적인 심리적 스트레스는 당뇨가 있는 사람들 사이에서 평균보다 더 높은 빈도로 발생한다. 불안은 당뇨환자에서 2배 정도 많으며(Kruse, Schmitz, & Thefeld, 2004), 특히 고혈당과 관련이 있다(Anderson et al., 2002). 전체적으로, 당뇨환자 중 14%는 범불안장애generalized anxiety를 가지고 있었으며, 추가적인 40%는 불안 증상의 증가를 보였다(Grigsby, Anderson, Freedland, Clouse, & Lustman, 2002). 뉴욕에서 거의 만 명을 대상으로 한 연구에서는 당뇨로 진단받은 사람의 경우, 당뇨가 없는 사람에 비하여, 불안, 우울증, 조현병, 기타 정신질환 등 적어도 13가지 증상의 심각한 정신적 스트레스를 겪을 가능성이 2배가량 높았다(McVeigh, Mostashari, & Thorpe, 2004). 다양한 민족과 인종의 당뇨환자에게 정신질환이 동일한 비율로 발생하는지를 살펴본 연구는 적었지만, 미국의 한 대규모 연구에서는 미국 원주민 당뇨환자에서 우울증 비율이 가장 높았고, 다음으로 백인, 히스패닉, 아프리카계 미국인 환자 순이었으며, 아시아계 미국인 당뇨 환자에서 우울증 비율이 가장 낮았다(Li, Ford, Strine, & Mokdad, 2008).

마지막으로, 당뇨환자 중 일부는 음식과 운동에 지속적으로 집중할 필요가 있어 식이장애가 생기기도 한다. 제1형 당뇨를 앓는 청소년과 젊은 여성 중에는 소위 말하는 "인슐린 퍼징insulin purging"을 하는 경우가 있는데(Rydall, Rodin, Olmsted, Devenyi, & Daneman, 1997), 인슐린을 억제하여 몸무게를 조절함으로써 지방으로 축적될 수 있는 음식을 몸에서 제거하는 것이다. 아마도 이러한 이유로 제1형 당뇨를 앓는 여성이 그렇지 않은 여성에 비해 신경성 식욕항진증bulimia nervosa에 걸릴 확률이 2배 가까이 높다(Mannucci et al., 2005).

HIV/AIDS

인체면역결핍바이러스는 중추신경계에 침입하기 때문에, 많은 유형의 정신적 합병증이 HIV와 AIDS에 동반될 수 있다(Forstein & McDaniel, 2001). HIV와 관련된 치매, 가벼운 인지-운동 장애는 중추신경계의 바이러스와 관련된 결과일 수 있다. 연구에서 심각한 정신질환이 있는 사람의 HIV/AIDS의 높은 유병률(4~19%)이 보고되었지만, 이 연구들은 무작위 표본 또는 통제집단 설정에 부족함이 있었다(Lyon, 2001). 이전 연구에서는 극적으로 더 큰 추정치를 내놓았지만(Komiti et al., 2001), 일반적으로 HIV/AIDS가 있는 사람은 자살위험이 평균보다 2배 더 높게 나타난다(Dannenberg, McNeil, Brundage, & Brookmeyer, 1996; Marzuk et al., 1997).

HIV/AIDS의 치료방법은 또한 정신적 문제를 촉발시킬 수 있다. 예를 들어, 항레트로바이러스 치료는 일부 환자에서 정신질환을 유발할 수 있는데, 일단 치료가 중단되고 항정신병 약물을 사용하면 정신질환은 진정된다(Foster, Olajide, & Everall, 2003). 동시에 항레트로바이러스 치료는 AIDS와 관련된 치매 사례의 뚜렷한 감소와 관련이 있으며(Liner, Hall, & Robertson, 2008), HIV/AIDS 환자의 우울증 개선과도 관련이 있어 왔다(Low-Beer et al., 2000).

우울증과 다른 정신질환: 만성질환의 원인 또는 결과?

만성질환은 상당한 스트레스와 불안을 불러일으켜 개인의 정신건강에 영향을 미칠 수 있다. 그러나 정신건강이 만성질환의 원인으로 영향을 미칠 수 있을까? 실제로 취약한 정신건강은 만성질환의 위험을 증가시킬 수 있다는 증거가 쌓이고 있다. 특히 우울증 관련 연구에서 가장 강력하다. 많은 질병 연구들은 우울증이 직접적 그리고 간접적으로 어느 정도 건강 상태의 위험을 증가시킬 수 있음을 시사하고 있다.

심장병

연구에서 우울증은 차후에 심장병의 위험을 평균 1.5~2배까지 증가시키는 것으로 밝혀졌는데, 이는 흡연이 심장병의 위험을 2.5배 증가시키는 것과 거의 맞먹는 정도이다(Lett et al., 2004; Wulsin & Singal, 2003). 이 현상의 초기 연구 중 하나인 집수지역 역학연구Epidemiologic Catchment Area study에서 1981년 심장병 병력이 없고, 주요 우울증 병력이 있는 사람은 1994년 우울증 병력이 없는 사람보다 심장 마비를 겪을 가능성이 4.5배 더 높은 것으로 나타났다(Pratt et al., 1996). 더 최근의 심장병 병력이 없는 성인 대상 연구에서 우울증이 있는 사람은 우울증이 없는 사람보다 평균 8.5년 이내에 심장병으로 사망할 확률이 2.7배 높은 것으로 나타났다(Surtees et al., 2008). 우울증과 심장 합병증 간의 관계는 여성보다 남성에게서 더 심각할 수 있다. 한 연구에서 우울증이 있는 남성은 우울증이 없는 남성보다 심장병에 걸릴 가능성이 2.75배 높은 것으로 나타났지만, 여성에서는 우울증이 심장병의 위험을 증가시키지 않는 것으로 나타났다(Hippisley-Cox, Fielding, & Pringle, 1998).

왜 우울증이 심장병과 심장관련 합병증의 위험을 증가시키는지는 모른다. 한 가지 가설로는 우울증의 행동적 결과, 특히 흡연, 음주, 신체적 비활동성physical inactivity과 생리적 영향이 심장병이나 합병증의 위험을 증가시킨다고 한다(Lett et al., 2004). 우울증이 동기, 활력, 희망에 영향을 미쳐 치료요법에 잘 순응하지 못하게 하는 것으로 알려져 있으며, 이는 건강의 악화로 이어질 수 있다. 심장에 문제를 일으킬 수 있는 우울증의 생리적 영향으로는 혈소판 활동의 변화, 세로토닌 조절장애, 염증, 당뇨, 비만, 고혈압과 같은 질환 등이 있다(Lett et al., 2004). 세로토닌을 대상으로 하는 항우울제(플루옥세틴fluoxetine[프로작Prozac], 서트랄린sertraline[졸로푸트Zoloft], 기타 선택적 세로토닌 재흡수 억제제들)는 세로토닌과 심장병 간의 관계를 지지하는 증거이다. 동시에, 레트Lett 등은 우울증과 심장병 모두와 관련된 요소에 대해서 어떠한 인과관계가 수립되기 전까지는 더 많은 종단 연구가 필요함을 강조하고 있다.

당뇨

당뇨로 진단되면 우울증이 수반될 수 있다고 알고 있지만, 우울증 또한 당뇨의 위험과 관련이 있다(Knol et al., 2006; Mezuk, Eaton, Albrecht, & Golden, 2008). 우울증이 어떤 이유로 당뇨의 위험을 증가시키는지에 대해서는 명확하지 않다. 심장병과 마찬가지로, 한 가지 가능한 설명은 우울증 자체가 당뇨의 모든 위험요소들, 즉 불량한 식사, 운동 부족, 흡연, 사회적 고립, 스트레스 등으로 이어진다는 것이다(Barth et al., 2004; Rozanski, Blumenthal, & Kaplan, 1999). 또 다른 가능성은 우울증이 여러 질병에 더 쉽게 걸리게 하는 생화학적 변화를 만들거나, 또는 우울증이 직접적으로 심장과 대사 조절에 영향을 미친다는 것이다.

당뇨는 우울증 외 다른 정신질환과도 관련이 있다. 조현병이 있는 사람은 일반인보다 당 내성 손상impaired glucose tolerance 비율이 더 높았는데, 이는 생화학적 영향을 미칠 수 있는 항정신병 약물을 복용하지 않을 때도 그러하였다(Ryan, Collins, & Thakore, 2003). 실제로 항정신병 약물을 복용하는 조현병 환자는 당뇨 발병의 위험이 높다(Koro et al., 2002; Leslie & Rosenheck, 2004; Sacchetti et al., 2005). 이 관계는 특히 새로운 항정신병 약물에서 강력하며, 예를 들어, 올란자핀olanzapine(자이프렉사Zyprexa), 리스페리돈risperidone(리스페달Risperdal)과 퀘티아핀quetiapine(쎄로켈Seroquel) 등이 있다. 한 연구는 퀘티아핀quetiapine을 복용하는 사람들의 1%는 복용 시작 3개월 이내에 당뇨가 발병한 것을 발견하였다(Koro et al., 2002).

약물의 또 다른 부작용인 체중의 증가도 당뇨의 위험을 높이는 것으로 볼 수 있다(Allison et al., 1999). 이러한 이유에서 항정신병 약물을 복용하기 시작하는 사람은 주기적으로 의사의 검진을 받고, 저지방 및 고섬유질 식사를 하고, 전반적으로 예방적인 행동을 하는 것이 특히 중요하다. 조현병 그 자체가 대사체계에 영향을 미칠 수도 있지만(Ryan et al., 2003), 조현병으로 인하여 나타나는 어려움들이 열심히 운동하거나 잘 먹는 것을 어렵게 할 수도 있다.

HIV/AIDS

HIV/AIDS의 경우 행동적 조치들로 전염을 예방할 수 있는데, 정신질환은 성병에 걸릴 가능성을 간접적으로 증가시킨다. 심각한 정신질환을 가진 많은 사람은 매우 높은 비율로 HIV에 감염될 수 있는 위험한 행동을 하는데 보호되지 않은 성관계, 주사 약물사용, 성매매 등이 그에 해당된다(Meade & Sikkema, 2005). 우울증으로 인한 절망감과 무기력감은 위험한 성적 행동을 불러일으킬 수 있다. 460명의 남성 동성애자 연구에서 감정부전장애를 가진 사람은 어떤 우울 장애도 없는 사람에 비해 지난 6개월 동안 임시 파트너와 보호되지 않은 항문 성교를 갖은 비율이 2.4배 더 높았다(Rogers et al., 2003). 특히, 조현병과 관련된 인지적 문제는 HIV/AIDS의 중요성과 예방 방법에 대한 이해를 저해한다(Lyon, 2001).

HIV에 감염된 후에도 우울증은 심각한 결과와 관련이 있다. 7년간 1,716명의 HIV 감염 여성을 대상으로 한 연구에서 만성적으로 우울증 증상이 있는 여성은 우울 증상이 없거나 간헐적인 사람에 비해 AIDS로 사망한 경우가 2배였다(Cook et al., 2004).

정신질환과 치료요법의 준수

당연히 우울증, 불안, 조현병, 약물남용장애, 기타 여러 가지 정신장애 등은 치료 권고사항을 따르는 데 부정적인 영향을 미칠 수 있다. 우울증은 그 자체로 아마도 가장 큰 주범일 것이다 (DiMatteo, Lepper, & Croghan, 2000). 우울증은 동기와 집중, 활력, 희망을 저하시키는 특성이 있다. 이러한 문제는 운동을 하고, 건강하게 먹고, 정기적으로 혈당검사를 하고, 약물을 유지하는 것을 어렵게 한다(Ciechanowski et al., 2000; Rubin, Ciechanowski, Egede, Lin, &Lustman, 2004).

우울증은 심장병, 당뇨, HIV/AIDS의 치료준수를 저해한다(Ciechanowski et al., 2000; DiMatteo et al., 2000; Starace et al., 2002). 심장병 환자 연구에서 우울증이 있는 사람은 우울증이 없는 사람보다 정기적인 약 복용, 금연, 심장재활치료 참석, 규칙적인 운동 등을 할 가능성이 더 낮은 것으로 나타났다(Kronish et al., 2006). 우울증과 HIV를 가지고 있는 성인에서 항우울제를 복용하는 사람은 항레트로바이러스 치료를 더 잘 지킬 가능성이 높았다(Yun, Maravi, Kobayashi, Barton, & Davidson, 2005). 불법약물 사용 또한 치료준수에 영향을 미친다. HIV에 감염된 85명의 현재 및 과거 약물 사용자 연구에서 6개월의 연구 기간 동안 코카인을 사용하지 않은 사람의 68%가 약물 치료요법을 준수한 반면, 코카인을 사용한 사람은 27%만이 치료를 준수하였다(Arnsten et al., 2002). 비록 우울증과 다른 정신질환이 식이 조절, 운동, 약물복용 등 의료요법을 따르고자 하는 동기와 능력을 저해할 수도 있지만, 루빈Rubin과 페이로트Peyrot(2001)는 우울증이 있는 많은 사람이 치료 계획을 지키고 있으며, 마찬가지로 의료요법을 따르지 않는 많은 사람이 우울하지 않았다고 강조하였다.

만성질환의 보호요인과 정신건강

모든 만성질환자가 정신장애로 진행되는 것은 아니다. 심장병, 당뇨, HIV/AIDS를 가진 대부분의 사람이 질병과 관련된 끊임없는 스트레스와 두려움을 가지고 살아가고 있음에도 불구하고, 주요 우울증 진단을 받을 만하지는 않다. 무엇이 사람들을 우울증, 불안 또는 다른 정신장애를 겪지 않고 만성질환에 대처하도록 돕는가? 연구에서 당뇨는 일반적으로 결혼, 높은 수준의 교육, 수입, 사회적 지지가 더 적은 정신적 합병증과 관련이 있다고 한다(Blazer, Moody-Ayers, Craft-Morgan, & Burchett, 2002; McVeigh et al., 2004; Peyrot & Rubin, 1997). 당뇨의 경우, 잘 조절된 혈당은 우울증 위험의 감소와 관련이 있으며(Rubin & Peyrot, 2001), 낮은 체중, 인슐린 치료, 많은 나이 역시 마찬가지이다(Katon et al., 2004). 당뇨가 있는 백인 미국인은 당뇨가 있는 아프리카계 미국인 보다 주요 우울증이나 경증의 우울증을 경험할 가능성이 더 적으며(Blazer et al., 2002), 다른 피부색의 사람보다도 더 적었다(Katon et al., 2004).

우울증과 불량한 건강 습관(혈당 조절 등)은 서로에게 미치는 상호간의 영향 때문에 둘 중 어느 것이 먼저인지는 알기 힘들다. 이는 운동, 식이, 수면 등이 우울증을 예방하는 데 도움이 되기도 하지만, 또한 우울증에 의해 극적으로 영향을 받을 수 있는 것과 마찬가지이다. 루빈과 페이로트(2001)가 기록한 바와 같이, "우울증과 자주 관련되는 무력함과 절망은 불량한 자기 관리, 좋지 않은 혈당조절, 우울증 악화의 악순환에 기여한다"(p. 461). 신체적 질병과 정신적 질병이 동시에 있으면, 시너지 효과가 존재하는 것 같다. 즉, 신체적 또는 심리사회적 상황이 악화될수록, 정신건강도 더 악화된다. 심리적, 경제적, 사회적, 신체적 건강문제는 서로 상호작용할 가능성이 있는데, 상황에 따라서 악순환이 될 수도 있고, 생산적인 순환이 될 수도 있다.

만성질환자 정신건강 개선을 위한 개입

사회복지사가 정신건강 문제를 가지고 있는 사람을 도울 수 있는 개입은 많다. 여기에서는 의료적 위기상담, 심리치료, 이완훈련을 간단히 설명한다. 항우울제는 생략하였는데 이는 사회복지사는 약물을 처방하지 않으며, 약물을 처방하는 정신건강의학과 전문의나 다른 의사들과 일하기 때문이다. 하지만, 사회복지사가 정신질환 약물의 효능과 위험에 대해 잘 알고 있는 것은 도움이 되며, 사회복지사는 환자를 교육하고 옹호할 수 있게 된다. 예를 들어, 항우울제는 우울증을 효과적으로 줄일 수 있지만, 아동·청소년·젊은 성인에게서 자살행동을 높이는 위험을 수반한다(Barbui, Esposito, & Cipriani, 2009).

의료적 위기상담
의료적 위기상담은 단기간의 개입으로 개인의 의료적 질병에 의해 발생하는 두려움, 불안, 장애, 그 외의 다른 문제에 초점을 둔다(Pollin, 1995). 의료적 위기상담에서는 질병에 대한 대처 능력을 지연시키는 8가지 두려움—통제력 상실, 자아상 상실, 의존, 스티그마, 유기, 분노 표출, 고독감, 죽음—을 전제로 한다. 상담은 보통 단 10회 또는 그보다 적은 회기로 진행되며, 적극적인 문제해결 접근이 강조된다. 사회복지사나 다른 치료사의 역할은 "해결 중심 성향을 가지고 있는 촉진자facilitator, 문제해결사problem-solver, 보건교육자health educator, 코치coach이다"(Pollin, 1995, p. 53). 궁극적인 치료 목표는 질병이 있는 사람이 자신의 상황에 대해 어느 정도 통제감을 갖게 하여, 결과적으로 더욱 효과적으로 대처하도록 돕는 것이다. 적은 수의 무작위 대조군 연구는 위기상담이 비용의 증가 없이 당뇨, 심장병, 기타 질환자에 대한 사회적 지지를 높이는 데 도움이 될 수 있음을 보여준다(Koocher, Curtiss, Pollin, & Patton, 2001).

정신치료
다양한 연구들이 일반적으로 정신치료의 효과성을 증명하고 있지만(Nathan & Gorman, 2007), 결과는 정신치료와 특정 질환을 가진 대상에 따라 혼재되어 있다. 정신치료는 기초이론(예를 들어, 인지-행동적 또는 정신역동적), 방식(개인 또는 집단), 초점(인지적 왜곡, 슬픔, 스트레스) 등에 따라 달라질 수 있다.

제2형 당뇨를 가진 사람에서 인지-행동적 치료는 효과적으로 우울증을 감소시키고(Petrak & Herpertz, 2009; Snoek et al., 2008), 혈당 조절을 향상시켰다(Ismail, Winkley & Rabe-Hesketh, 2004). 루빈과 페이로트(2011)는 대인관계 정신치료 또한 당뇨가 있는 사람에게 효과적일 수 있음을 제안하였는데, 이는 대부분의 질병 관리에서 다른 사람과의 효과적인 상호작용이 필요하기 때문이다. 스트레스-완화 훈련과 심장병에 관한 초기 연구에서 심장마비를 경험하고 스트레스-완화 훈련을 받은 남성은 심리적 개입을 받지 않은 사람보다 사망률이 더 낮았다(Frasure-Smith & Prince, 1985). 이에 더하여, 유선전화를 통한 정신치료는 긍정적인 결과를 보여주었다. 즉, 심장병 환자를 대상으로 한 무작위 대조군 연구에서 6회기의 전화 치료요법을 받은 환자는 받지 않은 환자에 비해 우울증과 불안이 낮은 것으로 보고되었다(McLaughlin et al., 2005).

모든 정신치료 효과성 연구가 긍정적인 결과를 내는 것은 아니다. 최근 심장마비를 경험한 2,328명에 대한 연구에서 집단 및 개인 정신치료 개입이 우울증의 비율, 심장마비의 재발, 사망률 등을 줄이는 데 실패하였다(Jones & West, 2004). 근래에 심장마비가 있었던 우울증 성인을 대상으로 한 개인 및 집단 인지-행동적 치료에 관한 대규모 연구에 따르면, 개입이 우울증의 감소와 사회적 지지의 증가와 관련이 있었다. 그러나, 평균 29개월의 추적관찰 기간 동안, 정신치료를 받았는지 여부와 상관없이 4명 중의 1명이 사망하였다(Berkman et al., 2003). 정신치료의 다양한 유형, 방식, 초점 등에 대한 더 많은 효과성 연구가 필요한데, 만성질환을 가진 사람에 대해서는 특히 그러하다.

이완훈련

이완기법은 만성적인 건강 상태의 사람에게 효과적이라는 상당한 근거가 있다. 벤슨Benson(1976)은 자신의 고전 『이완반응The Relaxation Response』에서 하루 10~20분 동안의 명상이 혈압과 심박수를 낮추는 생리적 변화를 가져올 수 있음을 보여주었다. 이완기법은 당뇨환자의 혈당 조절 개선과 관련이 있다(McGinnis, McGrady, Cox, & Grower-Dowling, 2005). 깊은 이완deep relaxation 기법은 제1형 당뇨가 있는 아동과 청소년이 주사를 맞거나 스트레스가 많은 의료적 처치를 받을 때, 두려움과 불안을 덜 느끼도록 돕는다(Sewell, 2004).

이완훈련에는 수많은 유형이 있다. 명상은 가만히 앉은 상태에서 숫자를 세거나, 문구를 반복하거나, 물체를 마음속으로 시각화한다. 점진적 근육이완에서는 깊게 호흡하며, 특정 근육군을 한 번에 하나씩 이완시키는데, 머리에서 발쪽으로 내려오거나 반대로 하기도 한다. 최면요법—깊은 이완deep relaxation이라고도 한다(Sewell, 2004)—에서는 다른 사람이 환자에게 한 물체에 집중하거나 시각화하도록 지시함으로써 환자의 이완을 유도한다. 클라이언트에게 어떻게 이완기법을 사용하는지에 대한 자세한 방법은 번스타인Bernstein, 보르코벡Borkovec과 해즐레트-스티븐스Hazlett-Stevens(2000), 또는 페인Payne과 도내피Donaghy(2010)를 보면 된다.

결론
CONCLUSION

사회복지사는 모든 유형의 보건의료현장에서 심장병, 당뇨, HIV/AIDS 또는 기타 여러 만성질환이 있는 사람과 자주 일하게 된다. 만성질환은 환자에게 지속적인 도전을 야기하는데, 특히 정신건강, 치료준수, 질병과 관련되어 계속적인 변화에 보다 잘 대처하기 위한 정보 수집 등의 이슈들이 있다. 만성질환은 우울증, 불안과 같은 정신건강문제로 이어질 수 있는데, 이러한 정신건강문제는 만성질환의 신체적 합병증을 악화시킬 수도 있다. 우울증과 같은 정신건강문제는 또한 약물, 식이, 기타 의료적 치료요법을 따르고자 하는 환자의 능력에 부정적으로 영향을 미칠 수 있다. 의료적 치료준수는 만성질환자에게 무엇보다 가장 중요하다. 환자가 매일의 일상을 어떻게 살아가는가—규칙적으로 먹고, 운동하고, 약을 복용하는지, 예방적으로 행동하는지—가 환자의 질병과정과 결과에 상당한 영향을 미칠 수 있다.

사회복지사는 만성적으로 아픈 환자와의 업무에서 다양한 역할—치료준수 상담가adherence counselor, 정신건강 전문가mental health specialist, 교육자educator—을 한다. 이러한 각 역할을 수행하기 위하여, 사회복지사는 환자의 질병과 치료, 그리고 그들의 독특한 심리사회적 이슈들에 대하여 잘 알고 있어야 한다. 치료를 준수하지 않는 데 대한 시각은 비난의 관점에서 선택의 관점으로 바뀌고 있는데, 이는 현장(의료)인력과 환자가 합의된 치료법을 다시 조정할 책임감을 가져야 함을 의미한다.

앞으로의 보건의료 동향은 보건의료현장과 지역사회에서 일하는 사회복지사의 역할에 영향을 미칠 수 있다. 예를 들어, 아동과 청소년을 비롯하여 모든 연령대에서 비만과 당뇨 인구의 증가는 사회복지사의 역할을 생활양식의 변화와 치료준수를 증진하는 방향으로 더욱 강화시킬 것이다. 심장병, 당뇨, HIV/AIDS 예방에 대한 비교적 새로운 강조는 학교, 1차 진료 클리닉, 정신건강, 사회복지기관 등 지역사회의 공중보건 현장에서 사회복지사의 교육적인 역할을 더욱 강화시킬 것이다. 마지막으로, 유색 인종과 백인 미국인 사이의 지속적인 불균형은 사회복지사가 건강에 영향을 주는 사회문화적 그리고 가족 요소에 대한 전문지식을 갖도록 강조할 것이다. 심장병, 당뇨, HIV/AIDS에 대한 지식은 만성질환을 적극적으로 예방·관리하는 많은 사람들과 일하고 있는 사회복지사에게 매우 중요하다.

연습문제

만성질환에 대처하거나 적응하고자 애쓰는 사람에 관한 책을 읽어보자. 개인적인 이야기(자서전적인)나 다른 누군가가 쓴 책이어도 된다.

연습 20.1

이 장에서 설명한 치료준수 상담모델을 사용하여 사례연구 발표나 논문에 나온 개인의 질환 관리 능력을 분석하라. 첫째, 병의 원인, 증상, 치료방법, 진행 경과 등에 따라 질환을 기술하라. 그리고 다양한 요소들, 예를 들어, 가족, 사회적 지지, 생활양식, 문화적 요소, 정신건강 상태, 진단에 대한 정서적 반응, 건강신념, 치료 만족도 등이 질환을 관리하고 치료를 준수하고자 하는 개인의 능력에 어떻게 영향을 미치는지 분석하라. 이러한 사정을 바탕으로, 사회복지사는 클라이언트와 가족의 행동적 변화를 촉진하고, 사회적 지지를 활성화시키고, 보다 효과적으로 대처하도록 돕기 위하여 어떻게 개입할 것인가?

연습 20.2

짝을 지어 자신이 읽은 책에 나온 사람의 역할을 맡아 역할극을 하며, 서로에 대해 사회복지 사정을 차례로 실시하라. 사정이 끝나면, 역할극에서 확인된 강점과 도전 과제를 바탕으로 번갈아 가며 사회복지 개입 계획을 수립하도록 한다. 짝 활동이 끝난 후 더 큰 집단에서 역할극 경험에 대한 이야기를 나누고, 피드백을 받도록 한다.

연습 20.3

이 장의 내용을 숙지하고, 이 책의 15장("아동 및 청소년 환자와 사회복지Social Work With Children and Adolescents With Medical Conditions")과 16장("보건의료 환경에서의 노인복지Social Work With Older Adults in Health-Care Settings")을 참고하여, 아동, 청소년, 노인에서의 당뇨, HIV/AIDS, 심장병 등 만성질환과 관련된 독특한 (1) 심리사회적 장벽들과 (2) 사회복지 개입 이슈들에 대하여 소그룹 또는 대그룹으로 토론하라.

제21장

사회복지와 유전학

Social Work and Genetics

앨리슨 워너-린 ALLISON WERNER-LIN, 케이트 리드 KATE REED

역사적으로 보건의료 분야의 사회복지사들은 유전적 질병의 심리사회적인 영향에 대해 가족들이 대처할 수 있도록 도와 왔다(Schild & Black, 1984). 45년 전 발행된 논문에서는 유전적 개념과 관심이 어떻게 사회복지실천에 통합될 수 있는지 서술하고 있다. 쉴드Schild(1996)와 슐츠Schultz(1966)는 그들의 논문에서 유전학의 발달과 사회복지실천에서의 잠재적 영향력에 대해 설명하고 있다. 이들은 유전적 질병에 맞서고 있는 개인이나 가정에 대한 심리사회적 지지의 중요성을 강조하고, 특히 유전학에 대한 상담을 제공하기에 사회복지사가 적절하다고 제안하였다.

이후, 과학의 발전은 유전의학의 지형을 완전히 바꾸어 놓았다. 가장 주목할 점은 인간게놈프로젝트Human Genome Project가 1990년에 착수된 것이다. 이는 질병을 일으키는 유전적 변이를 찾아냄으로써 건강을 증진하고자 하는 목적으로 시행되었으며, 인간 게놈의 정확한 구조를 찾아내었다. 2003년에 완성된 인간게놈프로젝트(www.ornl.gov/sci/techresources/Human_Genome/home.shtml)를 통해 우리는 인간의 유전적 청사진을 읽을 수 있게 되었다. 이제 근본적인 생물학적, 유전학적 질병을 이해할 수 있는 발전된 방법의 새 지평이 열리고 일반적인 유전 상태와 희귀한 유전 상태에 대한 효과적인 개입이 가능해졌다. 과학자들은 개인에게 특정한 장애를 일으키게 하는 유전적 영향이 무엇인지 찾아내는 장족의 발전을 이루었다. 이러한 유전적 변이의 감별을 통해 개인에게 질병을 일으키는 특정한 유전자 변이(일반적으로 돌연변이mutations나 변이alterations로 불리는)가 있는지 알아내는 것이 가능해졌다. 그러나 질병의 유전적 원인을 규명하는 기술이 표적 치료[1]의 개발보다 앞서나가고 있다. 게다가 단일 유전자 변이와 질병 발현간의 복잡성이 증가하고 있고, 다양한 유전자와 환경요소가 유전 상태의 예후를 더욱 복잡하게 만들고 있다. 즉, 인간게놈프로젝트의 의도치 않은 결과는 새로운 계층의 환자군을 만들어 냈는데, 이는 언제 질병이 발생하는지는 알 수 없지만 그 질병을 야기할 수 있는 위험성을 지닌 변이가 발견된 환자군을 말한다.

---

[1] 특정 질병이 발생한 부분에만 영향을 가하는 치료 방법(예: 암세포만을 공격하는 항암 표적 치료) — 옮긴이 주.

개인에게 기질적으로 다양한 질병을 가져다주는 유전적 변이를 식별하는 것은 사회복지사가 아주 미세한 새로운 위험의 개념과 싸워야 한다는 것을 의미한다. 환경 속의 인간이라는 우리의 시각은 질병이나 체질에 대한 유전적인 기여를 필수적인 것으로 간주하지 않으면서도, 발달적, 사회적, 환경적 사정에 유전적인 다양성이 핵심적인 요소로 고려될 수 있도록 보다 넓게 확장되어야 한다. 학자들이 유전자를 식별하는 것은 주로 낙인화된 질병들과 관련이 있는데 정신질환, 중독 혹은 공격성 및 불안과 같은 개인적 특성을 예로 들 수 있다. 이렇듯 유전자 식별 능력은 잠재적으로 윤리적, 사회적, 개인적 비용을 초래한다. 기본적인 유전적 개념에 대한 지식들이 의료적 치료에 어떻게 표현되고 이해될 수 있을지 특히, 건강정보를 이해하는 능력이 부족한 사람이나 불충분한 자원을 갖는 취약계층에게 이것을 잘 실천하는 일은 매우 중요하다.

이러한 유전 혁명으로 사회복지사들은 환자와 가족들에게 유전적 측면의 안녕을 포함하여 포괄적인 치료에 참여할 기회를 제공할 수 있게 되었다. 강점관점strength perspective과 환경 속의 인간 관점person-in-environment은 사회복지사가 정보공유모델information sharing model 및 특정 욕구가 있는 개인과 가정, 지역사회 맞춤 유전 서비스 접근을 기획하는 데 도움이 된다. 이 장의 목표는 사회복지실천에서 가장 의의가 있는 기본 유전적 개념 및 딜레마를 살펴보는 것이다.

이 장의 목표
- 유전의학의 기본 개념 및 최근의 발달에 대해 소개한다.
- 유전학에서의 강점기반 지식 및 실천을 다지는 기초로서 다양성과 유전자 환경의 상호관계를 규명한다.
- 초학문적 유전의료 임상 및 연구팀에 사회복지가 통합될 수 있는 기회와 도전에 대해 논의한다.
- 일반적으로 유전의료에서 제공자와 환자가 직면하는 윤리적 이슈에 대해 소개한다.
- 유전의료분야의 정책 발달에 관해 조사한다.
- 유전학의 발달, 개입조사, 옹호, 교육 그리고 개입 규정에 있어서의 사회복지의 역할을 제안한다.

유전변이의 개요
INTRODUCTION TO GENETIC VARIATION

완전하게 똑같이 일치하는 사람이나 환경은 존재하지 않는다. 심지어 동일한 유전자 청사진을 가지고 태어난 쌍둥이조차도 서로 다른 성격, 이해관계, 사회적 관계망을 형성하며 성장한다. 연구자들은 장기간에 걸친 쌍둥이 연구를 통해 다양한 환경 조건들이 유전자의 표현방식(표현형 phenotype)에 미치는 영향을 규명해 왔다(Rose & Kaprio, 2008; Shih, Belmonte, & Zandi, 2004). 대변이

great variation는 특정 유전자들이 어떻게 표현되는지, 이러한 유전자들이 비슷한 환경 또는 서로 다른 환경요인들과 어떻게 상호작용하면서 인간이 성장하고 발달하는 방식을 형성하는가를 의미한다. 예를 들어, 담배에 노출된 사람들 가운데 일부 집단만이 니코틴에 중독된다. 유전변이는 우리 몸에서 니코틴의 처리과정에 영향을 미친다. 어떤 사람들은 대사 작용이 느리게 진행되기 때문에 그렇지 않은 사람보다 장시간 니코틴의 영향을 체험하게 된다. 이들은 니코틴 대사가 빠르게 이루어지는 사람들보다 일일 흡연 횟수가 더 적다. 이와 같이 유전변이는 흡연여부, 사회적 관계망의 구성과 같은 다른 환경 및 행동 요인들과 상호작용하며 개인의 중독 여부를 결정한다.

유전변이genetic variation는 개인과 집단 내의 유전자 코드에 존재하는 차이를 의미한다. 이 차이점들은 외모, 건강, 행동의 다양성을 가져오고 개인이 환경에 반응하는 방식에 영향을 미친다. 성장이나 발달에 대한 기본 지침을 제공하는 유전자 코드인 DNAdeoxyribonucleic acid는 생명 유지에 필수적이므로 대략 모든 개인들 간에 동일하다. 예를 들어, 현생인류는 같은 형태의 신체와 장기 배열 순서를 가지고 있다. 이러한 근본적인 지침을 넘어서는 변이도 예외라기보다는 규칙이 있다.

유전변이 그리고 유전자와 환경간의 상호작용을 다루는 문헌들이 늘어나고 있다(Manolio, 2009). 이 문헌들은 유전변이가 우리의 성격과 행동 상의 특성, 질병 발현과 치료 반응, 정신 병리 발달에 기여한 바를 역설하고 있다. 유전적 요인은 개인의 스트레스와 대처 반응에 영향을 미치고, 개인이 환경적 스트레스 요소에 관여하고 반응하는 방법을 형성한다(Caspi, Hariri, & Holmes, Uher, & Moffitt, 2010). 사회복지사들은 환경을 사정하고 환경의 강점과 제한점 그리고 정신건강 및 건강 결과 간의 관계에 대한 가설을 수립하며 검증하는 훈련을 받고 있다. 환경적 요인뿐 아니라 유전적 요인까지 파악함으로써 사회복지사들은 여타 건강 및 정신건강 전문가들과 협력관계를 맺고 현재 드러나는 문제들을 아우르며, 개인의 특정 상황에 대한 개입방안과 자원들을 발전시킬 수 있을 것이다. 곧 유전자 발견의 시대에 사회복지실천과 관련하여, 사회복지사는 유전자 표현의 맥락을 제공하는 환경, 행동, 가족 요인들을 밝혀내는 데 이상적인 입지를 차지하고 있다.

기본 배경

궁극적으로 변이는 모든 유전자 정보의 근원인 DNA수준에서 나타난다. DNA는 네 가지의 화학적 기초―아데닌adenine, 타이민thymine, 사이토신cytosine, 구아닌guanine, 혹은 좀 더 익숙하게는 A, T, C, G로 각각 A와 T, C와 G가 짝을 이룬다―로 부호화된 유전자 정보를 전달한다. 각 쌍은 뉴클레오티드nucleotide라고 부르며, 뉴클레오티드의 배열순서가 성장, 기능, 세포의 발달에 관한 특수한 지시를 운반한다. 유전자는 DNA의 조각으로서 고유한 뉴클레오티드의 조합인데, 여기에는 세포의 성장과 발달, 유지를 위해 필요한 특수한 단백질을 만드는 지시가 포함되어 있다. 인간은 약 2만 개에서 2만 5천 개의 유전자를 갖고 있다. 모든 인간은 대략 유사한 유전자를 지니고 있지만 일란성 쌍둥이를 제외하고는 두 사람이 동일한 형태의 유전자를 가질 수 없다. 그

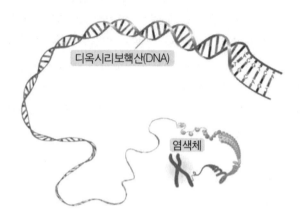

그림 21.1   DNA

디옥시리보핵산(DNA)

염색체

리고 양쪽 부모로부터 물려받은 복제된 한 쌍의 유전자를 가지고 있다(그림 21.1 참조).

염색체chromosomes는 DNA의 유기적 구조를 제공한다. 이것은 유전자와 단백질로 복잡하게 구성되어 있고 세포의 핵에서 발견된다. 보통 사람의 세포는 46개의 염색체를 갖는다. 23개의 염색체는 각각 부모로부터 물려받는데 이것은 각 유전자마다 23쌍의 염색체가 있다는 것을 의미한다. 부모로부터 물려받은 염색체는 완전하게 똑같은 22쌍을 이룬다. 23번째 염색체 쌍은 개인의 생물학적 성별을 결정하게 된다. 여성은 두 개의 X염색체를 갖고, 남성은 하나의 X염색체와 Y염색체를 갖는다.

유전변이의 근원

유전변이genetic variation는 개인과 집단 내의 유전자 코드에 존재하는 변이로서 유전자의 기능에 영향을 준다. 변화는 작을 수도 있고 클 수도 있다. 이러한 변화들이 개인에게 미치는 영향은 게놈에서의 위치와 그 변화가 기능적으로 의미가 있는가의 여부에 따라 결정된다. 변이는 그 자체로 중립적이어서 모든 변화가 부정적인 건강 결과로 이어지는 것은 아니다. 어떤 유전적 변화들은 영향력이 없기도 하고 어떠한 변화들은 한 개인을 특정 질병에 덜 민감하게 만들기도 하며, 어떠한 변화들은 질병의 위험성을 높이기도 한다.

유전변이는 생식변이reproductive variation와 구조변이structural variation의 두 유형으로 나누어 볼 수 있다. 구조변이는 다양한 측면에서 DNA 복제 과정에서 생겨나는 "실수"로 여겨진다. 대조적으로, 우리 모두는 생식을 통해 변이를 촉진하는 유전자들을 가지고 있다. 다음의 설명들은 가족과 개인, 집단이 치료에 대응하는 방법, 그들이 직면할 수 있는 궁금증이나 의료적 결정의 유형, 건강 및 의료적 건강 측면에서 긍정적인 결과를 촉진할 수 있는 사회심리적 개입의 범위와 관련하여 중요한 변이의 기제를 간략히 소개하기 위한 것이다.

생식변이

유전적으로 서로 다른 난자와 정자의 결합은 고유한 유전자 정보의 조합을 만들어 내기 때문에 변이를 증가시키는 결과를 가져온다. 생식과정에서 생물학적 부모 각각의 유전물질이 무작위로 배합되어 양쪽 부모의 유전자들이 온전한 한 쌍을 이루도록 한다. 그러므로 개인은 생물학적 부모로부터 물려받은 난자와 정자의 결합체이다. 이러한 무작위적 배합은 부모의 유전적 위험요인과 민감성의 결합으로부터 특정 위험 요인과 질병 민감성을 물려받은 고유한 인간을 만들어낸다. 나아가 무작위 유전이므로 한 부모로부터 태어난 형제나 자매라 할지라도 유전적으로 동일하지 않다(일란성 쌍둥이는 예외). 아이들은 그들의 부모에게서 상이한 DNA 조합을 물려받기 때문이다(참고 21.1 참조).

◆ 참고 21.1 유전의 패턴

대부분의 유전적 특징과 상태는 몇 가지 공통적인 패턴 중 하나로 전달되는 유전적 요소를 갖고 있다. 그 패턴을 확인함으로써 개인과 가족에게 그러한 유전적 특징과 상태의 발현될 가능성을 진단하고 상담을 제공하는 데 도움이 될 수 있다. 유전패턴은 또한 개인의 유전적 상태와 경험에 영향을 미칠 수 있다.

상염색체성 우성유전 autosomal dominant inheritance

상염색체성 우성유전은 부모 한쪽으로부터만 원인 유전자를 물려받아도 돌연변이가 발현되는 유전적 특징과 상태를 말한다. 상염색체성 우성유전에 해당하는 사람은 종종 그의 부모와 같은 유전적 특징을 갖는다. 한 부모의 자녀는 각 50%의 확률로 상염색체성 우성유전이 나타나고 남성과 여성이 똑같은 확률을 갖는다. 우성의 특징은 일반적으로 다양하게 나타나며 가족 내에서는 대대로 나타난다.

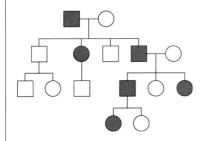

상염색체성 열성유전 autosomal recessive inheritance

상염색체성 열성유전 패턴은 부모 양쪽 모두로부터 문제 유전자를 물려받아야 정상적인 기능을 저해하는 돌연변이가 나타난다. 한쪽 부모로부터 열성유전자를 받고 한 부모로부터는 열성유전자가 아닌 유전자를 물려받은 사람을 보인자carrier라고 하며, 보인자의 배우자도 역시 보인자일 경우, 그 자녀는 상염색체성 열성유전이 될 위험성이 높아진다. 남성과 여성의 구분 없이 같은 확률로 상염색체성 열성유전이 나타나며 종종 형제자매지간에서 나타나기도 한다. 열성유전이 나타나 그 특징이 보이더라도 그 부모는 특징이 드러나지 않는 보인자일 수 있고, 특징을 가진 한 개인의 모든 자녀들은 보인자가 된다. 양부모 모두 보인자일 경우에 그 자녀 중 25%는 열성유전의 특징이 나타난다.

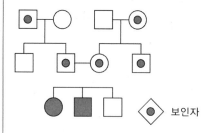

보인자

X 연관 유전 X-linked inheritance

X염색체 유전자의 변화에 의해 나타나는 특징을 바탕으로 X 연관 유전이 나타난다. X와 Y염색체는 한 사람의 성별을 구분하는데, 남성은 X염색체와 Y염색체를 하나씩 갖고 여성은 두 개의 X염색체를 갖는다. 이것은 여성이 X염색체 두 개를 가지고 남성은 X염색체 하나만 갖는 다는 것을 의미한다. 그 결과, 여성은 일반적으로 X염색체 관련 유전 영향력이 비교적 적다. 왜 냐하면 여성은 하나의 정상적인 유전자가 부분적으로 결여되거나 잘못된 유전자 생성물을 보 완하기 때문이다. X염색체 영향을 받은 남성의 경우 그 X염색체를 그의 딸에게만 물려주게 된 다(반대로 남성은 그로부터 Y염색체만을 물려받을 것이다). 그의 모든 딸은 보인자가 될 것이며 아들은 그렇지 않다. 여성의 경우, 하나의 정상적인 X염색체와 변이된 X염색체를 가질 경우 보 인자로 분류한다. 여성 보인자의 자녀가 아들일 경우 X염색체 관련 변이가 나타날 확률이 50% 이다.

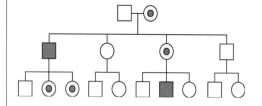

다인자 유전 multifactorial inheritance

다인자 유전은 유전적, 환경적 요소 등 다양한 요인에 의해 나타난다. 이러한 특질은 종종 가족 구성원들에게서 동일하게 나타나는데 그들이 같은 환경과 유전적 요소를 공유하고 있기 때문이다. 가장 일반적으로 우울과 키 같은 특성들을 포함하여 심장질환이나 당뇨와 같이 만성적인 조건은 다인성이다. 다양한 요인은 결합되어 있기 때문에 일부는 쉽게 확인되지 않고 유전적 검사에서 유전요인을 찾아내도 증상으로 발전될지 아닐지 예상하는 것이 어렵다.

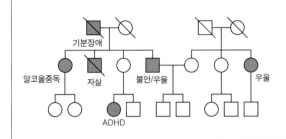

구조변이

구조변이structural variation는 크게는 염색체 하나부터 작게는 한 유전자 속의 하나의 뉴클레오티드(A-T혹은 C-G 쌍을 말한다)까지 유전자 코드의 변화를 일컫는다. 이 변이는 유전다형현상이나 유전자 돌연변이를 포함하는 개념으로서 일반적으로는 전체 인구의 1% 미만으로 돌연변이가 나타나는 것으로 보인다. **돌연변이**는 DNA가 변화하는 것으로 유전자의 위치에 좌우된다. 변화의 양상에 따라 유전자에 입력된 단백질의 기능에 영향을 미친다. 어떤 경우에는 돌연변이가 상당히 많은 DNA를 변화시키는데 그 결과, 기능을 하지 못하거나, 역할을 수행하지 못하는 단백질이 나타난다. 또 다른 경우에는, 돌연변이가 단백질을 무력화하지 못하고 양성화시킨다. 환경적 요소 역시 돌연변이에 영향을 미친다. 예를 들어, 헤모글로빈 B를 코드화하는 유전자에서의 돌연변이는 겸상적혈구의 특성에 의해 나타날 수 있다. 이 겸상적혈구의 특성은 상당한 손상을 야기시킬 수 있고, 고도가 높아짐에 따라 가벼운 통증이 나타날 수 있다(해수면의 고도에서는 아무런 영향이 없다).

어떤 유전자 돌연변이들은 환경 변화에 대응하는 적응력을 용이하게 만들어 왔다. HIV에 정기적으로 노출된 사람들 중 일부는 바이러스의 세포 접근을 차단하여 감염을 예방하는 특정한 돌연변이를 보유하고 있다. 우리가 잘 알고 있는 것처럼 이 돌연변이는 아무런 부정적인 영향을 연상시키지 않으며 드러나는 속성을 가지고 있지 않기 때문에, 대다수는 그들이 보균자임을 알아채지 못한다. 이 돌연변이는 상당수 HIV가 유행하기 이전부터 존재했음에도, HIV가 나타나고 나서 환경이 변화되었을 때에서야 존재가 드러나게 되었다. 또 다른 긍정적인 돌연변이로는 적당 소화능력이나 겸상적혈구 체질의 말라리아 저항성을 들 수 있다.

체세포 돌연변이somatic mutation는 출생 이후 산발적으로 발생한다. 보인자에게 상당한 영향을 줄 수 있지만, 보인자의 자녀에게는 돌연변이 유전의 위험성이 없다. 대부분의 암을 예로 들수 있는데 이는 환경적 독소에 대한 노출로 단일세포가 유전자 돌연변이를 일으켜 발생한다. 이돌연변이는 개인에게 영향을 주지만 생식세포에 존재하는 것이 아니므로 다음 세대로 유전되지 않는다. 다만, **배아 돌연변이**germline mutation라 불리는 특정한 유형의 돌연변이는 한 세대에서 다음 세대로 유전되기도 한다. 배아 돌연변이는 생식세포에 있으며 일부 사람들은 배아 돌연변이로 인해 암에 걸리기도 한다. 그 예로, BRCA[2]1 이나 BRCA2 돌연변이는 배아 돌연변이로서 유방암이나 난소암의 발생위험성을 높인다. 이러한 배아 돌연변이를 갖고 있는 사람들도 유전자 돌연변이를 발생시키는 환경 독성에 추가로 노출된 이후에만 암에 걸린다. 이 경우 배아 돌연변이와 체세포 돌연변이는 개인의 암 저항력에 각각 독립적인 "공격strike"을 가한다. 이러한 사람들은 돌연변이 인자를 갖고 태어나기 때문에 비교적 어린 나이에 암에 걸리는 경향이 있다.

　　다형성polymorphisms은 1% 이상 인구에서 나타나는, 유전적으로 흔한 DNA의 변화이다. 상당수 다형성은 단일 뉴클레오티드 변화로 구성된다(단일염기다형성single nucleotide polymorphism 또는 SNP). 몇몇 다형성은 일반적으로 질병의 위험을 높이기도 하지만 모든 다형성이 질병의 위험과 관련 있는 것은 아니다. 질병과 관련 없는 다형성의 예시로는 눈이나 피부 색깔을 결정하는 변이를 들 수 있다.

　　염색체chromosome는 유전자의 조직구조를 형성한다. 각 염색체는 수백 개의 유전자를 포함하며 염색체의 구조나 개수를 바꿈으로써 개인의 발달에 지대한 영향을 끼친다. 21번 염색체에 추가적인 염색체가 있으면 다운증후군을 유발한다. 하나의 X염색체만을 가진 여성(정상의 경우에는 두 개의 성 염색체를 갖는다)에게는 단신, 비언어적 학습장애, 불임 등의 건강문제를 보이는 터너증후군이 나타난다. 다른 염색체 질병은 염색체의 결실deletion, 복제, 특정한 염색체 분절의 도치 등에 의해서 발병한다. 염색체 수와 관련된 염색체 이상은 생명 유지에 심각한 결함을 초래하므로 전체 유산 중 50~60%를 차지하고 있다.

　　마이크로어레이 microarray[3]라 불리는 신기술 덕분에 예전에는 너무 작아 찾아내기 힘들었던 염색체 결실이나 복제와 같은 문제점들을 밝혀낼 수 있게 되었다. 대개는 발달과 건강에 심각한 문제가 있는 사람들에게 마이크로어레이 기술을 적용한다. 마이크로어레이는 특정 돌연변이나 상황 감지에 집중하기보다는 게놈 전체를 평가하며, 이러한 불특정성 때문에 점차 늘어나고 있는 유병 집단에서 비정상 유전자를 탐지해 낼 수 있는 잠재력을 가지고 있다. 그러나 이 기술을 사용하는 것은 윤리 및 의료 상의 문제를 제기하고 있다. 일례로 마이크로어레이 기술은 예전에는 질병과 결부되지 않았던 염색체 상의 변이를 찾아내기 때문에, 경험적 추론을 바탕으로 변이의 인과적 속성과 그것이 발달에 미친 영향을 해석하게 된다. 또, 이를 분석하는 것은 애초에 개인이나 가족이 유전자 검사를 받으려 했던 문제와 상관없는 위험 정보를 드러나게 할 수 있다. 예를 들어, 발달지체를 보이는 아동에게서 루게릭병과 같이 성인기 발병 장애와 관련된 유전자가 없다는 사실을 찾아낼 수 있다. 이러한 예상치 못한 결과는 유전학에서는 특별한 일이 아니지만 신기술 도입, 사전동의, 의료 상의 의사결정과정에서 도전을 제기하고 있다.

---

2) 유전적 유방암의 원인유전자 중 하나로, BRCA1, BRCA2 유전자의 돌연변이가 나타나면 유방암, 난소암 발병확률이 매우 높아진다고 알려져 있음 ─ 옮긴이 주.

3) 슬라이드글라스에 서로 다른 DNA를 고밀도로 집적시켜 유전자들의 상호 작용을 밝히는 연구방법 ─ 옮긴이 주.

유전자-환경 상호작용
GENE-ENVIRONMENT INTERACTION

다양한 모델들이 유전자와 환경이 상호작용하는 방식에 관한 이론적 가정을 다루고 있다. 모든 질병은 유전적 요인과 환경적 요인 간 조합으로 발생한다. 몇몇 사례에서 질병은 위험 요인이 축적된 이후에 나타나는데, 이는 환경적 독소 노출의 임계효과threshold effect와 유사하다. 즉, 어느 정도의 수은은 안전하지만 일정량을 넘어서면 인지 상의 문제를 일으키거나 몸에 해롭다. 유전학의 맥락에서 본다면 변이만으로 질병이 발생하는 것은 아니지만 환경적 위험요인(예를 들어, 고칼로리식단, 흡연)이 동시에 존재한다면, 상황이 반전되어 임상적 진단기준에 근접하게 된다. 그러므로 임상 진단에 앞서, 증상을 보이는 사람들—비교적 혈압이 높은 편이지만 고혈압 판정을 받지는 않은 사람, 지속적인 우울감(경우울증)이 있으나 우울증 진단기준에 미치지 못한 사람들—을 기록하는 일이 중요하다. 이러한 초기 증상들은 유전적 요인과 환경적 요인의 조합에 의한 것으로 볼 수 있다.

어떤 질병의 발현 조건은 특별한 환경적 위험요인이나 유전적 위험요인이 동시에 있을 경우에만 발생하기도 한다. 알코올의 특정한 성분을 없애는 유전변이가 있는 사람은 알코올을 섭취하면 안면홍조, 심계항진, 어지럼증, 매스꺼움을 겪을 수 있다. 알코올 섭취와 특정 유전변이는 위의 증상이 발생하기 위해 동시에 필요하다. 페닐케톤뇨증PKU: phenylketonuria[4]을 가진 사람들은 유전변이에 의해서 단백질의 주요 요소인 아미노산페닐알라닌amino acid phenylalanine을 분해하는 효소가 없다. 페닐알라닌은 사실상 모든 자연 단백질에 존재하는데(예를 들어, 쇠고기, 닭고기, 우유, 돼지고기) 페닐케톤뇨증을 가진 사람은 반드시 그들의 식단에서 페닐알라닌을 없애야 하고 그렇지 않을 경우 계속해서 특정한 장애가 발생한다. 이 유전변이는 페닐알라닌이 단백질의 필수 요소인 경우에만 문제가 될 수 있으며, 페닐알라닌에 전적으로 의지하지 않는 환경에서는 개인의 건강과 발달에 아무런 문제가 되지 않는다. 미국 예방서비스 **TF팀**United States Preventive Services Task Force의 권고로, 미국에서 태어나는 모든 아기들은 페닐케톤뇨증 검사를 받게 되었다. 이 예시에서 알 수 있듯이, 유전변이는 특정한 환경적 요인이 함께 발생되지 않으면 아무런 영향력이 없으며 조기 발견을 통해 성공적으로 관리할 수 있다.

현재의 연구는 일반적인 질병에서 유전-환경 상호작용의 이해에 초점을 두고 있다. 예를 들어 멜라닌처럼 색소를 통제하는 유전자와 햇빛, 이 양자 간의 상호작용은 피부암 발병에 영향을 줄 수 있다. 자외선 노출은 보호 색소를 충분히 생산하지 못하는 유전변이와 결합하여 질병을 유발한다. 다른 질병(비만, 대사증후군)에 대해서도 이와 유사한 상호작용에 대한 조사 연구를 수행하였다. 질병 이면의 생물학적 과정을 철저히 규명하기 위해서는 향후 더 많은 연구가 필요할 것

---

4) 단백질 속에 약 2~5% 함유되어 있는 페닐알라닌을 분해하는 효소의 결핍으로 페닐알라닌이 체내에 축적되어 경련 및 발달장애를 일으키는 상염색체성 유전 대사 질환 — 옮긴이 주.

이다. 이러한 연구들은 유전적 위험요인과 환경적 위험요인이 어떻게 질병위험에 영향을 주는지 더 잘 이해할 수 있도록 방향을 제시해 줄 것이다.

아마도 개인, 가정, 지역사회의 건강 및 정신건강 증진을 위해 환경을 측정하고 통제하는 후성유전학epigenetics 분야 연구자들과 사회복지사가 위의 문제들을 흥미롭게 생각할 것이다. **후성유전학**은 환경요인이 개인과 집단의 유전자 발현에 미치는 영향을 연구하는 학문이다. 환경에 의한 유전변이는 개인이 살아가며 얻게 되지만 자녀에게 유전된다. 후성적 요인은 질병의 발현과 시기에 영향을 미칠 것이다. 예를 들어, 아프리카계 미국인의 조기 유방암 연구에서는 시카고 남부 아프리카계 미국인 여성들에게 유방암 위험이 증가하고 있는 현상을 사회환경적 요인 및 과한 각성 상태와 연관시키고 있다. 후성유전학 연구는 환경의 위험으로 발생하는 건강 및 정신건강 문제점들을 찾아내기 위한 사회복지의 개입에 중요한 함의를 가진다. 과도한 각성을 요구하는 환경에서 살고 있으면 스트레스에 대응하고자 호르몬 레벨이 증가하는 변화가 나타나며 (McClintock, Cozen, Gehlert, Masi, & Olopade, 2005), 이는 유방암 위험에 영향을 준다. 현재 연구는 아직 진행 중이지만, 지금까지의 결과는 사회환경의 변화가 지역사회의 질병 위험에 영향을 줄 수 있다고 제시한다. 또한 후성유전학 연구는 동물과 인간 연구 사이의 중요한 연결고리를 제시한다. 쥐 연구에서는 어미 쥐의 새끼 돌보기(핥기)와 성인 쥐의 스트레스 반응을 연결시키고 있다 (Weaver et al., 2004). 환경은 특정한 유전자(스트레스 반응 유전자)가 삶에서 언제, 어떻게 발현되는가를 구성하는 DNA 과정의 통제에 영향을 미친다. 이와 같은 후성유전학 프로젝트는 다학제간 협력을 요구하고 있다.

표현형의 이해

표현형phenotype은 어떠한 특징이나 질병 과정에 기여하는 유전과 환경요인의 상호작용에서 드러나는 최종 산물이다. 표현형은 모발, 피부, 눈동자의 색, 신장, 몸무게와 같은 일반적인 신체적 특징이나 비만, 심장질환, 알코올중독, 우울과 같은 질병 등 우리가 관찰할 수 있는 결과물이다. 그러나 개인의 표현형은 효과적인 개입방향을 제시하기에는 모호하다. 그러므로 광범위한 표현형을 몇 개의 포인트로 나누어 살펴보는 것은 임상적, 사회적으로 의미가 있다. 예를 들어 다양한 심장질환 발생요인 가운데 좋지 않은 음식 선택을 유일한 원인 경로로 설정하면, 최소한의 자원으로 살아가는 사람들은 심장에 좋은 음식에 접근할 수 있는 기회가 제한적일 것이다. 어떤 사람들은 유전적 요인의 영향으로 콜레스테롤 분해에 어려움을 겪을 수 있다. 또 다른 사람들은 류머티스 열과 같은 감염이나 고혈압처럼 심장질환을 유발할 수 있는 다른 경로가 있을 수 있다. 이처럼 모든 질병 경로들은 각각 다른 방식으로 심장질환을 유발하므로 콜레스테롤 수치와 같은 측정 가능한 지표를 통해 해당 경로에 알맞은 사회적, 의료적 개입을 선택해야 한다. 즉, 류머티스 열을 앓고 있는 사람이 식이요법을 한다고 해서 심장질환 예방에 도움이 되지 않는다는 것이다.

표현형 선별은 사회적 낙인을 가져온다. 추후 논의하겠지만, 인종이 그러하다. 문화적 담론은 표현형을 특징이나 질병표현양식과 연결짓는다. 그중 비만은 자기 절제가 부족하다는 가정을 심어줌으로써 낙인을 키운다. 비만과 같은 대단히 중요한 표현형을 따로 떼어냄으로써 건강 및 정신건강 전문가들은 다양한 질병 경로를 확인할 수 있으며, 거기에서부터 사회적 편견을 다루고 개별화된 개입을 계획할 수 있다. 이 섹션에서는 사회복지사가 자주 접하는 일부 표현형의 배경에 대해서만 설명할 것이다.

환경, 문화, 진화

생물학을 바탕으로 인간집단의 다양성을 이해하기 위해서는 유전학의 역사와 진화압력evolutionary pressures의 영향에 대한 이해가 필요하다. 인구집단 사이의 차이점은 특정 성질에 유리한 환경이 조성되는 조건을 비롯, 수많은 원인에서 기인한다. 예를 들어, 적도 부근에 사는 사람의 어두운 피부색은 강렬한 햇빛으로부터 피부를 보호하여 해로운 영향을 줄여준다. 이와 비슷하게, 역사적으로 유당lactose 소화능력은 유당을 포함한 음식에 많이 노출된 사람들에게 더 높게 나타난다. 이 두 가지 예에서 알 수 있듯이, 인류는 처음에는 각기 다른 특징들을 갖고 있었다(적도 지방에 밝은 피부색을 가진 사람과 어두운 피부색을 가진 사람이 살고 있었고, 유당을 포함한 음식이 많은 지역에도 유당 분해 능력이 좋은 사람과 그렇지 못한 사람이 동시에 존재했다). 시간이 흐르면서 각 환경에 더 유리한 특징을 가진 사람들이 더 많이 생존하게 되고, 더 많은 자녀를 낳게 되었다. 그러므로 그들의 유전변이를 물려주게 되었고 그 환경이 존재하는 특정 지역에 해당 유전적 특징은 일반적인 것이 되었다. 이를 *자연선택*natural selection(Dawin, 1859)이라고 하며, 세대를 거듭함에 따라 여러 유형의 특징과 모든 종에서 관찰할 수 있다.

사회적, 문화적 압력 역시 특정 인구집단에서 나타나는 유전적 특성의 유형과 발현에 영향을 미칠 수 있다. 상대적으로 적은 개체군에서 이어져온 집단의 경우에는 선대에 존재했던 유전병을 보유하고 있을 수 있다. 문화적, 사회적으로 공동체 밖의 외부인과의 결혼에 제한을 두는 미국의 아미쉬 공동체[5]는 이에 대한 적절한 사례가 될 수 있다. 결과적으로 유전자의 범위pool가 작아졌고, 규모가 큰 인구집단에 비해 유전병과 유전변이의 발생 빈도가 높아졌다. 특히 아미쉬 공동체에는 당뇨를 포함하여 복합적인 질병의 위험뿐 아니라 희귀질환, 단일-유전 질환 역시 빈번하게 나타났다. 선대에 존재했던 유전병과 족내혼 문화로 인해 야슈케나지 유대인Ashkenazi Jewish 집단도 특이한 조건을 갖게 되었는데, 이러한 조건은 이 인구집단에서 더 보편적이기는 하지만 다른 모든 인구집단에서도 발생할 수 있다.

---

5) the Old Order Amish — 현대문명과 단절한 채 자신들만의 전통을 유지하며 생활하고 있는 종교의 한 분파 — 옮긴이 주.

인종

인종은 역사적으로, 사회구조 내에서 사회정치적, 문화적으로 상력한 의미를 지니는 표현형이다. 유전자의 발견으로 전체 인구에서 하위 그룹을 구별할 수 있게 되었고 다양한 정치적, 사회적 맥락에서 인종의 유전학을 탐구해왔다. 유전자와 인종을 연계하는 가설은 지적 기량, 운동능력과 같은 스킬 혹은 속성과 표현형 간의 공분산을 추정하여 수립한다. 유전학과 인종의 사회적 대화를 검토하는 작업은 이 장의 범위를 넘어선다. 하지만 인종의 개념을 밝히는 유전학의 연구방법과 인종의 차이점을 이용해 유전적 다양성을 범주화하는 위험성을 언급하지 않는다면 무책임한 일이 될 것이다. 중요한 것은 유전학 조사연구가 무심코(혹은 고의로) 본질주의 사고를 조장할 수 있다는 점이다. 이는 환경적 요인들이 건강과 정신건강의 차이를 가져온다는 점을 이해하기 어렵게 만들고 결정론이나 유전변이는 "불가피"한 것으로 설명한다(Sankar, 2009). 진단과 인구통계학적 정보를 바탕으로 한 가정보다는 사회, 가정, 의료의 맥락에서 개인을 이해하는 것이 보다 효과적인 실천접근을 전개해 나갈 수 있도록 해 준다는 것을 사회복지사라면 잘 알고 있을 것이다.

의료현장에서의 인종은 보건의료 전문가가 특정 질병의 위험성을 인지하는 데 있어서 경험적 혹은 인식론적 지름길 역할을 한다. 조사연구에서는 인종을 범주형 변수로 사용하고 있지만 인종은 생물학적이라기보다는 사회구조적인 속성을 가지므로 인종을 조작화하는 것은 쉽지 않다 (Bonham, WarshauerBaker, & Collins, 2005; Dupre, 2008; Hunt & Megyesi, 2008). 결과적으로 인종을 기준으로 조사참여자를 범주화하는 것은 자기 보고self-report이거나 시각적 증거에 기초한 연구자의 인식일 때가 많다. 이처럼 모호하거나 모순되거나 엄격성을 결여한 채 '인종'이라는 용어를 사용하는 일이 빈번하다(Hunt & Megyesi, 2008).

게다가 이동과 국제결혼이 증가하면서 인종을 결정하는 신체적, 사회적 속성은 불분명해지고 있다. 기본적으로 육안으로 확인 가능한 유전적 차이가 신념이나 문화유산과 같은 다른 고유한 속성을 대신하여 인종을 구분하는 신빙성 있는 표식으로 기능해왔다. 그러나 이제 인종은 인구혼합과 국제화로 인해 유전적 배경의 대리변수로서의 그 유용성을 상실해 가고 있다. 그러한 접근은 인종 간에 눈에 띄는 선천적인 차이가 있다고 가정하지만 이는 유전학 연구에서 아직까지 입증되지 않았다.

정신질환에 대한 유전학의 기여

정신질환은 가족과 관련되어 있는 경향이 있다. 따라서 인간게놈 프로젝트가 시작되면서 정신질환에 대한 유전적 원인을 탐색하고자 하는 욕구가 증대해왔다. 현재의 최신 기술로 인간게놈 전체에 대한 접근이 가능해졌지만 아직까지 정신질환을 규명하는 유전자는 찾지 못했다. 최근의 연구들은 정신질환 역시 다른 복잡한 질환들과 비슷한 양상으로 진행된다고 밝히고 있다.

즉, 많은 유전자들이 각각 질병의 위험성을 높이고 환경적 요인들과 결합하여 질병을 발생시킨다는 것이다(Dick, Rose, & Jaakko, 2006; Jaffee & Price, 2007; Wermter et al., 2010). 몇몇 연구팀들은 다양한 생활 스트레스에 노출된 사람들의 우울증 발병과 유전자-환경의 상호작용을 조사하였다. 스트레스를 받을 때 뇌에서 분비되는 화학물질(세로토닌serotonin)과 특정한 유전변이가 반응하여 우울증 발병 위험을 높였다. 다른 연구에서는 유전변이 단독으로는 어떤 문제도 일으키지 않는다는 결과를 제시하고 있다. 환경적 요인(스트레스)이 나타났을 때 세로토닌이 변형단백질과 상호작용하고 이러한 일련의 과정들이 우울의 위험을 높인다는 것이다. 다른 연구들에서는 이와 같은 상호작용을 밝혀내지 못했지만 이 상호작용이 질병의 기본 경로로 받아들여지고 있으므로 앞으로도 특정 메커니즘을 설명하는 데 유용할 것이다(e.g., Caspi et al., 2003; Risch et al., 2009). 게놈 약학pharmacogenomics이라는 유사 분야 연구에서는 개인의 정신과적인 약물대사작용 능력에 영향을 주는 유전변이에 대해 실험하고 있다(Malhotra, Lencz, Correll, & Kane, 2007). 이 연구의 목표는 부정적인 효과를 최소화하고 효과적인 약물 투여방법을 찾음으로써 치료 효과를 극대화하는 것이다. 결론적으로, 이러한 연구들은 앞으로 개인화된 정신유전학적 의료의 역할을 보여준다고 할 수 있다.

세로토닌에 반응하여 일어나는 유전자 변이는 우울증의 위험성을 높일 뿐 아니라 알코올 의존성과 같은 다른 정신건강 위험을 유발하기도 한다. 조사연구나 임상 현장에서 중독을 유전적 요인, 부정적인 가정환경이나 사회환경, 성격 혹은 성격 결함 등 여러 이유들과 결합하여 설명하고 있다. 중독이 가족력이라 하더라도, 유전적 요인이 어느 정도이고 중독 행동에 대한 노출 등과 같은 환경적 요인이 어느 정도 기여했는가를 구분하는 것은 매우 복잡한 문제이다(e.g., Crabbe, 2002). 쌍둥이와 입양, 가족에 관한 연구들은 유전과 환경의 영향 양쪽 모두에 대해 지지하고 있다(Agrawal & Linskey, 2008). 이 연구에서는 약물사용의 시작이 유전보다는 집안 내력으로부터 더 많은 영향을 받는 것으로 설명하고 있다(Agrawal & Lynskey, 2008). 가족끼리 공유하는 표현형은 환경적 변이로 알려진 일반적인 행동 반응을 설명할 수 있을 것이다. 즉, 일부 가족 구성원들은 다른 구성원들보다 환경적 조건에 더 민감할 것이다. 중독에 있어서 유전자와 환경간의 복잡한 관계를 이해하는 것은 표적 개입과 마찬가지로 다른 행동에 대한 경로를 설명하는 데 도움을 줄 것이다.

실천과 연구에서의 초학제간 팀
TRANSDISCIPLINARY TEAMS IN PRACTICE AND RESEARCH

여러 측면에서 전문가들은 유전학이 제공하는 통합된 구조를 통해 단일 질환의 이면에 내재한 다양한 양상들을 알 수 있게 되었다. 본 섹션에서 소개하는 전문가들은 유전병을 앓고 있는 개인과 가족의 돌봄에 깊숙이 관여하고 있는 사람들이다. 임상검사가 보편화되고 일반질환과 연관된 유전적 요인을 추가적으로 찾아내게 되면서 1차 돌봄 공급자들도 여기에 포함되었다. 그러나, 이 목록이 완성된 것은 아니다. 환자 개인과 가족의 의료적, 심리사회적, 발달적 욕구를 기반으로 특별한 관심사에 대응하는 전문가들(예를 들어 내분비학자, 신경학자, 피부과 전문의)도 여기에 함께 할 수 있다. 그렇게 된다면 이들은 특별한 증상의 진단, 치료, 관리를 담당하게 될 것이다. 통상적으로 유전학 전문가가 협진patient care coordination을 주도하지만, 환자 관리는 참여하는 연구진 모두의 몫이다.

누가 이 팀에 있는가?

*임상유전학자*는 유전의학 레지던트 수련을 마친 의사를 의미한다. 임상유전학자는 통상적으로 의료적 진단과 관리를 위해 환자를 살피고, 현재 환자가 가지고 있는 의료적 문제와 상태에 따라 적절한 전문가를 연계하는 데 도움을 준다.

*유전상담가*genetic counselors는 대학원 수준의 교육과 의료유전학, 환자교육, 심리사회상담 현장경험을 겸비한 건강관리 전문가를 일컫는다. 보통 유전상담가는 모든 분야를 다루지만, 일부는 심혈관 유전학, 정신유전학처럼 한 분야를 전문으로 한다. 임상 현장에서 유전상담가는 단기 개입을 통해 개인이나 가족을 대상으로 유전적 위험도 안내, 검사 결정, 유전자 진단의 적용에 도움을 준다.

*영양학자/영양사*는 주로 특정 영양소의 대사 작용이 불가능한 페닐케톤뇨증 환자와 같이 엄격한 식이요법이 필요한 환자들을 위해 일한다. 영양학자/영양사는 환자의 병 상태를 감안하여 적절한 영양소를 섭취할 수 있도록 식단 계획을 짜고, 환자와 가족들이 실생활에서 식단의 변화를 받아들일 수 있도록 돕는다.

*물리치료사, 작업치료사, 언어치료사*는 유전병 때문에 기술능력의 변화를 경험하거나 기술능력 발달이 늦어진 대상자에게 장단기 치료를 제공하고 있다. 나이가 어린 환자는 치료가 빠를수록 중요한 발달의 단계를 충족시킬 수 있으므로 이점을 누릴 수 있다. 신체조정능력, 말하기, 삼키기와 같은 능력을 상실한 퇴행성 신경질환을 앓는 성인은 치료를 통해 기능을 유지하거나 향상시킬 수 있다.

*사회복지사, 심리학자, 정신과의사*는 불임으로 고민하거나 헌팅턴병[6]처럼 성인기에 발병하는 퇴행성 신경질환의 예측검사를 고려하고 있는 사람들에게 권장되는 의료모델에 포함된다. 검사 진행에서 이들의 역할은 개인의 기본 감정선을 사정하여 현재 임신에 문제가 될 만한 요소들이 무엇인지 찾아내는 것이다. 사회복지사는 클라이언트와 가족을 그들의 사회적, 역사적 환경의 맥락 안에서 이해하도록 훈련을 받는다. 사회복지사는 질병, 보살핌, 상실을 겪으며 드러나는 감정과 염려에 대한 묘사를 통해 클라이언트를 이해하고, 클라이언트가 상담이나 의사결정 과정에서 적극성을 보일 수 있는 분위기를 조성하며, 자기 인식을 할 수 있도록 원조한다. 또한 유전자 문

---

6) 유전적 질병의 하나로 주 증상은 환각, 심각한 정서변화, 치매 등이며 이러한 증상이 30세 이전에는 대개 나타나지 않음 — 옮긴이 주.

제를 겪고 있는 개인이나 가족이 대처할 수 있도록 도움을 제공하는 기관에 클라이언트를 연계하거나, 개별상담 혹은 가족상담, 컨설팅 등 다양한 심리사회적 서비스를 제공하고 있다. 마지막으로, 사회복지사는 유전자 검사와 치료에 대한 가족 모임을 주선하고 의료적인 의사결정을 지지하며 집단 개입을 구조화한다.

연구

사회복지사는 현재 다양한 종류의 유전학 연구에 참여하고 있고 앞으로 그 기회가 더 많아질 것으로 보인다. 유전자 발견의 함의를 고려할 때 사회복지사가 받은 훈련은 환경의 조건, 역동성, 발달을 평가하는 데 있어서 꼭 필요한 관점을 제공한다. 사회복지사는 포괄적인 시각을 바탕으로 문제점을 조사하여 초학제 팀을 이끄는 기술을 갖고 있다. 사회복지의 유전연구 참여와 리더십을 지지하기 위해서 2010년 8월 미국국립보건원NIH: National Institute of Health은 사회복지와 유전 연구의 통합 가능성을 보여주는 일주일 간의 하계 집중강좌를 개설하였다. 이 프로그램에서는 전문가 영역의 성공적인 연결을 위한 초학제간 융합의 도전과 기회를 강조하였다.

기회

후성유전학 분야가 확장됨에 따라 환경을 사정하고, 환경의 강점과 제약 그리고 건강 간의 연관성에 관한 가설을 확립하며, 그러한 연관성을 검증할 연구를 설계할 수 있는 사회과학자들과 협력해야 할 필요성이 유전학에서 점차 증가할 것이다. 사회복지는 다양하고 역동적인 환경에서 가족과 사회적 조건이 일생에 걸친 개인의 발달에 미치는 영향을 이해하는 데 전문적 역량을 발휘할 수 있다는 점에서 강점을 갖는다. 사회복지사가 참여한 혁신적인 응용 연구의 풍부한 역사는 취약 계층과 주변인 집단을 원조하는 실재적인 산물로서의 유전자의 발견을 윤리적으로 해석하는 작업에 도움을 줄 것이다.

도전

공동연구자들 사이의 상호보완적인 지식과 기술이 조사의 영향력에 힘을 실어줄 수 있음에도 불구하고, 분야별로 제각각인 전문 어휘, 엄격한 표준 연구방법론에 대한 믿음, 연구와 변화의 주요 목표에 대한 견해 차이는 협업에 위협이 될 수 있다. 해당 분야 고유의 용어 사용이나 같은 용어에 대한 다른 정의는 팀원들 사이의 의사소통을 방해할 수 있다. 유전학에서 일반적인 실험실 연구는 참여 연구, 질적 방법론, 개입 연구, 자기보고식 측정 등의 사회복지 연구방법론들과 접합점이 많지 않다(Padgett, 2008). 게다가 학문 영역에 따라 의미있는 결과들을 다르게 해석할 수 있다. 전체의 1% 미만 인구에서 나타나는 다형성polymorphisms("흔한common" 유전변이로 정의되는)은 유전학자의 관점에서는 의미가 있지만, 사회과학자의 관점으로는 크게 의미있는 발견으로 여겨지지 않을 수 있다.

◆ **참고 21.2 학문 영역별 일반적인 연구 질문**

*임상유전학자*는 분자유전학, 임상응용 그리고 유전자 검사에 대한 윤리적, 사회적 질문 등 여러 분야를 연구한다. 일반적인 연구 질문은 다음과 같다:

- 질병이나 유전적 특징이나 상태에 대한 표현형과 스펙트럼을 적절하게 정의하는 방법은 무엇인가?
- 관련된 표현형에서 유전자의 기여와 유전-환경의 상호작용은 무엇인가?
- 일반적인 유전적 특징 및 상태와 연관된 새로운 유전변이는 무엇인가?
- 유전자 메커니즘의 이해를 바탕으로 발전시킬 수 있는 새로운 치료법은 무엇인가?
- 유전자 표현의 변화는 질병의 성질에 어떻게 영향을 미치는가?

*유전상담가*는 유전학 내에서 사회과학적 질문을 연구하고 과정과 결과를 탐색한다. 일반적인 연구 질문은 다음과 같다:

- 유해한 유전적 특징을 찾아내면 환자는 심리적으로 어떻게 반응하는가?
- 유전상담가는 (환자가) 유전병에 잘 적응하도록 어떻게 도와주는가?
- 환자가 속한 집단의 문화나 민족적 배경은 환자의 교육적, 심리사회적 욕구에 어떠한 영향을 미치는가?
- 유전자 검사 결과를 가족, 친구, 파트너와 어떻게 공유하는가?
- 유전자 상담이 의료 권고 준수compliance with medical recommendations에 변화를 가져왔는가?

*유전역학병리학자*genetic epidemiologists는 병인학, 유행성 그리고 복잡한 특질의 메커니즘을 조사한다. 동시에 특정 집단이나 인구에 대한 유전자와 환경간의 상호작용에 대해서 집중적으로 연구한다. 일반적인 연구 질문은 다음과 같다:

- 특정한 유전적 상태가 특정한 가정이나 인구집단에 집중되어 나타나는 이유는 무엇인가?
- 인구 집단에서 유전변이의 유병률, 영향력 그리고 부담은 무엇인가?
- 특정한 유전적 특징에 있어서 유전자와 환경은 각각 얼마나 기여하는가?
- 게놈의 어떤 부분이 특정한 질병이나 체질에 대한 정보를 가장 많이 가지고 있는가?(즉, 변이의 가장 중요한 부분)

*인구유전학자*population geneticists는 보통 진화생물학 혹은 생물인류학을 전공하며, 분자유전학 기술을 인류 진화와 다양성 연구에 적용한다. 일반적인 연구 질문은 다음과 같다:

- 특정한 인종/민족의 혼합, 언어 집단, 문화적/지리적 유산에 관여하는 유전자 표식genetic markers은 무엇인가?
- 유전자 표식을 추적함으로써 우리는 인류 역사와 이주의 패턴에 대하여 무엇을 배울 수 있는가?

- 인구의 분산 혹은 집중에 영향을 미치는 요인은 무엇인가?
- 어떻게 특정한 유전변이가 인류 집단과 지역을 따라 이동할 수 있었는가?

사회복지사와 정신건강 전문가, 사회과학자들은 개인, 가정, 집단을 대상으로 유전자 정보와 유전자 검사의 대응 및 표현에 영향을 미치는 요인을 조사한다. 일반적인 연구 질문은 다음과 같다:

- 환경이 어떻게 유전적 특징이나 상태의 표현을 형성하는가?
- 가족 내력family legacies은 어떻게 유전자 검사의 추진과 결과 해석에 영향을 미치는가?
- 질병에 대한 공동의 이해가 어떻게 유전적 위험도나 유전병 관리를 형성하는가?
- 건강정보 이해능력은 어떻게 유전자 검사 결과 해석에 영향을 미치는가?
- 유전변이가 정신질환과 위험행동(자살, 약물오남용)에 어떻게 영향을 미치는가?
- 정신보건서비스 제공자들은 어떻게 하면 의사결정, 가족 간의 의사소통, 유전자 검사를 받는 환자의 대처에 대해 잘 원조할 수 있을까?

출처: NCHPEG program Genetics for Social and Behavioral Science Researchers (in development).

연구팀의 일원들은 협업의 결과를 위해 전문지식, 연구 목표, 기술을 제공한다(참고 21.2 참조). 이러한 노력들이 어우러져 시너지를 낼 수 있을 때, 초학제간 연구가 가능하다. 그러나, 각 분야의 결과물들이 동등하게 소통되고 가치를 인정받으며 연구 계획에 통합되지 않는다면 무엇이 "좋은" 과학인가에 대한 문화적 가정들은 공동연구를 위한 노력을 무산시킬 것이다

유전자 상담, 교육, 검사, 의뢰
GENETIC COUNSELING, EDUCATION, TESTING, AND REFERRAL

유전자 검사는 염색체, 유전자, 또는 단백질 변화를 확인해 준다. 다른 의료 검사와 달리, 유전자 검사 결과는 시간과 환경에 크게 구애받지 않는다. 검사는 환자 DNA의 영구적인 부분에서 돌연변이 유전자를 찾아낸다. 검사 결과는 고정적이지만 유전변이와 환경의 상호작용에 대해 알아감에 따라 이러한 결과들이 건강과 질병에 미치는 영향에 대한 이해도 함께 발전하고 있다.

다른 맥락에서 유전자가 질병에 기여하는 바를 밝히기 위해 다양한 유전자 검사를 시행하고 있다. 가장 일반적인 유전자 검사의 범주와 목적은 다음과 같다.

- **진단 검사**diagnostic testing는 유전병 소견을 보이는 개인에 대한 진단을 내리기 위해 사용된다.
- **보인자 검사**carrier test는 가족력 또는 인종적인 배경으로 인해 X염색체 연관 또는 열성 상

태 돌연변이의 위험을 안고 있으나 증상이 나타나지 않은 개인에게 사용된다. 이 검사는
자녀계획에 대한 정보를 주기 위해 가장 많이 사용되고 있다.

- **예측 검사**predictive testing는 a) 가족력 상으로 볼 때, 성인기 발병 유전병(예: 헌팅턴병)의 고
위험군에 속하지만 증상을 보이지 않는 개인과 b) 유전적 요인으로 발병하는 질환(예: 특정
암)으로 진단을 받은 개인에게 시행된다.
- **태아 검사**prenatal test는 가족력, 일반 검진결과 또는 고령의 산모 등 고위험군에 속하는 태
아의 DNA를 사용하여 특정 단일 유전자와 염색체 질환 여부를 알아보는 검사이다.
- **신생아 검진**newborn screening은 유전자 검사의 진단이나 처치 등 추가 검사가 필요한 신생
아를 추려내기 위해 대부분의 신생아들에게 시행한다.
- **감수성 검사**susceptibility testing는 보편적이지만 복잡한 질병의 발병 위험에 대한 정보를 제
공하는 유전자 검사로 비교적 새로운 범주에 속한다. 이 검사의 결과는 질병의 발병을 예
측하지는 않지만 위험의 증가 혹은 감소를 나타낸다.

유전 서비스 의뢰

일반적으로, 유전학 전문가들은 유전학이 건강과 질병에 기여한 바를 평가하고자 개인의 의
료기록과 가족력을 활용한다. 대개 이러한 평가는 현재 건강상태, 가족력, 또는 배경적 원인(예:
나이, 인종)으로 인해 유전적 질병에 대한 위험이 크다고 판단될 때 시행된다. 그러나 점차 보편
적이고 복잡한 질병의 위험을 증가시키는 유전적 변화를 알아내기 위한 임상 테스트clinical test가
이용가능해지고 있다. 이것은 점점 더 많은 사람들이 그들의 유전적 구성에 대한 지식을 곧 얻게
된다는 것을 의미한다.

사회복지사들은 신체적, 정신적 질병을 갖고 있는 클라이언트에게 가족력에 대해 자주 묻기
때문에, 유전 상담에서 도움을 받을 수 있는 가족들을 찾아 낼 수 있는 좋은 위치에 있다. 의뢰를
하기 전에 사회복지사는 클라이언트가 의뢰에 관심이 있는지 물어봐야 한다. 만약 클라이언트가
관심이 있다면 유전적 질병에 대한 위험을 증가시키는 요인들이 개인이나 가족에게 나타날 때가
의뢰하기에 적당한 시기이다. 예를 들어, 여러 가지 의료적인 문제가 있는 아이의 부모는 근본적
인 진단을 하기 위해 유전적인 의뢰를 할 수 있다. 다양한 결과들에 대해서 효과성을 보이는 신
기술이 이용가능해지면서 유전 검사는 소아과 이외의 영역에서도 점차 보편화되고 있다. 그러나,
애석하게도 이러한 유전 검사 결과를 해석하는 일은 상당히 복잡하다. 사회복지사는 개인과 그
들 가족의 욕구를 사정하고 그들에게 적절한 서비스를 연계하여 환자들이 최적의 치료를 받는
데 도움을 줄 수 있다.

예전부터 유전 서비스는 표준산전관리standard prenatal care에 통합되어 왔다. 질병에 걸릴 위
험이 있는 태아를 밝혀내기 위해 유전 여부를 불문하고 일반적으로 예방가능한 질병에 대한 다
양한 검진을 제공하고 있다. 선별검사는 진단을 위한 것이 아니므로 양성 반응을 보인 예비 부모

를 대상으로 일반적인 염색체 질환 진단 검사를 제공한다. 만약 여기에서도 특정한 상황이 확인되면 예비 부모들이 특별한 욕구가 있는 아이에 대해 준비하거나 임신중절의 가능성을 제시하기 위해 재검사를 제공한다. 두 부모의 가족력 중 알려진 유전적 질병이 있거나 둘 중 누구든 고령의 출산 혹은 특정 인종 등 고위험 조건을 가진 경우 진단 검사를 권유할 수 있다. 소아과의 일상적 검사에 포함되는 유일한 유전학적 서비스는 확인 및 치료가 가능한 유전병을 찾기 위해 신생아를 검사하는 것인데, 미국에서는 이러한 스크리닝의 횟수와 일관성이 주마다 상이하다. 최근 신생아 검진 권유가 늘어나는 이유는 청각 상실과 같이 조기에 발견하면 좋은 예후를 보이는 질병을 미리 발견하기 위한 것이다(Berg et al., 2002). 많은 부모들은 자녀가 검진 받았다는 사실을 잘 모르기 때문에 신생아 검진에서 사전동의를 얻기 위한 최선의 접근에 대해 지속적으로 토론하고 충분히 고려할 것이 제기되고 있다(Fernhoff, 2009).

개인, 부부, 가족은 성인기에 발병하는 암이나 신경질환처럼 확인가능한 유전적 요소를 가지고 있다는 진단을 받거나 심각한 질병을 가진 가족력이 있을 때 유전 서비스를 받으려고 한다. 예측 검사는 환자에게 심리사회적 또는 윤리적 문제를 제기하기 때문에 환자의 가치와 우선순위에 부합하는 결정을 내릴 수 있도록 돕고자 사회복지사와 같이 배경지식을 겸비한 전문가의 투입을 필요로 한다. 사회복지사는 유전 상담에 관심이 있는 클라이언트에게 믿을 수 있는 의뢰처와 자원을 제공할 준비가 되어 있어야 한다. 이 자원 목록에는 클라이언트에게 희귀 질환에 대한 지지와 정보를 제공하는 커뮤니티를 연결해 줄 수 있는 온라인 자원뿐만 아니라, 유전교육과 상담을 전공한 보건의료서비스 제공자에 대한 정보까지 포함되어 있어야 한다. 희귀성 질환에 대해 온라인상에서 접근가능한 정보가 질과 양의 측면에서 매우 엄청나기 때문에, 사회복지사는 환자들이 정보의 질을 평가하고 해석하는 데 도움을 줄 수 있어야 한다.

일반적이지는 않지만 유전 서비스는 종양학oncology, 심장학cardiology, 신경학neurology과 같은 전문 분야에서도 평가, 검사, 치료 결정을 돕기 위해 이용되고 있다. 유전자 검사가 보편적이고 복잡한 질병과 체질에 대해 좀 더 폭넓게 이용 가능해짐에 따라 의료서비스 제공자와 환자 모두 결과를 이해하고 해석할 수 있도록 도움을 제공하려는 욕구가 증가할 것이다

특히, 시골이나 자원이 부족한 지역에서는 유전상담가나 유전의학전문의와 같이 유전 서비스를 제공할 수 있는 훈련받은 전문가가 부족하여 지정된 경로를 통해서만 유전검사가 가능하여 접근성이 제한되고 있다. 일반 질환과 희귀 질환에 대한 유전자 검사는 10년 전보다 보편화되었다. 그러나 사전동의에 대해 엄격한 과정을 요구하고 이에 대해 꼼꼼하게 통제를 받던 연구 환경에서 주치의가 검사 전 혹은 검사 후 상담을 하지 않고도 검사를 지시할 수 있는 1차 의료 영역으로 유전자 검사가 확대됨에 따라 사전동의의 원칙이 훼손되고 검사가 남용될 가능성도 커졌다(Resnik, 2003). 게다가 일부 회사가 직접 소비자를 대상으로 유전자 검사를 판매DTC: directily to the consumer하게 되면서 개인이나 가족이 의료 세팅이 아닌 곳에서도 유전자 검사를 할 수 있게 되었다. 대부분의 DTC검사는 일반적인 질병과 특질에 대한 개인의 위험도를 아주 근소하게 변화시키는 유전적 변이를 식별하는 것이지만, 그 결과는 환자에게 의료적으로나 심리사회적으로 부

정적인 영향을 미칠 수 있다(Gray et al., 2009). 이러한 검사의 타당성과 유용성은 현재까지도 논란이 되고 있다(e.g., Annes, Giovanni, & Murray, 2010; U.S. General Accountability Office, 2010; Waalen & Beutler, 2009). 규제가 없다면, 향후 유전 검사의 미래가 어떤 형태로 나타나건 간에 지지적인 돌봄, 유전 교육 및 상담 서비스에 접근가능한 사람과 그렇지 못한 사람 간의 격차는 더욱 벌어지게 될 것이다.

유전 서비스에 대한 접근성은 건강 지식과 관련한 문제, 유전자 검사 및 서비스에 대한 환자 및 서비스 제공자의 지식 부족, 건강에 관한 복잡한 정보와 시스템 이해의 어려움 등으로 인해 더욱 저해된다. 유전검사 및 양질의 위험 관리에 대한 제한된 접근 외에도 소외된 집단은 특권층 privileged group에 비해 질병 위험이나 특성을 알아내기 위한 유전 연구 및 검사에 참여하려 하지 않는 경향이 있다(Halbert et al., 2006; Murphy, Wickramarante, & Weissman, 2009; Nanda et al., 2005). 이는 결과가 어떻게 사용될 것인가와 비밀보장이 될 것인지에 대한 의구심, 결과가 잘못 해석되어 커뮤니티와 집단을 억압하는 데 사용될 수도 있다는 염려 때문일 수도 있다. 터스키기 실험 Tuskegee experiment[7]의 교훈과 헨리타 랙스Henrietta Lacks의 최근 전기(Skloot, 2010; 더 깊은 논의는 3장 참조)는 유전자 검사가 인종차별주의를 강화시키고 소수 집단의 환자들이 기니피그[8]처럼 활용될 수 있다는 우려를 뒷받침하고 있다(Bussey-Jones et al., 2009).

유전 서비스에 대한 접근성은 훈련된 전문가가 거의 없고 건강에 대한 최소한의 자원을 가진 환경뿐만 아니라, 한 나라 특권 계층의 몇 세기에 걸친 유색인종 착취의 역사에 의해서도 위협을 받는다. 사회복지사는 생명을 위협하는 질병의 조기 발견과 치료, 예방을 할 수 있는 양질의 서비스 제공이 가능함에도 불구하고 이에 대해 회의적인 태도를 보이는 지역사회에서 확신을 더욱 증진시키기 위해 지역사회 내의 집단 및 지지자들과 함께 협력해야 한다. 이러한 협력관계는 취약한 집단이 첨단 연구나 실천에 참여할 때 강요나 부당한 요구로부터 이들을 보호하는 의미 있는 관점을 제공한다.

유전 서비스에 대한 요구가 유전상담가 및 간호사와 같은 서비스 제공자의 역량을 넘어서서 지속적으로 증가함에 따라, 비보건 의료제공자 또한 환자들의 유전정보에 대한 접근, 해석, 적응을 도울 수 있다. 사회복지사는 자원에 대한 접근을 촉진하고 이들의 의료적 의사결정이 용이하도록 원조한다. 또한, 유전 정보에 대한 역동적이고 장기적인 적응을 하는 데 있어 정서적인 지지를 제공하는 특별한 위치에 있다(Smets, van Zwieten & Michie, 2007).

---

7) 터스키기 매독연구란, 미국 공중위생국이 매독의 자연적인 경과 및 치료에 대한 임상연구를 위해 알라바마 터스키기에 거주하는 흑인 약 400여 명에게 그들의 병명이나 연구의 목적에 대한 정확한 설명, 치료 및 보호과정 없이 실행한 연구로 생명윤리를 위반한 대표적 사례로 꼽힘 ─ 옮긴이 주.
8) 실험동물의 일종 ─ 옮긴이 주.

유전적 위험 정보의 소통과 해석

개인과 가족의 유전적 위험 요인에 대해 이야기하는 것은 복잡하고 다층적인 과정이다. 질병위험에 대한 정보 외에도 서비스 제공자는 정서적인 반응, 자기효능감의 인식, 사회적 맥락(McCoyd, 2008), 가족 간의 충성도, 병력(Kenen, Ardern-Jones, &Eeles, 2003: Werner-Lin, 2007) 등이 이해와 판단을 흐리게 할 수 있음에 유의해야 한다. 환자들에겐 유전 서비스의 정서적이고 지지적인 부분이 교육적이고 정보적인 요소들보다 위험 정보를 이해하는 데 더 큰 도움을 준다(Edwards et al., 2008; Meiser & Halliday, 2002)는 여러 근거들이 있다. 그러나 최근 문헌에 의하면 제공자는 상담 교육 시 의학용어에 크게 의존하고 있는 것으로 나타났다(Meiser, Irle, Lobb, & Barlow-Stewart, 2008). 일부 서비스 제공자는 유전 상담과 교육에 수반되는 감정적 강도와 의미를 불편하게 느껴 중립적인 의학 용어만을 고수할 수 있다. 이런 경우 사회복지사는 환자뿐만 아니라 의료 공급자에게도 역전이 반응의 대처 방법을 알려주고 동료의 지지를 얻어 의료 공급자가 정신적으로 고통받는 개인 및 가족에게 온전히 관여할 수 있도록 도움을 줄 수 있다. 의료 공급자들은 복잡한 의학 정보를 공유하고 그 정보를 받는 사람의 심적 경험을 지지할 수 있도록 훈련되어야 한다.

건강정보 이해능력 및 산술적 이해 Health Literacy and Numeracy

건강정보 이해능력health literacy은 "건강에 대한 적절한 결정을 내리기 위해 필요한 관련 정보와 서비스를 얻고 처리하고 이해할 수 있는 정도"를 일컫는다(Ratzen & Parker, 2000). 건강정보 이해능력은 교육, 문화, 언어 숙달에 의해 영향을 받으며 듣기, 말하기, 쓰기, 읽기를 포함한 다양한 지적 기술을 필요로 한다. 대략 9천만 명의 미국인 또는 성인의 절반 정도가 건강 정보의 이해와 사용에 어려움을 느낀다(Nielson-Bohlman, Panzer, & Kindig, 2010). 노인 또는 학력이 짧거나 영어 구사에 문제가 있는 집단은 가장 심각한 손상을 입고 좋지 않은 건강 결과를 가질 위험에 처해 있는 사람들이다. 건강정보 이해능력은 상당부분 산술능력 즉, 확률이나 위험정보와 같이 수에 기반을 둔 건강 정보를 찾고 이해하며 활용하는 능력을 포함한다(Ancker & Kaufman, 2007). 유전적 정보는 질병 위험, 침투도penetrance(증상을 드러낼 돌연변이 보인자의 비율), 돌연변이 유병, 유전 패턴, 위험 감소의 이점 등이 숫자로 표현된다. 의료서비스 제공자들은 개인과 가족이 산술적 정보를 해석하고 사용할 수 있다고 생각하지만 산술적 위험 예측은 보통의 환자들이 이해하기 어렵다. 결과적으로 개인이 속한 가족 및 사회의 생생한 사례들이 산술 데이터를 바탕으로 한 위험 평가를 무색하게 한다(Hurley, Miller, Rubin & Weinberg, 2006). 사회복지사는 기본 건강정보 이해능력 검진 도구를 사용하여 위기 환자들을 찾아내고 그들의 이해를 도우며, 연구에 대한 정보, 유전검사, 치료 규정에 대해 알려준다.

위기 평가: 대처와 예측

유전 위기 상담에서 환자들은 가장 최신의 의학 정보에 기초하여 그들의 발병위험 또는 그들의 자녀가 질병을 갖고 태어날 객관적 위험 정보를 이해하고 통합 추정한다. 환자들은 확률적인 정보를 이분법적이고 결정론적으로 해석하는 경향이 있다(Lippman-Han & Fraser, 1979). 이것은 환자들로 하여금 모호한 정보를 감당할 수 있는 것처럼 보이게 한다. 위험도를 절대적 수치(예: 1/0; 예/아니오; 100%/0%)로 바꾸면 개인이 유전적 위험성 및 그것의 관리와 관련된 불확실성을 다루지 않아도 된다. 예를 들어, 만약 태아가 비정상으로 진단 받아 생명을 유지할 수 없다면 산모는 아이를 중절할 가능성이 높다. 이 확실성이 심각하고 고통스러운 애도 반응을 없애 주지는 못하지만, 의사결정에 도움을 줄 수 있다(McCoyd, 2008). 유전 검사 정보가 모호할수록 질병에 대한 고유하고 복잡한 가족력(Kenen et al., 2003; Werner-Lin, 2007), 유전 개념에 대한 선행 지식의 부족, 비산술성, 위험 회피, 방어적인 비관주의(Hurley et al., 2006)로 인해 인지적 왜곡이 나타나기 때문에 환자는 위험 정보를 정확하게 이해하는 데 어려움을 느낄 수 있다. 개입은 환자의 이해를 증진시키고 궁극적으로 "주관적인" 위험 인지를 "객관적인" 평가와 분석을 통한 예측에 근접하도록 발전되어 왔다(e.g., Schwarts, 2001; Slovic, Finucane, Peters, & MacGregor, 2004). 이러한 공식적인 위기 분석 관점은 정서적인 반응을 비이성적인 것으로 보는 경향이 있다. 최근의 학자들은 "이성적인" 의사결정은 분석적이며 경험적인(정서적인) 체계 모두를 필요로 한다고 주장한다. 이 관점은 위험 인지가 "불가피하게 사회적, 문화적 과정에 영향을 받기 때문에 고립된 것으로 볼 수 없다"는 관점과 일치한다(Lupton, 1999, p. 35).

불분명한 유전자 침투도penetrance를 가진 질병의 경우, 위험을 양적으로 정확하게 측정하기 어렵다(Sivell et al., 2008). 방어적이며 비관인 성향을 가진 사람은(Norem & Cantor 1986) 위험을 과대평가함으로써 최악의 상황에 대비한다. 그러나 이것은 건강과 삶의 질에 부정적인 영향을 미치는 극단적 예방법을 초래할 수도 있다(Braithwaite, Emergy, Walter et al., 2004; Hallowell & Richard, 1997). 스스로를 방어하기 위해 현실을 무시하는 방법을 사용하는 사람은(Yaniv, Benador, & Ssagi, 2004) 그들의 위험을 과소평가하여 그들의 삶의 질을 유지시키고 삶을 연장할 수 있게 해주는 조기 발견 프로토콜 및 위험 관리를 저평가할 수도 있다. 개인이 질병 발병 기대연령에 "근접"할수록 더 큰 정서적 문제를 경험하고 유전 검사와 위험 관리에 대한 정보를 수집하는 일을 싫어하게 된다(Johnson, Case, Andrews, & Allard, 2010). 비합리적인 신념을 바로 잡으려는 노력은 건강 결과를 증진시킬 수 있다. 사회복지사는 유전상담가 및 다른 건강 전문가들과 협력하여 환자들이 추정치를 예언적이기보다는 확률적으로 이해할 수 있도록 도와야 한다. 결정론적 관점에서 탈피하는 것은 불안을 증가시킬 수 있지만, 정보에 기반한 의료적 결정을 뒷받침해 줄 것이다.

생식 유전학과 불임

유전 정보는 임신 또는 아이를 출산하려는 사람들에게 가장 중요한 문제이다. 부부와 의료 서비스 제공자는 태아의 건강과 임신, 출산에 영향을 미치는 위험 요인에 집중한다. 발달의 복잡성 때문에 모든 임신은 생물학적 부모의 유전적이고 환경적인 요인에 상관없이 유산과 선천적 장애의 위험을 가지게 된다. 대부분의 선천적 장애는 첫 임신 3개월에 발생하며(www.acog.org/publications/patient_education/bp165.cfm), 그중 일부는 초음파와 혈액검사로 발견이 가능하다. 반면 그 외의 것들은 위의 방법으로는 발견할 수 없어 예비부모에게 산전 검사의 한계를 명확히 알려주는 것이 중요하다.

유전 서비스, 특히 태아기의 유전 상담은 출생 전이나 수정되기 전 아이의 유전적 질병의 유형을 발견할 수 있기 때문에 가족계획과 임신 관리에 포함된다. 태아기 상담의 내용에는 태어나지 않은 태아에 대한 결정을 포함하고 있기 때문에 본질적으로 윤리적이고 도덕적인 문제를 수반한다. 유전상담가는 예비부모가 그들의 가치와 믿음에 부합하는 결정을 내리도록 돕는 것뿐만 아니라 잠재적인 진단과 위험에 관한 정보를 제공하는 데 관여할 수 있다. 상담자는 이런 논의를 비지시적인 방식으로 이끌 수 있도록 훈련받는다. 또한, 사회복지사는 부부의 사회적이고 가족적인 맥락에 의한 탐색을 돕고 특정한 결정으로 인해 가족체계가 어떤 영향을 받을지에 대해 논의하는 것을 돕는다. 검사결과와 관련하여 가능한 선택에 대해 이해하는 것은 의사결정 과정을 용이하게 하는 데 도움이 될 것이다.

사회복지사는 산전 유전 서비스에 오랫동안 참여해 왔다. 비정상적인 유전적 요인을 가진 태아를 임신한 여성의 지지 욕구에 대한 연구가 지속되고 있다(McCoyd, 2008, 2010). 이 연구에서는 산모의 유전자 검사 및 임신 중절에 대한 의사결정을 돕는 과정에서 가장 중요한 요소는 공감적인 의료 공급자와의 관계임을 밝히고 있다(McCoyd, 2010). 이 결과는 사회복지사가 클라이언트를 지지하고, 의사들에게는 친절하고 전인적인 의료를 실천하는 방법을 교육해야 할 필요성을 알려주고 있다.

태아기 진단

임신 중 태아의 유전적 진단은 여러 방법으로 진행된다. 선별 검사screening test는 태아의 혈액을 직접 검사하지 않고 유전적 질병의 가능성을 알아보기 위해 임신과 관련된 단백질을 검사한다. 이러한 선별 검사는 정확한 진단을 제공한다기보다는, 이후의 검사를 더 진행해야 하는가에 관한 의사결정을 하는 데 도움을 주기 위해 위험 정도에 대한 정보를 제공한다.

초기 임신 3개월의 선별 검사에는 혈액검사와 초음파검사 등이 있다. 이런 과정은 다운증후군이나 에드워드증후군trisomy18(18번 염색체의 수가 2개가 아닌 3개임) 등의 특정 염색체 문제와 관련된 위험 정보를 제공해준다. 이 과정에서 다운증후군은 82%에서 87%까지 발견될 수 있다. 다운증후군과 에드워드증후군, 파타우증후군trisomy13, 신경관 결함neural tube defect을 알아보기 위한 두 번째 선별 검사에서는 혈액검사를 활용한다. 첫 임신 3개월에 신경관 결함이 음성으로 나오면 두 번째 피검사를 한 번 더 진행한다. 보편적으로, 임신 18주에서 20주 때 태아에게 구조적인 이상이 있는지 알아보기 위해 상세한 초음파검사를 시행한다. 모든 선천적 결함이 시각화되는 것은 아니므로 일부는 20주 이후에 진행할 수 있다.

선별 검사, 초음파검사, 가족력 또는 노산(35세 이상) 등을 이유로 아이가 유전적 질병을 가질 확률이 높은 여성은 태아세포 검사를 받는다. 융모막 추출CVS: Chorionic Villis Sampling과 양수검사 amniocentesis는 태아세포를 제거하고 분리하여 배양한 뒤 염색체 이상 여부를 검사한다. 융모막 추출은 양수검사(14주 이후)보다 빠른 임신초기(10~13주)에 할 수 있다. 두 종류 모두 1% 정도의 유산의 위험을 갖고 있다. 만약 가족 내에 단일 유전자 질환이 있으면, 융모막 추출 또는 양수검 사를 통해 얻어진 태아세포를 통해 알려진 변이가 존재하는지를 검사할 수 있다. 사회복지사는 대부분의 여성들이 초음파 검사를 하지만 다수의 저소득층 여성은 융모막 추출과 양수검사를 할 수 있는 경제적 여유가 없다는 것을 알아야 한다. 더욱이 연방법이 어떠한 상황에서도 낙태로 연 방 재원이 사용되는 것을 금하고 있기 때문에, 군인이나 공공 프로그램을 통해 연방 건강보험의 혜택을 받는 모든 여성은 임신 중절에 대해서는 보험적용을 받지 못한다.

체외수정과 착상 전 유전진단

체외수정IVF: In Vitro Fertilization은 불임 부부가 생물학적으로 아이를 임신하고 출산할 수 있 도록 하는 생식 기술이다. 체외수정은 거의 30년 전부터 성공적으로 사용되었으며 현재 미국에 서 폭넓게 이용가능하다. 그 절차에 소모되는 금액은 큰 편이며, 보험 적용은 각각의 종류마다 다르다. 체외수정이 성공적인 임신이 되기까지는 많은 시도가 필요하며 정서적으로도 매우 지치 는 과정이다. 남성과 여성의 인자 혹은 양자의 조합이 필요하다. 자손을 낳는 것에 대한 문화적 요구, 사회적 판단에 대한 두려움, 불임에 대한 부끄러움이 부부로 하여금 그들의 불임과 체외수 정 경험을 숨기게 만들며, 잠재적으로는 그들이 중요한 정서적 지지를 받을 수 없도록 한다.

착상 전 유전진단PGD: Preimplantation Genetic Diagnosis은 1990년도에 처음 개발되었으며, 2005 년까지 3,000번 이상의 체외수정 주기에 사용되어 700건 이상의 출산을 가능케 했다(Klipstein, 2005). 착상 전 유전진단은 체외수정에서 만들어진 배반포blastocysts(수정 후 세포분열에 의해 생산 된 전배아)가 다음 과정으로 넘어가기 전에 특정 유전적 질병에 대해 검사하는 과정으로 기술적 으로 복잡하고 많은 비용이 든다. 감염되지 않았다고 판명된 배아만 자궁으로 옮겨지게 된다. 착 상 전 유전진단은 위험을 가진 부부가 의심되는 질병이 없는 배반포로 임신을 시작할 수 있도록 해준다. 착상 전 유전진단은 흔히 다운증후군(21삼염색체 증후군trisomy 21)이나 터너증후군(단염색 체성 X monosomy X), 그리고 거의 100가지의 단일염색체질병과 같은 질병을 가져오는 염색체 이 수성chromosomal aneuploidies9)을 알아보기 위해 사용된다. 현재 배반포의 생존력을 손상시키지 않고 다양한 질병을 알아내기 위해 한 번의 착상 전 유전진단을 사용하는 것은 불가능하다. 최종 적으로 체외수정IVF과 착상 전 유전진단PGD은 자궁으로는 옮겨지지 않는 생존가능한 배아를 만 들어낼 수도 있다. 따라서 이러한 과정을 시작하는 데 있어 부부가 사용하지 않을 배아를 어떻게 할 것인지를—미래에 잠재적으로 사용하기 위한 냉동, 연구를 위해 기증하는 것이나 파기하는

---

9) 염색체의 수가 반수체의 정확한 배수가 되지 않는 경우로, 감수분열시 한 쌍의 상동염색체가 양극으로 분리되지 않고, 한 쌍이 모두 한극으로 이동하는 염색체 불분리현상이 있을 때나 비정상적인 감수분열이 이루어졌을 때 발생함 — 옮긴이 주.

것 등—생각해 보는 것이 필요하다.

착상 전 유전진단은 부부와 전반적인 인구 집단 모두에게 윤리적이고 도덕적인 문제를 일으킨다. 기술적으로 착상 전 유전진단은 테이-삭스병Tay-Sachs disease10)과 같은 아동기의 치명적인 질병으로부터 BRCA1/2에 관련된 유방암과 난소암 같은 성인기에 발병하는 치료 가능한 질병까지 일련의 질병에 대한 배아 검사를 위해 사용될 수 있다. 또한, 이를 질병으로 보는 것에 대해 의견이 항상 일치하는 것은 아니지만 청각소실deafness 같은 질병을 알아내는 데에도 사용될 수 있다. 착상 전 유전진단은 여러 문제를 가지고 있음에도 유전적 질병을 전달할 수 있다는 이유 때문에 이전에는 아이를 갖기 않기로 선택했던 개인에게 선택의 폭을 넓혀주고 있다.

보인자 선별검사

임신을 계획하고 있는 부부 중 유전적 질병의 가족력이 있거나 고위험군에 속하는 경우, 유전적 변이나 이상을 알아내기 위해 보인자 선별검사를 요청할 수 있다. 보인자 선별검사가 가능한 일부 질병은 겸상적혈구병sickle cell disease, 낭포성 섬유증cystic fibrosis이다. 만약 열성 유전적 질병이 가족에 있다면 개인은 그 질병에 대한 보인자 상태를 알고자 할 것이다. 보인자 선별검사는 그 사람이 질병에 관해 변이된 유전자를 갖고 있는지 밝힐 수 있다. 만약 그 사람의 배우자도 보인자라면, 아이가 그 질병을 가질 위험은 25%이다. 만약 한 사람만 보인자라면, 그 부부의 자녀는 영향을 받지 않을 것이다. 따라서 부부에게 필요한 것은 단 한 번의 검사이다. 만약 부부 중 한 명이라도 보인자라면, 부부는 위험을 최소화하기 위해 배우자의 생식세포(난자 또는 정자)를 기증받은 난자나 정자로 대체할 수 있다. 기증된 재료를 사용하기 위해서는 보조생식 기술이 필요하다. 일반적으로 기증된 정자는 자궁 내 수정만을 필요로 하지만, 기증된 난자는 기증자와 임신하려고 하는 엄마 모두를 위한 완전한 체외수정 과정이 필요하다.

누군가가 보인자가 아니라는 것을 확신하는 것이 어떤 상황에서는 어려운 일이다. 예를 들어, 낭포성 섬유증CF: Cystic Fibrosis은 CFTR11) 유전자의 변형으로 생긴 상염색체 열성 질환이다. 1,000개 이상의 변이가 낭포성 섬유증을 유발한다고 알려져 있지만, 보인자 선별검사 패널은 23개의 변이만 검사하도록 하고 있다(Watson et al., 2004). 왜냐하면 23개의 변이가 낭포성 섬유증을 가진 인구 집단에서 발견되는 변이의 상당히 많은 부분을 설명하고 있기 때문이다. 이 패널을 이용한 음성 보인자 검사negative carrier screening는 어떤 사람이 낭포성 섬유증 보인자일 가능성을 크게 줄일 수 있지만 그 가능성을 완전히 없앨 수는 없다. 게다가 패널은 낭포성 섬유증에 가장 고위험군인 인구 즉, 북유럽 사람에게 최적화되어 있다. 다른 인구집단에 속하는 개인은 표준화된 보인자 패널에서는 나타나지 않는 변이에 의해 낭포성 섬유증을 가질 가능성이 크다. 결과적으로, 발견율은 집단별로 다르며, 이는 다른 질병에도 마찬가지이다. 때문에 부부는 검사의 혜택

---

10) 유아와 어린이에게 일어나는 중추신경계의 유전적 질환으로 조기 사망의 원인이 됨 — 옮긴이 주.

11) cystic fibrosis transmembrane-inductance regulator의 약어로 낭포성섬유증유발세포막단백질을 의미함 — 옮긴이 주.

뿐 아니라 한계에 대해서도 적절하게 상담을 받아야 한다(참고 21.3 참조).

성인기 발병 질병을 위한 유전자 검사

성인기에 발병하는 질병에 대한 유전자 검사는 질병 위험의 특정 패턴과 연관되어 있는 혈액이나 조직 샘플 내 생식계 돌연변이를 알아내는 것이다. 헌팅턴병Huntingtons disease이나 특정 암과 같은 질병은 보통 성인기에 나타나며 개인은 다양한 이유로 유전자 검사를 할 수 있다. 비정상성이 발견되면 환자나 그 가족은 주변 진단이 된 것이고 가족력에서 유전적 패턴이 나타나면 당사자는 치료 결정을 내리기 위해 유전자 검사를 받고자 할 수 있다. 때때로 일부 개인과 부부는 가족계획을 세우기 위해 유전자 검사를 받고자 한다. 성인 질병에 대한 유전자 검사에 관심을 둔 초기 인구기반 연구들은 의미 있는 이상소견을 예측했지만 소수의 개인과 가족만이 유전 검사에 대한 상담을 완료하였다(Struewing, Lerman, & Kase, 1995). 예방과 치료가 힘든 질병의 가족력을 가진 개인은 효과적인 치료가 가능한 질병을 가진 개인에 비해 유전자 검사를 덜 받고자 했다(e.g., Decruy-enaere et al., 1997).

유전자 검사는 광범위한 질병력이 있는 가정의 개인에게 불확실성을 최소화하고, 목적이 있는 예방 의료 발전을 위한 길을 열어줌으로써 유전적 위험에 대한 통제를 증가시킬 수 있다(Gooding, Organista, Burack, & Biesecker, 2006). 만약 유전자 검사가 유전적 변이를 발견한다면 보인자는 그들의 건강을 어떻게 관찰해야 하는지를 두고 중요한, 때로는 고통스러운 결정을 내려야 한다(Erblich, Bovbjerg, & Valdimarsdottier, 2000; Schlich-Bakker, ten Kroode, & Ausems, 2006). 건강행동의 지배적인 모형들은 건강 결정이 위험-편익의 계산 및 중요한 타인들로부터의 압력과 모델링, 통제와 지배감에 관한 신념, 이용 가능한 자원 등에 대한 정보가 주어질 때 "합리적"이 된다고 주장한다(6장 건강 행동의 이론 참조). 사회적 관점을 가진 건강행동모형 및 의사결정모형이 존재하지만 이러한 모형들은 유전학 혁명genetic revolution 이전에 만들어졌으며, 유전 질병을 가진 개인과 가족의 경험을 검증하는 데에는 불충분하다.

일례로, 어떤 증상이나 진단을 경험하기 훨씬 전부터 개인은 질병의 경험을 인지적으로 형성하는데 그러한 인지적 시나리오에서는 슬픔과 자아개념, 관계 역학이 질병에 관한 기대 및 의사결정과 긴밀히 연결되어 있다. 그러나 이러한 모형들은 인지적 시나리오에서 가족력이 갖는 중요성을 고려하지 않는다.

다른 심리사회적 위험의 압박에 비해, 위험 사정에 뒤따르는 의료적 의사결정에는 유전적인 위험을 계산하는 것이 포함되어 있다. 그러한 심리사회적 위험에는 사랑하는 사람의 진단을 앞두고 느끼는 부담 또는 특정 행동을 취함으로써(혹은 취하지 않음으로써) 예상되는 결정에 대한 후회가 존재한다. 성인기에 발병하는 질병에 대해 한 개인이 유전 검사를 하려고 할 때, 그에 대한 심리사회적 사정은 개인이 가족들과의 삶에서 갖는 의존, 상호의존, 의무까지 고려해야 한다. 이러한 의무는 정보 처리, 대응, 사회적 맥락에 영향을 끼치는 정서적 요인들 및 (예상되는) 신체적

◆ 참고 21.3 유전학에서의 사회복지사의 필수적인 기술

사회복지사는 다음의 기술을 발전시켜야 한다:
- 기초 과학이자 연구의 한 분야로서의 유전학에 대한 기본 이해를 습득해야 하는데, 여기에는 생물학, 사회심리학, 윤리학, 법학이 포함되어 있다.
- 관련 가족의 유전자 정보를 수집하는데 여기에는 부모, 자녀, 형제, 조부모, 이모/삼촌, 조카 등을 포괄하는 확대가족의 가족사가 포함된다.
- 의뢰를 통해 유전 서비스 혜택을 받을 수 있는 클라이언트를 찾아낸다.
- 유전 서비스의 목적과 여러 유전학 분야 전문가의 역할에 대해 클라이언트와 적절하게 의사소통한다.
- 유전병을 가지고 있거나 발병 위험이 있는 클라이언트에게 문화를 고려한 서비스를 제공한다.
- 적절한 유전분야 전문가와 또래 지지 자원을 발굴하고 연계한다.
- 유전자 정보를 제공받거나 거절함으로써 클라이언트와 그 가족들이 받는 감정적 영향의 범위를 탐색한다.
- 생애주기에 걸쳐 유전자에 대한 의사결정과정과 유전자 정보 수용과정에서 클라이언트와 가족들을 원조한다.
- 유전 서비스의 비용과 보험 혜택에 대해 논의한다.
- 가급적 클라이언트의 유전자 정보에 관하여 사생활과 비밀보장을 준수한다.
- 유전병을 가진 클라이언트를 위해 지지 자원을 만들고 유지하도록 돕는다.
- 사회복지사, 클라이언트, 동료를 위해 신뢰할 만한 자원으로부터 최신 유전자 정보를 습득한다.
- 클라이언트, 전문가, 지역사회를 대상으로 유전학과 관련된 정책 이슈들에 관해 교육을 실시한다.
- 유전학과 관련하여 클라이언트 중심 공공 정책을 옹호한다.
- 클라이언트가 유전자 연구의 한계와 혜택, 사전동의의 중요성에 대해 이해하도록 원조한다.
- 유전과 관련되어 있을 때 클라이언트 그룹의 역사, 전통, 가치와 가족체계에 대해 특화된 지식과 이해를 발전시킨다.
- 포괄적인 유전 서비스를 전달하고 유전 연구를 수행하는 다학제간 팀에 참여한다.
- 개인, 가족, 사회에 대한 심리사회적, 문화적, 경제적, 윤리적 함의를 둔 연구 기반 및 실천 관련 지식을 발전시키는 데 기여한다.

출처: NASW Standars for Integrating Genetics into Social Work Practice by J. Weiss et al., 2003, Washington, DC: NASW Press.

증상들과 상호교차하여(Howard et al, 2009) 유전자 검사와 위기관리 및 예방에 관한 의료적 결정을 형성한다. 예를 들어, 실증 연구의 결과들은 위의 요소들이 환자로 하여금 위험을 감소시키는 유방설제술, 난관난소 절세술, 유전 암의 위험을 최소화하기 위한 결정절제술에 대한 결정을 내리도록 한다고 밝히고 있다. 어떤 사람들은 병이 없는 상태에서 건강행동을 변화시키는 데 무력감을 느낄 수 있다. 그 밖의 사람들에게 불안과 고통은 어떻게 질병에 대한 위험을 관리하는지에 대한 일관된 예측변수가 될 수 있다.

유전자 검사는 아무런 치료방법이 없는 상황에서도 가능하다. 헌팅턴병과 초기 발병 알츠하이머 같은 질병에 있어 위험은 의료적, 외과적 혹은 생활양식의 개입을 통해 변화되지는 않는다. 잠재되어 있는 유전적 질병이 언제, 어떻게 증상으로 나타날지 불확실한 채로 산다는 것은 정체성의 건강을 해치며, 유전자 검사결과에 적용하고 대처하는 데 어려움을 줄 수 있다(Rolland, 2006).

유전적 위험성에 관한 가계도 작성

유전자 검사 결과에 관한 불확실성(예를 들어, 많은 BRCA 변이는 아직 구체적인 위험 정보와 연관되어 있지 않다), 질병 침투(모든 돌연변이가 질병을 일으키는 것은 아니다), 질병의 발생과 과정(알츠하이머의 발병은 매우 다양하다), 결과(치료가 질병을 예방하거나 치료하는 데 효과적일 것인가)들은 클라이언트의 대처와 적응 방법을 형성한다. 이러한 것들이 모호할 경우, 위험을 이해하고 향후 계획을 수립하는 데 어려움이 생긴다. 일부 연구는 유전자 변이 보인자들이 질병 위험 스펙트럼 전반에 퍼져 있다고 주장한다. 이를 고려한다면, 의사와 개인들은 지속적으로 위험에 대한 예측 요인으로서 가족력을 주시하고 있어야 한다(Werner-Lin, 2007). 통계적 위험 추정치보다 질병과 관련된 가족력에서 나타나는 주관적인 위험 인식이 고위험군의 개인과 가족이 유전자 검사와 위험관리를 하도록 하는 강력한 예측 요인이 되고 있다.

혈통도pedigree는 생물학적 유전의 패턴과 가족의 지리적 기원, 출생과 사망, 의료적 문제, 선천성 결함과 발달 지체에 관한 정보 등의 질병 발현을 다세대적으로 보여준다(Bennett, 1999). 유전적인 질환의 패턴을 밝히기 위해 설계된 혈통도는 유전된 위험과 관련한 건강 증진 및 위험관리 행동을 이끄는 정서적 경험이나 인지적인 지각보다는(Patenaude, 2004) 생물학적인 가족에 초점을 두고 있다(Atkinson, Parsons, & Featherstone, 2001; Kenen & Peters, 2001). 유방암과 난소암의 위험을 증가시키는 유전적 변이를 밝히기 위한 초기의 시도로 연구자들은 세대의 횡단과 종단에 걸쳐 질병에 걸린 다양한 가족들을 모집하였다. 이러한 연구에서 혈통도와 같은 가족력 도구들은 질병 표현의 패턴을 밝히고 질병 위험 유전자 표식을 알아내기 위해 광범위하게 사용되었다(e.g., Lynch & de la Chapelle, 2003).

혈통도와 마찬가지로 가계도는 가족의 관심 범위를 개인에서 가족적인 것으로 확대하며 다세대적인 가족 패턴을 보여준다(Kenen & Peters, 2001; McDaniel, Rolland, Feetham, & Miller, 2006). 의료적 목적을 위한 가계도는 정서적인 후유증뿐만 아니라 질병 표현과 관리에 영향을 주고받는 발달적, 가족적, 지역사회, 사회적 요소들을 포함하고 있다(McGoldrick, Gerson, & Shellenberger, 1999). 가계도를 만드는 과정은 가족적인 질병에 관한 개인의 서술과 담론을 드러나게 할 수 있고(Eunpu, 1997), 질병 위험에 대한 인식의 변화를 가능하게 한다(Werner-Lin & Gardner, 2009).

애매한 유전자 검사 결과를 받은 가정의 구성원일 경우, 가족의 질병 발현 패턴, 가족충성도, 외형적·성격적 특성에 기초하여 결과를 해석한다는 입장은 많은 근거들에 의해 지지받고 있다(Werner-Lin, 2007). 그들의 부모가 진단을 받았던 연령이나 이전 상실 경험에 대한 반응은 유전자 검사 결과의 원인을 규명하는 데 영향을 끼친다(Gabriel, 1992; Werner-Lin, 2008). 예를 들어 중요한 질병 사건illness milestone은 불안이나 예상되는 상실감을 증가시킬 수도 있다. 질병 경험은 세대에 걸쳐 축적되고 반복되기 때문에, 유전적 질병들을 자주 경험함에 따라 누가, 왜 아프게 되고, 어떻게 가족이 아픈 성원을 보살피는가에 관한 믿음, 가족 내 외의 적절한 의사소통 방식 및 질병의 결과에 대한 믿음을 포함하는 가족 신화family myth가 생긴다. 가족 질병에 연관된 유전자에 음성으로 반응이 나타난 사람들은 생존자로서의 죄책감을 느낄 수 있고, 행동 양식에 변화가 생겨 향후 질병을 예방해야 한다는 필요 혹은 검사 결과에 대한 불신 등 유전자 검사 결과를 통합하는 데 있어 그들만의 독특한 문제를 가지게 된다(Bakos et al., 2008; Sobel & Cowan, 2003).

생애주기에 걸친 성인기 발병 유전질환의 확인

인생에서 유전검사 시기는 검사결과의 대처와 적응에 큰 역할을 한다. 나아가 유전 정보에 대한 대처와 적응은 중요한 발달 과제가 변화함에 따라 생애주기에 걸쳐 변화한다.

아동기. 심각한 또는 말기의 질병을 가진 부모와 사는 아동은 집안일과 부모 및 어린 형제들을 돌봐야 하는 책임감으로 인해 다른 친구들보다 더 빨리 성숙한다. 일찍 부모를 잃으면 정상적인 발달 궤적이 급격히 변화하게 되고, 대처와 의료적인 의사결정 외에도 유전적 질병에 취약한 인지를 형성하게 된다.

청소년기. 일부 유전적 질병(예를 들어, 낭포성 섬유증)에 대한 치료가 실질적으로 발전되고 있고 이전에는 치명적이던 유전적 질병을 가진 아이들이 이제는 성인기까지 잘 살 수 있게 되었다. 의료 공급자는 청소년들이 나이가 들어가며 소아과적인 치료에서 벗어나는 것에 대한 문제를 준비할 필요가 없었다. 하지만 아이들의 질병이 치명적인 것에서 만성적인 것으로 변화하고, 이들의 의료가 전인적인 자원을 가진 소아과 병원으로부터 환자가 그들 자신의 의료를 조정하고 관리해야 하는 성인 시설로 옮겨감에 따라 청소년들이 직면하게 되는 새로운 과제들을 규명하는 연구가 필요하다.

초기 성인기. 유전적 질병의 위험을 가진 개인은 생식기간이 다가옴에 따라, 결혼과 가족계획을 위한 유전자 검사를 하게 된다. 부부는 건강할 때나 아플 때나 서로 사랑하도록 약속하지만, 질병 및 죽음의 가능성을 포괄하는 인생계획을 세우는 경험은 이 시기의 정규적인 발달 과업—발달적으로 친밀한 관계와 가족계획을 확립하는—에서는 벗어난 것이다. 유전적 질병 위험은 부부의 가족계획에 대한 희망 및 두려움뿐만 아니라, 개인이 배우자를 찾는 조건의 하나로 자리 잡을 수 있다(Werner-Lin, 2008). 이 단계에서의 유전자 검사는 (a) 결혼, 자녀양육, 직업적인 발달(Hoskins, Roy, Peters, Loud, & Green, 2008)에 관한 생애 계획, (b) 아이를 양육할 수 있도록 건강과 활력을 유지하는 성인의 역량, (c) 아이가 어른이 되었을 때 동일한 질병이 나타날 수 있는 위험 등에 관한 정보를 제공한다. 정통파 유태인 커뮤니티와 같은 몇몇 지역사회에서 유전자 검사는 한 개인이 배우자로 적합한가에 대한 정보를 제공한다. 부모는 아동을 유전적 질병에서 보호해야 한다는 책임을 느끼거나 아동에게 잠재적 유전적 변이를 물려준다는 죄책감을 경험할 수도 있다.

보편적인 윤리적 문제 해결하기
NEGOTIATING COMMON ETHICAL CHALLENGES

유능하고 숙련된 실천을 위해 보건 및 정신보건 의료 공급자는 당면하게 되는 일반적인 윤리 문제에 대해 익숙해질 필요가 있다. 윤리적 딜레마는 전미사회사업가협회의 윤리강령과 자율성의 존중, 선, 정의와 같은 생명윤리의 원칙에 기초하여 다루어져야 한다. 여기서는 사전동의, 가족 의사소통 및 비밀보장, 환자의 자율성 및 성인기에 발병하는 질병에 대비한 미성년자의 유전자 검사 등과 같이 오늘날 보건의료 공급자들이 만나게 되는 많은 딜레마들을 조명한다.

사전동의

자기결정이라는 신조에서 비롯된 사전동의는 의료서비스 제공자와 환자 간의 의사소통 과정이다. 어떤 과정의 위험과 이점을 설명함으로써 진행여부에 대해 환자가 교육을 받고 개인적인 선택을 할 수 있도록 하는 것이다. 개인은 어떠한 의료적 과정에 대해 동의가 필요할 때 사전에 고지된 동의를 받게 된다. 이러한 동의는 자발적이야 하며 적절하고 정확한 정보와 이해에 기초하고 있어야 한다. 여러 의료세팅에서 의료서비스 제공자들은 사전동의를 얻는 과정에서 다양한 문제들로 어려움을 겪고 있다. 예를 들어, 일부 서비스 제공자들은 태아유전자 검사가 표준화된 산전 관리로 통합됨에 따라 사전동의의 과정이 더 어려워졌다고 주장한다(McCoyd, 2010; Rapp, 1999). 유전학이 사전동의를 보장함에 있어 난관을 겪는 유일한 의료 분야는 아니지만, 유전 연구와 치료방침의 특성은 그 나름의 고유한 문제를 제시하고 있다. 이러한 방침은 종종 복잡하고 정교한 진단, 치료, 연구 절차에 대한 설명을 수반한다. 9천만 명의 미국인들이 제한된 건강정보 이해능력을 갖고 있다는 것은 다양한 의료 및 지역사회 환경에 있는 개인들이 그들이 처할 수 있는 의료적, 사회적, 심리적, 경제적, 법적 위기에 대해 충분히 이해하지 못한 채 치료 방침에 참여하는 것에 동의할 수도 있다는 것을 의미한다.

어떠한 질병에 대한 유전적인 취약성을 밝히는 능력은 그것을 치료하는 의료적 역량보다 계속적으로 앞서가는데 이를 유전 의학에서는 치료 공백therapeutic gap(Holtzman & Watson, 1997)이라 한다. 유전자 검사 시 사전동의서에 담긴 정보가 혼란스러울 수도 있고 정보로 인해 그 사람이 검사 결과에 대해 비현실적인 기대를 갖거나 잘못된 가정을 할 수도 있다(Freedman, 1997). 유전자 검사나 유전자 표지가 사용되는 연구에 참여를 고려할 경우, 이는 자발적으로 이루어져야 한다. 이러한 활동에 참여하는 데에는 내적인(불안, 두려움) 혹은 외적인(가족 구성원 또는 의료적인 돌봄 제공자) 압력이 있을 수도 있다. 개인이 동의서 내용을 얼마나 잘 이해했는가라는 질문은 상당히 주관적이며, 당시의 정서적인 상태에도 영향을 받는다. 따라서 유전 상담과 검사에 대한 스트레스는 그 절차의 위험과 이점에 대한 상세한 설명에 충분히 집중하려는 환자나 가족에게 제한을 가져올 수 있다.

최근, 미국국립보건원NIH이 지원하는 유전 연구 프로젝트는 다른 국립보건원 연구자들이 접근할 수 있는 단일의 대규모 데이터베이스에 유전형과 표현형 자료를 추가하도록 하고 있다. 이것은 보호되는 데이터베이스로, 데이터에 대한 접근은 사생활과 비밀보장을 위해 엄격하게 규제되고 있다. 연구들 간에 통합된 자료는 연구자들이 희귀 질병 및 일반적인 질병에 대한 유전적 원인을 조사하는 데에는 유익하지만, 이 데이터베이스를 이용하는 프로토콜에서는 일상적으로 혈액샘플이나 세포를 제공한 환자들에 대해 비밀보장, 향후 연구의 범위나 실험 결과에 대한 보고 등을 다루는 사전동의가 매번 나타나지는 않는다(Ludman et al., 2010; Wolf, Bouley, & McCulloch, 2010).

현재 프로토콜은 또한 유전 물질을 소유한 사람과 이것을 발견한 사람 중 누가 혜택을 받아야 하는가에 대한 질문을 가져온다. 이러한 이슈들은 자신도 모르게 처음으로 실험실에서 성공적으로 배양된 첫 번째 인간 세포를 기증한 헨리타 랙스Henrietta Lacks의 최근 전기에서 제기되었다(Skloot, 2010). 그녀의 세포(HeLa 세포라 불리는)를 이용한 발견이 공중 보건에서 중요한 돌파구가 되었지만, 그녀의 자녀와 손자들은 현재 가난하고 보험도 없는 채로 살고 있다. 심지어 그들은 랙스 여사의 세포가 배양되어 과학 연구에 사용되고 있다는 사실도 모르고 있었다. 이러한 상황을 예방하는 새로운 보호책들이 생겨나고 있지만, 유전 연구에서 연구를 위한 사전동의와의 간극은 여전히 존재하고 있다.

가족 의사소통과 비밀보장

질병 및 체질과 유전의 연결고리를 규명하는 것에 대한 가족적인 함의는 개별 환자의 권리에 초점을 맞추는 기존의 생의학적 패러다임으로부터 가족 성원들의 권리에 폭넓게 초점을 두는 것으로 옮겨가고 있다. 유전 검사 정보라는 것은 확률적이기는 하지만 한 가족성원의 질병에 대한 유전 검사결과는 다른 가족 성원들도 위험할 수 있음을 의미한다. 이것은 유방암이 있는 갱년기 여성이 본인의 치료뿐만 아니라 그녀의 자녀에게 위험이 있는지 밝히기 위해 유전자 검사를 받는 경우에서와 같이 개인이 검사를 받도록 하는 동기를 제공한다. 환자들은 만약 그들이 별거 중이거나 가족 성원들이 어떠한 행동을 취하지 않을 것이라고 인식하는 경우, 또는 그들의 위험 정보가 사적인 것으로 유지되길 원하는 경우, 사랑하는 가족을 속상하게 하고 싶지 않을 경우, 가족 성원들에게 유전자 검사 정보를 알려주지 않을 수 있다(Offit, Groeger, Turner, Wadsworth & Weiser, 2004; Patenaude, 2004).

가족 체계적 관점을 가진 유전 연구는 유전자 검사의 가능성이 만들어내는 가족의 역할 문제를 밝히고 있다. 가족 내에서 처음으로 검사를 받고 가족들과 위험에 대해 이야기하는 개인은 유전 정보의 전달자가 된다. 열성 혹은 X염색체 연관 유전 질병에 양성인 아동은 부모가 이에 대한 절대보인자obligate carrier[12]임을 밝힐 수도 있다(Adelsward & Sachs, 2003, Dudokde Wit et al., 1997). 유전적인 검사 후, 혈통적으로 연관된 절대보인자 및 다른 가족들은 그들의 위험에 대해 배우거나 대처하는 데 아직 준비가 되어 있지 않을 수도 있다. 더욱이 위험 정보가 가족 내에서 불명확하게 또는 부정확하게 소통된다면 위험에 대한 인식이 왜곡될 수도 있다(Smith, Dancyger, Wallace, & Michie, 2010).

만약 유전 검사가 전체적인 혈통에 대한 위험 정보를 나타낸다면 전 가족의 욕구가 모두 고려되어야 한다. 의료서비스 공급자는 모두를 존중하는 방식으로 가족들이 이 질문에 접근할 수 있도록 도와야 한다. 가족 내에서의 유전자 검사 결과의 공개를 촉진하는 것은 가족 성원들의 모를 권리 역시 포함하고 있다. 유전자 검사 결과에 대처하고 이 정보를 받아들일 준비가 되어 있지 않은 개별 가족 성원들의 문제는 건강의 위험 이상으로 중요하다. 왜냐하면 이러한 정보는 정신건강, 개인적인 발달 및 가족의 형성, 관계, 역동에 영향을 미칠 수 있기 때문이다(Gilbar, 2007). 숙련된 사회복지사는 유전자 검사의 계획된 공개를 지지하고 이에 대한 가족들의 논의를 활성화시키는 기술도 갖출 필요가 있다.

유전 검사는 전체 가족에게 위험 정보를 드러내기 때문에 그들이 유전적 질환의 위험성을 가지고 있을 수 있다는 사실을 모르는 사람은 치료나 예방에 참여할 기회를 가지지 못한다. 만약 치료가 치명적인 질병을 예방하거나 삶의 질을 향상시키고 고통을 예방할 수 있다면, 의사들은 혈족의 다른 성원들과 유전적인 정보를 공유하게 할 의무가 있는가? 미국 의료정보보호법은 의사가 "심각하고 즉각적인 위협의 예방 또는 경감을 위해" 비밀보장 의무를 위반할 것을 요구한다. 미국의학협회IOM: Institute of Medicine는 죽음 또는 즉각적인 위해와 같은 유전적 정보를 소통하는 데 실패했을 경우, 의사는 환자 대신 가족에게 연락해야 한다는 데에 동의하고 있다. 어떠한 유전적 질병은 예측되는 패턴을 따를 수도 있지만, 많은 유전적인 소인들은 모호하고 불확실하여 연방정부와 의료적 지침을 해석하는 데 있어 사각지대를 남기고 있다.

---

12) 임상적으로 변이의 영향을 받지는 않지만 가족력으로 볼 때 확실히 유전변이를 가지고 있는 개인 ― 옮긴이 주.

환자의 자율성과 미성년자 검사

아동은 성인에게 의존하는 존재이기 때문에 유전자 검사라는 측면에서 특별히 취약한 집단이다(Knoppers, Avard, Cardinal, & Glass, 2002). 아동기에 어떠한 유전적 질병이 나타났을 때, 아동이 증상을 보이기 이전 또는 아동에게 증상이 생겼을 때의 유전자 검사는 의사가 그 질병을 의료적으로 관리하는 데 도움이 될 수 있다(Field, Shanley, & Kirk, 2007).

미래에 나타날 수 있는 질병에 대한 미성년자의 유전 검사는 더욱 윤리적으로 문제가 된다. 이러한 질병은 매우 다양하며, 가족들은 아동이나 청소년들이 성인기에 이르기 전에 검사로 인해 혜택을 받지 않는 한 유전자 검사를 하지 않도록 해야 한다. 유전학자와 유전상담가 양자 모두의 전문적 윤리는 대개의 상황에서 성인에게 발병하는 질병을 위해 아동기에 미리 검사하는 것을 지지하지 않는다(예를 들어, 전국유전상담가학회 성명서National Society of Genetic Counselors position statement, 1995). 이는 아동이 성인기에 이르렀을 때 검사에 대해 스스로 결정할 권리가 있다고 믿기 때문이다. 아동의 경우, 사전동의에 대한 자신의 의사를 정확히 표현하기 어렵다는 점을 포함하여 아동기의 유전자 검사는 아동과 가족에게 다수의 윤리적이고 사회적인 염려를 가져온다. 아동기의 유전자 검사는 그들의 유전적 질병에 대한 아동의 알(혹은 모를) 권리를 없애는 것이며, 사회적, 학문적, 의료적 환경에서 차별받을 가능성을 열어주는 것이고, 그들의 자아개념, 자존감, 또는 그들이 양육되는 방식에 영향을 줄 수 있다(Ross & Fost, 2006). 생애주기의 어떤 단계에서든 유전자 검사는 가족계획을 세우는 데 있어서 중요한 정보를 제공하기도 하지만, 아동기의 검사는 생식과 관련된 비밀보장reproductive confidentiality을 없애는 것이며, 이는 아동이 부모가 된다는 것에 대해 특정한 메시지를 주어 편견을 만들 수 있다. 나아가 확률적인 위험 정보의 추상적인 특성은 어른들도 이해하기 어렵다. 게다가, 아동은 추상성이나 확률을 이해할 만한 인지적 기능이 부족할 수도 있고, 왜곡된 인지나 뚜렷한 동기를 가지고 있는 부모로부터 위험에 대해 전해 듣게 될 수 있기 때문에 아동이 이를 정확히 이해하는 것은 더욱 어렵다. 마지막으로 태아 검사가 좀 더 정교해졌기 때문에 부모들은 성인기에 발병하는 질병에 대한 태아기의 유전 검사를 하는 것, 임신 중절을 결정하는 것, 혹은 아동기의 유전검사를 반대하여 권고를 피해 갈지의 여부 등을 결정할 수 있게 되었다. 이것은 아이가 유전 질병의 보인자로서 태어날 것임을 알고 있다는 것이고 질병이 몇십 년간 발현되지 않을 수 있음을 의미한다.

성인기에 나타날 수 있는 유전적 질병에 대해 미성년자를 검사하는 것을 법적으로 규제하지는 않는다. 이러한 상황에 대한 법적 지침이 부재한 상황에서 생명윤리학자와 건강 및 정신건강 전문가들은 무엇이 아동에게 최선의 이익인가에 관해 논하게 되었다. 누가 아동을 위한 혹은 아동에 관한 결정을 하기에 최고의 위치에 있는가? 부모는 성인기에 발병하는 질병에 대해 아동기에 유전자 검사를 실시하고 싶어하지만, 아동을 위한 아무런 치료도 가능하지 않을 때에는 그러한 검사는 추천되지 않는다. 이것은 특별히 유전 검사가 아동과 가족에게 심리사회적 위해(낙인, 자존감)를 가져올 수 있을 때 더욱 두드러진다. 유전자 검사에 의해 부모의 불안이 줄어들 수도 있지만, 가족들이 그 아동의 인생과 능력에 관한 기대를 조정하고 계획하는 데 어려움이 생길 수도 있다. 부모는 왜 검사가 아동에게 최선의 이익이 아닌지에 대한 설명을 받을 수 있다. 아동은 (의도지 않게) 부모에 의해 검사를 받도록 강요받을 수도 있고, 부모의 죄책감이나 정신적 고통으로 인해 검사를 받으라는 압력에 동기화될 수도 있다(Wilfond & Ross, 2009). 대신 아동이 성인이 된 후에는 반드시 유전자 검사에 대한 정보를 제공받아야 한다(McConkie-Rosell & Spiridigliozzi, 2004).

정책 개발
POLICY DEVELOPMENTS

보건의료 전문가와 개인, 가족, 집단이 유전자 검사를 시도하려고 할 때, 그 결과가 차별적 목적을 위해 사용될 수 있다는 우려로 제지를 받아 왔다. 건강보험의 적용 범위, 공제 및 비용 등에 대한 유전자 검사 정보의 영향은 특별한 관심을 받고 있다. 몇몇 사례에서, 고용주들은 부적절하게 근로자들의 유전자 검사결과를 요구해 왔고 그 결과를 고용과 승진 결정에 이용해 왔다. 유전적 질병에 대한 개인의 권리는 미국 장애인법American with Disabilities Act에 의해 보호받고 있지만, 다른 유형의 차별에 대한 보호는 존재하지 않는다. 이러한 것이 유전 서비스 특히, 유전자 검사를 진행함에 있어 중대한 장애물이 되고 있다.

13년간의 과정을 끝으로 2008년 5월, 대통령 조지 부시George W. Bush는 유전정보 비차별법 GINA: Genetic Information Nondiscrimination Act에 서명하였고(참고 21.4 참조), 이 법은 2009년 11월에 발효되었다. 유전정보 비차별법은 유전 서비스의 적절한 사용을 방해하는 장애물을 제거하기 위해 만들어졌다. 의회는 건강보험회사와 고용주들에 의해 대중의 유전적 정보가 악용되는 것을 보호한다. 유전정보 비차별법은 연방에서 수혜를 받고 있는 특정 집단에는 적용되지 않도록 법을 개정하였다. 여기에서 배제된 사람들은 미국 군인, 보훈처Veterans Administration에서 건강관리를 받는 퇴역군인, 미국원주민 건강서비스Indian Health Service를 이용하는 개인, 또는 연방근로자 의료급여 프로그램Federal Employees Health Benefits program에 등록된 연방정부 근로자들이다. 그러나, 군인과 퇴역군인의 보건의료 시스템은 이미 유전정보 비차별법과 유사한 보호를 제공하는 정책을 갖고 있다. 마찬가지로 연방정부 근로자들도 2000년에 클린턴 대통령이 서명한 대통령령에 의해 보호받고 있다. 이러한 제약에도 불구하고, 유전정보 비차별법은 유전자 검사에 대한 중대한 장애물을 제거한 역사적인 법이다.

◆ **참고 21.4 유전정보 비차별법**GINA

유전정보 비차별법에서는 다음과 같이 명시하고 있다.

유전정보 비차별법 하에서 집단 및 개별 보험사는 다음과 같은 것을 할 수 없다.
- 개인의 유전적 정보를 적격성 요건으로 정하거나 보험료 및 분담금의 액수를 정하는 데 사용하는 것
- 개인에게 유전자 검사를 진행하도록 요구하거나 의무화하는 것

유전정보 비차별법 하에서 고용주들은 다음과 같은 것을 할 수 없다.
- 개인의 유전적 정보를 고용, 해고, 업무 배분, 또는 승진에 관한 결정에 사용하는 것
- 근로자나 가족 성원에 관한 유전적 정보를 요청 및 요구하거나 구매하는 것

유전정보 비차별법은 다음과 관련된 유전 정보를 보호한다.
- 가족 의료 기록
- 보인자 검사: 즉, 낭포성 섬유증, 겸상적혈구 빈혈, 척수성 근위축, 취약 X증후군, 또는 다른 질병
- 태아유전검사: 즉, 양수천자, 융모막 채취, 또는 다른 기법
- 민감성 및 예측 검사: 예를 들어 유방암이나 난소암 위험을 위한 BRCA검사, 헌팅턴병을 위한 검사 또는 대장암의 위험을 위한 HNPCC[13] 검사
- 종양의 분석 또는 유전자, 변이 또는 염색체의 변화에 대한 평가

유전정보 비차별법은 다음과 같은 경우에는 보호하거나 적용하지 않는다.
- 그 질병이 유전적이라 해도, 이미 진단이 되었고 명백한 질병일 경우
- 생명, 장애, 또는 장기요양보험사(이 문서에 기록된 날짜 당시)
- 현재 건강상태에 대한 정보
- 15명 미만의 근로자를 가진 고용주

유전정보 비차별법은 특정 개인의 집단은 보호하지 않는다.

출처: The Genetic Nondiscrimination Act(GINA), National Coalition of Health Professional Education in Genetics, 2010. www.nchpeg.org/index.php?option=com_content&view=article&id=97&Itemid=120.

---

13) hereditary nonpoly-posis colorectal cancer gene의 약어. 유전성 비(非)폴립증대장암의 원인유전자 — 옮긴이 주.

결론
CONCLUSION

유전적 발견은 질병의 의미와 원인에 대한 새로운 해석의 기초를 제공한다. 소비자 주도 보건의료를 향한 움직임은 한정된 건강 지식과 유전적 발견이 아직 더 발전해야 한다는 생각이 결합되면서 도전받고 있다. 질병과 체질에 영향을 미치는 환경적 요소뿐 아니라 유전적 요소를 인식함으로써 사회복지사는 건강 및 정신건강 전문가들과의 협력을 통해 개인, 가족, 지역사회의 독특한 환경을 교육하고, 지지 자원 및 개입을 개발한다.

자신의 유전병에 대한 정보를 받아들이고 이를 생애 계획에 통합하는 것은 평온한 시기와 고통 받는 시기 모두에서 계속되는 과정이다. 광범위한 질병력을 가진 가족에 속한 개인에게 유전적인 정보를 설명하는 것은 그의 향후 건강상태에 대한 기대를 바꿈으로써 정신적 고통 및 예견되는 상실감을 증가시킬 수도 있다. 그 대신 유전적 구조와 질병 관련 변이의 존재(혹은 부재)를 검사함으로써 환자들은 건강한 시간을 극대화하는 생애 계획을 세울 수 있다. 유전상담가와의 만남 혹은 의사와의 만남은 시간적으로 제한되어 있는 반면, 유전학에서 저평가된 사회복지의 강점 중 하나는 사회복지사가 클라이언트 및 그들의 가족들과 지속적으로 만난다는 점이다(Weiss et al., 2003). 장기적인 정신건강 서비스를 통해 사회복지사는 클라이언트로 하여금 생애주기에 걸쳐 나타나는 문제 및 위기의 의미 전환에 적응하고 대처할 수 있도록 하였다. 사회복지사는 유전적인 질병에의 적응을 위해 가족들에게 교육적이고 지지적인 서비스를 지속적으로 제공하기 위한 관련 프로그램을 개발하고 수행하는 특별한 위치에 있다(Taylor-Brown & Johnson, 1998).

연습문제

연습문제를 읽고 당신은 클라이언트가 그들의 유전적 문제에 대한 걱정을 다루는 데 있어 어떻게 도울 것인지를 토론해보자.

연습 21.1

티나Tina와 존Jon은 정기적인 초음파 검진에서 태아에게 여러 가지 선천적 결함이 있는 것으로 밝혀져 사회복지사에게 의뢰되었다. 이 결함의 특수한 패턴은 아이가 희귀한 선천적인 유전적 질병을 가지고 있다는 것을 의미하고 있었다. 산부인과 전문의가 처음 진단을 내린 후 부부는 고해상도의 초음파를 통해 결과를 확인하는 의료센터에서 태아산모 전문가를 만났다. 부부는 출산예정일까지 8주 밖에 남지 않았기 때문에 임신중절을 선택할 수는 없다.

부부는 진단 후 유전 상담을 위해 의뢰되었다. 유전상담가는 티나와 존의 가족 질병력을 조사한 뒤, 3세대 내에서 누구도 사산이나 신생아 사망을 보고한 적이 없다고 기록하였다. 티나는 31세로 이번이 그녀의 첫 번째 임신이다. 그녀는 위로 두 명의 자매가 있고 여러 명의 건강한 조카들이 있다. 존은 38세로, 이전 결혼에서 낳은 두 명의 건강한 학령기 자녀가 있으며, 이들은 격주 주말마다 그들 부부와 함께 지낸다. 유전상담가는 티나와 존 그들 각각이 특정 유전자 변이의 보인자이고, 양쪽 모두가 그 유전자를 아이에게 전해주었을 때 그 두 변형된 유전자의 존재가 태아의 발달 장애를 초래하게 된다고 설명하였다. 그러나, 이러한 진단을 확인해주는 유전자 검사는 없다. 나아가 그들이 임신한 아이가 변형된 형태를 지닌 유전자를 타고날 확률은 25%이다. 두 사람은 너무 심란하고 화가 나서 이러한 위험 정보를 받아들일 수 없는 것으로 보인다.

　　티나와 존은 둘 다 매우 심란해 하였고, 아이의 질병에 대해서는 거의 아는 것이 없었다. 두 사람 모두 상당히 근심하고 놀랐다. 존과 티나는 이 아이가 그들의 결혼생활에 어떠한 영향을 미칠지에 대해 걱정하였다. 티나는 출산 시 일어날 일에 대해 그때까지 기다려 봐야 한다는 점에 화가 났다. 존이 방에서 나왔을 때, 티나는 당신에게 존의 다른 아이들은 건강한 것이 질투가 나고 그녀의 행동이 이 상황 즉, 아이를 "망가뜨린" 상황을 유발한 것인지 걱정된다고 말했다. 존은 잠을 자지 않은 채 다음 아이를 임신할 일정과 계획에 대해 티나와 많은 이야기를 나누었다.

1. 의료 및 가족의 자료를 모두 표시하여 이 가정의 가계도를 그려본다.
2. 유전적 질병에 관한 중요한 정보들은 무엇인가? 유전형식mode of inheritance은 무엇인가? 훗날 임신할 경우 나타날 수 있는 위험을 서술하라.
3. 당신은 이 부부를 상담하기 위해 더 나은 정보가 필요하다는 것을 알고 있다. 그들의 가족계획을 지원하기 위해 당신이 이 질병에 관해 배울 수 있는 자원들을 찾아보라.
4. 아이가 태어난 후 이 부부가 직면할 수 있는 기본적인 심리사회적 문제는 무엇인가?
5. 이러한 심리사회적 우려의 우선순위를 정하고, 지역사회에서 이 문제를 도울 수 있는 개입과 자원을 명시하라.

연습 21.2

캐롤라인Carolyn과 미쉘Michael은 결혼한 이후 8개월 전부터 임신하기 위해 노력해오고 있었다. 캐롤라인은 39세이고 미쉘은 캐롤라인의 나이 때문에 임신이 어려울까 봐 불안해 한다. 캐롤라인의 어머니는 46세에 유방암 진단을 받았고, 51세의 나이에 사망하였다. 캐롤라인의 이모와 할머니 또한 유방암으로 사망하였다. 미쉘을 만난 후 캐롤라인은 유전자 검사를 하여 자신이 BRCA 1 유전자 변이를 가지고 있음을 발견하였다. 캐롤라인은 암을 발생시킬 수 있는 확률을 최소화하기 위해 유방절제술(유방의 외과적 제거)과 난관난소절제술(난소와 난관의 외과적 제거)을 마무리하고 더 나이가 들기 전에 아이를 빨리 갖고 싶어 한다.

　　캐롤라인은 임신가능성을 위해 재생내분비학자에게 의뢰하여 보조생식assisted reproduction에 대해 의논하고자 한다. 미쉘과 캐롤라인은 점점 커져만 가는 궁금증과 급한 마음을 가지고 첫 상담 약속에 맞추어 방문하였다. 그들은 첫 상담에서 임상적인 질병이 존재하지는 않는다는 좋은 소식과 함께 몇 가지 검사 일정을 잡게 되었다. 어떤 개입이 가장 좋은 결과를 가져올지 논의하는 동안 재생내분비학자는 BRCA 1 변이에 대한 이야기를 꺼냈고 체외수정과 결합하여 착상 전 유전진단PGD: Pre-implantation Genetic Diagnosis을 시도해 볼 가능성에 대해 제안하였다. 착상 전 유전진단은 BRCA 1 변이와 관련하여 체외수정 과정에서 배아를 가려내어 변이가 없는 배아만 착상되도록 하는 것이다. 하지만 체외수정이 반드시 성공적인 임신을 보장하는 것은 아니다. 의사는 부부에게 체외수정 관련 호르몬 치료가 BRCA 변이를 가진 여성의 유방암 위험에 미치는 영향을 보여주는 좋은 데이터가 아직까지 없다고 설명했다. 평균적인 유방암 위험을 가진 여성의 경우, 호르몬 치료 시 유방암의 위험이 증가하지 않는 것으로 나타났다. 착상 전 유전진단은 체외수정에 더하여 추가적인 비용이 들며, 매우 비싸고 보험이 항상 적용되는 것은 아니다.

캐롤라인은 착상 전 유전진단에 관심이 있다. 그녀는 자신의 언니와 의사에게 그 절차에 대해 논의하였고, 그들은 착상 전 유전진단이 매력적인 선택이라는 데 동의했다. 그러나, 미쉘은 착상 전 유전진단을 받는 것에 관심이 없다. 그는 비용과 특히, 그녀의 어머니가 처음 진단을 받았을 때와 그녀의 나이가 그것에 얼마나 가까운지를 고려했을 때 호르몬 치료가 캐롤라인의 암 위험에 미칠 영향에 대해 걱정하고 있다. 유전상담가는 캐롤라인과 미쉘이 임신한 태아가 고령임신으로 인해 염색체 이상을 갖게 될 확률은 1%보다 약간 높은 정도라고 설명하였다. 그러나, 미쉘은 위험에 대해 매우 염려하며 빨리 임신하고 싶어 한다. 캐롤라인은 그와는 달리, 평생 동안 자신에게 암이 발생할 위험성과 비교해 볼 때 아이가 염색체 이상이 있을 가능성에 대해서는 보다 낙관적으로 여기고 있다. 그녀는 이 나이의 임신이 어떠한 염색체 이상도 가져오지 않을 확률이 99%라고 생각하고 있는 것이다. 그녀는 착상 전 유전진단을 즉각적으로 시행하고 싶어한다. 미쉘은 그들이 임신을 위해 노력한 것이 12개월이 채 되지 않았고 아이가 유전자 변이를 물려받지 않을 수도 있기 때문에 명백한 임신가능성의 문제가 없다면 아이를 갖는 자연적인 과정을 방해해서는 안 된다고 말하며 캐롤라인의 의견에 동의하지 않았다. 캐롤라인은 미쉘에 실망을 느꼈고 심각한 불안을 경험하기 시작하며 둘은 주기적으로 다투었다. 결국 이들 부부는 상담을 위해 당신에게 의뢰되었다.

1. 의료 및 가족의 자료를 모두 표시하여 이 가정의 가계도를 그려보자.
2. 부부는 여러 가지 상충되는 실제적이고도 감정적인 문제들을 가지고 있다. 이러한 문제가 그들이 위험을 인식하는 것과 어떻게 연관되어 있는지를 기술하라.
3. 당신은 이 부부를 상담하기 위해 더 많은 정보가 필요하다는 것은 알고 있다. 그들의 가족계획을 지원하기 위해 당신이 이 질병에 관해 배울 수 있는 자원들을 찾아라.
4. 변화를 위한 목표와 이 부부를 지원할 수 있는 적절한 개입 방법을 명시하라.

추천 자료

American College for Medical Genetics—www.acmg.net

이 사이트는 임상 유전학자들에 관한 정보를 제공하고 임상 유전학자의 위치를 찾는 기능을 가지고 있다. 또한 신생아 검진에 관한 정보나 다양한 유전학 이슈들을 다루는 글 등 여러 가지 교육적인 자료를 제공한다.

Centre for Genetics Education—www.genetics.com.au/home.asp

Centre for Genetics Education은 최근 관련된 유학적 정보를 유전적 질병에 관련되어 있는 개인 및 가족 성원, 그들과 일하는 전문직에게 제공한다.

Duke Center for Human Genetics—www.chg.duke.edu/education/online.html

Duke Center for Human Genetics의 목적은 인간 건강에 대한 유전적 영향을 발견하고, 유전적 영향과 환경적 영향 간의 관계의 특성을 찾아내며, 의학적 실천에 이러한 지식을 적용 및 발전시켜 나가는 것이다. 이 사이트는 연구 자료뿐 아니라 다양한 대상을 위한 온라인 교육 프로그램을 가지고 있다.

Genetic Alliance—www.geneticalliance.org

Genetic Alliance는 사회복지사에 의해 시작되었으며, 수많은 유전 질병을 안고 살아가는 개인 및 가족의 목소리를 높이고 옹호 집단으로서의 목표 성취 역량을 강화하고자 한다. 이 연합은 매년 컨퍼런스를 개최하고, 일반적이거나 희귀한 질병을 가진 지지집단의 연계, 특정 문제(예: 접근성, 형평성)를 포함한 옹호 자원, 교육자료 및 프레젠테이션, 뉴스를 위한 데이터베이스 등을 보유하고 있다.

Genetic and Rare Conditions Site—www.kumc.edu/gec

캔자스 대학 의료 센터는 전문가, 교육자, 개인, 국립 및 국제기관에 유전적 질병 및 선천적 결함에 대한 옹호, 지지그룹, 정보 등을 제공할 수 있는 링크서비스를 제공하고 있다.

Genetics and Public Policy Center—www.dnapolicy.org

이 센터는 정책 지도자, 의사결정자, 그리고 대중들이 유전학의 발전과 웰빙에 대한 문제 및 기회에 대해 잘 이해하고 반응할 수 있도록 돕는다. 이 센터의 다학제 팀은 유전학의 발전과 임상 적용을 통해 변이를 관찰하고, 양적 및 질적 사회과학 연구와 법적, 정치적 분석을 수행하고 있다.

Genetics Science Learning Center—http://learn.genetics.utah.edu/gslc/

Genetics Science Learning Center는 생물학적이고 유전학적인 개념을 접근가능하게 만드는 것을 목표로 하는 과학 및 건강 교육 프로그램이다. 여기서는 지역 및 전 세계를 대상으로 교육 자료 및 쌍방향 프로그램interactive program을 제공한다.

National Coalition of Health Professional Education in Genetics—www.nchpeg.org

전국유전학보건전문가교육연맹NCHPEG은 건강 전문가 교육과 유전학 발전에 대한 정보접근성을 증진한다. 전국 유전학 보건전문가 교육 연맹은 유전학 교육을 증진시키기 위해 여러 기관 및 전문가들의 경험과 전문성을 활용하고 있다. 웹사이트에서는 격년으로 뉴스레터를 만들고, 유전학의 핵심역량, 매해 전문가 회의에서 나온 정보, 대중을 대상으로 하는 무료 온라인 교육 등을 제공한다.

National Human Genome Research Institute(NHGRI) at the National Institutes of Health— www.genome.gov

국립인간게놈연구소NHGRI는 국립보건원 산하의 27개 기관 중 하나이다. 국립인간게놈연구소는 국립보건원의 국제인간게놈프로젝트International Human Genome Project를 이끌었는데, 이는 인간 게놈의 구조를 밝히는 것을 기본 목표로 하고 있다. 이 프로젝트는 2003년 4월 성공적으로 마무리되었다. 이제 국립인간게놈연구소의 사명은 인간 게놈의 구조와 기능, 그리고 건강과 질병에 있어서 게놈의 역할을 이해하기 위한 광범위한 연구들을 포괄하는 것으로 확대되고 있다. 웹사이트에서는 다양한 측면의 유전학 정보 및 교육 자료를 제공하고 있다.

National Society of Genetic Counselors—www.nsgc.org

이 사이트에서는 유전학 상담에 관한 정보와 함께, 사람들이 유전상담가를 찾을 수 있도록 돕는 검색기능을 제공하고 있다. 또한 유전적인 차별에 대해 염려하는 환자들을 위한 자원 목록도 탑재되어 있다.

제 22 장

통증관리와 완화의료

Pain Management and Palliative Care

테리 알틸리오 TERRY ALTILIO, 셜리 오티스-그린 SHIRLEY OTIS-GREEN,
수잔 헤드런드 SUSAN HEDLUND, 아이리스 코헨 파인버그 IRIS COHEN FINEBERG

사회복지실천의 목적 및 관점이 지니는 독특한 가치는 질 높은 완화의료 및 포괄적인 통증관리를 제공함에 있어 필수적 요소이다. 역사적으로 고통의 완화는 사회복지사 역할 중 하나로 여겨졌으며, 이는 지지서비스, 사회 정의, 인간의 존엄성 및 가치 존중, 인간관계의 중요성, 고결성, 능력에 대한 믿음, 존중 등의 윤리적 코드가 반영된 것이다(National Association of Social Workers [NASW], 1999). 이러한 사회복지적 가치는 완화의료 및 통증관리의 영역에서 잘 통합되어 있으나, 아직 사회복지는 이 분야에서 완전한 역할을 하고 있지는 못하다. 그러나, 이 영역에서 사회복지의 역할을 강화하기 위해서는 사회복지 고유의 가치뿐만 아니라 관련 영역에 대한 전문지식과 경험 또한 필수적이라 할 수 있다. 이번 장에서 우리는 가치와 지식의 접점interface에 대해 논의할 것이며, 완화의료 및 포괄적 통증관리 분야에서 사회복지의 필요성에 대해 자세히 설명한다.

이 장의 목표

• 완화의료서비스 품질에 대한 국민합의프로젝트NCP: the National Consensus Project for Quality Palliative Care에 의해 확립된 영역 및 지침과 국가품질토론National Quality Forum에서 승인된 우수 사례를 통해 **완화의료**palliative care를 정의한다.

• 완화의료적 시각과 함께 사회복지실천의 독립적 시각으로서 **통증과 증상 관리**pain and symptom management를 정의하고 구분한다.

• 사회복지적 참여와 리더십이 요구되는 완화의료 영역의 역사적 프레임워크 및 독특한 기회를 확인하고, 기회 실현에 대한 방해요인을 탐색한다.

• 완화의료 및 통증관리 치료의 계획에서 사용되는 생물심리사회적-영적 평가의 측면을 설

명한다.
- **개입**interventions을 정의하고 환자의 진술을 통해 유용성을 설명한다.
- 팀 협업의 다양한 모델, 전문가로서의 희열gratification의 원천과 업무 관련 스트레스, 자기 관리 향상을 위한 기회에 대해 탐구한다.

완화의료와 통증관리: 개관
PALLIATIVE CARE AND PAIN MANAGEMENT: AN OVERVIEW

이 장에서는 먼저 완화의료에 대해 설명하며, 생명을 위협하는 질환을 가진 환자에 대한 완화의료의 포괄적 접근 방식에 초점을 맞추고 있다. 비록 통증 및 증상 관리가 핵심 완화의료 기술로 포함되지만, 통증관리에 대해서는 별도의 장에서 추가적으로 다시 설명할 것이다. 두 전문 분야의 기초는 환자와 가족의 독특한 경험, 생물학적, 정서적, 인지적, 사회경제적, 문화적, 영적 측면을 포괄하는 다차원적 강조이다. 이처럼 미묘하지만 중요한 지점에서 사회복지의 전문성이 중요한 역할을 한다.

완화의료

아메리카 헤리티지 사전에 따르면, palliate는 "치료하지 않고 완화함"을 의미한다.

세계보건기구WHO는 고통의 예방 및 완화를 통해 생명을 위협하는 질병을 가진 환자와 그 가족의 삶의 질을 향상시킨다는 의미로 완화의료를 정의하고 있다. 삶의 질 향상은 고통 및 물리적, 심리적, 정신적 디스트레스에 대한 사정과 치료를 통해 이루어질 수 있다. 완화의료는 질병의 진행과정에서 매우 중요하며, 생명을 연장하기 위한 질환조절치료disease-modifying therapies에 포함될 수 있다. 완화의료는 종양치료 영역에서는 키모테라피chemotherapy 또는 방사선 요법과 함께 쓰일 수 있으며, 만성 신장질환에서는 투석과 함께 제공될 수 있다. 질환조절치료의 효과가 나타나지 않거나 그 필요성이 부족한 경우 등 질병의 변화과정에 완화의료가 주요한 개입방법으로 사용될 수 있다. 완화적 개입은 삶을 긍정하고, 자연스러운 과정으로서 죽음을 다룬다. 임상가는 일반적으로 환자와 그 가족을 돕고, 향상된 삶의 질을 통해 가능한 한 그들이 적극적으로 생활할 수 있도록 하나의 팀으로서 기능한다. 사회복지사는 환자와 그의 사회적 지지망 내에 있는 사람들이 치료 과정과 사별 기간 중 적절히 대처할 수 있도록 돕는다. 완화의료적 개입에는 6개월 혹은 그 이하의 여명이 남은 클라이언트를 대상으로 한 호스피스 프로그램 연계, 팀 기반의 의료 프로그램, 지지, 사별 서비스 등이 포함된다.

통증 및 증상 관리는 완화의료의 필수적 구성요소이다. 통제되지 않는 통증과 증상은 환자와 가족, 직원의 경험을 형성할 뿐만 아니라, 그것이 가족의 서사로 통합되면서 환자 사망 이후의 남은 가족들에게도 영향을 끼친다. 가족들은 "어머니는 극심한 통증으로 고통받으셨다. 따라서, 남편이 같은 방식으로 고통을 겪을 것을 생각조차 하기 힘들다"와 같은 말들을 통해 심적 어려움을 설명한다. 증상을 사정하고 평가함에 있어서 공유된 전문적인 노력을 실행하도록 하는 여러 요인 중 하나는 이들이 편안하고 서로 존중하며 지내기를 원하기 때문이다.

통증관리

통증과 증상관리는 완화의료에서 중요한 부분이지만, 하나의 전문 영역으로서의 통증관리는 생명을 위협하는 질병을 넘어 편두통, 섬유 근육통, 관절염, 허리 통증과 같은 만성질환으로까지 확장된다. 2006년 국립보건통계센터National Center for Health Statistics는 20세 이상의 성인 중 26%가 지난 한 달 동안 24시간 이상 지속되는 통증 문제를 겪었다고 보고하였다. 또한, 45세부터 64세 사이 성인의 30%, 65세 이상 성인의 21%가 지난 한 달 동안 24시간 이상 지속되는 통증을 가지고 있다고 하였으며, 조사된 미국 성인 인구의 약 9%가 통증이 발생하는 특정한 상황에서 그 통증을 완화시키는 데 어려움을 겪고 있다고 보고하고 있다(Roper Starch Worldwide, 1999). 이러한 상황은 생명에 반드시 지장이 있는 것은 아니지만 주요한 일상 적응에는 영향을 미칠 수 있다. 완화의료에서와 마찬가지로, 사정 및 치료 또한 생물심리사회적-영적모델을 기반으로 한다. 일반적인 개념으로서 통증관리는 만성과 급성 통증 모두를 다룬다. 이번 장에서 강조되는 인구 집단은 삶을 제한하는 질병의 결과로서 통증을 가진 사람과 만성통증에 의해 영향을 받는 사람 모두를 포함하고 있다.

2010년 국제통증연구학회International Association for the Study of Pain에서는 '통증pain'을 아래와 같이 정의한다.

> 불쾌한 감각과 실제적 또는 잠재적인 조직 손상 및 이러한 손상과 관련된 정서적 경험이다. 이는 분명히 신체의 일부 또는 감각의 일부이지만 항상 불쾌하며, 따라서 심리적인 경험이다(www.iasp-pain.org/AM/Template.cfm?Section=Pain_Defi%20.isplay .cfm&ContentID=1728#Pain).

위의 정의를 통해 통증은 매우 기본적인 수준의 신체적, 정서적인 부분까지 포함하는 것임을 명확하게 알 수 있다.

급성통증은 부상을 수반하는 명확한 발병 시점을 가진다는 점에서 만성통증과는 차이가 있다. 그러나, 급성통증은 종종 심박동수 증가와 같은 객관적인 자율신경계의 신체적 신호에 의해서 발생하기도 한다. 그것은 시간이 지나면 회복되는데 그 지속 기간은 대체로 부상이 치유되는 데 걸리는 시간과 비슷하다. 그 예로는 발가락 골절이나 치통이 있을 수 있다. 만성통증은 주로 시간의 개념으로 정의되지만, 그 발생은 급성으로 시작할 수 있다. 만성통증은 정상적인 치유의 기간을 넘어 지속된다. 통증이 눈에 보이는 조직 손상 또는 교감 신경계의 흥분과 항상 관련된 것은 아니기 때문에, 만성통증은 다른 사람에게는 관찰되지 않을 수 있다. 객관적인 증상이 없는 경우에는 경험이 적은 임상가를 혼란스럽게 하여, 환자의 고통이 실재하지 않는다고 생각하거나 환자에 대한 믿음이 흔들리기도 한다(American Pain Society, 2003). 이러한 임상가의 반응은 통증을 겪고 있는 환자들을 힘들게 할 수 있다.

환자의 관점에서 만성통증의 중요한 특징은 다른 만성질환과 같게 된다는 점이다. 이는 급성통증과 달리, 돌봄의 초점이 원인과 치료를 찾는 것에서 통증 그 자체를 관리하는 것으로 달라짐을 의미한다. 완화의료 환자 및 그 가족에 적용되는 임상적인 사정에 비해, 포괄적인 사정과 개입은 환자의 신체적 차원을 넘어 심리적, 사회적, 문화적 그리고 영적인 측면의 경험에까지 확대된다. 고통과 만성통증의 부정적인 영향을 최소화하고 기능과 삶의 질을 향상시키는 것이 협업의 목표이다.

도전과 기회

완화의료와 통증치료에서 강조하는 원칙 및 가치는 사회복지의 그것과 많은 공통점이 있다. 두 영역 모두 개별화되고 포괄적인 질적 사정이 이루어지고, 환자 및 가족 중심적이며, 다차원적이고, 환자와 가족의 경험에 대한 이해를 높이며, 생물학적, 사회적, 정서적, 영적, 환경적 요인들의 상호작용을 포함한다. 이러한 과정에서 강조되는 가치는 인간관계의 중요성을 존중하고 환경 속의 인간이라는 패러다임을 긍정하는 것이다(Roy, 1981). 환자와 가족의 가치, 요구, 신념, 목표를 고려함에 있어서 인간의 존엄성과 가치에 대한 존중의 원칙이 포함된다. 역사적으로, 보건의료사회복지사는 환자 질병 경험의 중요한 구성요소인 상황과 지역 사회, 가족에 대한 개념을 존중해 오고 있다. 매사추세츠 종합 병원에서 처음으로 사회복지 부서를 이끈 아이다 M. 캐넌Ida M. Cannon(본서의 1장을 참고할 것)은 사회복지 분야에서 필수적인 지역사회 및 사회적 맥락의 영향력에 대해 의료진들이 이해하도록 돕는 과업이 필요함을 보여주었다. 이는 통증관리와 완화의료에서 매우 중요하고 독특한 관점이다. 이러한 역할의 영향력과 잠재력은 수많은 개입과 윤리적 관심, 정치적 이슈들(실제로 이 두 가지 전문 분야에 온정적이고 유능한 사회복지 임상가들의 참여를 이끈)로 인하여 강화되고 있다(Roff, 2001).

완화의료 및 통증관리 영역에서 보건의료사회복지사에게는 많은 기회 그리고, 중요한 과제가 존재한다. 비록 완화의료와 통증관리 영역에서 핵심적인 역할을 하는 사회복지사가 부족한 이유에는 많은 원인이 있겠으나, 아마도 적절한 트레이닝의 부족이 주요한 원인이 될 것이다. 최근 완화의료와 생애말 돌봄에서의 멘토를 찾고 있는 사회복지사들이 증가하고 있지만, 많은 사람들은 여전히 통증과 증상 관리는 사회복지 영역 밖의 것이라고 생각한다. 매우 소수의 사회복지사들만이 잠재적인 전문 실천으로서 통증관리 영역에서 일하고 있다. 사회복지대학원은 커리큘럼 내용에 대해 어렵고 복잡한 결정을 내리며, 죽음이 보편적인 경험임에도 불구하고 일반적으로 죽음이라는 주제는 선택 과목으로만 다루어진다. 통증은 주로 신체적인 문제로 여겨져 왔고, 생물심리사회적-영적 관점은 주로 정신의학 및 심리학 영역에서 기인하였다. '통증관리 프로그램에서 환경 속의 사람'의 관점이 잘 활용될 수 있음에도 소수의 사회복지사만이 이 영역에서 활동을 하고 있다. 보건의료현장에 종사하는 많은 사회복지사들은 짧은 근속기간, 우선순위 경쟁 competing priorities, 담당 사례의 증가 등으로 어려움을 겪는다. 상담과 통증관리 개입은 일손이 부족한 기관이나 관리의료의 환경에서는 지속가능하지 않은 것으로 여겨진다(5장의 관리의료에 대한 설명을 참고할 것). 역사적으로, 사회복지사는 동료 간호사, 의사에 비해 증거 기반의 개입을 제공할 필요성이 크지 않았다.

완화의료 프로그램의 수가 증가하는 동시에, 이러한 프로그램들은 연장치료나 홈케어와 같은 영역으로 점차 확장되고 있다. 완화의료증진센터Center to Advance Palliative Care(2008)는 팀 구성원으로서 의사, 간호사, 그리고 사회복지사를 명시하고 있다. 2009년, 전미사회복지사협회 NASW에서는 완화의료 및 생애말기 돌봄에서의 사회복지실천 기준을 발표했으며(NASW, 2009b), 여기에는 총 12가지의 기준이 포함되어 있다. 좀 더 구체적으로 살펴보면, 윤리와 가치, 지식, 평가, 개입과 치료계획, 태도와 자기 인식, 역량 강화 및 옹호, 문서, 학제 간 팀워크, 문화 경쟁력, 지속적인 교육과 리더십, 감독 및 교육이 그것이다. 전미사회복지사협회는 또한 사회복지사 평생교육 심화과정에 두 개의 인터넷 강좌를 개발하였다. 하나는 *생애말기 돌봄의 이해*이고, 또 하나는 *사회복지사의 역할 및 생애말기 돌봄에서의 건강격차를 줄이기 위한 문화적 역량 달성*이다. 2008년 전미사회복지사협회NASW와 국립호스피스완화의료기구National Hospice and Palliative Care Organization는 호스피스와 완화의료에서 사회복지 자격을 개발하기 위해 협력하였다(NASW, 2009a). 또한, 조인트 커미션Joint Commission (2010)과 같은 인증기관들은 통증, 완화의료 그리고 생애말기 돌봄을 그들의 자격기준에 포함하였는데, 이는 숙련된 사회복지사들이 서비스의 범위 확장과 환자 돌봄 향상을 위해 기관의 새로운 계획들에 참여하고 이끌 수 있는 기회를 만들기 위해서이다.

병원, 공공기관, 호스피스시설, 메타톤1) 유지 프로그램, 교도소, 장기요양시설, 개인 운영 병원, 국공립 의료 기관 등에서 일하는 사회복지사는 환자의 돌봄, 만성질환이나 생명을 제한하는 질병에 의해 영향을 받는 환자 및 가족의 적응을 향상시킬 수 있는 기회를 가진다. 이와 같은 실천 영역의 범위를 넓힘으로써 공적 의료기관에서부터 광범위한 지역 사회에 이르기까지 질적인 서비스가 잘 전달될 수 있다. 비록 이러한 현장들에서는 분화된 특정 과업을 요구하지만, 포괄적 역량과 가치는 여전히 사회복지 접근의 근간이 된다. 사회, 문화, 제도와 가족 역학이 완화의료 또는 통증 경험에 어떤 영향을 주는지 이해하는 것은 개입의 방향을 설정하는 데 도움을 준다. 예를 들면, 통증이 주로 육체노동으로 인해 발생하는 농촌지역에서는 노동을 못하게 되는 수준에 이르기까지 새로운 통증이 무시되거나 과소평가될 수 있다는 점을 인지하는 것이 중요하다. 교도소 수감자의 경우, 통증에 대한 내성은 아마도 강인함의 상징으로 여겨질 수 있으며 나약함

---

1) 진통효력은 모르핀과 비슷하지만, 진정작용이나 도취감은 그다지 강하지 않음. 흡수는 잘 되지만 배설은 느림. 진통제로 사용하는 외에 모르핀 중독환자의 치료를 위해 메타돈을 모르핀의 대신에 투여하는 메타돈치환요법이 있음. 부작용으로는 모르핀과 유사하며 오심, 구토, 호흡억제 등이 있음 — 옮긴이 주.

을 방어하는 것이 될 수 있다. 돌봄을 요청하는 것은 생명을 제한하는 질병의 경우에서조차, 타인에게 약함의 표시로서 여겨질 수 있을 것이다. 재소자들은 그들의 환경에 대한 주의alertness와 인식에 영향을 미칠 수 있는 어떠한 의료적 처치도 기피할 수 있나. 따라서 교도소에서는 이완 relaxation, 형상화imagery와 집중 호흡focused breathing 등 내적 활동을 사용하는 대처 기술을 통해 자제력을 복원하고 내적 안정을 향상시키는 잠재력을 갖도록 하는 것이 효과적이며, 이는 고통을 최소화한다(Enders, 2004; Linder & Enders, 2011).

역사적 관점
HISTORICAL PERSPECTIVE

완화의료 및 통증관리의 원리와 실천은 인류의 오래된 역사에 뿌리를 두고 있으며, 사회의 필수적인 기능을 제공하는 데 기여해 왔다. 질병, 부상, 또는 죽음으로부터 벗어나고자 하는 사회적 바람과 취약한 계층이 생존하기 위해서는 도움이 필요하다는 우리의 인식 사이에는 늘 역사적 긴장이 존재해 왔다. 벗어나고자 하는 욕구는 타인의 불행이 우리에게도 닥칠지 모른다는 두려움에 기반하고 있다. 동시에, 취약계층과 고통받는 사람들을 돕는 것에 대한 사회적 바람은 잠재적으로 개인의 최적의 생존을 위해서는 타인이 필요하다는 공감적 이해를 바탕으로 한다. 질병으로부터 고통 받는 사람들을 도와주는 것은 사회적 유대감과 공감적인 능력을 강화시킨다. 역사적으로 모든 사회는 질병으로 인해 고통 받는 사람, 사망하는 사람, 사별 가족의 돌봄에 대한 고유의 방법을 발전시켜 왔다. 예를 들면, 주술사 혹은 치유자는 금기행위를 정하고 어려운 시기에는 가이드라인을 제공하였다. "무엇을 해야 되는지 아는know what to do" 사람들은 편안함을 제공하였고, 치유자와 같은 사람들은 이전부터 심리-교육적, 영적인 지원과 전문지식으로 간주될 수 있는 것들을 제공해 왔기 때문에 초기 사회복지의 선조들로 간주될 수 있다.

최근까지만 해도 질병의 진행과정에 영향을 끼치는 개입이 매우 제한적이었고, 따라서 통증의 경감이 환자의 유일한 희망사항이 되는 경우가 많았다. 완화의료는 심각한 질병을 가진 사람들에게는 종종 유일한 의료적 개입방법이 되었다. 초기 치유자들은 걱정을 줄여주고 환자 및 가족을 지원하기 위해 통합된 영적, 자연요법적, 실천적 개입을 제공했다. 질병과 부상의 최종 결과가 치유자의 능력 밖에 있는 것이라 하더라도 질병 혹은 부상치료 기간 동안의 헌신적인 지원은 필수적인 것이었다. 인류 삶의 기원부터 위생시설과 공중보건, 마취제, 항생제 그리고 의료 관련 지식이 폭넓게 발전된 때까지도 사람들은 심각한 질병을 얻게 되면 비교적 일찍 사망하였다 (Lynn, Schuster, & Kabcenell, 2000).

*호스피스와 호스피탈*hospice and hospital이라는 단어의 기원은 4세기경으로 돌아간다. 중세시대, 호스피스는 종교적 성지로 가는 방향의 교차지점에 설립되었다. 이러한 쉼터들은 치료제를 찾으러 성지로 여행하거나 성지순례 중에 죽는 순례자들을 도왔다. 십자군 시대에는 호스피스에서

다치거나 병든 사람을 돌보기도 하였으며, 또한 호스피스에서 사람들이 사망하기도 하였다. 이에 호스피스는 가난한 사람들과 죽어가는 사람들을 위한 장소로 결부되어 왔다(Koppelman, 2003).

언어학적 역사에서 보면, 철학적 관점은 의학과 아픈 이들에 대한 의료가 발달하는 데에도 영향을 미쳤다. 예를 들면, 17세기 변호사이자 수학자인 르네 데카르트Rene Descartes는 이원적-기계론적 모델을 대중화하였고, 신체는 과학의 영역에 속해 있으며 정신은 종교적 영역의 소유라고 주장하였다(Koppelman, 2003). 이를 통해 임종단계에서의 "의료화" 단계를 정착하였고, 20세기 중반까지 미국 국민의 약 80%가 병원 및 요양원에서 죽음을 맞이하게 되었다(Koppelman, 2003). 이러한 죽음의 궤도 변화는 항생제의 폭넓은 사용과 관련되어 있다. 페니실린과 기타 진보된 의료기술의 발달은 보다 위험한 수술을 가능하게 하였고, 의료 분야는 치료를 위한 가능성 확대에 집중하기 시작하였다. 하지만, 완화의료와 통증관리에 대한 전통적 관점은 역설적이게도 주류 의료제공자에게는 그다지 중요한 것이 되지 못했다.

이전 시대에서는 자연 약초로 통증을 치료해 오거나, 심각한 불안정을 강력히 치료하기 위해 알코올과 몰핀에 의존하였다. 19세기 중반, 아편틴크laudanum[2])는 폭넓게 사용되었으며 매우 인기 있는 약물이 되었다. 이러한 약물은 쉽게 구할 수 있었기 때문에 개인이 스스로 치료하는 것이 가능해졌고, 중독은 사회적 죄악으로 낙인되었다. 이후 대중들을 보호하기 위해 법적 규제가 시행되었다. 이러한 통증치료제에 중독되는 것에 대한 두려움, 중독 및 오피오이드[3]) 사용에 관한 낙인감은 전문적인 행동, 질병에 대한 환자 및 가족의 인식과 공공 정책에 지속적으로 영향을 준다.

1960년대 런던에서는, 이전에 간호사와 사회복지사 교육을 받은 시슬리 썬더스Cicely Saunders라는 의사가 처음으로 현대식 호스피스를 세웠다(Saunders, 1996). 그녀는 사회적, 심리적, 영적, 신체적 경험으로 인지되는 "종합적 통증"의 개념과 학제 간 팀 돌봄의 필요성을 처음으로 소개하였다. 그녀는 만성통증의 관리와 그것의 악화를 최소화하는 목표를 가지고 오피오이드 약물의 사용을 24시간 내내 스케줄링하면서 통증관리를 혁명적으로 발전시켰다. 그녀는 자가통증진단에 대한 환자의 역량을 강화하는 데 중요한 역할을 하였으며, 치료 과정에 가족을 포함시키는 데에도 결정적인 역할을 하였다(Forman, 1998; Saunders, 2001). 1969년, 엘리자베스 퀴블러-로스 Elisabeth Kübler-Ross의 저서인 『인간의 죽음On Death and Dying』은 미국에서 생애말기 돌봄 서비스를 제공하고, 전문적 치료로서 완화의료를 발전시키며, 보다 복합적인 통증과 증상 관리 전략에 대한 관점을 새롭게 하는 데 혁명적 기초를 제공하였다. 최근에는, 의사인 지미 홀랜드Jimmie Holland와 같은 선구자들이 질병의 생물심리사회적-영적 요소들을 통합하기 위해 독특한 전문영역으로서 심리-종양학psycho-oncology을 옹호해 오고 있다. 미국종합암네트워크National Comprehensive Cancer Network(Jacobsen, 2007)가 암환자의 신체적 고통뿐만 아니라 심리적 고통까지 측정하기 위한 표준화된 스크리닝 도구로서 "디스트레스 온도계distress thermometers"의 사용을 독려

---

2) 아편으로 만든 약물(laudanum) ― 옮긴이 주.
3) 마약성 진통제로 아편과 비슷한 작용을 하는 합성 진통·마취제 ― 옮긴이 주.

한 것은 이 모델이 잘 반영된 사례이다.

사회복지사는 종종 이러한 전문영역에서 전문성을 발전시키는 데 실패하였고, 공백상태로 남겨져 있는 영역에서는 심리학자, 종교인, 간호사 또는 심리사회적 이슈에 민감한 의사 등으로 채워지고 있다. 최근에는 이러한 영역에서 사회복지의 기여를 강조하기 위한 노력이 있었지만 (Altilio & Otis-Green, 2011), 완화의료와 통증관리에서의 사회복지 리더십은 정책, 조사, 교육, 실천적 영역 등 의료의 모든 영역에 걸쳐 그 필요성이 남아 있다.

완화의료에 대한 국민합의프로젝트
NATIONAL CONSENSUS PROJECT ON PALLIATIVE CARE

완화의료 프로그램은 빠른 속도로 증가하고 있다. 쇠약해지게 하거나 생명을 단축시키는 질병을 가진 고연령층 인구가 증가됨에 따라, 미국의학협회IOM: Institute of Medicine가 발간한 *Approaching Death, When Children Die*(아이들이 죽을 때, 죽음에 대응하는 법)(2003)와 *Crossing the Quality Chasm*(질적 격차를 넘어서)(2001)와 같은 보고서에서는 치료의 연속선상으로 질병의 모든 단계에서 완화의료에 대한 향상된 접근을 촉구하고 있다. 2004년, 임상에서의 실천지침을 만들기 위해 완화의료서비스 품질에 대한 국민합의프로젝트NCP: National Consensus Project for Quality Palliative Care가 수행되었으며, 이는 지속적이고 질 높은 돌봄을 촉진하고 완화의료 서비스의 발전을 선도하는 것을 목적으로 한다. 프로젝트의 참여자로는 교수, 보건의료종사자, 정책 및 표준기준 확립 위원회policy-and standard-setting bodies, 소비자가 포함되었다.

*완화의료서비스 품질을 위한 임상 실천 가이드라인*Clinical Practice Guidelines for Quality Palliative Care이라는 지침은 2004년 처음으로 NCP에 의하여 발행되었다. 지침에서 완화의료는 생명연장 치료를 동반할 수 있으며, 전문의와 일반의 수준 모두에서 행해질 수 있는 것으로 설명된다. 주요 보건의료 공급자가 기본 완화의료를 통합한다는 의미는 사회복지사를 포함한 모든 보건의료 서비스 제공자들이 완화의료 핵심기술을 습득할 수 있음을 의미한다. 완화의료를 실천 일반에 통합시킴으로써 이는 질병 과정부터 생애말 돌봄에 이르기까지 취약한 영역의 환자와 가족 돌봄에 큰 영향을 미칠 수 있게 되었다.

2004년 NCP는 완화의료의 정의, 범위, 목표를 제시하였다. 자세한 내용은 아래와 같다.

질병의 단계 혹은 다른 치료들의 필요와는 별도로, 완화의료의 목표는 고통을 예방하고 완화하는 것이며 환자 및 가족에게 가장 가능하고 질 높은 삶의 질을 제공하기 위함이다. 완화의료는 돌봄의 철학이며 돌봄을 전달하기 위한 매우 조직화되고 구조화된 시스템이다. 완화의료는 환자 및 가족, 기능의 최적화, 의사결정, 개인의 성장을 위한 기회 제공 등을 통해 삶의 질을 향상시키는 것을 목표로 하며, 전통적인 질병-모델 중심의 의료적 치료를 확장한다.

이와 같이, 완화의료는 생명 연장 치료와 함께 제공되거나, 치료의 주요 초점으로서 진행될 수 있다. 완화의료는 환자와 가족의 요구, 환경, 가치, 신념, 문화를 고려하여 심리-사회적, 영적 돌봄을 도입하는 동시에, 통증과 다른 힘든 증상에 대한 효과적인 관리를 수반한다. 평가 및 치료는 포괄적이어야 하며, 의사결정에서 가족 단위의 역할에 초점을 둔 환자중심이어야 한다. 완화의료는 질병, 임종, 사망의 과정에서 환자 및 가족들의 치료 혹은 생명 연장에 대한 희망뿐만 아니라, 평안하고 존엄한 미래를 맞이하고자 하는 목표를 지원함으로써 그들의 삶을 지지한다. 완화의료는 환자 및 가족이 남겨진 시간 동안 그들의 목표를 잘 달성할 수 있도록 의사결정 과정에서 도와주고 이끌어주는 것을 목적으로 한다. 포괄적인 완화의료서비스들은 매우 심각한 질병을 가진 환자와 가족의 복잡한 요구에 적절하게 접근하고 다루기 위하여 종종 다양한 서비스제공자의 전문성을 요구한다(2004, p. 6).

2009년 이 정의는 8개의 영역으로 재정비되었다. 확장된 임상실천지침은 참고 22.1에 설명되어 있다. 2009년 지침에는 정당성, 진술의 지지와 명확화, 참고, 사례 예시, 사정 결과에 대한 제안 기준, 완화의료 제너럴리스트 혹은 전문가를 위한 종합적이고 풍부한 도구를 만드는 것이 포함되었다.

◆ **참고 22.1   완화의료서비스 품질을 위한 영역과 지침(NCP)**

영역 1: 의료의 구조와 과정

지침 1.1. 환자 및 가족에 대한 시기적절한 돌봄의 계획은 종합적인 학제 간 사정에 기반을 둔다.

지침 1.2. 돌봄 계획은 환자 및 가족의 명확하고 표현된 선호, 가치, 목표, 욕구에 기반을 두며, 의사결정을 위한 전문적인 지침과 지지를 통해 발전된다.

지침 1.3. 학제 간 팀은 의료과정에 부합되게 환자 및 가족에게 서비스를 제공한다. 간호사, 약사, 사회복지사뿐만 아니라 다른 치료적 학제therapeutic disciplines도 환자 및 가족의 사정에 있어 중요하다. 예를 들면, 물리치료사, 직업치료사, 언어치료사, 영양사, 심리학자, 사제, 간호조무사 등이 있다. 소아/아동들을 위해 여기에 소아/아동 생애 전문가child life specialists가 추가적으로 포함되어야 할 것이다. 또한, 보완 및 대체요법이 포함될 수 있다.

지침 1.4. 팀원으로 적절하게 훈련되고 교육받은 자원봉사자의 활용을 적극 권장한다.

지침 1.5. 교육과 훈련을 위한 지원은 학제 간 팀에 의해서 이루어진다.

지침 1.6. 질 높은 사정과 개입의 향상을 위해 완화의료 프로그램은 발전하고, 실행하고, 지속적인 자료기반 과정을 유지한다. 이는 조직의 복잡성을 반영하고, 완화의료의 결과에 초점을 두는 것이다.

지침 1.7. 완화의료 프로그램은 생명을 위협하는 질병을 가진 환자 및 가족을 위해 돌봄을 제공하는 완화의료팀이 정서적 영향을 받을 수 있음을 고려한다.

지침 1.8. 호스피스 프로그램은 질병궤적에 따른 지속적이고 질 높은 완화의료를 제공하기 위하여 하나 이상의 호스피스기관 혹은 지역사회 자원과의 관계를 가지고 있어야 한다.
지침 1.9. 치료가 제공되는 물리적 환경은 가능한 환자 및 가족의 선호, 요구 및 상황을 충족
하여야 한다.

영역 2: 돌봄의 육체적 측면

지침 2.1. 통증, 기타 증상들, 부작용은 질병 고유의 통증 및 증상에 대한 고려와 함께 최상의
활용 가능한 근거를 바탕으로 다루어진다.

영역 3: 돌봄의 심리학적 및 정신의학적 측면

지침 3.1. 심리적 상황은 최상의 활용 가능한 근거를 기반으로 평가·관리되며, 이는 능숙하
고 체계적으로 적용된다. 필요한 경우, 정신의학적 문제도 다루어지고 치료된다.
지침 3.2. 환자와 가족은 애도 및 사별 프로그램을 이용할 수 있으며, 이는 서비스 욕구에 대
한 평가를 기반으로 운영된다.

영역 4: 돌봄의 사회적 측면

지침 4.1. 포괄적인 학제 간 사정은 환자와 가족의 사회적 욕구를 명확히 하고, 돌봄 계획은
이러한 욕구에 대한 반응으로, 가능한 한 효과적으로 수립된다.

영역 5: 돌봄의 영적, 종교적, 실존주의적인 측면

지침 5.1. 영적, 실존주의적 측면은 최상의 활용 가능한 근거를 기반으로 평가되고 반응하며,
이는 능숙하고 체계적으로 적용된다.

영역 6: 돌봄의 문화적 측면

지침 6.1. 완화의료 프로그램은 문화적으로 신중한 태도로 환자와 가족 및 지역 사회의 요구
를 충족하기 위해 평가하고 시도한다.

영역 7: 임종 단계의 환자 돌봄

지침 7.1. 사망의 징후와 증상은 인지 장애를 가진 환자 및 어린이들의 발달 수준에 맞는 언
어로, 가족이 원하는 방식을 존중하여 전달된다. 질병의 단계에 맞는 적절한 보살핌이
환자와 가족에게 제공된다.
지침 7.2. 사후 돌봄은 경의를 표하는 마음으로 전달된다. 사후세계에 대한 고유한 문화적·
종교적 관습을 사정하고 기록한다. 시신은 이러한 관습에 적절한 방식으로 다루어지며,
조직의 관례와 지역 법령을 고려한다.
지침 7.3. 사후사별관리계획이 활성화된다. 학제 간 팀원들이 사후 기간에 가족에게 종교 의
식, 장례 및 매장 계획에 대한 도움을 주기 위해 배정된다.

영역 8: 돌봄의 윤리적, 법적 측면
　지침 8.1. 환자의 목표, 선호 및 선택은 의료서비스의 현재 인정기준에 대한 해당 주 및 연방
　　　　　법률의 범위 내에서 존중되며, 돌봄의 계획을 위한 기초를 형성한다.
　지침 8.2. 완화의료 프로그램은 생명을 위협하고 쇠약하게 하는 질병을 가진 사람들에 대한
　　　　　돌봄 과정에서 발생하는 복잡한 윤리적 문제를 인식하고 다룬다.
　지침 8.3. 완화의료 프로그램은 완화의료의 법률적, 규제적 측면을 반영한다.

출처: Clinical Practice Guidelines for Quality Palliative Care, 2nd ed., by National Consensus Project for Quality Palliative Care, 2009, www.nationalconsensusproject.org

　　2006년, 국가품질포럼NQF: National Quality Forum은 『완화의료 및 호스피스 케어 서비스 품질을 위한 국가 기준 및 권장 실천사례A National Framework and Preferred Practices for Palliative and Hospice Care Quality』를 발표하였다. 이 문서는 질 높은 완화의료에 대한 임상 실습 가이드라인을 적용·채택한 NQF의 결정을 반영하고 있으며, 완화의료 방법이 개발된 38개의 우수 사례를 제공한다. NQF은 보건의료의 질 향상에 있어 광범위한 임상영역과 주제를 통합하는 국가적 리더로서 인식된다. 그 결과, 이 가이드라인을 채택함으로써 완화의료를 인정하고 합법화하였다(NCP, 2009; NQF, 2006).

　　NCP의 가이드라인은 모든 학제의 실천적 책무에 대해 합의된 부분을 세밀하게 기술하고 있지만, 일부 영역들은 특정 분야만의 영역으로 자연스럽게 구분되는 것으로 보인다. 예를 들면, 돌봄의 사회적 측면은 인간과 그들의 환경의 중요성을 강조하는 사회복지의 원리를 설명한다(Altilio, Otis-Green, & Dahlin, 2008). 영역, 지침, 선호된 실천 사례는 사회복지사에게 완화의료 영역에 그들의 전문성이 필수적인 요소라는 점을 주장하고 이를 고양시킬 수 있도록 하며, 환자 및 가족 고유의 경험에 대한 사회복지만의 존중을 반영한다. 다음 부분에서는 사회복지와 완화치료의 시너지 효과에 대한 보다 자세한 설명을 돕기 위해 사회복지 사정의 측면을 설명한다.

생물심리사회적-영적 사정
BIOPSYCHOSOCAIL-SPIRITUAL ASSESSMENT

　　포괄적이고 지속적인 생물심리사회적-영적 사정은 보건의료에서의 사회복지의 중요한 기능이며 효과적인 치료 계획의 기반이 된다. 임상에서 사정의 범위는 맥락, 당면한 욕구, 목표에 따라 수정된다. 만성통증 및 생명을 위협하는 질병을 가진 개인에 대한 사정은 증상과 질병에 대한 심리적 상태, 직접 표현하는 진술에 대한 심도 있는 정보 수집을 포함하며, 적절한 의료적 관리를 보완한다. 가족력은 가족의 역할, 구조, 기능, 의사소통과 갈등, 사회적 지원 및 자원에 대한 정보, 문화적·영적 가치와 네트워크에 대한 정보뿐만 아니라, 이전의 통증과 질병 경험들, 과거

및 최근의 상실 경험, 고통 및 질병과 관련된 행동 등을 포함할 수 있다.

독특한 가족 기능과 질병 관련 변수들은 가족 기능과 반응에 영향을 준다. 질병은 시간이 지남에 따라 심해지는가? 아니면 갑자기 나타났는가? 환자와 가족이 특정 질병이나 증상을 앓은 적이 있는가? 가족에서 환자의 역할은 무엇인가? 가족은 응집력이 있는가? 가족 구성원들은 어떤 방식으로 적응하고 대처하는가? 확대 가족 또는 사회적 네트워크의 지원을 받을 수 있는가? 삶의 주기에서 현재의 이슈는 무엇인가? 가족은 경제적 어려움, 기존의 갈등들, 혹은 질병과 같은 어려움을 겪고 있는가? 적응하고, 서로를 지원하고, 혹은 지역사회 자원을 사용하는 것을 방해하는 것은 무엇인가?

가족의 생활에서 통증이나 생명을 제한하는 질병이 발생했을 때 수많은 욕구와 문제가 발생한다. 이러한 욕구와 문제는 다음과 같은 사항을 포함할 수 있다. 질병, 질병의 치료, 잠재적인 예후에 대해 이해하는 것, 통증과 질병의 영향을 관리하기 위한 전략을 개발하는 것, 전문 의료 제공자 및 기관의 언어를 배우거나 다루는 것, 변화에 대처하기 위해 환자 및 가족 구성원의 개인적인 욕구를 재구성할 때 안정성을 유지하는 것, 가족의 반응뿐만 아니라 개인의 심리 상태, 슬픔과 특별한 가족 구성원의 적응까지 다루는 것, 가능한 죽음과 변화와 불확실한 시기 동안의 가족 삶의 지속성을 계획하는 것, 개인으로서 그리고 가족으로서 의미를 찾는 것 등이 그것이다.

만성통증 혹은 만성적으로 진행되는 질병을 가진 사람과 사회적 지지 관계망에 있는 사람들은 통증 및 질병과 관련된 무수한 상실을 받아들여야 할 때 슬픔을 경험한다. 만성통증을 지닌 많은 사람들은 비슷한 상실 경험에 직면하는데, 이러한 경험은 삶에 제약을 가하는 질병과 관련된 것이 아니라 비슷하게 슬픔을 유발하고 다양한 수준의 변화와 적응을 요구하는 것이다(MacDonald, 2000).

질병과 관련된 행동과 반응은 특수한 가족, 문화, 사회, 건강관리, 정치체계의 맥락에서 발생한다. 이는 경험의 구성요소인 고통에 영향을 미칠 수 있다. **고통**suffering을 웹스터 사전에서는 "견뎌내도록 요구되는 것, 불가피하기 때문에 참아내는 것, 상실이나 손해를 감수하는 것, 죽음이나 고통, 역경을 견디는 것"으로 정의하고 있다. 즉, 고통은 개인의 삶, 가치, 관점, 우선순위라는 렌즈를 통해 바라본 주관적인 경험이며, 의미를 찾는 것과 밀접하게 관련되어 있다. 이는 통증을 수반할 수도 있지만, 신체적 증상이 없을 수도 있다(Cassell, 1991). 희망의 재정립된 비전과 의미가 없는 상황에서는 통증관리와 질병의 치료가 훌륭하게 이루어지더라도 고통이 지속될 수 있다(Barkwell, 1991). 빅터 프랭클Viktor Frankl은 그의 저서 『인간의 의미찾기Man's Search for Meaning(1984)』에서, "의미치료Logotherapy"를 발전시켰다. 치료적 개념은 삶의 의미를 찾는 것이 상실과 고통을 초월하게 한다는 믿음에 기반을 둔다. 이 구조는 만성통증이나 삶을 제한하는 질병으로 인해 삶의 궤도에서 이탈된 사람들에게 유용하다. 임상가는 환자가 편안하고 진중하게 삶의 의미의 대체 자원을 탐구할 수 있도록 지지기회를 제공하며, 질병을 이러한 발견에 대한 동기로 여긴다(Lethborg, Aranda, Bloch, & Kissane, 2006; Otis-Green, Sherman, Perez, & Baird, 2002). 체계적인 심리사회적 통증 사정도구(Otis-Green, 2006)는 환자와 가족이 겪은 고통의 다차원적인 경험이 미치는 특별한 영향력을 식별하기 위한 유용한 도구가 될 수 있다. 전문화된 영적 사정도구는 환자의 영적, 문화적 대처 양식을 탐구하고, 통증과 질병 경험을 어떻게 이해할지 통찰을 모으는 데 유용하다(Puchalski et al., 2009).

만성질환을 가진 사람은 슬픔, 우울과 같은 증상이나 근심을 겪을 수 있다. 그러한 증상은 삶의 질과 기능을 방해할 수 있으며 구석구석 스며들고 만연될 수 있다. 숙련된 사정과 치료는 약물치료와 상담을 비롯하여 환자의 삶의 질을 향상시키는 데 필수적이다(Hultman, Reder, & Dahlin, 2008). 간병인과 다른 가족원은 당황하거나 지칠 수 있으며 신체적, 심리적 결과에 대한 위험요인이 될 수 있다. 따라서 임상가는 진행되는 사정 및 치료의 필수적인 요소로서 간병인과 가족의 욕구를 다룬다. 또한, 만성통증을 가진 사람에 대한 포괄적 의료에는 관찰자 또는 만성통증에 관여하는 가족들도 포함되어야 한다(Glajchen, 2003). 간병인은 환자와 가족의 정서적, 신체적, 경제적 안정에 영향을 미칠 수 있다. 따라서 간병인과 환자의 현재의 욕구 혹은 앞으로 예상되는 욕구를 충족하기 위하여 꾸준한 감독, 지속적인 사정, 옹호가 요구된다(Glajchen, 2011).

환자, 가족, 보건의료전문가는 각각 자신들만의 통찰력, 평가와 경험을 가진다. 결과적으로 관찰과 사정의 불일치가 발생하며, 이러한 정보들도 포괄적인 사정의 한 부분이 될 수 있다. 예를 들면, 치료자 혹은 가족 간병인의 통증에 대한 평가는 환자의 평가와 일치하지 않을 수 있다(Lobchuk & Degner, 2002; Miaskowski, Zimmer, Barrett, Dibble, & Wallhagen, 1997). 특히 통증이 심한 경우에 치료자들이 통증을 과소평가한다는 근거들이 제시되고 있다(Cleeland et al., 1994; Grossman, Sheidler, Swedeen, Mucenski, & Piantadosi, 1991; Von Roenn, Cleeland, Gonin, Hatfield, & Pandya, 1993). 평가는 평가자의 경험, 고통, 인지와 심리적 어려움 등을 통해서 여과된다. 따라서 객관적인 사정은 대상자에게 적절한 개입이 전달될 수 있도록 하는 데 매우 중요하다(Redinbaugh, Baum, DeMoss, Fello, & Arnold, 2002). 예를 들면, 환자는 견딜 만한 정도의 통증이라 말하는 반면, 간병하는 가족은 사랑하는 환자의 통증이 참기 힘들 정도라고 생각할지도 모른다. 간병인의 인식은 그들의 피로도, 두려움, 무력감에 의해서 영향을 받을 수 있다. 그러므로 사회복지사와 팀이 의료 계획을 재평가하고, 환자에 대한 약물치료보다는 실질적이고 심리적인 개입을 통한 지원을 확대함으로써 적절한 개입이 가능할 것이다.

통증, 질병, 죽음과 관련된 개인 및 가족의 태도와 행동은 문화적 환경에 의해 영향을 받고 확립된다. 건강, 질병, 죽음에 대한 사회적 태도는 다양한 인종적, 정치적, 종교적, 철학적 신념과 20세기에 걸친 의료영역의 변화에 의해 영향을 받는다. 비록 미국에서의 질병과 건강관리에 대한 표준의료접근standard medical approach은 자율성, 자기결정권, 사전고지에 입각한 동의 등 서양 생명윤리에 바탕으로 두고 있으나, 미국은 다양한 가치가 반영된 신념과 행동이 특징인 다문화 사회이다. 환자와 가족은 자기결정권 모델에 따라 행동하며, 사전의료의향서advance directives에 내포된 가치들을 수용하고, 정보를 갖춘 자기옹호자가 된다는 가정assumption은 의료진 중심의 관점을 보여주는 깃일 수 있는데, 이러한 관점이 만드시 환자와 그 가족들의 개별적이고 고유한 경험을 반영하는 것은 아니다. 심리사회적-영적 사정은 문화적 가치와 뉘앙스가 통증과 증상, 질병, 그리고 죽음에 대한 환자와 가족의 이해와 적응을 반영하며, 의료에 적절히 적용될 수 있다고 설명한다(Crawley, Marshall, Lo, & Koenig, 2002; Im et al., 2007; Kagawa-Singer & Blackhall, 2001; Koenig & Gates-Williams, 1995; Koffman, Morgan, Edmonds, Speck, & Higginson, 2008). 다음의 예는 서양 생명윤리 모델의 특징을 가진 의료팀이 기존의 다른 문화적 신념에 직면할 때 발생할 수 있는 상황을 보여준다.

사례

　M여사는 나이지리아에서 온 33살의 오래된 무슬림 여성으로 난소암을 진단 받고 기력의 쇠약, 메스꺼움, 통증의 증상으로 인해 입원치료를 받았다. 그녀는 영어를 조금 사용할 수 있으며, 남편이나 AT&T 통역사를 통해 의사소통한다. 그녀는 의사결정 능력을 가지고 있으나, 의료적 결정을 내릴 남편에게 정보가 전달되기를 요청한다. 이러한 요청은 자기주도적 의사결정 방식의 전통적인 서양 모델이 익숙한 팀에게는 문제가 된다. 완화의료 상담서비스를 담당하는 사회복지사는 다른 사람에게 의사결정권한을 제공하면서도 그녀가 자율성을 유지할 수 있도록 고려해야 한다는 것을 팀에 강조한다. 그녀는 입원 기간 동안 문화 중개인으로서 행동한다. 환자에게 질병의 예후를 알려주고자 하는 직원의 압력이 어려운 시기에 이들 부부를 지탱해주었던 신념과 가족 구조에 대한 공격으로 받아들여질 경우 발생할 폐해에 대한 논의가 뒤따른다. 이런 복합적인 요소는 가능한 수술과 연관되는데, 외과수술의 특성과 이점 그리고 위험이 합의된 결정의 맥락과 질을 변경하기 때문이다. 환자, 남편, 보건의료 팀은 문화와 기관 그리고 법적 이슈의 접점을 찾아내고자 노력하며, 남편이 보호자 동의서에 X를 표시하여 환자승인에 합의한다는 동의를 이끌어 낸다. 사회복지사는 이 부부에게 진심어린 서비스를 제공하기 위해 필요한 개입과 적용방식 등을 수행함으로써 팀에 기여할 수 있다.

- M의 비언어적 행동을 관찰함으로써 그녀의 통증을 평가하고 관리하는데, 이때 시각적 통증평가도구가 함께 사용된다. M여사는 남편이 자리에 없을 때에도 언어차이의 문제 없이 그녀의 통증이 평가되고 관리될 수 있음을 재확신하게 된다.
- 문화적-종교적 신념과 관련된 예후에 대해서는 환자와 상의하지 않는다. 죽음의 가능성에 대해서 의논하는 것은 그녀를 힘들게 하고 부정적인 영향을 줄 수 있는데, 이를 알라의 궁극적인 힘과 의지에 대한 도전으로 받아들일 수 있기 때문이다.
- 사후에 대한 욕구와 의식을 조사하여 '이맘imam'[4]과 함께 상의하고 간호 팀과 공유한다. 또한 모든 팀원들이 임종 과정과 그 이후에 진실한 의료를 제공할 수 있도록 한다.

　완화의료 사정의 범위(참고 22.2)는 포괄적인 통증평가와도 많은 공통점을 가지고 있다. 이는

---

4) 예배를 드리는 성직자 ― 옮긴이 주.

◆ 참고 22.2   완화의료에서의 사정

- 신체적Physical. 진단과 예후; 질병 혹은 통증력; 증상; 기능, 수면, 기분, 성적 친밀감에 대한 영향
- 정서적Emotional. 우울증, 불안, 사기 저하, 공포, 분노, 비통함, 슬픔, 수용, 죄책감, 수치심, 자제력의 손실, 무력감, 절망감; 기존에 있던 혹은 동반되는 정신과 문제; 대처 기술, 사별 위험
- 사회경제적Socioeconomic. 소득원과 안정성; 치료에 대한 접근성; 자격; 보험 이슈; 경제적 손실 혹은 소수인종과 관련된 잠재적 이슈; 장애의 영향과 상징적 의미
- 인지적Cognitive. 태도, 신념, 가치; 고통과 질병에 대한 응답하는 것에 대한 기대; 고통, 질병, 치료의 내적 대화와 상징적 의미; 귀인적 의미attributed meaning; 자기효능감에 대한 영향, 자아상, 통제 소재locus of control
- 문화적Cultural. 의사소통, 성별, 언어적 이슈; 문화적응 정도, 동화 혹은 세대 차이; 질병과 통증, 의사결정, 진실 말하기, 죽음과 관련된 신념; 민간요법 및 지역사회 치료자의 사용
- 행동적Behavioral. 언어적 또는 비언어적 의사소통; 의식적 또는 비의식적 신체적 반응(찡그림, 침착하지 못함, 울음, 회귀성, 의존성, 행동화); 문제적 대응; 치료계획에 협조하지 않거나 문제적 약물사용
- 실존적/영적Existential/Spiritual. 삶의 의미, 절망, 믿음, 영적 안녕과 관련된 이슈; 삶의 회고, 희망, 미래의 목표; 유산-만들기 기회legacy-building opportunities; 신념(구속, 인내, 용서와 같은)과 관련된 질병, 통증, 고통; 치료의 결정과 평온한 죽음에 영향을 주는 종교적 혹은 영적 신념
- 환경적Environmental · 물리적 환경(통증이나 질병 관련 이슈의 결과로 필연적으로 발생하는 변화—집에서의 장비 및 의료 인력의 필요; 불쾌감을 증가시킬 수 있는 스탭, 친구, 가족의 행동 등)에 대한 정서적 의미

평가가 신체적, 심리적, 사회경제적, 인지적, 문화적, 행동적, 영적 혹은 실존적, 환경적 영역을 포함하기 때문이다. 질 높은 완화의료서비스는 사전 의료 계획과 복잡한 사별에 대한 위험요인에 초점을 맞추고 있다. 포괄적인 사정은 개인뿐만 아니라 중요한 사람들을 포함하고 있으며 욕구와 인식, 이해 사이에 불일치하는 부분은 없는지 확인하고자 한다.

개입
INTERVENTION

통증관리와 완화치료 분야의 사회복지서비스는 일상적 훈련을 통해 습득한 기술을 적용해

볼 수 있는 새로운 기회를 제공하며, 환자 및 가족의 의료 및 예후를 향상시키기 위해 다양한 기술을 배울 수 있는 기회를 제시한다. 사회복지 개입은 정책이나 공공옹호활동 또는 환자의 가족 경험을 다루는 임상 영역에 초점을 맞추고 있다.

옹호

옹호는 지속되는 과업이다. 욕구 변화, 다양한 고통, 자기 옹호의 기술은 환자와 가족이 장기간 지속되는 질병, 통증 및 피로와 같은 증상, 무력감, 무망감, 소진의 감정 등에 관심을 가지게 되면 서서히 사라질 수 있다. 사회복지의 옹호기술은 가족 간 혹은 직원과의 인지되지 않거나 누그러지지 않는 통증 및 증상, 갈등 및 오해 등이 발생하는 임상 상황에서 요구된다. 환자 및 가족은 종종 적절한 퇴원 계획 또는 보험 회사와의 협상을 위해 옹호를 필요로 한다. 환자와 가족의 고통이 크지 않을 때, 옹호기술은 자기효능감을 증가시키는 것을 목표로 교육될 수 있다 (McCaffery & Pasero, 1999). 옹호는 기관 내 시스템 변화를 촉진시킬 뿐만 아니라, 정치 및 정책 분야에서도 다양한 기회를 제공한다.

지지적 상담 개입

지지적 상담 개입은 명료화, 탐색, 세분화, 타당화, 문제 해결의 기술 등을 포함한다. 환자와 가족은 종종 수많은 중대한 의료적 결정을 내려야 할 질병이나 통증을 경험한다. 지지적 상담 개입은 증상의 집중적 치료와 함께 이루어지며, 이는 환자 및 가족의 현재 욕구와 관심을 탐색하면서 신뢰의 기초를 형성한다. 또한 지지적 상담은 환자와 가족이 이해받고 인정받고 있다는 느낌을 가지면서 협조적인 관계를 형성하는 데 강점을 가지고 있다.

교육 및 예후 안내

교육은 사람들로 하여금 주변의 상황을 통찰하도록 하는 데 도움을 주는 중요한 요소이다. 보건의료 환경에서 교육은 통증, 질병, 불안 상황에서 의학 용어에 익숙하게 함을 의미한다. 보건의료 제공자들은 환자의 욕구를 다루고 적응하는 데 책임을 가지고 있으며, 환자와 가족에게 이해와 역량을 제공하는 방법으로 정보를 제공해야 한다. 보건의료 임상가는 미래의 과업을 예측해야 하며, 선행하는 교육을 제공해야 하고, 환자와 그들이 사랑하는 사람들을 지지해야 한다. 이를 위해 사전의료의향서advance directives[5]가 사용될 수 있다.

---

5) 내가 죽음에 임박하였을 때 어떤 치료는 하고 어떤 치료는 하지 말아 달라는 의사를 미리 밝혀 놓는 서류 — 옮긴이 주.

사례

마리아는 S씨가 받게 될 심장수술 입원치료 기간 동안 그와 가족을 도울 사회복지사라고 자신을 소개하였다. 그녀는 궁금한 점과 필요한 것에 대해 묻는 것 외에도, 그들에게 일련의 정보들을 제공하고, 진전되고 있는 치료에 대한 유익한 자료들을 찾는 방법을 알려준다. 그녀는 사람들이 대처하는 방법이 서로 다를 수 있음을 인정하고, 지지모임 및 상담과 같은 자원에 대해 논의한다. 마리아는 그녀가 가족에 대한 치료의 영향, 부작용, 성적 기능, 가계 경제, 영성과 같은 관심에 대해 논의할 수 있음을 말하며 교육을 마친다.

책의 앞부분에서 논의했던 통증의 정서적이고 인지적인 요소는 통증에 대한 교육과 정보, 관리 요령, 전략의 교육을 통해 달라질 수 있다. 대부분의 사람들은 급성통증에는 익숙하지만, 만성통증상태로의 전환은 종종 점진적이고 미묘하게 진행된다. 따라서 만성적인 상태에 대한 정서적, 인지적 적응은 시간이 오래 걸릴 수 있다. 명확한 교육이 이루지지 않는 경우, 환자와 가족의 치료에 대한 기대는 실패와 실망의 경험을 반복하는 결과를 초래할 수 있다. 교육은 환자와 가족에게 약물의 예방적 사용과 중독, 신체적 의존성, 내성을 구별할 수 있도록 도움을 줄 수 있다. 환자 개인과 가족의 욕구에 따라 정보는 특성화될 수 있는데 이는 배움의 필요성, 언어, 선호하는 교육방식이 개인마다 서로 다르기 때문이다.

사례

W씨는 33살의 미혼 남성으로, 트리니다드에서 미국으로 온 부모와 함께 살고 있다. 그는 슈퍼마켓에서 선반을 채우다가 등을 다쳤고, 그로 인해 2년 동안 일을 하지 못하고 있으며, 근로자 보상보험과 지속적인 투쟁을 벌인 결과로 현재 보상받고 있다. 그는 방어적이 되었으며, 통증을 평가하기 위한 질문들을 그의 통증에 대한 신뢰성과 타당성에 의문을 품는 것으로 생각하고 있다. 그의 어머니는 근치적 치료curative treatment[6]를 원했다. 그러나, 그의 통증이 지속되었을 때 어머니는 그에게 신체적 문제뿐만 아니라 정신적인 문제가 있을지도 모른다는 의문을 가지기 시작했다. 시간이 지남에 따라 그녀는 만성통증 프로그램을 알아보기 시작했다. 교육 프로그램은 아래와 같이 상호 관련된 이슈들을 다룬다.

• W씨의 통증은 신체적, 정서적, 문화적, 시스템적 요소들을 포함한다. 통증에 대한 다차원적인 평가는 단지 그의 통증을 줄이기 위한 의도만은 아니며, 신체적인 문제에 국한하지 않고 전인적 인간whole person으로서 그를 파악하고자 하는 것이다. 진단과 의료적 평가는 W씨의 통증이 더 이상 그의 몸에 더 큰 해를 가하고 있다는 신호가 아니라고 설명한다.
• 역할과 문화에 따른 어머니의 행동은 "아들을 돌보는 것"보다 독립심과 회복을 지원하는 것으로 재조정될 필요가 있었다. 그의 등 통증은 급성에서 만성통증으로 재구성되며, 기능의 효율성 및 최소한의 기능을 이끌어 낼 수 있는 치료가 요구된다.

---

6) 완치를 목표로 한 치료 — 옮긴이 주.

- 약물은 통증을 줄이기 위해 처방되며, 그의 통증 보고에 따른 의사의 확고한 믿음을 상징적으로 실증하는 역할을 한다.
- W씨는 통증이 사라지기를 기다리기보다 직업재활 프로그램에 참여하는 것을 생각해보도록 제안 받으며, 따라서 치료의 목표도 통증을 호전시키는 것보다는 기능을 최대화하는 것으로 재구성된다.

인지-행동 개입

인지행동기법은 경험의 생물학적, 인지적, 행동적, 정서적 측면이 서로 연관되어 있는 것으로 인식되며, 어느 한 측면에 초점을 맞춘 개입은 경험의 전체를 수정할 수 있는 잠재력을 가지고 있다고 설명한다. 환자 혹은 가족 간의 대화는 풍부한 진단 정보의 자원이 될 수 있으며 신체, 정신, 감정의 관련성은 증상의 조정, 자아효능감, 관리의 감정을 극대화하는 데 도움을 주는 수단이 될 수 있다. 인지행동적 개입은 증상에 대한 의료적 관리에도 적용될 수 있다. 이는 때때로 함께 사용되며 만성통증관리에 있어 주요한 개입방법이 될 수 있다. 자제력에 한계를 가져오고 고통을 유발하는 치료 과정과 검진이 진행되는 동안 인지행동을 포함한 개입방법은 환자에게 도움이 될 수 있다.

환자의 목표 및 컨디션에 따라, 그리고 환자와 가족의 관심과 능력에 따라 개입전략이 선택된다. 주눅이 들어 있거나 신체적·정신적으로 지쳐 있는 사람들을 위해 임상가는 그다지 많은 노력이 필요치 않은, 녹음테이프나 음악과 같이 시각 및 청각에 기반을 둔 개입을 선택함으로써 이들이 성공적인 경험을 할 수 있도록 한다. 이러한 개입은 개인 및 가족뿐만 아니라 집단치료에도 적용할 수 있다. 교육은 인지행동기법의 기본 구성요소로 적용된다. 인지행동개입의 '정상화normalizing' 요소는 환자와 가족이 보다 쉽게 응집할 수 있도록 도와준다. 이를 위해서 심상법imagery을 통제된 몽상에 비유하거나, 주의분산distraction을 재미있는 영화에 몰입하는 것에 비유한다면 친숙한 것을 강화시키면서 동시에 새로운 기술을 도입시킬 수 있다. 고통스러운 자극으로부터 벗어나기 위해 타고난 능력을 확대하는 기술을 알려주는 것은 유용할 수 있다. 그렇다고 이것이 통증이 실재하지 않거나 그 기원이 심리적인 것에 있음을 의미하지는 않는다(Altilio, 2004; Berlin, 2001; Devine, 2003; Jacobsen & Hann, 1998; Loscalzo & Jacobsen, 1990). 이 기술은 신체적, 심리적, 그리고 감정의 관계에 임상적인 초점을 맞추고, 완화의료 환자와 만성통증을 가지고 생활하는 사람들의 다차원적 경험에 대해 다양한 개입을 제공한다(Kerr, 2000). 국제통증연구학회 International Association for the Study of Pain와 국립암연구소NCI: National Cancer Institute의 웹사이트는 정보의 중요한 출처이며, 실천 상황에서 개입방법을 어떻게 적용할 수 있는지에 대해 잘 설명하고 있다.

인지적 재구조화

인지의 재구조화는 고통distress의 느낌, 무력감, 무망감을 줄이기 위해 개인이 가지고 있는 일상적 사건의 해석을 모니터링하는 것을 의미한다. 환자의 내적 언어internal dialogue를 탐구하는 것은 고통과 증상의 강도, 통증을 악화시키는 생각과 감정을 명료화하는 데 도움을 준다. 이 개입 기술은 두려움과 오인을 탐구하고, 통제력과 편안함을 향상시키도록 생각을 재해석하는 기회를 제공한다(Bradley, 1996; Syrjala, Donaldson, Davis, Kippes, & Carr, 1995).

사례

K씨는 허리 통증으로 병원에 입원하였으며, 두 명의 성인 자녀를 둔 51세의 라틴 아메리카인이다. 5일 전에 폐암을 진단받았으며, 암이 이미 간과 뼈까지 전이되었음을 통보받았다. 그의 여동생은 주장이 강하고, 영어를 주로 사용하며 보건의료팀과 함께 가족을 위한 주요한 대변인 역할을 한다. 스페인어를 사용하는 K씨의 부인은 매우 놀라고 슬펐다. 이는 예상되는 반응이었지만 자신 스스로를 가족의 보호자로 여겼던 K씨에게는 특히 고통스럽게 느껴진다. 의료기관에 대한 결정을 내리기도 전에, K씨의 호흡이 급격하게 악화됨에 따라 그는 인공호흡기 사용이 필요하였고, 그 결과로 의사소통은 불가능하게 된다. 진단이 내려지고 호흡 증상에 대해 항생제가 처방된다. 사회복지사와 완화의료팀은 위기의 모든 과정에 걸쳐 연속성을 유지하기 위해 환자와 가족에게 지속적으로 서비스를 제공한다. 지지적 상담 기술은 K씨와 가족이 빠르게 변화하는 의료적 상황을 이해할 수 있도록 돕는다. 여기에는 진단과 치료에 대한 교육, 감정과 관심의 확인, 의료적 과정과 가족의 위험요인에 대한 질문 등이 포함된다. 의사결정은 가족의 동의를 얻는 과정으로, 가족회의에서 K씨 부인은 대리 의사결정권자로 결정된다. 사회복지사는 실의에 찬 가족을 통해서가 아니라 직원 통역사를 통해 그녀에게 직접 정보가 전달되도록 하고 그녀의 역할과 참여가 중요함을 보여준다. 현재 진행되는 상황과 더불어, 사회복지사와 의사는 환자가 이전에 언급한 신념 또는 가치를 찾아낸다. 환자가 언급한 신념과 가치는 그의 편에서 결정들이 이루어질 수 있음을 알려준다. 이는 특히, 그들이 인공호흡기를 제거하는 데 동의하는 경우, 이것이 K씨를 "죽이는 것killing"이 될지도 모른다는 가족들의 인식에도 중요한 영향을 미친다. 가족은 평소에 K씨가 기계장치에 의해 삶을 유지하는 것을 원하지 않는다고 말했다고 한다. 그는 또한 팀의 사제에게 좋은 삶을 살았다고 말해 왔으며, 오래 사는 것보다 어떻게 사는 것이 더 중요하다고 말했다고 한다. 인지 재구조화와 기술을 사용하는 것은 인공호흡기의 사용을 중지하는 것이 "그를 죽이는" 것이기보다 K씨의 가치를 존중하는 일이라는 것을 가족들이 고려하도록 촉구한다. 그들은 그가 남겼던 유언에 따라 그를 편안하게 보내주기로 한다. 가족은 의료팀이 인공호흡기를 떼도록 허락한다. 인공호흡기가 제거될 때, 사회복지사와 의사는 K씨의 죽음을 준비하고 실제 상황에 대처하는 기술을 향상시키기 위해 가족들이 차분하게 그들의 개인적인 결정을 할 수 있도록 대응 지침과 낯설게 하기 과정unfamiliar process에 대한 교육, 호흡 가다듬기와 심상법

등을 제공한다.

대처 진술

대처 진술coping statements은 기분전환을 위한 내적 혹은 외적 진술이며 대처능력을 향상시키고 마음을 달래주거나 자신을 위협하는 상황이나 경험을 줄여준다(International Association for the Study of Pain, 2009; McCaul & Malott, 1984; Syrjala et al., 1995). 통증에 대한 끔찍하고 패배적인 자기진술은 내적대화로 대체될 수 있으며, 이는 대처능력과 평온함, 역량을 향상시킨다.

주의분산기법

주의분산기법distraction은 통증 외에 다른 자극에 대한 집중과 자신의 다른 면에 대한 집중을 재초점화한다. 이는 기도하기, 독서, 십자말풀이 같은 내적 활동과 호흡 가다듬기, 리듬타기 혹은 대화에 참여하기 등과 같은 외적 활동을 포함한다(American Pain Society, 2005; Broome, Rehwaldt, & Fogg, 1998). 통증과 다른 고통의 원인들로부터 주의를 분산하는 동안 이야기를 하거나, 음악, 인생 반추, 기도, 작게 혹은 큰 소리로 책읽기와 같은 활동들은 치료적 가치를 가질 수 있다(Altilio, 2002; McCaffrey & Pasero, 1999).

자기관찰기법

자기관찰기법self-monitoring techniques—일기 혹은 저널—은 생각, 행동, 감정을 외현화하고 객관화하며 개인사를 형성한다. 태도, 생각, 신념의 명료화는 이전 경험에 대한 두려움을 고통스런 느낌과 반응을 줄이는 것으로 목표를 재설정하도록 유도한다. 이 기법은 서로 다른 성격과 목표에 적합하고, 한 주 혹은 한 달 동안 유지될 수 있으며, 전보 형식in telegram format이나 단락in paragraphs으로 작성할 수 있고, 의료진과의 연결고리 역할도 할 수 있다(Altilio, 2004; American Pain Society, 2005). 때때로 일기와 음성 녹음은 추가적인 효과를 갖는데, 상징적으로 치료적 관계를 대변함으로써 과도기적 대상transitional object이라는 개념에서와 같이 관계에 내재된 안정감과 치료적 효과를 확장시키기 때문이다(Winnicott, 1971). 일기는 질병 및 증상—통증, 불면증, 불안, 우울 등—의 다차원적 측면을 이해하는 데 유용하며 개입계획을 정하는 데에도 도움이 된다(Kelly & Clifford, 1997).

사례
아래 일기는 J여사에 의해 시간이 흐르는 순서에 따라 작성되었다. J여사는 28세 여성으로 유방암 진단을 받았으며 암이 뼈에까지 전이되었다. 이 때문에 통증은 그녀의 기능과 수면, 기분

등에도 영향을 주었다.

오전 11시: 비교적 잠을 잘 잤다. 일어났을 때, 나는 TV를 켜는 대신 다시 잠을 청하려고 했다. 15분에서 20분 동안 더 잠을 청한다면, 일어나거나 TV를 볼 수 있을 것이라 생각했다. 나는 두 번 모두 잠들었다. [수면위생기술sleep hygiene techniques을 포함하는 대처반응은 수면과 관련된 무기력감을 감소시킨다.]

오후 2시: 매우 우울하다. 저녁을 먹기 위해 시내로 외출을 할 예정이었으나 기분이 너무 안좋아서 취소했기 때문이다. 또한 극도로 심한 통증이 발생할까봐 두렵다. 이런 이유 때문에 외출을 취소했다. 하지만 지금은 통증이 내 삶을 장악해버렸다는 생각 때문에 우울하다. [파국적인 생각과 통증관리 행동에 대한 예상은 그녀의 무력감과 고통을 악화시킨다.]

오후 4시 30분: 모든 것이 정말 우울하다. 통증 때문에 죽을 것 같은 느낌이 든다. [의미부여attributed meaning] 죽을 만큼 아프다는 말은 아니다. 그 정도는 아니다. 사실 통증은 꽤 약하다. 그러나 모든 것이 나를 짓누르는 느낌이다. 내가 내려야 하는 결정들. [환자는 통증과 통증의 상징적 의미를 결정의 보류로 인해 생기는 감정 및 고통과 구별한다.](Altilio, 2004)

이완기법

1970년대 심장병 전문의인 헐버트 벤슨Herbert Benson은 근육 이완과 규칙적인 호흡을 통합하는 간단한 이완기법relaxation techniques을 개발했다. 이 기술의 목표는 '도전 혹은 회피fight or flight'라는 상반된 행동에 대한 이완적 반응과 사람들로 하여금 이러한 도전 또는 회피를 유도하는 카테콜아민catecholamines[7] 호르몬 혹은 스트레스 호르몬이 분비될 때 위협에 대한 내적 적응 반응을 이끌어 내고자 하는 것이다. 이러한 반응은 예상치 못한 위험 상황에 직면하였을 때 필수적인 요소이며, 환자를 당황하게 하거나 위협하는 치료 상황에서 활성화될 수 있다. 암 진단과 같이 미래가 예측되는 진단결과는 개인의 삶을 바꿀 수 있기 때문이다. 도전 혹은 회피의 반응은 통증 또는 호흡곤란과 같은 위협이 내적인 경험일 때와 스트레스가 만성화된 경우에는 유익하지 않다(Benson, 1975). 또한 환자의 주의와 정숙이 필요한 과정에서 혼란을 일으키기도 한다. 이완반응을 위한 호흡법을 배움으로써 환자와 가족이 경험한 사건, 두려움, 압도되는 생각 등을 다룰 수 있도록 역량을 강화시킨다.

대부분의 환자는 스트레스와 고통에 자신의 생리적, 정서적, 행동적 반응을 되돌리는 근육 이완을 함께 하는 호흡법을 사용하거나 또는 이완 없이 호흡법만 사용하기도 한다. 기술은 임상적 평가를 바탕으로 사용된다. 대부분의 연습은 단어, 구문, 또는 호흡의 반복을 심상과 함께 혹은 독립적으로 결합하며, 조용한 환경과 안전하고 편안한 신체 자세에 의해서 향상된다. 임상가들은 치료 관계에서 기술을 연습하는 환자 및 가족과 함께 한다. 개인화된 이완 및 심상 연습은

---

7) 카테콜에 아민을 함유한 곁사슬이 붙은 물질의 총칭. 흥분작용을 일으키는 호르몬, 스트레스 호르몬의 일종 — 옮긴이 주.

환자 및 가족을 위해 기록될 수 있으며, 그 결과 그들의 치료 효과를 확장하는 잠재력을 만들어 낸다.

심상법

심상법imagery은 증상의 조절에 도움이 되는, 이완과 편안함을 향상시키기 위해, 또는 문제 상황으로부터 스스로 거리를 두고 그것을 통해 통찰력을 얻는 심적 표상을 의미한다. 심상법은 종종 이완 훈련을 동반한다. 시각화가 심상법의 가장 일반적인 형태이지만, 맛, 냄새, 청각, 촉감 등의 감각을 포함한 다양한 연습을 통해 보다 풍부해진다. 또한, 심상법은 예정된 활동 혹은 위협에 대한 감정을 정신적으로 예행 연습하는 데 사용될 수 있다(Eller, 1999; Graffam & Johnson, 1987; Luebbert, Dahme, & Hasenbring, 2001; Sheikh, 1983). 환자나 가족으로부터 유도된 이미지는 개인의 기억 혹은 가상의 장소를 나타낼 수 있고, 개입의 치료적 효과를 향상시키는 잠재력을 가질 수 있다.

최면요법

최면요법hypnosis은 고양된 인식 상태, 증가된 피암시성suggestibilty, 초점화된 집중력을 유도하는 기술이다. 이는 통증에 대한 인식을 바꾸거나 두려움 또는 불안감을 줄이는 데 사용될 수 있으며, 때로는 요법 자체로 통증을 조절할 수도 있다(Kirsch, Montgomery, & Saperstein, 1995; Montgomery, David, Winkel, Silverstein, & Bovbjerg, 2002). 자율적 자기최면autogenic self-hypnosis은 따뜻함warmth, 중량감heaviness, 이완relaxation의 자기제안self-suggestions을 차례로 몸 전체에 사용하는 것을 의미한다. 이는 통증을 감소시킬 수 있으며, 편안함을 증가시킨다(Sternbach, 1987). 최면요법을 사용하고자 하는 임상가들은 전문화된 트레이닝을 찾는다. 그러나, 제안의 개념the concept of suggestion은 언어를 사용하면 쉽고 간단하게 전문적인 대화로 통합될 수 있다. 예를 들면, "당신이 보다 편안한 상태가 된 듯이as you become more comfortable"라는 문장은 긍정적 결과의 진행과 기대를 의미하며, 이것은 "만약 당신이 편안한 상태가 되었을 때 혹은 당신이 편안한 상태가 된다면when or if you become more comfortable"과는 매우 다른 메시지이다.

인생 회고와 유산 형성 Life Review and Legacy Building[8]

말기질환이라는 진단을 받으면 인간은 죽음을 면할 수 없다는 인식에 직면하게 된다. 에릭슨Erikson(1963)은 죽음을 앞둔 사람들이 "자아통합ego integrity"과 "절망감despair" 사이의 혼란을 해결하기 위해 노력한다고 분석했다. 생산성의 관점(의미 있는 활동에 지속적으로 참여하는 것)에서

---

8) 지나간 삶에 대한 회고와 남은 삶의 정리 — 옮긴이 주.

'인생회고life review'를 통해 환자를 돕는 것은 인생의 취약한 단계에 있는 사람들에게 긍정적인 대응을 위한 기초를 제공한다. "삶의 의미meaning of life"에 대한 실존주의적 관심에 새로이 집중함으로써 환자는 자신에게 제한된 짧은 시간만이 남겨져 있을지 모른다는 점과 만성적인 통증을 안고 살아가야 함을 고려하여 삶의 우선순위를 선택하게 된다. 사회복지사는 이 기간 동안 환자가 이러한 관심을 정상화하며, 자신을 돌아보는 시간을 공유하고, 삶 돌아보기를 도와줄 수 있는 자원을 제공함으로써 그를 도울 수 있다. 또한, 이러한 도움을 제공하기 위해 비디오, 오디오, 저널, 스크랩북, 기타 예술적 방법들을 이용할 수 있다(Babcock, 1997; McPhelimy, 1997; Otis-Green & Rutland, 2004). 이러한 노력들은 환자에게는 굉장한 카타르시스를 제공하며, 사랑하는 사람에 대한 의도적 유산 형성 활동의 한 부분으로서도 매우 중요한 가치를 지닐 것이다. 만성통증을 가진 경우, 삶 돌아보기는 환자 및 가족의 현재 삶을 변화시킬 뿐만 아니라 미래에 대한 희망을 반영하고, 만성통증의 영향을 자연의 한 부분으로 통합시키도록 만들 수 있다.

사례

T여사는 병원에서 한 달에 한 번 만나는 "우회하는 사람들의 모임"에 들어오는 것을 꺼려하였다. 의사는 그녀에게 이 집단이 재발성 질환을 가진 사람들을 위한 것이라고 설명하였고, 그녀는 용기를 가지고 모임에 참여한다. 그녀는 이미 많은 사람들이 간식을 가져오고, 자신의 좌석을 찾는 모습을 보고는 안심하게 된다. 사회복지사는 "우회하는detour" 삶이 그들에게 어떤 영향을 주는지 공유하기 위해 참가자를 초대한다. T여사는 그녀와 비슷한 사람들의 이야기를 들으며 스스로 안정을 찾는다. 그녀는 질병의 재발에 대해 들었을 때 무엇을 해야 할지 확신이 없었으며 당황하였다. 사회복지사는 집단 구성원들로 하여금 무엇이 그들에게 중요한 것인지 생각해 보도록 하고, 그들에게 가장 의미 있는 것이 손실되지 않는 방법을 고려하도록 격려한다. T여사는 모임의 구성원들에게 말하기 위해 손을 든다. 그녀는 세 자녀가 제일 걱정이 된다고 말하며, "자녀들을 보호하기 위해" 도움이 되는 조언을 달라고 요청한다. 이 후 T여사는 이 모임이 그녀에게 도움이 되었다고 말한다. 비록 그녀가 아이들을 보호하지 못하게 될 수도 있지만, 그녀는 자녀들이 직면하게 될 일들을 위해 자신이 어떻게 준비할지 좀 더 명확하게 생각하고 있다. 이 후 모임에서 T여사는 후견인 계획을 세워 이를 기록하고, 비디오테이프를 통해 가족의 추억을 기록하며 만드는 작업을 한다. 또한 그녀는 자녀를 위해 회고 및 추억이 적힌 책을 준비한다.

통합 전략: 표현예술의 활용

표현예술expressive arts은 사회복지사가 클라이언트와 문화적으로 상호작용할 수 있도록 폭넓은 기회를 제공한다. 통합적인 개입은 특히 통증 때문에 고통을 겪는 사람들을 위한 주의분산 기법으로 유용하다. 많은 소아병동에서 표현예술개입의 효과를 인정하고 있으나, 몇몇 성인병동은 미술, 음악, 놀이전략을 일상적 의료로 통합하지 않는다. 보건의료 사회복지사는 통합적인 프로그램을 추천하고 조정하는 데 최적화되어 있다(Otis-Green, 2003). 예를 들면, 손 혹은 발 마사지 프로그램은 숙련된 간호 환경에서 매우 적합하고, 집중치료 세팅에서는 음악 프로그램을 소개하는 것이 적절할 것이며, 시각 예술의 사용은 현재의 지지그룹에 통합될 수 있다. 전통적인 영역에 표현예술을 통합시키는 방법을 찾고자 하는 마음가짐은 이러한 전략들이 성공적으로 통합될 기회를 만드는 첫 번째 과정이다.

사례

H씨는 만성신장질환 및 심각한 당뇨병성 신경장애를 진단받았지만, 사회복지 부서에서 후원하는 '하프를 연주하는 손Hands on Harps' 콘서트와 워크숍에 여전히 정기적으로 참여한다. 그에게 이 모임이 얼마나 중요하냐고 물으면, 그는 항상 미소를 지으며 음악을 들을 때 모든 통증이 사라지는 것 같고, 비록 손재주가 부족하긴 하지만, "하프로 연주하는 소리는 항상 너무 달콤하다"고 말한다. H씨가 너무 아파서 워크숍에 참석하지 못할 때, 사회복지사는 하프 연주자에게 그의 병실에서 연주해주도록 조정한다. H씨의 가족이 밤새 그의 임종을 지키는 동안, 그들은 하프를 연주해주었으며, 장례식장에서도 H씨가 음악을 통해 평온함을 가지도록 CD를 틀어놓았다고 하였다.

아동-청소년 대상 개입

지난 몇 년 동안 아동은 종종 가족의 질병과 관련된 상호작용과 참여에서 배제되었다. 이러한 선의어린 배제는 고통과 혼란으로부터 아동을 보호하기 위한 의도였다. 하지만, 요즘은 아동의 연령에 맞는 정보를 제공하고 그들이 적절하게 참여하도록 허용함으로써 그들로 하여금 변화된 가족 경험과 만성통증, 질병의 진행, 죽음과 관련된 상실과 적응에 대해 적응력을 향상시킬 수 있도록 돕는 것으로 이해되고 있다(Harpham, 2004).

대부분의 아동은 매우 좋은 통찰력을 가지고 있지만, 가족에게 어떤 일이 발생했는지를 이해하는 인지적, 발달적 능력이 부족할 수 있으며 적절하게 표현할 수 있는 언어적 능력이 서툴 수 있다. 가족의 문화적 다양성은 가족이 성인과 아동에게 영향을 주는 방법에 영향을 줄 수 있으나, 임상가는 전체적인 평가의 일환으로, 직계가족 혹은 핵가족뿐만 아니라 감정적으로 환자와 관련된 손자, 조카딸, 조카 등에 대한 질문을 통해 아동과 어른의 대처능력에 초점을 맞출 수 있다. 의미 있는 성인이 제공하는 정보는 이해력을 향상시키고 신화, 두려움, 불안 등을 떨쳐버리게 하며 신뢰를 강화하고 자신의 감정에 대한 이해뿐만 아니라 타인의 감정을 이해하는 데에도 도움을 줄 수 있다. 많은 아동들은 사랑하는 사람의 통증 혹은 질병이 자신 때문에 생겼다고 걱정한다. 그 이유는 그들의 발달단계에서 보이는 마술적 사고magical thinking 때문이다. 그들은 건강에 대한 두려움을 가질 수 있고, 가계수입이 없어지거나 부모가 장애를 입거나 임종하였을 경우, 자신이 어떻게 보호받을 수 있을지에 대한 걱정 및 통증과 같은 유사한 증상에 대해 과잉반응을 보인다. 질문할 수 있도록 하는 것, 감정과 두려움에 대해 표현할 수 있도록 하는 것은 아동으로 하여금 보다 안전하고 보호받고 있음을 느끼게 할 수 있다. 놀이치료, 미술치료, 스토리텔링, 저 널쓰기와 같은 기술은 이들에게 특히 효과적이다. 퇴행regression과 무관심의 징후는 아동들에게 매우 흔한 행동이지만 이미 스트레스에 억눌린 어른들은 이를 매우 불쾌하게 받아들이고 자녀의 행동을 잘못 해석할 가능성이 있다. 정기적인 교육, 안심시키기, 일상생활의 유지는 이들에게 종 종 도움이 된다(Heiney, Hermann, Bruss, & Fincannon, 2000).

어른이 아프거나 만성통증으로 어려움을 겪는 경우 특히, 청소년은 매우 복잡한 발달과정에 서 취약한 상황에 놓이게 된다. 또래집단과 함께 하고자 하는 욕구, 불확실성과 불안을 통제하고 자하는 욕구, 일탈 및 독립에 대한 소망은 의료적 상황과 역할이 변화됨에 따라 부가적인 근심을 만들어내고, 또래활동이 제한된 채 집에서 많은 역할을 부여할 경우 청소년은 더 어려운 상황에 놓이게 된다. 결과적 이들은 회피, 침묵, 분노 등의 행동을 보일 수 있으며, 당혹감, 슬픔, 죄책감, 우울, 분노 등의 수많은 감정을 드러낸다. 이들에 대한 사회복지개입에는 아래와 같은 내용들이 포함된다;

- 청소년기의 특징적 이슈에 대해 가족 교육을 실시한다.
- 연령대에 맞는 방법을 사용하여 의료적 상황에 대해 청소년을 참여시키고 교육한다.
- 무슨 일이 일어날지에 대해 이들과 지속적으로 대화할 수 있도록 성인을 동기부여시키고 (독백까지 포함하여), 안정 상태뿐만 아니라 예상되는 변화까지도 강화한다.
- 청소년의 학교생활, 또래집단, 의미 있는 성인과의 상호작용 등을 조심스럽게 관찰한다.
- 가족에게 생긴 일을 학교관계자(교사, 상담가)에게 알리는 것에 대한 장단점을 평가하고, 추 가적인 지원을 제공하는 동안 십대의 비밀성을 존중하도록 보장한다.
- 이모, 삼촌, 코치와 같이 청소년의 삶에 중요한 성인과의 관계를 형성할 수 있는 기회를 고취시킨다.
- 우울, 불안, 수면과 식사에 대한 변화를 평가한다.

사례

L여사는 42세의 라틴 여성으로 기혼이며, 9살인 파울리노Paulino와 다섯 살인 페드로Pedro, 두 명의 자녀를 두고 있다. 그녀는 약 4개월 전에 교아종9) 4기를 진단받았다. 제한된 반응에도 불구하고, 그녀는 화학 요법 등의 치료를 계속했고, 임상 실험에도 참여하기로 하였다. L여사는 남편이 출근하러 가면 아이들이 행동으로 불만을 표출한다고 말한다. 파울리노는 "여름방학이 엉망이었어"라고 불평을 하거나, 페드로는 부모에게 말대꾸를 하고 정해진 규칙을 지키지 않는

---

9) 가장 악성인 뇌종양으로, 신경교종의 약 절반을 차지하는 빈도가 높은 질환이다. 종양은 대뇌반구에서 자 주 발생하고 병소는 출혈, 괴사를 수반함. 종양은 모세혈관이 풍부하게 존재하고 모세혈관 내피세포의 비 대와 점점 커지는 것을 볼 수 있음. 성인, 소아 모두에게 볼 수 있고 보통 진단받은 후 6개월에서 1년 사 이에 죽음에 이르는 경우가 많음 — 옮긴이 주.

다. 그리고 침대에 오줌을 싸거나 옷에 똥을 싸는 등 퇴행된 모습을 보이기 시작한다. 그러면 L 여사는 이들에게 사과를 하거나 슬픔, 분노, 죄책감 등의 감정에 사로잡힌다. 그녀는 각종 치료들로 인해 피곤해하며, 남편과 자녀를 남기고 죽는다는 두려움에 무력해진다. 사회복지사는 이들 가족 모임에 잠재된 장점을 찾기 위해 그녀 및 남편과 함께 상담을 진행한다. 그들은 스스로에 대한 이해를 탐구하고, 자녀들의 연령에 맞는 정보를 제공하기 위해 모든 가족 구성원이 참여하는 회의에 동의한다. 모임 동안, 사회복지사는 의미, 피로의 원인을 검토하고, L여사가 신체적인 활동에 함께 참여하기에는 쇠약해 있음을 가족들이 이해하도록 재구성함으로써 도움을 제공한다. 자녀의 연령에 따른 욕구를 인정하며, 가족이 가능한 지원을 활용하도록 권장한다. 그들은 자녀를 돌보는 데 도움이 되는 가족, 특히 삼촌과 친구를 확인한다. 아이들의 삶에 기여하는 것 외에도, 친구와 가족이 참여할 수 있도록 하는 것은 L여사가 자녀들과 추억을 만드는 의미 있는 활동에 그녀의 에너지를 집중할 수 있도록 만든다. 친구와 가족들은 돕고자 하는 자신들의 욕구를 인식하는 데 도움이 되는 과제를 부여받는다. 그들은 자신이 L여사와 그녀의 가족생활에 기여하고 있다는 것을 알고 이를 감사하게 생각한다. 사회복지사는 지역에 있는 저렴한 일일 캠프를 찾아, 자녀들에게 연령대에 적합한 활동을 제공하여 L여사가 쉴 수 있도록 한다. L씨 또한, 아이들이 앞으로 자신들을 보살펴줄 아버지에 대한 신뢰와 믿음을 경험하도록 하기 위해 지속적으로 계획에 참여한다.

가족모임

가족모임family meeting은 가족 중심의 임상적 의료, 완화의료, 그리고 생애말 의료를 제공하기 위한 치료적 도구로 사용할 수 있다. 사회복지사는 여기에 막대한 기여를 할 수 있는 잠재력을 가지는데, 이는 의사소통을 위한 좌담회를 통해서 확인할 수 있다(Fineberg, 2010). 병원 현장에서는 이러한 모임을 가족회의family conference로 부르며, 이는 "가족 구성원, 환자, 병원 직원이 포함되어 환자의 질병과 치료, 퇴원이나 병원 밖 의료계획 등에 대해 토론하는 모임"으로 정의할 수 있다(Hansen, Cornish, & Kayser, 1998, p. 58). 가족회의는 가족치료와는 다른 개념이다(Meyer, Schneid, & Craigie, 1989). 이는 가족기능의 향상을 위한 장기적 관점보다는 건강과 돌봄을 위한 단기적인 이슈들에 초점을 맞추기 때문이다. 그러나, 이는 치료를 향상시키고 보다 풍부하게 할 수 있다. 가족과의 효과적인 의사소통은 그렇게 간단한 일은 아니다. 완화의료에서는 가족 구성원이 종종 "숨겨진 환자"이며, 돌봄을 제공하기도 하고 돌봄을 필요로 하기도 한다(Kristjanson & Aoun, 2004). 이는 특히 생물학적 또는 법적 관계로 규정된 가족이 아니라 환자가 가족으로 선택한 사람들의 경우에 그러하다. 가족 체계 이론의 관점을 발전시킴으로써, 가족회의는 대부분의 의료 시스템에서는 잘 적용하지 않지만 완화의료와 생애말 돌봄 영역에서는 강조되는 전인적인 접근을 적용한다(Erstling & Devlin, 1989).

가족회의는 완화의료에서 의사소통을 향상시켜 왔다(Hudson, Thomas, Quinn, & Aranda, 2009;

Lautrette et al., 2007). 가족회의에서는 사전의료계획advance care planning, 통증 및 증상관리, 윤리적 이슈들과 같이 정서적으로 민감한 이슈들을 검토하며, 병원, 중환자실, 클리닉에서 의사결정을 내리는 데 있어 중요한 기능을 한다(Curtis et al., 2001; Hansen et al., 1998; Kushner, Meyer, & Hansen, 1989; Meyer et al., 1989). 또한, 회의는 환자, 가족, 보건의료서비스 제공자에게 토론의 기회를 제공한다(Ambuel, 2000; Liebman, Silbergleit, & Farber, 1975). 이러한 토론은 환자와 가족의 합의된 의견일치를 촉진하고, 가족구성원을 치료에 대한 참여자로 이끌며(Atkinson, Stewart, & Gardner, 1980), 정보의 합의된 사용과 와전된 정보의 명확화를 요구하며, 환자와 가족이 혼란스러운 메시지를 받는 것을 줄이기 위한 보건의료서비스 제공자의 조정을 촉진시킨다. 가족회의에서 이러한 복잡한 목적을 명확히 하기 위하여, 현재의 의료서비스 제공자와 환자 및 가족, 그리고 이전부터 관계를 형성해오는 사람을 포함하도록 고려하는 것이 중요하다. 이러한 의료서비스 제공자는 정서적, 임상적 연속성뿐만 아니라 지속적인 관계를 기반으로 하는 가치 있는 정보를 가진다(Altilio et al., 2008). 과거부터 환자를 돕고 있는 돌봄제공자를 가족회의에 포함하는 일은 쉽지 않은 일이지만, 현재 인터넷 화상 회의와 같은 기술은 관련자가 세계 어느 곳에 있든지 참여할 수 있도록 한다. 임상적 연속성 및 참여를 강조하는 사회복지서비스는 치료를 포기하려는 감정을 가라앉힐 수 있으며, 가치, 목표, 그리고 의사결정 과정에서 환자 및 가족들과의 사전 논의를 중요시한다.

만성통증 환자의 돌봄에 있어서는 가족회의가 큰 의미가 없다 하더라도, 통증이 곧 사라질 것으로 기대했던 급성치료 모델에서 통증에 대한 적응을 요구하고, 가족의 삶에 지속적 영향을 미치는 만성적 상황으로 변화됨에 따라 정서적·인지적으로 지친 가족들에게는 가족회의가 이들을 교육하고 지원하는 포럼 역할을 한다. 환자, 가족, 보건의료서비스 제공자는 다양한 조합으로 가족회의에 참여할 수 있으며, 이러한 다양한 조합의 개입방법은 폭넓은 범위의 가족의 구성과 문화적 전통에 적합하도록 만들어질 수 있다(Fineberg & Bauer, 2011).

통증 및 완화의료와 관련된 윤리적 개념
SOME ETHICAL CONCEPTS RELATED TO PAIN AND PALLIATIVE CARE

의료윤리medical ethics는 히포크라테스 시대부터 20세기 중반까지 매우 지속적이고 일관적이었다. 최근 몇 년 동안의 과학, 기술, 사회 발전은 보건의료영역에서 전통적인 윤리적 실천과 의무의 개념에 수많은 급속한 변화를 가져왔다. 임상의료, 만성질환자 그리고 많은 사례에서, 죽음은 우리의 높은 기술과 세분화된 의료 시스템의 결과로 이전 세대보다 더 복잡해졌다. 때로 그것은 의료기술의 사용에 대한 윤리적 결정을 내릴 수 있는 능력을 초과한 것으로 보인다.

윤리학은 인간의 행동의 옳고 그름을 판단할 수 있는 방법을 결정하기 위해 노력하는 철학의 한 분과이다. 윤리 연구는 인간의 마음은 행동을 판단할 수 있는 필수적인 수단임을 의미한다(Beauchamp & Childress, 1989). 윤리는 그 자체만의 이유를 사용하고, 그 결론의 근원으로 종교적 신념을 끌고 오지 않기 때문에 도덕 신학, 종교 윤리와 동일하지 않으며, 법과도 다르다. 법은 주로 공공의 이익과 개인의 권리에 관심을 가지지만, 윤리는 개인 스스로에 대한 의무뿐만 아니라 타인과 사회에 대한 책무까지 살핀다.

　　의학의 실천에서는 이러한 의무는 목적과 밀접한 관련이 있다. 펠리그리노Pelligrino(1979)는 의학의 목적은 환자의 유익을 위한 올바르고 선한 치유행위라고 주장하였다. 카스Kass(1983)는 건강의 추구, 죽음의 예방, 고통의 완화는 치유의 부가적인 관심사라는 것을 인정하는 반면, 의료의 주요 목적으로서 치유를 강조했다. 이러한 가치 및 개념을 탐구하고 확장하기 위한 모든 대화는 공통의 이해와 통용되는 언어의 수용을 바탕으로 한다. 완화의료에서—심각한 질병에 대한 필수적인 초점, 위험요인과 이익, 의료의 목표, 의사결정을 수반하는—의사는 보편적인 윤리적 원리를 잘 알고 있어야 하며, 윤리적 딜레마를 명확히 하는 것에 충분히 숙련되어야 한다(제3장의 윤리에 대한 논의를 참고할 것).

　　윤리적 의사결정의 기초가 되고 방향을 제시하는 4가지 원리는 자율성, 선행, 무해성의 원칙, 정의이다. 다음 용어의 정의는 협력과 토론을 위한 기초로서 통용어로 자리매김된다.

　　*자율성*autonomy은 그리스어로 자기self를 의미하는 auto와 규칙rules, 통치governance, 법law을 의미하는 nomos라는 단어에서 파생되었다. 자율성이 있는 사람들은 "의도적으로 행동하고, 정보를 잘 알고 있으며, 다른 사람의 간섭과 통제에서 자유롭다"(Lo, 2000, p. 11). 서양의 의료시스템에서는 환자 및 대리인이 결정할 수 있도록 정보를 제공하거나 도움으로써 자율성이 촉진된다. 인간에 대한 존중의 가치, 자기결정권, 사전고지된 동의informed consent는 자율성의 원칙과 밀접하게 관련되어 있다. 개인의 자율성과 환자 및 가족의 특별한 상황 간의 균형을 유지하기 위해서는 문화적 신념, 가치, 가족 역학에 따라 적응하고 협상할 수 있는 사려 깊은 임상가가 필요하다. 사람에 대한 존중은 각 사람의 가치에 대한 무언의 믿음을 기반으로 하며, 사회적, 경제적, 문화적 변수를 고려하고, 자기결정권을 포함한다. 사람에 대한 존중은 개인이 의료적 개입의 적절한 수준을 결정할 권리와 그들의 상황이 변했을 때 치료에 관한 기존의 결정을 바꿀 권리를 지지한다.

　　일반적으로 *선행*beneficence은 "도움이 되다do good"를 의미한다. 이와 유사하게 *무해성*non-maleficence의 원칙은 우리에게 해로운 행동을 하지 않을 것을 말한다. 윤리적 의료결정Ethical medical decision은 복잡하고, 모순되며 비통상적인 잠재적 결과에 직면할 때 무엇이 "도움이 되는지"를 항상 명확하게 알 수 없다. 더불어, 도움이 되는 것의 개념은 M여사의 의료를 설명하는 예에서 알 수 있듯이 개인의 의견, 문화적·영적 신념, 사회적 선호에 따라 차이가 있을 수 있다.

　　*정의*justice는 상품과 서비스의 가용성, 분배와 관련된 것으로서 보건의료서비스 제공을 포함하는 중요한 윤리적 원칙이다. 어떤 이들은 사회는 합리적인 결정을 하도록 기대된다고 주장하며, 개인의 존엄성을 보호하기 위해서 상품의 분배가 필수적이라 말한다. 우리가 통증관리 기술 및 약물을 "상품의 분배"로서 생각하게 된다면, 노인, 여자, 소수자와 같은 취약계층이 다른 사람이 제공받는 것과 동일한 정도로 만족할 만한 통증관리를 받지 못했을 경우, 이는 정의뿐만 아니

라 자선의 원리에도 위반되는 것이라 할 수 있다(Bonham, 2001; Cleeland et al., 1994; Tarzian & Hoffman, 2004). 분배는 부족한 자원에 관한 것이다. 수요가 공급을 능가함에도 여전히 지리적, 경제적, 사회경제적 상태에 의해 결정되는 서비스의 가용성 및 접근성의 영향을 받는 미국의 보건의료 시스템의 현실은 특히 복잡하다(더 자세한 내용은 5장과 7장을 참고할 것).

윤리학자들은 이익과 해로움 모두를 지닌 행동에 대해 갈등과 혼란이 존재할 경우, 이에 대한 윤리적 딜레마의 결정에 도움을 주기 위해 특정 지침을 만들었다. 예를 들면, 이중효과의 원칙principle of double effect은 의도된 긍정적 효과를 가지는 동시에, 의도되지는 않았지만 예상 가능하고 부정적인 효과를 가지는 개입 결정으로 고심하는 임상가에게 도움이 된다. 비례의 개념concept of proportionality은 이익과 해악의 경중을 판단하는 데 유익하다. 임상가, 환자 및 가족, 기관의 신념, 가치, 책임에는 심오하고 복잡한 토론 결과가 반영되어 있다. 이러한 심의에 참여하는 사회복지사는 심의과정에 환자와 가족에 대한 포괄적인 평가와 이해를 반영하고, 심의과정이 정중하며 정확한 정보를 바탕으로 이루어지도록 하고, 참가자와 이러한 논의에 내포된 복잡성이 배려되도록 하는 중요한 역할을 한다.

더불어 완화의료와 통증관리 현장에서 일하는 사회복지사는 자율성, 선행, 무해성의 원칙, 정의 그리고 이중효과에 대한 실무 지식뿐만 아니라, 안락사, 의사 조력 사망physician-assisted death, 조력 자살assisted suicide과 같은 개념에 대한 전문성 또한 필요하다. 심각한 질병의 환자를 치료할 경우, 통증관리 혹은 호흡곤란을 위한 약물이 자주 사용되며, 이러한 약물은 의도치 않은 부작용을 가져올 수 있다. 안락사, 의사조력 자살은 죽음에 이르게 하는 개입을 보류하거나 혹은 중단하는 것과 동일하지는 않다. 직원, 환자, 가족의 집중증상관리, 안락사, 조력사 의도와 관련된 갈등은 임상사회복지사의 개입을 필요로 한다. 임상사회복지사는 간호사 및 의사와 논의하는 과정에서 전문성, 민감성, 상황을 탐색하는 경각심이 있어야 한다. 사회복지사는 치료 계획을 바꾸거나 오해를 불식시키기 위해 정확한 정보를 제공한다. 이러한 주제의 공개 토론은 사려 깊고 포괄적인 사회복지분석을 필요로 한다. 사회복지는 심오하고 복잡한 윤리적, 도덕적 이슈들을 반영하기 때문이다.

*안락사*euthanasia는 고통의 완화와 같은 호의적인 동기로 환자의 생명을 끝내기 위해 환자보다 의사 또는 다른 개인에 의한 의도적인 조치로, 이는 환자가 분명한 동의 의사를 표현하였을 때 행해진다. 이러한 환자의 죽음은 의료서비스 제공자의 직접적인 조치의 결과로 발생한다. *반자발적 안락사*involuntary euthanasia는 환자의 죽음을 위해 환자의 명확한 요청이나 충분히 고지된 사전 동의 없이 이루어지는 약물 혹은 기타 개입의 의도적인 집행이다. *비자발적 안락사*non-voluntary euthanasia는 명확하게 요구할 능력이 없는 무능력 환자의 죽음을 위한 약물 혹은 기타 개입의 의도적 집행이다(Emanuel & Emanuel, 1992). 안락사의 모든 형태는 미국에서는 불법이다.

*의사 조력 사망*physician-assisted death은 환자를 사망에 이르게 하는 의사의 의료적 처치 혹은 조언에 의해서 행해진다. 이는 불치병에 걸리거나, 죽음에 대한 결정권이 있는 사람이 약물을 복용하는 형태로 이루어진다. 환자는 스스로 약물을 투여하므로, 본인 죽음의 직접적인 집행자가

된다. 현재는 오리건 주(1998년부터)와 워싱턴 주(2008년부터)에서 의사조력 사망을 허용하고 있다.

오리건 주 존엄사법ODDA: The Oregon Death with Dignity Act은 자기결정권self-determination, 의료적 면책 및 진실성professional immunity and integrity, 그리고 공공의 책무성public accountability을 골자로 한다. 오리건 주 존엄사법이 적용된 몇 년 동안 여러 가지 예기치 않은 결과가 발생하였다. 그중에서도 상대적으로 소수의 사람만이 법적으로 허용된 수단을 통해 죽음을 촉진하는 행위를 선택하였다. 법이 시행되기 전, 이 법에 반대하는 사람들은 말기 혹은 말기에 다가가는 환자들이 오리건 주로 유입되어 "인구 급증"이 발생할 것을 염려하였다. 그러나, 경험적 증거들은 실제로 그렇지 않았다. 지난 10년 동안 541명의 오리건 주 주민들은 자신의 삶을 끊을 수 있는 치사량의 약물을 처방받았다. 그리고, 이 사람들 중 341명이 실제로 약을 복용하였다. 이 수치는 전문가들의 예상보다 낮은 것이었다. 비록 이 수치가 매년 일반적으로 증가하고 있었지만, 오리건 주 존엄사법과 관련된 죽음은 여전히 오리건 주의 전체 사망자에서 작은 부분을 차지한다. 자신의 죽음을 앞당기는 것을 선택한 환자들이 호소했던 주요 문제는 자율성의 상실, 삶의 질 감소, 존엄의 손실 및 신체 기능의 통제 상실이다. 이 모든 것은 사회복지실천의 범위 안에서 다루어지는 영역이다(Oregon Department of Health Services, 2008).

오리건 주 존엄사법은 호스피스와 완화치료 및 향상된 통증관리를 증가시킴으로써 오리건 주의 실무자들 사이에서 생애말 돌봄을 향상시키기 위한 촉매제 역할을 하였다. 모든 환자에 대한 존엄사를 보장하는 것은 오리건 주 존엄사법의 한도를 넘어서는 목표이며, 중증환자를 돌보는 모든 임상가들의 관행이 개선될 때 영향을 받을 수 있다. 현재는 "존엄사death with dignity" 및 "의사조력 자살physician-assisted suicide"이라는 단어를 사용하기보다는 의사가 제공하는 약물을 통해 죽음에 이르게 하는 "조력사assisted death"라는 단어를 사용하려는 움직임이 있다. 참고로, 오리건 주 존엄사법을 선택하는 사람의 사망진단서 상 사망원인은 불치병terminal illness으로 표기되며, 따라서 생명보험에서의 보상이 불가능하지 않다.

단지 소수의 주에서 주 의회나 시민사회를 통해 조력사에 대한 주민 법안을 발의하였다. 워싱턴 주는 2008년 11월에 존엄사를 합법화하였다. 첫 해 보고서에서는 63명의 환자가 법에 따라 약물을 요청하였고, 63명 중 36명이 약물을 복용하여 사망하였다고 보고되었다(Washington State Department of Health, 2009). 워싱턴 주의 자료는 오리건 주의 자료와 비슷하다. 오리건 주에서처럼 워싱턴 주 환자들이 조력사를 원했던 가장 큰 이유 중 세 가지는 자율성의 상실, 존엄의 상실, 삶을 풍요롭게 하는 활동에 참여할 수 없는 상태였다는 점이다(Washington State Department of Health, 2009).

통증관리: 개관
PAIN MANAGEMENT: AN OVERVIEW

만성통증이 있는 사람들은 완화의료와 더불어, 사회복지실천의 범위 안에서 관리 받고 싶은 욕구를 가지고 있다. 2003년 1,004명의 성인을 대상으로 한 전국 전화설문조사에 따르면, 응답자의 57%가 지난 한 해 동안 만성 또는 반복되는 통증을 가지고 있음을 밝혔다고 보고되었다(Hart, 2003). 설문조사에서는 허리와 무릎 통증, 관절염, 두통, 편두통 같은 만성통증 상태가 언급되었다. 조사대상자 중 76%는 직접적으로 또는 가족이나 친구를 통해서 통증을 경험하였다고 보고한다. 만성통증은 고용, 주거, 개인의 자유, 이동성에 있어서 변화를 야기하였다. 통증에 대처하기 위한 단계는 장애 여부를 확인하고 일상생활에 도움이 되는 것을 탐색하는 것이다. 이러한 연구결과는 통증을 가지고 살아가는 사람 본인과 가까운 가족 또는 친구의 자긍심, 정체성, 역할기능, 사회 및 경제 안정성에 영향을 줄 가능성이 있고, 적응과 손실의 경험을 반영한다. 2001년 미국 생산성 감사an American Productivity Audit in 2001에 따르면, 노동인구의 절반 이상(52.7%)이 지난 2주 동안 통증을 경험하였다고 보고하였으며, 응답자의 12.7%는 그 2주 동안 평균 비용으로 연간 612억 달러, 시간으로 주당 4.6시간의 생산성 손해를 본 것으로 보고되었다(Stewart, Ricci, Chee, Morganstein, & Lipton, 2003). 이러한 연구결과는 건강과 경제적 측면에서 상당한 문제가 있음을 보여준다.

통증은 생존에 필요하며, 일반적으로—항상은 아니지만—사람이 행동을 취할 때 위험을 알리고, 부상 또는 질병에 대한 경고 신호를 보낸다. 통증은 정말 보편적인 경험이지만, 임상가를 포함한 개인은 문화, 가족, 사회정치적, 영적인 가치라는 렌즈를 통해 통증을 본다. 예를 들면, 통증은 쇠약함, 속죄의 경로나 처벌의 한 형태, 불행 등으로 여겨질 수 있다. 일부 사람들은 통증을 태연하게 참는 것이 적절한 대응이라고 생각하는 반면, 다른 이들은 치료를 받고 가족과 친구로부터의 도움과 돌봄이 필요하다는 신호로 받아들인다. 많은 이들은 의료적 개입을 통해 치료받아야 된다고 생각하지만, 어떤 사람들은 통증이 성직자 혹은 심리학자나 통합적인 개입을 통해 가장 잘 관리될 수 있다고 믿는다(자세한 내용은 12장을 참고할 것). 눈에 보이는 조직의 손상을 동반하거나 또는 이러한 것을 동반하지 않는 만성통증 환자들은 이차적 이득secondary gain10)을 위해 통증과 장애를 과장한다는 비난을 받기도 한다. 아직도 많은 이들은 타인에 의존하게 됨으로써, 또는 종종 신청자의 도덕성을 의심하는 시스템에서 장애 판정에 지원하고 싶을 때 부끄럽고 위축되는 느낌을 받는다. 그러므로 우리는 자신의 정체성과 삶의 질, 가족 및 친구의 삶에 깊이 영향을 줄 수 있는 만성통증 환자를 돕기 위해 그들을 위한 포괄적인 임상적 사정과 개입방법을 찾기 시작한다. 이는 만성통증 혹은 진행성 불치병으로 인한 통증에도 적용된다.

통증은 주관적인 경험이라는 점에서 독특하며, 다른 고혈압, 체온 또는 혈당 같은 신체적 경

---

10) 아픔으로써 책임이나 비난에서 벗어나는 무의식적인 증상 — 옮긴이 주.

험과 달리 객관적으로 측정을 할 수 없다(American Pain Society, 2003). 의사와 가족은 환자가 보고
하는 통증의 심각성과 그에 따른 영향에 의존해야만 한다. 클라이언트가 있는 곳에서 시작하고
그들이 속한 환경 안에서 클라이언트를 사정할 것을 강조하는 것은 사회복지에 있어서 경험에
대한 개인적 인식 및 전인적 인간으로서 개인을 존중할 것을 내포하는 중요한 근거틀이다. 통증
관리에서 기본적인 원칙은 통증에 대한 환자의 보고를 믿는 것이지만, 완화의료에서 특별히 고
려되어야 할 점은 환자와 가족의 삶을 드러내는 가치, 신념, 문화를 포함하는 전체론적인 경험
holistic experience까지 이해하는 것이다. 임상사회복지사의 과제는 통증을 가진 사람에 대한 존엄
성 및 가치에 대한 존중, 완화의료 전문성 등의 가치를 보완하는 것이며, 이를 통해 사회복지사
는 임상, 제도, 정책, 연구 분야에서 활동할 수 있는 능력을 강화할 수 있다.

생명 제한 및 만성 난치질환에서의 통증

완화의료 현장에서 통증의 경험과 관리는 암, 다발성 경화증, AIDS와 같은 질병에 따른 여
러 문제에 영향을 받는다. 아래의 통계 수치는 통증 및 완화의료가 필요한 온정적 의료 대상 질
환의 샘플을 제공한다.

통증이 발생하는 경우는 다음과 같다.

- 파킨슨병을 가진 환자의 40~83%(Beiske, Loge, Ronningen, & Svennson, 2009; Ford, 1998; Goetz, Tanner, Levy, Wilson, & Garron, 1986)
- 다발성 경화증 환자의 42.9%(Solaro et al., 2004)
- 소아암 환자의 49%(Collins et al., 2000)
- 활성치료active therapy를 받는 암환자의 59%(Van den Beulken-van Everdingen et al., 2007)
- 진전된 질환advanced disease을 가진 암환자의 64%(Van den Beulken-van Everdingen et al., 2007)
- AIDS환자의 88%(Frich & Borgbjerg, 2000)

통증과 호흡곤란, 인지능력 상실, 신경성 식욕부진증과 같은 증상은 생명을 위협하고 치료가
어려운 질환으로, 환자, 가족, 간병인의 무력감과 고통을 심화시킨다. 다음에 기술된 사례는 환자
의 직접적인 경험을 넘어 통증, 피로, 인지능력 상실의 영향을 보여준다.

사례

D여사는 미망인이며 만성신장질환을 가진 65세의 아프리카계 미국인이다. 그녀는 가족 수가
많은 확대가족에서 정서적으로든 가정생활에서든 중심적인 역할을 해왔다. 그녀는 더 많이 피로
감을 느끼고, 침대에 있는 시간이 늘어났으며, 가족과 함께 하는 시간이 줄어들었다. 통증은 집중

적으로 관리되고 있으나, 처방된 약물은 인지적 손상을 가져왔다. 그녀의 몸에서 약물에 대한 내성이 생기면 인지능력도 다시 향상될 것으로 예상된다. 가족의 근심은 점점 더 커지고 있다; 그녀가 좀 더 오래 깨어 있고, 신체적으로도 활동적이며, 인지가 또렷하기를 원한다. 가족은 그녀의 인지손상의 원인이 되는 약 처방이 의사의 경험 부족 때문이라고 생각하기 때문에, 완화의료 의사에게 화가 나 있다. 진단평가에 따르면, 피로 증상은 돌이킬 수 없이 진행 중인 신부전을 반영하는 것이다. 사회복지적 개입사항은 아래와 같다.

- 병의 단계에 대한 가족의 인식과 이해력을 검토한다.
- 의사에게 표현된 분노를 알려줄 수 있는 다양한 요인들로, 약물의 시험적용과 적응 과정에 대한 이해 부족, 인종 간 갈등 혹은 오해, 환자가 도움이 되기보다는 피해를 입고 있다는 두려움 등을 탐색한다.
- 지원팀과의 가족 모임을 조직하고 환자의 컨디션 변화에 대한 그들만의 관찰결과를 끌어내고 탐구함으로써 가족이 의료정보를 통합할 수 있도록 돕는다.
- 환자가 점점 수면상태가 될 수 있는 가능성에 대해 가족이 준비할 수 있도록 의료진과 함께 협력한다. 가족은 환자가 또렷한 의식을 가지고 있을 때 깨어서 상호작용하는 시간을 가짐으로써 이 시간을 의미 있게 활용하고 극대화할 필요가 있다.
- 잠재적인 상실에 대한 개인과 가족의 반응을 인정하고 탐색하며, 도움을 줄 수 있는 지역사회와 영적 지원체계를 강화한다.
- 상실경험으로 변화하는 가족구조를 인정하고, 앞으로 이들이 어떻게 역할과 책임을 변화시킬 수 있을지에 대해 도움을 준다.

위 사례는 증상의 다차원적인 관점이 사정과 개입과정에서 핵심이 될 수 있음을 보여준다. 각 개인과 가족은 만성적 혹은 잠재적으로 삶을 위협하는 질병의 맥락으로, 또한 그들 나름의 독특한 가족 역사와 가족성 발현family constellation[11]을 통해 증상을 경험한다. 다음의 사례는 같은 증상—통증, 피로도, 인지능력 상실—을 가진 환자의 사례이다. 그러나 원인, 영향, 상징적 의미, 그리고 결과에 따라 개입방법이 어떻게 다를 수 있는지 보여준다.

사례

J여사는 3세에서 8세 사이의 자녀 세 명을 두고 있는 35세 기혼 여성이다. 그녀는 등에 통증을 가지고 있다. 통증은 종종 그녀를 쇠약하게 하고, 부모로서 또는 직장인으로서 능력을 발휘하는 데 방해가 되며, 남편과의 친밀한 관계를 형성하는 데에도 어려움을 준다. 그녀는 현재 약물실험, 물리 치료, 인지행동 치료를 포함하는 복합치료계획에 참여하고 있다. 의사의 지침에 따라,

---

11) 특정한 유전형질에 관여하고 있는 유전인자, 염색체, 전좌염색체 혹은 과잉염색체를 양친의 어느 쪽이 보유하기 때문에 그 가족에 한하여 형질이 발현되는 것을 의미함 — 옮긴이 주.

그녀는 오피오이드 약물의 사용을 점차 늘려왔으며, 피로, 졸음, 인지 둔화 등과 같은 부작용이 증가함을 경험하고 있다. 남편과 가족은 그녀의 병이 너무 악화되어 점차 "통제 불능"이 되어 자녀들을 놀보지 못할까봐 걱정한다. 그녀가 오피오이드 약물을 복용하고 있음을 모르는 시누이들은 그녀의 행동이 약물중독에 의한 증상이라 판단하며 가정보호서비스를 받도록 한다.

이러한 맥락에서, J여사의 증상은 약물 부작용이라 할 수 있는데, 이는 기능이 감소됨에 따라 긴급 상황에 치닫게 만든다. 또한 가족의 안전을 저해하고, 아이들을 위험에 놓이게 함으로써 트라우마와 가족 갈등을 야기한다. 통증관리팀의 사전-예방적 접근은 부정적인 결과를 예방할 수 있다. 사회복지적 개입계획의 내용은 아래와 같다.

- 아이들의 행동, 환자의 증상과 부작용, 그리고 증가된 가족긴장 사이에서의 관계를 사정한다.
- 아이들의 욕구를 해결하고, 약물이 안정화되었을 때 가족들이 환자를 지지하고 감독할 수 있도록 가족 및 아동보호서비스를 통해 개입한다.
- 중독, 내성, 신체적 의존성의 차이점과 약물치료의 부작용으로 생길 수 있는 행동에 대한 교육을 제공하기 위해 시누이를 포함한 가족구성원과 함께 가족회의 형식으로 환자를 상담한다.
- 지속적인 약물의 시험과 약물의 적정사용 등 다양한 치료가 포함되는 돌봄계획에 가족들이 지지자와 참여자로서 기능하도록 돕는다.

취약 계층과 다양한 영역
VULNERABLE POPULATIONS AND DIVERSE SETTINGS

통증, 약물, 보건의료 전문가에게 통증의 적절한 치료는 개인의 관계에 영향을 주는 신념, 가치, 행동뿐만 아니라 교육, 규제, 보상에 대한 장벽을 포함해야 하는 다각적인 문제이다. 제대로 통제되지 못한 통증은 많은 사람들에게 불필요한 고통을 주며, 특정 사람들에게는 더 취약한 것으로 확인되었다. 통증을 사정하는 것에 어려움이 생기면 적절한 치료가 이루어지기 힘들다. 특히, 언어적, 문화적 차이를 가진 사람, 신생아, 아동, 노인 및 인지적으로 손상을 가지거나 정신질환을 가진 사람들은 통증을 사정하는 데 어려움이 있다(American Pain Society, 2003). 통증관리의 수많은 장벽은 심리사회적, 정치적, 영적 혹은 문화적 요소이며, 이러한 요소들이 지니는 특성은 사회복지 사정 및 개입의 초점이 될 수 있다(Altilio, 2004; Parker-Oliver, Wittenberg-Lyles, Washington, & Sehrawat, 2009).

서비스, 정의에 대한 헌신, 학대받는 집단에 대한 옹호 등의 사회복지 전통은 냉랭한 보건의료시스템 때문에 치료를 제공받는 데 선천적이고 지속적인 어려움을 겪는 집단, 그리고 통증,

질병에 의해 심각한 무능감과 취약성을 가진 집단을 사회복지사가 인식하고 옹호하는 능력을 개발하도록 요구한다(Mendenhall, 2003).

노인의학

노인의학전문 임상사회복지사는 통증, 우울증 등 쉽게 인식하지 못하거나 조절되지 않는 증상으로 인한 노인의 불필요한 고통 문제를 강조하고 해결하기 위해 책임을 공유한다(Beekman et al., 2002; Bernabei et al., 1998; Fox, Raina, & Jadad, 1999; Jerant, Azari, Nesbitt, & Meyers, 2004; Liao & Ferrell, 2000). 시간이 지남에 따라 노인은 자신의 삶의 질뿐만 아니라 가족 또는 간병인의 삶에 영향을 줄 수 있는 다양한 만성적 질환을 가질 수 있다. 또한, 관리되지 않는 통증은 우울과 기타 기분장애, 불안, 사회적 고립, 불면증, 기능의 저하, 식욕 감퇴, 낙상 위험 등을 야기할 수 있다 (American Geriatric Society Panel on Persistent Pain in Older Persons, 2002; Stein, 2001; WHO, 2004). 노인은 통증이 예측된다고 믿으며, 그와 관련하여 질문하면 "통증"이라고 인정하지는 않더라도 "쑤심aches" 또는 "아픔soreness"이라고는 말할 것이다. 이 외의 추가적인 장벽은 중독, 약물의 비용 및 부작용에 대한 걱정, 미신과 오해 등을 포함한다. 사정의 초점은 종종 육체적인 고통을 넘어 친구와 자신의 죽음 및 삶의 의미와 목적과 같은 실존적 문제로 확장된다. 이러한 취약계층의 인지능력 손상은 표현, 평가, 통증관리를 더욱 어렵게 만들고, 임상팀이 골다공증이나 생명을 위협하는 질병에 따른 만성적인 상황을 평가하고 치료를 적용함에 있어서 그 책임을 증가시킬 수 있다(Sachs, Shega, & Cox-Hayley, 2004; Stein, 2001).

완화의료와 만성통증에 대한 개입에는 각 개인 수준에서 시력, 청력제한과 같이 기능에 대한 적절한 평가를 통해 노년층의 특별한 욕구가 반영되어야 한다. 집단, 지역사회, 또는 사회의 차원에서 사회복지사는 천천히 병이 진행되는 중이거나 만성화되는 과정에서 의료서비스를 필요로 하는 사람들을 위해 대체완화의료 모델을 구성하는 역할을 한다(Jerant et al., 2004).

젠더 이슈

통증에 대한 개인의 반응은 성gender을 포함한 다양한 요인에 의해 영향을 받는다. 남성과 여성은 서로 다르게 통증을 경험한다. 이와 관련된 연구들에서는 여성이 만성통증 상황과 암 (Hoffman & Tarzian, 2001), 또는 에이즈와 같은 질병을 진단받았을 때 좀 더 부적절하게 다루어지고 있음을 제시한다(Breitbart et al., 1995; Cleeland et al., 1994). 성별에 따른 통증의 차이 연구에서는 아래와 같은 복잡한 사항이 고려된다.

• 생물학적 요인: 오피오이드 약물 수용체와 관련된 메커니즘, 교감 신경계 기능, 호르몬의 영향

- 심리사회적 요인: 인지 평가와 귀인 의미attributed meaning
- 행동적 반응: 대처 메커니즘; 의사소통 스타일; 건강 행동(병의원 방문, 약 복용)
- 문화적, 사회화 요인: 환자와 보건의료 종사자 양쪽에 대한 반응, 인식, 생각, 행동에 영향을 미치는 문화적, 사회화 요인(Unruh, 1996)

비록 병인etiology 및 인과관계causation가 잘 이해되지는 않지만, 최근의 연구는 여성이 통증에 대해 호소할 때 남성의 경우에 비해 이것이 덜 심각하게 받아들여진다고 제시한다. 또한, 여성의 통증은 정서적, 심인성으로 저평가될 수 있으며 따라서, 덜 적극적인 치료를 받게 된다고 보고한다(Fillingim, 2005; International Association for the Study of Pain, 2009). 이 차이는 개인의 존엄과 가치에 대한 정의 그리고, 존중의 윤리 원칙에 위배되는 것이다(Hoffman & Tarzian, 2001). 키페Keefe 등(2000)은 골관절염을 가진 남성과 여성들 사이에 통증, 통증 관련 행동, 심리적 장애에 있어 중요한 차이가 있음을 보고하였다. 참고로, "파국화catastrophizing" 경험에 있어서는 성별에 따른 유의미한 효과가 나타나지 않았다. 통증의 표현에 있어 성별 차이는 이전의 전통적인 연구에서 찾아볼 수 있는데, 남성의 경우 남성 연구자에게 보고할 때보다는 여성 연구자에게 자신의 통증을 훨씬 덜 고통스러운 것으로 보고하였다(Levine & De Simone, 1991).

소수민족

2001년 본햄Bonham은 인종, 민족, 사회경제적 상태에 따라 통증치료에 대한 차별을 문서화하는 다양한 연구를 검토하였다. 비록 그 보고서는 다소 일관성이 없는 경향이 있지만, 인종적, 민족적 소수자들은 급성 및 만성통증에 대해 적절한 치료를 받기 어렵다는 결론을 보여주는 유력한 증거들을 제시하고 있다(Anderson et al., 2000; Anderson, Green, & Payne, 2009; Bonham, 2001; Cleeland et al., 1994; Dannemiller Memorial Educational Foundation, 2004). 이러한 불평등을 야기하는 변수들은 환자, 가족, 기관의 다차원적 수준에서 존재한다. 이는 빈약한 의사소통, 불신, 인종차별주의, 경제적 혹은 교육적 불이익에서부터 이탈과 치료의 비연속성을 유도하는 보건의료 시스템, 차이를 해소하고 신뢰를 강화하기 위한 임상상담에 충분한 시간을 허용하지 못하는 것 등에 이르기까지 범위가 다양하다.

더불어, 언어의 차이는 오해를 불러일으키며, 환자가 보건의료 전문가에게 자신의 요구를 정확하게 전달하지 못함으로써 불안이 증가될 수 있다. 도심 약국들은 심한 통증을 진정시키기 위해 사용되는 오피오이드 약물을 보관하지 않으며, 이로 인해 이미 불이익을 받는 집단은 그에 따른 추가적인 어려움을 겪고 있는 상황이다. 사회복지사는 환자들이 처방된 약을 반드시 구할 수 있는지 약국에 먼저 확인해보도록 권하고, 그들을 보호하기 위한 추가적인 계획을 세움으로써 위기를 예방할 수 있도록 환자와 동료들을 도울 수 있다(Morrison, Wallenstein, Natale, Senzel, & Huang, 2000).

물질 남용

미국인구의 6~15%가 처방 약물을 오용하거나 불법적인 마약을 남용하는 등의 물질사용장애substance use disorder를 가지고 있는 것으로 조사되었다(Collier & Kopstein, 1991; Groerer & Brodsky, 1992; Zachny et al., 2003; 자세한 내용은 17장을 참조할 것). 만성통증관리 및 완화치료에 사용되는 일부 약물은 사용량이 제한된다. 이러한 약물이나 기타 다른 종류의 약물은 남용과 정신착란diversion을 유발할 가능성을 가지고 있다. 진통제는 마약을 남용하는 것으로 알려진 환자에게 처방될 때 특히 경계가 필요하다. 현재 또는 과거에 중독 경험이 있는 환자를 관리하는 것은 아래와 같은 임상적, 사회적, 규제적, 정책적 과제로부터 영향을 받는다.

• 아래의 용어에 대한 혼동 및 이해 부족 :
  - **중독**Addiction. 증상을 발전시키고 발현하는 데 영향을 미치는 유전적, 심리사회적, 환경적 요인을 가진 만성적이고 신경생물학적인 질환. 언급되는 한 가지 혹은 그 이상의 행동에 의해서 특성화된다. 약물사용에 대한 손상된 통제력, 충동적인 사용, 해로움에도 불구하고 지속되는 사용, 갈망. 해로움에도 불구하고 사용하는 것은 신체적, 정서적, 사회적 영역뿐만 아니라 의료서비스 제공자와 관계에서의 해로움도 포함하고 있다. 중독을 암시하는 행동은 때때로는 실제로 안정을 찾는 행동이기도 하다. 이는 통증이 관리된 후에는 없어진다.
  - **신체적 의존성**Physical dependence. 갑작스러운 약물 중단, 급속한 복용량 감소, 길항제antagonist의 투여 혹은 약물의 혈중 농도가 감소함으로써 발생할 수 있는 약물 금단 증상에 의해 나타나는 적응 상태. 신체적 의존성은 많은 종류의 약물을 오랜 기간 사용하였을 때 나타날 수 있다. 신체적 의존성을 발생시키는 약물로는 베타 차단제, 스테로이드, 항우울제 및 중독성 질환과 연관되지 않은 기타 약물이 있다.
  - **내성**Tolerance. 약물에의 노출로 인해 시간이 지나면서 해당 약물의 효과가 감소하는 적응 상태. 내성은 약의 기대하는 혹은 기대하지 않은 효과로 생기며 다른 효과에 대해 서로 다른 속도로 발전할 수 있다. 예를 들어, 오피오이드의 경우에는 내성이 호흡억제보다 통각 상실에 대해 더 느리게 나타나며 변비에 대한 내성은 전혀 나타나지 않을 수 있다. 많은 경우에 있어서, 약물의 내성보다는 병의 진행 때문에 약물의 효과가 감소한다.
  - **허위중독**Pseudoaddiction. 통증이 치료되지 않았을 때 발생할 수 있는 행동을 설명하는 데 사용되는 용어. 지속되는 통증을 가진 환자는 약을 얻기 위해 집중하거나, 약이 제공되는 시간만 기다리거나, 과거에 효과를 봤었던 특별한 약을 요청할 것이다. 허위중독은 통증이 효과적으로 관리되면 행동이 해결될 수 있다는 점에서 실제 중독과는 구별될 수 있다(www.ampainsoc.org/advocacy/opioids2.htm).
• 진통제를 처방하는 과정 및 결과에 대한 의료서비스 제공자의 두려움으로, 환자를 위해

약물처방을 하는 의사의 공포증opiophobia으로 언급된다(Morgan, 1986; Shine & Demas, 1984).
- 규제, 법 집행 기관, 의료 이사회 감시에 대한 두려움.
- 재발을 일으키는 혹은 잠재적인 중독성 질환 활성화에 대한 환자, 가족, 의사의 두려움.
- 잠재적인 정신 착란diversion에 대한 걱정
- 통증을 가진 사람의 치료와 문제적 약물사용 행동을 평가, 관리, 감시하는 데 필요한 시간, 기술, 학제간 지원의 부족.

중독질환을 가진 많은 사람들에게는 여러 가지 의료적 문제가 있으며 결과적으로 심한 증상을 보일 수 있다. 그들은 대개 소외되고 자신을 위한 옹호자도 거의 없다(Otis-Green & Rutland, 2004). 인생 초년기부터 약물을 사용한 사람들은 보건의료시스템과 협상할 수 있는 행동과 기술을 배우지 못했을 수 있다. 집단으로서, 그들은 권력기반 혹은 정치적 영향력이 없으며 종종 친구와 가족에게 소외되어 있다. 그들의 중독 혹은 문제적 약물사용 행동에 대해 전문가가 진정성을 가지고 관리해야 할 뿐만 아니라 해악을 줄이고 이익을 최대화하는 증상 관리도 필요하다. 비록 중독과 통증관리 두 영역 모두에 대한 전문가는 많지 않지만, 인터넷으로 쉽게 접근할 수 있는 다양한 자원을 통한 안내 지침이 필요하다. 치료 프로그램을 통해 통증과 중독성 질병을 성공적으로 치료하기 위한 기회를 최대화할 수 있다. 또한, 환자, 가족, 약사에게 안전한 환경을 제공하는 치료계획을 만들기 위해 전문적인 사정, 구조, 일관성, 심리사회적psychosocial 개입과 심리적psycho-logical 개입이 요구된다. 물질사용 이슈에 대한 종합적인 논의는 17장에서 자세히 다루고 있다.

정책 이슈: 옹호와 리더십 기회

1998년, 미국국립보건원NIH은 제대로 관리되지 않은 통증의 영향을 비용으로 환산하면 건강보험 비용, 보상, 소송비용을 포함하여 연간 1,000억 달러를 초과할 것으로 추정하였다. 제대로 관리되지 않은 통증은 개인과 가족의 삶의 질에 다차원적인 영향을 미칠 뿐만 아니라, 심각한 공중보건적 영향으로 인한 재정적 문제까지 야기한다.

예를 들면, 통증관리 및 완화치료에서는 심리사회적 욕구에 중점을 둔 다차원적 접근으로 표준치료를 제공하는 반면, 보험수가는 이런 수준의 치료를 지원하기에 충분하지 않다. 따라서, 연구 자금에 대한 필요성을 옹호하는 보험업계 및 의원들과 협력하고, 환자와 가족 및 보호자에 대한 치료의 질과 비용에 대해 통증 및 완화의료 개입이 가지는 잠재력을 문서화할 필요가 있다. 이러한 치료는 간병인과 궁극적으로는 보건의료시스템의 상당한 물리적, 재정적, 정서적 희생을 담보로 제공된다(Levine, 2004). 전문적인 교육을 의무화하는 통증관리 법안부터 처방자가 중앙 데이터베이스에 환자의 처방 정보를 제출하도록 하는 모니터링 프로그램의 권고에 이르기까지 입법을 위한 노력은 매우 다양하다. 입법의 목표는 처방 약물의 남용과 처방 이외 목적의 사용을 줄이는 것이지만, 이는 개인정보보호, 자기결정권, 자율성, 비밀보장의 원칙 등과 같은 사회복지와 인간의 핵심 가치에 도전하는 것이기도 하다. 이러한 입법화 노력은 사회복지 참여의 다양한 영역과 관련된다. 임상가, 옹호자, 지역사회 조직가, 정책 입안자, 연구자 등 어떤 역할이든 사회복지현장에서는 매우 중요하다.

학제간, 초학제간 팀

많은 전문가들과 보건의료서비스 제공자가 협업하는 학제간 팀 접근방식은 최적의 완화의료 실천의 중심이며(Lickiss, Turner, & Pollock, 2004; NCP, 2009; WHO, 1990), 만성통증 치료의 핵심이다. 다양한 전문가들이 각각 독립적으로 돌봄을 제공하는 다학제적multidisciplinary 접근과는 대조적으로, "학제간interdisciplinary 접근은 다른 학문 분야의 사람들이 공동의 목적을 위해 훈련하고 활동하는 것을 의미하며, 애초에 그들의 역할이 서로 다른 만큼, 환자 중심의 의료에 대해 서로 보완적으로 기여하는 것이다"(McCallin, 2001, p. 419). 팀은 환자와 가족구성원의 생물학적, 심리적, 정서적, 사회적, 영적 욕구에 대해 여러 전문가의 전문화된 지식과 기술을 제공함으로써 협력하여 다룬다. 정보 교환 및 조정된 치료 계획 등 협력적 노력을 특징으로 하고, 팀 논의의 중심에 환자와 가족을 참여시키며 각 구성원의 독특한 기여를 극대화할 수 있다(Connor, Egan, Kwilosz, Larson, & Reese, 2002; Loscalzo & Von Gunten, 2009). 개입기술, 환자와 가족 구성원, 보건의료팀 구성원이 포함된 가족회의와 같은 개입기술은 조정된 학제간 실천을 촉진한다(Fineberg, 2010).

일부 수준 높게 조정된 완화의료팀은 초학제적transdisciplinary 접근방법을 사용할 수 있다. 초학제적 팀은 구성원들이 자신들의 학문과 관계된 전문적 기여를 제공할 뿐만 아니라 역할을 공유하는 등 기능에 있어 교집합을 이루는 것을 특징으로 한다. 비록 팀 전문가들이 서로 호환되지는 않지만, 환자와 가족 치료문제를 평가하고 해결하기 위한 책임은 함께 공유한다.

초학제적 작업에서 개별 팀 구성원의 역할은 전문적 기능이 서로 중첩됨에 따라 모호해진다. 각각의 팀 구성원은 서로 다른 중요한 역할을 맡을 수 있도록 동료들의 개념과 접근에 대해 충분히 익숙해져야 할 것이다(Hall & Weaver, 2001, p. 868).

팀 접근은 고유의 전문적인 공헌과 팀 구성원으로서의 역할을 할 수 있는 전문성을 요구한다. 이 두 가지 역할은 보건의료서비스 공급자에게는 매우 어려울 수 있지만, 치료에는 상당히 도움이 된다.

팀 구성원은 환자 및 가족, 다른 팀 구성원 모두에게 그들의 역할에 대해 설명할 수 있는 반면, 전문적인 역할을 수행함에 있어서는 유연함이 필요하며, 그들의 전문적 영역professional turf을 지나치게 보호함으로써 환자 및 가족 치료를 약화시키지 않도록 주의해야 한다(Otis-Green & Fineberg, 2010). 영역turf과 관련된 이슈는 이것이 해제되거나 최소화될 수 있도록 공개적으로 논의되어야 한다. 보건의료 현장의 경제적 제약에 따른 직업적 안정성을 도모하기 위해 자신들의 영역을 보호하고자 민감하게 반응할 수 있기 때문이다.

성공적으로 기능하는 팀은 효과적인 의사소통을 하고 상호간의 신뢰를 형성한다(Blacker & Deveau, 2010; Maddocks, 2006). 조정된 기능은 환자 및 가족에게 서로 부딪히거나 혼란스러운 정보의 제공을 최소화하기 위해 매우 중요하며, 완화의료와 생애말기 치료단계에서는 이것이 특히 중요하다. 서로에 대해 보다 익숙해지기, 서로의 관점에 대한 차이점과 공통점에 대해 숙지하기, 정중하고 공개적으로 갈등을 해결하기, 비위계적인 형태로 의사소통을 발전시키기 등 팀을 잘 만들어 나가고자 하는 의도적 노력에 참여할 때 팀은 긍정적으로 기능할 수 있다(Otis-Green & Fineberg, 2010). 위계적 관점이 지배적인 생의학 모델의 보건의료 환경에서 이러한 활동은 특히 도전이 되고 있다.

스스로 돌보기

완화의료와 통증관리 영역의 실천가는 종종 클라이언트의 분노, 슬픔, 고통을 목격하게 되는데, 만성적인 통증이 있거나 생애말기의 환자들이 특히 그러하다(Speck, 2006). 환자와 가족을 대상으로 하는 임상적인 업무와 더불어, 기관과 현장 중심의 실천 및 인식, 복잡한 윤리적 딜레마는 직무스트레스와 소진의 원인이 될 수 있다(O'Donnell et al., 2008; Ulrich et al., 2007).

생애말기 돌봄의 과정에서 환자와 가족에게 도움을 제공하는 사회복지사는 극심한 정서적 부담을 경험할 수 있다. 질병조정 치료가 지속될 때, 불필요한 고통을 야기한다고 여겨질 때, 그리고 때로는 의료의 목표가 오직 온정적인 안위 간호comfort care에만 집중되는 방향으로 바뀌었을 때 이러한 정서적 부담을 경험한다. 사회복지실천의 정서적, 실존적, 영적 깊이는 전문성의 사용 및 클라이언트의 통증과 고통을 증명하고 돌보는 능력을 통해 특화된다(Arnd-Caddigan & Pozzuto, 2009; Renzenbrink, 2004). 현장에 깊이 관여하거나 열정적으로 일하는 사람들은 어떻게 동정 피로compassion fatigue[12]를 예방할 수 있을지에 대해 솔직하고 관심 있게 생각해야 한다. 특히 모든 실천가에게 도전이 되는 문제 중 하나는 환자와 가족에 대한 투자와 애착이 진실되면서도 지나치게 소모적이지 않은, 섬세한 전문적 경계를 유지하는 일이다. 친밀감과 거리두기의 균형은 실천가에게 진심어리고 의미 있는, 숙련된 돌봄을 제공하도록 한다. 하지만, 이러한 균형이 동정 피로와 소진을 야기하는 원인을 대폭적으로 감소시키는 것은 아니다(Renzenbrink, 2004). 소진과 동정 피로를 경험하는 사회복지사는 일반적으로 현장에서의 문제로 인한 좌절감과 함께 공감적이고 헌신적인 돌봄을 제공하지 못하고 냉담해질 정도로 내면의 정서적 자원이 고갈되는, 장기적으로 불균형적인 실천을 경험한다고 토로한다(Otis-Green, 2011).

사회복지사의 삶의 큰 맥락에서 자기 돌봄은 개인의 삶과 전문성 사이의 균형을 유지하는 것이다. 실천가는 자신의 직업과 자아의 경계를 개발하고 유지해야 한다. 이는 인위적인 분리라

---

12) 쉴 틈 없이 연민 혹은 동정을 가진 채 일을 하는 분야의 종사자에게서 나타는 증상으로, 일종의 스트레스 증후군이며, 심하면 불안증세가 생겨 잠을 못 잘 수도 있고 무기력감을 느낄 수도 있음 — 옮긴이 주.

기보다는 오히려 열정적인 노력을 통해 이루어진다. 일과 연관되지 않는 관계, 관심사, 취미, 활동 등 풍부한 개인의 삶, 일에 대한 빈번한 생각 없이 개인의 시간을 즐길 수 있는 능력을 개발할 필요가 있다. 이렇듯 개인의 삶을 누리는 것은 원기를 회복시키고, 지속적으로 일할 수 있도록 만들기 때문에 매우 중요하다.

결론
CONCLUSION

이 책에 완화의료 및 통증관리 부분을 포함한 것은 이러한 전문영역에서의 사회복지에 대한 관심이 증가하고 있으며, 잠재적인 영향력이 있기 때문이다. 몬로에Monroe(2004), 선더스Saunders(2001)와 쉘던Sheldon(1999, 2000)의 기록에 의하면, 완화의료는 1960년대 이후 영국에서 전문적으로 관심을 가져왔다. 미국의 사례를 통해 우리는 의사 및 간호사에 뒤이어 완화의료 영역에서의 사회복지에 대한 필요성이 급성장하고 있음을 확인할 수 있다. 그러나 아직 통증관리의 전문영역에서 사회복지의 존재는 제한적이며 완전히 활발하다고 할 수는 없다.

시퍼트Sieppert(1996)의 연구, 크라이스트Christ와 소르멘티Sormanti(1999), 레이머Raymer와 치카이Csikai(2005)의 연구는 만성통증과 완화의료 영역 모두에서 교육, 연구, 리더십이 필요함을 보여준다. 2002년과 2005년에 개최된 생애말기 및 완화의료에 대한 사회복지 정상회의(Altilio, Gardia, & Otis-Green, 2008)에서는 실무자, 교육자 및 연구자 간의 공동 작업의 필요성을 역설했다.

최근 의사를 위한 생애말기 의료교육 및 생애말기 간호교육 컨소시엄으로 대표되는 공식교육 과정에 사회복지 생애말기 교육과정 프로젝트(Raymer & Csikai, 2005), 초학제적 완화의료 교육과정인 에이스 프로젝트ACE Project: Advocating for Clinical Excellence: Transdisciplinary Palliative Care Education 그리고 사회복지사를 위한 우수한 통증관리 및 완화의료 과정Promoting Excellence in Pain Management and Palliative Care for Social Workers courses 등도 같이 연계하고 있다(Otis-Green & Ferrell, 2010). 뉴욕 대학의 노인복지대학원 및 스미스 대학의 사회복지대학원에서 이에 대한 대학원 프로그램을 제공하고 있는 것과 더불어, 암센터Cancer Care, 전미사회복지사협회NASW, 종양사회복지사협회Association of Oncology Social Workers와 같은 기관들에서도 포괄적 평생교육과정을 운영하고 있으며, 대부분의 교육은 인터넷으로 수강이 가능하다(Altilio, 2005, 2008; Glajchen, Blum, & Calder, 1995; Hudgens, 1977; Loscalzo & Amendola, 1990; Mendenhall, 2003; Roy, 1981; Subramanian & Rose, 1988). 또한, 이브 콜론Yvette Colon과 크리스티나 톰슨Kristina Thomson과 같이 사회복지의 필요성을 강조하는 전문가들은 통증관리 영역에서의 사회복지 전문성을 옹호하고 격려해오고 있다. 리더십 개발상Leadership Development Award은 죽음에 대한 소로스 재단 프로젝트Soros Foundation Project on Death in America에서 사회복지사에게 수여하는 상으로, 생애말기와 완화의료에 초점을 맞추며, 사회복지실천가의 주요 기술로서 통증과 증상관리를 포함한다. 본 교재에서 통증관리와 완화의료를 포함한 것은 해당 영역에서의 사회복지사의 역할, 책임, 기회를 명확히 하기 위함이다.

　사회복지는 처음 소개된 이래, 정의, 소외계층과 취약계층에 대한 헌신, 모든 인간의 가치와 진실성에 대한 존중 등을 중요한 가치로 지켜왔다. 통증관리와 완화의료 영역은 이러한 가치들이 모든 작업에 잘 짜여 있어 마치 패스트리와 같다. 생명을 제한하는 질병 혹은 만성통증을 가진 사람들은 골절을 고치고 깊은 틈을 메우기 위해 노력하는 보건의료시스템과 연결되어 있다. 그들은 대개 잠재적으로 취약계층이며 자주 소외된다. 우리는 이 장을 통해 사회복지사가 이러한 대상자들의 삶을 바꿀 수 있는 수많은 가능성과 기회에 대해 인식하는 데 도움받기를 희망한다.

연습문제

연습 22.1
　사회복지사들이 배우는 기술 및 윤리강령을 사회복지실천 현장에서의 통증 및 완화의료 영역에 어떻게 적용할 수 있는지 예를 들어본다.

연습 22.2
　파트너를 정해서 역할극을 수행해본다. 한 사람은 환자 역할을 하고, 다른 사람은 환자가 왜 정서적으로 불안한지를 평가하는 의료사회복지사의 역할을 맡는다. 환자는 사회복지사에게 더 이상 치료가 효과가 없다는 것과 앞으로 자신이 석 달 정도밖에 살지 못한다는 사실을 들었다고 말한다. 이번 장에서 제시되거나 여러분의 수업에서 배운 내용을 토대로, 환자에 대한 사정을 실시하고 개입계획을 수립해 보도록 한다.

연습 22.3
　통증관리 혹은 완화의료 현장에서 일하는 지역사회복지사를 찾아보고, 그들의 업무에 대해서 인터뷰를 실시한다.
　인터뷰에는 아래의 질문이 포함되도록 한다.
- 어떻게 이런 종류의 직업을 선택하게 되었는가? 얼마나 오랫동안 보건의료사회복지 실천 영역에서 일을 하였는가?
- 이 지역에서 일하면서 경험한 윤리적 딜레마는 무엇이었나? 어떻게 그것을 해결했는가?
- 어떻게 스스로를 돌보고 있는가? 힘든 상황에서 어떻게 대처하는가?
- 당신이 일하는 데 있어서 무엇이 동기를 부여하는가?
- 지역사회에서 혹은 업무영역에서 함께 일하는 다른 분야의 전문가들과는 어떻게 협력하며 일하는가?

제 23 장

생애말 돌봄
End-of-Life care

이브 콜론 YVETTE COLÓN

이 장의 목적은 생애말과 관련된 사회복지실천에 관해 기본지식을 제공하는 것이다. 사회복지사는 생애말에 다다른 개인과 그들의 가족, 소중한 사람들, 그리고 다른 보건의료서비스 공급자들에게 큰 영향을 미칠 수 있다. 그러나 사회복지사들은 갈수록 증가하고 있는 생애말 돌봄이 필요한 사람들—만성적인 질병이나 생명을 위협하는 질병을 가진 아동과 성인—과 그들을 돌보는 사람들에게 서비스를 제공하는 데 있어 도전을 받고 있다. 사회복지사들은 생애말의 실천적 개입과 관련한 무수히 복잡한 이슈들에 대해 무방비상태인 경우가 종종 있다. 죽음을 앞둔 이들에게 중요한 심리사회적 서비스를 제공하는 개입이 늘고는 있지만, 사회복지사들은 학부나 대학원에서 이를 위한 적절한 훈련을 받지 못하고 있다.

이 장의 목표
- **생애말 돌봄**에 대해 정의한다.
- **생애말 완화의료**에 대해 정의한다.
- 생애말 돌봄 분야에서의 사회복지사의 역할을 소개한다.
- 환자와 가족의 요구가 전달되고 생애말 돌봄이 적절히 촉진되기 위해 필요한 효과적인 의사소통의 중요성을 소개한다.
- 사전의료의향서advance directives[1] 등을 포함한 생애말 돌봄 계획과정을 이해함으로써 환자와 가족들이 정확한 정보를 바탕으로 의료방식을 선택하고 자신들의 의견을 명확히 전달할 수 있도록 돕는다.
- 생애말 단계에 있는 각 문화 집단과 취약계층의 죽음과 임종 경험에 영향을 미치는 요인들을 이해한다.
- 일시적인 비탄이나 상실에 대한 이론들을 소개한다.

---

1) 환자가 자발적 의사 표현을 할 수 있는 상태에서 연명치료 여부에 대한 의견 등을 밝혀두는 의료유언장으로, 미국·대만·오스트리아 등 여러 국가에서 법제화되어 있음 — 옮긴이 주.

죽음과 임종의 과정은 지난 몇십 년 사이에 사회기술의 발전으로 인해 엄청나게 변화하였다. 의료과학과 기술의 발달로 인한 인간의 평균수명 증가(National Center for Health Statistics, 2010)는 삶과 죽음에 대한 우리의 신념과 태도에 영향을 미쳤다. 질병과 임종 과정은 변화하였다. 즉, 과거에는 특정 질병의 발병과 이로 인한 죽음이 갑작스럽고 빠르게 일어났지만, 현재는 그러한 전형적인 죽음이 보다 연장되고 있다. 임종 장소는 집이나 거주지에서 병원이나 요양원, 보호시설로 옮겨졌다. 이러한 변화들은 생애말 완화의료에 엄청난 도전을 가져왔다.

완화의료
PALLIATIVE CARE

완화의료는 신체적·심리적·실존적 스트레스의 포괄적 관리에 초점을 둔 학제간 모델이다. 이는 "질병에 대한 치료가 효력을 발휘하지 않는 환자에 대한 적극적인 총체적 돌봄"을 의미한다. 고통 및 다른 증상들에 대한 조절뿐 아니라, 심리적이고 사회적인, 그리고 정신적인 문제들을 무엇보다 중요시한다. "완화의료의 목적은 환자와 가족들이 가장 높은 수준의 삶의 질을 유지하도록 하는 것이다"(World Health Organization[WHO], 1990, p. 7). 완화의료는 환자가 고통과 괴로움 속에 처해 있는 동안 신체적·심리적·영적 측면의 이슈들을 밝혀냄으로써 환자의 삶의 질을 향상시키는 것을 목표로 한다. 완화의료는 "삶을 긍정하고, 죽어간다는 것을 정상적인 과정으로 간주한다. 또한, 삶을 연장시키기 위해 시도되는 화학요법이나 방사선요법과 같은 치료와 병행하여, 질병의 초기 단계에서도 적용할 수 있다. 그리고 사별상담과 같은 환자와 가족들의 욕구가 나타난다면, 이에 부응하기 위해 팀 접근을 활용한다"(WHO, 2004, p. 3).

완화의료 모델은 질병의 모든 과정에서 적용될 수 있다. 또한, 질병의 어느 국면에서나 시한부 인생을 사는 환자의 삶의 질과 죽음의 질 모두에 영향을 미칠 수 있는 신체적·심리사회적·영적인 우려에 대해 대처하고자 한다. 이는 환자와 그 가족의 삶의 질을 유지하기 위한 개입을 포함하는 것이다. 물론 말기에 좀 더 집중적으로 이뤄지기는 하지만, 편안함을 제공하고 환자와 가족의 심리사회적 관심에 주의를 기울이는 것을 우선시하는 것은 질병의 진행과정 내내 중시된다. 이 모델의 이상적인 수행은 환자 및 가족의 가치관과 의사결정이 존중되는 것이며, 실제적인 욕구가 다루어지고, 심리사회적이고 영적인 스트레스가 관리되며, 생애말에 가까워진 환자들에게는 위안적인 돌봄을 제공하는 것이다.

완화의학은 완화의료의 수월성을 위해 전념하고 있는 의학 분야이다. 사회복지사를 포함한 완화의료 전문가들은 일반적으로 팀으로 일하며, 환자의 질병이 이미 많이 진행되어 기대수명이 제한적일 때, 그리고 의료적이고 심리사회적 관심이 복합적이고 시급하게 되었을 때 개입한다. 실제로, 이러한 문제들은 종종 조절할 수 없는 증상, 불확실하거나 갈등이 되는 돌봄의 목적, 임종의 과정과 관련된 정신적 고통, 가족의 부담 증가와 관련되어 있다. 사회복지사는 예상되는 증상이나 그 대처 및 관리에 대해 가족들을 교육시킬 수 있으며, 약물이나 의료처치과정에 대한 정보를 명확히 설명해주고, 보건의료팀과의 의사소통을 용이하게 한다. 또한, 가족들이 구조적으로 실제적·경제적 변화를 만드는 의사결정에 도움을 주고, 그들의 정서적 경험이 정상적인 것임을 알려주며, 보다 효율적으로 대처할 수 있는 기술들을 가르쳐줄 수 있다.

호스피스
HOSPICE

호스피스 케어에서 강조하는 것은 통증과 다른 증상들을 조절함으로써 생애말을 편안하게 해주는 것이다. 말기 환자의 돌봄에 있어 치료적인 개입이나 기술보다는 자연스러운 접근에 중점을 두고 있다. 호스피스는 치료가 아닌 돌봄에 초점을 두고 있으며, 환자의 가정에서 제공되는 경우가 많다. 또한, 호스피스 케어는 독립된 호스피스센터, 병원, 그리고 요양원, 장기요양시설에서 제공된다. 호스피스 서비스는 연령, 종교, 인종, 질병 등에 제한되지 않는다. 호스피스 케어는 메디케어, 메디케이드, 대부분의 민간보험, 보건의료기관, 그리고 기타 건강관리기구들에서 이루어진다(National Hospice and Palliative Care Organization, 2010).

미국의 호스피스 운동은 1960년대 영국인 의사 데임 시슬리 선더스Dame Cicely Saunders가 예일대에서 호스피스의 개념을 소개하면서 시작되었다. 그녀는 임종 시 증상을 완화시키는 접근방법을 알리기 위해 미국으로 왔으며, 최초의 현대식 호스피스인 세인트 크리스토퍼 호스피스병원St. Christopher's inpatient hospice이 런던에서 어떻게 설립되었는지 소개하였다. 선더스는 예일대학교 의학 및 간호학부 학생들에게 호스피스의 개념을 설명하였다. 예일대학교 간호대 학장인 플로렌스 왈드Florence Wald는 예일-뉴헤이븐 병원Yale-New Haven Hospital에 다학제간 그룹을 만들어, 세인트 크리스토퍼의 접근방식을 모델로 하여 병원에서 임종환자를 돌봐온 방식을 바꾸는 것에 대해 검토하도록 하였다. 1975년, 이 작은 그룹의 작업으로 미국 최초의 호스피스가 코네티컷에 설립되었다(Saunders, 1999).

효과적인 생애말 돌봄을 매우 어렵게 하는 장애물들이 존재하였는데, 여기에는 환자 및 가족들의 죽음과 임종에 대한 태도, 환자와 보건의료팀 간의 삐걱대는 의사소통, 충분히 훈련받지 못한 보건의료서비스 제공자, 의료진의 돌봄제공에 대한 경험 부족, 돌봄 서비스의 접근성 부족, 그리고 일관성 없는 보험료 환급 등을 들 수 있다. 미국국립학술원National Academies of Science은 미국의학협회IOM: Institutie of Medicine를 통해 『죽음에 대한 접근: 생애말 돌봄』이라는 중요한 보고서를 발표했다(Field & Cassell, 2002). 그들의 권고 중에는 다음과 같은 내용이 포함되어 있다.

• 생애말을 맞게 된 환자와 가족들에게 신뢰할 수 있고 숙련된 지지적 돌봄이 제공되어야 한다.

- 보건의료 전문가들은 그들의 통증과 기타 증상들을 예방하고 완화하기 위한 효과적인 개입을 알고 있어야 하며 이를 사용해야 한다.
- 완화의료는 전문성과 교육, 연구의 기반을 갖춘 전문영역으로 인정되어야 한다.
- 생애말 돌봄과 사전 의료계획에 대한 대중교육이 이루어져야 한다.
- 환자의 삶의 질을 향상시키기 위한 도구가 개발되어야 하며, 보건의료 기관들이 그것을 사용하도록 해야 한다.
- 의학교육은 생애말 돌봄과 관련된 태도와 지식, 그리고 기술에 대한 내용이 확실히 포함되도록 조정되어야 한다.
- 연구는 생애말 돌봄 지식기반이 강화될 수 있도록 수행되어야 한다.

이 권고사항들은 기존의 생애말 돌봄서비스를 개선하기 위한 것으로, 이를 이행하려는 다양한 노력이 이루어지고 있다. 그러나 진전은 더디기만 하다.

생애말 예상하기
ANTICIPATING THE END OF LIFE

사람들은 생애말에 많은 증상들을 경험하는데, 그것은 환자와 간병인들에게 스트레스를 줄 수 있다. 비록 환자나 가족마다 임종과정이 똑같지는 않지만, 생애말기의 몇 가지 신체적·심리사회적·정서적 변화들은 예측 가능하다. 질병의 말기 단계에서는 호흡곤란이나 불면증, 식욕부진, 통증, 메스꺼움, 변비와 같은 증상이 나타날 수 있다. 환자는 또한 고도의 불안, 우울, 분노, 정서적 위축을 경험하기도 한다. 생애말 환자들이 가장 많이 경험하는 증상들의 본질을 이해하는 것과, 환자 및 그에게 의미 있는 사람들이 대처할 수 있도록 돕는 방법을 아는 것은 생애말 효과적인 사회복지실천에 있어 매우 중요한 일이다. 사회복지사는 이러한 신체적 증상과 심리사회적 반응의 관리에 관해 환자와 가족들을 교육시키는 기회를 가질 수 있다.

이렇게 중요한 시기에, 사회복지사는 환자와 가족들이 생애말을 준비하도록 돕는 길잡이가 되어줄 수 있다. 어떤 일이 일어날지 아는 것은 사회복지사들에게 매우 중요하다. 임종 전이나 그 과정, 사후의 단계에서 환자와 그 가족의 욕구를 다루는 데 도움이 될 수 있기 때문이다. 사회복지사는 임종 환자와 그 가족구성원들의 신체적·심리적 안정을 증진시키기 위해 예상되는 부분에 대한 안내를 해줄 수 있으며, 전문적인 심리사회적 돌봄을 제공할 수 있다.

학제간 팀워크
INTERDISCIPLINARY TEAMWORK

생애말 환자들은 병이 깊어짐에 따라 다른 보건의료 환경—집에서 급성이나 장기요양시설, 외래나 입원의료환경(치료 목적이든 완화의료 목적이든), 재가의료 및 호스피스 환경 등—으로 종종 옮겨지게 된다. 그들은 병의 경과에 따라 여러 의사나 간호사, 보건의료 전문가들로부터 의료서비스를 받게 될 수 있다. 의료환경이 바뀌는 동안 필요한 모든 서비스들을 조정하는 것은 환자나 그 가족, 보건의료 공급자들에게 상당한 도전이 된다. 그때마다 담당기관과 의료비 지불 출처가 달라지는 것은 최적의 생애말 돌봄에 장애물이 될 수도 있다.

완화의료나 호스피스 케어를 위한 학제간 팀의 개입은 그러한 돌봄을 조정하는 데 있어 훌륭한 해결방안이라 할 수 있다. 대개 다음과 같은 사람들이 포함된다.

- 환자
- 환자의 가족이나 간병인
- 완화의료 혹은 호스피스 의사
- 환자의 주치의
- 간호사
- 사회복지사
- 성직자/종교적 상담자
- 약사
- 가정 간병인
- 훈련된 자원봉사자
- 경우에 따라 물리치료사, 작업요법사, 언어치료사

학제간 팀들은 호스피스나 입원환자의 완화의료 환경 모두에서 흔히 볼 수 있다. 팀은 그들이 돌보는 환자들에 대해 논의하고, 각 환자의 웰빙과 통증 및 증상조절에 대한 욕구에 초점을 맞춘 개별화된 의료계획을 개발하기 위해 정기적으로 만난다. 정도에 차이가 있기는 하지만, 민간보험과 공적보험에서 약물, 처치, 의료장비, 기타 완화의료에 필요한 검사 등 생애말 돌봄 서비스를 필요로 하는 환자들에게 관련 비용을 지불하고 있다. 포괄적인 돌봄에는 간호사, 의료인, 사회복지사들의 서비스뿐 아니라 가벼운 집안 정리나 식사준비 등의 가사 서비스와 목욕 및 옷 입히기와 같은 개인 수발 서비스도 포함될 수 있다.

의사소통: 죽음과 임종에 관해 이야기 나누기
COMMUNICATION: TALKING ABOUT DEATH AND DYING

환자와 가족, 사회복지사는 죽음과 임종에 대한 잘못된 개념에 의해 영향을 받을 수 있다. 그들은 죽음에 대해 이야기 나누는 것은 우울하게 만드는 일이라거나, 임종 환자와 가족들은 긍정적인 이야기만 하고 싶어 한다고 생각할 수 있다. 예를 들면, 임종을 언급하는 것이 환자나 가족들을 마음 상하게 하거나 화나게 할 것이라든지, 환자들은 자신이 죽어가고 있다는 것을 전혀 모를 것이라고, 혹은 죽음을 앞둔 아동들은 자신의 걱정거리나 두려움에 대해 어떻게 소통해야 할지 모를 것이라고 생각할 수 있다. 이러한 믿음과 오해는 환자 및 주변의 의미 있는 사람들과 효과적으로 의사소통하는 것에 방해가 된다. 생애말 환자와 명확한 의사소통을 하려면 사회복지사는 환자와 가족의 기저에 있는 가치관과 의미들을 지지하는 임상서비스를 제공하는 데 중점을 두어야 한다. 효과적인 의사소통은 다른 사람의 경험을 이해하는 데 매우 중요하다.

사회복지사는 전통적으로 적극적인 경청과 함께 치료적 의사소통을 강조해 왔다. 생애말에 처한 환자 및 보호자와의 효과적인 의사소통을 위해 사회복지사가 가장 우선적으로 연마해야 할 중요한 기술은 경청이다. 다른 사람과 온전히 "함께 한다"는 것이 효과적인 의사소통의 핵심이다. 질문을 하거나 의견을 구하려면 반응에 대해 정말로 경청해야 한다. 경청은 언급되는 단어뿐 아니라, 함께 표현되는 아주 미묘한 언어적·비언어적 단서에도 주의를 집중하는 것을 말한다. 언어의 내용, 형식, 단어의 선택, 잠깐의 멈춤, 침묵, 몸자세, 분위기, 그리고 표정 등을 경청함으로써 많은 정보를 얻을 수 있다.

개방형 질문들은 환자와 가족으로부터 정보를 모으는 데 유용하다. 폐쇄형 질문(예: 아니오나 정해진 답변만 할 수 있는)과 반대로, 개방형 질문으로 묻는 것은 환자와 가족들에게 그들이 중요하게 여기는 정보를 공유할 여지를 준다. 환자의 관심사와 의사소통 방식을 이해하게 되면, 사회복지사는 환자와 그 가족들이 이해할 수 있는 방식으로 그들이 원하는 정보를 제공할 수 있게 된다(Byock, 1998). 폐쇄형으로 마무리되는 질문보다 오히려, 사회복지사들이 더 많은 정보를 끌어낼 수 있다. 폐쇄형 질문을 하기보다, 사회복지사는 "당신이 사랑하는 사람의 건강상태 변화에 대해 어떻게 이해하고 있는지에 대해 말해주실 수 있나요"와 같이, 더 많은 정보를 이끌어내는 질문을 할 수 있다. 반영적 진술reflective statements 또한 사회복지사와 환자의 이해를 보다 명확히 하는 데 도움이 된다. 반영적 진술이란 예를 들어 "내가 당신에게 들었던 것은 바로 _____입니다. 이것이 맞는지요? 당신이 말하고자 했던 것인가요?"와 같은 것이다.

다른 사람의 감정, 사고, 경험에 대한 인식과 민감도를 보여주는(다른 사람과 같은 감정, 사고, 경험을 갖지 않고도) 공감적 진술empathic statements 능력은 어떤 이에게는 쉽고 어떤 이에게는 어려울 수 있지만, 학습되고 훈련될 수 있는 간단한 기술이다. 환자와 가족들의 이야기를 잘 들어주고, 그들이 처한 어려움에 대해 반영적 언급을 하며, 그들의 두려움과 불안을 이해해주고, 별

문제가 되지 않는다면 걱정을 표현해주거나 눈을 응시하는 것들은 모두 환자의 경험을 이해하고 있다는 것을 알려줄 수 있는 간단한 행동들이다. 정보를 수집할 수 있는 부가적인 기술은 이 책의 10장에서 보다 자세히 소개되고 있다.

임종과정에 있는 아동과 대화하는 것은 가족뿐 아니라 보건의료 전문가들에도 특별한 도전이다. 아동의 죽음은 특별한 슬픔이며, 사회복지사를 포함한 어른들은 임종과정에 내재하는 상실, 고통, 괴로움에 맞서 아동과 자신들을 보호하고 돌봐야 한다는 강한 욕구를 느낄 수도 있다. 이러한 이유 및 여러 다른 이유로 임종을 앞둔 아동과 의사소통하는 것은 어려우며, 이에 따른 불편감 때문에 사회복지사는 아동과 부모의 중요한 욕구와 관심사를 탐색하지 않으려 할지 모른다.

임종을 앞둔 아동과 관련된 생애말 돌봄 이슈
END-OF-LIFE CARE CONCERNS RELATED TO A DYING CHILD

사회복지사들은 임종을 앞둔 아동의 정서적 욕구와 대면하는 부모 및 다른 가족들을 돕기 위해 철저히 준비되어야 한다. 부모와 가족들은 자신들이 병원의 보건의료팀만큼 돌봄 서비스를 잘 제공하고 있는 게 아닐지 모른다는 염려 등과 같은 많은 이슈에 직면한다. 그들은 임종을 앞둔 자녀를 돌보기 위해 그들이 할 수 있는 모든 일을 하고 있다는 것을 알아야 한다.

개별 사회복지사의 개인적이고 전문적인 도전들은 질병 말기의 아동과 그 가족을 돌보는 데 향하는 것이 중요하다. 그렇게 되면, 사회복지사는 보건의료팀의 다른 구성원들을 더 잘 지원해줄 수 있다. 특히 의사와 같은 보건의료 전문가들은 종종 극심한 어려움을 경험하는데, 바로 부모들에게 더 이상 자녀를 위한 효과적인 치료법이 없다는 것을 말해야 하는 순간이다. 그러나 의사의 치료를 종료하고 완화의료를 시작해야 할 필요성에 초점을 두고 논의할 수 있도록 부모를 지지해준다면, 대부분의 생애말 돌봄 서비스 제공자들은 보다 직접적이고 효과적으로 의사소통을 해낼 수 있다. 사회복지사들에게 있어 핵심은 부모들이 그들의 진정한 감정과 우려, 목표를 표현하도록 격려하고 지지하는 자신들의 중요한 역할을 인식하는 것이다.

아이들이 아무리 어리다 해도 그들이나 그들과 가까운 누군가에게 죽음이 가까워지고 있다는 말은 충분히 해줄 수 있다(Silverman, 1999). 임종을 앞둔 아동은 대개 자신이 죽어가고 있음을 스스로도 알고 있다. 죽음을 인정하지 못하는 것은 아동과 그 아동을 돌보는 성인 사이에 장벽을 만들어낸다. 질병을 앓는 아동들은 공통적으로 그들이 자신의 질환에 대한 책임이 있다고 생각한다. 즉, 아프다는 것은 처벌로 해석될 수 있는 것이다. 많은 아동들이 고통스러운 감정을 이야기 나누려 하지 않는 것은 그들의 부모와 형제를 더 큰 정서적인 고통에서 보호하려는 것일 수도 있다. 정직한 논의 없이 침묵하는 것은 이러한 잘못된 생각이나 아동과 그들의 형제가 만들어내는 또 다른 오해들을 심화시킬 뿐이다. 이는 아동을 고립시키며, 극복하기 버거운 일에 대처하는 데 필요한 협력을 제한한다. 임종을 앞둔 아동은 희망이나 사랑뿐 아니라 불안, 두려움,

외로움, 우울 등 임종 전 성인들과 유사한 경험을 하게 된다. 아동은 병에 대한 책임이 자신에게 없음을 알아야 한다. 인지수준이나 발달단계에 맞는 적절한 방식으로 정보를 공유하는 것이 중요하다.

어떤 연령이든 임종을 앞둔 아동과 그 형제들은 그들의 걱정을 명확하게 의사소통할 수 있는 능력을 가지고 있다. 아동들의 의사소통하는 방식은 연령과 발달 단계에 따라 다를 뿐이다. 언어적 소통은 아동이 이해할 수 있는 개념적 수준이나 단어에 맞추어져야 한다. 아동은 그들의 두려움, 걱정과 관심사를 직접적, 간접적, 또는 상징적으로 표현할 수 있다. 그들은 직접적인 대화 외에 여러 가지 방식으로 의사소통할 수 있다. 음악, 미술/그림, 드라마/스토리텔링, 그리고 놀이와 같은 표현적 치료를 이용해 아동과의 효과적인 의사소통을 촉진할 수 있다.

영성
SPIRITUALITY

죽음의 위기에 처하면 인간은 영적 혹은 실존적 이슈들에 대해 고려하게 되는데, 이는 생애말 돌봄에 중요한 이슈가 될 수 있다. 영성은 삶과 죽음의 모든 측면에서 도전에 대처하는 데 큰 자원이 될 수 있다. 생애말 실천에 있어 사회복지사들은 자신의 환자가 지닌 이러한 관심에 민감해야 하고 그들의 영적 탐색을 지원해야 한다.

미리암-웹스터 사전의 정의(2004)를 살펴보면, **종교**religion는 "신이나 초자연적 대상에 대한 의식이나 예배," "종교적 신념이나 의식에 대한 헌신," 또는 "종교적인 태도, 신념, 실천의 개별적 집합 혹은 제도화된 체계"라고 하였다. 반대로 **영성**spirituality은 종교적 가치, 영적 상태에 대한 민감성 혹은 믿음으로 정의되고 있다. 영성은 인간의 정신과 관련되며 물질적이거나 육체적인 것들과는 반대되는 것이다. 종교와 영성에 대한 정의는 영성과 정신건강 실천의 통합에 대해 논의하고 있는 문헌들을 통해 발견할 수 있다. 마우리첸Mauritzen(1988)은 **영성**을 다음과 같이 정의하고 있다.

영성은 삶의 생리적, 심리적, 사회적 측면을 초월한 차원이다. 그것은 한 인간의 정체성과 고결성을 통합하게 해주는 "동인agent"이다. 일반적인 표현으로 하자면, 영적 차원은 우리가 한 인간으로 존재할 수 있게 하는 "동인"이다(pp. 116-117).

그러나 영성에 대해 보편적인 정의를 내리는 것은 어려운 일이다. 환자와 가족의 영적 신념 체계를 파악하는 것이 중요한데, 환자의 영적 성향에 대해 인지하고 이해하는 것은 생애말 돌봄에 있어 필수적이라 할 수 있다. 상실과 죽음이 임박했다는 현실은 인간의 영적 신념을 흔들어 놓을 수 있으며 그들을 분노와 절망에 놓이게 할 수도 있다. 신자이건 비신자이건, 무신론자이건 불가지론자이건 간에 임박한 죽음을 이해하고자 하는 욕구는 생애말 단계에서 의미와 관련된 개인의 분투에 있어 핵심적이다.

생애말 돌봄 관련 일을 하는 것은 사회복지사에게도 영적인 이슈들을 불러일으킬 수 있다. 다른 사람들이 고통받는 것을 목격하는 것이나, 임종을 앞둔 사람들과 그 가족들과 함께 일하며 받는 스트레스에 대처하는 것은 기저에 있는 사회복지사의 종교적 혹은 영적 신념에 도전하는 일일 수 있다. 그것은 사회복지사라는 전문가로 하여금 고통과 죽음에 관련된 역전이counter-transference 이슈를 다루도록 만들 수 있다(Katz & Johnson, 2006). 사회복지사는 이러한 실존적인 이슈에 대해 원조하기 이전에, 그들 자신의 영성과 종교적 신념, 이러한 신념이 그들의 전문적이고 개인적인 삶에 미치는 영향에 대해 이해해야 한다. 환자와 보호자가 종교적이고 영적인 관심을 표현할 때, 사회복지사의 역할은 클라이언트가 자신들의 욕구에 대처할 방법을 찾는 데 도움을 줄 수 있도록 경청하는 것이다.

생애말 돌봄에 있어서의 다양성과 건강불평등
DIVERSITY AND HEALTH DISPARITIES IN END-OF-LIFE CARE

개개인이 갖는 삶의 모든 경험은 우리가 직면하는 생애말 이슈들의 복잡성과 독특성에 크게 영향을 미친다. 이러한 경험들은 어떤 것이든 간에 건강, 질병, 죽음, 임종에 관한 우리의 소망과 신념을 형성한다. 생애말행동연맹의 다양성위원회Diversity Committee of the Last Acts Coalition (2001)는 인종, 역사적 탄압, 전쟁과 그 후유증, 문화적·종교적·영적 행위, 성적 지향성, 차별과 빈곤에 관련된 개인의 경험에 대해 인지하고 수용하며 지지하기 위한 운동을 펼치고 있다. 진정한 의미의 다양성은(특히 그것이 생애말에 영향을 미칠 때) 민족성이나 종교에 초점을 맞추는, 협소하지만 보다 보편적인 개념에 관한 것뿐만 아니라, 위에서 언급된 고유하고, 관점을 형성하는 경험에 관한 것이기도 하다(Last Acts Coalition, 2001, p. 3). 다른 민족 혹은 인종적 집단 및 사회적 취약계층에서의 죽음이나 임종은 사회복지사에게 엄청난 도전을 요구할 수 있다. 문화와 경제적 요인들은 보건의료, 건강과 관련된 의사결정, 그리고 생애말 경험에 중요하게 작용한다. 보건의료는 사회적 취약계층, 즉, 유색 인종, 이민자, 노인, 아동, 여성, 빈민과 보험이 적용되지 않는 사람들, 그리고 보호시설(예를 들어, 요양원이나 감옥 등)에 있는 사람들에게는 접근성이 떨어진다(Smedly, Stith, & Nelson, 2002).

건강에 있어 집단 간의 차이 때문에 미국 의회는 미국의학협회에 보고서를 요구하였다. 건강불평등은 발병 지역이나 임상서비스, 임상환경에서 지속적으로 발견되었다(Smedley et al., 2002). 미국의학협회의 보고서는 의식 및 무의식적인 차별이나 편견, 그리고 그것이 보건의료서비스의 전달에 미치는 영향에 중점을 두고 있다. 미국의하협회의 일반적인 권장사항은 대중이나 주요 이해당사자, 보건의료 공급자들의 불평등에 대한 자각을 높여야 한다는 것이었다. 보고서는 임상

영역에서의 구체적인 권장사항들을 제시하고 있는데, 환자 교육과 역량강화, 보건전문직에 있어 다문화에 대한 교육, 법률, 규제, 정책적 개입 그리고 보건의료체계 개입 등이 여기에 포함된다.

보건의료 공급자와 환자 산의 의사소통은 생애말 놀봄 효과를 높이는 데 매우 중요하다. 삶에 제약을 주는 질병에 대한 환자의 이해도는 그의 완화의료 과정에 영향을 미칠 것이다. 보건의료 전문가들은 언어, 언어적 혹은 비언어적 의사소통, 그리고 스트레스의 표현에 있어서의 미묘한 문화적 차이를 인식하고 있어야 한다(van Ryn & Burke, 2000). 또한 민족성이나 영적 신념이 환자와 그 가족의 일상의 삶에 미치는 영향을 이해할 수 있어야 한다.

문화는 어떤 것이 건강문제로 간주되는지, 증상을 어떻게 표현하고 논의하는지, 보건의료 정보를 어떻게 구하는지, 어떤 형식의 돌봄이 제공되어야만 하는지, 그리고 권리나 보호책을 어떤 식으로 행사하는지에 영향을 준다(제10장 참조). 더불어 보건의료와 관련된 의사결정은 인구학적 요인들, 즉, 교육수준이나 그 밖의 사회경제적 지위(SES) 요인, 지리적 위치(도시 혹은 지방), 그리고 미국에서 지낸 시간 등에 의해 영향을 받는다.

클라인만Kleinman(1998)은 환자나 보호자에게 상황에 대해 어떻게 이해하고 있는지를 알아내기 위한 다음의 질문들을 던져봄으로써, 질병의 단계와 상관없는, 환자나 보호자의 질병에 관한 설명모델을 알아낼 것을 제안하였다(p. 42).

- 이 문제를 어떻게 부르십니까?
- 이 문제를 야기시킨 것은 무엇이라고 생각하십니까?
- 이 문제가 왜 시작되었다고 생각하십니까?
- 아파서 무슨 일이 생긴다고 생각하십니까? 어떻게 그런 일이 생기죠? 당신의 몸에 어떤 식으로 영향을 미치나요?
- 얼마나 심하게 아픕니까? 오래 갈까요, 아니면 금방 나을까요?
- 어떤 돌봄 서비스를 원하십니까? 돌봄 서비스를 통해 얻고 싶은 가장 중요한 결과는 무엇입니까?
- 아파서 생긴 가장 큰 문제는 무엇입니까?
- 아파서 가장 두려운 일은 무엇입니까?

문화적 고려가 충분한 돌봄 서비스를 제공해야 할 필요성은 최적의 생애말 돌봄 서비스를 제공하면서 개인의 문화, 인종, 성, 성적 지향성, 사회경제적 지위와 관련된 이슈에 대한 존중과 민감성을 유지하기 위해 여러 현장에서 강조되어 왔다. 2001년 전미사회복지사협회NASW: National Association of Social Workers는 사회복지실천에 있어 문화적 역량에 관한 표준Standards for Cultural Competence in Social Work Practice을 개발했다. 전미사회복지사협회는 문화적 역량을 다음과 같이 정의하고 있다.

사람들과 제도가 개인·가족·커뮤니티의 가치를 인식하고 인정하고 소중하게 여기며 각
각의 존엄성을 보호하고 보존하는 방식으로, 모든 문화, 언어, 계층, 인종, 민족적 배경, 종교,
그리고 그 밖의 다른 다양성 요소를 가진 사람들을 존중하면서 효과적으로 응대할 수 있게
하는 과정(p. 11).

이 표준은 윤리와 가치관, 자아 인식, 다문화적 지식, 다문화적 기술, 서비스 전달, 역량강화와
옹호, 다양한 노동인구, 전문적 교육, 언어의 다양성, 다문화적 리더십 등의 영역을 다루고 있다.

사전의료의향서
ADVANCE DIRECTIVES

사전의료의향서는 개인이 완성한 기록 문서로, 보건의료 의사결정과 관련하여 선호하는 방
법, 특히 생애말 돌봄과 연명의료를 이용할지 여부에 관해 명시한 것이다. 사전의료의향서는 생
애말 처치에 대한 개인의 바람을 알 수 있는 수단이 된다. 가장 흔한 사전의료의향서는 보건의료
위임health-care proxy[2](대리인 지정)과 존엄사 유언living will이다.

환자자기결정법Patient Self-Determination Act은 사전의료의향서에 대한 인식과 이용 증가에 많
은 기여를 했다. 이 법안은 1990년 11월에 제정되었고 1991년 12월에 발효되었다(Federal Register,
1991). 이 법은 모든 50개 주에 적용되고 있다. 이 법령은 메디케어나 메디케이드의 환급을 받는
모든 시설들의 경우 새로 입원하는 환자들에게 보건의료 의향서가 준비되어 있는지 물어보고,
보건의료 의향서에 관한 주의 법령에 대해 서면으로 작성된 설명서를 제공하고, 이를 지켜야 하
는 병원의 정책에 대해 설명하도록 하고 있다. 보건의료시설 또한 의료기록의 일부로서 환자의
보건의료 의향서를 기록해야 한다. 게다가, 이런 시설들은 사전의료의향서에 대해 직원과 지역사
회를 교육해야 하며 환자들이 사전의료의향서를 가지고 있든 아니든 차별받지 않도록 보장해야
한다. 사회복지사들은 이러한 교육 실행에 있어 통솔력과 리더십을 발휘할 수 있다.

대리인 지정은 의사결정을 할 수 없게 된 환자를 대변해 줄 사람을 법적으로 지명하는 것을
포함한다. 사업이나 금전관계, 혹은 보건의료와 관련된 결정들을 다루기 위해 여러 유형의 대리
인 지정이 가능하다. 어떤 사람을 보건의료 대리인으로 법적인 지명을 하는 목적은 환자가 스스
로 결정을 할 수 없게 되었을 때 그가 바랐던 대로 되도록 보장하는 것을 목적으로 한다. 대리인
으로 임명된 사람은 보건의료공급자들이 그러한 소망을 확실히 알도록 해야 하며, 이것들이 실
행되도록 옹호할 수 있다. 한 개인의 보건의료 대리인은 환자가 신뢰하고 환자가 자신의 바람을
얘기할 때 편안함을 느낄 수 있는 사람이어야 한다. 배우자나 파트너, 친척, 혹은 가까운 친구가

---

2) 불시에 건강에 관한 결정을 할 수 없을 때를 대비하여 특정인을 자신의 대리인으로 지정하는 것―옮긴
이 주.

보건의료와 관련된 그 사람의 의향을 관리하도록 지명될 수 있다. 대리인 지정이 된 사람은 사전 의료의향서와 관련된 주정부의 규정이나 변화에 대해 알고 있어야 한다. 또한, 보건의료팀과, 혹 은 다른 가족원들과 의견의 불일치가 있을 때 환자의 바람을 관철시키기 위해 싸워야 할 수도 있다는 것을 알아야 한다.

존엄사 유언은 환자가 자신의 바람에 대해 의사소통할 능력을 상실했을 경우, 의사와 보건 의료팀에게 어떠한 연명의료를 받을 것인지 혹은 받지 않을 것인지에 대한 자신의 바람을 명시 한 의향서이다. 연명의료로는 기계적 인공호흡, 수혈, 투석, 항생물질, 그리고 인공적인 영양과 수분공급 등이 있다. 존엄사 유언은 의사가 환자의 바람을 지키면서도 의학적으로 적절한 서비 스를 제공할 수 있도록 인도하는 하나의 방식으로 간주되어야 할 것이다.

의사결정 능력이 있는 성인이라면 누구나 사전의료의향서를 만들 수 있다. 사전의료의향서 는 이 지시가 적용되는 당사자에 의해 완성되어야 한다(예를 들면, 친척이 환자의 보건의료 대리인으 로 지정되었다 하더라도 사전의료의향서를 완성할 수는 없다). 사전의료의향서는 이유나 시간에 상관 없이 바뀔 수도 있다. 사전의료의향서는 적절하게 서명이 되어야 하고, 증인이 필요하지만 유효 한 사전의료의향서를 완성하거나 취소하기 위해 변호사가 꼭 필요한 것은 아니다. 환자는 사전 의료의향서의 사본을 보관해야 하고 지정된 대리인과 적절한 보건의료 공급자에게도 사본을 제 공해야 한다. 사전의료의향서는 사회경제적 지위가 낮은 사람이나 민족적·인종적 소수자들보다 는 백인, 중위에서 상위의 사회경제적 지위를 가진 사람들이 더 많이 이용한다. 사회복지사는 취 약계층의 사람들에게 사전의료의향서의 가치에 대해 적극적으로 교육하고, 생애말 돌봄 계획에 관해 도움을 주어야 할 필요가 있다. 연구결과에 의하면, 미국의 소수인종집단은 과도한 치료를 받는 것에 대한 두려움보다는 유익한 치료를 거부당할 것에 대한 두려움이 더 높았고, 이 때문에 사전의료의향서를 덜 작성하는 것으로 파악되었다(Crawley, Marshall, Lo, & Koenig, 2002).

사회복지사는 사전의료의향서에 대해 각각의 환자들과 논의해야 한다. 사회복지사는 사전의 료의향서를 작성하는 것의 이점에 대해 환자와 그 가족들을 교육할 수 있고, 그들의 선택을 옹호 할 수 있다. 사회복지사는 환자가 보건의료기관을 지정하고 존엄사 유언을 작성할 수 있도록 돕 고, 이러한 정보가 환자의 의료기록에 반영되도록 보장할 수 있다. 또한 환자에게 대리인 지정에 대한 정보를 알려줄 수 있다. 그리고, 환자가 요구한다면, 지정된 대리인과 함께 생애말 돌봄에 대한 환자의 바람에 대해서도 논의할 수 있다. 보건의료 사전계획을 위한 소비자 툴 키트는 미국 변호사협회American Bar Association 웹사이트에서 다운로드할 수 있다(www.americanbar.org/groups/ law_aging/resources/ consumer_s_toolkit_for_health_care_advance_planning.html). 각 주정부의 사전의료의향 서와 사전 돌봄계획에 대한 정보는 전국호스피스완화의료연합National Hospice and Palliative Care's Caring Connections 웹사이트에서 확인할 수 있다(www.caringinfo.org/i4a/pages/index.cfm?page id=1).

상실에 대한 이해
UNDERSTANDING LOSS

생애말 문제에 직면한 개인과 가족은 임박해오는 죽음뿐만 아니라 환자가 점점 병세가 악화되고 이전의 삶과 활동으로부터 위축되면서 많은 종류의 상실(추후 설명)을 경험하게 된다. 상실에 대한 보편적이고 자연스러운 반응을 이해함으로써 사회복지사는 환자와 가족들이 앞으로 일어날 일에 대해 준비할 수 있도록 안내해주고, 그들이 나타낼지 모르는, 종종 부담스럽기도 한 비탄의 표현들을 정상적인 형태로 만들어주는 능력을 배양할 수 있다.

상실은 흔히 매우 사랑했던, 혹은 소중했던 사람의 죽음과 관련이 있다. 본인, 배우자나 파트너, 형제자매, 자녀(낙태, 유산, 혹은 사산도 포함), 그리고 친척들 역시 상실의 대상자에 포함된다. 뿐만 아니라 상실은 다음과 같은 상황에서도 경험할 수 있다.

- 별거 혹은 이혼
- 요양원, 병원, 호스피스 시설, 위탁가정, 교도소 등에 일시적 혹은 영구적으로 가 있게 되는 것
- 직장의 이전이나 자대배치로 인한 지리적 이동
- 애완동물의 죽음
- 가까운 친구, 동료, 동업자, 혹은 지인의 죽음
- 유명인이나 연예인의 죽음(존 케네디 대통령, 다이애나 왕세자비 등)

임종을 맞이하는 당사자의 경우 생애말에 이르면, 자기 자신에 대한 부분적 상실을 겪게 된다. 이는 신체적, 심리적, 그리고 사회적 상실을 포함한다. 신체적 상실은 신체 일부의 상실(예를 들면, 절단)과 기능의 상실(예를 들면, 거동 불편, 방광 혹은 장기 조절기능 저하, 성기능 감퇴 등)이다. 심리적 상실은 특히 생애말 환자에게 해당되는 것으로, 독립성, 존엄성, 자존감 혹은 자아개념, 기억력 혹은 정신적 명민함, 기회, 목표, 희망, 그리고 꿈 등의 상실을 의미한다. 사회적 상실은 직장 혹은 수입의 상실과 사회적 역할(예를 들면, 파트너/배우자 혹은 부모의 역할)의 상실을 포함한다.

다양한 요인이 영향을 주기 때문에, 개인의 삶 속에서 각각의 상실은 독특하게 경험될 수 있다. 즉, 개인의 특성, 고인과의 관계의 본질, 상실의 발생 이유, 그리고 과거로부터의 영향 등에 따라 달라지는 것이다.

상실의 "단계"의 개념에 대해서는 논란이 있는데, 이는 비애의 과정을 선형적인 움직임으로 나타내고 있기 때문이기도 하다. 최근에는 모든 사람이 비탄으로 인해 동질적인 과정을 거친다는 개념이 도외시되고 있다. 비탄은 상실에 대한 자연적인 반응이다. 이것은 단순히 상실에 대해 슬퍼하거나 우는 것만은 아니다.

비탄의 경험을 설명하기 위한 다른 개념적 틀이 존재한다. 란도Rando(1984)는 비탄을 세 가지의 넓은 범주—회피avoidance, 직면confrontation, 재정립reestablishment—로 정의하였다. **회피**에는 "충격, 부인, 불신, 감정적 마비, 혼란, 분열, 죽음에 대한 인지적 수용"이 있다. **직면**은 "비탄이 가장 극심하고, 상실에 대한 심리적 반응이 가장 강렬하게 느껴지는, 매우 감정적인 상태"이다. **재정립**은 "비탄의 점진적 감소와 일상생활로의 감정적·사회적 재진입 시작에 대한 표시"이다 (pp. 28-29). 따라서 비탄자griever[3)]의 과제는 다음과 같다.

- 상실에 대한 현실을 인정하고, 수용하고, 이해한다.
- 비탄의 고통을 경험하고, 상실한 사람과의 분리에 반응한다.
- 새로운 삶의 방식에 적응한다.
- 새로운 삶의 방식에 재투자한다.

다양한 감정을 표현하는 것의 적절성과 이러한 감정을 다른 사람에게 드러내는 것에 대한 저항감의 양가감정이 있을 수 있다. 비탄자는 강렬한 감정에 압도되고 그 과정 속에서 지칠 수 있다. 또한, 고인에 대한 생각, 감정, 혹은 기억을 억누르거나 회피할 수도 있으며, 죽음에 대해 저항 또는 부인하거나, 비현실적이거나 비인격화depersonalization된 감정을 가질 수도 있다.

개인이 상실에 어떻게 대처하는지에 영향을 미치는 요인에는 아동기, 청소년기, 그리고 성인기의 상실의 경험과, 그러한 상실 발생 후 경과 시간, 성공적 혹은 불완전한 상실의 해결, 이전의 정신건강문제(예를 들면, 우울), 그리고 신체적 건강 문제, 삶의 위기, 혹은 현재의 상실 경험 이전에 겪은 삶의 큰 변화 등이 있다. 고인과의 관계 역시 상실을 다루는데 중요하다. 즉, 관계(파트너/배우자, 자녀, 부모), 관계의 기간, 고인의 기존 역할, 애착의 강도, 그리고 의존 정도 등이 영향을 준다.

나아가 어떻게 상실이 일어났는지 고려하는 것도 중요하다. 상실을 둘러싼 환경, 사별에 대한 준비(죽음의 예견에 따른 슬픔), 예방 가능성에 대한 비탄자의 인식, 고인의 삶에서의 성취에 대한 인식, 고인과의 관계에서 있었던 미해결 과제 등 모두가 비탄의 과정에 영향을 미친다. 이러한 요인들은 비탄의 감정을 아주 개인적이고 개별적인 경험으로 만든다.

비탄 상담은 슬퍼하는 사람의 감정과 행동을 정상적인 형태로 이끌어주고, 비탄자가 자신의 감정을 확인하고 표현하며, 상실을 현실화하고, 고인이 없이 살아가고 삶에 다시 관여할 능력을 촉진시키도록 도우며, 상담 과정 내내 지속적인 지지를 제공한다. 사회복지사는 부모 및 가족이 종종 비탄에 대해 겪는 어려운 반응들을 정상화하도록 도우면서, 복잡하고 문제가 되는 비탄의 증상에 대해서도 주의를 기울여야 한다. 정상적인 비탄은 비록 고통스럽긴 하지만, 생존자가 상실에 대해 수용하고 자신의 삶을 잘 살아갈 수 있도록 강화해주는 비탄 반응이다. 이와 대조적으

---

3) 비탄하는 사람을 의미함. 이는 애도자mourner와는 다른 의미로 구분지어 번역하였는데, 비탄grief은 애도 mourning보다 더 큰 슬픈 감정의 동요로 '가장 극심하고, 상실에 대한 심리적 반응이 가장 강렬하게 느껴지는 상태'라고 할 수 있음. 따라서 단어로는 약간 어색하지만, 그 의미를 전달하기 위해 비탄자라는 단어로 번역하였음 ― 옮긴이 주.

로, 비정상적인 비탄은 죽음을 인정하는 것이 어렵고, 고인에 대한 생각과 그리움으로 마음이 심란하며, 미래에 대해 허무함과 무의미함을 느끼는 비탄 반응이다.

죽음의 예견에 따른 선행적 애도
ANTICIPATORY MOURNING

선행적 애도anticipatory mourning는 환자의 사망 전에 그의 죽음을 예견하면서 시작되는 것으로, 그로 인한 물리적·감정적 반응은 흔히 환자의 사망 후에 경험하는 것과 동일하다. 란도(2000)는 선행적 애도를 다음과 같이 정의했다.

비탄과 애도, 대응, 상호작용, 심리사회적 재구성, 계획, 상충되는 욕구 간의 균형잡기, 적절한 죽음의 지원이라는 7가지 과정을 포괄하는 현상으로, 상실과 트라우마의 경험에 대응하는 과정에서 자신 또는 가족이 앓고 있는 말기 질환 및 상실과 관련된 과거, 현재, 미래의 경험들을 인식함으로써 촉진된다.

환자가 가족이라고 생각하는 모든 사람들이 돌봄과 치료에 관여하는 것은 불안을 감소시키고 통제감과 참여, 지지를 가져올 수 있다. 집단으로 가족 전체를 만나고, (가능하다면) 각각의 가족구성원들과 개인적으로 관계를 형성하는 것은 매우 중요하다. 그들의 능력의 범위 내에서, 사회복지사는 가족들이 예견된 슬픔을 표현하도록 하고, 개방된 의사소통을 발전시키거나 유지하도록 도울 수 있다. 질병 및 죽음의 실질적인 현실에 대해 가족들에게 조언해주는 것 역시 중요한 일이다. 임종을 맞이하는 환자들은 실질적 문제에 대해 많은 걱정을 할 것이고 그들이 사랑하는 사람들에게 짐을 주고 싶지 않을 것이다. 사회복지사들은 환자와 가족들이 미래에 대한 준비뿐만 아니라 선호하는 장례식 방법과 관련된 금전적 준비에 대해서도 계획할 수 있게 도움을 줄 수 있다. 이러한 사전의료의향서는 생애말 시점에 있는 사람들이 어느 정도 통제감을 느끼고 그들의 바람이 존중되고 있다는 것을 확신하는 데 도움이 된다.

비정상적인 비탄
COMPLICATED GRIEF

때로는 비정상적인 비탄과 정상적인 비탄을 구분하는 것이 어렵다. 워든Worden(2008)은 네 가지 비정상적인 비탄 반응을 설명하였다.

1. **만성적 비탄**chronic grief은 지속되는 슬픔으로, 지속기간이 지나치게 길고, 만족스러울 만한 정상적 결과로 결코 돌아오지 않는다.
2. **지연된 비탄**delayed grief은 "금지되고 억제되거나 미뤄지는 감성"이다. 이후의 상실은 과장된 반응을 이끌어내는데 유족이 두 가지의 상실4)에 대해 슬퍼하기 때문이다.
3. **과장된 비탄**exaggerated grief은 두려움, 절망감, 우울감 또는 다른 증상들이 과도하게 되어 유족의 일상적 삶을 방해하게 될 때 발생한다.
4. **감춰진 비탄**masked grief은 한 개인이 경험하는 자신의 증상과 행동이 상실감과 관련되어 있다는 사실을 인지하지 못하는 것을 의미한다.

사회복지사의 업무 중 하나는 비정상적인 비탄임을 알려주는 증상이나 반응을 인지하는 것이다. 과도한 죄책감, 후회, 자책, 최대 6개월에 이르는 비탄의 지연, 연장된 비탄 과정, 고인의 간병인에 대한 적대감, 지나친 활동을 통한 상실의 회피, 감정표현의 회피, 심각한 우울증이나 불면증, 자기 파괴적 행동과 같이 비정상적인 비탄을 나타내는 반응이나 증상에 대해 인지해야 한다(Worden, 2008).

금지된 비탄
DISENFRANCHISED GRIEF

도카Doka(2002)는 **금지된 비탄**을 상실과 관련하여 경험되는 것으로, 사회적으로 용인되지 않고, 대중적으로 공감받지 못하거나, 일반적인 상식으로는 지지받지 못하는 비탄을 말한다고 정의하였다. 상실의 의미가 인정되지 않거나 고인과 유족 사이의 관계가 사회적으로 인정되지 않을 때에도 상실로 인해 고통받는 사람은 공공연하게 애도할 기회를 전혀 혹은 거의 갖지 못한다. **금지된** 비탄은 관계가 인정되지 않을 때(정부lovers, 전 배우자, 동성의 파트너, 가까운 친구), 상실 자체가 인지되지 않을 때(사산, 유산, 낙태, 입양, 애완동물의 죽음), 혹은 비탄자라고 인지되지 못할 때(발달적 장애로 아주 어리거나, 아주 나이가 많을 때) 경험된다. 또한 죽음의 방식 자체가 비탄을 금기시하게 만들 수도 있다(살인, 자살, 후천성 면역결핍증후군). 이런 죽음이 의미 있는 상실보다 덜 다루어지게 될 때, 비탄 과정은 더욱 어렵게 된다. 고인이 된 환자와 가까워진 사회복지사 역시 **금지된** 애도자가 될 수 있다. 사회복지사 자신의 비탄 경험에 대해서도 인정하고 다루어져야 한다. 종종 같은 분야의 사회복지사는 지지 집단을 형성하거나 비슷한 시기에 사망한 자신의 모든 환자들을 기리기 위해 간단한 의식을 갖기도 한다.

---

4) 감정을 표현하지 못했던 먼저 일어난 상실과 이후에 일어난 상실, 두 가지를 의미함 — 옮긴이 주.

생애말 돌봄 사회복지
SOCIAL WORK IN END-OF LIFE CARE

리스Reese와 레이머Raymer(2004)는 호스피스 운영에 있어 사회복지의 개입이 환자의 돌봄 비용을 절감하는 데 있어 유의하게 관련되어 있다는 증거를 제시했다. 호스피스 성과에 영향을 주는 사회복지개입에 대한 연구는 무작위로 선정된 미국 내 66개 호스피스 시설의 사회복지사들과 호스피스 관리자들이 설문지 답변에 참여하고 330명의 환자 차트를 재조사하여 이루어졌다. 연구에서는 호스피스 관리 자체뿐만 아니라 환자와 가족들에게 이르기까지 모든 호스피스 케어에 있어 사회복지의 개입이 일관되게 긍정적인 영향을 주는 것으로 나타났다. 사회복지 직원과 호스피스 직원의 자격과 예산정책 역시 중요한 변수로 파악되었다. 더 숙련된 사회복지사, 더 높은 사회복지 급여, 그리고 더 높은 사회복지 직원채용비율은 긍정적인 영향과 상관관계가 있다. 연구자는 사회복지 개입은 위기 예방을 위한 지속적인 돌봄을 통해 접수 면접과 사정 단계에서부터 이루어지며, 예견되는 문제의 심각성을 감소시키고, 통증 및 증상의 효과적인 관리를 촉진하며, 전문적인 심리사회적 개입을 제공하고, 환자와 가족들이 생애말 단계에서 좋은 삶의 질을 유지할 수 있는 기회를 극대화시켜줘야 한다고 권고하였다.

열린사회연구소Open Society Institute의 미국 내 죽음에 대한 프로젝트PDIA: Project on Death in America는 사회복지 리더십개발 대상 프로그램Social Work Leadership Development Awards Program을 도입하였는데, 이는 생애말 환자와 유족에 대한 돌봄 서비스를 증진하는 데 헌신해 온 우수한 사회복지 교수진과 임상가를 발굴하여 지원하는 프로그램이다. 이 프로그램은 사회복지 대학과 실천 현장의 협력을 통해 임종 돌봄에 대한 사회복지실천, 교육, 그리고 훈련과정을 발전시켰고, 이러한 협력이 반영된 혁신적인 연구 및 교육 프로젝트들을 촉진시켰다. 이 시상제는 생애말 돌봄에 헌신해 온 사회복지사들의 존재감과 명예를 증진시켰고, 그들이 학문적 리더, 롤 모델, 그리고 사회복지 미래 세대를 위한 멘토로서의 영향력을 키울 수 있게 해주었다. 2000년과 2004년 사이에 43명의 사회복지사들이 이 상을 수상했다(PDIA 사회복지사들의 명단을 확인하고자 한다면 www.soros.org/resources/articles_publications/publications/pdia_20040101/pdia_20040101.pdf 참조).

생애말 돌봄과 완화의료에 관한 사회복지 지도자회담Social Work Summit on End-of- Life and Palliative Care은 2002년 3월 처음 열렸다. 사회복지와 생애말 돌봄 전문가들은 생애말 환자들과 유가족을 위한 돌봄을 증진시키는 사회복지 아젠다를 만들기 위해 사흘 간 지도자회담을 가졌다. 안건으로는 조직화된 전문적 리더십, 실천의 기준, 그리고 모든 단계에서의 사회복지 교육 준비 등이 다루어졌다. 전국적인 사회복지기관, 사회복지대학, 호스피스, 병원, 정부기관, 그리고 생애말 돌봄 옹호단체 등 30여 개 조직을 대표하는 지도자들이 회의에 참석했다. 라스트 액츠Last Acts, 듀크대 생애말 연구소Duke Institute on Care at the End of Life와 소로스재단의 미국 내 죽음에 대한 프로젝트Soros Foundation's Project on Death in America가 이 회담을 공동으로 후원하였다. 생애말 돌봄과 완화의료의 두 번째 사회복지 지도자회담은 2005년 6월에 열렸고, 이 날 참가자들은 다양한 프로젝트와 많은 조직들을 만날 수 있었다.

사회복지 지도자회담의 결과물로서, 2003년 전미사회복지사협회는 생애말 이슈에 대한 사회복지사의 인식을 증진시키고, 현장에서의 더 많은 교육과 훈련 기회를 개설하며, 완화의료, 호스피스 케어, 그리고 다른 생애말 실천 현장에서의 사회복지의 가치를 증진하기 위한 새로운 계획에 착수하였다. 전미사회복지사협회는 미국 내 죽음에 대한 프로젝트로부터 지원금을 받아 사회복지사들에게 윤리적이고 효과적인 실천 지침을 제공하기 위한 완화의료, 생애말 돌봄, 비탄 상담 분야에서의 실천 기준을 개발하고(NASW, 2004), 그 기준에 관한 포괄적인 정책 강령과 온라인 교육과정을 함께 개발하고자 하였다. 이 온라인 과정에는 지식 성취도를 문서화할 수 있도록 사전-사후 평가를 포함시켰다. 이 계획은 생애말 결정, 보건의료, 호스피스 케어, 장기 돌봄, 관리의료에서의 클라이언트의 자기결정권에 대한 전미사회복지사협회의 다른 정책 강령들을 보완해준다.

사회복지사와 다른 전문가들에게 더 공식적인 초학제간 완화의료 교육을 제공하기 위해 최근 상당한 노력이 기울여져 왔다. 가장 두드러진 노력은 임상우수성 운동 프로젝트ACE: Advocating for Clinical Excellence project이고, 국립암 연구소 지원 5개년 프로젝트는 캘리포니아의 시티오브호프 국립의료원City of Hope National Medical Center에서 열리며, 주요 연구자인 셜리 오티스-그린 Shirley Otis-Green과 동료연구자인 베티 페렐Betty Ferrell, 마샤 그랜트Marcia Grant가 총괄한다. 임상우수성 운동 프로젝트의 목표는 집중적인 홍보활동과 선발된 300명의 정신종양학psycho-oncology[5] 전문가들(예를 들면, 사회복지사, 심리학자, 영성 돌봄 전문가들)에 대한 리더십훈련 프로그램을 통해 완화의료의 전달체계를 개선하는 것이었다. 이 프로그램은 양질의 완화의료를 전파시키는 데 있어서의 문제점을 논의하고, 참가자들에게 자신의 역량을 강의할 수 있는 전략들을 제공함으로써 이들이 자신이 속한 기관이나 학문 분야에서 최신의 완화의료와 생애말 돌봄, 그리고 유족 관리에 관해 보다 영향력 있는 롤 모델과 옹호자가 될 수 있도록 만들고자 하였다. 이 프로그램에 대한 더 많은 정보는 www.cityofhope.org/education/health-professional-education/nursing-education/ace-project/Pages/default.aspx에서 얻을 수 있다.

동정 피로증
COMPASSION FATIGUE[6]

생애말 돌봄에 종사하는 사회복지사들과 다른 보건의료 전문가들은 질병과 죽음에 대한 트라우마를 많이 겪게 된다. 생애말 돌봄에 종사하는 사람들은 전문적으로나 개인적으로 매우 분

---

5) 암환자에 대한 정신적 측면의 간호를 시도하는 새로운 의학 영역 — 옮긴이 주.
6) 공감하고 동정할 일들을 많이 겪으면서 대상에 대한 공감 능력과 열정이 오히려 약화되는 것을 말함 — 옮긴이 주.

열적인 장·단기적 영향을 받을 수 있다. 사회복지사는 환자와 가족들과 함께 치료적 협력관계를 형성하고 발전시키게 된다. 그러한 과정 속에서 고통과 아픔에 대한 이야기를 듣게 되고, 그 결과 중대한 영향을 받을 수 있다. 동정 피로증은 2차 트라우마라고도 볼 수 있는데, 정신적 외상을 받거나 고통 받는 사람을 도우며 생기는 자연적이고, 예측 및 치유 가능한, 나아가 예방도 가능한 스트레스이다(Figley, 1994).

일부 전문가들은 다양한 상실, 미해결된 개인적 트라우마, 혹은 불충분한 회복 시간 등으로 인해 다른 사람들보다 동정 피로증에 더 취약할 수도 있다. 사회복지사 역시 비탄에 빠질 수 있고, 이에 대한 지지가 필요하다. 각각의 사회복지사는 감춰진 증상에 대해 개입할 수 있는 대처기술에 대한 본인만의 전문적 스타일과 방법이 있다. 모든 사회복지사들은 동정 피로증의 증상을 다루는 데 효과적인 자가 치유 전략과 스트레스 관리 기술이 필요하다. 동정 피로증을 예방하거나 다루는 전략은 슈퍼비전, 심리치료, 비탄에 대한 지지, 스트레스 관리, 그리고 개인적 책임과 전문가적 책임 사이의 균형유지 등이 있다(Katz & Johnson, 2006).

결론
CONCLUSION

이 장에서 다뤄진 내용 외에도 생애말 돌봄에는 많은 이슈들이 있다. 예를 들어, 무의미한 연명의료medical futility, 연명의료의 보류 또는 중단, 조력자살assisted suicide, 안락사, 그리고 완화적 진정제 투여terminal sedation 등과 같이 완화의료와 관련된 통증 관리와 윤리적 이슈들이 있다(더 자세한 내용은 제3장과 제22장 참조). 궁극적으로 시한부 질병의 최종 결과를 바꿀 수 없는 여러 상황 속에서, 사회복지사와 보건의료 전문가가 어떤 기술을 사용하기란 매우 어려운 일이다. 사회복지사는 생애말 환자와 그의 가족들을 상담할 때, 더 이상 자신이 할 수 있는 역할이 없다고 느낄 수도 있다. 때로는 환자와 가족에게 개입하는 것을 중단하고 싶어질 수도 있다. 가장 어려운 업무 중 하나는 더 이상의 치료가 불가능할 때 정서적으로 함께 있어주는 것이다. 종종 환자와 가족들이 요구하는 것이라고는 사회복지사가 그들의 고통에 대해 물리적·정서적으로 목격자가 되어주는 것이 전부인 경우가 있다. 우리가 할 수 있는 일의 한계에 대해 받아들이고, 생애말을 극복하려는 환자 및 가족과 함께 앉아 있어주는 것은 환자와 가족, 그리고 사회복지사에게도 중요하고 의미 있는 경험이 될 수 있다. 그 힘든 순간에 환자 및 그 가족들과 함께 하고, 생애말 환자의 개인적인 극복과정을 지켜보는 것은 가장 어려운 일 중 하나이지만, 사회복지사가 가질 수 있는 중요하고 보람된 경험이다. 심리사회적 지지를 제공하고, 대처기술과 의사소통기술을 가르치며, 정보를 공유하고, 동료와 협력하며, 초학제간 보건의료팀 내에서 리더십 역할을 수행하는 것은 사회복지사가 환자 및 그 가족의 생애말 경험에 중요한 차이를 만들 수 있게 해줄 것이다.

연습문제

연습 23.1

마리아Maria는 푸에르토리코 여성으로 35세에 유방암 진단을 받았다. 진단을 받은 후 3년 반의 시간 동안 그녀는 암 지원 기관에서 매주 사회복지사와 개인 상담 및 집단치료가 포함된 다양한 서비스들을 받았다. 마리아가 유방암 진단을 받은 것은 조셉Joseph과 결혼한 지 13년차가 됐을 때였다. 그녀의 암 치료 때문에 그들은 임신에 대한 문제를 겪게 되었다. 마리아는 사회복지사에게 이 문제가 남편과의 관계에 있어서 가장 주요한 갈등의 원인이고, 이 때문에 남편으로부터 정서적 지지를 받지 못하는 것처럼 느껴진다고 말했다.

마리아는 17세 때부터 은행에서 일하기 시작하여 30세에는 중간 관리직이 되었다. 진단 후 2년 동안 그녀는 암 치료를 위한 병가를 거부하고, 3주마다 화학요법치료를 받으면서도 풀타임으로 일을 지속했다. 그녀는 심한 우울증, 분노, 그리고 재발에 대한 불안을 보고하였다. 진단 후 6개월 내에, 그녀는 이전의 상실에 대해 재경험하기 시작했고, 그중 가장 크게 다가온 상실의 기억은 10세 때 어머니를 유방암으로 잃은 일이었다. 그녀는 어머니가 화학요법치료를 통해 치료될 것이라고 끊임없이 믿었지만, 어머니가 사망하자 신에게 말할 수 없는 배신감을 느꼈다고 보고했다. 종양사회복지사는 그녀의 악화된 우울감을 치료하기 위해 정신과 의사를 만나보도록 제안했다. 하지만 마리아는 이러한 제안을 거절하며, 우울증 치료제를 복용하고 싶지 않다고 했다.

마침내, 마리아는 줄기세포이식에 대해 동의했고 1년간 병가를 냈으나 결국 직장을 그만두었다. 그녀는 정신과 의사에게 한 번 상담을 받기로 했으나, 우울증 치료제는 계속해서 거부하였다. 사회복지사는 그녀가 점점 지치고, 우울해하며, 광장공포증 환자(예를 들면, 그녀가 공황발작 이후에 혼자 나가지 않게 되었다)가 되었다고 보고하였다. 그녀의 암은 1년 후 다시 재발했고, 18개월 후 그녀는 사망했다.

마리아 사례에 대한 이해를 토대로 다음의 질문에 대답해보자:

1. 마리아가 정의한 좋은 삶의 질에 대해 어떻게 생각하는가?
2. 삶의 질과 죽음의 질을 높이기 위해, 마리아와 같은 클라이언트를 지지함에 있어 사회복지사로서 어떠한 역할을 해야 하는가?
3. 아서 클라인만(1988)은 마리아와 같은 클라이언트를 도울 때의 민감성을 높이기 위한 질병설명 모델을 제시하였다. 마리아를 돕고자 하는 당신의 능력을 최대화할 수 있도록 마리아로부터 정보를 얻어내려면 이 접근법을 어떻게 사용할 것인가? 클라이만이 다음과 같은 질문을 해보도록 제안했다는 점을 상기해보자:
   • 이 문제를 어떻게 부르십니까?
   • 이 문제를 야기시킨 것은 무엇이라고 생각하십니까?

- 이 문제가 왜 시작되었다고 생각하십니까?
- 아파서 무슨 일이 생긴다고 생각하십니까? 어떻게 그런 일이 생기죠? 당신의 몸에 어떤 식으로 영향을 미치나요?
- 얼마나 심하게 아픕니까? 오래 갈까요, 아니면 금방 나을까요?
- 어떤 돌봄 서비스를 원하십니까? 돌봄 서비스를 통해 얻고 싶은 가장 중요한 결과는 무엇입니까?
- 아파서 생긴 가장 큰 문제는 무엇입니까?
- 아파서 가장 두려운 일은 무엇입니까?

4. 마리아가 직면한 가장 긴급한 의료적, 심리사회적, 그리고 영적 우려사항은 무엇이라고 생각하는가? 그녀를 위한 접근방법을 고안하는 것에 있어 이러한 우려사항들의 우선순위를 어떻게 둘 것인가?

5. 마리아의 문화적·영적 관점을 고려하고, 삶의 질에 대한 그녀의 생각에 중점을 둔다면 어떠한 돌봄 계획을 세울 것인가?

추천 자료

웹사이트

존엄한 노화Aging with Dignity(Five Wishes)—www.agingwithdignity.org

이 단체의 웹사이트에는 임종을 앞둔 환자의 전인적 욕구를 나타내는 사전의료의향서의 하나인 다섯 가지 소원Five Wishes이 있으며, 이는 여러 가지 언어로 번역되어 있다.

미국통증재단American Pain Foundation—www.painfoundation.org

통증으로 고통받는 모든 사람을 대상으로 하는 비영리 정보·옹호·지지 기관. 이 기관의 사명은 통증의 영향을 받는 사람들에게 실질적인 정보를 제공하고, 통증에 대한 공공의 인식과 이해를 증진시키며, 효과적인 치료를 가로막는 장벽에 맞서 대변하는 일을 통해 그들의 삶의 질을 향상시키는 것이다.

죽음교육 및 상담협회Association for Death Education and Counseling—www.adec.org

이 협회는 죽음 교육의 질을 향상시키고, 관련된 이론과 연구의 개발과 교류를 증진시키고, 구성원들과 죽음 관련 분야에서 연구하거나 일하는 사람들에게 지지와 자극, 격려를 제공하기 위해 헌신하고 있다.

암케어Cancer Care, Inc.—www.cancercare.org

암환자와 그들의 소중한 사람들, 보호자에게 무료의 정서적 지지와 정보, 실제적인 보조를 제공하는 가장 큰 규모의 전국적인 사회서비스 기관. 웹사이트에서는 생애말기와 사별의 이슈를 다루는 특별한 섹션을 가지고 있으며, 환자, 보호자 및 전문가를 위한 교육적인 정보와 자원을 제공하고 있다.

완화의료향상센터CAPC: Center to Advance Palliative Care—**www.capc.org**

이 센터는 완화의료 프로그램에 관심을 가지고 있는 병원이나 다른 보건의료 현장에 자원을 제공한다.

생애말/완화의료 교육지원센터End-of-Life/Palliative Education Resource Center—**www.eperc.mcw.edu**

이 센터는 완화의료 교육에 관여하는 보건전문 교육자들의 커뮤니티 간에 교육적 자료들을 공유하고 있다.

파인딩 아워 웨이: 미국 내 임종을 앞둔 이들과 함께 살아가기Finding Our Way: Living with Dying in America—**http://webpages.scu.edu/ftp/fow/**

이 조직의 전국적 대중교육 프로그램은 미국 국민들에게 생애말과 이에 관련된 이슈에 대해 실제적인 정보를 제공하는 데 중점을 두고 있다.

그로스 하우스Growth House—**www.growthhouse.org**

생명을 위협하는 질병과 생애말 돌봄에 관련된 자원에 대한 국제적인 게이트웨이. 일차적인 미션은 공교육과의 전문적 협력을 통해 생애말 돌봄의 질을 향상시키는 것이다.

미국호스피스재단HFA: Hospice Foundation of America—**www.hospicefoundation.org**

이 재단은 호스피스의 발전 및 적용에 있어 선두적 역할을 하며, 재단의 돌봄 철학을 바탕으로 미국의 보건의료시스템과 호스피스의 역할을 증진시키고자 노력한다. 환자와 가족, 전문가들에게 생애말 정보를 제공하고 있다.

전국호스피스완화의료기구National Hospice and Palliative Care Organization—**www.nhpco.org**

미국의 호스피스와 완화의료프로그램을 대표하는 가장 큰 규모의 회원제 비영리 단체이다. 이 기관은 미국의 임종을 앞둔 사람들과 그들이 소중히 여기는 사람들의 삶의 질을 크게 향상시킨다는 목표로 생애말 돌봄을 향상시키고 호스피스 케어에 대한 접근성을 확대시키는 데 헌신하고 있다.

완화의료 및 생애말 돌봄 사회복지네트워크 리스트서브Social Work Network in Palliative and End-of-Life Care Listserv—**www.stoppain.org/for_professionals/content/information/listserv.asp**

베스 이스라엘 통증 및 완화의료부Beth Israel Department of Pain and Palliative Care가 운영하는 이 이메일 서비스로, 종양학·유전학·인간면역결핍(HIV)·호스피스·신장학·소아과 등의 분야 사회복지사에게 네트워크를 만들고 완화의료와 생애말 돌봄의 다차원적인 측면에 대해 논의할 기회를 제공한다.

추천 도서

Berzoff, J., & Silverman, P. R. (2004). *Living with dying: A handbook for end-of life healthcare practitioners.* New York, NY: Columbia University Press.

Bowlby, J. (1980). *Attachment and loss: Loss, sadness and depression.* New York, NY: Basic Books.

Doka, K. J. (Ed.). (2006). *Pain management at the end of life: Bridging the gap between knowledge & practice.* Washington, DC: Hospice Foundation of America.

Doka, K. J., & Davidson, J. (Eds.). (1998). *Living with grief: Who we are, how we grieve.* Philadelphia, PA: Taylor & Francis.

Fadiman, A. (1997). *The spirit catches you and you fall down: A Hmong child, her American doctors, and the collision of two cultures.* New York, NY: Farrar, Straus, and Giroux.

Field, M. J., & Behrman, R. (2003). *When children die: Improving palliative and end-of-life care for children and their families.* Washington, DC: National Academies Press.

Hilden, J. M., Tobin, D. R., & Lindsey, K. (2002). *Shelter from the storm: Caring for a child with a life-threatening condition.* Philadelphia, PA: Perseus.

Rando, T. A. (1991). *How to go on living when someone you love dies.* New York, NY: Bantam Books.

색 인

참고문헌

이 QR코드를 스캔하시면 이 책(보건사회복지)의 참고문헌을 보실 수 있습니다.

주소 http://www.pybook.co.kr/bbs/bbsRead.asp?code=freepds&seq=482

편저자 소개

새라 겔러트 Sarah Gehlert 교수는, 시카고대학교 교수를 역임한 후 현재 미국 세인트루이스 소재 워싱턴 대학교 사회복지대학원 E. Desmond Lee 석좌교수 및 의과대학 내과 교수로 재직중이다. 동 대학교의 보건 연구소 자문위원, 임상 및 중개과학 연구소 집행위원을 맡고 있으며, 미국국립암연구소NCI 초학제간 연구의 교육훈련을 이끌고 있다. 시카고대학교 재직 동안 모자보건 훈련프로그램, 미국정신보건원NIMH 지원 지역기반 연구인 여성건강연구, 미국국립보건원NIH 지원 학제간 건강불평등연구소 등의 책임연구자를 역임하였다. 현재 미국국립보건원의 국가 인간게놈연구소의 과학위원회 이사이며, 전미사회복지연구회SSWR 회장을 역임하였다. 사회사업연구Social Work Research, 사회사업실천연구Research on Social Work Practice, 보건과 사회사업Health & Social Work, 사회복지연구Social Service Research 등의 학술지의 편집위원을 맡고 있다. 미국 사회사업 및 사회복지 아카데미 펠로우이며, 임상경험으로 8년간 보건사회복지사로 활동했던 바 있다.

테리 브라운 Teri Browne 교수는, 시카고대학교 박사학위를 마친 후 현재 미국 사우스캐롤라이나 대학교 사회복지대학원 부교수로 재직중이다. 현재 미국보건원의 당뇨 소화기 신장질환 연구소의 멤버이고, 미국 신장협회에서 활동하고 있으며, 신장사회복지사협회 회장을 역임하였다. 현재, 미국신장질환학회지 American Society of Nephrology Kidney News, 신장사회복지학 저널Journal of Nephrology Social Work 등의 편집위원을 맡고 있으며, 보건의료와 사회복지Social Work in Health Care, 미국신장질환학회지 American Journal of Kidney Diseases, 미국보건학회지American Journal of Public Health 등의 심사위원을 맡고 있다. 브라운 교수는 신장사회복지사로서 투석환자와 그 가족을 위한 사정, 상담, 위기개입, 사례관리 등의 임상활동을 한 경험을 가지고 있다.

저자 명단

테리 알틸리오 Terry Altilio, MSW, ACSW
베쓰 이스라엘 의료원, 뉴욕주 뉴욕

웬디 오슬랜더 Wendy Auslander, PhD
워싱턴대학교, 미주리주 세인트루이스

샨타 밸라스와미 Shantha Balaswamy, PhD
오하이오 주립대학교, 오하이오주 컬럼부스

로즈 A. 바톤 Rose A. Bartone, MSW, LCSW-R
뉴욕 의과대학, 뉴욕주 발할라

캔디스 S. 버거 Candyce S. Berger, PhD
스토니브룩대학교, 뉴욕주 스토니브룩

데이빗 S. 빔비 David S. Bimbi, PhD
라과디아 커뮤니티 칼리지, 뉴욕 롱아일랜드

페니 B. 블락 Penny B. Block, PhD
블락 통합암치료 센터, 일리노이주 에반스톤

새라 E. 볼링어 Sarah E. Bollinger, MSW, LCSW
워싱턴대학교, 미주리주 세인트루이스

레베카 브래쉴러 Rebecca Brashler, MSW, LCSW
시카고 재활연구소, 일리노이주 시카고

테리 브라운 Teri Browne, PhD
사우스캐롤라이나대학교, 사우스캐롤라이나주 컬럼비아

이브 콜론 Yvette Colón, PhD, ACSW, BCD
미국통증재단, 매릴랜드주 볼티모어

줄리 S. 다넬 Julie S. Darnell, PhD
일리노이 주립대학 시카고분교, 일리노이주 시카고

새드나 다이완 Sadhna Diwan, PhD
산호세 주립대학교, 캘리포니아주 산호세

말리타 엥스트롬 Malitta Engstrom, PhD
시카고대학교, 일리노이주 시카고

아이리스 코헨 파인버그 Iris Cohen Fineberg, PhD
랭카스터대학교, 영국 랭카스터

스테이스 프리덴탈 Stacey Freedenthal, PhD
덴버대학교, 콜로라도주 덴버

레 갈로-실버 Les Gallo-Silver, MSW, ACSW, CSW-R
라과디아 커뮤니티 칼리지, 뉴욕주 롱아일랜드

다니엘 S. 가드너 Daniel S. Gardner, PhD
뉴욕대학교, 뉴욕주 뉴욕

새라 겔러트 Sarah Gehlert, PhD
워싱턴대학교, 미주리주 세인트루이스

수잔 헤드런드 Susan Hedlund, MSW, LCSW
워싱턴 카운티 호스피스, 오리건주 포틀랜드

수잔 휴틴-로버츠 Suzanne Heurtin-Roberts, PhD, MSW
미국 보건복지부, 매릴랜드주 베데스다

J. 아론 힙 J. Aaron Hipp, PhD
워싱턴대학교, 미주리주 세인트루이스

에드워드 F. 롤러 Edward F. Lawlor, PhD
워싱턴대학교, 미주리주 세인트루이스

이상은 Sang E. Lee, PhD
산호세 주립대학교, 캘리포니아주 산호세

콜린 A. 마호니 Colleen A. Mahoney, PhD
위스컨신대학교, 위스컨신주 매디슨

진 C. 마쉬 Jeanne C. Marsh, PhD
시카고대학교, 일리노이주 시카고

크리스토퍼 마시 Christopher Masi, MD, PhD
시카고대학교, 일리노이주 시카고

셜리 오티스-그린 Shirley Otis-Green, MSW, ACSW, LCSW
City of Hope 국립의료원, 캘리포니아주 두아르테

케이트 리드 Kate Reed, MPH, ScM
유전학 보건전문교육 전국연대, 매릴랜드주 루터빌

존 S. 롤랜드 John S. Rolland, MD
시카고 가족보건센터, 일리노이주 시카고

마조리 R. 세이블 Marjorie R. Sable, DrPH
미주리대학교, 미주리주 컬럼비아

데보라 R. 쉴드 Deborah R. Schild, PhD
공중보건사회복지사, 미시건주 앤아버

재러드 스팍스 Jared Sparks, PhD
오작 가이던스, 아간소주 스프링데일

낸시 보이드 웹 Nancy Boyd Webb, DSW, LICSW, RPT-S
포담대학교, 뉴욕주 뉴욕

앨리슨 워너-린 Allison Werner-Lin, PhD
뉴욕대학교, 뉴욕주 뉴욕

테리 A. 울퍼 Terry A. Wolfer, PhD
사우스캐롤라이나대학교, 사우스캐롤라이나주 컬럼비아

대표역자 소개

대표역자 **宋仁한** 교수는, 미국 시카고대학교에서 박사학위를 마치고 뉴욕 아델파이대학교 교수를 역임한 후, 연세대학교 사회복지대학원에 재직중이며, 현재 연세대학교 사회과학대학 사회복지학과장과 연세대학교 미래융합연구원ICONS 부원장 및 첨단기술과 정신건강 융합연구센터장을 맡고 있다. 전공분야는 정신보건 및 보건복지이며, 연구주제는 정신건강, 보건복지의 통합, 자살예방, 학제간 융합연구방법론, 여성정신건강 등을 포함한다. 시카고대학교 학제간 건강불평등연구소 연구원 및 연계교수, 중앙자살예방센터 운영위원, 시민건강증진연구소 이사, 보건복지부와 서울특별시 정신보건심의위원, 생명문화학회 총무이사, 한국건강형평성학회 운영위원, 자살예방행동포럼 정책위원장 등으로 활동해 오고 있다.

역자 명단 및 연구분야

연세대학교 사회복지대학원 정신보건 및 보건복지연구실 (과정 및 학기순)

〈교수〉

송인한 ─ 정신건강 및 보건복지, 자살예방, 학제간 융합연구방법론

〈박사과정〉

김태형 ─ 정신건강, 자활, 건강불평등, cancer survivorship

권세원 ─ 자살예방, 정신건강, 건강불평등, 아동청소년

김정수 ─ cancer survivorship, 자살예방, 노인정신건강, 시민사회, 공공캠페인

유정원 ─ 자살예방, 정신건강, 건강불평등, 빈곤 및 노동

이은정 ─ 건강불평등, 아동청소년, 다문화가정, 정신건강

신수민 ─ 노인정신건강, 인터넷 및 휴대폰 중독, 건강불평등, 근로자 정신건강, 보건정책

김지은 ─ 자살예방, 여성정신건강, 의료사회복지

조윤주 ─ 삶의 질, 생산적 복지, 세대간 통합

이윤정 ─ 건강가정, 사회서비스, 중노년의 정신건강, 다문화가족

〈석사과정〉

김우식 ─ 청소년정신건강, 자활, 의료사회복지

김현진 ─ 아동청소년, 건강불평등, 정신건강, 지역사회건강

안상민 ─ 의료사회복지, 자활, 아동청소년

김성은 ─ 정신건강, 가족, 자살예방, 휴대폰 중독

민다경 ─ 인터넷 중독, 게임 과몰입, 정신건강, 청소년

민소담 ─ 장애인, 정신건강, 게임 과몰입, 청소년

김석조 ─ 자살예방, 정신건강, 여성, 청소년

보건사회복지

초판인쇄	2015년 5월 20일
초판발행	2015년 5월 30일
지은이	새라 겔러트 · 테리 브라운 외
옮긴이	송인한 외
펴낸이	안종만
편 집	김선민 · 마찬옥
기획/마케팅	조성호
표지디자인	홍실비아
제 작	우인도 · 고철민
펴낸곳	(주) **박영사**
	서울특별시 종로구 새문안로3길 36, 1601
	등록 1959. 3. 11. 제300-1959-1호(倫)
전 화	02)733-6771
f a x	02)736-4818
e-mail	pys@pybook.co.kr
homepage	www.pybook.co.kr
ISBN	979-11-303-0178-5 93330

* 잘못된 책은 바꿔드립니다. 본서의 무단복제행위를 금합니다.
* 역자와 협의하여 인지첩부를 생략합니다.

정 가	33,000원